Der kleine Duden

Fremdwörter

Der kleine Duden
Bearbeitet von der Dudenredaktion

Rechtschreibung
Das handliche Nachschlagewerk

Der passende Ausdruck
Ein Synonymwörterbuch
für die Wortwahl

Deutsche Grammatik
Für Beruf, Studium, Fortbildung und Alltag

Fremdwörter
Das Wörterbuch für jeden Tag

Der kleine Duden

Fremdwörter

8., aktualisierte und erweiterte Auflage

Bearbeitet von der Dudenredaktion

Dudenverlag
Berlin

Redaktionelle Bearbeitung Dr. Kathrin Kunkel-Razum (Projektleitung), Ursula Kraif, Dr. Ralf Osterwinter
Herstellung Ursula Fürst

Die **Duden-Sprachberatung** beantwortet Ihre Fragen zu Rechtschreibung, Zeichensetzung, Grammatik u. Ä. montags bis freitags zwischen 09:00 und 17:00 Uhr.
Aus Deutschland: **09001 870098** (1,99 € pro Minute aus dem Festnetz)
Aus Österreich: **0900 844144** (1,80 € pro Minute aus dem Festnetz)
Aus der Schweiz: **0900 383360** (3.13 CHF pro Minute aus dem Festnetz)
Die Tarife für Anrufe aus den Mobilfunknetzen können davon abweichen.
Den kostenlosen Newsletter der Duden-Sprachberatung können Sie unter www.duden.de/newsletter abonnieren.

Bibliografische Information der Deutschen Nationalbibliothek
Die Deutsche Nationalbibliothek verzeichnet diese Publikation in der Deutschen Nationalbibliografie; detaillierte bibliografische Daten sind im Internet über http://dnb.dnb.de abrufbar.

Bibliographisches Institut GmbH, Mecklenburgische Straße 53, 14197 Berlin

Umschlaggestaltung Tom Leifer Design, Hamburg
Typografisches Konzept Farnschläder & Mahlstedt, Hamburg
Satz Sagittarius-A GmbH, Hirschberg
Druck und Bindung CPI books GmbH, Birkstraße 10, 25917 Leck
Printed in Germany
ISBN 978-3-411-04678-2
www.duden.de

Vorwort

Im sprachlichen Alltag begegnen uns ständig und immer mehr Fremd- und Fachwörter aus den unterschiedlichsten Bereichen; Politik, Medizin, Wirtschaft, Informationstechnologie und Internet seien hier genannt. Diese Wörter sind zugleich ein Spiegel der Schnelllebigkeit sowie der rasanten und globalen Entwicklungen unserer Zeit.
Beim Verstehen solcher Fach- und Fremdwörter hilft Ihnen »Der kleine Duden – Fremdwörter«. Hier können Sie sich schnell und zuverlässig über die verschiedenen Bedeutungen und den richtigen Gebrauch der Fremdwörter informieren; hier finden Sie in leicht verständlicher Form die korrekte Schreibung, die Aussprache und alle Worttrennungen. Hat ein Stichwort eine gleichberechtigte Schreibvariante, so steht die von der Dudenredaktion empfohlene Schreibung an erster Stelle und ist farbig unterlegt.
Mit rund 20 000 Fremd- und Fachwörtern bietet Ihnen »Der kleine Duden – Fremdwörter« alle wichtigen Informationen zu den gebräuchlichsten Fremdwörtern im Deutschen, darunter zahlreiche Neueinträge aus dem Wortschatz von Politik und Wirtschaft, Technik, aber auch Sport und Freizeit, Gesundheit, Mode und digitalen Medien. Er ist so das ideale Nachschlagewerk für den Alltag.

Berlin, im Februar 2018
Die Dudenredaktion

Erläuterungen zum Wörterverzeichnis

Zeichenerklärung

Im Wörterverzeichnis werden die folgenden Zeichen mit besonderer Bedeutung verwendet:

Zeichen	Erläuterungen	Beispiele
.	Der untergesetzte Punkt kennzeichnet eine kurze betonte Silbe.	**abrụpt**
_	Der untergesetzte Strich kennzeichnet eine lange betonte Silbe.	**absolu̲t**
|	Der senkrechte Strich dient zur Angabe der Worttrennung.	**Ak|kord** **Pro|b|lem**
®	Als Marke geschützte Wörter sind durch das Zeichen ® kenntlich gemacht. Etwaiges Fehlen dieses Zeichens bietet keine Gewähr dafür, dass es sich hier um ein Wort handelt, das von jedermann frei benutzt werden darf.	**Campari**®
-	Der waagerechte Strich steht stellvertretend für das Stichwort.	**Achat,** der; -s, -e
...	Drei Punkte stehen, wenn Teile eines Wortes ausgelassen werden.	**Lexikon,** das; -s, ...ka
[]	Die eckigen Klammern schließen Aussprachebezeichnungen und beliebige Auslassungen (von Buchstaben, Wörtern und Silben) ein.	**Act** [ɛkt] **adäquat:** [einer Sache] angemessen **Kasba[h]**
()	Die runden Klammern schließen erläuternde Zusätze zur Wortbedeutung und Hinweise auf Fachbereiche und Stilschichten ein.	**Cache...** (EDV): **Visage** (ugs. abwertend)

Zeichen	Erläuterungen	Beispiele
↑	Der senkrechte Pfeil weist darauf hin, dass das folgende Wort an entsprechender alphabetischer Stelle aufgeführt und erklärt ist.	**Bloggerin:** weibliche Form zu ↑Blogger

Anordnung und Behandlung der Stichwörter

Die Stichwörter sind nach dem Abc angeordnet. Die Umlaute ä, ö, ü, äu werden wie die Vokale a, o, u, au behandelt:

anvisieren
Äolsharfe
Aorta

Stichwörter, die gleich geschrieben werden, aber nach Herkunft und Bedeutung nichts miteinander zu tun haben, werden mit hochgestellter Ziffer gekennzeichnet:

^{1}**Bar,** das; -s, -s …: alte Maßeinheit des [Luft]drucks …
^{2}**Bar,** die; -, -s: **1.** … Schanktisch **2.** … Nachtlokal

Hat ein Stichwort mehrere Bedeutungen, dann werden die Angaben – je nach Ähnlichkeit der Bedeutung – entweder mit arabischen Ziffern oder mit Kleinbuchstaben gegliedert:

ab|rupt: 1. plötzlich … **2.** zusammenhanglos
akus|tisch: a) die Akustik betreffend; **b)** klanglich

Bei Substantiven werden der zugehörige Artikel, der Genitiv Singular und – wenn vorhanden – der Nominativ Plural angegeben:

Ap|pell, der; -s, -e
(Das bedeutet: der Appell, des Appells, die Appelle.)
Bio|ty|pus, der; -, ...pen
(Das bedeutet: der Biotypus, des Biotypus, die Biotypen.)

Substantive, die nur im Plural vorkommen, werden durch den Zusatz »Plural« gekennzeichnet:

Ali|men|te, die (Plural)
Corn|flakes, die (Plural)

Ausspracheangaben

Ausspracheangaben stehen in eckigen Klammern hinter allen Wörtern, bei denen die Aussprache Schwierigkeiten bereitet. Die verwendete Lautschrift folgt dem Zeichensystem der International Phonetic Association (IPA).

Die übliche Aussprache wurde nicht angegeben bei					
c	[k]	vor a, o, u (*wie in* Café)	sp	[sp]	im Wortinlaut (*wie in* Prospekt)
c	[ts]	vor e, i, ä, ae [ɛ(:)], ö, œ [ø(:)] od. [œ], ü, ue [y(:)], y (*wie in* Celsius)	st	[ʃt]	im Wortanlaut eingedeutschter Wörter (*wie in* Strapaze)
i	[i̯]	vor Vokal in Fremdwörtern (*wie in* Union)	st	[st]	im Wortin- und -auslaut (*wie in* Existenz, Palast)
sp	[ʃp]	im Wortanlaut eingedeutschter Wörter (*wie in* Spedition)	ti	[tsi̯]	vor Vokal im Wortinlaut (*wie in* Aktion, Patient)

Zeichen der Lautschrift, Beispiele und Umschreibung			
[a]	Butler ['batlɐ]	[i]	Citoyen [sito̯a'jɛ̃ː]
[aː]	Party ['paːɐ̯ti]	[iː]	Greencard ['griːn...]
[ɐ]	Bulldozer [...dɔʊ̯zɐ]	[i̯]	Linie [...i̯ə]
[ɐ̯]	Friseur [...'zøːɐ̯]	[ɪ]	City ['sɪti]
[ã]	Centime [sã'tiːm]	[l̩]	Faible ['fɛːbl̩]
[ãː]	Franc [frãː]	[n̩]	joggen ['dʒɔgn̩]
[ai̯]	live [lai̯f]	[ŋ]	Bon [bɔŋ]
[au̯]	powern ['pau̯ɐn]	[o]	Logis [lo'ʒiː]
[ç]	Bronchie [...çi̯ə]	[oː]	Plateau [...'toː]
[dʒ]	Gin [dʒɪn]	[ɔ]	Coffeeshop ['kɔfɪʃɔp]
[e]	Regie [re'ʒiː]	[ɔː]	Cornflakes ['kɔːn...]
[eː]	Shake [ʃeːk]	[õ]	Bonmot [bõ'moː]
[ɛ]	Handy ['hɛndi]	[õː]	Chanson [ʃã'sõː]
[ɛː]	fair [fɛːɐ̯]	[ø]	pasteurisieren [pastø...]
[ɛ̃]	Impromptu [ɛ̃prõ'tyː]	[øː]	Friseuse [...'zøːzə]
[ɛ̃ː]	Timbre ['tɛ̃ːbrə]	[œ]	Pumps [pœmps]
[ə]	Rage ['raːʒə]	[œ̃ː]	Parfum [...'fœ̃ː]

Zeichen der Lautschrift, Beispiele und Umschreibung			
[o̯a]	chamois [ʃa'mo̯a]	[v]	Revers [rə'vɛːɐ̯]
[ɔɪ̯]	Boykott [bɔɪ̯...]	[w]	Whisky ['wɪski]
[s]	City ['sɪti]	[x]	Bacchanal [baxa...]
[ʃ]	Charme [ʃarm]	[y]	Bustier [bys'ti̯eː]
[ts]	Aktie ['aktsi̯ə]	[yː]	Avenue [avə'nyː]
[tʃ]	Match [mɛtʃ]	[y̆]	Habitué [(h)abi'ty̆eː]
[u]	Routine [ru...]	[ʏ]	synchron [zʏn'kroːn]
[uː]	Route ['ruːtə]	[z]	Bulldozer [...dʊ̯zɐ]
[u̯]	Silhouette [zi'lu̯ɛtə]	[ʒ]	Genie [ʒe...]
[ʊ]	Booklet ['bʊklɪt]	[θ]	Thriller ['θrɪlɐ]

Ein doppeltes Dreieck nach dem Vokal bezeichnet dessen Länge, z. B. Plateau [...'toː]. Lautbezeichnungen in runden Klammern bedeuten, dass der betreffende Laut reduziert gesprochen wird, z. B. Habitué [(h)abi'ty̆eː]. Der Hauptakzent ['] steht vor der betonten Silbe, z. B. Catenaccio [kate'natʃo]. Die beim ersten Stichwort stehende Ausspracheangabe ist im Allgemeinen für alle nachfolgenden Wortformen eines Stichwortartikels oder einer Wortgruppe gültig, sofern nicht eine neue Angabe erfolgt.

Im Wörterverzeichnis verwendete Abkürzungen

Abkürzungen, bei denen nur die Nachsilbe *-isch* zu ergänzen ist, sind nicht aufgeführt (z. B. arab. = arabisch). Für die Nachsilbe *-lich* steht die Abkürzung ...l. (z. B. ähnl. = ähnlich). In Zusammensetzungen werden die Wörter *-sprache* und *-sprachlich* mit ...spr. abgekürzt (z. B. fachspr. = fachsprachlich; Jägerspr. = Jägersprache).

A			
Abk.	Abkürzung	Archäol.	Archäologie
afrik.	afrikanisch	Archit.	Architektur
amerik.	amerikanisch	Astrol.	Astrologie
Anat.	Anatomie	Astron.	Astronomie
Anthropol.	Anthropologie	Bankw.	Bankwesen

B	
Bauw.	Bauwesen
Berufsbez.	Berufsbezeichnung
bes.	besonders
Bez.	Bezeichnung
Biol.	Biologie
Börsenw.	Börsenwesen
Bot.	Botanik
Buchw.	Buchwesen
bzw.	beziehungsweise
D	
d.h.	das heißt
dichter.	dichterisch
Druckw.	Druckwesen
E	
EDV	elektronische Datenverarbeitung u. -übermittlung
eigtl.	eigentlich
Elektrot.	Elektrotechnik
europ.	europäisch
ev.	evangelisch
F	
Flugw.	Flugwesen
Forstwirtsch.	Forstwirtschaft
Fotogr.	Fotografie
fr.	französisch
Funkw.	Funkwesen
G	
Gastr.	Gastronomie
Geneal.	Genealogie
Geogr.	Geografie
Geol.	Geologie
germ.	germanisch
Ggs.	Gegensatz
gr.	griechisch
H	
hebr.	hebräisch
Hüttenw.	Hüttenwesen
I	
it.	italienisch
J	
Jh.	Jahrhundert
jmd.	jemand
jmdm.	jemandem
jmdn.	jemanden
jmds.	jemandes
K	
kath.	katholisch
Kunstwiss.	Kunstwissenschaft
Kurzw.	Kurzwort
L	
landsch.	landschaftlich
Landwirtsch.	Landwirtschaft
lat.	lateinisch
Literaturwiss.	Literaturwissenschaft
M	
Math.	Mathematik
Med.	Medizin
Meteorol.	Meteorologie
Mineral.	Mineralogie
mlat.	mittellateinisch
N	
nlat.	neulateinisch
O	
o. Ä.	oder Ähnliche[s]
od.	oder
ökum.	ökumenisch
österr.	österreichisch

P

Päd.	Pädagogik
Parapsychol.	Parapsychologie
Pharm.	Pharmazie
philos.	philosophisch
Philos.	Philosophie
Physiol.	Physiologie
port.	portugiesisch
Postw.	Postwesen
Psychol.	Psychologie

R

Rechtsspr.	Rechtssprache
Rechtswiss.	Rechtswissenschaft
Rel.	Religion, Religionswissenschaft
Rhet.	Rethorik

S

scherzh.	scherzhaft
schweiz.	schweizerisch
Seew.	Seewesen
Soziol.	Soziologie
Sprachwiss.	Sprachwissenschaft

T

Theol.	Theologie
Tiermed.	Tiermedizin

U

u.	und
u. a.	und anderem, und andere[s]
u. Ä.	und Ähnliche[s]
ugs.	umgangssprachlich
urspr.	ursprünglich
usw.	und so weiter

V

Verbindungsw.	studentisches Verbindungswesen
Verkehrsw.	Verkehrswesen
vgl.	vergleiche

W

Wirtsch.	Wirtschaft

Z

Zahnmed.	Zahnmedizin
Zool.	Zoologie

A a

à: für, je, zu, zu je

@ [ɛt]: meist als trennendes Zeichen in E-Mail-Adressen verwendetes Symbol

AAD [a:ʔa:ˈde:]: Kennzeichnung der technischen Verfahren bei einer CD-Aufnahme o. Ä.

Aba|te, der; -[n], ...ti od. ...ten: Titel eines Weltgeistlichen in Italien und Spanien

Aba|ton [ˈa(:)...], das; -s, ...ta (Rel.): Altarraum in den Kirchen des orthodoxen Ritus

Ab|ba: neutestamentliche Gebetsanrede an Gott

Ab|bé [aˈbe:], der; -s, -s: Titel eines Weltgeistlichen in Frankreich

Ab|bre|vi|a|tur, die; -, -en: Abkürzung in Hand-, Druck- u. Notenschrift (z. B. Pkw, cresc.)

ab|che|cken [...tʃɛkn̩]: [Punkt für Punkt] überprüfen, kontrollieren

Ab|do|men, das; -s, - u. ...mina (Med.): Bauch, Unterleib

ab|do|mi|nal (Med.): zum Abdomen gehörend

Ab|duk|ti|on, die; -, -en (Med.): das Bewegen von Körperteilen von der Körperachse weg

Ab|er|ra|ti|on, die; -, -en: bei Linsen, Spiegeln u. den Augen auftretender optischer Abbildungsfehler (Unschärfe)

ab|ge|fuckt [...fakt] (Jargon): in üblem Zustand, heruntergekommen

Abi, das; -s, -s (ugs.): Kurzform von ↑Abitur

Ab|i|tur, das; -s, -e (Plural selten): Abschlussprüfung an der höheren Schule

Ab|i|tu|ri|ent, der; -en, -en: jmd., der das Abitur macht od. gemacht hat

Ab|i|tu|ri|en|tin, die; -, -nen: weibliche Form zu ↑Abiturient

ab|kom|man|die|ren: jmdn. irgendwohin beordern, dienstlich an einer anderen Stelle einsetzen

Ab|la|ti|on, die; -, -en: a) (Geogr.) Abschmelzung von Schnee u. Eis (Gletscher, Inlandeis) durch Sonnenstrahlung, Luftwärme u. Regen; b) (Geol.) Abtragung des Bodens durch Wasser u. Wind; vgl. Deflation u. Denudation

Ab|la|tiv, der; -s, -e: Kasus, der einen Ausgangspunkt, eine Entfernung od. Trennung zum Ausdruck bringt; Woherfall (Abk.: Abl.)

Ab|la|ti|vus ab|so|lu|tus [auch: ...ˈti:vʊs -], der; - -, ...vi ...ti (Sprachwiss.): im Lateinischen eine selbstständig im Satz stehende satzwertige Gruppe in Form einer Ablativkonstruktion

ab|norm: 1. vom Normalen abweichend. 2. ungewöhnlich, außergewöhnlich

ab|nor|mal: nicht normal

Ab|nor|mi|tät, die; -, -en: 1. Abweichung vom Normalen. 2. Krankhaftigkeit, Fehlbildung

Abo, das; -s, -s (ugs.): kurz für: ↑Abonnement (1, 2)

Abon|ne|ment [abɔnəˈmã:, schweiz. auch: ...əˈmɛnt], das; -s, -s (schweiz. auch: -e): 1. fest vereinbarter Bezug von Zeitungen, Zeitschriften o. Ä. auf längere, aber meist noch unbestimmte Zeit. 2. (Theater, Konzert) für einen längeren Zeitraum geltende Abmachung, die den Besuch einer bestimmten Anzahl kultureller Veranstaltungen betrifft

Abon|nent, der; -en, -en: 1. jmd., der etwas (z. B. eine Zeitung) abonniert hat. 2. Inhaber eines Abonnements (2)

Abon|nen|tin, die; -, -nen: weibliche Form zu ↑Abonnent

abon|nie|ren: etwas im Abonnement beziehen

[1]Ab|o|ri|gi|ne [ɛbəˈrɪdʒini], der; -s, -s: Ureinwohner, bes. Australiens

[2]Ab|o|ri|gi|ne, die; -, -s: weibliche Form zu ↑[1]Aborigine

[1]Ab|ort, der; -s, -e (Med.): zu frühe Beendigung einer Schwangerschaft [durch Verlust einer Frucht, die unter 500 g wiegt]; Fehlgeburt

[2]Ab|ort, der; -s, -s: Abbruch eines Raumfluges

ab|or|tiv (Med.): 1. verkürzt, leicht verlaufend (von Krankheiten). 2. abtreibend; eine Fehlgeburt bewirkend, herbeiführend

ab ovo: 1. vom Anfang einer Sache an; bis auf die Anfänge zurückgehend. 2. von vornherein, grundsätzlich

ab|qua|li|fi|zie|ren: abwertend, abfällig beurteilen

Ab|ra|ka|da|b|ra, das; -s: 1. Zauberwort. 2. (abwertend) sinnloses Gerede

A

Ab|ra|sio, die; -, ...io̲nen (Med.): Abschabung bzw. Abschleifung von Körpergewebe, bes. Ausschabung der Gebärmutter; Kürettage (bes. der Gebärmutter)

Ab|ra|xas, der; -: 1. Geheimname Gottes. 2. Zauberwort auf Amuletten

ab|re|agie|ren (Psychol.): 1. länger angestaute seelische Erregungen u. Spannungen entladen. 2. sich abreagieren: sich beruhigen

ab|rupt: 1. plötzlich und unvermittelt eintretend. 2. zusammenhanglos

Ab|sence [a'psã:s], die; -, -n (Med.): Geistesabwesenheit, bes. epileptischer Anfall mit nur kurz andauernder Bewusstseinstrübung

ab|sent: abwesend

ab|sen|tie|ren, sich: sich entfernen

Ab|senz, die; -, -en: 1. Abwesenheit, Fortbleiben. 2. (Med.) ↑Absence

Ab|sinth, der; -[e]s, -e: 1. grünlicher Branntwein mit Wermutzusatz. 2. Wermutpflanze

ab|so|lut [auch: 'ap...]: 1. vollkommen, uneingeschränkt. 2. überhaupt (z. B. das sehe ich absolut nicht ein). 3. unbedingt (z. B. er will absolut recht behalten). 4. auf eine bestimmte Grundeinheit bezogen, z. B. die absolute Mehrheit (die Mehrheit von über 50 % der Gesamtstimmenzahl)

Ab|so|lu|ti|on, die; -, -en: Los-, Freisprechung

Ab|so|lu|tis|mus, der; -: Regierungsform, in der alle Gewalt unumschränkt in der Hand des Monarchen liegt

ab|so|lu|tis|tisch: a) den Absolutismus betreffend; b) Merkmale des Absolutismus zeigend

Ab|sol|vent [...'vɛnt], der; -en, -en: jmd., der die vorgeschriebene Ausbildungszeit an einer Schule abgeschlossen hat

Ab|sol|ven|tin, die; -, -nen: weibliche Form zu ↑Absolvent

ab|sol|vie|ren: 1. a) die vorgeschriebene Ausbildungszeit an einer Schule ableisten; b) etwas ausführen, durchführen. 2. (kath. Rel.) jmdm. die Absolution erteilen

Ab|sor|bens, das; -, ...benzien u. ...bentia: der bei der Absorption absorbierende (aufnehmende) Stoff

Ab|sor|ber, der; -s, -: 1. ↑Absorbens. 2. Vorrichtung zur Absorption von Gasen (z. B. in einer Kältemaschine). 3. Kältemaschine

ab|sor|bie|ren: 1. aufsaugen, in sich aufnehmen. 2. [gänzlich] beanspruchen

Ab|sorp|ti|on, die; -, -en: das Aufsaugen, das In-sich-Aufnehmen

ab|s|ti|nent: enthaltsam (in Bezug auf bestimmte Speisen, Alkohol, Geschlechtsverkehr)

Ab|s|ti|nenz, die; -: Enthaltsamkeit

Ab|s|ti|nenz|ler, der; -s, -: jmd., der enthaltsam lebt, bes. in Bezug auf Alkohol

Ab|s|ti|nenz|le|rin, die; -, -nen: weibliche Form zu ↑Abstinenzler

Ab|s|tract ['ɛpstrɛkt], das od. der; -s, -s: kurze Inhaltsangabe eines Artikels od. Buches

ab|s|tra|hie|ren: 1. etwas gedanklich verallgemeinern. 2. auf etwas verzichten

ab|s|trakt: 1. rein begrifflich. 2. rein theoretisch

Ab|s|trak|ti|on, die; -, -en: a) Begriffsbildung; b) Verallgemeinerung; c) Begriff

Ab|s|trak|tum, das; -s, ...ta (Sprachwiss.): Substantiv, das Nichtdingliches bezeichnet; Begriffswort (z. B. Hilfe, Zuneigung)

ab|s|t|rus: a) (abwertend) absonderlich, töricht; b) schwer verständlich, verworren

ab|surd: widersinnig, abwegig, sinnlos; vgl. ad absurdum

Ab|s|zess, der, österr., ugs. auch das; -es, -e (Med.): Eiterherd, Eiteransammlung

Ab|s|zis|se, die; -, -n: horizontale Achse, Waagerechte im ↑Koordinatensystem

ab|tur|nen [...tœ:ɐ̯...] (ugs.): aus der Stimmung bringen

Abu: Bestandteil arabischer Personen-, Ehren- u. Ortsnamen

ab|un|dant: häufig [vorkommend], reichlich, dicht; vgl. redundant

Ab|un|danz, die; -: (Math.) Merkmals- od. Zeichenüberfluss bei einer Information

ab ur|be con|di|ta: altrömische Zeitrechnung, beginnend 753 v. Chr. (Abk.: a. u. c.); vgl. post urbem conditam

abys|sisch: 1. aus der Tiefe [der Erde] stammend. 2. zum Tiefseebereich gehörend. 3. abgrundtief

A

a cap|pel|la (Musik): ohne Begleitung von Instrumenten

ac|ce|le|ran|do [atʃele'rando] (Musik): allmählich schneller werdend (Abk.: accel.)

Ac|cent ai|gu [aksãtɛ'gy:], der; - -, -s -s [aksãzɛ'gy:] (Sprachwiss.): Betonungszeichen, ↑Akut (Zeichen: ´, z. B. é)

Ac|cent cir|con|flexe [aksãsirkõ'flɛks], der; - -, -s -s [aksãsirkõ'flɛks] (Sprachwiss.): Dehnungszeichen, ↑Zirkumflex (Zeichen: ˆ, z. B. â)

Ac|cent grave [aksã'gra:v], der; - -, -s -s [aksã'gra:v] (Sprachwiss.): Betonungszeichen, ↑Gravis (Zeichen: `, z. B. è)

Ac|ces|soire [aksɛ'so̯a:ɐ̯], das; -s, -s (meist Plural): modisches Zubehör zur Kleidung

Ac|com|pa|g|na|to [akɔmpan'ja:to], das; -s, -s u. ...ti: das von Instrumenten begleitete ↑Rezitativ

Ac|count [ə'kau̯nt], der od. das; -s, -s (EDV): Zugangsberechtigung, z. B. zum Internet

Achat, der; -s, -e: ein mehrfarbig gebänderter Schmuckstein; vgl. Chalzedon

Achil|les|fer|se [ax...], die; -: verwundbare, schwache Stelle bei einem Menschen

Achil|les|seh|ne, die; -, -n: am Fersenbein ansetzendes, sehniges Ende des Wadenmuskels

Acid ['ɛsɪt], das; -s (ugs.): LSD; vgl. aber: Azid

Aci|di|tät, Azi|di|tät, die; -: Säuregrad od. Säuregehalt einer Flüssigkeit

Aci|do|se, Azi|do|se, die; -, -n (Med.): krankhafte Vermehrung des Säuregehaltes im Blut

a con|to: auf Rechnung von ... (Abk.: a c.); vgl. Akontozahlung

Acre ['e:ke], der; -[s], -s (aber: 7 Acre): engl. u. nordamerik. Flächenmaß (etwa 4 047 m^2)

Ac|ryl [a'kry:l], das; -s: Kunststoff aus ↑Polyacrylnitril (zur Textilherstellung verwendete Chemiefaser)

Ac|ryl|amid, das; -[s]: krebserregende Substanz, die bei der Erhitzung stärkehaltiger Lebensmittel entsteht

Act [ɛkt], der; -s, -s: 1. bestimmte Art von Urkunden; Dokument (im angloamerik. Recht). 2. Willenserklärung, Beschluss

Ac|ti|ni|um, das; -s: chem. Element, ein Transuran (Zeichen: Ac)

Ac|tion ['ɛkʃn̩], die; -, -s: turbulente Handlung, gewaltbetonte Szenen (z. B. in Filmen)

Ac|tion|film ['ɛkʃn̩...], der; -s, -e: Spielfilm mit spannungsreicher Handlung u. turbulenten, oft gewaltbetonten Szenen

ad: zu, z. B. ad 1 = zu Punkt 1

ad ab|sur|dum: bis zur Widersinnigkeit

ad ac|ta: Abk.: a. a.; **etwas ad acta legen**: a) als erledigt ablegen; b) als erledigt betrachten

ada|gio [a'da:dʒo] (Musik): langsam, ruhig (Vortragsanweisung)

Ada|gio, das; -s, -s: langsames Musikstück

Ad|ap|ta|ti|on, die; -, -en: 1. Anpassung an die Umstände, an die Umwelt. 2. Umarbeitung eines literarischen Werks für ein anderes Kommunikationsmedium (z. B. Film, Fernsehen)

Ad|ap|ter, der; -s, -: Zusatz- od. Verbindungsteil, das den Anschluss eines Gerätes od. Geräteteils an ein Hauptgerät ermöglicht

ad|ap|tie|ren: 1. (fachspr.) anpassen. 2. bearbeiten (z. B. einen Roman für den Film adaptieren)

Ad|ap|ti|on: ↑Adaptation

ad|ap|tiv: auf Adaptation beruhend

ad|äquat: angemessen, entsprechend

Ad|äquat|heit, die; -, -en: Angemessenheit

Ad|blo|cker ['æd...], der; -s, -: Programm, das Werbung auf Internetseiten unterdrückt

ad ca|len|das grae|cas [- - 'grɛ:ka:s]: niemals, am Sankt-Nimmerleins-Tag

ad|den ['ædn̩]: [im Internet] zu den eigenen Kontakten hinzufügen

Ad|dend, der; -en, -en: Zahl, die beim Addieren hinzugefügt werden soll; ↑Summand

Ad|den|dum, das; -s, ...da (meist Plural): Zusatz, Nachtrag, Ergänzung

ad|die|ren: zusammenzählen, hinzufügen

Ad|di|ti|on, die; -, -en (Math.): Zusammenzählung, Hinzufügung, -rechnung

ad|di|ti|o|nal: zusätzlich, nachträglich

ad|di|tiv: hinzufügend, aneinanderreihend

Ad|di|tiv, das; -s, -e: Zusatz, der in geringer Menge die Eigenschaften eines chemischen Stoffes merklich verbessert

A

Ad|duk|ti|on, die; -, -en (Med.): heranziehende Bewegung eines Gliedes

Ad|duk|tor, der; -s, ...oren (Med.): Muskel, der eine Adduktion bewirkt

Ade|nom, das; -s, -e (Med.), **Ade|no|ma,** das; -s, -ta: [gutartiger] Tumor, der von Drüsengewebe ausgeht

Ad|ept, der; -en, -en: 1. Schüler, Anhänger einer Lehre. 2. in eine geheime Lehre od. in Geheimkünste Eingeweihter

ad|hä|rent: anhängend, anhaftend (von Körpern)

Ad|hä|si|on, die; -, -en: a) das Haften zweier Stoffe od. Körper aneinander; b) (Physik) das Aneinanderhaften der Moleküle im Bereich der Grenzfläche zweier verschiedener Stoffe

ad|hä|siv: anhaftend, [an]klebend

ad hoc: 1. [eigens] zu diesem Zweck [gebildet, gemacht]. 2. aus dem Augenblick heraus

Adi|eu [a'diø:], das; -s, -s: Lebewohl (Abschiedsgruß)

ad in|fi|ni|tum, in in|fi|ni|tum: beliebig, unendlich lange, unbegrenzt

adi|pös (Med.): a) fett[reich], verfettet; b) fettleibig

Adi|po|si|tas, die; - (Med.): a) Fettleibigkeit; Ernährungs- u. Stoffwechselkrankheit, die mit starkem Übergewicht einhergeht; b) übermäßige Vermehrung od. Bildung von Fettgewebe

à dis|cré|ti|on [adiskre'sjõ:]: nach Belieben

Ad|jek|tiv, das; -s, -e: Eigenschaftswort, Artwort (Abk.: Adj.)

ad|jek|ti|visch: als Adjektiv gebraucht

ad|jus|tie|ren (Fachspr.): in die entsprechende richtige Stellung o. Ä. bringen

Ad|ju|tant, der; -en, -en: den Kommandeuren militärischer Einheiten beigegebener Offizier

Ad|la|tus, der; -, ...ten (veraltet, heute noch scherzh.): untergeordneter Helfer

ad li|bi|tum: nach Belieben

Ad|mi|nis|t|ra|ti|on, die; -, -en: 1. a) Verwaltung; b) Verwaltungsbehörde. 2. (abwertend) bürokratisches Anordnen, Verfügen. 3. Regierung, bes. in Bezug auf die USA

ad|mi|nis|t|ra|tiv: a) zur Verwaltung gehörend; b) behördlich

Ad|mi|nis|t|ra|tor, der; -s, ...oren: 1. Verwalter, Bevollmächtigter. 2. (EDV) Betreuer eines Rechnersystems bzw. eines Netzwerks

ad|mi|nis|t|rie|ren: a) verwalten; b) (abwertend) bürokratisch anordnen, verfügen

Ad|mi|ral, der; -s, -e (auch: ...äle): 1. Seeoffizier im Generalsrang. 2. ein Tagfalter

Ad|mi|ra|li|tät, die; -, -en: 1. Gesamtheit der Admirale (1). 2. oberste Kommandostelle u. Verwaltungsbehörde einer Kriegsmarine

Ad|nex, der; -es, -e: 1. Anhang. 2. (meist Plural; Med.) Anhangsgebilde (Eierstöcke u. Eileiter) der Gebärmutter

ado|les|zent: heranwachsend, in jugendlichem Alter (ca. 17. bis 20. Lebensjahr) stehend

Ado|les|zenz, die; - (Med.): Jugendalter, bes. der Lebensabschnitt nach beendeter Pubertät

Ado|nis, der; -, -se: schöner [junger] Mann

ad|op|tie|ren: 1. als Kind annehmen. 2. etwas annehmen, nachahmend sich aneignen

Ad|op|ti|on, die; -, -en: 1. das Adoptieren. 2. Annahme, Genehmigung

Ad|op|tiv|kind, das; -[e]s, -er: adoptiertes Kind

Ad|o|ra|ti|on, die; -, -en: Anbetung, Verehrung, bes. des Altarsakraments in der katholischen Kirche

ad re|fe|ren|dum: zum Berichten, zur Berichterstattung

Ad|re|na|lin, das; -s (Med.): Hormon des Nebennierenmarks

Ad|res|sat, der; -en, -en: Empfänger [einer Postsendung]; jmd., an den etwas gerichtet, für den etwas bestimmt ist

Ad|res|sa|tin, die; -, -nen: weibliche Form zu ↑Adressat

[1]**Ad|res|se,** die; -, -n: Anschrift, Aufschrift, Wohnungsangabe

[2]**Ad|res|se,** die; -, -n: 1. (Politik) schriftlich formulierte Meinungsäußerung, die von Einzelpersonen od. dem Parlament an das Staatsoberhaupt, die Regierung o. Ä. gerichtet wird. 2. (EDV) Nummer einer bestimmten Speicherzelle im Speicher eines Computers

ad|res|sie|ren: a) mit der [1]Adresse versehen; b) eine Postsendung an jmdn. richten

ad|rett: a) durch ordentliche, sorgfältige, gepflegte Kleidung u. entsprechende Haltung äußerlich ansprechend; b) sauber, ordentlich

Ad|sor|bens, das; -, ...benzien od. ...bentia, **Ad|sor|ber,** der; -s, -: 1. der bei der Adsorption adsorbierende Stoff. 2. Stoff, der infolge seiner Oberflächenaktivität gelöste Substanzen u. Gase (physikalisch) an sich bindet

ad|sor|bie|ren: Gase od. gelöste Stoffe an der Oberfläche eines festen Stoffes anlagern

Ad|sorp|ti|on, die; -, -en: Anlagerung von Gasen od. gelösten Stoffen an der Oberfläche eines festen Stoffes

Ad|strin|gens, das; -, ...genzien od. ...gentia (Med.): auf Schleimhäute od. Wunden zusammenziehend wirkendes [entzündungshemmendes, blutstillendes] Mittel

adult (Med.): erwachsen; geschlechtsreif

ad usum Del|phi|ni: für Schüler bearbeitet (von Klassikerausgaben, aus denen moralisch u. politisch anstößige Stellen entfernt sind)

Ad|van|tage [ɛtˈvaːntɪtʃ], der; -s, -s: unmittelbar nach dem Einstand gewonnener Punkt beim Tennis

Ad|verb, das; -s, -ien: Umstandswort (Abk.: Adv.)

ad|ver|bi|al: als Umstandswort [gebraucht], Umstands...

Ad|ver|bi|al|be|stim|mung, die; -, -en: Umstandsbestimmung, -angabe

Ad|ver|ti|sing [ˈɛtvɐtaɪ̯zɪŋ], das; -s, -s: Reklame; Werbung

Ad|vo|ca|tus Di|a|bo|li, der; - -, ...ti -: jmd., der um der Sache willen mit seinen Argumenten die Gegenseite vertritt, ohne selbst zur Gegenseite zu gehören

Ad|vo|kat, der; -en, -en: [Rechts]anwalt, Rechtsbeistand

Ad|ware [ˈædwɛːɐ̯], die; -, -s: Programm, das in Computersysteme eindringt u. unerwünschte Werbung einblendet

ae|rob (Biol.): Sauerstoff zum Leben brauchend (von Organismen)

Ae|ro|bic [ɛˈroːbɪk], das; -s, auch die; -: Fitnesstraining mit tänzerischen Übungen

Ae|ro|bi|er, der; -s, -: Organismus, der nur mit Sauerstoff leben kann

Ae|ro|dy|na|mik, die; -: Lehre von der Bewegung gasförmiger Stoffe, bes. der Luft

ae|ro|dy|na|misch: zur Aerodynamik gehörend

Ae|ro|nau|tik, die; -: Luftfahrtkunde

Ae|ro|plan, der; -[e]s, -e (veraltet): Flugzeug

Ae|ro|sol, das; -s, -e: 1. (Physik) ein Gas (bes. Luft), das feste od. flüssige Stoffe in feinstverteilter Form enthält. 2. (Med.) zur Einatmung bestimmtes, flüssige Stoffe in feinstverteilter Form enthaltendes Arznei- od. Entkeimungsmittel

Af|fä|re, die; -, -n: 1. besondere, oft unangenehme Sache, Angelegenheit; peinlicher Vorfall. 2. Liebesverhältnis, Liebesabenteuer

Af|fekt, der; -[e]s, -e: heftige Erregung, Zustand einer außergewöhnlichen seelischen Angespanntheit

af|fek|tiert: geziert, gekünstelt, eingebildet

af|fek|tiv: gefühls-, affektbetont, durch heftige Gefühlsäußerungen gekennzeichnet

Af|fi|che [aˈfɪʃə], die; -, -n: Anschlag, Plakat

Af|fi|da|vit, das; -s, -s: 1. eidesstattliche Versicherung (bes. auch für Wertpapiere). 2. Bürgschaft für einen Einwanderer

Af|fi|li|a|ti|on, die; -, -en (Sprachwiss.): das Verhältnis von Sprachen, die sich aus einer gemeinsamen Grundsprache entwickelt haben, zueinander u. zur Grundsprache

af|fin: 1. verwandt. 2. (Chemie) reaktionsfähig

Af|fi|ni|tät, die; -, -en: 1. (Philos.) Wesensverwandtschaft von Begriffen u. Vorstellungen. 2. (Chemie) Triebkraft einer chem. Reaktion

Af|fir|ma|ti|on, die; -, -en: Bejahung, Zustimmung, Bekräftigung

af|fir|ma|tiv: bejahend, bestätigend

Af|fix, das; -es, -e: an den Wortstamm tretendes ↑Morphem (↑Präfix od. ↑Suffix); vgl. Formans

Af|fo|dill, As|pho|dill, der; -s, -e: Gattung der Liliengewächse

Af|front [aˈfrõː, schweiz.: aˈfrɔnt], der; -s, -s u. (schweiz.:) -e: Beleidigung, Kränkung

Af|la|to|xin, das; -s, -e (meist Plural) (Biol., Med.): giftiges Stoffwechselprodukt verschiedener Schimmelpilze, z. T. krebserregend

à fonds per|du [aˈfõː pɛrˈdyː]: auf Verlustkonto; ohne Aussicht auf Rückerstattung

A

a fres|co, al fres|co: auf frischem Verputz, Kalk [gemalt]; vgl. [1]Fresko

af|ri|kaans: kapholländisch

Af|ri|kaans, das; -: das Kapholländisch, Sprache der Buren in der Republik Südafrika

Af|ri|ka|nis|tik, die; -: Wissenschaft, die sich mit der Geschichte, der Kultur u. den Sprachen der afrik. Naturvölker beschäftigt

Af|ro|look [...lʊk], der; -s, -s: Frisur, bei der das Haar in stark gekrausten, dichten Locken nach allen Seiten hin absteht

Af|ter|shave ['aːftɐʃeɪf], das; -[s], -s: Kurzform von ↑Aftershave-Lotion

Af|ter|shave-Lo|ti|on, Af|ter|shave|lo|ti|on [...loʊʃn̩], die; -, -s: nach der Rasur zu verwendendes Gesichtswasser

Aga, Agha, der; -[s], -s: a) (Geschichte) Titel für höhere türk. Offiziere od. für niedere Offiziere u. Zivilbeamte; b) persische Anrede („Herr")

Aga Khan, der; - -s, - -e: Titel des Oberhaupts der islam. Glaubensgemeinschaft der ↑Hodschas in Indien u. Ostafrika

Aga|pe [...pe], die; -, -n: 1. (ohne Plural; Rel.) die sich in Christus zeigende Liebe Gottes zu den Menschen, bes. zu den Armen, Schwachen u. Sündern; Nächstenliebe. 2. a) (Geschichte) abendliches Mahl der frühchristlichen Gemeinde; b) (Rel.) gemeinsames Mahl nach einem Gottesdienst; c) (österr.) Sektempfang, bes. nach einer (kirchlichen od. standesamtlichen) Trauung

Agar-Agar, der od. das; -s: stark schleimhaltiger Stoff aus ostasiatischen Rotalgen

Aga|ve, die; -, -n: Gattung aloeähnlicher Pflanzen (vgl. Aloe) der Tropen u. Subtropen

Agen|da, die; -, ...den: 1. a) Merk-, Notizbuch; b) Terminkalender. 2. Aufstellung der Gesprächspunkte bei Verhandlungen

Agens, das; -, Agenzien: 1. (Philos.) treibende Kraft; wirkendes ↑Prinzip. 2. (Plural auch: Agentia) a) (Med.) wirksamer Stoff, wirkendes Mittel; b) krank machender Faktor

Agent, der; -en, -en: 1. Abgesandter eines Staates, der einen besonderen Auftrag erfüllt. 2. in staatlichem Geheimauftrag tätiger Spion. 3. jmd., der berufsmäßig Künstlern Engagements vermittelt

Agen|tin, die; -, -nen: weibliche Form zu ↑Agent

Agent Pro|vo|ca|teur, Agent pro|vo|ca|teur [a'ʒãː provoka'tøːɐ̯], der; - -, -s -s [a'ʒãː provoka'tøːɐ̯]: Agent, der Zwischenfälle beim Gegner provozieren soll; Lockspitzel

Agen|tur, die; -, -en: 1. Büro, in dem Nachrichten aus aller Welt gesammelt und an Presse, Rundfunk und Fernsehen weitergegeben werden. 2. Geschäftsnebenstelle, Vertretung. 3. Büro, das Künstlern Engagements vermittelt; Vermittlungsbüro, Geschäftsstelle eines Agenten (3)

Ag|glo|me|rat, das; -s, -e (fachspr.): Anhäufung

Ag|glo|me|ra|ti|on, die; -, -en: Anhäufung, Zusammenballung

Ag|glu|ti|na|ti|on, die; -, -en: 1. (Sprachwiss.) Verschmelzung (z. B. des Artikels od. einer Präposition mit dem folgenden Substantiv). 2. (Med.) Verklebung, Verklumpung

ag|glu|ti|nie|ren: 1. (Med.) zur Verklumpung bringen, eine Agglutination (2) herbeiführen. 2. (Sprachwiss.) Beugungsformen durch Anhängen von Affixen bilden

Ag|gre|gat, das; -s, -e: Maschinensatz aus zusammenwirkenden Einzelmaschinen

Ag|gre|ga|ti|on, die; -, -en: 1. Anhäufung. 2. Vereinigung von Molekülen zu Molekülverbindungen

Ag|gre|gat|zu|stand, der; -s, ...stände: Erscheinungsform eines Stoffes (fest, flüssig, gasförmig)

Ag|gres|si|on, die; -, -en: 1. rechtswidriger Angriff auf ein fremdes Staatsgebiet, Angriffskrieg. 2. (Psychol.) a) Angriffsverhalten, feindselige Haltung; b) feindselig-aggressive Äußerung, Handlung

ag|gres|siv: angreifend; auf Angriff, Aggression gerichtet

Ag|gres|si|vi|tät, die; -, -en: 1. (ohne Plural) a) (Psychol.) aggressive Haltung; b) Angriffslust. 2. aggressive Handlung

Ag|gres|sor, der; -s, ...oren: rechtswidrig handelnder Angreifer

Ag|gres|so|rin, die; -, -nen: weibliche Form zu ↑Aggressor

Ägi|de, die; -: **unter jmds. Ägide:** unter jmds. Schirmherrschaft, Leitung

agie|ren: handeln, tun, wirken, tätig sein

agil: behände, flink, gewandt; geschäftig

Agi|li|tät, die; -: temperamentbedingte Beweglichkeit, Lebendigkeit, Regsamkeit

Agio ['a:ʒi̯o, auch: 'a:dʒo], das; -s, -s u. Agien [...i̯ən]: Aufgeld (z. B. Betrag, um den der Preis eines Wertpapiers über dem Nennwert liegt)

Agi|ta|ti|on, die; -, -en: a) (abwertend) aggressive Tätigkeit zur Beeinflussung anderer; Hetze; b) polit. Aufklärungstätigkeit; Werbung für bestimmte polit. od. soziale Ziele

Agi|ta|tor, der; -s, ...oren: jmd., der Agitation betreibt

agi|tie|ren: a) (abwertend) in aggressiver Weise [für politische Ziele] tätig sein, hetzen; b) politisch aufklären, werben

Ag|nat, der; -en, -en (Geschichte): männlicher Blutsverwandter der männlichen Linie

Ag|no|sie, die; -, ...ien: 1. (Med.) krankhafte Störung der Fähigkeit, Sinneswahrnehmungen als solche zu erkennen. 2. (Philos.) Nichtwissen; Unwissenheit

Ag|nus Dei, das; - -, - -: 1. (ohne Plural) Bez. u. Sinnbild für Christus. 2. a) Gebetshymnus im kath. Gottesdienst vor der Eucharistie (a); b) Schlusssatz der musikal. Messe

Agon, der; -s, -e: sportlicher od. geistiger Wettkampf im antiken Griechenland

Ago|nie, die; -, ...ien: a) (ohne Plural; Med.) vor dem klinischen Tod auftretende typische Erscheinungen; b) Todeskampf

Ago|nist, der; -en, -en: 1. Wettkämpfer. 2. (Med.) einer von paarweise wirkenden Muskeln, der eine Bewegung bewirkt, die der des ↑Antagonisten (2) entgegengesetzt ist

Ago|ra, die; -, Agoren: 1. Volksversammlung der gr. ↑Polis. 2. rechteckiger, von Säulen umschlossener Platz in altgr. Städten

Ago|ra|pho|bie, die; -, ...ien (Med., Psychol.): Platzangst, zwanghafte Angst, allein über freie Plätze od. Straßen zu gehen

Ag|ra|ri|er, der; -s, - (meist Plural): Großgrundbesitzer, Gutsbesitzer, Landwirt

Ag|rar|po|li|tik, die; -: Gesamtheit der staatlichen Maßnahmen zur Regelung u. Förderung der Landwirtschaft

ag|rar|po|li|tisch: die Agrarpolitik betreffend

Ag|rar|pro|dukt, das; -s, -e: landwirtschaftliches Erzeugnis

Ag|rar|re|form, die; -, -en: Maßnahmen zur Umgestaltung der Landwirtschaft

Ag|rar|staat, der: -[e]s, -en: Staat, dessen Wirtschaft überwiegend durch die Landwirtschaft bestimmt wird

Ag|rar|tech|nik, die; -, -en: Technik der Bodenbearbeitung u. -nutzung

Ag|ree|ment [ə'gri:mənt], das; -s, -s: 1. ↑Agrément. 2. [formlose] Übereinkunft bes. zwischen Staaten, wirtschaftlichen Institutionen o. Ä.; vgl. Gentleman's Agreement

Ag|ré|ment [agre'mã:], das; -s, -s: Zustimmung einer Regierung zur Ernennung eines diplomatischen Vertreters in ihrem Land

Ag|ri|kul|tur, die; -, -en: Ackerbau, Landwirtschaft

Ag|ro|nom, der; -en, -en: akademisch ausgebildeter Landwirt

Ag|ro|no|mie, die; -: Ackerbaukunde, Landwirtschaftswissenschaft

Ägyp|to|lo|gie, die; -: Wissenschaft von Kultur u. Sprache des alten Ägyptens

Ahas|ver [auch: a'hasvɐ], der; -s, -s u. -e: ruhelos umherirrender Mensch

ahis|to|risch: geschichtliche Gesichtspunkte außer Acht lassend

Ai [auch: a'i:], das; -s, -s: Dreizehenfaultier

Aids [ɛɪ̯ts], das; - (meist ohne Artikel) (Med.): Viruskrankheit, die zu schweren Störungen im Immunsystem führt

Aids|test, der; -[e]s, -s (auch: -e): med. Test zur Feststellung von Aids

Aids|vi|rus, das, auch: der; -, ...ren: Virus, das Aids verursacht; vgl. HIV

Ai|ki|do, das; -s: Form der Selbstverteidigung

Air [ɛ:ɐ̯], das; -s, -s: 1. Hauch, Fluidum. 2. Aussehen, Haltung

Air|bag ['ɛ:ɐ̯bɛk], der; -s, -s: Luftkissen in Kraftfahrzeugen, das sich zum Schutz der In-

A

sassen bei einem Zusammenstoß automatisch aufbläst

Air|brush ['ɛ:ɐ̯braʃ], der; -[s], -s, auch: die; -, -s: Farbsprühgerät für grafische Effekte

Air|bus® ['ɛ:ɐ̯...], der; -ses (auch: -), -se: Großraumflugzeug[typ]

Air|line ['ɛ:ɐ̯laɪ̯n], die; -, -s: Fluglinie, Fluggesellschaft

Air|port ['ɛ:ɐ̯...], der; -s, -s: Flughafen

Aja|tol|lah, der; -[s], -s: schiitischer Ehrentitel

Aka|de|mie, die; -, ...ien: 1. a) Institution, Vereinigung von Wissenschaftlern zur Förderung u. Vertiefung der Forschung; b) Gebäude für diese Institution. 2. Fach[hoch]schule

Aka|de|mi|ker, der; -s, -: 1. jmd., der eine abgeschlossene Universitäts- od. Hochschulausbildung hat. 2. Mitglied einer Akademie (1 a)

Aka|de|mi|ke|rin, die; -, -nen: weibliche Form zu ↑Akademiker

aka|de|misch: 1. an einer Universität od. Hochschule [erworben, erfolgend, üblich]. 2. a) wissenschaftlich; b) (abwertend) trocken, theoretisch; c) müßig, überflüssig

akaus|tisch (Chemie): nicht ätzend

Aka|zie, die; -, -n: a) tropischer Laubbaum; b) (ugs.) ↑Robinie

Ake|lei, die; -, -en: Zier- u. Heilpflanze

Ak|kla|ma|ti|on, die; -, -en: 1. beistimmender Zuruf ohne Einzelabstimmung [bei Parlamentsbeschlüssen]. 2. Beifall, Applaus

Ak|kli|ma|ti|sa|ti|on, die; -, -en: Anpassung eines Organismus an veränderte Lebensverhältnisse, an ein fremdes Klima

ak|kli|ma|ti|sie|ren: 1. sich an ein anderes Klima gewöhnen. 2. sich eingewöhnen

Ak|kli|ma|ti|sie|rung, die; -, -en: ↑Akklimatisation

Ak|kom|mo|da|ti|on, die; -, -en: Angleichung, Anpassung

Ak|kord, der; -[e]s, -e: 1. (Musik) Zusammenklang von mindestens drei Tönen verschiedener Tonhöhe. 2. gütlicher Ausgleich zwischen gegensätzlichen Interessen. 3. Bezahlung nach der Stückzahl, Stücklohn

Ak|kord|ar|beit, die; -: [auf Schnelligkeit ausgerichtetes] Arbeiten im Stücklohn

Ak|kor|de|on, das; -s, -s: Handharmonika

Ak|kor|de|o|nist, der; -en, -en: jmd., der [berufsmäßig] Akkordeon spielt

Ak|kord|lohn, der; -[e]s, ...löhne: Stücklohn, Leistungslohn

ak|kre|di|tie|ren: beglaubigen (bes. einen diplomatischen Vertreter eines Landes)

Ak|kre|di|tiv, das; -s, -e: Beglaubigungsschreiben eines diplomatischen Vertreters

Ak|ku, der; -s, -s: kurz für: ↑Akkumulator (1)

Ak|kul|tu|ra|ti|on, die; -, -en (Völkerkunde, Sozialpsychol.): Übernahme fremder geistiger u. materieller Kulturgüter durch Einzelne od. Gruppen

Ak|ku|mu|la|ti|on, die; -, -en: Anhäufung, Speicherung, Ansammlung

Ak|ku|mu|la|tor, der; -s, ...oren: 1. Gerät zur Speicherung von elektrischer Energie in Form von chemischer Energie. 2. (EDV) Speicherzelle einer Rechenanlage

ak|ku|mu|lie|ren: anhäufen; speichern

ak|ku|rat: 1. sorgfältig, genau, ordentlich. 2. (ugs., südd. u. österr.) exakt, genau

Ak|ku|ra|tes|se, die; -: Sorgfalt, Genauigkeit

Ak|ku|sa|tiv, der; -s, -e (Sprachwiss.): 4. Fall, Wenfall (Abk.: Akk.)

Ak|ku|sa|tiv|ob|jekt, das; -s, -e: Ergänzung eines Verbs im 4. Fall (z. B. sie fährt *den Wagen*)

Ak|me, die; -: Gipfel, Höhepunkt einer Entwicklung, bes. einer Krankheit od. des Fiebers

Ak|ne, die; -, -n (Med.): mit Knötchen- u. Pustelbildung verbundene Entzündung der Talgdrüsen

Ako|luth vgl. Akolyth

Ako|lyth, Ako|luth, der; -en u. -s, -en: Laie (2), der während der [1]Messe (1) bestimmte Dienste am Altar verrichtet

Akon|to|zah|lung, die; -, -en: Anzahlung, Abschlagszahlung; vgl. a conto

ak|qui|rie|ren: 1. erwerben, an-, herbeischaffen, beibringen. 2. als Akquisiteur[in] tätig sein

Ak|qui|se, die; -, -n (ugs.): ↑Akquisition (2)

Ak|qui|si|teur [...'tøːɐ̯], der; -s, -e: a) Kundenwerber; b) Person, die Anzeigen für eine Zeitung einholt

Ak|qui|si|teu|rin [...'tø:rɪn], die; -, -nen: weibliche Form zu ↑Akquisiteur

Ak|qui|si|ti|on, die; -, -en: 1. Erwerbung. 2. Kundenwerbung, bes. durch Vertreter

Ak|ri|bie, die; -: höchste Genauigkeit, Sorgfalt

ak|ri|bisch: mit Akribie, sehr genau, sorgfältig

Ak|ro|bat, der; -en, -en: jmd., der turnerische, gymnastische od. tänzerische Übungen beherrscht u. [im Zirkus od. Varieté] vorführt

Ak|ro|ba|tik, die; -: a) Kunst, Leistung eines Akrobaten; b) überdurchschnittliche Geschicklichkeit u. Körperbeherrschung

ak|ro|ba|tisch: a) den Akrobaten betreffend; b) körperlich besonders gewandt

Ak|ro|le|in, das; -s: scharf riechender, sehr reaktionsfähiger ↑Aldehyd

Ak|ro|nym, das; -s, -e: aus den Anfangsbuchstaben mehrerer Wörter od. der Bestandteile eines Kompositums gebildetes Kurzw.; Initialwort (z. B. EDV aus elektronische *Datenverarbeitung*)

Ak|ro|po|lis, die; -, ...polen: geschützter Zufluchtsplatz vieler altgr. Städte

Ak|ro|s|ti|chon, das; -s, ...chen u. ...cha: a) Gesamtheit der Anfangsbuchstaben, -silben od. -wörter der Verszeilen od. Strophen, die ein Wort od. einen Satz ergeben; b) Gedicht, das Akrostichen enthält

Akt, der; -[e]s, -e: 1. a) Vorgang, Vollzug, Handlung; b) Feierlichkeit, Zeremonie. 2. Abschnitt, Aufzug eines Theaterstücks. 3. künstlerische Darstellung des nackten menschlichen Körpers. 4. ↑Koitus. 5. ↑Akte

Ak|te, die; -, -n: [geordnete] Sammlung zusammengehörender Schriftstücke

Ak|teur [ak'tø:ɐ̯], der; -s, -e: 1. handelnde Person. 2. Schauspieler

Ak|tie ['aktsi̯ə], die; -, -n: Anteilschein am Grundkapital einer Aktiengesellschaft

Ak|ti|en|ge|sell|schaft, die; -, -en: Handelsgesellschaft, deren Grundkapital (Aktienkapital) von Gesellschaftern (↑Aktionären) aufgebracht wird, die nicht persönlich, sondern mit ihren Einlagen für die Verbindlichkeiten haften (Abk.: AG)

Ak|ti|en|kurs, der; -es, -e: an der Börse festgestellter Preis von Wertpapieren

Ak|ti|on, die; -, -en: a) gemeinsames, gezieltes Vorgehen; b) planvolle Maßnahme

Ak|ti|o|när, der; -s, -e: Inhaber von ↑Aktien einer ↑Aktiengesellschaft

Ak|ti|o|nä|rin, die; -, -nen: weibliche Form zu ↑Aktionär

Ak|ti|o|nis|mus, der; -: (oft abwertend) übertriebener Tätigkeitsdrang

Ak|ti|ons|ra|di|us, der; -, ...ien: Wirkungsbereich, Reichweite

ak|tiv ['akti:f]: 1. a) unternehmend, geschäftig; zielstrebig; b) selbst in einer Sache tätig, sie ausübend. 2. a) im Militärdienst stehend (im Unterschied zur Reserve); b) als Mitglied einer Sportgemeinschaft regelmäßig an sportlichen Wettkämpfen teilnehmend

Ak|tiv [auch: ak'ti:f], das; -s, -e (Sprachwiss.): Verhaltensrichtung des Verbs, die vom Subjekt her gesehen ist; z. B. er *streicht* sein Zimmer; die Rosen *blühen*

Ak|ti|va, Ak|ti|ven, die (nur Plural): Vermögenswerte eines Unternehmens auf der linken Seite der ↑Bilanz

ak|ti|vie|ren: a) zu größerer Aktivität (1) veranlassen; b) in Tätigkeit setzen, in Gang bringen, zu größerer Wirksamkeit verhelfen

Ak|ti|vie|rung, die; -, -en: 1. (ohne Plural) das Aktivieren (a). 2. (ohne Plural; Wirtsch.) Erfassung von Vermögenswerten in der ↑Bilanz. 3. (Chemie) Prozess, durch den chemische Elemente in einen reaktionsfähigen Zustand versetzt werden

Ak|ti|vis|mus, der; -: aktives Vorgehen, Tätigkeitsdrang

Ak|ti|vist, der; -en, -en: 1. zielstrebig Handelnder. 2. (DDR) jmd., der sich im sozialistischen Wettbewerb durch besondere Leistungen Verdienste erworben hat

Ak|ti|vi|tät, die; -, -en: 1. (ohne Plural) Tätigkeitsdrang, Betriebsamkeit, Unternehmungsgeist. 2. (ohne Plural) a) (Chemie) Maß für den radioaktiven Zerfall; vgl. Radioaktivität; b) optische Aktivität. 3. (nur Plural) das Tätigwerden in einer bestimmten Weise

Ak|tiv|koh|le, die; -: staubfeiner, poröser Kohlenstoff, als ↑Adsorbens zur Entgiftung u. Reinigung benutzt; Kurzw.: A-Kohle

A

Ak|tiv|pos|ten, der; -s, -: Vermögensposten auf der Aktivseite der Bilanz

Ak|t|ri|ce [ak'tri:sə], die; -, -n: Schauspielerin

ak|tu|a|li|sie|ren: auf den neuesten Stand bringen

Ak|tu|a|li|tät, die; -, -en: 1. (ohne Plural) aktuelle Bedeutung für die Gegenwart. 2. (nur Plural) Tagesereignisse, jüngste Geschehnisse

ak|tu|ell: gegenwärtig, modern

Aku|pres|sur, die; -, -en: (der Akupunktur verwandtes) Verfahren, bei dem durch kreisende Bewegungen der Fingerkuppen – unter leichtem Druck – auf bestimmten Körperstellen Schmerzen behoben werden sollen

Aku|punk|teur [...'tø:ɐ̯], der; -s, -e: jmd., der Akupunkturen durchführt

Aku|punk|teu|rin [...'tø:rɪn], die; -, -nen: weibliche Form zu ↑Akupunkteur

Aku|punk|tur, die; -, -en (Med.): Heilbehandlung durch Einstiche von feinen Nadeln

Akus|tik, die; -, -en: 1. a) Lehre vom Schall, von den Tönen; b) Schalltechnik. 2. Klangwirkung

akus|tisch: a) die Akustik (1, 2) betreffend; b) klanglich; vgl. auditiv

akut: 1. im Augenblick herrschend; vordringlich, brennend; unmittelbar. 2. (Med.) unvermittelt [auftretend], schnell u. heftig [verlaufend]

Akut, der; -s, -e: Betonungszeichen, Akzent für steigende Stimmführung (z. B. é); vgl. Accent aigu

Ak|ze|le|ra|tor, der; -s, ...oren: (Kernphysik) Teilchenbeschleuniger

Ak|zent, der; -[e]s, -e: 1. Betonung (z. B. einer Silbe). 2. Betonungszeichen. 3. (ohne Plural) Tonfall, Aussprache

ak|zen|tu|ie|ren: a) beim Sprechen hervorheben; b) betonen, Nachdruck legen auf etwas

Ak|zept, das; -[e]s, -e: 1. Annahmeerklärung auf einem Wechsel. 2. akzeptierter Wechsel

ak|zep|ta|bel: annehmbar, brauchbar

Ak|zep|tant, der; -en, -en: 1. jmd., der durch das Akzept (1) zur Bezahlung eines Wechsels verpflichtet ist. 2. Empfänger, Aufnehmender

Ak|zep|tanz, die; -, -en (bes. Werbespr.): Bereitschaft, etw. zu akzeptieren

ak|zep|tie|ren: annehmen, billigen

Ak|zep|tie|rung, die; -, -en: das Anerkennen, Einverstandensein mit etwas/jmdm.

ak|zes|so|risch: hinzutretend, nebensächlich

ak|zi|den|tell, ak|zi|den|ti|ell: 1. zufällig, unwesentlich. 2. (Med.) nicht zum gewöhnlichen Krankheitsbild gehörend; zufällig auftretend

Ak|zi|denz, die; -, -en: (meist Plural) Druckarbeit, die nicht zum Buch-, Zeitungs- u. Zeitschriftendruck gehört (z. B. Drucksachen, Formulare, Prospekte, Anzeigen)

à la: auf, nach Art von

à la baisse [ala'bɛ:s] (Börsenw.): im Hinblick auf (wahrscheinlich) fallende Kurse

Ala|bas|ter, der; -s, -: feinkörnige, weißliche, meist durchscheinende Gipsart

ala|bas|tern: 1. aus Alabaster. 2. wie Alabaster

à la bonne heure [alabɔ'nœ:r]: recht so!, ausgezeichnet!, bravo!

à la carte [ala'kart]: nach der Speisekarte (z. B. à la carte essen)

à la hausse [ala'o:s] (Börsenw.): im Hinblick auf (wahrscheinlich) steigende Kurse

à la longue [ala'lõ:g]: auf die Dauer

à la mode [ala'mɔd]: nach der neuesten Mode

Alarm, der; -s, -e: 1. Warnung bei Gefahr, Gefahrensignal. 2. Aufregung, Beunruhigung

alar|mie|ren: 1. eine Person od. Institution zu Hilfe rufen. 2. beunruhigen, warnen

Alaun, der; -s, -e: Kalium-Aluminium-Sulfat (ein Mineral)

Al|ba|t|ros, der; -, -se: großer Sturmvogel [der südlichen Erdhalbkugel]

Al|be, die; -, -n: weißes Untergewand der kath. u. anglikan. Geistlichen

Al|bi|gen|ser, der; -s, -: Angehöriger einer Sekte des 12./13. Jh.s in Südfrankreich u. Oberitalien

Al|bi|nis|mus, der; - (Biol., Med.): erblich bedingtes Fehlen von ↑Pigment (1) bei Lebewesen

Al|bi|no, der; -s, -s: 1. an Albinismus leidender Mensch. 2. a) Tier mit fehlender Farbstoffbildung; b) [Blüten]blatt, Samenkorn o. Ä. mit fehlender Farbstoffbildung

Al|bi|on (dichter.): England

A

Al|bum, das; -s, ...ben: Buch zum Sammeln von Briefmarken, Fotografien o. Ä.
Al|bu|min, das; -s, -e (meist Plural): einfacher, wasserlöslicher tierischer Eiweißkörper
Al|can|ta|ra®, das; -[s]: hochwertiges Wildlederimitat, das für Kleidungsstücke verarbeitet wird
Al|che|mie, die; -: 1. Chemie des Mittelalters. 2. Versuche, unedle Stoffe in edle, bes. in Gold, zu verwandeln
Al|che|mist, der; -en, -en: 1. jmd., der sich mit Alchemie (1) befasst. 2. Goldmacher
Al|de|hyd, der od. das; -s, -e (Chemie): chemische Verbindung, die durch Wasserstoffentzug aus Alkoholen entsteht
al den|te (Gastron.): nicht ganz weich gekocht
Al|der|man [ˈɔːldəmən], der; -s, ...men [...mən]: [ältester] Ratsherr, Vorsteher, Stadtrat in angelsächsischen Ländern
Ale [eːl], das; -s, -s: helles englisches Bier
ale|a|to|risch: vom Zufall abhängig
alert: munter, aufgeweckt, frisch
Alert [əˈlœːɐ̯t], der od. das; -s, -s: Internetdienst, der auf Anfrage bestimmte Neuigkeiten per RSS-Feed, E-Mail o. Ä. meldet
Ale|vis|mus, der; -: eine islamische Religionsgemeinschaft
Ale|vit, der; -en, -en: Anhänger des ↑Alevismus
Ale|vi|tin, die; -, -nen: weibliche Form zu ↑Alevit
Al|fa, Hal|fa, die; -: ↑Esparto
al fres|co vgl. a fresco
Al|ge, die; -, -n: im Wasser lebende Pflanze
Al|ge|b|ra [österr. u. schweiz.: alˈgeːbra], die; -, ...ebren: 1. (ohne Plural) Lehre von den Gleichungen; Theorie der Verknüpfungen mathematischer Strukturen. 2. algebraische Struktur
al|ge|b|ra|isch: die Algebra betreffend
ALGOL, Al|gol, das; -s (EDV): Formelsprache zur Programmierung von Rechenanlagen
Al|go|lo|gie, die; -: Algenkunde
al|go|rith|misch: einem methodischen Rechenverfahren folgend
Al|go|rith|mus, der; -, ...men: Rechenvorgang, der nach einem bestimmten [sich wiederholenden] Schema abläuft
ali|as: mit anderem Namen, auch ... genannt
Ali|bi, das; -s, -s: a) (Rechtswiss.) Beweis, Nachweis der persönlichen Abwesenheit vom Tatort zur Tatzeit des Verbrechens; b) Entschuldigung, Ausrede, Rechtfertigung
Ali|en [ˈeɪli̯ən], der od. das; -s, -s: außerirdisches Lebewesen
Ali|e|na|ti|on, die; -, -en: 1. Entfremdung. 2. bestimmte Art der Veräußerung, des Verkaufs
Ali|e|ni|tät, die; -: grundlegende interkulturelle Andersartigkeit
Ali|men|ta|ti|on, die; -, -en: die finanzielle Leistung für den Lebensunterhalt [von Berufsbeamten], Unterhaltsgewährung
Ali|men|te, die (nur Plural): Unterhaltsbeiträge (bes. für nicht eheliche Kinder)
ali|men|tie|ren: Lebensunterhalt gewähren
Al|ka|li [auch: ˈal...], das; -s, ...alien: ↑Hydroxid der Alkalimetalle
Al|ka|li|me|tall, das; -[e]s, -e (Chemie): chemisch sehr reaktionsfähiges Metall (z. B. Lithium, Natrium, Kalium)
al|ka|lisch: basisch, laugenhaft
Al|ka|lo|id, das; -s, -e: basische, bes. in Pflanzen vorkommende Stickstoffverbindung
Al|kan, das; -s, -e (meist Plural): gesättigter Kohlenwasserstoff
Al|ka|zar [alˈkaːzar, auch: alkaˈtsaːɐ̯], der; -[s], ...are, **Al|cá|zar,** der; -[s], -es: spanische Bezeichnung für: Burg, Schloss, Palast
Al|ko|hol, der; -s, -e: 1. organische Verbindung mit einer od. mehreren ↑Hydroxylgruppen. 2. (ohne Plural) ↑Äthylalkohol (Bestandteil aller alkoholischen Getränke). 3. (ohne Plural) Weingeist enthaltendes Getränk
Al|ko|ho|li|ker, der; -s, -: Gewohnheitstrinker
Al|ko|ho|li|ke|rin, die; -, -nen: weibliche Form zu ↑Alkoholiker
al|ko|ho|lisch: 1. den ↑Äthylalkohol betreffend. 2. Alkohol enthaltend
al|ko|ho|li|sie|ren: 1. mit Alkohol versetzen. 2. betrunken machen
al|ko|ho|li|siert: unter der Wirkung alkoholischer Getränke stehend, betrunken
Al|ko|ho|lis|mus, der; -: 1. (Med.) durch Alkoholmissbrauch hervorgerufene Schäden; chronische Alkoholvergiftung. 2. Trunksucht

A

Al|ko|mat, der; -en, -en: Gerät zur Messung des Alkoholspiegels im Blut
Al|ko|ven, der; -s, -: Bettnische, Nebenraum
Al|lah (bes. islam. Rel.): Gott
Al|lee, die; -, Alleen: von hohen Bäumen dicht gesäumte Straße, [Park]weg
Al|le|go|rie, die; -, ...ien: Darstellung eines abstrakten Begriffs in einem Bild
al|le|go|risch: sinnbildlich
al|le|g|ret|to (Musik): weniger schnell als allegro, mäßig schnell
Al|le|g|ret|to, das; -s, -s u. ...tti: mäßig schnelles Musikstück
al|le|g|ro (Musik): lebhaft, schnell
Al|le|g|ro, das; -s, -s u. ...gri: schnelles Musikstück
al|le|lu|ja vgl. halleluja
Al|l|er|gen, das; -s, -e (Med.): Stoff (z. B. Blütenpollen), der Krankheitserscheinungen (z. B. Heuschnupfen) hervorrufen kann
Al|l|er|gie, die; -, ...ien (Med.): krankhafte Reaktion des Organismus auf bestimmte körperfremde Stoffe
Al|l|er|gi|ker, der; -s, - (Med.): jmd., der für Allergien anfällig ist
Al|l|er|gi|ke|rin, die; -, -nen: weibliche Form zu ↑Allergiker
al|l|er|gisch: 1. (Med.) die Allergie betreffend. 2. überempfindlich, eine Abneigung gegen etwas od. jmdn. empfindend
Al|l|er|go|lo|ge, der; -n, -n (Med.): Wissenschaftler auf dem Gebiet der Allergologie
Al|l|er|go|lo|gie, die; - (Med.): med. Forschungsrichtung, die sich mit Allergien befasst
Al|l|er|go|lo|gin, die; -, -nen: weibliche Form zu ↑Allergologe
al|lez [a'le:]: vorwärts!; los!
Al|li|anz, die; -, -en: Bündnis, Vereinigung
Al|li|ga|tor, der; -s, ...oren: zu den Krokodilen gehörendes Kriechtier
al|li|ie|ren: verbünden
all-in|clu|sive ['ɔ:l(ʔ)ɪn'klu:sɪv]: alles [ist im Preis] enthalten (bei Pauschalreisen u. Ä.)
Al|li|te|ra|ti|on, die; -, -en: Stabreim, gleicher Anlaut der betonten Silben aufeinanderfolgender Wörter (z. B. bei *W*ind und *W*etter)
Al|lod, das; -s, -e, **Al|lo|di|um,** das; -s, ...ien (Rechtswiss.): im mittelalterlichen Recht der persönliche Besitz, das Familienerbgut
al|lons [a'lõ:]: vorwärts!, los!
Al|lo|pa|thie, die; - (Med.): Heilverfahren, das Krankheiten mit entgegengesetzt wirkenden Mitteln zu behandeln sucht
Al|lo|t|ria, das; -[s], - (Plural selten): mit Lärm, Tumult o. Ä. ausgeführter Unfug
all right ['ɔ:l 'rai̯t]: richtig!, in Ordnung!
All|roun|der [ɔ:l'rau̯ndɐ], der; -s, -: 1. Mann, der Kenntnisse u. Fähigkeiten auf zahlreichen Gebieten besitzt. 2. Gerät, das verschiedene Funktionen ausführen kann
All|roun|de|rin, die; -, -nen: weibliche Form zu ↑Allrounder (1)
Al|lü|ren, die: (nur Plural) Umgangsformen, [auffallendes, als Besonderheit hervorstechendes] Benehmen, [arrogantes] Auftreten
al|lu|vi|al (Geol.): das Alluvium betreffend; [durch Ströme] angeschwemmt, abgelagert
Al|lu|vi|um, das; -s (veraltend): ↑Holozän
Al|ma Ma|ter, die; - -: Universität, Hochschule
Al|ma|nach, der; -s, -e: 1. kalendarisch angelegtes Jahrbuch. 2. Verlagskatalog
Al|mo|sen, das; -s, -: [milde] Gabe, Spende
Aloe ['a:loe], die; -, -n: dickfleischiges Liliengewächs der Tropen u. Subtropen
Aloe ve|ra, die; - -: feuchtigkeitsspeichernde Aloe, deren Inhaltsstoffe bes. für Hautpflegemittel verwendet werden
alo|gisch: ohne Logik, vernunftlos, -widrig
Al|pha, das; -[s], -s: erster Buchstabe des griechischen Alphabets (Α, α)
Al|pha|bet, das; -[e]s, -e: 1. festgelegte Reihenfolge der Schriftzeichen einer Sprache. 2. (Informatik) Menge von unterscheidbaren Zeichen u. deren mögliche Kombination in einem formalen System
al|pha|be|tisch: der Reihenfolge des Alphabets folgend
al|pha|be|ti|sie|ren: 1. nach dem Alphabet ordnen. 2. einem ↑Analphabeten Lesen u. Schreiben beibringen
al|pha|nu|me|risch: (EDV) neben Ziffern u. Operationszeichen auch beliebige Zeichen eines Alphabets enthaltend
Al|pha|strah|len, α-Strah|len, die (nur Plural)

(Kernphysik): radioaktive Strahlen, die als Folge von Kernreaktionen auftreten

Al|pha|tier, das; -[e]s, -e: (bei Tieren, die in Gruppen mit Rangordnung leben) Tier, das die Gruppe beherrscht

al|pin: 1. a) die Alpen od. das Hochgebirge betreffend; b) in den Alpen od. im Hochgebirge vorkommend. 2. (Skisport) den Abfahrtslauf, Super-G, Riesenslalom u. Slalom betreffend. 3. den Alpinismus betreffend

Al|pi|nis|mus, der; -: als Sport betriebenes Bergsteigen im Hochgebirge

Al|pi|num, das; -s, ...nen: Anlage mit Gebirgspflanzen [für wissenschaftliche Zwecke]

al se|g|no [al'zɛnjo]: bis zum Zeichen (bei Wiederholung eines Tonstückes; Abk.: al s.)

Alt, der; -s, -e: 1. tiefe Frauen- od. Knabensingstimme. 2. ↑Altistin. 3. Gesamtheit der Altstimmen im gemischten Chor

Al|tan, der; -[e]s, -e, **Al|ta|ne,** die; -, -n (Archit.): Söller, vom Erdboden aus gestützter balkonartiger Anbau

Al|tar, der; -[e]s, ...täre: 1. erhöhter Aufbau für gottesdienstliche Handlungen in christlichen Kirchen. 2. heidnische [Brand]opferstätte

Al|tar[s]|sa|k|ra|ment, das; -[e]s: ↑Eucharistie (a)

Al|te|ra|ti|on, die; -, -en: 1. (Med.) [krankhafte] Veränderung eines Zustands. 2. (Musik) ↑chromatische (1) Veränderung eines Tones innerhalb eines Akkords

Al|ter Ego [auch: - 'ɛgo], das; - -[s], - -s: sehr enger, vertrauter Freund

Al|te|ri|tät, die; -: partielle interkulturelle Andersartigkeit

Al|ter|nanz, die; -, -en: Wechsel, Abwechslung

al|ter|na|tiv: 1. wahlweise; zwischen zwei Möglichkeiten die Wahl lassend. 2. a) eine Haltung vertretend, die bestimmte Vorstellungen von anderen Formen des Zusammenlebens zu verwirklichen sucht; b) im Gegensatz zum Herkömmlichen stehend

Al|ter|na|tiv|be|we|gung, die; -, -en: Protestbewegung, die sich als Alternative zur bürgerlichen Gesellschaft versteht

[1]**Al|ter|na|ti|ve,** die; -, -n: a) freie, aber unabdingbare Entscheidung zwischen zwei Möglichkeiten (der Aspekt des Entweder-oder); b) andere Möglichkeit; Möglichkeit des Wählens zwischen zwei od. mehreren Dingen

[2]**Al|ter|na|ti|ve,** der od. die; -n, -n: Anhänger der alternativen (2) Idee

Al|ter|na|tiv|ener|gie, die; -, -n: aus anderen Quellen (z. B. Sonne) als den herkömmlichen (z. B. Kohle, Öl) geschöpfte Energie (2)

al|ter|nie|ren: [ab]wechseln

Al|tis|tin, die; -, -nen: Sängerin mit Altstimme

Al|t|ru|is|mus, der; -: durch Rücksicht auf andere gekennzeichnete Denk- u. Handlungsweise, Selbstlosigkeit

al|t|ru|is|tisch: selbstlos, uneigennützig

Alu|fo|lie: ↑Aluminiumfolie

Alu|mi|ni|um, das; -s: chem. Element; ein Leichtmetall (Zeichen: Al)

Alu|mi|ni|um|fo|lie, die; -, -n: dünne ↑Folie aus Aluminium

Alum|nus, der; -, ...ni: Absolvent einer Schule, Hochschule; Ehemaliger

Al|ve|o|le, die; -, -n (meist Plural): 1. Knochenmulde im Ober- od. Unterkiefer, in der die Zahnwurzeln sitzen. 2. Lungenbläschen

a. m. [ɛɪ̯ 'ɛm]: vormittags (engl. Uhrzeitangabe)

Amal|gam, das; -s, -e: Quecksilberlegierung

amal|ga|mie|ren: 1. eine Quecksilberlegierung herstellen. 2. verbinden, vereinigen

Ama|ret|to, der; -s, ...tti: 1. ein Mandellikör. 2. (meist Plural) ein Mandelgebäck

Ama|ryl|lis, die; -, ...llen: eine Zierpflanze

Ama|teur [...'tøːɐ̯], der; -s, -e: a) jmd., der eine bestimmte Tätigkeit nur aus Liebhaberei betreibt; b) aktives Mitglied eines Sportvereins, das eine bestimmte Sportart ohne Entgelt betreibt; c) Nichtfachmann

Ama|teu|rin [...'tøːrɪn], die; -, -nen: weibliche Form zu ↑Amateur

Ama|zo|ne, die; -, -n: 1. a) Turnierreiterin; b) Fahrerin beim Motorsport. 2. hübsche, sportliche Frau. 3. betont männlich auftretende Frau, Mannweib

Am|ber, der; -s, -[n], **Am|b|ra,** die; -, -s: fettige Darmausscheidung des Pottwals, die als Duftstoff verwendet wird

Am|bi|en|te, das; -: 1. (bild. Kunst) Gesamtheit

A

dessen, was eine Gestalt umgibt (Licht, Luft, Gegenstände). 2. die besondere Atmosphäre, die eine Persönlichkeit od. einen Raum umgibt

am|big, am|bi|gu [ãbi'gy:]: mehrdeutig, doppelsinnig

Am|bi|gu|i|tät, die; -, -en: Mehr-, Doppeldeutigkeit von Wörtern, Werten, Symbolen

Am|bi|ti|on, die; -, -en (meist Plural): höhergestecktes Ziel; ehrgeiziges Streben

am|bi|ti|o|niert: ehrgeizig, strebsam

am|bi|ti|ös: ehrgeizig

am|bi|va|lent: in sich widersprüchlich; zwiespältig

Am|bi|va|lenz, die; -, -en: Zwiespältigkeit, Zerrissenheit [der Gefühle u. Bestrebungen]

Am|b|ra, die; -, -s: Amber

Am|b|ro|sia, die; -: 1. (in der gr. Mythologie) Speise der Götter. 2. eine Süßspeise

am|b|ro|si|a|nisch: ambrosianische Liturgie: von der römischen ↑Liturgie abweichende Gottesdienstform der alten Kirchenprovinz Mailand; **ambrosianischer Lobgesang:** das (fälschlich auf Ambrosius zurückgeführte) ↑Tedeum

am|bu|lant: 1. nicht fest an einen bestimmten Ort gebunden. 2. (Med.) nicht an eine Krankenhausaufnahme gebunden

Am|bu|lanz, die; -, -en (Med.): 1. Rettungswagen, Krankentransportwagen. 2. Abteilung zur ambulanten Behandlung in [größeren] Kliniken

amen: bekräftigendes Wort als Abschluss eines Gebets u. liturg. Akklamation im christl., jüd. u. islam. Gottesdienst

Amen, das; -s, -: bekräftigende liturgische Abschlussformel nach Gebet, Segen o. Ä.

Amen|de|ment [amãdə'mã:], **Amend|ment** [ə'mɛndmənt] das; -s, -s (Rechtswiss.): a) Änderungsantrag zu einem Gesetzentwurf; b) Gesetz zur Änderung od. Ergänzung eines bereits erlassenen Gesetzes

Ame|nor|rhö, die; -, -en (Med.): Ausbleiben bzw. Fehlen der ↑Menstruation

Ame|ri|can Foot|ball, der; - -[s]: ↑Football

Ame|ri|ci|um, das; -s: chem. Element; ↑Transuran (Zeichen: Am)

ame|ri|ka|ni|sie|ren: a) der amerikanischen Sprache od. den amerikanischen Verhältnissen angleichen; b) (einen Betrieb, eine Firma) mit US-amerikanischem Kapital ausstatten, unter US-amerikanische Leitung stellen

Ame|ri|ka|nis|mus, der; -, ...men: 1. sprachliche Besonderheit des amerikanischen Englisch. 2. Entlehnung aus dem Amerikanischen [ins Deutsche]

Ame|ri|ka|nis|tik, die; -: 1. wissenschaftl. Erforschung der Geschichte, Sprache u. Kultur der USA. 2. wissenschaftl. Erforschung der Geschichte, Sprache u. Kultur des alten Amerikas

Ame|thyst, der; -[e]s, -e: violetter bis purpurroter Schmuckstein

[1]**Ami,** der; -s, -s (ugs.): Amerikaner

[2]**Ami,** die; -, -s (ugs.): amerikanische Zigarette

Amid, das; -s, -e: chem. Verbindung des Ammoniaks, bei der ein Wasserstoffatom des Ammoniaks durch ein Metall ersetzt ist

Amin, das; -s, -e: von Ammoniak abgeleitete Stickstoffverbindung

Ami|no|säu|re, die; -, -n (meist Plural) (Biochemie): organische Säure (wichtigster Baustein der Eiweißkörper)

Ami|to|se, die; -, -n (Biol.): Zellkernteilung

Am|mo|ni|ak [auch: 'a...], das; -s: stechend riechende gasförmige Verbindung von Stickstoff u. Wasserstoff

Am|mons|horn, das; -[e]s, ...hörner (Anat., Zool.): Teil des Großhirns bei Säugetieren u. beim Menschen

Am|ne|sie, die; -, ...ien (Med.): Erinnerungslosigkeit, Gedächtnisschwund

Am|nes|tie, die; -, ...ien: Straferlass od. Strafmilderung für bestimmte Fälle, bes. für politische Vergehen

am|nes|tie|ren: jmdm. [durch Gesetz] die weitere Verbüßung einer Freiheitsstrafe erlassen

Am|nes|ty In|ter|na|tio|nal ['æmnɪsti ɪntɐ'næʃənl], die; - -: 1961 gegründete internationale Organisation zum Schutze der Menschenrechte (Abk.: ai)

Amö|be, die; -, -n: Einzeller der Klasse der Wurzelfüßer; Krankheitserreger

Amok [auch: a'mɔk], der; -[s]: **Amok laufen:** in einem Zustand krankhafter Verwirrung [mit einer Waffe] umherlaufen u. blindwütig töten; **Amok fahren:** in wilder Zerstörungswut mit einem Fahrzeug umherfahren

amo|ra|lisch: a) sich außerhalb der Moral od. moralischer Bewertung befindend; b) sich über die herrschende Moral hinwegsetzend

Amo|ra|li|tät, die; -: Haltung, Lebensführung, die keine Moral für sich anerkennt

Amo|ret|te, die; -, -n (Kunstwiss.): Figur eines nackten, geflügelten, Pfeil u. Bogen tragenden kleinen Knaben

amo|ro|so (Musik): zärtlich, innig

amorph: ungeformt, gestaltlos

Amor|ti|sa|ti|on, die; -, -en: allmähliche Tilgung einer langfristigen Schuld

amor|ti|sie|ren: eine Schuld nach einem vorgegebenen Plan allmählich tilgen

Am|pere [amˈpeːɐ̯], das; -[s], -: Einheit der elektrischen Stromstärke (Zeichen: A)

Am|pere|stun|de, die; -, -n: Einheit für die Menge der elektrischen Ladung, die transportiert wird, wenn Strom von 1 Ampere eine Stunde lang fließt (1 Ampere × 3 600 Sekunden = 3 600 Coulomb; Zeichen: Ah)

Am|phe|t|a|min, das; -s, -e (Chemie, Med.): indirekt wirkendes Sympathikomimetikum mit hohem Suchtpotenzial (z. B. Pep od. Speed)

Am|phi|bie [...bi̯ə], die; -, -n (meist Plural): Lurch

Am|phi|bi|en|fahr|zeug, das; -[e]s, -e: Kraftfahrzeug, das im Wasser u. auf dem Land verwendet werden kann

am|phi|bisch: im Wasser u. auf dem Land lebend od. sich bewegend

Am|phi|the|a|ter, das; -s, -: meist dachloses Theatergebäude der Antike in Form einer Ellipse mit stufenweise aufsteigenden Sitzen

Am|pho|ra, Am|pho|re, die; -, ...oren: zweihenkliges enghalsiges Gefäß der Antike

am|pho|ter (Chemie): sich teils als Säure, teils als Base verhaltend

am|p|li|fi|zie|ren: a) erweitern; b) ausführen

Am|p|li|tu|de, die; -, -n (Math., Physik): größter Ausschlag einer Schwingung (z. B. beim Pendel) aus der Mittellage

Am|pul|le, die; -, -n (Med.): kleiner, keimfrei zugeschmolzener Glasbehälter

Am|pu|ta|ti|on, die; -, -en (Med.): operative Abtrennung eines Körperteils

am|pu|tie|ren (Med.): einen Körperteil operativ entfernen

Amu|lett, das; -[e]s, -e: kleiner, als Anhänger getragener Gegenstand, der Gefahren abwehren od. Glück bringen soll

amü|sant: unterhaltsam, vergnüglich

Amü|se|ment [amyz(ə)ˈmãː], das; -s, -s: unterhaltsamer, belustigender Zeitvertreib

amü|sie|ren: 1. jmdn. angenehm unterhalten; jmdn. erheitern, belustigen. 2. sich amüsieren: a) sich vergnügen, sich angenehm die Zeit vertreiben; b) sich über jmdn. od. etwas lustig machen

amu|sisch: ohne Kunstverständnis, ohne Kunstsinn

Ana|bap|tist, der; -en, -en: [Wieder]täufer

Ana|bo|li|kum, das; -s, ...ka (meist Plural) (Med.): den Aufbaustoffwechsel [des Körpereiweißes] fördernder Wirkstoff

Ana|chro|nis|mus, der; -, ...men: 1. a) falsche zeitliche Einordnung von Vorstellungen, Sachen od. Personen; b) Verlegung einer Erscheinung usw. in einen Zeitabschnitt, in den sie – historisch gesehen – nicht hineingehört. 2. eine durch die allgemeinen Fortschritte usw. überholte Erscheinung

ana|chro|nis|tisch: 1. den Anachronismus (1) betreffend. 2. nicht in eine bestimmte Zeit, Epoche passend; nicht zeitgemäß; zeitwidrig

an|ae|rob [anʔaeˈroːp, auch: ˈan...] (Biol.): ohne Sauerstoff lebend

An|ae|ro|bi|er, der; -s, -, **An|ae|ro|bi|ont,** der; -en, -en: niederes Lebewesen, das ohne Sauerstoff leben kann (z. B. Darmbakterien)

Ana|gramm, das; -s, -e: Buchstabenversetzrätsel

Ana|kon|da, die; -, -s: Riesenschlange

anal (Med.): a) zum After gehörend; b) den After betreffend; c) afterwärts gelegen

An|al|ge|sie, An|al|gie, die; -, ...ien (Med.): Schmerzlinderung; Aufhebung der Schmerzempfindung, Schmerzlosigkeit

An|al|ge|ti|kum, das; -s, ...ka (Med.): schmerzstillendes Mittel

A

ana|log: 1. ähnlich, vergleichbar, gleichartig; entsprechend. 2. (EDV) kontinuierlich, stufenlos

Ana|lo|gie, die; -, ...ien: 1. Entsprechung, Ähnlichkeit, Gleichheit von Verhältnissen, Übereinstimmung. 2. (Biol.) gleiche Funktion von Organen verschiedener entwicklungsgeschichtlicher Herkunft

Ana|log|rech|ner, der; -s, -: Rechenanlage, in der die Ausgangswerte u. das Ergebnis einer Rechenaufgabe als physikalische Größen dargestellt werden

Ana|log|uhr, die; -, -en: Uhr, die die Zeit auf einem Zifferblatt angibt

An|al|pha|bet [auch: 'an...], der; -en, -en: 1. jmd., der nicht lesen u. schreiben gelernt hat. 2. (abwertend) jmd., der in einer bestimmten Sache nichts weiß, nicht Bescheid weiß (z. B. ein politischer Analphabet)

An|al|pha|be|tin, die; -, -nen: weibliche Form zu ↑ Analphabet

Anal|ver|kehr, der; -s: Geschlechtsverkehr, bei dem der Penis in den After eingeführt wird

Ana|ly|se, die; -, -n: 1. systematische Untersuchung eines Gegenstandes od. Sachverhalts hinsichtlich aller einzelnen Komponenten od. Faktoren, die ihn bestimmen. 2. (Chemie) Ermittlung der Einzelbestandteile von zusammengesetzten Stoffen od. Stoffgemischen mit chemischen od. physikalischen Methoden

ana|ly|sie|ren: etwas [wissenschaftlich] zergliedern, zerlegen, untersuchen, auflösen, Einzelpunkte herausstellen

Ana|lyst [engl.: 'ænəlɪst], der; -en, -en u. (bei engl. Ausspr.:) -s, -s: Börsenfachmann, der die Wertpapierbörse beobachtet u. analysiert

Ana|ly|ti|ker, der; -s, -: a) jmd., der bestimmte Erscheinungen analysiert; b) Psychoanalytiker

Ana|ly|ti|ke|rin, die; -, -nen: weibliche Form zu ↑ Analytiker

ana|ly|tisch: zergliedernd, zerlegend

Ana|ly|zer ['ænəlai̯zɐ], der; -s, -: Software zur Datenanalyse

An|ä|mie, die; -, ...ien (Med.): a) Mangel an ↑ Hämoglobin bzw. roten Blutkörperchen im Blut; b) akuter Blutmangel nach plötzlichem schwerem Blutverlust

an|ä|misch (Med.): die Anämie (a, b) betreffend

Ana|m|ne|se, die; -, -n (Med.): Krankengeschichte nach Angaben des Patienten

Ana|nas, die; -, - u. -se: 1. tropische Pflanze mit rosettenartig angeordneten Blättern u. großen fleischigen Früchten. 2. Frucht der Ananaspflanze

ana|phy|lak|tisch (Med.): die ↑ Anaphylaxie betreffend

Ana|phy|la|xie, die; -, ...ien (Med.): Überempfindlichkeit, schockartige allergische (1) Reaktion, bes. gegen artfremdes Eiweiß

An|ar|chie, die; -, ...ien: a) Zustand der Herrschaftslosigkeit, Gesetzlosigkeit; Chaos in rechtlicher, politischer, wirtschaftlicher, gesellschaftlicher Hinsicht; b) (Philos.) gesellschaftlicher Zustand, in dem eine minimale Gewaltausübung durch Institutionen u. maximale Selbstverantwortung des Einzelnen vorherrscht

an|ar|chisch: herrschaftslos, gesetzlos, ohne feste Ordnung, chaotisch

An|ar|chis|mus, der; -, ...men: Lehre, die eine Gesellschaftsformation ohne Staatsgewalt u. gesetzlichen Zwang propagiert

An|ar|chist, der; -en, -en: Anhänger des Anarchismus

An|ar|chis|tin, die; -, -nen: weibliche Form zu ↑ Anarchist

an|ar|chis|tisch: dem Anarchismus entspringend, den Anarchismus vertretend

An|ar|cho, der; -s, -s (ugs.): jmd., der sich gegen die bestehende bürgerliche Gesellschaft auflehnt

An|äs|the|sie, die; -, ...ien (Med.): Zustand der [körperlichen] Empfindungslosigkeit, um operative od. diagnostische Maßnahmen durchführen zu können (herbeigeführt z. B. durch Narkose)

an|äs|the|sie|ren: schmerzunempfindlich machen, betäuben

An|äs|the|sist, der; -en, -en (Med.): Narkosefacharzt

An|äs|the|sis|tin, die; -, -nen: weibliche Form zu ↑Anästhesist

An|äs|the|ti|kum, das; -s, ...ka: Schmerzen stillendes, den Schmerz ausschaltendes Mittel

Ana|tom, der; -en, -en (Med.): Wissenschaftler auf dem Gebiet der Anatomie (1 a)

Ana|to|mie, die; -, ...ien: 1. a) (ohne Plural) Wissenschaft vom Bau des [menschlichen] Körpers und seiner Organe; b) Aufbau, Struktur des [menschlichen] Körpers. 2. anatomisches Institut. 3. Lehrbuch der Anatomie (1)

Ana|to|min, die; -, -nen: weibliche Form zu ↑Anatom

ana|to|misch: a) die Wissenschaft der Anatomie betreffend; b) den Bau des [menschlichen] Körpers betreffend; c) zergliedernd

An|chor|man [ˈɛŋkəmɛn], der; -, ...men [...men]: Journalist o. Ä., der im Rundfunk, Fernsehen, bes. in Nachrichtensendungen, die einzelnen journalistischen Beiträge vorstellt, die verbindenden Worte u. Kommentare spricht

An|chor|wo|man [ˈɛŋkəwʊmən], die; -, ...women [...wɪmɪn]: weibliche Form zu ↑Anchorman

An|cho|vis [...ˈʃoː...], die; -, -: eingelegte Sardelle od. Sprotte

An|ci|en Ré|gime [ãˈsi̯ɛ̃ː reˈʒiːm], das; - -: alte u. nicht mehr zeitgemäße Regierungsform, Gesellschaftsordnung, bes. in Bezug auf das Herrschafts- u. Gesellschaftssystem in Frankreich vor 1789

an|dan|te (Musik): ruhig, mäßig langsam, gemessen (Vortragsanweisung)

An|dan|te, das; -[s], -s: ruhiges, mäßig langsames, gemessenes Musikstück

an|dan|ti|no (Musik): etwas schneller als andante

An|dan|ti|no, das; -s, -s u. ...ni: kurzes Musikstück im Andante- od. Andantinotempo

an|do|cken: sich [im Weltraum] ankoppeln, an etwas anhängen

an|d|ro|gen (Med.): a) von der Wirkung eines Androgens; b) männliche Geschlechtsmerkmale hervorrufend

An|d|ro|gen, das; -s, -e: männliches Geschlechtshormon

[1]An|d|roid [ˈɛndrɔi̯t], das; -[s] (meist ohne Artikel): freies Betriebssystem für mobile Geräte

An|d|ro|i|de, der; -n, -n, **[2]An|d|ro|id,** der; -en, -en: (bes. in der futuristischen Literatur) künstlicher Mensch

An|d|ro|lo|gie, die; - (Med.): Männerheilkunde

An|ek|do|te, die; -, -n: kurze, oft witzige Geschichte (zur Charakterisierung einer bestimmten Persönlichkeit, einer bestimmten sozialen Schicht, einer bestimmten Zeit usw.)

an|ek|do|tisch: in Form einer Anekdote verfasst

Ane|mo|graf, Ane|mo|graph, der; -en, -en (Meteorol.): Windrichtung u. -geschwindigkeit messendes u. aufzeichnendes Gerät, Windschreiber

Ane|mo|ne, die; -, -n: Buschwindröschen

an|fi|xen (Jargon): jmdn. dazu überreden, sich zum ersten Mal eine Droge zu injizieren

An|ge|lus, der, auch: das; -, -: a) katholisches Gebet, das morgens, mittags u. abends beim sogenannten Angelusläuten gebetet wird; b) Glockenzeichen für das Angelusgebet; Angelusläuten

An|gi|na, die; -, ...nen (Med.): Entzündung des Rachenraumes, bes. der Mandeln

An|gi|na Pec|to|ris, die; - - (Med.): anfallartig auftretende Schmerzen hinter dem Brustbein infolge einer Erkrankung der Herzkranzgefäße

An|g|lai|se [ãɡˈlɛːzə], die; -, -n: alter Gesellschaftstanz

an|g|li|ka|nisch: zur Kirche von England gehörig

an|g|li|sie|ren: an die Sprache, die Sitten od. das Wesen der Engländer angleichen

An|g|list, der; -en, -en: jmd., der sich mit der Anglistik befasst [hat]

An|g|lis|tik, die; -: Wissenschaft von der englischen Sprache u. Literatur

An|g|lis|tin, die; -, -nen: weibliche Form zu ↑Anglist

An|g|li|zis|mus, der; -, ...men: Übertragung einer für das britische Englisch charakteristischen Erscheinung auf eine nicht englische Sprache

A

an|g|lo|fon, an|g|lo|phon: Englisch als Muttersprache sprechend

an|g|lo|phil: für alles Englische eingenommen; englandfreundlich

an|g|lo|phob: gegen alles Englische eingenommen

An|gos|tu|ra®, der; -[s], -s: Bitterlikör mit Zusatz von Angosturarinde, der getrockneten Zweigrinde eines südamerikanischen Baumes

Angst|psy|cho|se, die; -, -n (Med., Psychol.): sich in Angstzuständen äußernde Psychose

an|gu|lar: zu einem Winkel gehörend, Winkel...

An|hy|d|rid, das; -s, -e: chem. Verbindung, die aus einer anderen durch Wasserentzug entstanden ist

Ani|lin, das; -s: einfachstes aromatisches (von Benzol abgeleitetes) ↑Amin, Ausgangsprodukt für zahlreiche Arzneimittel, Farb- u. Kunststoffe

ani|ma|lisch: 1. tierisch, den Tieren eigentümlich. 2. triebhaft. 3. tierhaft

Ani|ma|teur [...'tøːɐ̯], der; -s, -e: jmd., der von einem Reiseunternehmen o. Ä. angestellt ist, um den Gästen durch Veranstaltung von Spielen o. Ä. Möglichkeiten für die Urlaubsgestaltung anzubieten

Ani|ma|teu|rin [...'tøːrɪn], die; -, -nen: weibliche Form zu ↑Animateur

Ani|ma|ti|on, die; -, -en: 1. filmtechnisches Verfahren, unbelebten Objekten im Trickfilm Bewegung zu verleihen. 2. (EDV) Erzeugung bewegter Bilder durch den Computer. 3. Gestaltung der Freizeit z. B. einer Reisegesellschaft durch eine Animateurin/einen Animateur

ani|ma|to (Musik): lebhaft, belebt, beseelt

Ani|mier|da|me, die; -, -n: Frau, die in [Nacht]lokalen die Gäste, bes. Männer, zum Trinken animiert

ani|mie|ren: 1. a) anregen, ermuntern, ermutigen; b) anreizen, in Stimmung versetzen, Lust zu etwas erwecken. 2. Gegenstände od. Zeichnungen in einzelnen Phasen von Bewegungsabläufen filmen, um den Eindruck der Bewegung eines unbelebten Objekts zu vermitteln

Ani|mis|mus, der; -: 1. (Völkerkunde) der Glaube an anthropomorph gedachte seelische Mächte, Geister. 2. die Lehre von der unsterblichen Seele als oberstem Prinzip des lebenden Organismus

Ani|mo|si|tät, die; -, -en: a) (ohne Plural) feindselige Einstellung; b) feindselige Äußerung o. Ä.

Ani|mus, der; -: unbewusstes, erfahrungsunabhängiges Urbild wie das Seelenbild des Mannes im Unbewussten der Frau (einer der Archetypen nach C. G. Jung)

An|ion, das; -s, -en: negativ geladenes ↑Ion

Anis [auch, österr. nur: 'aːnɪs], der; -[es], -e: a) Heil- und Gewürzpflanze; b) die getrockneten Früchte des Anis

An|ka|the|te, die; -, -n (Math.): eine der beiden Seiten, die die Schenkel des rechten Winkels eines Dreiecks bilden

An|na|len, die (nur Plural): Jahrbücher, chronologisch geordnete Aufzeichnungen von Ereignissen

an|nek|tie|ren: etwas gewaltsam u. widerrechtlich in seinen Besitz bringen

An|nex, der; -es, -e: 1. Anhängsel, Zubehör. 2. Adnex (2)

An|ne|xi|on, die; -, -en: gewaltsame u. widerrechtliche Aneignung fremden Gebiets

An|ni|ver|sar, das; -s, -e, **An|ni|ver|sa|ri|um,** das; -s, ...ien (meist Plural): (kath. Kirche) jährlich wiederkehrende Gedächtnisfeier für einen Toten

an|no: im Jahre (Abk.: a.)

An|no Do|mi|ni: im Jahre des Herrn, d. h. nach Christi Geburt (Abk.: A. D.)

An|non|ce [a'nõːsə], die; -, -n: 1. Zeitungsanzeige, ↑Inserat. 2. Ankündigung

an|non|cie|ren: 1. eine Zeitungsanzeige aufgeben. 2. a) etwas durch eine Annonce anzeigen; b) jmdn. od. etwas [schriftlich] ankündigen

An|no|ta|ti|on, die; -, -en: 1. Auf-, Einzeichnung, Vermerk. 2. erläuternder Vermerk zu einer bibliografischen Anzeige

an|no|tie|ren: den Inhalt eines Buches o. Ä. (bes. für bibliothekarische Zwecke) zusammenfassen

an|nu|a|li|siert (Wirtsch.): auf ein Jahr umgerechnet

A

An|nu|i|tät, die; -, -en: Jahreszahlung an Zinsen u. Tilgungsraten bei der ↑Amortisation einer Schuld

an|nul|lie|ren: etwas [amtlich] für ungültig, für nichtig erklären

An|nul|lie|rung, die; -, -en: [amtliche] Ungültigkeits-, Nichtigkeitserklärung

Ano|de, die; -, -n: positive ↑Elektrode

an|o|mal [auch: ...'ma:l]: nicht normal [entwickelt], abnorm

An|o|ma|lie, die; -, ...ien: a) (ohne Plural) Abweichung vom Normalen, Abnormität; b) (Biol.) körperliche Fehlbildung

Ano|mie, die; -, ...ien: 1. Gesetzlosigkeit, Gesetzwidrigkeit. 2. (Soziol.) a) Zustand mangelnder sozialer Ordnung; b) Zusammenbruch der kulturellen Ordnung

an|o|nym: a) ungenannt, ohne Namensnennung; b) unpersönlich

an|o|ny|mi|sie|ren: persönliche Daten aus einer Statistik, aus Fragebogen o. Ä. löschen

An|o|ny|mi|tät, die; -: a) das Nichtbekanntsein, Nichtgenanntsein; Namenlosigkeit; b) unpersönliche Atmosphäre

An|o|ny|mus, der; -, ...mi: namentlich nicht genannter Autor, Briefschreiber

An|o|phe|les, die; -, -: in tropischen u. südeuropäischen Ländern vorkommende Stechmücke [die Malaria überträgt]

Ano|rak, der; -s, -s: 1. Kajakjacke der Eskimos. 2. Windjacke mit Kapuze

An|o|re|xia ner|vo|sa, die; - - (Med.): Magersucht

An|o|re|xie, die; -: a) (Med.) Appetitlosigkeit; b) ↑Anorexia nervosa, Magersucht

an|or|ga|nisch: 1. a) zum unbelebten Bereich der Natur gehörend; b) ohne Mitwirkung von Lebewesen entstanden. 2. ohne Gesetzmäßigkeit; ungeordnet, ungegliedert

anor|mal: nicht normal; von der Norm, Regel abweichend

An|t|a|go|nis|mus, der; -, ...men: 1. a) (ohne Plural) Gegensatz, Gegnerschaft, Widerstreit, Widerstand; b) einzelne gegensätzliche Erscheinung o. Ä. 2. (Med.) gegeneinandergerichtete Wirkungsweise (z. B. Streckmuskel – Beugemuskel)

An|t|a|go|nist, der; -en, -en: 1. Gegner, Widersacher. 2. einer von paarweise wirkenden Muskeln, dessen Wirkung der des ↑Agonisten (2) entgegengesetzt ist

an|t|a|go|nis|tisch: gegensätzlich, widerstreitend

Ant|ark|tis, die; -: Land- u. Meeresgebiete um den Südpol

ant|ark|tisch: a) die Antarktis betreffend; b) zur Antarktis gehörend

An|te, die; -, -n: die meist pfeilerartig ausgebildete Stirn einer frei endenden Mauer (in der altgriechischen u. römischen Baukunst)

an|te me|ri|di|em vgl. a. m.

An|ten|ne, die; -, -n: 1. Vorrichtung zum Senden od. Empfangen (Rundfunk, Fernsehen). 2. Fühler der Gliedertiere

An|tho|lo|gie, die; -, ...ien: Auswahl von Gedichten od. Prosastücken

An|th|ra|cen [...'tse:n], **An|th|ra|zen,** das; -s, -e: aus Steinkohlenteer gewonnenes Ausgangsmaterial vieler Farbstoffe

An|th|rax, der; - (Med.): Milzbrand

an|th|ra|zit [auch: ...'tsɪt]: grauschwarz

An|th|ra|zit [auch: ...'tsɪt], der; -s, -e: harte, glänzende Steinkohle

An|th|ro|po|ge|nie, die; -, ...ien: Wissenschaft von Entstehung u. Abstammung des Menschen

An|th|ro|po|lo|ge, der; -n, -n: Wissenschaftler auf dem Gebiet der Anthropologie

An|th|ro|po|lo|gie, die; -, ...ien: Wissenschaft vom Menschen u. seiner Entwicklung

An|th|ro|po|lo|gin, die; -, -nen: weibliche Form zu ↑Anthropologe

an|th|ro|po|lo|gisch: die Anthropologie betreffend

An|th|ro|po|soph, der; -en, -en: Anhänger der Anthroposophie

An|th|ro|po|so|phie, die; -: (von Rudolf Steiner zu Beginn des 20. Jh.s begründete) Lehre, nach der der Mensch höhere seelische Fähigkeiten entwickeln u. dadurch übersinnliche Erkenntnisse erlangen kann

an|th|ro|po|so|phisch: die Anthroposophie betreffend

An|ti-Aging, An|ti|aging [...'ʔɛɪ̯dʒɪŋ] das; -s: Gesamtheit der medizinischen u. kosmetischen Maßnahmen zur Verzögerung der menschlichen Alterungsprozesse

An|ti|al|ko|ho|li|ker [auch: 'an...], der; -s, -: jmd., der grundsätzlich keinen Alkohol zu sich nimmt

An|ti|al|ko|ho|li|ke|rin, die; -, -nen: weibliche Form zu ↑Antialkoholiker

an|ti|au|to|ri|tär [auch: 'an...]: nicht autoritär, Autorität ablehnend, gegen autoritäre Normen gewendet

An|ti|ba|by|pil|le [...'be:...], die; -, -n (ugs.): ein hormonales Empfängnisverhütungsmittel

an|ti|bak|te|ri|ell [auch: 'an...]: gegen Bakterien wirksam od. gerichtet (bes. von Medikamenten)

An|ti|bio|ti|ka|re|sis|tenz, die; -, -en (Med.): Widerstandsfähigkeit gegen die Wirkung von Antibiotika (von Keimen, Bakterien)

An|ti|bio|ti|kum, das; -s, ...ka (Med.): biologischer Wirkstoff aus Stoffwechselprodukten von Kleinstlebewesen, der andere Mikroorganismen im Wachstum hemmt od. abtötet

an|ti|bio|tisch (Med.): von wachstumshemmender od. abtötender Wirkung

An|ti|blo|ckier|sys|tem, das; -s, -e: Bremssystem, das beim Bremsvorgang das Blockieren der Räder verhindert (Abk.: ABS)

An|ti|christ, der; -[s]: 1. der Teufel; Widersacher Christi. 2. (*der;* -en, -en) Gegner des Christentums

an|ti|christ|lich [auch: ...'krıst...]: gegen das Christentum eingestellt, gerichtet

an|ti|de|mo|kra|tisch: gegen die ↑Demokratie gerichtet

An|ti|de|pres|si|vum, das; -s, ...va (meist Plural) (Med.): Arzneimittel gegen ↑Depressionen

An|ti|di|a|be|ti|kum, das; -s, ...ka (Med.): Arzneimittel zur Behandlung des Diabetes mellitus

An|ti|dot, das; -[e]s, -e (Med.), **An|ti|do|ton,** das; -s, ...ta: Gegengift

An|ti|fa|schis|mus [auch: 'an...], der; -: politische Einstellung u. Aktivität gegen Nationalsozialismus u. Faschismus

An|ti|fa|schist [auch: 'an...], der; -en, -en: Vertreter des Antifaschismus

An|ti|fa|schis|tin [auch: 'an...], die; -, -nen: weibliche Form zu ↑Antifaschist

an|ti|fa|schis|tisch [auch: 'an...]: a) den Antifaschismus betreffend; b) die Grundsätze des Antifaschismus vertretend

An|ti|gen, das; -s, -e (Biol., Med.): artfremder Eiweißstoff (z. B. Bakterien), der im Körper die Bildung von ↑Antikörpern bewirkt, die den Eiweißstoff selbst unschädlich machen

An|ti|held, der; -en, -en: inaktive, negative od. passive Hauptfigur in Drama u. Roman im Unterschied zum aktiv handelnden Helden

an|tik: 1. auf das klassische Altertum zurückgehend; dem klassischen Altertum zuzurechnen. 2. aus einer vergangenen Epoche stammend bzw. in deren Stil gemacht

an|ti|kisch: dem Vorbild der antiken Kunst nachstrebend

an|ti|kle|ri|kal [auch: 'an...]: kirchenfeindlich

An|ti|kle|ri|ka|lis|mus [auch: 'an...], der; -: kirchenfeindliche Einstellung

An|ti|kom|mu|nis|mus, der; -: Gegnerschaft gegen den Kommunismus und dessen Vertreter

an|ti|kom|mu|nis|tisch: gegen den Kommunismus eingestellt, gerichtet

An|ti|kör|per, der; -s, - (Med.): im Blutserum als Reaktion auf das Eindringen von ↑Antigenen gebildeter Abwehrstoff

An|ti|lo|pe, die; -, -n: in Afrika u. Asien vorkommendes gehörntes Huftier

An|ti|ma|te|rie [auch: ...'te:...], die; - (Physik): Form der Materie, deren Atome aus Antiteilchen zusammengesetzt sind

An|ti|mi|li|ta|ris|mus [auch: 'an...], der; -: Ablehnung jeglicher Form militärischer Rüstung

An|ti|mon, das; -s: ein silberweiß glänzendes Halbmetall; Stibium (Zeichen: Sb)

An|ti|pas|to, der od. das; -[s], ...ti (meist Plural): italienische Bezeichnung für: Vorspeise

An|ti|pa|thie [auch: 'an...], die; -, ...ien: Abneigung, Widerwille

[1]**An|ti|po|de,** der; -n, -n: 1. auf der dem Betrachter gegenüberliegenden Seite der Erde wohnender Mensch. 2. Mensch, der auf einem entgegengesetzten Standpunkt steht

²An|ti|po|de, die; -, -n (Biol.): kleine, in der pflanzlichen Samenanlage der Eizelle gegenüberliegende Zelle; Gegenfüßlerzelle

An|ti|qua, die; -: Bezeichnung für die heute allgemein gebräuchliche Buchschrift

An|ti|quar, der; -s, -e: [Buch]händler, der gebrauchte Bücher, Kunstblätter, Noten o. Ä. kauft u. verkauft

An|ti|qua|ri|at, das; -[e]s, -e: a) Handel mit gebrauchten Büchern; b) Buchhandlung, Laden, in dem antiquarische Bücher verkauft werden

An|ti|qua|rin, die; -, -nen: weibliche Form zu ↑Antiquar

an|ti|qua|risch: gebraucht, alt

an|ti|quiert: veraltet; altmodisch, überholt

An|ti|qui|tät, die; -, -en (meist Plural): altertümlicher [Kunst]gegenstand (Möbel, Porzellan u. a.)

an|ti|se|mi|tisch: judenfeindlich

An|ti|se|mi|tis|mus, der; -, ...men: a) Abneigung od. Feindschaft gegenüber den Juden; b) [politische] Bewegung mit ausgeprägten judenfeindlichen Tendenzen

An|ti|sep|sis, die; - (Med.): Vernichtung von Krankheitskeimen mit chemischen Mitteln, bes. zur Desinfektion u. in Wunden ; vgl. Asepsis

An|ti|sep|ti|kum, das; -s, ...ka (Pharm.): Mittel zur Desinfektion z. B. von Wunden od. Oberflächen, durch das Bakterien, Viren u. Pilze reduziert werden

an|ti|sep|tisch (Med.): die Keimzahl z. B. in Wunden od. auf Oberflächen reduzierend

An|ti|se|rum, das; -s, ...seren u. ...sera (Med.): ↑Antikörper enthaltendes Heilserum

An|ti|spas|mo|di|kum, An|ti|spas|ti|kum, das; -s, ...ka (Med.): krampflösendes Mittel

an|ti|sta|tisch (Physik): elektrostatische Aufladungen verhindernd od. aufhebend

An|ti|teil|chen, das; -s, - (Kernphysik): Elementarteilchen, dessen Eigenschaften zu denen eines anderen Elementarteilchens in bestimmter Weise ↑komplementär sind

An|ti|the|se [auch: 'an...], die; -, -n: der ↑These entgegengesetzte Behauptung, Gegenbehauptung; Gegensatz

an|ti|the|tisch: gegensätzlich

An|ti|to|xin [auch: 'an...], das; -s, -e (Med.): vom Körper gebildetes, zu den Immunstoffen gehörendes Gegengift gegen von außen eingedrungene Gifte

An|ti|zi|pa|ti|on, die; -, -en: a) (bildungsspr.) Vorwegnahme von etwas, was erst später kommt od. kommen sollte, von zukünftigem Geschehen; b) (Musik) Vorwegnahme von Tönen eines folgenden ↑Akkords (1)

an|ti|zi|pie|ren: 1. etwas [gedanklich] vorwegnehmen. 2. vor dem Fälligkeitstermin zahlen

an|ti|zy|k|lisch [auch: 'an..., ...tsʏk...]: 1. in unregelmäßiger Folge wiederkehrend. 2. (Wirtsch.) einem bestehenden Konjunkturzustand entgegenwirkend

an|t|o|nym (Sprachwiss.): (von Wörtern) eine entgegengesetzte Bedeutung habend (z. B. alt/jung, Sieg/Niederlage)

An|t|o|nym, das; -s, -e (Sprachwiss.): Wort, das einem anderen in Bezug auf die Bedeutung entgegengesetzt ist (z. B. schwarz/weiß, starten/landen, Mann/Frau)

an|trai|nie|ren [...trɛ...]: durch ↑Training vermitteln, sich durch Training aneignen

an|tur|nen [...tœːɐ̯...] (ugs.): 1. in einen [Drogen]rausch versetzen. 2. in Stimmung, Erregung o. Ä. versetzen (Ggs.: ↑abturnen)

Anus, der; -, Ani (Anat.): After

an|vi|sie|ren: 1. ins Visier nehmen, als Zielpunkt nehmen. 2. etwas ins Auge fassen, anstreben

Äols|har|fe, die; -, -n: altes Instrument, dessen Saiten durch den Wind in Schwingungen versetzt werden; Windharfe, Geisterharfe

Aor|ta, die; -, ...ten (Anat.): [von der linken Herzkammer ausgehende] Hauptschlagader

Apa|che, der; -n, -n: 1. [a'patʃə] Angehöriger eines nordamerikanischen Indianerstammes. 2. [a'paxə] Großstadtganove (bes. in Paris)

Apa|na|ge [...'naːʒə], die; -, -n: regelmäßige [jährliche] Zahlung an jmdn., bes. an nicht regierende Mitglieder eines Fürstenhauses zur Sicherung standesgemäßen Lebens

apart: 1. in ausgefallener, ungewöhnlicher Weise ansprechend, anziehend, geschmackvoll; reizend. 2. (veraltet) gesondert, getrennt. 3. (Buchw.) einzeln zu liefern

A

Apart|heid, die; -: (früher) Trennung zwischen Weißen u. Farbigen in der Republik Südafrika

Apart|ment [engl.: ə'pɑ:t...], das; -s, -s: Kleinwohnung (in einem [komfortablen] Mietshaus); vgl. Appartement

Apart|ment|haus, das; -es, ...häuser: Mietshaus, das ausschließlich aus Apartments besteht

Apa|thie, die; -, ...ien: Teilnahmslosigkeit; Zustand der Gleichgültigkeit gegenüber den Menschen u. der Umwelt

apa|thisch: teilnahmslos, gleichgültig gegenüber den Menschen u. der Umwelt

apa|tho|gen (Med.): keine Krankheiten hervorrufend

Apa|tit [auch: ...'tɪt], der; -s, -e: ein Mineral

Aper|çu [apɛr'sy:], das; -s, -s: geistreiche Bemerkung

Ape|ri|tif, der; -s, -s (auch: -e): appetitanregendes alkoholisches Getränk, das bes. vor dem Essen getrunken wird

Apé|ro [ape'ro:], der; -s, -s (bes. schweiz.): Kurzw. für: Aperitif

Aper|tur, die; -, -en: 1. (Med.) Öffnung [eines Körperhohlraums] (z. B. obere u. untere Thoraxapertur). 2. (Optik) Öffnung eines optischen Geräts, durch die die Lichtstrahlen eintreten

Ap|fel|si|ne, die; -, -n: Frucht des Orangenbaumes

Apha|sie, die; -, ...ien (Med.): Verlust des Sprechvermögens od. Sprachverständnisses infolge Erkrankung des Sprachzentrums im Gehirn

Aph|el [a'fe:l], **Ap|hel** [ap'he:l] das; -s, -e (Astron.): Punkt der größten Entfernung eines Planeten von der Sonne

Apho|ris|mus, der; -, ...men: prägnant-geistreich in Prosa formulierter Gedanke, der eine Erfahrung, Erkenntnis od. Lebensweisheit enthält

Apho|ris|ti|ker, der; -s, -: Verfasser von Aphorismen

Apho|ris|ti|ke|rin, die; -, -nen: weibliche Form zu ↑Aphoristiker

apho|ris|tisch: 1. a) die Aphorismen betreffend; b) im Stil des Aphorismus; geistreich u. treffend formuliert. 2. kurz, knapp, nur andeutungsweise erwähnt

Aph|ro|di|si|a|kum, das; -s, ...ka (Pharm.): den Geschlechtstrieb anregendes Mittel

aph|ro|di|sisch: 1. auf Aphrodite (gr. Liebesgöttin) bezüglich. 2. (Med.) den Geschlechtstrieb steigernd

api|kal: 1. an der Spitze gelegen, nach oben gerichtet (z. B. vom Wachstum einer Pflanze). 2. (Sprachwiss.) mit der Zungenspitze artikuliert (von Lauten). 3. (Med.) sich an der Spitze befindend; am spitz geformten äußersten Ende eines Organs gelegen

Apis, der; -: heiliger Stier im alten Ägypten

Ap|lomb [a'plõ:], der; -s: a) Sicherheit [im Auftreten], Nachdruck; b) Dreistigkeit

Apnoe [a'pnø:], die; -, -n (Med.): Atemstillstand, Atemlähmung

apo|dik|tisch: 1. (Philos.) unumstößlich, unwiderleglich, von schlagender Beweiskraft. 2. keinen Widerspruch duldend

Apo|gä|um, das; -s, ...äen (Astron.): erdfernster Punkt der Bahn eines Körpers um die Erde

Apo|ka|lyp|se, die; -, -n: 1. Schrift in der Form einer Abschiedsrede, eines Testaments o. Ä., die sich mit dem kommenden [schrecklichen] Weltende befasst (z. B. die Offenbarung des Johannes im Neuen Testament). 2. (ohne Plural) Untergang, Grauen, Unheil

apo|ka|lyp|tisch: 1. in der Apokalypse [des Johannes] vorkommend, sie betreffend. 2. a) auf das Weltende hinweisend; Unheil kündend; b) geheimnisvoll, dunkel

Apo|kryph, das; -s, -en, **Apo|kry|phon,** das; -s, ...ypha u. ...yphen (meist Plural) (Rel.): nicht in den ↑[1]Kanon (3 a) aufgenommenes, jedoch den anerkannten biblischen Schriften formal u. inhaltlich sehr ähnliches Werk; vgl. Pseudepigraf

apo|li|tisch: a) nicht politisch; b) ohne Interesse an Politik

Apoll, der; -s, -s: ↑Apollo (1)

apol|li|nisch: 1. den Gott Apollo betreffend, in der Art Apollos. 2. (Philos.) harmonisch

Apol|lo, der; -s, -s: 1. schöner [junger] Mann. 2. ein Tagfalter. 3. ein ↑Planetoid

Apo|lo|get, der; -en, -en: a) jmd., der eine bestimmte Anschauung mit Nachdruck vertritt

u. verteidigt; b) [literarischer] Verteidiger eines Werkes (bes. Vertreter einer Gruppe griechischer Schriftsteller des 2. Jh.s, die für das Christentum eintraten)

Apo|lo|ge|tik, die; -, -en: 1. die Gesamtheit aller apologetischen Äußerungen; wissenschaftliche Rechtfertigung von [christlichen] Lehrsätzen. 2. (ohne Plural) Teilbereich der Theologie, in dem man sich mit der wissenschaftlich-rationalen Absicherung des Glaubens befasst

Apo|lo|ge|tin, die; -, -nen: weibliche Form zu ↑Apologet (a)

apo|lo|ge|tisch: eine Ansicht, Lehre o. Ä. verteidigend, rechtfertigend

Apo|lo|gie, die; -, ...ien: a) Verteidigung, Rechtfertigung einer Lehre, Überzeugung o. Ä.; b) Verteidigungsrede, -schrift

Apo|plek|ti|ker, der; -s, - (Med.): a) jmd., der zu Schlaganfällen neigt; b) jmd., der an den Folgen eines Schlaganfalles leidet

Apo|plek|ti|ke|rin, die; -, -nen: weibliche Form zu ↑Apoplektiker

Apo|p|to|se, die; -, -n (Biol.): genetisch programmierter Zelltod, der für die Entwicklung vielzelliger Organismen notwendig ist

Apo|rie, die; -, ...ien: Unmöglichkeit, eine philosophische Frage zu lösen

Apo|s|ta|sie, die; -, ...ien: 1. Abfall [eines Christen vom Glauben]. 2. Austritt einer Ordensperson aus dem Kloster unter Bruch der Gelübde

Apo|s|tat, der; -en, -en: Abtrünniger, bes. in Bezug auf den Glauben

Apo|s|tel, der; -s, -: 1. (Rel.) Jünger Jesu. 2. (iron.) jmd., der für eine Welt- od. Lebensanschauung mit Nachdruck eintritt u. sie zu verwirklichen sucht

a pos|te|ri|o|ri: 1. (Erkenntnistheorie) aus der Wahrnehmung gewonnen, aus Erfahrung. 2. nachträglich, später

Apos|te|ri|o|ri, das; -, -: Erfahrungssatz, Inbegriff der Erkenntnisse, die a posteriori gewonnen werden

apos|te|ri|o|risch: erfahrungsgemäß

Apo|s|to|lat, das, fachspr. auch: der; -[e]s, -e: a) (Rel.) Sendung, Amt der Apostel; b) Sendung, Auftrag der Kirche; vgl. Laienapostolat

Apo|s|to|li|kum, das; -s: das (angeblich auf die 12 Apostel zurückgehende) christliche Glaubensbekenntnis

apo|s|to|lisch: a) nach Art der Apostel, von den Aposteln ausgehend; b) (kath. Kirche) päpstlich

Apo|s|t|roph, der; -s, -e: Auslassungszeichen; Häkchen, mit dem man den Ausfall eines Lautes od. einer Silbe kennzeichnen kann (z. B. güt'ger Himmel, 'naus)

apo|s|t|ro|phie|ren: 1. mit einem Apostroph versehen. 2. a) jmdn. feierlich od. gezielt ansprechen, sich deutlich auf jmdn. beziehen; b) etwas besonders erwähnen, sich auf etwas beziehen. 3. jmdn. od. etwas in einer bestimmten Eigenschaft herausstellen, als etwas bezeichnen

Apo|the|ke, die; -, -n: 1. Geschäft, in dem Arzneimittel verkauft u. zum Teil hergestellt werden. 2. (abwertend) teurer Laden; Geschäft, das hohe Preise fordert

Apo|the|ker, der; -s, -: jmd., der aufgrund eines Hochschulstudiums mit ↑Praktikum u. aufgrund seiner ↑Approbation (1) berechtigt ist, eine Apotheke zu leiten

Apo|the|ke|rin, die; -, -nen: weibliche Form zu ↑Apotheker

Apo|the|o|se, die; -, -n: 1. Erhebung eines Menschen zum Gott, Vergöttlichung eines lebenden od. verstorbenen Herrschers. 2. Verherrlichung. 3. (Theater) wirkungsvolles Schlussbild eines Bühnenstücks

App [ɛp], die; -, -s, selten: das; -s, -s: zusätzliches Anwenderprogramm, das auf Smartphones u. Tablet-PCs heruntergeladen werden kann

Ap|pa|rat, der; -[e]s, -e: 1. zusammengesetztes mechanisches, elektrisches od. optisches Gerät. 2. (ugs.) a) Telefon; b) Radio-, Fernsehgerät; c) Elektrorasierer; d) Fotoapparat. 3. Gesamtheit der für eine [wissenschaftliche] Aufgabe nötigen Hilfsmittel. 4. Gesamtheit der zu einer Institution gehörenden Menschen u. [technischen] Hilfsmittel. 5. (salopp) etwas, was durch seine ungewöhnliche Größe, durch seine Besonderheit, Ausgefallenheit Aufsehen od. Staunen erregt

ap|pa|ra|tiv: a) einen Apparat betreffend;

b) den Apparatebau betreffend; c) mit Apparaten arbeitend; d) (Med.) mithilfe von Apparaten feststellbar

Ap|pa|rat|schik, der; -s, -s (abwertend): Funktionär im Staats- u. Parteiapparat stalinistisch geprägter Staaten

Ap|pa|ra|tur, die; -, -en: Gesamtanlage zusammengehörender Apparate u. Instrumente

Ap|par|te|ment [...'mã:, bes. schweiz.: ...'mɛnt], das; -s, -s (schweiz.: -e): a) komfortable Kleinwohnung; b) Zimmerflucht, einige zusammenhängende Räume in einem größeren [luxuriösen] Hotel; vgl. Apartment

ap|pas|si|o|na|to (Musik): leidenschaftlich, entfesselt, stürmisch (Vortragsanweisung)

Ap|peal [ə'pi:l], der; -s: a) Anziehungskraft, Ausstrahlung, Reiz; b) (Werbespr.) Aufforderungscharakter, Anreiz

Ap|pease|ment [ə'pi:zmənt], das; -[s]: Haltung der Nachgiebigkeit; Beschwichtigung

Ap|pell, der; -s, -e: 1. Aufruf, Mahnruf (zu einem bestimmten Verhalten). 2. (Militär) Aufstellung, Antreten (zur Befehlsausgabe u. a.). 3. Gehorsam des [Jagd]hundes

Ap|pel|la|ti|on, die; -, -en (Rechtswiss.): Berufung

Ap|pel|la|tiv, das; -s, -e: Substantiv, das eine Gattung gleichgearteter Dinge od. Lebewesen u. zugleich jedes einzelne Wesen od. Ding dieser Gattung bezeichnet (z. B. Tisch, Mann)

ap|pel|lie|ren: sich an jmdn., etwas in mahnendem Sinne wenden

Ap|pen|dix, der; -[es], ...dizes [...tse:s] od. -e: 1. Anhängsel. 2. Anhang eines Buches. 3. (fachspr.: die; -, ...dizes od. ...dices [...tse:s], sonst der; -, ...dizes; Med.) Wurmfortsatz des Blinddarms

Ap|per|zep|ti|on, die; -, -en: (Psychol.) bewusstes Erfassen von Erlebnis-, Wahrnehmungs- u. Denkinhalten

Ap|pe|tit, der; -[e]s, -e (Plural selten): Wunsch, etwas [Bestimmtes] zu essen od. auch zu trinken

ap|pe|tit|lich: a) appetitanregend; b) hygienisch einwandfrei, sauber; c) adrett u. frisch aussehend

Ap|pe|tit|züg|ler, der; -s, - (Med.): Mittel, das eine appetitvermindernde Wirkung hat

Ap|pe|ti|zer ['ɛpətaɪ̯zɐ], der; -s, -: a) appetitanregendes Mittel; b) kleines Appetithäppchen

app|fä|hig ['ɛp...]: (von elektron. Geräten) für die Nutzung von Apps geeignet

ap|plau|die|ren: a) Beifall klatschen; b) jmdm./einer Sache Beifall spenden

Ap|plaus, der; -es, -e (Plural selten): Beifall[sruf], Händeklatschen

App|let ['æplɪt], das; -s, -s (EDV): Anwendungsprogramm, das der Benutzer vom Internet auf seinen Computer lädt und dort ausführt

Ap|pli|ka|ti|on, die; -, -en: 1. Anwendung, Zuführung, Anbringung. 2. (Textilind.) aufgenähte Verzierung aus Leder, Filz, dünnerem Metall o. Ä. an Geweben. 3. haftendes od. aufgelegtes Symbol auf Wandtafeln o. Ä.

ap|pli|zie|ren: 1. anwenden, gebrauchen. 2. (Med.) verabreichen, verabfolgen, dem Körper zuführen (z. B. Arzneimittel). 3. (Farben) auftragen. 4. (Stoffmuster) aufnähen

ap|por|tie|ren: Gegenstände, erlegtes Wild herbeibringen (vom Hund)

Ap|po|si|ti|on, die; -, -en (Sprachwiss.): substantivisches Attribut, das üblicherweise im gleichen Kasus steht wie das Substantiv od. Pronomen, zu dem es gehört (z. B. Paris, *die Hauptstadt Frankreichs*)

Ap|pre|teur [...'tø:ɐ̯], der; -s, -e: jmd. (Facharbeiter), der Gewebe, Textilien appretiert

ap|pre|tie|ren: Geweben, Textilien durch entsprechendes Bearbeiten ein besseres Aussehen, Glanz, höhere Festigkeit geben

Ap|proach [ə'prɔʊ̯tʃ], der; -[e]s, -[e]s: 1. Sehweise, Art der Annäherung an ein [wissenschaftliches] Problem. 2. Anfang eines Werbetextes, der die Aufmerksamkeit des Verbrauchers erregen soll. 3. Landeanflug eines Flugzeugs

Ap|pro|ba|ti|on, die; -, -en: 1. staatliche Zulassung zur Berufsausübung als Arzt od. Apotheker. 2. (kath. Rel.) a) Anerkennung, Bestätigung, Genehmigung durch die zuständige kirchliche Autorität; b) Bevollmächtigung zur Wortverkündigung u. zur Spendung des Bußsakraments

ap|pro|biert: zur Ausübung des Berufes staatlich zugelassen (von Ärzten u. Apothekern)

Ap|pro|xi|ma|ti|on, die; -, -en: 1. (Math.) Näherung[swert], angenäherte Bestimmung od. Darstellung einer unbekannten Größe od. Funktion. 2. Annäherung (an einen bestimmten Zielpunkt o. Ä.)

ap|pro|xi|ma|tiv: angenähert, ungefähr

Ap|rès-Ski [aprɛˈʃiː, aprɛsˈki], das; -: a) Zerstreuung od. Vergnügen [nach dem Skilaufen] im Winterurlaub; b) sportlich saloppe, modisch elegante Kleidung, die von Winterurlaubern im Allgemeinen nach dem Skilaufen getragen wird

Ap|ri|ko|se, die; -, -n: a) gelbliche, pflaumengroße, fleischige Steinfrucht des Aprikosenbaumes; b) Aprikosenbaum

Ap|ril, der; -[s], -e: vierter Monat im Jahr (Abk.: Apr.)

a pri|ma vis|ta [- - v...]: 1. ohne vorherige Kenntnis, unvorbereitet. 2. (Musik) vom Blatt, d. h. ohne vorhergehende Probe bzw. Kenntnis der Noten, singen od. spielen; vgl. aber a vista

a pri|o|ri: 1. (Erkenntnistheorie) von der Erfahrung od. Wahrnehmung unabhängig, aus der Vernunft durch logisches Schließen gewonnen. 2. grundsätzlich, von vornherein

Apri|o|ri, das; -, - (Philos.): Vernunftsatz; Inbegriff apriorischer Erkenntnisse

apri|o|risch: aus Vernunftgründen [erschlossen], allein durch Denken gewonnen

ap|ro|pos [...ˈpoː]: nebenbei bemerkt, übrigens; da wir gerade davon sprechen

Ap|sis, die; -, ...iden: halbrunde, auch vieleckige Altarnische als Abschluss eines Kirchenraumes

Aqua de|s|til|la|ta, das; - -: destilliertes, chemisch reines Wasser (Abk.: aq. dest.)

Aquä|dukt, der, auch: das; -[e]s, -e: (altrömisches) steinernes, brückenartiges Bauwerk mit einer Rinne, in der das Wasser für die Versorgung der Bevölkerung weitergeleitet wurde

Aqua|kul|tur, die; -, -en: 1. (ohne Plural) systematische Bewirtschaftung u. Nutzung von Meeren, Seen u. Flüssen (z. B. durch Anlegen von Muschelkulturen). 2. (ohne Plural) Verfahren zur Intensivierung der Fischzüchtung u. -produktion. 3. Anlage, in der Verfahren zur extensiven Nutzung des Meeres od. zur Intensivierung der Fischproduktion entwickelt werden

aqua|ma|rin: von der Farbe des Aquamarins

Aqua|ma|rin, der; -s, -e: meerblauer ↑Beryll, Edelstein

Aqua|pla|ning, das; -[s]: Wasserglätte; bei höheren Geschwindigkeiten vorkommendes Rutschen, Gleiten der Reifen eines Kraftfahrzeugs auf Wasser, das sich auf einer regennassen Straße gesammelt hat

Aqua|rell, das; -s, -e: mit Wasserfarben gemaltes Bild

aqua|rel|lie|ren: mit Wasserfarben malen

Aqua|ri|um, das; -s, ...ien: 1. Behälter zur Pflege, Zucht u. Beobachtung von Wassertieren. 2. Gebäude [in zoologischen Gärten], in dem in verschiedenen Aquarien (1) Wassertiere u. -pflanzen ausgestellt werden

aqua|tisch: 1. dem Wasser angehörend; im Wasser lebend. 2. wässerig

Äqua|tor, der; -s, ...toren: 1. (ohne Plural) größter Breitenkreis, der die Erde in die nördliche u. die südliche Halbkugel teilt. 2. (Math.) Kreis auf einer Kugel, dessen Ebene senkrecht auf einem vorgegebenen Kugeldurchmesser steht

äqua|to|ri|al: a) den Äquator betreffend; b) unter dem Äquator befindlich

à qua|t|re mains [- - mɛ̃] (Musik): vierhändig

Aqua|vit [...ˈviːt, auch: ...ˈvɪt], der; -s, -e: vorwiegend mit Kümmel gewürzter Branntwein

äqui|di|s|tant (Math.): gleich weit entfernt, gleiche Abstände aufweisend (z. B. von Punkten od. Kurven)

Äqui|li|b|rist, der; -en, -en: ↑Artist (2), der die Kunst des Gleichgewichthaltens (mit u. von Gegenständen) beherrscht, bes. Seiltänzer

Äqui|li|b|ris|tin, die; -, -nen: weibliche Form zu ↑Äquilibrist

äqui|va|lent: gleichwertig, im Wert od. in der Geltung dem Verglichenen entsprechend

Äqui|va|lent, das; -s, -e: gleichwertiger Ersatz, Gegenwert

Äqui|va|lenz, die; -, -en: Gleichwertigkeit

A

Ar, das, auch: der; -s, -e (aber: 3 -): Flächenmaß von 100 m² (Zeichen: a)

Ara, der; -s, -s: Langschwanzpapagei aus dem tropischen Südamerika

Ära, die; -, Ären: 1. längerer, durch etwas Bestimmtes gekennzeichneter, geprägter Zeitabschnitt. 2. (Geol.) Erdzeitalter

Ara|ber ['a..., auch: a'ra:bɐ], der; -s, -: 1. Bewohner der Arabischen Halbinsel. 2. arabisches Vollblut, Pferd einer edlen Rasse

Ara|be|rin, die; -, -nen: weibliche Form zu Araber (1)

Ara|bes|ke, die; -, -n: 1. rankenförmige Verzierung, Ornament; vgl. Moreske. 2. Musikstück für Klavier

ara|bi|sie|ren: an die arabische Sprache und Kultur angleichen

Ara|bis|tik, die; -: wissenschaftliche Erforschung der arabischen Sprache u. Literatur

Ärar, das; -s, -e: 1. a) Staatsschatz, -vermögen; b) Staatsarchiv. 2. (österr.) ↑ Fiskus

Ara|ra vgl. Ara

Arau|ka|rie [...riə], die; -, -n: auf der Südhalbkugel vorkommender, als Zimmerpflanze nutzbarer Baum mit nadelförmigen Blättern

Araz|zo, der; -s, ...zzi: it. Bez. für: gewirkter Bildteppich [aus Arras]

Ar|bi|t|ra|ge [...ʒə, österr.: ...ʃ], die; -, -n: 1. Ausnutzung von Preis- od. Kursunterschieden für das gleiche Handelsobjekt (z. B. Gold, Devisen) an verschiedenen Börsen. 2. Schiedsgerichtsvereinbarung im Handelsrecht

ar|bi|t|rär (Math.): dem Ermessen überlassen, beliebig; nach Ermessen, willkürlich

Ar|bo|re|tum, das; -s, ...ten (Bot.): Baumschule; zu Studienzwecken angelegte Sammelpflanzung verschiedener Baumarten

Ar|cha|ik, die; -: a) frühzeitliche Kulturepoche; b) archaische Art

Ar|cha|i|kum, Ar|chä|i|kum, das; -s (Geol.): ältester Abschnitt des Archäozoikums

ar|cha|isch: 1. der Vor-, Frühzeit angehörend od. aus ihr überkommen; vor-, frühzeitlich. 2. altertümlich, veraltet. 3. der Frühstufe eines Stils (bes. der vorklassischen Epoche der griechischen Kunst) angehörend

Ar|chäo|lo|ge, der; -n, -n: Wissenschaftler auf dem Gebiet der Archäologie, Altertumsforscher

Ar|chäo|lo|gie, die; -: Wissenschaft von den sichtbaren Überresten alter Kulturen; Altertumswissenschaft

Ar|chäo|lo|gin, die; -, -nen: weibliche Form zu ↑ Archäologe

ar|chäo|lo|gisch: die Archäologie betreffend

Ar|chä|o|p|te|ryx, der; -[es], -e od. ...pteryges, auch: die; -, -e od. ...pteryges: ausgestorbener Urvogel aus dem ↑ ²Jura

Ar|chä|o|zo|i|kum, das; -s (Geol.): die erdgeschichtliche Frühzeit

Ar|che|typ [auch: 'ar...], der; -s, -en, **Ar|che|ty|pus,** der; -, ...pen: 1. (Philos.) Urbild, Urform des Seienden. 2. Urform, Musterbild. 3. a) älteste überlieferte od. erschließbare Fassung einer Handschrift, eines Druckes; b) Original eines Kunst- od. Schriftwerkes

ar|che|ty|pisch [auch: 'ar...]: einem Archetyp entsprechend, zugehörend

Ar|che|ty|pus vgl. Archetyp

ar|chi|me|disch: in den Fügungen **archimedische Schraube:** Gerät zur Be- od. Entwässerung; Wasserschnecke; **archimedisches Prinzip** (Physik): Prinzip, nach dem der statische Auftrieb eines Körpers gleich dem Gewicht der von ihm verdrängten Flüssigkeits- od. Gasmenge ist; **archimedischer Punkt:** a) von Archimedes geforderter fester Standpunkt außerhalb der Erde, vom dem aus er die Erde in Bewegung setzen könne; b) fester Standpunkt, von dem aus etwas grundlegend bestimmt, bewegt, verändert werden kann; Angelpunkt

Ar|chi|pel, der; -s, -e: Inselgruppe

Ar|chi|tekt, der; -en, -en: auf einer Hochschule ausgebildeter Experte, der Bauwerke entwirft u. gestaltet, Baupläne ausarbeitet u. deren Ausführung überwacht

Ar|chi|tek|tin, die; -, -nen: weibliche Form zu ↑ Architekt

Ar|chi|tek|to|nik, die; -, -en: 1. (ohne Plural) Wissenschaft von der Baukunst. 2. a) [kunstgerechter] Aufbau eines Bauwerks; b) strenger, gesetzmäßiger [künstlerischer od. geistiger] Aufbau

ar|chi|tek|to|nisch: die Architektonik betreffend

Ar|chi|tek|tur, die; -, -en: 1. a) (ohne Plural) Baukunst [als wissenschaftliche Disziplin]; b) Baustil. 2. der nach den Regeln der Baukunst gestaltete Aufbau eines Gebäudes

Ar|chi|t|rav, der; -s, -e: auf Säulen ruhender, tragender Querbalken in der antiken u. späteren Baukunst

Ar|chiv, das; -s, -e: a) Einrichtung zur systematischen Erfassung, Erhaltung u. Betreuung rechtlicher u. politischer Dokumente; b) geordnete Sammlung von wichtigen Dokumenten, Akten; c) Raum, Gebäude für ein Archiv (a, b)

Ar|chi|var, der; -s, -e: fachkundlich ausgebildeter Betreuer eines Archivs

Ar|chi|va|rin, die; -, -nen: weibliche Form zu ↑Archivar

ar|chi|vie|ren: in ein Archiv aufnehmen

Ar|chon, der; -s, Archonten, **Ar|chont,** der; -en, -en: höchster Beamter in Athen u. anderen Städten der Antike

Ar|cus, Ar|kus, der; -, - [...ku:s]: Bogenmaß eines Winkels (Zeichen: arc)

Are, die; -, -n (schweiz.): ↑Ar

Are|al, das; -s, -e: 1. Bodenfläche. 2. Verbreitungsgebiet einer Tier- od. Pflanzenart

are|li|gi|ös: nicht religiös, außerhalb der Religion [stehend]

Are|na, die; -, ...nen: 1. a) Kampfbahn, Kampfplatz im Amphitheater der römischen Antike; b) Sportplatz, Wettkampfstätte mit ringsum steigend angeordneten Zuschauersitzen. 2. a) Vorführplatz für Stierkämpfe; b) Zirkusmanege. 3. (österr. veraltend) Sommerbühne

Are|o|pag, der; -s: höchster Gerichtshof im Athen der Antike

Ar|gen|tum, das; -[s]: lat. Bez. für: Silber (Zeichen: Ag)

Ar|gon [auch: ...'go:n], das; -s: chem. Element; ein Edelgas (Zeichen: Ar)

Ar|go|naut, der; -en, -en: 1. in der griechischen Sage ein Mann der Besatzung des Schiffes Argo. 2. besondere Art des Tintenfisches

Ar|got [ar'go:], das od. der; -s, -s: 1. Sondersprache der französischen Gauner u. Bettler. 2. Sondersprache einer sozialen od. beruflichen Gruppe; Jargon (a)

Ar|gu|ment, das; -[e]s, -e: 1. Rechtfertigungsgrund, [stichhaltiger, plausibler] Beweisgrund, Punkt einer Beweisführung. 2. (Math.) unabhängige Variable einer Funktion. 3. (Sprachwiss.) Satzglied, mit dem eine Leerstelle ausgefüllt wird

Ar|gu|men|ta|ti|on, die; -, -en: Darlegung der Argumente, Beweisführung, Begründung

ar|gu|men|ta|tiv: a) die vorgebrachten Argumente betreffend; b) mithilfe von Argumenten [geführt]

ar|gu|men|tie|ren: Argumente vorbringen, Beweise darlegen, begründen

Ar|gus, der; -, -se: scharf u. misstrauisch beobachtender Wächter

Ari|ad|ne|fa|den, der; -s: etwas, was jmdm. aus einer verworrenen Lage heraushilft

Ari|a|nis|mus, der; -: Lehre des Arius (4. Jh.), wonach Christus mit Gott nicht wesensgleich, sondern nur wesensähnlich sei

arid: trocken, dürr, wüstenhaft (vom Boden od. Klima)

Arie [...iə], die; -, -n: Sologesangsstück mit Instrumentalbegleitung (bes. in Oper u. Oratorium)

Ari|er, der; -s, -: 1. Angehöriger eines der frühgeschichtlichen Völker mit indogermanischer Sprache in Indien u. im Iran. 2. (in der rassistischen Ideologie des Nationalsozialismus) Angehöriger einer (bes. in Gegensatz zu den Juden definierten) angeblich geistig, politisch und kulturell überlegenen nordischen Menschengruppe

ari|o|so (Musik): liedhaft [vorzutragen]

Ari|o|so, das; -s, -s u. ...si: 1. instrumental begleitetes [gegen den Sprechgesang abgehobenes] liedhaft-ausdrucksvolles od. arienähnliches Gesangsstück, Zwischenstück. 2. liedhaft-ausdrucksvolles Instrumentalstück

arisch: 1. a) die Sprachen der ↑Arier (1) betreffend; b) zu den Ariern (1) gehörend. 2. in der nationalsozialistischen Rassenideologie die Arier (2) betreffend, zu den Ariern (2) gehörend

ari|sie|ren (nationalsoz.): [durch Enteignung] in sogenannten arischen (2) Besitz überfüh-

A

ren (von jüdischen Geschäften u. Unternehmen durch das nationalsozialistische Regime)

Aris|to|krat, der; -en, -en: 1. Angehöriger des Adels. 2. Mensch von vornehm-zurückhaltender Lebensart

Aris|to|kra|tie, die; -, ...ien: 1. Staatsform, in der die Herrschaft im Besitz einer privilegierten sozialen Gruppe ist. 2. adlige Oberschicht mit besonderen Privilegien. 3. (ohne Plural) Würde, Vornehmheit

Aris|to|kra|tin, die; -, -nen: weibliche Form zu ↑Aristokrat

aris|to|kra|tisch: 1. die Aristokratie (1 u. 2) betreffend. 2. vornehm, edel

Aris|to|te|li|ker, der; -s, -: Anhänger der Philosophie des Aristoteles

aris|to|te|lisch: a) die Philosophie des Aristoteles betreffend; b) die Philosophie des Aristoteles vertretend

Arith|me|tik, die; -: Teilgebiet der Mathematik, das sich mit bestimmten u. allgemeinen Zahlen befasst

Arith|me|ti|ker, der; -s, -: Fachmann auf dem Gebiet der Arithmetik

Arith|me|ti|ke|rin, die; -, -nen: weibliche Form zu ↑Arithmetiker

arith|me|tisch: a) die Arithmetik betreffend; b) rechnerisch

Ar|ka|de, die; -, -n: a) von zwei Pfeilern od. Säulen getragener Bogen; b) (meist Plural) Bogenreihe, einseitig offener Bogengang [an Gebäuden]; c) nach oben gewölbter Bogen bei Kleinbuchstaben einer Handschrift

Ar|ka|di|en, das; -s: Schauplatz glückseligen, idyllischen [Land]lebens

ar|ka|disch: Arkadien betreffend, zu Arkadien gehörend

ar|kan: geheim; nicht zugänglich

Ar|ka|num, das; -s, ...na: 1. Geheimnis. 2. Geheimmittel

Ark|ti|ker, der; -s, -: Bewohner der Arktis

Ark|ti|ke|rin, die; -, -nen: weibliche Form zu ↑Arktiker

Ark|tis, die; -: Gebiet um den Nordpol

ark|tisch: 1. zur Arktis gehörend. 2. wie in der Arktis (z. B.: arktische Kälte)

Ar|ma|da, die; -, ...den u. -s: große [Kriegs]flotte; Pulk, Schwarm

Ar|ma|ged|don, Har|ma|ge|don, das; -: Katastrophe

Ar|ma|g|nac [arman'jak], der; -[s], -s: ein französischer Weinbrand

Ar|ma|tur, die; -, -en: 1. a) Ausrüstung von technischen Anlagen, Maschinen u. Fahrzeugen mit Bedienungs- u. Messgeräten; b) (meist Plural) Bedienungs- u. Messgerät an technischen Anlagen. 2. (meist Plural) Drossel- od. Absperrvorrichtung, Wasserhahn u. Ä. in Badezimmern, Duschen u. Ä. 3. (veraltet) militärische Ausrüstung

Ar|ma|tu|ren|brett, das; -s, -er: Tafel, Fläche, auf der die Armaturen (1 b) befestigt sind (z. B. in Kraftfahrzeugen od. im Flugzeugcockpit)

Ar|mee, die; -, ...meen: a) Gesamtheit aller Streitkräfte eines Landes, Staates; b) großer Truppenverband

Ar|mee|korps [...ko:ɐ̯], das; - [...ko:ɐ̯s], - [...ko:ɐ̯s]: Verband von mehreren ↑Divisionen (2)

ar|mie|ren: 1. (Militär veraltet) mit Waffen ausrüsten, bestücken. 2. (Technik) mit Armaturen (1b, 2) versehen. 3. (Bauw., Technik) mit einer [verstärkenden] Ein-, Auflage, Umkleidung versehen

Ar|mie|rung, die; -, -en: 1. Waffenausrüstung (Bestückung) einer militärischen Anlage od. eines Kriegsschiffs. 2. Stahleinlagen für Beton

Ar|mu|re, Ar|mü|re [ar'my:rə], die; -, -n: klein gemustertes [Kunst]seidengewebe

Ar|ni|ka, die; -, -s: 1. krautige, würzig riechende Heilpflanze. 2. (ohne Plural) aus den Blüten u. Wurzeln der Arnika hergestellter, heilwirksamer Extrakt

Arom, das; -s, -e (dichter.): Aroma

Aro|ma, das; -s, ...men, -s u. (selten:) -ta: 1. ausgeprägter angenehmer Geschmack, würziger Duft; kräftiger, intensiver [Wohl]geruch; ausgeprägter Eigengeschmack od. Eigengeruch bes. eines pflanzlichen Genussmittels. 2. natürlicher od. künstlicher Geschmacksstoff für Lebensmittel, Speisen od. Getränke; Würzmittel

aro|ma|tisch: 1. einen deutlich ausgeprägten, angenehmen Geschmack habend, wohlschmeckend. 2. wohlriechend

aro|ma|ti|sie|ren: mit Aroma versehen

ar|peg|gio [ar'pɛdʒo] (Musik): in Form von Akkorden, deren einzelne Töne sehr schnell nacheinander erklingen (Abk.: arp)

Ar|peg|gio, das; -s, -s u. ...ggien: ein arpeggio gespieltes Musikstück

Ar|rak, der; -s, -e u. -s: [ostindischer] Branntwein aus Reis od. ↑Melasse

Ar|ran|ge|ment [arãʒə'mã:], das; -s, -s: 1. a) Anordnung, [künstlerische] Gestaltung, Zusammenstellung; b) [künstlerisch] Angeordnetes, aus einzelnen Komponenten geschmackvoll zusammengestelltes Ganzes. 2. Übereinkommen, Vereinbarung, Abmachung, Abrede. 3. a) Bearbeitung eines Musikstückes für andere Instrumente, als für die es geschrieben ist; b) Orchesterfassung eines Themas [im Jazz]. 4. Abwicklung der Börsengeschäfte

Ar|ran|geur [...'ʒø:ɐ̯], der; -s, -e: 1. jmd., der ein Musikstück einrichtet od. einen Schlager ↑instrumentiert (1). 2. jmd., der etwas arrangiert (1 a)

Ar|ran|geu|rin [...'ʒø:rɪn], die; -, -nen: weibliche Form zu ↑Arrangeur

ar|ran|gie|ren [...'ʒi:...]: 1. a) sich um die Vorbereitung u. den planvollen Ablauf einer Sache kümmern; b) in die Wege leiten, zustande bringen. 2. a) ein Musikstück für andere Instrumente, als für die es geschrieben ist, od. für ein Orchester bearbeiten; b) einen Schlager für die einzelnen Instrumente eines Unterhaltungsorchesters bearbeiten. 3. eine Übereinkunft treffen trotz gegensätzlicher od. abweichender Standpunkte

Ar|rest, der; -[e]s, -e: 1. Haft, Freiheitsentzug (bes. als Strafe innerhalb einer Gemeinschaft, z. B. Militär, früher auch Schule). 2. (Rechtswiss.) Beschlagnahme, Sicherstellung

Ar|res|tant, der; -en, -en: jmd., der sich im [Jugend]arrest befindet

Ar|res|tan|tin, die; -, -nen: weibliche Form zu ↑Arrestant

ar|re|tie|ren: 1. (veraltend) verhaften, festnehmen. 2. bewegliche Teile eines Geräts bei Nichtbenutzung sperren, blockieren

Ar|re|tie|rung, die; -, -en: 1. Festnahme, Inhaftierung. 2. mechanische Vorrichtung zum Feststellen beweglicher Geräteteile

Ar|rhyth|mie, Arhyth|mie, die; -, ...ien: 1. unregelmäßige Bewegung; Unregelmäßigkeit im Ablauf eines rhythmischen Vorgangs. 2. (Med.) unregelmäßige Herztätigkeit

Ar|ri|val [ɛ'raɪ̯vl̩], das; -s, -s: Ankunft (Hinweis auf Flughäfen)

ar|ri|vie|ren: vorwärtskommen, Erfolg haben; beruflich od. gesellschaftlich emporkommen

ar|ri|viert: beruflich, gesellschaftlich aufgestiegen, zu Erfolg u. Ansehen gelangt

ar|ro|gant: anmaßend, dünkelhaft, überheblich, eingebildet

Ar|ro|ganz, die; -: arrogante Art, arrogantes Benehmen; Überheblichkeit

ar|ron|die|ren [arõ...]: 1. a) abrunden, zusammenlegen (von einem Besitz od. Grundstück); b) (Börsenw.) einen Wertpapierbestand durch Zu- od. Verkauf auf- od. abrunden. 2. Kanten abrunden (z. B. von Leisten)

Ar|ron|die|rung, die; -, -en: 1. das Arrondieren. 2. (Börsenw.) Auf- od. Abrundung eines Wertpapierbestandes durch An- od. Verkauf kleinerer Posten

Ar|ron|dis|se|ment [arõdɪs(ə)'mã:], das; -s, -s: a) dem ↑Departement (1) untergeordneter Verwaltungsbezirk in Frankreich; b) Verwaltungseinheit, Stadtbezirk in französischen Großstädten, bes. in Paris

Ar|row|root ['ɛrɔʊ̯ru:t], das; -s, -s: 1. Pfeilwurz. 2. Stärkemehl aus Wurzeln u. Knollen bestimmter tropischer Pflanzen (z. B. Pfeilwurz, Batate)

Ar|sen, das; -s: a) chem. Element (Zeichen: As); b) (ugs.) ↑Arsenik

Ar|se|nal, das; -s, -e: 1. Zeughaus; Geräte- u. Waffenlager. 2. Vorratslager, Sammlung

Ar|se|nik, das; -s: wichtigste [giftige] Arsenverbindung; Arsentrioxid

Art dé|co [arde'ko:], der od. das; - -: künstlerische Richtung (bes. im Kunstgewerbe) etwa 1920–1940

Art|di|rec|tor ['a:ɐ̯tdɪrɛktɐ], der; -s, -s: künstlerischer Leiter [des ↑Layouts in einer Werbeagentur]

Art-Di|rek|tor, der; -s, ...toren: Artdirector

A

Art-Di|rek|to|rin, die; -, -nen: weibliche Form zu ↑Art-Direktor

Ar|te|fakt, das; -[e]s, -e: 1. das durch menschliches Können Geschaffene, Kunsterzeugnis. 2. (Archäol.) Werkzeug aus vorgeschichtlicher Zeit, das menschliche Bearbeitung erkennen lässt. 3. (Med.) künstlich hervorgerufene körperliche Veränderung (z. B. Verletzung) bzw. Abwandlung des natürlichen Zustandes. 4. (Elektrot.) Störsignal

Ar|te po|ve|ra, die; - -: Objektkunst, vor allem in den 60er- u. 70er-Jahren des 20. Jh.s in Italien, die unkonventionelle Materialien wie Erde, Asche, Abfälle u. Ä. verwendet u. diese bewusst unästhetisch darbietet

Ar|te|rie [...iə], die; -, -n: Schlagader; Blutgefäß, das das Blut vom Herzen zu einem Organ od. Gewebe hinführt

ar|te|ri|ell (Biol., Med.): die Arterien betreffend, zu einer Arterie gehörend

Ar|te|rio|skle|ro|se, die; -, -n (Med.): krankhafte Veränderung der Arterien mit Verhärtung, Verdickung u. Elastizitätsverlust; „Arterienverkalkung"

ar|te|rio|skle|ro|tisch (Med.): a) die Arteriosklerose betreffend; b) durch Arteriosklerose hervorgerufen

ar|te|sisch: in der Fügung **artesischer Brunnen:** natürlicher Brunnen, bei dem das Wasser durch einen Überdruck des Grundwassers selbsttätig aufsteigt

Ar|th|ri|ti|ker, der; -s, -: an Gelenkentzündung Leidender; Gichtkranker

Ar|th|ri|ti|ke|rin, die; -, -nen: weibliche Form zu ↑Arthritiker

Ar|th|ri|tis, die; -, ...itiden: Gelenkentzündung

ar|th|ri|tisch (Med.): die Arthritis betreffend

Ar|th|ro|pa|thie, die; -, ...ien: Gelenkleiden, Gelenkerkrankung

Ar|th|ro|se, die; -, -n (Med.): Arthropathie

ar|ti|fi|zi|ell: 1. künstlich. 2. gekünstelt

Ar|ti|kel [auch: ar'tɪkl̩], der; -s, -: 1. [der Genusbezeichnung von Substantiven dienende] Wortart mit identifizierender, individualisierender od. generalisierender Funktion; Geschlechtswort (Abk.: Art.). 2. [mit einer Nummer gekennzeichneter] Abschnitt eines Gesetzes, Vertrages usw. (Abk.: Art.). 3. Handelsgegenstand, Ware (Abk.: Art.). 4. Aufsatz, Abhandlung; Beitrag. 5. Glaubenssatz; Abschnitt eines Bekenntnisses od. Manifestes, These

Ar|ti|ku|la|ti|on, die; -, -en: 1. a) [deutliche] Gliederung des Gesprochenen; b) (Sprachwiss.) Lautbildung. 2. das Artikulieren (2). 3. (Musik) Binden od. Trennen der Töne

ar|ti|ku|la|to|risch: die Artikulation betreffend

ar|ti|ku|lie|ren: 1. (Silben, Wörter, Sätze) in phonetisch gegliederter Form aussprechen. 2. (Gefühle, Gedanken) zum Ausdruck bringen, formulieren

Ar|til|le|rie [auch: 'ar...], die; -, ...ien: a) mit meist schweren Geschützen ausgerüstete Truppengattung; b) schweres Geschütz, Geschütze

Ar|til|le|rist [auch: 'ar...], der; -en, -en: Soldat der Artillerie

Ar|ti|scho|cke, die; -, -n: distelartige Gemüsepflanze mit wohlschmeckenden Blütenknospen

Ar|tist, der; -en, -en: 1. im Zirkus u. Varieté auftretender Künstler [der Geschicklichkeitsübungen ausführt] (z. B. Jongleur, Clown). 2. seine Darstellungsmittel u. -formen souverän beherrschender Künstler

Ar|tis|tik, die; -: 1. Varieté- u. Zirkuskunst. 2. außerordentlich große [körperliche] Geschicklichkeit

Ar|tis|tin, die; -, -nen: weibliche Form zu ↑Artist

ar|tis|tisch: a) die Artistik betreffend; b) nach Art eines Artisten

Art nou|veau [arnu'vo:], der od. das; - -: Bezeichnung für Jugendstil in Großbritannien, den USA u. Frankreich

Ar|to|thek, die; -, -en: Galerie, Museum, das Bilder od. Plastiken an Privatpersonen verleiht

[1]**As,** der; Asses, Asse: altrömische Gewichts- u. Münzeinheit

[2]**As:** frühere Schreibung für: ↑Ass

As|best, der, auch das; -[e]s, -e: mineralische Faser aus ↑Serpentin od. Hornblende, widerstandsfähig gegen Hitze u. schwache Säuren

As|bes|to|se, die; -, -n (Med.): durch das Einatmen von Asbeststaub hervorgerufene Lungenerkrankung

Asch|ke|na|sim [...ziːm, auch: ...'ziːm], die (nur Plural): die ost- u. mitteleuropäischen Juden

asch|ke|na|sisch: die Aschkenasim betreffend

Asch|ram, der; -s, -s: a) Einsiedelei eines indischen Asketen; b) einem Kloster ähnliche Anlage in Indien (bes. als Ort der Meditation für die Anhänger einer Lehre)

As|cor|bin|säu|re, As|kor|bin|säu|re: chem. Bez. für: Vitamin C

Asep|sis, die; - (Med.): Keimfreiheit (von Wunden, Instrumenten, Verbandsstoffen u. Ä.)

asep|tisch (Med.): a) keimfrei; b) nicht auf Infektion beruhend

ase|xu|al [auch: azɛksu'aːl], **ase|xu|ell** [auch: azɛksu'ɛl]: 1. sich in einem Zustand unterhalb normaler sexueller Erregbarkeit befindend. 2. ungeschlechtlich, geschlechtslos

ase|xu|ell [auch: azɛksu'ɛl] vgl. asexual

Asi|a|nis|mus, der; -: in Kleinasien ausgebildete Richtung der antiken griechischen Rhetorik, die sich durch Schwülstigkeit, aber auch durch pointierte Kürze auszeichnete

As|ka|ri, der; -[s], -s: afrikanischer Soldat im ehemaligen Deutsch-Ostafrika

As|ke|se, die; -: a) streng enthaltsame u. entsagende Lebensweise (zur Verwirklichung sittlicher u. religiöser Ideale); b) Bußübung

As|ket, der; -en, -en: enthaltsam (in Askese) lebender Mensch

As|ke|tin, die; -, -nen: weibliche Form zu ↑Asket

as|ke|tisch: a) die Askese (a) betreffend; entsagend, enthaltsam; b) Askese (b) übend; c) wie ein Asket; d) formal zurückhaltend, sparsam, streng

As|kor|bin|säu|re vgl. Ascorbinsäure

aso|zi|al [auch: ...'tsi̯aːl]: unfähig zum Leben in der Gemeinschaft, sich nicht in die Gemeinschaft einfügend, am Rande der Gesellschaft lebend

Aso|zi|a|li|tät, die; -: das Asozialsein

As|pa|ra|gin, das; -s: Derivat (2) der Asparaginsäure

As|pa|ra|gus [auch: ...'raː...], der; -: a) Spargel (Gemüsepflanze); b) Kraut bestimmter Spargelarten, das für Blumengebinde verwendet wird

As|pekt, der; -[e]s, -e: 1. Blickwinkel, Blickpunkt, Betrachtungsweise, Gesichtspunkt. 2. (Astron., Astrol.) bestimmte Stellung von Sonne, Mond u. Planeten zueinander u. zur Erde. 3. (Sprachwiss.) [in den slawischen Sprachen bes. ausgeprägte] grammatische Kategorie, mit der die Sprecherin/der Sprecher die Vollendung od. Nichtvollendung eines Geschehens aus ihrer/seiner Sicht ausdrückt. 4. (Bot.) jahreszeitlich bedingtes Aussehen einer Pflanzengesellschaft

As|per|si|on, die; -, -en: das Besprengen mit Weihwasser

As|phalt [auch: 'as...], der; -s, -e: Gemisch von ↑Bitumen u. Mineralstoffen (bes. als Straßenbelag verwendet)

as|phal|tie|ren: eine Straße mit einer Asphaltschicht versehen

As|pho|dill vgl. Affodill

As|pik [auch: ...'pɪk u.: 'as...], der (auch: das); -s, -e: Gallert aus Gelatine od. Kalbsknochen

As|pi|rant, der; -en, -en: 1. Bewerber, [Beamten]anwärter. 2. wissenschaftliche Nachwuchskraft an einer Hochschule der DDR. 3. ↑Postulant

As|pi|ran|tin, die; -, -nen: weibliche Form zu ↑Aspirant

As|pi|ra|ti|on, die; -, -en: 1. (meist Plural) Bestrebung, Hoffnung, ehrgeiziger Plan. 2. (Sprachwiss.) [Aussprache eines Verschlusslautes mit] Behauchung. 3. (Med.) a) das Eindringen von Flüssigkeiten od. festen Stoffen in die Luftröhre od. Lunge; b) Ansaugung von Luft, Gasen, Flüssigkeiten u. a. beim Einatmen

As|pi|ra|tor, der; -s, ...oren: Luft-, Gasansauger

as|pi|rie|ren: 1. (veraltet) nach etwas streben; sich um etwas bewerben. 2. (Sprachwiss.) einen Verschlusslaut mit Behauchung aussprechen. 3. ansaugen (von Luft, Gasen u. a.)

A

[1]**As|pi|rin**®, das; -s: ein Schmerz- u. Fiebermittel

[2]**As|pi|rin**®, die; -, - (auch: das; -, *Plur.* - selten -e): Pille des Medikaments [1]Aspirin

Ass, das; -es, -e: 1. a) [höchste] Karte im Kartenspiel; b) die Eins auf Würfeln. 2. hervorragender Spitzenkönner, bes. im Sport. 3. a) (bes. Tennis) platzierter Aufschlagball, der vom Gegner nicht zurückgeschlagen werden kann; b) (Golf) mit einem Schlag vom Abschlag ins Loch gespielter Ball

As|sas|si|ne, der; -n, -n: 1. (veraltet) Meuchelmörder. 2. Angehöriger einer islamischen Glaubensgemeinschaft

As|saut [a'so:], das (auch: der); -s, -s: sportlicher Fechtwettkampf

As|se|ku|ranz, die; -, -en (fachspr.): Versicherung

As|sem|b|la|ge [asã'bla:ʒə], die; -, -n (moderne Kunst): dreidimensionaler Gegenstand, der aus einer Kombination verschiedener Objekte entstanden ist

As|sem|b|ler [ɛ'sɛmblɐ], der; -s, - (EDV): 1. maschinenorientierte Programmiersprache. 2. Übersetzungsprogramm zur Umwandlung einer maschinenorientierten Programmiersprache in die spezielle Maschinensprache

As|ser|ti|on, die; -, -en (Philos.): bestimmte, einfach feststellende Behauptung, Versicherung, Feststellung

As|ser|vat, das; -[e]s, -e: ein in amtliche Verwahrung genommener, für eine Gerichtsverhandlung als Beweismittel wichtiger Gegenstand

As|sess|ment-Cen|ter, As|sess|ment|cen|ter, das; -s, -: psychologisches Testverfahren; Einstufungstest (Abk.: AC)

As|ses|sor, der; -s, ...oren: 1. jmd., der die zweite juristische Staatsprüfung bestanden hat. 2. (früher) ↑Studienassessor (Abk.: Ass.)

as|ses|so|ral, as|ses|so|risch: den Assessor betreffend

As|ses|so|rin, die; -, -nen: weibliche Form zu ↑Assessor

As|set ['æsɛt], das; -s, -s: 1. (Wirtsch.) Vermögenswert eines Unternehmens. 2. (meist Plural; EDV) [Multimedia]element; Inhalt, Komponente [einer Datenbank] (z. B. Bilder, Audiodateien)

As|si|mi|lat, das; -[e]s, -e: ein in Lebewesen durch Umwandlung körperfremder in körpereigene Stoffe entstehendes Produkt (z. B. Stärke bei Pflanzen, ↑Glykogen bei Tieren)

As|si|mi|la|ti|on, die; -, -en: 1. a) Angleichung, Anpassung; b) Angleichung eines Konsonanten an einen anderen (z. B. das m in dt. Lamm aus mhd. lamb). 2. a) (Physiol.) Überführung der von einem Lebewesen aufgenommenen Nährstoffe in ↑Assimilate; b) die Bildung von Kohlehydraten aus Kohlendioxid der Luft und aus Wasser unter dem Einfluss des Lichtes, wobei Sauerstoff abgegeben wird. 3. (Soziol.) Angleichung eines Einzelnen od. einer Gruppe an die Eigenart einer anderen Gruppe, eines anderen Volkes

as|si|mi|lie|ren: angleichen, anpassen

As|si|mi|lie|rung, die; -, -en: ↑Assimilation

As|sist [ə'sɪst], der; -s, -s (Sport): Zuspiel, das zum Treffer führt

As|sis|tent, der; -en, -en: a) jmd., der einem anderen assistiert; b) [wissenschaftlich] entsprechend ausgebildete Fachkraft innerhalb einer bestimmten Laufbahnordnung, bes. in Forschung u. Lehre

As|sis|ten|tin, die; -, -nen: weibliche Form zu ↑Assistent

As|sis|tenz, die; -, -en: Beistand, Mithilfe

As|sis|tenz|arzt, der; -es, ...ärzte: approbierter Arzt, der einem Chefarzt, einer Chefärztin unterstellt ist

As|sis|tenz|ärz|tin, die; -, -nen: weibliche Form zu ↑Assistenzarzt

As|sis|tenz|pro|fes|sor, der; -s, -en: wissenschaftliche Fachkraft an deutschen Universitäten

As|sis|tenz|pro|fes|so|rin, die; -, -nen: weibliche Form zu ↑Assistenzprofessor

as|sis|tie|ren: jmdm. nach dessen Anweisungen zur Hand gehen

As|so|cié [aso'si̯e:], der; -s, -s (veraltet): Teilhaber

As|so|lu|ta, die; -, -s: weiblicher Spitzenstar in Ballett u. Oper

As|so|nanz, die; -, -en (Metrik): Gleichklang zwischen zwei od. mehreren Wörtern [am

Versende], der sich auf die Vokale beschränkt (Halbreim; z. B. laben: klagen)

as|sor|tie|ren: nach Warenarten auswählen, ordnen u. vervollständigen

As|so|zi|a|ti|on, die; -, -en: 1. Vereinigung, Zusammenschluss. 2. Verknüpfung von Vorstellungen, von denen die eine die andere hervorgerufen hat. 3. (Chemie) Vereinigung mehrerer gleichartiger Moleküle zu einem Molekülkomplex. 4. (Bot.) Gruppe von Pflanzen, die sich aus verschiedenen, aber charakteristischen Arten zusammensetzt. 5. bündnisloser militärischer u. politischer Zusammenschluss von Staaten. 6. (Sprachwiss.) klangliche, inhaltliche, formale assoziative Beziehung zwischen sprachlichen Zeichen. 7. (Statistik) Zusammenhang zwischen zwei statistischen Reihen

as|so|zi|a|tiv: a) durch Vorstellungsverknüpfung bewirkt; b) verbindend, vereinigend

as|so|zi|ie|ren: 1. eine gedankliche Vorstellung mit etwas verknüpfen. 2. sich assoziieren: sich genossenschaftlich zusammenschließen

As|so|zi|ie|rung, die; -, -en: 1. vertraglicher Zusammenschluss mehrerer Personen, Unternehmen od. Staaten zur Verfolgung bestimmter gemeinsamer wirtschaftlicher Interessen. 2. ↑Assoziation (2)

As|sump|ti|o|nist, der; -en, -en: Angehöriger der ↑Kongregation der Augustiner von Mariä Himmelfahrt (1845)

As|sum|ti|on, As|sump|tio, die; -, ...tionen: Aufnahme einer Seele in den Himmel, bes. die Himmelfahrt Marias

As|sun|ta, die; -, ...ten: bildliche Darstellung der Himmelfahrt Marias

As|sy|rio|lo|ge, der; -n, -n: Wissenschaftler auf dem Gebiet der Assyriologie

As|sy|rio|lo|gie, die; -: Wissenschaft von Geschichte, Sprachen u. Kulturen des alten Assyriens u. Babyloniens

As|te|ro|id, der; -en, -en: kleiner Planet, ↑Planetoid

As|the|ni|ker, der; -s, - (Med.): jmd., der einen schmalen, schmächtigen, muskelarmen u. knochenschwachen Körperbau besitzt

As|the|ni|ke|rin, die; -, -nen: weibliche Form zu ↑Astheniker

Äs|thet, der; -en, -en: jmd., der in besonderer Weise auf kultivierte Gepflegtheit, Schönheit, Künstlerisches anspricht, was sich auch in seinem Lebensstil niederschlägt

Äs|the|tik, die; -, -en: 1. Wissenschaft vom Schönen, Lehre von der Gesetzmäßigkeit u. Harmonie in Natur u. Kunst. 2. (ohne Plural) das stilvoll Schöne

Äs|the|ti|ker, der; -s, -: Vertreter od. Lehrer der Ästhetik (1)

Äs|the|ti|ke|rin, die; -, -nen: weibliche Form zu ↑Ästhetiker

Äs|the|tin, die; -, -nen: weibliche Form zu ↑Ästhet

äs|the|tisch: 1. die Ästhetik (1) betreffend. 2. stilvoll-schön, geschmackvoll, ansprechend

äs|the|ti|sie|ren: einseitig nach den Gesetzen des Schönen urteilen od. etwas danach gestalten

Äs|the|ti|zis|mus, der; -: Lebens- u. Kunstanschauung, die dem Ästhetischen einen absoluten Vorrang vor anderen Werten einräumt

Asth|ma, das; -s: anfallsweise auftretende Atemnot, Kurzatmigkeit

Asth|ma|ti|ker, der; -s, -: jmd., der an Asthma leidet

Asth|ma|ti|ke|rin, die; -, -nen: weibliche Form zu ↑Asthmatiker

asth|ma|tisch: a) durch Asthma bedingt; b) an Asthma leidend, kurzatmig

As|ti, der; -[s], -: Wein aus dem Gebiet um die oberitalienische Stadt Asti

As|tig|ma|tis|mus, der; -, ...men: 1. (Physik) Abbildungsfehler von Linsen. 2. (Med.) Hornhautverkrümmung; Brechungsfehler des Auges

As|t|ra|chan, der; -s, -s: 1. Lammfell eines südrussischen Schafes. 2. Plüschgewebe mit fellartigem Aussehen

as|t|ral: die Gestirne betreffend; Stern...

As|t|ral|leib, der; -s, -er: 1. im ↑Okkultismus den Tod überdauernder unsichtbarer Leib des Menschen. 2. in der ↑Anthroposophie ätherisch gedachter Träger des Lebens im Körper des Menschen. 3. (ugs., meist iron.) schöner menschlicher Körper

As|t|ro|gra|phie, die; -, ...ien

As|t|ro|la|bi|um, das; -s, ...ien: altes astrono-

A

misches Instrument zur lagemäßigen Bestimmung von Gestirnen

As|t|ro|lo|ge, der; -n, -n: a) jmd., der sich systematisch u./od. beruflich mit Astrologie beschäftigt; b) (scherzh.) jmd., der aufgrund seiner Kenntnis der politischen Verhältnisse [eines Landes o. Ä.] Voraussagen über zu erwartende Maßnahmen machen kann

As|t|ro|lo|gie, die; -: a) Lehre, die aus der mathematischen Erfassung der Orte u. Bewegungen der Himmelskörper sowie von orts- u. zeitabhängigen Koordinatenschnittpunkten Schlüsse zur Beurteilung von irdischen Gegebenheiten u. deren Entwicklung zu ziehen sucht; b) Schicksalsdeutung u. Vorhersage aus einem ↑Horoskop (a)

As|t|ro|lo|gin, die; -, -nen: weibliche Form zu ↑Astrologe

as|t|ro|lo|gisch: a) die Astrologie betreffend; b) mit den Mitteln der Astrologie erfolgend

As|t|ro|naut, der; -en, -en: Weltraumfahrer, Teilnehmer an einem Raumfahrtunternehmen; vgl. Kosmonaut

As|t|ro|nau|tik, die; -: [Wissenschaft von der] Raumfahrt

As|t|ro|nau|tin, die; -, -nen: weibliche Form zu ↑Astronaut

as|t|ro|nau|tisch: die Raumfahrt betreffend; vgl. kosmonautisch

As|t|ro|nom, der; -en, -en: jmd., der sich wissenschaftlich mit der Astronomie beschäftigt; Stern-, Himmelsforscher

As|t|ro|no|mie, die; -: Stern-, Himmelskunde als exakte Naturwissenschaft

As|t|ro|no|min, die; -, -nen: weibliche Form zu ↑Astronom

as|t|ro|no|misch: 1. die Astronomie betreffend, sternkundlich. 2. [unvorstellbar] groß, riesig (in Bezug auf Zahlenangaben od. Preise)

As|t|ro|phy|sik [...'zi:k], die; -: Teilgebiet der Astronomie, auf dem man sich mit dem Aufbau u. der physikalischen Beschaffenheit der Gestirne beschäftigt

as|t|ro|phy|si|ka|lisch [auch: ...'ka:...]: die Astrophysik betreffend

As|t|ro|phy|si|ker [auch: ...'fy:...], der; -s, -: Wissenschaftler, der auf dem Gebiet der Astrophysik arbeitet

As|t|ro|phy|si|ke|rin [auch: ...'fy:...], die; -, -nen: weibliche Form zu ↑Astrophysiker

Äs|tu|ar, das; -s, -e, **Äs|tu|a|ri|um,** das; -s, ...ien: trichterförmige Flussmündung

Asyl, das; -s, -e: 1. Unterkunft, Heim (für Obdachlose). 2. a) Aufnahme u. Schutz (für Verfolgte); b) Zufluchtsort

Asy|lant, der; -en, -en: jmd., der um Asyl nachsucht

Asy|lan|tin, die; -, -nen: weibliche Form zu ↑Asylant

Asym|me|t|rie [auch: ...'tri:], die; -, ...ien: Mangel an Symmetrie (1, 2), Ungleichmäßigkeit

asym|me|t|risch [auch: ...'me:...]: nicht symmetrisch, ohne Symmetrie

Asym|p|to|te, die; -, -n: Gerade, der sich eine ins Unendliche verlaufende Kurve nähert, ohne sie zu erreichen

asym|p|to|tisch (Math.): sich wie eine Asymptote verhaltend

asyn|chron [auch: ...'kro:n]: 1. nicht mit gleicher Geschwindigkeit laufend. 2. a) nicht gleichzeitig; b) entgegenlaufend

asyn|de|tisch [auch: ...'de:...]: a) das Asyndeton betreffend; b) nicht durch Konjunktion verbunden, unverbunden

Asyn|de|ton, das; -s, ...ta: Wort- od. Satzreihe, deren Glieder nicht durch Konjunktionen miteinander verbunden sind (z. B. „alles rennet, rettet, flüchtet", Schiller); vgl. Polysyndeton

as|zen|dent: 1. (Geol.) aufsteigend (z. B. von Dämpfen). 2. den Aufbau kleinerer Einheiten zu komplexeren Ganzen betreffend

As|zen|dent, der; -en, -en: 1. Vorfahr; Verwandter in aufsteigender Linie. 2. (Astron.) a) Gestirn im Aufgang; b) Aufgangspunkt eines Gestirns. 3. (Astrol.) das im Augenblick der Geburt über den Osthorizont tretende Tierkreiszeichen

As|zen|denz, die; -, -en: 1. (ohne Plural) Verwandtschaft in aufsteigender Linie. 2. Aufgang eines Gestirns

As|ze|tik, die; -: Lehre vom Streben nach christlicher Vollkommenheit

Ata|man, der; -s, -e: frei gewählter Stammes- u. militärischer Führer der Kosaken; vgl. Hetman

Ata|ra|xie, die; - (gr. Philos.): Unerschütterlichkeit, Gleichmut, Seelenruhe

Ata|vis|mus, der; -, ...men: 1. (ohne Plural) das Wiederauftreten von Merkmalen der Vorfahren, die den unmittelbar vorhergehenden Generationen fehlen (bei Pflanzen, Tieren u. Menschen). 2. entwicklungsgeschichtlich als überholt geltendes, unvermittelt wieder auftretendes körperliches od. geistig-psychisches Merkmal

ata|vis|tisch: 1. den Atavismus betreffend. 2. (abwertend) in Gefühlen, Gedanken usw. einem früheren, primitiven Menschheitsstadium entsprechend

Ate|li|er [atəˈli̯e:], das; -s, -s: Arbeitsraum, -stätte (z. B. für einen Künstler, für Foto- od. Filmaufnahmen)

Äthan vgl. Ethan

Ätha|nol vgl. Ethanol

Athe|is|mus, der; -: Verneinung der Existenz Gottes oder seiner Erkennbarkeit

Athe|ist, der; -en, -en: Anhänger des Atheismus

Athe|is|tin, die; -, -nen: weibliche Form zu ↑Atheist

athe|is|tisch: a) dem Atheismus anhängend; b) zum Atheismus gehörend, ihm entsprechend

athe|ma|tisch [auch: ...ˈma:...]: (Musik) ohne Thema, ohne Themaverarbeitung

Athe|nä|um, das; -s, ...äen: Tempel der Göttin Athene

[1]**Äther,** der; -s: 1. a) Himmelsluft, wolkenlose Weite des Himmels; b) nach einer heute aufgegebenen Annahme das nicht näher bestimmbare Medium, in dem sich die elektrischen Wellen im Weltraum ausbreiten. 2. (gr. Philos.) Urstoff allen Lebens, Weltseele

[2]**Äther,** fachspr. auch: **Ether,** der; -s, - (Chemie): 1. das Oxid eines Kohlenwasserstoffs. 2. Narkosemittel

[1]**äthe|risch:** überaus zart, erdentrückt, vergeistigt

[2]**äthe|risch:** ätherartig, flüchtig

Ath|let, der; -en, -en: 1. Wettkämpfer. 2. muskulös gebauter Mann, Kraftmensch

Ath|le|tik, die; -: die von berufsmäßig kämpfenden Athleten (1) ausgetragenen Wettkämpfe im antiken Griechenland

Ath|le|ti|ker, der; -s, - (Med.): Vertreter eines bestimmten Körperbautyps (kräftige Gestalt, derber Knochenbau); vgl. Leptosome, Pykniker

Ath|le|tin, die; -, -nen: weibliche Form zu ↑Athlet (1)

ath|le|tisch: a) muskulös, von kräftigem Körperbau; b) sportlich durchtrainiert, gestählt

Äthyl, chem. fachspr.: **Ethyl,** das; -s, -e: einwertiges Kohlenwasserstoffradikal, das in vielen organischen Verbindungen enthalten ist

Äthyl|al|ko|hol, chem. fachspr.: **Ethyl|al|kohol,** der; -s: der vom ↑Ethan ableitbare Alkohol (Weingeist); vgl. Ethanol

Ätio|lo|gie, die; -, ...ien (Med.): 1. Lehre von den Krankheitsursachen. 2. Gesamtheit der Faktoren, die zu einer bestehenden Krankheit geführt haben; vgl. Pathogenese

At|lant, der; -en, -en (Archit.): Gebälkträger in Gestalt einer kraftvollen Männerfigur anstelle eines Pfeilers od. einer Säule; vgl. Karyatide

At|lan|tik, der; -s: Atlantischer Ozean

At|lan|tis, das; -: sagenhafte Insel im Atlantischen Ozean

at|lan|tisch: 1. dem Atlantischen Ozean angehörend. 2. den Atlantikpakt betreffend

[1]**At|las,** der; - u. -ses, -se u. ...lanten: 1. a) Sammlung gleichartig bearbeiteter geografischer Karten in Buchform; b) Sammlung von Bildtafeln aus einem Wissensgebiet in Buchform. 2. (selten) Atlant. 3. (ohne Plural; Med.) erster Halswirbel, der den Kopf trägt

[2]**At|las,** der; - u. -ses, -se: Gewebe mit hochglänzender Oberfläche in besonderer Bindung (Webart)

At|mo|sphä|re, die; -, -n: 1. a) Gashülle eines Gestirns; b) Lufthülle der Erde. 2. [nicht gesetzliche] Einheit des Druckes (Zeichen für die physikalische Atmosphäre: atm, früher: Atm; für die technische Atmosphäre: at).

A

3. eigenes Gepräge, Ausstrahlung, Stimmung

at|mo|sphä|risch: 1. a) die Atmosphäre (1) betreffend; b) in der Atmosphäre (1). 2. a) Atmosphäre (3), ein besonderes Fluidum betreffend; b) nur in sehr feiner Form vorhanden u. daher kaum feststellbar; nur andeutungsweise vorhanden

Atoll, das; -s, -e: ringförmige Koralleninsel

Atom, das; -s, -e: kleinste, mit chemischen Mitteln nicht weiter zerlegbare Einheit eines chemischen Elements, die noch die für das Element charakteristischen Eigenschaften besitzt

ato|mar: a) ein Atom betreffend; b) die Kernenergie betreffend; c) mit Kernenergie [angetrieben]; d) Atomwaffen betreffend

Atom|bom|be, die; -, -n: Sprengkörper, bei dessen Explosion Atomkerne unter Freigabe größter Energiemengen zerfallen

Atom|ener|gie, die; -: bei einer Kernspaltung frei werdende Energie

Atom|ge|wicht, das; -[e]s: Vergleichszahl, die angibt, wievielmal die Masse eines bestimmten Atoms größer ist als die eines Standardatoms

Ato|mi|seur [...'zøːɐ̯], der; -s, -e: Zerstäuber

ato|mi|sie|ren: bewirken, dass etwas in kleinste Teile zerfällt, aufgelöst wird

Ato|mis|mus, der; -, **Ato|mis|tik,** die; -: Anschauung, die die Welt u. die Vorgänge in ihr auf die Bewegung von Atomen zurückführt

ato|mis|tisch: 1. den Atomismus betreffend. 2. in kleine Einzelbestandteile auflösend

Ato|mi|um, das; -s: Ausstellungsgebäude der Brüsseler Weltausstellung 1958 in Form eines Atommodells

Atom|kern, der; -[e]s, -e: der aus ↑Nukleonen bestehende, positiv geladene innere Bestandteil des Atoms, der von der Elektronenhülle (vgl. [1]Elektron) umgeben ist

Atom|mei|ler, der; -s, -: ↑Reaktor

Atom|müll, der; -s: radioaktiver Abfall

Atom|phy|sik, die; -: Physik der Elektronenhülle u. der in ihr ablaufenden Vorgänge

Atom|re|ak|tor, der; -s, -en: Anlage zur Gewinnung von Atomenergie durch Kernspaltung

Atom|test, der; -s, -s (auch: -e), **Atom|ver|such,** der; -s, -e: Erprobung von atomaren Sprengsätzen

ato|nal [auch: ...'naːl]: nicht auf dem harmonisch-funktionalen Prinzip der ↑Tonalität beruhend

Ato|na|li|tät, die; -: Kompositionsweise der atonalen Musik

Atout [a'tuː], das, auch der; -s, -s: Trumpf im Kartenspiel

At|ri|um, das; -s, ...ien: 1. offener Hauptraum des altrömischen Hauses. 2. Säulenvorhalle (vgl. Paradies 2) altchristlicher u. romanischer Kirchen. 3. (Med.) Vorhof, Vorkammer des Herzens. 4. Innenhof eines Hauses

Atro|phie, die; -, ...ien (Med.): Gewebeschwund [von Organen, Zellen]

At|ro|pin, das; -s: giftiges ↑Alkaloid der Tollkirsche

At|ta|ché [...'ʃeː], der; -s, -s: 1. erste Dienststellung eines angehenden Diplomaten bei einer Vertretung seines Landes im Ausland. 2. Auslandsvertretungen eines Landes zugeteilter Berater (Militär-, Kultur-, Handelsattaché usw.)

At|ta|chée, die; -, -n [...'ʃeːən]: weibliche Form zu ↑Attaché

at|ta|ckie|ren: a) zu Pferde angreifen; b) (Sport) angreifen; c) scharf kritisieren

At|ten|tat [auch: ...'taːt], das; -s, -e: Anschlag auf einen politischen Gegner; Versuch, einen politischen Gegner umzubringen

At|ten|tä|ter, der; -s, -: jmd., der ein Attentat verübt

At|ten|tä|te|rin, die; -, -nen: weibliche Form zu ↑Attentäter

At|test, das; -[e]s, -e: 1. ärztliche Bescheinigung über einen Krankheitsfall. 2. (veraltet) Gutachten, Zeugnis

at|tes|tie|ren: bescheinigen, schriftlich bezeugen

At|ti|ka, die; -, ...ken (Archit.): halbgeschossartiger Aufsatz über dem Hauptgesims eines Bauwerks, bes. als Träger von Skulpturen od. Inschriften (z. B. an römischen Triumphbogen)

At|ti|la, die; -, -s: a) kurzer Rock der ungarischen Nationaltracht; b) mit Schnüren besetzte Husarenjacke

At|ti|tü|de, die; -, -n: 1. a) Einstellung, [innere] Haltung; b) angenommene, nur den Anschein einer bestimmten Einstellung vermittelnde Pose. 2. durch Erfahrung erworbene dauernde Bereitschaft, sich in bestimmten Situationen in spezifischer Weise zu verhalten

At|ti|zis|mus, der; -, ...men: 1. [feine] Sprechweise der Athener. 2. Gegenbewegung gegen den ↑Asianismus, die die klassische Sprache als Vorbild bezeichnete

¹At|trak|ti|on, die; -, -en: 1. Anziehung, Anziehungskraft. 2. Glanznummer, Zugstück

²At|trak|ti|on, die; -, -en (Sprachwiss.): Angleichung im Bereich der Lautung, der Bedeutung, der Form u. der Syntax (z. B. die am stärksten *betroffensten* statt *betroffenen* Gebiete)

at|trak|tiv: 1. verlockend, begehrenswert, erstrebenswert. 2. anziehend aufgrund eines ansprechenden Äußeren, gut aussehend

At|trak|ti|vi|tät, die; -: Anziehungskraft

At|trap|pe, die; -, -n: [täuschend ähnliche] Nachbildung, bes. für Ausstellungszwecke (z. B. von verderblichen Waren); Blind-, Schaupackung

At|tri|but, das; -[e]s, -e: 1. (Philos.) Eigenschaft, Merkmal einer Substanz. 2. (Sprachwiss.) einem Substantiv, Adjektiv od. Adverb beigefügte nähere Bestimmung (z. B. der *große* Garten; die Stadt *hinter dem Strom; sehr* unwahrscheinlich; *tief* unten). 3. Kennzeichen, charakteristische Beigabe einer Person (z. B. der Schlüssel bei der Darstellung des Apostels Petrus)

at|tri|bu|tiv (Sprachwiss.): als Beifügung, beifügend

aty|pisch [auch: a'ty:...]: nicht typisch, untypisch

au|ber|gi|ne [obɛr'ʒi:n(ə)]: dunkellila

Au|ber|gi|ne, die; -, -n: 1. Nachtschattengewächs mit gurkenähnlichen Früchten. 2. a) blaurote Glasur bestimmter chinesischer Porzellane; b) chinesisches Porzellan mit blauroter Glasur

Au|di|enz, die; -, -en: 1. feierlicher Empfang bei einer hochgestellten politischen oder kirchlichen Persönlichkeit. 2. Unterredung mit einer hochgestellten Persönlichkeit

Au|di|max, das; -: studentisches Kurzw. für ↑Auditorium maximum

Au|dio|book [...bʊk], das; -s, -s: Hörbuch; Kassette (3) od. CD, die gesprochenen Text enthält (z. B. Belletristik, Sprachlehrgänge)

Au|dio|guide [...gaɪd], der; -s, -s: kleines tragbares Gerät, das akustische Informationen zu Museums- od. Stadtbesichtigungen wiedergibt

au|dio|phil: 1. großen Wert auf hohe Klangqualität legend. 2. mit sehr hoher Wiedergabequalität (von Musikanlagen, Tonträgern)

Au|dio|vi|si|on, die; -: 1. Technik des Aufnehmens, Speicherns u. Wiedergebens von Ton u. Bild. 2. Information durch Bild u. Ton

au|dio|vi|su|ell: zugleich hör- und sichtbar, Hören u. Sehen ansprechend

Au|dit ['ɔ:dɪt], das od. der; -s, -s (Wirtsch.): Überprüfung; Untersuchung; Prüfung betrieblicher Qualitätsmerkmale

Au|di|teur [...'tø:ɐ̯], der; -s, -e (Geschichte): Richter an Militärgerichten

au|di|tiv: 1. (Med.) a) das Gehör betreffend, zum Gehörsinn od. -organ gehörend; b) fähig, Sprachlaute wahrzunehmen u. zu analysieren (in Bezug auf das menschliche Gehör); vgl. akustisch. 2. (Psychol.) vorwiegend mit Gehörsinn begabt

Au|di|tor, der; -s, ...oren: 1. a) Richter an der ↑Rota; b) Vernehmungsrichter an kirchlichen Gerichten; c) Beamter der römischen ↑Kurie. 2. a) (früher) ↑Auditeur; b) (schweiz.) öffentlicher Ankläger bei einem Militärgericht; c) (im Kanton Zürich) Jurist in der praktischen Ausbildung bei Gericht. 3. (Wirtsch.) jmd., der Audits durchführt, die Qualitätssicherung kontrolliert o. Ä.

Au|di|to|ri|um, das; -s, ...ien: 1. Hörsaal einer Hochschule. 2. Zuhörerschaft

Au|di|to|ri|um ma|xi|mum, das; - -: größter Hörsaal einer Hochschule

auf|ok|t|ro|y|ie|ren [...troaji:...]: aufzwingen

Au|gen|op|ti|ker, der; -s, -: Optiker, der sich mit der Herstellung, Reparatur u. Anpassung

A

von Sehhilfen (Brillen) beschäftigt (Berufsbez.)

Aug|men|ta|ti|on, die; -, -en (Musik): a) die auf mehrfache Weise mögliche Wertverlängerung einer Note; b) die Wiederaufnahme des Themas einer Komposition (z. B. Sonate) in größeren als den ursprünglichen rhythmischen Werten

au gra|tin [ogra'tɛ̃:] (Gastron.): mit einer Kruste überbacken; vgl. gratinieren

Au|gur, der; -s u. ...uren, ...uren: 1. Priester u. Vogelschauer im Rom der Antike. 2. jmd., der als Eingeweihter Urteile, Interpretationen von sich anbahnenden, bes. politischen Entwicklungen ausspricht

Au|gus|ti|ner, der; -s, -: a) Angehöriger des kath. Ordens der Augustiner-Chorherren (Italien, Österr., Schweiz); b) Angehöriger des kath. Ordens der Augustiner-Eremiten

Auk|ti|on, die; -, -en: Versteigerung

Auk|ti|o|na|tor, der; -s, ...oren: Versteigerer

Au|la, die; -, ...len u. -s: 1. größerer Raum für Veranstaltungen, Versammlungen in Schulen u. Universitäten. 2. freier, hofähnlicher Platz in großen griechischen u. römischen Häusern der Antike; vgl. Atrium. 3. Palast in der römischen Kaiserzeit. 4. Vorhof in einer christlichen ↑Basilika

au pair [o'pɛ:ɐ̯]: Leistung gegen Leistung, ohne Bezahlung

Au-pair-Mäd|chen, das; -s, -: junge Frau (meist Studentin od. Schülerin), die gegen Unterkunft, Verpflegung u. Taschengeld in einem Haushalt im Ausland arbeitet, um die Sprache des betreffenden Landes zu lernen

Au|ra, die; -: 1. besondere [geheimnisvolle] Ausstrahlung. 2. (Med.) das Auftreten von subjektiven Wahrnehmungen in einer Vorstufe bzw. als Vorzeichen [z. B. bei einem epileptischen Anfall od. Migräne]

au|ra|tisch: zur Aura gehörend

Au|re|o|le, die; -, -n: 1. Heiligenschein, der die ganze Gestalt umgibt, bes. bei Christusbildern. 2. bläulicher Lichtschein am Brenner der Bergmannslampe, der Grubengas anzeigt. 3. durch Wolkendunst hervorgerufene Leuchterscheinung (Hof) um Sonne u. Mond. 4. (Elektrot.) äußere Leuchterscheinung eines Lichtbogens oder Glimmstromes

Au|ri|kel, die; -, -n: Primelgewächs mit in Dolden stehenden Blüten

au|ri|ku|lar, au|ri|ku|lär: 1. (Med.) zu den Ohren gehörend; auf das Ohr bezogen. 2. ohrförmig gebogen

Au|ro|ra, die; -, -s: 1. (ohne Plural; dichter.) Morgenröte. 2. (Zool.) Tagfalter aus der Familie der Weißlinge. 3. (Astron.) Polarlicht

Au|rum, das; -[s]: lat. Bez. für: Gold (Zeichen: Au)

aus|agie|ren (Psychol.): eine ↑Emotion [ungehemmt] in Handlung umsetzen u. dadurch eine innere Spannung abreagieren

aus|ba|lan|cie|ren [...laŋsi:...]: ins Gleichgewicht bringen, ausgleichen

aus|bal|do|wern (ugs.): a) mit List, Geschick auskundschaften; b) planen, sich ausdenken

aus|che|cken: 1. (Flugw.) a) (nach der Ankunft) abfertigen (z. B. Passagiere, Gepäck); b) (nach der Ankunft) sich abfertigen lassen. 2. (aus einem Hotel o. Ä.) ausziehen, abreisen (u. die entsprechenden Formalitäten erledigen)

aus|dif|fe|ren|zie|ren: sich in einem Differenzierungsprozess von etw. ablösen u. verselbstständigen

aus|dis|ku|tie|ren: eine Frage, ein Problem so lange erörtern, bis alle strittigen Punkte geklärt sind

aus|flip|pen (ugs.): 1. sich einer als bedrückend empfundenen äußeren oder inneren Situation [durch Genuss von Drogen] entziehen. 2. sich [bewusst] außerhalb der gesellschaftlichen Normen stellen. 3. die Selbstkontrolle verlieren, mit den Nerven fertig sein, durchdrehen. 4. vor Freude ganz außer sich geraten

aus|for|mu|lie|ren: einem Antrag o. Ä. eine endgültige Formulierung geben

aus|kno|cken [...nɔ...]: durch Knock-out besiegen

aus|kris|tal|li|sie|ren: aus Lösungen Kristalle bilden

Aus|kul|ta|ti|on, die; -, -en (Med.): das Abhören von Geräuschen, die im Körperinnern, bes. im Herzen (Herztöne) u. in den Lungen (Atemgeräusche), entstehen

A

aus|log|gen (EDV): durch Eingabe bestimmter Daten die Verbindung zu einer Datenverarbeitungsanlage beenden

aus|ma|nö|v|rie|ren: jmdn. durch geschickte Manöver als Konkurrenten o. Ä. ausschalten

Au|s|pi|zi|um, das; -s, ...ien: a) Vorbedeutung; b) (nur Plural) Aussichten [für ein Vorhaben]

aus|po|w|ern (ugs. abwertend): ausbeuten [bis zur Verelendung]

aus|quar|tie|ren: jmdn. veranlassen, seine Unterkunft zu räumen

aus|ran|gie|ren: unbrauchbar Gewordenes aussondern, wegwerfen

au|ßer|par|la|men|ta|risch: nicht parlamentarisch

aus|staf|fie|ren: jmdn./etwas mit [notwendigen] Gegenständen, mit Zubehör u. a. ausrüsten, ausstatten

aus|ta|rie|ren: 1. ins Gleichgewicht bringen. 2. (österr.) auf einer Waage das Leergewicht (↑Tara) feststellen

Aus|ter, die; -, -n: essbare Muschel, die in warmen Meeren vorkommt

Aus|te|ri|tät, die; -: Sparpolitik zur Verringerung der Staatsverschuldung

aus|trick|sen: durch einen Trick, geschickt überlisten, ausschalten

au|t|ark: [vom Ausland] wirtschaftlich unabhängig

Au|t|ar|kie, die; -, ...ien: wirtschaftliche Unabhängigkeit [vom Ausland]

Au|then|ti|fi|ka|ti|on, die; -, -en (EDV): Identitätsprüfung eines Benutzers als Zugangs- und Rechtekontrolle für ein System (z. B. durch Passwort)

au|then|ti|fi|zie|ren: beglaubigen, die Echtheit bezeugen

au|then|tisch: echt; zuverlässig, verbürgt

au|then|ti|sie|ren: glaubwürdig, rechtsgültig machen

Au|then|ti|zi|tät, die; -: Echtheit, Zuverlässigkeit, Glaubwürdigkeit

au|thi|gen (Geol.): am Fundort selbst entstanden (von Gesteinen)

Au|tis|mus, der; - (Med., Psychol.): Entwicklungsstörung, die sich u. a. in (gravierenden) Schwierigkeiten im Umgang mit Mitmenschen, in der Kommunikation und in sich wiederholenden und stereotypen Verhaltensweisen äußert

Au|tist, der; -en, -en (Med., Psychol.): jmd., der an Autismus leidet

Au|tis|tin, die; -, -nen: weibliche Form zu ↑Autist

au|tis|tisch (Med., Psychol.): a) den Autismus betreffend; b) an Autismus leidend

[1]**Au|to,** das; -s, -s: Kurzform von ↑Automobil

[2]**Au|to,** das; -s, -s: 1. feierliche religiöse od. gerichtliche Handlung in Spanien u. Portugal. 2. spätmittelalterliches geistliches Spiel des spanischen Theaters, das an Festtagen des Kirchenjahres aufgeführt wurde

Au|to|bio|gra|fie, Au|to|bio|gra|phie, die; -, ...ien: literarische Darstellung des eigenen Lebens

au|to|bio|gra|fisch, au|to|bio|gra|phisch: a) die Autobiografie betreffend; b) das eigene Leben beschreibend; c) in Form einer Autobiografie verfasst

Au|to|bus, der; -ses, -se: ↑Omnibus

Au|to|car, der; -s, -s (schweiz.): ↑Omnibus

au|to|ch|thon [...x...]: 1. eingeboren, einheimisch, indigen (von Völkern od. Stämmen). 2. (Geol., Biol.) am Fundort entstanden, vorkommend (von Gesteinen u. Lebewesen)

Au|to|cross, Au|to-Cross, das; -, -e: Autorennen auf einer abgesteckten Strecke im Gelände; vgl. Motocross

Au|to|da|fé [...'fe:], das; -s, -s: 1. Ketzergericht u. -verbrennung. 2. Verbrennung von Büchern, Schriften u. Ä.

Au|to|di|dakt, der; -en, -en: jmd., der sich ein bestimmtes Wissen ausschließlich durch Selbstunterricht aneignet od. angeeignet hat

Au|to|di|dak|tin, die; -, -nen: weibliche Form zu ↑Autodidakt

au|to|di|dak|tisch: den Selbstunterricht betreffend; durch Selbstunterricht

Au|to|drom, das; -s, -e: 1. ↑Motodrom. 2. (österr.) Fahrbahn für Skooter

Au|to|ero|tik, die; -, **Au|to|ero|tis|mus,** der; - (Psychol.): Form des erotisch-sexuellen Verhaltens, das Lustgewinn u. Triebbefriedigung ohne Partnerbezug zu gewinnen sucht; vgl. Narzissmus

au|to|ero|tisch (Psychol.): die Autoerotik, den Autoerotismus betreffend, narzisstisch (a)

Au|to|fo|kus, der; -, -se: Vorrichtung an Kameras u. Diaprojektoren für eine automatische Einstellung der Bildschärfe

au|to|gen: 1. (Technik) (von Schweißen o. Ä.) mit Stichflamme [ohne Zuhilfenahme eines Bindematerials]. 2. (Med.) aus sich selbst od. von selbst entstehend; selbsttätig. 3. (Geol.) ↑authigen

Au|to|graf, Au|to|graph, das; -s, -e[n]: 1. von einer bekannten Persönlichkeit stammendes, eigenhändig geschriebenes od. authentisch maschinenschriftliches ↑Manuskript [in seiner ersten Fassung], Urschrift. 2. (veraltet) der in der Frühzeit des Buchdrucks noch in Gegenwart des Verfassers hergestellte erste Druck

Au|to|gramm, das; -s, -e: 1. eigenhändig geschriebener Namenszug einer bekannten Persönlichkeit. 2. (veraltet) ↑Autograf

Au|to|hyp|no|se, die; -: ein hypnotischer Zustand, in den sich jmd. selbst, also ohne Einwirkung einer anderen Person, versetzt

Au|to|in|to|xi|ka|ti|on, die; -, -en (Med.): Selbstvergiftung des Körpers durch im Organismus bei krankhaften Prozessen entstandene u. nicht weiter abgebaute Stoffwechselprodukte

au|to|ke|phal: mit eigenem Oberhaupt, unabhängig (von den orthodoxen Nationalkirchen)

Au|to|ki|no, das; -s, -s: Freilichtkino, in dem man sich einen Film vom Auto aus ansieht

Au|to|klav, der; -s, -en: 1. Druckapparat in der chemischen Technik. 2. Apparat zum Sterilisieren von Lebensmitteln. 3. Rührapparat bei der Härtung von Speiseölen

Au|to|kor|so, der; -s, -s: Korso (1), der aus Autos besteht

Au|to|krat, der; -en, -en: 1. diktatorischer Alleinherrscher. 2. selbstherrlicher Mensch

Au|to|kra|tie, die; -, ...ien: Regierungsform, bei der die Staatsgewalt unumschränkt in der Hand eines einzelnen Herrschers liegt

Au|to|kra|tin, die; -, -nen: weibliche Form zu ↑Autokrat

au|to|kra|tisch: die Autokratie betreffend

Au|to|ly|se, die; -: 1. (Med.) Selbstauflösung von Gewebe durch Enzyme ohne Hilfe von Bakterien; Selbstverdauung. 2. (Biol.) Selbstauflösung des Larvengewebes im Verlauf der Metamorphose bei Insekten

Au|to|mat, der; -en, -en: 1. a) Apparat, der nach Münzeinwurf selbsttätig Waren abgibt od. eine Dienst- od. Bearbeitungsleistung erbringt; b) Werkzeugmaschine, die Arbeitsvorgänge nach Programm selbsttätig ausführt; c) automatische Sicherung zur Verhinderung von Überlastungsschäden in elektrischen Anlagen. 2. (Math., EDV) elektronisch gesteuertes System, das Informationen an einem Eingang aufnimmt, selbstständig verarbeitet u. an einem Ausgang abgibt

Au|to|ma|tik, die; -, -en: a) Vorrichtung, die einen eingeleiteten technischen Vorgang ohne weiteres menschliches Zutun steuert u. regelt; b) (ohne Plural) Vorgang der Selbststeuerung

Au|to|ma|ti|on, die; -, -en: der durch Automatisierung erreichte Zustand der modernen technischen Entwicklung, der durch den Einsatz weitgehend bedienungsfreier Arbeitssysteme gekennzeichnet ist

au|to|ma|tisch: 1. a) mit einer Automatik ausgestattet (von technischen Geräten); b) durch Selbststeuerung od. Selbstregelung erfolgend; c) mithilfe eines Automaten. 2. a) unwillkürlich, zwangsläufig, mechanisch; b) ohne weiteres Zutun (des Betroffenen) von selbst erfolgend

au|to|ma|ti|sie|ren: auf vollautomatische Fabrikation umstellen

Au|to|ma|ti|sie|rung, die; -, -en: Umstellung einer Fertigungsstätte auf vollautomatische Fabrikation

Au|to|ma|tis|mus, der; -, ...men (Biol., Med.): a) (ohne Plural) selbsttätig ablaufende Organfunktion (z. B. Herztätigkeit); b) spontan ablaufender Vorgang od. Bewegungsablauf, der nicht vom Bewusstsein od. Willen beeinflusst wird

Au|to|mi|nu|te, die; -, -n: Strecke, die ein Auto in einer Minute zurücklegt

au|to|mo|bil: das Auto betreffend

Au|to|mo|bil, das; -s, -e: Kraftfahrzeug, Personenkraftwagen

Au|to|mo|bi|list, der; -en, -en (bes. schweiz.): Autofahrer

Au|to|mo|bi|lis|tin, die; -, -nen: weibliche Form zu ↑Automobilist

au|to|nom: selbstständig, unabhängig

Au|to|no|me, der u. die; -n, -n: Angehörige[r] einer Gruppierung, die das Gesellschaftssystem ablehnt u. mit Gewaltaktionen bekämpft

Au|to|no|mie, die; -, ...ien: 1. Selbstständigkeit [in nationaler Hinsicht], Unabhängigkeit. 2. (Philos.) Willensfreiheit

Au|to|pi|lot, der; -en, -en: automatische Steuerungsanlage in Flugzeugen, Raketen o. Ä.

Au|to|plas|tik, die; -, -en (Med.): Ersetzen von fehlendem Gewebe durch Gewebe von einer anderen Körperstelle (z. B. die Verpflanzung eines Hautlappens auf andere Körperstellen)

Au|t|op|sie, die; -, ...ien: 1. (Med.) Leichenöffnung; Untersuchung des [menschlichen] Körpers zur Feststellung der Todesursache. 2. (Fachspr.) Prüfung durch persönliche Inaugenscheinnahme

Au|tor, der; -s, ...oren: Verfasser eines Werkes der Literatur, Musik, Kunst, Fotografie od. Filmkunst

Au|to|ren|kol|lek|tiv, das; -s, -e: Verfassergruppe, die ein Buch in gemeinschaftlicher Arbeit herausbringt

Au|to|rin, die; -, -nen: weibliche Form zu ↑Autor

au|to|ri|sie|ren: 1. jmdn. bevollmächtigen, [als Einzigen] zu etwas ermächtigen. 2. etwas genehmigen

au|to|ri|tär: 1. (abwertend) a) totalitär, diktatorisch; b) unbedingten Gehorsam fordernd. 2. (veraltend) a) auf Autorität beruhend; b) mit Autorität herrschend

Au|to|ri|ta|ris|mus, der; -: absoluter Autoritätsanspruch

Au|to|ri|tät, die; -, -en: 1. (ohne Plural) auf Leistung od. Tradition beruhender maßgebender Einfluss einer Person od. Institution u. das daraus erwachsende Ansehen. 2. einflussreiche, maßgebende Persönlichkeit von hohem [fachlichem] Ansehen

au|to|ri|ta|tiv: auf Autorität, Ansehen beruhend; maßgebend, entscheidend

Au|tor|kor|rek|tur, Au|to|ren|kor|rek|tur, die; -, -en: Korrektur des gesetzten Textes durch den Autor selbst

Au|tor|re|fe|rat, das; -[e]s, -e: Referat des Autors über sein Werk

Au|to|skoo|ter vgl. Skooter

Au|to|ste|reo|typ, das; -s, -e (meist Plural) (Sozialpsychol., Psychol.): Urteil, das sich eine Person od. Gruppe von sich selbst macht

Au|to|stopp, der; -s, -s: das Anhalten von Autos mit dem Ziel, mitgenommen zu werden

Au|to|stun|de, die; -, -n: Strecke, die ein Auto in einer Stunde zurücklegt

Au|to|te|le|fon, das; -s, -e: im Auto eingebautes spezielles Telefon

au|to|troph (Biol.): sich nur von anorganischen Stoffen ernährend

Au|to|ty|pie, die; -, ...ien: Rasterätzung für Buchdruck

Au|xin, das; -s, -e: organische Verbindung, die das Pflanzenwachstum fördert

Aval, der (seltener: das); -s, -e: Bürgschaft, insbesondere für einen Wechsel

Avan|ce [aˈvã:sə], die; -, -n: 1. a) Vorsprung, Gewinn; b) Geldvorschuss. 2. Preisunterschied bei Handelsware zwischen An- und Verkauf; Gewinn. 3. (ohne Plural) Beschleunigung (an Uhrwerken; Zeichen: A)

avan|cie|ren: in eine höhere Position aufrücken

Avant|gar|de [avã...], die; -, -n: 1. die Vorkämpfer einer Idee od. Richtung (z. B. in Literatur u. Kunst). 2. (veraltet) Vorhut einer Armee

Avant|gar|dis|mus, der; -: für neue Ideen eintretende kämpferische Richtung auf einem bestimmten Gebiet (bes. in der Kunst)

Avant|gar|dist, der; -en, -en: Vorkämpfer, Neuerer (bes. auf dem Gebiet der Kunst u. Literatur)

Avant|gar|dis|tin, die; -, -nen: weibliche Form zu ↑Avantgardist

avant|gar|dis|tisch: vorkämpferisch

A

avan|ti: vorwärts!
Ava|tar ['ɛvəta:ɐ̯], der; -s, -s: a) grafische Darstellung, Animation, Karikatur o. Ä. als Verkörperung des Benutzers im Cyberspace; b) virtuelle Kunstfigur, Vertreter eines eigenen Universums im Cyberspace
Ave-Ma|ria, das; -[s], -[s]: 1. Bez. eines katholischen Mariengebets nach den Anfangsworten. 2. Ave-Maria-Läuten, Angelusläuten
Ave|nue [avə'ny:], die; -, ...uen [...'ny:ən]: 1. städtische, mit Bäumen bepflanzte Prachtstraße. 2. (veraltet) Zugang, Anfahrt
Avers [a'vɛrs, österr.: a'vɛ:r], der; -es, -e: Vorderseite einer Münze od. einer Medaille
Aver|si|on, die; -, -en: Abneigung, Widerwille
avi|ru|lent (Med.): nicht ansteckend (von Mikroorganismen)
[1]**Avis** [a'vi:], der od. das; -, -: 1. Ankündigung [einer Sendung an den Empfänger]. 2. Mitteilung des Wechselausstellers an den, der den Wechsel zu bezahlen hat, über die Deckung der Wechselsumme
[2]**Avis,** der od. das; -es, -e: ↑ [1]Avis
avi|sie|ren: 1. ankündigen. 2. (schweiz.) benachrichtigen
a vis|ta: bei Vorlage zahlbar (Hinweis auf Sichtwechseln; Abk.: a v.); vgl. a prima vista
Avi|va|ge [avi'va:ʒə], die; -, -n: Behandlung von Fäden u. Garnen aus Chemiefasern mit fetthaltigen Stoffen zur Verbesserung von Griff, Weichheit u. Geschmeidigkeit
Avo|ca|do, die; -, -s: dunkelgrüne bis braunrote birnenförmige, essbare Steinfrucht eines südamerikanischen Baumes
Avun|ku|lat, das; -[e]s, -e: Vorrecht des Bruders der Mutter eines Kindes gegenüber dessen Vater in Kulturen mit Mutterrecht (z. B. bei Pflanzervölkern)
AWACS ['ɛvɛks, engl.: 'eɪ̯wæks]: Frühwarnsystem der NATO
Awes|ta, das; -s, auch die; -: Sammelbezeichnung für die heiligen Schriften der ↑ Parsen; vgl. Zendawesta
Axel, der; -s, -: schwieriger Sprung im Eis- u. Rollkunstlauf
axi|al: 1. in der Achsenrichtung, [längs]achsig, achsrecht. 2. (Med.) durch die Längsachse von Gliedmaßen [geschnitten] (anatomische Lagebezeichnung)
Axi|om, das; -s, -e: 1. als absolut richtig anerkannter Grundsatz; gültige Wahrheit, die keines Beweises bedarf. 2. nicht abgeleitete Aussage eines Wissenschaftsbereiches, aus der andere Aussagen ↑ deduziert werden
axi|o|ma|tisch: 1. auf Axiomen beruhend. 2. unanzweifelbar, gewiss
Axo|lotl, der; -s, -: mexikanischer Schwanzlurch
Ay|ran, der od. das; -[s], -[s]: türkisches Joghurtgetränk
Ayur|ve|da, Ayur|we|da [ajʊr...], der; -[s]: 1. Sammlung der wichtigsten Lehrbücher der altindischen Medizin. 2. auf dem Ayurveda (1) beruhende Körperpflege u. aktive Gesundheitsvorsorge
ayur|ve|disch, ayur|we|disch: den Ayurveda betreffend
Aza|lee, Aza|lie [...i̯ə], die; -, -n: Felsenstrauch, eine Zierpflanze
Aze|tat, fachspr.: **Ace|tat,** das; -s, -e: Salz der Essigsäure
Aze|tat|sei|de, fachspr.: **Ace|tat|sei|de,** die; -, -n: Kunstseide aus Zelluloseazetat; vgl. Zellulose
Aze|ton, fachspr.: **Ace|ton,** das; -s: einfachstes ↑ Keton; Lösungsmittel; Stoffwechselprodukt
Aze|ty|len, fachspr.: **Ace|ty|len,** das; -s: gasförmiger, brennbarer Kohlenwasserstoff
Azid, das; -[e]s, -e (Chemie): Salz der Stickstoffwasserstoffsäure; vgl. aber: Acid
Azi|mut, das, auch: der; -s, -e (Astron.): die Richtung eines Gestirns bestimmender Winkel
Azo|farb|stoff, der; -[e]s, -e (Chemie): Farbstoff der wichtigsten Gruppe der Teerfarbstoffe
Azu|le|jo [...'lɛxɔ], der; -[s], -s (meist Plural): bunte, bes. blaue Fayenceplatte aus Spanien
Azur, der; -s (dichter.): 1. das Blau des Himmels (intensiver Blauton). 2. blauer Himmel
azy|k|lisch: 1. (Chemie) nicht kreisförmig. 2. (bes. Med.) zeitlich unregelmäßig
Az|zur|ri, Az|zur|ris, die (nur Plural): Bez. für italienische Sportmannschaften

B b

Baal, der; -s, -e u. -im: altorientalische Gottesbezeichnung

Ba|bel, das; -s, -: 1. vom Sittenverfall gekennzeichneter Ort. 2. Stadt, in der viele verschiedene Sprachen gesprochen werden

Ba|bis|mus, der; -: religiöse Bewegung des persischen Islams im 19. Jh.

Ba|bu|sche [auch: ...'bu:...], **Pam|pu|sche,** die; -, -n (landsch.): Stoffpantoffel

Ba|by ['be:bi], das; -s, -s: 1. Säugling, Kleinkind. 2. Schätzchen, Liebling (als Anrede)

Ba|by|boom [...bu:m], der; -s, -s: Anstieg der Geburtenzahlen

Ba|by|boo|mer [...bu:mə], der; -s, -[s] (ugs.): jmd., der einem geburtenstarken Jahrgang entstammt

Ba|by|fon®, Ba|by|phon, das; -s, -e: telefonähnliches Gerät, das Geräusche aus dem Kinderzimmer überträgt

Ba|by|lon, das; -s, -s: ↑Babel

ba|by|lo|nisch: in den Fügungen **babylonische Sprachverwirrung, babylonisches Sprachengewirr:** verwirrende Vielfalt von Sprachen, die an einem Ort zu hören sind, gesprochen werden

ba|by|sit|ten (ugs.): sich als Babysitter betätigen

Ba|by|sit|ter, der; -s, -: Person, die kleine Kinder bei Abwesenheit der Eltern [gegen Entgelt] beaufsichtigt

Ba|by|sit|te|rin, die; -, -nen: weibliche Form zu ↑Babysitter

Bac|cha|nal [baxa..., österr. auch: baka...], das; -s, -e u. -ien: ausschweifendes Trinkgelage

Bac|chan|tin, die; -, -nen: ↑Mänade

bac|chan|tisch: ausgelassen, trunken, überschäumend

Ba|che|lor ['bɛtʃəlɐ], der; -[s], -s: niedrigster akademischer Grad, bes. in englischsprachigen Ländern (Abk.: B)

Ba|cil|lus [...'tsɪ...], der; -, ...lli: 1. (meist Plural) Arzneistäbchen zur Einführung in enge Kanäle. 2. Bazillus

Back [bɛk], der; -s, -s (veraltet, aber noch österr. u. schweiz.; Fußball): Verteidiger

Back|gam|mon [bɛk'gɛmən], das; -s: Würfelbrettspiel

Back|ground ['bɛkgraʊ̯nt], der; -s, -s: 1. Hintergrund (im optisch-visuellen Bereich). 2. musikalischer Hintergrund. 3. geistige Herkunft, Milieu. 4. Berufserfahrung, Kenntnisse

Back|list ['bɛk...], die; -, -s: Verzeichnis von Büchern, die nicht neu sind, aber weiterhin im Programm eines Verlags geführt werden

Back|pa|cker ['bɛkpɛkɐ], der; -s, -: Rucksacktourist

Back|slash ['bɛkslɛʃ], der; -s, -s: Schrägstrich von links oben nach rechts unten

back|stage ['bɛkstɛɪ̯dʒ]: hinter der Bühne

Back-up, Back|up ['bɛkʔap], der od. das; -s, -s: Sicherungskopie

Bad|min|ton ['bɛtmɪntn̩], das; -: Wettkampfform des Federballspiels

Ba|fel, Bo|fel, Pa|fel, der; -s, -: 1. (ohne Plural) Geschwätz. 2. Ausschussware

Ba|ga|ge [ba'ga:ʒə], die; -, -n: 1. (veraltet) Gepäck, Tross. 2. (abwertend) Gesindel, Pack

Ba|ga|tel|le, die; -, -n: unbedeutende Kleinigkeit

ba|ga|tel|li|sie|ren: als Bagatelle behandeln, als geringfügig u. unbedeutend hinstellen

Ba|gel ['bɛɪ̯gl̩], der; -s, -s: Brotkringel aus Hefeteig, der aus der jüdischen Tradition kommt

Ba|guette [ba'gɛt], die; -, -n [...tn̩]: 1. besondere Art des Edelsteinschliffs. 2. (meist das; -s, -s) französisches Stangenweißbrot

Ba|ha|is|mus, der; -: aus dem ↑Babismus entstandene universale Religion

Baht, der; -, -: Währungseinheit in Thailand (Zeichen: ฿)

Bai, die; -, -en: Meeresbucht

Bai|ser [bɛ'ze:], das; -s, -s: Schaumgebäck aus Eischnee u. Zucker

Bais|se ['bɛ:s(ə)], die; -, -n: [starkes] Fallen der Börsenkurse od. Preise

Bais|si|er [bɛ'si̯e:], der; -s, -s: jmd., der auf Baisse spekuliert

Ba|ja|de|re, die; -, -n: indische Tempeltänzerin

B

Ba|jaz|zo, der; -s, -s: Possenreißer (des italienischen Theaters)

Ba|jo|nett, das; -[e]s, -e: auf das Gewehr aufsetzbare Stoßwaffe; Seitengewehr

Bak|ka|rat ['bakara(t), auch: ...'ra], das; -s: ein Kartenglücksspiel

Bak|ken, der; -[s], - (Skisport): Sprunghügel, -schanze

Ba|k|la|va, die; -, -s od. das; -s, -s: stark ölhaltiges türkisches Strudelgebäck

Bak|schisch, das; - u. -[e]s, -e: 1. Almosen; Trinkgeld. 2. Bestechungsgeld

Bak|te|rie, die; -, -n (Biol., Med.): einzelliges Kleinstlebewesen (Spaltpilz), oft Krankheitserreger

bak|te|ri|ell (Biol., Med.): a) Bakterien betreffend; b) durch Bakterien hervorgerufen

Bak|te|rio|lo|ge, der; -n, -n: Wissenschaftler auf dem Gebiet der Bakteriologie

Bak|te|rio|lo|gie, die; -: Wissenschaft von den Bakterien

bak|te|rio|lo|gisch: die Bakteriologie betreffend

Bak|te|rio|pha|ge, der; -n, -n: virenähnliches Kleinstlebewesen, das Bakterien zerstört

bak|te|ri|zid (Med.): den Zelltod der Erreger bewirkend; keimtötend

Bak|te|ri|zid, das; -s, -e (Med.): keimtötendes Mittel

Ba|la|lai|ka, die; -, -s u. ...ken: dreisaitiges russisches Saiteninstrument

Ba|lan|ce [ba'laŋsə, auch: ba'lã:s(ə)], die; -, -n: Gleichgewicht

Ba|lan|ce|akt, der; -[e]s, -e: Vorführung eines Balancierkünstlers; Seilkunststück

ba|lan|cie|ren [balaŋ'si:..., auch: balã'si:...]: im Gleichgewicht halten

Ba|la|ta [auch: ba'la:ta], die; -: kautschukähnliches Naturerzeugnis

Bal|boa, der; -[s], -[s]: Währungseinheit in Panama (Zeichen: B/.)

Bal|da|chin [auch: ...xi:n], der; -s, -e: 1. Bett-, Thronhimmel. 2. steinerner Überbau über einem Altar, über Statuen usw.

Bal|ka|no|lo|ge, der; -n, -n: Wissenschaftler auf dem Gebiet der Balkanologie

Bal|ka|no|lo|gie, die; -: wissenschaftliche Erforschung der Balkansprachen u. -literaturen

Bal|ka|no|lo|gin, die; -, -nen: weibliche Form zu ↑Balkanologe

Bal|kon [bal'kɔŋ, auch, bes. südd., österr. u. schweiz.: ...'ko:n], der; -s, u. -[e]s, -e [...'ko:nə]: 1. offener Vorbau an einem Haus. 2. höher gelegener Zuschauerraum im Kino u. Theater

Bal|la|de, die; -, -n: episch-dramatisch-lyrisches Gedicht in Strophenform

bal|la|desk: balladenhaft

Bal|la|watsch vgl. Pallawatsch

Bal|le|ri|na, selten: **Bal|le|ri|ne,** die; -, ...nen: [Solo]tänzerin im Ballett

Bal|lett, das; -[e]s, -e: 1. a) (ohne Plural) [klassischer] Bühnentanz; b) einzelnes Werk dieser Gattung. 2. Tanzgruppe für Ballett (1 a)

Bal|lis|tik, die; -: Lehre von der Bewegung geschleuderter od. geschossener Körper

Bal|lis|ti|ker, der; -s, -: Forscher auf dem Gebiet der Ballistik

bal|lis|tisch: die Ballistik betreffend

Bal|lon [ba'lɔŋ, auch, bes. südd., österr. u. schweiz.: ...'lo:n], der; -s, -s u. (bei nicht nasalierter Ausspr.:) -e: 1. ballähnlicher, mit Luft od. Gas gefüllter Gegenstand. 2. von einer gasgefüllten Hülle getragenes Luftfahrzeug. 3. große Korbflasche. 4. (Chemie) Glaskolben. 5. (salopp) Kopf

Bal|ly|hoo ['bɛlihu: und: ...'hu:], das; -: marktschreierische Propaganda, Reklamerummel

Bal|neo|the|ra|pie, die; -, ...ien (Med.): Heilbehandlung durch Bäder

Bal|sam, der; -s, -e: dickflüssiges Gemisch aus Harzen u. ätherischen Ölen, bes. als Linderungsmittel in der Medizin verwendet

bal|sa|mie|ren: einsalben, ↑einbalsamieren

bal|sa|misch: 1. wohlriechend. 2. wie Balsam, lindernd

Ba|lus|t|ra|de, die; -, -n: Brüstung; Geländer mit Balustern

Bam|bi|no, der; -s, ...ni u. (ugs.) -s: 1. das Jesuskind in der italienischen Bildhauerei u. Malerei. 2. (ugs.) kleines Kind; kleiner Junge

Bam|bus, der; -[ses], -se: tropische u. subtropische verholzende Graspflanze

ba|nal: [in enttäuschender Weise] nichts Besonderes darstellend, bietend

ba|na|li|sie|ren: ins Banale ziehen, verflachen

Ba|na|li|tät, die; -, -en: 1. (ohne Plural) Plattheit, Fadheit. 2. banale Bemerkung

Ba|na|ne, die; -, -n: wohlschmeckende, länglich gebogene tropische Frucht mit dicker, gelber Schale

Ba|na|nen|re|pu|b|lik, die; -, -en (oft abwertend): kleines Land in den tropischen Gebieten Amerikas, das fast nur vom Südfrüchteexport lebt u. von fremdem, meist US-amerikanischem Kapital abhängig ist

Ba|nau|se, der; -n, -n (abwertend): Mensch ohne Kunstverständnis, ohne Lebensstil

ba|nau|sisch (abwertend): ohne Verständnis für geistige u. künstlerische Dinge; ungeistig

Band [bɛnt], die; -, -s: Gruppe von Musikern, die vorzugsweise moderne Musik wie Jazz, Beat, Rock, Pop spielt

Ban|da|ge [...ʒə], die; -, -n: 1. Stützverband. 2. Schutzverband (z. B. der Hände beim Boxen)

ban|da|gie|ren [...'ʒi:...]: mit Bandagen versehen, umwickeln

Ban|de, die; -, -n: Rand, Einfassung, besonders beim Billard, bei Eis- u. Hallenhockey u. in der Reitbahn

Ban|de|ro|le, die; -, -n: Streifen mit Steuervermerk, der steuer- od. zollpflichtige Ware verschließt

Ban|dit [auch: ...'dɪt], der; -en, -en: Verbrecher, [Straßen]räuber

Ban|di|tin [auch: ...'dɪ...], die; -, -nen: weibliche Form zu ↑ Bandit

Band|lea|der ['bɛntli:dɐ], der; -s, -: 1. stimmführender Kornett- oder Trompetenbläser im Jazz. 2. Leiter einer ↑ Band

Ban|do|ne|on, Ban|do|ni|on, das; -s, -s: Handharmonika mit Knöpfen zum Spielen an beiden Seiten

Ban|jo ['bɛndʒo], das; -s, -s: fünf- bis neunsaitige, langhalsige Gitarre

Bank, die; -, -en: Kreditanstalt, Anstalt zur Abwicklung des Zahlungs- u. des Devisenverkehrs

Ban|ker [auch: 'bɛŋkɐ], der; -s, -: Bankier, Bankfachmann

Ban|ke|rin [auch: 'bɛŋkə...], die; -, -nen: weibliche Form zu ↑ Banker

¹Ban|kett, das; -[e]s, -e: Festmahl, -essen

²Ban|kett, das; -[e]s, -e, **Ban|ket|te,** die; -, -n: [befestigter] Randstreifen an einer Landstraße

Ban|ki|er [baŋ'ki̯e:], der; -s, -s: Inhaber od. Vorstandsmitglied einer ↑ Bank

Ban|king ['bɛŋkɪŋ], das; -[s]: Bankwesen, Bankgeschäft, Bankverkehr

Bank|kon|to, das; -s, ...ten (auch: -s u. ...ti): 1. Soll-und-Haben-Aufstellung eines Kunden bei einer Bank. 2. Bankguthaben

Bank|no|te, die; -, -n: von einer Notenbank ausgegebener Geldschein

Ban|ko|mat®, der; -en, -en: (bes. österr., schweiz.) Geldautomat eines Geldinstituts, bei dem der Kunde od. die Kundin Geldbeträge bis zu einer bestimmten Höhe erhalten kann

ban|k|rott: finanziell, wirtschaftlich am Ende; zahlungsunfähig; bankrott sein, werden

Ban|k|rott, der; -[e]s, -e: finanzieller Zusammenbruch; Zahlungsunfähigkeit

Ban|k|rot|teur [...'tø:ɐ̯], der; -s, -e: jmd., der Bankrott gemacht hat

Ban|ner, das; -s, - (EDV): Werbebalken auf einer Internetseite

Ban|tam|ge|wicht, das; -[e]s: leichtere Körpergewichtsklasse in der Schwerathletik

Ba|o|bab, der; -s, -s: Affenbrotbaum

Bap|tis|mus, der; -: Lehre ev. (calvinischer) Freikirchen, die nur die Erwachsenentaufe zulässt

Bap|tis|te|ri|um, das; -s, ...ien: 1. a) Taufbecken, -stein; b) Taufkapelle; c) [frühmittelalterliche] Taufkirche. 2. Tauch- u. Schwimmbecken eines Bades in der Antike

¹Bar, das; -s, -s (aber: 5 Bar): alte Maßeinheit des [Luft]drucks (Zeichen: bar [in der Meteorol. nur: b])

²Bar, die; -, -s: 1. erhöhter Schanktisch. 2. intimes Nachtlokal

Ba|ra|cke, die; -, -n: behelfsmäßige Unterkunft, einstöckiger, leichter Bau, bes. aus Holz

Bar|bar, der; -en, -en: roher, ungesitteter u. ungebildeter Mensch; Wüstling, Rohling

Bar|ba|rei, die; -, -en: Rohheit, Grausamkeit; Unzivilisiertheit

B

Bar|ba|rin, die; -, -nen: weibliche Form zu ↑Barbar

bar|ba|risch: roh, grausam; unkultiviert, unzivilisiert

Bar|be|cue ['bɑ:bɪkju:], das; -[s], -s: 1. in Amerika beliebtes Gartenfest, auf dem gegrillt wird; Grillfest. 2. a) Bratrost; b) auf dem Rost gegrilltes Fleisch

Bar|bier, der; -s, -e (veraltet): Friseur

bar|bie|ren (veraltet): rasieren

Bar|bi|tu|rat, das; -s, -e (meist Plural): als Schlaf- und Beruhigungsmittel verwendetes Medikament

[1]**Bar|de,** der; -n, -n: 1. keltischer Sänger u. Dichter des Mittelalters. 2. Verfasser von [zeit- u. gesellschaftskritischen] Liedern

[2]**Bar|de,** die; -, -n: Speckscheibe um gebratenes mageres Fleisch

Ba|rett, das; -[e]s, -e (auch: -s): flache, randlose, kappenartige Kopfbedeckung, auch als Teil der Amtstracht von Geistlichen, Richtern u. a.; vgl. Birett

Ba|ri|ton, der; -s, -e: Männerstimme in der mittleren Lage zwischen Bass u. Tenor

ba|ri|to|nal: in der Art, Klangfarbe des Baritons

Ba|ri|um, das; -s: chem. Grundstoff; Metall (Zeichen: Ba)

Bark, die; -, -en: Segelschiff mit zwei größeren und einem kleineren Mast

Bar|kas|se, die; -, -n: 1. größtes Beiboot auf Kriegsschiffen. 2. größeres Motorboot

Bar|ke, die; -, -n: kleines Boot ohne Mast; Fischerboot, Nachen

Bar|kee|per [...ki:pɐ], der; -s, -: jmd., der in einer Bar Getränke mixt u. ausschenkt

Bar|mi|xer, der; -s, -: jmd., der in einer Bar Getränke mixt

[1]**Bar-Miz|wa,** der; -s, -s: jüdischer Junge, der das 13. Lebensjahr vollendet hat

[2]**Bar-Miz|wa,** die; -, -s: Akt der Einführung des jüdischen Jungen in die jüdische Glaubensgemeinschaft

ba|rock: 1. zum Barock gehörend, im Stil des Barocks. 2. a) verschnörkelt, überladen; b) seltsam-grotesk, eigenartig

Ba|rock, das od. der; -[s]: a) Kunststil von etwa 1600 bis 1750 in Europa, charakterisiert durch Formenreichtum u. üppige Verzierungen; b) Barockzeitalter

Ba|rock|stil, der; -[e]s: Barock (a)

Ba|ro|graf, Ba|ro|graph, der; -en, -en (Meteorol.): Barometer, das die gemessenen Werte aufzeichnet

Ba|ro|me|ter, das (österr. und schweiz. auch: der); -s, - (Meteorol.): Luftdruckmesser

Ba|ron, der; -s, -e: Freiherr

Ba|ro|ness, die; -, -en, **Ba|ro|nes|se,** die; -, -n: Freifräulein, Freiin

Ba|ro|nin, die; -, -nen: Freifrau

Bar|ra|ku|da, der; -s, -s: Pfeilhecht (ein Raubfisch)

Bar|ras, der; - (ugs.): Militär, Militärdienst

Bar|rel ['bærəl], das; -s, -s: englisches Hohlmaß; Fass, Tonne

Bar|ri|e|re, die; -, -n: Schranke, Schlagbaum, Hindernis

Bar|ri|ka|de, die; -, -n: [Straßen]sperre zur Verteidigung, bes. bei Straßenkämpfen

Bar|rique [ba'ri:k], die; -, -s, auch: das; -[s], -s: 1. früheres französisches Weinmaß. 2. Weinfass aus Eichenholz

Ba|ry|on, das; -s, ...onen (Physik): Elementarteilchen, dessen Masse mindestens so groß ist wie die eines Protons

Ba|ry|ton, das; -s, -e: Streichinstrument des 18. Jh.s in der Art der ↑Viola d'Amore

ba|sal: a) die Basis bildend; b) (bes. Geol., Med.) unten; an der Grundfläche gelegen

Ba|salt, der; -[e]s, -e: dunkles Ergussgestein (bes. im Straßen- u. Molenbau verwendet)

Ba|sar, Ba|zar, der; -s, -e: 1. Händlerviertel in orientalischen Städten. 2. Warenverkauf zu Wohltätigkeitszwecken

Ba|se, die; -, -n: Metallhydroxid; Verbindung, die mit Säuren Salze bildet

Base|ball ['bɛɪ̯sbɔ:l], der; -s: amerikanisches Schlagballspiel

Base|cap ['bɛɪ̯skæp], das; -s, -s: Schirmmütze mit rückwärtigem Gumminoppenverschluss

ba|sie|ren: auf etwas beruhen, fußen; sich auf etwas gründen, stützen

Ba|si|li|ka, die; -, ...ken: 1. altröm. Markt- und Gerichtshalle. 2. [altchristl.] Kirchenbauform mit überhöhtem Mittelschiff

ba|si|li|kal: zur Form der Basilika gehörend

Ba|si|li|kum, das; -s, -s u. ...ken: Gewürz- u. Heilpflanze aus Südasien

Ba|si|lisk, der; -en, -en: 1. Fabeltier mit todbringendem Blick. 2. tropische Eidechse

Ba|sis, die; -, ...sen: 1. Grundlage, Ausgangspunkt. 2. militärischer Stützpunkt. 3. (Math.) a) Grundlinie einer geometrischen Figur; b) Grundfläche eines Körpers; c) Grundzahl einer Potenz oder eines Logarithmus

ba|sisch: sich wie eine ↑Base verhaltend

Ba|sis|de|mo|kra|tie, die; -, -ien: demokratisches System, bei dem das Volk selbst aktiv ist u. entscheidet

ba|sis|de|mo|kra|tisch: a) Basisdemokratie ausübend; b) auf der Grundlage der Basisdemokratie zustande gekommen

Ba|sis|kurs, der; -es, -e (Börsenw.): Tageskurs eines Wertpapiers (im Prämiengeschäft)

Bas|ket|ball, der; -s, ...bälle: 1. (auch das; ohne Plur., meist ohne Artikel) Korbballspiel. 2. beim Korbballspiel verwendeter Ball

Bas|re|li|ef ['bareliɛf], das; -s, -s u. -e: Flachrelief, flach erhabenes ↑Relief

Bass, der; -es, Bässe: 1. a) tiefe Männer[sing]stimme; b) (ohne Plural) Gesamtheit der tiefen Männerstimmen in einem Chor. 2. Sänger mit Bassstimme. 3. besonders tief klingendes Instrument

Bass|ba|ri|ton, der; -s, -e: Sänger mit Baritonstimme in Basstönung

Bas|set [frz.: ba'sɛ, engl.: 'bæsɪt], der; -s, -s: Hund einer kurzbeinigen Rasse mit kräftigem Körper u. Hängeohren

Bas|sett|horn, das; -s, ...hörner: Altklarinette, Holzinstrument

Bas|sin [ba'sɛ̃:], das; -s, -s: künstlich angelegtes Wasserbecken

Bas|sist, der; -en, -en: 1. Sänger mit Bassstimme. 2. Musiker, der Bass (3) spielt

Bas|sis|tin, die; -, -nen: weibliche Form zu ↑Bassist (2)

Bas|so, der; -, Bassi: Bass (Abk.: B)

Bas|so con|ti|nuo, der; - -: ↑Generalbass

Bas|so os|ti|na|to, der; - -: sich ständig, „hartnäckig" wiederholendes Bassmotiv

bas|ta (ugs.): genug!; Schluss!; keine Einwände mehr!

Bas|tard, der; -s, -e: 1. (Biol.) Mischling; durch Rassen- od. Artkreuzung entstandenes Tier od. entstandene Pflanze. 2. a) (früher) nicht eheliches Kind eines hochgestellten Vaters u. einer Mutter aus niedrigerem Stand; b) grobes Schimpfwort

Bas|tei, die; -, -en: ↑Bastion

Bas|til|le [bas'ti:jə], die; -, -n: befestigtes Schloss, bes. das 1789 erstürmte Staatsgefängnis in Paris

Bas|ti|on, die; -, -en: 1. vorspringender Teil an alten Festungsbauten. 2. Bollwerk

Ba|tail|le [ba'taljə, ba'ta:jə], die; -, -n (veraltet): Schlacht, Kampf

Ba|tail|lon [batal'jo:n], das; -s, -e: Truppenverband aus mehreren Kompanien od. Batterien

Ba|tik, die; -, -en: 1. altes Verfahren, Stoffe mithilfe von Wachs zu färben. 2. durch Batik (1) gefärbtes Gewebe

ba|ti|ken: unter Verwendung von Wachs einen Stoff mit einem Muster versehen, färben

Ba|tist, der; -[e]s, -e: ein feines Gewebe

Bat|te|rie, die; -, ...ien: 1. kleinste militärische Einheit bei der Artillerie. 2. a) Stromquelle, die aus mehreren elektrochemischen Elementen besteht (z. B. Taschenlampenbatterie); b) Gerät, das Warm- und Kaltwasser mischt. 3. die Schlaginstrumente einer Band od. eines Orchesters

Bau|mé|grad [bo'me:...], der; -[e]s, -e (aber: 5 -): Einheit für die Dichte von Flüssigkeiten (Zeichen: Bé)

Bau|xit [auch: ...'ksɪt], der; -s, -e: wichtigstes Aluminiumerz

Ba|va|ria, die; -: Frauengestalt als Sinnbild Bayerns

Ba|zil|lus, der; -, ...llen: stäbchenförmige, Sporen bildende [Krankheiten hervorrufende] ↑Bakterie

Beach|vol|ley|ball, Beach-Vol|ley|ball ['bi:tʃ...], der, auch: das; -s: auf Sand von Zweiermannschaften gespielte Art des Volleyballs (1)

Bea|gle ['bi:gl̩], der; -s, -[s]: Hund einer kurzbeinigen Rasse, der zur Hasen- u. Fuchsjagd mit der Meute verwendet wird

bea|men ['bi:mən]: 1. bis zur Unsichtbarkeit auflösen u. an einem anderen Ort wieder Gestalt annehmen lassen (in Science-Fiction-Fil-

B

men u. a.). 2. mit dem Beamer wiedergeben, projizieren

Bea|mer ['bi:mɐ], der; -s, -: Gerät zur Projektion des auf einem Computerbildschirm sichtbaren Bildes auf eine Leinwand o. Ä.

Beat [bi:t], der; -[s], -s: 1. Kurzform für ↑Beatmusik. 2. durchgehender gleichmäßiger Grundschlag der Rhythmusgruppe einer Jazzband; vgl. Offbeat

bea|ten ['bi:tn̩] (ugs. veraltend): a) ↑Beatmusik machen; b) nach Beatmusik tanzen

Beat|ge|ne|ra|tion, Beat-Ge|ne|ra|tion ['bi:tdʒɛnərɛɪʃn̩], die; -: Gruppe amerikanischer Schriftsteller (1955–60), die sich durch gesteigerte Lebensintensität (Sexualität, Drogen, Jazz) gegen die bürgerliche Gesellschaft auflehnte

Beat|mu|sik ['bi:t...], die; -: stark rhythmisch bestimmte Form der ↑Popmusik

Beat|nik ['bi:t...], der; -[s], -s: 1. Angehöriger der ↑Beatgeneration. 2. jmd., der sich durch unkonventionelles Verhalten gegen die bürgerliche Norm wendet

Beau [bo:], der; -[s], -s (iron.): besonders gut aussehender Mann, der mit einer gewissen Eitelkeit sein gutes Aussehen selbst genießt

Beau|jo|lais [boʒɔ'lɛ], der; -, - [...'lɛs]: Rotwein aus den Monts du Beaujolais (Mittelfrankreich)

Beau|té [bo'te:], die; -, -s: schöne Frau

Beau|ty|farm, Beau|ty-Farm ['bju:ti...], die; -, -en: Schönheitsfarm

Bé|bé [be'be:], das; -s, -s (schweiz.): Baby

Be|bop ['bi:...], der; -[s], -s: 1. (ohne Plural) nordamerikanischer Jazz um 1940. 2. Tanz in diesem Stil

Bé|cha|mel|so|ße, Bé|cha|mel|sau|ce, die; -, -n: weiße Rahmsoße

be|cir|cen [bɛ'tsɪrtsn̩] vgl. bezirzen

Bec|que|rel [bɛkə'rɛl], das; -s, -: Einheit für Radioaktivität (Zeichen: Bq)

Be|du|i|ne, der; -n, -n: arabischer Nomade; vgl. Fellache

Beef|ea|ter [...ʔi:tɐ], der; -s, -s (meist Plural) (scherzh.): Angehöriger der königlichen Leibwache im Londoner Tower

Beef|steak ['bi:fstɛɪk, ...ste:k], das; -s, -s: Steak vom Rind

Beel|ze|bub [auch: be'ɛl..., 'bɛl...], der; -: Teufel

Bee|per ['bi:pɐ], der; -s, -: elektronisches Fernrufgerät

Beg vgl. Bei

Be|gi|ne, die; -, -n: Mitglied einer halbklösterlichen Frauenvereinigung

Beg|ler|beg, der; -s, -s: Provinzstatthalter in der alten Türkei

Be|go|nie [...i̯ə], die; -, -n: Zier- u. Gartenpflanze mit großen leuchtenden Blüten

Be|gum, die; -, -en: Titel indischer Fürstinnen

Be|ha|vi|o|ris|mus [bihevi̯ə...], der; - (Psychol.): Richtung der Verhaltensforschung, die sich mit dem objektiv Beobachtbaren beschäftigt

be|ha|vi|o|ris|tisch: a) den Behaviorismus betreffend; b) nach der Methode des Behaviorismus verfahrend

Be|hen|nuss, Ben|nuss, die; -, ...nüsse: ölhaltige Frucht eines ostindischen Baumes

Be|hind [bɪ'haɪ̯nt], das; -s (schweiz., Fußball): Raum hinter der Torlinie

Bei, der; -s, -e u. -s, **Bey,** der; -s, -e u. -s, **Beg,** der; -[s], -s: höherer türkischer Titel

beige [be:ʃ, auch: 'bɛ:ʒə]: sandfarben

Be|kas|si|ne, die; -, -n: Sumpfschnepfe

Bel, das; -s, -: Kennwort bei Größen, die als Logarithmus des Verhältnisses zweier physikalischer Größen gleicher Art angegeben werden (Zeichen: B)

Bel|can|to, der; -[s]: virtuoser italienischer Gesangsstil

Bel|eta|ge [bɛle'ta:ʒə], die; -, -n: Hauptgeschoss, erster Stock

Bel|la|don|na, die; -, ...nnen: a) Tollkirsche; b) Arzneimittel (aus der Tollkirsche)

Belle Époque [bɛle'pɔk], die; - -: Bezeichnung für die Zeit des gesteigerten Lebensgefühls in Frankreich zu Beginn des 20. Jh.s

Bel|le|t|rist, der; -en, -en: Schriftsteller der unterhaltenden Literatur

Bel|le|t|ris|tik, die; -: unterhaltende, schöngeistige Literatur

Bel|le|t|ris|tin, die; -, -nen: weibliche Form zu ↑Belletrist

bel|le|t|ris|tisch: a) die Belletristik betreffend; b) schöngeistig, literarisch, unterhaltend

[1]**Belle|vue** [bɛlˈvyː], die; -, -n [...ˈvyːən] (veraltet): Aussichtspunkt

[2]**Belle|vue,** das; -[s], -s: Name von Schlössern od. Gaststätten mit schöner Aussicht

Bel|li|zis|mus, der; -: politische Haltung, die den Krieg zur Durchsetzung von Zielen befürwortet

bel|li|zis|tisch: militärische Mittel zur Durchsetzung politischer Ziele befürwortend

Bel Pa|e|se, Bel|pa|e|se, der; -: Butterkäse; vollfetter italienischer Weichkäse

[1]**Be|lu|ga,** die; -, -s: 1. russ. Bez. für: Hausen (ein Störfisch). 2. russ. Bez. für: Weißwal

[2]**Be|lu|ga,** der; -s: aus dem Rogen des Hausens bereiteter ↑Kaviar

Bel|ve|de|re, das; -[s], -s: 1. (veraltet) Aussichtspunkt. 2. ↑[2]Bellevue

Ben: Teil hebräischer u. arabischer Familiennamen mit der Bedeutung „Sohn" od. „Enkel"

Bench|mark [ˈbɛntʃ...], die; -, -s od. der; -s, -s (bes. Wirtsch.): Maßstab für den Vergleich von Leistungen

Bench|mar|king [...markɪŋ], das; -s, -s (Wirtsch.): das Vergleichen von Herstellungsprozessen, Managementpraktiken sowie Produkten od. Dienstleistungen zur Aufdeckung von Leistungsdefiziten

be|ne: gut!

be|ne|dei|en: segnen, lobpreisen

Be|ne|dic|tus, das; -, -: 1. liturgischer Hymnus (im katholischen Stundengebet). 2. zweiter Teil des ↑Sanctus

Be|ne|dik|ti|ner, der; -s, -: 1. Mönch des nach der Regel des hl. Benedikt lebenden Benediktinerordens (Abk.: OSB). 2. ein feiner Kräuterlikör

Be|ne|dik|ti|ne|rin, die; -, -nen: Angehörige eines nach dem Vorbild des Benediktinerordens lebenden Frauenordens

Be|ne|dik|ti|on, die; -, -en: Segen, Segnung, katholische kirchliche Weihe

Be|ne|fiz, das; -es, -e: a) (veraltet) Vorstellung zu Ehren eines Künstlers; b) Wohltätigkeitsveranstaltung, -vorstellung

Be|ne|fiz|kon|zert, das; -[e]s, -e: Wohltätigkeitskonzert

Be|ne|fiz|vor|stel|lung, die; -, -en: Benefiz

Be|ne|lux [auch: ...ˈlʊks]: Beneluxstaaten

Be|ne|lux|staa|ten, Be|ne|lux-Staa|ten, die (nur Plural): Kurzw. für die Länder *Be*lgique (Belgien), *Ne*derland (Niederlande) u. *Lux*embourg (Luxemburg)

ben|ga|lisch: in gedämpft buntem Licht

Ben|ga|lo, der; -s, -s (ugs.): Feuerwerkskörper; bengalisches Feuer

be|ni|g|ne (Med.): gutartig (z. B. von Tumoren)

Be|ni|g|ni|tät, die; - (Med.): Gutartigkeit einer Krankheit

Ben|zin, das; -s, -e: Gemisch aus gesättigten Kohlenwasserstoffen, das bes. als Treibstoff für Vergasermotoren sowie als Lösungs- u. Reinigungsmittel verwendet wird

Ben|zo|di|a|ze|pin, das; -s, -e (meist Plural) (Chemie, Med.): ↑Tranquilizer mit angsthemmender, beruhigender u. entspannender Wirkung

Ben|zoe|säu|re, Ben|zol|car|bon|säu|re, die; -: ein Konservierungsmittel

Ben|zol, das; -s, -e: Teerdestillat [aus Steinkohlen]; als Ausgangsmaterial vieler Verbindungen, Zusatz zu Treibstoffen od. als Lösungsmittel verwendeter einfachster aromatischer Kohlenwasserstoff

Benz|py|ren, das; -s: ein als krebserregend geltender Kohlenwasserstoff (in Tabakrauch, Auspuffgasen u. a.)

Beo, der; -s, -s: Singvogel aus Indien

Ber|ber, der; -s, -: 1. von den Berbern in Nordwestafrika geknüpfter Teppich aus naturfarbener Wolle. 2. in Nordafrika gezüchtetes Reitpferd. 3. Nichtsesshafter

Ber|be|rit|ze, die; -, -n: Zierstrauch der Gattung Sauerdorn mit gelben Blüten u. roten Beerenfrüchten

Bé|ret [ˈbɛrɛ], das; -s, -s (schweiz., auch luxemburgisch): Baskenmütze

Ber|ga|mot|te, die; -, -n: 1. a) Baum mit süßlich riechenden Blüten u. blassgelben Früchten; b) Frucht der Bergamotte (1 a). 2. würzig schmeckende Birnensorte

Be|ri|be|ri, die; - (Med.): Vitamin-B_1-Mangel-Krankheit (bes. in Ostasien)

Ber|li|na|le, die; -, -n: Bezeichnung für die in Berlin stattfindenden Filmfestspiele

Ber|mu|das, die (nur Plural): Bermudashorts

B

Ber|mu|da|shorts, Ber|mu|da-Shorts, die (nur Plural): fast knielange Shorts

Be|ro|li|na, die; -: Frauengestalt als Sinnbild Berlins

Ber|ser|ker [auch: ...'zɛr...], der; -s, -: 1. wilder Krieger der altnordischen Sage. 2. a) kampfwütiger, sich wild gebärdender Mann; b) Mann von bes. kräftiger Statur

Be|ryll, der; -s, -e: häufig als Schmuckstein verwendetes Mineral

Be|ryl|li|um, das; -s: chem. Element; ein Metall (Zeichen: Be)

Be|san, der; -s, -e: a) Segel am hintersten Mast; b) der hinterste Mast; Besanmast

bes|ti|a|lisch: 1. (abwertend) unmenschlich. 2. (ugs.) fürchterlich, unerträglich

Bes|ti|a|li|tät, die; -, -en: a) (ohne Plural) Unmenschlichkeit; b) grausame Handlung, Tat

Bes|tie [...i̯ə], die; -, -n: Raubtier; wildes, gefährliches Tier

Best-of-CD, die; -, -s: CD mit den erfolgreichsten Stücken eines Künstlers od. einer Gruppe

Best|sel|ler, der; -s, -: etwas (bes. ein Buch), was [einige Zeit] sehr gut verkauft wird

Be|ta, das; -[s], -s: zweiter Buchstabe des griechischen Alphabets (Β, β)

Be|ta|ca|ro|tin, β-Ca|ro|tin, das; -s: Provitamin vom Vitamin A

Be|ta|re|zep|to|ren|blo|cker, β-Re|zep|toren-Blo|cker, der; -s, - (Chemie, Med.): Arzneimittel zur Behandlung bestimmter Herzkrankheiten, Bluthochdruck u. a.

Be|ta|strah|len, β-Strah|len, die (nur Plural): aus Elektronen bestehende radioaktive Strahlen

Be|ta|t|ron, das; -s, ...one (auch: -s) (Kernphysik): Gerät zur Beschleunigung von Elektronen, Elektronenschleuder

Be|ta|ver|si|on, die; -, -en (EDV): neues bzw. überarbeitetes Software- od. Hardwareprodukt im zweiten Entwicklungsstadium

be|tex|ten: mit Text[en] versehen (z. B. Bilder)

Be|ton [be'tɔŋ, auch: be'tõ:, auch, bes. südd., österr.: be'to:n], der; -s, -s u. (bei nicht nasalierter Ausspr.:) -e: Baustoff aus einer Mischung von Zement, Wasser u. Sand, Kies o. Ä.

be|to|nie|ren: mit einem Betonbelag versehen

Be|to|nie|rung, die; -, -en: a) das Betonieren; b) Schicht, Belag o. Ä. aus Beton

Bey vgl. Bei

be|zir|zen, be|cir|cen [bɛ'tsɪrtsn̩] (ugs.): bezaubern, betören, verführen

Bhag|wan, Bhag|van, der; -[s], -s: 1. (ohne Plural) Ehrentitel für religiöse Lehrer des Hinduismus. 2. Träger des Ehrentitels Bhagwan

Bi|ath|let, der; -en, -en: jmd., der Biathlon betreibt

Bi|ath|le|tin, die; -, -nen: weibliche Form zu ↑Biathlet

Bi|ath|lon, der u. das; -s, -s: Kombination aus Skilanglauf u. Scheibenschießen als wintersportliche Disziplin

Bi|bel, die; -, -n: 1. Gesamtheit der Schriften des Alten u. Neuen Testaments; Heilige Schrift. 2. (ugs. scherzh.) für jmdn. od. eine Gruppe maßgebendes Buch

Bi|b|lio|gra|fie, Bi|b|lio|gra|phie, die; -, ...i̲en: Bücherverzeichnis; Zusammenstellung von Büchern u. Schriften, die zu einem bestimmten Fachgebiet od. Thema erschienen sind

bi|b|lio|gra|fisch, bi|b|lio|gra|phisch: die Bibliografie betreffend

Bi|b|lio|ma|ne, der; -n, -n (Psychol.): jmd., der in krankhaft übertriebener Weise Bücher sammelt

bi|b|lio|phil: 1. [schöne u. kostbare] Bücher liebend. 2. für Bücherliebhaber wertvoll, kostbar ausgestattet (von Büchern)

Bi|b|lio|phi|lie, die; -: Bücherliebhaberei

Bi|b|lio|thek, die; -, -en: 1. Aufbewahrungsort für eine Sammlung von Büchern, [wissenschaftliche] Bücherei. 2. größerer Besitz an Büchern

Bi|b|lio|the|kar, der; -s, -e: [wissenschaftlicher] Verwalter einer Bibliothek

Bi|b|lio|the|ka|rin, die; -, -nen: weibliche Form zu ↑Bibliothekar

bi|b|lio|the|ka|risch: den Beruf, das Amt eines Bibliothekars betreffend

bi|b|lisch: a) die Bibel betreffend; b) aus der Bibel stammend

Bi|car|bo|nat [...ka...] vgl. Bikarbonat

bi|cy|c|lisch [auch: 'bi:..., auch: ...'tsʏk...] vgl. bizyklisch

Bi|det [bi'de:], das; -s, -s: längliches, niedriges Waschbecken für Spülungen u. Waschungen von After u. Genitalien im Sitzen

bi|en|nal: a) eine zweijährige Dauer aufweisend; b) alle zwei Jahre [stattfindend]

Bi|en|na|le, die; -, -n: alle zwei Jahre stattfindende Ausstellung od. Schau, bes. in der bildenden Kunst u. im Film

Bi|fo|kal|glas, das; -es, ...gläser (meist Plural): Zweistärkenglas, Brillenglas mit zwei Brennpunkten (zum Weitsehen u. zum Nahsehen)

Bi|ga, die; -, Bigen: Prunkwagen im alten Rom

Bi|ga|mie, die; -, ...ien: [gesetzwidrige] Doppelehe

Bi|ga|mist, der; -en, -en: jmd., der eine zweite Ehe eingeht, obwohl die erste noch besteht

Bi|ga|mis|tin, die; -, -nen: weibliche Form zu ↑Bigamist

Big Band ['bɪgbænd], die; - -, - -s, **Big|band,** die; -, -s: großes Jazz- od. Tanzorchester

Big Bro|ther ['bɪg 'brʌðɐ], der; - -s, - -s meist ohne Artikel: Beobachter, Überwacher

Big Da|ta [bɪg 'dɛɪ̯tə], - -s (ohne Artikel) (EDV): 1. riesige Datenmengen. 2. Technologien zur Verarbeitung u. Auswertung riesiger Datenmengen

bi|gott (abwertend): a) scheinheilig; b) übertrieben glaubenseifrig

Bi|got|te|rie, die; -, ...ien (abwertend): 1. (ohne Plural) bigottes Wesen. 2. bigotte Handlungsweise, Äußerung

Bi|jou [bi'ʒu:], der od. das; -s, -s: Kleinod, Schmuckstück

Bi|jou|te|rie, die; -, ...ien: 1. [billiger] Schmuck. 2. (ohne Plural) Schmuckwarengeschäft

Bi|kar|bo|nat, chem. fachspr.: **Bi|car|bo|nat** [...ka...], das; -s, -e: doppeltkohlensaures Salz

Bike [baɪ̯k], das; -s, -s: 1. kleines Motorrad. 2. Fahrrad

Bi|ker ['baɪ̯kɐ], der; -s, -: 1. Motorradfahrer. 2. Fahrradfahrer

Bi|ke|rin, die; -, -nen: weibliche Form zu ↑Biker

Bi|ki|ni, der (schweiz.: das); -s, -s: zweiteiliger Damenbadeanzug

bi|kon|kav [auch: ...'ka:f]: beiderseits hohl [geschliffen]

bi|kon|vex [auch: ...'vɛks]: beiderseits gewölbt [geschliffen]

bi|la|bi|al [auch: 'bi:...] (Sprachwiss.): mit beiden Lippen gebildet (vom Laut)

Bi|la|bi|al [auch: 'bi:...], der; -s, -e (Sprachwiss.): mit beiden Lippen gebildeter Laut

Bi|lanz, die; -, -en: 1. (Wirtsch., Kaufmannsspr.) abschließende Gegenüberstellung von Einnahmen u. Ausgaben [für ein Geschäftsjahr]. 2. Ergebnis, ↑Fazit

bi|lan|zie|ren: 1. in Bezug auf Soll u. Haben ausgeglichen sein. 2. eine Bilanz aufstellen

Bi|lan|zie|rung, die; -, -en: Bilanzaufstellung

bi|la|te|ral [auch: ...'ra:l]: zweiseitig

bi|la|te|ral|sym|me|t|risch: in zwei äußerlich spiegelbildliche Hälften teilbar

Bil|ge, die; -, -n (Seemannsspr.): Kielraum eines Schiffes, in dem sich Leckwasser sammelt

Bil|har|zi|o|se, die; -, -n (Med.): Tropenkrankheit, die durch Schistosomata hervorgerufen wird; [ägyptische] Wurmkrankheit; Schistosomiase

bi|lin|gu|al [auch: 'bi:...]: 1. zweisprachig. 2. auf zwei Sprachen bezogen

bi|lin|gu|isch, bi|lin|gue: zweisprachig

Bi|li|ru|bin, das; -s (Med.): rötlich brauner Farbstoff der Galle; Abbauprodukt des Hämoglobins

Bil|lard ['bɪljart, österr. auch: bi'ja:ɐ̯, bɪl'ja:ɐ̯], das; -s, -e (auch, österr. nur: -s): 1. (ohne Plural) Spiel, bei dem Kugeln auf einem mit Tuch bezogenen Tisch mit einem Stock nach bestimmten Regeln gestoßen werden. 2. Billardtisch

Bil|lett [bɪl'jɛt, bi'je:, bɪ'lɛt], das; -[e]s, -s u. -e: Eintrittskarte

Bil|li|ar|de, die; -, -n: tausend Billionen

Bil|li|on, die; -, -en: eine Million Millionen

Bi|när|zif|fer, die; -, -n (EDV): Ziffer 0 od. 1 od. eine Folge aus diesen Ziffern

bi|na|ti|o|nal: zwei Nationen gemeinsam betreffend

bi|n|au|ral, bi|au|ral: 1. (Med., Technik) für beide Ohren (z. B. von einem Stethoskop od. einem Kopfhörer). 2. zweikanalig (von elektroakustischer Schallübertragung)

Bin|go, das; -[s]: lottoähnliches Glücksspiel

B

bi|n|o|ku|lar: 1. beidäugig. 2. für beide Augen bestimmt
bi|no|misch: zweigliedrig
bio|ak|tiv [auch: 'bi:o...]: biologisch aktiv, ↑biologisch (2)
Bio|che|mie [auch: 'bi:o...], die; -: 1. Wissenschaft von der chemischen Zusammensetzung der Organismen. 2. biochemische Beschaffenheit im Ganzen
Bio|che|mi|ker [auch: 'bi:o...], der; -s, -: Wissenschaftler auf dem Gebiet der Biochemie
Bio|che|mi|ke|rin [auch: 'bi:o...], die; -, -nen: weibliche Form zu ↑Biochemiker
bio|che|misch [auch: 'bi:o...]: die Biochemie betreffend, dazu gehörend, darauf beruhend
bio|dy|na|misch [auch: 'bi:o...]: nur mit organischen Düngemitteln gedüngt
Bio|ethik, die; -, -en: Teilgebiet der ↑Ethik, das sich mit sittlichen Fragen im Hinblick auf neue Entwicklungen u. Möglichkeiten der Forschung (wie Gentechnologie, Sterbehilfe u. Ä.) befasst
Bio|gas, das; -es, -e: bei der Zersetzung von Naturstoffen (z. B. Mist o. Ä.) entstehendes Gas
bio|gen: durch Lebewesen entstanden, aus abgestorbenen Lebewesen gebildet
Bio|ge|ne|se, die; -, -n: Entwicklung[sgeschichte] der Lebewesen
bio|ge|ne|tisch: zur Biogenese gehörend
Bio|geo|gra|fie, Bio|geo|gra|phie [auch: 'bi:o...], die; -: Wissenschaft von der geografischen Verbreitung der Tiere u. Pflanzen
Bio|graf, Bio|graph, der; -en, -en: Verfasser einer Biografie
Bio|gra|fie, Bio|gra|phie, die; -, ...ien: 1. Beschreibung der Lebensgeschichte einer Person. 2. Lebens[ab]lauf eines Menschen
Bio|gra|fin, Bio|gra|phin, die; -, -nen: weibliche Form zu ↑Biograf
bio|gra|fisch, bio|gra|phisch: die Biografie (2) betreffend, auf ihr beruhend
Bio|ka|ta|ly|sa|tor [auch: 'bi:o...], der; -s, -en: Wirkstoff (z. B. Hormon), der die Stoffwechselvorgänge steuert
Bio|la|den, der; -s, ...läden: Geschäft, in dem nur Produkte angeboten werden, die nicht chemisch behandelt sind
Bio|lo|ge, der; -n, -n: Wissenschaftler auf dem Gebiet der Biologie
Bio|lo|gie, die; -: 1. Wissenschaft von der belebten Natur u. den Gesetzmäßigkeiten im Ablauf des Lebens von Pflanze, Tier u. Mensch. 2. biologische Beschaffenheit
Bio|lo|gin, die; -, -nen: weibliche Form zu ↑Biologe
bio|lo|gisch: 1. die Biologie betreffend, auf ihr beruhend. 2. aus natürlichen Stoffen hergestellt
bio|lo|gisch-dy|na|misch: (von Nutzpflanzen) auf ausschließlich biologischer Grundlage u. unter Berücksichtigung kosmischer Konstellationen angebaut
Bi|om, das; -s, -e: Lebensgemeinschaft von Tieren u. Pflanzen in einem größeren geografischen Raum (z. B. im tropischen Regenwald)
Bio|me|t|rie, Bio|me|t|rik, die; -: [Lehre von der] Anwendung mathematischer Methoden zur zahlenmäßigen Erfassung u. Auswertung von Experimenten in Biologie, Medizin u. Landwirtschaft (z. B. zur Körpermessung)
Bio|nik, die; -: Wissenschaft von der technischen Umsetzung u. Anwendung biologischer Systeme
Bio|phy|sik [auch: 'bi:o...], die; -: 1. Wissenschaft von den physikalischen Vorgängen in u. an Lebewesen. 2. medizinisch angewendete Physik (z. B. Strahlenbehandlung u. -schutz)
Bi|op|sie, die; -, ...ien (Med.): Untersuchung von Gewebe, das dem lebenden Organismus entnommen ist
Bio|sphä|re [auch: ...'sfɛ:...], die; -: Gesamtheit des von Lebewesen besiedelten Teils der Erde
Bio|tech|nik [auch: ...'tɛç...], die; -, -en: technische Nutzbarmachung biologischer Vorgänge (z. B. aus den Ergebnissen der Bionik)
Bio|tech|no|lo|gie [auch: ...'gi:], die; -: Wissenschaft von den Methoden und Verfahren der Biotechnik
bio|tisch: auf Lebewesen, auf Leben bezüglich
Bio|top, der od. das; -s, -e: 1. durch bestimmte Pflanzen- u. Tiergesellschaften gekennzeichneter Lebensraum. 2. Lebensraum einer einzelnen Art

B

Bio|ty|pus [auch: 'bi:o...], der; -, ...pen: Gruppe von Individuen mit gleicher Erbanlage

Bio|zö|no|se, die; -, -n: Lebensgemeinschaft von Pflanzen u. Tieren in einem ↑Biotop (1)

Bi|po|la|ri|tät [auch: 'bi:...], die; -, -en: Zweipoligkeit

Bir|die ['bœ:ɐ̯di], das; -s, -s (Golf): das Spielen eines Lochs mit einem Schlag unter ↑Par

Bi|rett, das; -s, -e: aus dem Barett entwickelte Kopfbedeckung katholischer Geistlicher

Bi|sam, der; -s, -e u. -s: 1. (ohne Plural) Moschus. 2. Bisamrattenpelz

Bi|se|xu|a|li|tät [auch: 'bi:...], die; -: 1. (Biol.) Doppelgeschlechtigkeit. 2. (bes. Med., Psychol.) Nebeneinander von homo- u. heterosexueller Veranlagung, besonders bei einem Menschen

bi|se|xu|ell [auch: 'bi:...]: 1. (Biol.) doppelgeschlechtig. 2. (Med., Psychol.) ein sowohl auf Personen des anderen als auch auf Personen des eigenen Geschlechts gerichtetes Sexualempfinden habend

Bis|kuit [...'kvi:t, ...'kvɪt], das (auch: der); -[e]s, -s (auch: -e): 1. Feingebäck aus Mehl, Eiern, Zucker. 2. ↑Biskuitporzellan

Bis|kuit|por|zel|lan, das; -s, -e: gelbliches, unglasiertes Weichporzellan

Bi|son, der, auch: das; -s, -s: nordamerikanischer Büffel

Bis|phe|nol, das; -s, -e: chemische Verbindung

Bis|t|ro, das; -s, -s: kleines, meist einfacheres Lokal

Bit, das; -[s], -[s]: 1. a) binäre Einheit für die Anzahl möglicher alternativer Entscheidungen in einem binären System (Zeichen: bit); b) die einzelne Entscheidung. 2. Einheit für den Informationsgehalt einer Nachricht (Zeichen: bit)

Bi|tu|men, das; -s, - (auch: ...mina): aus organischen Stoffen natürlich entstandene teerartige Masse (Kohlenwasserstoffgemisch)

bi|tu|mi|nös: Bitumen enthaltend

bi|va|lent [auch: 'bi:...]: zweiwertig

Bi|wak, das; -s, -s u. -e (bes. Militär, Bergsteigen): behelfsmäßiges Nachtlager im Freien

bi|wa|kie|ren (bes. Militär, Bergsteigen): im Freien übernachten

bi|zarr: von absonderlicher, fremdartig-fantastischer Form, Gestalt

Bi|zar|re|rie, die; -, ...ien: Absonderlichkeit

Bi|zeps, der; -[es], -e: „zweiköpfiger", d. h. an einem Ende in zwei Teile auslaufender Oberarmmuskel (Beugemuskel)

bi|zy|k|lisch, chem. fachspr.: **bi|cy|c|lisch** [auch: 'bi:..., auch: ...'tsʏk...]: einen Kohlenstoffdoppelring enthaltend (von Molekülen)

Black|ber|ry® ['blɛkbɛri], der, auch: das; -[s], -s: kleines handliches Gerät zum Telefonieren, zum Senden u. Empfangen von E-Mails u. a.

Black|box ['blɛkbɔks, -'bɔks], die; -, -es, **Black Box,** die; - -, - -es: 1. Teil eines ↑kybernetischen Systems, dessen Aufbau u. innerer Ablauf aus den Reaktionen auf eingegebene Signale erst erschlossen werden muss. 2. (Flugw.) Bez. für den Flugdatenschreiber u. das Aufzeichnungsgerät für die Gespräche im Cockpit

Black Me|tal [blɛk 'mɛtl̩], der; - -[s]: Subkultur u. Variante des ↑Heavy Metal mit oft nationalistischen, satanistischen od. rassistischen Texten

bla|ma|bel: beschämend

Bla|ma|ge [bla'ma:ʒə], die; -, -n: etwas, was für den Betreffenden beschämend ist

bla|mie|ren: bloßstellen, beschämen

blan|chie|ren [blã'ʃi:...]: Gemüse, Mandeln u. anderes mit heißem Wasser überbrühen

bland: 1. mild, reizlos (z. B. von einer Diät). 2. (Med.) ruhig verlaufend (von Krankheiten)

Blank [blæŋk], der od. das; -s, -s (EDV): Leerstelle, Zwischenraum zwischen zwei geschriebenen Wörtern

blan|ko: leer od. nicht vollständig ausgefüllt

Blan|ko|scheck, der; -s, -s: Scheck, der nur teilweise ausgefüllt, aber unterschrieben ist

Blan|ko|voll|macht, die; -, -en: unbeschränkte Vollmacht

Blank|vers, der; -es, -e: meist reimloser fünffüßiger Jambenvers

bla|siert: überheblich, eingebildet, hochnäsig

Blas|phe|mie, die; -, ...ien: Gotteslästerung, verletzende Äußerung über etwas Heiliges

blas|phe|misch: Heiliges lästernd, verhöhnend; eine Gotteslästerung enthaltend

B

Blas|to|dẹrm, das; -s: Keimhaut, Zellwand der ↑Blastula

Blạs|tu|la, die; -, ...lae [...lɛ]: Blasenkeim, frühes Entwicklungsstadium des ↑Embryos

Bla|zer ['ble:zɐ], der; -s, -: 1. Klubjacke. 2. sportlich-elegante Damen- od. Herrenjacke

Blẹnd, der od. das; -s, -s: 1. (Sprachwiss.) Verschmelzung zweier Wörter zu einer neuen absichtlichen Kontamination (z. B. Schwabylon aus: *Schwa*bing u. Ba*bylon*). 2. Verschnitt, Mischung (z. B. Tabak, Tee, Whisky)

Bles|su̱r, die; -, -en (geh.): Verwundung

bleu [blø:]: blassblau, bläulich

Blind Date ['blaɪ̯nd 'dɛɪ̯t], das; - -[s], - -s: Verabredung mit einer unbekannten Person

Blịs|ter, der; -s, -: Kunststofffolie zur Verpackung [kleinerer] Waren

Bliz|zard ['blɪzɐt], der; -s, -s: Schneesturm (in Nordamerika)

Blo|cka̱|de, die; -, -n: 1. a) Maßnahme, mit der der Zugang zu etwas verhindert werden soll; b) vorübergehender Ausfall bestimmter Funktionen. 2. (Druckw.) im Satz durch ▮ gekennzeichnete Stelle

Blọck|bus|ter [...bʌstə], der; -s, -: etwas, das sich gut verkaufen lässt

blo|cki̱e|ren: 1. den Zugang zu etwas versperren. 2. als Hindernis im Wege sein. 3. die Funktion hemmen (bei Rädern, Bremsen o. Ä.). 4. (Druckw.) fehlenden Text durch eine Blockade (2) kennzeichnen

Blọg, das, auch: der; -s, -s: kurz für: ↑Weblog

blọg|gen: an einem ↑Blog [mit]schreiben

Blọg|ger, der; -s, -: jmd., der an einem ↑Blog [mit]schreibt

Blọg|ge|rin, die; -, -nen: weibliche Form zu ↑Blogger

blon|di̱e|ren: aufhellen (von Haaren)

Blon|di̱|ne, die; -, -n: blonde Frau

Blou|son [blu'zɔŋ, blu'zõ:], das, auch: der; -[s], -s: kurze Windjacke mit Bund

Blow-up, Blow|up ['blɔʊ̯ʔap] das; -s, -s: Vergrößerung einer Fotografie od. eines Fernsehbildes

Blue|chip ['blu:tʃɪp], der; -s, -s, **Blue Chip,** der; - -s, - -s (meist Plural): erstklassiges Wertpapier (Spitzenwert an der Börse)

Blue|jeans ['blu:dʒi:ns], die (nur Plural): blaue [Arbeits]hose aus Baumwollgewebe

Blues [blu:s], der; -, -: a) zur Kunstform entwickeltes schwermütiges Volkslied der nordamerikanischen Schwarzen; b) daraus entstandene älteste Form des ↑Jazz; c) langsamer nordamerikanischer Tanz

Blụff [auch, österr. nur: blœf, blaf], der; -s, -s: dreiste, bewusste Irreführung

blụf|fen [veraltend: 'blœfn̩, bes. österr. auch: 'blafn̩]: durch dreistes Auftreten o. Ä. bewusst irreführen, täuschen

blü|me|rạnt (ugs.): übel, schwindelig, flau

Blu-Ray ['blu:rɛɪ̯], **Blu-ray®,** der od. das; -[s], -s: bei optischen Datenträgern zur Aufzeichnung u. Wiedergabe eingesetztes Verfahren, das einen Laser mit blauem Lichtstrahl verwendet

BMX-Rad [be:ʔɛm'ʔɪks...], das; -[e]s, -Räder: kleineres, bes. geländegängiges Fahrrad

Bo̱a, die; -, -s: 1. ungiftige Riesenschlange. 2. Halsschmuck (für Frauen) aus Pelz od. Federn

Board [bɔ:d], das; -s, -s: 1. Kurzform von ↑Snowboard, ↑Skateboard, ↑Surfboard, ↑Kickboard. 2. (auch: der; Wirtsch.) für die Leitung eines Unternehmens zuständiges Gremium

Boat|peo|ple, Boat-Peo|ple ['bɔʊ̯tpi:pl̩], die (nur Plural): mit Booten geflohene Flüchtlinge

Bọb, der; -s, -s: Sportschlitten für zwei bis vier Personen

Bob|by ['bɔbi], der; -s, -s (engl. ugs.): Polizist

Bob|tail ['bɔbtɛɪ̯l], der; -s, -s: mittelgroßer, grauer Hütehund mit langen Zotten

Boc|cia ['bɔtʃa], das; -[s] u. die; -: italienisches Kugelspiel

Boche [bɔʃ], der; -, -s (ugs.): abwertende Bezeichnung der Franzosen für einen Deutschen

Bo|de̱|ga, die; -, -s: a) spanischer Weinkeller; b) spanische Weinschenke

Bo|dy ['bɔdi], der; -s, -s: Kurzform von ↑Bodysuit

Bọ|dy|buil|der [...bɪldɐ], der; -s, -: jmd., der Bodybuilding betreibt

Bọ|dy|buil|de|rin, die; -, -nen: weibliche Form zu ↑Bodybuilder

Bo̤|dy|buil|ding [...bɪldɪŋ], das; -s: gezieltes Muskeltraining mit besonderen Geräten

Bo̤|dy|cam [...kɛm], die; -, -s: kleine, auf der Schulter befestigte Kamera

Bo̤|dy|check [...tʃɛk], der; -s, -s: hartes, aber nach den Regeln in bestimmten Fällen erlaubtes Rempeln des Gegners beim Eishockey

Bo̤|dy|guard [...gɑ:d], der; -s, -s: Leibwächter

Bo|dy|lo|ti|on ['bɔdilɔʊ̯ʃn̩], die; -, -s: (parfümierte) Körperpflegemilch

Bo̤|dy|suit [...sju:t], der; -s, -s: eng anliegende, einteilige Unterkleidung

Bo|gey ['bɔʊ̯gi], das; -s, -s (Golf): ein Schlag mehr als die für das Loch festgesetzte Einheit; vgl. Par

Bo|heme [bo'e:m, bo'ɛ:m, auch: bo'he:m, bo'hɛ:m], die; -: unkonventionelles Künstlermilieu

Boi|ler ['bɔi̯lɐ], der; -s, -: Gerät zur Bereitung u. Speicherung von heißem Wasser

Bo|ja̲r, der; -en, -en: 1. Angehöriger des nicht fürstlichen Adels im mittelalterlichen Russland. 2. adliger Großgrundbesitzer in Rumänien bis 1864

Bok|mål ['bo:kmo:l], das; -[s]: vom Dänischen beeinflusste norwegische Schriftsprache (früher ↑Riksmål genannt)

Bo̲l vgl. Bolus

Bo̲|la, die; -, -s: südamerikanisches Wurf- u. Fanggerät

Bo|le̲|ro, der; -s, -s: 1. spanischer Tanz mit Kastagnettenbegleitung. 2. a) kurzes, offen getragenes Herrenjäckchen der spanischen Nationaltracht; b) kurzes, modisches Damenjäckchen

Bo|li̲d, der; -s u. -en, -e[n]: 1. großer, sehr heller Meteor, Feuerkugel. 2. schwerer, einsitziger Rennwagen mit verkleideten Rädern

Bo|li̲|var, der; -[s], -[s]: Währungseinheit in Venezuela (1 Bolivar = 100 Céntimo)

Bo|lo|me̲|ter, das; -s, -: Strahlungsmessgerät

Bol|sche|wi̤k, der; -en, -i (abwertend: -en): 1. Mitglied der von Lenin geführten revolutionären Fraktion in der Sozialdemokratischen Arbeiterpartei Russlands vor 1917. 2. (bis 1952) Mitglied der Kommunistischen Partei Russlands bzw. der Sowjetunion. 3. (abwertend) Kommunist

Bol|sche|wi̤|kin, die; -, -nen: weibliche Form zu ↑Bolschewik

Bol|sche|wi̤s|mus, der; -: 1. Theorie u. Taktik des revolutionären marxistischen Flügels der russischen Arbeiterbewegung. 2. (abwertend) Sozialismus, Kommunismus

Bol|sche|wi̤st, der; -en, -en: 1. Bolschewik (1, 2). 2. (abwertend) jmd., der die geltende Ordnung u. Kultur radikal verändern will; Kommunist

Bol|sche|wi̤s|tin, die; -, -nen: weibliche Form zu ↑Bolschewist

bol|sche|wi̤s|tisch: 1. a) den Bolschewismus betreffend; b) die Bolschewisten betreffend. 2. (abwertend) sozialistisch, kommunistisch

Bo̲|lus, Bo̲l, der; -, ...li: 1. (ohne Plural) ein Tonerdesilikat. 2. a) (Med.) unzerkautes Nahrungsstück; b) (Tiermed.) große Pille

Bom|ba|ge [bɔm'ba:ʒə], die; -, -n: 1. das Biegen von Glastafeln im Ofen. 2. das Umbördeln oder Biegen von Blech. 3. Aufwölbung des Deckels bei Konservenbüchsen, wenn sich der Inhalt zersetzt

Bom|bar|de|ment [...'mã:], das; -s, -s, (schweiz.:) -e: 1. anhaltende Beschießung durch schwere Artillerie. 2. massierter Abwurf von Fliegerbomben

bom|bar|di̲e̲|ren: 1. mit Artillerie beschießen. 2. Fliegerbomben auf etwas abwerfen

Bom|ba̤st, der; -[e]s (abwertend): [Rede]schwulst, Wortschwall

bom|ba̤s|tisch: übertrieben viel Aufwand aufweisend, schwülstig; pompös

Bo̤m|be, die; -, -n: 1. a) mit Sprengstoff od. Brandsätzen gefüllter Hohlkörper; b) (ugs.) Atombombe. 2. (ugs.) wuchtiger, knallharter Schuss od. Wurf (Fußball u. a. Sportarten)

bo̤m|ben (ugs.): ↑bombardieren (2)

Bo̤m|ber, der; -s, -: 1. Bombenflugzeug. 2. (ugs.) Fuß-, auch Handballspieler mit überdurchschnittlicher Schuss- bzw. Wurfkraft

bon [bɔŋ] (ugs.): gut

Bon [bɔŋ, auch: bõ:], der; -s, -s: 1. Gutschein für Speisen od. Getränke. 2. Kassenzettel

bo̲|na fi̲|de: guten Glaubens, auf Treu u. Glauben; vgl. mala fide

Bo|na|par|ti̤s|mus, der; - (Geschichte): autoritärer Herrschaftsstil in Frankreich (bes. im 19. Jh.)

Bo|na|par|tist, der; -en, -en: Anhänger des Bonapartismus bzw. der Familie Bonaparte

Bon|bon [bɔŋ'bɔŋ, auch: bõ'bõ:], der od. das; -s, -s: geformtes Stück Zuckerware mit aromatischen Zusätzen

Bon|bon|ni|e|re, Bon|bo|ni|e|re [bɔŋbɔ'ni̯e:rə, ...i̯ɛ:rə], die; -, -n: 1. Behälter für Bonbons, Pralinen o. Ä. 2. hübsch aufgemachte Pralinenpackung

Bond, der; -s, -s: Schuldverschreibung mit fester Verzinsung

bon|gen (ugs.): einen ↑Bon tippen, bonieren

Bo|ni|fi|ka|ti|on, die; -, -en: 1. Vergütung für schadhafte Ware. 2. a) Gutschrift im Großhandel (Jahresbonus); b) (bes. Radsport) Zeitgutschrift

Bo|ni|tät, die; -, -en: 1. (ohne Plural) Ruf einer Person od. Firma im Hinblick auf ihre Zahlungsfähigkeit. 2. (Forst- u. Landwirtschaft) Güte, Wert eines Bodens

Bo|ni|tie|rung, die; -, -en: Abschätzung, Einstufung

Bon|mot [bõ'mo:], das; -s, -s: treffender geistreich-witziger Ausspruch

Bon|net [bɔ'ne:], das; -s, -s: 1. Damenhaube des 18. Jh.s. 2. (Seemannsspr.) Beisegel, Segeltuchstreifen

[1]**Bon|sai,** der; -[s], -[s]: japanischer Zwergbaum

[2]**Bon|sai,** das; -: japanische Kunst, Zwergbäume zu ziehen

Bo|nus, der; - u. -ses, Plural: - u. ...ni (auch: -se): 1. a) (Wirtsch.) Sondervergütung [bei Aktiengesellschaften]; b) von der Kfz-Haftpflichtversicherung gewährter Schadenfreiheitsrabatt. 2. etwas, was jmdm. gutgeschrieben wird

Bo|nus|track [...trɛk], der; -s, -s: zusätzliche Aufnahme auf einer CD od. DVD (als besonderer Kaufanreiz)

Bon|vi|vant [bõvi'vã:], der; -s, -s (Theater): Rollenfach des leichtlebigen, eleganten Mannes

Bon|ze, der; -n, -n: 1. (abwertend) jmd., der die Vorteile seiner Stellung genießt; höherer, dem Volk entfremdeter Funktionär. 2. buddhistischer Mönch, Priester

Boo|gie-Woo|gie ['bʊgi'vʊgi], der; -[s], -s: 1. vom Klavier gespielter ↑Blues mit ↑ostinaten Bassfiguren u. starkem ↑Offbeat. 2. Form des Jazztanzes (z. B. ↑Jitterbug, ↑Rock and Roll [1])

Book|let ['bʊklɪt], das; -[s], -s: [Werbe]broschüre [ohne Umschlag, Einband]

Book|mark ['bʊkma:ɐ̯k], das od. der; -s, -s, auch: die; -, -s: Eintrag in einem elektronischen Adressverzeichnis für ↑Homepages

Boom [bu:m], der; -s, -s: [plötzlicher] wirtschaftlicher Aufschwung, Hochkonjunktur

boo|men ['bu:mən] (ugs.): einen Boom erleben

Boot [bu:t], der; -s, -s (meist Plural): bis über den Knöchel reichender [Wildleder]schuh

Boot|loa|der ['bu:tlɔʊ̯də, ...lɔʊ̯də], der; -s, - (EDV): Software, die das Betriebssystem startet

Bor, das; -s: chem. Element; ein Nichtmetall (Zeichen: B)

Bo|ra, die; -, -s: trocken-kalter Fallwind an der dalmatinischen Küste

Bo|rat, das; -[e]s, -e: Salz der Borsäure

Bo|rax, der, österr.: das; -[es]: Natriumsalz der Tetraborsäure

Bord|com|pu|ter, der; -s, -: Computer an Bord von Flugzeugen u. Raumschiffen u. in Kraftfahrzeugen, der u. a. bordbezogene Daten auswertet u. Defekte anzeigt

Bor|dell, das; -s, -e: Haus, Räumlichkeiten, in denen Prostituierte ihr Gewerbe ausüben

Bor|dü|re, die; -, -n: Einfassung, Besatz, farbiger Geweberand

bo|re|al: nördlich; dem nördlichen Klima Europas, Asiens u. Amerikas zugehörend

bor|niert: a) geistig beschränkt, eingebildet-dumm; b) engstirnig, unbelehrbar

Bor|retsch, der; -[e]s: Gurkenkraut

Borschtsch, der; -: (in Osteuropa sehr beliebte) Suppe mit roter Bete [und Fleisch]

Bör|si|a|ner, der; -s, - (ugs.): a) Börsenmakler; b) Börsenspekulant

Bo|rus|sia, die; -: Frauengestalt als Sinnbild Preußens

Boss, der; -es, -e: jmd., der in einem Unternehmen die Führungsrolle innehat, der bestimmt, was getan wird; Chef; Vorgesetzter

B

Bos|se, die; -, -n: 1. rohe od. nur wenig bearbeitete Form eines Werksteins. 2. erhabene Verzierung, bes. in der Metallkunst

bos|seln: 1. a) an etwas mit Ausdauer arbeiten, herumbasteln; b) in Kleinarbeit [mühsam] herstellen; basteln. 2. ↑bossieren

bos|sie|ren, bos|se|lie|ren: 1. die Rohform einer Figur aus Stein herausschlagen. 2. in Ton, Gips od. Wachs (Bossierwachs) modellieren

[1]**Bos|ton** ['bɔstn̩], das; -s: amerikanisches Kartenspiel

[2]**Bos|ton,** der; -s, -s: langsamer amerikanischer Walzer mit sentimentalem Ausdruck

Bo|ta|nik, die; -: Pflanzenkunde

Bo|ta|ni|ker, der; -s, -: Wissenschaftler u. Forscher auf dem Gebiet der Botanik

bo|ta|nisch: pflanzenkundlich, pflanzlich

bo|ta|ni|sie|ren: Pflanzen zu Studienzwecken sammeln

Bo|tu|lis|mus, der; - (Med.): [durch Botulinumtoxin verursachte] bakterielle Lebensmittelvergiftung

[1]**Bou|c|lé** [bu'kle:], [1]**Bu|k|lee,** das; -s, -s: Garn mit Knoten u. Schlingen

[2]**Bou|c|lé** [bu'kle:], [2]**Bu|k|lee,** der; -s, -s: 1. Gewebe aus Bouclégarn; Noppengewebe. 2. Teppich mit nicht aufgeschnittenen Schlingen

Bou|gain|vil|lea [bugɛ̃'vilea], die; -, ...leen [...leən] (Bot.): südamerikanische Gattung der Wunderblumengewächse

Bou|g|ran, Bou|g|ram [bu'grã:], der; -s, -s: als Zwischenfutter verwendeter steifer Baumwollstoff

Bouil|la|baisse [buja'bɛ:s], die; -, -s [buja'bɛ:s]: würzige provenzalische Fischsuppe

Bouil|lon [bʊl'jõ:, bul'jɔŋ, österr.: bu'jõ:], die; -, -s: 1. Kraft-, Fleischbrühe. 2. (Med.) bakteriologisches Nährsubstrat

Boule [bu:l], das; -[s] (auch: die; -): französisches Kugelspiel

Bou|le|vard [bulə'va:ɐ̯], der; -s, -s: breite [Ring]straße, Prachtstraße

Bou|le|vard|pres|se, die; -: sensationell aufgemachte Zeitungen, die früher überwiegend im Straßenverkauf angeboten wurden

Bou|quet [bu'ke:], das; -s, -s: ↑Bukett

Bou|qui|nist [buki...], der; -en, -en: Straßenbuchhändler, bes. am Seineufer in Paris

Bour|bon ['bøɐ̯bn̩], der; -s, -s: amerikanischer Whiskey

bour|geois [bʊr'ʒo̯a, in attributiver Verwendung: bʊr'ʒo̯a:z...]: die Bourgeoisie betreffend

Bour|geois, der; -, -: Angehöriger der Bourgeoisie

Bour|geoi|sie [bʊrʒo̯a'zi:], die; -, ...i̯en: 1. wohlhabender Bürgerstand, Bürgertum. 2. (Marxismus) herrschende Klasse der kapitalistischen Gesellschaft, die im Besitz der Produktionsmittel ist

Bour|ret|te [bu...], die; -, -n: raues Gewebe in Taftbindung aus Abfallseide; Seidenfrottee

Bou|tique, die; -, -n [...kn̩], (selten:) -s [...ti:ks]: kleiner Laden für [exklusive] modische Neuheiten

Bou|ton [bu'tõ:], der; -s, -s: Schmuckknopf für das Ohr

Bow|le ['bo:lə], die; -, -n: 1. Getränk aus Wein, Schaumwein, Zucker u. Früchten. 2. Gefäß zum Bereiten einer Bowle (1)

bow|len ['bo:lən]: Bowling spielen

Bow|ler ['bo:lɐ], der; -s, -: runder, steifer Hut

Bow|ling ['bo:lɪŋ], das; -s, -s: 1. englisches Kugelspiel auf glattem Rasen. 2. amerikanische Art des Kegelspiels mit 10 Kegeln

Box, die; -, -en: 1. a) [kastenförmiger] Raum innerhalb einer größeren Einheit; b) abgegrenzter Montageplatz für Rennwagen an einer Rennstrecke. 2. kastenförmiger Behälter; oft in Zusammensetzungen, z. B. Kühlbox, Lautsprecherbox

Box|calf, Box|kalf [auch: 'bɔkska:f], das; -s, -s: Kalbleder

bo|xen: mit den Fäusten kämpfen

Bo|xer, der; -s, -: 1. Sportler, der Boxkämpfe austrägt; vgl. boxen. 2. Hund einer mittelgroßen Rasse mit kräftiger Schnauze

bo|xe|risch: den Boxsport betreffend

Bo|xer|mo|tor, der; -s, -en: Verbrennungsmotor mit Zylindern, deren Kolben scheinbar gegeneinander arbeiten

Boy [bɔɪ̯], der; -s, -s: 1. Laufjunge, Diener, Bote. 2. (ugs.) junger Mann

Boy|band ['bɔɪ̯bɛnt], die; -, -s: Boygroup

B

Boy|friend [...frɛnt], der; -[s], -s (ugs.): Freund einer jungen Frau

Boy|friend|jeans, Boy|friend-Jeans [...dʒiːns], die; -, -: Jeans für Damen mit weitem, maskulin wirkendem Schnitt

Boy|group [...gruːp], die; -, -s: Popgruppe aus jungen, attraktiven Männern

Boy|kott [bɔi̯...], der; -[e]s, -s (auch: -e): 1. politische, wirtschaftliche od. soziale Ächtung. 2. das Boykottieren

boy|kot|tie|ren: 1. mit einem Boykott (1) belegen. 2. die Ausführung von etwas ablehnen u. zu verhindern suchen

Boy|scout ['bɔi̯skau̯t], der; -s, -s: Pfadfinder

bra|chi|al: 1. (Med.) zum Arm gehörend. 2. mit roher Körperkraft

Bra|chi|al|ge|walt, die; -: rohe körperliche Gewalt als Mittel zur Durchsetzung von Zielen

Bra|chi|o|po|de, der; -n, -n: Armfüßer

Brah|ma, der; -s: zur Zeit des frühen Buddhismus höchster Gott des ↑Hinduismus

Brah|ma|ne, der; -n, -n: Angehöriger der indischen Priesterkaste

brah|ma|nisch: das Brahmanentum betreffend

Brah|ma|nis|mus, der; -: 1. eine der Hauptreligionen Indiens (aus dem ↑Vedismus hervorgegangen). 2. (selten) Hinduismus

Braille|schrift ['brai̯(l)...], die; -: international gebräuchliche Blindenschrift

Brain|drain ['brɛi̯ndrɛi̯n], der; -s: Abwanderung von Wissenschaftlern ins Ausland

brain|stor|men ['brɛi̯nstɔːɐ̯mən]: ein Brainstorming durchführen

Brain|stor|ming [...stɔːɐ̯mɪŋ], das; -s, -s (bes. Wirtsch.): das Sammeln von spontanen Einfällen [der Mitarbeiter], um die beste Lösung eines Problems zu finden

Brain|trust, Brain-Trust [...trʌst], der; -s, -s: [wirtschaftlicher] Beratungsausschuss

Bram, die; -, -en (Seemannsspr.): zweitoberste Verlängerung der Masten sowie deren Takelung (meist als Bestimmungswort von Zusammensetzungen wie Bramsegel)

Bram|sten|ge, die; -, -n (Seemannsspr.): zweitoberste Verlängerung eines Mastes

Bran|che ['brãːʃə], die; -, -n: a) Wirtschafts-, Geschäftszweig; b) (ugs.) Fachgebiet

Bran|chen|mix, der; -, -e: das Vertretensein der jeweiligen Branchen (a) in großer Vielfalt in den Läden eines Geschäftsviertels o. Ä.

Brand [brænd], der, auch: das; -[s], -s, selten: die; -, -s: Marke, Markenartikel, Markenfirma

Bran|ding ['brændɪŋ], das; -: 1. (Wirtsch.) Markengebung; Entwicklung von Markennamen. 2. das Einbrennen von bestimmten Mustern in die Haut mithilfe einer heißen Nadel

Bran|dy ['brɛndi], der; -s, -s: Weinbrand

[1]**Bra|sil,** der; -s, -e u. -s: a) südamerikanischer Tabak; b) eine Kaffeesorte

[2]**Bra|sil,** die; -, -[s]: Zigarre aus Brasiltabak

Bra|sil|holz, Bra|si|li|en|holz, das; -es: südamerikanisches Holz, das rote Farbstoffe liefert

Bras|se|rie, die; -, ...i̯en: Bierlokal

Brat|sche, die; -, -n: Streichinstrument, das eine Quinte tiefer als die Violine gestimmt ist

Brat|schist, der; -en, -en: Musiker, der Bratsche spielt

Brat|schis|tin, die; -, -nen: weibliche Form zu ↑Bratschist

bra|vis|si|mo: sehr gut!

bra|vo: gut!, vortrefflich!

[1]**Bra|vo,** das; -s, -s: Beifallsruf

[2]**Bra|vo,** der; -s, -s u. ...vi: it. Bez. für: Meuchelmörder, Räuber

Bra|vour [bra'vuːɐ̯], die; -, -en: 1. (ohne Plural) a) Tapferkeit, Mut; b) Geschicklichkeit. 2. (nur Plural) meisterhaft ausgeführte Darbietungen

Bra|vour|arie, die; -, -n: schwierige, auf virtuose Wirkung abzielende Arie (meist für Frauenstimme)

break [brɛi̯k]: „geht auseinander!" (Kommando des Ringrichters beim Boxkampf)

[1]**Break** [brɛi̯k], der od. das; -s, -s: 1. a) (Sport) plötzlicher u. unerwarteter Durchbruch aus der Verteidigung heraus; b) Gewinn eines Spiels bei gegnerischem Aufschlag. 2. kurzes Zwischensolo im Jazz

[2]**Break** [brɛi̯k], das; -s: das Breaken (1)

Break|dance ['brɛi̯kdaːns, amerik.: ...dæns], der; -: zu moderner Popmusik getanzte rhythmisch-akrobatische Darbietung

Break|dan|cer ['brɛi̯kdaːnsɐ, dt.-amerik.: ...dænsɐ], der; -s, -: jmd., der Breakdance tanzt

brea|ken ['brɛi̯kn̩]: 1. sich mit einem entsprechenden Signal in ein laufendes Gespräch über CB-Funk einschalten. 2. (Tennis) das Aufschlagspiel des Gegners gewinnen

Break-even-Point [brɛi̯k'ʔiːvn̩pɔi̯nt], der; -[s], -s (Wirtsch.): Rentabilitätsschwelle, Übergang zur Gewinnzone

Brec|cie ['brɛtʃə], **Brek|zie** [...i̯ə], die; -, -n: Sedimentgestein aus kantigen, durch ein Bindemittel verkitteten Gesteinstrümmern

Bre|douil|le [bre'dʊljə], die; -, -n (ugs.): Verlegenheit, Bedrängnis

Bre|ton [brə'tõː], der; -s, -s: [Stroh]hut mit nach oben gerollter Krempe

Bre|ve, das; -s, -n u. -s: päpstlicher Erlass in einfacherer Form

Bre|vi|a|ri|um, das; -s, ...ien: 1. (veraltet) kurze Übersicht. 2. Brevier (1)

Bre|vier, das; -s, -e: 1. a) Gebetbuch mit Stundengebeten; b) Stundengebet. 2. kurze Sammlung wichtiger Stellen aus den Werken eines Dichters od. Schriftstellers

Bri|de, die; -, -n: 1. (Med.) Verwachsungsstrang. 2. (schweiz.) Kabelschelle

Bridge [brɪtʃ, engl.: brɪdʒ], das; -, -s: 1. (ohne Plural) ein Kartenspiel. 2. (EDV) Verbindungsrechner zwischen mehreren lokalen Netzen

Brie vgl. Briekäse

Brie|fing, das; -s, -s: 1. (bes. Militär) kurze Einweisung od. Lagebesprechung. 2. Informationsgespräch, kurze Konferenz, bes. zur Unterrichtung der Presse

Brie|kä|se, der; -s, -, **Brie**, der; -[s], -s: Weichkäse mit Schimmelbildung

Bri|ga|de, die; -, -n: 1. größere Truppenabteilung. 2. (DDR) kleinste Arbeitsgruppe in einem Produktionsbetrieb

[1]**Bri|ga|di|er** [...'di̯eː], der; -s, -s: Befehlshaber einer Brigade (1)

[2]**Bri|ga|di|er** [...'di̯eː, auch: ...'diːɐ̯], der; -s, -s [...'di̯eːs], auch: -e [...'diːrə] (DDR): Leiter einer Brigade (2)

Bri|gant, der; -en, -en (Geschichte): a) Freiheitskämpfer; b) Straßenräuber in Italien

Brigg, die; -, -s (Geschichte): zweimastiges Segelschiff

Bri|kett, das; -s, -s (selten: -e): festes Formstück (bes. Presskohle)

bril|lant [brɪl'jant]: glänzend, hervorragend

[1]**Bril|lant** [brɪl'jant], der; -en, -en: geschliffener Diamant

[2]**Bril|lant** [brɪl'jant], die; -: Schriftgrad

Bril|lan|ti|ne, die; -, -n: Haarpomade

Bril|lanz, die; -: 1. glänzende, meisterhafte Technik bei der Darbietung von etwas; Virtuosität. 2. a) (Fotogr.) Bildschärfe; b) (Akustik) Tonschärfe

bril|lie|ren [brɪl'jiːrən, auch: brɪ'liː...]: glänzen (in einer Fertigkeit)

Brim|bo|ri|um, das; -s (ugs. abwertend): unverhältnismäßiger Aufwand

Brio, das; -s (Musik): Feuer, Lebhaftigkeit, Schwung; Ekstatik, Leidenschaft; vgl. brioso

Bri|oche [bri'ɔʃ], die; -, -s: feines Hefegebäck in Brötchenform

bri|o|so (Musik): mit Feuer, mit Schwung (Vortragsanweisung)

bri|sant: 1. (Waffentechnik) hochexplosiv. 2. hochaktuell; viel Zündstoff enthaltend

Bri|sanz, die; -, -en: 1. Sprengkraft. 2. (ohne Plural) brennende, erregende Aktualität

Bri|so|lett, das; -s, -e, **Bri|so|let|te**, die; -, -n: gebratenes Klößchen aus gehacktem Kalbfleisch

Broad Church [- 'tʃəːtʃ], die; - -: liberale Richtung der ↑anglikanischen Kirche im 19. Jh.

Broi|ler, der; -s, - (regional): a) zum Grillen gemästetes Hähnchen; b) gegrilltes Hähnchen

Bro|kat, der; -[e]s, -e: kostbares, meist mit Gold- od. Silberfäden durchwirktes, gemustertes [Seiden]gewebe

Bro|ka|tell, der; -s, -e, **Bro|ka|tel|le**, die; -, -n: Baumwoll- od. Halbseidengewebe mit plastisch hervortretenden Mustern

Bro|ker [auch: 'brɔu̯kɐ], der; -s, -: Börsenmakler

Brok|ko|li, **Broc|co|li** [auch: 'broː...], der; -[s], -[s]: dem Blumenkohl ähnlicher Gemüsekohl mit grünem Blütenstand

Brom, das; -s: chem. Element, Nichtmetall (Zeichen: Br)

Bro|mid, das; -[e]s, -e: Salz des Bromwasserstoffs

Brom|sil|ber, das; -s: lichtempfindliche Schicht auf Filmen u. Platten

bron|chi|al: a) zu den Bronchien gehörend; b) die Bronchien betreffend

B

Bron|chi|al|asth|ma, das; -s: in Anfällen auftretende Atemnot

Bron|chie [...çi̯ə], die; -, -n (meist Plural) (Anat.): Luftröhrenast

Bron|chi|tis, die; -, ...itiden (Med.): Entzündung der Bronchialschleimhäute, Luftröhrenkatarrh

Bron|ze ['brõ:sə], die; -, -n: 1. gelblich braune Kupfer-Zinn-Legierung. 2. Kunstgegenstand aus einer solchen Legierung

bron|zen: 1. aus Bronze. 2. wie Bronze [aussehend]

Bro|sche, die; -, -n: Anstecknadel, Spange

bro|schie|ren (Buchw.): [Druck]bogen in einen Papier- od. Kartonumschlag heften

Bro|schü|re, die; -, -n: leicht geheftete Druckschrift geringeren Umfangs

Brow|nie ['braʊ̯ni], der; -s, -s: rechteckiges Stück eines flachen, auf einem Backblech gebackenen Schokoladenkuchens

Brow|ning ['braʊ̯nɪŋ], der; -s, -s u. die; -, -s: Pistole mit Selbstladevorrichtung

brow|sen ['braʊ̯zn̩]: [mehr od. weniger gezielt] in Datenbanken nach etwas suchen

Brow|ser ['braʊ̯zɐ], der; -s, -: Software zum Verwalten, Finden u. Ansehen von Dateien

Bru|maire [bry'mɛ:ɐ̯], der; -[s], -s: zweiter Monat im französischen Revolutionskalender (22. Oktober bis 20. November)

Brunch [brantʃ, branʃ], der; -[e]s od. -, -[e]s od. -e: spätes, ausgedehntes u. reichliches Frühstück, das das Mittagessen ersetzt

brun|chen: einen Brunch einnehmen

brü|nett: a) braunhaarig; b) braunhäutig

Brus|chet|ta [brʊs'kɛta, bru'skɛta], die; -, -s u. ...tte [...'kɛte]: Vorspeise aus klein gewürfelten Tomaten mit Öl u. Gewürzen auf geröstetem Brot

brüsk: in unhöflicher Weise barsch, schroff

brüs|kie|ren: sich jmdm. gegenüber unhöflich, schroff verhalten

brut [brʏt, frz.: bryt]: herb (von Champagner)

bru|tal: roh u. gefühllos; rücksichtslos

bru|ta|li|sie|ren: brutal, gewalttätig machen

Bru|ta|li|tät, die; -, -en: a) (ohne Plural) brutales Verhalten; b) brutale Tat, Gewalttätigkeit

brut|to: a) mit Verpackung; b) ohne Abzug [der Steuern]; roh, insgesamt gerechnet (Abk.: btto.)

Brut|to|so|zi|al|pro|dukt, das; -[e]s, -e: das Ergebnis des Wirtschaftsprozesses in einem Staat während eines Jahres (Abk.: BSP)

Bud|dha, der; -s, -s: 1. [Titel für einen] Verkünder der Lehren des historischen Buddha. 2. Statue, die einen Buddha (1) darstellt

Bud|dhis|mus, der; -: die von Buddha begründete indisch-ostasiatische Heilslehre

Bud|dhist, der; -en, -en: Anhänger des Buddhismus

bud|dhis|tisch: den Buddhismus betreffend, zu ihm gehörend

Bud|get [by'dʒe:], das; -s, -s: Haushaltsplan, Voranschlag von öffentlichen Einnahmen u. Ausgaben

bud|ge|tär: das Budget betreffend

bud|ge|tie|ren: ein Budget aufstellen

Bud|ge|tie|rung, die; -, -en: Aufstellung eines Budgets

Bu|di|ke, die; -, -n: 1. kleiner Laden. 2. kleine Kneipe

Bu|di|ker, der; -s, -: Besitzer einer Budike

Bu|do, das; -[s]: Sammelbez. für Judo, Karate u. ähnliche Sportarten

Bü|fett, das; -[e]s, -s u. -e, bes. österr. u. schweiz.: **Buf|fet** [bʏ'fe:], das; -s, -s: 1. Geschirrschrank, Anrichte. 2. a) Schanktisch in einer Gaststätte; b) Verkaufstisch in einem Restaurant od. Café; **kaltes Büfett:** auf einem langen Tisch zur Selbstbedienung zusammengestellte, meist kunstvoll arrangierte [kalte] Speisen (Salate, Fleisch, Pasteten u. Ä.)

Buf|fo, der; -s, -s u. ...ffi: Sänger komischer Rollen

Bug [bag], der; -s, -s (EDV): Fehler in einem Computerprogramm

Bug|gy ['bagi], der; -s, -s: 1. geländegängiges Freizeitauto mit offener Kunststoffkarosserie. 2. zusammenklappbarer Kindersportwagen

bug|sie|ren: 1. (Seemannsspr.) [ein Schiff] ins Schlepptau nehmen. 2. (ugs.) jmdn./etwas mühevoll irgendwohin bringen, lotsen

Bu|ka|ni|er, der; -s, -, **Bu|ka|nier,** der; -s, -e: westindischer Seeräuber im 17. Jh.

Bu|kett, das; -s, -s u. -e: 1. Blumenstrauß.

2. Duft u. Geschmacksstoffe (sog. Blume) des Weines od. Weinbrands
[1]**Bu|k|lee** vgl. [1]Bouclé
[2]**Bu|k|lee** vgl. [2]Bouclé
Bu|ko|lik, die; -: Hirten- od. Schäferdichtung
bu|ko|lisch: a) die Bukolik betreffend; b) in der Art der Bukolik
Bul|bus, der; -, ...bi u. ...ben: 1. Zwiebel, Pflanzenknolle. 2. (Med.) a) zwiebelförmiges, rundliches Organ (z. B. Augapfel); b) Anschwellung
Bu|let|te, die; -, -n (landsch.): ↑Frikadelle
Bu|li|mie, die; - (Med.): Störung des Essverhaltens mit Heißhungeranfällen u. anschließend selbsttätig herbeigeführtem Erbrechen
Bull|dog®, der; -s, -s: eine Zugmaschine
Bull|dog|ge, die; -, -n: gedrungener Hund mit großem Schädel u. kurzer Schnauze
Bull|do|zer [...dɔʊ̯zɐ], der; -s, -: schweres Raupenfahrzeug für Erdbewegungen
Bul|le, die; -, -n: 1. Siegel[kapsel] aus Metall (Gold, Silber, Blei) in kreisrunder Form. 2. a) mittelalterliche Urkunde mit Metallsiegel; b) feierlicher päpstlicher Erlass
Bul|le|tin [bʏlˈtɛ̃ː], das; -s, -s: 1. amtliche Bekanntmachung. 2. Krankenbericht
Bull|shit [...ʃɪt], der; -s (salopp abwertend): Unsinn, dummes Zeug
Bull|ter|ri|er, der; -s, -: aus Bulldogge u. Terrier gezüchteter Hund (eine Hunderasse)
Bul|ly, das; -s, -s: das von zwei Spielern ausgeführte Anspiel im [Eis]hockey
Bu|me|rang [auch: ˈbʊmə...], der; -s, -s u. -e (Völkerkunde): gewinkeltes od. leicht gebogenes Wurfholz, das bes. von den Aborigines zur Jagd benutzt wurde
Bu|na®, der od. das; -[s]: synthetischer Kautschuk
Bun|ga|low [ˈbʊŋgalo], der; -s, -s: frei stehendes, geräumiges eingeschossiges Wohnhaus mit flachem od. flach geneigtem Dach
Bun|ker, der; -s, -: 1. Behälter zur Aufnahme von Massengütern (Kohle, Erz). 2. Schutzbau aus Stahlbeton für militärische Zwecke od. für die Zivilbevölkerung
bun|kern: 1. Massengüter wie Kohle, Erz in Sammelbehälter einlagern. 2. (ugs.) etwas in großer Menge ansammeln, aufbewahren
Bun|ny [ˈbani], das; -s, -s: mit Hasenohren u. -schwänzchen kostümierte junge Frau, die in Klubs als Bedienung arbeitet
Bur|ger [ˈbœːɐ̯gɐ], der; -s, -: nach Art des Hamburgers belegtes Brötchen
Bur|gun|der, der; -s, -: Wein aus Burgund
Bur|ka, die; -, -s: (von muslimischen Frauen in Afghanistan, Pakistan u. Teilen Indiens getragener) den ganzen Körper bedeckender Umhang mit einem Einsatz aus Netzgewebe für die Augen
Bur|ki|ni, der; -s, -s: islamischen Vorschriften entsprechender, den ganzen Körper verhüllender Badeanzug für Frauen
bur|lesk: possenhaft
Bur|les|ke, die; -, -n: 1. Schwank, Posse. 2. derb-spaßhaftes Musikstück
Bur|ner [ˈbœːɐ̯nɐ], der; -s, -: **der Burner sein** (Jugendspr.): alle Erwartungen erfüllen; eine tolle Sache sein
Burn-out, Burn|out [ˈbœːɐ̯nʔaʊ̯t], das od. der; -[s], -s (Med.): Syndrom (a) der völligen seelischen u. körperlichen Erschöpfung
Bur|nus, der; - u. -ses, -se: Kapuzenmantel der Beduinen
Bü|ro, das; -s, -s: 1. Arbeitsraum; Dienststelle, wo schriftliche od. verwaltungstechnische Arbeiten erledigt werden. 2. die zu der Dienststelle gehörenden Angestellten
Bü|ro|krat, der; -en, -en (abwertend): jmd., der in der Auslegung von Bestimmungen einem starren Formalismus verhaftet ist
Bü|ro|kra|tie, die; -, ...ien: 1. (ohne Plural; abwertend) bürokratische Denk- u. Handlungsweise. 2. Beamten-, Verwaltungsapparat
bü|ro|kra|tisch: 1. (abwertend) sich übergenau an die Vorschriften haltend. 2. die Bürokratie (2) betreffend
bü|ro|kra|ti|sie|ren: den Ablauf von etwas einer schematischen Ordnung unterwerfen
Bü|ro|kra|tis|mus, der; - (abwertend): pedantisches Denken u. Handeln
Bur|ri|to, der; -s, -s: mex. Gericht aus einem gerollten Maisfladen mit Füllung
Bus, der; -ses, -se: 1. Kurzform von ↑Autobus, ↑Omnibus. 2. (EDV) Sammelleitung zur Datenübertragung zwischen Funktionseinheiten
Bu|shel [ˈbʊʃl̩], der; -s, -s (aber: 6 -[s]): 1. engl.-

C

amerik. Hohlmaß (= 36,368 Liter). 2. Getreidemaß in den USA (= 35,239 kg)

Busi|ness ['bɪznɪs], das; - (abwertend): vom Profitstreben bestimmtes Geschäft

Busi|ness-to-Busi|ness [...tʊ'bɪznɪs], das; -: Handel mit Waren od. Dienstleistungen zwischen Unternehmen [im Internet] (Abk.: B2B)

Bus|sard, der; -s, -e: ein Greifvogel

Bus|ti|er [bʏs'ti̯e:], das; -s, -s: Teil der Unterkleidung für Frauen in Form eines miederartig anliegenden, kurzen Oberteils ohne Ärmel

Bu|tan, das; -s, -e: gesättigter gasförmiger Kohlenwasserstoff, der in Erdgas u. Erdöl enthalten ist

But|ler ['batlɐ], der; -s, -: Diener in einem vornehmen Haushalt, bes. in England

But|ter|fly ['batɐflai̯], der; -[s], -s: 1. bestimmter Spreizsprung im Eiskunstlaufen. 2. (Turnen) Salto seitwärts gestreckt

But|ter|fly|stil, der; -[e]s: Schmetterlingsstil (im Schwimmsport)

But|ton ['batn̩], der; -s, -s: 1. runde Plakette zum Anstecken [mit einer Aufschrift], die die Einstellung des Trägers zu erkennen gibt. 2. (EDV) virtueller Knopf zum Anklicken auf einer grafischen Benutzeroberfläche

Bu|tyl|al|ko|hol, der; -s, -e: als Lösungsmittel od. Riechsalz verwendeter Alkohol mit vier Kohlenstoffatomen

Buy-out ['bai̯ʔau̯t], das u. der; -s, -s: Kurzform von ↑Management-Buy-out

bye-bye ['bai̯'bai̯]: auf Wiedersehen!

By|pass ['bai̯pas], der; -[es], ...pässe (Med.): a) Umleitung der Blutbahn; b) Ersatzstück, durch das die Umleitung der Blutbahn verläuft

Byte [bai̯t], das; -[s], -[s] (EDV): zusammengehörige Folge von acht Bits zur Darstellung je eines Zeichens

By|zan|ti|ner, der; -s, - (veraltet abwertend): Kriecher, Schmeichler

by|zan|ti|nisch: zu Byzanz gehörend

By|zan|ti|nist, der; -en, -en: Wissenschaftler [u. Lehrer] auf dem Gebiet der Byzantinistik

By|zan|ti|nis|tik, die; -: Wissenschaft von Kultur u. Geschichte des alten Byzanz

B2B [bi:tʊ'bi:], das; -: Abk. für ↑Business-to-Business

Cc

Cab [kæb], das; -s, -s: einspännige englische Droschke

Ca|bal|le|ro [kabal'je:ro, auch: kava...], der; -s, -s: 1. (Geschichte) spanischer Edelmann, Ritter. 2. Herr (spanischer Titel)

Ca|ba|nos|si vgl. Kabanossi

Ca|bo|chon [kabɔ'ʃõ:], der; -s, -s: Schmuckstein mit kuppelförmig gewölbter Oberseite

Ca|b|rio, das; -[s], -s: kurz für: ↑Cabriolet

Ca|b|ri|o|let [...'le:], das; -s, -s: Auto mit aufklappbarem od. versenkbarem Verdeck

Ca|cha|ça [ka'ʃasa], der oder die; -: brasilianischer Zuckerrohrbranntwein

Cache [kæʃ, auch: kaʃ], der; -, -s (EDV): Speichereinheit als Zwischenträger von Daten

Ca|chet [ka'ʃe:, auch: ka'ʃɛ], das; -s, -s (veraltet): 1. Siegel. 2. Eigenart, Gepräge

CAD [kæd], das; -s: rechnerunterstützte Konstruktion u. Arbeitsplanung

Cad|die, Cad|dy ['kɛdi, 'kædi], der; -s, -s: 1. Junge, der dem Golfspieler die Schläger trägt. 2. zweirädriger Wagen zum Transportieren der Golfschläger. 3. ® Einkaufswagen

Ca|du|ce|us [ka'du:tseʊs], der; -, ...cei: Heroldsstab des altrömischen Gottes Merkur

Cae|si|um vgl. Cäsium

Ca|fé [ka'fe:], das; -s, -s: Gaststätte, die vorwiegend Kaffee u. Kuchen anbietet; vgl. Kaffee

Ca|fé au Lait [kafeo'lɛ], der; - - -, -s - -: Milchkaffee

Ca|fé crème, Ca|fé Crème [kafe'krɛ:m], der; - -, -s - [- 'krɛ:m]: Kaffee mit Sahne

Ca|fe|te|ria, die; -, -s u. ...ien: Imbissstube, Restaurant mit Selbstbedienung

Cai|pi|rin|ha [kaipi'rinja], der; -s, -s u. die; -, -s: Cocktail aus Cachaça, Zucker, Limetten u. Eis

Ca|la|ma|res, die (nur Plural): Gericht aus frittierten Tintenfischstückchen

Ca|la|mus, der; -, ...mi: antikes Schreibgerät aus Schilfrohr
Cal|ci|um vgl. Kalzium
Cal|la, die; -, -s: Pflanze mit breiten grünen Blättern u. weißem Hüllblatt
Call|boy [ˈkɔːlbɔɪ̯], der; -s, -s: junger Mann, der auf telefonischen Anruf hin Besuche macht od. Besucher empfängt u. gegen Bezahlung deren [homo]sexuelle Wünsche befriedigt
Call-by-Call [ˈkɔːlbaɪ̯ˈkɔːl], das; -s (meist ohne Artikel): Auswahl einer Telefongesellschaft durch Vorwählen einer bestimmten Nummer
Call|cen|ter, Call-Cen|ter [ˈkɔːlsɛntɐ], das; -s, -: zentrale Stelle, an der eingehende Anrufe bearbeitet werden
Call|cen|ter|agent, Call-Cen|ter-Agent [...ʔagɛnt, auch: ...ʔɛɪ̯dʒənt], der; -en, -en od. -s, -s: jmd., der in einem ↑Callcenter Anrufe entgegennimmt
Call|girl [ˈkɔːlgœːɐ̯l], das; -s, -s: Prostituierte, die auf telefonischen Anruf hin Besucher empfängt od. Besuche macht
Ca|lu|met [auch: kalyˈmɛ] vgl. Kalumet
Cal|va|dos, der; -, -: französischer Apfelbranntwein
cal|vi|nisch: die Lehre Calvins betreffend; nach der Art Calvins
Cal|vi|nis|mus, der; -: evangelisch-reformierter Glaube; Lehre Calvins
Cal|vi|nist, der; -en, -en: Anhänger des Calvinismus
Cal|vi|nis|tin, die; -, -nen: weibliche Form zu ↑Calvinist
cal|vi|nis|tisch: zum Calvinismus gehörend, ihn betreffend
Ca|lyp|so [kaˈlɪpso], der; -[s], -s: 1. volkstümliche Gesangsform Westindiens. 2. figurenreicher Modetanz im Rumbarhythmus
Cam|bio vgl. Kambio
Cam|cor|der, der; -s, -: Kurzw. für Kamerarekorder
Ca|mem|bert [ˈkaməmbeːɐ̯, kamãˈbɛːɐ̯], der; -s, -s: vollfetter Weichkäse
Ca|me|ra ob|s|cu|ra, die; - -, ...rae [...rɛ] ...rae [...rɛ]: Urform der Kamera mit transparenter Rückwand, auf der eine Sammellinse ein auf dem Kopf stehendes, seitenverkehrtes Bild erzeugt
Ca|mi|on [kamḭõː], der; -s, -s (schweiz.): Lastkraftwagen
Ca|mor|ra, Ka|mor|ra, die; -: Geheimbund in Süditalien, bes. in Neapel
Ca|mou|f|la|ge [kamuˈflaːʒə], die; -, -n (abwertend): Tarnung von [politischen] Absichten
ca|mou|f|lie|ren (veraltet): tarnen, verbergen
Camp [kɛmp], das; -s, -s: [Zelt]lager, Ferienlager
Cam|pa|ni|le vgl. Kampanile
Cam|pa|ri ®, der; -s, -s (aber: 2 -): ein Bitterlikör
cam|pen [ˈkɛmpn̩]: während der Ferien im Zelt od. Wohnwagen leben
Cam|per, der; -s, -: jmd., der während der Ferien im Zelt od. Wohnwagen lebt
Cam|pe|si|no, der; -s, -s: armer Landarbeiter, Bauer (in Spanien u. Südamerika)
cam|pie|ren (österr., schweiz.): ↑campen
Cam|ping [ˈkɛm...], das; -s: das Leben im Zelt od. Wohnwagen während der Ferien
Cam|ping|platz, der; -es, ...plätze: Gelände, auf dem gegen Gebühr gezeltet bzw. der Wohnwagen abgestellt werden darf
Cam|pus [ˈkam...], der; -, Plur. - u. -se: Hochschulgelände
Ca|nail|le [kaˈnaljə, auch: ...ˈnaɪ̯j(ə)] vgl. Kanaille
Ca|na|pé [ˈkanape, österr.: ...ˈpeː] vgl. Kanapee
Ca|nas|ta, das; -s: (aus Uruguay stammendes) Kartenspiel
Can|can [kãˈkãː], der; -[s], -s: lebhafter Tanz, heute Schautanz in Varietés u. Nachtlokalen
can|celn [ˈkɛntsl̩n]: streichen, absagen
Can|de|la, die; -, -: Einheit der Lichtstärke (Zeichen: cd)
Can|dle-Light-Din|ner, Can|dle|light-Din|ner [ˈkændl̩laɪ̯t...], das; -s, -[s]: festliches Abendessen mit Kerzenbeleuchtung
Can|na, Kan|na, die; -, -s: Zierpflanze mit roten, gelben od. rosa Blüten
Can|na|bis, der oder das; -: a) Hanf; b) andere Bez. für ↑Haschisch

C

Cạn|nae [...nɛ] vgl. Kannä
Can|nel|lo|ni, die (nur Plural): mit Fleisch gefüllte u. mit Käse überbackene Nudelteigröllchen
Ca|ñon ['kanjɔn, auch: 'kɛnjən], der; -s, -s: enges, tief eingeschnittenes Tal, bes. im westlichen Nordamerika
Ca|nọs|sa, das; -s, -s: tiefe Demütigung, Selbsterniedrigung
can|ta|bi|le (Musik): ausdrucksvoll
Cạn|ta|ro, der; -s, ...ari: ↑Kantar
Can|ta|te vgl. [1]Kantate
Cạn|to, der; -s, -s: Gesang
Cạn|tus, der; -, - [...tu:s]: Gesang, Melodie, melodietragende Oberstimme
Can|yo|ning ['kɛnjənɪŋ], das; -s: eine Extremsportart, die Klettern in Gebirgsschluchten u. Schwimmen im Wildwasser vereint
Ca|pa, die; -, -s: farbiger Umhang der Stierkämpfer
Cape [kɛɪp], das; -s, -s: Umhang [mit Kapuze]
Ca|pe|a|dor, der; -s, -es: Stierkämpfer, der den Stier mit der Capa reizt
Ca|po|tạs|to, der; -, ...ti: ↑Kapodaster
Cap|puc|ci|no [kapʊ'tʃi:no], der; -s, -s (aber: 2 -): Kaffeegetränk mit geschlagener Sahne od. aufgeschäumter Milch u. Kakaopulver
Ca|p|ric|cio [ka'prɪtʃo], das; -s, -s: scherzhaftes, launiges Musikstück
ca|p|ric|cio|so (Musik): kapriziös, scherzhaft
Ca|p|ri|ce, Ka|p|ri|ce [ka'pri:sə], die; -, -n: 1. Eigensinn, Laune, wunderlicher Einfall. 2. frz. Form von ↑Capriccio
Ca|p|ri|ho|se, die; -, -n: wadenlange Frauenhose
Car, der; -s, -s (schweiz.): Kurzform von ↑Autocar
Ca|ra|bi|ni|e|re, Ka|ra|bi|ni|e|re, der; -s, ...ri: italienischer Polizist
ca|rạm|ba (ugs.): Teufel!; Donnerwetter!
Ca|ra|van [auch: 'ka..., 'kɛrəvɛn], der; -s, -s: a) ® Wagen, der als Freizeitfahrzeug u. als Fahrzeug für Transporte benutzt werden kann; b) Reisewohnwagen
Ca|ra|va|ning, das; -s: das Leben im Caravan (b)
Car|bid vgl. Karbid
Cạr|di|gan [engl.: 'kɑ:dɪgən], der; -s, -s: Strickweste für Damen
CARE [kɛ:ɐ̯]: Hilfsorganisation, die sich um die Milderung wirtschaftlicher Not in Europa nach dem 2. Weltkrieg bemühte
care of ['kɛ:ɐ̯ ɔf]: wohnhaft bei ... (Zusatz bei der Adressenangabe auf Briefumschlägen; Abk.: c/o)
Cạr|go, der; -s, -s: Fracht, Ladung eines Flugzeugs, Lkws, Schiffs o. Ä.
Cạr|men, das; -s, ...mina: [Fest-, Gelegenheits]gedicht
Car|nal|lit, Kar|nal|lit, der; -s: ein Mineral
Ca|ro|tin vgl. Karotin
Car|pac|cio [kar'patʃo], das od. der; -s, -s: kalte [Vor]speise, die aus dünn geschnittenen Fleisch- u. Gemüsescheiben mit Zitronensaft, Olivenöl u. Parmesan besteht
Car|port, der; -s, -s: überdachter Abstellplatz für Autos
Car|ra|ra, der; -s: Marmor aus Carrara
Car|ri|er ['kɛriɐ], der; -s, -[s]: Unternehmen od. Organisation, die Personen od. Güter zu Wasser, zu Land u. in der Luft befördert
Car|sha|ring, Car-Sha|ring ['ka:ɐ̯ʃɛ:rɪŋ], das; -[s]: organisierte Nutzung eines Autos von mehreren Personen
Carte blanche [kart 'blã:ʃ], die; - -, -s -s [kart 'blã:ʃ]: unbeschränkte Vollmacht
car|te|si|a|nisch vgl. kartesianisch
Car|toon [kar'tu:n], der od. das; -[s], -s: 1. parodistische Zeichnung, Karikatur. 2. (nur Plural) Comicstrips
Car|too|nịst, der; -en, -en: Künstler, der Cartoons zeichnet
Car|ving, das; -[s]: das schwungvolle Fahren auf der Kante (beim Ski- u. Snowboardfahren)
cä|sa|risch: 1. kaiserlich. 2. selbstherrlich
cash [kɛʃ]: bar
Cash, das; -: Bargeld, Barzahlung
Ca|shew|nuss ['kɛʃu..., auch: kə'ʃu:...], die; -, ...nüsse: essbare Frucht des Nierenbaums aus dem tropischen Amerika
Cash|flow ['kɛʃflɔʊ̯], der; -s (Wirtsch.): Überschuss an finanziellen Mitteln nach Abzug der Ausgaben von den Einnahmen
Ca|si|no, Ka|si|no, das; -s, -s: 1. Gebäude mit

Räumen für gesellige Zusammenkünfte. 2. Speiseraum in bestimmten Betrieben. 3. Spielkasino

Cä|si|um, Cae|si|um, nicht fachspr. auch: **Zä|si|um,** das; -s: chem. Element; ein Metall (Zeichen: Cs)

Cas|si|o|pei|um, Kas|si|o|pei|um, das; -s: frühere Bez. für das chem. Element ↑Lutetium (Zeichen: Cp)

cas|ten (Film): von jmdm. Probeaufnahmen für eine Rollenbesetzung machen

Cas|ting, das; -s, -s (Film, Fernsehen): [Auswahl für die] Rollenbesetzung

Ca|sus, der; -, - [...zu:s]: lat. Schreibung für ↑Kasus

Catch-as-catch-can [ˈkɛtʃəzˈkɛtʃˈkɛn], das; -: von Berufsringern ausgeübte Art des Freistilringens, bei der fast alle Griffe erlaubt sind

cat|chen [ˈkɛtʃn̩]: im Stil des Catch-as-catch-can ringen

Cat|cher [ˈkɛtʃɐ], der; -s, -: Berufsringer, der im Stil des Catch-as-catch-can ringt

Cat|che|rin, die; -, -nen: weibliche Form zu ↑Catcher

Ca|te|nac|cio [kateˈnatʃo], der; -[s] (Fußball): Verteidigungstechnik, bei der sich bei einem gegnerischen Angriff die Mannschaft vor dem eigenen Strafraum zusammenzieht

Ca|te|rer [ˈkɛi̯tərɐ], der; -s, -: auf das Catering spezialisiertes Unternehmen

Ca|te|ring [ˈkɛi̯tərɪŋ], das; -[s]: Verpflegung mit Speisen u. Getränken; Bewirtungsservice

Ca|ter|pil|lar® [ˈkɛtɐpɪlɐ], der; -[s], -[s]: Raupenschlepper (bes. im Straßenbau)

Cat|walk [ˈkɛtwɔ:k], der; -s, -s: Laufsteg

Cau|sa, die; -, ...sae [...sɛ] (Rechtswiss.): Grund, Ursache [z. B. eines Schadens]; Rechtsgrund

Cause cé|lè|bre [koz seˈlɛ:br(ə)], die; - -, -s -s [koz seˈlɛ:br(ə)]: berüchtigte Angelegenheit

Ca|va|li|e|re, der; -, ...ri: italienischer Adelstitel (Abk.: Cav.)

Ca|yenne|pfef|fer [kaˈjɛn...], der; -s: aus ↑Chili hergestelltes scharfes Gewürz

CD [tseːˈde:], die; -, -[s]: kurz für: ↑Compact Disc

CD-Play|er [tseːˈde:plɛi̯ɐ], der; -s, -: Abspielgerät für CDs

CD-ROM, die; -, -[s]: Speicherplatte, deren Programminhalt abgerufen, aber nicht verändert werden kann

Ce|dil|le [seˈdi:jə], die; -, -n: kommaartiges diakritisches Zeichen (z. B. frz. ç [s] vor a, o, u od. rumän. ş [ʃ])

Ce|les|ta [tʃe...], die; -, -s u. ...ten: Tasteninstrument mit Stahlplatten u. röhrenförmigen ↑Resonatoren

Cel|la, die; -, Cellae [...lɛ], **Zel|la,** die; -, Zellä: 1. Hauptraum im antiken Tempel. 2. a) (veraltet) Mönchszelle; b) (Rel.) ↑Kellion. 3. (Med.) kleinste Einheit eines Organismus, Zelle

Cel|list [tʃɛ...], der; -en, -en: Musiker, der Cello spielt

Cel|lis|tin, die; -, -nen: weibliche Form zu ↑Cellist

Cel|lo, das; -s, -s, auch ...lli: Kurzform von ↑Violoncello

Cel|lo|phan® vgl. Zellophan

cel|lo|pha|nie|ren vgl. zellophanieren

Cel|lu|li|te, die; -, -n (Med.): [nicht entzündliche] Veränderung des Bindegewebes an Oberschenkeln u. Gesäß [von Frauen]; Orangenhaut

Cel|lu|li|tis, Zel|lu|li|tis, die; -, ...itiden: 1. (ugs.) Cellulite. 2. (Med.) Entzündung des Unterhautfettgewebes; Phlegmone

Cel|lu|loid [auch: ...loˈi:t] vgl. Zelluloid

Cel|lu|lo|se vgl. Zellulose

Cel|si|us: Gradeinheit auf der Celsiusskala (Zeichen: C, fachspr.: °C)

Cem|ba|lo, das; -s, -s u. ...li: Tasteninstrument (alte Form des Klaviers)

Cent [sɛnt], der; -[s], -[s] (aber: 5 -): Münzeinheit der Währungen verschiedener Länder (z. B. USA, Kanada) und des Euros (Abk.: c u. ct, Plural: cts)

Cen|ta|vo, der; -[s], -[s] (aber: 5 -): Münzeinheit der Währungen verschiedener süd- u. mittelamerikanischer Länder (z. B. Argentinien, Brasilien)

¹Cen|ter [ˈsɛntɐ], das; -s, -: a) großes Kaufhaus; b) Einkaufszentrum

²Cen|ter, der; -s, - (Basketball): zentraler Angriffsspieler

C

Cen|time [sã'tiːm], der; -[s], -s (aber: 5 -): Münzeinheit der Währungen verschiedener Länder (z. B. Haiti, Marokko, Schweiz; Abk.: c u. ct, Plural: ct[s], schweiz. nur: Ct)

Cer, Zer, das; -s: chem. Element; ein Metall (Zeichen: Ce)

Cer|cle ['sɛrkl̩], der; -s, -s: a) Empfang [bei Hofe]; b) vornehmer Gesellschaftskreis

Ce|re|a|li|en, die (nur Plural): ↑Zerealie

Ce|re|bel|lum vgl. Zerebellum

Cer|to|sa [tʃ...], die; -, ...sen: Kloster der ↑Kartäuser in Italien

Cer|ve|lat ['sɛrvəla], der; -s, -s (schweiz.): Brühwurst; vgl. Servela, Zervelatwurst

ce|te|rum cen|seo: im Übrigen meine ich (als Einleitung einer immer wieder vorgebrachten Forderung, Ansicht)

Ce|vap|ci|ci, Će|vap|či|ći [tʃe'vaptʃitʃi], die (nur Plural): gegrillte Hackfleischröllchen

CGS-Sys|tem, das; -s: älteres physikalisches Maßsystem, das auf den Grundeinheiten Zentimeter, Gramm u. Sekunde aufgebaut ist

Cha|b|lis [ʃa'bliː], der; - [...(s)], - [...s]: Weißwein aus Niederburgund

Cha-Cha-Cha ['tʃa'tʃa'tʃa], der; -[s], -s: dem ↑Mambo ähnlicher Tanz aus Kuba

Cha|conne [ʃa'kɔn], die; -, -s u. -n: 1. spanischer Tanz im $^{3}/_{4}$-Takt. 2. (Musik) Instrumentalstück im $^{3}/_{4}$-Takt mit zugrunde liegendem achttaktigem ↑ostinatem Bassthema

1**Cha|g|rin** [ʃa'grɛ̃ː], der; -s: Kummer, Verdruss

2**Cha|g|rin** [ʃa'grɛ̃ː], das; -s, -s: Leder mit Erhöhungen auf der Narbenseite

Chair|man ['tʃɛːɐ̯mən], der; -, ...men [...mən]: engl. Bez. für den Vorsitzenden eines politischen od. wirtschaftlichen Gremiums

Chair|wo|man [...wʊmən], die; -, ...women [...wɪmɪn]: weibliche Form zu ↑Chairman

Chai|se ['ʃɛːzə], die; -, -n (ugs. abwertend): altes, ausgedientes Fahrzeug

Chai|se|longue [ʃɛzə'lɔŋ, auch: ...'lõːk], die; -, Plur. -n u. -s (ugs. auch: das; -s, -s): gepolsterte Liege

Cha|k|ra ['tʃa...], das; -[s], -s u. ...kren: (nach indischer Vorstellung) eines von sieben Energiezentren im menschlichen Körper

Cha|let [ʃa'leː, ʃa'lɛ], das; -s, -s: 1. Sennhütte. 2. Ferien-, Landhaus [in den Bergen]

Chal|ko|li|thi|kum [auch: ...'lɪt...], das; -s: jungsteinzeitliche Stufe (Kupferzeit)

Chal|lenge ['tʃɛlɪndʒ], der; -, -s: Wettbewerb [im Internet], bei dem der Spaß od. soziale Nutzen im Vordergrund steht

Chal|ze|don, Chal|ce|don [kaltse...], der; -s, -e: ein Mineral (Quarzabart)

Cha|ma|de [ʃa...] vgl. Schamade

Cha|mä|le|on [ka...], das; -s, -s: kleine Echse, die ihre Hautfarbe bei Gefahr rasch ändert

Cham|b|re sé|pa|rée ['ʃãːbr(ə) sepa'reː], das; - -, -s -s ['ʃãːbr(ə) sepa'reː] (veraltet): privater kleiner Nebenraum in Restaurants

Cham|pa|g|ner, der; -s, -: in Frankreich hergestellter weißer od. roter Schaumwein

Cham|pi|g|non ['ʃampɪnjɔŋ, selten: 'ʃãːpɪnjõ], der; -s, -s: ein essbarer Pilz

Cham|pi|on ['tʃɛmpi̯ən], der; -s, -s: Meister/-in in einer Sportart, Spitzensportler/-in

Cham|pi|o|nat [ʃam...], das; -[e]s, -e: Meisterschaft in einer Sportart

Cham|pi|ons League® ['tʃɛmpi̯əns 'liːg], **Cham|pi|ons|league,** die; - - (Ballspiele): Pokalwettbewerb europäischer Spitzenmannschaften, bei dem die Viertelfinalgegner durch Punktspiele ermittelt werden

Cham|sin [ka...] vgl. Kamsin

Chan [kaːn, xaːn] vgl. Khan

Chan|ce ['ʃãːsə, auch: ʃãːs], die; -, -n: 1. günstige Gelegenheit. 2. Aussicht auf Erfolg

Chan|cel|lor ['tʃɑːnsələ], der; -s, -s: engl. Bez. für: Kanzler

Change [frz.: ʃãːʒ, engl.: tʃeɪ̯ndʒ], die; - (bei frz. Ausspr.) u. der; - (bei engl. Ausspr.): Tausch, Wechsel [von Geld]

chan|gie|ren [ʃã'ʒiːrən]: [verschieden]farbig schillern (von Stoffen)

1**Chan|son** [ʃã'sõː], die; -, -s: in der frühen frz. Dichtung episches od. lyrisches Lied, das im Sprechgesang vorgetragen wurde

2**Chan|son,** das; -s, -s: witzig-freches Lied mit oft zeit- od. sozialkritischem Inhalt

Chan|son|net|te, Chan|so|net|te, die; -, -n: 1. kleines Lied komischen od. frivolen Inhalts. 2. Chansonsängerin

Chan|son|ni|er, Chan|so|ni|er [...'ni̯eː], der; -s, -s: 1. frz. Liederdichter des

12.–14. Jh.s; vgl. Troubadour. 2. Chansonsänger od. -dichter

Chan|son|ni|è|re, Chan|so|ni|e|re [...ˈni̯eːrə], die; -, -n: ↑Chansonnette (2)

Chan|teu|se [ʃãˈtøːzə], die; -, -n: Sängerin

Cha|nuk|ka [x...], die; -: jüdisches Fest der Tempelweihe im Dezember

Cha|os [ˈkaːɔs], das; -: totale Verwirrung, Auflösung aller Ordnungen, völliges Durcheinander

Cha|os|the|o|rie, die; -: mathematisch-physikalische Theorie, die versucht, zufallsbedingte Vorgänge rechnerisch zu beschreiben

Cha|ot, der; -en, -en: a) (meist Plural) jmd., der seine politischen Ziele durch Gewaltaktionen zu erreichen sucht; b) (ugs.) jmd., der Unruhe u. Verwirrung stiftet

cha|o|tisch: wirr, ungeordnet

Cha|peau [ʃaˈpoː], der; -s, -s (veraltet, aber noch scherzh.): Hut

chap|li|nesk: in der Art Chaplins, burlesk-grotesk

Cha|ra|de [ʃa...]: ältere Schreibung für ↑Scharade

Cha|rak|ter [k...], der; -s, ...ere: 1. a) Gesamtheit der geistig-seelischen Eigenschaften eines Menschen; b) Mensch als Träger bestimmter Wesenszüge. 2. (ohne Plural) a) Gesamtheit der einer Personengruppe od. einer Sache eigentümlichen Merkmale; b) einer künstlerischen Äußerung eigentümliche Geschlossenheit der Aussage

cha|rak|te|ri|sie|ren: 1. in seiner typischen Eigenart darstellen, treffend schildern. 2. für jmdn./etwas kennzeichnend sein

Cha|rak|te|ris|tik, die; -, -en: 1. treffende Schilderung einer Person oder Sache. 2. grafische Darstellung einer physikalischen Gesetzmäßigkeit in einem Koordinatensystem

cha|rak|te|ris|tisch: bezeichnend, kennzeichnend für jmdn./etwas

cha|rak|ter|lich: den ↑Charakter (1 a) eines Menschen betreffend

Cha|rak|ter|rol|le, die; -, -n: Rollenfach (Darstellung eines komplexen Charakters)

Cha|rak|ter|stu|die [...i̯ə], die; -, -n: Beobachtung, Analyse u. Beschreibung eines Charakters

Char|cu|te|rie [ʃarky...], die; -, ...ien (schweiz.): a) (ohne Plural) Wurstwaren; b) Wurstwarenhandlung, -abteilung

Char|ge [ˈʃarʒə], die; -, -n: 1. Amt, Würde, Rang. 2. (Militär) a) Dienstgrad; b) Vorgesetzter. 3. ↑Chargierter. 4. (Theater) Nebenrolle mit übertrieben gezeichnetem Charakter. 5. (Med.) Serie von Arzneimitteln, die während eines Arbeitsabschnitts gefertigt u. verpackt worden sind

char|gie|ren [ʃarˈʒiː...]: 1. in der studentischen Festtracht erscheinen. 2. einen ↑Reaktor mit Brennstoff beschicken. 3. (Theater) eine Nebenrolle spielen

Char|gier|te, der; -n, -n: einer der drei Vorsitzenden eines ↑Korps (2)

Cha|ris|ma [ˈçarɪsma, çaˈrɪsma, auch: ˈkaː...], das; -s, ...rismen u. ...rismata: 1. (Theol.) die durch den Geist Gottes bewirkten Gaben des Christen in der Gemeinde. 2. besondere Ausstrahlungskraft eines Menschen

cha|ris|ma|tisch: a) das Charisma betreffend; b) Charisma besitzend

Cha|ri|té [ʃariˈteː], die; -, -s (veraltet): Krankenhaus, Pflegeanstalt

Cha|ri|va|ri [ʃariˈvaːri], das; -s, -s (veraltet): a) Durcheinander; b) Katzenmusik

Charles|ton [ˈtʃarlstn̩], der; -, -s: Modetanz der 1920er-Jahre im Foxtrottrhythmus

Char|lot|te [ʃar...], die; -, -n: Süßspeise aus Biskuits, Makronen u. Früchten

char|mant [ʃar...]: bezaubernd, von liebenswürdig-gewinnender Wesensart

Charme [ʃarm], der; -s: liebenswürdig-gewinnende Wesensart

Char|meur [...ˈmøːɐ̯], der; -s, -s u. -e: Mann, der Frauen für sich einzunehmen vermag

Chart [tʃart], der od. das; -s, -s: 1. Darstellung von Zahlenreihen. 2. (nur Plural) ↑Hitliste

Char|ta [ˈkarta], die; -, -s: Verfassungsurkunde, Staatsgrundgesetz; vgl. Magna Charta

Char|te [ˈʃartə], die; -, -n: wichtige Urkunde im Staats- u. Völkerrecht

Char|ter [ˈtʃ..., auch: ˈʃ...], der; -s, -s: 1. engl. Bez. für: Urkunde, Freibrief. 2. Miet- od. Pachtvertrag über ein Flugzeug o. Ä.

C

Chạr|te|rer, der; -s, -: jmd., der etwas chartert, gechartert hat

Chạr|ter|ma|schi|ne, die; -, -n: von einer privaten Gesellschaft o. Ä. gemietetes Flugzeug

chạr|tern: ein Flugzeug, ein Schiff o. Ä. mieten

Char|t|reu|se® [ʃar'trøːzə], der; -: von französischen Kartäusermönchen hergestellter Kräuterlikör

Cha|ryb|dis [ça...], die; -: gefährlicher Meeresstrudel der griechischen Sage; vgl. Szylla

chas|mo|gam (Bot.): offenblütig, der Fremdbestäubung zugänglich (von Pflanzen)

Chasse [ʃas], die; -: 1. Billardspiel mit 15 Bällen. 2. (Musik) dreistimmiger, gesungener Kanon

Chas|sis [ʃa'siː], das; -, -: 1. Fahrgestell von Kraftfahrzeugen. 2. Montagerahmen elektronischer Apparate

Chat [tʃæt], der; -s, -s: a) im Internet angebotenes Medium, mit dem online Kontakte hergestellt werden können; b) Kommunikation mithilfe des Chats (a)

Châ|teau, Cha|teau [ʃa'toː], das; -s, -s: frz. Bez. für: Schloss, Herrenhaus, Landgut, Weingut

Cha|teau|bri|and [ʃatobri'ãː], das; -s, -s (Gastron.): doppelt dick geschnittene Rinderlende, die gegrillt od. gebraten wird

chat|ten ['tʃɛtn̩]: über Tastatur u. Bildschirm elektronisch im Internet kommunizieren

Chat|ter, der; -s, -: jmd., der chattet

Chat|te|rin, die; -, -nen: weibliche Form zu ↑Chatter

Chauf|feur [ʃɔ'føːɐ̯], der; -s, -e: jmd., der berufsmäßig andere Personen im Auto fährt

chauf|fie|ren: 1. ein Kraftfahrzeug lenken. 2. jmdn. [berufsmäßig] in einem Kraftfahrzeug transportieren

Chaus|see [ʃɔ'seː], die; -, ...sseen: befestigte u. ausgebaute Landstraße

Chau|vi ['ʃoːvi], der; -s, -s (ugs. abwertend): Vertreter des ↑Chauvinismus (2)

Chau|vi|nịs|mus [ʃovi...], der; -, ...men (abwertend): 1. a) (ohne Plural) extrem patriotische, nationalistische Haltung; b) einzelne chauvinistische Äußerung. 2. selbstgefällige, überhebliche Art von Männern gegenüber Frauen aufgrund eines gesteigerten Selbstwertgefühls

Chau|vi|nịst, der; -en, -en (abwertend): Vertreter des ↑Chauvinismus (1 a, 2)

Chau|vi|nịs|tin, die; -, -nen: weibliche Form zu ↑Chauvinist

chau|vi|nịs|tisch (abwertend): von Chauvinismus erfüllt; dem Chauvinismus entsprechend

[1]**Check** [tʃɛk], der; -s, -s: jede Behinderung des Spielverlaufs im Eishockey

[2]**Check** [ʃɛk] vgl. Scheck

[3]**Check** [tʃɛk], der; -s, -s: Überprüfung hinsichtlich der Funktionsfähigkeit u. Ä.

che|cken ['tʃɛkn̩]: 1. behindern, [an]rempeln (beim Eishockey). 2. nachprüfen, kontrollieren. 3. (ugs.) merken, begreifen, verstehen

Check-ịn, das od. der; -[s], -s: 1. Abfertigung des Fluggastes vor Beginn des Fluges. 2. Anmeldung des Gastes im Hotel bei der Anreise

Chẹck|list, die; -, -s: Kontrollliste, mit deren Hilfe das einwandfreie Funktionieren komplizierter technischer Apparate überprüft wird

Chẹck|lis|te, die; -, -n: 1. ↑Checklist. 2. a) Liste der Flugpassagiere, die abgefertigt worden sind; b) Kontrollliste [zum Abhaken]

Check-out [...'ʔaʊ̯t], das od. der; -[s], -s: 1. Durchführung automatischer Kontrollmaßnahmen bei technischen Geräten. 2. Abmeldung des Gastes im Hotel bei der Abreise

Chẹck|point [...pɔɪ̯nt], der; -s, -s: Kontrollpunkt (bes. an einem Grenzübergang)

Check-up [...'ʔap], der od. das; -[s], -s: 1. medizinische Vorsorgeuntersuchung. 2. Inspektion

Cheese|bur|ger ['tʃiːsbœːɐ̯gɐ], der; -s, -: ↑Hamburger, der eine Scheibe Käse enthält

Chef [ʃɛf, österr.: ʃeːf], der; -s, -s: a) Vorgesetzter, Geschäftsinhaber; b) (ugs.) Anführer

Chẹf|arzt, der; -es, ...ärzte: leitender Arzt in einem Krankenhaus

Chẹf|ärz|tin, die; -, -nen: weibliche Form zu ↑Chefarzt

Chef de Mis|si|on [ʃɛfdəmɪ'si̯õː], der; -[s] - -, -s - - [ʃɛfdəmɪ'si̯õː]: Leiter einer sportlichen

Delegation (z. B. bei den Olympischen Spielen)
Chef|eta|ge, die; -, -n: Etage, in der sich die Räume der Geschäftsleitung befinden
Chef|lek|tor, der; -s, -en: Leiter eines Verlagslektorats
Chef|re|dak|teur, der; -s, -e: Leiter einer Redaktion
Chef|re|dak|teu|rin [...tø:rɪn], die; -, -nen: weibliche Form zu ↑Chefredakteur
Chef|se|kre|tä|rin, die; -, -nen: Sekretärin des Chefs
Che|mie, die; -: 1. Naturwissenschaft, die die Eigenschaften, die Zusammensetzung u. die Umwandlung der Stoffe erforscht. 2. (ugs.) Chemikalien
Che|mie|la|bo|rant, der; -en, -en: für Tätigkeiten in der chemischen Industrie ausgebildeter Laborant (Berufsbez.)
Che|mie|la|bo|ran|tin, die; -, -nen: weibliche Form zu ↑Chemielaborant
Che|mi|gra|fie, Che|mi|gra|phie, die; -: Herstellung von Druckplatten durch Ätzen od. Gravieren
Che|mi|kant, der; -en, -en: Chemiefacharbeiter
Che|mi|kan|tin, die; -, -nen: weibliche Form zu ↑Chemikant
Che|mi|ker, der; -s, -: Wissenschaftler auf dem Gebiet der Chemie
Che|mi|ke|rin, die; -, -nen: weibliche Form zu ↑Chemiker
Che|mi|née [ʃəmɪ'ne:], das; -s, -s (schweiz.): offener Kamin in einem modernen Haus
che|misch [ç...]: a) mit der Chemie zusammenhängend; b) den Gesetzen der Chemie folgend; c) mithilfe von [giftigen, schädlichen] Chemikalien erfolgend
Che|mo|nas|tie, die; -, ...ien: durch chemische Reize ausgelöste Bewegung von Pflanzenteilen
che|mo|tak|tisch: die Chemotaxis betreffend
Che|mo|ta|xis, die; -, ...xen: durch chemische Reize ausgelöste Orientierungsbewegung von Tieren und Pflanzen
Che|mo|tech|ni|ker, der; -s, -: Fachkraft der chemischen Industrie
Che|mo|tech|ni|ke|rin, die; -, -nen: weibliche Form zu ↑Chemotechniker
Che|mo|the|ra|peu|ti|kum, das; -s, ...ka: Arzneimittel aus chemischen Substanzen, das Krankheitserreger o. Ä. in ihrem Wachstum hemmt u. abtötet
che|mo|the|ra|peu|tisch: die Chemotherapie betreffend
Che|mo|the|ra|pie [auch: ...'pi:], die; -, ...ien (Med.): Behandlung von Krankheiten mit chemischen Mitteln
Che|nil|le [ʃə'nɪljə, auch: ʃə'ni:jə], die; -, -n: Garn mit flauschig abstehenden Fasern
cher|chez la femme [ʃɛrʃela'fam]: dahinter steckt bestimmt eine Frau!
Che|rub ['çe:rʊp, auch: k...], ökum.: **Ke|rub,** der; -s, -im u. -inen: [biblischer] Engel [mit Flügeln u. Tierfüßen], himmlischer Wächter (z. B. des Paradieses)
Ches|ter|field ['tʃɛstɐfi:ld], der; -[s], -s: Herrenmantel mit verdeckter Knopfleiste
che|va|le|resk [ʃəvalə'rɛsk]: ritterlich
Che|va|li|er [ʃəva'li̯e:], der; -s, -s: frz. Adelstitel; vgl. Cavaliere
Che|vi|ot [auch: 'ʃe:vi̯ɔt, 'ʃɛvi̯ɔt], der; -s, -s: aus der Wolle der Cheviotschafe hergestelltes, dauerhaftes Kammgarngewebe
Che|v|ron [ʃə'vrõ:], der; -s, -s: 1. Wollgewebe mit Fischgrätmusterung. 2. (Wappenkunde) nach unten offener Winkel, Sparren. 3. französisches Dienstgradabzeichen
Chi [çi:], das; -[s], -s: zweiundzwanzigster Buchstabe des griechischen Alphabets (Χ, χ)
Chi|an|ti ['ki̯anti], der; -[s]: ein kräftiger, herber italienischer Rotwein
Chi|as|mus, der; -, ...men (Rhet., Stilkunde): kreuzweise Stellung von Wörtern od. Redeteilen (z. B.: groß war der Einsatz, der Gewinn war klein)
chic [ʃɪk] vgl. schick
Chi|ca|go Jazz [ʃi'ka:go ...], der; -: von Chicago ausgehende Stilform des Jazz; vgl. New-Orleans-Jazz
Chi|chi [ʃi'ʃi:], das; -[s], -[s]: 1. Getue, Gehabe. 2. verspieltes ↑Accessoire
Chi|co|rée ['ʃɪkore], der; -s, auch: die; -: die als Gemüse od. Salat zubereiteten Blätter der Salatzichorie

Chif|fon [ʃɪ'fõ:, österr.: ʃi'fo:n, 'ʃɪfõ], der; -s, -s u. (österr.:) -e: schleierartiges Seidengewebe

Chif|f|re ['ʃɪfrə, auch: 'ʃɪfɐ], die; -, -n: 1. Ziffer. 2. geheimes Schriftzeichen, Geheimzeichen. 3. Kennziffer einer Zeitungsanzeige

chif|f|rie|ren: verschlüsseln, in einer Geheimschrift abfassen

Chi|hu|a|hua [tʃi'u̯au̯a], der; -[s], -s: dem Zwergpinscher ähnlicher Hund mit großen Ohren

Chi|li ['tʃi:li], der; -s: 1. mittelamerikanische Paprikaart, die den ↑Cayennepfeffer liefert. 2. mit Cayennepfeffer scharf gewürzte Tunke

Chi|li|as|mus, der; -: [Lehre von der] Erwartung des Tausendjährigen Reichs Christi auf Erden

chi|li|as|tisch: den Chiliasmus betreffend

Chi|li con Car|ne [tʃ... - -], das; -[s] - -: mit Chilischoten gewürztes mexikanisches Rinderragout mit Bohnen

chil|len [tʃ...] (ugs.): sich [nach einer Anstrengung] erholen; entspannen

Chil|lies ['tʃɪlɪs], die (nur Plural): Früchte des ↑Chilis (1)

chil|lig (ugs.): 1. erholsam, entspannend. 2. entspannt, unaufgeregt

[1]Chi|mä|re vgl. Schimäre

[2]Chi|mä|re, die; -, -n: 1. (Biol.) Organismus, der aus genetisch verschiedenen Zellen aufgebaut ist. 2. (Med.) Lebewesen, dessen Körper Zellen mit abweichender Chromosomenstruktur besitzt

Chi|na|kohl, der; -[e]s: als Gemüse od. Salat verwendete Kohlart mit geschlossenem, keulenförmigem Kopf

Chi|na|rin|de [ç...], die; -, -n: chininhaltige Rinde bestimmter südamerikanischer Bäume

[1]Chin|chil|la [tʃɪn'tʃɪla], die; -, -s: südamerikanisches Nagetier mit wertvollem Pelz

[2]Chin|chil|la, das; -s, -s: 1. deutsche Kaninchenrasse mit bläulich aschgrauem Fell. 2. Fell der [1]Chinchilla

Chi|nin [ç...], das; -s (Pharm.): Alkaloid der Chinarinde (Fieber-, bes. Malariamittel)

Chip [tʃɪp], der; -s, -s: 1. Spielmarke (bei Glücksspielen). 2. dünne, roh in Fett gebackene Kartoffelscheibe. 3. (Mikroelektronik) kleines Halbleiterplättchen, auf dem Informationen gespeichert werden können

Chip|kar|te, die; -, -n: als Ausweis, Zahlungsmittel o. Ä. dienende Kunststoffkarte mit einem Chip (3)

Chip|pen|dale ['tʃɪpn̩dɛɪ̯l], das; -[s]: englischer Möbelstil des 18. Jh.s

Chi|ro|mant, der; -en, -en: Handliniendeuter

Chi|ro|man|tin, die; -, -nen: weibliche Form zu ↑Chiromant

Chi|ro|prak|tik, die; - (Med.): manuelle Behandlung von Funktionsstörungen am menschlichen Bewegungsapparat

Chi|ro|prak|ti|ker, der; -s, - (Med.): Fachmann auf dem Gebiet der Chiropraktik

Chi|ro|prak|ti|ke|rin, die; -, -nen: weibliche Form zu ↑Chiropraktiker

Chi|r|urg, der; -en, -en (Med.): Facharzt [u. Wissenschaftler] auf dem Gebiet der Chirurgie (1)

Chi|r|ur|gie, die; -, ...ien (Med.): 1. (ohne Plural) Lehre von der operativen Behandlung krankhafter Störungen im Organismus. 2. chirurgische Abteilung eines Krankenhauses

Chi|r|ur|gin, die; -, -nen: weibliche Form zu ↑Chirurg

chi|r|ur|gisch (Med.): a) die Chirurgie betreffend; b) operativ

Chi|tin [ç...], das; -s: stickstoffhaltiges ↑Polysaccharid, Hauptbestandteil der Körperhülle von Krebsen, Tausendfüßern, Spinnen, Insekten, bei Pflanzen in den Zellwänden von Flechten u. Pilzen

Chlor [k...], das; -s: chem. Element; ein Nichtmetall (Zeichen: Cl)

chlo|ren: chlorieren

Chlo|rid, das; -[e]s, -e: chemische Verbindung des Chlors mit Metallen od. Nichtmetallen

chlo|rie|ren: mit Chlor keimfrei machen (z. B. Wasser)

Chlo|ro|form, das; -s: süßlich riechende, farblose Flüssigkeit (früher ein Betäubungsmittel, heute nur noch als Lösungsmittel verwendet)

Chlo|ro|phyll, das; -s: grüner Farbstoff in Pflanzenzellen, ermöglicht die ↑Assimilation (2 b)

Choke [tʃoʊ̯k], der; -s, -s, **Cho|ker,** der; -s, -: Luftklappe im Vergaser (Kaltstarthilfe)

Cho|le|ra [k...], die; - (Med.): schwere Infektionskrankheit (mit Brechdurchfällen)

Cho|le|ri|ker [k...], der; -s, -: reizbarer, jähzorniger Mensch; vgl. Melancholiker, Phlegmatiker, Sanguiniker

Cho|le|ri|ke|rin, die; -, -nen: weibliche Form zu ↑Choleriker

cho|le|risch: jähzornig, aufbrausend; vgl. melancholisch, phlegmatisch, sanguinisch

Cho|les|te|rin [auch: k...], **Cho|le|s|te|rol,** das; -s, -e (Med.): wichtigstes ↑Sterin, Hauptbestandteil der Gallensteine

Chop|per [tʃ...], der; -s, -[s]: 1. vorgeschichtliches Hauwerkzeug, aus einem Steinbrocken o. Ä. geschlagen. 2. (Physik) Vorrichtung zum wiederholten Unterbrechen einer Strahlung, wodurch getrennte Impulse entstehen. 3. Motorrad mit hohem Lenker u. hoher Rückenlehne

[1]**Chor** [k...], der, seltener: das; -[e]s, Chöre: erhöhter Kirchenraum mit [Haupt]altar (ursprünglich für das gemeinsame Chorgebet der ↑Kleriker)

[2]**Chor,** der; -[e]s, Chöre (Musik): 1. Gruppe von Sängern. 2. gemeinsamer [mehrstimmiger] Gesang. 3. Musikstück für gemeinsamen [mehrstimmigen] Gesang

Cho|ral, der; -s, ...räle: a) kirchlicher Gemeindegesang; b) Lied mit religiösem Inhalt

Chor|da, Chor|de [k...], die; -, ...den: 1. (Biol.) knorpelähnlicher Achsenstab als Vorstufe der Wirbelsäule. 2. (Anat.) Sehnen-, Knorpel- od. Nervenstrang

Cho|rea [k...], die; - (Med.): Erkrankung, die sich z. B. in plötzlichen raschen Bewegungen von Gesicht u. Extremitäten äußert u. auf eine Fehlfunktion der Basalganglien zurückzuführen ist

Cho|reo|graf, Cho|reo|graph, der; -en, -en: jmd., der [als Leiter eines Balletts] eine Tanzschöpfung kreiert u. inszeniert

Cho|reo|gra|fie, Cho|reo|gra|phie, die; -, ...ien: künstlerische Gestaltung, Einstudierung eines Balletts

Cho|reo|gra|fin, Cho|reo|gra|phin, die; -, -nen: weibliche Form zu ↑Choreograf

cho|reo|gra|fisch, cho|reo|gra|phisch: die Choreografie betreffend

Chor|herr, der; -[e]n, -en: 1. Mitglied eines Domkapitels. 2. Angehöriger eines Ordens, der nicht nach der Ordensregel des Benedikt, sondern nach anderen Ordensregeln lebt

Cho|rist, der; -en, -en: Chorsänger

Cho|ris|tin, die; -, -nen: weibliche Form zu ↑Chorist

Cho|se [ʃ...], die; -, -n (ugs.): [unangenehme] Sache, Angelegenheit

Christ [k...], der; -en, -en: Anhänger [u. Bekenner] des Christentums; Getaufter

Christ|de|mo|krat, der; -en, -en: Anhänger einer christlich-demokratischen Partei

Chris|ten|tum, das; -s: auf Jesus Christus, sein Leben u. seine Lehre gegründete Religion

chris|ti|a|ni|sie|ren: (die Bevölkerung eines Landes) zum Christentum bekehren

Chris|ti|a|ni|sie|rung, die; -, -en: Bekehrung zum Christentum

Chris|tian Sci|ence [ˈkrɪstjən ˈsaɪ̯əns], die; - -: 1879 in den USA gegründete christliche Gemeinschaft; vgl. Szientismus (2)

Chris|tin, die; -, -nen: weibliche Form zu ↑Christ

christ|lich: a) der Lehre Christi entsprechend; b) im Christentum verwurzelt, begründet; c) kirchlich

Christ|met|te, die; -, -n: Mitternachtsgottesdienst in der Christnacht

Chris|to|lo|gie, die; -, ...ien: Lehre der christlichen Theologie von der Person Christi

chris|to|lo|gisch: die Christologie betreffend

Chris|tus|mo|no|gramm, das; -s, -e: Symbol für den Namen Christus, das aus dessen griechischen Anfangsbuchstaben X (Chi) u. P (Rho) zusammengefügt ist; vgl. IHS

Chrom [k...], das; -s: chem. Element; ein Metall (Zeichen: Cr)

Chro|ma|tik, die; -: 1. (Musik) Veränderung der sieben Grundtöne um einen Halbton nach oben od. unten. 2. (Physik) Farbenlehre

chro|ma|tisch: 1. (Musik) in Halbtönen fortschreitend. 2. die Chromatik (2) betreffend

C

Chro|ma|to|gra|fie, Chro|ma|to|gra|phie, die; -, ...ien: Verfahren zur Trennung chemisch nahe verwandter Stoffe

Chro|mo|li|tho|gra|fie, Chro|mo|li|tho|gra|phie, die; -, ...ien: Mehrfarben[stein]druck

Chro|mo|som, das; -s, -en (meist Plural) (Biol.): in jedem Zellkern in artspezifischer Anzahl u. Gestalt vorhandenes, das Erbgut eines Lebewesens tragendes, fadenförmiges Gebilde

chro|mo|so|mal: das Chromosom betreffend

Chro|mo|sphä|re, die; -: glühende Gasschicht um die Sonne

Chro|nik [k...], die; -, -en: 1. Aufzeichnung geschichtlicher Ereignisse in zeitlich genauer Reihenfolge. 2. Bez. für zwei geschichtliche Bücher des Alten Testaments

Chro|nique scan|da|leuse [krɔnikskãda'lø:z], die; - -, -s -s [krɔnikskãda'lø:z]: Sammlung von Skandal- u. Klatschgeschichten

chro|nisch: 1. (Med.) sich langsam entwickelnd, langsam verlaufend (von Krankheiten). 2. (ugs.) dauernd, ständig, anhaltend

Chro|nist, der; -en, -en: Verfasser einer Chronik

Chro|nis|tin, die; -, -nen: weibliche Form zu ↑Chronist

Chro|no|lo|gie, die; -, ...ien: 1. Wissenschaft u. Lehre von der Zeitmessung u. -rechnung. 2. Zeitrechnung. 3. zeitliche Abfolge

chro|no|lo|gisch: zeitlich geordnet

Chro|no|me|ter, das; -s, -: transportable Uhr mit höchster Ganggenauigkeit

chro|no|me|t|risch: auf genauer Zeitmessung beruhend

Chry|s|an|the|me [kry...], die; -, -n: Zierpflanze mit strahlenförmigen Blüten

Chry|so|be|ryll, der; -s, -e: ein grüner Edelstein

Chut|ney ['tʃatni], das; -[s], -s: Paste aus zerkleinerten Früchten mit Gewürzzusätzen

Chuz|pe [x...], die; - (salopp abwertend): Unverfrorenheit, unbekümmerte Dreistigkeit

ciao! [tʃau̯] vgl. tschau!

Ci|ce|ro ['tsɪtsero, auch: 'tsi:tsero], die (schweiz.: der); - (Druckw.): Schriftgrad von 12 Punkt

Ci|ce|ro|ne [tʃitʃe'ro:nə], der; -[s], -s u. ...ni: [sehr viel redender] Fremdenführer

Ci|d|re ['si:drə], der; -[s], -s: Apfelwein, v. a. aus der Normandie od. der Bretagne

Ci|ne|ast [s...], der; -en, -en: a) Filmschaffender; b) Filmkenner, begeisterter Kinogänger

Ci|ne|as|tik, die; -: Filmkunst

ci|ne|as|tisch: die Cineastik betreffend

Ci|ne|ma|scope® [sinema'sko:p], das; - (Film): besonderes Projektionsverfahren

ci|ne|phil: sehr an der Filmkunst interessiert, kinobegeistert

Ci|ne|ra|ma® [s...], das; -: besonderes Projektionsverfahren

Cin|que|cen|to, das; -[s]: Kultur u. Kunst des 16. Jh.s in Italien

cir|ca, zir|ka: ungefähr, etwa (Abk.: ca.)

Cir|ce, die; -, -n: verführerische Frau, die es darauf anlegt, Männer zu betören

Cir|cu|lus vi|ti|o|sus, der; - -, ...li ...si: 1. Zirkelschluss, bei dem das zu Beweisende in der Voraussetzung enthalten ist. 2. (Med.) Krankheitsprozesse, die sich gegenseitig ungünstig beeinflussen. 3. Teufelskreis

Cir|cus vgl. Zirkus

Ci|ré [si're:], der; -[s], -s: Seidengewebe mit harter Glanzschicht

ci|ta|to lo|co [auch: - 'lɔko]: an der angeführten Stelle (Abk.: c. l.)

Ci|to|y|en [sitoa'jɛ̃:], der; -s, -s: frz. Bez. für: Bürger

Ci|ty ['sɪti], die; -, -s: Innenstadt

Claim [klɛɪ̯m], der, auch das; -[s], -s: 1. (Rechtswiss.) Anrecht, Rechtsanspruch. 2. (Wirtsch.) Anteil (z. B. an einem Goldgräberunternehmen)

Clair-ob|s|cur [klɛrɔps'ky:ɐ̯], das; -[s] (Kunstwiss.): Helldunkelmalerei (Stil in Malerei u. Grafik)

Clan [kla:n, engl.: klæn], der; -s, -e u. (bei engl. Aussprache nur:) -s: 1. schottischer Lehns- u. Stammesverband. 2. (iron. abwertend) durch Interessen od. verwandtschaftliche Beziehungen verbundene Gruppe

Claque [klak], die; -, -n: bestellte, mit Geld o. Ä. bezahlte Gruppe von Beifallklatschern

Cla|queur [kla'kø:ɐ̯], der; -s, -e: bestellter Beifallklatscher

Cla|ri|no, das; -s, -s u. ...ni: 1. hohe Trompete (Bachtrompete). 2. Zungenstimme der Orgel

Cla|vi|cem|ba|lo [...ˈtʃɛm...], das; -s, -s u. ...li: Cembalo

Cla|vi|cu|la, die; -, ...lae [...lɛ] (Med.): Schlüsselbein

clean [kli:n]: a) (ugs.) von Drogen nicht mehr abhängig; b) steril, sauber, nüchtern

Clea|ring [ˈkli:rɪŋ], das; -[s], -s: Verrechnung; Verrechnungsverfahren

Cle|ma|tis vgl. Klematis

Cle|men|ti|ne, die; -, -n, **Kle|men|ti|ne:** süße [kernlose] mandarinenähnliche Frucht

Clerk [klɑ:k], der; -s, -s: britischer od. amerikanischer Angestellter od. Verwaltungsbeamter

cle|ver [ˈklɛvɐ]: taktisch geschickt; klug

Cle|ver|ness, die; -: cleveres Verhalten

Cli|ché [kliˈʃe:]: frühere Schreibung für: Klischee

Cli|ent, der; -s, -s (EDV): Rechner innerhalb eines Netzwerks, der vom ↑Server Dienste in Anspruch nimmt

Clinch [klɪntʃ, klɪnʃ], der; -[e]s: das Festhalten des Gegners im Boxkampf

Clip|per®, der; -s, -: auf Überseestrecken eingesetztes amerikanisches Langstreckenflugzeug

Cli|que [ˈklɪkə, auch: ˈkli:kə], die; -, -n: a) (abwertend) Personengruppe, die vornehmlich ihre eigenen Gruppeninteressen verfolgt; b) Freundes-, Bekanntenkreis

Cli|via, Kli|vie, die; -, ...vien: Zimmerpflanze mit orangefarbenen Blüten

Clo|chard [klɔˈʃa:ɐ̯], der; -[s], -s: Stadtstreicher (bes. in Frankreich)

Clog [klɔk], der; -s, -s (meist Plural): Holzpantoffel mit dicker Sohle

Cloth [klɔθ], der oder das; -: glänzender [Futter]stoff aus Baumwolle od. Halbwolle

Clou [klu:], der; -s, -s: Glanz-, Höhepunkt

Cloud [klau̯d], die; -, -s (EDV): beim ↑Cloud-Computing benutztes Netzwerk mehrerer verteilter Rechner

Cloud-Com|pu|ting, Cloud|com|pu|ting [...kɔmpju:...], das; -s (EDV): Nutzung von IT-Infrastrukturen und -Dienstleistungen, die als Dienst gemietet werden u. auf die über ein Netzwerk (z. B. das Internet) zugegriffen wird

Clown [klau̯n], der; -s, -s: Spaßmacher

Clow|ne|rie, die; -, ...ien: Spaßmacherei

clow|nesk: nach Art eines Clowns beschaffen

Club vgl. Klub

Clus|ter [ˈklastɐ], der, auch: das; -s, -: 1. (Physik) als einheitliches Ganzes zu betrachtende Menge von Einzelteilchen. 2. Klanggebilde, das durch Übereinanderstellen kleiner ↑Intervalle (2) entsteht; Klangfeld. 3. (Sprachwiss.) a) aufeinanderfolgende ungleiche Konsonanten; b) ungeordnete Menge semantischer Merkmale eines Begriffs

c/o = care of

[1]**Coach** [kɔu̯tʃ], der; -[e]s, -[e]s: 1. jmd., der Sportler, auch Künstler u. Ä. trainiert, betreut. 2. jmd., der einen Klienten berät u. betreut, um dessen berufliches Potenzial zu optimieren

[2]**Coach** [ko:tʃ], die; -, -es: vierrädrige Kutsche

coa|chen [ˈkɔu̯tʃn̩]: Sportler, Manager, Künstler u. Ä. trainieren u. betreuen

Coa|ching, das; -[s], -s: das Coachen (z. B. das Betreuen von Sportlern; Förderung von Mitarbeitern, Beratung von Managern)

Coat [kɔu̯t], der; -[s], -s: dreiviertellanger Mantel

Co-Au|tor, Co|au|tor, Ko-Au|tor, Ko|au|tor, der; -s, -en: Mitverfasser

Co-Au|to|rin, Co|au|to|rin, Ko-Au|to|rin, Ko-au|to|rin, die; -, -nen: weibliche Form zu ↑Co-Autor (usw.)

COBOL, das; -[s] (EDV): auf wissenschaftliche u. technische Aufgaben ausgerichtete Programmiersprache

Co|ca-Co|la®, das; -[s] oder die; - (5 [Flaschen] -): koffeinhaltiges Erfrischungsgetränk

Co|cker|spa|ni|el, der; -s, -s: englische Jagdhundrasse

Cock|pit, das; -s, -s: 1. Pilotenkabine in Flugzeugen. 2. Fahrersitz in einem Rennwagen

Cock|tail [ˈkɔktɛi̯l], der; -s, -s: alkoholisches Mischgetränk aus verschiedenen Spirituosen, Fruchtsaft u. anderen Zutaten

Cock|tail|kleid, das; -[e]s, -er: elegantes, kurzes Gesellschaftskleid

C

C

Cock|tail|par|ty, die; -, -s: Geselligkeit, bei der Cocktails serviert werden

Co|coo|ning [kəˈkuːnɪŋ], das; -s: [völliger] Rückzug in die Privatsphäre

Co|da, Ko|da, die; -, -s: 1. Schluss od. Anhang eines musikalischen Satzes. 2. zusätzliche Verse beim ↑Sonett u. bei anderen romantischen Gedichtformen

Code, Kode [koːt], der; -s, -s: 1. System von Regeln u. Zeichen, das die Zuordnung von Zeichen[folgen] zweier verschiedener Zeichenvorräte erlaubt u. somit einen Schlüssel zur Übertragung verschlüsselter Texte darstellt. 2. (Sprachwiss.) Gesamtheit sprachlicher Zeichen u. Regeln u. ihre Verknüpfungen

Code ci|vil [koːdsiˈviːl], der; - -: französisches Zivilgesetzbuch

Co|de|in, Ko|de|in, das; -s: aus Opium gewonnener, als hustenstillendes Mittel verwendeter Stoff

Code Na|po|lé|on [koːdnapɔleˈõː], der; - -: der Code civil zwischen 1807 u. 1814

Code|sha|ring [ˈkɔʊ̯dʃɛːrɪŋ], das; -[s]: gemeinsame Durchführung eines Linienflugs von zwei od. mehr Fluggesellschaften

co|die|ren, ko|die|ren: 1. eine Nachricht mithilfe eines ↑Codes (1) verschlüsseln. 2. etwas Mitzuteilendes mithilfe des ↑Codes (2) in eine sprachliche Form bringen

Cof|fee|shop, Cof|fee-Shop [ˈkɔfiʃɔp], der; -s, -s: 1. kleines Restaurant (oft innerhalb eines Hotels), in dem Erfrischungen u. kleine Mahlzeiten serviert werden. 2. (Jargon) Laden, in dem man u. a. Haschisch u. Marihuana kaufen kann

co|gi|to, er|go sum: Grundsatz des französischen Philosophen Descartes

co|g|nac [ˈkɔnjak]: goldbraun

Co|g|nac®, der; -[s], -s (aber: 3 -): (aus Weinen des Gebietes um Cognac hergestellter) französischer Weinbrand

Coif|feur [ko̯aˈføːɐ̯], der; -s, -e (bes. schweiz.): Friseur

Co|i|tus vgl. Koitus

Co|la, das; -[s], -s oder die; -, -s (aber: 5 -): koffeinhaltiges Erfrischungsgetränk

Co|la|ni vgl. Kolani

Col|la|ge [kɔˈlaːʒə], die; -, -n: Komposition, die aus vorgegebenen Dingen verschiedenen Ursprungs, Stils zusammengefügt ist

col|la par|te (Musik): mit der Hauptstimme [gehend] (Spielanweisung)

Col|lege [ˈkɔlɪdʒ], das; -[s], -s: a) private höhere Schule mit Internat in Großbritannien; b) Eingangsstufe der Universität in den USA

Col|lège [kɔˈlɛːʒ], das; -[s], -s: höhere Schule in Frankreich, Belgien u. der Westschweiz

Col|le|gi|um mu|si|cum [- ...kum], das; - -, ...gia ...ca: freie Vereinigung von Musikliebhabern [an Universitäten]

Col|lie, der; -s, -s: schottischer Schäferhund

Co|lón, der; -[s], -s (aber: 5 -): Währungseinheit in Costa Rica u. El Salvador

Co|lo|nel [frz.: kɔlɔˈnɛl, engl.: ˈkəːnəl], der; -s, -s: frz. u. engl. Bez. für: Oberst

Colt®, der; -s, -s: (im amerikanischen Westen der Kolonialzeit verwendeter) Revolver

Com|bine [kɔmˈbaɪ̯n] vgl. Kombine

Com|bo, die; -, -s: Musikensemble, in dem jedes Instrument nur einmal vertreten ist

Co|me|dy [ˈkɔmədi], die; -, -s: 1. [oft als Serie produzierte] humoristische Sendung. 2. Kurzform von ↑Comedyshow

Co|me|dy|show, Co|me|dy-Show [...ʃɔʊ̯], die; -, -s: Show, bes. im Fernsehen, in der Sketche, Slapsticks u. Ä. dargeboten werden

Co|mes, der; -, - u. Comites [...teːs] (Musik): Wiederholung des Fugenthemas in der zweiten Stimme

Co|mic, der, auch das; -[s], -s: Kurzform von ↑Comicstrip

Co|mic|strip [...strɪp], der; -[s], -s: mit Texten gekoppelte Bilderfortsetzungsgeschichte

Co|ming-out, Co|ming|out [kamɪŋˈʔaʊ̯t], das; -[s], -s: das Öffentlichmachen von etwas (als bewusstes Handeln), bes. das öffentliche Sichbekennen zu seiner homosexuellen Veranlagung

Com|me|dia dell'Ar|te, die; - -: italienische Stegreifkomödie des 16. bis 18. Jh.s

comme il faut [kɔmil'fo:]: wie es sich gehört; mustergültig

Com|mon|wealth [...wɛlθ], das; -: Staatenbund, [britische] Völkergemeinschaft

Com|mu|ni|ty [kɔ'mju:niti], die; -, -s: Gemeinschaft, Gruppe von Menschen mit gleichen Interessen, Wertvorstellungen

Com|pact Disc, Com|pact Disk ['kɔmpɛkt 'dɪsk], die; - -, - -s: durch Laserstrahl abtastbare Speicherplatte von hoher Ton- bzw. Bildqualität

Com|pa|g|nie [kɔmpan'ji:] vgl. Kompanie

Com|pi|ler [kɔm'pai̯lɐ], der; -s, - (EDV): Programm (4), das die Anweisungen eines in einer höheren Programmiersprache geschriebenen Programms in die Maschinensprache des Computers übersetzt

Com|pu|ter [kɔm'pju:tɐ], der; -s, -: programmgesteuerte, elektronische Rechenanlage

Com|pu|ter|ani|ma|ti|on, die; -, -en: durch Computer erzeugte Darstellung mehrdimensionaler bewegter Bilder auf einem Bildschirm

Com|pu|ter|ge|ne|ra|ti|on, die; -, -en: ↑Generation (4) in der Entwicklung von Computern

com|pu|te|ri|sie|ren: a) Informationen u. Daten für einen Computer lesbar machen; b) Informationen in einem Computer speichern

Com|pu|ter|kri|mi|na|li|tät, die; -: Gesamtheit der Straftaten (Datenmissbrauch, Informationsdiebstahl u. Ä.), die mithilfe von Computern begangen werden

Com|pu|ter|lin|gu|is|tik, die; -: computergestützte Bearbeitung u. Beschreibung sprachlicher Probleme

Com|pu|ter|si|mu|la|ti|on, die; -, -en: modellhafte Darstellung mithilfe des Computers

Com|pu|ter|to|mo|gra|fie, Com|pu|ter|to|mo|gra|phie, die; -, ...i̯en: Röntgenuntersuchungstechnik

Com|pu|ter|vi|rus, der, auch: das; -, ...viren: unbemerkt in einen Rechner eingeschleustes Computerprogramm, das die vorhandene Software manipuliert od. zerstört

Comte [kõ:t], der; -, -s [kõ:t]: Graf [in Frankreich]

con brio: ↑brioso

Con|cer|to gros|so, das; - -, ...ti ...ssi: 1. Gesamtorchester. 2. barockes Instrumentalkonzert

Con|cha vgl. Koncha

Con|ci|erge [kõ'si̯ɛrʃ, frz.: kõ'sjɛrʒ], der u. die; -, -s, (auch:) -n: frz. Bez. für: Hausmeister[in], Portier[sfrau]

Con|di|tio si|ne qua non, die; - - - - (Philos.): notwendige Bedingung, unerlässliche Voraussetzung

Con|dy|lus, der; -, ...li (Med.): Gelenkkopf, -fortsatz

Con|fé|rence [kõfe'rã:s], die; -, -n: Ansage eines Conférenciers

Con|fé|ren|ci|er [...rã'si̯e:], der; -s, -s: [witzig unterhaltender] Ansager im Kabarett, Varieté o. Ä.

Con|fi|se|rie, Kon|fi|se|rie [auch: kõ...], die; -, ...i̯en (schweiz.): Betrieb, der Süßwaren, Pralinen o. Ä. herstellt u. verkauft

Con|fi|seur, Kon|fi|seur [...'zø:ɐ̯] der; -s, -e (schweiz.): jmd., der berufsmäßig Süßwaren, Pralinen o. Ä. herstellt

Con|fi|seu|rin, Kon|fi|seu|rin [...'zø:rɪn] die; -, -nen: weibliche Form zu ↑Confiseur

Con|sen|sus, der; -, -: Zustimmung; vgl. Konsens

Con|som|mé [kõsɔ'me:], **Kon|som|mee,** die; -, -s, auch das; -s, -s (Gastron.): Kraftbrühe

con sor|di|no: mit dem Dämpfer (Spielanweisung für Streichinstrumente)

Con|s|ti|tu|ante [kõsti'ty̆ã:t], die; -, -s [...'ty̆ã:t], **Kon|s|ti|tu|an|te,** die; -, -n: grundlegende verfassunggebende [National]versammlung (bes. die der Französischen Revolution von 1789)

Con|sul|tant [kən'saltənt], der; -[s], -s (Wirtsch.): Berater

Con|sul|ting [kən'saltɪŋ], das; -s: Beratung, Beratungstätigkeit (bes. in der Wirtschaft)

Con|tai|ner [kɔn'te:nɐ], der; -s, -: 1. Großbehälter zur Beförderung von Gütern. 2. Großbehälter zur rationellen Beseitigung von [speziellem] Müll. 3. behelfsmäßiger Wohn-, Gewerbe- od. Arbeitsraum

C

con|tai|nern [kɔn'te:nɐn] (ugs.): noch genießbare Lebensmittel aus Müllcontainern holen

Con|tai|ner|schiff, das; -[e]s, -e: Spezialfrachtschiff zum Transport von Containern

Con|te|nance, Kon|te|nance [kõtə'nã:s], die; - (veraltend): Fassung, Haltung, Gelassenheit

Con|test, der; -[s], -s: Wettbewerb (im Bereich der Unterhaltungsmusik)

con|t|ra vgl. kontra

Con|t|ra|te|nor, der; -s, ...öre: die dem ↑ [1]Tenor (1) u. dem ↑ Diskant hinzugefügte Stimme in der Musik des 14. u. 15. Jh.s

Con|t|re|danse [...'dã:s], die od. der; -, -s [...'dã:s]: ↑ Kontretanz

Con|t|rol|ler [kɔn'trɔu̯lɐ], der; -s, -: Fachmann für Unternehmenssteuerung, bes. für Kostenrechnung u. -planung

Con|t|rol|ling, das; -s (Wirtsch.): von der Unternehmensführung ausgeübte Steuerungsfunktion

cool [ku:l] (salopp): 1. leidenschaftslos; überlegen; gelassen. 2. sehr gut

Cool|ness ['ku:lnɛs], die; -: das Coolsein

Cool|pack ['ku:lpɛk], das; -, -s oder der; -, -s: Kühlelement für das Kühlen von Verletzungen od. von Lebensmitteln u. Medikamenten beim Transport

Cop, der; -s, -s (ugs.): amerikanischer Polizist

Co-Pi|lot, Co|pi|lot, Ko-Pi|lot, Ko|pi|lot, der; -en, -en: a) zweiter Pilot in einem Flugzeug; b) zweiter Fahrer in einem Rennwagen

Co-Pi|lo|tin, Co|pi|lo|tin, Ko-Pi|lo|tin, Ko|pi|lo|tin, die; -, -nen: weibliche Form zu ↑ Co-Pilot (usw.)

Co-Pro|du|zent, Co|pro|du|zent, Ko-Pro|du|zent, Ko|pro|du|zent, der; -en, -en: jmd., der mit jmd. anderem zusammen einen Film, eine Fernsehsendung o. Ä. produziert

Co-Pro|du|zen|tin, Co|pro|du|zen|tin, Ko-Pro|du|zen|tin, Ko|pro|du|zen|tin, die; -, -nen: weibliche Form zu ↑ Co-Produzent (usw.)

Co|py|right ['kɔpirai̯t], das; -s, -s: Urheberrecht des britischen u. amerikanischen Rechts

co|ram pu|b|li|co: vor aller Welt, öffentlich; vgl. koram

Cord, Kord, der; -[e]s, -e u. -s: geripptes, sehr haltbares [Baumwoll]gewebe

Cor|don bleu [kɔrdõ'blø:], das; - -, -s -s [...dõ'blø:] (Gastron.): mit einer Käsescheibe u. mit gekochtem Schinken gefülltes Kalbsschnitzel

Core [kɔ:], das; -[s], -s (Kernphysik): der wichtigste Teil eines Kernreaktors, in dem die Kernreaktion abläuft

Cor|nea (Med.), **Kor|nea,** die; -, ...neae [...neɛ]: Hornhaut des Auges

Cor|ner ['kɔ:ɐ̯nɐ], der; -s, -: 1. Ringecke (beim Boxen). 2. (Börsenw.) planmäßig herbeigeführter Kursanstieg an Effekten- u. Warenbörsen

Corn|flakes ['kɔ:ɐ̯nflɛi̯ks], die (nur Plural): geröstete Maisflocken

Cor|ni|chon [kɔrni'ʃõ:], das; -s, -s: kleine, in Gewürzessig eingelegte Gurke

Co|ro|na vgl. Korona

Co|ro|ner ['kɔrənɐ], der; -s, -[s]: (in Großbritannien u. in den USA) Beamter, der ungeklärte Todesfälle untersucht

Corps [ko:ɐ̯] usw. vgl. Korps usw.

Corps de Bal|let [kɔrdəba'lɛ], das; - - -, - - -: Ballettgruppe, -korps

Cor|pus, das; -, ...pora: 1. (Med.) Hauptteil eines Organs od. Körperteils. 2. (Bot.) der zentrale Strang des Vegetationskegels einer Pflanze. 3. ↑ [2]Korpus

Cor|pus De|lic|ti, das; - -, ...pora -: Gegenstand od. Werkzeug eines Verbrechens

Cor|pus Iu|ris, das; - -: Gesetzbuch, Gesetzessammlung

Cor|tes, die (nur Plural): Volksvertretung in Spanien u. früher auch in Portugal

Cor|ti|son vgl. Kortison

Co|sa Nos|t|ra, die; - -: kriminelle Organisation in Sizilien u. in den USA

Cos|play [...plɛi̯], das; -[s], -s: das Sichverkleiden als eine Figur aus einem Manga o. Ä.

Cot|tage ['kɔtɪdʒ], das; -[s], -s: engl. Bez. für: [einstöckiges] Haus auf dem Lande; Ferienhaus

Cot|ton ['kɔtn̩], der od. das; -s: engl. Bez. für: [Gewebe aus] Baumwolle, Kattun

Couch [kau̯tʃ], die, schweiz. auch: der; -, -[e]s u. -en: Sofa mit niedriger Rückenlehne

Couch-Po|ta|to, Couch|po|ta|to ['kau̯tʃpəte̯ɪ̯-tɔu̯], der; -[s], -[e]s u. die; -, -es [...tɔu̯s]: jmd., der am liebsten [fernsehend] auf der Couch sitzt od. liegt

Couch|sur|fing, das; -s: kostenloses Übernachten in Wohnungen anderer Mitglieder eines gleichnamigen Netzwerks im Internet

Cou|leur [ku'lø:ɐ̯], die; -, -en u. -s: 1. bestimmte geistig-weltanschauliche Prägung. 2. Band u. Mütze einer studentischen Verbindung

Cou|loir [ku'lo̯a:ɐ̯], der; -s, -s: 1. Verbindungsgang. 2. (Alpinistik) Schlucht

Count [kau̯nt], der; -s, -s: engl. Titel für einen Grafen von nicht britischer Herkunft

Count|down, Count-down, der, selten: das; -[s], -s: 1. bis zum [Start]zeitpunkt null rückwärtsschreitende Ansage der Zeiteinheiten. 2. letzte technische Vorbereitungen vor einem Unternehmen

Coun|ter|part, der; -s, -s: 1. a) Konterpart (1); b) Konterpart (2). 2. jmd., der einem Entwicklungsexperten in einem Land der Dritten Welt als Fach-, Führungskraft zugeordnet ist

Coun|ter|te|nor, der; -s, ...öre: engl. Bez. für: ↑Contratenor

Coun|tess ['kau̯ntɪs], die; -, ...tẹssen u. ...tesses [...tɪsɪz]: engl. Titel für eine Gräfin

Coun|t|ry|mu|sic ['kantrimju:zɪk], die; -: Volksmusik [der Südstaaten der USA]

Coun|t|ry|song, der; -s, -s: Song der Countrymusic

Coun|ty ['kau̯nti], das; -s, -s od. die; -, -s: Gerichts- u. Verwaltungsbezirk in Großbritannien u. in den USA

Coup [ku:], der; -s, -s: überraschend durchgeführte, erfolgreiche Unternehmung

Coupe [kup], der; -s, -s, auch: die, -, -s: Eisbecher

Cou|pé, das; -s, -s: 1. (veraltet) Eisenbahnabteil. 2. geschlossenes [zweisitziges] Auto mit sportlicher Karosserie

Cou|p|let [ku'ple:], das; -s, -s: scherzhaft-satirisches Strophengedicht mit Kehrreim

Cou|pon, Ku|pon [ku'pɔŋ, auch: ku'põ:, österr.: ...'po:n], der; -s, -s: 1. abtrennbarer Zettel (z. B. als Gutschein, Beleg o. Ä.). 2. abgemessenes Stück Stoff, Stoffabschnitt. 3. (Bankw.) Zinsschein bei festverzinslichen Wertpapieren

Cour [ku:ɐ̯], die; -: **jmdm. die Cour machen/schneiden:** jmdm. den Hof machen

Cou|ra|ge [ku'ra:ʒə], die; -: Beherztheit, Mut

cou|ra|giert [...'ʒi:ɐ̯t]: beherzt

Court [kɔ:ɐ̯t], der; -s, -s: Spielfeld des Tennisplatzes

Cour|ta|ge, Kur|ta|ge [kʊr'ta:ʒə], die; -, -n: Maklergebühr bei Börsengeschäften

Cour|toi|sie [kʊrto̯a'zi:], die; -, ...i̯en (veraltend): feines, ritterliches Benehmen; Höflichkeit

Cous|cous, Kụs|kus ['kʊskʊs], der u. das; -, -: 1. zu kleinen Kügelchen verarbeiteter Hartweizengrieß od. Hirse. 2. nordafrikanisches Gericht aus Couscous (1) mit [Hammel]fleisch, verschiedenen Gemüsen u. Kichererbsen

Cou|sin [ku'zɛ̃:], der; -s, -s: Vetter

Cou|si|ne [ku'zi:nə], **Ku|si|ne,** die; -, -n: Tochter des Bruders od. der Schwester eines Elternteils; Base

Cou|ture [ku'ty:ɐ̯], die; -: Kurzform von ↑Haute Couture

Cou|tu|ri|er [kuty'ri̯e:], der; -s, -s: Kurzform von ↑Haute Couturier

Cou|vert [ku've:ɐ̯, ku'vɛ:ɐ̯] vgl. Kuvert

Co|ver ['kavɐ], das; -s, -[s]: a) Titelseite; b) Hülle eines Tonträgers

Co|ver|girl [...gœ:ɐ̯l], das; -s, -s: auf der Titelseite einer Illustrierten abgebildete Frau

co|vern ['kavɐn]: als Coverversion aufnehmen

Co|ver|sto|ry, die; -, -s: Titelgeschichte

Co|ver|ver|si|on [engl.: ...və:ʃn], die; -, -en u. bei engl. Aussprache -s: (in der Unterhaltungsmusik) Fassung eines älteren Titels mit [einem] anderen Interpreten

Cow|boy ['kau̯bɔɪ̯], der; -s, -s: berittener amerikanischer Rinderhirt

Cọx Oran|ge [- 'ɔrɪndʒ], der; - -, - -, **Cox' Orange** ['kɔks -], die; - -, - -n: aromatischer, feiner

C

Winterapfel mit goldgelber bis orangefarbener Schale

[1]**Crack** [krɛk], der; -s, -s: 1. Spitzensportler. 2. bestes Pferd eines Rennstalls

[2]**Crack** [krɛk], das; -s: ein Kokain enthaltendes synthetisches Rauschgift

Cra|cker ['krɛkɐ], der; -s, -[s] (meist Plural): 1. ungesüßtes, keksartiges Kleingebäck. 2. Knallkörper, Knallbonbon. 3. jmd., der [böswillig] in fremde Computersysteme einzudringen versucht, um Zugang zu fremden Daten[banken] zu erlangen; vgl. Hacker

Cra|que|lé, Kra|ke|lee [krakə'le:], das; -[s], -s: 1. (auch: *der*) Kreppgewebe mit rissiger, narbiger Oberfläche. 2. feine Haarrisse in der Glasur von Keramiken od. auf Glas

Crash [krɛʃ], der; -s, -s: 1. Zusammenstoß, Unfall. 2. (Wirtsch.) Zusammenbruch eines Unternehmens. 3. (Börsenw.) starker Abfall der Kurse innerhalb einer kurzen Zeit

Crash|kid, das; -s, -s (Jargon): Jugendlicher, der Autos aufbricht, um sie kaputt zu fahren

Crash|kurs, der; -es, -e: Lehrgang, in dem der Unterrichtsstoff komprimiert vermittelt wird

Crash|test, der; -[e]s, -s (auch: -e): Test, mit dem das Unfallverhalten von Kraftfahrzeugen ermittelt werden soll

Crawl [kraʊ̯l, krɔ:l] usw. vgl. Kraul usw.

Cra|y|on [krɛ'jõ:] vgl. Krayon

Cream [kri:m], die; -, -s: engl. Bez. für: Creme

Cre|do, Kre|do, das; -s, -s: Glaubensbekenntnis

Creek [kri:k], der; -s, -s: 1. nur zur Regenzeit Wasser führender Fluss [in Australien]. 2. kleiner Flusslauf (in den USA)

creme [kre:m, krɛ:m]: mattgelb, gelblich

Creme, Crème, die; -, -s (schweiz.: -n): 1. salbenartige Masse aus Fetten u. Wasser zur Pflege der Haut. 2. a) schaumige Süßspeise; b) süße Masse als Füllung für Süßigkeiten od. Torten. 3. (ohne Plural) a) das Feinste, Erlesenste; b) gesellschaftliche Oberschicht

Crème de la Crème [krɛ:m də la krɛ:m], die; - - - -: die höchsten Vertreter/-innen der gesellschaftlichen Oberschicht

Crème fraîche [- frɛʃ], die; - -, -s -s: saure Sahne mit ca. 30 % Fettgehalt

Cre|o|le, Kre|o|le, die; -, -n (meist Plural): ringförmiger Ohrring, in den ein kleinerer Schmuckgegenstand eingehängt werden kann

Crêpe de Chine [- də'ʃi:n], der; - - -, -s - - [krɛp - -]: feinnarbiges Gewebe aus Seide

Crêpe Geor|gette [- ʒɔr'ʒɛt], der; - -, -s - [krɛp -]: zartes Gewebe aus Kreppgarn

cre|scen|do [krɛ'ʃɛndo] (Musik): allmählich lauter werdend (Abk.: cresc.)

Cre|scen|do, das; -s, -s u. ...di (Musik): allmähliches Anwachsen der Tonstärke

Cre|tonne, Kre|tonne [kre'tɔn], die; -, -s od. der; -s, -s: Baumwollgewebe in Leinenbindung

Crew [kru:], die; -, -s: a) Schiffsmannschaft; b) Besatzung eines Flugzeugs; c) Mannschaft eines Ruderbootes

Croi|sé [kro̯a'ze:], das; -[s], -s: Baumwoll- od. Kammgarngewebe in Köperbindung

Crois|sant [kro̯a'sã:], das; -s, -s: Gebäck aus Plunderteig von der Form eines Hörnchens

cross [krɔs] (Tennis): diagonal

Cross-Coun|t|ry, Cross|coun|t|ry [...'kantri], das; -[s], -s (Sport): Querfeldeinrennen

Cros|sing-over, Cros|sing|over ['krɔsɪŋ-'ʔɔʊ̯vɐ], das; - (Biol.): Erbfaktorenaustausch zwischen homologen Chromosomen

Cross|me|dia (ohne Artikel): Integration mehrerer (bes. visueller u. interaktiver) Kommunikationskanäle zum Transport von Inhalten

Cross-over, Cross|over ['krɔsʔɔʊ̯vɐ], das; -[s], -s: Vermischung unterschiedlicher [Musik]stile (z. B. Klassik u. Pop)

Crou|pi|er [kru'pi̯e:], der; -s, -s: Angestellter einer Spielbank, der die Einsätze einzieht, die Gewinne auszahlt u. den äußeren Ablauf des Spiels überwacht

Croû|ton [kru'tõ:], der; -[s], -s (meist Plural): in Fett gebackener Weißbrotwürfel

Crowd|fun|ding ['kraʊ̯dfandɪŋ], das; -[s] (Wirtsch.): Finanzierungsmodell, bei dem zahlreiche Personen [online] jeweils Kleinstbeträge investieren

Cruise-Mis|sile, Cruise|mis|sile ['kru:s'mɪsai̯l], das; -[s], -s: Marschflugkörper

crui|sen ['kru:zn̩] (Jargon): ohne bestimmtes Ziel [gemächlich] herumfahren od. -gehen

Crui|sing ['kru:zɪŋ], das; -[s] (Jargon): a) das Cruisen; b) das Suchen nach einem Sexualpartner

Crys|tal Meth ['krɪstl̩ 'mɛθ], das; - - (meist ohne Artikel): synthetisch hergestellte Droge

Csar|das, Csár|dás ['tʃardas, 'tʃa:rda:ʃ], der; -, -: ungarischer Nationaltanz

Csi|kos, Csi|kós ['tʃi:ko:ʃ, auch: 'tʃiko:ʃ], der; -, -: ungarischer Pferdehirt

Cu|ma|rin vgl. Kumarin

cum gra|no sa|lis: mit Einschränkung

cum lau|de: gut (drittbestes Prädikat bei der Doktorprüfung)

cum tem|po|re: eine Viertelstunde nach der angegebenen Zeit (Abk.: c. t.)

Cun|ni|lin|gus, der; -, ...gi: Befriedigung bzw. sexuelle Stimulierung der weiblichen Geschlechtsorgane mit Lippen, Zähnen u. Zunge; vgl. Fellatio

Cup [kap], der; -s, -s: 1. Siegespokal. 2. Pokalwettbewerb. 3. Schale des Büstenhalters

Cup|cake ['kapkɛi̯k], der; -s, -s: kleine, in einer tassenförmigen Backform gebackene Torte

Cu|pi|do vgl. Kupido

Cu|p|rum, das; -s: Kupfer; chem. Element (Zeichen: Cu)

Cu|ra|çao® [kyra'sa:o], der; -s, -s (aber: 2 -): mit den getrockneten Schalen unreifer Pomeranzen aromatisierter Likör

Cu|ra|re vgl. Kurare

Cu|ré [ky're:], der; -s, -s: katholischer Pfarrer in Frankreich

Cu|ret|te [ky...] vgl. Kürette

Cu|rie [ky'ri:], das; -, -: Einheit der Radioaktivität (Zeichen: Ci, älter: c)

cur|len ['kœ:e̯lən]: 1. Curling spielen. 2. mit Gewichten die Armmuskeln trainieren

Cur|ling ['kœ:e̯lɪŋ], das; -s: dem Eisschießen ähnliches Spiel

cur|ri|cu|lar: das Curriculum betreffend

Cur|ri|cu|lum, das; -s, ...la: auf einer Theorie des Lehrens u. Lernens aufbauender Lehrplan; Lehrprogramm

Cur|ri|cu|lum Vi|tae [- 'vi:tɛ], das; - -, ...la -: Lebenslauf

Cur|ry [seltener: 'kari, 'kœri], der, auch: das; -s, -s: 1. (ohne Plural) scharf-pikante, dunkelgelbe Gewürzmischung indischer Herkunft. 2. ostindisches Ragout mit Currysoße

Cur|sor ['kœ:e̯sɐ], der; -s, -[s]: Zeichen (Pfeil o. Ä.) auf dem Bildschirm, das anzeigt, an welcher Stelle die nächste Eingabe erfolgt

Cut [kat, kœt], der; -s, -s: 1. Kurzform von ↑Cutaway. 2. Riss der Haut, bes. rund um die Augenpartien (beim Boxen). 3. Ausscheiden der schlechteren Spieler vor den Schlussrunden (beim Golf)

Cu|t|away ['katəvɛi̯, 'kœtəvei̯], der; -s, -s: abgerundet geschnittener Sakko

cut|ten ['katn̩]: Filmszenen od. Tonbandaufnahmen schneiden u. zusammenkleben

Cut|ter ['katɐ], der; -s, -: 1. Schnittmeister bei Film, Funk u. Fernsehen. 2. sehr scharfes kleines Messer (z. B. zum Schneiden von Teppichböden)

Cut|te|rin, die; -, -nen: weibliche Form zu ↑Cutter (1)

Cu|vée [ky've:], die; -, -s (auch: das; -s, -s): Verschnitt, Mischung verschiedener Weine

Cy|ber|at|ta|cke ['sai̯bɐ...], die; -, -en (EDV): von außen (durch einen Hacker o. Ä.) geführter Angriff auf ein Computernetzwerk

Cy|ber|kri|mi|na|li|tät, die; -: Gesamtheit illegaler Handlungen im Computer- u. Telekommunikationsbereich

Cy|ber|mob|bing [...mɔbɪŋ], das; -s: Schikanieren, Diffamieren von Personen über das Internet

Cy|ber|space [...spɛi̯s], der; -, -s [...sɪs]: von Computern erzeugte virtuelle Scheinwelt

Cy|ber|spi|o|na|ge, die; -: heimlicher Zugriff auf Computersysteme von Staaten, Organisationen od. Firmen zum Zweck der Spionage

Cy|b|org ['sai̯bɔ:e̯g], der; -s, -s: Mensch, in dessen Körper technische Geräte als Ersatz od. zur Unterstützung nicht ausreichend leistungsfähiger Organe integriert sind

cy|c|lisch [auch: 'tsyk...] vgl. zyklisch

D d

D

da capo (Musik): wiederholen, noch einmal vom Anfang an (Abk.: d. c.)

d'ac|cord [da'ko:ɐ̯, da'kɔ:r]: einverstanden

Da|da, der; -[s]: programmatisches Schlagwort des Dadaismus

Da|da|is|mus, der; -: Kunst- u. Literaturrichtung um 1920, die jegliches Kunstideal negierte u. einen konsequenten Irrationalismus in der Kunst proklamierte

Da|da|ist, der; -en, -en: Vertreter des Dadaismus

da|da|is|tisch: in der Art des Dadaismus

Dad|dy ['dɛdi], der; -s, -s: engl. ugs. Bez. für: Vater

Dah|lie [...i̯e], die; -, -n: im Spätsommer u. Herbst blühende [Garten]pflanze mit großen Blüten

Dai|ly Soap ['dɛi̯li 'sɔʊ̯p], die; - -, - -s: werktäglich ausgestrahlte triviale Hörspiel- od. Fernsehspielserie

Dai|mo|ni|on, Dä|mo|ni|um, das; -s: warnende innere Stimme [der Gottheit] bei Sokrates

Dai|qui|ri [...ki...], der; -s, -s: Cocktail aus Obstsaft, Zucker, Eis u. Rum

Da|ka|po, das; -[s], -s (Musik): Wiederholung; vgl. da capo

Dak|ty|len: *Plural* von ↑Daktylus

dak|ty|lisch: aus ↑Daktylen bestehend

Dak|ty|lo|s|ko|pie, die; -, ...ien: Verfahren zur Auswertung von Fingerabdrücken

Dak|ty|lus, der; -, ...ylen: Versfuß aus einer Länge u. zwei Kürzen (–◡◡)

Da|lai-La|ma, der; -[s], -s: höchster geistlicher Würdenträger des ↑Lamaismus

Dal|les, der; - (ugs.): 1. Armut, Not, Geldverlegenheit. 2. Unwohlsein; Erkältung

dal|li (ugs.): schnell!

Dal|ma|tik, Dal|ma|ti|ka, die; -, ...ken: 1. liturgisches Gewand, bes. der katholischen ↑Diakone. 2. spätrömisches Oberkleid

Dal|ma|ti|ner, der; -s, -: 1. Weinsorte aus Dalmatien. 2. weißer Wachhund mit schwarzen od. braunen Tupfen

Da|mast, der; -[e]s, -e: einfarbiges [Seiden]gewebe mit eingewebten Mustern

¹**Da|me,** die; -, -n: 1. a) höfliche Bezeichnung für „Frau" od. in höflicher Anrede (ohne Namensnennung) an eine Frau; b) gebildete, kultivierte, vornehme Frau. 2. (ohne Plural) ein altes Brettspiel. 3. a) die Königin im Schachspiel; b) Doppelstein im Damespiel. 4. Spielkarte

²**Dame** [dɛi̯m], die; -, -s (in Großbritannien): a) Titel der Trägerinnen verschiedener Orden im Ritterstand; b) Trägerin des Titels ²Dame (a)

Da|mo|k|les|schwert, das; -[e]s: stets drohende Gefahr

Dä|mon, der; -s, ...onen: unheimliche Macht über jmdn. besitzendes Wesen

Dä|mo|nie, die; -, ...ien: unerklärbare, bedrohliche Macht, die von jmdm./etwas ausgeht

dä|mo|nisch: eine suggestive u. unheimliche Macht ausübend

dä|mo|ni|sie|ren: zum Dämon machen

Dan, der; -, -: Leistungsgrad für Fortgeschrittene in allen Budosportarten

Da|na|er|ge|schenk, das; -[e]s, -e: etwas, was sich im Nachhinein für den, der es als Gabe o. Ä. bekommt, als unheilvoll erweist

Dance|floor ['dɑ:nsflɔ:], der; -s, -s: 1. Tanzfläche einer Diskothek. 2. (ohne Plural) in Diskotheken gespielte Tanzmusik

Dan|cing ['da:nsɪŋ], das; -s, -s: Tanz[veranstaltung], Tanzlokal

Dan|dy ['dɛndi], der; -s, -s: Mann, der sich übertrieben modisch kleidet

dan|dy|haft: in der Art eines Dandys

Danse ma|ca|bre [dãsma'ka:br(ə)], der; - -, -s -s [dãsma'ka:br(ə)]: Totentanz

Daph|nia, Daph|nie [...i̯ə] die; -, ...nien [...i̯en]: im Süßwasser lebender Wasserfloh

Dar|jee|ling [da:ɐ̯'dʒi:lɪŋ], der; -[s], -s: eine indische Teesorte

Dark|room [...ru:m], der; -s, -s, **Dark Room,** der; - -s, - -s: meist völlig abgedunkeltes Hinter-, Nebenzimmer o. Ä. als Ort für sexuelle Kontakte

Dar|ling, der; -s, -s: Liebling

Dar|wi|nis|mus, der; -: von dem englischen Naturforscher C. Darwin (1809–1882) begründete Lehre von der stammesgeschichtlichen Entwicklung durch Mutation u. Selektion

Dar|wi|nist, der; -en, -en: Anhänger der Lehre Darwins

Dar|wi|nis|tin, die; -, -nen: weibliche Form zu ↑Darwinist

dar|wi|nis|tisch: den Darwinismus betreffend

DAT, das; -[s], -s: ↑Digitaltonband

Date [deɪ̯t], das; -s, -s: 1. Verabredung, Treffen. 2. jmd., mit dem man ein Date (1) hat

Da|tei, die; -, -en: geordneter Bestand an sachlich zusammengehörenden Belegen od. anderen Dokumenten, bes. in der Datenverarbeitung

Da|ten, die (nur Plural): 1. *Plural* von ↑Datum. 2. Angaben, formulierbare Befunde. 3. (EDV) elektronisch gespeicherte Zeichen, Angaben, Informationen. 4. (Math.) vorgegebene Zahlenwerte, Größen

Da|ten|bank, die; -, -en: elektronisches System, in dem große Datenbestände gespeichert sind

Da|ten|high|way [...haɪ̯weɪ̯], der; -s, -s: universell nutzbares Telekommunikationsnetz zur schnellen Übertragung von großen Datenmengen; Datenautobahn

da|tie|ren: 1. (einen Brief o. Ä.) mit dem Datum (1) versehen. 2. die Entstehungszeit von etwas bestimmen, angeben. 3. seit einem bestimmten Zeitpunkt bestehen

Da|tiv, der; -s, -e: Wemfall, dritter Fall (Abk.: Dat.)

da|to: heute

Da|to|wech|sel, der; -s, -: Wechsel, der zu einem bestimmten Zeitpunkt nach dem Ausstellungstag eingelöst werden kann

DAT-Re|kor|der, DAT-Re|cor|der, der; -s, -: Gerät zur Aufnahme u. rauschfreien Wiedergabe von Digitaltonbändern

Dat|scha, die; -, -s od. ...schen: russisches Holzhaus, Sommerhaus

Dat|tel, die; -, -n: Frucht der Dattelpalme

Da|tum, das; -s, ...ten: 1. a) dem Kalender entsprechende Zeitangabe, Tagesangabe; b) Zeitpunkt. 2. Faktum

Dau, Dhau, die; -, -en: arabisches Zweimastschiff mit Trapezsegeln

Dau|phin [do'fɛ̃:], der; -s, -s (Geschichte): Titel des französischen Thronfolgers

Da|vis|cup, Da|vis-Cup ['deɪ̯vɪskap], der; -s, **Da|vis|po|kal,** der; -s, **Da|vis-Po|kal,** der; -s: im Tennissport bei internationalen Mannschaftswettbewerben vergebener Wanderpokal

da|wai: los!; vorwärts!

DAX®, **Dax,** der; -: Kennzahl für die Wertentwicklung der 30 wichtigsten deutschen Aktien

Day-Tra|ding, Day|tra|ding ['deɪ̯treɪ̯dɪŋ], das; -s: sehr rasches Kaufen und wieder Verkaufen von Wertpapieren o. Ä. (über das Internet)

D-Day ['di:deɪ̯], der; -s, -s: (als Deckname gedachte) Bez. für den Tag, an dem ein größeres militärisches Unternehmen beginnt

DDD [de:de:'de:]: Kennzeichnung der technischen Verfahren bei einer CD-Aufnahme o. Ä.

Deal [di:l], der; -s, -s (Jargon): Handel

dea|len ['di:...]: mit Rauschgift handeln

Dea|ler, der; -s, -: Rauschgifthändler

Death|me|tal, der; -[s], **Death Me|tal,** der; - -[s] ['dɛθmɛtl]: extreme Variante des ↑Heavy Metal mit meist verzerrten Gitarrenklängen, kehligem Gesang u. oft gewaltverherrlichenden Texten

De|ba|kel, das; -s, -: Zusammenbruch, Niederlage, unglücklicher, unheilvoller Ausgang

De|bat|te, die; -, -n: Erörterung, Aussprache zu einem bestimmten, festgelegten Thema

De|bat|ter, der; -s, - (veraltend): jmd., der debattiert

de|bat|tie|ren: eine Debatte führen, erörtern

De|bet, das; -s, -s: die linke Seite (Sollseite) eines Kontos

de|bil (Med. veraltet): in leichtem Grade geistig behindert

De|bi|li|tät, die; - (Med. veraltet): leichte Minderung der Intelligenz

De|bi|tor, der; -s, ...oren (meist Plural): Schuldner, der Waren auf Kredit bezogen hat

De|büt [de'by:], das; -s, -s: erstes [öffentliches] Auftreten (z. B. eines Künstlers, Sportlers)

D

D

De|bü|tant, der; -en, -en: erstmalig Auftretender; Anfänger
De|bü|tan|tin, die; -, -nen: 1. weibliche Form zu ↑Debütant. 2. junge Frau aus der Oberschicht, die in die Gesellschaft eingeführt wird
de|bü|tie|ren: zum ersten Mal [öffentlich] auftreten
De|cha|nat [dɛç...], **De|ka|nat,** das; -[e]s, -e: Amt eines ↑Dechanten (Dekans)
De|cha|nei, De|ka|nei, die; -, -en: Wohnung eines ↑Dechanten
De|chant [auch, österr. nur: 'dɛ..., dɛ'çant], der; -en, -en: höherer katholischer Geistlicher, Vorsteher eines Kirchenbezirks
de|chif|f|rie|ren [deʃɪ...]: entschlüsseln
De|chif|f|rie|rung, die; -, -en: Entschlüsselung
De|co|der [auch: dɪ'kɔʊ̯dɐ], der; -s, - (Technik): Einrichtung zum Entschlüsseln von Daten
de|co|die|ren, de|ko|die|ren: entschlüsseln
De|co|die|rung, De|ko|die|rung, die; -, -en: das Decodieren
de|cre|scen|do [dekrɛ'ʃɛndo] (Musik): allmählich leiser werdend (Abk.: decresc.)
De|cre|scen|do, das; -s, -s u. ...di (Musik): das Abnehmen, Schwächerwerden der Tonstärke
De|di|ka|ti|on, die; -, -en: 1. Widmung. 2. Schenkung
de|di|zie|ren: jmdm. etwas zueignen
De|duk|ti|on, die; -, -en (Philos.): Ableitung des Besonderen u. Einzelnen vom Allgemeinen
de|duk|tiv [auch: 'de:...]: das Besondere, den Einzelfall aus dem Allgemeinen ableitend
de|du|zie|ren: das Besondere, den Einzelfall aus dem Allgemeinen ableiten
De|es|ka|la|ti|on [auch: 'de:...], die; -, -en: stufenweise Verringerung od. Abschwächung eingesetzter [militärischer] Mittel
de|es|ka|lie|ren [auch: 'de:...]: die eingesetzten [militärischen] Mittel stufenweise verringern
de fac|to: tatsächlich [bestehend]
De|fai|tis|mus [...fɛ...] vgl. Defätismus
de|fä|kie|ren (Med.): Kot ausscheiden
De|fä|tis|mus, der; -: geistig-seelischer Zustand der Mutlosigkeit u. Resignation
De|fä|tist, der; -en, -en: jmd., der die eigene Sache für aussichtslos hält
De|fä|tis|tin, die; -, -nen: weibliche Form zu ↑Defätist
de|fä|tis|tisch: pessimistisch, ohne Hoffnung
De|fault [dɪ'fɔ:lt], das oder der; -s, -s (EDV): Voreinstellung, Standardeinstellung
de|fekt: schadhaft, fehlerhaft
De|fekt, der; -[e]s, -e: Schaden, Fehler
de|fen|siv [auch: 'de:...]: a) verteidigend, abwehrend; b) Risiken vermeidend
De|fen|si|ve, die; -, -n: Verteidigung, Abwehr
De|fi|b|ril|la|tor, der; -s, ...oren (Med.): Gerät, das [lebensbedrohliche] Herzrhythmusstörungen durch elektrische Impulse beseitigen kann
De|fi|lee, das; -s, -s (veraltet: ...leen): parademäßiger Vorbeimarsch, das Vorüberziehen an jmdm.
de|fi|lie|ren: parademäßig vorüberziehen
de|fi|nie|ren: den Inhalt eines Begriffs auseinanderlegen, feststellen
de|fi|nit: bestimmt
De|fi|ni|ti|on, die; -, -en: genaue Bestimmung [des Gegenstandes] eines Begriffes
de|fi|ni|tiv: endgültig
de|fi|ni|to|risch: a) die Definition betreffend; b) durch Definition festgelegt
De|fi|zit, das; -s, -e: 1. Fehlbetrag. 2. Mangel
de|fi|zi|tär: a) mit einem Defizit belastet; b) zu einem Defizit führend
De|fla|ti|on, die; -, -en (Wirtsch.): Verminderung des Geldumlaufs, um den Geldwert zu steigern u. die Preise zu senken
de|fla|ti|o|när: die Deflation betreffend
De|flek|tor, der; -s, ...oren: 1. (Technik) Saug-, Rauchkappe, Schornsteinaufsatz. 2. (Kernphysik) Vorrichtung im Beschleuniger zur Ablenkung geladener Teilchen aus ihrer Bahn
De|flo|ra|ti|on, die; -, -en (Med.): Zerstörung des ↑Hymens; Entjungferung
de|flo|rie|ren: das Hymen [beim ersten Geschlechtsverkehr] zerstören
De|for|ma|ti|on, die; -, -en: 1. Formänderung, Verformung. 2. (Med.) Verunstaltung, Fehlbildung
de|for|mie|ren: 1. verformen. 2. (den Körper) verunstalten, entstellen
De|for|mie|rung, die; -, -en: das Deformieren

De|frau|dạnt, der; -en, -en: jmd., der eine ↑Defraudation begeht

De|frau|da|ti|on, die; -, -en (veraltet): Betrug; Unterschlagung, Hinterziehung

de|ga|gie|ren […'ʒi:…]: von einer Verbindlichkeit befreien

De|ge|ne|ra|ti|on, die; -, -en: 1. (Biol., Med.) Verfall von Zellen, Geweben od. Organen. 2. (abwertend) vom Üblichen abweichende negative Entwicklung

de|ge|ne|ra|tiv: auf Degeneration beruhend, mit Degeneration zusammenhängend

de|ge|ne|rie|ren: 1. (Biol., Med.) verfallen, verkümmern. 2. vom Üblichen abweichend sich negativ entwickeln

de|gou|tạnt: ekelhaft, abstoßend

De|gra|da|ti|on, die; -, -en: das [Zurück]versetzen in eine niedere Position

de|gra|die|ren: a) in eine niedere Position [zurück]versetzen; b) herabwürdigen; erniedrigen

De|gra|die|rung, die; -, -en: 1. das Degradieren. 2. (Landwirtsch.) Veränderung eines guten Bodens zu einem schlechten (durch Auswaschung, Kahlschlag u. a.)

De|gres|si|on, die; -, -en: 1. (Wirtsch.) Verminderung der Stückkosten mit steigender Auflage. 2. (Steuerrecht) Verminderung des jährlichen Abschreibungsbetrages

de|gres|siv: abnehmend, sich stufenweise od. kontinuierlich vermindernd

De|gus|ta|ti|on, die; -, -en (bes. schweiz.): Prüfung; das Kosten von Lebensmitteln in Bezug auf Geruch u. Geschmack

de|gus|tie|ren (bes. schweiz.): Lebensmittel auf Geruch u. Geschmack prüfen, kosten

De|hors [de'o:ɐ̯s, de'o:ɐ̯], die (nur Plural): äußerer Schein, gesellschaftlicher Anstand; **die Dehors wahren:** den Schein wahren

De|hy|d|ra|ta|ti|on, die; -, -en: Entzug von Wasser, Trocknung (z. B. von Lebensmitteln)

De|hy|d|ra|ti|on, die; -, -en: Entzug von Wasserstoff

de|hy|d|rie|ren: einer chemischen Verbindung Wasserstoff entziehen

De|hy|d|rie|rung, die; -, -en: ↑Dehydration

De|in|dus|t|ri|a|li|sie|rung, die; -, -en: Rückgang der industriellen Produktion bei gleichzeitigem Zuwachs des Dienstleistungssektors

de ju|re: von Rechts wegen

De|ka|b|rịst, der; -en, -en: Teilnehmer an dem Offiziersaufstand für eine konstitutionelle Verfassung in Russland im Jahre 1825

De|ka|de, die; -, -n: Zeitraum von 10 Tagen, Wochen, Monaten od. Jahren

de|ka|dẹnt: infolge kultureller Überfeinerung ohne Kraft od. Widerstandsfähigkeit

De|ka|dẹnz, die; -: Verfall, sittlicher u. kultureller Niedergang

de|ka|disch: auf die Zahl 10 bezogen

De|ka|grạmm [auch: 'de:…], das; -s, -e (aber: 5 -): 10 g; vgl. Deka

De|ka|log, der; -s: die Zehn Gebote

De|ka|me|ter, der, früher fachspr. auch das; -s, -: 10 m (Zeichen: dam)

De|kan, der; -s, -e: 1. ↑Superintendent. 2. ↑Dechant. 3. Vorsteher einer Fakultät (1 a)

De|ka|nat, das; -[e]s, -e: 1. Amt, Bezirk eines Dekans. 2. Fakultätsverwaltung

De|ka|nin, die; -, -nen: weibliche Form zu ↑Dekan (1, 3)

de|kan|tie|ren: eine Flüssigkeit abklären, vom Bodensatz abgießen

De|k|ar, das; -s, -e, **De|k|a|re,** die; -, -n: 10 Ar

de|kar|tel|lie|ren, häufiger: **de|kar|tel|li|sie|ren:** Unternehmenszusammenschlüsse, ↑Kartelle auflösen, die eine Beschränkung des Wettbewerbs zum Ziel haben

De|ka|teur […'tø:ɐ̯], der; -s, -e: Fachmann, der dekatiert

de|ka|tie|ren: [Woll]stoffe mit Wasserdampf behandeln

De|ka|tie|rer, der; -s, -: ↑Dekateur

De|kla|ma|ti|on, die; -, -en: kunstgerechter Vortrag (z. B. einer Dichtung)

De|kla|ma|tor, der; -s, …oren: Vortragskünstler

De|kla|ma|to|rin, die; -, -nen: weibliche Form zu ↑Deklamator

de|kla|ma|to|risch: ausdrucksvoll im Vortrag (z. B. eines Textes)

de|kla|mie|ren: [kunstgerecht] vortragen

De|kla|ra|ti|on, die; -, -en: 1. Erklärung [die etwas Grundlegendes enthält]. 2. a) abzugebende Meldung gegenüber den Außenhandelsbehörden; b) Inhalts-, Wertangabe (z. B. bei einem Versandgut)

de|kla|ra|ti̲v: in Form einer Deklaration (1)

de|kla|ra|to̲|risch: a) ↑deklarativ; b) (Rechtswiss.) feststellend, bestätigend

de|kla|rie̲|ren: 1. eine Deklaration (2) abgeben. 2. als etwas bezeichnen

de|klas|sie̲|ren (Sport): einem Gegner eindeutig überlegen sein u. ihn überraschend hoch besiegen

De|kli|na|ti|o̲n, die; -, -en: 1. Beugung des Substantivs, Adjektivs, Pronomens und Numerales. 2. (Astron.) Winkelabstand eines Gestirns vom Himmelsäquator. 3. Abweichung der Magnetnadel [beim Kompass]

De|kli|na̲|tor, der; -s ...oren, **De|kli|na|to̲|ri|um,** das; -s, ...ien: Gerät zur Bestimmung [zeitlicher Änderungen] der Deklination (3)

de|kli|nie̲|ren: Substantive, Adjektive, Pronomen und Numeralia beugen

de|ko|die̲|ren usw. vgl. decodieren usw.

de|kolle|tie̲|ren: 1. mit einem Dekolleté versehen. 2. (ugs.) bloßstellen

de|kolle|tie̲rt: tief ausgeschnitten

De|ko|lo|ni|sa|ti|o̲n, die; -, -en: Entlassung einer ↑Kolonie (1) aus der Abhängigkeit vom Mutterland

de|ko|lo|ni|sie̲|ren: eine Kolonie (1) aus der Abhängigkeit vom Mutterland freigeben

De|kom|po|si|ti|o̲n, die; -, -en: Auflösung

De|kom|pres|si|o̲n, die; -, -en: 1. Druckabfall in einem technischen System. 2. [allmähliche] Druckentlastung für den Organismus nach längerem Aufenthalt in Überdruckräumen

de|kom|pri|mie̲|ren: den Druck von etwas verringern

De|kon|so|li|die̲|rung, die; -, -en (Wirtsch.): das Herausnehmen der Abschlusswerte eines Unternehmens aus einem Konzernabschluss (z. B. Schulden)

De|kon|s|t|ruk|ti|vịs|mus, der; -: neuere Richtung in der Architektur

De|kon|ta|mi|na|ti|o̲n, die; -: Entseuchung, Entgiftung (bes. eines durch atomare, biologische od. chemische Kampfstoffe verseuchten Objekts od. Gebiets)

de|kon|ta|mi|nie̲|ren: entgiften

De|kon|ta|mi|nie̲|rung, die; -, -en: Entgiftung

De|kon|zen|t|ra|ti|o̲n, die; -, -en: Zerstreuung, Zersplitterung, Auflösung, Verteilung

de|kon|zen|t|rie̲|ren: zerstreuen, verteilen

De|ko̲r, der, auch: das; -s, -s u. -e: farbige Verzierung, Ausschmückung, Vergoldung, Muster

De|ko|ra|teur [...ˈtøːɐ̯], der; -s, -e: Fachmann, der die Ausschmückung von Innenräumen, Schaufenstern usw. besorgt

De|ko|ra|teu|rin [...ˈtøːrɪn], die; -, -nen: weibliche Form zu ↑Dekorateur

De|ko|ra|ti|o̲n, die; -, -en: 1. (ohne Plural) das Ausschmücken, Ausgestalten. 2. Schmuck, Ausschmückung, Ausstattung, schmückende Dinge

de|ko|ra|ti̲v: schmückend, (als Schmuck) wirkungsvoll

de|ko|rie̲|ren: 1. ausschmücken, künstlerisch ausgestalten. 2. einen Orden verleihen

De|kort [deˈkoːɐ̯], der; -s, -s u. bei dt. Ausspr.: -e: 1. Abzug vom Rechnungsbetrag. 2. Preisnachlass [im Exportgeschäft]

De|ko̲|rum, das; -s (veraltet): Schicklichkeit

De|kre|mẹnt, das; -[e]s, -e: 1. Abnahme, Verminderung. 2. das Abklingen von Krankheitserscheinungen

De|kre̲t, das; -[e]s, -e: Beschluss, Verordnung, behördliche, richterliche Verfügung

de|kre|tie̲|ren: verordnen, anordnen

De|ku̲|bi|tus, De|cu̲|bi|tus, der; - (Med.): das Wundliegen; Druckbrand

De|ku|ma̲|ten|land, De|ku|ma̲t|land, das; -[e]s: vom ↑Limes (1) eingeschlossenes altrömisches Kolonialgebiet zwischen Rhein, Main und Neckar

De|ku̲|rie [...i̯ə], die; -, -n: Unterabteilung von zehn Mann in der altrömischen Reiterei

De|ku|vert [...ˈveːɐ̯], das; -s, -s (Börsenw.): Verkauf von Wertpapieren, die der Verkäufer noch gar nicht besitzt; Leerverkauf

de|ku|v|rie̲|ren: entlarven

De|le|ga̲t, der; -en, -en: Bevollmächtigter

De|le|ga|ti|o̲n, die; -, -en: 1. Abordnung von Bevollmächtigten, die meist zu [politischen] Tagungen, zu Konferenzen usw. entsandt wird. 2. (Rechtsspr., Wirtsch.) Übertragung von Zuständigkeiten, Befugnissen

de|le|gie|ren: 1. abordnen. 2. (Rechtswiss.) Zuständigkeiten, Befugnisse übertragen
De|le|gie|rung, die; -, -en: Delegation (2)
de|le|gi|ti|mie|ren: einer Person od. Sache die Legitimation absprechen
De|le|gi|ti|mie|rung, die; -, -en: das Absprechen der Legitimation
de|lek|tie|ren: ergötzen
[1]**Del|fin, Del|phin,** der; -s, -e: eine Walart
[2]**Del|fin, Del|phin,** das; -s: Delfinschwimmen (spezieller Schwimmstil)
Del|fi|na|ri|um, Del|phi|na|ri|um, das; -s, ...ien: Anlage mit großem Wasserbecken, in dem Delfine gehalten u. vorgeführt werden
De|li|cious [dɪˈlɪʃəs], **De|li|ci|us,** der; -, -: Kurzform von ↑Golden Delicious
de|li|kat: 1. besonders fein, wohlschmeckend. 2. heikel, bedenklich
De|li|ka|tes|se, die; -, -n: 1. Leckerbissen; Feinkost. 2. (ohne Plural) Zartgefühl
De|likt, das; -[e]s, -e: Straftat
de|lin|quent: straffällig, verbrecherisch
De|lin|quent, der; -en, -en: jmd., der straffällig geworden ist
De|lin|quenz, die; -: Straffälligkeit
de|li|rie|ren (Med.): irre sein, irrereden
De|li|ri|um, das; -s, ...ien: Bewusstseinstrübung (Verwirrtheit)
De|li|ri|um tre|mens, das; - - (Med.): durch Alkoholentzug (bei Trinkern) ausgelöste Psychose
de|li|zi|ös: sehr schmackhaft
del|phisch: doppelsinnig, rätselhaft [dunkel]
[1]**Del|ta,** das; -[s], -s: vierter Buchstabe des gr. Alphabets (Δ, δ)
[2]**Del|ta,** das; -s, -s u. ...ten: fächerförmiges, mehrarmiges Mündungsgebiet eines Flusses
Del|ta|strah|len, δ-Strah|len, die (nur Plural): beim Durchgang radioaktiver Strahlung durch Materie freigesetzte Elektronenstrahlen
Del|to|id, das; -[e]s, -e: Drachenviereck
De|m|a|go|ge, der; -n, -n (oft abwertend): jmd., der andere politisch aufhetzt, durch leidenschaftliche Reden verführt
De|m|a|go|gie, die; - (abwertend): Volksaufwiegelung, Volksverführung, politische Hetze
de|m|a|go|gisch (abwertend): aufwiegelnd, hetzerisch, Hetzpropaganda treibend
De|mant [auch: ...ˈmant], der; -[e]s, -e (dichter.): Diamant
De|mar|che [deˈmarʃ(ə)], die; -, -n: [mündlich] vorgetragener diplomatischer Einspruch
De|mar|ka|ti|on, die; -, -en: Abgrenzung
De|mar|ka|ti|ons|li|nie, die; -, -n: zwischen Staaten vereinbarte vorläufige Grenzlinie
de|mas|kie|ren: 1. die Maske abnehmen. 2. jmdn. entlarven (z. B. in Bezug auf dessen schlechte Absichten)
de|ment (Med.): an Demenz leidend
De|men|ti, das; -s, -s: offizielle Berichtigung od. Widerruf einer Behauptung od. Nachricht
de|men|tie|ren: eine Behauptung od. Nachricht offiziell berichtigen od. widerrufen
De|menz, die; -, -en (Med.): auf organischen Hirnschädigungen beruhender Intelligenzdefekt
de|mi|li|ta|ri|sie|ren: entmilitarisieren
De|mi|mon|de [dəmiˈmõ:d(ə)], die; -: Halbwelt
De|mis|si|on, die; -, -en: Rücktritt eines Ministers od. einer Regierung
De|mis|si|o|när, der; -s, -e (schweiz.): entlassener, verabschiedeter Beamter
de|mis|si|o|nie|ren: a) von einem Amt zurücktreten, seine Entlassung einreichen (von Ministern od. Regierungen); b) (schweiz.) kündigen
De|mi|urg, der; -en u. -s: Weltbaumeister, Weltenschöpfer (bei Platon u. in der ↑Gnosis)
De|mo|bi|li|sa|ti|on, die; -, -en: Rückführung des Kriegsheeres auf den Friedensstand
de|mo|bi|li|sie|ren: aus dem Kriegszustand in Friedensverhältnisse überführen
De|mo|bi|li|sie|rung, die; -, -en: das Demobilisieren
De|mo|du|la|tor, der; -s, ...oren: Bauteil in einem Empfänger, der die Demodulation bewirkt; Gleichrichter
De|mo|graf, De|mo|graph, der; -en, -en: jmd., der berufsmäßig Demografie betreibt
De|mo|gra|fie, De|mo|gra|phie, die; -, ...ien: Beschreibung der wirtschafts- u. sozialpolitischen Bevölkerungsbewegung

D

De|mo|gra|fin, De|mo|gra|phin, die; -, -nen: weibliche Form zu ↑Demograf

de|mo|gra|fisch, de|mo|gra|phisch: die Demografie betreffend

De|moi|selle [demo̯a'zɛl, də...], die; -, -n (veraltet): junges Mädchen; Fräulein

De|mo|krat, der; -en, -en: Vertreter demokratischer Grundsätze; Mensch mit demokratischer Gesinnung; jmd., der den Willen der Mehrheit respektiert

De|mo|kra|tie, die; -, ...ien: 1. (ohne Plural) politisches Prinzip, nach dem das Volk durch freie Wahlen an der Machtausübung im Staat teilhat. 2. Staat mit demokratischer Verfassung, demokratisch regiertes Volkswesen. 3. (ohne Plural) Prinzip der freien u. gleichberechtigten Willensbildung u. Mitbestimmung in gesellschaftlichen Gruppen

De|mo|kra|tin, die; -, -nen: weibliche Form zu ↑Demokrat

de|mo|kra|tisch: nach den Prinzipien der Demokratie aufgebaut, verfahrend; nach Demokratie strebend

de|mo|kra|ti|sie|ren: demokratische Prinzipien einführen u. anwenden

De|mo|kra|ti|sie|rung, die; -, -en: das Demokratisieren

de|mo|lie|ren: 1. gewaltsam, mutwillig zerstören. 2. (österr.) abreißen

De|mo|lie|rung, die; -, -en: das Demolieren, das Demoliertwerden

De|mons|t|rant, der; -en, -en: Teilnehmer an einer Demonstration (1)

De|mons|t|ran|tin, die; -, -nen: weibliche Form zu ↑Demonstrant

De|mons|t|ra|ti|on, die; -, -en: 1. Massenprotest, Massenkundgebung. 2. Vorführung im Unterricht od. bei Veranstaltungen

de|mons|t|ra|tiv: 1. betont auffällig. 2. anschaulich, verdeutlichend, aufschlussreich. 3. (Sprachwiss.) hinweisend

De|mons|t|ra|tiv, das; -s, -e: hinweisendes Fürwort; ↑Demonstrativpronomen

De|mons|t|ra|tiv|pro|no|men, das; -s, - u. ...mina: hinweisendes Fürwort (z. B. *dieser, jener*)

De|mons|t|ra|tor, der; -s, ...oren: Beweisführer, Vorführer

de|mons|t|rie|ren: 1. an einer Demonstration (1) teilnehmen. 2. in anschaulicher Form darlegen, vorführen

De|mon|ta|ge [...'ta:ʒə], die; -, -n: Abbau, Abbruch, Zerlegung; das Auseinandernehmen

de|mon|tie|ren: abbauen, zerlegen

De|mo|ra|li|sa|ti|on, die; -, -en: 1. das Demoralisieren. 2. das Demoralisiertsein

de|mo|ra|li|sie|ren: a) jmds. Moral untergraben; b) jmds. Kampfgeist untergraben, jmdn. entmutigen

De|mo|ra|li|sie|rung, die; -, -en: ↑Demoralisation; das Demoralisieren

De|mos, der; -, Demen: 1. Gebiet u. Volksgemeinde eines altgriechischen Stadtstaates. 2. in Griechenland Bezeichnung für den kleinsten staatlichen Verwaltungsbezirk

De|mo|s|kop, der; -en, -en: Meinungsforscher

De|mo|s|ko|pie, die; -, ...ien: Meinungsumfrage, -forschung

De|mo|s|ko|pin, die; -, -nen: weibliche Form zu ↑Demoskop

de|mo|s|ko|pisch: auf Meinungsumfragen bezogen

De|mo|ti|va|ti|on, die; -, -en: das Demotivieren

de|mo|ti|vie|ren: jmds. Interesse an etwas schwächen

De|nar, der; -s, -e: altrömische Silbermünze

de|na|tu|rie|ren: Stoffe durch Zusätze so verändern, dass sie ihre ursprünglichen Eigenschaften verlieren

Den|d|rit [auch: ...'drɪt], der; -en, -en (Geol.): moos-, strauch- od. baumförmige Eisen- u. Manganabsätze auf Gesteinsflächen

den|d|ri|tisch: verzweigt, verästelt

Den|d|ro|chro|no|lo|gie, die; -, ...ien: Jahresringforschung; Verfahren zur Bestimmung des Alters vorgeschichtlicher Funde mithilfe der Jahresringe mitgefundener Holzreste

den|d|ro|chro|no|lo|gisch: die Dendrochronologie betreffend

Den|gue|fie|ber ['dɛŋge...], das; -s (Med.): schnell u. heftig verlaufende Infektionskrankheit in den Tropen u. Subtropen

De|nim®, der od. das; -[s]: blauer Jeansstoff

De|no|mi|na|tiv, das; -s, -e, **De|no|mi|na|ti-**

vum, das; -s, ...va: Ableitung von einem Substantiv od. Adjektiv (z. B. *tröstlich* von *Trost, bangen* von *bang*); vgl. Nomen

De|no|tat, das; -s, -e (Sprachwiss.): 1. vom Sprecher bezeichneter Gegenstand od. Sachverhalt in der außersprachlichen Wirklichkeit. 2. begrifflicher Inhalt eines sprachlichen Zeichens im Gegensatz zu den emotionalen Nebenbedeutungen

De|no|ta|ti|on, die; -, -en (Logik): Inhaltsangabe eines Begriffs

de|no|ta|tiv (Sprachwiss.): nur den begrifflichen Inhalt eines sprachlichen Zeichens betreffend

Dens, der; -, Dentes ['dɛnte:s] (Med.): Zahn

den|tal: 1. (Med.) die Zähne betreffend, zu ihnen gehörend. 2. (Sprachwiss.) mithilfe der Zähne gebildet (von Lauten)

Den|tal, der; -s, -e: Zahnlaut (z. B. d, l)

Den|tist, der; -en, -en: a) Zahnarzt; b) (früher) Zahnarzt ohne Hochschulprüfung

Den|tis|tin, die; -, -nen: weibliche Form zu ↑Dentist

De|nu|da|ti|on, die; -, -en (Geol.): flächenhafte Abtragung der Erdoberfläche durch Wasser, Wind u. a.

De|nun|zi|ant, der; -en, -en: jmd., der einen anderen denunziert

De|nun|zi|an|tin, die; -, -nen: weibliche Form zu ↑Denunziant

De|nun|zi|a|ti|on, die; -, -en: Anzeige durch einen Denunzianten

de|nun|zi|a|to|risch: einer Denunziation gleichkommend

de|nun|zie|ren: a) (abwertend) [aus persönlichen, niedrigen Beweggründen] anzeigen; b) als negativ hinstellen, brandmarken

Deo, das; -s, -s: kurz für: ↑Deodorant

De|o|do|rant, das; -s, -s u. -e: kosmetisches Mittel gegen Körpergeruch

De|o|do|rant|spray, der od. das; -s, -s: ↑Spray mit desodorierender Wirkung

Deo|spray, der od. das; -s, -s: kurz für: ↑Deodorantspray

De|par|te|ment [depart(ə)'mã:, schweiz. auch: ...tə'mɛnt], das; -s, -s u. (schweiz.) -e: 1. Verwaltungsbezirk (in Frankreich). 2. (schweiz.) Ministerium (beim Bund und in einigen Kantonen der Schweiz). 3. (schweiz.) Verwaltungsabteilung

De|part|ment [dɪ'pɑ:tmənt], das; -s, -s: 1. Ministerium in den USA. 2. Fachbereich (an amerikanischen u. britischen Universitäten)

De|pen|dance, schweiz. meist: **Dé|pen|dance** [depã'dã:s], die; -, -n: 1. Niederlassung, Zweigstelle. 2. Nebengebäude [eines Hotels]

De|pe|sche, die; -, -n: Telegramm

de|pla|ciert [depla'si:ɐ̯t] (veraltet): ↑deplatziert

de|plat|ziert: fehl am Platz, unangebracht

De|po|la|ri|sa|ti|on, die; -, -en (Physik): Aufhebung der Polarisation

de|po|la|ri|sie|ren: eine Depolarisation vornehmen

De|po|nens, das; -, ...nentia u. ...nenzien: lateinisches Verb mit passivischen Formen u. aktivischer Bedeutung

De|po|nent, der; -en, -en: jmd., der etwas hinterlegt, in Verwahrung gibt

De|po|nen|tin, die; -, -nen: weibliche Form zu ↑Deponent

De|po|nie, die; -, ...ien: Müllabladeplatz

de|po|nie|ren: niederlegen, hinterlegen

De|po|nie|rung, die; -, -en: Speicherung, Lagerung

De|por|ta|ti|on, die; -, -en: Zwangsverschickung, Verschleppung, Verbannung

de|por|tie|ren: [Verbrecher od. politische Gegner od. ganze Volksgruppen] zwangsweise verschicken, verschleppen, verbannen

De|po|si|ten: *Plural* von ↑Depositum

De|po|si|ti|on, die; -, -en (Rechtsspr.): Hinterlegung

De|po|si|tum, das; -s, ...siten: 1. etwas, was hinterlegt, in Verwahrung gegeben worden ist. 2. (nur Plural) Gelder, die als kurz- od. mittelfristige Geldanlage bei einem Kreditinstitut gegen Verzinsung eingelegt werden

De|pot [de'po:], das; -s, -s: 1. a) Aufbewahrungsort für Sachen; b) Abteilung einer Bank, in der Wertsachen und -schriften verwahrt werden; c) aufbewahrte Gegenstände. 2. (Gastron.) Bodensatz in Getränken, bes. im Rotwein. 3. Sammelstelle für Omnibusse od. Schienenfahrzeuge

De|pot|be|hand|lung, die; -, -en (Med.): Ein-

D

spritzung von Medikamenten in schwer löslicher Form zur Erzielung länger anhaltender Wirkungen

De|pres|si|on, die; -, -en: 1. psychische Störung, die sich bes. in Niedergeschlagenheit, trauriger Stimmung äußert. 2. (Wirtsch.) Niedergangsphase im Konjunkturverlauf

de|pres|siv: 1. (Med., Psychol.) an einer Depression (1) leidend. 2. (Wirtsch.) durch einen Konjunkturrückgang bestimmt

De|pres|si|vi|tät, die; -: Zustand der Niedergeschlagenheit

de|pri|mie|ren: niederdrücken, entmutigen

De|pri|va|ti|on, die; -, -en (Psychol.): Mangel, Verlust, Entzug von etwas Erwünschtem

De|pu|tant, der; -en, -en: jmd., der auf ein Deputat Anspruch hat

De|pu|tan|tin, die; -, -nen: weibliche Form zu ↑Deputant

De|pu|tat, das; -[e]s, -e: 1. zum Gehalt od. Lohn gehörende Sachleistungen. 2. Anzahl der Pflichtstunden, die eine Lehrkraft zu geben hat

De|pu|ta|ti|on, die; -, -en: Abordnung, die im Auftrag einer Versammlung Wünsche od. Forderungen überbringt

de|ran|gie|ren [...'ʒiː...] (veraltet): stören, verwirren

Der|by ['dɛrbi], das; -s, -s: 1. Pferderennen. 2. bedeutendes sportliches Spiel von besonderem Interesse (z. B. Lokalderby)

de|re|fe|ren|zie|ren (EDV): (in der Programmierung) einem Zeiger folgen, um über dessen Adresse gezielt auf Informationen im Speicher zuzugreifen

de|re|gu|lie|ren: regelnde Maßnahmen aufheben

De|re|gu|lie|rung, die; -, -en: das Deregulieren

De|ri|vat, das; -[e]s, -e: 1. (Sprachwiss.) abgeleitetes Wort (z. B. *Schönheit* von *schön*). 2. (Chemie) Verbindung, die aus einer anderen entstanden ist. 3. finanzwirtschaftliche Vertragsform, die auf einen künftigen Kauf od. Verkauf abzielt

De|ri|va|ti|on, die; -, -en (Sprachwiss.): Bildung neuer Wörter aus einem Ursprungswort; Ableitung

de|ri|va|tiv (Sprachwiss.): durch Ableitung entstanden

der|mal (Med.): die Haut betreffend, von ihr stammend, an ihr gelegen

Der|ma|ti|tis, die; -, ...itiden (Med.): Hautentzündung

Der|ma|to|lo|ge, der; -n, -n (Med.): Hautarzt

Der|ma|to|lo|gie, die; - (Med.): Lehre von den Hautkrankheiten

Der|ma|to|lo|gin, die; -, -nen: weibliche Form zu ↑Dermatologe

der|ma|to|lo|gisch (Med.): die Dermatologie betreffend

Der|ma|to|plas|tik, die; -, -en (Med.): Ersatz von kranker od. verletzter Haut durch Hauttransplantation

Der|mo|gra|fie, Der|mo|gra|phie, die; -, ...ien (Med.): ausgeprägte Hautreizbarkeit nach Manipulation

Der|ni|er Cri [dɛrnje'kriː], der; - -, -s -s [...nje:'kriː]: neueste Mode

de|ro|ga|tiv, de|ro|ga|to|risch: aufhebend, beschränkend

Der|wisch, der; -[e]s, -e: Mitglied eines islamischen religiösen Ordens, zu dessen Riten Musik u. rhythmische Tänze gehören

des|ak|ti|vie|ren (Chemie): in einen nicht aktiven Zustand versetzen

De|sas|ter, das; -s, -: Unheil; Zusammenbruch

de|sas|t|rös: verhängnisvoll; verheerend

de|s|a|vou|ie|ren [dɛsʔavu'iːrən, deza...]: im Stich lassen, bloßstellen

De|s|a|vou|ie|rung, die; -, -en: Bloßstellung, Brüskierung

De|sen|si|bi|li|sa|ti|on, De|sen|si|bi|li|sie|rung, die; -, -en (Med.): Schwächung od. Aufhebung der allergischen Reaktionsbereitschaft eines Organismus durch stufenweise gesteigerte Zufuhr des anfallauslösenden Allergens

de|sen|si|bi|li|sie|ren (Med.): unempfindlich machen

De|ser|teur [dezɛr'tøːɐ̯], der; -s, -e: Fahnenflüchtiger, Überläufer

De|ser|teu|rin [...'tøːrin], die; -, -nen: weibliche Form zu ↑Deserteur

de|ser|tie|ren: fahnenflüchtig werden

De|ser|ti|on, die; -, -en: Fahnenflucht

De|si|de|rat, das; -s, ...ta: etw., was fehlt, was nötig gebraucht wird
De|sign [di'zaɪ̯n], das; -s, -s: formgerechte u. funktionale Gestaltgebung
de|si|g|nen [di'zaɪ̯nən]: das Design von Gebrauchs- und Verbrauchsgütern entwerfen
De|si|g|ner [di'zaɪ̯nɐ], der; -s, -: Formgestalter für Gebrauchs- u. Verbrauchsgüter
De|si|g|ner|dro|ge, die; -, -n: synthetisch hergestelltes, neuartiges Rauschmittel
De|si|g|ner|food [...fu:d], das; -[s], -s: für bestimmte Konsumenten speziell entwickelte [neue] Nahrungsmittel
De|si|g|ne|rin [di'zaɪ̯nə...], die; -, -nen: weibliche Form zu ↑Designer
De|si|g|ner|mo|de: von Modedesignern entworfene Kleidung
de|si|g|nie|ren: bestimmen, bezeichnen; für ein [noch nicht besetztes] Amt vorsehen
Des|il|lu|si|on, die; -, -en: Enttäuschung, Ernüchterung
des|il|lu|si|o|nie|ren: enttäuschen, ernüchtern
Des|in|fek|ti|on, die; -, -en: Abtötung von Erregern ansteckender Krankheiten
des|in|fi|zie|ren: keimfrei machen
Des|in|fi|zie|rung, die; -, -en: ↑Desinfektion
Des|in|for|ma|ti|on, die; -, -en: bewusst falsche Information
Des|in|te|g|ra|ti|on, die; -, -en: Spaltung, Auflösung eines Ganzen in seine Teile
Des|in|te|g|ra|tor, der; -s, ...oren: Maschine, die nicht faserige Materialien zerkleinert
Des|in|te|g|rie|rung, die; -, -en: ↑Desintegration
Des|in|te|r|es|se, das; -s: Unbeteiligtsein, innere Unbeteiligtheit, Gleichgültigkeit
des|in|te|r|es|siert: uninteressiert
Des|in|ves|ti|ti|on, die; -, -en: Verringerung des Bestandes an Gütern für späteren Bedarf
De|skrip|ti|on, die; -, -en: Beschreibung
de|skrip|tiv: beschreibend
Desk|top-Pu|b|li|shing, Desk|top|pu|b|lishing [...pablɪʃɪŋ], das; -[s] (EDV): Erstellung von Satz u. Layout mithilfe eines PC
de|s|o|do|rie|ren: schlechten, unangenehmen [Körper]geruch beseitigen od. überdecken
de|so|lat: trostlos, traurig
Des|or|ga|ni|sa|ti|on, die; -, -en: 1. Auflösung, Zerrüttung. 2. fehlende, mangelhafte Planung; Unordnung
des|or|ga|ni|sie|ren: etwas zerstören, zerrütten, auflösen
Des|ori|en|tie|rung, die; - (Med.): kognitive Leistungsschwäche des Gehirns
Des|oxi|da|ti|on, Des|oxy|da|ti|on, die; -, -en: Entzug von Sauerstoff aus einer chem. Verbindung
des|oxi|die|ren, des|oxy|die|ren: einer chem. Verbindung Sauerstoff entziehen
Des|oxy|ri|bo|nu|k|le|in|säu|re, die; - (Biochemie): Träger der Erbinformation (Abk.: DNA, DNS)
de|s|pek|tier|lich: geringschätzig, abschätzig
De|s|pe|ra|do, der; -s, -s: 1. zu jeder Verzweiflungstat entschlossener politischer Abenteurer. 2. Bandit (bes. im Wilden Westen Amerikas)
de|s|pe|rat: verzweifelt, hoffnungslos
Des|pot, der; -en, -en: 1. Gewaltherrscher. 2. herrischer Mensch, Tyrann
Des|po|tie, die; -, ...ien: Gewalt-, Willkürherrschaft
Des|po|tin, die; -, -nen: weibliche Form zu ↑Despot
des|po|tisch: 1. rücksichtslos, herrisch. 2. willkürlich, tyrannisch
Des|po|tis|mus, der; -: System der Gewaltherrschaft
Des|sert [dɛ'se:ɐ̯, dɛ'sɛ:ɐ̯, auch: dɛ'sɛrt], das; -s, -s: Nachtisch, Nachspeise
Des|sert|wein, der; -[e]s, -e: Wein mit hohem Alkohol- u. Zuckergehalt; Süßwein, Südwein
Des|sin [dɛ'sɛ̃:], das; -s, -s: Plan, Zeichnung, [Web]muster
Des|si|na|teur [dɛsina'tø:ɐ̯], der; -s, -e: Musterzeichner [im Textilgewerbe]; vgl. Designer
Des|si|na|teu|rin [...'tø:ɐ̯rɪn], die; -, -nen: weibliche Form zu ↑Dessinateur
Des|sous [dɛ'su:], das; - [dɛ'su:(s)], - [dɛ'su:s] (meist Plural): Damenunterwäsche
de|sta|bi|li|sie|ren: instabil machen, der Stabilität berauben
De|sta|bi|li|sie|rung, die; -, -en: das Destabilisieren; das Destabilisiertwerden
De|s|til|lat, das; -[e]s, -e: Produkt einer ↑Destillation (1)

D

D

De|s|til|la|teur [...ˈtøːɐ̯], der; -s, -e: Branntweinbrenner
De|s|til|la|teu|rin [...ˈtøːrɪn], die; -, -nen: weibliche Form zu ↑Destillateur
De|s|til|la|ti|on, die; -, -en: 1. Reinigung u. Trennung meist flüssiger Stoffe durch Verdampfung u. anschließende Wiederverflüssigung. 2. Branntweinbrennerei
De|s|til|le, die; -, -n (ugs.): 1. [kleinere] Gastwirtschaft, in der Branntwein ausgeschenkt wird. 2. Brennerei, die Branntwein herstellt
de|s|til|lie|ren: eine Destillation (1) durchführen
De|s|ti|na|tar, De|s|ti|na|tär, der; -s, -e: Empfänger von Frachten, bes. im Seefrachtverkehr
De|s|ti|na|ti|on, die; -, -en: Bestimmung, Endzweck; Reiseziel
de|s|t|ru|ie|ren: zerstören
De|s|t|ruk|ti|on, die; -, -en: Zerstörung
de|s|t|ruk|tiv: zersetzend, zerstörend
De|s|t|ruk|ti|vi|tät, die; -: das Destruktivsein, destruktive Art, Anlage
de|s|zen|dent: 1. absteigend, absinkend. 2. nach unten sinkend
De|s|zen|denz, die; -, -en: 1. (ohne Plural) Nachkommenschaft; Verwandtschaft in absteigender Linie. 2. Untergang eines Gestirns
De|s|zen|denz|the|o|rie, die; -, -n: Abstammungstheorie, nach der die höheren Lebewesen aus niederen hervorgegangen sind
De|ta|che|ment [detaʃ(ə)ˈmãː, schweiz. auch: ...ˈmɛnt], das; -s, -s u. schweiz. -e (Militär veraltet): für besondere Aufgaben abkommandierte Truppenabteilung
De|tail [deˈtaɪ̯, auch: deˈtaːj], das; -s, -s: Einzelheit, Einzelteil, Einzelding
De|tail|han|del, der; -s (schweiz., sonst veraltet): Klein-, Einzelhandel
de|tail|lie|ren [...ˈjiː...]: 1. im Einzelnen darlegen. 2. eine Ware in kleinen Mengen verkaufen
De|tail|list [detaɪ̯ˈlɪst, auch: ...ˈjɪst], der; -en, -en (schweiz., sonst veraltet): Einzelhandelsunternehmer
De|tail|lis|tin, die; -, -nen: weibliche Form zu ↑Detaillist
De|tek|tei, die; -, -en: Detektivbüro, Ermittlungsbüro
de|tek|tie|ren (Fachspr.): erkennen, feststellen
De|tek|tiv, der; -s, -e: 1. Privatperson [mit polizeilicher Lizenz], die berufsmäßig Ermittlungen aller Art anstellt. 2. Geheimpolizist, Ermittlungsbeamter
De|tek|ti|vin, die; -, -nen: weibliche Form zu ↑Detektiv
de|tek|ti|visch: in der Art eines Detektivs, einem Detektiv eigen
De|tek|tor, der; -s, ...oren: 1. Gerät zum Aufspüren von Stoffen oder Vorgängen. 2. (Funkw.) Hochfrequenzgleichrichter, ↑Demodulator
De|ter|gens, das; -, ...gentia u. ...genzien (meist Plural): 1. (Med.) reinigendes, desinfizierendes Mittel. 2. seifenfreies, hautschonendes Wasch-, Reinigungs- u. Spülmittel
De|te|ri|o|ra|ti|on, die; -, -en (Rechtswiss.): Wertminderung einer Sache
De|ter|mi|nan|te, die; -, -n: 1. bestimmender Faktor. 2. Rechenausdruck in der Algebra zur Lösung eines Gleichungssystems. 3. Faktor der Keimentwicklung, der für die Vererbung und Entwicklung bestimmend ist
De|ter|mi|na|ti|on, die; -, -en: Bestimmung, Zuordnung
de|ter|mi|nie|ren: bestimmen; entscheiden
De|ter|mi|niert|heit, die; - (Philos.): Bestimmtheit, Abhängigkeit des (unfreien) Willens von inneren od. äußeren Ursachen
De|ter|mi|nis|mus, der; -: 1. Lehre von der kausalen [Vor]bestimmtheit allen Geschehens. 2. (Ethik) die der Willensfreiheit widersprechende Lehre von der Bestimmung des Willens durch innere od. äußere Ursachen
de|ter|mi|nis|tisch: den Determinismus betreffend; [Willens]freiheit verneinend
¹**De|to|na|ti|on**, die; -, -en: stoßartig erfolgende Reaktion von explosiven Gas- bzw. Dampfgemischen od. brisanten Sprengstoffen mit starker Gasentwicklung
²**De|to|na|ti|on**, die; -, -en (Musik): unreines Singen od. Spielen
De|to|na|tor, der; -s, ...oren: Hilfsmittel zur Übertragung der Zündung vom Zündmittel auf die Sprengladung eines Geschosses

¹de|to|nie|ren: knallen, explodieren
²de|to|nie|ren (Musik): unrein singen od. spielen
De|t|ri|tus, der; - (Geol.): zerriebenes Gesteinsmaterial, Gesteinsschutt
det|to (bayr., österr.): dito
De|us ex Ma|chi|na [- - 'maxina], der; - - -: unerwarteter Helfer aus einer Notlage
Deu|te|r|a|go|nist, der; -en, -en: zweiter Schauspieler auf der altgriechischen Bühne
Deu|te|ri|um, das; -s: schwerer Wasserstoff, Wasserstoffisotop (Zeichen: D); vgl. Isotop
Deu|te|ron, das; -s, ...onen: aus einem ↑Proton u. einem ↑Neutron bestehender Atomkern des Deuteriums (Abk.: d)
Deu|te|ro|no|mi|um, das; -s: das 5. Buch Mose
Deux|pi|èces, Deux-Pi|èces [dø'pjɛ:s], das; -, -: zweiteiliges Kleid
de|val|vie|ren: [eine Währung] abwerten
De|vas|ta|ti|on, die; -, -en: Verwüstung, Verheerung
De|ves|ti|ti|on, die; -, -en: Desinvestition
de|vi|ant (Soziol.): von der Norm sozialen Verhaltens, vom Üblichen abweichend
De|vi|a|ti|on, die; -, -en: Abweichung
De|vi|a|ti|o|nist, der; -en, -en: Abweichler
De|vi|se, die; -, -n: 1. Wahl-, Leitspruch. 2. (meist Plural) a) im Ausland zahlbare Zahlungsanweisung in fremder Währung; b) ausländisches Zahlungsmittel
De|von, das; -[s] (Geol.): eine Formation des ↑Paläozoikums
de|vot: 1. unterwürfig, ein übertriebenes Maß an Ergebenheit zeigend. 2. (veraltet) demütig
De|vo|ti|on, die; -, -en: 1. Andacht. 2. Unterwürfigkeit
Dex|t|rin, das; -s, -e: 1. Stärkegummi, Klebemittel. 2. (Med., Chemie) ein wasserlösliches Abbauprodukt der Stärke
dex|t|ro|gyr (Physik, Chemie): die Ebene ↑polarisierten (2 b) Lichts nach rechts drehend (Zeichen: d)
De|zem|ber, der; -[s], -: zwölfter Monat im Jahr (Abk.: Dez.)
De|zen|ni|um, das; -s, ...ien: Jahrzehnt, Zeitraum von 10 Jahren
de|zent: a) vornehm-zurückhaltend, taktvoll, feinfühlig; b) unaufdringlich
de|zen|t|ral: vom Mittelpunkt entfernt
De|zen|t|ra|li|sa|ti|on, die; -, -en: Übertragung von Funktionen u. Aufgaben auf verschiedene [untergeordnete] Stellen
de|zen|t|ra|li|sie|ren: eine Dezentralisation durchführen
De|zen|t|ra|li|sie|rung, die; -, -en: Dezentralisation
De|zenz, die; -: 1. vornehme Zurückhaltung; Unaufdringlichkeit. 2. unauffällige Eleganz
De|zer|nat, das; -[e]s, -e: Geschäftsbereich eines Dezernenten
De|zer|nent, der; -en, -en: Sachbearbeiter mit Entscheidungsbefugnis bei Behörden u. Verwaltungen; Leiter eines Dezernats
De|zer|nen|tin, die; -, -nen: weibliche Form zu ↑Dezernent
De|zi|bel, das; -s, -: der 10. Teil des Bel (Zeichen: dB); vgl. Bel
de|zi|die|ren: entscheiden
de|zi|diert: entschieden, bestimmt, energisch
De|zi|gramm, das; -s, -e (aber: 5 -): $^1/_{10}$ Gramm (Zeichen: dg)
De|zi|li|ter, der (auch: das); -s, -: $^1/_{10}$ Liter (Zeichen: dl)
de|zi|mal: auf die Grundzahl 10 bezogen
De|zi|mal|sys|tem, das; -s: auf die Zahl 10 bezogenes System
De|zi|me, die; -, -n (Musik): Intervall (2) von zehn diatonischen Stufen
De|zi|me|ter, der, früher fachspr. auch das; -s, -: $^1/_{10}$ Meter (Zeichen: dm)
de|zi|mie|ren: 1. in seinem Bestand stark vermindern. 2. (Geschichte) jeden zehnten Mann mit dem Tod bestrafen
De|zi|mie|rung, die; -, -en: das Dezimieren
Di|a|be|tes, der; - (Med.): Kurzform von ↑Diabetes mellitus
Di|a|be|tes mel|li|tus, der; - - (Med.): Zuckerkrankheit
Di|a|be|ti|ker, der; -s, -: jmd., der an Diabetes erkrankt ist
Di|a|be|ti|ke|rin, die; -, -nen: weibliche Form zu ↑Diabetiker
di|a|be|tisch (Med.): zuckerkrank

D

di|a|bo|lisch: teuflisch

Di|a|bo|lo, das; -s, -s: ein Geschicklichkeitsspiel mit einem Doppelkreisel

dia|chron [...'kro:n] (Sprachwiss.): geschichtlich, entwicklungsmäßig betrachtet

Di|a|dem, das; -s, -e: Stirn- od. Kopfreif aus Edelmetall

Di|a|do|che, der; -n, -n: 1. Nachfolger Alexanders des Großen. 2. um den Vorrang streitende Nachfolger einer bedeutenden, einflussreichen Persönlichkeit

Di|a|g|no|se, die; -, -n: aufgrund genauerer Beobachtungen, Untersuchungen abgegebene Feststellung, Beurteilung über den Zustand, die Beschaffenheit von etwas (z. B. von einer Krankheit)

Di|a|g|nos|tik, die; -, -en (Med., Psychol.): Fähigkeit u. Lehre, Krankheiten zu erkennen

Di|a|g|nos|ti|ker, der; -s, -: jmd., der eine Diagnose stellt

Di|a|g|nos|ti|ke|rin, die; -, -nen: weibliche Form zu ↑Diagnostiker

di|a|g|nos|tisch: die Diagnose betreffend

di|a|g|nos|ti|zie|ren: feststellen

dia|go|nal: a) zwei nicht benachbarte Ecken eines Vielecks verbindend; b) schräg, quer verlaufend

Dia|go|na|le, die; -, -n: Gerade, die zwei nicht benachbarte Ecken eines Vielecks miteinander verbindet

Dia|gramm, das; -s, -e: zeichnerische Darstellung von Größenverhältnissen in anschaulicher, leicht überblickbarer Form

Di|a|kon, der; -s u. -en, -e[n]: 1. katholischer, anglikanischer od. orthodoxer Geistlicher, der um einen Weihegrad unter dem Priester steht. 2. (ev. Kirche) kirchlicher Amtsträger, der in einer Kirchengemeinde karitative u. soziale Arbeit leistet; vgl. Diakonus

Di|a|ko|nat, das (auch: der); -[e]s, -e: 1. Amt eines Diakons. 2. Pflegedienst (in Krankenhäusern)

Di|a|ko|nie®, die; -, ...ien: [berufsmäßiger] Dienst an Armen u. Hilfsbedürftigen (Krankenpflege, Gemeindedienst) in der evangelischen Kirche

Di|a|ko|nin, die; -, -nen: weibliche Form zu ↑Diakon

di|a|ko|nisch: die Diakonie betreffend

Di|a|ko|nis|se, die; -, -n, **Di|a|ko|nis|sin,** die; -, -nen: in der Diakonie tätige, in Schwesterngemeinschaft lebende Frau

Di|a|ko|nus, der; -, ...one[n] (veraltet): Hilfsgeistlicher

dia|kri|tisch: unterscheidend

Di|a|lekt, der; -[e]s, -e: Mundart; örtlich od. landschaftlich begrenzte sprachliche Sonderform; regionale Variante einer Sprache

di|a|lek|tal: mundartlich

Di|a|lek|tik, die; -, -en: 1. innere Gegensätzlichkeit. 2. philosophische Arbeitsmethode, die ihre Ausgangsposition durch gegensätzliche Behauptungen (↑These u. ↑Antithese) infrage stellt u. in der ↑Synthese beider Positionen eine Erkenntnis höherer Art zu gewinnen sucht. 3. die Fähigkeit, den Diskussionspartner in Rede u. Gegenrede zu überzeugen

Di|a|lek|ti|ker, der; -s, -: ein in der Dialektik (3) Erfahrener; jmd., der geschickt zu argumentieren versteht

Di|a|lek|ti|ke|rin, die; -, -nen: weibliche Form zu ↑Dialektiker

di|a|lek|tisch: die Dialektik betreffend, gegensätzlich

Di|a|lek|to|lo|gie, die; -, -n: Teilgebiet der Sprachwissenschaft, das sich mit der Erforschung der Mundarten beschäftigt

Di|a|ler ['daɪ̯əlɐ], der; -s, - (EDV): Computerprogramm, das eine Telefonverbindung zum Internet od. anderen Netzwerken herstellt

Di|a|log, der; -[e]s, -e: a) Wechselrede; b) Gespräch, das zwischen zwei Gruppierungen geführt wird

di|a|lo|gisch: in Dialogform

di|a|lo|gi|sie|ren: in Dialogform gestalten

Dia|ly|se, die; -, -n (Med.): Blutreinigung mittels einer künstlichen Niere; Blutwäsche

Dia|ly|se|zen|t|rum, das; -s, ...tren: Spezialklinik für Dialysen

[1]Di|a|mant, der; -en, -en: aus reinem Kohlenstoff bestehender wertvoller Edelstein von sehr großer Härte

[2]Di|a|mant, die; - (Druckw.): kleinster Schriftgrad (4 Punkt)

di|a|man|ten: aus [1]Diamant

dia|me|t|ral: völlig entgegengesetzt
di|a|phan: durchscheinend, durchsichtig
Dia|phrag|ma, das; -s, ...men: 1. (Med.) Zwerchfell. 2. durchlässige Scheidewand bei Trennverfahren (z. B. bei ↑Osmose u. ↑Filtration). 3. Empfängnisverhütungsmittel in Form eines kleinen, in die Scheide einzuführenden Spiralrings
Dia|po|si|tiv [auch: ...'ti:f], das; -s, -e: durchsichtiges fotografisches Bild (zum ↑Projizieren auf eine weiße Fläche)
Dia|pro|jek|tor, der; -s, -en: Gerät zum Vorführen von Diapositiven
Di|a|ri|um, das; -s, ...ien (veraltet): Buch, stärkeres Heft für [tägliche] Eintragungen
Di|ar|rhö, die; -, -en (Med.): Durchfall
Dia|skop, das; -s, -e: ↑Diaprojektor
Di|a|s|po|ra, die; -: a) Gebiet, in dem die Anhänger einer Konfession (auch Nation) gegenüber einer anderen in der Minderheit sind; b) eine konfessionelle (auch nationale) Minderheit
Dia|s|to|le [auch: di'astole], die; -, ...olen (Med.): Phase des Erschlaffens u. der Füllung des Herzmuskels mit Blut
dia|s|to|lisch: die Diastole betreffend
Di|ät, die; -: Krankenkost, Schonkost; vgl. aber: Diäten
Di|ät|as|sis|tent, der; -en, -en: Fachkraft, die bei der Aufstellung von Diätplänen beratend mitwirkt
Di|ät|as|sis|ten|tin, die; -, -nen: weibliche Form zu ↑Diätassistent
Di|ä|ten, die (nur Plural): Bezüge der Abgeordneten [im Bundestag] in Form von Tagegeld, Aufwandsentschädigung u. a.
Di|ä|te|tik, die; -, -en (Med.): Ernährungs-, Diätlehre
Di|ä|te|ti|kum, das; -s, ...ka (Med.): der Gesundheit zuträgliches Nahrungsmittel
di|ä|te|tisch (Med.): die Diät betreffend, einer Diät gemäß
Di|äthy|len|gly|kol, chem. fachspr.: **Di|ethy|len|gly|kol,** das; -s (Chemie): Bestandteil von Frostschutzmitteln u. a.
di|ä|tisch: die Ernährung betreffend
Di|a|to|mee, die; -, ...meen (meist Plural): Kieselalge (pflanzlicher Organismus)
Di|a|to|me|en|er|de, die; -: Kieselgur, Ablagerung von Diatomeen im Süßwasser bei niederen Temperaturen
Dia|to|nik, die; -: Dur-Moll-Tonleitersystem mit 7 Stufen (Ganz- u. Halbtöne)
dia|to|nisch: in der Tonfolge einer Dur- od. Molltonleiter folgend
di|cho|tom, di|cho|to|misch [dıço...]: 1. gegabelt (von Pflanzensprossen). 2. in Begriffspaare eingeteilt
Di|cho|to|mie, die; -, ...ien: 1. Zweiteilung des Pflanzensprosses (die Hauptachse gabelt sich in zwei gleich starke Nebenachsen). 2. Gliederung in Begriffspaare
Di|chro|is|mus [dikro...], der; -: Eigenschaft vieler Kristalle, Licht nach zwei Richtungen in Farben zu zerlegen
Di|dak|tik, die; -, -en: 1. (ohne Plural) Lehre vom Lehren u. Lernen; Unterrichtslehre, -kunde. 2. Theorie der Bildungsinhalte, Methode des Unterrichtens
Di|dak|ti|ker, der; -s, -: a) Fachvertreter der Unterrichtslehre; b) jmd., der einer Gruppe von Personen einen Lehrstoff vermittelt
Di|dak|ti|ke|rin, die; -, -nen: weibliche Form zu ↑Didaktiker
di|dak|tisch: a) die Vermittlung von Lehrstoff, das Lehren u. Lernen betreffend; b) für Unterrichtszwecke geeignet; c) belehrend, lehrhaft
Did|ge|ri|doo [dıdʒəri'du:], das; -s, -s: langes, röhrenförmiges Blasinstrument der australischen Ureinwohner
Di|elek|t|ri|kum, das; -s, ...ka: luftleerer Raum od. isolierende Substanz
di|elek|t|risch: elektrisch nicht leitend
Di|elek|t|ri|zi|täts|kon|s|tan|te, die; -[n], -n: Wert, der die elektrischen Eigenschaften eines Stoffes kennzeichnet
Di|es, der; -: Kurzform von ↑Dies academicus
Di|es aca|de|mi|cus, der; - -: vorlesungsfreier Tag an der Universität, an dem aus besonderem Anlass eine Feier od. Vorträge angesetzt sind
Di|es Irae [- 'i:rɛ], das; - -: Bezeichnung u. Anfang der Sequenz der Totenmesse
dif|fa|mie|ren: verleumden, in einen schlechten Ruf bringen

D

D

Dif|fa|mie|rung, die; -, -en: Verleumdung, Verbreitung übler Nachrede
dif|fe|rent: verschieden, ungleich
Dif|fe|renz, die; -, -en: 1. Unterschied (zwischen bestimmten Werten, Maßen o. Ä.). 2. (Math.) Ergebnis einer ↑Subtraktion. 3. (meist Plural) Meinungsverschiedenheit
dif|fe|ren|zi|al, dif|fe|ren|ti|al: ↑differenziell
Dif|fe|ren|zi|al, Dif|fe|ren|ti|al, das; -s, -e: 1. (Math.) Zuwachs einer Funktion. 2. Kurzform von ↑Differenzialgetriebe
Dif|fe|ren|zi|al|di|a|g|no|se, Dif|fe|ren|ti|al|di|a|g|no|se, die; -, -n: Krankheitsbestimmung durch unterscheidende, abgrenzende Gegenüberstellung mehrerer Krankheitsbilder mit ähnlichen Symptomen
Dif|fe|ren|zi|al|geo|me|t|rie, Dif|fe|ren|ti|al|geo|me|t|rie, die; -: Gebiet der Mathematik, in dem die Differenzialrechnung auf Flächen u. Kurven angewandt wird
Dif|fe|ren|zi|al|ge|trie|be, Dif|fe|ren|ti|al|ge|trie|be, das; -s, -: Ausgleichsgetriebe bei Kraftfahrzeugen
Dif|fe|ren|zi|al|quo|ti|ent, Dif|fe|ren|ti|al|quo|ti|ent, der; -en, -en: Grundgröße der Differenzialrechnung
Dif|fe|ren|zi|al|rech|nung, Dif|fe|ren|ti|al|rech|nung, die; -: Teilgebiet der höheren Mathematik
dif|fe|ren|zi|ell, dif|fe|ren|ti|ell: einen Unterschied begründend od. darstellend
dif|fe|ren|zie|ren: 1. a) fein trennen; genau, bis ins Einzelne unterscheiden; b) sich differenzieren: sich aufgliedern, Konturen gewinnen. 2. (Math.) eine Funktion (2) nach den Regeln der Differenzialrechnung behandeln
dif|fe|ren|ziert: aufgegliedert, vielschichtig, in die Einzelheiten gehend
Dif|fe|ren|zie|rung, die; -, -en: Unterscheidung, Sonderung
dif|fe|rie|ren: verschieden sein, voneinander abweichen
dif|fi|zil: schwierig, schwer zu behandeln
Dif|flu|enz, die; -, -en (Geol.): Gabelung eines Gletschers
dif|fun|die|ren: 1. (Chemie) eindringen, verschmelzen. 2. (Physik) zerstreuen (von Strahlen)
dif|fus: 1. (Chemie, Physik) zerstreut, ohne genaue Abgrenzung. 2. unklar, verschwommen
Dif|fu|si|on, die; -, -en: a) (Chemie) ohne äußere Einwirkung eintretender Ausgleich von Konzentrationsunterschieden; b) (Physik) Streuung des Lichts
di|ge|rie|ren: 1. (Chemie) Stoffe aus löslichen Substanzen extrahieren. 2. (Med.) verdauen
Di|gest ['daɪdʒɛst], der od. das; -[s], -s: bes. in den angelsächsischen Ländern übliche Art von Zeitschriften, die Auszüge aus Büchern, Berichten usw. bringen
Di|ges|ten, die (nur Plural): Gesetzsammlung des römischen Kaisers Justinian
Di|ges|tif [diʒɛs'ti:f], der; -s, -s: die Verdauung anregendes alkoholisches Getränk, das nach dem Essen getrunken wird
di|ges|tiv (Med.): a) die Verdauung betreffend; b) die Verdauung fördernd
Di|git ['dɪdʒɪt], das; -s, -s (Technik): Ziffer, Stelle (in elektronischen Anzeigen)
¹di|gi|tal (Med.): den Finger betreffend, durch den Finger ausgeführt
²di|gi|tal: Signale, Daten in Ziffern (d. h. in Schritten u. nicht stufenlos bzw. analog) darstellend
di|gi|ta|li|sie|ren: analoge Signale, Daten in digitale Werte umwandeln
Di|gi|ta|li|sie|rung, die; -, -en: das Digitalisieren
Di|gi|tal Na|tive ['dɪdʒɪtl̩ 'neɪtɪv], der; - -s, - -s: Person, die mit ²digitalen Technologien aufgewachsen u. in ihrer Benutzung geübt ist
Di|gi|tal|rech|ner, der; -s, -: mit nicht zusammenhängenden Einheiten (Ziffern, Buchstaben) arbeitende Rechenanlage
Di|gi|tal|tech|nik, die; -: Teilgebiet der Informationstechnik u. Elektronik, das sich mit der Erfassung, Darstellung, Verarbeitung u. Übertragung digitaler Größen befasst
Di|gi|tal|ton|band, das; -[e]s, ...bänder: Magnetband, bei dem die Aufnahme akustischer Signale digital erfolgt
Di|gi|tal|uhr, die; -, -en: Uhr, die die Uhrzeit nicht mit Zeigern angibt, sondern als Zahl (z. B. 18.20)

Di|glos|sie, die; -, ...ien: Form der Zweisprachigkeit, bei der die eine Sprachform die Standard- od. Hochsprache darstellt, während die andere im täglichen Gebrauch, in informellen Texten auftritt

Di|g|ni|tät, die; -: Wert, hoher Rang, Würde

Dik|ta|fon, Dik|ta|phon, das; -s, -e: Diktiergerät

Dik|tant, der; -en, -en: jmd., der diktiert

Dik|tat, das; -[e]s, -e: 1. a) das Diktieren; b) das Diktierte. 2. etwas, was jmdm. von einem anderen vorgeschrieben, auferlegt worden ist

Dik|ta|tor, der; -s, ...oren: unumschränkter Machthaber an der Spitze eines Staates; Gewaltherrscher

Dik|ta|to|rin, die; -, -nen: weibliche Form zu ↑Diktator

dik|ta|to|risch: 1. unumschränkt. 2. (abwertend) gebieterisch, keinen Widerspruch duldend

Dik|ta|tur, die; -, -en: 1. (ohne Plural) a) auf unbeschränkte Vollmacht einer Person od. Gruppe gegründete Herrschaft in einem Staat; b) autoritär, diktatorisch regiertes Staatswesen. 2. (abwertend) autoritäre Führung, autoritärer Zwang

dik|tie|ren: 1. jmdm. etwas, was er [hin]schreiben soll, Wort für Wort ansagen, vorsprechen. 2. zwingend vorschreiben, festsetzen; auferlegen

Dik|tier|ge|rät, das; -[e]s, -e: Gerät zur Aufnahme u. Wiedergabe eines gesprochenen Textes

Dik|ti|on, die; -, -en: mündliche od. schriftliche Ausdrucksweise; Stil (1)

Dik|ti|o|när, das (auch:) der; -s, -e (veraltet): Wörterbuch

Dik|tum, das; -s, ...ta: Ausspruch

Di|la|ta|ti|on, die; -, -en: 1. (Physik) Ausdehnung, spezifische Volumenänderung, Verlängerung eines elastisch gedehnten Körpers. 2. (Med.) krankhafte od. künstliche Erweiterung von Hohlorganen (z. B. von Gefäßen des Herzens)

di|la|to|risch: aufschiebend, verzögernd

Dil|do, der; -[s], -s: künstliche Nachbildung des erigierten Penis, die von Frauen zur Selbstbefriedigung od. bei der Ausübung gleichgeschlechtlichen Verkehrs benutzt wird

Di|lem|ma, das; -s, -s u. -ta: Wahl zwischen zwei [gleich unangenehmen] Dingen; Zwangslage, -entscheidung

Di|let|tant, der; -en, -en: 1. (oft abwertend) Nichtfachmann; jmd., der sich ohne fachmännische Schulung in Kunst od. Wissenschaft betätigt. 2. (veraltet) Kunstliebhaber

Di|let|tan|tin, die; -, -nen: weibliche Form zu ↑Dilettant

Di|let|tan|tis|mus, der; - (oft abwertend): 1. Betätigung in Kunst od. Wissenschaft ohne Fachausbildung. 2. Stümperhaftigkeit

di|let|tie|ren: sich als Dilettant betätigen

Dime [daɪm], der; -s, -s (aber: 10 -): Silbermünze der USA im Wert von 10 Cent

Di|men|si|on, die; -, -en: 1. Ausdehnung, Abmessung (z. B. eines Körpers nach Länge, Breite, Höhe). 2. Ausmaß

di|men|si|o|nal: die Dimension betreffend

di|men|si|o|nie|ren: die [optimalen] Maße, Abmessungen von etwas festlegen

Di|me|ter, der; -s, -: aus zwei gleichen Metren bestehender antiker Vers; vgl. Metrum

di|mi|nu|tiv (Sprachwiss.): verkleinernd (in Bezug auf den Inhalt eines Wortes)

Di|mi|nu|tiv, das; -s, -e, **Di|mi|nu|tiv|form,** die; -, -en (Sprachwiss.): Ableitungsform eines Substantivs, die im Vergleich zur Bedeutung des Grundwortes eine Verkleinerung ausdrückt (z. B. Öfchen, Gärtlein, ein Pfeifchen rauchen)

Dim|mer, der; -s, -: Helligkeitsregler

DIN®: 1. (mit einer Nummer) Bez. einer Norm. 2. Einheit für die Lichtempfindlichkeit eines Films

Di|nar, der; -s, -e (aber: 6 -): Währungseinheit in verschiedenen arab. Ländern u. in Serbien

Di|ner [di'ne:], das; -s, -s: festliches Mittag- od. Abendessen

Din|gi, das; -s, -s: kleines Sportsegelboot

Din|go, der; -s, -s: australischer Wildhund

di|nie|ren: [festlich] speisen

Dink, der; -s, -s (meist Plural): jmd., der über relativ viel Geld verfügt, da er in einer Part-

D

D

nerschaft lebt, in der beide Partner einem Beruf nachgehen u. keine Kinder haben

Din|ner, das; -s, -[s]: (in angelsächsischen Ländern) Hauptmahlzeit am Abend

Din|ner|ja|cket [...dʒɛkɪt], das; -s, -s: engl. Bez. für das Jackett eines Smokings

Di|no|sau|ri|er, der; -s, -, **Di|no|sau|rus,** der; -, ...rier: ausgestorbene, landbewohnende Riesenechse

Di|o|de, die; -, -n (Elektrot.): elektronisches Bauelement mit zwei ↑Elektroden unterschiedlicher Polarität

Di|o|ny|si|en, die (nur Plural): altgriechisches Fest zu Ehren des Dionysos

di|o|ny|sisch: rauschhaft, ekstatisch

di|o|phan|tisch: diophantische Gleichung (Math.): Gleichung mit mehreren Unbekannten, für die ganzzahlige Lösungen zu finden sind

Di|op|t|rie, die; -, ...ien (Physik): Einheit des Brechwertes optischer Systeme (Zeichen: dpt)

Di|o|ra|ma, das; -s, ...men: in die Tiefe gebautes Schaubild mit plastischen Gegenständen vor gemaltem od. fotografiertem Hintergrund

Di|os|ku|ren, die (nur Plural): unzertrennliches Freundespaar

Di|oxid [auch: ...'ksi:t], **Di|oxyd** [auch: ...'ksy:t] das; -[e]s, -e (Chemie): anorganische Verbindung von einem Atom Metall od. Nichtmetall mit zwei Sauerstoffatomen

Di|oxin, das; -s, -e: hochgiftige Verbindung von Chlor u. Kohlenwasserstoff

Di|ö|ze|san, der; -en, -en: Angehöriger einer Diözese

Di|ö|ze|se, die; -, -n: a) Amtsgebiet eines katholischen Bischofs; b) (früher auch:) evangelischer Kirchenkreis; vgl. Dekanat

Di|ö|zie, die; -: Zweihäusigkeit bei Pflanzen

Dip, der; -s, -s: kalte, dickflüssige Soße zum Eintunken kleiner Happen o. Ä.

Diph|the|rie, die; -, ...ien (Med.): Infektionskrankheit im Hals- u. Rachenraum mit Bildung häutiger Beläge auf den Tonsillen u. Schleimhäuten

Di|ph|thong, der; -[e]s, -e (Sprachwiss.): aus zwei Vokalen gebildeter Laut, Doppellaut, Zwielaut

di|ph|thon|gie|ren (Sprachwiss.): einen Vokal zum Diphthong entwickeln (z. B. das i in mhd. *wip* zu ei in nhd. *Weib*)

di|p|lo|id: einen doppelten (d. h. vollständigen) Chromosomensatz aufweisend

Di|p|lom, das; -s, -e: amtliche Urkunde über eine Auszeichnung od. über eine abgelegte Prüfung, bes. an einer Hochschule od. bei der Handwerkskammer (Abk.: Dipl.)

Di|p|lo|mand, der; -en, -en: jmd., der sich auf eine Diplomprüfung vorbereitet

Di|p|lo|man|din, die; -, -nen: weibliche Form zu ↑Diplomand

Di|p|lo|mat, der; -en, -en: jmd., der im auswärtigen Dienst eines Staates steht u. bei anderen Staaten als Vertreter dieses Staates beglaubigt ist

Di|p|lo|ma|tie, die; -: völkerrechtliche Regeln für außenpolitische Verhandlungen; Verhandlungstaktik

Di|p|lo|ma|ti|ker, der; -s, -: Urkundenforscher u. -kenner

Di|p|lo|ma|ti|ke|rin, die; -, -nen: weibliche Form zu ↑Diplomatiker

Di|p|lo|ma|tin, die; -, -nen: weibliche Form zu ↑Diplomat

di|p|lo|ma|tisch: 1. die Diplomatie betreffend, auf ihr beruhend. 2. klug, taktisch geschickt

di|p|lo|mie|ren: jmdm. aufgrund einer Prüfung ein Diplom erteilen

Di|po|die, die; -, ...ien: Verbindung zweier Versfüße zu einem Verstakt

Di|pol, der; -s, -e: 1. Anordnung zweier gleich großer elektrischer Ladungen od. magnetischer Pole entgegengesetzter Polarität in geringem Abstand voneinander. 2. ↑Dipolantenne

Di|pol|an|ten|ne, die; -, -n: Antennenanordnung mit zwei gleichen, elektrisch leitenden Teilen

Dip|tam, der; -s (Bot.): zu den Rautengewächsen gehörende Staude, deren an ätherischen Ölen reiche Blätter entzündbar sind

Di|p|ty|chon, das; -s, ...chen u. ...cha: 1. (im Altertum) zusammenklappbare Schreibtafel. 2. (im Mittelalter) zweiflügeliges Altarbild

Di|rec|toire [dirɛk'toa:ɐ̯], das; -[s]: französischer Kunststil des 18. Jh.s

di|rekt: 1. unmittelbar, ohne Umweg od. Verzögerung. 2. geradezu, ausgesprochen, regelrecht (z. B. es ist direkt ein Glück, dass ich dich getroffen habe)

Di|rek|ti|on, die; -, -en: die leitenden Personen eines Unternehmens, Geschäftsleitung

Di|rek|ti|ve, die; -, -n: Weisung; Verhaltensregel

Di|rekt|man|dat, das; -[e]s, -e: ↑Mandat (2), das der Kandidat einer Partei in einer Wahl persönlich erringt

Di|rek|tor, der; -s, ...oren: a) Leiter (einer Schule); b) jmd., der einem Unternehmen, einer Behörde vorsteht

Di|rek|to|rat, das; -[e]s, -e: 1. Amt eines Direktors od. einer Direktorin. 2. Dienstzimmer eines Direktors od. einer Direktorin

Di|rek|to|rin, die; -, -nen: weibliche Form zu ↑Direktor

Di|ret|tis|si|ma, die; -, -s: Route, die ohne Umwege zum Gipfel eines Berges führt

Di|rex, der; -, -e u. die; -, -en (Schülerspr.): Kurzw. für: ↑Direktor (a) u. Direktorin

Dir|ham, Dir|hem, der; -s, -s (aber: 5 -): 1. Währungs- u. Münzeinheit in verschiedenen arabischen Ländern (Abk.: DH). 2. frühere Gewichtseinheit in den islamischen Ländern

Di|ri|gat, das; -[e]s, -e: Orchesterleitung, Dirigentschaft

Di|ri|gent, der; -en, -en: Leiter eines Orchesters od. Chores, einer musikalischen Aufführung

Di|ri|gen|tin, die; -, -nen: weibliche Form zu ↑Dirigent

di|ri|gie|ren: 1. ein Orchester od. einen Chor, eine musikalische Aufführung (Konzert, Oper) leiten. 2. die Leitung von etwas haben; den Gang, Ablauf von etwas steuern

Di|ri|gis|mus, der; -: staatliche Lenkung der Wirtschaft

di|ri|gis|tisch: 1. den Dirigismus betreffend. 2. reglementierend

Dis|agio [dɪs'ʔa:dʒo, auch: ...'ʔa:ʒi̯o], das; -s, -s u. ...ien: Abschlag, um den der Preis od. Kurs hinter dem Nennwert eines Wertpapiers od. einer Geldsorte zurückbleibt

Disc [dɪsk], **Disk,** die; -, -s (EDV): kurz für: ↑CD, ↑DVD, ↑Diskette

Disc|jo|ckey, Disk|jo|ckey, der; -s, -s: jmd., der [bes. in Diskotheken] einem Publikum Musiktitel auswählt u. präsentiert

Disc|man® ['dɪskmən], der; -[s], -s od. ...men [...mən]: tragbarer CD-Player mit Kopfhörern

Dis|co, Dis|ko, die; -, -s: 1. Diskothek (1); vgl. Disko. 2. Tanzveranstaltung mit Musik von CDs, Schallplatten, Tondateien o. Ä.

Dis|co|fox, Dis|ko|fox, der; -[es], -e: moderne Form des ↑Foxtrotts

Dis|co|mu|sik, Dis|ko|mu|sik, die; -: Musik, die sich bes. als Tanzmusik in Discos eignet

Dis|coun|ter, der; -s, -: 1. jmd., der eine Ware mit Preisnachlass verkauft. 2. a) ↑Discountgeschäft; b) Geschäft, das Waren zu besonders günstigen Preisen anbietet

Dis|count|ge|schäft, das; -[e]s, -e, **Dis|count|la|den,** der; -s, ...läden: Einzelhandelsgeschäft, in dem nicht preisgebundene Produkte mit hohen Rabatten verkauft werden

Dis|en|gage|ment [dɪsɪn'gɛɪ̯dʒmənt], das; -s: militärisches Auseinanderrücken [der Machtblöcke]

Di|seur [di'zø:ɐ̯], der; -s, -e: Sprecher, Vortragskünstler, bes. im Kabarett

Di|seu|se [di'zø:zə], die; -, -n: weibliche Form zu ↑Diseur

dis|gru|ent: nicht übereinstimmend

Dis|har|mo|nie [auch: 'dɪs...], die; -, ...ien: 1. (Musik) Missklang. 2. Uneinigkeit; Missstimmung

dis|har|mo|nisch: 1. (Musik) einen Missklang bildend. 2. eine Unstimmigkeit aufweisend; uneinig

Dis|junk|ti|on, die; -, -en: Trennung, Sonderung

dis|junk|tiv: einander ausschließend, aber zugleich eine Einheit bewirkend (von Urteilen od. Begriffen)

Disk vgl. Disc

Dis|kant, der; -s, -e (Musik): oberste Stimme, ↑Sopran (4)

Dis|kant|schlüs|sel, der; -s: Sopranschlüssel, C-Schlüssel auf der untersten der fünf Notenlinien

D

Dis|ket|te, die; -, -n: Datenträger in Form einer kleinen, auf beiden Seiten magnetisierbaren Kunststoffplatte, der direkten Zugang auf die gespeicherten Daten ermöglicht
Disk|jo|ckey vgl. Discjockey
Dis|ko vgl. Disco
Dis|ko|fox vgl. Discofox
Dis|ko|mu|sik vgl. Discomusik
Dis|kont, der; -[s], -s u. ...ti: 1. der bei Ankauf einer noch nicht fälligen Zahlung, bes. eines Wechsels, abgezogene Zins; Vorzinsen. 2. ↑Diskontsatz
dis|kon|tie|ren: eine später fällige Forderung (z. B. einen Wechsel) unter Abzug von Zinsen ankaufen
dis|kon|ti|nu|ier|lich
Dis|kon|ti|nu|i|tät, die; -, -en: Ablauf von Vorgängen mit zeitlichen od. räumlichen Unterbrechungen
Dis|kont|satz, der; -es, ...sätze: Zinsfuß, der bei der Diskontberechnung zugrunde gelegt wird; vgl. Lombardsatz
Dis|ko|thek, die; -, -en: 1. (bes. auf Jugendliche zugeschnittene) mit Licht-, Lautsprecheranlagen u. a. ausgestattete Räumlichkeit, in der zu Musik von CDs u. Schallplatten getanzt wird. 2. Sammlung, Archiv von Tonträgern (Schallplatten, CDs u. a.)
Dis|ko|the|kar, der; -s, -e: Verwalter einer Diskothek (2) [beim Rundfunk]
dis|kre|di|tie|ren: dem Ruf, Ansehen einer Person od. Sache schaden, abträglich sein
Dis|kre|panz, die; -, -en: Widersprüchlichkeit, Missverhältnis zwischen zwei Sachen
dis|kret: a) so unauffällig behandelt, ausgeführt o. Ä., dass es von anderen kaum od. gar nicht bemerkt wird; vertraulich; b) taktvoll, rücksichtsvoll
Dis|kre|ti|on, die; -: a) Rücksichtnahme, taktvolle Zurückhaltung; b) Vertraulichkeit, Verschwiegenheit
Dis|kri|mi|nan|te, die; -, -n (Math.): mathematischer Ausdruck, der bei Gleichungen zweiten u. höheren Grades die Eigenschaft der Wurzel angibt
dis|kri|mi|nie|ren: 1. durch [unzutreffende] Äußerungen, Behauptungen in der Öffentlichkeit jmds. Ansehen, Ruf schaden, ihn herabsetzen. 2. (durch unterschiedliche Behandlung) benachteiligen, zurücksetzen
Dis|kri|mi|nie|rung, die; -, -en: das Diskriminieren
Dis|kurs, der; -es, -e: 1. methodisch aufgebaute Abhandlung über ein bestimmtes [wissenschaftliches] Thema. 2. a) Gedankenaustausch, Unterhaltung; b) heftiger Wortstreit, Wortwechsel
dis|kur|siv (Philos.): von Begriff zu Begriff methodisch fortschreitend
Dis|kus, der; - u. -ses, ...ken u. -se (Sport): scheibenförmiges Wurfgerät aus Holz mit Metallreifen u. Metallkern
Dis|kus|si|on, die; -, -en: Erörterung, Aussprache, Meinungsaustausch
dis|ku|ta|bel: erwägenswert, annehmbar
Dis|ku|tant, der; -en, -en: Teilnehmer an einer Diskussion
Dis|ku|tan|tin, die; -, -nen: weibliche Form zu ↑Diskutant
dis|ku|tie|ren: a) erörtern, durchsprechen; b) Meinungen austauschen
Dis|lo|ka|ti|on, die; -, -en: 1. räumliche Verteilung von Truppen. 2. (Med.) Lageveränderung, Verschiebung der Bruchenden gegeneinander bei Knochenbrüchen
dis|lo|y|al [auch: ...lo̱a'ja:l]: gegen die Regierung eingestellt
dis|lo|zie|ren: 1. Truppen räumlich verteilen. 2. (schweiz.) umziehen
Dis|lo|zie|rung, die; -, -en: ↑Dislokation
dis|pa|rat: ungleichartig, unvereinbar, sich widersprechend
Dis|pa|ri|tät, die; -, -en: Ungleichheit, Verschiedenheit
Dis|pat|cher [dɪs'pɛtʃɐ], der; -s, -: leitender Angestellter in der Industrie, der den Produktionsablauf überwacht
Dis|pat|che|rin [dɪs'pɛtʃɐ...], die; -, -nen: weibliche Form zu ↑Dispatcher
Dis|pens, die; -, -en: Befreiung von einer allgemein geltenden Vorschrift für einen jeweiligen Einzelfall (bes. im kath. Kirchenrecht)
Dis|pen|sa|ti|on, die; -, -en: ↑Dispensierung
Dis|pen|sa|to|ri|um, das; -s, ...ien: Arzneibuch

dis|pen|sie|ren: 1. jmdn. von etwas befreien, beurlauben. 2. Arzneien bereiten u. abgeben
Dis|pen|sie|rung, die; -, -en: das Dispensieren
di|s|pers: zerstreut; fein verteilt
Di|s|per|si|on, die; -, -en: 1. feinste Verteilung eines Stoffes in einem anderen in der Art, dass seine Teilchen in dem anderen schweben. 2. (Physik) Zerlegung von weißem Licht in ein farbiges Spektrum
Dis|placed Per|son [ˈdɪsplɛɪ̯st ˈpœːɐ̯sn̩], die; - -, - -s: Ausländer/-in, der/die während des Zweiten Weltkriegs nach Deutschland [zur Zwangsarbeit] verschleppt wurde (Abk.: D. P.)
Dis|play [dɪsˈplɛɪ̯], das; -s, -s: 1. a) werbewirksames Auf-, Ausstellen von Waren; b) Dekorationselement, das den ausgestellten Gegenstand in den Blickpunkt rücken soll. 2. Gerät od. Bauteil, das Informationen optisch darstellt; elektronische Anzeige
Dis|play|er [...ˈplɛɪ̯ɐ], der; -s, -: Entwerfer von Dekorationen u. Verpackungen
Dis|play|e|rin [...ˈplɛɪ̯ə...], die; -, -nen: weibliche Form zu ↑Displayer
Dis|po|nent, der; -en, -en: 1. kaufmännischer Angestellter, der einen größeren Unternehmensbereich leitet. 2. (Theater) künstlerischer Vorstand, der für den Vorstellungs- u. Probenplan, für die Platzmieten u. für den Einsatz der Schauspieler u. Sänger verantwortlich ist
Dis|po|nen|tin, die; -, -nen: weibliche Form zu ↑Disponent
dis|po|ni|bel: verfügbar
Dis|po|ni|bi|li|tät, die; -: Verfügbarkeit
dis|po|nie|ren: a) in bestimmter Weise verfügen; b) im Voraus [ein]planen, kalkulieren
dis|po|niert: a) [bes. für einen künstlerischen Vortrag] in einer bestimmten Verfassung; b) zu etwas eine Veranlagung, Begabung besitzend
Dis|po|si|ti|on, die; -, -en: 1. a) das Verfügenkönnen; freie Verwendung; b) Planung, das Sicheinrichten auf etwas; c) Gliederung, Plan. 2. bestimmte Veranlagung, Empfänglichkeit, innere Bereitschaft zu etwas
Dis|po|si|ti|ons|kre|dit, der; -[e]s, -e: Überziehungskredit
dis|po|si|tiv: anordnend, verfügend
Dis|po|si|tiv, das; -s, -e (bes. schweiz.): Gesamtheit aller Personen u. Mittel, die für eine bestimmte Aufgabe eingesetzt werden können, zur Disposition (1 a) stehen
Dis|pro|por|ti|on [auch: ˈdɪs...], die; -, -en: Missverhältnis
Dis|put, der; -[e]s, -e: kontrovers geführtes Gespräch; Streitgespräch
dis|pu|ta|bel: strittig
Dis|pu|tant, der; -en, -en: jmd., der an einem Disput teilnimmt
Dis|pu|tan|tin, die; -, -nen: weibliche Form zu ↑Disputant
Dis|pu|ta|ti|on, die; -, -en: [wissenschaftliches] Streitgespräch
dis|pu|tie|ren: ein [wissenschaftliches] Streitgespräch führen; diskutieren
Dis|qua|li|fi|ka|ti|on, die; -, -en: Ausschließung vom Wettbewerb bei sportlichen Kämpfen wegen Verstoßes gegen eine sportliche Regel
dis|qua|li|fi|zie|ren: einen Sportler wegen groben Verstoßes gegen eine sportliche Regel vom Kampf ausschließen
Dis|qua|li|fi|zie|rung, die; -, -en: ↑Disqualifikation
dis|sen (Rapperjargon): verächtlich machen, schmähen
Dis|sens, der; -es, -e: Meinungsverschiedenheit in Bezug auf bestimmte Fragen o. Ä.
Dis|ser|tant, der; -en, -en: ↑Doktorand
Dis|ser|tan|tin, die; -, -nen: weibliche Form zu ↑Dissertant
Dis|ser|ta|ti|on, die; -, -en: schriftliche wissenschaftliche Abhandlung zur Erlangung des Doktorgrades (Abk.: Diss.)
dis|ser|tie|ren: an einer Dissertation arbeiten
dis|si|dent: von einer offiziellen Meinung o. Ä. abweichend; oppositionell
Dis|si|dent, der; -en, -en: Andersdenkender, Abweichler
Dis|si|den|tin, die; -, -nen: weibliche Form zu ↑Dissident
Dis|si|mi|la|ti|on, die; -, -en (Biol.): Abbau u. Verbrauch von Körpersubstanz zur Energiegewinnung

D

Dis|si|pa|ti|ons|sphä|re, die; -: äußerste Schicht der Atmosphäre

dis|so|nant: 1. (Musik) misstönend, nach Auflösung strebend. 2. unstimmig, unschön

Dis|so|nanz, die; -, -en: 1. (Musik) Zusammenklang von Tönen, der als Missklang empfunden wird u. nach der überlieferten Harmonielehre eine Auflösung fordert. 2. Unstimmigkeit, Differenz

Dis|so|zi|a|ti|on, die; -, -en: 1. (Psychol.) Trennung von Wahrnehmungs- u. Gedächtnisleistungen, die normalerweise zusammengehören (z. B. Nichtwahrnehmung von Schmerzen bei einem Marathonläufer). 2. (Chemie) Zerfall von ↑Molekülen in einfachere Bestandteile

dis|so|zi|ie|ren: 1. trennen, auflösen. 2. (Chemie) a) in ↑Ionen od. ↑Atome aufspalten; b) in Ionen zerfallen

Dis|stress, Dys|stress [ˈdʏs…] der; -es, -e (Med., Psychol.): lang andauernder starker Stress

di|s|tal (Biol., Med.): weiter entfernt liegend als andere Körper- oder Organteile

Di|s|tanz, die; -, -en: 1. Abstand, Entfernung. 2. a) (Leichtathletik, Pferderennsport) zurückzulegende Strecke; b) (Boxsport) Gesamtzeit der angesetzten Runden. 3. (ohne Plural) Reserviertheit, abwartende Zurückhaltung

Di|s|tanz|ge|schäft, das; -[e]s, -e: Kaufvertrag, bei dem der Käufer die Ware aufgrund eines Musters od. Katalogs bestellt

di|s|tan|zie|ren: 1. a) von jmdm., etwas abrücken; Abstand nehmen; b) jmds. Verhalten nicht billigen. 2. (Sport) in einem Wettkampf überrunden, besiegen

di|s|tan|ziert: Zurückhaltung wahrend; auf [gebührenden] Abstand bedacht

Di|s|ti|chon, das; -s, …chen: aus zwei Verszeilen, bes. aus ↑Hexameter u. ↑Pentameter bestehende Verseinheit

di|s|tin|guie|ren [dɪstɪŋˈgiː…]: unterscheiden, in besonderer Weise abheben

di|s|tin|guiert: vornehm; sich von anderen abhebend

di|s|tinkt: klar u. deutlich [abgegrenzt]

Di|s|tink|ti|on, die; -, -en: 1. a) Auszeichnung, [hoher] Rang; b) (österr.) Rangabzeichen. 2. Unterscheidung

di|s|tink|tiv: unterscheidend

Dis|tor|si|on, die; -, -en: 1. (Med.) Verstauchung eines Gelenks; vgl. Luxation. 2. (Optik) Bildverzerrung, -verzeichnung

Dis|tri|bu|ent, der; -en, -en: Verteiler

Dis|tri|bu|en|tin, die; -, -nen: weibliche Form zu ↑Distribuent

Dis|tri|bu|ti|on, die; -, -en: Verteilung

dis|tri|bu|tiv: verteilend

Dis|tri|bu|ti|vum, das; -s, …va (Sprachwiss.): Verteilungszahlwort

Dis|tri|bu|tor, der; -s, …oren: a) Verkäufer; b) Vertriebsgesellschaft

Dis|zi|p|lin, die; -, -en: 1. (ohne Plural) auf Ordnung bedachtes Verhalten; Unterordnung, bewusste Einordnung. 2. a) Wissenschaftszweig, Spezialgebiet einer Wissenschaft; b) Teilbereich, Unterabteilung einer Sportart

dis|zi|p|li|na|risch: a) der Dienstordnung gemäß; b) streng

Dis|zi|p|li|nar|stra|fe, die; -, -n: aufgrund einer Disziplinarordnung verhängte Strafe

dis|zi|p|li|nie|ren: a) an ↑Disziplin (1) gewöhnen, dazu erziehen; b) (selten) maßregeln

dis|zi|p|li|niert: a) an bewusste Einordnung gewöhnt; b) zurückhaltend, beherrscht

Dis|zi|p|li|nie|rung, die; -, -en: das Disziplinieren; das Diszipliniertwerden

dis|zi|p|lin|los: ohne Disziplin (1)

Di|thy|ram|be, die; -, -n: Loblied, begeisternde Würdigung

di|thy|ram|bisch: begeistert

Di|thy|ram|bus, der; -, …ben: ↑Dithyrambe

di|to: dasselbe, ebenso (steht stellvertretend für vorher Genanntes; Abk.: do., dto.); vgl. detto

Di|u|re|ti|kum, das; -s, …ka (Med.): harntreibendes Mittel

di|u|re|tisch (Med.): harntreibend

Di|va, die; -, -s u. …ven: a) gefeierte Sängerin, [Film]schauspielerin [die durch exzentrische Allüren von sich reden macht]; b) jmd., der durch besondere Empfindlichkeit, durch eine gewisse Exzentrik o. Ä. auffällt

di|ver|gent: 1. entgegengesetzt, unterschiedlich. 2. (Math.) keinen Grenzwert habend

Di|ver|genz, die; -, -en: das Auseinandergehen von Meinungen, Zielen usw., Meinungsverschiedenheit

di|ver|gie|ren: auseinanderstreben

di|ver|gie|rend: auseinandergehend, in entgegengesetzter Richtung verlaufend

Di|ver|sant, der; -en, -en: Saboteur; jmd., der Diversion (2) betreibt

Di|ver|si|fi|ka|ti|on, die; -, -en (Wirtsch.): Ausweitung der Produktion eines Unternehmens auf neue Produkte

di|ver|si|fi|zie|ren: ein Unternehmen auf neue Produktions- bzw. Produktbereiche umstellen

Di|ver|si|on, die; -, -en: 1. (veraltet) Angriff von der Seite, Ablenkung. 2. (DDR) Sabotage gegen den Staat

Di|ver|si|tät, die; -: Vielfalt, Vielfältigkeit

Di|ver|ti|men|to, das; -s, -s u. ...ti: 1. einer Suite od. Sonate ähnliche, heitere Instrumentalkomposition. 2. ↑Potpourri (1). 3. freies Zwischenspiel in der Fuge

Di|vi|dend, der; -en, -en (Math.): Zahl, die durch eine andere geteilt wird

Di|vi|den|de, die; -, -n: der jährlich auf eine Aktie entfallende Anteil am Reingewinn

di|vi|die|ren: teilen

di|vi|na|to|risch: vorahnend, seherisch

Di|vis, das; -es, -e (Druckw.): Bindestrich

Di|vi|si|on, die; -, -en: 1. (Math.) Teilung. 2. militärische Einheit

Di|vi|si|o|när, der; -s, -e (bes. schweiz.): Befehlshaber einer Division

Di|vi|sor, der; -s, ...oren (Math.): Zahl, durch die eine andere geteilt wird

Di|wan, der; -s, -e: 1. (veraltend) niedrige gepolsterte Liege ohne Rückenlehne. 2. orientalische Gedichtsammlung

Di|xie, der; -[s] (ugs.): Kurzform von ↑Dixieland

Di|xie|land [...lɛnt], der; -[s], **Di|xie-land-Jazz, Di|xie|land|jazz** [...dʒæz], der; -: Variante des Jazz, die dem ↑Ragtime ähnelt

DJ ['di:dʒɛɪ̯], der; -[s], -s: kurz für: ↑Discjockey

DNA ['de:ʔɛn'ʔa:], die; -: engl. Abk. für ↑Desoxyribonukleinsäure

DNA-Ana|ly|se, die; -, -n: Untersuchung von DNA zur Aufklärung ihrer Struktur

DNS [de:ʔɛn'ʔɛs], die; -: Abk. für Desoxyribonukleinsäure (↑DNA)

do: Silbe, auf die man den Ton c singen kann

Dock, das; -s, -s, (selten:) -e: Anlage zum Ausbessern von Schiffen

Do|cker, der; -s, -: Hafenarbeiter

Do|cu|tain|ment [dɔkju'tɛɪ̯n..., dɒkju'tɛɪ̯nmənt], **Do|ku|tain|ment** [...tɛɪ̯n...], das; -s: der Unterhaltung dienende Dokumentarfilme u. -sendungen

Do|de|ka|fo|nie, Do|de|ka|pho|nie, die; -: Zwölftonmusik

Do|de|ka|fo|nist, Do|de|ka|pho|nist, der; -en, -en: Vertreter der Zwölftonmusik

Do|ge ['do:ʒə], der; -n, -n (Geschichte): a) Titel des Staatsoberhauptes in Venedig u. Genua; b) Träger dieses Titels

Dog|ge, die; -, -n: großer [Wach]hund

Dog|ma, das; -s, ...men: fester, als Richtschnur geltender [religiöser] Lehr-, Glaubenssatz

Dog|ma|tik, die; -, -en: wissenschaftliche Darstellung der [christlichen] Glaubenslehre

Dog|ma|ti|ker, der; -s, -: 1. starrer Verfechter einer Lehrmeinung. 2. Lehrer der ↑Dogmatik

Dog|ma|ti|ke|rin, die; -, -nen: weibliche Form zu Dogmatiker

dog|ma|tisch: starr an eine Ideologie od. Lehrmeinung gebunden bzw. daran festhaltend

Dog|ma|tis|mus, der; -: starres Festhalten an Anschauungen od. Lehrmeinungen

Dok|tor, der; -s, ...oren: 1. a) (ohne Plural) höchster akademischer Grad (Abk.: Dr.); b) jmd., der den Doktortitel hat (Abk.: Dr., im Plur. Dres., d. h. doctores). 2. (ugs.) Arzt

Dok|to|rand, der; -en, -en: jmd., der an seiner Dissertation schreibt

Dok|to|ran|din, die; -, -nen: weibliche Form von ↑Doktorand

Dok|to|rat, das; -[e]s, -e: 1. Doktorprüfung. 2. Doktorgrad

Dok|t|rin, die; -, -en: Grundsatz, Programm

dok|t|ri|när: 1. auf einer Doktrin beruhend. 2. (abwertend) theoretisch starr u. einseitig

Dok|t|ri|när, der; -s, -e: Verfechter, Vertreter einer Doktrin

D

D

Do|ku, die; -, -s (ugs.): kurz für ↑Dokumentation (1 c), ↑Dokumentarfilm u. Ä.
Do|ku|ment, das; -[e]s, -e: 1. Urkunde. 2. Beweis[stück]. 3. (EDV) Menge von Daten; Datei
Do|ku|men|ta|list, der; -en, -en: ↑Dokumentar
Do|ku|men|ta|lis|tin, die; -, -nen: weibliche Form zu ↑Dokumentalist
Do|ku|men|tar, der; -s, -e: jmd., der in einem Dokumentationszentrum od. in einer Spezialbibliothek tätig ist (Berufsbez.)
Do|ku|men|tar|film, der; -[e]s, -e: Film, der Ereignisse u. Zustände möglichst genau zu schildern versucht
Do|ku|men|ta|rin, die; -, -nen: weibliche Form zu ↑Dokumentar
do|ku|men|ta|risch: amtlich, urkundlich
Do|ku|men|ta|rist, der; -en, -en: jmd., der Dokumentarberichte, -filme o. Ä. herstellt
Do|ku|men|ta|ris|tin, die; -, -nen: weibliche Form zu ↑Dokumentarist
Do|ku|men|tar|spiel, das; -[e]s, -e: Fernsehproduktion, in der ein historisches Ereignis in einer Spielhandlung nachgestaltet wird
Do|ku|men|ta|ti|on, die; -, -en: 1. a) Zusammenstellung u. Ordnung von Dokumenten u. [Sprach]materialien; b) das Zusammengestellte; c) aus dokumentarischen Texten, Originalaufnahmen bestehende Sendung o. Ä. 2. anschaulicher Beweis
do|ku|men|tie|ren: 1. zeigen. 2. beweisen
Do|ku|soap, Do|ku-Soap [...sɔʊ̯p] die; -, -s: Dokumentarserie im Fernsehen mit teilweise inszeniertem Ablauf
dol|ce [ˈdɔltʃə] (Musik): sanft, weich, lieblich (Vortragsanweisung)
dol|ce far ni|en|te: „süß ists, nichts zu tun"
Dol|ce|far|ni|en|te, das; -: süßes Nichtstun
Dol|ce Vi|ta, das od. die; - -: Leben, das aus Müßiggang u. Vergnügungen besteht
Do|li|ne, die; -, -n (Geogr.): trichterförmige Vertiefung der Erdoberfläche, bes. im ↑Karst
Dol|lar, der; -[s], -s (aber: 30 Dollar): Währungseinheit in den USA, in Kanada u. anderen Ländern (1 Dollar = 100 Cent; Zeichen: $)
Dol|lar|scrip, der; -s, -s: Spezialgeldschein für die amerikanische Besatzungstruppe nach 1945
dol|lie|ren: Leder abschaben, abschleifen
Dol|ly, der; -[s], -s: a) fahrbares Stativ für eine Filmkamera; b) Kamerawagen
Dol|men, der; -s, -: tischförmig gebautes Steingrab der Jungsteinzeit u. frühen Bronzezeit
Dol|metsch, der; -[e]s, -e: a) (österr., sonst selten) ↑Dolmetscher; b) Fürsprecher
dol|met|schen: a) einen Text für jmdn. mündlich übersetzen; b) als ↑Dolmetscher tätig sein
Dol|met|scher, der; -s, -: jmd., der [berufsmäßig] mündlich übersetzt
Dol|met|sche|rin, die; -, -nen: weibliche Form zu ↑Dolmetscher
Do|lo|mit [...ˈmɪt], der; -s, -e: 1. ein Mineral. 2. ein Sedimentgestein
do|lo|ro|so (Musik): klagend, betrübt, trauervoll (Vortragsanweisung)
Do|lus, der; - (Rechtsspr.): Hinterlist
[1]**Dom,** der; -[e]s, -e: Bischofs-, Haupt-, Stiftskirche mit ausgedehntem ↑[1]Chor
[2]**Dom,** der; -[e]s, -e: 1. Kuppel, gewölbte Decke. 2. gewölbter Aufsatz eines Dampfkessels o. Ä.
[3]**Dom,** der; -: in Verbindung mit dem Taufnamen gebrauchte port. Bez. für Herr
[4]**Dom,** der; -s, -s: Angehöriger einer niedrigen ↑Kaste Indiens
Do|ma, das; -s, ...men: Kristallfläche, die zwei Kristallachsen schneidet
Do|main [doˈmɛɪ̯n], die; -, -s od. das; -[s], -s: Teilbereich eines elektronischen Netzwerks (meist Bestandteil einer Internetadresse)
Do|mä|ne, die; -, -n: 1. Staatsgut, -besitz. 2. Spezialgebiet; Gebiet, auf dem sich jmd. besonders betätigt o. Ä. 3. ↑Domain
Do|mes|tik, der; -en, -en: 1. (meist Plural) Dienstbote. 2. Radrennfahrer, der den besten Fahrer einer Mannschaft unterstützt
Do|mes|ti|ka|ti|on, die; -, -en: Zähmung u. Züchtung von Haustieren u. Kulturpflanzen aus Wildtieren bzw. Wildpflanzen
Do|mes|ti|ke, der; -n, -n: ↑Domestik
Do|mes|ti|kin, die; -, -nen: 1. weibliche Form zu ↑Domestik (1). 2. (Jargon) Masochistin, die

sadistische Handlungen an sich vornehmen lässt

do|mes|ti|zie|ren: 1. Haustiere u. Kulturpflanzen aus Wildformen züchten. 2. zähmen

¹Do|mi|na, die; -, ...nä: Stiftsvorsteherin

²Do|mi|na, die; -, -s: Prostituierte, die einen Masochisten sadistisch behandelt

do|mi|nant: 1. (Biol.) vorherrschend, überdeckend (von Erbfaktoren). 2. beherrschend

Do|mi|nan|te, die; -, -n: 1. vorherrschendes Material. 2. (Musik) a) Quinte; fünfte Stufe der ↑diatonischen Tonleiter; b) Durdreiklang über der Quinte einer Dur- od. Molltonleiter

Do|mi|nanz, die; -, -en: 1. (Biol.) Eigenschaft von Erbfaktoren, sich gegenüber anderen Erbfaktoren desselben Gens sichtbar durchzusetzen. 2. a) das Dominieren (1 a); b) das Dominieren (1 b); Vorherrschaft

Do|mi|nat, der od. das; -[e]s, -e: absolutes, göttlich sanktioniertes römisches Kaisertum

do|mi|nie|ren: 1. a) bestimmen, herrschen, vorherrschen; b) jmdn., etwas beherrschen. 2. sadistische Handlungen an einem Masochisten vornehmen

Do|mi|ni|ka|ner, der; -s, -: Angehöriger des vom hl. Dominikus im Jahre 1215 gegründeten Predigerordens (Abk.: O. P. od. O. Pr.)

Do|mi|ni|on [do'mɪni̯ən], das; -s, -s u. ...nien (Geschichte): ein selbstständiges Land des Britischen Reiches u. Commonwealth

¹Do|mi|no, das; -s, -s: Spiel, bei dem rechteckige, mit Punkten versehene Steine nach einem System aneinandergelegt werden

²Do|mi|no, der; -s, -s (österr.): Spielstein im ¹Domino

Do|mi|no|ef|fekt, der; -[e]s: durch ein Ereignis ausgelöste Folge ähnlicher Ereignisse

Do|mi|nus, der; -, ...ni (katholische Liturgie): Gott der Herr

Do|mi|zil, das; -s, -e: 1. Wohnsitz. 2. Zahlungsort [von Wechseln]. 3. (Astrol.) einem bestimmten Planeten zugeordnetes Tierkreiszeichen

Dom|ka|pi|tel, das; -s, -: Gemeinschaft von Geistlichen an bischöflichen Kirchen, die für die Gestaltung des Gottesdienstes verantwortlich sind u. den Bischof beraten

Dom|ka|pi|tu|lar, der; -s, -e: Mitglied des Domkapitels

Domp|teur [...'tøːɐ̯], der; -s, -e: Tierbändiger

Don (ohne Artikel): a) in Verbindung mit dem Vornamen gebrauchte spanische Bezeichnung für Herr; b) in Verbindung mit dem Vornamen gebrauchter Titel der Priester u. der Angehörigen italienischer Adelsfamilien

D

Do|ña ['dɔnja] (ohne Artikel): in Verbindung mit dem Vornamen gebrauchte spanische Bezeichnung für Frau

Dö|ner, der; -s, -: Kurzform von ↑Döner Kebab

Dö|ner Ke|bab, der; - -[s], - -s, **Dö|ner|kebab,** der; -s, -s: Kebab aus an einem senkrecht stehenden Spieß gebratenem, stark gewürztem Fleisch mit Fladenbrot, Knoblauchsoße u. weiteren Zutaten

Dong, der; -[s], -[s] (aber: 5 -): Währungseinheit in Vietnam

Don|jon [dõ'ʒõ], der; -s, -s: Hauptturm einer mittelalterlichen Burg in Frankreich

Don Ju|an [dɔn 'xu̯an, auch: dõ'ʒu̯ãː], der; - -s, - -s: Frauenheld

Don Qui|chotte [dɔnki'ʃɔt, auch: dõ...], der; - -[s], - -s: lächerlich wirkender Schwärmer, dessen Vorsätze an der Realität scheitern

Don|qui|chot|te|rie, die; -, ...ien: törichtes, von Anfang an aussichtsloses Unternehmen

Do|nut, Dough|nut ['dɔʊ̯nat], der; -s, -s: rundes Hefegebäck mit einem Loch in der Mitte

Do|pa|min, das; -s, -e (Biochemie): die Muttersubstanz des Hormons ↑Adrenalin

Dope [doːp], das; -s: Rauschgift, bes. Haschisch

do|pen [auch: 'dɔʊ̯pn̩]: durch (verbotene) Anregungsmittel zu einer vorübergehenden sportlichen Höchstleistung zu bringen versuchen

Do|ping ['dɔʊ̯...], das; -s, -s: Anwendung von unerlaubten Mitteln zur Steigerung der sportlichen Leistung

Dopp|ler|ef|fekt, der; -[e]s (Physik): Frequenzänderung je nach der Entfernung eines Erzeugers von Schall- od. Lichtwellen

Do|ra|de, die; -, -n: Goldbrasse

Do|ra|do vgl. Eldorado

D

do|risch: a) die [Kunst der] Dorer betreffend; b) aus der Landschaft Doris stammend

dor|sal: 1. (Med.) a) zum Rücken, zur Rückseite gehörend; b) am Rücken gelegen; zum Rücken hin. 2. (Sprachwiss.) mit dem Zungenrücken gebildet

Dos, die; -, Dotes ['do:te:s] (Rechtsspr.): Mitgift

do|sie|ren: [eine bestimmte Menge] ab-, zumessen

Do|sie|rung, die; -, -en: 1. das Dosieren. 2. abgemessene, dosierte Menge von etwas

Do|si|me|ter, das; -s, - (Physik, Chemie, Med.): Gerät zur Messung der vom Menschen aufgenommenen Menge an radioaktiven Strahlen

Do|sis, die; -, ...sen: entsprechende, zugemessene [Arznei]menge

Dos|si|er [dɔ'si̯e:], das, veraltet: der; -s, -s: umfänglichere Akte, in der alle zu einer Sache, einem Vorgang gehörenden Schriftstücke enthalten sind

dos|sie|ren: abschrägen, abböschen

Do|ta|ti|on, die; -, -en: 1. Schenkung, Zuwendung von Geld od. anderen Vermögenswerten. 2. Mitgift

do|tie|ren: 1. (in Bezug auf gehobene berufliche Positionen) in bestimmter Weise bezahlen. 2. mit einer bestimmten Geldsumme o. Ä. ausstatten

Do|tie|rung, die; -, -en: 1. das Dotieren. 2. Entgelt, Gehalt, bes. in höheren Positionen

dou|beln ['du:bl̩n]: a) einen Filmschauspieler bei gefährlichen Szenen vertreten; b) eine Szene mit einem Double (1 a) besetzen

Double ['du:bl̩], das; -s, -s: 1. a) jmd., der einen Darsteller doubelt; b) Doppelgänger/-in. 2. (Sport) Gewinn der Meisterschaft u. des Pokalwettbewerbs durch dieselbe Mannschaft in einer Spielzeit

down [dau̯n] (ugs.): sich körperlich, psychisch auf einem Tiefstand befindend; zerschlagen, ermattet; niedergeschlagen, bedrückt

Down|hill ['dau̯nhɪl], das, auch der; -s, -s: Abfahrtsrennen mit Mountainbikes

Dow|ning Street ['dau̯nɪŋ stri:t], die; - -: 1. Straße in London mit dem Amtssitz des britischen Premierministers. 2. (ohne Artikel) die britische Regierung

Down|link ['dau̯nlɪŋk], der; -s, -s: 1. (EDV) Verbindung von einem Provider zu einem Endgerät, über die Daten zum Endgerät gesendet werden. 2. Übertragungsstrecke von einem Kommunikationssatelliten zu einer Bodenstation

Down|load ['dau̯nlɔu̯d], der od. das; -s, -s (EDV): das Downloaden

down|load|bar (EDV): für einen Download verfügbar

down|loa|den (EDV): Daten von einem Computer, aus dem Internet herunterladen

Down|syn|drom (Med.), **Down-Syn|drom** ['dau̯n...], das; -s: genetisch bedingtes, durch schwerwiegende Entwicklungsstörungen u. Veränderungen gekennzeichnetes Erscheinungsbild eines Menschen

Do|y|en [do̯a'jɛ̃:], der; -s, -s: Leiter u. Sprecher des diplomatischen Korps

Do|yenne [...'jɛn], die; -, -n [...nən]: weibliche Form zu ↑Doyen

Do|zent, der; -en, -en: a) Lehrer an einer Hochschule, Fachhochschule od. Volkshochschule; b) Lehrer an einer Universität, der noch nicht zum Professor ernannt ist; c) Privatdozent

Do|zen|tin, die; -, -nen: weibliche Form zu ↑Dozent

Do|zen|tur, die; -, -en: a) akademischer Lehrauftrag; b) Dozentenstelle

do|zie|ren: a) an einer Hochschule lehren; b) in belehrendem Ton reden

Drag-and-drop, Drag-and-Drop ['dræg-ənd...], das; -s (EDV): Funktion, mit der grafische Elemente (z. B. Icons) durch Anklicken markiert u. mit gedrückter Maustaste bewegt u. so an anderer Stelle eingesetzt werden können

Dra|gee, Dra|gée [...'ʒe:], das; -s, -s: 1. mit einem Glanzüberzug versehene Süßigkeit, die eine feste oder flüssige Masse enthält. 2. linsenförmige Pille mit einem geschmacksverbessernden Überzug

Dra|geur [...'ʒø:e̯], der; -s, -e: jmd., der Dragees herstellt

Dra|go|man [auch: ...'ma:n], der; -s, -e: einheimischer Dolmetscher im Nahen Osten

Dra|gon, Dra|gun, der oder das; -s: ↑Estragon

Dra|go|ner, der; -s, - (Geschichte): Kavallerist auf leichterem Pferd, leichter Reiter

Drain [drɛ:n], der; -s, -s, **Drän,** der; -s, -s u. -e: 1. (Technik) Entwässerungsgraben, -röhre. 2. (Med.) Röhrchen mit seitlichen Öffnungen

drai|nie|ren, drä|nie|ren [drɛ...]: 1. (Technik) den Boden durch ↑Drainung entwässern. 2. (Med.) Wundsekrete, Flüssigkeiten durch Drains ableiten

Drai|nung, die; -, -en: Entwässerung des Bodens durch Röhren- od. Grabensysteme

dra|ko|nisch: sehr streng, hart

Dra|ma, das; -s, ...men: 1. a) (ohne Plural) Bühnenstück: Tragödie u. Komödie umfassende literarische Gattung; b) Schauspiel [mit tragischem Ausgang]. 2. erschütterndes od. trauriges Geschehen

Dra|ma|tik, die; -: 1. dramatische Dichtkunst. 2. Spannung, innere Bewegtheit

Dra|ma|ti|ker, der; -s, -: Verfasser von Dramen

Dra|ma|ti|ke|rin, die; -, -nen: weibliche Form zu ↑Dramatiker

dra|ma|tisch: 1. das Drama (1 a) betreffend, kennzeichnend, zum Drama gehörend. 2. a) aufregend u. spannungsreich; b) drastisch, einschneidend

dra|ma|ti|sie|ren: 1. einen literarischen Stoff als Drama für die Bühne bearbeiten. 2. etw. schlimmer darstellen, als es wirklich ist

Dra|ma|turg, der; -en, -en: literatur- u. theaterwissenschaftlicher Berater bei Theater, Funk u. Fernsehen

Dra|ma|tur|gie, die; -, ...ien: 1. Lehre von der äußeren Bauform u. den Gesetzmäßigkeiten der inneren Struktur des Dramas. 2. Abteilung der beim Theater, Funk od. Fernsehen beschäftigten Dramaturgen

Dra|ma|tur|gin, die; -, -nen: weibliche Form zu ↑Dramaturg

dra|ma|tur|gisch: 1. die Dramaturgie betreffend. 2. die Kunst der Gestaltung eines Stücks, einer Szene betreffend

Dra|pee, Dra|pé, der; -s, -s: feiner, einfarbiger Anzug- od. Kostümstoff

Dra|pe|rie, die; -, ...ien: 1. kunstvoller Faltenwurf eines Vorhangs od. Kleides. 2. strahlenförmiges Nordlicht

dra|pie|ren: 1. kunstvoll in Falten legen. 2. mit kunstvoll gefaltetem Stoff behängen, schmücken. 3. Gegenstände kunstvoll anordnen

Dras|tik, die; -: derbe Anschaulichkeit

dras|tisch: a) anschaulich-derb [und auf diese Weise sehr wirksam]; b) sehr stark, deutlich in seiner [negativen] [Aus]wirkung spürbar

D

Dread|locks ['drɛd...], die (nur Plural): (zum Beispiel von den Rastafaris) als Frisur getragene, durch Kämmen gegen den Strich verfilzte Haarsträhnen

Dress, der; - u. -es, -e, österr.: die; -, -en: besondere Kleidung (z. B. Sportkleidung)

Dress|code, Dress-Code ['drɛskɔu̯d], der; -s, -s: Kleiderordnung für Büro, Veranstaltungen

Dres|seur [...'sø:ɐ̯], der; -s, -e: jmd., der Tiere dressiert, abrichtet

Dres|seu|rin [...'sø:rɪn], die; -, -nen: weibliche Form zu ↑Dresseur

dres|sie|ren: 1. a) Tiere abrichten; b) (abwertend) jmdn. durch Disziplinierung zu einer bestimmten Verhaltensweise bringen. 2. a) einem Gericht durch Zusammenbinden od. -nähen vor dem Braten eine zum Servieren geeignete Form geben; b) mit einer Creme o. Ä. verzieren, die aus einem Spritzbeutel gedrückt wird

Dres|sing, das; -s, -s: 1. Marinade; Salatsoße. 2. Kräuter- od. Gewürzmischung

Dress|man [...mən], der; -s, ...men [...mən]: a) männliche Person, die auf Modeschauen Herrenkleidung vorführt; b) männliches Fotomodell

Dres|sur, die; -, -en: 1. a) das Abrichten von Tieren; b) (abwertend) die Disziplinierung von Personen. 2. Kunststück eines dressierten Tieres. 3. Kurzform von Dressurreiten

drib|beln (Sport): den Fußball durch kurze Stöße vorwärtstreiben

Dribb|ling, das; -s, -s: das Dribbeln

Drink, der; -s, -s: alkoholisches Getränk

Drive [drai̯f, engl.: drai̯v], der; -s, -s: 1. a) Schwung, Lebendigkeit; b) Neigung, starker Drang. 2. besonderer Schlag beim Golfspiel u. Tennis

Dri|ver ['drai̯vɐ], der; -s, -: 1. Golfschläger für Abschlag und Treibschlag. 2. (EDV) Pro-

D

gramm (4), mit dem ein peripheres Gerät (z. B. ein Drucker) gesteuert wird; Treiber

Dro|ge, die; -, -n: 1. Rauschgift. 2. pflanzlicher od. tierischer Stoff, der als Arznei-, Gewürzmittel u. für technische Zwecke verwendet wird

Dro|gen|dea|ler [...di:lɐ], der; -s, -: Rauschgifthändler; vgl. Dealer

Dro|ge|rie, die; -, ...ien: Geschäft für den Verkauf von Heilmitteln, Chemikalien und kosmetischen Artikeln

Dro|gist, der; -en, -en: Besitzer od. Angestellter einer Drogerie mit spezieller Ausbildung

Dro|gis|tin, die; -, -nen: weibliche Form zu ↑Drogist

Dro|me|dar [auch: 'dro:...], das; -s, -e: einhöckeriges Kamel in Nordafrika u. Arabien

[1]**Drop|box**® (ohne Artikel): ein Anbieter von ↑Webhosting

[2]**Drop|box**®, die; -, -en u. -es [...ɪs]: bei [1]Dropbox angelegtes Dateiverzeichnis

Drop-down-Me|nü [...'daʊ̯n...], das; -s, -s (EDV): Auswahlfenster, das sich unterhalb des Mauszeigers od. einer Menüleiste öffnet

Drop|kick, der; -s, -s: Schuss (bes. beim Fußball), bei dem der Ball in dem Augenblick gespielt wird, in dem er auf den Boden aufprallt

Drop-out, Drop|out [...ʔaʊ̯t], der; -[s], -s: 1. jmd., der aus seiner sozialen Gruppe ausbricht. 2. (Technik) durch unbeschichtete Stellen im Magnettonband od. Schmutz verursachtes Aussetzen in der Schallaufzeichnung

Drosch|ke, die; -, -n (Geschichte): ein- oder zweispänniges Mietfuhrwerk zur Personenbeförderung

Drug|store ['dragstɔ:], der; -[s], -s: Verkaufsgeschäft für Artikel des täglichen Bedarfs

Dru|i|de, der; -n, -n: keltischer Priester der vorchristlichen Zeit

Dru|i|din, die; -, -nen: weibliche Form zu ↑Druide

Drum [dram], die; -, -s: a) engl. Bez. für Trommel; b) (nur Plural) Schlagzeug (bes. im Jazz)

Drum|com|pu|ter ['dram...], der; -s, -: elektronisches Schlagzeug

Drum|lin [engl.: 'drʌmlɪn], der; -s, -s u. Drums: von Eiszeitgletschern geformter, lang gestreckter Hügel aus Grundmoränenschutt

Drum|mer ['dramɐ, 'drʌmɐ], der; -s, -: Schlagzeuger in einer Band

Drum|me|rin, die; -, -nen: weibliche Form zu ↑Drummer

Dru|se, der; -n, -n: Angehöriger einer islamischen Sekte im Libanon u. in Syrien

dry [draɪ̯]: herb, trocken (von [Schaum]weinen)

Dry|a|de, die; -, -n (meist Plural) (gr. Mythologie): Waldnymphe

Dsche|bel, der; -[s]: Berg, Gebirge (in arabischen erdkundlichen Namen)

Dschi|had, der; -, **Ji|had** [dʒi...]: a) oft als „Heiliger Krieg" bezeichneter Kampf der Muslime zur Verteidigung u. Ausbreitung des ↑Islams; b) zu den muslimischen Grundpflichten gehörendes Streben, nach dem islamischen Glauben zu leben

Dschinn, der; -s, - u. -en: böser Geist (im [vor]islam. Volksglauben)

Dschun|gel, der, selten: das; -s, -: undurchdringlicher tropischer Sumpfwald

Dschun|ke, die; -, -n: chinesisches Segelschiff mit flachem Schiffsrumpf

du|al: eine Zweiheit bildend

Du|a|lis|mus, der; -, ...men: 1. a) Zweiheit; b) Gegensätzlichkeit; Polarität zweier Faktoren. 2. philosophisch-religiöse Lehre, nach der es nur zwei voneinander unabhängige ursprüngliche Prinzipien im Weltgeschehen gibt (z. B. Gott–Welt; Leib–Seele). 3. Rivalität zweier Staaten od. zwischen zwei Parteien

du|a|lis|tisch: 1. den Dualismus betreffend. 2. zwiespältig, gegensätzlich

Du|a|li|tät, die; -: 1. Zweiheit, Doppelheit; wechselseitige Zuordnung. 2. (Math.) Eigenschaft zweier geometrischer Gebilde, die es gestattet, aus Kenntnissen über das eine Sätze über das andere abzuleiten

Du|al|sys|tem, das; -s, -e: 1. (ohne Plural) Zahlensystem, das als Basis die Zahl zwei verwendet u. mithilfe von nur zwei Zahlenzeichen (0 u. 1) alle Zahlen als Potenzen von 2 darstellt. 2. (Soziol.) zweiseitiges Abstammungs-, Verwandtschaftsverhältnis

Du|al Use ['dju:əl 'ju:s], der; -: Verwendbarkeit einer Anlage od. eines Wirtschaftsgutes sowohl für zivile als auch für militärische Zwecke

du|bi|os, du|bi|ös: zweifelhaft, fragwürdig

Du|bi|um, das; -s, ...ia u. ...ien: Zweifelsfall

Duc [dyk], der; -[s], -s: höchste Rangstufe des Adels in Frankreich

Du|chesse [dy'ʃɛs], die; -, -n [...sn̩]: 1. (ohne Plural) schweres [Kunst]seidengewebe mit glänzender Vorder- u. matter Rückseite in Atlasbindung. 2. Herzogin (in Frankreich)

Duc|tus, der; -, - [...tu:s] (Med.): Gang, Kanal, Ausführungsgang von Drüsen; vgl. Duktus

due (Musik): zwei; a due (zu zweit)

Du|ell, das; -s, -e: Zweikampf

Du|el|lant, der; -en, -en: jmd., der sich mit einem anderen duelliert

du|el|lie|ren, sich: ein Duell austragen

Du|ett, das; -[e]s, -e: a) Komposition für zwei Singstimmen; b) (Musik) zweistimmiger musikalischer Vortrag

Duf|fle|coat ['dafl̩kɔʊ̯t], der; -s, -s: dreiviertellanger Sportmantel

du jour [dy'ʒu:ɐ̯] (veraltet): vom Dienst

Duke [dju:k], der; -[s], -s: höchste Rangstufe des Adels in England

duk|til (Technik): gut dehnbar, verformbar

Duk|tus, der; -: a) Schriftzug, Linienführung der Schriftzeichen; b) charakteristische Art der [künstlerischen] Formgebung; vgl. Ductus

Dum|my ['dami], der; -s, -s: a) lebensgroße, bei Unfalltests verwendete [Kunst]stoffpuppe; b) (auch das) Attrappe, Schaupackung, Probeband (für Werbezwecke)

Dump [damp], der; -s, -s (EDV): Speicherauszug, das Sichtbarmachen eines zusammenhängenden Teils eines Speichers

Dum|ping ['dampɪŋ], das; -s (Wirtsch.): a) Export einer Ware unter ihrem Inlandpreis, um damit einen ausländischen Markt zu erobern; b) Verkauf einer Ware mit nur kleinem od. ohne Gewinn zur Durchsetzung dieser Ware auf dem Markt

Dun|king ['daŋkɪŋ], der; -s, -s (Basketball): Korbwurf, bei dem die Hände der od. des Werfenden oberhalb des Korbrings sind

Duo, das; -s, -s: 1. Komposition für zwei meist ungleiche [Instrumental]stimmen. 2. zwei gemeinsam musizierende Solisten

Duo|de|num, das; -s, ...na (Med.): Zwölffingerdarm

D

Duo|dez, das; -es: Buchformat in der Größe eines zwölftel Bogens (Zeichen: 12^{0})

duo|de|zi|mal: auf das Duodezimalsystem bezogen

Duo|de|zi|mal|sys|tem, das; -s: Zahlensystem mit der Grundzahl 12

Duo|de|zi|me, die; -, -n: a) zwölfter Ton einer ↑diatonischen Tonleiter; b) Intervall von zwölf diatonischen Tonstufen

dü|pie|ren: täuschen, überlisten

Du|plex|be|trieb, der; -[e]s, -e: Betrieb eines Computersystems in der Weise, dass bei seinem Ausfallen auf ein bereitstehendes gleichartiges System ausgewichen werden kann

Du|pli|kat, das; -[e]s, -e: Zweitausfertigung

Du|pli|ka|ti|on, die; -, -en: 1. das Duplizieren; Verdopplung. 2. (Genetik) Verdopplung eines Chromosomenabschnitts

du|pli|zie|ren: verdoppeln

Du|pli|zi|tät, die; -, -en: Doppelheit; doppeltes Vorkommen, Auftreten von etwas

Du|plum, das; -s, ...pla: ↑Duplikat

Dur, das; -[s]: Tongeschlecht aller Tonarten, bei denen nur ein Halbton zwischen der dritten u. vierten sowie der siebenten u. achten Stufe der Tonleiter liegt

du|ra|bel: dauerhaft, bleibend

Dur|alu|min®, das; -s: sehr feste Aluminiumlegierung

du|ra|tiv [auch: ...'ti:f]: andauernd, anhaltend

Dust [dast], der; -[s]: feinste Teeaussiebung

Dux, der; -, Duces ['du:tse:s] (Musik): meist einstimmiges Fugenthema in der Haupttonart, das im Comes mündet

DVD [de:faʊ̯'de:], die; -, -s: Datenträger für Audio- u. Videosignale mit viel Speicherplatz

DVD-Play|er [...plɛɪ̯ɐ], der; -s, -: Gerät zum Abspielen von DVDs

dy|a|disch: dem Zweiersystem zugehörend
Dyn: Einheit der Kraft im ↑CGS-System (Zeichen: dyn)
Dy|na|mik, die; -, -en: 1. (ohne Plural) Lehre vom Einfluss der Kräfte auf die Bewegung von Körpern. 2. a) (Plural selten) auf Veränderung gerichtete Kraft; Triebkraft; b) dynamische (2 b) Art, dynamisches (2 b) Wesen
dy|na|misch: 1. die von Kräften erzeugte Bewegung betreffend. 2. a) eine Bewegung, Entwicklung aufweisend; b) durch Schwung u. Energie gekennzeichnet; Tatkraft u. Unternehmungsgeist besitzend
dy|na|mi|sie|ren: a) in Bewegung setzen; beschleunigen; b) bestimmte Leistungen an Veränderungen anpassen
Dy|na|mis|mus, der; -, ...men: 1. (ohne Plural) philosophische Lehre, nach der alle Wirklichkeit auf Kräfte u. deren Wirkungen zurückgeführt werden kann. 2. (ohne Plural) Glaube mancher Naturvölker an die Wirkung unpersönlicher übernatürlicher Kräfte in Menschen u. Dingen. 3. (ohne Plural) Dynamik (2 a)
Dy|na|mit [auch: ...'mɪt], das; -s: auf der Grundlage des ↑Nitroglyzerins hergestellter Sprengstoff
Dy|na|mo|ma|schi|ne [auch: 'dy:...], die; -, -n: Maschine zur Erzeugung elektrischen Stroms
Dy|nast, der; -en, -en (Geschichte): Herrscher, Fürst
Dy|nas|tie, die; -, ...ien: Herrschergeschlecht
dy|nas|tisch: die Dynastie betreffend
Dy|s|en|te|rie, die; -, ...ien (Med.): Durchfall
Dys|funk|ti|on, die; -, -en: 1. (Med.) Funktionsstörung [eines Organs]. 2. für den Bestand eines Systems schädlicher Sachverhalt
Dys|pep|sie, die; -, ...ien (Med.): Verdauungsstörung, -schwäche
dys|pep|tisch: a) schwer verdaulich; b) schwer verdauend
Dys|pho|rie, die; -, ...ien (Med., Psychol.): Störung des emotionalen Erlebens [ohne Krankheitswert]; ängstlich-bedrückte, traurige, mit Gereiztheit einhergehende Stimmungslage
dys|pho|risch: ängstlich-bedrückt u. gereizt
Dys|pnoe, die; - (Med.): Atemnot, Kurzatmigkeit
Dys|to|nie, die; -, ...ien (Med.): Störung des normalen Spannungszustandes der Muskeln u. Gefäße, die zu unwillkürlichen neurologischen Bewegungsstörungen [wie z. B. Athetose, Ballismus od. Chorea] führt
Dys|tro|phie, die; -, ...ien (Med.): a) Ernährungsstörung; b) mangelhafte Versorgung eines Organs mit Nährstoffen
Dys|tro|phi|ker, der; -s, - (Med.): jmd., der an Dystrophie leidet
Dys|tro|phi|ke|rin, die; -, -nen: weibliche Form zu ↑Dystrophiker

E e

€ = Euro
ea|sy ['i:zi] (ugs.): leicht, keine Schwierigkeiten mit sich bringend
Eau de Co|lo|g|ne ['o: d(ə) ko'lɔnjə], das, auch: die; - - -, Eaux [o:] - -: Kölnischwasser
Eau de Par|fum [- - par'fœ:], das; - - -, Eaux [o:] - -: Duftwasser, dessen Duftstärke zwischen Eau de Toilette u. Parfüm liegt
Eau de Toi|lette [- - to̯a'lɛt], das; - - -, Eaux [o:] - -: Duftwasser, dessen Duftstärke zwischen Eau de Parfum u. Eau de Cologne liegt
eBay®, E-Bay ['i:bɛɪ̯], das; -[s] (meist ohne Artikel): ein Auktionshaus im Internet
Ebo|la, Ebo|la|fie|ber, das; -s (Med.): durch ein Virus hervorgerufene, oft tödlich verlaufende epidemische Infektionskrankheit
E-Book ['i:bʊk], das; -[s], -s: in digitalisierter Form vorliegender Inhalt eines Buches, der mithilfe eines E-Book-Readers gelesen werden kann
E-Book-Rea|der [...ri:dɐ], der; -s, - (EDV): digitales Lesegerät [in Buchformat], mit dem E-Books gelesen werden können
E-Busi|ness ['i:bɪznɪs], das; -: Gesamtheit aller Geschäftsformen, die elektronisch (z. B. über das Internet) vorgenommen werden
Ec|cle|sia, die; -: 1. ↑Ekklesia. 2. (Kunstwiss.)

zusammen mit der Synagoge dargestellte weibliche Figur (mit Krone, Kelch u. Kreuzstab) als Allegorie des Neuen Testamentes

echauf|fie|ren [eʃɔˈfiːrən], sich: a) sich erhitzen; b) sich aufregen

Echi|no|der|me, der; -n, -n (meist Plural): Stachelhäuter (z. B. Seeigel, Seestern)

Echi|no|kok|kus, der; -, ...kken (Med.): Gattung verschiedener Bandwurmarten

Echo, das; -s, -s: 1. Widerhall. 2. Reaktion auf etwas. 3. (Musik) Wiederholung eines kurzen ↑Themas (2) in geringerer Tonstärke

echo|en: 1. widerhallen. 2. wiederholen

Echo|lot, das; -[e]s, -e: Gerät zur Messung von Meerestiefen

E-Com|merce [ˈiːkɔmœːɐ̯s], der; -s: Vertrieb von Waren od. Dienstleistungen über das Internet

Eco|no|mi|ser [ɪˈkɔnəmaɪ̯zɐ], der; -s, -: Wasservorwärmer bei Dampfkesselanlagen

Ecu, ECU [eˈkyː], der; -[s], -[s] od. die; -, -: europäische Rechnungseinheit (1979–1998)

Eden, das; -s (gehoben): ↑Paradies (2)

edie|ren: 1. Bücher herausgeben, veröffentlichen. 2. (EDV) editieren

Edikt, das; -[e]s, -e: a) (Geschichte) Erlass von Kaisern u. Königen; b) (österr.) Anordnung

edi|tie|ren (EDV): Daten eingeben, löschen, ändern o. Ä.

Edi|ti|on, die; -, -en: 1. a) Ausgabe von Büchern, bes. Neuherausgabe klassischer Werke; b) Verlag. 2. Herausgabe von ↑Musikalien, bes. in laufenden Sammlungen (Abk.: Ed.)

[1]Edi|tor [auch: eˈdiː...], der; -s, ...oren: Herausgeber eines Buches

[2]Edi|tor [ˈɛdɪtɐ], der; -s, -s (EDV): Komponente des Betriebssystems eines Computers, die die Bearbeitung von Texten u. Grafiken steuert

Edi|to|ri|al [ɛdɪˈtɔ(ː)riəl], das; -[s], -s: 1. Vorwort des Herausgebers in einer Zeitschrift. 2. Leitartikel des Herausgebers od. Chefredakteurs einer Zeitung. 3. a) Redaktionsverzeichnis, -impressum; b) Verlagsimpressum

edi|to|risch: a) die Herausgabe eines Buches betreffend, ihr eigentümlich; b) verlegerisch

Edu|ka|ti|on, die; -, -en: Erziehung

Edukt, das; -[e]s, -e: aus Rohstoffen abgeschiedener Stoff

Edu|tain|ment [ɛdjuˈtɛɪ̯nmənt], das; -s: Vermittlung von Wissen auf unterhaltsame und spielerische Weise, z. B. durch Computerlernprogramme

Ef|fekt, der; -[e]s, -e: a) Wirkung, Erfolg; b) (meist Plural) auf Wirkung abzielendes Ausdrucks- u. Gestaltungsmittel; c) Ergebnis, sich aus etwas ergebender Nutzen

Ef|fek|ten, die (nur Plural): 1. Wertpapiere. 2. (schweiz.) bewegliche Habe

ef|fek|tiv: a) tatsächlich, wirklich; b) wirksam; c) (ugs.) überhaupt, ganz u. gar; d) lohnend

Ef|fek|tiv, das; -s, -e (Sprachwiss.): Verb des Verwandelns (z. B. knechten = zum Knecht machen); vgl. Faktitiv

Ef|fek|ti|vi|tät, die; -: Wirksamkeit, Durchschlagskraft, Leistungsfähigkeit

Ef|fek|tiv|lohn, der; -[e]s, ...löhne: wirklich gezahlter Lohn, der aus Tariflohn u. übertariflichen Zahlungen besteht

Ef|fen|di, Efen|di, der; -[s], -s (veraltet): Anrede u. Titel für höhere Beamte in der Türkei

Ef|fet [ɛˈfeː, ɛˈfɛː], der, auch: das; -s, -s: einer Kugel, einem Ball beim Stoßen, Schlagen, Treten o. Ä. verliehener Drall

Ef|fi|cien|cy [ɪˈfɪʃənsɪ], die; -: 1. Wirtschaftlichkeit, bestmöglicher Wirkungsgrad. 2. Leistungsfähigkeit

ef|fi|zi|ent: besonders wirksam u. wirtschaftlich, leistungsfähig

Ef|fi|zi|enz, die; -, -en: 1. Wirksamkeit u. Wirtschaftlichkeit. 2. ↑Efficiency

Ef|flo|res|zenz, die; -, -en: 1. (Med.) krankhafte Hautveränderung (z. B. Bläschen, Flecken). 2. (Geol.) Bildung von mineralischen Überzügen auf Gesteinen u. Böden

EFTA, die; -: Europäische Freihandelszone

egal: 1. gleich, gleichartig, gleichmäßig. 2. (ugs.) gleichgültig, einerlei

ega|li|sie|ren: 1. etwas Ungleichmäßiges ausgleichen. 2. (Sport) den Vorsprung des Gegners aufholen; (einen Rekord) einstellen

ega|li|tär: auf Gleichheit gerichtet

Ega|li|ta|ris|mus, der; -: Sozialtheorie von der [möglichst] vollkommenen Gleichheit in der menschlichen Gesellschaft

Ega|li|tät, die; -: Gleichheit
Éga|li|té [...'te:], die; -: Gleichheit (eines der drei Schlagworte der Französischen Revolution); vgl. Fraternité, Liberté
Ego, das; -[s], -s (Philos.): das Ich; vgl. Alter Ego
Ego|is|mus, der; -, ...men: 1. (ohne Plural) Selbstsucht, Eigenliebe, Eigennutz. 2. (nur Plural) selbstsüchtige Handlungen o. Ä.
Ego|ist, der; -en, -en: jmd., der seine persönlichen Interessen in den Vordergrund stellt
Ego|is|tin, die; -, -nen: weibliche Form zu ↑Egoist
ego|is|tisch: nur an sich denkend
ego|man: krankhaft selbstbezogen
Ego|ma|ne, der; -n, -n: jmd., der egoman ist, an Egomanie leidet
Ego|ma|nie, die; -: krankhafte Selbstbezogenheit
Ego|ma|nin, die; -, -nen: weibliche Form zu ↑Egomane
Ego|trip, der; -s, -s (Jargon): Lebenshaltung, bei der jmd. ganz auf sich selbst bezogen ist
Ego|zen|t|rik, die; -: Einstellung od. Verhaltensweise, die die eigene Person als Zentrum allen Geschehens betrachtet
Ego|zen|t|ri|ker, der; -s, -: jmd., der egozentrisch ist
Ego|zen|t|ri|ke|rin, die; -, -nen: weibliche Form zu ↑Egozentriker
ego|zen|t|risch: ichbezogen; sich selbst als Zentrum allen Geschehens betrachtend
Ei|de|tik, die; -: Fähigkeit, sich Objekte od. Situationen so anschaulich vorzustellen, als ob sie realen Wahrnehmungscharakter hätten
Ei|de|ti|ker, der; -s, - (Psychol.): jmd., der die Fähigkeit hat, sich Objekte od. Situationen anschaulich, wie wirklich vorhanden vorzustellen
Ei|de|ti|ke|rin, die; -, -nen: weibliche Form zu ↑Eidetiker
ei|de|tisch (Psychol.): a) die Eidetik betreffend; b) anschaulich, bildhaft
Ei|dos, das; -: 1. Gestalt, Form. 2. Idee (bei Plato). 3. Gegensatz zur Materie (bei Aristoteles). 4. (Logik) Art im Gegensatz zur Gattung
ein|bal|sa|mie|ren: (einen Leichnam) mit konservierenden Mitteln behandeln
ein|che|cken: 1. (Flugw.) a) (vor dem Abflug) abfertigen; b) (vor dem Abflug) sich abfertigen lassen. 2. (in ein Hotel o. Ä.) einziehen, sich anmelden
ein|log|gen (EDV): durch Eingabe eines Passwortes o. Ä. Zugang zu einem Programm erhalten; sich anmelden
ein|quar|tie|ren: [Soldaten] in einem ↑Quartier (1) unterbringen
ein|scan|nen [...skɛnən]: mit dem Scanner eingeben
Eja|ku|lat, das; -[e]s, -e (Med.): bei der Ejakulation ausgespritzte Samenflüssigkeit
Eja|ku|la|ti|on, die; -, -en (Med.): Ausspritzung der Samenflüssigkeit beim ↑Orgasmus
eja|ku|lie|ren (Med.): Samenflüssigkeit ausspritzen
Ekart [e'ka:ɐ̯], der; -s, -s (Börsenw.): Unterschied zwischen Kaufpreis und Verkaufspreis eines Finanzprodukts
Ek|kle|sia, die; -: Kirche; vgl. Ecclesia
Ek|kle|sio|lo|gie, die; -: theologische Lehre von der christlichen Kirche
Ek|lat [e'kla(:)], der; -s, -s: Aufsehen, Knall, Skandal; aufsehenerregender Vorfall
ek|la|tant: 1. offenkundig. 2. aufsehenerregend
Ek|lek|ti|ker, der; -s, -: a) jmd., der weder ein eigenes philos. System aufstellt noch ein anderes übernimmt, sondern aus verschiedenen Systemen das ihm Passende auswählt; b) (abwertend) jmd., der fremde Ideen verwendet, ohne eigene Gedanken dazu zu entwickeln
Ek|lek|ti|ke|rin, die; -, -nen: weibliche Form zu ↑Eklektiker
ek|lek|tisch: a) (abwertend) unschöpferisch; nur Ideen anderer verwendend; b) bereits Vorhandenes übernehmend
Ek|lek|ti|zis|mus, der; -: 1. (abwertend) unschöpferische geistige Arbeitsweise, bei der Ideen anderer übernommen od. zusammengetragen werden. 2. (bildende Kunst; Literatur) Rückgriff auf die Stilmittel verschiedener Künstler früherer Epochen mangels Kreativität
ek|lek|ti|zis|tisch: nach der Art des Eklektizismus verfahrend

Ek|lip|se, die; -, -n (Astron.): Verfinsterung (in Bezug auf Mond od. Sonne)

Ek|lip|tik, die; -, -en (Astron.): der größte Kreis, in dem die Ebene der Erdbahn um die Sonne die als unendlich groß gedachte Himmelskugel schneidet

Ek|s|ta|se, die; -, -n: [religiöse] Verzückung, rauschhafter Zustand

Ek|s|ta|ti|ker, der; -s, -: jmd., der in Ekstase geraten ist; verzückter Schwärmer

Ek|s|ta|ti|ke|rin, die; -, -nen: weibliche Form zu ↑Ekstatiker

ek|s|ta|tisch: in Ekstase, außer sich, schwärmerisch, rauschhaft

Ek|ta|se, die; -, -n (antike Metrik): Dehnung eines Vokals

Ek|to|derm, das; -s, -e: äußeres Blatt des tierischen u. menschlichen Keims, das bei der Gastrulabildung (vgl. Gastrula) entsteht; vgl. Entoderm

Ek|to|mie, die; -, ...ien (Med.): vollständige [operative] Entfernung eines Organs

Ek|to|pa|ra|sit, der; -en, -en (Biol.; Med.): pflanzlicher od. tierischer Schmarotzer, der auf der Körperoberfläche lebt

Ek|ty|pus [auch: ɛk'ty:...], der; -, ...pen (Fachspr.): Nachbildung, Abbild; Kopie

Ek|zem, das; -s, -e (Med.): nicht ansteckende, in vielen Formen auftretende juckende Entzündung der Haut

Ela|bo|rat, das; -[e]s, -e: a) (abwertend) flüchtig zusammengeschriebene Arbeit; Machwerk; b) (selten) schriftliche Arbeit, Ausarbeitung

ela|bo|riert: differenziert ausgebildet

Elan [auch: e'lã:], der; -s: innerer Schwung, Spannkraft; Begeisterung

Elast, der; -[e]s, -e (meist Plural): Kunststoff von gummiartiger Elastizität

elas|tisch: 1. dehnbar, biegsam. 2. Elastizität (2) besitzend

Elas|ti|zi|tät, die; -: 1. (Physik) Fähigkeit eines Körpers, eine aufgezwungene Formänderung rückgängig zu machen. 2. körperliche Spannkraft, Geschmeidigkeit

Ela|tiv, der; -s, -e (Sprachwiss.): absoluter, auf keinem Vergleich beruhender Superlativ (z. B. beste [= sehr gute] Lage)

El|do|ra|do, das; -[s], -s: Gebiet, das ideale Bedingungen für jmdn. bietet; Traumland, Paradies

Elec|t|ro|nic Cash [ɪlɛk'trɔnɪk 'kæʃ], das; - -: bargeldloser Zahlungsverkehr

Ele|fant, der; -en, -en: sehr großes Rüsseltier mit dicker Haut u. langen Stoßzähnen

Ele|fan|ti|a|sis, Ele|phan|ti|a|sis, die; -, ...iasen (Med.): durch Lymphstauungen bedingte unförmige Verdickung von Körperteilen, bes. der Extremitäten

ele|fan|tös: 1. für einen Elefanten charakteristisch. 2. (scherzh.) von außergewöhnlichem Umfang; wuchtig, ausladend. 3. (scherzh.) außergewöhnlich, großartig

ele|gant: a) (von der äußeren Erscheinung) durch Vornehmheit, erlesenen Geschmack auffallend; b) in gewandt und harmonisch wirkender Weise ausgeführt; c) kultiviert, erlesen

Ele|gant [ele'gã:], der; -s, -s: gepflegter Mann

Ele|ganz, die; -: a) (in Bezug auf die äußere Erscheinung) geschmackvolle Vornehmheit; b) Geschmeidigkeit [in der Bewegung]

Ele|gei|on, das; -s: elegisches Versmaß, d. h. Verbindung von ↑Hexameter u. ↑Pentameter; Distichon

Ele|gie, die; -, ...ien: 1. a) im ↑Elegeion abgefasstes Gedicht; b) wehmütiges Gedicht, Klagelied. 2. Schwermut

Ele|gi|ker, der; -s, -: 1. Elegiendichter. 2. jmd., der zu schwermütigen Stimmungen neigt

ele|gisch: 1. a) die Gedichtform der Elegie betreffend; b) in Elegieform gedichtet. 2. voll Schwermut, Wehmut; wehmütig

Elek|ti|on, die; -, -en: [Aus]wahl; vgl. Selektion (1)

elek|tiv: auswählend; vgl. selektiv

elek|t|ri|fi|zie|ren: auf elektrischen Betrieb umstellen

Elek|t|ri|fi|zie|rung, die; -, -en: Umstellung auf elektrischen Betrieb

Elek|t|rik, die; -: a) Gesamtheit einer elektrischen Anlage od. Einrichtung (z. B. Autoelektrik); b) (ugs.) Elektrotechnik

Elek|t|ri|ker, der; -s, -: Handwerker im Bereich der Elektrotechnik, bes. Elektroinstallateur

Elek|t|ri|ke|rin, die; -, -nen: weibliche Form zu ↑Elektriker

E

elek|t|risch: 1. auf der Anziehungs- bzw. Abstoßungskraft geladener Elementarteilchen beruhend; durch [geladene] Elementarteilchen hervorgerufen. 2. a) die Elektrizität betreffend; b) durch elektrischen Strom angetrieben; mithilfe des elektrischen Stroms erfolgend

elek|t|ri|sie|ren: 1. elektrische Ladungen erzeugen, übertragen. 2. den Organismus mit elektrischen Stromstößen behandeln. 3. sich elektrisieren: seinen Körper unabsichtlich mit einem Stromträger in Kontakt bringen

Elek|t|ri|zi|tät, die; -: 1. auf der Anziehung bzw. Abstoßung elektrisch geladener Teilchen beruhendes Grundphänomen der Natur. 2. elektrische Energie

Elek|t|ro|akus|tik [auch: e'lɛktro...], die; -: Wissenschaft, die sich mit der Umwandlung der Schallschwingungen in elektrische Spannungsschwankungen u. umgekehrt befasst

elek|t|ro|akus|tisch [auch: e'lɛktro...]: die Elektroakustik betreffend

Elek|t|ro|au|to, das; -s, -s: mit einem Elektromotor angetriebenes Auto

Elek|t|ro|che|mie [auch: e'lɛktro...], die; -: die Wissenschaft von den Zusammenhängen zwischen elektrischen Vorgängen u. chemischen Reaktionen

elek|t|ro|che|misch [auch: e'lɛktro...]: die Elektrochemie betreffend

Elek|t|ro|de, die; -, -n: elektrisch leitender Teil, der den Übergang des elektrischen Stromes in ein anderes Leitermedium vermittelt

Elek|t|ro|dy|na|mik, die; -: Wissenschaft von der bewegten Elektrizität u. ihren Wirkungen

Elek|t|ro|en|ze|pha|lo|gramm, das; -s, -e (Med.): Aufzeichnung des Verlaufs der Hirnaktionsströme bzw. der Potenzialänderungen (Abk.: EEG)

Elek|t|ro|in|ge|ni|eur, der; -s, -e: auf dem Gebiet der Elektrotechnik ausgebildeter Ingenieur (Berufsbez.)

Elek|t|ro|in|ge|ni|eu|rin, die; -, nen: weibliche Form zu ↑Elektroingenieur

Elek|t|ro|kar|dio|graf, Elek|t|ro|kar|dio|graph, der; -en, -en (Med.): Gerät zur Aufzeichnung von Elektrokardiogrammen

Elek|t|ro|kar|dio|gramm, das; -s, -e (Med.): Aufzeichnung des Verlaufs der Aktionsströme des Herzens (Abk.: EKG, Ekg)

Elek|t|ro|ly|se, die; -, -n: durch elektrischen Strom bewirkte chem. Zersetzung

Elek|t|ro|lyt, der; -en (selten: -s), -e (selten: -en): 1. (Physik, Chemie) den elektrischen Strom leitende und sich durch ihn zersetzende Lösung. 2. (bes. Med., Sport) für den Körper notwendige Salze enthaltende Flüssigkeit, die bes. dann verwendet wird, wenn ein Verlust von Elektrolyten (1) droht od. eingetreten ist

elek|t|ro|ly|tisch: den elektrischen Strom leitend u. sich durch ihn zersetzend

Elek|t|ro|ma|g|net [auch: e'lɛktro...], der; -en u. -[e]s, -e (seltener: -en): Spule mit einem Kern aus Weicheisen, durch die elektrischer Strom geschickt u. ein Magnetfeld erzeugt wird

elek|t|ro|ma|g|ne|tisch [auch: e'lɛktro...]: den Elektromagnetismus betreffend, auf ihm beruhend

Elek|t|ro|me|cha|ni|ker, der; -s, -: Handwerker od. Industriearbeiter, der aus Einzelteilen elektromechanische Anlagen u. Geräte montiert (Berufsbez.)

Elek|t|ro|me|cha|ni|ke|rin, die; -, -nen: weibliche Form zu ↑Elektromechaniker

Elek|t|ro|mo|tor, der; -s, ...oren (auch: -e): Motor, der elektrische Energie in mechanische Energie umwandelt

[1]**Elek|t|ron** [auch: e'lɛk...], das; -s, ...onen: negativ elektrisches Elementarteilchen

[2]**Elek|t|ron,** das; -s: 1. natürlich vorkommende Gold-Silber-Legierung. 2. ® Magnesiumlegierung [mit wechselnden Zusätzen]

Elek|t|ro|nen|mi|k|ro|s|kop, das; -s, -e: Mikroskop, das mit Elektronen arbeitet

Elek|t|ro|nen|röh|re, die; -, -n: luftleeres Gefäß mit Elektrodenanordnung zum Gleichrichten, zur Verstärkung u. Erzeugung von elektromagnetischen Schwingungen

Elek|t|ro|nen|volt vgl. Elektronvolt

Elek|t|ro|nik, die; -: Zweig der Elektrotechnik, der sich mit der Entwicklung u. Verwendung von Geräten mit Elektronenröhren, Fotozellen, Halbleitern u. Ä. befasst

Elek|t|ro|ni|ker, der; -s, -: Techniker der Elektronik

Elek|t|ro|ni|ke|rin, die; -, -nen: weibliche Form zu ↑Elektroniker

elek|t|ro|nisch: die Elektronik betreffend

Elek|t|ron|volt, das; - u. -[e]s, -: Energieeinheit der Kernphysik (Zeichen: eV)

Elek|t|ro|schock, der; -s, -s (Med.): durch elektrische Stromstöße erzeugter künstlicher Schock zur Behandlung bestimmter Psychosen u. Ä.

Elek|t|ro|smog, der; -[s] (ugs.): elektromagnetische Strahlung, die von Fernseh-, Radar-, Mikrowellen u. Ä. ausgeht

elek|t|ro|sta|tisch: die Elektrostatik betreffend

Elek|t|ro|tech|nik, die; -: Technik, die sich mit Erzeugung u. Anwendung der Elektrizität befasst

Elek|t|ro|tech|ni|ker, der; -s, -: a) Elektroingenieur; b) Facharbeiter auf dem Gebiet der Elektrotechnik

Elek|t|ro|tech|ni|ke|rin, die; -, -nen: weibliche Form zu ↑Elektrotechniker

elek|t|ro|tech|nisch: die Elektrotechnik betreffend

Elek|t|ro|the|ra|pie, die; -, ...ien (Med.): Heilbehandlung mithilfe elektrischer Ströme

Elek|t|ro|to|mie, die; -, ...ien (Med.): Entfernung von Gewebswucherungen mit der elektrischen Schneidschlinge

Ele|ment, das; -[e]s, -e: 1. [Grund]bestandteil, Komponente; Wesenszug. 2. (ohne Plural) Kraft, Faktor. 3. (nur Plural) Grundbegriffe, Grundgesetze, Anfangsgründe. 4. (Chemie) mit chemischen Mitteln nicht weiter zerlegbarer Stoff

ele|men|tar: 1. a) grundlegend, wesentlich; b) selbst einem Unerfahrenen bekannt [u. daher einfach, primitiv]. 2. naturhaft, ungebändigt. 3. (Chemie) als reines Element vorhanden

Ele|men|tar|teil|chen, das; -s, -: Sammelbezeichnung für alle Sorten von kleinsten nachweisbaren geladenen u. ungeladenen Teilchen, aus denen Atome aufgebaut sind

Ele|mi, das; -[s]: Harz einer bestimmten Gruppe tropischer Bäume

Ele|va|ti|on, die; -, -en: 1. Erhöhung, Erhebung. 2. Höhe eines Gestirns über dem Horizont

Ele|va|tor, der; -s, ...oren: Fördereinrichtung, die Güter weiterbefördert (z. B. Getreide, Sand, Schotter)

Ele|ve, der; -n, -n: jmd., der sich als Anfänger in der praktischen Ausbildungszeit befindet (z. B. am Theater)

Ele|vin, die; -, -nen: weibliche Form zu ↑Eleve

Eli|mi|na|ti|on, die; -, -en: 1. Ausschaltung, Beseitigung, Entfernung. 2. (Math.) rechnerische Beseitigung einer unbekannten Größe, die in mehreren Gleichungen vorkommt

eli|mi|nie|ren: a) aus einem größeren Komplex herauslösen u. so beseitigen, unwirksam werden lassen; b) etwas aus einem größeren Komplex lösen, um es isoliert zu behandeln

Eli|mi|nie|rung, die; -, -en: das Eliminieren

eli|sa|be|tha|nisch: das Zeitalter Elisabeths I. von England betreffend

Eli|si|on, die; -, -en (Sprachwiss.): 1. Ausstoßung eines unbetonten Vokals im Wortinnern (z. B. Wand[e]rung). 2. Ausstoßung eines Vokals am Ende eines Wortes vor einem folgenden mit Vokal beginnenden Wort (z. B. Freud[e] und Leid, sagt[e] er)

eli|tär: a) einer Elite angehörend; auserlesen; b) auf die [vermeintliche] Zugehörigkeit zu einer Elite begründet

Eli|te [österr. auch: ...'lɪt], die; -, -n: 1. a) Auslese der Besten; b) Führungsschicht. 2. (ohne Plural) Alterskategorie im Radsport

Eli|xier, das; -s, -e: Heiltrank; Zaubertrank; Verjüngungsmittel (Lebenselixier)

El|lip|se, die; -, -n: 1. (Math.) Kegelschnitt; geometrischer Ort aller Punkte, die von zwei festen Punkten, den Brennpunkten, die gleiche Summe der Abstände haben. 2. a) Auslassung von Redeteilen (z. B. der [Täter] oder die Täter sollen sich melden); b) Auslassungssatz; Satz, in dem Redeteile erspart sind (z. B. keine Zeit! = ich habe keine Zeit!)

el|lip|so|id: ellipsenähnlich

el|lip|tisch: 1. (Math.) in der Form einer Ellipse (1). 2. (Sprachwiss.) die Ellipse (2) betreffend; unvollständig

E

El Ni|ño [- 'ninjɔ], der; - -[s]: anomale Wassererwärmung im tropischen Pazifik mit [starker] Auswirkung auf das Klima

Elo|ge [e'lo:ʒə], die; -, -n: an einen anderen gerichtete Äußerung, mit der jmd. in betonter [überschwänglicher] Weise Lob u. Anerkennung zum Ausdruck bringt; Lobeserhebung

Elon|ga|ti|on, die; -, -en: 1. Winkel zwischen Sonne u. Planet. 2. der Betrag, um den ein Körper aus einer stabilen Gleichgewichtslage entfernt wird

elo|quent: beredsam, beredt

Elo|quenz, die; -: Beredsamkeit

Elo|xal®, das; -s: Schutzschicht aus Aluminiumoxid

elo|xie|ren: mit Eloxal überziehen

Ély|sée [eli'ze:], das; -[s], **Ély|sée-Pa|last,** der; -[e]s: Palast in Paris (Amtssitz des französischen Staatspräsidenten)

ely|sisch, ely|sä|isch: zum Elysium gehörend; paradiesisch, himmlisch

Ely|si|um, das; -s: in der griechischen Sage das Land der Seligen in der Unterwelt

Email [e'maj, österr.: e'maɪl], das; -s, -s: glasharter, gegen Korrosion u. Temperaturschwankungen beständiger Schmelzüberzug als Schutz oder zur Verzierung

E-Mail ['i:mɛɪl], die; -, -s, auch, bes. südd., österr., schweiz.: das; -s, -s: 1. elektronischer Daten- u. Nachrichtenaustausch per Computer. 2. Nachricht per E-Mail (1)

e-mai|len ['i:mɛɪlən], **emai|len:** Nachrichten per E-Mail (1) versenden

Email|le [e'maljə, auch: e'maj] vgl. Email

Email|leur [ema'jø:ɐ̯, emal'jø:ɐ̯], der; -s, -e: Emaillierer; jmd., der Schmuck, Industriewaren usw. mit Emailglasurfarben überzieht

email|lie|ren [ema'ji:..., emal'ji:...]: mit Email überziehen

Email|ma|le|rei, die; -, -en: a) (ohne Plural) das Malen mit farbigem Glas, das als flüssige Masse auf Metall, zuweilen auch auf Glas od. Ton aufgetragen u. eingebrannt wird; b) einzelne Arbeit in der Technik der Emailmalerei (a)

Eman|ze, die; -, -n (ugs., oft abwertend): [junge] Frau, die bewusst emanzipiert auftritt u. sich aktiv für die Emanzipation (2) einsetzt

Eman|zi|pa|ti|on, die; -, -en: 1. Befreiung aus einem Zustand der Abhängigkeit; Verselbstständigung. 2. rechtliche u. gesellschaftliche Gleichstellung [der Frau mit dem Mann]

eman|zi|pa|to|risch: auf Emanzipation (1, 2) gerichtet

eman|zi|pie|ren, sich: sich aus einer bestehenden Abhängigkeit lösen; sich selbstständig machen

eman|zi|piert: die traditionelle Rolle [der Frau] nicht mehr akzeptierend; unabhängig

Em|bar|go, das; -s, -s: 1. Beschlagnahme od. das Zurückhalten fremden Eigentums durch einen Staat. 2. staatliches Waren- u. Kapitalausfuhrverbot

Em|b|lem [auch: ã'ble:m], das; -s, -e (bei dt. Aussprache auch: -ata): 1. Kennzeichen, Hoheitszeichen [eines Staates]. 2. Sinnbild (z. B. Ölzweig für Frieden)

Em|b|le|ma|tik, die; -: Forschungsrichtung, die sich mit der Herkunft u. Bedeutung von Emblemen (2) befasst

em|b|le|ma|tisch: sinnbildlich

Em|bo|lie, die; -, ...ien (Med.): Verstopfung eines Blutgefäßes durch in die Blutbahn geratene körpereigene od. körperfremde Substanzen (Embolus)

Em|bo|lus, der; -, ...li (Med.): in der Blutbahn befindlicher Fremdkörper; Gefäßpfropf

Em|b|ryo, der (österr. auch: das); -s, ...onen u. -s: 1. (Anthropol., Zool.) im Anfangsstadium der Entwicklung befindlicher Organismus (beim Menschen die Leibesfrucht von der vierten Schwangerschaftswoche bis zum Ende des vierten Schwangerschaftsmonats). 2. (Bot.) Teil des Samens der Samenpflanzen, der aus Keimachse, Keimwurzel u. Keimblättern besteht

Em|b|ryo|lo|gie, die; - (Med.): Lehre u. Wissenschaft von der vorgeburtlichen Entwicklung der Lebewesen

em|b|ry|o|nal, em|b|ry|o|nisch: a) zum Keimling gehörend; im Keimlingszustand, unentwickelt; b) unreif; c) ungeboren

Em|b|ryo|trans|fer, der; -s, -s (Med., Zool.):

Übertragung u. Einpflanzung von Eizellen, die außerhalb des Körpers befruchtet wurden

Em|b|ryo|zel|le, die; -, -n: Zelle eines Embryos (1) in einem frühen Stadium, die sich noch nicht in einen bestimmten Typ ausdifferenziert hat u. sich beliebig oft teilen kann; embryonale Stammzelle

Eme|rit, der; -en, -en: im Alter dienstunfähig gewordener kath. Geistlicher

eme|ri|tie|ren: jmdn. in den Ruhestand versetzen, entpflichten (z. B. einen Professor)

Eme|ri|tie|rung, die; -, -en: Entbindung eines Hochschullehrers von seiner Lehrverpflichtung

eme|ri|tus: (in Verbindung mit dem davorstehenden Titel) von der Lehrpflicht entbunden (Abk.: em., emer., emerit.)

Eme|ri|tus, der; -, ...ti: im Ruhestand befindlicher Hochschullehrer (Abk.: em.)

Emi|g|rant, der; -en, -en: Auswanderer; jmd., der [aus politischen, wirtschaftlichen oder religiösen Gründen] sein Heimatland verlässt

Emi|g|ran|tin, die; -, -nen: weibliche Form zu ↑Emigrant

Emi|g|ra|ti|on, die; -, -en: Auswanderung (bes. aus politischen, wirtschaftlichen od. religiösen Gründen)

emi|g|rie|ren: [aus politischen, wirtschaftlichen od. religiösen Gründen] auswandern

emi|nent: außerordentlich, äußerst [groß]

Emi|nenz, die; -, -en: Hoheit (Titel der Kardinäle)

Emir [auch: e'miːɐ̯], der; -s, -e: Befehlshaber, Fürst, Gebieter (bes. in islamischen Ländern)

Emi|rat, das; -[e]s, -e: arabisches Fürstentum

Emis|sär, der; -s, -e: Abgesandter mit einem bestimmten Auftrag

Emis|sä|rin, die; -, -nen: weibliche Form zu ↑Emissär

Emis|si|on, die; -, -en: 1. Ausgabe von Wertpapieren od. Geld. 2. (Physik) Aussendung von elektromagnetischen Teilchen od. Wellen. 3. das Ausströmen luftverunreinigender Stoffe in die Außenluft; Luftverunreinigung; vgl. Immission

Emit|tent, der; -en, -en: 1. (Bankw.) jmd., der Wertpapiere ausstellt u. ausgibt. 2. Verursacher einer Emission (3)

Emit|ten|tin, die; -, -nen: weibliche Form zu ↑Emittent

Emit|ter, der; -s, -: Emissionselektrode eines ↑Transistors

emit|tie|ren: 1. ausgeben (von Wertpapieren). 2. (Physik) aussenden. 3. (umweltgefährdende Stoffe) in die Luft ablassen

Emo|ji [...dʒi], das; -s, -s (EDV): aus Japan stammendes, einem Emoticon ähnliches Piktogramm, das auf Gefühlslagen, Gegenstände, Orte, Tiere, Essen o. Ä. verweist (in elektronischen Nachrichten)

Emo|ti|con, das; -s, -s (EDV): Zeichenkombination, mit der in einer E-Mail od. beim Chatten eine Gefühlsäußerung wiedergegeben werden kann, z. B. :-) für „glücklich" u. :-(für „traurig"; vgl. Smiley

Emo|ti|on, die; -, -en: Gemütsbewegung, seelische Erregung; Gefühlszustand; vgl. Affekt

emo|ti|o|nal, emo|ti|o|nell: mit Emotionen verbunden; aus einer inneren Erregung erfolgend; gefühlsmäßig; affektiv

emo|ti|o|na|li|sie|ren: Emotionen wecken

Emo|ti|o|na|li|tät, die; -: inneres, gefühlsmäßiges Beteiligtsein an etwas

emo|ti|o|nell vgl. emotional

Em|pa|thie, die; -, ...ien (Psychol.): Bereitschaft u. Fähigkeit, sich in andere Menschen einzufühlen

em|pa|thisch (Psychol.): bereit u. fähig, sich in andere Menschen einzufühlen

Em|pha|se, die; -, -n: Nachdruck, Eindringlichkeit [im Reden]

em|pha|tisch (Rhet., Sprachwiss.): mit Nachdruck, stark, eindringlich

[1]**Em|pire** [ã'piːɐ̯], das; -[s]: a) (Geschichte) französisches Kaiserreich unter Napoleon I. (Premier Empire, 1804–1815) u. unter Napoleon III. (Second Empire, 1852–1870); b) Stil[epoche] zur Zeit Napoleons I. u. der folgenden Jahre (etwa 1800 bis 1830)

[2]**Em|pi|re** ['ɛmpaɪ̯ə], das; -[s]: das frühere britische Weltreich

Em|pi|rie, die; -: 1. Methode, die sich auf Erfahrung stützt, um [wissenschaftliche] Erkenntnisse zu gewinnen. 2. aus der Erfahrung gewonnene Kenntnisse; Erfahrungswissen

E

Em|pi|ri|ker, der; -s, -: jmd., der erfahrungsbezogen denkt u. handelt; jmd., der nur die Empirie als Erkenntnisquelle gelten lässt

Em|pi|ri|ke|rin, die; -, -nen: weibliche Form zu ↑Empiriker

em|pi|risch: erfahrungsgemäß; aus der Erfahrung, Beobachtung [erwachsen]; dem Experiment entnommen

Em|pi|ris|mus, der; -: philosophische Lehre, nach der nur Sinneserfahrung, Beobachtung und Experiment zur Erkenntnis führen

Em|pi|rist, der; -en, -en: Vertreter der Lehre des Empirismus

Em|pi|ris|tin, die; -, -nen: weibliche Form zu ↑Empirist

em|pi|ris|tisch: dem Empirismus entsprechend

Emu, der; -s, -s: in Australien beheimateter, großer straußenähnlicher Laufvogel

Emu|la|ti|on, die; - (EDV): Nachahmung der Funktionen eines anderen Computers od. Programms

Emul|ga|tor, der; -s, ...toren: Mittel, das die Bildung einer ↑Emulsion erleichtert

Emul|si|on, die; -, -en: Gemenge aus zwei ineinander unlösbaren Flüssigkeiten, bei dem die eine Flüssigkeit in Form kleiner Tröpfchen in der anderen verteilt ist

en bloc [ã'blɔk]: im Ganzen, in Bausch u. Bogen

En|co|der [ɪn'kɔʊ̯dɐ], der; -s, -: Einrichtung zum Verschlüsseln von Daten usw.; [Daten]verschlüsseler in einem ↑Computer

en|co|die|ren, en|ko|die|ren: [eine Nachricht] mithilfe eines ↑Codes (1) verschlüsseln

En|coun|ter [ɪn'kaʊ̯ntɐ], das od. der; -s, -: 1. Gruppentraining zur Steigerung der ↑Sensitivität. 2. Begegnung, Zusammenstoß

En|de|ca|sil|la|bo, der; -[s], ...bi: elfsilbiger italienischer Vers (des Sonetts, der Stanze u. der Terzine); vgl. Hendekasyllabus

en|de|misch: a) [ein]heimisch; b) (Med.) örtlich begrenzt auftretend (von Infektionskrankheiten); c) (Biol.) in einem begrenzten Gebiet verbreitet

en dé|tail [ãde'taj]: im Kleinen; einzeln

En|di|vie [...vi̯ə], die; -, -n: eine Salatpflanze

En|do|ga|mie, die; -: Bestimmung, nach der nur innerhalb eines bestimmten sozialen Verbandes (z. B. Stamm, Kaste) geheiratet werden darf

en|do|gen: 1. a) (Med.) im Körper selbst [entstehend], von innen kommend (von Stoffen, Krankheitserregern od. Krankheiten); b) (Bot.) innen entstehend (von Pflanzenteilen, die nicht aus Gewebeschichten der Oberfläche, sondern aus dem Innern entstehen u. die unbeteiligten äußeren Gewebeschichten durchstoßen). 2. (Geol.) von Kräften im Erdinneren erzeugt

En|do|kard, das; -[e]s, -e (Med.): Herzinnenhaut

En|do|kar|di|tis, die; -, ...itiden (Med.): Entzündung der Herzinnenhaut

en|do|krin (Med.): mit innerer ↑Sekretion verbunden (von Drüsen)

En|do|kri|no|lo|gie, die; - (Med.): Lehre von den Hormonen

en|do|plas|ma|tisch: innerhalb des Zellplasmas gelegen

En|dor|phin, das; -s, -e (Biol., Med.): körpereigener Eiweißstoff (Hormon), der schmerzstillend wirkt

[1]**En|do|s|kop,** das; -s, -e (Med.): in eine Lichtquelle eingeschlossenes optisches Instrument zur Untersuchung von Hohlorganen u. Körperhöhlen sowie zur Gewebsentnahme

[2]**En|do|s|kop,** der; -en, -en (selten): Facharzt für Endoskopie

En|do|s|ko|pie, die; -, ...ien (Med.): Ausleuchtung u. Ausspiegelung einer Körperhöhle mithilfe des [1]Endoskops

En|do|thel, das; -s, -e (Med.): Zellschicht an der Innenfläche der Blut- u. Lymphgefäße

en|do|therm: Wärme aufnehmend, bindend

En|du|ro, die; -, -s: geländegängiges Motorrad mit Einzylindermotor

Ener|ge|tik, die; -: 1. Wissenschaft von allen industriell genutzten Formen der Energie u. ihrer Umwandlung. 2. philosophische Lehre, die die Energie als Wesen u. Grundkraft aller Dinge erklärt (nach W. Ostwald)

ener|ge|tisch: 1. die Energie betreffend, auf ihr beruhend. 2. die Energetik (2) betreffend

Ener|gie, die; -, ...ien: 1. (ohne Plural) a) mit Nachdruck eingesetzte Kraft, um etwas durchzusetzen; b) geistige u. körperliche Spannkraft. 2. (Physik) Fähigkeit eines Stoffes, Körpers od. Systems, Arbeit zu verrichten, die sich aus Wärme, Bewegung o. Ä. herleitet

Ener|gie|kri|se, die; -, -n: ↑Krise (2) in der Versorgung mit Energieträgern

Ener|gie|po|li|tik, die; -: Maßnahmen o. Ä. auf dem Gebiet der Energieversorgung

ener|gisch: a) starken Willen, Durchsetzungskraft habend u. entsprechend handelnd; b) entschlossen, nachdrücklich

ener|vie|ren: 1. jmds. Nerven überbeanspruchen. 2. (Med.) die Verbindung zwischen Nerv u. dazugehörigem Organ [aus therapeutischen Zwecken durchtrennnen u. damit] ausschalten

Ener|vie|rung, die; -, -en: 1. Überbeanspruchung der Nerven. 2. (Med.) Ausschaltung der Verbindung zwischen Nerv u. dazugehörigem Organ; Denervierung

en fa|mille [ã fa'mi:]: in vertrautem Kreis

En|fant ter|ri|ble [ãfãtɛ'ri:bl̩], das; - -, -s -s [ãfãtɛ'ri:bl̩]: jmd., der seine Umgebung durch sein Verhalten schockiert

En|ga|ge|ment [ãgaʒ(ə)'mã:], das; -s, -s: 1. (ohne Plural) [persönlicher] Einsatz aus [weltanschaulicher] Verbundenheit; Gefühl des Verpflichtetseins zu etw. 2. Anstellung, Stellung, bes. eines Künstlers

en|ga|gie|ren [ãga'ʒi:rən]: 1. jmdn. (bes. einen Künstler) unter Vertrag nehmen, für eine Aufgabe verpflichten. 2. sich engagieren: sich binden, sich verpflichten

en|ga|giert: a) entschieden für etwas eintretend; b) ein starkes persönliches Interesse an etwas habend

En|gi|nee|ring [ɛndʒɪ'nɪərɪŋ], das; -[s]: engl. Bez. für: Ingenieurwesen

en gros [ã'gro:]: im Großen

En|gros|sist, der; -en, -en (österr.): Grossist

En|kla|ve, die; -, -n: vom eigenen Staatsgebiet eingeschlossener Teil eines fremden Staatsgebietes

En|kli|se, En|kli|sis, die; -, ...isen (Sprachwiss.): Verschmelzung eines unbetonten Wortes [geringeren Umfangs] mit einem vorangehenden betonten (z. B. „zum" aus „zu dem")

En|kli|ti|kon, das; -s, ...ka (Sprachwiss.): unbetontes Wort, das sich an das vorhergehende betonte anlehnt

en|kli|tisch (Sprachwiss.): sich an ein vorhergehendes betontes Wort anlehnend

en masse [ã'mas] (ugs. emotional): in großer Menge, Zahl [vorhanden, vorkommend]

en mi|ni|a|ture [ãminja'ty:r]: in kleinem Maßstab; einem größeren Vorbild in kleinerem Ausmaß ungefähr entsprechend; im Kleinen [dargestellt, vorhanden]

E

enorm: von außergewöhnlich großem Ausmaß, außerordentlich; erstaunlich

en pas|sant [ãpa'sã:]: nebenher (in Bezug auf etwas, was neben dem Eigentlichen mehr am Rande noch mit erledigt, gemacht wird)

En|quete [ã'kɛ:t], die; -, -n: 1. amtliche Untersuchung, Erhebung, die bes. zum Zweck der Meinungs-, Bevölkerungs-, Wirtschaftsforschung u. Ä. durchgeführt wird. 2. (österr.) Arbeitstagung

En|quete|kom|mis|si|on, die; -, -en: Kommission, die eine Enquete durchführt

en route [ã'rut]: unterwegs

Ens, das; - (Philos.): das Seiende; Wesen, Idee

En|sem|ble [ã'sã:bl̩], das; -s, -s: a) zusammengehörende, aufeinander abgestimmte Gruppe von Schauspielern, Tänzern, Sängern od. Orchestermusikern; b) kleine Besetzung in der Instrumental- u. Unterhaltungsmusik

En|si|la|ge [ãsi'la:ʒə], die; -: Bereitung von Gärfutter

en suite [ã'sɥit]: 1. im Folgenden, demzufolge. 2. ununterbrochen

En|te|le|chie, die; -, ...ien: a) (Philos.) etwas, was sein Ziel in sich selbst hat; die sich im Stoff verwirklichende Form (bei Aristoteles); b) die im Organismus liegende Kraft, die seine Entwicklung u. Vollendung bewirkt

En|tente [ã'tã:t], die; -, -n: Bündnis

En|tente cor|di|ale [ãtãtkɔr'djal], die; - - (Politik): das französisch-britische Bündnis nach 1904

En|te|ro|kly|se, die; -, -n, **En|te|ro|klys|ma,** das; -s, ...men u. -ta (Med.): Darmspülung

En|ter|tai|ner ['ɛntɐtɛɪ̯nɐ], der; -s, -: jmd., dessen Beruf es ist, ein [größeres] Publikum zu unterhalten

E

En|ter|tai|ne|rin, die; -, -nen: weibliche Form zu ↑Entertainer

En|ter|tain|ment [ɛntɐˈteɪ̯nmənt], das; -s: berufsmäßig gebotene Unterhaltung

en|thu|si|as|mie|ren: begeistern

En|thu|si|as|mus, der; -: leidenschaftliche Begeisterung, Schwärmerei

En|thu|si|ast, der; -en, -en: begeisterter, leidenschaftlicher Bewunderer, Schwärmer

En|thu|si|as|tin, die; -, -nen: weibliche Form zu ↑Enthusiast

en|thu|si|as|tisch: begeistert, schwärmerisch

En|ti|tät, die; -, -en: 1. (Philos.) Dasein im Unterschied zum Wesen eines Dinges. 2. [gegebene] Größe

ent|mi|li|ta|ri|sie|ren: aus einem Gebiet die Truppen abziehen u. die militärischen Anlagen abbauen

Ent|mi|li|ta|ri|sie|rung, die; -, -en: das Entmilitarisieren

ent|my|tho|lo|gi|sie|ren: mythische od. irrationale Vorstellungen von etwas beseitigen

Ent|my|tho|lo|gi|sie|rung, die; -, -en: das Entmythologisieren

ent|na|zi|fi|zie|ren (Geschichte): 1. nationalsozialistische Einflüsse aus dem öffentlichen Leben entfernen. 2. einen ehemaligen Nationalsozialisten politisch überprüfen u. ihn bestrafen od. entlasten

En|to|derm, das; -s, -e (Biol., Med.): das innere Keimblatt in der Entwicklung der Vielzeller; vgl. Ektoderm

En|to|mo|lo|ge, der; -n, -n: Insektenforscher

En|to|mo|lo|gie, die; -: Insektenkunde

En|to|mo|lo|gin, die; -, -nen: weibliche Form zu ↑Entomologe

en|to|mo|lo|gisch: die Entomologie betreffend

En|to|pa|ra|sit, der; -en, -en (Biol.): ↑Parasit, der im Innern anderer Tiere u. Pflanzen lebt

En|tou|ra|ge [ãtuˈraːʒə], die; -, -n: Umgebung, Gefolge

En|t|re|cote [ãtrəˈkoːt], das; -[s], -s: Rippenstück vom Rind, das in Scheiben gebraten wird

En|t|ree, En|t|rée [ãˈtreː], das; -s, -s: 1. Eintrittsgeld. 2. a) Eintritt, Eingang; b) Eingangsraum, Vorzimmer. 3. Vorspeise od. Zwischengericht

en|t|re nous [ãtrəˈnuː]: unter uns; in vertraulicher Atmosphäre

En|tro|pie, die; -, ...ien: 1. physikalische Größe, die die Verlaufsrichtung eines Wärmeprozesses kennzeichnet. 2. a) (Informationst.) Größe des Nachrichtengehalts einer nach statistischen Gesetzen gesteuerten Nachrichtenquelle; b) (Informationstheorie) mittlerer Informationsgehalt der Zeichen eines bestimmten Zeichenvorrats

ent|ta|bu|i|sie|ren: [einer Sache] den Charakter des Tabus (2) nehmen

Ent|ta|bu|i|sie|rung, die; -, -en: das Enttabuisieren, Enttabuisiertwerden

En|vi|ron|ment [ɛnˈvaɪ̯(ə)rənmənt], das; -s, -s (Kunstwiss.): Kunstform, die eine räumliche Situation durch Anordnung verschiedener Objekte u. Materialien herstellt

en|vi|ron|men|tal: in der Form, Art eines Environments

en vogue [ãˈvoːk, auch: ãˈvɔg]: zurzeit gerade beliebt, modern, im Schwange

En|vo|yé [ãvo̯aˈjeː], der; -s, -s: Gesandter

En|ze|pha|li|tis, die; -, ...itiden (Med.): Gehirnentzündung

En|ze|pha|lo|pa|thie, die; -, ...ien (Med.): Sammelbez. für krankhafte Gehirnveränderungen

En|zy|k|li|ka [auch: ...ˈtsʏk...], die; -, ...ken: [päpstliches] Rundschreiben

En|zy|k|lo|pä|die, die; -, ...ien: Nachschlagewerk, in dem das gesamte Wissen aller Disziplinen od. nur eines Fachgebiets in alphabetischer od. systematischer Anordnung dargestellt ist

en|zy|k|lo|pä|disch: 1. a) umfassende Kenntnisse habend; b) umfassende Kenntnisse vermittelnd. 2. nach Art der Enzyklopädie

En|zy|k|lo|pä|dist, der; -en, -en: Herausgeber u. Mitarbeiter der großen französischen „Encyclopédie", die unter Diderots u. d'Alemberts Leitung 1751–1780 erschien

En|zym, das; -s, -e (Med.): in der lebenden Zelle gebildete organische Verbindung, die den Stoffwechsel des Organismus steuert; vgl. Ferment

en|zy|ma|tisch: von Enzymen bewirkt

eo ip|so: 1. eben dadurch. 2. von selbst, selbstverständlich

Eo|li|enne [eo'li̯ɛn], die; -: zartes, fein geripptes [Halb]seidengewebe in Taftbindung

eo|zän: das Eozän betreffend

Eo|zän, das; -s (Geol.): zweitälteste Stufe des ↑Tertiärs

Ep|a|na|lep|se, Ep|a|na|lep|sis, die; -, ...epsen (Rhet., Stilkunde): Wiederholung eines gleichen Wortes od. einer Wortgruppe im Satz

Ep|a|n|o|dos, die; -, ...doi [...dɔi̯] (Rhet., Stilkunde): Wiederholung eines Satzes, aber in umgekehrter Wortfolge (z. B. Ich preise den Herrn, den Herrn preise ich)

Epau|lett [epo...], das; -s, -s, **Epau|let|te,** die; -, -n: Achsel-, Schulterstück auf Uniformen

Ep|en|the|se, Ep|en|the|sis, die; -, ...thesen (Sprachwiss.): Einschub von Lauten, meist zur Erleichterung der Aussprache (z. B. *t* in namen*t*lich)

Ephe|d|ra, die; -, ...drae [...drɛ] u. ...edren: schachtelhalmähnliche Pflanze, aus der Ephedrin gewonnen wird; Meerträubchen

Ephe|d|rin®, das; -s: dem ↑Adrenalin verwandtes ↑Alkaloid

eph|e|mer: 1. nur kurze Zeit bestehend, flüchtig. 2. (Bot., Zool.) nur einen Tag lang lebend

Epi|con|dy|lus, der; -, ...li (Med.): Knochenvorsprung od. Knochenfortsatz, der auf einem ↑Condylus liegt

Epi|de|mie, die; -, ...ien: zeitlich u. örtlich in besonders starkem Maß auftretende, ansteckende Massenerkrankung; Seuche

Epi|de|mio|lo|ge, der; -n, -n (Med.): Wissenschaftler, der auf dem Gebiet der Epidemiologie arbeitet

Epi|de|mio|lo|gie, die; -: Wissenschaft von der Entstehung, Verbreitung, Bekämpfung u. den sozialen Folgen von Epidemien

Epi|de|mio|lo|gin, die; -, -nen: weibliche Form zu ↑Epidemiologe

epi|de|mio|lo|gisch (Med.): die Epidemiologie betreffend

epi|de|misch: seuchenartig auftretend

Epi|der|mis, die; -, ...men (Med.): äußere Zellschicht der Haut, Oberhaut

Epi|ge|ne|se, die; -, -n: Entwicklung eines jeden Organismus durch aufeinanderfolgende Neubildungen

Epi|ge|ne|tik, die; -: Gebiet der Biologie, das sich mit den Mechanismen der Genregulation u. ihrer Vererbung befasst

epi|ge|ne|tisch (Biol.): auf die Epigenese bezogen, durch sie entstanden

epi|go|nal: unschöpferisch, nachahmend

Epi|go|ne, der; -n, -n: jmd., der in seinen Werken schon vorhandene Vorbilder verwendet od. im Stil nachahmt, ohne selbst schöpferisch, stilbildend zu sein

Epi|go|nen|tum, das; -s: epigonenhafte Art

Epi|gra|fik, Epi|gra|phik, die; -: Inschriftenkunde (als Teil der Altertumswissenschaft)

Epi|gramm, das; -s, -e: kurzes Sinn- od. Spottgedicht, meist in Distichen (vgl. Distichon)

Epi|gram|ma|ti|ker, der; -s, -: Verfasser von Epigrammen

Epi|gram|ma|ti|ke|rin, die; -, -nen: weibliche Form zu ↑Epigrammatiker

epi|gram|ma|tisch: a) das Epigramm betreffend; b) kurz, treffend, geistreich, pointiert

Epik, die; -: literarische Gattung, die jede Art von Erzählung in Versen od. Prosa umfasst

Epi|ker, der; -s, -: Dichter, der sich der Darstellungsform der ↑Epik bedient

Epi|ku|re|er, der; -s, -: 1. Vertreter u. Anhänger der Lehre des gr. Philosophen Epikur. 2. jmd., der die materiellen Freuden des Daseins unbedenklich genießt, Genussmensch

epi|ku|re|isch, epi|ku|risch: 1. nach der Lehre des gr. Philosophen Epikur lebend. 2. genießerisch; auf Genuss gerichtet

Epi|lep|sie, die; -, ...ien (Med.): Krankheit, die sich in plötzlichen starken Krämpfen u. kurzer Bewusstlosigkeit äußert; Fallsucht

Epi|lep|ti|ker, der; -s, -: jmd., der an Epilepsie leidet

Epi|lep|ti|ke|rin, die; -, -nen: weibliche Form zu ↑Epileptiker

epi|lep|tisch (Med.): a) durch Epilepsie verursacht; b) zur Epilepsie neigend, an Epilepsie leidend

epi|lie|ren (Med.): Körperhaare mitsamt den Wurzeln entfernen

E

E

Epi|log, der; -[e]s, -e: a) Schlussrede, Nachspiel im Drama; b) abschließendes Nachwort

Epi|pha|nie, Epi|pha|nia, die; -, ...ien: Erscheinung einer Gottheit unter den Menschen

Epi|pho|ra, die; -, ...rä: 1. (Med.) Tränenfluss. 2. (Rhet., Stilkunde) Wiederholung eines od. mehrerer Wörter am Ende aufeinanderfolgender Sätze od. Satzteile

Epi|phy|se, die; -, -n (Biol., Med.): 1. Zirbeldrüse der Wirbeltiere. 2. knorpelig angelegtes Ende eines Röhrenknochengelenks, in dem sich nach der Ausreifung Knochenkerne entwickeln

Epi|phyt, der; -en, -en (Bot.): Pflanze, die auf anderen Pflanzen wächst, sich aber selbstständig ernährt; Überpflanze

episch: a) die Epik betreffend; b) erzählend; c) sehr ausführlich [berichtend]; alle Einzelheiten enthaltend

Epi|s|kop, das; -s, -e: Bildwerfer für nicht durchsichtige Bilder (z. B. aus Büchern)

epi|s|ko|pal: bischöflich

Epi|s|ko|pa|lis|mus, der; -: kirchenrechtliche Auffassung, nach der das Konzil der Bischöfe über dem Papst steht

Epi|s|ko|pa|list, der; -en, -en: Verfechter des Episkopalismus

Epi|s|ko|pal|kir|che, die; -: 1. jede nicht katholische Kirche mit bischöflicher Leitung. 2. nicht katholische Kirche mit bischöflicher Verfassung u. ↑apostolischer Sukzession

Epi|s|ko|pat, der od. das; -[e]s; -e: a) Gesamtheit der Bischöfe [eines Landes]; b) Amt u. Würde eines Bischofs

Epi|so|de, die; -, -n: 1. flüchtiges Ereignis innerhalb eines größeren Geschehens; unbedeutende Begebenheit. 2. Nebenhandlung, Zwischenstück in Dramen od. Romanen. 3. einzelner Teil, einzelne Folge einer Fernsehserie o. Ä.

epi|so|disch: dazwischengeschaltet, vorübergehend, nebensächlich

Epi|s|ta|se, die; -, -n (Biol.): das Zurückbleiben in der Entwicklung bestimmter Merkmale bei einer Art od. einer Stammeslinie

Epi|s|tel, die; -, -n: 1. Sendschreiben, Apostelbrief im Neuen Testament. 2. vorgeschriebene gottesdienstliche Lesung aus den neutestamentlichen Briefen u. der Apostelgeschichte; vgl. Perikope (1)

Epi|s|te|mo|lo|gie, die; -: Wissenschaftslehre, Erkenntnistheorie

epi|s|te|mo|lo|gisch: die Epistemologie betreffend, erkenntnistheoretisch

Epi|s|tyl, das; -s, -e, **Epi|s|ty|li|on,** das; -s, ...ien: ↑Architrav

Epi|taph, das; -s, -e, **Epi|ta|phi|um,** das; -s, ...ien: a) Grabschrift; b) Gedenktafel mit Inschrift für einen Verstorbenen an einer Kirchenwand od. an einem Pfeiler

Epi|tha|la|mi|on, Epi|tha|la|mi|um, das; -s, ...ien: [antikes] Hochzeitslied, -gedicht

Epi|thel, das; -s, -e: oberste Zellschicht des tierischen u. menschlichen [Schleim]hautgewebes

epi|the|li|al: zum Epithel gehörend

Epi|the|li|um, das; -s, ...ien (Med.): Epithel

Epi|the|ton, das; -s, ...ta: 1. (Sprachwiss.) als Attribut gebrauchtes Adjektiv od. Partizip (z. B. das *große* Haus). 2. in der biologischen Systematik der zweite Teil des Namens, der die Unterabteilungen der Gattung bezeichnet

Epi|t|rit, der; -en, -en: aus drei Längen u. einer Kürze bestehender altgriechischer Versfuß

Epi|zen|t|rum, das; -s, ...ren: senkrecht über einem Erdbebenherd liegendes Gebiet der Erdoberfläche

epo|chal: a) über den Augenblick hinaus bedeutsam, in die Zukunft hineinwirkend; b) (ugs.) aufsehenerregend; bedeutend

[1]**Epo|che,** die; -, -n: 1. großer geschichtlicher Zeitabschnitt, dessen Beginn [u. Ende] durch einen einschneidenden Wandel der Verhältnisse gekennzeichnet ist. 2. (Astron.) Zeitpunkt des Standortes eines Gestirns

[2]**Epo|che,** die; -: 1. das An-sich-Halten, Zurückhalten des Urteils (bei den Skeptikern). 2. Abschaltung der Außenwelteinflüsse (bei dem Philosophen Husserl)

Ep|o|de, die; -, -n: 1. [antike] Gedichtform, bei der auf einen längeren Vers ein kürzerer folgt. 2. in antiken Gedichten u. bes. in den Chorliedern der altgriechischen Tragödie auf ↑Strophe folgender dritter Kompositionsteil, Abgesang

Epos, das; -, Epen: erzählende Versdichtung; Heldengedicht
Ep|si|lon, das; -[s], -s: fünfter Buchstabe des gr. Alphabets (Ε, ε)
Equa|li|zer [ˈiːkwəlai̯zɐ], der; -s, -: [Zusatz]gerät an Verstärkern von Hi-Fi-Anlagen zur Verbesserung des Klangbildes
Equi|pa|ge [ek(v)iˈpaːʒə], die; -, -n: elegante Kutsche
Equipe [eˈkiːp, eˈkɪp], die; -, -n: ausgewählte Mannschaft; Team (bes. [Reit]sport)
Equip|ment [ɪˈkwɪpmənt], das; -s, -s: technische Ausrüstung
E-Rea|der, der; -s, -: Kurzform von ↑E-Book-Reader
erek|til (Med.): schwellfähig, erektionsfähig
Erek|ti|on, die; -, -en: durch Blutstauung entstehende Versteifung u. Aufrichtung von Organen, die mit Schwellkörpern versehen sind (wie z. B. das männliche Glied)
Ere|mit, der; -en, -en: aus religiösen Motiven von der Welt abgeschieden lebender Mensch
Ere|mi|tin, die; -, -nen: weibliche Form zu ↑Eremit
Erg, das; -s, -: Einheit der Energie u. der Arbeit im ↑CGS-System (Zeichen: erg)
er|go: also, folglich
Er|go|me|ter, das; -s, - (Med.): Apparat zur Messung der körperlichen Leistungsfähigkeit
Er|go|no|mie, Er|go|no|mik, die; -: Wissenschaft von den Leistungsmöglichkeiten u. -grenzen des arbeitenden Menschen sowie den optimalen Arbeitsbedingungen
er|go|no|misch: die Ergonomie betreffend, auf den Erkenntnissen der Ergonomie beruhend
Er|go|the|ra|peut, der; -en, -en (Med., Psychol.): jmd., der eine ärztlich verordnete Ergotherapie durchführt
Er|go|the|ra|peu|tin, die; -, -nen: weibliche Form zu ↑Ergotherapeut
Er|go|the|ra|pie, die; -, ...ien [...iːən] (Soziol., Med.): Arbeits-, Bewegungs- und Beschäftigungstherapie
eri|gie|ren (Med.): a) sich aufrichten, versteifen; vgl. Erektion; b) eine Erektion haben
Erin|nye [...nÿə], **Erin|nys,** die; -, ...yen [...nÿən] (meist Plural): griechische Rachegöttin; vgl. Furie (1)
ero|die|ren (Geol.): auswaschen u. zerstören
ero|gen: a) geschlechtliche Erregung auslösend; b) geschlechtlich leicht erregbar
Eros [auch: ˈɛrɔs], der; -: 1. das der geschlechtlichen Liebe innewohnende Prinzip [ästhetisch-]sinnlicher Anziehung. 2. (verhüll.) Sexualität, geschlechtliche Liebe
Ero|si|on, die; -, -en (Geol.): zerstörende Wirkung von fließendem Wasser, von Eis u. Wind an der Erdoberfläche
Ero|ten, die (nur Plural): allegorische Darstellungen geflügelter Liebesgötter, meist in Kindergestalt; vgl. Eros
Ero|tik, die; -: a) den geistig-seelischen Bereich einbeziehende sinnliche Liebe; Liebes-, Geschlechtsleben; b) (verhüll.) Sexualität
Ero|ti|ker, der; -s, -: sinnlicher Mensch
Ero|ti|ke|rin, die; -, -nen: weibliche Form zu ↑Erotiker
ero|tisch: a) die sinnliche Liebe betreffend; b) (verhüll.) sexuell
ero|ti|sie|ren: durch ästhetisch-sinnliche Reize sinnliches Verlangen hervorrufen, wecken
er|ra|tisch: vom Ursprungsort weit entfernt
Er|ra|tum, das; -s, ...ta: Druckfehler
eru|ie|ren: a) etwas durch gründliche Untersuchungen herausfinden; b) jmdn. ermitteln
Eru|ie|rung, die; -, -en: das Eruieren
Erup|ti|on, die; -, -en: a) (Geol.) vulkanischer Ausbruch von Lava, Asche, Gas, Dampf; b) Gasausbruch auf der Sonne
erup|tiv (Geol.): durch Eruption entstanden
Erup|tiv|ge|stein, das; -[e]s, -e (Geol.): Ergussgestein
Ery|them, das; -s, -e (Med.): entzündliche Rötung der Haut infolge verstärkter Durchblutung durch Gefäßerweiterung
Ery|th|ro|zyt, der; -en, -en (Med.): rotes Blutkörperchen
Es|cha|to|lo|gie [ɛsça...], die; -, ...ien: Lehre von den Letzten Dingen des Menschen u. der Welt
es|cha|to|lo|gisch: die Letzten Dinge, die Eschatologie betreffend
Es|cu|do, der; -[s], -[s]: frühere portugiesische Währungseinheit (Abk.: Es, Esc)

E

Es|ka|la|ti|on, die; -, -en: der jeweiligen Notwendigkeit angepasste allmähliche Steigerung, Verschärfung

es|ka|lie|ren: a) stufenweise steigern, verschärfen; b) sich [allmählich] steigern, verschärfen, ausweiten

Es|ka|pa|de, die; -, -n: 1. falscher Sprung eines Dressurpferdes. 2. mutwilliger Streich, Seitensprung, Abenteuer

Es|ka|pis|mus, der; - (Psychol.): a) [Hang zur] Flucht vor der Wirklichkeit u. den realen Anforderungen des Lebens in eine imaginäre Scheinwirklichkeit; b) Zerstreuungs- u. Vergnügungssucht

es|ka|pis|tisch (Psychol.): a) vor der Wirklichkeit in eine imaginäre Scheinwelt flüchtend; b) zerstreuungs- u. vergnügungssüchtig

Es|ka|ri|ol, der; -s (Bot.): Winterendivie

Es|ki|mo, der; -[s], -[s]: Angehöriger eines in arktischen u. subarktischen Gebieten lebenden Volkes; ↑ Inuit

Es|kor|te, die; -, -n: Geleit, [militärische] Schutzwache, Schutz, Gefolge

es|kor|tie|ren (Militär): schützend, bewachend od. ehrend geleiten

Eso|te|rik, die; -: 1. esoterische Geisteshaltung, esoterisches Denken. 2. [Geheim]lehre mit astrologischen, okkultistischen u. religiösen Elementen

Eso|te|ri|ker, der; -s, -: jmd., der in eine Geheimlehre eingeweiht ist

Eso|te|ri|ke|rin, die; -, -nen: weibliche Form zu ↑ Esoteriker

eso|te|risch: 1. nur für Eingeweihte einsichtig, [geistig] zugänglich. 2. die ↑ Esoterik (2) betreffend, dazu gehörend

Es|pa|g|no|le [ɛspan'joːlə], die; -, -n: spanischer Tanz

Es|par|to, der; -s, -s, **Es|par|to|gras,** das; -es, ...gräser: a) in Spanien u. Algerien wild wachsendes Steppengras; b) das zähe Blatt des Espartograses, das bes. zur Papierfabrikation verwendet wird

Es|pe|ran|tist, der; -en, -en: jmd., der Esperanto sprechen kann

Es|pe|ran|tis|tin, die; -, -nen: weibliche Form zu ↑ Esperantist

Es|pe|ran|to, das; -[s]: übernationale, künstliche Weltsprache

Es|p|la|na|de, die; -, -n: freier Platz, der meist durch Abtragung alter Festungswerke entstanden ist

es|pres|si|vo (Musik): ausdrucksvoll (Vortragsanweisung)

[1]**Es|pres|so,** der; -[s], -s od. ...ssi: 1. (ohne Plural) sehr dunkel gerösteter Kaffee. 2. in einer Spezialmaschine zubereiteter, sehr starker Kaffee

[2]**Es|pres|so,** das; -[s], -s: kleines Lokal, in dem u. a. [1]Espresso (2) serviert wird

Es|p|rit [ɛs'priː], der; -s: geistreiche Art

Es|qui|re [ɪs'kwai̯ə], der; -[s], -s: engl. Höflichkeitstitel (Abk.: Esq.)

Es|say ['ɛse, auch: ɛ'seː], der od. das; -s, -s: Abhandlung, die eine literarische od. wissenschaftliche Frage in knapper u. anspruchsvoller Form behandelt

Es|say|ist, der; -en, -en: Verfasser von Essays

Es|say|is|tin, die; -, -nen: weibliche Form zu ↑ Essayist

es|say|is|tisch: a) den Essay betreffend; b) für den Essay charakteristisch; von der Form, Art eines Essays

Es|sen|tia, die; - (Philos.): Essenz, Wesen, Wesenheit

Es|sen|tial [ɪ'sɛnʃəl], das; -s, -s (meist Plural): wesentlicher Punkt; unentbehrliche Sache

es|sen|ti|ell vgl. essenziell

Es|senz, die; -, -en: 1. wesentlichster Teil, Kernstück. 2. konzentrierter Duft- od. Geschmacksstoff aus pflanzlichen od. tierischen Substanzen. 3. Wesen, Wesenheit einer Sache

es|sen|zi|ell, es|sen|ti|ell: 1. a) wesentlich, hauptsächlich; b) (Philos.) wesensmäßig. 2. (Chemie, Biol.) lebensnotwendig

Es|ta|b|lish|ment [ɪs'tɛblɪʃmənt], das; -s, -s: a) Oberschicht der politisch, wirtschaftlich od. gesellschaftlich einflussreichen Personen; b) (abwertend) etabliertes Bürgertum, das auf Erhaltung des Systems bedacht ist

Es|to|mi|hi: letzter Sonntag vor der Passionszeit; vgl. Quinquagesima

Es|t|ra|de, die; -, -n: 1. erhöhter Teil des Fußbodens. 2. (regional) volkstümliche künstlerische Veranstaltung

Es|t|ra|gon, der; -s: Gewürzpflanze (Korbblütler)

Eta, das; -[s], -s: siebenter Buchstabe des gr. Alphabets (Abk.: Η, η)

eta|b|lie|ren: 1. einrichten, gründen. 2. sich etablieren: a) sich niederlassen, sich selbstständig machen; b) sich irgendwo häuslich einrichten; sich eingewöhnen; c) einen sicheren Platz innerhalb einer Ordnung od. Gesellschaft einnehmen

Eta|b|lis|se|ment [...'mã:, schweiz.: ...'mɛnt], das; -s, -s u. (schweiz.:) -e: 1. Unternehmen, Niederlassung, Geschäft, Betrieb. 2. a) kleineres, gepflegtes Restaurant; b) Vergnügungsstätte, [zweifelhaftes] [Nacht]lokal; c) (verhüll.) Bordell

Eta|ge [e'ta:ʒə], die; -, -n: Stockwerk, [Ober]geschoss

Eta|ge|re [...'ʒe:rə], die; -, -n: a) Gestell für Bücher od. für Geschirr; b) meist drei verschieden große, übereinander angeordnete, mit einem Stab in der Mitte verbundene Teller od. Schalen für Obst, Gebäck o. Ä.

Eta|min, das, bes. österr. auch: der; -[s], **Eta|mi|ne,** die; -: gitterartiges Gewebe

Etap|pe, die; -, -n: 1. a) Teilstrecke, Abschnitt eines Weges; b) [Entwicklungs]stadium. 2. (Militär) [Nachschub]gebiet hinter der Front

Etat [e'ta:], der; -s, -s: a) [Staats]haushaltsplan; b) [Geld]mittel, die über einen begrenzten Zeitraum für bestimmte Zwecke zur Verfügung stehen

eta|ti|sie|ren: einen Posten in den Staatshaushalt, den ↑Etat (a) aufnehmen

et ce|te|ra: und so weiter (Abk.: etc.)

ete|pe|te|te (ugs.): a) geziert, zimperlich, übertrieben empfindlich; b) steif u. konventionell, nicht aufgeschlossen

Eter|nit® [auch: ...'nɪt], das od. der; -s: Asbestzement

Ethan, veraltend: **Äthan,** das; -s: gasförmiger Kohlenwasserstoff

Etha|nol, das; -s: chemische Verbindung aus der Gruppe der Alkohole (Äthylalkohol)

Ether vgl. [2]Äther

Ether|net ['i:θənɛt, 'e:te...], das; -[s] (EDV): Standard für [lokale] Netzwerke

Ethik, die; -, -en: 1. a) (Philos.) Lehre vom sittlichen Wollen u. Handeln des Menschen in verschiedenen Lebenssituationen; b) die Ethik (1 a) darstellendes Werk. 2. (ohne Plural) [allgemeingültige] Normen u. Maximen der Lebensführung, die sich aus der Verantwortung gegenüber anderen herleiten

E

Ethi|ker, der; -s, -: a) Lehrer der philosophischen Ethik; b) Begründer od. Vertreter einer ethischen Lehre; c) jmd., der in seinem Wollen u. Handeln von ethischen Grundsätzen ausgeht

Ethi|ke|rin, die; -, -nen: weibliche Form zu ↑Ethiker

ethisch: 1. die Ethik betreffend. 2. die von Verantwortung anderen gegenüber getragene Lebensführung betreffend; sittlich

Eth|nie, die; -, ...ien (Völkerkunde): Menschengruppe mit einheitlicher Kultur

eth|nisch: a) einer sprachlich u. kulturell einheitlichen Volksgruppe angehörend; b) die Kultur- u. Lebensgemeinschaft einer Volksgruppe betreffend

Eth|no|gra|fie, Eth|no|gra|phie, die; -: Teilbereich der Völkerkunde, der die Merkmale der verschiedenen Völker u. Kulturen beschreibt

eth|no|gra|fisch, eth|no|gra|phisch: die Ethnografie betreffend

Eth|no|lo|ge, der; -n, -n: Wissenschaftler auf dem Gebiet der Ethnologie, Völkerkundler

Eth|no|lo|gie, die; -: 1. allgemeine [vergleichende] Völkerkunde, in der die Ergebnisse der Ethnografie miteinander verglichen werden. 2. Wissenschaft, die sich mit Sozialstruktur und Kultur der [primitiven (1)] Gesellschaften beschäftigt

Eth|no|lo|gin, die; -, -nen: weibliche Form zu ↑Ethnologe

eth|no|lo|gisch: völkerkundlich

Etho|lo|gie, die; -: Wissenschaft vom Verhalten der Tiere; Verhaltensforschung

Ethos, das; -: vom Bewusstsein sittlicher Werte geprägte Gesinnung; ethisches Bewusstsein

Ethyl usw. vgl. Äthyl usw.

Eti|kett, das; -[e]s, -e[n], auch: -s: mit einer Aufschrift versehenes [Papier]schildchen

E

eti|ket|tie|ren: mit einem Etikett versehen
Eti|ket|tie|rung, die; -, -en: das Etikettieren
Etü|de, die; -, -n: Übungs-, Vortrags-, Konzertstück, das spezielle Schwierigkeiten enthält
Etui [ɛt'vi:, e'tÿi:], das; -s, -s: kleines [flaches] Behältnis zum Aufbewahren kostbarer od. empfindlicher Gegenstände
Ety|mo|lo|gie, die; -, ...ien: a) (ohne Plural) Wissenschaft von der Herkunft, Geschichte u. Grundbedeutung der Wörter; b) Herkunft, Geschichte u. Grundbedeutung eines Wortes
ety|mo|lo|gisch: die Etymologie (b) betreffend
Et-Zei|chen, das; -s, -: Und-Zeichen (Zeichen: &)
Eu|cha|ris|tie [...ç...], die; -, ...ien: a) (ohne Plural) Sakrament des Abendmahls in der christlichen Kirche; ↑Altarsakrament; b) Feier des heiligen Abendmahls als Mittelpunkt des christlichen Gottesdienstes; c) die eucharistische Gabe (Brot u. Wein)
eu|cha|ris|tisch: auf die Eucharistie bezogen
Eu|dä|mo|nie, die; - (Philos.): Glückseligkeit
eu|fo|nisch, eu|pho|nisch: a) (bes. Sprachwiss.; Musik) wohlklingend; b) die Aussprache erleichternd (von Lauten, z. B. t in eigen*t*lich)
Eu|ge|nik, die; - (Med. veraltend): Wissenschaft von der Verbesserung der Erbanlagen
eu|ge|nisch: die Eugenik betreffend
Eu|ka|lyp|tus, der; -, ...ten u. -: Gattung immergrüner Bäume u. Sträucher
eu|k|li|disch: euklidische Geometrie (Math.): Geometrie, die auf den von Euklid festgelegten Axiomen beruht
Eu|nuch, der; -en, -en: durch Kastration zeugungsunfähiger Mann [als Haremswächter]
Eu|phe|mis|mus, der; -, ...men: beschönigende Umschreibung für ein anstößiges, unangenehmes Wort (z. B. „dahingehen" für „sterben")
eu|phe|mis|tisch: beschönigend, verhüllend
Eu|phor|bia, Eu|phor|bie, die; -, ...ien: Gattung der Wolfsmilchgewächse (Zierstaude)
Eu|pho|rie, die; -, ...ien: heiter-zuversichtliche Gemütsstimmung; Hochgefühl
eu|pho|risch: hochgestimmt
eu|pho|ri|sie|ren (bes. Med.): [durch Drogen u. Rauschmittel] ein inneres Glücksgefühl erzeugen
Eu|ra|si|en, das; -[s]: Festland von Europa u. Asien, größte zusammenhängende Landmasse der Erde
Eu|ra|si|er, der; -s, -: 1. Bewohner Eurasiens. 2. jmd., der als Kind eines europäischen u. eines asiatischen Elternteils geboren wurde
Eu|ra|si|e|rin, die; -, -nen: weibliche Form zu ↑Eurasier
eu|ra|sisch: a) Eurasien betreffend; b) die Eurasier betreffend
Eu|ra|tom, die; -: gemeinsame Organisation der Länder der Europäischen Union zur friedlichen Nutzung der Atomenergie
Eu|rhyth|mie, die; -: 1. Gleichmaß von Bewegungen. 2. ↑Eurythmie
Eu|ro, der; -[s], -s (aber: 10 -): Währungseinheit der Europäischen Währungsunion (Zeichen: €)
Eu|ro|ci|ty® [...sɪti], der; -[s], -s: Intercity im Fernverkehr mit dem Ausland (Abk.: EC)
Eu|ro|figh|ter [...faɪ̯tɐ], der; -s, -: europäisches Kampfflugzeug
Eu|ro|kom|mu|nis|mus, der; - (Politik): bis zur Auflösung der Sowjetunion in den kommunistischen Parteien Westeuropas vertretene politische Richtung, die nationale Sonderformen des Kommunismus akzeptiert
Eu|ro|norm, die; -, -en: in der Europäischen Union geltende Norm (5)
eu|ro|pä|i|sie|ren: nach europäischem Vorbild umgestalten
Eu|ro|pä|i|sie|rung, die; -: das Europäisieren, Europäisiertwerden
Eu|ro|pa|par|la|ment, das; -: kurz für: Europäisches Parlament
Eu|ro|pol, die; -: europäisches Kriminalamt
Eu|ro|star®, der; -s, -s: Hochgeschwindigkeitszug zwischen London u. Paris bzw. Brüssel
Eu|ro|vi|si|on, die; -: Zusammenschluss [west]europäischer Rundfunk- u. Fernsehorganisationen
eu|ry|therm: unabhängig von Temperaturschwankungen (von Lebewesen)
Eu|ryth|mie, die; -: in der Anthroposophie gepflegte Bewegungskunst u. -therapie, bei

der Gesprochenes, Vokal- u. Instrumentalmusik in Ausdrucksbewegungen umgesetzt werden

eu|ry|top: weit verbreitet (von Pflanzen u. Tieren)

eu|s|ta|chisch: in den Fügungen **eustachische Röhre, eustachische Tube** (Biol., Med.): Ohrtrompete (Verbindungsgang zwischen Mittelohr u. Rachenraum)

Eu|stress, der; -es, -se (Med., Psychol.): anregender, motivierender Stress; „positiver" Stress

Eu|tha|na|sie, die; -: 1. (Med.) a) Erleichterung des Sterbens [durch Schmerzlinderung]; b) absichtliche Herbeiführung des Todes unheilbar Kranker durch Medikamente od. Abbruch der Behandlung. 2. (nationalsozialistisch verhüllend) systematische Ermordung psychisch kranker u. körperlich behinderter Menschen

Eu|to|nie, die; - (Med.): normaler Spannungszustand der Muskeln u. Gefäße

Eu|tro|phie, die; -: a) guter Ernährungszustand des Organismus (bes. von Säuglingen); b) regelmäßige u. ausreichende Versorgung eines Organs mit Nährstoffen

eva|ku|ie|ren: 1. a) die Bewohner eines Gebietes oder Hauses [vorübergehend] aussiedeln; b) ein bedrohtes Gebiet [vorübergehend] räumen. 2. (Technik) ein ↑Vakuum herstellen

eva|lu|ie|ren: a) bewerten; b) [Lehrpläne, Unterrichtsprogramme, Forschungsvorhaben] fachgerecht einschätzen u. beurteilen

Evan|ge|li|ar, das; -s, -e u. -ien, **Evan|ge|li|a|ri|um,** das; -s, ...ien: liturgisches Buch mit dem vollständigen Text der vier Evangelien u. meist einem Verzeichnis der bei der Messe zu lesenden Abschnitte

evan|ge|li|kal: 1. dem Evangelium gemäß. 2. zur englischen ↑Low Church gehörend

evan|ge|lisch: 1. das Evangelium betreffend, auf dem Evangelium fußend. 2. ↑protestantisch (Abk.: ev.)

evan|ge|lisch-lu|the|risch: einer protestantischen Glaubensgemeinschaft angehörend, die sich nur an der Theologie Martin Luthers (1483–1546) orientiert (Abk.: ev.-luth.)

evan|ge|lisch-re|for|miert: einer protestantischen Bekenntnisgemeinschaft angehörend, die auf die schweizerischen Reformatoren Ulrich Zwingli (1484–1531) u. Johann Calvin (1509–1564) zurückgeht (Abk.: ev.-ref.)

Evan|ge|list, der; -en, -en: 1. Verfasser eines der vier Evangelien (2 a). 2. das Evangelium verlesender Diakon

Evan|ge|lis|tin, die; -, -nen: weibliche Form zu ↑Evangelist (2)

Evan|ge|li|um, das; -s, ...ien: 1. (ohne Plural) die Heilsbotschaft Christi. 2. a) von einem der vier Evangelisten (1) verfasster Bericht über das Leben u. Wirken Jesu (Abk.: Ev.); b) für die gottesdienstliche Lesung vorgeschriebener Abschnitt aus einem Evangelium (2 a)

Eva|po|ra|tor, der; -s, ...oren: Gerät zur Gewinnung von Süßwasser [aus Meerwasser]

Eva|si|on, die; -, -en: 1. das Entweichen, Flucht; vgl. Invasion (1). 2. Ausflucht

Event [iˈvɛnt], das oder der; -s, -s: Veranstaltung, Ereignis

Even|tu|al|an|trag, der; -[e]s, ...anträge (schweiz. Rechtsspr.): Neben-, Hilfsantrag, der für den Fall gestellt wird, dass der Hauptantrag abgewiesen wird

Even|tu|a|li|tät, die; -, -en: möglicher Fall

Ever|green [ˈɛvɐgriːn], der, auch: das; -s, -s: 1. Musikstück, das lange Zeit beliebt bleibt u. immer wieder gespielt wird. 2. ↑²Standard

Ever|te|b|rat, der; -en, -en (meist Plural): wirbelloses Tier

evi|dent: offenkundig u. klar; offenbar

Evi|denz, die; -: vollständige Einsichtigkeit

Evo|ka|ti|on, die; -, -en: 1. Erweckung von Vorstellungen od. Erlebnissen bei der Betrachtung eines Kunstwerkes. 2. Vorladung eines Beklagten vor ein Gericht

evo|ka|tiv: bestimmte Vorstellungen enthaltend

Evo|lu|ti|on, die; -, -en: 1. a) allmählich fortschreitende Entwicklung; b) stammesgeschichtliche Entwicklung der Lebewesen von niederen zu höheren Formen. 2. ↑Präformation

evo|lu|ti|o|när: a) auf Evolution beruhend; b) sich allmählich u. stufenweise entwickelnd

evol|vie|ren: entwickeln, entfalten; entfaltend, entwickelnd darstellen; vgl. involvieren

E

E

evo|zie|ren: 1. durch ↑Evokation (1) hervorrufen, bewirken. 2. [einen Beklagten] vorladen

Ex|akt|heit, die; -: Genauigkeit, Sorgfältigkeit

Ex|al|ta|ti|on, die; -, -en (Psychol.): a) Zustand des Exaltiertseins; b) Vorgang des Exaltiertseins

ex|al|tie|ren: 1. sich überschwänglich benehmen. 2. sich hysterisch erregen

ex|al|tiert: 1. aufgeregt. 2. überspannt

Ex|a|men, das; -s, - u. ...mina: Prüfung (bes. als Studienabschluss)

Ex|a|mi|nand, der; -en, -en: Prüfling

Ex|a|mi|nan|din, die; -, -nen: weibliche Form zu ↑Examinand

Ex|a|mi|na|tor, der; -s, ...oren: Prüfer

Ex|a|mi|na|to|rin, die; -, -nen: weibliche Form zu ↑Examinator

ex|a|mi|nie|ren: 1. im Rahmen eines Examens prüfen, befragen. 2. prüfend ausfragen

Ex|an|them, das; -s, -e (Med.): [verschiedene Ursachen habender] ausgedehnter, gleichförmiger Hautausschlag

ex ca|the|d|ra: a) aus päpstlicher Vollmacht u. daher unfehlbar; b) von maßgebender Seite, sodass etwas nicht bezweifelt werden kann

Ex|change [ɪks'tʃeɪndʒ], die; -, -n oder -s: 1. Tausch, Kurs (im Börsengeschäft). 2. Börse[nkurs]

Ex|e|ge|se, die; -, -n: Wissenschaft der Erklärung u. Auslegung eines [Bibel]textes

Ex|e|get, der; -en, -en: Fachmann für Bibelauslegung

Ex|e|ge|tin, die; -, -nen: weibliche Form zu ↑Exeget

ex|e|ge|tisch: [die Bibel] erklärend

ex|e|ku|tie|ren: 1. an jmdm. ein Urteil vollstrecken; jmdn. hinrichten. 2. (österr.) pfänden

Ex|e|ku|ti|on, die; -, -en: 1. Vollstreckung eines Todesurteils, Hinrichtung. 2. Durchführung einer besonderen Aktion. 3. (österr.) Pfändung

ex|e|ku|tiv: ausführend

Ex|e|ku|ti|ve, die; -, -n: 1. vollziehende, vollstreckende Gewalt im Staat; vgl. Judikative, Legislative. 2. (österr.) Gesamtheit der Organe zur Ausübung der vollziehenden Gewalt

Ex|e|ku|tor, der; -s, ...oren: 1. Vollstrecker [einer Strafe]. 2. (österr.) Gerichtsvollzieher

Ex|e|ku|to|rin, die; -, -nen: weibliche Form zu ↑Exekutor

Ex|em|pel, das; -s, -: 1. [abschreckendes] Beispiel, Lehre. 2. kleine Erzählung mit Nutzanwendung im Rahmen einer Rede od. Predigt

Ex|em|p|lar, das; -s, -e: [durch besondere Eigenschaften od. Merkmale auffallendes] Einzelstück (bes. Schriftwerk) od. Einzelwesen aus einer Reihe von gleichartigen Gegenständen od. Lebewesen (Abk.: Expl.)

ex|em|p|la|risch: a) beispielhaft, musterhaft; b) warnend, abschreckend; hart u. unbarmherzig vorgehend, um abzuschrecken

ex|em|p|li|fi|zie|ren: an Beispielen erläutern

ex|emt: von bestimmten allgemeinen Lasten od. gesetzlichen Pflichten befreit

Exe|qui|en, die (nur Plural): a) katholische Totenmesse; b) Musik bei Begräbnisfeiern

ex|er|zie|ren: 1. militärische Übungen machen. 2. etwas [wiederholt] einüben

Ex|er|zi|ti|en, die (nur Plural): geistliche Übungen

Ex|ha|la|ti|on, die; -, -en: 1. (Med.) Ausatmung, Ausdünstung. 2. (Geol.) das Ausströmen vulkanischer Gase u. Dämpfe

Ex|haus|tor, der; -s, ...oren: Entlüfter; Gebläse zum Absaugen von Dampf, Staub, Spreu

ex|hi|bie|ren: a) vorzeigend darbieten; b) exhibitionistisch (a) zur Schau stellen

Ex|hi|bi|ti|on, die; -, -en: Zurschaustellung der Geschlechtsteile in der Öffentlichkeit

Ex|hi|bi|ti|o|nis|mus, der; -: krankhafte, auf sexuellen Lustgewinn gerichtete Neigung, bes. bei Männern, zur Entblößung der Geschlechtsteile

Ex|hi|bi|ti|o|nist, der; -en, -en: jmd., der an Exhibitionismus leidet

Ex|hi|bi|ti|o|nis|tin, die; -, -nen: weibliche Form zu ↑Exhibitionist

ex|hi|bi|ti|o|nis|tisch: a) an Exhibitionismus leidend; b) den Exhibitionismus betreffend

ex|hu|mie|ren: eine bestattete Leiche wieder ausgraben

Ex|hu|mie|rung, die; -, -en: das Exhumieren

Exil, das; -s, -e: a) Verbannung; b) Verbannungsort

Exi|lant, der; -en, -en: jmd., der im ↑Exil lebt

Exi|lan|tin, die; -, -nen: weibliche Form zu ↑Exilant

Exil|li|te|ra|tur, die; -, -en: während eines Exils (a) verfasste Literatur, bes. zur Zeit des Nationalsozialismus in Deutschland

Exil|re|gie|rung, die; -, -en: Regierung, die gezwungen ist, ihren Sitz ins Ausland zu verlegen, od. die sich dort gebildet hat

exis|tent: wirklich, vorhanden

Exis|tenz, die; -, -en: 1. a) (Plural selten) Dasein, Leben; b) Vorhandensein, Wirklichkeit. 2. (Plural selten) materielle Lebensgrundlage. 3. (mit abwertendem Attribut) Mensch (z. B. eine verkrachte, dunkle Existenz)

exis|ten|zi|al, exis|ten|ti|al: die Existenz, das [menschliche] Dasein hinsichtlich seines Seinscharakters betreffend; vgl. existenziell

Exis|ten|zi|a|lis|mus, Exis|ten|ti|a|lis|mus, der; -: a) Form der Existenzphilosophie, die u. a. von der Absurdität des Daseins, der Existenzangst sowie Vereinzelung des Menschen u. der Freiheit des Menschen, sich selbst zu entwerfen, ausgeht; b) vom Existenzialismus (a) geprägte nihilistische Lebenseinstellung

Exis|ten|zi|a|list, Exis|ten|ti|a|list, der; -en, -en: a) Vertreter des Existenzialismus; b) Anhänger einer von der Norm abweichenden Lebensführung außerhalb der geltenden Konvention

Exis|ten|zi|a|lis|tin, Exis|ten|ti|a|lis|tin, die; -, -nen: weibliche Form zu ↑Existenzialist

exis|ten|zi|a|lis|tisch, exis|ten|ti|a|lis|tisch: den Existenzialismus betreffend

Exis|ten|zi|al|phi|lo|so|phie, Exis|ten|ti|al-phi|lo|so|phie, die; -: ↑Existenzphilosophie

exis|ten|zi|ell, exis|ten|ti|ell: auf das unmittelbare Dasein bezogen; vgl. existenzial

Exis|tenz|mi|ni|mum, das; -s, ...ma: Mindesteinkommen, das zur Lebenserhaltung eines Menschen erforderlich ist

Exis|tenz|phi|lo|so|phie, die; -: neuere philosophische Richtung, die das Dasein des Menschen zum Thema hat

exis|tie|ren: 1. vorhanden sein, da sein, bestehen. 2. leben

Ex|kar|di|na|ti|on, die; -, -en: Entlassung eines katholischen Geistlichen aus seiner Diözese

Ex|kla|ve, die; -, -n: 1. von fremdem Staatsgebiet eingeschlossener Teil des eigenen Staatsgebiets. 2. gelegentliches Auftreten einer Pflanzen- od. Tierart außerhalb ihres üblichen Verbreitungsgebiets

ex|klu|die|ren: ausschließen

Ex|klu|si|on, die; -, -en: Ausschließung

ex|klu|siv: 1. a) sich gesellschaftlich abhebend [u. daher in der allgemeinen Wertschätzung hochstehend]; b) höchsten Ansprüchen genügend, [vornehm u.] vorzüglich. 2. ausschließlich einem bestimmten Personenkreis od. bestimmten Zwecken, Dingen vorbehalten

Ex|klu|siv|in|ter|view [...vju:], das; -s, -s: nur einer bestimmten Person (z. B. einem Reporter) gewährtes Interview

Ex|klu|si|vi|tät, die; -: das Exklusivsein, exklusiver Charakter, exklusive Beschaffenheit

Ex|kom|mu|ni|ka|ti|on, die; -, -en: Ausschluss aus der Gemeinschaft der katholischen Kirche; Kirchenbann

ex|kom|mu|ni|zie|ren: aus der katholischen Kirchengemeinschaft ausschließen

Ex|kre|ment, das; -[e]s, -e (meist Plural): Ausscheidung (Kot, Harn)

Ex|kret, das; -[e]s, -e (Med., Zool.): vom Körper ausgeschiedenes wertloses Stoffwechselprodukt (z. B. Schweiß, Kot); vgl. Inkret, Sekret (a)

Ex|kre|ti|on, die; -, -en (Med.): Ausscheidung wertloser Stoffwechselprodukte

Ex|kul|pa|ti|on, die; -, -en (Rechtswiss.): Rechtfertigung, Entschuldigung, Schuldbefreiung

ex|kul|pie|ren (Rechtswiss.): rechtfertigen, entschuldigen, von einer Schuld befreien

Ex|kurs, der; -es, -e: a) kurze Erörterung eines Spezial- od. Randproblems im Rahmen einer wissenschaftlichen Abhandlung; b) vorübergehende Abschweifung vom Hauptthema (z. B. während eines Vortrags)

Ex|kur|si|on, die; -, -en: wissenschaftlich vorbereitete u. unter wissenschaftlicher Leitung durchgeführte Lehr- od. Studienfahrt

Ex|li|b|ris, das; -, -: meist kunstvoll ausgeführter, auf die Innenseite des vorderen Buchdeckels geklebter Zettel mit dem Namen od. Monogramm des Eigentümers

E

E

Ex|ma|t|ri|ku|la|ti|on, die; -, -en: Streichung aus dem Namenverzeichnis einer Hochschule
ex|ma|t|ri|ku|lie|ren: jmdn. aus dem Namenverzeichnis einer Hochschule streichen
Ex|o|dos, der; -, -, fachspr. auch die; -, ...doi [...dɔɪ̯]: a) Schlusslied des Chors im altgriechischen Drama; b) Schlussteil des altgriechischen Dramas
Ex|o|dus, der; -, -se: Auszug, das Verlassen eines Gebietes usw.
ex of|fi|cio (Rechtswiss.): von Amts wegen, amtlich
Exo|ga|mie, die; -: Bestimmung, nach der nur außerhalb des eigenen Sozialverbandes (z. B. Stamm, Sippe) geheiratet werden darf
exo|gen: 1. a) (Med.) außerhalb des Organismus entstehend; von außen her in den Organismus eindringend (von Stoffen, Krankheitserregern od. Krankheiten); b) (Bot.) außen entstehend (vor allem in Bezug auf Blattanlagen u. Seitenknospen). 2. (Geol.) von Kräften ableitbar, die auf die Erdoberfläche einwirken
exo|krin (Med.): nach außen absondernd (von Drüsen)
ex|or|bi|tant: außergewöhnlich; übertrieben
ex|or|zie|ren, ex|or|zi|sie|ren: Dämonen u. Geister durch Beschwörung austreiben
Ex|or|zis|mus, der; -, ...men: Beschwörung von Dämonen u. Geistern durch Wort [u. Geste]
Ex|or|zist, der; -en, -en: Geisterbeschwörer
Ex|or|zis|tin, die; -, -nen: weibliche Form zu ↑Exorzist
Exo|sphä|re, die; -, -n: oberste Schicht der ↑Atmosphäre (1 b); vgl. Dissipationssphäre
Exot, Exo|te, der; ...ten, ...ten: 1. Lebewesen aus einem fernen, meist überseeischen, tropischen Land. 2. (nur Plural) Wertpapiere aus kleinen, meist überseeischen Staaten, die im ungeregelten Freiverkehr gehandelt werden
Exo|te|ri|ker, der; -s, -: Außenstehender, Nichteingeweihter
exo|te|risch: für die Öffentlichkeit bestimmt; allgemein verständlich
exo|therm: mit Freiwerden von Wärme verbunden, unter Freiwerden von Wärme ablaufend (von chemischen Vorgängen)
Exo|tik, die; -: exotisches Aussehen, Wesen; exotische Beschaffenheit, Gestaltung
Exo|tin, die; -, -nen: weibliche Form zu ↑Exot
exo|tisch: a) fremdländisch, überseeisch; b) einen fremdartigen Zauber ausstrahlend
Ex|pan|der, der; -s, - (Sport): Trainingsgerät zur Kräftigung der Arm- u. Oberkörpermuskeln
ex|pan|die|ren: [sich] ausdehnen
Ex|pan|si|on, die; -, -en: räumliche Ausdehnung [verbunden mit mehr Einfluss]
ex|pan|si|o|nis|tisch: auf [wirtschaftliche] Expansion bedacht
Ex|pan|si|ons|po|li|tik, die; -: 1. auf Erweiterung des Machtbereichs gerichtete Politik. 2. (Wirtsch.) auf eine Steigerung des Umsatzes u. Marktanteils gerichtete Unternehmensführung
ex|pan|siv: sich ausdehnend, auf Ausdehnung bedacht, starke Expansion aufweisend
Ex|pe|di|ent, der; -en, -en: a) Abfertigungsbeauftragter in der Versandabteilung einer Firma; b) Angestellter in einem Reisebüro
Ex|pe|di|en|tin, die; -, -nen: weibliche Form zu ↑Expedient
ex|pe|die|ren: absenden, abfertigen, befördern (von Gütern u. Personen)
Ex|pe|di|ti|on, die; -, -en: 1. a) Forschungsreise; b) Personengruppe, die eine Expedition (1 a) unternimmt. 2. Gruppe zusammengehörender Personen, die zur Wahrnehmung bestimmter Aufgaben ins Ausland geschickt werden. 3. a) (veraltend) Versand-, Abfertigungsabteilung [einer Firma]; b) das Expedieren
Ex|pe|di|tor, der; -s, ...oren: ↑Expedient
Ex|pek|to|rans, das; -, ...ranzien u. ...rantia, **Ex|pek|to|ran|ti|um,** das; -s, ...tia (Med.): schleimlösendes Mittel, Hustenmittel
Ex|pe|ri|ment, das; -[e]s, -e: 1. wissenschaftlicher Versuch, durch den etwas entdeckt, bestätigt od. gezeigt werden soll. 2. [gewagter] Versuch, Wagnis; Unternehmung mit unsicherem Ausgang
Ex|pe|ri|men|ta|tor, der; -s, ...oren: jmd., der Experimente macht od. vorführt
Ex|pe|ri|men|ta|to|rin, die; -, -nen: weibliche Form zu ↑Experimentator

ex|pe|ri|men|tell: auf Experimenten beruhend
ex|pe|ri|men|tie|ren: Experimente anstellen
Ex|per|te, der; -n, -n: Fachmann, Kenner
Ex|per|ten|sys|tem, das; -s, -e (EDV): Programmsystem, das Wissen über ein spezielles Gebiet sammelt u. speichert, daraus Schlussfolgerungen zieht u. zu konkreten Problemen Lösungen vorschlägt
Ex|per|tin, die; -, -nen: weibliche Form zu ↑Experte
Ex|per|ti|se, die; -, -n: Gutachten eines Experten
Ex|pli|ka|ti|on, die; -, -en (selten): Darlegung, Erklärung, Erläuterung
ex|pli|zie|ren: darlegen, erklären, erläutern
ex|pli|zit: a) ausdrücklich, deutlich; b) ausführlich u. differenziert dargestellt
ex|plo|die|ren: 1. durch heftigen inneren [Gas]druck plötzlich auseinandergetrieben werden, mit Knall [zer]platzen, bersten. 2. einen heftigen Gefühlsausbruch zeigen
Ex|plo|rand, der; -en, -en: jmd., der exploriert wird
Ex|plo|ra|ti|on, die; -, -en: Untersuchung u. Befragung; Nachforschung; das Explorieren
Ex|plo|ra|ti|ons|boh|rung, die; -, -en: Bohrung zur Suche nach tief liegenden Lagerstätten von Erdöl, -gas od. -wärme
ex|plo|ra|to|risch: [aus]forschend, prüfend
ex|plo|rie|ren: 1. erforschen, untersuchen. 2. (Psychol., Med.) [Personen]gruppen zu Untersuchungszwecken befragen, ausforschen
Ex|plo|si|on, die; -, -en: 1. mit einem heftigen Knall verbundenes Zerplatzen u. Zerbersten eines Körpers. 2. heftiger Gefühlsausbruch
ex|plo|siv: 1. a) leicht explodierend (1); b) zu Gefühlsausbrüchen neigend. 2. a) explosionsartig; b) sehr temperamentvoll, heftig
Ex|plo|siv, der; -s, -e, **Ex|plo|si|va,** die; -, ...vä [...vɛ]: Kurzform von ↑Explosivlaut
Ex|plo|si|vi|tät, die; -: explosive Beschaffenheit, Art [u. Weise]
Ex|plo|siv|laut, der; -[e]s, -e: Laut, der durch die plötzliche Öffnung eines Verschlusses entsteht (z. B. b, k)
Ex|po, die; -, -s: kurz für: ↑Exposition (4)
Ex|po|nat, das; -[e]s, -e: Ausstellungsstück
Ex|po|nent, der; -en, -en: 1. herausgehobener Vertreter einer Richtung, einer Partei usw. 2. Hochzahl, bes. in der Wurzel- u. Potenzrechnung (z. B. *n* bei a^n)
Ex|po|nen|ti|al|funk|ti|on, die; -, -en: mathematische Funktion, bei der die unabhängige Veränderliche als ↑Exponent (2) einer konstanten Größe (meist e) auftritt
ex|po|nen|ti|ell: gemäß einer Exponentialfunktion verlaufend
Ex|po|nen|tin, die; -, -nen: weibliche Form zu ↑Exponent (1)
ex|po|nie|ren: 1. darstellen, zur Schau stellen. 2. sich exponieren: die Aufmerksamkeit durch sein Handeln auf sich lenken [u. sich dadurch auch der Kritik, Angriffen aussetzen]
ex|po|niert: herausgehoben u. dadurch Gefährdungen od. Angriffen ausgesetzt
[1]**Ex|port,** der; -[e]s, -e: 1. Ausfuhr, Absatz von Waren im Ausland. 2. das Ausgeführte
[2]**Ex|port,** das; -, -: Kurzform von Exportbier
Ex|por|teur [...'tøːɐ̯], der; -s, -e: jmd. (auch ein Unternehmen), der ↑exportiert
ex|por|tie|ren: Waren ins Ausland ausführen
Ex|po|sé, Ex|po|see [...'zeː], das; -s, -s: a) Bericht, Übersicht; b) Entwurf, Plan (bes. für ein Filmdrehbuch)
Ex|po|si|ti|on, die; -, -en: 1. (selten) Darlegung, Erörterung. 2. einführender Teil des Dramas (meist im 1. Akt od. als ↑Prolog). 3. a) erster Teil des Sonatensatzes mit der Aufstellung der musikalisch zu verarbeitenden Themen; b) Kopfteil bei der Fuge mit der ersten Themadurchführung. 4. Ausstellung, Schau. 5. (Med.) Grad der Gefährdung für einen Organismus, der sich aus der Häufigkeit u. Intensität aller äußeren Krankheitsbedingungen ergibt, denen der Organismus ausgesetzt ist
ex|press: 1. eilig, Eil... 2. (landsch.) eigens, ausdrücklich, zum Trotz
Ex|press, der; -es, -e (veraltet): Schnellzug
Ex|pres|si|on, die; -, -en: Ausdruck
Ex|pres|si|o|nis|mus, der; -: 1. Kunstrichtung des frühen 20. Jh.s, die im bewussten Gegensatz zum ↑Impressionismus steht. 2. musikalischer Ausdrucksstil um 1920
Ex|pres|si|o|nist, der; -en, -en: Vertreter des Expressionismus

E

Ex|pres|si|o|nis|tin, die; -, -nen: weibliche Form zu ↑Expressionist

ex|pres|si|o|nis|tisch: a) im Stil des Expressionismus; b) den Expressionismus betreffend

ex|pres|sis ver|bis [...si:s ...bi:s]: ausdrücklich

ex|pres|siv: ausdrucksstark, mit Ausdruck

Ex|pres|si|vi|tät, die; -: 1. Fülle des Ausdrucks, Ausdrucksfähigkeit. 2. (Biol.) Ausprägungsgrad einer Erbanlage im Erscheinungsbild

ex|pri|mie|ren: etwas durch Druck entleeren, herausdrücken (z. B. einen Mitesser)

ex|qui|sit: ausgesucht, erlesen, vorzüglich

Ex|spi|ra|ti|on, die; - (Med.): Ausatmung

ex|spi|ra|to|risch

Ex|su|da|ti|on, die; -, -en: 1. (Biol., Med.) Ausschwitzung, Absonderung. 2. Ausscheidung von Mineralstoffen aus ↑kapillar aufsteigenden u. verdunstenden Bodenlösungen; vgl. Effloreszenz (2)

ex|tem|po|rie|ren: a) eine improvisierte Einlage [auf der Bühne] geben; b) aus dem Stegreif reden, schreiben, musizieren usw.

[1]**Ex|ten|si|on,** die; -, -en: 1. Ausdehnung, Streckung. 2. (Logik) Umfang eines Begriffs; Gesamtheit der Gegenstände, die unter diesen Begriff fallen (z. B. Obst: Äpfel, Birnen ...)

[2]**Ex|ten|si|on,** die; -, -s (meist Plural): Verlängerung der Haare

Ex|ten|si|tät, Ex|ten|si|vi|tät, die; -: Ausdehnung, Umfang

ex|ten|siv: 1. ausgedehnt, umfassend, in die Breite gehend. 2. auf großen Flächen, aber mit verhältnismäßig geringem Aufwand betrieben

Ex|ten|sor, der; -s, ...oren (Med.): Streckmuskel

Ex|te|ri|eur [...'ri̯øːɐ̯], das; -s, -s u. -e: 1. Äußeres; Außenseite. 2. (Landwirtsch.) die Körperform eines Tieres im Hinblick auf einen bestimmten Zweck (z. B. beim Pferd als Zug- od. Reittier)

ex|tern: 1. a) draußen befindlich, äußere; b) nicht angestellt, in freier Mitarbeit tätig. 2. a) nicht im Internat wohnend; b) (bes. als Prüfling) von auswärts zugewiesen

ex|ter|na|li|sie|ren (Psychol.): nach außen verlagern (z. B. Gefühle, Ängste); vgl. internalisieren

Ex|ter|na|li|sie|rung, die; -, -en (Psychol.): das Externalisieren; Externalisation

Ex|ter|nat, das; -[e]s, -e: Lehranstalt, deren Schüler außerhalb der Schule wohnen

Ex|ter|ne, der u. die; -n, -n: 1. Schüler[in], der bzw. die nicht im Internat wohnt. 2. Schüler[in], der bzw. die die Abschlussprüfung an einer fremden Schule ablegt

Ex|ter|nist, der; -en, -en (österr.): ↑Externe

Ex|ter|nis|tin, die; -, -nen: weibliche Form zu ↑Externist

ex|ter|ri|to|ri|al: außerhalb der Landeshoheit stehend

Ex|ter|ri|to|ri|a|li|tät, die; -: a) Unabhängigkeit bestimmter ausländischer Personen (z. B. Gesandter) von der Gerichtsbarkeit des Aufenthaltsstaates; b) Unverletzlichkeit u. Unantastbarkeit von Diplomaten im Gastland

Ex|tink|ti|on, die; -, -en: 1. (veraltet) Auslöschung. 2. (Physik, Astron., Meteorol.) Schwächung einer Wellenbewegung (Strahlung) beim Durchgang durch ein ↑[1]Medium (3)

ex|t|ra: a) besonders, für sich, getrennt; b) zusätzlich, dazu; c) ausdrücklich; d) absichtlich; e) zu einem bestimmten Zweck

Ex|t|ra, das; -s, -s (meist Plural): Zubehörteil, das über die übliche Ausstattung hinausgeht

Ex|t|ra|blatt, das; -[e]s, ...blätter: Sonderausgabe einer Zeitung aus besonderem Anlass

ex|t|ra dry [- drai̯]: (von alkoholischen Getränken) besonders trocken

ex|tra|hie|ren (Med.): herausziehen (z. B. einen Zahn)

ex|t|ra|kor|po|ral (Med.): außerhalb des Körpers erfolgend, verlaufend

Ex|trakt, der (naturwissenschaftlich fachspr. auch:) das; -[e]s, -e: 1. Auszug aus tierischen od. pflanzlichen Stoffen. 2. konzentrierte Zusammenfassung der wesentlichsten Punkte

ex|t|ra|or|di|när (bildungsspr. veraltend): außergewöhnlich, außerordentlich

Ex|t|ra|or|di|na|ri|us, der; -, ...ien: außerordentlicher Professor

Ex|t|ra|po|la|ti|on, die; -, -en: näherungsweise Bestimmung von Funktionswerten außerhalb eines ↑Intervalls (4) aufgrund der Kenntnis

von Funktionswerten innerhalb dieses Intervalls
ex|t|ra|po|lie|ren: aus dem Verhalten einer Funktion innerhalb eines mathematischen Bereichs auf ihr Verhalten außerhalb dieses Bereichs schließen
ex|t|ra|ter|res|t|risch (Astron., Physik): außerhalb der Erde gelegen
ex|t|ra|va|gant [auch: 'ɛks...]: 1. a) ausgefallenen Geschmack habend, zeigend; b) von ungewöhnlichem u. ausgefallenem Geschmack zeugend u. dadurch auffallend. 2. überspannt, verstiegen, übertrieben
Ex|t|ra|va|ganz ['ɛks...], die; -, -en: 1. etwas, was vom Üblichen abweicht. 2. (ohne Plural) Ausgefallenheit. 3. Überspanntheit
Ex|t|ra|ver|si|on, die; -, -en (Psychol.): seelische Einstellung, die durch Konzentration der Interessen auf äußere Objekte gekennzeichnet ist
ex|t|ra|ver|tiert, ex|t|ro|ver|tiert (Psychol.): nach außen gerichtet, für äußere Einflüsse leicht empfänglich
ex|t|ra|zel|lu|lär (Med.): außerhalb der Zelle
ex|t|rem: 1. äußerst [hoch, niedrig]; ungewöhnlich. 2. radikal
Ex|t|rem, das; -s, -e: höchster od. niedrigster Grad, äußerste Grenze
Ex|t|re|mis|mus, der; -, ...men: 1. (ohne Plural) radikale [politische] Haltung od. Richtung. 2. auf Extremismus (1) beruhende Handlung
Ex|t|re|mist, der; -en, -en: radikal eingestellter Mensch
Ex|t|re|mis|tin, die; -, -nen: weibliche Form zu ↑Extremist
ex|t|re|mis|tisch: eine radikale Einstellung zeigend; den Extremismus (1) verfechtend
Ex|t|re|mi|tät, die; -, -en: 1. (meist Plural; Med.) Gliedmaße. 2. äußerstes Ende; Extremsein (z. B. einer Idee oder eines Planes)
Ex|t|rem|si|tu|a|ti|on, die; -, -en: extreme Lage, Situation, in der sich jmd. befindet
Ex|t|rem|sport, der; -[e]s, -e (Plural selten): mit höchster körperlicher Beanspruchung od. besonderen Gefahren verbundener Sport
ex|t|rin|sisch (Psychol.): von außen her [angeregt], nicht aus eigenem Antrieb
Ex|t|ru|der, der; -s, - (Technik): Maschine zur Herstellung von Formstücken aus ↑thermoplastischem Material, das im formbaren Zustand durch Düsen gepresst wird
ex|t|ru|die|ren (Technik): Formstücke aus ↑thermoplastischem Material mit dem Extruder herstellen
ex|zel|lent: hervorragend, ausgezeichnet
Ex|zel|lenz, die; -, -en: 1. Anrede im diplomatischen Verkehr. 2. (Geschichte) Titel von Ministern u. hohen Beamten (Abk.: Exz.)
Ex|zen|ter, der; -s, - (Technik): exzentrisch (2) auf einer Welle angebrachte Steuerungsscheibe
Ex|zen|t|rik, die; -: 1. überspanntes Benehmen. 2. mit übertriebener Komik dargebotene Artistik
Ex|zen|t|ri|ker, der; -s, -: 1. überspannter Mensch. 2. Artist in der Rolle eines Clowns
Ex|zen|t|ri|ke|rin, die; -, -nen: weibliche Form zu ↑Exzentriker (1)
ex|zen|t|risch: 1. überspannt, verschroben. 2. außerhalb des Mittelpunktes liegend
Ex|zen|t|ri|zi|tät, die; -, -en: 1. das Abweichen, Abstand vom Mittelpunkt. 2. Überspanntheit
Ex|zep|ti|on, die; -, -en (veraltet): 1. Ausnahme. 2. juristische Einrede
ex|zep|ti|o|nell: außergewöhnlich
ex|zer|pie|ren: ein Exzerpt anfertigen
Ex|zerpt, das; -[e]s, -e: schriftlicher, mit der Vorlage übereinstimmender Auszug
Ex|zerp|tor, der; -s, ...oren: jmd., der Exzerpte anfertigt
Ex|zerp|to|rin, die; -, -nen: weibliche Form zu ↑Exzerptor
Ex|zess, der; -es, -e: Ausschweifung; Maßlosigkeit
ex|zes|siv: außerordentlich; ausschweifend
Ex|zi|si|on, die; -, -en (Med.): das Herausschneiden von Gewebe
Eye|li|ner ['aɪ̯laɪ̯nɐ], der; -s, -[s]: flüssiges Kosmetikum zum Ziehen eines Lidstriches
Eye|tra|cker, Eye-Tra|cker ['aɪ̯trɛkɐ], der; -s, - (Technik, EDV): elektron. Gerät zur Aufzeichnung von Augenbewegungen
Ey|rir, der od. das; -s, Aurar: isländische Währungseinheit
Ez|zes, Ei|zes, die (nur Plural) (österr. ugs.): Tipps

F f

fa: Silbe, auf die man beim Solmisieren den Ton f singt; vgl. Solmisation

Fa|b|rik, die; -, -en: a) gewerblicher, mit Maschinen ausgerüsteter Produktionsbetrieb; b) Gebäude[komplex], in dem ein Industriebetrieb untergebracht ist; c) (ugs.) Belegschaft eines Industriebetriebs

Fa|b|ri|kant, der; -en, -en: a) Besitzer einer Fabrik; b) Hersteller einer Ware

Fa|b|ri|kan|tin, die; -, -nen: weibliche Form zu ↑Fabrikant

Fa|b|ri|kat, das; -[e]s, -e: 1. fabrikmäßig hergestelltes Erzeugnis der Industrie. 2. bestimmte Ausführung eines Fabrikats (1), Marke

Fa|b|ri|ka|ti|on, die; -, -en: Herstellung von Gütern in einer Fabrik

fa|b|ri|zie|ren (ugs., oft abwertend): a) zusammenbasteln; b) anrichten

Fa|bu|lant, der; -en, -en: a) jmd., der fantastische Geschichten erfindet; b) Schwätzer; Schwindler

Fa|bu|lan|tin, die; -, -nen: weibliche Form zu ↑Fabulant

fa|bu|lie|ren: a) fantastische Geschichten erzählen; b) schwätzen; c) schwindeln

fa|bu|lös (ugs. scherzh.): 1. märchenhaft. 2. unwirklich, unwahrscheinlich

Face|book® ['fe͜ɪsbʊk], das; -[s] (meist ohne Artikel): Website eines internationalen sozialen Netzwerks

face|boo|ken (ugs.): das soziale Netzwerk ↑Facebook® nutzen

Face|book-Sei|te, Face|book|sei|te, die; -, -n: innerhalb von ↑Facebook® individuell gestaltete Seite einer Person, eines Unternehmens od. einer Institution

Fa|cet|te [...s...], die; -, -n: 1. kleine eckige Fläche, die durch das Schleifen eines Edelsteins od. eines Körpers aus Glas od. Metall entsteht. 2. Teilaspekt (einer Angelegenheit, eines Vorgangs u. Ä.)

Fa|cet|ten|au|ge, das; -s, -n (Zool.): Sehorgan der Insekten u. anderer Gliederfüßer

Fa|ci|es [...tsiɛs], die; -, -: 1. (Med.) a) Gesicht; b) Außenfläche an Organen u. Knochen; c) für bestimmte Krankheiten typischer Gesichtsausdruck. 2. ↑Fazies

Fact [fækt], der; -s, -s (meist Plural): Tatsache

Fac|to|ring ['fæktərɪŋ], das; -[s] (Wirtsch.): Methode der Absatzfinanzierung, bei der die Lieferfirma ihre Forderungen aus Warenlieferungen einem Finanzierungsinstitut verkauft, das das volle Kreditrisiko übernimmt

Fa|cul|tas Do|cen|di, die; - -: a) Lehrauftrag an einer höheren Schule; b) Lehrbefähigung

Fa|ding ['fe͜ɪdɪŋ], das; -s (Elektrot.): das An- u. Abschwellen der Empfangsfeldstärke elektromagnetischer Wellen

Fa|do [port.: 'faðu], der; -[s], -s: melancholisches portugiesisches Volkslied

Fae|ces ['fɛ:tse:s] vgl. Fäzes

Fa|gott, das; -s, -e: Holzblasinstrument in tiefer Tonlage mit u-förmig geknickter Röhre

Fa|got|tist, der; -en, -en: Fagottspieler

Fa|got|tis|tin, die; -, -nen: weibliche Form zu ↑Fagottist

Fai|ble ['fɛ:bl̩], das; -s, -s: Vorliebe, Neigung

fair [fɛ:ɐ̯]: a) anständig, ehrlich, gerecht; b) (Sport) den [Spiel]regeln entsprechend

Fair|ness ['fɛ:ɐ̯nɛs], die; -: 1. (Sport) anständiges Verhalten in einem Wettkampf. 2. a) gerechtes Verhalten [im Geschäftsleben]; b) ehrliche Haltung anderen gegenüber

Fair Play ['fɛ:ɐ̯ 'ple͜ɪ], das; - -[s], **Fair|play**, das; -[s]: ↑Fairness (1)

Fair Trade ['fɛ:ɐ̯ 'trɛ͜ɪt], der; - -[s] (meist ohne Artikel gebraucht): Handel mit Produkten der Dritten Welt zu Bedingungen, die auch aus Sicht der Produzenten als fair u. angemessen anzusehen sind

Fai|ry|chess, Fai|ry-Chess ['fɛ:ɐ̯ritʃɛs] das; -: (Kunstschach) modernes Teilgebiet des Problemschachs (z. B. Hilfsmatt) mit z. T. neu erfundenen Figuren (wie Nachtreiter, Grashüpfer) od. mit verändertem Schachbrett

Fait ac|com|p|li [fɛtakõ'pli:], das; - -, -s -s [fɛzakõ'pli:]: vollendeter Tatbestand, Tatsache

fä|kal (Med.): kotig; dem Kot, Stuhl zugeordnet

Fake [fe͜ɪk], das; -s, -s: [bewusste] Veränderung

von Fotos, Musiktiteln u. Ä. durch Montagen, Schnitte u. Ä. (bes. in der Werbung)

fa|ken ['fɛɪ̯kn̩]: 1. (ugs.) [Informationen] fälschen; vortäuschen. 2. a) Bilddaten u. Ä. verändern, um bestimmte Effekte zu erzielen; b) unter falschem Namen auftreten (z. B. im Internet)

Fake News, Fake-News, Fake|news ['fɛɪ̯k(')nju:s], die (ugs.): in den Medien u. im Internet, bes. in den Social Media, in manipulativer Absicht verbreitete Falschmeldungen

Fa|kir [österr.: fa'ki:ɐ̯], der; -s, -e: a) Bettelmönch, frommer Asket [in islamischen Ländern]; b) Gaukler, Zauberkünstler

Fak|si|mi|le, das; -s, -s: mit einem Original in Größe u. Ausführung genau übereinstimmende Nachbildung od. ↑Reproduktion (2 b)

fak|si|mi|lie|ren: eine Vorlage getreu nachbilden

Fakt, der, auch: das; -[e]s, -en, auch: -s: ↑Faktum

fak|tisch: tatsächlich, wirklich, auf Tatsachen gegründet

fak|ti|tiv: a) das Faktitiv betreffend; b) bewirkend

Fak|ti|tiv [auch: 'fak...], das; -s, -e, **Fak|ti|ti|vum,** das; -s, ...va: abgeleitetes Verb, das ein Bewirken zum Ausdruck bringt (z. B. schärfen = scharf machen)

Fak|ti|zi|tät, die; -, -en (Philos.): Tatsächlichkeit, Gegebenheit, feststellbare Wirklichkeit

Fak|tor, der; -s, ...oren: 1. wichtiger Umstand; mitwirkende Ursache, Gesichtspunkt. 2. Zahl od. Größe, die mit einer anderen multipliziert wird

Fak|to|tum, das; -s, -s u. ...ten: jmd., der in einem Haushalt od. Betrieb alle nur möglichen Arbeiten erledigt; Mädchen für alles

Fak|tum, das; -s, ...ten, veraltend auch: ...ta: [nachweisbare] Tatsache, Ereignis

[1]**Fak|tur,** die; -, -en: Warenrechnung; Lieferschein

[2]**Fak|tur,** die; -, -en: a) handwerkliche Arbeit; b) kunstgerechter Aufbau

fak|tu|rie|ren: Fakturen ausschreiben, Waren berechnen

Fak|tu|rist, der; -en, -en: Angestellter eines kaufmännischen Betriebes, der mit der Aufstellung u. Prüfung von Fakturen betraut ist

Fak|tu|ris|tin, die; -, -nen: weibliche Form zu ↑Fakturist

Fa|kul|tas, die; -: Lehrbefähigung; vgl. Facultas Docendi

Fa|kul|tät, die; -, -en: 1. a) eine Gruppe zusammengehörender Wissenschaften umfassende Abteilung an einer Universität od. Hochschule (z. B. Philosophie, Medizin); b) die Gesamtheit der Lehrer u. Studenten, die zu einer Fakultät gehören. 2. ↑Fakultas

fa|kul|ta|tiv: freigestellt, wahlfrei; dem eigenen Ermessen, Belieben überlassen

fal|lie|ren: 1. in Konkurs gehen. 2. (landsch.) missraten, misslingen

Fal|sett, das; -[e]s, -e: [durch Brustresonanz verstärkte] Kopfstimme bei Männern; vgl. Fistelstimme

Fal|sett|stim|me, die; -, -n: ↑Fistelstimme

Fal|si|fi|kat, das; -[e]s, -e: Fälschung

fal|si|fi|zie|ren: eine Hypothese durch empirische Beobachtung widerlegen

Fals|taff, der; -s, -s: dicker Prahlhans, Schlemmer

Fa|ma, die; - (bildungsspr.): Gerücht

fa|mi|li|är: a) die Familie betreffend; b) ungezwungen, vertraulich

Fa|mi|li|a|ri|tät, die; -, -en: familiäres (b) Verhalten; Vertraulichkeit

Fa|mi|lie, die; -, -n: 1. a) Gemeinschaft aus einem Elternpaar u. mindestens einem Kind; b) Gruppe der nächsten Verwandten; Sippe. 2. (Biol.) systematische Kategorie, in der näher verwandte Gattungen zusammengefasst werden

fa|mos (ugs.): durch seine Art beeindruckend, Gefallen erweckend; großartig

Fa|mos|schrift, die; -, -en (Geschichte): Schmähschrift im Zeitalter des Humanismus u. der Reformation

Fan [fɛn], der; -s, -s: begeisterter Anhänger von jmdm. od. etwas

Fa|nal, das; -s, -e: 1. Ereignis, Tat, Handlung als weithin erkennbares u. wirkendes, Aufmerksamkeit erregendes Zeichen, das eine Veränderung, den Aufbruch zu etwas Neuem

F

zeichen ankündigt. 2. (Geschichte) Feuer-, Flammenzeichen

Fa|na|ti|ker, der; -s, -: Eiferer; dogmatischer Verfechter einer Überzeugung od. einer Idee; vgl. Fan

Fa|na|ti|ke|rin, die; -, -nen: weibliche Form zu ↑Fanatiker

fa|na|tisch: sich mit ↑Fanatismus, mit einer Art Verbohrtheit, mit blindem Eifer [u. rücksichtslos] für etwas einsetzend

F

fa|na|ti|sie|ren: jmdn. aufhetzen, fanatisch machen

Fa|na|tis|mus, der; -, ...men: rigoroses, unduldsames Eintreten für eine Sache od. Idee als Ziel, das kompromisslos durchzusetzen versucht wird

fan|cy ['fɛnsi] (ugs.): schick, ausgefallen, modisch

Fan|dan|go, der; -s, -s: schneller spanischer Volkstanz im 3/4- od. 6/8-Takt

Fan|fa|re, die; -, -n: 1. lange Trompete ohne Ventile. 2. Trompetensignal. 3. kurzes Musikstück in der Militär- u. Kunstmusik

Fan|go, der; -s: vulkanischer Mineralschlamm, der zu Heilzwecken verwendet wird

Fan|klub, Fan|club ['fɛn...], der; -s, -s: ↑Klub (a) für die Fans einer bekannten Persönlichkeit, eines [bekannten] Sportklubs o. Ä.

Fan|shop ['fɛnʃɔp], der; -s, -s: Laden, der Artikel eines Sportklubs o. Ä. verkauft

Fan|ta|sia, die; -, -s: 1. wettkampfartiges Reiterspiel. 2. it. Bez. für ↑²Fantasie

¹Fan|ta|sie, Phan|ta|sie, die; -, ...ien: 1. a) (ohne Plural) Fähigkeit, sich etwas in Gedanken auszumalen; b) Einbildung; Produkt der ¹Fantasie (1 a). 2. (nur Plural; Med.) Fieberträume

²Fan|ta|sie, die; -, ...ien (Musik): Instrumentalstück mit freier, improvisationsähnlicher Gestaltung

¹fan|ta|sie|ren, phan|ta|sie|ren: 1. sich den Vorstellungen der ↑¹Fantasie (1 a), der Einbildungskraft hingeben; frei erfinden; ausdenken. 2. (Med.) im Zusammenhang mit Fieber wirr reden

²fan|ta|sie|ren (Musik): frei über eine Melodie od. ein Thema musizieren

Fan|tast, Phan|tast, der; -en, -en (abwertend): Träumer; Mensch mit überspannten Ideen

Fan|tas|te|rei, Phan|tas|te|rei, die; -, -en: wirklichkeitsfremde Träumerei, Überspanntheit

Fan|tas|tik, Phan|tas|tik, die; -: das Fantastische, Unwirkliche

Fan|tas|tin, Phan|tas|tin, die; -, -nen: weibliche Form zu ↑Fantast

fan|tas|tisch, phan|tas|tisch: 1. a) auf ¹Fantasie (1 a) beruhend, nur in der Fantasie bestehend; unwirklich; b) verstiegen, überspannt. 2. (ugs.) unglaublich; großartig, wunderbar

Fan|ta|sy ['fæntəzi], die; -: Gattung von Romanen, Filmen u. a., die märchen- u. mythenhafte Traumwelten voller Magie darstellen

Fan|zine ['fɛnziːn], das; -s, -s: Zeitschrift für Anhänger bestimmter Personen od. Sachen

FAQ [ɛfʔɛɪ̯'ki̯uː], die; -, -[s]: Zusammenstellung von Informationen zu besonders häufig gestellten Fragen (z. B. auf einer Homepage)

Fa|rad, das; -[s], -: Einheit der elektrischen ↑Kapazität (Zeichen: F)

Fa|ra|di|sa|ti|on, die; -, -en (Med.): Anwendung von unterbrochenem Strom zu medizinischen Zwecken

Far|ce ['farsə], die; -, -n: 1. derbkomisches Lustspiel. 2. billiger Scherz. 3. (Gastron.) Füllung für Fleisch od. Fisch

Fa|rin, der; -s: a) gelblich brauner, feuchter Zucker; b) Puderzucker

Farm, die; -, -en: 1. Landwirtschaftsbetrieb in angelsächsischen Ländern. 2. Landwirtschaftsbetrieb mit Geflügel- od. Pelztierzucht

Far|mer, der; -s, -: Besitzer einer Farm

Far|me|rin, die; -, -nen: weibliche Form zu ↑Farmer

Fa|san, der; -[e]s, -e[n]: ein Hühnervogel

Fa|sa|ne|rie, die; -, ...ien: a) Gartenanlage zur Aufzucht von Fasanen; b) (bes. im 17. u. 18. Jh.) Gebäude in einer Fasanerie (a)

Fa|sche: 1. lange Binde zum Umwickeln verletzter Gliedmaßen o. Ä. 2. [farblich abgesetzte] Umrandung an Fenstern u. Türen

Fa|schis|mus, der; -: 1. (Geschichte) das von Mussolini errichtete Herrschaftssystem in Italien (1922–1945). 2. eine nach dem Führerprinzip organisierte, nationalistische, antidemokratische, antisozialistische u. antikommunistische rechtsradikale Bewegung

Fa|schịst, der; -en, -en: Anhänger des Faschismus

Fa|schịs|tin, die; -, -nen: weibliche Form zu ↑Faschist

fa|schịs|tisch: a) den Faschismus betreffend; zum Faschismus gehörend; b) vom Faschismus geprägt

fa|schis|to|id: faschistische Züge zeigend

Fạ|scho, der; -s, -s: 1. (Jargon) ↑Faschist. 2. mit dem ↑Neofaschismus sympathisierender, meist gewalttätiger Jugendlicher

Fa|shion ['fɛʃn̩], die; -: a) Mode; b) Vornehmheit; gepflegter Lebensstil

fa|shi|o|na|bel [faʃi̯o'na:bl̩], **fa|shio|na|ble** ['fɛʃənəbl̩]: modisch, elegant, vornehm

Fas|sa|de, die; -, -n: Vorderseite, Stirnseite [eines Gebäudes]

[1]**Fas|son** [fa'sõ:, südd., österr. u. schweiz. meist: fa'so:n], die; -, -s (südd., österr. u. schweiz. meist: -en [...'so:nən]): die bestimmte Art u. Weise (des Zuschnitts, Sitzes usw.)

[2]**Fas|son** [fa'sõ:], das; -s, -s: ↑[1]Revers

Fast Food ['fa:stfu:d], das; - -[s], **Fast|food,** das; -[s]: schnell und leicht verzehrbare kleinere Gerichte

Fạs|zie [...i̯ə], die; -, -n (Med.): dünne, sehnenartige Muskelhaut

Fạs|zi|en|trai|ning, das; -s, -s: gezieltes Trainieren der Faszien, des Bindegewebes im Bewegungsapparat

Fas|zi|kel, der; -s, -: 1. [Akten]bündel, Heft. 2. (Med.) kleines Bündel von Muskel- od. Nervenfasern

Fas|zi|na|ti|on, die; -, -en: fesselnde Wirkung, die von einer Person od. Sache ausgeht

fas|zi|nie|ren: eine fesselnde, anziehende Wirkung auf jmdn. ausüben

Fas|zi|no|sum, das; -s: auf seltsame, geheimnisvolle Weise Fesselndes, Anziehendes

Fa|ta, die (nur Plural): 1. Parzen. 2. *Plural* von ↑Fatum

fa|tal: a) sehr unangenehm u. peinlich; Ärger verursachend; in Verlegenheit bringend; b) unangenehme, schlimme Folgen nach sich ziehend

Fa|ta|lịs|mus, der; -, ...men: völlige Ergebenheit in die als unabänderlich hingenommene Macht des Schicksals; Schicksalsgläubigkeit

Fa|ta|lịst, der; -en, -en: Schicksalsgläubiger

Fa|ta|lịs|tin, die; -, -nen: weibliche Form zu ↑Fatalist

fa|ta|lịs|tisch: sich dem Schicksal ohnmächtig ausgeliefert fühlend; schicksalsgläubig

Fa|ta|li|tät, die; -, -en: Verhängnis, Missgeschick, peinliche Lage

Fa|ta Mor|ga|na, die; - -, - ...nen u. - -s: durch Luftspiegelung hervorgerufene Sinnestäuschung

Fa|tum, das; -s, ...ta: Schicksal, Geschick, Verhängnis; vgl. Fata

Fạt|wa, Fẹt|wa, das; -s, -s: a) Rechtsgutachten des ↑Muftis, in dem festgestellt wird, ob eine Handlung mit den Grundsätzen des islamischen Rechts vereinbar ist; b) in einer Fatwa (a) dargelegtes [Todes]urteil

Faun, der; -[e]s, -e: geiler, lüsterner Mensch

Fau|na, die; -, ...nen: 1. Tierwelt eines bestimmten Gebiets (z. B. eines Erdteils). 2. systematische Zusammenstellung der in einem bestimmten Gebiet vorkommenden Tierarten

faute de mieux [fotdə'mjø]: in Ermangelung eines Besseren; im Notfall

Fau|teuil [fo'tœj], der; -s, -s (österr., schweiz., sonst veraltend): Polstersessel

Fau|vis|mus [fo'vɪs...], der; - (Kunstwiss.): Richtung innerhalb der französischen Malerei des frühen 20. Jh.s, die im Gegensatz zum ↑Impressionismus steht

Fau|vịst, der; -en, -en: Vertreter des Fauvismus

Faux|pas [fo'pa], der; -, - [...'pas]: Taktlosigkeit; Verstoß gegen Umgangsformen

Fa|ve|la, die; -, -s: Elendsquartier, Slum [in südamerikanischen Großstädten]

fa|vo|ri|sie|ren: 1. begünstigen, bevorzugen. 2. zum Favoriten erklären

Fa|vo|rit, der; -en, -en: 1. jmd., der bevorzugt wird. 2. Teilnehmer an einem Wettbewerb mit den größten Siegeschancen

Fa|vus, der; -, ...ven u. ...vi: 1. (ohne Plural; Med.) ansteckende Hautkrankheit, die zu

Haarausfall führt (Erbgrind). 2. Wachsscheibe im Bienenstock

Fax, das, schweiz. meist: der; -, -e: 1. per Fax (2 b) verschicktes Schriftstück, Dokument. 2. a) Faxgerät; b) Einrichtung, mit dem sich schriftliche Vorlagen über Telefonleitung kopieren lassen

fa|xen: ein Fax (1) übermitteln

Fa|yence [fa'jã:s], die; -, -n: eine mit Zinnglasur bemalte Tonware; vgl. Majolika

Fa|zen|da [fa'tsɛnda, fa'zɛnda], die; -, -s: Landgut in Brasilien

Fä|zes, Fae|ces ['fɛ:tse:s], die (nur Plural) (Med.): Stuhl, Kot

Fa|zi|a|lis, der; - (Med.): Gesichtsnerv

Fa|zi|es, die; -, - [...e:s]: 1. (Geol.) die verschiedene Ausbildung von Sedimentgesteinen gleichen Alters; vgl. Facies. 2. (Bot.) kleinste Einheit einer Pflanzengesellschaft

Fa|zi|li|tät, die; -, -en: 1. (Wirtsch.) Kreditmöglichkeit, die bei Bedarf in Anspruch genommen werden kann. 2. (nur Plural) Möglichkeiten, Einrichtungen

Fa|zit, das; -s, -e u. -s: 1. [Schluss]summe einer Rechnung. 2. Ergebnis; Schlussfolgerung

Fea|ture ['fi:tʃɐ], das; -s, -s, auch die; -, -s: 1. a) (Fernsehen, Rundfunk) Sendung in Form eines aus Reportagen, Kommentaren u. Dialogen zusammengesetzten [Dokumentar]berichtes; b) zu einem aktuellen Anlass herausgegebener, besonders aufgemachter Text- od. Bildbeitrag. 2. (bes. Technik) typisches Merkmal (bes. eines technischen Gerätes)

fea|turen ['fi:tʃɐn]: 1. (bes. Musik) jmdn. an einer künstlerischen Produktion beteiligen. 2. (Jargon) für etw. werben, jmdn. od. etw. unterstützen

Fe|b|ru|ar, der; -[s], -e: zweiter Monat im Jahr (Abk.: Febr.)

Fe|da|jin, der; -s, -: a) arabischer Freischärler; b) Angehöriger einer arabischen politischen Untergrundorganisation

Fee|ling ['fi:lɪŋ], das; -s, -s: a) [den ganzen Körper erfüllendes] Gefühl; b) Gefühl für etwas; c) Stimmung, Atmosphäre

Fel|bel, der; -s, -: hochfloriger [Kunst]seidenplüsch mit glänzender Oberfläche

Fel|la|che, der; -n, -n: Angehöriger der Landbevölkerung im Orient; vgl. Beduine

Fel|la|chin, die; -, -nen: weibliche Form zu ↑Fellache

Fel|la|tio, die; -, ...ones: Praxis sexueller Befriedigung, bei der der Penis mit Lippen, Zähnen u. Zunge gereizt wird; vgl. Cunnilingus

Fel|low ['fɛlɔʊ̯], der; -s, -s: 1. a) (in Großbritannien) ein mit Rechten u. Pflichten ausgestattetes Mitglied eines ↑College (a); b) (in Großbritannien) Inhaber eines Forschungsstipendiums; c) (in Großbritannien) Mitglied einer wissenschaftlichen Gesellschaft. 2. (in den USA) Student höheren Semesters

Fel|low|ship [...ʃɪp], das; -[s], -s, auch: die; -, -s: 1. Status eines Fellows (1 b). 2. Stipendium für graduierte Studierende an britischen u. amerikanischen Universitäten

Fe|mel, Fim|mel, der; -s, -: männliche Pflanze bei Hanf u. Hopfen

fe|mi|nin: 1. a) für die Frau charakteristisch; weiblich; b) das Weibliche betonend; c) (oft abwertend) (als Mann) zu weich, weibisch. 2. ['fe:mini:n] (Sprachwiss.) mit weiblichem Geschlecht

Fe|mi|nis|mus, der; -, ...men: 1. (ohne Plural) Richtung der Frauenbewegung, die, von den Bedürfnissen der Frau ausgehend, eine grundlegende Veränderung der gesellschaftlichen ↑Normen (1 a) (z. B. der traditionellen Rollenverteilung) anstrebt. 2. (Biol., Med.) das Vorhandensein od. die Ausbildung weiblicher Geschlechtsmerkmale bei männlichen Lebewesen

Fe|mi|nist, der; -en, -en: jmd., der sich zu den Überzeugungen u. Forderungen des Feminismus (1) bekennt

Fe|mi|nis|tin, die; -, -nen: Vertreterin des Feminismus (1)

fe|mi|nis|tisch: den Feminismus betreffend

fe|misch: reich an Eisen u. Magnesium

Femme fa|tale [famfa'tal], die; - -, -s -s [famfa'tal]: Frau mit Charme u. Intellekt, die durch ihr verführerisches Wesen ihren Partnern häufig zum Verhängnis wird

Fench, der; -[e]s, -e, **Fen|nich,** der; -s, -e: eine Hirseart

Fen|chel, der; -s: 1. eine Gewürz- u. Heilpflanze (Doldengewächs). 2. ein Gemüse

Fen|dant [fãˈdã:], der; -s, -s: Weißwein aus dem Kanton Wallis (Schweiz)

Fen|der, der; -s, -: mit Kork od. Tauwerk gefülltes Kissen zum Schutz der Schiffsaußenseite

Fen|nek, Fe|nek, der; -s, -s u. -e: Wüstenfuchs

Fenz, die; -, -en: bes. von Deutschamerikanern verwendete Bez. für: Zaun, Einfriedung

Fe|ria, die; -, ...iae [...iɛ]: Wochentag im Gegensatz zum Sonn- u. Feiertag in der katholischen ↑Liturgie

Fe|ri|en, die (nur Plural): a) mehrere zusammenhängende Tage od. Wochen dauernde, der Erholung dienende, turnusmäßig wiederkehrende Arbeitspause; b) Urlaub

Fer|ma|te, die; -, -n: 1. (Musik) a) Zeichen der musikalischen Notation über einer Note od. einer Pause, die dadurch auf eine nicht genau festgelegte Zeit verlängert wird (Zeichen: 𝄐); b) durch eine Fermate (1 a) verlängerte Note od. Pause. 2. Dehnung der [vor]letzten Silbe eines Verses, die das Metrum (1) sprengt

Fer|ment, das; -s, -e (veraltet): ↑Enzym

Fer|men|ta|ti|on, die; -, -en: 1. chemische Umwandlung von Stoffen durch Bakterien u. ↑Enzyme (Gärung). 2. biochemisches Verarbeitungsverfahren zur Aromaentwicklung in Lebens- u. Genussmitteln (z. B. Tee, Tabak)

fer|men|tie|ren: durch Fermentation (2) veredeln

Fer|mi|on, das; -s, ...ionen (Physik): Elementarteilchen mit halbzahligem ↑Spin

Fer|rit [auch: ...ˈrɪt], der; -s, -e (meist Plural): 1. reine, weiche, fast kohlenstofffreie Eisenkristalle (α-Eisen). 2. einer der magnetischen (1), zur Herstellung nachrichtentechnischer Bauteile verwendeten Werkstoffe

fer|ro|ma|g|ne|tisch: sich wie Eisen magnetisch verhaltend

fer|til (Biol., Med.): fruchtbar

Fer|ti|li|sa|ti|on, die; -, -en (Med.): Befruchtung

Fer|ti|li|tät, die; - (Biol., Med.): Fähigkeit von Organismen, Nachkommen hervorzubringen; Fruchtbarkeit

Fes, der; -[es], -[e]: bes. in islamischen Ländern getragene kegelstumpfförmige rote Filzkappe

fesch [österr.: fe:ʃ]: a) (österr. u. ugs.) schick, flott, elegant; b) (österr. veraltet) nett, freundlich

Fes|ti|val [ˈfɛstivl̩, ...val], das; -s, -s: [in regelmäßigen Abständen wiederkehrende] kulturelle Großveranstaltung

Fes|ti|vi|tät, die; -, -en (ugs.): Festlichkeit

fe|tal, fö|tal (Med.): zum ↑Fetus gehörend, den Fetus betreffend

Fe|te [auch: ˈfɛ:tə], die; -, -n (ugs.): kleineres Fest, Party, ausgelassene Feier

Fe|tisch, der; -[e]s, -e (Völkerkunde): Gegenstand, dem helfende od. schützende Zauberkraft zugeschrieben wird; vgl. Amulett, Talisman

fe|ti|schi|sie|ren: zum Fetisch erheben

Fe|ti|schis|mus, der; -, ...men: 1. (Völkerkunde) Fetischverehrung. 2. (Psychol.) sexuelle Neigung, bei der bestimmte Körperteile od. Gegenstände (z. B. Wäschestücke), die der begehrten Person gehören, als einzige od. bevorzugte Objekte sexueller Erregung u. Befriedigung dienen

Fe|ti|schist, der; -en, -en: 1. (Völkerkunde) Fetischverehrer. 2. (Psychol.) Person mit fetischistischen Neigungen

Fe|ti|schis|tin, die; -, -nen: weibliche Form zu ↑Fetischist

fe|ti|schis|tisch: den Fetischismus betreffend

Fet|tuc|ci|ne [...ˈtʃi:nə], die (nur Plural): Bandnudeln

Fe|tus, Fö|tus, der; - u. -ses, -se u. ...ten (Med.): [menschliche] Leibesfrucht zwischen dem Beginn des 3. Schwangerschaftsmonats u. der Geburt

Fet|wa vgl. Fatwa

feu|dal: 1. das Lehnswesen betreffend. 2. a) vornehm; b) reichhaltig ausgestattet

Feu|dal|herr|schaft, die; -: ↑Feudalismus

Feu|da|lis|mus, der; -: 1. auf dem Lehnsrecht aufgebaute Wirtschafts- u. Gesellschaftsform, in der alle Herrschaftsfunktionen von der über den Grundbesitz verfügenden aristokratischen Oberschicht ausgeübt werden. 2. a) System des Lehnswesens im mittelalterlichen Europa; b) Zeit des Feudalismus (2 a)

F

feu|da|lis|tisch: zum Feudalismus gehörend
Feu|dal|sys|tem, das; -s: ↑Feudalismus
Feuil|le|ton [fœjə'tõ:], das; -s, -s: 1. kultureller Teil einer Zeitung. 2. literarischer Beitrag im Feuilletonteil einer Zeitung
Feuil|le|to|nist, der; -en, -en: jmd., der Feuilletons schreibt
Feuil|le|to|nis|tin, die; -, -nen: weibliche Form zu ↑Feuilletonist
feuil|le|to|nis|tisch: a) das Feuilleton betreffend; b) im Stil eines Feuilletons geschrieben
[1]**Fez** [fe:s, fe:ts], der; -[es], -[e]: ↑Fes
[2]**Fez,** der; - (ugs.): Spaß, Ulk, Unsinn
Fi|a|ker, der; -s, - (österr.): a) Pferdedroschke; b) Kutscher, der einen Fiaker fährt
Fi|a|le, die; -, -n (Archit.): schlankes, spitzes Türmchen an gotischen Bauwerken, das als Bekrönung von Strebepfeilern dient
Fi|as|ko, das; -s, -s: 1. Misserfolg, Reinfall. 2. Zusammenbruch
[1]**Fi|bel,** die; -, -n: 1. bebildertes Lesebuch für Schulanfänger. 2. Lehrbuch, das das Grundwissen eines Fachgebietes vermittelt
[2]**Fi|bel,** die; -, -n: frühgeschichtliche Spange od. Nadel aus Metall zum Zusammenstecken der Kleidungsstücke
Fi|ber, die; -, -n: 1. (Biol., Med.) [Muskel]faser. 2. (ohne Plural) künstlich hergestellter Faserstoff
Fi|b|ril|le, die; -, -n (Med.): sehr feine Muskel- od. Nervenfaser
Fi|b|rin, das; -s, -e (Med.): Eiweißstoff des Blutes, der bei der Blutgerinnung aus Fibrinogen entsteht
Fi|cus, der; -, ...ci [...tsi]: Feigenbaum (Maulbeergewächs)
fi|del: lustig, heiter, gut gelaunt, vergnügt
Fi|del, die; -, -n: historisches Saiteninstrument
Fi|des, die; -: im alten Rom das Treueverhältnis zwischen Patron u. Klient
Fi|di|bus, der; - u. -ses, - u. -se: Holzspan od. gefalteter Papierstreifen zum Feuer- od. Pfeifeanzünden
Fi|e|rant, der; -en, -en (bayr., österr.): Markthändler
Fi|es|ta, die; -, -s: spanisches [Volks]fest
fif|ty-fif|ty (ugs.): in den Fügungen **fifty-fifty machen:** so teilen, dass jeder die Hälfte erhält; **fifty-fifty stehen/ausgehen:** unentschieden stehen/ausgehen
Fi|ga|ro, der; -[s], -s: a) (scherzh.) Friseur; b) (selten) gewitzter, redegewandter Mann
Fight [fai̯t], der; -s, -s: a) Kampf, Wettkampf; harte Auseinandersetzung; b) Boxkampf
figh|ten ['fai̯tn̩]: a) hart, verbissen kämpfen; b) (beim Boxen) ungestüm kämpfen
Figh|ter ['fai̯tɐ], der; -s, -: a) jmd., der fightet (a); Kämpfernatur; b) Boxer, der den Schlagabtausch bevorzugt
Figh|te|rin, die; -, -nen: weibliche Form zu ↑Fighter
Fi|gur, die; -, -en: 1. äußere Erscheinung eines Menschen im Hinblick auf ihre Proportioniertheit. 2. [künstlerische] Darstellung eines menschlichen, tierischen od. abstrakten Körpers. 3. Spielstein, bes. beim Schachspiel. 4. a) [geometrisches] Gebilde aus Linien od. Flächen, Umrisszeichnung o. Ä.; b) Abbildung, die als Illustration einem Text beigegeben ist. 5. literarische Gestalt. 6. (Sprachwiss.) von der normalen Sprechweise abweichende sprachliche Form, die als Stilmittel eingesetzt wird
Fi|gu|ra, die; -: Bild, Figur
fi|gu|ral: mit Figuren versehen
Fi|gu|ral|mu|sik, die; -: mehrstimmiger kontrapunktischer Tonsatz in der Kirchenmusik des Mittelalters
Fi|gu|ra|ti|on, die; -, -en: 1. (Musik) Auflösung einer Melodie od. eines Akkords in rhythmische Notengruppen. 2. (Kunstwiss.) a) figürliche Darstellung; b) Formgebilde
fi|gu|ra|tiv: a) grafisch od. als Figur wiedergebend od. wiedergegeben; b) (etwas Abstraktes) gegenständlich wiedergebend
fi|gu|rie|ren: 1. eine Rolle spielen; in Erscheinung treten. 2. (Musik) einen Akkord mit einer Figuration versehen
Fi|gu|ri|ne, die; -, -n: 1. kleine Figur, kleine Statue. 2. Nebenfigur auf Gemälden
fi|gür|lich: 1. in Bezug auf die Figur (1). 2. (Kunstwiss.) eine Figur (2), Figuren (2) darstellend
Fik|ti|on, die; -, -en: 1. etwas, was nur in der Vorstellung existiert; etwas Erdachtes. 2. (Philos.) bewusst gesetzte widerspruchs-

volle od. falsche Annahme als methodisches Hilfsmittel bei der Lösung eines Problems

fik|ti|o|nal: auf einer Fiktion beruhend

fik|tiv: eingebildet, erdichtet; angenommen, auf einer Fiktion (1) beruhend

Fi|la|ment, das; -s, -e: 1. (Bot.) Staubfaden der Blüte. 2. (meist Plural; Astron.) dunkles, fadenförmiges Gebilde in der ↑ Chromosphäre

File [faɪ̯l], das, auch: der; -s, -s (EDV): engl. Bez. für: Datei

Fi|let [fi'le:], das; -s, -s: 1. netzartig gewirkter Stoff. 2. a) Handarbeitstechnik, bei der ein Gitterwerk aus quadratisch verknüpften Fäden hergestellt wird; b) Handarbeit, die durch Filet (2 a) entstanden ist. 3. a) Lendenstück von Schlachtvieh u. Wild; b) Geflügelbrust[fleisch]; c) entgrätetes Rückenstück bei Fischen

fi|le|tie|ren, fi|lie|ren: aus Fleisch Filetstücke herauslösen

Fi|li|a|le, die; -, -n: Zweiggeschäft eines Unternehmens

Fi|li|al|ge|mein|de, die; -, -n: Gemeinde einer Filialkirche

Fi|li|al|ge|ne|ra|ti|on, die; -, -en (Genetik): direkte Nachkommen eines Elternpaares bzw. eines sich durch ↑ Parthenogenese (2) fortpflanzenden Lebewesens

Fi|li|a|list, der; -en, -en: 1. (Wirtsch.) Leiter einer Filiale. 2. Seelsorger einer Filialgemeinde

Fi|li|a|lis|tin, die; -, -nen: weibliche Form zu ↑ Filialist

Fi|li|al|kir|che, die; -, -n: von der Pfarrkirche der Hauptgemeinde aus betreute Kirche mit einer Filialgemeinde

Fi|li|a|ti|on, die; -, -en: 1. (Geneal.) [Nachweis der] Abstammung einer Person von einer anderen. 2. (Rechtswiss.) legitime Abstammung eines Kindes von seinen Eltern

fi|li|g|ran: aus Filigran, filigranähnlichen Formen bestehend; feingliedrig

Fi|li|g|ran, das; -s, -e, **Fi|li|g|ran|ar|beit,** die; -, -en: Goldschmiedearbeit aus feinem Gold-, Silber- od. versilbertem Kupferdraht

Fi|li|us, der; -, ...lii u. -se (scherzh.): Sohn

Film noir [... 'no̯a:ɐ̯], der; - -: düstere amerikanische Kriminalfilme der 1940er- u. 1950er-Jahre

Fi|lou [fi'lu:], der, auch: das; -s, -s (scherzh.): jmd., der andere mit Schläue, Raffinesse [in harmloser Weise] zu übervorteilen versteht

Fils, der; -, -: Münzeinheit in Iran u. verschiedenen arabischen Staaten

Fil|t|rat, das; -[e]s, -e: die bei der Filtration anfallende geklärte Flüssigkeit

Fil|t|ra|ti|on, die; -, -en: Verfahren zum Trennen von festen Stoffen u. Flüssigkeiten

fil|t|rie|ren: eine Flüssigkeit od. ein Gas von darin enthaltenen Bestandteilen mithilfe eines Filters trennen; filtern

Fil|zo|k|ra|tie, die; -, ...ien: verfilzte, ineinander verflochtene Machtverhältnisse durch Begünstigung o. Ä. bei der Ämterverteilung

fi|nal: 1. den Schluss von etwas bildend. 2. (Sprachwiss., Rechtswiss.) die Absicht, den Zweck betreffend, bestimmend od. kennzeichnend

[1]**Fi|nal,** der; -s, -s (schweiz.): Finale (2)

[2]**Fi|nal** ['faɪ̯nl̩], das; -s, -s: engl. Bezeichnung für: Finale (2)

Fi|na|le, das; -s, -: 1. glanzvoller, aufsehenerregender Abschluss von etwas; Ende, Schlussteil. 2. a) Endkampf, Endspiel, Endrunde eines aus mehreren Teilen bestehenden sportlichen Wettbewerbs; b) Endspurt. 3. (Musik) a) letzter (meist der vierte) Satz eines größeren Instrumentalwerkes; b) Schlussszene der Akte eines musikalischen Bühnenwerkes

Fi|na|list, der; -en, -en: Teilnehmer an einem Finale (2 a)

Fi|na|lis|tin, die; -, -nen: weibliche Form zu ↑ Finalist

Fi|na|li|tät, die; -, -en: Bestimmung eines Geschehens od. einer Handlung nicht durch ihre Ursachen, sondern durch ihren Zweck

Fi|nal|satz, der; -es, ...sätze (Sprachwiss.): Gliedsatz, der den Zweck eines Verhaltens angibt

Fi|nan|ci|er [...nä'si̯e:] vgl. Finanzier

Fi|nanz|aus|gleich, der; -[e]s: Ausgleich der anfallenden Einnahmen u. Ausgaben zwischen Bund, Ländern u. Gemeinden

Fi|nan|zen, die (nur Plural): 1. Finanz-, Geldwesen. 2. Einkünfte od. Vermögen des Staates, eines Landes, einer Körperschaft des öffentlichen Rechts u. Ä. 3. (ugs.) verfügbares Geld

F

F

Fi|nan|zer, der; -s, - (österr. ugs.): Zollbeamter

fi|nan|zi|ell: geldlich, wirtschaftlich

Fi|nan|zi|er [...'tsi̯e:], **Fi|nan|ci|er** [...nã'si̯e:]: jmd., der über ein Vermögen verfügt u. damit bestimmte Dinge finanziert

fi|nan|zie|ren: 1. die finanziellen Mittel für etwas, jmdn. zur Verfügung stellen. 2. a) mithilfe eines Kredits kaufen, bezahlen; b) einen Kredit aufnehmen

Fi|nanz|po|li|tik, die; -: a) Gesamtheit der finanzwirtschaftlichen Überlegungen u. Maßnahmen eines Staates; b) (Wirtsch.) Gesamtheit der Maßnahmen, die den finanziellen Sektor eines Unternehmens betreffen

Fi|nanz|wirt|schaft, die; -: Wirtschaft der öffentlichen Körperschaften, bes. des Bundes, der Länder u. Gemeinden

Fin|ca, die; -, -s: Landhaus mit Garten; in Südamerika auch Landgut, ↑Hazienda

Fin de Si|è|cle [fɛ̃d'si̯ɛkl], das; - - -: Bezeichnung für die Zeit des ausgehenden 19. Jh.s, die in Gesellschaft, bildender Kunst u. Literatur Verfallserscheinungen aufwies

Fi|nes|se, die; -, -n: 1. a) (meist Plural) Trick, besondere Technik in der Arbeitsweise; b) Schlauheit, Durchtriebenheit. 2. (meist Plural) Besonderheit, Feinheit in der Beschaffenheit

Fin|ger|food, Fin|ger-Food ['fɪŋgefu:d], das; -[s], -s: Speisen, die [auf Partys od. Empfängen] ohne Besteck [mit den Fingern] gegessen werden

Fin|ger|print, der; -s, -s (Fachspr.): 1. Fingerabdruck. 2. Merkmal, das eine Person od. Sache eindeutig identifiziert

fin|gie|ren: vortäuschen, erdichten

Fi|nish ['fɪnɪʃ], das; -s, -[e]s: 1. letzter Schliff, Vollendung. 2. Endkampf, Endspurt; letzte Phase eines Sportwettkampfs

fi|nit (Sprachwiss.): bestimmt

fin|nisch-ug|risch: die Sprachfamilie betreffend, deren Sprecher heute auf der finnischen Halbinsel, im nordwestlichen Sibirien u. in der ungarischen Steppe beheimatet sind

Fin|no|ug|rist, der; -en, -en: Wissenschaftler, Spezialist für finnisch-ugrische Sprachen

Fin|no|ug|ris|tin, die; -, -nen: weibliche Form zu ↑Finnougrist

Fin|te, die; -, -n: 1. Vorwand, Täuschung. 2. a) Scheinhieb beim Boxen; Scheinhieb od. -stoß beim Fechten; b) angedeuteter Griff beim Ringen zur Täuschung des Gegners

Fire|wall ['fai̯ewɔ:l], die; -, -s u. der; -s, -s (EDV): Sicherungssystem, das ein Netzwerk od. einen einzelnen Computer vor unerwünschtem Zugriff schützt

Fir|le|fanz, der; -es, -e (ugs. abwertend): 1. überflüssiges od. wertloses Zeug; Tand, Flitter. 2. Unsinn, törichtes Zeug, Gerede

firm: in etwas firm sein: [in einem bestimmten Fachgebiet, Bereich] sicher, sattelfest, beschlagen sein

Fir|ma, die; -, ...men: 1. a) kaufmännischer Betrieb, gewerbliches Unternehmen; b) (Wirtsch.) der ins Handelsregister eingetragene Name eines Unternehmens, Geschäfts o. Ä. (Abk.: Fa.). 2. (ugs. abwertend) Sippschaft

Fir|ma|ment, das; -[e]s: Himmel[sgewölbe]

fir|men: jmdm. die Firmung erteilen

fir|men|in|tern: nur für den Bereich der betreffenden Firma bestimmt

fir|mie|ren: (von Firmen o. Ä.) unter einem bestimmten Namen bestehen, einen bestimmten Namen führen [u. damit unterzeichnen]

Fir|mung, die; -, -en: vom Bischof durch Salbung u. Handauflegen vollzogenes katholisches ↑Sakrament (a), das der Kräftigung im Glauben dienen soll

Fir|nis, der; -ses, -se: schnell trocknendes, farbloses Öl, das als Schutzanstrich auf etwas aufgetragen wird

first class ['fœ:ɐ̯st 'kla:s]: der ersten Klasse zugehörend, von hohem Standard

First-Class-Ho|tel, das; -s, -s: Hotel von gehobenem Standard; Luxushotel

First La|dy ['fœ:ɐ̯st 'lɛi̯di], die; - -, - Ladies: Frau eines Staatsoberhauptes

Firth [fə:θ], der; -, -es ['fə:θɪz]: tief ins Landesinnere reichender, lang gestreckter Meeresarm in Schottland

fis|ka|lisch: den Staat als Verwalter des Staatsvermögens betreffend

Fis|kus, der; -, ...ken u. -se (Plural selten): der Staat als Eigentümer des Staatsvermögens

Fis|sur, die; -, -en (Med.): 1. Riss, Schrunde,

bes. der unelastisch gewordenen Haut od. Schleimhaut. 2. Knochenriss

Fis|tel, die; -, -n: 1. (Med.) durch Gewebszerfall entstandener od. operativ angelegter röhrenförmiger Kanal, der ein Organ mit der Körperoberfläche od. einem anderen Organ verbindet. 2. ↑Fistelstimme

Fis|tel|stim|me, die; -, -n: 1. (Musik) die männliche Kopfstimme ohne Brustresonanz. 2. unangenehm hohe Sprechstimme bei Männern

fit: 1. in guter körperlicher Verfassung, durchtrainiert. 2. leistungsfähig, kompetent

Fit|ness, die; -: gute körperliche Verfassung, [sportliche] Leistungsfähigkeit

Fit|ness|cen|ter, das; -s, -: mit Sportgeräten ausgestattete Einrichtung zur Verbesserung der körperlichen Leistungsfähigkeit

Fit|ness|stu|dio, Fit|ness-Stu|dio, das; -s, -s: ↑Fitnesscenter

Fit|ness|trai|ning, das; -s, -s: sportliches Training zur Erhaltung od. Verbesserung der körperlichen Leistungsfähigkeit

fit|ten: 1. (Technik) anpassen. 2. (Schiffbau) einen Kiel auf Unebenheiten hin abtasten

Fit|ting, das; -s, -s (meist Plural): Verbindungsstück bei Rohrleitungen

Five o'Clock Tea [ˈfaɪ̯vəˈklɔkˈtiː], der; - - -, - - -s: Fünfuhrtee

fix: 1. fest, feststehend. 2. (ugs.) a) geschickt, anstellig, gewandt, pfiffig; b) flink, schnell

fi|xen: 1. (Börsenw.) ein Spekulationsgeschäft tätigen in der Weise, dass man Papiere verkauft, die man noch nicht besitzt, von denen man aber hofft, sie vor dem Termin der Vertragserfüllung billiger, als man sie verkauft hat, zu bekommen. 2. (Jargon) dem Körper durch Injektionen Rauschmittel zuführen

Fi|xer, der; -s, - (Jargon): jmd., der harte Drogen spritzt

Fi|xe|rin, die; -, -nen: weibliche Form zu ↑Fixer

fi|xie|ren: 1. a) schriftlich niederlegen, in Wort od. Bild dokumentarisch festhalten; b) [schriftlich] festlegen, formulieren; verbindlich bestimmen. 2. a) an einer Stelle befestigen, festmachen; b) (Gewichtheben) das Gewicht mit gestreckten Armen über dem Kopf halten u. damit die Beherrschung des Gewichts demonstrieren; c) (Ringen) den Gegner so festhalten, dass er sich nicht befreien kann. 3. (Psychol., Verhaltensforschung) sich emotional an jmdn., etwas binden

Fi|xie|rung, die; -, -en: 1. das Fixieren, Fixiertwerden. 2. Vorrichtung zur Befestigung von etwas

Fix|punkt, der; -[e]s, -e: fester Bezugspunkt für eine Messung, Beobachtung o. Ä.

F

Fix|stern, der; -[e]s, -e (Astron.): scheinbar unbeweglicher u. seine Lage zu anderen Sternen nicht verändernder, selbstleuchtender Stern

Fi|xum, das; -s, ...xa: festes Gehalt

Fizz [fɪs], der; -[es], -e: alkoholisches Mischgetränk mit Früchten od. Fruchtsäften

Fjäll, der od. das; -s, -s: weite, baumlose Hochfläche in Skandinavien oberhalb der Waldgrenze

Fjell vgl. Fjäll

Fjord, der; -[e]s, -e: [an einer Steilküste] tief ins Landinnere hineinreichender, lang gestreckter Meeresarm

Fla|gel|lat, der; -en, -en (meist Plural) (Biol.): Einzeller mit einer od. mehreren Fortbewegungsgeißeln am Vorderende; Geißeltierchen

Fla|geo|lett [flaʒoˈlɛt], das; -s, -e od. -s (Musik): 1. besonders hohe Flöte, kleinster Typ der Schnabelflöte. 2. Flötenton bei Streichinstrumenten, Harfen u. Gitarren. 3. Flötenregister der Orgel

fla|g|rant: deutlich u. offenkundig ins Auge fallend; vgl. in flagranti

Flag|ship-Store, Flag|ship|store [ˈflægʃɪpstɔː], der; -s, -s: repräsentatives Geschäft einer Kette, das die Philosophie der Marke vermitteln soll

Flair [flɛːɐ̯], das; -s: 1. die einen Menschen od. eine Sache umgebende Atmosphäre. 2. (bes. schweiz.) feiner Instinkt

Fla|kon [flaˈkõː], der od. das; -s, -s: Glasfläschchen mit Stöpsel [zum Aufbewahren von Parfüm]

flam|bie|ren: Speisen zur Geschmacksverfeinerung mit Alkohol übergießen, anzünden (u. brennend auftragen)

Fla|men|co, der; -[s], -s: a) andalusisches

F

[Tanz]lied; b) stark rhythmisch bewegter Tanz, der auf den Flamenco (a) getanzt wird

Fla|nẹll, der; -s, -e: [gestreiftes od. bedrucktes] geraues Gewebe in Leinen- od. Köperbindung für Wäsche od. Oberbekleidung

Fla|neur [fla'nø:ɐ̯], der; -s, -e: jmd., der flaniert

fla|nie|ren: ohne Ziel spazieren gehen

flan|kie|ren: zu beiden Seiten von etwas, jmdm. stehen, gehen; [schützend] begleiten

Flash|back, Flash-back ['flɛʃbɛk], der od. das; -[s], -s: 1. (Psychol.) intensives Wiedererinnern von etwas Erlebtem, Vergangenem. 2. (Film) einzelnes Bild einer Rückblende

Flash|spei|cher, Flash-Spei|cher ['flɛʃ...], der; -s, - (EDV): schneller, nicht flüchtiger digitaler Speicherbaustein zum Lesen u. Schreiben

Flat|rate ['flɛtrɛɪ̯t], die; -, -s, **Flat Rate,** die; - -, - -s: monatlicher Pauschalpreis für die Nutzung von Internet u./od. Telefon

Fla|tu|lẹnz, die; -, -en (Med.): 1. Gasbildung im Magen od. Darm. 2. Abgang von Blähungen

Fla|vo|no|id, das; -[e]s, -e (Chemie): wasserlöslicher Pflanzenfarbstoff

Fleece [fli:s], das; -: synthetisch hergestellter flauschiger Stoff mit gerauter Oberfläche

flek|tie|ren: ein Wort in seinen grammatischen Formen abwandeln, beugen; ↑deklinieren od. ↑konjugieren

fle|xi|bel: 1. biegsam, elastisch. 2. beweglich, geschmeidig. 3. (Sprachwiss.) beugbar

fle|xi|bi|li|sie|ren: flexibel (2) machen

Fle|xi|bi|li|tät, die; -: 1. Biegsamkeit. 2. Fähigkeit des Menschen, sich wechselnden Situationen rasch anzupassen

Fle|xi|on, die; -, -en: 1. (Sprachwiss.) ↑Deklination od. ↑Konjugation eines Wortes. 2. (Med.) Beugung, Abknickung von Körperorganen

Fle|xi|ta|ri|er, der; -s, -: Person, die sich überwiegend vegetarisch ernährt, aber auch gelegentlich biologisch produziertes Fleisch isst

Fle|xi|ta|ri|e|rin, die; -, -nen: weibliche Form zu ↑Flexitarier

Flic, der; -s, -s (ugs.): frz. Bez. für: Polizist

Flick|flack, der; -s, -s (Sport): [in schneller Folge geturnter] Handstandüberschlag

Flip, der; -s, -s: 1. alkoholisches Mischgetränk mit Ei. 2. ein Drehsprung im Eiskunstlauf

Flip|chart, Flip-Chart [...tʃa:ɐ̯t], das; -s, -s od. die; -, -s: Gestell, auf dem ein großer Papierblock befestigt ist, dessen Blätter nach oben umgeschlagen werden können

Flip|flop, das; -s, -s, **Flip|flop|schal|tung,** die; -, -en: Kippschaltung in elektronischen Geräten

Flip|per, der; -s, -: Spielautomat, bei dem man eine Kugel möglichst lange auf dem abschüssigen Spielfeld halten muss

flip|pern: an einem Flipper spielen

Flirt [flœ:ɐ̯t], der; -s, -s: 1. Bekundung von Zuneigung durch das Verhalten, durch Blicke u. Worte in verspielter Form. 2. unverbindliche Liebesbeziehung

flir|ten ['flœ:ɐ̯tn̩]: jmdm. durch sein Verhalten, durch Blicke u. Worte seine Zuneigung zu erkennen geben

Float [flɔʊ̯t], der; -s, -s: Summe der von Konten abgebuchten, aber noch nicht gutgeschriebenen Zahlungen im Zahlungsverkehr

floa|ten ['flɔʊ̯tn̩] (Wirtsch.): durch Freigabe des Wechselkurses schwanken (vom Außenwert einer Währung)

Floa|ting, das; -s: durch die Freigabe des Wechselkurses eingeleitetes Schwanken des Außenwertes einer Währung in einem System fester Wechselkurse

Flo|ka|ti, der; -[s], -s: heller, schaffellartig zottiger Teppich [aus Schurwolle] in Art der griechischen Hirtenteppiche

Floor [flɔ:], der; -s, -s: 1. (an Produktenbörsen) abgegrenzter Raum, in dem sich die Makler zur Abwicklung von Termingeschäften zusammenfinden. 2. (Börsenw.) vereinbarter Mindestzins bei zinsvariablen Anleihen. 3. Tanzboden, Dancefloor (1)

Flop, der; -s, -s: 1. Kurzform von ↑Fosburyflop (b). 2. [geschäftlicher] Misserfolg

flop|pen: 1. im Fosburyflop springen. 2. ein Misserfolg, Flop sein

[1]**Flor,** der; -s, -e: 1. a) Blumen-, Blütenfülle, Blütenpracht; b) Menge blühender [schöner] Blumen [der gleichen Art]; Fülle von Blüten [einer Pflanze]. 2. Wohlstand, Gedeihen

[2]**Flor,** der; -s, -e, selten: Flöre: 1. a) feines,

durchsichtiges Gewebe; b) schwarzes Band, das als Zeichen der Trauer am Ärmel od. Rockaufschlag getragen wird. 2. aufrecht stehende Faserenden bei Samt, Plüsch u. Teppichen

Flo|ra, die; -, ...ren: 1. a) Pflanzenwelt eines bestimmten Gebietes; b) Bestimmungsbuch für die Pflanzen eines bestimmten Gebietes. 2. (Med.) Gesamtheit der Mikroorganismen in einem Organ (z. B. Darmflora)

flo|ral: a) mit Blumen, geblümt; b) Blüten betreffend, darstellend

Flo|rett, das; -s, -e, **Fleu|ret** [flø're:], das; -s, -s: Stoßwaffe zum Fechten

flo|rie|ren: sich [geschäftlich] günstig entwickeln, gedeihen

Flo|rist, der; -en, -en: 1. Kenner u. Erforscher der ↑Flora (1 a). 2. Blumenbinder (Berufsbez.)

Flo|ris|tin, die; -, -nen: weibliche Form zu ↑Florist

flo|ris|tisch: die Flora od. die Floristik betreffend

Flos|kel, die; -, -n: nichtssagende Redensart

Flot|te, die; -, -n: a) Gesamtheit der Schiffe eines Staates (Handels- od. Kriegsflotte); b) größerer [Kriegs]schiffsverband

flot|tie|ren: 1. schwanken. 2. (Textilind.) sich verwickeln (von Kettfäden in der Weberei)

Flot|til|le [auch: flɔ'tɪljə], die; -, -n: Verband kleinerer Kriegsschiffe

Flow [flɔʊ̯], der; -s, -s: 1. (Med.) Durchfluss von Flüssigkeiten (z. B. Blut, Harn) im Körper. 2. (Psychol.) Zustand höchster Konzentration u. völliger Versunkenheit in eine Tätigkeit. 3. (Musik) sprachlicher u. rhythmischer Fluss, mit dem insbes. Rapper ihre Texte vortragen

flu|id (Chemie): flüssig, fließend

Flu|id, das; -s, -s, **Flu|id,** das; -s, -e: 1. (Chemie, Kosmetik) flüssiges Mittel, Flüssigkeit. 2. (Technik) Getriebeflüssigkeit, die Druckkräfte übertragen kann; Flud

Flu|i|dum, das; -s, ...da: besondere von einer Person od. Sache ausgehende Wirkung, die eine bestimmte Atmosphäre schafft

Fluk|tu|a|ti|on, die; -, -en: 1. Schwanken, Schwankung, Wechsel. 2. (Med.) das mit dem Finger spürbare Schwappen einer Flüssigkeitsansammlung unter der Haut

fluk|tu|ie|ren: 1. schnell wechseln, schwanken. 2. (Med.) hin u. her schwappen (von abgekapselten Körperflüssigkeiten)

Flu|o|res|zenz, die; -: Eigenschaft bestimmter Stoffe, bei Bestrahlung selbst zu leuchten

flu|o|res|zie|ren: bei Bestrahlung (z. B. mit Licht) aufleuchten (von Stoffen)

Flu|o|rid, das; -[e]s, -e: Salz der Fluorwasserstoffsäure

Flu|o|rit [auch: ...'rɪt], der; -s, -e: Flussspat

flu|o|ro|gen: die Eigenschaft der Fluoreszenz besitzend

Fly|er ['flai̯ɐ], der; -s, -: 1. Vorspinn-, Flügelspinnmaschine. 2. Arbeiter an einer Vorspinnmaschine. 3. (Jargon) Handzettel

Fly|e|rin, die; -, -nen: weibliche Form zu ↑Flyer (2)

Fly|ing Dutch|man ['flai̯ɪŋ 'datʃmən], der; - -, - ...men [...mən]: Segelboot für zwei Personen

fob, f. o. b. = free on board

fö|de|ral: ↑föderativ

Fö|de|ra|lis|mus, der; -: das Streben nach Errichtung od. Erhaltung eines Bundesstaates mit weitgehender Eigenständigkeit der Einzelstaaten

Fö|de|ra|list, der; -en, -en: Anhänger des Föderalismus

Fö|de|ra|lis|tin, die; -, -nen: weibliche Form zu ↑Föderalist

fö|de|ra|lis|tisch: den Föderalismus erstrebend, fördernd, erhaltend

Fö|de|ra|ti|on, die; -, -en: a) Verband; b) Verbindung, Bündnis [von Staaten]

fö|de|ra|tiv: bundesmäßig

fo|kal: 1. den Brennpunkt betreffend, Brenn... 2. (Med.) von einem infektiösen Krankheitsherd ausgehend, ihn betreffend

Fo|kus, der; -, -se: 1. Brennpunkt. 2. (Med.) Streuherd einer Infektion

fo|kus|sie|ren: a) (Physik) optische Linsen ausrichten; b) (Lichtstrahlen) in einem Punkt vereinigen

Fol|der ['fɔʊ̯ldɐ], der; -s, - (bes. Werbespr.): Faltblatt, Faltprospekt

Fo|li|ant, der; -en, -en: 1. (ugs.) großes, unhandliches [altes] Buch. 2. Buch im Folioformat (vgl. Folio)

F

Fo|lie [...i̯ə], die; -, -n: aus Metall od. Kunststoff in Bahnen hergestelltes, sehr dünnes Material zum Bekleben od. Verpacken

Fo|lio, das; -s, ...ien u. -s (veraltet): Buchformat in der Größe eines halben Bogens (gewöhnlich mehr als 35 cm; Abk.: Fol., fol.; Zeichen: 2°)

Fo|li|um, das; -s, ...ia u. ...ien (meist Plural) (Pharm.): bes. als Bestandteil von Drogen od. Heilmittel verwendetes Pflanzenblatt

Folk [fɔu̯k], der; -[s]: Kurzform von ↑Folkmusic

Fol|ke|ting, das; -[s]: a) bis 1953 die zweite Kammer des dänischen Reichstags; b) ab 1953 das dänische Parlament

Fol|k|lo|re, die; -: 1. a) Sammelbez. für die Volksüberlieferungen (z. B. Lied, Tracht, Brauchtum) als Gegenstand der Volkskunde; b) Volkskunde. 2. a) Volkslied, -tanz u. -musik [als Gegenstand der Musikwissenschaft]; b) volkstümliche Musik in der Kunstmusik. 3. Moderichtung, der volkstümliche Trachten u. bäuerliche Kleidung als Vorlage dienen

Fol|k|lo|rist, der; -en, -en: Kenner der Folklore, Volkskundler

Fol|k|lo|ris|tin, die; -, -nen: weibliche Form zu ↑Folklorist

fol|k|lo|ris|tisch: die Folklore betreffend

Folk|mu|sic [ˈfɔu̯kmju:zɪk], die; -: moderne Musik, die ihre Elemente aus der traditionellen Volksmusik bezieht, deren Textinhalte jedoch zeitgenössisch [u. zeitkritisch] sind

Folk|song, der; -s, -s: Lied in der Art u. im Stil eines Volkslieds

Fol|li|kel, der; -s, - (Med.): 1. Hohlraumstruktur in Blasenform (z. B. Haarbalg, Lymphknoten). 2. Zellhülle des gereiften Eies im Eierstock

Fol|li|kel|hor|mon, das; -s, -e (Biol., Med. veraltend): weibliches Geschlechtshormon; Östrogen

fol|li|ku|lar, fol|li|ku|lär (Med.): a) follikelartig, schlauchartig; b) den Follikel betreffend; von einem Follikel ausgehend

Fol|säu|re, Fo|lin|säu|re, die; -: zum Vitamin-B-Komplex gehörendes Vitamin

[1]**Fon** usw. vgl. Phon usw.

[2]**Fon,** das; -s: Kurzform von ↑Telefon

Fond [fõ:], der; -s, -s: 1. Rücksitz im Auto. 2. a) Hintergrund (z. B. eines Gemäldes od. einer Bühne); b) Stoffgrund, von dem sich ein Muster abhebt. 3. Grundlage, Hauptsache

Fon|dant [fõˈdã:], der, österr.: das; -s, -s: unter Zugabe von Farb- u. Geschmacksstoffen hergestellte Zuckermasse od. -ware

Fonds [fõ:], der; - [fõ:(s)], - [fõ:s]: 1. Geld- od. Vermögensreserve für bestimmte Zwecke. 2. Schuldverschreibungen öffentlicher Körperschaften

Fonds|ma|na|ger [ˈfõ:mɛnɪdʒɐ], der; -s, -: Manager, der bei einem [Investment]fonds für die Geldanlage zuständig ist

Fonds|ma|na|ge|rin, die; -, -nen: weibliche Form zu ↑Fondsmanager

Fon|due [fõˈdy:, schweiz.: ˈfõdy:], das; -s, -s oder die; -, -s: a) Schweizer Spezialgericht aus geschmolzenem Käse, in den Brotwürfel getaucht werden; b) Fleischgericht, bei dem das in Würfel geschnittene Fleisch am Tisch in heißem Öl gegart wird; Fleischfondue

Fo|nem usw. vgl. Phonem usw.

Fo|ne|ma|tik usw. vgl. Phonematik usw.

Fo|ne|tik usw. vgl. Phonetik usw.

Fo|no|dik|tat vgl. Phonodiktat

Fo|no|graf usw. vgl. Phonograph usw.

Font, der; -s, -s (EDV): Schriftsatzinventar [eines Textverarbeitungssystems]; Zeichensatz

Fon|tä|ne, die; -, -n: aufsteigender [Wasser]strahl (bes. eines Springbrunnens)

Fon|ta|nel|le, die; -, -n (Med.): Knochenlücke am Schädel von Neugeborenen

Foot [fʊt], der; -, Feet [fi:t]: (britisches u. amerikanisches Längenmaß von $^1/_3$ Yard, geteilt in 12 Inches = 0,3048 m; Abk.: ft)

Foot|ball [ˈfʊtbɔ:l], der; -[s]: in Amerika aus dem ↑Rugby entwickeltes Kampfspiel

Fo|ra|men, das; -s, - u. ...mina (Med.): Loch, Lücke, Öffnung

Force de Frappe [ˈfɔrs də ˈfrap], die; - - -: die Gesamtheit der mit Atomwaffen eigener Herstellung ausgerüsteten französischen militärischen Einheiten

for|cie|ren [...ˈsi:...]: etwas mit Nachdruck betreiben, vorantreiben, beschleunigen, steigern

for|ciert: erzwungen, gezwungen, unnatürlich

Fore|cast ['fɔ:ka:st], das od. der; -s, -s (bes. Meteorol., Wirtsch.): Voraussage einer künftigen Entwicklung

Fore|che|cking ['fɔ:tʃɛkɪŋ], das; -s, -s (Eishockey): das Stören des gegnerischen Angriffs in der Entwicklung, bes. bereits im gegnerischen Verteidigungsdrittel

Fo|reign Of|fice ['fɔrɪn 'ɔfɪs], das; - -: das britische Außenministerium

fo|ren|sisch: die Gerichtsverhandlung betreffend, gerichtlich

Fo|rint [bes. österr. auch: fo'rɪnt], der; -[s], -s, österr.: -e (aber: 10 -): ungarische Währungseinheit (Abk.: Ft)

for|mal: 1. die äußere Form betreffend; auf die äußere Form, Anlage o. Ä. bezüglich. 2. nur der Form nach [vorhanden], ohne eigentliche Entsprechung in der Wirklichkeit

Form|al|de|hyd [...'hy:t], der, auch: das; -s, -e: zur Desinfektion von Räumen verwendetes, farbloses, stechend riechendes Gas

For|ma|lie [...i̯ə], die; -, -n (meist Plural): Formalität, Förmlichkeit, Äußerlichkeit

For|ma|lin®, das; -s: als Konservierungs- od. Desinfektionsmittel verwendete gesättigte Lösung von ↑Formaldehyd in Wasser

for|ma|li|sie|ren: 1. etwas in bestimmte [strenge] Formen bringen; sich an gegebene Formen halten. 2. ein [wissenschaftliches] Problem mithilfe von Formeln allgemein formulieren u. darstellen. 3. a) zur bloßen bzw. festen, verbindlichen Form machen; b) (selten) sich formalisieren: zur bloßen bzw. festen, verbindlichen Form werden

For|ma|lis|mus, der; -, ...men: 1. a) (ohne Plural) Bevorzugung der Form vor dem Inhalt, Überbetonung des rein Formalen, übertriebene Berücksichtigung von Äußerlichkeiten; b) etwas mechanisch Ausgeführtes. 2. Auffassung der Mathematik als Wissenschaft von rein formalen ↑Strukturen (1)

For|ma|list, der; -en, -en: Anhänger des Formalismus

For|ma|lis|tin, die; -, -nen: weibliche Form zu ↑Formalist

for|ma|lis|tisch: das Formale überbetonend

For|ma|li|tät, die; -, -en: 1. Äußerlichkeit, Formsache. 2. [amtliche] Vorschrift

for|mal|ju|ris|tisch: rein äußerlich genau dem Gesetz entsprechend

For|mans, das; -, ...anzien u. ...antia: grammatisches Bildungselement; gebundenes Morphem (z. B. lieb*lich*)

For|mat, das; -[e]s, -e: 1. [genormtes] Größenverhältnis eines [Handels]gegenstandes nach Länge u. Breite (bes. bei Papierbogen). 2. a) stark ausgeprägtes Persönlichkeitsbild; außergewöhnlicher Rang aufgrund der Persönlichkeit, bedeutender Fähigkeiten o. Ä.; b) besonderes Niveau, große Bedeutung

for|ma|tie|ren (EDV): a) Daten nach verbindlich vorgegebenen Vorschriften od. nach den Bedürfnissen des Benutzers anordnen u. zusammenstellen; b) einen Datenträger für die Aufnahme von Daten bereit machen

For|ma|ti|on, die; -, -en: 1. Herausbildung durch Zusammenstellung. 2. a) bestimmte Anordnung, Aufstellung, Verteilung; b) für einen bestimmten militärischen Zweck od. Auftrag gebildete Truppe, Gruppe, Verband

For|ma|ti|ons|flug, der; -es, ...flüge: a) Flug mehrerer Luftfahrzeuge in Formation (2 a); b) Flug von zwei od. mehreren Raumfahrzeugen auf gleichen od. ähnlichen Bahnen als Vorbereitung eines Rendezvousmanövers

For|ma|ti|ons|tanz, der; -es (Tanzsport): Tanz, bei dem acht Paare eine Formation (2 a) bilden

for|ma|tiv: die Gestaltung betreffend, gestaltend

For|mel, die; -, -n: 1. fester sprachlicher Ausdruck. 2. Folge von Buchstaben, Zahlen od. Worten zur verkürzten Bez. eines mathematischen, chemischen od. physikalischen Sachverhalts (z. B. H_2O = Wasser). 3. kurzer, knapper Satz od. Ausdruck, in dem sich ein gedanklicher Zusammenhang erhellend fassen lässt

for|mell: 1. a) dem Gesetz od. der Vorschrift nach, offiziell; b) bestimmten gesellschaftlichen Formen, den Regeln der Höflichkeit genau entsprechend. 2. a) aufgrund festgelegter Ordnung, aber nur äußerlich, um dem Anschein zu genügen; b) auf Distanz haltend, engeren persönlichen Kontakt meidend u.

F

sich nur auf eine unverbindliche Umgangsform beschränkend

for|mi|da|bel: außergewöhnlich, großartig

for|mie|ren: 1. a) bilden, gestalten; b) sich formieren: sich zusammenschließen, sich nach einem bestimmten Plan organisieren. 2. a) jmdn. od. etwas in einer bestimmten Reihenfolge aufstellen; b) sich formieren: sich in einer bestimmten Weise ordnen

F

For|mu|lar, das; -s, -e: [amtlicher] Vordruck; Formblatt, Muster

for|mu|lie|ren: 1. in eine angemessene sprachliche Form bringen. 2. festlegen

For|mu|lie|rung, die; -, -en: 1. das Formulieren. 2. etwas [in bestimmter Weise] Formuliertes

For|nix, der; -, ...nices [...tse:s] (Med.): Wölbung, gewölbter Teil eines Organs

For|sy|thie [fɔr'zy:tsi̯ə, auch: ...ti̯ə, österr., schweiz.: fɔr'zi:tsi̯ə], die; -, -n: früh blühender Strauch (Ölbaumgewächs, Zierstrauch) mit leuchtend gelben, viergeteilten Blüten

Fort [fo:ɐ̯], das; -s, -s: abgeschlossenes, räumlich begrenztes Festungswerk

for|te (Musik): laut, stark, kräftig (Vortragsanweisung; Abk.: f)

For|te, das; -s, -s u. ...ti (Musik): große Lautstärke, starke Klangfülle

For|te|pi|a|no, das; -s, -s u. ...ni (Musik): laute u. sofort danach leise Tonstärke

For|tis, die; -, Fortes [...te:s] (Sprachwiss.): mit großer Intensität gesprochener u. mit gespannten Artikulationsorganen gebildeter Konsonant (z. B. p, t, k, ß)

for|tis|si|mo (Musik): sehr laut, äußerst stark u. kräftig (Vortragsanweisung; Abk.: ff)

For|tis|si|mo, das; -s, -s u. ...mi (Musik): sehr große Lautstärke, sehr starke Klangfülle

For|tran, FORTRAN, das; -s (EDV): bes. auf wissenschaftliche u. technische Aufgaben ausgerichtete Programmiersprache

For|tune [...'ty:n], eingedeutscht: **For|tü|ne,** die; -: Glück, Erfolg

Fo|rum, das; -s, ...ren u. ...ra: 1. geeigneter Personenkreis, der eine sachverständige Erörterung von Problemen od. Fragen garantiert. 2. geeigneter Ort für etwas, Plattform. 3. öffentliche Diskussion, Aussprache

For|ward ['fo:ɐ̯vɐt], der; -s, -s (schweiz.; Fußball, Eishockey): Stürmer

Fos|bu|ry|flop, Fos|bu|ry-Flop ['fɔsbəriflɔp], der; -s, -s: a) (ohne Plural) Hochsprungtechnik, bei der der Springer sich nach dem Absprung so dreht, dass er mit dem Rücken die Latte überquert; b) einzelner Sprung in dieser Technik

fos|sil: a) vorweltlich, urzeitlich; als Versteinerung erhalten; b) in früheren Zeiten entstanden

Fos|sil, das; -s, -ien: als Abdruck o. Ä. erhaltener Überrest von Tieren od. Pflanzen aus früheren Epochen der Erdgeschichte

fö|tal vgl. fetal

Fo|to, das; -s, -s, schweiz. auch: die; -, -s: Kurzform von ↑Fotografie (2)

Fo|to|che|mie, Pho|to|che|mie [auch: ...'mi:], die; -: Teilgebiet der Chemie, das die chemischen Wirkungen des Lichtes erforscht

Fo|to|che|mi|gra|fie, Pho|to|che|mi|gra|phie, die; -: Herstellung von Ätzungen aller Art im Lichtbildverfahren

fo|to|che|misch, pho|to|che|misch [auch: ...'çe:...]: chemische Reaktionen betreffend, die durch Licht bewirkt werden

Fo|to|ef|fekt, Pho|to|ef|fekt, der; -[e]s, -e (Elektrot.): Austritt von Elektronen aus bestimmten Stoffen durch deren Bestrahlung mit Licht

Fo|to|elek|t|ron, Pho|to|elek|t|ron, das; -s, ...onen: durch Licht ausgelöstes Elektron

Fo|to|ele|ment, Pho|to|ele|ment, das; -[e]s, -e: elektrisches Element, Halbleiterelement, das (durch Ausnutzung des Fotoeffekts) Lichtenergie in elektrische Energie umwandelt

fo|to|gen, pho|to|gen: zum Filmen od. Fotografieren besonders geeignet, bildwirksam

Fo|to|ge|ni|tät, Pho|to|ge|ni|tät, die; -: Bildwirksamkeit (z. B. eines Gesichts)

Fo|to|graf, Pho|to|graph, der; -en, -en: jmd., der [berufsmäßig] Fotografien macht

Fo|to|gra|fie, Pho|to|gra|phie, die; -, ...ien: 1. (ohne Plural) Verfahren zur Herstellung dauerhafter, durch elektromagnetische Strahlen od. Licht erzeugter Bilder. 2. einzelnes Lichtbild, Foto

fo|to|gra|fie|ren: mit dem Fotoapparat Bilder machen

Fo|to|gra|fin, Pho|to|gra|phin, die; -, -nen: weibliche Form zu ↑Fotograf

fo|to|gra|fisch, pho|to|gra|phisch: a) mithilfe der Fotografie [erfolgend], die Fotografie betreffend; b) das Fotografieren betreffend

Fo|to|gramm, Pho|to|gramm, das; -s, -e: nach fotografischem Verfahren gewonnenes Bild für Messzwecke, Messbild

Fo|to|gra|vü|re, Pho|to|gra|vü|re, die; -, -n: ↑Heliogravüre

Fo|to|ko|pie, Pho|to|ko|pie, die; -, ...ien: fotografisch hergestellte Kopie eines Schriftstücks od. eines Bildes; Ablichtung

fo|to|ko|pie|ren, pho|to|ko|pie|ren: ein Schriftstück, eine Druckseite o. Ä. fotografisch vervielfältigen, ablichten

Fo|to|me|ter, Pho|to|me|ter, das; -s, -: Gerät, mit dem die Lichtstärke gemessen wird

Fo|ton [auch: fo'to:n] vgl. Photon

Fo|to|re|por|ter, der; -s, -: Reporter, der für eine Zeitung o. Ä. fotografiert (Berufsbez.)

Fo|to|re|por|te|rin, die; -, -nen: weibliche Form zu ↑Fotoreporter

Fo|to|shoo|ting [...ʃu:tɪŋ], das; -s, -s: Anfertigung von Fotos für einen bestimmten Zweck (z. B. für eine Werbekampagne o. Ä.)

Fo|to|sphä|re, Pho|to|sphä|re, die; - (Astron.): strahlende Gashülle der Sonne

Fo|to|syn|the|se, Pho|to|syn|the|se [auch: 'fo:...], die; - (Biol.): Aufbau organischer Substanzen aus anorganischen Stoffen in Pflanzen unter Mitwirkung von Sonnenlicht

Fo|to|ta|xis, Pho|to|ta|xis, die; -, ...xen (Biol.): durch Lichtreize ausgelöste ↑Taxis

Fo|to|thek, die; -, -en: geordnete Sammlung von Fotografien (2) od. Lichtbildern

Fo|to|the|ra|pie, Pho|to|the|ra|pie, die; -, ...ien (Med.): Behandlung von Krankheiten mit Lichtstrahlung; Lichtheilverfahren

fo|to|trop, pho|to|trop: 1. (Biol.) fototropisch. 2. sich unter Lichteinwirkung (UV-Licht) verfärbend (von Brillengläsern)

fo|to|troph, pho|to|troph (Biol.): Energie aus Licht gewinnend

fo|to|tro|pisch, pho|to|tro|pisch (Biol.): den Fototropismus betreffend

Fo|to|tro|pis|mus, Pho|to|tro|pis|mus, der; -, ...men (Biol.): durch einseitigen Einfall von Licht hervorgerufene Veränderung der Wachstumsbewegung (zur Lichtquelle hin od. auch von ihr weg)

Fo|to|vol|ta|ik, Pho|to|vol|ta|ik, die; -: Teilgebiet der Elektronik bzw. der Energietechnik, das sich mit der Gewinnung von elektrischer Energie (bes. aus Sonnenenergie) befasst

fo|to|vol|ta|isch, pho|to|vol|ta|isch: die Fotovoltaik betreffend

F

Fo|to|zel|le, Pho|to|zel|le, die; -, -n (Physik): Vorrichtung, die unter Ausnutzung des ↑Fotoeffektes Lichtschwankungen in Stromschwankungen umwandelt bzw. Strahlungsenergie in elektrische Energie

Fö|tus vgl. Fetus

foul [faʊ̯l] (Sport): regelwidrig

Foul, das; -s, -s (Sport): Regelverstoß

foul|len ['faʊ̯lən] (Sport): regelwidrig, unfair spielen

Fox, der; -[es], -e: 1. Kurzform von ↑Foxterrier. 2. Kurzform von ↑Foxtrott

Fox|ter|ri|er [...iɐ], der; -s, -: rauhaariger englischer Jagdhund

Fox|trott, der; -s, -e u. -s: Gesellschaftstanz im 4/4-Takt (um 1910 in den USA entstanden)

Fo|y|er [foa'je:], das; -s, -s: Wandelhalle, Wandelgang [im Theater]

Frack, der; -[e]s, Fräcke, (ugs. auch:) -s: bei festlichen Anlässen od. von Kellnern u. Musikern als Berufskleidung getragene, vorn kurze, hinten mit langen, bis zu den Knien reichenden Rockschößen versehene, meist schwarze Jacke

Fra|cking ['frɛkɪŋ], das; -s (Geol.): das Aufspalten von Gestein mit Chemikalien und hohem Wasserdruck zur Gewinnung von Gas oder Erdöl

fra|gil: zerbrechlich; zart

Fra|gi|li|tät, die; -: Zartheit, Zerbrechlichkeit

Frag|ment, das; -[e]s, -e: 1. Bruchstück, Überrest. 2. unvollständiges [literarisches] Werk. 3. (Med.) Knochenbruchstück

frag|men|ta|risch: bruchstückhaft

frak|tal: vielfältig gebrochen, stark gegliedert

Frak|tal, das; -s, -e: komplexes geometrisches Gebilde

Frak|ti|on, die; -, -en: a) ↑organisatorische Gliederung im Parlament, in der alle Abgeordneten einer Partei od. befreundeter Parteien zusammengeschlossen sind; b) Zusammenschluss einer Sondergruppe innerhalb einer Organisation; c) (österr.) [einzeln gelegener] Ortsteil

frak|ti|o|nie|ren (Chemie): Flüssigkeitsgemische aus Flüssigkeiten mit verschiedenem Siedepunkt durch Verdampfung isolieren

F

Frak|ti|ons|chef, der; -s, -s: Vorsitzender einer ↑Fraktion (a)

Frak|ti|ons|che|fin, die; -, -nen: weibliche Form zu ↑Fraktionschef

Frak|ti|ons|dis|zi|p|lin, die; -: politisch begründete Verpflichtung, sich bei wichtigen Entscheidungen der Mehrheitsentscheidung in der Fraktion (a) zu unterwerfen

Frak|ti|ons|zwang, der; -[e]s, ...zwänge: Verpflichtung eines bzw. einer Abgeordneten, seine bzw. ihre Stimme nur im Sinne der Fraktionsbeschlüsse abzugeben

Frak|tur, die; -, -en: 1. (Med.) Knochenbruch. 2. eine Druckschrift

[1]**Frame** [fre:m], der; -n [...mən], -n [...mən]: Rahmen, Träger in Eisenbahnfahrzeugen

[2]**Frame** [frɛi̯m], der u. das; -s, -s: 1. a) (Sprachwiss., EDV) besondere Datenstruktur für die begriffliche Repräsentation von Objekten u. stereotypen Situationen in Modellen künstlicher Intelligenz; b) (EDV) Bez. für einen rechteckigen Abschnitt eines Fensters, das von einem Browser im Internet angezeigt wird. 2. Lernschritt innerhalb eines Lernprogramms

Frame|ra|te ['frɛi̯m...], die; -, -n (EDV, Film, Fernsehen): Anzahl der Einzelbilder, die pro Zeiteinheit aufgenommen od. wiedergegeben werden; Bildfrequenz

Frame|set ['frɛi̯msɛt], das, auch der; -[s], -s (EDV): durch Programmierung einer Website definierte Einteilung des Anzeigefensters eines Browsers in mehrere ↑[2]Frames (1 b)

Franc [frã:], der; -, -s (aber: 100 -): 1. Währungseinheit in der Schweiz u. verschiedenen afrikanischen Ländern (Abk.: fr, Plural: frs). 2. frühere Währungseinheit in Belgien, Frankreich u. Luxemburg

Fran|çai|se [frã'sɛ:z(ə)], die; -, -n: älterer französischer Tanz im $^6/_8$-Takt

Fran|chise ['frɛntʃai̯s], das; -: Vertriebsform im Einzelhandel, bei der ein Unternehmen seine Produkte durch Einzelhändler/-innen in Lizenz verkaufen lässt

Fran|chi|sing [...zɪŋ], das; -s: ↑Franchise

fran|kie|ren: Postsendungen freimachen

fran|ko, fran|co: portofrei für den Empfänger

fran|ko|fon, fran|ko|phon: Französisch als Muttersprache sprechend

Fran|ko|fo|nie, Fran|ko|pho|nie, die; -: Französischsprachigkeit

Fran|ko|ka|na|di|er, der; -s, -: Französisch sprechender Bewohner Kanadas

Fran|ko|ka|na|di|e|rin, die; -, -nen: weibliche Form zu ↑Frankokanadier

Fran|ko|ma|nie, die; -: übertriebene Nachahmung alles Französischen

fran|ko|phil: Frankreich, seinen Bewohnern u. seiner Kultur besonders aufgeschlossen gegenüberstehend

fran|ko|phob: Frankreich, seinen Bewohnern u. seiner Kultur ablehnend gegenüberstehend

Fran|zis|ka|ner, der; -s, -: Angehöriger des vom heiligen Franz v. Assisi 1209/10 gegründeten Bettelordens (Erster Orden; Abk.: O. F. M.); vgl. Kapuziner

frap|pant: verblüffend, treffend, überraschend

frap|pie|ren: 1. jmdn. überraschen, in Erstaunen versetzen. 2. Wein od. Sekt in Eis kühlen

Fras|ca|ti, der; -, -: italienischer Weißwein aus der Umgebung von Frascati

Fra|ter, der; -s, Fratres [...re:s]: 1. [Kloster]bruder vor der Priesterweihe; vgl. Pater. 2. Laienbruder eines Mönchsordens (Abk.: Fr.)

fra|ter|ni|sie|ren: sich verbrüdern

Fra|ter|ni|té [...ni'te:], die; -: Brüderlichkeit (eines der drei Schlagworte der Französischen Revolution); vgl. Égalité, Liberté

Freak [fri:k], der; -s, -s: 1. jmd., der sich nicht [mehr] ins normale bürgerliche Leben einfügt. 2. jmd., der sich in übertriebener Weise für etwas begeistert

Free|clim|bing ['fri:klai̯mɪŋ], das; -s, **Free Clim|bing,** das; - -s: Bergsteigen ohne technische Hilfsmittel

Free|lan|cer ['fri:la:nsɐ], der; -s, -: a) freier Musiker oder Künstler; b) freier Schriftsteller, freier Journalist; c) freier Mitarbeiter

Free|sie [...i̯ə], die; -, -n: als Schnittblume beliebte Zierpflanze mit großen, glockigen Blüten

Free-TV ['fri:tivi:], das; -[s], **Free TV**, das; - -[s]: kostenfrei empfangbares [Privat]fernsehen

Fre|gat|te, die; -, -n: schwer bewaffnetes, hauptsächlich zum Geleitschutz eingesetztes Kriegsschiff

Fre|gatt|vo|gel, der; -s, ...vögel: Raubvogel in tropischen Küstengebieten (Ruderfüßer)

fre|ne|tisch: stürmisch, rasend, tobend (bes. von Beifall, Applaus)

fre|quent: 1. (Med.) beschleunigt (vom Puls). 2. (Sprachwiss.) häufig vorkommend, häufig gebraucht

fre|quen|tie|ren: zahlreich besuchen, aufsuchen; häufig stark in Anspruch nehmen

Fre|quenz, die; -, -en: 1. Höhe der Besucherzahl; Zustrom, Verkehrsdichte. 2. (Physik) Schwingungs-, Periodenzahl von Wellen in der Sekunde. 3. (Med.) Anzahl der Atemzüge od. der Herz- bzw. Pulsschläge in der Minute

Fres|ke, die; -, -n: ↑ [1]Fresko

[1]**Fres|ko**, das; -s, ...ken (Kunstwiss.): auf frischem, noch feuchtem Putz ausgeführte Malerei

[2]**Fres|ko**, der; -s: poröses, raues Kammgarngewebe in Leinwandbindung

Fres|ko|ma|le|rei, die; -: Malerei auf frischem, noch feuchtem Putz

fri|de|ri|zi|a|nisch: auf die Zeit König Friedrichs II. von Preußen bezogen

Friend|ly Fire ['frɛndli 'fai̯ɐ], das; - -s: 1. (Militär) versehentlicher Beschuss durch eigene Truppen. 2. (Jargon) Kritik aus den eigenen Reihen

fri|gid, fri|gi|de (Med. veraltend): sexuell nicht erregbar; orgasmusunfähig (von Frauen)

Fri|gi|di|tät, die; -: (bei Frauen) mangelnde sexuelle Erregbarkeit, Unfähigkeit zum Orgasmus

Fri|ka|del|le, die; -, -n: gebratener Kloß aus Hackfleisch; deutsches Beefsteak, Bulette

Fri|kas|see, das; -s, -s: Gericht aus zerkleinertem hellem, gekochtem Fleisch in einer hellen, leicht säuerlichen Soße

Fri|ka|tiv, der; -s, -e (Sprachwiss.): Reibelaut (z. B. sch, f)

Frik|ti|on, die; -, -en: 1. Reibung. 2. (Med.) a) Einreibung (z. B. mit Salben); b) eine Form der Massage (kreisförmig reibende Bewegung der Fingerspitzen)

Fris|bee® ['frɪsbi], das; -[s], -s: kleine, runde Wurfscheibe aus Plastik (Sportgerät)

Fri|seur [...'zø:ɐ̯], **Fri|sör**, der; -s, -e: jmd., der anderen das Haar schneidet [u. frisiert]

Fri|seu|rin [...'zø:rɪn], **Fri|sö|rin**, die; -, -nen: weibliche Form zu ↑ Friseur

Fri|seu|se [...'zø:zə], **Fri|sö|se**, die; -, -n (ugs., sonst veraltet): Friseurin

fri|sie|ren: 1. jmdn. od. sich kämmen; jmdm. od. sich die Haare [kunstvoll] herrichten. 2. a) (ugs.) Änderungen an etwas vornehmen, um dadurch einen ungünstigen Sachverhalt zu verschleiern, um etwas vorzutäuschen; b) die Leistung eines Motors durch nachträgliche Veränderungen steigern

Fri|sur, die; -, -en: 1. Art und Weise, in der das Haar gekämmt, gelegt, gesteckt, geschnitten, frisiert ist. 2. das Frisieren (2)

Fri|teu|se [...'tø:zə], **fri|tie|ren**: frühere Schreibung für ↑ Fritteuse, ↑ frittieren

Frit|te, die; -, -n: 1. aus dem Glasur- od. Emaillegemenge hergestelltes Zwischenprodukt bei der Glasfabrikation. 2. (nur Plural) Kurzbezeichnung für: Pommes frites

Frit|teu|se [...'tø:zə], die; -, -n: elektrisches Gerät zum Frittieren von Speisen

frit|tie|ren (Gastron.): Speisen od. Gebäck in heißem Fett schwimmend garen

Frit|tü|re, die; -, -n: 1. heißes Fett- od. Ölbad zum Ausbacken von Speisen. 2. eine in heißem Fett ausgebackene Speise. 3. ↑ Fritteuse

fri|vol: a) leichtfertig, bedenkenlos; b) das sittliche Empfinden verletzend; schamlos

Fri|vo|li|tät, die; -, -en: a) Bedenkenlosigkeit, Leichtfertigkeit; b) Schamlosigkeit

Fron|deur [frõ'dø:ɐ̯], der; -s, -e: scharfer politischer Opponent u. Regierungsgegner

Front, die; -, -en: 1. a) Vorder-, Stirnseite; b) die ausgerichtete vordere Reihe einer angetretenen Truppe. 2. militärisches Kampfgebiet. 3. geschlossene Einheit; Block

fron|tal: a) an der Vorderseite befindlich, von der Vorderseite kommend, von vorn; b) unmittelbar nach vorn gerichtet; c) (Anat.) zur Stirn gehörend; stirnseitig

Front|frau, die; -, -en: weibliche Form zu ↑Frontmann

Front|man [...mɛn], der; -[s], ...men [...men], **Front|mann,** der; -[e]s, ...männer u. ...leute: Musiker einer Rockgruppe o. Ä., der bei Auftritten [als Sänger] im Vordergrund agiert

F

Frot|tee [ˈfrɔte, österr.: ...ˈteː], das od. der; -[s], -s: stark saugfähiges [Baum]wollgewebe mit noppiger Oberfläche

frot|tie|ren: 1. die Haut [nach einem Bad] mit Tüchern od. Bürsten [ab]reiben. 2. (veraltet) bohnern

Fruc|to|se vgl. Fruktose

fru|gal: einfach, bescheiden; nicht üppig (in Bezug auf die Lebensweise, bes. in Bezug auf Essen u. Trinken)

Fruk|ti|fi|ka|ti|on, Fruk|ti|fi|zie|rung, die; -, -en (Bot.): Ausbildung von Fortpflanzungskörpern in besonderen Behältern (z. B. Ausbildung der Sporen bei Farnen)

Fruk|to|se, Fruc|to|se, die; -: Fruchtzucker

Frust, der; -[e]s, -e (ugs.): 1. (ohne Plural) das Frustriertsein. 2. frustrierendes Erlebnis

frus|ten (ugs.): ↑frustrieren

Frus|t|ra|ti|on, die; -, -en (Psychol.): Erlebnis einer wirklichen od. vermeintlichen Enttäuschung u. Zurücksetzung durch erzwungenen Verzicht od. versagte Befriedigung

frus|t|rie|ren (Psychol.): jmds. Erwartung enttäuschen, jmdm. die Befriedigung eines Bedürfnisses versagen

Frut|ti di Ma|re, die (nur Plural): Meeresfrüchte

Fuch|sie [...i̯ə], die; -, -n: als Strauch wachsende Pflanze mit dunkelgrünen Blättern u. hängenden, mehrfarbigen Blüten

fuchsrot

fu|ga|to: fugenartig, frei nach der Fuge komponiert

Fu|ga|to, das; -s, -s u. ...ti (Musik): Fugenthema mit freien kontrapunktischen Umspielungen ohne die Gesetzmäßigkeit der Fuge

Full Ser|vice [ˈfʊl ˈsœːɐ̯vɪs], der; - -, - -s [ˈ-ˈsœːɐ̯vɪsɪs]: Kundendienst, der alle anfallenden Arbeiten übernimmt

ful|mi|nant: glänzend, großartig

Fu|ma|ro|le, die; -, -n: das Ausströmen von Gas u. Wasserdampf aus Erdspalten in vulkanischen Gebieten

Fun [fan], der; -s: Vergnügen, das eine bestimmte Handlung, ein Ereignis o. Ä. bereitet

Func|tio|nal Food [ˈfaŋkʃənəl ˈfuːd], das; - -[s], - -s: Gesamtheit der Lebensmittel, die neben der Ernährung noch einen weiteren Zweck erfüllen (z. B. die Gesundheit fördern) sollen

Fun|da|ment, das; -[e]s, -e: 1. (Bauw.) Unterbau, Grundbau, Sockel. 2. a) Grund, Grundlage; b) (Philos.) Grundbegriff, Grundlehre

fun|da|men|tal: grundlegend; schwerwiegend

Fun|da|men|ta|lis|mus, der; -: geistige Haltung, die durch kompromissloses Festhalten an Grundsätzen gekennzeichnet ist

Fun|da|men|ta|list, der; -en, -en: Anhänger, Vertreter des Fundamentalismus

Fun|da|men|ta|lis|tin, die; -, -nen: weibliche Form zu ↑Fundamentalist

fun|da|men|ta|lis|tisch: den Fundamentalismus betreffend

fun|die|ren: 1. etwas mit dem nötigen Fundus (2) ausstatten, mit den nötigen Mitteln versehen. 2. [be]gründen, untermauern

Fun|dus, der; -, -: 1. [Abteilung mit der] Gesamtheit der Ausstattungsmittel in Theater u. Film. 2. [geistiger] Grundstock, auf den man für seinen Bedarf zurückgreifen kann

fun|gi|bel: 1. (Rechtswiss.) austauschbar, ersetzbar. 2. in beliebiger Funktion einsetzbar; ohne festgelegten Inhalt

Fun|gi|bi|li|tät, die; -: 1. (Rechtswiss.) Austauschbarkeit, Ersetzbarkeit. 2. die beliebige Einsetzbarkeit, Verwendbarkeit

fun|gie|ren: eine bestimmte Funktion ausüben, eine bestimmte Aufgabe haben

Fun|gi|zid, das; -[e]s, -e: im Garten- u. Weinbau verwendetes Mittel zur Bekämpfung Pflanzen schädigender Pilze

Fun|gus, der; -, ...gi: lat. Bez. für: Pilz

Funk [faŋk], der; -s: a) bluesbetonte u. auf Elemente der Gospelmusik zurückgreifende

Spielweise im Jazz; b) meist von Schwarzen in Amerika gespielte Popmusik, die eine Mischung aus Rock u. Jazz darstellt

fun|kig ['faŋkɪç]: in der Art des ↑Funk

Funk|kol|leg, das; -s, -s u. -ien: wissenschaftliche Vorlesungsreihe im Hörfunk

Funk|ti|on, die; -, -en: 1. a) (ohne Plural) Tätigkeit, das Arbeiten (z. B. eines Organs, eines Geräts); b) Amt, Stellung (von Personen); c) Aufgabe innerhalb eines größeren Zusammenhanges, Rolle. 2. (Math.) veränderliche Größe, die in ihrem Wert von einer anderen abhängig ist. 3. (Musik) auf die drei wesentlichen Hauptakkorde ↑²Tonika, ↑Dominante (2) u. ↑Subdominante zurückgeführte harmonische Beziehung

funk|ti|o|nal: die Funktion betreffend, auf die Funktion bezogen, der Funktion entsprechend

funk|ti|o|na|li|sie|ren: dem Gesichtspunkt der Funktion entsprechend gestalten

Funk|ti|o|na|lis|mus, der; -: 1. (Archit.) ausschließliche Berücksichtigung des Gebrauchszweckes bei der Gestaltung von Gebäuden. 2. philosophische Lehre, die das Bewusstsein als Funktion der Sinnesorgane u. die Welt als Funktion des Ich betrachtet

Funk|ti|o|na|list, der; -en, -en: Vertreter u. Verfechter des Funktionalismus

Funk|ti|o|na|lis|tin, die; -, -nen: weibliche Form zu ↑Funktionalist

Funk|ti|o|na|li|tät, die; -, -en: funktionale Beschaffenheit

Funk|ti|o|när, der; -s, -e: offizieller Beauftragter eines wirtschaftlichen, sozialen od. politischen Verbandes od. einer Sportorganisation

Funk|ti|o|nä|rin, die; -, -nen: weibliche Form zu ↑Funktionär

funk|ti|o|nell: 1. a) auf die Leistung bezogen, durch Leistung bedingt; b) wirksam; c) die Funktion (1 c) erfüllend, im Sinne der Funktion wirksam, die Funktion betreffend. 2. die Beziehung eines Tones (Klanges) hinsichtlich der drei Hauptakkorde betreffend

Funk|ti|o|nen|the|o|rie, die; - (Math.): allgemeine Theorie der Funktionen (2)

funk|ti|o|nie|ren: in Betrieb sein; reibungslos ablaufen; vorschriftsmäßig erfolgen

Funk|ti|ons|leis|te, die; -, -n (EDV): Aneinanderreihung von ↑Icons auf dem PC-Bild, bei deren Anklicken der Ablauf eines ↑Makros gestartet wird, um ein auf dem Icon in schriftlicher od. symbolischer Form dargestelltes Ergebnis zu erreichen

Fu|rie [...i̯ə], die; -, -n: 1. römische Rachegöttin; vgl. Erinnye. 2. rasende, wütende Frau

fu|ri|os: a) wütend, hitzig; b) mitreißend

fu|ri|o|so (Musik): wild, stürmisch, leidenschaftlich (Vortragsanweisung)

Fu|ri|o|so, das; -s, -s u. ...si (Musik): Musikstück von wild-leidenschaftlichem Charakter

Fur|nier, das; -s, -e: dünnes Deckblatt (aus gutem, meist auch gut gemasertem Holz)

fur|nie|ren: mit Furnier belegen

Fu|ror, der; -s: Wut, Raserei

Fu|ro|re, die; -, seltener: das; -s: rasender Beifall; **Furore machen:** Aufsehen erregen

Fu|run|kel, der, (auch:) das; -s, - (Med.): eitriges Geschwür

Fü|si|lier, der; -s, -e (schweiz., sonst veraltet): Infanterist

fü|si|lie|ren: standrechtlich erschießen

Fu|si|on, die; -, -en: Vereinigung, Verschmelzung (z. B. zweier od. mehrerer Unternehmen od. politischer Organisationen)

fu|si|o|nie|ren: verschmelzen (von zwei od. mehreren [großen] Unternehmen)

Fu|si|o|nie|rung, die; -, -en: das Fusionieren

Fu|ton, der; -s, -s: als Matratze dienende Matte eines japanischen Bettes

Fut|te|ral, das; -s, -e: Hülle für einen Gegenstand (z. B. für eine Brille)

Fu|tur, das; -s, -e: 1. Zeitform, mit der ein verbales Geschehen od. Sein aus der Sicht des Sprechers als Vorhersage, Vermutung, als fester Entschluss, als Aufforderung o. Ä. charakterisiert wird. 2. Verbform im Futur (1)

Fu|tu|ris|mus, der; -: literarische, künstlerische u. politische Bewegung des beginnenden 20. Jh.s

Fu|tu|rist, der; -en, -en: Anhänger des Futurismus

Fu|tu|ris|tin, die; -, -nen: weibliche Form zu ↑Futurist

fu|tu|ris|tisch: a) zum Futurismus gehörend; b) zukunftsorientiert, -weisend

Fu|tu|ro|lo|ge, der; -n, -n: Wissenschaftler auf dem Gebiet der Futurologie

Fu|tu|ro|lo|gie, die; -, ...ien: moderne Wissenschaft, die sich mit den erwartbaren zukünftigen Entwicklungen beschäftigt

Fu|tu|ro|lo|gin, die; -, -nen: weibliche Form zu ↑Futurologe

fu|tu|ro|lo|gisch: die Futurologie betreffend

Fu|tu|rum, das; -s, ...ra (veraltet): ↑Futur

Fuz|zi, der; -s, -s (meist abwertend): [nicht ganz ernst zu nehmender] Mensch

Fuz|zy|lo|gik ['fazi...], die; - (EDV): bei Systemen der künstlichen Intelligenz angewandte Methode der Nachahmung des menschlichen Denkens

G g

Gab|b|ro, der; -[s] (Geol.): ein Tiefengestein

Gag [gɛk], der; -s, -s: 1. (im Theater, Film, Kabarett) komische Situation, witziger Einfall. 2. etwas, was als eine überraschende Besonderheit angesehen wird

ga|ga: 1. (ugs.) nicht recht bei Verstand. 2. trottelig

Ga|ge ['ga:ʒə], die; -, -n: Bezahlung, Gehalt von Künstlern

Gail|lard [ga'ja:r], der; -s, -s: frz. Bez. für: Bruder Lustig

Gail|lar|de, die; -, -n: 1. (früher) lebhafter, gewöhnlich als Nachtanz zur ↑Pavane getanzter Springtanz im $^3/_4$-Takt. 2. bestimmter Satz der ↑Suite (4) (bis etwa 1600)

Ga|la, die; -, -s: 1. (ohne Plural) für einen besonderen Anlass vorgeschriebene festliche Kleidung. 2. Auftritt von Unterhaltungskünstlern o. Ä.; Galavorstellung

ga|lak|tisch: zur Galaxis gehörend

Ga|lak|to|se, die; -, -n: Bestandteil des Milchzuckers

Ga|lan, der; -s, -e: a) (veraltet) Mann, der sich mit besonderer Höflichkeit um eine Frau bemüht; b) (iron.) Liebhaber, Freund

ga|lant: a) (von Männern) betont höflich gegenüber Frauen; b) ein Liebeserlebnis betreffend

Ga|lan|te|rie, die; -, ...ien: höfliches Verhalten gegenüber Frauen

Ga|la|xie, die; -, ...ien (Astron.): großes Sternsystem außerhalb der Milchstraße

Ga|la|xis, die; -, ...xien (Astron.): a) (ohne Plural) Milchstraße; b) ↑Galaxie

Ga|le|as|se, die; -, -n, **Gal|jass,** die; -, -en: 1. Küstenfrachtsegler mit Kiel u. plattem Heck, mit Großmast u. kleinem Besanmast (vgl. Besan). 2. größere Galeere

Ga|lee|re, die; -, -n: mittelalterliches zweimastiges Ruderschiff des Mittelmeerraums mit 25–50 Ruderbänken, meist von Sklaven, Sträflingen gerudert

Ga|le|nik, die; -: Lehre von der Zubereitung u. Herstellung von Arzneimitteln

Ga|le|ni|kum, das; -s, ...ka: in der Apotheke zubereitetes Arzneimittel (im Gegensatz zum chemischen Fabrikerzeugnis)

ga|le|nisch: in der Apotheke zubereitet; vgl. Galenikum

Ga|le|o|ne, Ga|li|o|ne, die; -, -n: großes spanisches u. portugiesisches Kriegs- u. Handelssegelschiff des 15.–18. Jh.s

Ga|le|o|te, Ga|li|o|te, die; -, -n, **Gal|jot,** die; -, -en: der ↑Galeasse (1) ähnliches kleineres Küstenfahrzeug

Ga|le|rie, die; -, ...ien: 1. (Archit.) a) mit Fenstern, Arkaden u. Ä. versehener Gang als Laufgang an der Fassade einer romanischen od. gotischen Kirche; b) umlaufender Gang, der auf der Innenhofseite um das Obergeschoss eines drei- od. vierflügeligen Schlosses, Palastes o. Ä. geführt ist. 2. a) kurz für Gemäldegalerie; b) Kunst-, insbes. Gemäldehandlung, die auch Ausstellungen veranstaltet

Ga|le|rist, der; -en, -en: Besitzer einer Galerie (2 b)

Ga|le|ris|tin, die; -, -nen: weibliche Form zu ↑Galerist

Ga|li|on, das; -s, -s: Vorbau am Bug älterer Schiffe

Ga|li|ons|fi|gur, die; -, -en: 1. aus Holz geschnitzte Verzierung des Schiffsbugs (meist in Form einer Frauengestalt). 2. zugkräftige, werbende Gestalt, Person an der Spitze einer Partei, Organisation, eines Verbands o. Ä.

Gal|lert [auch: ...ˈlɛrt], das; -s, -e, **Gal|ler|te,** die; -, -n: steif gewordene, durchsichtige, gelatineartige Masse aus eingedickten pflanzlichen od. tierischen Säften

Gal|li|um, das; -s: chem. Element; ein Metall (Zeichen: Ga)

Gal|lon [ˈgælən], der od. das; -[s], -s: ↑Gallone

Gal|lo|ne, die; -, -n: a) v. a. in Großbritannien verwendetes Hohlmaß (4,546 l; Zeichen: gal, gall); b) amerikanisches Hohlmaß (Zeichen: gal, gall)

Gal|lus|säu|re, die; -: in zahlreichen Pflanzenbestandteilen (z. B. Galläpfeln, Teeblättern, Rinden) vorkommende organische Säure

Ga|lopp, der; -s, -s u. -e: 1. Gangart, Sprunglauf des Pferdes. 2. um 1825 aufgekommener schneller Rundtanz im 3/4-Takt

Ga|lop|per, der; -s, -: für Galopprennen gezüchtetes Pferd

ga|lop|pie|ren: (von Pferden) im Sprunglauf gehen

Ga|lo|sche, die; -, -n (veraltet): Gummiüberschuh

Gal|va|ni|sa|ti|on, die; -, -en (Med.): Anwendung des elektrischen Gleichstroms zu Heilzwecken

gal|va|nisch: auf der elektrolytischen Erzeugung von elektrischem Strom beruhend

Gal|va|ni|seur [...ˈzøːɐ̯], der; -s, -e: Facharbeiter für Galvanotechnik

gal|va|ni|sie|ren: durch Elektrolyse mit Metall überziehen

Gal|va|no, das; -s, -s: auf galvanischem Wege hergestellte Abformung von einer Strichätzung, einem Schriftsatz u. a.

Gal|va|no|plas|tik, die; -: Verfahren zum Abformen von Gegenständen durch galvanisches Auftragen dicker Metallschichten

Gal|va|no|tech|nik, die; -: Technik des ↑Galvanisierens

Ga|man|der, der; -s, -: bes. auf kalkhaltigem Boden vorkommende Pflanze in vielen Arten

Ga|ma|sche, die; -, -n: a) über Strumpf u. Schuh getragene [knöpfbare] Beinbekleidung aus Stoff od. Leder; b) aus Bändern gewickelte Beinbekleidung

Gam|be, die; -, -n: mit den Knien gehaltenes, sechssaitiges Streichinstrument des 16. bis 18. Jh.s; Viola da Gamba

Gam|bir, der; -s: als Gerb- u. Heilmittel verwendeter Saft eines ostasiatischen Kletterstrauches

Gam|bist, der; -en, -en: Musiker, der Gambe spielt

Gam|bis|tin, die; -, -nen: weibliche Form zu ↑Gambist

Game [gɛɪ̯m], das; -s, -s: [Computer]spiel

Game|boy® [ˈgeːm..., ˈgɛɪ̯m...], der; -[s], -s: kleines elektronisches Spielgerät

Ga|me|lan, Ga|me|lang, das; -s, -s: auf einheimischen Schlag-, Blas- u. Saiteninstrumenten spielendes Orchester auf Java u. Bali, das vor allem Schattenspiele musikalisch begleitet

ga|men [ˈgɛɪ̯mən]: ein Computerspiel spielen

Game|show, die; -, -s: Unterhaltungssendung im Fernsehen, in der bestimmte Spiele [um Preise, Gewinne] veranstaltet werden

Ga|met, der; -en, -en (Biol.): geschlechtlich differenzierte Fortpflanzungszelle von Pflanze, Tier u. Mensch

Ga|me|to|phyt, der; -en, -en (Biol.): Pflanze, die sich geschlechtlich fortpflanzt

Gam|ma, das; -[s], -s: dritter Buchstabe des griechischen Alphabets (Γ, γ)

Gam|ma|strah|len (Physik, Med.), **γ-Strahlen,** die (nur Plural): vom Ehepaar Curie entdeckte radioaktive Strahlung, kurzwellige Röntgenstrahlen

Gang [gɛŋ], die; -, -s: organisierte Gruppe von [jungen] Menschen, die sich kriminell, gewalttätig verhält

Gan|g|li|en|zel|le, die; -, -n: Nervenzelle

Gan|g|li|on, das; -s, ...ien (Med.): 1. Nervenknoten. 2. Überbein

Gangs|ta-Rap, Gangs|ta|rap [ˈgæŋsteræp], der; -[s], -s: a) Stil der Rapmusik mit besonders aggressiven Texten; b) Song im Stil des Gangsta-Rap (a)

Gangs|ter [ˈgɛŋstɐ], der; -s, -: (meist in einer Gruppe organisierter) [Schwer]verbrecher

G

Gang|way ['gæŋwɛɪ̯], die; -, -s: an ein Schiff od. Flugzeug heranzuschiebende Vorrichtung, über die die Passagiere ein- u. aussteigen

Ga|no|ve, der; -n, -n (ugs. abwertend): Verbrecher, Betrüger, Angehöriger der Unterwelt

Ga|ny|med [auch: 'ga:...], der; -[s], -e: junger Kellner

Ga|ra|ge [...ʒə], die; -, -n: 1. Einstellraum für Kraftfahrzeuge. 2. Autowerkstatt

Ga|ra|gist [...'ʒɪst], der; -en, -en (schweiz.): Besitzer einer Autowerkstatt, Mechaniker

Ga|ra|gis|tin, die; -, -nen: weibliche Form zu ↑Garagist

Ga|ra|mond [...'mõ:], die; -: eine Antiquadruckschrift

Ga|rant, der; -en, -en: Person, Institution o. Ä., die (durch ihr Ansehen) Gewähr für die Sicherung, Erhaltung o. Ä. von etwas bietet

Ga|ran|tie, die; -, ...ien: 1. Gewähr, Sicherheit. 2. Zusage einer kostenlosen Reparatur. 3. a) einen bestimmten Sachverhalt betreffende verbindliche Zusage, [vertraglich festgelegte] Sicherheit; b) (Bankw.) Haftungsbetrag, Sicherheit, Bürgschaft

ga|ran|tie|ren: bürgen, verbürgen, gewährleisten

ga|ran|tiert (ugs.): mit Sicherheit, bestimmt

Ga|ran|tin, die; -, -nen: weibliche Form zu ↑Garant

Gar|çon [gar'sõ:], der; -s, -s: 1. frz. Bez. für: Kellner. 2. (veraltet) junger Mann

Gar|de, die; -, -n: 1. Leibwache eines Fürsten. 2. Kern-, Elitetruppe. 3. Fastnachtsgarde

Gar|de|ro|be, die; -, -n: 1. [gesamte] Oberbekleidung, die jmd. besitzt od. gerade trägt. 2. Kleiderablage[raum]. 3. Ankleideraum

Gar|de|ro|bi|er [...'bi̯e:], der; -s, -s (Theater): männliche Person, die im Theater Künstler ankleidet u. ihre Garderobe in Ordnung hält

Gar|de|ro|bi|e|re, die; -, -n: 1. (Theater) weibliche Form zu ↑Garderobier. 2. (veraltend) Garderobenfrau, Angestellte, die in der Garderobe tätig ist

Gar|di|ne, die; -, -n: Fenstervorhang

Gar|dist, der; -en, -en: Angehöriger der ↑Garde

Gar|ne|le, die; -, -n: Krebs mit seitlich abgeflachtem Körper u. langem, kräftigem Hinterleib

gar|ni vgl. Hotel garni

gar|nie|ren: a) mit Zubehör, Zutat versehen; b) schmücken, verzieren

Gar|ni|son, die; -, -en: 1. Standort militärischer Verbände u. ihrer Einrichtungen. 2. Gesamtheit der Truppen eines Standorts

Gar|ni|tur, die; -, -en: 1. mehrere zu einem Ganzen gehörende Stücke. 2. Verzierung, Besatz

Gar|rot|te, Ga|rot|te, die; -, -n (früher): Halseisen, Würgschraube zur Vollstreckung der Todesstrafe

Ga|sel, Ga|se|le vgl. Ghasel

Ga|so|me|ter, der; -s, -: Behälter für Leuchtgas

Gas|t|ri|tis, die; -, ...itiden (Med.): Magenschleimhautentzündung, Magenkatarrh

Gas|t|ro|nom, der; -en, -en: Gastwirt mit besonderen Kenntnissen der Kochkunst

Gas|t|ro|no|mie, die; -: 1. Gaststättengewerbe. 2. feine Kochkunst

Gas|t|ro|no|min, die; -, -nen: weibliche Form zu ↑Gastronom

gas|t|ro|no|misch: 1. das Gaststättengewerbe betreffend. 2. die feine Kochkunst betreffend

Gas|t|ru|la, die; - (Zool.): zweischichtiger Keim (Entwicklungsstadium vielzelliger Tiere)

Gas|t|ru|la|ti|on, die; -: Bildung der Gastrula

Gate [gɛɪ̯t], das; -s, -s: 1. (Physik) spezielle Elektrode zur Steuerung eines Elektronenstroms. 2. Flugsteig auf Flughäfen

Gau|cho ['gau̯tʃo], der; -[s], -s: berittener südamerikanischer Viehhirt

Gau|de|a|mus, das; -: Name eines alten Studentenliedes

Gau|di, die; -, auch: das; -s (ugs.): kurz für: ↑Gaudium

Gau|di|um, das; -s: großer Spaß, Belustigung, Vergnügen

Gault [gɔ:lt], der; -[e]s (Geol.): zweitälteste Stufe der Kreide

Gaur, der; -[s], -[s]: indisches Wildrind

Ga|vot|te [ga'vɔt(ə)], die; -, -n: a) Tanz im $^{2}/_{4}$-Takt; b) auf die Sarabande folgender Satz der Suite (4)

gay [gɛɪ̯] (Jargon): [offen u. selbstbewusst] homosexuell

Gay, der; -s, -s (Jargon): Homosexueller

Ga|ze ['ga:zə], die; -, -n: 1. [als Stickgrundlage verwendetes] weitmaschiges Gewebe aus Baumwolle, Seide o. Ä. 2. Verbandmull

Ga|zel|le, die; -, -n: Antilopenart der Steppengebiete Nordafrikas und Asiens

Ga|zet|te [auch: ga'zɛtə], die; -, -n (oft iron.): Zeitung

Gaz|pa|cho [gas'patʃo]: kalt angerichtete spanische Gemüsesuppe

Ge|cko, der; -s, -s u. ...onen: tropisches u. subtropisches eidechsenartiges Kriechtier

Ge|gen|kul|tur, die; -, -en (Soziol.): Kulturgruppierung, die in Ablehnung der bürgerlichen Gesellschaft eigene Kulturformen entwickelt

Ge|gen|re|for|ma|ti|on, die; -: Gegenbewegung der katholischen Kirche gegen die ↑Reformation im 16. u. 17. Jh.

Gei|ser vgl. Geysir

Gei|sha ['ge:ʃa, auch: 'gaɪ̯ʃa], die; -, -s: in Musik u. Tanz ausgebildete Gesellschafterin, die die Gäste in japanischen Teehäusern o. Ä. unterhält

Gei|son, das; -s, -s u. ...sa: Kranzgesims des antiken Tempels

Gel, das; -s, -e u. -s: 1. gallertartiger Niederschlag aus einer fein zerteilten Lösung. 2. gallertartiges Kosmetikum

Ge|la|ti|ne [ʒe...], die; -: geschmack- u. farblose, aus Knochen u. Häuten hergestellte Substanz, die vor allem zum Eindicken von Speisen Verwendung findet

Ge|lee [ʒe'le:, ʒə'le:], das od. der; -s, -s: a) süßer Brotaufstrich aus gallertartig eingedicktem Fruchtsaft; b) gallertartige, halbsteife Masse, z. B. aus Fleisch- od. Fischsaft; c) halbfeste Substanz, die als Wirkstoffträger in der kosmetischen Industrie verwendet wird

ge|lie|ren [ʒe..., ʒə...]: zu Gelee werden

Ge|mi|na|ta, die; -, ...ten: Doppelkonsonant, dessen Bestandteile auf zwei Sprechsilben verteilt werden (z. B. it. freddo, gesprochen: fred-do)

Gem|me, die; -, -n: bes. im Altertum beliebter Edelstein mit vertieft od. erhaben eingeschnittenen Figuren

Gem|mo|glyp|tik, die; -: ↑Glyptik

Gen, das; -s, -e: in den ↑Chromosomen lokalisierter Erbfaktor

ge|nant [ʒe...]: a) lästig, unangenehm, peinlich; b) (landsch.) gehemmt u. unsicher, schüchtern

Gen|bank, die; -, -en (Bot., Landwirtsch.): Einrichtung zur Sammlung, Erhaltung u. Nutzung des Genmaterials bestimmter Pflanzenarten

Gen|darm [ʒan..., auch: ʒã...], der; -en, -en (österr., schweiz., sonst veraltet): Polizist

Gen|de|fekt, der; -[e]s, -e: Störung in der Struktur eines Gens

Gen|der ['dʒɛndɐ], das; -s: Geschlechtsidentität des Menschen als soziale Kategorie

Gen|der|gap, Gen|der-Gap ['dʒɛndɐgæp], der; -[s], -s (Soziol., Wirtsch.): signifikanter Unterschied zwischen den sozialen Geschlechtern im Hinblick auf Lebensbedingungen, Verhalten, Fähigkeiten, Interessen u. Ä.

Ge|nea|lo|ge, der; -n, -n: Forscher auf dem Gebiet der Genealogie

Ge|nea|lo|gie, die; -, ...ien: Wissenschaft von Ursprung, Folge u. Verwandtschaft der Geschlechter; Ahnenforschung

Ge|nea|lo|gin, die; -, -nen: weibliche Form zu ↑Genealoge

ge|nea|lo|gisch: die Genealogie betreffend

Ge|ne|ral, der; -s, -e u. ...räle: 1. a) (ohne Plural) [höchster] Dienstgrad der höchsten Rangordnung der Offiziere (bei Heer u. Luftwaffe); b) Offizier dieses Dienstgrades. 2. a) oberster Vorsteher eines katholischen geistlichen Ordens; b) oberster Vorsteher der Heilsarmee

Ge|ne|ral|ab|so|lu|ti|on, die; -, -en (kath. Rel.): 1. sakramentale Lossprechung ohne Einzelbeichte (in Notfällen). 2. vollkommener Ablass, Nachlass der Sündenstrafe in Verbindung mit den Sakramenten der Buße

Ge|ne|ral|agent, der; -en, -en: Hauptvertreter

Ge|ne|ral|agen|tin, die; -, -nen: weibliche Form zu ↑Generalagent

Ge|ne|ral|agen|tur, die; -, -en: Hauptgeschäftsstelle

G

Ge|ne|ral|am|nes|tie, die; -, ...ien: Amnestie für eine größere Anzahl von Personen

Ge|ne|ral|bass, der; -es, ...bässe: unter einer Melodiestimme stehende fortlaufende Bassstimme mit den Ziffern der für die harmonische Begleitung zu greifenden Akkordtöne

Ge|ne|ral|di|rek|tor, der; -s, -en: Leiter eines größeren Unternehmens od. einer größeren Institution

Ge|ne|ral|di|rek|to|rin, die; -, -nen: weibliche Form zu ↑Generaldirektor

Ge|ne|ra|lin, die; -, -nen: weibliche Form zu ↑General (1 b, 2 b)

Ge|ne|ral|in|s|pek|teur [...tøːɐ̯], der; -s, -e: unmittelbar dem Verteidigungsminister unterstehender höchster militärischer Repräsentant der Bundeswehr

Ge|ne|ral|in|ten|dant, der; -en, -en: Leiter mehrerer Theater, eines Staatstheaters od. einer Rundfunkanstalt

Ge|ne|ral|in|ten|dan|tin, die; -, -nen: weibliche Form zu ↑Generalintendant

ge|ne|ra|li|sie|ren: verallgemeinern

Ge|ne|ra|li|sie|rung, die; -, -en: 1. Verallgemeinerung. 2. Fähigkeit, eine ursprünglich an einen bestimmten Reiz gebundene Reaktion auch auf nur ähnliche Reize folgen zu lassen

Ge|ne|ra|lis|si|mus, der; -, ...mi u. -se: oberster Befehlshaber, Kommandierender

Ge|ne|ra|list, der; -en, -en: jmd., der in seinen Interessen nicht auf ein bestimmtes Gebiet festgelegt ist

Ge|ne|ra|lis|tin, die; -, -nen: weibliche Form zu ↑Generalist

Ge|ne|ra|li|tät, die; -: 1. Gesamtheit der Generale. 2. (veraltet) Allgemeinheit

Ge|ne|ral|kom|man|do, das; -s, -s: oberste Kommandostelle eines Armeekorps

Ge|ne|ral|kon|su|lat, das; -[e]s, -e: a) Amt eines Generalkonsuls; b) Sitz eines Generalkonsuls

Ge|ne|ral|leut|nant, der; -s, -s: a) (ohne Plural) zweithöchster Dienstgrad in der Rangordnung der Generale (bei Heer u. Luftwaffe); b) Inhaber dieses Dienstgrades

Ge|ne|ral|ma|jor, der; -s, -e: a) (ohne Plural) zweitniedrigster Dienstgrad in der Rangordnung der Generale (bei Heer u. Luftwaffe); b) Inhaber dieses Dienstgrades

Ge|ne|ral|mu|sik|di|rek|tor, der; -s, -en: a) erster Dirigent; b) (ohne Plural) Amt u. Titel des leitenden Dirigenten (Abk.: GMD)

Ge|ne|ral|pau|se, die; -, -n: für alle Sing- u. Instrumentalstimmen geltende Pause (Abk.: GP)

Ge|ne|ral|pro|be, die; -, -n: letzte Probe vor der ersten Aufführung eines Werkes

Ge|ne|ral|se|kre|tär, der; -s, -e: hoher amtlicher Vertreter politischer, militärischer u. ä. Vereinigungen

Ge|ne|ral|se|kre|tä|rin, die; -, -nen: weibliche Form zu ↑Generalsekretär

Ge|ne|ral|staats|an|walt, der; -[e]s, ...wälte: oberster Staatsanwalt

Ge|ne|ral|stab, der; -s, ...stäbe: zentrales Gremium zur Planung u. Durchführung des Kriegs

Ge|ne|ral|streik, der; -s, -s: [politischen Zielen dienender] allgemeiner Streik der Arbeitnehmer eines Landes

Ge|ne|ral|vi|kar, der; -s, -e: Stellvertreter des katholischen [Erz]bischofs für die Verwaltungsaufgaben

Ge|ne|ra|ti|on, die; -, -en: 1. a) einzelnes Glied der Geschlechterfolge (Eltern, Kinder, Enkel usw.); b) in der Entwicklung einer Tier- od. Pflanzenart die zu einem Fortpflanzungs- od. Wachstumsprozess gehörenden Tiere bzw. Pflanzen. 2. ungefähr die Lebenszeit eines Menschen umfassender Zeitraum. 3. alle innerhalb eines bestimmten kleineren Zeitraumes geborenen Menschen, bes. im Hinblick auf ihre Gesinnung. 4. Gesamtheit der durch einen bestimmten Stand in der technischen Entwicklung o. Ä. gekennzeichneten Geräte

Ge|ne|ra|ti|o|nen|ver|trag, der; -[e]s: in der umlagefinanzierten Rentenversicherung geltender Grundsatz, dass die im Arbeitsleben stehende Generation die Renten für die Generation der Rentner erarbeitet

Ge|ne|ra|ti|ons|wech|sel, der; -s, -: 1. (Biol.) Wechsel zwischen geschlechtlicher u. ungeschlechtlicher Fortpflanzung bei Pflanzen u. wirbellosen Tieren. 2. Ablösung von Angehörigen der älteren Generation durch Angehörige der jüngeren

Ge|ne|ra|tor, der; -s, ...oren: 1. Gerät zur Stromerzeugung. 2. Schachtofen zur Erzeugung von Gas aus Kohle, Koks od. Holz

ge|ne|rell: allgemeingültig, im Allgemeinen, für viele Fälle derselben Art zutreffend

ge|ne|rie|ren: a) hervorbringen, erzeugen; b) (EDV) durch ein Verarbeitungsprogramm automatisch erzeugen (z. B. Textelemente)

Ge|ne|ri|kum, das; -s, ...ka: Arzneimittel, das einem als Markenzeichen eingetragenen Präparat gleicht, aber meist billiger angeboten wird

ge|ne|risch: a) das Geschlecht od. die Gattung betreffend; b) (Sprachwiss.) in allgemeingültigem Sinne gebraucht

ge|ne|rös [auch: ʒe...]: a) großzügig; b) edel, großmütig denkend u. handelnd

Ge|ne|se, die; -, -n: Entstehung, Entwicklung

Ge|ne|sis [auch: ˈgeːn...], die; -: 1. das Werden, Entstehen, Ursprung; vgl. Genese. 2. das 1. Buch Mose mit der Schöpfungsgeschichte

Ge|ne|tik, die; -: Vererbungslehre

ge|ne|tisch: a) die Entstehung, Entwicklung der Lebewesen betreffend; b) auf der Genetik beruhend, zu ihr gehörend

Ge|ne|ver [ʒeˈneːve, ʒəˈn..., auch: geˈn...], der; -s, -: niederländischer Wacholderbranntwein

Gen|food [...fuːd], das; -[s]: Nahrungsmittel, z. B. Obst od. Gemüse, mit künstlich veränderter Genstruktur

ge|ni|al: a) hervorragend begabt; b) großartig

Ge|ni|a|li|tät, die; -: überragende schöpferische Veranlagung

[1]**Ge|nie** [ʒeˈniː], das; -s, -s: 1. überragende schöpferische Geisteskraft. 2. hervorragend begabter, schöpferischer Mensch

[2]**Ge|nie** [ʒe...], die; -, -s (schweiz. ugs.): Kurzform von ↑Genietruppe

Ge|ni|en: *Plural* von ↑Genius

ge|nie|ren [ʒe...]: a) sich genieren: gehemmt sein, sich unsicher fühlen, sich schämen; b) stören, verlegen machen

Ge|nie|trup|pe [ʒe...], die; -, -n (schweiz.): technische Kriegstruppe, Pioniere

ge|ni|tal (Med.): zu den Geschlechtsorganen gehörend, sie betreffend

Ge|ni|tiv, der; -s, -e: 1. zweiter Fall, Wesfall (Abk.: Gen.). 2. Wort, das im Genitiv (1) steht

Ge|ni|us, der; -, ...ien: 1. (Geschichte) altrömischer Schutzgeist. 2. a) (ohne Plural) schöpferische Kraft eines Menschen; b) schöpferisch begabter Mensch, [1]Genie (2). 3. (meist Plural; Kunstwiss.) geflügelt dargestellte niedere Gottheit der römischen Mythologie

Ge|ni|us Lo|ci [- ...tsi], der; - -: [Schutz]geist eines Ortes; geistiges Klima, das an einem bestimmten Ort herrscht

Gen|ma|ni|pu|la|ti|on, die; -, -en (Biol.; Med.): Manipulation am genetischen Material von Lebewesen in der Absicht, bestimmte Veränderungen herbeizuführen

Gen|mu|ta|ti|on, die; -, -en: erbliche Veränderung eines ↑Gens

Ge|nom, das; -s, -e (Biol.): Gesamtheit des in einer Zelle enthaltenen Erbguts

Ge|nom|ana|ly|se, die; -, -n: Entschlüsselung der im Genom codierten genetischen Information

Ge|no|typ, der; -s, -en, **Ge|no|ty|pus,** der; -, ...pen: Gesamtheit der Erbfaktoren eines Lebewesens

Ge|no|zid, der, auch: das; -[e]s, -e u. -ien: Völkermord

Gen|re [ˈʒãːrə], das; -s, -s: Gattung, Wesen, Art

gen|re|haft: im Stil, in der Art der Genremalerei gestaltet

Gen|re|ma|le|rei, die; -: Malerei, die typische Zustände aus dem täglichen Leben einer bestimmten Gruppe darstellt

Gens, die; -, Gentes [...teːs] (Geschichte): altrömischer Familienverband

Gen|tech|nik, die; -, -en (Plural selten): 1. Technik der Erforschung u. Manipulation der Gene. 2. ↑Gentechnologie

gen|tech|nisch: die Gentechnik betreffend

Gen|tech|no|lo|gie, die; -; ...ien: Teilgebiet der Molekularbiologie u. der Biotechnologie, das sich mit der Isolierung, Analyse u. Veränderung des genetischen Materials befasst

gen|tech|no|lo|gisch: die Gentechnologie betreffend

G

G

Gen|the|ra|pie, die; -, ...ien (Med.): Therapieform, bei der Nukleinsäuren in die Zellen eingebracht werden, um so durch Gendefekt[e] bedingte Krankheiten auszuschalten
gen|til [ʒɛn'ti:l, ʒã'ti:l] (veraltet): fein, nett, wohlerzogen
Gen|t|le|man ['dʒɛntl̩mən], der; -s, ...men [...mən]: Mann von Lebensart u. Charakter
gen|t|le|man|like [...laɪ̯k]: nach Art eines Gentlemans, vornehm, höchst anständig
Gen|t|le|man's Ag|ree|ment, Gen|t|le|men's Ag|ree|ment ['dʒɛntl̩mənz ə'gri:mənt], das; - -s, - -s: [diplomatisches] Übereinkommen ohne formalen Vertrag
Gen|trans|fer, der; -s, -s: Übertragung einer zusätzlichen genetischen Information (in Form einer DNA) in den Kern einer Zelle
gen|t|ri|fi|zie|ren: (einen Stadtteil) durch Sanierung aufwerten, mit der Folge, dass die ursprüngliche Bevölkerung durch Besserverdienende verdrängt wird
Gen|t|ri|fi|zie|rung, die; -, -en: Aufwertung eines Stadtteils durch Sanierung u. Umbau mit der Folge, dass die ursprünglichen Bewohner durch Besserverdienende verdrängt werden
Gen|t|ry ['dʒɛntri], die; -: niederer englischer Adel
ge|nu|in: 1. echt, naturgemäß, unverfälscht. 2. (Med.; Psychol.) angeboren, erblich
Ge|nus [auch: 'ge:nʊs], das; -, Genera: 1. Art, Gattung. 2. grammatisches Geschlecht
Geo|ca|ching [...kɛʃɪŋ], das; -s: Spiel, bei dem in freiem Gelände versteckte Behälter mithilfe von GPS gesucht u. anschließend am selben Ort wieder versteckt werden
geo|che|misch: die Geochemie betreffend
Geo|dä|sie, die; -: Erdvermessung
Geo|dät, der; -en, -en: Landvermesser
Geo|dä|tin, die; -, -nen: weibliche Form zu ↑Geodät
geo|dä|tisch: die Geodäsie betreffend
Geo|drei|eck®, das; -[e]s, -e: Hilfsmittel in Form eines Dreiecks zum Ausmessen u. Zeichnen von Winkeln, Parallelen o. Ä.
Geo|ge|ne|se, Geo|ge|nie, Geo|go|nie: Wissenschaft von der Erdentstehung
Geo|graf, Geo|graph, der; -en, -en: Wissenschaftler auf dem Gebiet der Geografie
Geo|gra|fie, Geo|gra|phie, die; -: Erdkunde
Geo|gra|fin, Geo|gra|phin, die; -, -nen: weibliche Form zu ↑Geograf
geo|gra|fisch, geo|gra|phisch: a) die Geografie betreffend, erdkundlich; b) die Lage, das Klima usw. eines Ortes, Gebietes betreffend; c) sich auf einen bestimmten Punkt der Erdoberfläche beziehend
Geo|in|for|ma|tik, die; -: Gebiet der angewandten Informatik, das sich mit Erfassung, Analyse und Darstellung von Geodaten befasst
Geo|lo|ge, der; -n, -n: Wissenschaftler auf dem Gebiet der Geologie
Geo|lo|gie, die; -: Wissenschaft von der Entwicklung[sgeschichte] u. vom Bau der Erde
Geo|lo|gin, die; -, -nen: weibliche Form zu ↑Geologe
geo|lo|gisch: die Geologie betreffend
Geo|man|tie, Geo|man|tik, die; -: Kunst, aus Linien im Sand wahrzusagen
Geo|me|t|rie, die; -, ...ien: Zweig der Mathematik, der sich mit den Gebilden der Ebene u. des Raumes befasst
geo|me|t|risch: die Geometrie betreffend
Geo|mor|pho|lo|gie, die; - (Geol.): Wissenschaft von den Formen der Erdoberfläche
Geo|phy|sik, die; -: Wissenschaft von pysikalischen Vorgängen auf, über, in der Erde
geo|phy|si|ka|lisch: die Geophysik betreffend
Geo|po|li|tik, die; -: Wissenschaft von der Einwirkung geografischer Faktoren auf politische Vorgänge u. Kräfte
geo|po|li|tisch: die Geopolitik betreffend
Ge|or|gi|ne, die; -, -n: Seerosendahlie
geo|sta|ti|o|när: immer über demselben Punkt des Erdäquators stehend u. dabei über dem Äquator mit der Erdrotation mitlaufend
Geo|syn|kli|na|le, Geo|syn|kli|ne, die; -, -n (Geol.): weiträumiges Senkungsgebiet der Erdkruste
geo|trop, geo|tro|pisch: auf die Schwerkraft ansprechend (von Pflanzen)
geo|zen|t|risch: 1. auf die Erde als Mittelpunkt bezogen. 2. auf den Erdmittelpunkt bezogen; vom Erdmittelpunkt aus gerechnet
Ge|pard [auch: ge'part], der; -s, auch: -en, -e,

auch: -en: sehr schlankes, hochbeiniges, schnelles katzenartiges Raubtier

Ge|ra|nie, die; -, -n: Zierstaude mit zahlreichen Arten

Ger|be|ra, die; -, -[s]: margeritenähnliche Blume in roten u. gelben Farbtönen

Ge|r|i|a|ter, der; -s, -: Arzt mit Spezialkenntnissen auf dem Gebiet der Geriatrie

Ge|r|i|a|te|rin, die; -, -nen: weibliche Form zu ↑Geriater

Ge|r|i|a|t|rie, die; - (Med.): Altersheilkunde

Ge|r|i|a|t|ri|kum, das; -s, ...ka: Mittel zur Behandlung von Alterserscheinungen

ge|r|i|a|t|risch (Med.): die Geriatrie betreffend

ge|rie|ren, sich: sich benehmen, auftreten

Ger|ma|nia, die; -: Frauengestalt, die das ehemalige Deutsche Reich symbolisch verkörpert

ger|ma|ni|sie|ren: der deutschen Sprache angleichen, anpassen

Ger|ma|nis|mus, der; -, ...men: 1. sprachliche Besonderheit des Deutschen. 2. Entlehnung aus dem Deutschen [in eine andere Sprache]

Ger|ma|nist, der; -en, -en: jmd., der sich wissenschaftlich mit der Germanistik befasst

Ger|ma|nis|tik, die; -: 1. deutsche Sprach- u. Literaturwissenschaft. 2. Wissenschaft von den germanischen Sprachen

Ger|ma|nis|tin, die; -, -nen: weibliche Form zu ↑Germanist

ger|ma|nis|tisch: die Germanistik betreffend

Ger|ma|ni|um, das; -s: chem. Element; ein Metall (Zeichen: Ge)

Ger|mi|nal [ʒɛrmiˈnal], der; -[s], -s: siebter Monat des französischen Revolutionskalenders (21. März bis 19. April)

Ge|ron|to|lo|ge, der; -n, -n: Forscher od. Arzt auf dem Gebiet der Gerontologie

Ge|ron|to|lo|gie, die; -: Fachgebiet, das die Alterungsvorgänge beim Menschen erforscht

Ge|ron|to|lo|gin, die; -, -nen: weibliche Form zu ↑Gerontologe

Ge|ru|sia, Ge|ru|sie, die; - (Geschichte): Rat der Alten (in Sparta)

Ge|span|schaft, die; -, -en (Geschichte): Grafschaft, Amt[sbereich] eines Gespans

Ges|ta|gen, das; -s, -e (meist Plural) (Biol., Med.): weibliches Keimdrüsenhormon

Ges|te [auch: ˈgɛstə], die; -, -n: Gebärde, die Rede begleitende Ausdrucksbewegung des Körpers, bes. der Arme u. Hände

Ges|tik [auch: ˈgɛs...], die; -: Gesamtheit der Gesten als Ausdruck der Psyche

Ges|ti|ku|la|ti|on, die; -, -en: Gebärdenspiel, Gebärde[nsprache]

ges|ti|ku|lie|ren: Gebärden machen

Ges|ti|on, die; -, -en: Führung, Verwaltung

ges|tisch [auch: ˈgɛs...]: die Gestik betreffend

Ges|tus [auch: ˈgɛs...], der; -: a) Gestik; b) geistiges Gebaren

Get|to, Ghet|to, das; -s, -s: a) abgetrenntes Wohnviertel, in dem die jüdische Bevölkerung lebte; b) Stadtbezirk, in dem diskriminierte Minderheiten zusammenleben

G

Gey|sir [ˈgai̯zɪr], der; -s, -e: durch Vulkanismus entstandene heiße Springquelle; vgl. Geiser

Gha|sel, das; -s, -e, **Gha|se|le,** die; -, -n: [orientalische] Gedichtform

Ghi|bel|li|ne, Gi|bel|li|ne, der; -n, -n: Anhänger der Hohenstaufenkaiser in Italien, Gegner der Guelfen

Ghi|b|li, Gi|b|li, der; -: trockenheißer, Staub u. Sand führender Wüstenwind in Libyen

Ghost|wri|ter [ˈgoʊ̯straɪ̯tɐ], der; -s, -: Autor, der für eine andere Person schreibt u. nicht als Verfasser genannt wird

Gib|bon, der; -s, -s: südostasiatischer schwanzloser Langarmaffe

Gi|bel|li|ne vgl. Ghibelline

[1]**Gig,** das; -s, -s: Sportruderboot, Beiboot

[2]**Gig,** das; -s, -s (früher): leichter, offener zweirädriger Wagen

[3]**Gig,** der; -s, -s: bezahlter Auftritt einer Band od. eines Einzelmusikers in einem Konzert, einem [Nacht]lokal, einem Plattenstudio

Gi|ga|byte [...bai̯t], das; -[s], -[s] (EDV): 1024 Megabyte (= 1 073 741 824 Byte; Zeichen: GByte)

Gi|ga|hertz, das; -, - (Physik): 1 Milliarde Hertz (Zeichen: GHz)

Gi|gant, der; -en, -en: jmd., der riesig, hünenhaft, beeindruckend groß in seinen Ausmaßen u. in seiner [Leistungs]kraft ist

Gi|gan|tin, die; -, -nen: weibliche Form zu ↑Gigant

gi|gan|tisch: riesenhaft, außerordentlich, von ungeheurer Größe

Gi|gan|to|ma|nie, die; -, ...ien: Sucht, Bestreben, alles ins Riesenhafte zu übersteigern, mit riesenhaften Ausmaßen zu gestalten

gi|gan|to|ma|nisch: die Gigantomanie betreffend, auf ihr beruhend

Gi|go|lo ['ʒi:golo, auch: 'ʒɪ...], der; -[s], -s: 1. Eintänzer. 2. (ugs.) jüngerer Mann, der sich von meist älteren Frauen aushalten lässt

Gigue [ʒi:g], die; -, -n ['ʒi:gn̩] (Musik): a) nach 1600 entwickelter heiterer Schreittanz im Dreiertakt; b) seit dem 17. Jh. Satz einer Suite (4)

Gi|let [ʒi'le:], das; -s, -s (veraltet): Weste

Gim|mick, der, auch: das; -s, -s: überraschender, Aufmerksamkeit erregender, witziger Effekt, Gag (bes. in der Werbung)

Gin [dʒɪn], der; -s, -s (aber: 2 -): englischer Wacholderbranntwein

Gin|ger ['dʒɪndʒɐ], der; -[s], -: Ingwer

Gin|ger|ale, Gin|ger-Ale [...eɪ̯l], das; -s, -s (aber: 2 -): alkoholfreies Erfrischungsgetränk mit Ingwergeschmack

Gink|go ['gɪŋko], **Gin|ko,** der; -s, -s: Zierbaum mit fächerartigen Blättern

Gin|seng ['gɪnzɛŋ, auch: ʒ...], der; -s, -s: Wurzel eines ostasiatischen Araliengewächses

Gin To|nic [dʒɪn -], der; - -[s], - -s (aber: 2 - -): Gin mit Tonic [u. Zitronensaft o. Ä.]

gio|co|so [dʒo'ko:zo] (Musik): scherzend, spaßhaft, fröhlich, lustig (Vortragsanweisung)

Gi|pü|re, die; -, -n: Klöppelspitze aus Gimpen

Gi|raf|fe, die; -, -n: Säugetier der mittelafrikanischen Steppe mit 2 bis 3 m langem Hals

Girl [gœ:ɐ̯l], das; -s, -s: 1. Mädchen. 2. Tänzerin

Gir|lan|de, die; -, -n: langes Gebinde aus Blumen, Blättern, Tannengrün o. Ä. od. aus buntem Papier zur Dekoration

Girl|friend [...frɛnd], der; -[s], -s (ugs.): 1. Partnerin eines jungen Mannes. 2. enge Freundin eines jungen Mädchens

Gir|lie ['gœ:ɐ̯li], das; -s, -s: junge Frau, die mädchenhafte Kleidung mit selbstbewusstem Auftreten verbindet

Girl|po|w|er [...paʊ̯ɐ], die; -: besonders stark ausgeprägtes Selbstbewusstsein junger Mädchen

[1]**Gi|ro** ['ʒi:ro], das; -s, -s, österr. auch: Giri: 1. Überweisung im bargeldlosen Zahlungsverkehr. 2. Indossament

[2]**Gi|ro** ['dʒi:ro], der; -s: Kurzform von ↑Giro d'Italia

Gi|ro d'Ita|lia ['dʒi:ro di'ta:li̯a], der; - -, Giri d'Italia ['dʒi:ri -]: Etappenrennen in Italien für Berufsfahrer im Radsport

Gi|ro|kon|to ['ʒi:ro...], das; -s, ...ten: Konto, über das Girogeschäfte durch Scheck od. Überweisung abgewickelt werden

Gi|tar|re, die; -, -n: sechssaitiges Zupfinstrument mit flachem Klangkörper, offenem Schallloch, Griffbrett u. 12 bis 22 Bünden

Gi|tar|rist, der; -en, -en: Musiker, der Gitarre spielt

Gi|tar|ris|tin, die; -, -nen: weibliche Form zu ↑Gitarrist

Give-away, Give|away ['gɪvəwɛɪ̯], das od. der; -s, -s (Werbespr.): [kleines] Werbegeschenk, Gratisprobe

Gla|cé|le|der, Gla|cee|le|der, das; -s, -: feines, weiches Leder aus Fellen von jungen Schafen od. Ziegen

gla|cie|ren [gla'si:rən] (Kochkunst): mit geleeartigem Fleischsaft überziehen

Gla|di|a|tor, der; -s, ...oren: (im alten Rom) Fechter, Schwertkämpfer, der gegen andere Gladiatoren od. gegen wilde Tiere kämpft

Gla|di|o|le, die; -, -n: hochwachsende Pflanze mit breiten, schwertförmigen Blättern und trichterförmigen Blüten in leuchtenden Farben

gla|go|li|tisch: altslawisch

Gla|mour ['glæmɐ], der od. das; -s: blendender Glanz; auffällige, betörende Aufmachung

Gla|mour|girl, Gla|mour-Girl ['glæmɐgœ:ɐ̯l], das; -s, -s: Glamour ausstrahlende junge weibliche Person [der Filmbranche]

gla|mou|rös [glamu...]: bezaubernd aufgemacht; von blendender Schönheit

Glam|rock, der; -[s], **Glam Rock,** der; - -[s] ['glæm...]: Richtung der Rockmusik, die in glitzernden Kostümen vorgetragen wird

Glans, die; -, Glandes (Med.): Eichel; vorderer verdickter Teil des Penis, der Klitoris

gla|sie|ren: mit einer Glasur überziehen

Gla|sur, die; -, -en: 1. Zuckerguss. 2. glasartige Masse als Überzug auf Tonwaren

Glau|kom, das; -s, -e (Med.): grüner Star

gla|zi|al: a) eiszeitlich; b) Eis, Gletscher betreffend

Gla|zi|al, das; -s, -e (Geol.): Eiszeit

Gla|zio|lo|gie, die; -: Eis- u. Gletscherkunde

Gle|ve [...fə], die; -, -n: einschneidiges mittelalterliches Stangenschwert

Gli|om, das; -s, -e (Med.): Tumor des Zentralnervensystems, der aus Gliazellen besteht

glis|san|do (Musik): a) schnell mit der Nagelseite des Fingers über die Klaviertasten gleitend; b) bei Saiteninstrumenten mit dem Finger auf einer Saite gleitend

Glis|san|do, das; -s, -s u. ...di (Musik): der Vorgang des Glissandospieles

glo|bal: 1. auf die gesamte Erde bezüglich; weltumspannend. 2. a) umfassend, gesamt; b) allgemein, ungefähr

glo|ba|li|sie|ren: auf die ganze Erde ausdehnen

Glo|ba|li|sie|rung, die; -, -en: a) das Globalisieren; b) weltweite Verflechtung in den Bereichen Wirtschaft, Politik, Kultur u. a.

Glo|bal Play|er ['glɔʊbl̩ 'plɛɪ̯ɐ], der; - -s, - -[s]: 1. Unternehmen mit weltweitem Wirkungskreis, das sich an internationalen Märkten ausrichtet. 2. (Politik) Weltmacht

Glo|be|trot|ter [auch: 'glɔʊp...], der; -s, -: Weltenbummler

Glo|be|trot|te|rin, die; -, -nen: weibliche Form zu ↑Globetrotter

Glo|bin, das; -s, -e (Biol., Med.): Eiweißbestandteil des ↑Hämoglobins

Glo|bu|lin, das; -s, -e (Med.; Biol.): wichtiger Eiweißkörper des menschlichen, tierischen u. pflanzlichen Organismus

Glo|bus, der; - u. -ses, ...ben u. -se: Kugel mit dem Abbild der Erdoberfläche od. der scheinbaren Himmelskugel auf ihrer Oberfläche

¹**Glo|ria,** die; - (iron.): Ruhm, Herrlichkeit

²**Glo|ria,** das; -s: (nach dem Anfangswort bezeichneter) Lobgesang in der christlichen Liturgie

³**Glo|ria,** das od. der; -s, -s (aber: 2 -) (Gastron.): süßer, starker Kaffee, auf dem ein Löffel Kognak abgebrannt wird

Glo|rie [...ri̯ə], die; -, -n: Ruhm, Glanz

Glo|ri|en|schein, der; -s, -e: Heiligenschein

glo|ri|fi|zie|ren: verherrlichen

Glo|ri|fi|zie|rung, die; -, -en: Verherrlichung

Glo|ri|o|le, die; -, -n: Heiligenschein

glo|ri|os: glorreich, ruhmvoll, glanzvoll

Glos|sar, das; -s, -e: 1. Sammlung von Glossen (1). 2. Wörterverzeichnis [mit Erklärungen]

Glos|sa|tor, der; -s, ...oren: Verfasser von Glossen

Glos|se [fachspr. auch: 'glo:sə], die; -, -n: 1. in alten Handschriften erscheinende Erläuterung eines der Erklärung bedürftigen Ausdrucks. 2. a) spöttische Randbemerkung; b) kurzer Kommentar in Tageszeitungen mit [polemischer] Stellungnahme zu Tagesereignissen

glos|sie|ren: 1. durch Glossen (1) erläutern. 2. mit spöttischen Randbemerkungen versehen, begleiten

Glos|so|la|lie, Glot|to|la|lie, die; - (Psychol.): Hervorbringung von fremdartigen Sprachlauten u. Wortneubildungen, bes. in der Ekstase

Glot|tis, die; -, Glottides [...'ti:dɛs]: a) aus den beiden Stimmbändern bestehendes Stimmorgan im Kehlkopf; b) Stimmritze zwischen den beiden Stimmbändern im Kehlkopf

Glot|to|la|lie vgl. Glossolalie

Glu|ko|se, fachspr.: **Glu|co|se,** die; -: Traubenzucker

Glu|t|a|mat, das; -[e]s, -e: Salz der Glutaminsäure

Glu|t|a|min, das; -s, -e: bes. im Pflanzenreich weitverbreitete, vor allem beim Keimen auftretende Aminosäure

Glu|t|a|min|säu|re, die; - (Med.): in sehr vielen Eiweißstoffen enthaltene Aminosäure, die sich u. a. reichlich in der Hirnsubstanz findet

Glu|ten, das; -s: Eiweißstoff der Getreidekörner, der für die Backfähigkeit des Mehls wichtig ist; Kleber

Gly|ce|rin vgl. Glyzerin

Gly|ko|gen, das; -s (Med.; Biol.): tierische Stärke, energiereiches Kohlehydrat in fast allen Körperzellen (bes. in Muskeln)

Gly|kol, das; -s, -e: zweiwertiger giftiger Alkohol von süßem Geschmack

G

G

Gly|ko|se, die; -: ältere Form für ↑Glukose
Gly|ko|sid, das; -[e]s, -e (meist Plural): Pflanzenstoff, der in Zucker u. a. Stoffe, bes. Alkohole, spaltbar ist
Gly|phik, die; - (veraltet): ↑Glyptik
Gly|pho|sat, das; -s (Chemie, Landwirtsch.): als Herbizid verwendete chem. Verbindung aus der Gruppe der Phosphate
Glyp|te, Gly|phe, die; -, -n: geschnittener Stein
Glyp|tik, die; -: die Kunst, mit Meißel od. Grabstichel in Stein od. Metall zu arbeiten
Glyp|to|thek, die; -, -en: Sammlung von Glypten
Gly|san|tin®, das; -s: Kühlerschutzmittel aus ↑Glykol u. ↑Glyzerin
Gly|ze|rin, chem. fachspr.: **Gly|ce|rin,** das; -s, -e: dreiwertiger, farbloser, sirupartiger Alkohol
Gly|zi|ne, Gly|zi|nie […i̯ə], die; -, -n: sich in die Höhe windender Zierstrauch mit blauvioletten Blütentrauben
Gnoc|chi [ˈnjɔki], die (nur Plural): Klößchen aus Grieß, Mais, Kartoffeln u. Mehl, die in verschiedenen Zubereitungsarten gereicht werden
Gnom, der; -en, -en, auch -s, -e: Kobold, Zwerg
Gno|mon, der; -s, …mone: senkrecht stehender Stab, dessen Schattenlänge zur Bestimmung der Sonnenhöhe gemessen wird
Gno|sis, die; -: [Gottes]erkenntnis
Gnos|ti|ker, der; -s, -: Vertreter der Gnosis
Gnos|ti|ke|rin, die; -, -nen: weibliche Form zu ↑Gnostiker
gnos|tisch: die Gnosis betreffend
Gnu, das; -s, -s: süd- u. ostafrikanische Antilope
Go, das; -: japanisches Brettspiel
Goal [bes. österr.: gɔʊ̯l, bes. schweiz.: goːl], das; -s, -s (österr. und schweiz.): Tor, Treffer (im Sport)
Goal|get|ter, der; -s, - (Sport): besonders erfolgreicher Torschütze
Goa|lie […li], der; -s, -s (bes. österr., schweiz.): Torwart
Goal|kee|per […kiːpɐ], der; -s, - (bes. österr., schweiz.): Torhüter
Go|be|lin [gobəˈlɛ̃ː], der; -s, -s: Wandteppich mit eingewirkten Bildern
Go-go-Girl […gœːg̩l, ˈgɔʊ̯gɔʊ̯…], das; -s, -s: Vortänzerin in einer Diskothek o. Ä.
Goi, der; -[s], Gojim [auch: goˈjiːm]: jüd. Bez. für Nichtjude
Go-in [gɔʊ̯…], das; -s, -s: [gewaltsames] Eindringen demonstrierender Gruppen in einen Raum od. ein Gebäude
Go|kart, der, auch das; -[s], -s: niedriger, unverkleideter kleiner Sportrennwagen
Gol|den De|li|cious [ˈgɔʊ̯ldn̩ diˈlɪʃəs], der; -, - -: mittelgroßer Apfel mit grüngoldgelber, bräunlich punktierter Schale
Gol|den Goal [- ˈgɔʊ̯l], das; - -s, - -s (Ballspiele): Spielentscheidung durch das erste gefallene Tor in einem zusätzlichen Spielabschnitt (z. B. beim Fußball)
Go|lem, der; -[s]: durch Zauber zum Leben erweckte Tonfigur der jüdischen Sage
[1]**Golf,** der; -[e]s, -e: größere Meeresbucht, Meerbusen
[2]**Golf,** das; -s: Rasenspiel mit Hartgummiball u. Schläger
gol|fen: [2]Golf spielen
Gol|fer, der; -s, -: Golfspieler
Gol|fe|rin, die; -, -nen: weibliche Form zu ↑Golfer
Gol|ga|tha, ökum.: **Gol|go|ta,** das; -[s]: tiefstes Leid, das jmd. zu erleiden hat
Go-live [gɔʊ̯ˈlaɪ̯f], das, auch der; -[s], -s: Start des Betriebs (einer Software, einer Website o. Ä.) unter realen Bedingungen
Gon, das; -s, -e (aber: 5 -) (Geodäsie): Einheit des [ebenen] Winkels (100. Teil eines rechten Winkels; Zeichen: gon)
Go|na|de, die; -, -n (Biol., Med.): Geschlechts-, Keimdrüse
Gon|del, die; -, -n: 1. langes, schmales venezianisches Boot. 2. Korb am Ballon
gon|deln (ugs.): gemächlich fahren
Gon|do|li|e|re, der; -, …ri: Führer einer Gondel (1)
Gong, der (selten: das); -s, -s: runde Scheibe aus Metall, die durch einen Schlag zum Klingen gebracht wird
gon|gen: a) ertönen (vom Gong); b) den Gong schlagen

Go|no|kọk|kus, der; -, ...kken (Med.): Bakterie, die als Erreger des Trippers gilt

Go|nor|rhö̱, die; -, -en: Tripper (Geschlechtskrankheit)

good|bye [gʊd'baɪ̯]: englischer Gruß (= auf Wiedersehen!)

Good|will ['gʊd'wɪl], der; -[s]: a) (Wirtsch.) ideeller Firmenwert, Geschäftswert; b) Ansehen, guter Ruf einer Institution o. Ä.; c) Wohlwollen, freundliche Gesinnung

Good|will|rei|se, die; -, -n: Reise eines Politikers, einer einflussreichen Persönlichkeit od. Gruppe, um freundschaftliche Beziehungen zu einem anderen Land od. das eigene Ansehen wiederherzustellen od. zu stärken

goo|geln ['gu:gl̩n]: mit Google® im Internet suchen, recherchieren

gọr|disch: ein gordischer Knoten: ein schwieriges Problem; **den gordischen Knoten durchhauen:** eine schwierige Aufgabe verblüffend einfach lösen

Gore|tex® ['gɔ:...], das; -: wasser- u. winddurchlässiges, atmungsaktives Gewebe für Jacken, Schuhe u. a.

Gor|gon|zo̱|la, der; -[s], -s: mit Schimmelpilzen durchsetzter italienischer Weichkäse

Go|rịl|la, der; -s, -s: größter Menschenaffe

Gọs|pel, das od. der; -s, -s: ↑Gospelsong

Gọs|pel|song, der; -s, -s: Song einer Anfang des 20. Jh.s entstandenen christlichen afroamerikanischen Musikrichtung

Gos|po|di̱n, der; -s, ...dạ: Herr (russische Anrede)

Got|cha ['gɔtʃe], das; -s: ↑Paintball

Go̱|tik, die; -: europäischer Kunststil von der Mitte des 12. bis zum Ende des 15. Jh.s

go̱|tisch: 1. den (germanischen) Stamm der Goten betreffend. 2. die Gotik betreffend

[1]**Go̱|tisch,** die; -: gotische Schrift

[2]**Go̱|tisch,** das; -[s]: gotische (1) Sprache

Gou|ache [gu̯a(:)ʃ], die; -, -n: 1. (ohne Plural) deckende Malerei mit Wasserfarben. 2. Bild in der Technik der Gouache

Gour|mand [gʊr'mã:], der; -s, -s: jmd., der gern gut u. zugleich viel isst; Schlemmer

Gour|met [gʊr'mɛ, auch: ...'me:], der; -s, -s: Feinschmecker, Feinschmeckerin

Gout [gu:], der; -s, -s: Geschmack, Wohlgefallen

gou|tie|ren [gu'ti:...]: Geschmack an etwas finden; gutheißen

Gou|ver|nạn|te [guvɛr...], die; -, -n: Erzieherin, Hauslehrerin

gou|ver|nạn|ten|haft: in der Art einer Gouvernante

Gou|ver|ne|ment [guvɛrnə'mã:], das; -s, -s: a) Regierung; Verwaltung; b) Verwaltungsbezirk (militärischer od. ziviler Behörden)

Gou|ver|neur [guvɛr'nø:ɐ̯], der; -s, -e: 1. Leiter eines Gouvernements; Statthalter (einer Kolonie). 2. Befehlshaber einer größeren Festung. 3. oberster Beamter eines Bundesstaates in den USA

GPS [dʒi:pi:'ʔɛs, auch: ge:pe:...], das; -: satellitengestütztes Navigationssystem

Grạcht, die; -, -en: schiffbarer Kanal in niederländischen Städten

Gra|da|ti|o̱n, die; -, -en: a) Steigerung, stufenweise Erhöhung; Abstufung; b) Aneinanderreihung steigernder od. abschwächender Ausdrucksmittel

Gra|di|ẹnt, der; -en, -en: 1. (Meteorol.) Gefälle (z. B. des Luftdruckes od. der Temperatur) auf einer bestimmten Strecke. 2. (Math.) Steigungsmaß einer Funktion (2) in verschiedenen Richtungen (Abk.: grad)

Gra|di̱e̱r|werk, das; -[e]s, -e: hohes, mit Reisig belegtes Holzgerüst, über das Sole herabrieselt, die durch erhöhte Verdunstung konzentriert wird (in Kurorten zur Erzeugung salzhaltiger Luft)

gra|du|a̱l: den Grad, Rang betreffend

Gra|du|a̱|le, das; -s, ...lien: 1. kurzer Psalmgesang. 2. liturgisches Gesangbuch mit den Messgesängen

Gra|du|a̱l|sys|tem, das; -s: Erbfolge nach dem Grade der Verwandtschaft zum Erblasser

Gra|du|a|ti|o̱n, die; -, -en: Gradeinteilung auf Messgeräten, Messgefäßen u. dgl.

gra|du|ẹll: grad-, stufenweise, allmählich

gra|du|i̱e̱|ren: 1. mit Graden versehen (z. B. ein Thermometer). 2. a) einen akademischen Grad verleihen; b) einen akademischen Grad erwerben

G

G

Gra|du|ie|rung, die; -, -en: a) das Graduieren; b) Graduation

Grae|cum ['grɛ:...], das; -s: durch eine Prüfung nachgewiesene Kenntnisse in der altgriechischen Sprache

Gra|fem vgl. Graphem

Graf|fi|a|to, Sgraf|fi|a|to, der; -s, ...ti: Verzierung von Tonwaren mit einer Farbschicht, in die ein Ornament eingegraben wird

Graf|fi|to, der od. das; -[s], ...ti: a) in Stein geritzte Inschrift; b) in eine Marmorfliese eingeritzte zweifarbige ornamentale od. figurale Dekoration; c) (meist Plural) auf Wände, Mauern, Fassaden usw. meist mit Spray gesprühte, gespritzte od. gemalte [künstlerisch gestaltete] Parole od. Darstellung; vgl. Sgraffito

Gra|fie, Gra|phie, die; -, ...ien (Sprachwiss.): Schreibung, Schreibweise

Gra|fik, Gra|phik, die; -, -en: 1. (ohne Plural) künstlerische, bes. zeichnerische Gestaltung von Flächen; Kunst u. Technik des Holzschnitts, Kupferstichs, der ↑Radierung, ↑Lithografie, Handzeichnung. 2. (ohne Plural) Gesamtheit von Erzeugnissen der Grafik (1). 3. einzelnes Werk der Grafik. 4. Schaubild, Illustration

Gra|fik|de|sign, Gra|phik|de|sign [...dizaɪn], das; -s, -s: 1. (ohne Plural) Bereich der ↑Grafik (1), der mithilfe von Bild, Fotografie, Typografie u. Ä. bestimmte Informationsinhalte in eine Bildsprache bzw. visuelle Zeichen umsetzt (z. B. in Werbung, Informationssystemen, Gelegenheitsgrafik); Gebrauchsgrafik. 2. einzelnes Werk des ↑Grafikdesigns (1), z. B. ein Plakat, Zeichentrickfilm, Bucheinband

Gra|fi|ker, Gra|phi|ker, der; -s, -: Künstler u. Techniker auf dem Gebiet der Grafik (1)

Gra|fi|ke|rin, Gra|phi|ke|rin, die; -, -nen: weibliche Form zu ↑Grafiker

Gra|fik|kar|te, Gra|phik|kar|te, die; -, -n: spezielle Steckkarte zur Erstellung von Grafiken auf dem Bildschirm eines Computers

gra|fisch, gra|phisch: a) die Grafik betreffend; b) durch Grafik dargestellt, mithilfe von Grafik erfolgend

Gra|fit, Gra|phit [auch: ...'fɪt], der; -s, -e: vielseitig in der Industrie verwendetes, weiches schwarzes Mineral aus reinem Kohlenstoff

Gra|fo|lo|gie, Gra|pho|lo|gie, die; -: Wissenschaft von der Deutung der Handschrift als Ausdruck des Charakters

Gral, der; -s: in der mittelalterlichen Dichtung (in Verbindung mit den Sagen des Artus- u. Parzivalkreises) wundertätiger Stein od. Gefäß mit heilender Wirkung

Gram|ma|tik, die; -, -en: 1. a) Beschreibung der Struktur einer Sprache als Teil der Sprachwissenschaft; b) einer Sprache zugrunde liegendes Regelsystem. 2. Werk, in dem Sprachregeln aufgezeichnet sind; Sprachlehre

gram|ma|ti|ka|lisch: a) die Grammatik betreffend; b) sprachkundlich

Gram|ma|ti|ka|li|tät, die; -: grammatikalische Korrektheit, Stimmigkeit eines Satzes

Gram|ma|ti|ker, der; -s, -: Wissenschaftler auf dem Gebiet der Grammatik

Gram|ma|ti|ke|rin, die; -, -nen: weibliche Form zu ↑Grammatiker

gram|ma|tisch: a) die Grammatik betreffend; b) der Grammatik gemäß; sprachrichtig

Gramm|mol, Gramm-Mol, das; -s, -e: Masse in Gramm, deren Zahlenwert gleich der relativen Molekülmasse ist

Gramm|mo|le|kül, Gramm-Mo|le|kül vgl. Grammmol

Gram|mo|fon, Gram|mo|phon®, das; -s, -e: früher Plattenspieler

Gram|my ['græmi], der; -s, -s: amerikanischer Schallplattenpreis

gram|ne|ga|tiv (Med.): nach dem gramschen Färbeverfahren sich rot färbend (von Bakterien); vgl. grampositiv

gram|po|si|tiv (Med.): nach dem gramschen Färbeverfahren sich dunkelblau färbend (von Bakterien); vgl. gramnegativ

[1]**Gra|nat,** der; -[e]s, -e, (österr.:) der; -en, -en: Mineral, das in mehreren Abarten vorkommt

[2]**Gra|nat,** der; -[e]s, -e: kleines Krebstier

Gra|nat|ap|fel, der; -s, ...äpfel: apfelähnliche Beerenfrucht des Granatbaumes

Gra|na|te, die; -, -n: mit Sprengstoff gefülltes, explodierendes Geschoss

Grand [grã:, ugs. auch: graŋ], der; -s, -s:

höchstes Spiel im Skat, bei dem nur die Buben Trumpf sind

Gran|de, der; -n, -n: Angehöriger des spanischen Hochadels

Gran|deur [grã'dø:ɐ̯], die; -: Großartigkeit

Gran|dez|za, die; -: feierlich-hoheitsvolle Eleganz der Bewegung, des Auftretens

Grand|ho|tel ['grã:...], das; -s, -s: großes, komfortables Hotel

gran|di|os: großartig, überwältigend, erhaben

Grand Old La|dy ['grænd 'ɔʊ̯ld 'lɛɪ̯di], die; - - -, - - Ladies: älteste bedeutende weibliche Persönlichkeit auf einem bestimmten Gebiet

Grand Old Man ['grænd 'ɔʊ̯ld 'mæn], der; - - -, - - Men [- - 'mɛn]: älteste bedeutende männliche Persönlichkeit auf einem bestimmten Gebiet

Grand|sei|g|neur [grãsɛn'jø:ɐ̯], der; -s, -s u. -e: vornehmer, weltgewandter Mann

gra|nie|ren: 1. die Platte beim Kupferstich aufrauen. 2. Papier körnen, aufrauen

Gra|nit [auch: ...'nɪt], der; -s, -e: sehr hartes Gestein aus körnigen Teilen von Feldspat, Quarz u. Glimmer

gra|ni|tisch [...'nɪ...]: den Granit betreffend

Gran|ny Smith ['grɛni 'smɪθ], der; - -, - -: grüner, saftiger, säuerlich schmeckender Apfel

Gra|nu|lat, das; -[e]s, -e: durch Granulieren in Körner zerkleinerte Substanz

Gra|nu|la|ti|on, die; -, -en: 1. Herstellung u. Bildung einer körnigen [Oberflächen]struktur. 2. körnige [Oberflächen]struktur

gra|nu|lie|ren (Fachspr.): [an der Oberfläche] körnig machen, in körnige, gekörnte Form bringen

Gra|nu|lom, das; -s, -e (Med.): Granulationsgeschwulst (bes. an der Zahnwurzelspitze)

gra|nu|lös: körnig, gekörnt

Grape|fruit ['grɛɪ̯pfru:t], die; -, -s: große, runde Zitrusfrucht mit gelber Schale u. säuerlich-bitter schmeckendem Fruchtfleisch

Gra|phem, Gra|fem, das; -s, -e: kleinstes bedeutungsunterscheidendes grafisches Symbol, das ein od. mehrere ↑Phoneme wiedergibt

Gra|phic No|vel ['grɛfɪk 'nɔvl̩], die; - -, - -s: Comic im Buchformat, der eine abgeschlossene Geschichte erzählt; Comicroman

Gra|phie usw. vgl. Grafie usw.

Grap|pa, der; -s, -s oder die; -, -s: italienischer Tresterbranntwein

Grass, das; - (ugs. verhüllend): ↑Marihuana

gras|sie|ren: um sich greifen; wüten, sich ausbreiten (z. B. von Seuchen)

Gra|ti|fi|ka|ti|on, die; -, -en: zusätzliches [Arbeits]entgelt zu besonderen Anlässen (z. B. zu Weihnachten)

Gra|tin [gra'tɛ̃:], das od. der; -s, -s: überbackenes Gericht (z. B. Käse-, Gemüse-, Kartoffelgratin)

gra|ti|nie|ren (Gastron.): überbacken, bis eine braune Kruste entsteht

gra|tis: unentgeltlich, frei, unberechnet

Gra|tis|ak|tie, die; -, -n: neue Aktie, die statt einer ↑Dividende ausgegeben wird

Gra|tu|lant, der; -en, -en: jmd., der jmdm. gratuliert

Gra|tu|lan|tin, die; -, -nen: weibliche Form zu ↑Gratulant

Gra|tu|la|ti|on, die; -, -en: 1. das Gratulieren. 2. Glückwunsch

Gra|tu|la|ti|ons|cour [...ku:ɐ̯], die; -, -en: Glückwunschzeremoniell zu Ehren einer hochgestellten Persönlichkeit

gra|tu|lie|ren: beglückwünschen, Glückwünsche aussprechen; Glück wünschen

gra|ve (Musik): schwer, feierlich, ernst

Gra|veur [...'vø:ɐ̯], der; -s, -e: Metall-, Steinschneider, Stecher

Gra|veu|rin [...'vø:rɪn], die; -, -nen: weibliche Form zu ↑Graveur

gra|vid (Med.): schwanger

Gra|vi|di|tät, die; -, -en (Med.): Schwangerschaft

[1]**gra|vie|ren:** in Metall, Stein [ein]schneiden

[2]**gra|vie|ren** (veraltet): beschweren, belasten

gra|vie|rend: ins Gewicht fallend, schwerwiegend [u. sich nachteilig auswirkend]

Gra|vie|rung, die; -, -en: 1. das [1]Gravieren. 2. eingravierte Schrift, Verzierung o. Ä.

Gra|vis, der; -, -: Betonungszeichen für den „schweren“, fallenden Ton (z. B. à)

Gra|vi|tät, die; -: [steife] Würde, Gemessenheit im Gehaben

Gra|vi|ta|ti|on, die; -: Schwerkraft, Anzie-

hungskraft, bes. die zwischen der Erde u. den in ihrer Nähe befindlichen Körpern
gra|vi|tä|tisch: ernst, würdevoll, gemessen
Gra|vur, die; -, -en: eingravierte Verzierung
Gray [grɛɪ̯], das; -, -: Maßeinheit der Energiedosis (Zeichen: Gy)
Gra|zie [...i̯ə], die; -, -n: (ohne Plural) Anmut, Liebreiz
gra|zil: fein gebildet, zartgliedrig, zierlich
gra|zi|ös: anmutig, mit Grazie
gra|zi|o|so (Musik): anmutig, mit Grazie

G

Grä|zist, der; -en, -en: jmd., der sich wissenschaftlich mit dem Altgriechischen befasst
Grä|zis|tin, die; -, -nen: weibliche Form zu ↑Gräzist
Green [gri:n], das; -s, -s (Golf): um das Loch herum kurz geschnittene Rasenfläche
Green|back ['gri:nbɛk], der; -[s], -s: a) amerikanische Schatzanweisung mit Banknotencharakter mit grünem Rückseitenaufdruck; b) (volkstümlich in den USA) US-Dollar-Note
Green|card ['gri:nka:ɐ̯t], die; -, -s, **Green Card,** die; - -, - -s: a) Karte, die Ausländer in den USA benötigen, um legal eine Arbeitsstelle zu bekommen; b) Dokument, das Menschen aus Ländern außerhalb der Europäischen Union berechtigt, für eine begrenzte Zeit in Deutschland zu leben u. zu arbeiten
Green|horn ['gri:nhɔ:ɐ̯n], das; -s, -s: jmd., der auf einem neuen Gebiet noch ohne einschlägige Erfahrungen ist; Neuling
Green|peace ['gri:npi:s]: internationale Umweltschutzorganisation
Green|wa|shing ['gri:nvɔʃɪŋ], das; -s (abwertend): Versuch (von Firmen, Institutionen), sich durch Geldspenden für ökologische Projekte o. Ä. als umweltbewusst u. umweltfreundlich darzustellen
gre|go|ri|a|nisch: in den Fügungen **gregorianischer Choral** od. **Gesang:** einstimmiger liturgischer Gesang (benannt nach Papst Gregor I., 590–604); **gregorianischer Kalender:** der von Papst Gregor XIII. 1582 eingeführte, noch heute gültige Kalender
Gre|mi|um, das; -s, ...ien: a) Gemeinschaft, beratende od. beschlussfassende Körperschaft; Ausschuss; b) (österr.) Berufsvereinigung
Gre|na|dier, der; -s, -e: a) Soldat der Infanterie; b) (ohne Plural) unterster Dienstgrad eines Teils der Infanterie
Gre|na|dil|le, Gra|na|dil|le, die; -, -n: essbare Früchte von Passionsblumen
Gre|na|di|ne, die; -: Saft aus Granatäpfeln
Grey|hound ['grɛɪ̯haʊ̯nd], der; -[s], -s: 1. englischer Windhund. 2. Kurzform von ↑Greyhoundbus
Grey|hound|bus, der; -ses, -se: Omnibus einer amerikanischen Busliniengesellschaft
grie|chisch-ka|tho|lisch: (auch:) griechisch-uniert: einer mit Rom ↑unierten orthodoxen Nationalkirche angehörend
grie|chisch-or|tho|dox: der von Rom getrennten Ostkirche angehörend
grie|chisch-rö|misch: (beim Ringen) nur Griffe oberhalb der Gürtellinie gestattend
Grill, der; -s, -s: Bratrost
Gril|la|de [gri'ja:də], die; -, -n: gegrilltes Fleischstück
gril|len: auf dem Grill rösten
gril|lie|ren [grɪ'li:rən, auch: gri'ji:rən] (schweiz.): ↑grillen
Gri|mas|se, die; -, -n: eine bestimmte innere Haltung o. Ä. durch verzerrte Züge wiedergebender Gesichtsausdruck; Fratze
gri|mas|sie|ren: das Gesicht verzerren, Fratzen schneiden
Grin|go, der; -s, -s (abwertend): jmd., der nicht romanischer Herkunft ist (in Südamerika)
Grip, der; -s: Griffigkeit, Bodenhaftung von Fahrzeugreifen
grip|pal (Med.): a) die Grippe betreffend; b) von einer Grippe herrührend; mit Fieber u. ↑Katarrh verbunden
Grip|pe, die; -, -n (Med.): mit Fieber u. Katarrh verbundene [epidemisch auftretende] Virusinfektionskrankheit
grip|pös (Med.): grippeartig
Grizz|ly|bär ['grɪsli...], der; -en, -en: dunkelbrauner amerikanischer Bär
Grog, der; -s, -s: heißes Getränk aus Rum (auch Arrak od. Weinbrand), Zucker u. Wasser
grog|gy: schwer angeschlagen, nicht mehr zu etwas (z. B. zum Kämpfen) fähig

Groom [gru:m], der; -s, -s: a) engl. Bez. für Reitknecht; b) junger Diener, Page

Groove [gru:v], der; -s, -s: Art u. Weise, Musik in rhythmisch-melodischer Weise darzubieten, die innere Beteiligung, Anteilnahme erkennen lässt u. sich auf das Publikum überträgt

groo|ven ['gru:vn̩]: 1. ein Instrument so spielen, dass sich die innere Beteiligung auf das Publikum überträgt. 2. melodisch-rhythmisch so mitreißend sein, dass es sich auf das Publikum überträgt

groo|vig ['gru:v...]: Groove besitzend, mit Groove spielend, gespielt

[1]**Gros** [gro:], das; -, - [gro:s]: überwiegender Teil einer Personengruppe

[2]**Gros,** das; -ses, -se (aber: 6 -): 12 Dutzend = 144 Stück

Gros|sist, der; -en, -en: Großhändler

Gros|sis|tin, die; -, -nen: weibliche Form zu ↑Grossist

Groß|mo|gul, der; -s, -n: 1. nordindischer Herrscher (16.–19. Jh.). 2. (ohne Plural) einer der größten Diamanten

Groß|we|sir, der; -s, -e: 1. (Geschichte) hoher islamischer Beamter, der nur dem Sultan unterstellt ist. 2. (ohne Plural) Titel des türkischen Ministerpräsidenten (bis 1922)

gro|tesk: a) durch eine Übersteigerung od. Verzerrung absonderlich, fantastisch wirkend; b) absurd, lächerlich

Gro|tes|ke, die; -, -n: 1. fantastisch geformtes Tier- u. Pflanzenornament der Antike u. Renaissance. 2. Erzählform, die Widersprüchliches, z. B. Komisches u. Grauenerregendes, verbindet. 3. ↑Grotesktanz

Gro|tesk|tanz, der; -es, ...tänze: karikierender Tanz mit drastischen Übertreibungen u. verzerrenden Bewegungen

Grot|te, die; -, -n: malerische, oft in Renaissance- u. Barockgärten künstlich gebildete Felsenhöhle

Ground Ze|ro ['graʊ̯nd 'ziərɔʊ̯], der, auch: das; - -s (meist ohne Artikel): Bezeichnung für das Gelände in New York, auf dem das am 11. September 2001 zerstörte World Trade Center stand

Grou|pie ['gru:pi], das; -s, -s: meist weiblicher ↑Fan, der möglichst engen Kontakt mit seinem Idol sucht

Grub|ber, der; -s, -: mit einer ungeraden Anzahl von Zinken versehenes, auf vier Rädern laufendes Gerät zur Bodenbearbeitung

grub|bern, grub|ben: mit dem Grubber pflügen

grun|die|ren: auf etw. die erste Farb- od. Lackschicht als Untergrund auftragen

Grunge [grandʒ], der; -: 1. Rockmusik, für die harte Gitarrenklänge u. eine lässige Vortragsweise typisch sind. 2. Mode in Form bewusst schmuddeliger Kleidung

Grup|pen|dy|na|mik, die; - (Sozialpsychol.): koordiniertes Zusammenwirken, wechselseitige Steuerung des Verhaltens der Mitglieder einer Gruppe

Grup|pen|the|ra|pie, die; -, ...ien [...i:ən]: a) (Med.) gleichzeitige Behandlung mehrerer Patienten; b) (Psychol.) ↑psychotherapeutische Behandlung einer Gruppe von Patienten unter gruppendynamischen Aspekten

grup|pie|ren: nach Gruppen, in Gruppen ordnen, wirkungsvoll zusammenstellen

Gru|y|ère [gry'jɛ:r], der; -s: Hartkäse aus der gleichnamigen Schweizer Landschaft

GSM [ge:ʔɛs'ʔɛm]: internationaler Standard für digitale Funknetze; vgl. UMTS

G-String ['dʒi:strɪŋ], der; -s, -s: als Slip getragenes Kleidungsstück, das aus einem nur die Geschlechtsteile bedeckenden Stoffstreifen besteht

Gu|a|ja|ve, Gu|a|ve, die; -, -n: tropische Frucht in Apfel- od. Birnenform

Gu|a|na|ko, Hu|a|na|co, das, älter: der; -s, -s: (in Südamerika lebendes) dem ↑[1]Lama ähnliches Tier mit langem, dichtem Fell

Gu|a|no, der; -s: aus Exkrementen von Seevögeln bestehender organischer Dünger

Gu|a|ra|ni, Gu|a|ra|ní, der; -, -: Währungseinheit in Paraguay

Gu|ar|di|an, der; -s, -e: Vorsteher eines Konvents der ↑Franziskaner u. ↑Kapuziner

Gu|el|fe [auch: 'gɛlfə], der; -n, -n (Geschichte): Anhänger päpstlicher Politik

[1]**Gue|ril|la** [ge'rɪlja], die; -, -s: a) Kleinkrieg, den irreguläre Einheiten der einheimischen Bevölkerung gegen eine Besatzungsmacht od. im

G

Rahmen eines Bürgerkriegs führen; b) einen Kleinkrieg führende Einheit

²**Gue|ril|la,** der; -[s], -s (meist Plural): Angehöriger einer ¹Guerilla (b)

Gue|ril|le|ra [gerɪl'je:ra], die; -, -s: weibliche Form zu ↑Guerillero

Gue|ril|le|ro [...'je:ro], der; -s, -s: Untergrundkämpfer in Südamerika

Guil|lo|ti|ne [gijo..., gɪljo...], die; -, -n: mit einem Fallbeil arbeitendes Hinrichtungsgerät

G

guil|lo|ti|nie|ren: durch die Guillotine hinrichten

Gui|nea ['gɪni], die; -, -s, **Gui|nee** [gi'ne:(ə)], die; -, ...een: a) frühere englische Goldmünze; b) frühere englische Rechnungseinheit von 21 Schilling

Guin|ness|buch, Guin|ness-Buch ['gɪ...], das; -[e]s, ...bücher: Buch, das Rekorde u. Ä. verzeichnet

Gu|lag, der; -[s]: Hauptverwaltung des Straflagersystems in der Sowjetunion (1930–1955)

Gu|lasch [auch: 'gʊ...], das, auch: der; -[e]s, -e u. -s, (österr. nur:) das; -[e]s, -e: scharf gewürztes Fleischgericht

Gu|lasch|ka|no|ne, die; -, -n (scherzh.): Feldküche

Gul|ly, der, auch: das; -s, -s: in die Fahrbahndecke eingelassener abgedeckter kastenförmiger Schacht, durch den das Straßenabwasser in die Kanalisation abfließen kann

¹**Gum|mi,** der u. das; -s, -[s]: a) Vulkanisationsprodukt aus ↑Kautschuk; b) aus schmelzbaren Harzen gewonnener Klebstoff

²**Gum|mi,** der, auch: das; -s, -s: a) Radiergummi; b) (ugs.) Kondom

³**Gum|mi,** das, auch der; -s, -s: Gummiband

Gum|mi|ara|bi|kum, das; -s: wasserlöslicher Milchsaft verschiedener Akazienarten, der für Klebstoff u. Bindemittel verwendet wird

Gum|mi|gutt, das; -s: giftiges Harz ostindischer Bäume, das gelbe Aquarellfarbe liefert

Gum|mi|pa|ra|graf, Gum|mi|pa|ra|graph, der; -en, -en (ugs.): Paragraf, der so allgemein od. unbestimmt formuliert ist, dass er die verschiedensten Auslegungen zulässt

Gup|py, der; -s, -s: zu den Zahnkarpfen gehörender beliebter Aquarienfisch

Gu|ru, der; -s, -s: a) religiöser Lehrer im ↑Hinduismus; b) Idol; von einer Anhängerschaft als geistiger Führer verehrte Persönlichkeit

Gus|to, der; -s, -s: Geschmack, Neigung

gut|tu|ral (Sprachwiss.): die Kehle betreffend

Gut|tu|ral, der; -s, -e (Sprachwiss.): Gaumen-, Kehllaut

Gym|na|si|ast, der; -en, -en: Schüler eines ↑Gymnasiums (a)

Gym|na|si|as|tin, die; -, -nen: weibliche Form zu ↑Gymnasiast

Gym|na|si|um, das; -s, ...ien: zur Hochschulreife führende höhere Schule

Gym|nas|tik, die; -, -en: rhythmische Bewegungsübungen zu sportlichen Zwecken od. zur Heilung bestimmter Körperschäden

gym|nas|tisch: die Gymnastik betreffend

Gym|no|sper|me, die; -, -n (meist Plural) (Bot.): nacktsamige Pflanze

Gy|nä|kei|on, das; -s, ...eien: Frauengemach des altgriechischen Hauses

Gy|nä|ko|lo|ge, der; -n, -n (Med.): Frauenarzt, Wissenschaftler auf dem Gebiet der Frauenheilkunde

Gy|nä|ko|lo|gie, die; - (Med.): Frauenheilkunde

Gy|nä|ko|lo|gin, die; -, -nen: weibliche Form zu ↑Gynäkologe

gy|nä|ko|lo|gisch (Med.): die Frauenheilkunde betreffend

Gy|n|an|d|rie, die; -: 1. (Bot.) Verwachsung der männlichen u. weiblichen Blütenorgane. 2. (Zool.) Scheinzwittrigkeit bei Tieren (durch Auftreten von Merkmalen des andern Geschlechts). 3. (Biol., Med.) Nebeneinander von weiblichen u. männlichen Geschlechtsmerkmalen bei einem Organismus

Gy|nä|ze|um, das; -s, ...een: 1. ↑Gynäkeion. 2. Gesamtheit der weiblichen Blütenorgane einer Pflanze

Gy|ros, das; -, - (Gastron.): griechisches Gericht aus Schweine-, Rind-, Hammelfleisch, das an einem senkrecht stehenden Spieß gebraten u. dann portionsweise abgeschnitten wird

Gy|ro|s|kop, das; -s, -e: Messgerät für den Nachweis der Achsendrehung der Erde

H h

Ha|ba|ne|ra, die; -, -s: kubanischer (auch in Spanien heimischer) Tanz in ruhigem $^{2}/_{4}$-Takt

ha|bil: fähig, gewandt

Ha|bi|li|tand, der; -en, -en: jmd., der zur Habilitation zugelassen ist

Ha|bi|li|tan|din, die; -, -nen: weibliche Form zu ↑Habilitand

Ha|bi|li|ta|ti|on, die; -, -en: Erwerb der Lehrberechtigung an Hochschulen u. Universitäten durch Anfertigung einer schriftlichen Arbeit

ha|bi|li|tie|ren: a) sich habilitieren: die Lehrberechtigung an einer Hochschule od. Universität erwerben; b) jmdm. die Lehrberechtigung erteilen

[1]**Ha|bit** [auch: ha'bɪt, auch: 'ha:...], das, auch: der; -s, -s: Kleidung, die einer beruflichen Stellung, einer bestimmten Gelegenheit od. Umgebung entspricht

[2]**Ha|bit** ['hɛbɪt], das, auch: der; -s, -s (Psychol.): Gewohnheit, Erlerntes, Anerzogenes, Erworbenes

Ha|bi|tué [(h)abi'ty̆e:], der; -s, -s (schweiz., sonst veraltet): Stammgast

ha|bi|tu|ell: 1. gewohnheitsmäßig; ständig. 2. (Psychol.) verhaltenseigen; zur Gewohnheit geworden, zum Charakter gehörend

Ha|bi|tus, der; -: 1. Erscheinung; Haltung; Gehaben. 2. (Med.) Besonderheiten im Erscheinungsbild eines Menschen. 3. Aussehen, Erscheinungsbild (von Tieren, Pflanzen u. Kristallen)

Há|ček ['ha:tʃɛk], **Ha|t|schek,** das; -s, -s: ↑diakritisches Zeichen in Form eines Häkchens, das, bes. in den slawischen Sprachen, einen Zischlaut od. einen stimmhaften Reibelaut angibt, z. B. tschech. č [tʃ], ž [ʒ]

ha|cken [auch: 'hɛkn̩]: sich als Hacker betätigen

Ha|cker [auch: 'hɛkɐ], der; -s, -: jmd., der durch geschicktes Ausprobieren u. Anwenden verschiedener Programme unberechtigt in andere Computersysteme eindringt

Ha|cke|rin, die; -, -nen: weibliche Form zu ↑Hacker

Ha|dith, der, auch: das; -, -e: Überlieferung angeblicher Aussprüche Mohammeds

Hadsch, Haddsch, der; -: Wallfahrt nach Mekka zur ↑Kaaba, die jeder volljährige Muslim einmal unternehmen soll

Ha|d|schi, Had|dschi, der; -s, -s: 1. Mekkapilger. 2. christlicher Jerusalempilger im Orient

Ha|fis, der; -: Ehrentitel eines Mannes, der den ↑Koran auswendig weiß

Haf|ni|um, das; -s: chem. Element; ein Metall (Zeichen: Hf)

Ha|ga|na, die; -: Vorläuferin der israelischen Nationalarmee

Ha|gio|gra|fie, Ha|gio|gra|phie, die; -, ...ien: Beschreibung von Heiligenleben

Hai, der; -[e]s, -e: spindelförmiger, meist räuberischer Knorpelfisch

Hai|kai, Hai|ku, Hok|ku, das; -[s], -[s]: aus drei Zeilen mit zusammen 17 Silben bestehende japanische Gedichtform

Hair|sty|list ['hɛ:ɐ̯staɪ̯lɪst], der; -en, -en: Friseur mit künstlerischem Anspruch

Hair|sty|lis|tin, die; -, -nen: weibliche Form zu ↑Hairstylist

Ha|la|cha [...'xa:], die; -, ...choth: die Religionsgesetze umfassender Teil des Talmuds

ha|lal: nach islamischem Glauben erlaubt

Hal|la|li, das; -s, -[s]: Jagdruf am Ende einer Treibjagd

Halb|fa|b|ri|kat, das; -s, -e: zwischen Rohstoff u. Fertigerzeugnis stehendes ↑Produkt

Halb|vo|kal, der; -s, -e (Sprachwiss.): 1. unsilbisch gewordener, als ↑Konsonant gesprochener Vokal (z. B. j). 2. unsilbischer ↑Vokal (z. B. das i in dem ↑Diphthong ai)

Half|vol|ley ['ha:fvɔli], der; -s, -s, **Half|vol|ley|ball,** der; -[e]s, ...bälle (Tennis, Tischtennis): im Augenblick des Abprallens geschlagener Ball

hal|le|lu|ja, al|le|lu|ja: „lobet den Herrn", gottesdienstlicher Freudenruf

Hal|le|lu|ja, Al|le|lu|ja, das; -s, -s: liturgischer Freudengesang

Hal|lo|w|een [hɛlo'vi:n], das; -[s], -s: Tag vor Allerheiligen

Hal|lu|zi|na|ti|on, die; -, -en: Sinnestäuschung, Trugwahrnehmung
hal|lu|zi|na|tiv, hal|lu|zi|na|to|risch: auf Halluzination beruhend, in Form einer Halluzination
hal|lu|zi|nie|ren: eine Halluzination haben, einer Sinnestäuschung unterliegen
Hal|lu|zi|no|gen, das; -s, -e (Med.): Droge, die halluzinationsartige Erscheinungen hervorruft
Hal|ma, das; -s: ein Brettspiel für 2–4 Personen

H

Ha|lo, der; -[s], -s od. Halonen: 1. (Physik) Hof um eine Lichtquelle. 2. (Med.) Ring um die Augen. 3. (Med.) Warzenhof
ha|lo|gen: Salz bildend
Ha|lo|gen, das; -s, -e: Salzbildner; chem. Element, das ohne Beteiligung von Sauerstoff mit Metallen Salze bildet (z. B. Fluor, Jod)
Ha|lo|ge|nid, das; -[e]s, -e: Verbindung aus einem Halogen u. einem chem. Element (meist Metall), Salz einer Halogenwasserstoffsäure
Ha|lo|gen|lam|pe, die; -, -n: sehr helle Glühlampe mit einer Füllung aus Edelgas, der eine geringe Menge von Halogen beigemischt ist
Ha|lun|ke, der; -n, -n (abwertend): jmd., dessen Benehmen od. Tun als gemein od. hinterhältig angesehen wird
Häm, das; -s: Farbstoffanteil im ↑Hämoglobin
Ha|mam, der; -[s], -s: türkisches Bad
Ha|ma|me|lis, die; -: Zaubernuss
Hä|ma|tit [auch: ...'tɪt], der; -s, -e: wichtiges Eisenerz
Hä|ma|to|lo|ge, der; -n, -n (Med.): Arzt mit Spezialkenntnissen auf dem Gebiet der Blutkrankheiten
Hä|ma|to|lo|gie, die; - (Med.): Teilgebiet der Medizin, das sich mit dem Blut u. den Blutkrankheiten befasst
Hä|ma|to|lo|gin, die; -, -nen: weibliche Form zu ↑Hämatologe
Hä|ma|tom, das; -s, -e (Med.): Ansammlung von Blut außerhalb der Blutbahn in den Weichteilen; Blutbeule, Bluterguss
Ham|bur|ger [auch: 'hɛmbœ:ɐ̯gɐ], der; -s, -: aufgeschnittenes weiches, mit gebratenem Hackfleisch u. weiteren Zutaten belegtes Brötchen
Ham|mond|or|gel ['hɛmənd...], die; -, -n: elektroakustische Orgel
Hä|mo|glo|bin, das; -s (Med.): Farbstoff der roten Blutkörperchen (Zeichen: Hb)
Hä|mo|phi|lie, die; -, ...ien (Med.): Erbkrankheit, bei der die Blutgerinnung gestört ist; Bluterkrankheit
Hä|mor|rho|i|de, Hä|mor|ri|de, die; -, -n (meist Plural) (Med.): knotenförmig hervortretende Erweiterung der Mastdarmvenen
Hä|mo|zyt, der; -en, -en (meist Plural) (Med.): Blutkörperchen
Hand|ling ['hɛ...], das; -[s]: Handhabung
Hand|out, Hand-out ['hɛntʔaʊ̯t], das; -s, -s: an Teilnehmer einer Tagung, Sitzung od. eines Seminars ausgegebenes Informationsmaterial
Hands [hɛnts], das; -, - (Fußball; österr.): Handspiel
Han|dy ['hɛndi], das; -s, -s: Mobiltelefon
Han|gar [auch: ...'ga:ɐ̯], der; -s, -s: Flugzeug-, Luftschiffhalle
Hang|over, Hang-over ['hæŋʔɔʊ̯vɐ], der; -s: Kater nach dem Genuss von Alkohol od. Drogen
Han|ni|bal ad por|tas! (scherzh.), fälschlich meist: **Han|ni|bal an|te por|tas!:** Achtung! Vorsicht!
han|tie|ren: (mit einem Gegenstand in der Hand) sichtbar, hörbar tätig, beschäftigt sein
ha|p|lo|id (Biol.): nur einen einfachen Chromosomensatz aufweisend
Hap|pe|ning ['hɛpənɪŋ], das; -s, -s: [öffentliche] Veranstaltung eines Künstlers, die ein künstlerisches Erlebnis vermitteln soll
hap|py ['hɛpi]: in glückseliger, zufriedener Stimmung
Hap|py End ['hɛpi 'ɛnt, 'hɛpiʔɛnt], das; - -[s], - -s, **Hap|py|end,** das; -[s], -s: glücklicher Ausgang eines Konfliktes, einer Liebesgeschichte
Hap|py Hour ['hɛpi 'aʊ̯ɐ], die; - -, - -s: festgesetzte Zeit, in der in Lokalen die Getränke zu einem ermäßigten Preis angeboten werden

Hap|ten, das; -s, -e (meist Plural) (Med.): organische, eiweißfreie Verbindung, die die Bildung von ↑Antikörpern im Körper verhindert

Hap|tik, die; - (Psychol.): Lehre vom Tastsinn

hap|tisch (Med., Psychol.): den Tastsinn betreffend

Ha|ra|ki|ri, das; -[s], -s: ritueller Selbstmord durch Bauchaufschlitzen (in Japan); Seppuku

ha|ram: nach islamischem Glauben verboten

Ha|ram [auch: 'ha:ram], der; -s, -s: heiliger, verbotener Bezirk im islamischen Orient

Ha|rass, der; -es, -e: Lattenkiste od. Korb zum Verpacken zerbrechlicher Waren wie Glas o. Ä.

Hard|co|py ['ha:ɐ̯tkɔpi], die; -, -s, **Hard Co|py**, die; - -, - -s (EDV): Ausdruck von im Computer gespeicherten Daten od. Texten über einen Drucker

Hard|core ['ha:ɐ̯tkɔ:], der; -s, -s: 1. harter innerer Kern von Elementarteilchen. 2. besonders harte u. aggressive Richtung der Rockmusik. 3. Kurzform von ↑Hardcoreporno

Hard|core|por|no, der; -s, -s: pornografischer Film, in dem geschlechtliche Vorgänge z. T. in Großaufnahme u. mit genauen physischen Details gezeigt werden

Hard|co|ver [...kʌvɐ], das; -s, -s: Buch mit festem Einbanddeckel

Hard|disk, die; -, -s, **Hard|disc**, die; -, -s, **Hard Disk**, die; - -, - -s, **Hard Disc**, die; - -, - -s (EDV): Festplatte

Hard|drink, der; -s, -s, **Hard Drink**, der; - -s, - -s: hochprozentiges alkoholisches Getränk

Hard|li|ner [...laɪ̯nɐ], der; -s, -: Vertreter eines harten [politischen] Kurses

Hard|rock, der; -[s], **Hard Rock**, der; - -[s] (Musik): Stilrichtung der Rockmusik, für die eine einfache Struktur u. extreme Lautstärke kennzeichnend sind

Hard|top, das od. der; -s, -s: abnehmbares Verdeck von [Sport]wagen

Hard|ware [...wɛ:ɐ̯], die; -, -s (EDV): Gesamtheit der technisch-physikalischen Teile einer Datenverarbeitungsanlage

Ha|rem, der; -s, -s: 1. (in den Ländern des Islams) abgetrennte Frauenabteilung der Wohnhäuser. 2. a) große Anzahl von Ehefrauen eines reichen orientalischen Mannes; b) alle im Harem (1) wohnenden Frauen

Hä|re|sie, die; -, ...ien: von der offiziellen Kirchenmeinung abweichende Lehre

Hä|re|ti|ker, der; -s, -: jmd., der von der offiziellen Lehre abweicht; Ketzer

Hä|re|ti|ke|rin, die; -, -nen: weibliche Form zu ↑Häretiker

hä|re|tisch: vom Dogma abweichend

Ha|ri|d|schan, **Ha|ri|jan**, der; -s, -s: Inder, der keiner Kaste angehört; vgl. Paria (1)

Har|le|kin [...ki:n], der; -s, -e: 1. Hanswurst, Narrengestalt. 2. Bärenschmetterling. 3. Sprungspinne. 4. Zwergpinscher

Har|mo|nie, die; -, ...ien: 1. (Musik) wohltönender Zusammenklang mehrerer Töne od. Akkorde; schöner, angenehmer Klang. 2. (Archit., bild. Kunst) ausgewogenes, ausgeglichenes, gesetzmäßiges Verhältnis der Teile zueinander; Ebenmaß. 3. innere u. äußere Übereinstimmung; Einklang; Eintracht

Har|mo|nie|leh|re, die; -, -n: (ohne Plural) Teilgebiet der Musikwissenschaft, das sich mit den harmonischen Verbindungen von Tönen im musikalischen Satz befasst

har|mo|nie|ren: gut zu jmdm. od. zu etwas passen, ein als angenehm empfundenes Ganzes bilden; miteinander übereinstimmen

Har|mo|nik, die; - (Musik): Lehre von der Harmonie (1)

Har|mo|ni|ka, die; -, -s u. ...ken: Musikinstrument, dessen Metallzungen durch Luftzufuhr (durch den Mund bzw. einen Balg) in Schwingung versetzt werden (z. B. Mund-, Zieh- od. Handharmonika)

har|mo|nisch: 1. übereinstimmend, ausgeglichen, gut zusammenpassend. 2. (Musik) den Harmoniegesetzen entsprechend

har|mo|ni|sie|ren: 1. (Musik) eine Melodie mit passenden Akkorden begleiten. 2. in Übereinstimmung bringen, harmonisch gestalten

Har|mo|ni|sie|rung, die; -, -en: das Harmonisieren

Har|mo|ni|um, das; -s, ...ien od. -s: Tasteninstrument, dessen Töne von saugluftbewegten Durchschlagzungen erzeugt werden

Har|pu|ne, die; -, -n: bes. zum Fang von Fischen u. Meeressäugetieren benutzter Wurfspeer mit Widerhaken u. Leine

har|pu|nie|ren: mit der Harpune fangen

Har|py|ie [...jə], die; -, -n: 1. (meist Plural) Sturmdämon in Gestalt eines Mädchens mit Vogelflügeln in der gr. Mythologie. 2. großer süd- und mittelamerik. Raubvogel

Ha|ru|s|pex, der; -, -e u. Haruspizes [...tse:s]: jmd., der aus den Eingeweiden von Opfertieren wahrsagt (bei Etruskern u. Römern)

Ha|sard, das; -s: Hasardspiel

Ha|sar|deur [...'dø:ɐ̯], der; -s, -e (abwertend): jmd., der alles aufs Spiel setzt

H

Ha|sar|deu|rin [...'dø:rɪn], die; -, -nen: weibliche Form zu ↑Hasardeur

Ha|sard|spiel, das; -[e]s, -e: 1. Glücksspiel. 2. Unternehmung, bei der jmd. alles aufs Spiel setzt

Ha|schee, das; -s, -s: Gericht aus fein gehacktem Fleisch

ha|schie|ren: fein hacken, zu ↑Haschee verarbeiten

Ha|schisch, das, auch: der; -[s]: aus dem Blütenharz des indischen Hanfs gewonnenes Rauschgift

Hash|tag ['hæʃtæg], das; -s, -s (EDV): mit einem vorangestellten Rautezeichen markiertes Schlüssel- od. Schlagwort in einem [elektronischen] Text

Hat|trick ['hɛtrɪk], der; -s, -s (Sport): a) dreimaliger Erfolg (in einer Meisterschaft o. Ä.); b) drei von einem Spieler in unmittelbarer Folge in einem Spielabschnitt erzielte Tore

Hau|bit|ze, die; -, -n: Flach- und Steilfeuergeschütz

hau|sie|ren: mit etwas handeln, indem man von Haus zu Haus geht

Haus|sa, Hau|sa, das; -: afrikanische Sprache

Haus|se [o:s, 'ho:s(ə)], die; -, -n: a) allgemeiner Aufschwung [in der Wirtschaft]; b) das Steigen der Börsenkurse

Haus|si|er [...'si̯e:], der; -s, -s: jmd., der auf Hausse spekuliert

haus|sie|ren: im Kurswert steigen

Haute Cou|ture [(h)o:tku'ty:ɐ̯], die; - -: Schneiderkunst der eleganten Mode

Haute Cou|tu|ri|er [(h)o:tkuty'ri̯e:], der; - -s, - -s: Modeschöpfer

Haute|lisse [(h)o:t'lɪs], die; -, -n: 1. Wand- oder Bildteppich, der mit senkrechter Kette gewebt ist. 2. Webart mit senkrechter Kette

Haute|vo|lee [(h)o:tvo'le:], die; - (oft iron.): gesellschaftliche Oberschicht

Haut|gout [o'gu:], der; -s: 1. eigentümlich scharfer Wildgeschmack. 2. Anrüchigkeit

[1]**Ha|van|na,** der; -s: kubanische Tabaksorte

[2]**Ha|van|na,** die; -, -s: Zigarre aus einer bestimmten kubanischen Tabaksorte

Ha|va|rie, die; -, ...i̯en: a) durch Unfall verursachter Schaden an Schiffen od. ihrer Ladung u. an Flugzeugen; b) (österr.) Schaden, Unfall bei einem Kraftfahrzeug

ha|va|rie|ren: a) durch eine Havarie (a) beschädigt werden; b) (österr.) einen Autounfall haben

Ha|va|rist, der; -en, -en: 1. Eigentümer eines havarierten Schiffes. 2. beschädigtes Schiff

Ha|va|ris|tin, die; -, -nen: weibliche Form zu ↑Havarist (1)

Ha|ve|lock, der; -s, -s: langer ärmelloser Herrenmantel mit pelerinenartigem Umhang

Ha|zi|en|da, die; -, -s, auch: ...den: Landgut, Farm, bes. in Süd- u. Mittelamerika

HDTV, das; -[s]: hochauflösendes Fernsehen

Head|hun|ter ['hɛdhantɐ], der; -s, -: jmd., der Führungskräfte abwirbt

Head|hun|te|rin, die; -, -nen: weibliche Form zu ↑Headhunter

Head|line ['hɛdlai̯n], die; -, -s: Schlagzeile; Überschrift in einer Zeitung, Anzeige o. Ä.

Head|quar|ter ['hɛdkwɔ:tɐ], das; -s, -s u. -: 1. Hauptquartier. 2. Zentrale eines Großunternehmens od. einer Institution

Head|set ['hɛd...], das; -[s], -s: am Kopf zu tragende Kombination von Mikrofon u. Kopfhörer

Hea|ring ['hi:rɪŋ], das; -s, -s: Anhörung, Befragung von Sachverständigen

Hea|vi|side-Schicht, Hea|vi|side|schicht ['hɛvɪsai̯d...], die; -: elektrisch leitende Schicht der Atmosphäre in etwa 100 km Höhe

Hea|vy Me|tal ['hɛvi 'mɛtl̩], das; - -[s], **Hea|vy Rock** ['hɛvi 'rɔk], der; - -[s]: aggressivere Variante des Hardrocks

He|b|ra|ist, der; -en, -en: jmd., der sich wissenschaftlich mit der hebräischen Geschichte u. Sprache beschäftigt

He|b|ra|is|tin, die; -, -nen: weibliche Form zu ↑Hebraist

He|do|ni|ker, der; -s, -: ↑Hedonist

He|do|ni|ke|rin, die; -, -nen: weibliche Form zu ↑Hedoniker

He|do|nis|mus, der; -: in der Antike begründete philosophische Lehre, nach welcher das höchste ethische Prinzip das Streben nach Sinnenlust u. Genuss ist

He|do|nist, der; -en, -en: Vertreter der Lehre des Hedonismus

He|do|nis|tin, die; -, -nen: weibliche Form zu ↑Hedonist

he|do|nis|tisch: 1. den Hedonismus betreffend, auf ihm beruhend. 2. das Lustprinzip befolgend

He|dsch|ra, die; -: Übersiedlung Mohammeds im Jahre 622 von Mekka nach Medina

he|ge|mo|ni|al: a) die Vormachtstellung habend; b) die Vormachtstellung erstrebend

He|ge|mo|nie, die; -, ...ien: Vorherrschaft [eines Staates]; Vormachtstellung, Überlegenheit [kultureller, wirtschaftlicher, politischer u. a. Art]

Heim|trai|ner, der; -s, -: ↑Hometrainer

He|ka|tom|be, die; -, -n: einem unheilvollen Ereignis o. Ä. zum Opfer gefallene, erschütternd große Zahl, Menge von Menschen

Hek|t|ar [auch: ...ˈtaːɐ̯], das, auch: der; -s, -e (aber: 2 -): Flächen-, bes. Feldmaß (= 100 Ar = 10 000 Quadratmeter; Zeichen: ha)

Hek|tik, die; -: Eile, Hast

Hek|ti|ker, der; -s, - (ugs.): jmd., der voller Hektik ist

Hek|ti|ke|rin, die; -, -nen: weibliche Form zu ↑Hektiker

hek|tisch: fieberhaft-aufgeregt, von unruhig-nervöser Betriebsamkeit

Hek|to|graf, Hek|to|graph, der; -en, -en: ein Vervielfältigungsgerät

hek|to|gra|fie|ren, hek|to|gra|phie|ren: [mit dem Hektografen] vervielfältigen

Hek|to|li|ter [auch, österr. nur: ˈhɛk...], der, auch: das; -s, -: 100 Liter (Zeichen: hl)

Hek|to|pas|cal [auch: ˈhɛk...], das; -s, -: 100 Pascal (Zeichen: hPa)

He|li|an|thus, der; -, ...then: Sonnenblume

he|li|kal, he|li|cal (Fachspr.): die Form einer ↑Helix (2) besitzend; spiralförmig

He|li|ko|p|ter, der; -s, -: Hubschrauber

He|lio|graf, He|lio|graph, der; -en, -en: astronomisches Fernrohr mit fotografischem Gerät für Aufnahmen von der Sonne

He|lio|gra|fie, He|lio|gra|phie, die; -, ...ien: älteres Druckverfahren, das sich der Fotografie bedient

he|lio|gra|fisch, he|lio|gra|phisch: den Heliografen betreffend

He|lio|gra|vü|re, die; -, -n: 1. (ohne Plural) ein Tiefdruckverfahren zur hochwertigen Bildreproduktion auf fotografischer Grundlage. 2. im Heliogravüreverfahren hergestellter Druck

[1]He|lio|trop, das; -s, -e: 1. Sonnenwende, Zimmerpflanze, deren Blüten nach Vanille duften. 2. (ohne Plural) blauviolette Farbe (nach den Blüten des Heliotrops). 3. Sonnenspiegel zur Sichtbarmachung von Geländepunkten

[2]He|lio|trop, der; -s, -e: Edelstein

he|lio|zen|t|risch: die Sonne als Weltmittelpunkt betrachtend

He|li|port, der; -s, -s: Landeplatz für Hubschrauber

He|li|ski|ing [...skiːɪŋ], das; -[s]: Skilaufen auf Pisten, zu denen man sich mit einem Hubschrauber bringen lässt

He|li|um, das; -s: chem. Element; ein Edelgas (Zeichen: He)

He|lix, die; -, ...ices [...tseːs]: 1. (Med.) der umgebogene Rand der menschlichen Ohrmuschel. 2. (Chemie) wendelförmige Molekülstruktur

hel|le|nisch: a) das antike Hellas (Griechenland) betreffend; b) griechisch (in Bezug auf den heutigen Staat)

Hel|le|nis|mus, der; -: 1. Griechentum als Kulturepoche. 2. die griechische nachklassische Sprache dieser Epoche

Hel|le|nist, der; -en, -en: jmd., der sich wissenschaftlich mit dem nachklassischen Griechentum befasst

Hel|le|nis|tin, die; -, -nen: weibliche Form zu ↑Hellenist

hel|le|nis|tisch: den Hellenismus (1, 2) betreffend

Hel|min|thi|a|sis, die; -, ...thiasen (Med.): durch Wurmbefall verursachte Erkrankung

He|lot, der; -en, -en, **He|lo|te,** der; -n, -n: Staatssklave im alten Sparta

Help, das; -s (EDV): Einrichtung zur Unterstützung des Programmablaufs im Computer

Help|desk, Help-Desk, der, auch: das; -s, -s: telefonisch od. über Internet zur Verfügung stehender Informationsdienst

hel|ve|tisch: schweizerisch

He|mi|e|pes, der; -, -: halber Hexameter

H

He|mi|ple|gie, die; -, ...ien (Med.): Lähmung einer Körperseite (z. B. bei Schlaganfall)

He|mi|sphä|re, die; -, -n: a) eine der beiden bei einem gedachten Schnitt durch den Erdmittelpunkt entstehenden Hälften der Erde; Erdhälfte, Erdhalbkugel; b) Himmelshalbkugel; c) (Med.) rechte bzw. linke Hälfte des Großhirns u. des Kleinhirns

He|mi|s|ti|chi|on, He|mi|s|ti|chi|um, das; -s, ...ien: Halbzeile eines Verses, Halb-, Kurzvers in der altgriechischen Metrik

Hen|na, das; -[s], auch die; -: 1. in Asien u. Afrika heimischer Strauch mit gelben bis ziegelroten Blüten. 2. aus Blättern u. Stängeln des Hennastrauchs gewonnenes rotgelbes Färbemittel

he|pa|tisch (Med.): a) zur Leber gehörend; b) die Leber betreffend

He|pa|ti|tis, die; -, ...itiden (Med.): Leberentzündung

He|ral|dik, die; -: Wappenkunde

He|ral|di|ker, der; -s, -: Wappenforscher, -kundiger

He|ral|di|ke|rin, die; -, -nen: weibliche Form zu ↑Heraldiker

he|ral|disch: die Heraldik betreffend

Her|ba|list, der; -en, -en: Heilkundiger, der auf Kräuterheilkunde spezialisiert ist

Her|bi|vo|re, der; -n, -n: Tier, das nur pflanzliche Nahrung zu sich nimmt

Her|bi|zid, das; -s, -e: chem. Mittel zur Abtötung von Pflanzen

he|re|di|tär: 1. (Biol., Med.) erblich, die Vererbung betreffend. 2. (Geschichte) auf Erbfolge beruhend; durch die Erbfolge legitimiert

Her|ku|les, der; -, -se: Mensch mit großer Körperkraft

Her|ku|les|ar|beit, die; -, -en: anstrengende, schwere Arbeit

her|ku|lisch: riesenstark (wie Herkules)

Her|m|a|ph|ro|dit, der; -en, -en (Biol., Med.): Zwitter; Mensch, Tier od. Pflanze mit Geschlechtsmerkmalen von beiden Geschlechtern

her|m|a|ph|ro|di|tisch: zwittrig

Her|m|a|ph|ro|di|tis|mus, Her|m|a|ph|ro|dis|mus, der; - (Biol., Med.): Zweigeschlechtigkeit; Zwittrigkeit

Her|me|neu|tik, die; -: wissenschaftliches Verfahren der Auslegung u. Erklärung von Texten, Kunstwerken od. Musikstücken

her|me|neu|tisch: einen Text o. Ä. erklärend, auslegend

her|me|tisch: a) dicht verschlossen; b) so beschaffen, dass nichts od. niemand eindringen od. hinausgelangen kann

Her|mi|ta|ge [ɛrmiˈtaːʒə], der; -: frz. Wein aus dem Anbaugebiet um die Gemeinde Tain-l'Hermitage im Rhonetal

Her|nie [...ni̯ə], die; -, -n: 1. (Med.) Eingeweidebruch. 2. (Bot.) krankhafte Veränderungen an Kohlpflanzen

He|ro|en|kult, der; -[e]s, -e (Plural selten), **He|ro|en|kul|tus,** der; -, ...kulte (Plural selten): Heldenverehrung

[1]**He|ro|in,** die; -, -nen: 1. Heldin. 2. (Theater) Heroine

[2]**He|ro|in,** das; -s: aus einem weißen, pulverförmigen Morphinderivat bestehendes, sehr starkes, süchtig machendes Rauschgift

He|ro|i|ne, die; -, -n: Darstellerin einer Heldenrolle auf der Bühne

he|ro|isch: heldenmütig, heldenhaft

he|ro|i|sie|ren: als Helden verherrlichen, zum Helden erheben

He|ro|is|mus, der; -: Heldentum, Heldenmut

He|rold, der; -[e]s, -e: 1. (früher) jmd., der eine Botschaft überbringt. 2. wappenkundiger Hofbeamter im Mittelalter

He|ro|on, das; -s, ...roa: Grabmal u. Tempel eines Heros (1)

He|ros, der; -, ...oen: 1. Halbgott der gr. Mythologie. 2. Held

He|ro|s|t|rat, der; -en, -en (bildungsspr.): Verbrecher aus Ruhmsucht

Her|pes, der; - (Med.): Sammelbez. für Infektionen [mit Bläschenbildung], die durch verschiedene Herpesviren verursacht werden

Her|pes Zos|ter [auch: - ˈtsɔstɐ], der; - -, **Zoster,** der; -s (Med.): Viruserkrankung mit Hautbläschen in der Gürtelgegend; Gürtelrose

Herz|in|farkt, der; -[e]s, -e: ↑Myokardinfarkt

Herz|in|suf|fi|zi|enz, die; - (Med.): Herz[muskel]schwäche

He|te|ro, der; -s, -s u. die, -, -s: heterosexuelle Person

he|te|ro|dox: 1. (Rel.) andersgläubig, von der herrschenden [Kirchen]lehre abweichend. 2. (Schach) Schachprobleme betreffend, die nicht den normalen Spielbedingungen entsprechen

He|te|ro|fo|nie, He|te|ro|pho|nie, die; - (Musik): Zusammenspiel von zwei od. mehr Stimmen

he|te|ro|gen: einer anderen Gattung angehörend; uneinheitlich, aus Ungleichartigem zusammengesetzt

He|te|ro|ge|ni|tät, die; -: Ungleichartigkeit, Verschiedenartigkeit, Uneinheitlichkeit

he|te|ro|log (bes. Med.): artfremd

he|te|ro|mer (Bot.): verschieden gegliedert (von Blüten, in deren verschiedenen Blattkreisen die Zahl der Glieder wechselt)

He|te|ro|se|xu|a|li|tät, die; - (Med., Psychol.): auf das andere Geschlecht gerichtetes Geschlechtsempfinden (Ggs.: ↑Homosexualität)

he|te|ro|se|xu|ell (Med., Psychol.): in seinem sexuellen Empfinden und Verhalten zum anderen Geschlecht hinneigend

He|te|ro|se|xu|el|le, der u. die; -n, -n: männliche bzw. weibliche heterosexuelle Person

He|te|ro|sphä|re, die; - (Meteorol.): der obere Bereich der Erdatmosphäre (etwa ab 100 km Höhe)

He|te|ro|ste|reo|typ, das; -s, -e (Soziol.): Vorstellung, Vorurteil, das Mitglieder einer Gruppe od. Gemeinschaft von anderen Gruppen besitzen

he|te|ro|troph (Biol.): in der Ernährung auf Körpersubstanz od. Stoffwechselprodukte anderer Organismen angewiesen

he|te|ro|zy|got (Biol.): mischerbig, ungleicherbig (in Bezug auf die Erbanlagen von Eizellen oder Individuen, die durch Artkreuzung entstanden sind; z. B. rosa Blüte, entstanden aus einer roten und einer weißen)

Het|man, der; -s, -e (auch: -s): 1. Oberhaupt der Kosaken. 2. in Polen (bis 1792) vom König eingesetzter Oberbefehlshaber

Heu|ris|tik, die; -, -en: Lehre, Wissenschaft von den Verfahren, Probleme zu lösen; methodische Anleitung, Anweisung zur Gewinnung neuer Erkenntnisse

heu|ris|tisch: die Heuristik betreffend; **heuristisches Prinzip:** Arbeitshypothese als Hilfsmittel der Forschung; vorläufige Annahme zum Zweck des besseren Verständnisses eines Sachverhalts

He|xa|eme|ron, das; -s: Sechstagewerk der Schöpfung (1. Mose, 1 ff.); vgl. Hexameron

He|xa|gon, das; -s, -e: Sechseck

he|xa|go|nal: sechseckig

He|xa|me|ron, das; -s, -s: Titel für Sammlungen von Novellen, die an sechs Tagen erzählt werden; vgl. Hexaemeron

He|xa|me|ter, der; -s, -: aus sechs ↑Versfüßen (meist ↑Daktylen) bestehender epischer Vers (letzter Versfuß um eine Silbe gekürzt)

hi|ber|nal: winterlich; den Winter, die Wintermonate betreffend

Hi|ber|na|ti|on, die; -, -en: 1. (Biol.) Winterschlaf, Winterstarre. 2. (Med.) aktiv herbeigeführte Reduktion des Energieumsatzes mit dem Ziel der endogenen Protektion von Geweben; vgl. Hypothermie. 3. (EDV) Ruhezustand des Computers

Hi|bis|kus, der; -, ...ken: Malvengewächs, das viele Arten von Ziersträuchern u. Sommerblumen aufweist; Eibisch

[1]**Hi|cko|ry,** der; -s, -s, auch die; -, -s: (in Nordamerika u. in China heimischer) Walnussbaum mit glatten, essbaren Nüssen u. wertvollem Holz

[2]**Hi|cko|ry,** das; -s: Holz des [1]Hickorys

Hi|dal|go, der; -s, -s: 1. (Geschichte) Mitglied des niederen iberischen Adels. 2. frühere mexikanische Goldmünze

Hi|e|r|ar|chie [hi..., selten: hi̯e...], die; -, ...i̯en: Rangordnung, Rangfolge, Über- u. Unterordnungsverhältnisse

hi|e|r|ar|chisch: 1. einer pyramidenförmigen Rangordnung entsprechend, in der Art einer Hierarchie streng gegliedert. 2. den Priesterstand u. seine Rangordnung betreffend

hi|e|r|ar|chi|sie|ren: in einer Hierarchie anordnen, abstufen

hi|e|ra|tisch [hi̯e...]: 1. priesterlich; heilige Gebräuche od. Heiligtümer betreffend. 2. (bes. in der archaischen griechischen od. in der byzantinischen Kunst) streng, starr

H

Hi|e|ro|gly|phe [hiro..., selten: hi̯ero...], die; -, -n: 1. Zeichen der altägyptischen, altkretischen u. hethitischen Bilderschrift. 2. (nur Plural; scherzh.) schwer od. nicht lesbare Schriftzeichen

hi|e|ro|gly|phisch: 1. in der Art der Hieroglyphen. 2. die Hieroglyphen betreffend

Hi|e|ro|man|tie, die; -: Weissagung aus Opfern

Higgs-Bo|son, das; -s, -en ‹nach dem brit. Physiker P. Higgs› (Physik): elektrisch neutrales, schnell zerfallendes [hypothet.] Elementarteilchen

high [hai̯] (Jargon): in einem rauschhaften Zustand, in begeisterter Hochstimmung

High Church [- 'tʃœ:ɐ̯tʃ], die; - -: Richtung der englischen Staatskirche

High-End-Ge|rät, High|end|ge|rät, das; -[e]s, -e (Technik): Gerät, das in der Leistung u. im Preis im oberen Bereich liegt

High Fi|de|li|ty [- fi'dɛliti], die; - -: hochgradige Klangtreue (Abk.: Hi-Fi)

High Heels, High|heels [...hi:ls], die (nur Plural): hochhackige Schuhe; Stöckelschuhe

High|life [...lai̯f], das; -[s], **High Life,** das; - -[s]: 1. exklusives Leben neureicher Gesellschaftskreise. 2. Hochstimmung, Ausgelassenheit

High|light [...lai̯t], das; -[s], -s: 1. Höhepunkt eines [kulturellen] Ereignisses. 2. (bild. Kunst) Lichteffekt auf Bildern od. Fotografien

high|ligh|ten [...lai̯tn̩] (EDV): auf einem Bildschirm optisch hervorheben

High|school [...sku:l], die; -, -s: amerik. Bez. für: höhere Schule

High Sno|bi|e|ty [- snɔ'bai̯əti], die; - -: Gruppe der Gesellschaft, die durch entsprechende ↑snobistische Lebensführung Anspruch auf Zugehörigkeit zur High Society erhebt

High So|ci|e|ty [- sə'sai̯əti], die; - -: die vornehme Gesellschaft, die oberen Zehntausend

High|way ['hai̯wɛi̯], der; -s, -s: 1. engl. Bez. für: Haupt-, Landstraße. 2. amerik. Bez. für: Fernstraße

Hi|ja|cker ['hai̯dʒɛkɐ], der; -s, -: Flugzeugentführer

Hill|bil|ly|mu|sic, Hill|bil|ly-Mu|sic [...mju:zɪk], **Hill|bil|li|mu|sik,** die; -: ländliche Musik der nordamerik. Südstaaten

Hi|lus, der; -, Hili (Med.): vertiefte Stelle an der Oberfläche eines Organs, wo Gefäße, Nerven u. Ausführungsgänge ein- od. austreten

Hin|di, das; -: Amtssprache in Indien

[1]**Hin|du,** der; -[s], -[s]: Anhänger des Hinduismus

[2]**Hin|du,** die; -, -[s], **Hin|du|frau,** die; -, -en: Anhängerin des Hinduismus

Hin|du|is|mus, der; -: aus dem ↑Brahmanismus entwickelte indische Volksreligion

hin|du|is|tisch: den Hinduismus betreffend

Hi|obs|bot|schaft, die; -, -en: Unglücksbotschaft

hip [hɪp] (Jargon): [in modischer Hinsicht] auf dem Laufenden; zeitgemäß

Hip-Hop, Hip|hop, der; -s: auf dem ↑Rap basierender, stark rhythmisierter Musikstil

Hip|pie, der; -s, -s: Anhänger einer bes. in den USA in der 2. Hälfte der 1960er-Jahre ausgebildeten, betont antibürgerlichen u. pazifistischen Lebensform; Blumenkind

Hip|po|drom, der od. (österr. nur:) das; -s, -e: 1. (Geschichte) Pferde- und Wagenrennbahn. 2. Reitbahn auf Jahrmärkten o. Ä.

hip|po|kra|tisch: 1. auf den Arzt Hippokrates bezüglich, seiner Lehre gemäß. 2. den altgriechischen Mathematiker Hippokrates betreffend, seiner Lehre entsprechend

hip|po|lo|gisch: die Hippologie betreffend

Hip|po|the|ra|pie, die; -, ...i̯en (Med.): Reittherapie

Hi|ra|ga|na, die; -: japanische Silbenschrift, die zur Darstellung grammatischer Beugungsendungen verwendet wird

¹His|bol|lah, die; -: Gruppe extremistischer, schiitischer Muslime, bes. im Libanon

²His|bol|lah, der; -s, -s: Anhänger der ¹Hisbollah

His|pa|nist, der; -en, -en: jmd., der sich wissenschaftlich mit der Hispanistik befasst

His|pa|nis|tin, die; -, -nen: weibliche Form zu ↑Hispanist

His|pa|no|ame|ri|ka|ner, der; -s, -: in den USA lebender Einwanderer aus den Spanisch sprechenden Ländern Lateinamerikas

His|t|a|min, das; -s, -e (Med.): Gewebehormon, das u. a. an allergischen Reaktionen sowie an der Immunabwehr im Magen-Darm-Trakt u. im Zentralnervensystem beteiligt ist

His|ti|din, das; -s (Med.): als Baustein vieler Proteine vorkommende semi-essenzielle Aminosäure

His|to|gramm, das; -s, -e: grafische Darstellung einer Häufigkeitsverteilung in Form von Säulen

His|to|lo|gie, die; - (Med.): Wissenschaft von den Geweben des Körpers

his|to|lo|gisch (Med.): die Histologie betreffend, zu ihr gehörend

His|to|rie [...i̯ə], die; -: [Welt]geschichte

His|to|ri|en|ma|le|rei, die; -, -en: bildliche Darstellung von Ereignissen aus Geschichte, Mythologie u. Dichtung

His|to|ri|ker, der; -s, -: Geschichtsforscher, -kenner, -wissenschaftler

His|to|ri|ke|rin, die; -, -nen: weibliche Form zu ↑Historiker

His|to|rio|graf, His|to|rio|graph, der; -en, -en: Geschichtsschreiber

His|to|rio|gra|fin, His|to|rio|gra|phin, die; -, -nen: weibliche Form zu ↑Historiograf

his|to|risch: 1. geschichtlich, der Geschichte gemäß, überliefert; bedeutungsvoll für die Geschichte. 2. der Vergangenheit angehörend

his|to|ri|sie|ren: in geschichtlicher Weise darstellen, geschichtliche Elemente in stärkerem Maße mit einbeziehen

His|to|ris|mus, der; -, ...men: 1. (ohne Plural) eine Geschichtsbetrachtung, die alle Erscheinungen aus ihren geschichtlichen Bedingungen heraus zu verstehen u. zu erklären sucht. 2. Überbewertung des Geschichtlichen. 3. (Kunstwiss.) ↑Eklektizismus

his|to|ris|tisch: a) den Historismus betreffend; b) in der Art des Historismus

Hit, der; -s, -s: 1. etwas, was sehr erfolgreich, beliebt, begehrt ist, bes. ein Musikstück. 2. (EDV) Zugriff auf einen Server im Internet

Hit|lis|te, die; -, -n: 1. Verzeichnis der (innerhalb eines bestimmten Zeitraums) beliebtesten od. meistverkauften Musikstücke. 2. Beliebtheitsskala; nach dem Grad der Beliebtheit geordnete Liste

Hit|pa|ra|de, die; -, -n: 1. ↑Hitliste. 2. Radio-, Fernsehsendung, in der Hits vorgestellt werden

HIV [haːʔiːˈfau̯], das; -[s], -[s] (Plural selten) (Med.): maßgeblicher Erreger von Aids

HIV-ne|ga|tiv (Med.): nicht mit dem HI-Virus infiziert

HIV-po|si|tiv (Med.): mit dem HI-Virus infiziert

Hob|by, das; -s, -s: Beschäftigung, der man in seiner Freizeit nachgeht

hoch|fre|quent (Physik): aus dem Bereich der Hochfrequenz

Hoch|fre|quenz, die; -, -en: Gebiet der elektrischen Schwingungen oberhalb der Mittelfrequenz (etwa 20 000 Hertz) bis zum Gebiet der Höchstfrequenz (etwa ab 100 Millionen Hertz; Abk.: HF)

hoch|sti|li|sie|ren: übertreibend hervorheben

Ho|ckey [...ke, auch: ...ki], das; -s: von zwei Mannschaften ausgetragenes Ballspiel, bei dem ein kleiner Ball mit gekrümmten Schlägern in das gegnerische Tor zu spielen ist

Ho|d|scha, der; -[s], -s: islam. [geistlicher] Lehrer

ho|fie|ren: sich mit besonderer Höflichkeit u. Dienstbarkeit um jmds. Gunst bemühen

Ho|lis|mus, der; - (Philos.): Lehre, die alle Erscheinungen des Lebens aus einem ganzheitlichen Prinzip ableitet

Holk vgl. Hulk

Hol|ly|wood|schau|kel [ˈhɔlɪvʊt...], die; -, -n: Gartenmöbel in Form einer breiten, gepolsterten [u. überdachten] Bank, die frei aufgehängt ist u. wie eine Schaukel hin- u. herschwingen kann

Ho|lo|caust, der; -[s], -s: Massenvernichtung

H

menschlichen Lebens, bes. die der Juden während des Nationalsozialismus

Ho|lo|gra|fie, Ho|lo|gra|phie, die; -, ...ien: Technik zur Speicherung u. Wiedergabe von Bildern in dreidimensionaler Struktur mithilfe von Laserstrahlen

Ho|lo|gramm, das; -s, -e: Speicherbild; dreidimensionale Aufnahme eines Gegenstandes, die bei der Holografie entsteht

Ho|lo|zän, das; -s: jüngste Abteilung des ↑Quartärs

Hols|ter, das; -s, -: 1. offene Ledertasche für eine griffbereit getragene Handfeuerwaffe. 2. (Jägerspr.) Jagdtasche

Home|ban|king, Home-Ban|king [ˈhəʊ̯mbɛŋkɪŋ], das; -[s]: Abwicklung von Bankgeschäften über das Internet von zu Hause aus

Home|land [...lɛnd], das; -[s], -s (meist Plural) (früher): in der Republik Südafrika den verschiedenen farbigen Bevölkerungsgruppen zugewiesenes Siedlungsgebiet

Home|lear|ning, Home-Lear|ning [...lœːɐ̯nɪŋ], das; -[s]: [durch Lernsoftware, Internet o. Ä. unterstütztes] Lernen von zu Hause aus

Home|page [...pɛɪ̯dʒ], die; -, -s [...dʒɪs] (EDV): a) über das Internet als grafische Darstellung abrufbare Datei, die als Ausgangspunkt zu den angebotenen Informationen einer Person, Firma od. Institution dient; Leitseite, Startseite; b) Gesamtheit der Dateien einer Person, Firma od. Institution, die von der Homepage (a) erreichbar sind

ho|me|risch: von dem altgriechischen Dichter Homer stammend, zu seinem dichterischen Werk gehörend; typisch für den Dichter Homer, in seinen Werken häufig anzutreffen

Home|shop|ping, Home-Shop|ping [...ʃɔpɪŋ], das; -s: Einkaufen per Bestellung von zu Hause aus (bes. über das ↑Internet)

Home|trai|ner [...trɛɪ̯..., ...trɛː..., ...treː...], **Home-Trai|ner** [...trɛː..., ...treː...] der; -s, -: Übungsgerät zum Konditions- u. Ausgleichstraining od. für heilgymnastische Zwecke

Hom|mage [ɔˈmaːʒ], die; -, -n [...ʒn̩]: Huldigung, Ehrerbietung; Hommage à ...: Huldigung für ...

¹Ho|mo, der; -, ...mines [ˈhɔmineːs] (Biol.): Frühform des Menschen; der Mensch als Angehöriger einer Gattung der Hominiden

²Ho|mo, der; -s, -s: homosexueller Mann

Ho|mo erec|tus, der; - -: Vertreter einer ausgestorbenen Art der Gattung ¹Homo

Ho|mo|ero|tik, die; -: auf das eigene Geschlecht gerichtete ↑Erotik

ho|mo|fon, ho|mo|phon: 1. gleichstimmig, melodiebetont, in der Kompositionsart der Homofonie. 2. (Sprachwiss.) gleichlautend (von Wörtern od. Wortsilben)

Ho|mo|fon, Ho|mo|phon, das; -s, -e: Wort, das mit einem anderen gleich lautet, aber verschieden geschrieben wird (z. B. Lehre – Leere); vgl. Homograf, Homonym

Ho|mo|fo|nie, Ho|mo|pho|nie, die; - (Musik): Satztechnik, bei der die Melodiestimme hervortritt, alle anderen Stimmen begleitend zurücktreten

ho|mo|gen: gleich[artig]; gleichmäßig aufgebaut, einheitlich, aus Gleichartigem zusammengesetzt

ho|mo|ge|ni|sie|ren (Chemie): nicht mischbare Flüssigkeiten (z. B. Fett u. Wasser) durch Zerkleinerung der Bestandteile mischen

Ho|mo|ge|ni|sie|rung, die; -, -en: Vermischung von verschiedenen Elementen oder Teilen

Ho|mo|ge|ni|tät, die; -: Gleichartigkeit, Einheitlichkeit, Geschlossenheit

Ho|mo|graf, Ho|mo|graph, das; -s, -e (Sprachwiss.): Wort, das sich in der Aussprache von einem anderen gleich geschriebenen unterscheidet, z. B. Tenor „Haltung" neben Tenor „hohe Männerstimme"; vgl. Homonym

ho|mo|log: gleichliegend; übereinstimmend; entsprechend

ho|m|o|nym (Sprachwiss.): in Lautung u. Schreibung übereinstimmend, aber mit stark abweichender Bedeutung

Ho|m|o|nym, das; -s, -e (Sprachwiss.): Wort, das ebenso wie ein anderes geschrieben u. gesprochen wird, aber verschiedene Bedeutung hat u. sich grammatisch, z. B. durch Genus, Plural, Konjugation, von diesem unterscheidet, z. B. der/das Gehalt; die Bänke/Banken; sieben (Verb)/sieben (Zahl)

Ho|möo|path, der; -en, -en: homöopathisch behandelnder Arzt

Ho|möo|pa|thie, die; -: Heilverfahren, bei dem die Kranken mit solchen Mitteln in hoher Verdünnung behandelt werden, die in größerer Menge bei Gesunden ähnliche Krankheitserscheinungen hervorrufen

Ho|möo|pa|thin, die; -, -nen: weibliche Form zu ↑Homöopath

ho|möo|pa|thisch: die Homöopathie anwendend, betreffend

ho|mo|phil: ↑homosexuell

ho|mo|phob: eine starke [krankhafte] Abneigung gegen Homosexualität habend, zeigend

Ho|mo|pho|bie, die; -, ...ien: ausgeprägte Abneigung gegen Homosexualität

Ho|mo sa|pi|ens, der; - -: wissenschaftl. Bez. des heutigen Menschen

Ho|mo|se|xu|a|li|tät, die; -: sich auf das eigene Geschlecht richtendes Geschlechtsempfinden, gleichgeschlechtliche Liebe

ho|mo|se|xu|ell: gleichgeschlechtlich empfindend, zum eigenen Geschlecht hinneigend

Ho|mo|se|xu|el|le, der u. die; -n, -n: homosexuelle männliche bzw. weibliche Person

Ho|mo|sphä|re, die; - (Meteorol.): sich von den darüberliegenden Luftschichten abgrenzende untere Erdatmosphäre, die durch eine nahezu gleiche Zusammensetzung der Luft gekennzeichnet ist

ho|mo|zy|got (Biol.): mit gleichen Erbanlagen versehen; reinerbig (von Individuen, bei denen gleichartige mütterliche u. väterliche Erbanlagen zusammentreffen)

Ho|mun|ku|lus, der; -, ...lusse od. ...li: (nach alchemistischer Vorstellung) künstlich erzeugter Mensch

Hon|neur [(h)ɔ'nø:ɐ̯], der; -s, -s: 1. (meist Plural) Ehrenbezeigung, Ehre. 2. das Umwerfen der mittleren Kegelreihe beim Kegeln. 3. (nur Plural) höchste Karten bei ↑Whist u. ↑Bridge

ho|no|ra|bel (veraltet): ehrenvoll, ehrbar

Ho|no|rant, der; -en, -en: jmd., der einen Wechsel anstelle des Bezogenen annimmt od. zahlt (vgl. honorieren; Intervention); vgl. Intervention

Ho|no|rar, das; -s, -e: Vergütung für frei- od. nebenberufliche wissenschaftliche, künstlerische o. ä. Tätigkeit

Ho|no|rar|pro|fes|sor, der; -s, -en: a) (ohne Plural) Ehrentitel für einen nicht beamteten Universitätsprofessor (Abk.: Hon.-Prof.); b) Träger dieses Titels

Ho|no|rar|pro|fes|so|rin, die; -, -nen: weibliche Form zu ↑Honorarprofessor

Ho|no|rat, der; -en, -en: jmd., für den ein Wechsel bezahlt wird; vgl. Intervention

ho|no|rie|ren: 1. ein Honorar zahlen; vergüten. 2. anerkennen, würdigen, durch Gegenleistungen abgelten. 3. (Wechselrecht) einen Wechsel annehmen, bezahlen

Ho|no|rie|rung, die; -, -en (Plural selten): das Honorieren, das Honoriertwerden

ho|no|rig: 1. ehrenhaft. 2. freigebig

ho|no|ris cau|sa: ehrenhalber (Abk.: h. c.)

Hoo|die ['hʊdi], der od. das; -s, -s: Sweatshirt, Jacke od. Pullover mit Kapuze

Hoo|li|gan ['hu:lɪgn̩], der; -s, -s: Randalierer (bes. bei Massenveranstaltungen)

Hop, der; -s, -s: erster Sprung beim Dreisprung

[1]**Ho|ra, Ho|re,** die; -, Horen (meist Plural): a) Gebetsstunde; b) kirchliches Gebet zu verschiedenen Tageszeiten

[2]**Ho|ra,** die; -, -s: 1. jüdischer Volkstanz. 2. a) rumänischer Volkstanz; b) ländliche Tanzveranstaltung mit rumänischen Volkstänzen

Ho|ri|zont, der; -[e]s, -e: 1. Begrenzungslinie zwischen dem Himmel u. der Erde. 2. Gesichtskreis; geistiges Fassungsvermögen

ho|ri|zon|tal: waagerecht

Ho|ri|zon|ta|le, die; -, -n (drei -n, auch: -): a) waagerechte Gerade; b) waagerechte Lage

Hor|mon, das; -s, -e (Med.): körpereigener, von den Drüsen mit innerer Sekretion gebildeter u. ins Blut abgegebener Wirkstoff, der biochemisch-physiologische Abläufe steuert

hor|mo|nal, hor|mo|nell (Med.): aus Hormonen bestehend, auf sie bezüglich

Hor|mon|prä|pa|rat, das; -s, -e (Med.): aus Drüsen, Drüsenextrakten o. Ä. gewonnenes Arzneimittel, das z. B. bei fehlender Produktion von Hormonen verwendet wird

Ho|ro|s|kop, das; -s, -e (Astrol.): a) schema-

H

tische Darstellung der Stellung der Gestirne zu einem bestimmten Zeitpunkt als Grundlage zur Schicksalsdeutung; b) Voraussage über kommende Ereignisse aufgrund von Sternkonstellationen; c) Aufzeichnung des Standes der Sterne bei der Geburt

hor|rend: (emotional) jedes normale Maß überschreitend, sodass es entsprechende Kritik hervorruft

hor|ri|bel (veraltet): 1. als Erlebnis, Mitteilung grauenerregend, furchtbar. 2. ↑horrend

hor|ri|bi|le dic|tu: es ist furchtbar, dies sagen zu müssen; Gott seis geklagt

Hor|ror, der; -s: a) Abscheu, Widerwille [sich mit etwas zu befassen]; b) schreckerfüllter Zustand, in den jmd. durch etwas gerät

Hor|ror|film, der; -[e]s, -e: Film, der Angst und Entsetzen erzeugt

Hor|ror|trip, der; -s, -s: 1. a) Reise voller Schrecken; b) schlimmes, schreckliches Erlebnis. 2. Drogenrausch mit Angst- u. Panikgefühlen

Hor|ror Va|cui [- 'va:kui], der; - - (Philos.): Angst vor der Leere

Hor|ten|sie [...i̯ə], die; -, -n: als Strauch- u. Topfpflanze verbreitetes Steinbrechgewächs mit doldenähnlichen Blütenständen

ho|si|an|na, ho|san|na: alttestamentlicher Gebets- u. Freudenruf, der in die christliche Liturgie übernommen wurde

Ho|si|an|na, das; -[s], -[s]: mit dem ↑Sanctus verbundener Teil des christlichen Gottesdienstes

Hos|pi|tal, das; -s, -e u. ...täler: Krankenhaus

hos|pi|ta|li|sie|ren: (schweiz.) in ein Krankenhaus od. Pflegeheim einliefern

Hos|pi|ta|lis|mus, der; -: 1. (Psychol., Päd.) das Auftreten von Entwicklungsstörungen u. -rückständen bei Kindern als Folge mangelnder Zuwendung, bes. bei Heimerziehung. 2. (Med.) Infektion von Krankenhauspatienten od. -personal durch im Krankenhaus resistent gewordene Keime

Hos|pi|tant, der; -en, -en: a) jmd., der hospitiert; b) unabhängiger Abgeordneter, der als Gast Mitglied einer parlamentarischen Fraktion ist

Hos|pi|tan|tin, die; -, -nen: weibliche Form zu ↑Hospitant

hos|pi|tie|ren: sich als Gast an einer wissenschaftlichen, pädagogischen, kulturellen o. ä. Einrichtung aufhalten, um berufspraktische Erfahrung zu gewinnen

Hos|piz, das; -es, -e: Einrichtung zur Betreuung schwer kranker od. sterbender Menschen u. deren Angehöriger

Hos|po|dar, Gos|po|dar, der; -s u. -en, -e[n] (Geschichte): slawischer Fürstentitel in einigen Ländern Südosteuropas

Host [hɔu̯st], der; -s, -s (EDV): 1. Zentralrechner mit permanenter Zugriffsmöglichkeit. 2. Internetadresse

hos|ten ['hɔu̯stn̩] (EDV): auf einem ↑Host (1) installieren, betreiben

Hos|tess [auch: 'hɔs...], die; -, -en: 1. a) junge weibliche Person, die auf Messen, in Hotels o. Ä. zur Betreuung od. Beratung der Besucher, Gäste o. Ä. angestellt ist; b) Angestellte einer Fluggesellschaft, die die Reisenden betreut. 2. (verhüll.) Prostituierte

Hos|tie [...i̯ə], die; -, -n: a) (in der katholischen Kirche) ¹Oblate (1 a), die zum Leib Christi geweiht u. in der Kommunion (1) an die Gläubigen ausgeteilt wird; b) (in der lutherischen Kirche) ¹Oblate (1 b), die als Abendmahlsbrot verwendet wird

Hot|dog, der od. das; -s, -s, **Hot Dog,** der od. das; - -s, - -s: in ein aufgeschnittenes Brötchen gelegtes heißes Würstchen mit Ketchup o. Ä.

Ho|tel, das; -s, -s: Beherbergungs- u. Verpflegungsbetrieb gehobener Art

Ho|tel|di|rek|tor, der; -s, ...oren: 1. Direktor, Leiter eines Hotels. 2. ↑Hotelier

Ho|tel gar|ni, das; - -, -s -s [ho'tɛl gar'ni:]: Hotel[betrieb], in dem es nur Frühstück gibt

Ho|te|li|er [...'li̯e:], der; -s, -s: Eigentümer od. Pächter eines Hotels

Ho|tel|ket|te, die; -, -n: Reihe von Hotels desselben Unternehmens

Ho|tel|le|rie, die; -: Gast-, Hotelgewerbe

Hot|line [...lai̯n], die; -, -s: Telefonanschluss für raschen Service (z. B. von Computerfirmen)

Hot|pants, Hot Pants [...pɛnts], die (nur Plural)

House [hau̯s], der; - (meist ohne Artikel): einfache Variante des Dancefloors (2)

HTML, das; - (meist ohne Artikel) (EDV): normierte Auszeichnungssprache zur Beschreibung strukturierter Texte bes. für das Internet

Hu|ge|not|te, der; -n, -n: Anhänger des Calvinismus in Frankreich

hu|ge|not|tisch: die Hugenotten betreffend, zu ihnen gehörend

Hu|ka, die; -, -s: orientalische Wasserpfeife

Hu|la, der; -s, -s: [kultischer] Gemeinschaftstanz der Eingeborenen auf Hawaii

Hu|la-Hoop […'hu:p, …'hʊp], **Hu|la-Hopp,** das; -s, -s: a) Hula-Hoop-Reifen; b) Spiel, bei dem man einen Reifen um die Hüfte kreisen lässt

Hu|la-Hoop-Rei|fen […'hʊp…, …'hu:p…], der; -s, -: Reifen, den man durch kreisende Bewegungen des Körpers um die Hüften schwingen lässt

Hulk, Holk, die; -, -e[n] od. der; -[e]s, -e[n]: abgetakelter, für Kasernen- u. Magazinzwecke verwendeter Schiffskörper

hu|man: 1. (bildungsspr.) a) die Menschenwürde achtend, menschenwürdig; b) ohne Härte, nachsichtig im Umgang mit anderen. 2. (bes. Med.) zum Menschen gehörend, ihn betreffend

Hu|man|ge|ne|tik, die; -: Teilgebiet der Genetik, das sich mit der Vererbung beim Menschen befasst

hu|ma|ni|sie|ren: humaner, menschenwürdiger, menschlicher, sozialer gestalten

Hu|ma|ni|sie|rung, die; -, -en: das Humanisieren

Hu|ma|nis|mus, der; -: 1. (auf das Bildungsideal der griechisch-römischen Antike gegründetes) Denken u. Handeln im Bewusstsein der Würde des Menschen; Streben nach einer echten Menschlichkeit. 2. Neuentdeckung u. Wiedererweckung der antiken Kultur, ihrer Sprachen, ihrer Kunst u. Geisteshaltung vom 13. bis zum 16. Jh.

Hu|ma|nist, der; -en, -en: 1. jmd., der die Ideale des Humanismus (1) in seinem Denken u. Handeln zu verwirklichen sucht, vertritt. 2. Vertreter des Humanismus (2)

Hu|ma|nis|tin, die; -, -nen: weibliche Form zu ↑Humanist

hu|ma|nis|tisch: a) im Sinne des Humanismus (1) handelnd; b) am klassischen Altertum orientiert

hu|ma|ni|tär: menschenfreundlich, wohltätig, speziell auf das Wohl des Menschen gerichtet

Hu|ma|ni|tät, die; -: humane Gesinnung, Haltung

Hu|man|me|di|zin, die; -: Teilbereich der Medizin, der sich mit den Menschen befasst

Hu|man Re|sour|ces ['hju:mən ri'sɔ:ɐ̯sɪs, -…'zɔ:ɐ̯…], die (nur Plural): alle [einem Unternehmen] zur Verfügung stehenden menschlichen Leistungspotenziale

Hu|man|wis|sen|schaft, die; -, -en (meist Plural): Wissenschaft, die sich mit dem Menschen beschäftigt (z. B. Anthropologie, Soziologie, Psychologie)

Hum|bug, der; -s: etwas, was als unsinnig, töricht angesehen wird

hu|mid, hu|mi|de: feucht, nass

Hu|mi|dor, der; -s, -e: Behälter mit konstanter [tropischer] Luftfeuchtigkeit zur Aufbewahrung od. Lagerung von Zigarren

[1]**Hu|mor,** der; -s, -e: 1. (ohne Plural) Fähigkeit eines Menschen, über bestimmte Dinge zu lachen. 2. (Plural selten) Äußerung einer von [1]Humor (1) bestimmten Geisteshaltung

[2]**Hu|mor,** der; -s, -es: Körperflüssigkeit

hu|mo|ral (Med.): den [2]Humor, die Körperflüssigkeiten betreffend, auf sie bezüglich

Hu|mo|res|ke, die; -, -n: 1. kleine humoristische Erzählung. 2. Musikstück von komischem od. erheiterndem Charakter

hu|mo|rig: launig, mit ↑[1]Humor

Hu|mo|rist, der; -en, -en: Künstler, dessen Werke sich durch eine humoristische Behandlungsweise des Stoffes auszeichnen

Hu|mo|ris|tin, die; -, -nen: weibliche Form zu ↑Humorist

hu|mo|ris|tisch: sich durch Humor auszeichnend

hu|mos: reich an Humus

Hu|mus, der; -: fruchtbarer Bodenbestandteil von dunkelbrauner Färbung

Hun|ter ['hantɐ], der; -s, -: 1. Jagdpferd. 2. Jagdhund

H

Hu|ri, die; -, -s: schönes Mädchen im Paradies des ↑Islams

Hur|ri|kan [auch: 'harikn̩], der; -s, -e u. (bei engl. Ausspr.:) -s: Orkan; heftiger tropischer mittelamerikanischer Wirbelsturm

Hu|sar, der; -en, -en (Geschichte): Angehöriger der Reiterei in ungarischer Nationaltracht

Hus|ky ['haski], der; -s, -s: Polarhund

Hus|se, Hous|se, die; -, -n: dekorativer textiler Überwurf für Sitzmöbel

Hus|sit, der; -en, -en: Anhänger der religiössozialen Aufstandsbewegung im 15. u. 16. Jh. in Böhmen

Hy|a|lu|ron|säu|re, die; -: Wasser bindende Substanz, die bes. als Bestandteil von Hautpflegemitteln verwendet wird

Hy|ä|ne, die; -, -n: (in Afrika u. Asien heimisches) nachtaktives hundeähnliches Raubtier

Hy|a|zin|the, die; -, -n: winterharte Zwiebelpflanze mit stark duftenden Blüten

Hy|b|rid|au|to, das; -s, -s: Auto mit einer Kombination aus verschiedenen Antriebsarten, bes. mit Verbrennungs- u. Elektromotor

Hy|b|ri|de, die; -, -n, auch der; -n, -n (Biol.): aus Kreuzungen verschiedener Arten hervorgegangene Pflanze; aus Kreuzungen verschiedener Rassen hervorgegangenes Tier

hy|b|ri|di|sie|ren (Biol.): kreuzen, um Hybriden zu züchten

Hy|b|ris, die; -: Hochmut; Überheblichkeit; Vermessenheit

Hy|d|ra, die; -, ...dren: 1. (in der griechischen Mythologie) neunköpfiges Seeungeheuer, dessen abgeschlagene Köpfe doppelt nachwuchsen. 2. Süßwasserpolyp

Hy|d|rant, der; -en, -en: größere Zapfstelle zur Wasserentnahme aus Rohrleitungen

Hy|d|rat, das; -[e]s, -e (Chemie): Verbindung von Oxiden od. wasserfreien Säuren mit Wasser

Hy|d|ra|ta|ti|on, Hy|d|ra|ti|on, die; -, -en: 1. (Chemie) Bildung von Hydraten. 2. (Geol.) durch Absorption von Wasser verursachte Quellung u. Volumenvergrößerung von Mineralien u. die dadurch hervorgerufene Sprengung der Gesteine

hy|d|ra|ti|sie|ren (Chemie): Hydrate bilden

Hy|d|rau|lik, die; -, -en: 1. Theorie u. Wissenschaft von den Strömungen der Flüssigkeiten (z. B. im Wasserbau). 2. Gesamtheit der Steuer-, Regel-, Antriebs- und Bremsvorrichtungen von Fahrzeugen, Flugzeugen od. Geräten, deren Kräfte mithilfe des Drucks einer Flüssigkeit erzeugt od. übertragen werden

hy|d|rau|lisch: mit Flüssigkeitsdruck arbeitend, mit Wasserantrieb

Hy|d|ra|zin, das; -s: chemische Verbindung von Stickstoff mit Wasserstoff

Hy|d|ro|dy|na|mik, die; - (Physik): Wissenschaft von den Bewegungsgesetzen der Flüssigkeiten

hy|d|ro|dy|na|misch: sich nach den Gesetzen der Hydrodynamik verhaltend

Hy|d|ro|gen, Hy|d|ro|ge|ni|um, das; -s: chem. Element; Wasserstoff (Zeichen: H)

Hy|d|ro|gra|fie, Hy|d|ro|gra|phie, die; -: Gewässerkunde

hy|d|ro|gra|fisch, hy|d|ro|gra|phisch: die Hydrografie betreffend

Hy|d|ro|kul|tur, die; -, -en: das Kultivieren von Nutz- u. Zierpflanzen in Behältern mit Nährlösung statt auf natürlichem Boden

Hy|d|ro|lo|gie, die; -: Wissenschaft vom Wasser u. seinen Erscheinungsformen

hy|d|ro|lo|gisch: die Hydrologie betreffend

Hy|d|ro|ly|se, die; -, -n: Spaltung chemischer Verbindungen durch Wasser

hy|d|ro|ly|tisch: die Hydrolyse betreffend, auf sie bezogen

Hy|d|ro|path, der; -en, -en: Wasserheilkundiger

hy|d|ro|phil: 1. (Bot.; Zool.) im od. am Wasser lebend (von Pflanzen u. Tieren). 2. (Chemie) Wasser, Feuchtigkeit anziehend, aufnehmend

hy|d|ro|phob: 1. (Bot.; Zool.) trockene Lebensräume bevorzugend (von Pflanzen u. Tieren). 2. (Chemie) Wasser, Feuchtigkeit abstoßend; nicht in Wasser löslich

Hy|d|ro|ph|thal|mus, der; -, ...mi (Med.): angeborene Vergrößerung des Augapfels infolge übermäßiger Ansammlung von Flüssigkeit im Auge

Hy|d|ro|sta|tik, die; - (Physik): Wissenschaft von den Gleichgewichtszuständen bei ruhenden Flüssigkeiten

hy|d|ro|sta|tisch: sich nach den Gesetzen der Hydrostatik verhaltend

Hy|d|ro|xid, Hy|d|ro|xyd, das; -[e]s, -e: anorganische Verbindung mit einer od. mehreren funktionellen Hydroxylgruppen (OH^-)

Hy|d|ro|xyl|grup|pe, die; -, -n: OH-Gruppe (Wasserstoff-Sauerstoff-Gruppe) in chemischen Verbindungen

Hy|e|to|gra|fie, Hy|e|to|gra|phie, die; - (Meteorol. veraltet): Messung der Niederschläge

Hy|gi|e|ne, die; -: 1. Bereich der Medizin, der sich mit der Erhaltung u. Förderung der Gesundheit befasst; Gesundheitslehre. 2. Gesamtheit der Maßnahmen zur Verhütung u. Bekämpfung von Krankheiten; Gesundheitspflege. 3. Sauberkeit, Reinlichkeit

Hy|gi|e|ni|ker, der; -s, -: 1. Mediziner auf dem Gebiet der Hygiene (1). 2. Fachmann für einen Bereich der Hygiene (2)

Hy|gi|e|ni|ke|rin, die; -, -nen: weibliche Form zu ↑Hygieniker

hy|gi|e|nisch: 1. die Hygiene (1, 2) betreffend, ihr entsprechend, auf ihr beruhend, zu ihr gehörend. 2. den Vorschriften über Sauberkeit entsprechend; sehr sauber

Hy|g|ro|me|ter, das; -s, - (Meteorol.): Luftfeuchtigkeitsmesser

hy|g|ro|s|ko|pisch (Chemie): Wasser an sich ziehend, bindend (von Stoffen)

Hy|le, die; -: Stoff, Materie; (nach Aristoteles) der formbare Urstoff

Hy|men, das, auch: der; -s, - (Med.): Jungfernhäutchen

Hym|ne, die; -, -n, **Hym|nus,** der; -, ...nen: 1. feierlicher Festgesang; Lobgesang [für Gott], Weihelied. 2. kirchliches od. geistliches Gesangs- u. Instrumentalwerk von betont feierlichem Ausdruck. 3. (der Ode sehr ähnliches) feierliches Gedicht. 4. Kurzform von ↑Nationalhymne

hym|nisch: in der Form od. Art der Hymne abgefasst

Hym|nus vgl. Hymne

Hy|os|cy|a|min, Hy|os|zy|a|min, das; -s: als Arzneimittel verwendetes ↑Alkaloid einiger Nachtschattengewächse

Hype [haɪp], der; -s, -s: 1. Welle oberflächlicher Begeisterung; Rummel. 2. a) besonders spektakuläre, mitreißende Werbung; b) zu Medienzwecken inszenierte Täuschung; Betrug

Hy|per|aci|di|tät (Med.), **Hy|per|azi|di|tät,** die; -: ↑Superacidität

Hy|per|bel, die; -, -n: 1. mathematischer Kegelschnitt, geometrischer Ort aller Punkte, die von zwei festen Punkten (Brennpunkten) gleichbleibende Differenz der Entfernungen haben. 2. (Rhet.; Stilkunde) Übertreibung des Ausdrucks (z. B. himmelhoch)

hy|per|bo|lisch: 1. hyperbelartig, hyperbelförmig, als Hyperbel darstellbar. 2. im Ausdruck übertreibend

Hy|per|bo|lo|id, das; -[e]s, -e (Math.): Körper, der durch Drehung einer Hyperbel (1) um ihre Achse entsteht

Hy|per|funk|ti|on, die; -, -en (Med.): Überfunktion, gesteigerte Tätigkeit eines Organs

hy|per|kor|rekt: übertrieben korrekt

Hy|per|link [ˈhaɪpəlɪŋk], der; -[s], -s (EDV): a) Verknüpfung eines elektron. Dokuments mit einer [anderen] Internetseite od. einer anderen Stelle des Dokuments; b) [hervorgehobenes] Text- oder Bildelement, das beim Anklicken einen Hyperlink (a) aktiviert

Hy|per|me|ter, der; -s, - (antike Metrik): Vers, dessen letzte, auf einen Vokal ausgehende überzählige Silbe mit der mit einem Vokal beginnenden Anfangssilbe des nächsten Verses durch ↑Elision des Vokals verbunden wird

hy|per|mo|dern: übertrieben modern

hy|per|ner|vös [auch: ˈhy:...]: übertrieben nervös

Hy|pe|ron, das; -s, ...onen (Kernphysik): Elementarteilchen, dessen Masse größer ist als die eines ↑Nukleons

Hy|per|pla|sie, die; -, ...ien (Med.; Biol.): Vergrößerung von Geweben u. Organen durch abnorme Vermehrung der Zellen

hy|per|sen|si|bel: überaus sensibel, empfindsam

Hy|per|text [ˈhaɪpe...], der; -[e]s, -e (EDV):

H

über Hyperlinks (a) verbundenes Netz von Text-, Bild-, Audiodateien u. Ä. [im Internet]

Hy|per|ther|mie, die; - (Med.): 1. Wärmestauung im Körper, ungenügende Abfuhr der Körperwärme bei hoher Außentemperatur. 2. sehr hohes Fieber. 3. künstliche Überwärmung des Körpers zur Steigerung der Durchblutung

Hy|per|to|nie, die; -, ...ien (Med.): 1. gesteigerte Muskelspannung. 2. erhöhter Blutdruck

hy|per|troph: 1. (Med.) durch Zellenwachstum vergrößert (von Geweben u. Organen). 2. überspannt, überzogen

H

Hy|per|tro|phie, die; -, ...ien (Biol., Med.): übermäßige Vergrößerung von Geweben u. Organen infolge Vergrößerung der Zellen

Hy|per|ven|ti|la|ti|on, die; - (Med.): übermäßige Steigerung der Atmung

Hy|phe, die; -, -n (Bot.): Pilzfaden; fadenförmige Grundstruktur der Pilze

Hyp|na|go|gum, das; -s, ...ga (Med.): Hypnotikum

Hyp|no|se, die; -, -n (Med., Psychol.): schlafähnlicher, eingeschränkter Bewusstseinszustand, der durch Suggestion herbeigeführt werden kann u. in dem die Willensfunktionen leicht zu beeinflussen sind

Hyp|no|ti|kum, das; -s, ...ka (Med.): Schlafmittel

hyp|no|tisch: a) zur Hypnose gehörend; b) zur Hypnose führend; einschläfernd

Hyp|no|ti|seur [...'zøːɐ̯], der; -s, -e: jmd., der andere hypnotisieren kann

Hyp|no|ti|seu|rin [...'zøːrɪn], die; -, -nen: weibliche Form zu ↑Hypnotiseur

hyp|no|ti|sie|ren: in Hypnose versetzen

hy|po|al|l|er|gen (Med.): kaum allergen

Hy|po|chon|der [...x...], der; -s, -: Mensch, der aus ständiger Angst, krank zu werden, schon geringfügige Beschwerden als Krankheitssymptome deutet; eingebildeter Kranker

Hy|po|chon|d|rie, die; -, ...ien (Med.): Gefühl einer körperlichen od. seelischen Krankheit ohne pathologische Grundlage

hy|po|chon|d|risch: an Hypochondrie leidend; schwermütig, trübsinnig

Hy|po|funk|ti|on, die; -, -en (Med.): Unterfunktion, verminderte Tätigkeit eines Organs

Hy|po|gä|um, das; -s, ...gäen: unterirdisches Gewölbe; Grabraum; unterirdischer Kultraum

Hy|po|kri|sie, die; -, ...ien: Heuchelei, Verstellung

Hy|po|pla|sie, die; -, ...ien (Biol., Med.): unvollkommene Anlage; Unterentwicklung von Geweben od. Organen

Hy|po|s|ta|se, die; -, -n: 1. (bes. Philos.) Verdinglichung, Vergegenständlichung eines bloß in Gedanken existierenden Begriffs. 2. a) Personifizierung göttlicher Eigenschaften od. religiöser Vorstellungen zu einem eigenständigen göttlichen Wesen; b) Wesensmerkmal einer personifizierten göttlichen Gestalt. 3. (Med.) vermehrte Anfüllung tiefer liegender Körperteile mit Blut. 4. (Sprachwiss.) Verselbstständigung eines Wortes als Folge einer Veränderung der syntaktischen Funktion (z. B. der Übergang eines Substantivs im Genitiv zum Adverb wie *des Mittags* zu *mittags*)

Hy|po|s|ty|lon, das; -s, ...la, **Hy|po|s|ty|los,** der; -, ...loi: gedeckter Säulengang; Säulenhalle; Tempel mit Säulengang

hy|po|tak|tisch (Sprachwiss.): der Hypotaxe (2) unterliegend, unterordnend

Hy|po|ta|xe, die; -, -n: 1. (Med.) Zustand herabgesetzter Willens- u. Handlungskontrolle, mittlerer Grad der Hypnose. 2. (Sprachwiss.) Unterordnung von Satzgliedern od. Sätzen, z. B. *Mutters* Schwester; er sagte, *dass er krank sei*

Hy|po|te|nu|se, die; -, -n (Math.): im rechtwinkligen Dreieck die dem rechten Winkel gegenüberliegende Seite

Hy|po|tha|la|mus, der; -, ...mi (Med.): unter dem ↑Thalamus liegender Teil im Zwischenhirn

Hy|po|thek, die; -, -en: a) (zu den Grundpfandrechten gehörendes) Recht an einem Grundstück, einem Wohnungseigentum o. Ä. zur Sicherung einer Geldforderung, das (im Gegensatz zur Grundschuld) mit dieser Forderung rechtlich verknüpft ist; b) durch eine Hypothek (a) entstandene finanzielle Belastung eines Grundstücks, eines Wohnungseigentums o. Ä.; c) durch eine Hypothek (a) gesicherte Geldmittel, die jmdm. zur Verfügung stehen

Hy|po|the|kar, der; -s, -e: Pfandgläubiger, dessen Forderung durch eine Hypothek (a) gesichert ist

Hy|po|the|ka|rin, die; -, -nen: weibliche Form zu ↑Hypothekar

hy|po|the|ka|risch: eine Hypothek betreffend

Hy|po|ther|mie, die; - (Med.): abnorm niedrige Körpertemperatur

Hy|po|the|se, die; -, -n: 1. a) zunächst unbewiesene Annahme von Gesetzlichkeiten od. Tatsachen mit dem Ziel, sie durch Beweise zu ↑verifizieren (1) od. zu ↑falsifizieren; Vorentwurf für eine Theorie; b) Unterstellung, unbewiesene Voraussetzung. 2. Vordersatz eines hypothetischen Urteils (wenn A gilt, gilt auch B)

hy|po|the|tisch: nur angenommen, auf einer unbewiesenen Vermutung beruhend, fraglich, zweifelhaft

Hy|po|to|nie, die; -, ...ien (Med.): 1. herabgesetzte Muskelspannung. 2. zu niedriger Blutdruck

Hy|po|tro|phie, die; -, ...ien: 1. (Med.) Schrumpfung des Gewebes durch Zellverkleinerung. 2. Unterernährung

Hys|te|re|se, Hys|te|re|sis, die; -, ...resen (Physik): das Anhalten einer Wirkung nach dem Wegfall der sie bedingenden Ursache

Hys|te|rie, die; -, ...ien: 1. (Med. veraltet) neurotische Störung mit labilem Affekt u. starkem Bedürfnis nach Anerkennung. 2. (abwertend) [allgemeine] nervöse Aufgeregtheit, Überspanntheit

Hys|te|ri|ker, der; -s, - (Med.): jmd., der Symptome der Hysterie zeigt

Hys|te|ri|ke|rin, die; -, -nen: weibliche Form zu ↑Hysteriker

hys|te|risch: 1. (Med. veraltet) auf Hysterie beruhend. 2. (abwertend) übertrieben nervös, erregt; überspannt

Hys|te|ron-Pro|te|ron, das; -s, Hystera-Protera: 1. (Philos.) Scheinbeweis aus einem selbst erst zu beweisenden Satz. 2. (Rhet.) Redefigur, bei der das begrifflich od. zeitlich Spätere zuerst steht (z. B. bei Vergil: Lasst uns sterben und uns in die Feinde stürzen!)

I i

ia|t|ro|gen (Med.): durch ärztliche Einwirkung entstanden

ibe|risch: die Pyrenäenhalbinsel betreffend

Ibis, der; Ibisses, Ibisse: Storchvogel der Tropen u. Subtropen mit sichelförmigem Schnabel

Ibn: Sohn (Teil arabischer Personennamen, z. B. Ibn Saud, Ibn Al Farid)

IC® = *I*ntercity[zug]

ICE® = *I*ntercityexpress[zug]

Ich|thyo|sau|ri|er [...i̯ɐ], der; -s, -, **Ich|thyo|sau|rus,** der; -, ...rier [...i̯ɐ]: ausgestorbenes Meereskriechtier der Jura- u. Kreidezeit

Icon ['ai̯kn̩], das; -s, -s (EDV): grafisches Symbol für Anwendungsprogramme, Dateien u. Ä. auf dem Bildschirm

ide|al: 1. den höchsten Vorstellungen entsprechend, vollkommen. 2. nur gedacht, nur in der Vorstellung so vorhanden

Ide|al, das; -s, -e: 1. jmd., etwas als Verkörperung von etwas Vollkommenem; Idealbild. 2. als eine Art höchster Wert erkanntes Ziel; Idee, nach deren Verwirklichung man strebt

ide|a|lisch: einem Ideal (1) angenähert

ide|a|li|sie|ren: jmdn., etwas vollkommener sehen, als die betreffende Person od. Sache ist; verklären, verschönern

Ide|a|li|sie|rung, die; -, -en: das Idealisieren, das Idealisiertwerden

Ide|a|lis|mus, der; -: 1. philosophische Anschauung, die die Welt u. das Sein als Idee, Geist, Vernunft, Bewusstsein bestimmt u. die Materie als deren Erscheinungsform versteht. 2. [mit Selbstaufopferung verbundenes] Streben nach Verwirklichung von Idealen ethischer u. ästhetischer Natur; durch Ideale bestimmte Weltanschauung, Lebensführung

Ide|a|list, der; -en, -en: 1. Vertreter des Idealismus (1). 2. jmd., der selbstlos, dabei aber auch die Wirklichkeit etwas außer Acht lassend, nach der Verwirklichung bestimmter Ideale strebt

Ide|a|lis|tin, die; -, -nen: weibliche Form zu ↑Idealist

ide|a|lis|tisch: 1. in der Art des Idealismus (1). 2. an Ideale glaubend u. nach deren Verwirklichung strebend, dabei aber die Wirklichkeit etwas außer Acht lassend

Ide|a|li|tät, die; -: das Sein als Idee od. Vorstellung, ideale Seinsweise

Ide|al|typ, der; -s, -en: Individuum, das ausschließlich alle die Merkmale aufweist, aufgrund deren es einer bestimmten Gruppe zuzuordnen ist

ide|al|ty|pisch: einem Idealtyp[us] entsprechend

I

Ide|al|ty|pus, der; -, ...pen: a) (Soziol.) Idealbild, das durch gedanklich einseitige Steigerung bestimmter Elemente der Wirklichkeit gewonnen wird; b) ↑Idealtyp

Idee, die; -, Ideen: 1. (Philos.) a) (in der Philosophie Platos) den Erscheinungen zugrunde liegender reiner Begriff der Dinge; b) Vorstellung, Begriff von etwas auf einer hohen Stufe der Abstraktion. 2. Gedanke, der jmdn. in seinem Denken, Handeln bestimmt; Leitbild. 3. Gedanke, Einfall

Idée fixe [i'de: 'fɪks], die; - -, -s -s [i'de: 'fɪks]: a) Zwangsvorstellung; b) der über einem ganzen musikalischen Werk stehende Grundgedanke

ide|ell: auf einer Idee beruhend, von ihr bestimmt; gedanklich, geistig

Iden, Idus ['i:du:s], die (nur Plural): der 13. od. 15. Monatstag des altrömischen Kalenders

Iden|ti|fi|ka|ti|on, die; -, -en: das Identifizieren

iden|ti|fi|zier|bar: so beschaffen, dass man es identifizieren kann

iden|ti|fi|zie|ren: 1. genau wiedererkennen; die Identität, Echtheit einer Person od. Sache feststellen. 2. a) mit einem anderen als dasselbe betrachten, gleichsetzen; b) sich identifizieren: jmds. Anliegen o. Ä. zu seiner eigenen Sache machen; aus innerer Überzeugung ganz mit jmdm., etwas übereinstimmen

Iden|ti|fi|zie|rung, die; -, -en: das Identifizieren

iden|tisch: ein u. dasselbe [bedeutend], völlig gleich; wesensgleich; gleichbedeutend

Iden|ti|tät, die; -, -en: a) vollkommene Gleichheit od. Übereinstimmung (in Bezug auf Dinge od. Personen); Wesensgleichheit; das Existieren von jmdm., etwas als ein Bestimmtes, Individuelles, Unverwechselbares; b) (Psychol.) die als „Selbst" erlebte innere Einheit der Person

Iden|ti|täts|kri|se, die; -, -n (Psychol.): Krise im Erlebnis der Identität (b)

Iden|ti|täts|nach|weis, der; -es, -e (Wirtsch.): Nachweis, dass eine aus den Händen der Zollbehörde entlassene Ware, die aber noch mit Zoll belastet ist, unverändert wieder vorgeführt wird

Ideo|gra|fie, Ideo|gra|phie, die; -, ...ien (Plural selten): Begriffsschrift

ideo|gra|fisch, ideo|gra|phisch: die Ideografie betreffend

Ideo|gramm, das; -s, -e: Schriftzeichen, das einen ganzen Begriff darstellt

Ideo|lo|ge, der; -n, -n: [exponierter] Vertreter od. Lehrer einer Ideologie

Ideo|lo|gie, die; -, ...ien: a) an eine soziale Gruppe, eine Kultur o. Ä. gebundenes System von Weltanschauungen, Grundeinstellungen u. Wertungen; b) weltanschauliche Konzeption, in der Ideen (2) der Erreichung politischer u. wirtschaftlicher Ziele dienen

Ideo|lo|gie|kri|tik, die; -, -en (Soziol.): das Aufzeigen der materiellen Bedingtheit einer Ideologie

Ideo|lo|gin, die; -, -nen: weibliche Form zu ↑Ideologe

ideo|lo|gisch: eine Ideologie betreffend

ideo|lo|gi|sie|ren: 1. mit einer bestimmten Ideologie durchdringen. 2. zu einer Ideologie machen

Ideo|lo|gi|sie|rung, die; -, -en: das Ideologisieren

ideo|mo|to|risch (Psychol.): ohne Mitwirkung des Willens, unbewusst ausgeführt, nur durch Vorstellungen ausgelöst (in Bezug auf Bewegungen od. Handlungen)

Idio|lekt, der; -[e]s, -e (Sprachwiss.): Wortschatz u. Ausdrucksweise eines einzelnen Sprachteilhabers

Idi|om, das; -s, -e (Sprachwiss.): 1. die einer kleineren Gruppe od. einer sozialen Schicht eigentümliche Sprechweise od. Spracheigentümlichkeit (z. B. Mundart, Jargon). 2. feste Wortverbindung, Redewendung (z. B. die Schwarze Kunst, ins Gras beißen)

Idio|ma|tik, die; -: 1. Teilgebiet der Sprachwissenschaft, auf dem man sich mit den Idiomen (1) befasst. 2. Gesamtbestand der Idiome (2) in einer Sprache

idio|ma|tisch: die Idiomatik betreffend

idio|morph (Geol.): von eigenen echten Kristallflächen begrenzt (von Mineralien)

idio|pa|thisch (Med.): ohne erkennbare Ursache, unabhängig von anderen Krankheiten entstanden (von bestimmten Krankheitsbildern)

Idio|plas|ma, das; -s: Keimplasma, das Träger des Erbgutes ist

Idio|syn|kra|sie, die; -, ...ien: 1. a) (Med.) [angeborene] Überempfindlichkeit gegen bestimmte Stoffe (z. B. Nahrungsmittel u. Reize); b) (Psychol.) besonders starke Abneigung od. Widerwillen gegenüber bestimmten Menschen, Tieren, Speisen, Dingen o. Ä. 2. (bildungsspr.) Gesamtheit persönlicher Eigenheiten, Vorlieben und Abneigungen

idio|syn|kra|tisch: a) (Med.) überempfindlich gegen bestimmte Stoffe u. Reize; b) (Psychol.) von unüberwindlicher Abneigung erfüllt u. entsprechend auf jmdn. reagierend

Ido, das; -[s]: künstliche, aus dem ↑Esperanto weiterentwickelte Welthilfssprache

Idol, das; -s, -e: jmd., etwas als Gegenstand bes. großer Verehrung, meist als Wunschbild Jugendlicher

Ido|la|t|rie, die; -, ...ien: Bilderverehrung, -anbetung, Götzendienst

Idus ['i:du:s] vgl. Iden

Idyll, das; -s, -e: Bild, Zustand eines friedlichen u. einfachen Lebens in meist ländlicher Abgeschiedenheit

Idyl|le, die -, -n: a) Schilderung eines Idylls in Literatur (Vers, Prosa) u. bildender Kunst; b) ↑Idyll

idyl|lisch: a) das Idyll, die Idylle betreffend; b) beschaulich-friedlich

IFOR, Ifor, die; -: ehemalige NATO-Truppe in Bosnien u. Herzegowina

Ig|lu, der od. das; -s, -s: runde Schneehütte der Eskimos

ig|no|rant (abwertend): von Unwissenheit, Kenntnislosigkeit zeugend

Ig|no|rant, der; -en, -en (abwertend): unwissender, kenntnisloser Mensch; Dummkopf

Ig|no|ran|tin, die; -, -nen: weibliche Form zu ↑Ignorant

Ig|no|ranz, die; - (abwertend): Unwissenheit, Dummheit

ig|no|rie|ren: nicht wissen wollen; absichtlich übersehen, nicht beachten

Ike|ba|na, das; -[s]: japanische Kunst des Blumensteckens

Iko|no|du|lie, die; -: Bilderverehrung

Iko|no|gra|fie, Iko|no|gra|phie, die; -, ...ien: 1. wissenschaftliche Bestimmung von Bildnissen des griechischen u. römischen Altertums. 2. a) Beschreibung, Form- u. Inhaltsdeutung von [alten] Bildwerken; b) ↑Ikonologie

Iko|no|klas|mus, der; -, ...men: Bildersturm; Abschaffung u. Zerstörung von Heiligenbildern

Iko|no|klast, der; -en, -en: Bilderstürmer, Anhänger des Ikonoklasmus

iko|no|klas|tisch: den Ikonoklasmus betreffend; bilderstürmerisch

Iko|no|lo|gie, die; -: Lehre vom Sinngehalt alter Bildwerke; vgl. Ikonografie (2 a)

Iko|sa|eder, das; -s, - (Math.): regelmäßiger Zwanzigflächner

Ile|us, der; -, Ileen ['i:leən] u. Ilei ['i:lei] (Med.): Darmverschluss

Ilex, die (auch: der); -, -: Stechpalme

il|le|gal: gesetzwidrig, ungesetzlich, ohne behördliche Genehmigung

Il|le|ga|li|tät, die; -, -en: a) (ohne Plural) Ungesetzlichkeit, Gesetzwidrigkeit; b) illegaler Zustand, illegale Lebensweise

il|le|gi|tim: a) unrechtmäßig, im Widerspruch zur Rechtsordnung [stehend], nicht im Rahmen bestehender Vorschriften [erfolgend]; b) außerehelich

Il|le|gi|ti|mi|tät, die; -: unrechtmäßiges Verhalten

I

I

il|li|be|ral: engherzig, unduldsam
il|li|quid: [vorübergehend] zahlungsunfähig
Il|li|qui|di|tät, die; -: [vorübergehende] Zahlungsunfähigkeit, Mangel an flüssigen [Geld]mitteln
Il|li|te|rat, der; -en, -en: Ungelehrter
Il|li|te|ra|tin, die; -, -nen: weibliche Form zu ↑Illiterat
Il|lo|ku|ti|on, die; -, -en (Sprachwiss.): Sprechhandlung mit kommunikativer Funktion
il|lo|ku|ti|o|när (Sprachwiss.): die Illokution betreffend; **illokutionärer Akt:** der Sprechakt im Hinblick auf seine kommunikative Funktion (z. B. Aufforderung, Frage)
il|lo|y|al [ˈɪlo̯ajaːl, auch: ...ˈjaːl]: a) den Staat, eine Instanz nicht respektierend; b) vertragsbrüchig, gegen Treu und Glauben; c) einem Partner, der Gegenseite gegenüber übel gesinnt
Il|lo|ya|li|tät, die; -, -en: illoyale Gesinnung, Verhaltensweise
Il|lu|mi|nat, der; -en, -en (meist Plural): Angehöriger einer geheimen Verbindung, bes. des Illuminatenordens
Il|lu|mi|na|ti|on, die; -, -en: [farbige] Beleuchtung vor allem im Freien (von Gebäuden, Denkmälern)
Il|lu|mi|na|tor, der; -s, ...oren: Hersteller von Malereien in Handschriften u. Büchern des Mittelalters
il|lu|mi|nie|ren: 1. festlich erleuchten. 2. Handschriften ausmalen, Buchmalereien herstellen. 3. erhellen
Il|lu|si|on, die; -, -en: 1. beschönigende, dem Wunschdenken entsprechende Selbsttäuschung über einen in Wirklichkeit weniger positiven Sachverhalt. 2. (Psychol.) falsche Wahrnehmung der Wirklichkeit (im Unterschied zur Halluzination)
il|lu|si|o|när: 1. auf Illusionen beruhend. 2. ↑illusionistisch (1)
Il|lu|si|o|nis|mus, der; -: 1. die Objektivität der realen Welt, der Wahrheit, Schönheit, Sittlichkeit als Schein erklärende philosophische Anschauung. 2. illusionistische [Bild]wirkung
Il|lu|si|o|nist, der; -en, -en: 1. jmd., der sich Illusionen macht; Träumer. 2. Zauberkünstler
Il|lu|si|o|nis|tin, die; -, -nen: weibliche Form zu ↑Illusionist
il|lu|si|o|nis|tisch: 1. (bildende Kunst) durch die künstlerische Darstellung Scheinwirkungen erzeugend. 2. ↑illusionär (1)
il|lu|so|risch: a) nur in der Illusion bestehend, trügerisch; b) vergeblich, sich erübrigend
il|lus|ter: glanzvoll, vornehm, erlaucht
Il|lus|t|ra|ti|on, die; -, -en: a) Bebilderung, erläuternde Bildbeigabe; b) Veranschaulichung, Erläuterung
il|lus|t|ra|tiv: a) als ↑Illustration (a) dienend; mittels Illustration; b) veranschaulichend, erläuternd
Il|lus|t|ra|tor, der; -s, ...oren: Künstler, der ein Buch mit Bildern ausgestaltet
Il|lus|t|ra|to|rin, die; -, -nen: weibliche Form zu ↑Illustrator
il|lus|t|rie|ren: a) ein Buch mit Bildern ausgestalten, bebildern; b) veranschaulichen, erläutern
Il|lus|t|rie|rung, die; -, -en: Vorgang des Illustrierens
Image [ˈɪmɪtʃ, ˈɪmɪdʒ], das; -[s], -s [ˈɪmɪtʃ(s), ˈɪmɪdʒɪz]: Vorstellung, [positives] Bild, das ein Einzelner od. eine Gruppe von einer Einzelperson od. einer anderen Gruppe hat
ima|gi|när: nur in der Vorstellung vorhanden
Ima|gi|na|ti|on, die; -, -en: Fantasie, Einbildungskraft, bildhaft anschauliches Denken
Imam, der; -[s], -s u. -e: 1. a) Vorbeter in der ↑Moschee; b) (ohne Plural) Titel für verdiente Gelehrte des Islams. 2. Prophet u. religiöses Oberhaupt der ↑Schiiten
Iman, das; -s (islam. Rel.): Glaube
IMAX® [ˈaɪ̯mɛks], das; -: spezielle Form der Filmprojektion, bei der der Kinozuschauer sich durch das Bildformat, spezielle Linsen u. den Querlauf des Films als Handlungsbeteiligter fühlt
Imi|tat, das; -[e]s, -e: Imitation (1 b)
Imi|ta|ti|on, die; -, -en: 1. a) das Nachahmen; Nachahmung; b) [minderwertige] Nachbildung eines wertvollen ↑Materials (1) od. eines Kunstgegenstandes. 2. genaue Wiederholung eines musikalischen Themas in anderer Tonlage (in Kanon u. Fuge)
Imi|ta|tor, der; -s, ...oren: Nachahmer

Imi|ta|to|rin, die; -, -nen: weibliche Form zu ↑Imitator

imi|tie|ren: 1. nachahmen; nachbilden. 2. (Musik) (ein Thema in einer anderen Stimme) wiederholen

im|ma|nent: 1. innewohnend, in etwas enthalten. 2. die Grenzen möglicher Erfahrung nicht übersteigend, innerhalb dieser Grenzen liegend, bleibend; den Bereich des menschlichen Bewusstseins nicht überschreitend

Im|ma|nenz, die; -: 1. das, was innerhalb einer Grenze bleibt u. sie nicht überschreitet. 2. (Philos.) a) Beschränkung auf das innerweltliche Sein; b) Einschränkung des Erkennens auf das Bewusstsein od. auf Erfahrung; vgl. Transzendenz

Im|ma|nu|el, der; -s (Rel.): symbolischer Name des Sohnes einer jungen Frau (bzw. Jungfrau), dessen Geburt Jesaja weissagt (Jesaja 7, 14); später bezogen auf Jesus Christus

Im|ma|te|ri|a|li|tät [auch: ˈɪm…], die; -: unkörperliche Beschaffenheit, stoffloses Dasein

Im|ma|t|ri|ku|la|ti|on, die; -, -en: 1. Einschreibung an einer Hochschule. 2. (schweiz.) amtliche Zulassung eines Kraftfahrzeugs o. Ä.

im|ma|t|ri|ku|lie|ren: 1. a) in die Matrikel (1) einer Hochschule aufnehmen; b) sich immatrikulieren: seine Anmeldung im ↑Sekretariat (a) einer Universität abgeben. 2. (schweiz.) (ein Motorfahrzeug) anmelden

im|me|di|at (veraltend): unmittelbar, ohne Zwischenschaltung einer anderen Instanz [dem Staatsoberhaupt unterstehend]

im|mens: staunens-, bewundernswert groß; unermesslich [groß]

Im|mer|si|on, die; -, -en: 1. (Physik) Einbetten eines Objekts in eine Flüssigkeit mit besonderen lichtbrechenden Eigenschaften. 2. (Astron.) Eintritt eines Himmelskörpers in den Schatten eines anderen. 3. Methode des Fremdsprachenunterrichts, bei der die Schüler von Anfang an vorwiegend in der Fremdsprache unterrichtet werden. 4. (EDV) Eintauchen in eine virtuelle Umgebung

im|mer|siv: 1. auf ↑Immersion (3) beruhend. 2. (EDV) eine ↑Immersion (4) bewirkend

Im|mi|g|rant, der; -en, -en: Einwanderer

Im|mi|g|ran|tin, die; -, -nen: weibliche Form zu ↑Immigrant

Im|mi|g|ra|ti|on, die; -, -en: Einwanderung

im|mi|g|rie|ren: einwandern

Im|mis|si|on, die; -, -en (meist Plural): 1. das Einwirken von Luftverunreinigungen, Schadstoffen, Lärm, Strahlen u. Ä. auf Menschen, Tiere, Pflanzen, Gebäude u. Ä. 2. Kurzform von ↑Immissionskonzentration

Im|mis|si|ons|kon|zen|t|ra|ti|on, die; -, -en: Menge eines verunreinigten Spurenstoffes, die in der Volumeneinheit (Kubikmeter) Luft enthalten ist

Im|mis|si|ons|schutz, der; -es: (gesetzlich festgelegter) Schutz vor Immissionen (1)

im|mo|bil [auch: …ˈbiːl]: 1. unbeweglich. 2. nicht für den Krieg bestimmt od. ausgerüstet, nicht kriegsbereit

Im|mo|bi|lie […i̯ə], die; -, -n: unbeweglicher Besitz (z. B. Grundstück, Gebäude)

im|mo|bi|li|sie|ren (Med.): (ein Glied od. Gelenk) ruhig stellen

Im|mo|bi|lis|mus, der; -: Unbeweglichkeit als geistige Haltung

im|mun: 1. (Med.) für bestimmte Krankheiten unempfänglich, gegen Ansteckung gefeit. 2. (Rechtswiss.) (als Angehöriger des diplomatischen Korps od. als Parlamentarier) vor Strafverfolgung geschützt

Im|mun|bio|lo|gie, die; -: Teilgebiet der Immunologie, das sich mit den Fragen ererbter od. erworbener Immunität, mit Abwehrreaktionen bei Organtransplantationen u. Ä. befasst

Im|mun|glo|bu|lin, das; -s, -e (Med.): Protein, das die Eigenschaften eines Antikörpers aufweist

im|mu|ni|sie|ren: unempfindlich machen

Im|mu|ni|sie|rung, die; -, -en: Bewirkung von Immunität (1)

Im|mu|ni|tät, die; -, -en (Plural selten): 1. (Med.; Biol.) angeborene od. durch Impfung erworbene Unempfänglichkeit für Krankheitserreger od. deren ↑Toxine. 2. verfassungsrechtlich garantierter Schutz vor

I

Strafverfolgung (für Bundes- u. Landtagsabgeordnete); vgl. Indemnität. 3. ↑Exterritorialität

Im|mu|no|lo|ge, der; -n, -n (Med.): Wissenschaftler auf dem Gebiet der Immunologie

Im|mu|no|lo|gie, die; - (Med.): Wissenschaft, die sich mit der Reaktion des Organismus auf das Eindringen körperfremder Substanzen befasst

Im|mu|no|lo|gin, die; -, -nen: weibliche Form zu ↑Immunologe

im|mu|no|lo|gisch: a) die Immunologie betreffend; b) die Immunität (1) betreffend

Im|mun|sys|tem, das; -s, -e (Med.): für die Immunität (1) verantwortliches Abwehrsystem des Körpers

I

Im|pa|la, die; -, -s: (in den Steppen Afrikas heimische) kleine Antilope mit braunem Rücken, weißer Unterseite u. schwarzer Zeichnung auf den Fersen

Im|pa|ti|ens [...tsiɛns], die; -: Springkraut, Balsamine (beliebte Topfpflanze)

Im|pe|danz, die; -, -en (Physik): elektrischer Scheinwiderstand

im|pe|ra|tiv: befehlend, zwingend, bindend

Im|pe|ra|tiv, der; -s, -e: 1. (Sprachwiss.) Befehlsform (z. B. geh!). 2. (Philos.) Pflichtgebot

Im|pe|ra|tor, der; -s, ...oren: 1. im Rom der Antike Titel für den Oberfeldherrn. 2. von Kaisern gebrauchter Titel zur Bezeichnung ihrer kaiserlichen Würde (Abk.: Imp.)

Im|per|fekt, das; -s, -e: 1. (ohne Plural) Zeitform, mit der ein verbales Geschehen od. Sein aus der Sicht des Sprechers als [unabgeschlossene, „unvollendete"] Vergangenheit charakterisiert wird. 2. Verbform des Imperfekts (1), ↑Präteritum

im|pe|ri|al: das Imperium betreffend; herrschaftlich, kaiserlich

Im|pe|ri|a|lis|mus, der; -: Bestrebung einer Großmacht, ihren politischen, militärischen u. wirtschaftlichen Macht- u. Einflussbereich ständig auszudehnen

Im|pe|ri|a|list, der; -en, -en: Vertreter des Imperialismus

Im|pe|ri|a|lis|tin, die; -, -nen: weibliche Form zu ↑Imperialist

im|pe|ri|a|lis|tisch: dem Imperialismus zugehörend

Im|pe|ri|um, das; -s, ...ien: 1. [römisches] Kaiserreich; Weltreich, Weltmacht. 2. sehr großer Herrschafts-, Macht- u. Einflussbereich

Im|per|so|na|le, das; -s, ...lia u. ...lien: unpersönliches Verb, das nur in der 3. Person Singular vorkommt (z. B. es *schneit*)

im|per|ti|nent: in herausfordernder Weise ungehörig, frech, unverschämt

Im|per|ti|nenz, die; -, -en: (ohne Plural) dreiste Ungehörigkeit, Frechheit, Unverschämtheit

im|pe|tu|o|so (Musik): stürmisch, ungestüm

Im|pe|tus, der; -: a) [innerer] Antrieb, Anstoß, Impuls; b) Schwung[kraft], Ungestüm

Im|plan|tat, das; -[e]s, -e (Med.): dem Körper eingepflanztes Gewebestück o. Ä.

Im|plan|ta|ti|on, die; -, -en (Med.): Einpflanzung von Gewebe (z. B. Haut), Organteilen (z. B. Zähnen) od. sonstigen Substanzen in den Körper; Organeinpflanzung

im|plan|tie|ren (Med.): eine Implantation vornehmen

im|ple|men|tie|ren (EDV): (Software, Hardware o. Ä.) in ein bestehendes Computersystem einsetzen, einbauen u. so ein funktionsfähiges Programm erstellen

Im|ple|men|tie|rung, die; -, -en (EDV): das Implementieren, Implementiertwerden

Im|pli|ka|ti|on, die; -, -en: a) Einbeziehung einer Sache in eine andere; b) (Philos.; Sprachwiss.) Bez. für die logische „Wenn-dann"-Beziehung

im|pli|zie|ren: einbeziehen, gleichzeitig beinhalten, bedeuten; mit enthalten

im|pli|zit: 1. mit enthaltend, mit gemeint, aber nicht ausdrücklich gesagt. 2. nicht aus sich selbst zu verstehen, sondern logisch zu erschließen

im|plo|die|ren: durch Implosion zerstört werden (z. B. die Bildröhre eines Fernsehers)

Im|plo|si|on, die; -, -en: schlagartige Zertrümmerung eines Hohlkörpers durch äußeren Überdruck

Im|pon|de|ra|bi|lie, die; -, -n (meist Plural): Unwägbarkeit; Gefühls- u. Stimmungswert

im|po|nie|ren: Achtung einflößen, großen Eindruck machen

Im|port, der; -[e]s, -e: 1. Einfuhr. 2. eingeführte Waren

Im|por|teur [...'tø:ɐ̯], der; -s, -e: Person, Firma, die etwas importiert

im|por|tie|ren: Waren aus dem Ausland einführen

im|po|sant: durch Größe, Bedeutsamkeit od. Ungewöhnlichkeit ins Auge fallend; eindrucksvoll, großartig, überwältigend

im|po|tent [auch: ...'tɛnt]: 1. a) (vom Mann) unfähig zum Geschlechtsverkehr; b) zeugungsunfähig; unfähig, Kinder zu bekommen, aufgrund der Unfruchtbarkeit des Mannes. 2. nicht schöpferisch, leistungsschwach, unfähig, untüchtig

Im|po|tenz [auch: ...'tɛnts], die; -, -en: 1. a) Unfähigkeit (des Mannes) zum Geschlechtsverkehr; b) Zeugungsunfähigkeit, Unfruchtbarkeit (des Mannes). 2. Unvermögen, [künstlerische] Unfähigkeit

im|prä|g|nie|ren: feste Stoffe mit einem Schutzmittel gegen Feuchtigkeit, Zerfall u. a. behandeln

Im|prä|g|nie|rung, die; -, -en: a) das Imprägnieren; b) durch Imprägnieren erreichter Zustand

Im|pres|si|on, die; -, -en: Sinneseindruck, Empfindung, Wahrnehmung, Gefühlseindruck; jeder unmittelbar empfangene Bewusstseinsinhalt (bei Hume)

Im|pres|si|o|nis|mus, der; -: Ende des 19. Jh.s entstandene Stilrichtung der bildenden Kunst, der Literatur u. der Musik, deren Vertreter persönliche Umwelteindrücke u. Stimmungen besonders in künstlerischen Kleinformen wiedergeben

Im|pres|si|o|nist, der; -en, -en: Vertreter des Impressionismus

Im|pres|si|o|nis|tin, die; -, -nen: weibliche Form zu ↑Impressionist

im|pres|si|o|nis|tisch: a) im Stil des Impressionismus gestaltet; b) den Impressionismus betreffend

Im|pres|sum, das; -s, ...ssen: Angabe über Verleger, Drucker, Redakteure u. a. in Zeitungen, Zeitschriften, Büchern u. Ä.

Im|pri|ma|tur, das; -s, **Im|pri|ma|tur,** die; -: Druckerlaubnis (allgemein)

Im|promp|tu [ɛ̃prõ'ty:], das; -s, -s: Komposition der Romantik, bes. für Klavier, in der Art einer Improvisation

Im|pro|vi|sa|ti|on, die; -, -en: 1. das Improvisieren; Kunst des Improvisierens. 2. ohne Vorbereitung, aus dem Stegreif Dargebotenes; Stegreifschöpfung

Im|pro|vi|sa|tor, der; -s, ...oren: jmd., der etwas aus dem Stegreif darbietet

Im|pro|vi|sa|to|rin, die; -, -nen: weibliche Form zu ↑Improvisator

im|pro|vi|sie|ren: 1. ohne Vorbereitung ausführen. 2. a) Improvisationen (2) spielen; b) während der Darstellung auf der Bühne seinem Rollentext frei Erfundenes hinzufügen

Im|puls, der; -es, -e: 1. a) Anstoß, Anregung; b) Antrieb, innere Regung. 2. a) Strom- od. Spannungsstoß von relativ kurzer Dauer; b) (Med.) Anstoß, Erregung, die von den Nerven auf entsprechende Zellen, Muskeln o. Ä. übertragen wird. 3. (Physik) a) Produkt aus Kraft u. Dauer eines Stoßes; b) Produkt aus Masse u. Geschwindigkeit eines Körpers

im|pul|siv: spontan, einem plötzlichen Impuls folgend

Im|pul|si|vi|tät, die; -: impulsives Wesen

in: in der Verbindung **in sein:** 1) (bes. von Personen im Showgeschäft o. Ä.) im Brennpunkt des Interesses stehen, gefragt sein; 2) sehr in Mode sein, von vielen begehrt sein

in ab|s|t|rac|to: rein begrifflich, nur in der Vorstellung

in|ad|äquat [auch: ...'kva:t]: unangemessen, nicht passend, nicht entsprechend

In|ad|äquat|heit, die; -, -en: a) (ohne Plural) Unangemessenheit; b) etwas Unangemessenes; Beispiel, Fall von Unangemessenheit

in|ak|tiv [auch: ...'ti:f]: 1. untätig, sich passiv verhaltend. 2. a) außer Dienst; sich im Ruhestand befindend, verabschiedet, ohne Amt; b) (Studentenspr.) zur Verbindung in freierem Verhältnis stehend. 3. a) chemisch unwirksam; b) ruhend; vorübergehend keine Symptome zeigend, hervorbringend

in|ak|ti|vie|ren: 1. in den Ruhestand versetzen, von seinen [Amts]pflichten entbinden. 2. (Med.) einem Mikroorganismus (z. B. einem Serum o. Ä.) durch bestimmte chemische od. physikalische Verfahren seine spezifische Wirksamkeit nehmen

In|ak|ti|vi|tät [auch: ...'tɛ:t], die; -: 1. Untätigkeit, passives Verhalten. 2. chemische Unwirksamkeit. 3. (Med.) das Ruhen eines krankhaften Prozesses

in|ak|tu|ell [auch: ...'ɛl]: nicht im augenblicklichen Interesse liegend, nicht zeitnah

in|ak|zep|ta|bel [auch: ...'ta:...]: unannehmbar

in|an: nichtig, leer, hohl, eitel

I

In|au|gu|ra|ti|on, die; -, -en: feierliche Einsetzung in ein hohes Amt

in|au|gu|rie|ren: a) in ein hohes Amt einsetzen; b) etwas Neues [feierlich] einführen

In|bus®, der; -ses, -se: Werkzeug zum Anziehen von Schrauben mit Innensechskant

In|cen|tive [ɪn'sɛntɪf], das; -s, -s: a) (nur Plural) durch wirtschaftspolitische Maßnahmen ausgelöste Anreizeffekte zu erhöhter ökonomischer Leistungsbereitschaft; b) von einem Unternehmen seinen Mitarbeitern angebotene Gratifikation, die zur Leistungssteigerung anreizen soll; c) ↑Inzentiv

Inch [ɪntʃ], der; -, -es [...tʃɪs] (4 Inch[es]): Längeneinheit in Großbritannien u. den USA (= 2,54 cm; Abk.: in.; Zeichen: ″)

in|cho|a|tiv [...k...] (Sprachwiss.): bei Verben einen Beginn ausdrückend (z. B. erwachen)

In|cho|a|tiv, das; -s, -e: Verb mit inchoativer Aktionsart

in|ci|pit [...ts...]: „(es) beginnt" (am Anfang von Handschriften u. Frühdrucken)

in con|cert [- 'kɔnsət] (Werbespr.): a) in einem öffentlichen Konzert [auftretend]; b) in einem Mitschnitt eines öffentlichen Konzerts

in con|cre|to: auf den vorliegenden Fall bezogen; im Einzelfall; in Wirklichkeit

in con|tu|ma|ci|am (Rechtsspr. veraltet): in Abwesenheit des Angeklagten

in cor|po|re: gemeinsam, alle zusammen

In|de|fi|nit|pro|no|men, das; -s, - u. ...mina: unbestimmtes Fürwort (z. B. jemand, kein)

in|de|li|kat [auch: ...'ka:t]: unzart; unfein

In|dem|ni|tät, die; -: 1. nachträgliche Billigung eines Regierungsaktes, den das Parlament zuvor [als verfassungswidrig] abgelehnt hatte. 2. Straffreiheit der Abgeordneten in Bezug auf Äußerungen im Parlament

In|de|pen|dence Day [ɪndɪ'pɛnd(ə)ns dɛɪ], der; - -: Unabhängigkeitstag der USA (4. Juli)

In|de|pen|dent La|bour Par|ty [ɪndɪ'pɛndənt 'lɛɪbə 'pɑ:ti], die; - - -: a) Name der ↑Labour Party bis 1906; b) 1914 von der Labour Party abgespaltene Partei mit pazifistischer Einstellung

In|dex, der; - u. -es, -e u. ...dizes, auch: ...dices [...ditse:s]: 1. alphabetisches [Stichwort]verzeichnis (von Namen, Sachen, Orten u. a.). 2. (Plural Indexe, Indices) Liste von Büchern, die nach päpstlichem Entscheid von den Gläubigen nicht gelesen werden durften. 3. (Plural Indizes, Indices; Wirtsch.) statistischer Messwert, durch den eine Veränderung bestimmter wirtschaftlicher Tatbestände (z. B. Preisentwicklung in einem bestimmten Bereich) ausgedrückt wird. 4. (Plural Indizes) a) (Math.) Buchstabe od. Zahl, die zur Kennzeichnung od. Unterscheidung gleichartiger Größen an diese (meist tiefer stehend) angehängt wird (z. B. a_1, a_2, a_3 od. allgemein a_i, a_n, a_l); b) (Lexikografie) hochgestellte Zahl, die ↑Homografen o. Ä. zum Zwecke der Unterscheidung vorangestellt wird. 5. (EDV) als separate ↑Datei gespeichertes Verzeichnis von ↑²Adressen (2)

in|de|xie|ren: a) (EDV) Speicheradressen ermitteln, indem man den Wert im Adressfeld einer Instruktion zum Inhalt eines ↑Indexregisters hinzuzählt; b) einen Index, eine Liste von Gegenständen od. Hinweisen anlegen; c) Titel, Bücher auf den ↑Index (2) setzen

In|de|xie|rung, die; -, -en: 1. das Indexieren (a, b). 2. Dynamisierung eines Betrages durch Knüpfung an eine Indexklausel

In|dex|re|gis|ter, das; -s, - (EDV): Teil in Computeranlagen, in dem mit Zahlen gerechnet werden kann, die in der Position eines Adressenteils stehen

in|de|zent [auch: ...'tsɛnt]: nicht taktvoll, nicht feinfühlig

In|de|zenz [auch: …'tsɛnts], die; -, -en: Mangel an Takt, an Feinfühligkeit

In|di|an, der; -s, -e (bes. österr.): Truthahn

in|di|a|nisch: a) die Indianer betreffend; b) zu den Indianern gehörend

In|di|a|nist, der; -en, -en: Kenner, Erforscher der indianischen Sprachen u. Kulturen

In|di|a|nis|tin, die; -, -nen: weibliche Form zu ↑Indianist

In|die ['ɪndi], das; -s, -s: a) kleine, unabhängige Plattenfirma; b) unabhängiger Produzent von Musik, Filmen o. Ä.

in|dif|fe|rent [auch: …'rɛnt]: unbestimmt; gleichgültig, teilnahmslos, unentschieden

In|dif|fe|renz [auch: …'rɛnts], die; -: (bildungsspr.) Gleichgültigkeit, Uninteressiertheit

in|di|gen: eingeboren, einheimisch

In|di|g|na|ti|on, die; -: Unwille, Entrüstung

in|di|g|nie|ren: Entrüstung hervorrufen

in|di|g|niert: peinlich berührt, entrüstet

In|di|go, der od. das; -s, -s (Chemie): blauer Farbstoff

In|di|go|blau, das; -[s]: ↑Indigo

In|di|ka|ti|on, die; -, -en (Med.): aus der ärztlichen Diagnose sich ergebende Veranlassung, ein bestimmtes Heilverfahren anzuwenden, ein Medikament zu verabreichen

In|di|ka|tiv, der; -s, -e: Wirklichkeitsform des Verbs (z. B. *fährt;* Abk.: Ind.)

In|di|ka|tor, der; -s, …oren: 1. Umstand od. Merkmal, das als [beweiskräftiges] Anzeichen od. als Hinweis auf etwas anderes dient. 2. Stoff (z. B. Lackmus), der durch Farbwechsel eine bestimmte chemische Reaktion anzeigt

In|dio, der; -s, -s: süd- od. mittelamerikanischer Indianer

in|di|rekt [auch: …'rɛkt]: 1. nicht durch eine unmittelbare Äußerung, Einflussnahme o. Ä.; nicht persönlich. 2. nicht unmittelbar, nicht auf einem direkten Weg

in|dis|kret [auch: …'kre:t]: ohne den gebotenen Takt od. die gebotene Zurückhaltung in Bezug auf die Privatsphäre eines anderen

In|dis|kre|ti|on [auch: 'ɪn…], die; -, -en: a) Mangel an Verschwiegenheit; Vertrauensbruch; b) Taktlosigkeit

in|dis|ku|ta|bel [auch: …'ta:…]: nicht der Erörterung wert

in|dis|po|niert: unpässlich; nicht zu etwas aufgelegt; in schlechter Verfassung

In|dis|po|si|ti|on, die; -, -en: Unpässlichkeit; schlechte körperlich-seelische Verfassung

in|dis|pu|ta|bel [auch: …'ta:…] (veraltet): nicht strittig, unbestreitbar

In|di|um, das; -s: chem. Element; ein Metall (Zeichen: In)

in|di|vi|du|a|li|sie|ren: die Individualität eines Gegenstandes bestimmen; das Besondere, Einzelne, Eigentümliche [einer Person, eines Falles] hervorheben

In|di|vi|du|a|li|sie|rung, die; -, -en: a) das Individualisieren; b) individualisierte Darstellung

In|di|vi|du|a|lis|mus, der; -: 1. (Philos.) Anschauung, die dem Individuum u. seinen Bedürfnissen den Vorrang vor der Gemeinschaft einräumt. 2. Haltung eines Individualisten (2)

In|di|vi|du|a|list, der; -en, -en: 1. Vertreter des Individualismus. 2. jmd., der einen ganz persönlichen Lebensstil entwickelt hat u. sich dadurch von anderen abhebt

In|di|vi|du|a|lis|tin, die; -, -nen: weibliche Form zu ↑Individualist

in|di|vi|du|a|lis|tisch: 1. dem Individualismus entsprechend. 2. der Haltung, Eigenart eines Individualisten entsprechend

In|di|vi|du|a|li|tät, die; -, -en: 1. (ohne Plural) persönliche Eigenart; Eigenartigkeit, Einzigartigkeit. 2. Persönlichkeit

In|di|vi|du|al|psy|cho|lo|gie, die; -, …ien: psychologische Forschungsrichtung, die sich mit dem Einzelwesen befasst

In|di|vi|du|al|tou|ris|mus, der; -: Tourismus individuell reisender Urlauber[innen]

In|di|vi|du|a|ti|on, die; -, -en (Psychol.): Prozess der Selbstwerdung des Menschen, in dessen Verlauf sich das Bewusstsein der eigenen Individualität verfestigt

in|di|vi|du|ell: 1. a) auf das Individuum zugeschnitten; b) durch die Eigenart, Besonderheit u. Ä. der Einzelpersönlichkeit geprägt; je nach persönlicher Eigenart [verschieden]. 2. [als persönliches Eigentum] einem Einzel-

I

nen gehörend. 3. als Einzelpersönlichkeit in Erscheinung tretend

In|di|vi|du|um, das; -s, ...duen: der Mensch als Einzelwesen [in seiner jeweiligen Besonderheit]

In|diz, das; -es, -ien [...i̯ən]: 1. Hinweis, Anzeichen. 2. (meist Plural; Rechtsspr.) Umstand, der mit großer Wahrscheinlichkeit auf einen bestimmten Sachverhalt schließen lässt; Tatumstand; Verdachtsmoment

In|di|zi|en|be|weis, der; -es, -e (Rechtswiss.): Beweis, der sich nur auf zwingende Verdachtsmomente stützt

in|di|zie|ren: 1. anzeigen, auf etwas hinweisen. 2. (bes. Med.) etw., bes. eine bestimmte Behandlung, Heilmethode o. Ä., als angezeigt erscheinen lassen. 3. (von Druckwerken) auf den Index (2) setzen. 4. a) ↑ indexieren (b); b) zum Zwecke der Unterscheidung mit einer hochgestellten Zahl versehen (z. B. Homonyme)

I

in|di|ziert: 1. angezeigt, ratsam. 2. (Med.) ein bestimmtes Heilverfahren nahelegend

In|di|zie|rung, die; -, -en: das Indizieren

in|do|eu|ro|pä|isch: ↑ indogermanisch

In|do|ger|ma|ne, der; -n, -n: Angehöriger eines der Völker, die das Indogermanische als Grundsprache haben

in|do|ger|ma|nisch: die Indogermanen od. das Indogermanische betreffend (Abk.: idg.)

In|do|ger|ma|nist, der; -en, -en: Wissenschaftler auf dem Gebiet der Indogermanistik

In|do|ger|ma|nis|tik, die; -: Wissenschaft, die die einzelnen Sprachfamilien des Indogermanischen u. die Kultur der Indogermanen erforscht

In|do|ger|ma|nis|tin, die; -, -nen: weibliche Form zu ↑ Indogermanist

In|dok|t|ri|na|ti|on, die; -, -en: [massive] psychologische Mittel nutzende Beeinflussung von Einzelnen od. ganzen Gruppen der Gesellschaft im Hinblick auf die Bildung einer bestimmten Meinung od. Einstellung

indoktrinieren: in eine bestimmte Richtung drängen, beeinflussen

In|dok|t|ri|nie|rung, die; -, -en: das Indoktriniertwerden

in|do|lent [auch: ...'lɛnt]: 1. (bildungsspr.) geistig träge u. gleichgültig. 2. (Med.) a) schmerzunempfindlich; gleichgültig gegenüber Schmerzen; b) (vom Organismus od. von einzelnen Körperteilen) schmerzfrei; c) (von krankhaften Prozessen) keine Schmerzen verursachend

In|do|lenz [auch: ...'lɛnts], die; -: das Indolentsein

In|do|lo|gie, die; -: Wissenschaft von der indischen Sprache u. Kultur

In|dos|sa|ment, das; -[e]s, -e (Wirtsch.): Wechselübertragung

In|dos|sant, In|dos|sent, der; -en, -en (Wirtsch.): jmd., der die Rechte an einem Wechsel auf einen anderen überträgt

In|dos|sat, der; -en, -en, **In|dos|sa|tar,** der; -s, -e (Bankw.): durch Indossament ausgewiesener Wechselgläubiger

in|dos|sie|ren (Wirtsch.): einen Wechsel durch Indossament übertragen

In|d|ra: Hauptgottheit der vedischen Religion

in du|bio: im Zweifelsfall

In|duk|ti|on, die; -, -en: 1. wissenschaftliche Methode, vom besonderen Einzelfall auf das Allgemeine, Gesetzmäßige zu schließen. 2. (Elektrot.) Erzeugung elektrischer Ströme u. Spannungen in elektrischen Leitern durch bewegte Magnetfelder

In|duk|ti|ons|ap|pa|rat, der; -[e]s, -e: Transformator zur Erzeugung hoher Spannung

in|duk|tiv: 1. in der Art der Induktion (1) vom Einzelnen zum Allgemeinen hinführend. 2. durch Induktion (2) wirkend od. entstehend

In|duk|ti|vi|tät, die; -, -en: Verhältnis zwischen induzierter Spannung u. Änderung der Stromstärke pro Zeiteinheit

In|duk|tor, der; -s, ...oren: Induktionsapparat

in dul|ci ju|bi|lo (ugs.): herrlich u. in Freuden

In|dus|t|ri|al De|sign [ɪnˈdastri̯əl diˈzai̯n], das; - -s: Formgebung, bewusste Gestaltung von Gebrauchsgegenständen

In|dus|t|ri|al De|si|g|ner [- diˈzai̯nɐ], der; - -s, - -: Formgestalter für Gebrauchsgegenstände

in|dus|t|ri|a|li|sie|ren: a) mit Industrie versehen, Industrie ansiedeln; b) industrielle Herstellungsmethoden in einem Produktionsbereich, einem Betrieb o. Ä. einführen

In|dus|t|ri|a|li|sie|rung, die; -, -en: das Industrialisieren, Industrialisiertwerden

In|dus|t|ri|a|lis|mus, der; -: Prägung einer Volkswirtschaft durch die Industrie

In|dus|t|rie, die; -, ...ien: 1. Wirtschaftszweig, der die Gesamtheit aller mit der Massenherstellung von Konsum- u. Produktionsgütern beschäftigten Fabrikationsbetriebe eines Gebietes erfasst. 2. Gesamtheit der Fabrikationsbetriebe einer bestimmten Branche

In|dus|t|rie|de|sign [...dizaɪn], das; -s: ↑Industrial Design

In|dus|t|rie|ka|pi|tän, der; -s, -e (ugs.): Leiter eines großen Industriebetriebes

in|dus|t|ri|ell: a) die Industrie betreffend; b) mithilfe der Industrie (1) hergestellt

In|dus|t|rie|ma|g|nat, der; -en, -en: Eigentümer großer, in Industriebetrieben investierter Kapitalien

in|du|zie|ren: 1. vom besonderen Einzelfall auf das Allgemeine, Gesetzmäßige schließen. 2. (Elektrot.) elektrische Ströme u. Spannungen in elektrischen Leitern durch bewegte Magnetfelder erzeugen

in|ef|fek|tiv [auch: ...'ti:f]: unwirksam

in|ef|fi|zi|ent [auch: ...'tsi̯ɛnt]: unwirksam, nicht leistungsfähig; unwirtschaftlich

In|ef|fi|zi|enz [auch: ...'tsi̯ɛnts], die; -, -en: Unwirksamkeit, Wirkungslosigkeit

in|ert (veraltet): untätig, träge; unbeteiligt

in|es|sen|zi|ell, in|es|sen|ti|ell [auch: ...'tsi̯ɛl] (Philos.): nicht wesensmäßig, unwesentlich

in|exis|tent [auch: ...'tɛnt]: nicht vorhanden, nicht bestehend

in ex|ten|so: ausführlich; vollständig

in|fam: bösartig u. jmdm. auf durchtriebene, schändliche Weise schadend

In|fa|mie, die; -, ...ien: a) (ohne Plural) infame Art, Niedertracht; b) infame Äußerung, Handlung o. Ä.; Unverschämtheit

In|fant, der; -en, -en (Geschichte): Titel spanischer u. portugiesischer Prinzen

In|fan|te|rie [...t(ə)ri, ...tə'ri:, ...'tri:], die; -, ...ien: a) auf den Nahkampf spezialisierte Waffengattung der Kampftruppen; b) (ohne Plural) Soldaten der Infanterie (a)

In|fan|te|rist [...t(ə)rɪst, auch: ...tə'rɪst, ...'trɪst], der; -en, -en: Soldat der Infanterie

in|fan|til: a) (abwertend) auf kindlicher Entwicklungsstufe stehen geblieben; b) (Fachspr.) der kindlichen Entwicklungsstufe entsprechend

in|fan|ti|li|sie|ren: bevormunden

In|fan|ti|li|sie|rung, die; -, -en: a) das Infantilisieren; b) das Infantilwerden

In|fan|ti|lis|mus, der; -, ...men: 1. (ohne Plural; Med., Psychol.) körperliches, geistiges Stehenbleiben auf kindlicher Entwicklungsstufe. 2. Äußerung, Merkmal des Infantilismus (1)

In|fan|ti|li|tät, die; -: a) kindisches Wesen, Unreife; b) Kindlichkeit, kindliches Wesen

In|fan|tin, die; -, -nen: weibliche Form zu ↑Infant

I

In|farkt, der; -[e]s, -e (Med.): a) Absterben eines Gewebestücks od. Organteils nach längerer Blutleere infolge Gefäßverschlusses; b) plötzliche Unterbrechung der Blutzufuhr in den Herzkranzgefäßen; Herzinfarkt

In|fekt, der; -[e]s, -e (Med.): 1. Infektionskrankheit. 2. ↑Infektion (1)

In|fek|ti|on, die; -, -en (Med.): 1. Ansteckung [durch Krankheitserreger]. 2. (ugs.) Infektionskrankheit, Entzündung

in|fek|ti|ös (Med.): ansteckend; auf Ansteckung beruhend

in|fe|ri|or: 1. untergeordnet. 2. a) jmdm. unterlegen; b) (österr.) äußerst mittelmäßig. 3. minderwertig, gering

In|fe|ri|o|ri|tät, die; -: 1. untergeordnete Stellung. 2. Unterlegenheit. 3. Minderwertigkeit

in|fer|nal (seltener), **in|fer|na|lisch:** a) höllisch, teuflisch; Vorstellungen von der Hölle weckend; b) schrecklich, unerträglich

In|fer|no, das; -s, -s: 1. Unterwelt, Hölle. 2. a) schreckliches, unheilvolles Geschehen, von dem viele Menschen betroffen sind; b) Ort eines schrecklichen, unheilvollen Geschehens

In|fer|ti|li|tät, die; - (Med.): Unfruchtbarkeit

In|fight ['ɪnfaɪt], der; -[s], -s, **In|figh|ting,** das; -[s], -s (Boxsport): Nahkampf

In|fil|t|ra|ti|on, die; -, -en: 1. das Eindringen, Einsickern, Einströmen (z. B. von Flüssigkeiten). 2. [ideologische] Unterwanderung

I

in|fil|t|rie|ren: 1. (Fachspr.) a) eindringen, einsickern; b) einflößen. 2. in [fremdes] Staatsgebiet, in eine Organisation eindringen [lassen] u. ideologisch unterwandern

in|fi|nit [auch: ...'ni:t] (Sprachwiss.): unbestimmt

in|fi|ni|te|si|mal (Math.): zum Grenzwert hin unendlich klein werdend

In|fi|ni|te|si|mal|rech|nung, die; -: ↑Differenzial- u. ↑Integralrechnung

In|fi|ni|tiv [auch: ...'ti:f], der; -s, -e: Grundform, Nennform, durch Person, Numerus u. Modus nicht näher bestimmte Verbform

in|fi|zie|ren (Med.): a) eine Krankheit, Krankheitserreger übertragen; b) sich infizieren: Krankheitskeime aufnehmen, sich anstecken

in fla|g|ran|ti: auf frischer Tat

In|fla|ti|on, die; -, -en: 1. a) (Wirtsch.) mit Geldentwertung u. Preissteigerungen verbundene beträchtliche Erhöhung des Geldumlaufs im Verhältnis zur Produktion; b) Zeit, in der eine Inflation (1 a) stattfindet. 2. das Auftreten in allzu großer Menge

in|fla|ti|o|när: die Geldentwertung vorantreibend, auf eine Inflation hindeutend

in|fla|to|risch: 1. ↑inflationär. 2. eine Inflation darstellend

in|fle|xi|bel [auch: ...'ksi:...]: 1. (selten) unbiegsam, unelastisch. 2. (Sprachwiss.) nicht beugbar. 3. nicht anpassungsfähig

In|fle|xi|bi|li|tät, die; -: 1. (selten) Unbiegsamkeit. 2. starre Geisteshaltung; Unfähigkeit zu anpassungsfähigem Verhalten

In|flu|en|za, die; -: ↑Grippe

In|fo|gra|fik, die; -, -en: bildliche Darstellung von Zusammenhängen

In|fo|line [...laɪn], die; -, -s: telefonischer Auskunftsdienst

In|fo|mo|bil [auch: 'ɪn...], das; -s, -e (ugs.): Fahrzeug, meist Omnibus, als fahrbarer Informationsstand

In|fo|point [...pɔɪnt], der; -s, -s: Informationsschalter, -stelle; Auskunft

In|fo|post, die; - (Postw.): in größeren Mengen verschickte Postsendungen (z. B. Werbung, Kataloge); Massendrucksachen

In|for|mand, der; -en, -en: jmd., der [im Rahmen einer praktischen Ausbildung] mit den Grundfragen eines bestimmten Tätigkeitsbereiches vertraut gemacht werden soll

In|for|man|din, die; -, -nen: weibliche Form zu ↑Informand

In|for|mant, der; -en, -en: jmd., der [geheime] Informationen liefert, Gewährsmann

In|for|man|tin, die; -, -nen: weibliche Form zu ↑Informant

In|for|ma|tik, die; -: Wissenschaft von den elektronischen Datenverarbeitungsanlagen u. den Grundlagen ihrer Anwendung

In|for|ma|ti|ker, der; -s, -: Wissenschaftler, Fachmann auf dem Gebiet der Informatik

In|for|ma|ti|ke|rin, die; -, -nen: weibliche Form zu ↑Informatiker

In|for|ma|ti|on, die; -, -en: 1. a) Nachricht, Mitteilung, Hinweis; Auskunft; Belehrung, Aufklärung; b) Kurzform von Informationsstand. 2. (Informationstheorie) Gehalt einer Nachricht, die aus Zeichen eines Codes (1) zusammengesetzt ist

in|for|ma|ti|o|nell: die Information betreffend

In|for|ma|ti|ons|tech|no|lo|gie, die; -, -n: Technologie der Gewinnung, Speicherung u. Verarbeitung von Informationen

In|for|ma|ti|ons|the|o|rie, die; -: 1. Forschungszweig der Psychologie, der die Abhängigkeit menschlicher Entscheidungen vom Umfang der für eine sichere Entscheidung erforderlichen Informationen zu ermitteln versucht. 2. mathematische Theorie der elektronischen Nachrichtenübertragung

in|for|ma|tiv: belehrend, aufschlussreich

In|for|ma|tor, der; -s, ...oren: jmd., der andere informiert (1)

In|for|ma|to|rin, die; -, -nen: weibliche Form zu ↑Informator

in|for|ma|to|risch: der Information dienend, einen allgemeinen Überblick verschaffend

In|for|mel [ɛ̃fɔr'mɛl], das; -: Richtung der modernen Malerei, die frei von allen Regeln unter Verwendung von Stofffetzen, Holz o. Ä. zu kühnen u. fantastischen Bildern gelangt

in|for|mie|ren: 1. in Kenntnis setzen. 2. sich informieren: Auskünfte, Erkundigungen einziehen, sich unterrichten

In|fo|screen […skri:n], der; -s, -s: digitaler Großbildschirm, der Informationen, Unterhaltung u. Werbung anzeigt
In|fo|tain|ment […'tɛɪnmənt], das; -s: durch Showelemente, -effekte aufgelockerte Vorstellung von Nachrichten, Fakten o. Ä. (z. B. in Nachschlagewerken)
in|f|ra|rot: zum Bereich des Infrarots gehörend
In|f|ra|rot, das; -[s] (Physik): unsichtbare Wärmestrahlen, die im Spektrum zwischen dem roten Licht u. den kürzesten Radiowellen liegen
In|f|ra|struk|tur, die; -, -en: notwendiger wirtschaftlicher u. organisatorischer Unterbau einer hoch entwickelten Wirtschaft
in|f|ra|struk|tu|rell: die Infrastruktur betreffend
In|ful, die; -, -n: 1. altrömische weiße Stirnbinde der Priester u. der kaiserlichen Statthalter. 2. katholisches geistliches Würdezeichen; Mitra
In|fus, das; -es, -e (Med.): Aufguss
In|fu|si|on, die; -, -en (Med.): Einführung größerer Flüssigkeitsmengen in den Organismus, besonders in eine Blutader
In|fu|so|ri|um, das; -s, …ien (meist Plural): Aufgusstierchen (einzelliges Wimpertierchen)
In|ge|ni|eur [ɪnʒe'ni̯øːɐ̯], der; -s, -e: auf einer [Fach]hochschule ausgebildeter Techniker; Abkürzungen: Ing., Dipl.-Ing., Dr.-Ing.
In|ge|ni|eu|rin, die; -, -nen: weibliche Form zu ↑ Ingenieur
in|ge|ni|ös: erfinderisch, kunstvoll erdacht; scharfsinnig, geistreich
In|ge|ni|um, das; -s, …ien: natürliche Begabung, [schöpferische] Geistesanlage, Erfindungskraft, Genie
Ing|wer, der; -s, -: 1. (ohne Plural) tropische u. subtropische Gewürzpflanze. 2. (ohne Plural) a) essbarer, aromatischer, brennend scharf schmeckender Teil des Wurzelstocks des Ingwers (1); b) aus dem Wurzelstock der Ingwerpflanze gewonnenes aromatisches, brennend scharfes Gewürz
In|ha|la|ti|on, die; -, -en (Med.): Einatmung von Heilmitteln (z. B. in Form von Dämpfen)
in|ha|lie|ren: a) eine Inhalation vornehmen; b) (ugs.) [Zigaretten] über die Lunge rauchen
in|hä|rent (Philos.): einer Sache innewohnend
in|ho|mo|gen [auch: …'ge:n]: nicht gleich[artig]
In|ho|mo|ge|ni|tät [auch: 'ɪn…], die; -: Ungleichartigkeit
in|hu|man [auch: …'ma:n]: nicht menschenwürdig, unmenschlich
In|hu|ma|ni|tät [auch: 'ɪn…], die; -, -en: Nichtachtung der Menschenwürde
in in|fi|ni|tum vgl. ad infinitum
in|i|ti|al: anfänglich, beginnend
In|i|ti|al, das; -s, -e (seltener), **In|i|ti|a|le,** die; -, -n: großer, meist durch Verzierung u. Farbe ausgezeichneter Anfangsbuchstabe
In|i|ti|al|wort, das; -[e]s, …wörter: ↑ Akronym
In|i|ti|al|zün|dung, die; -, -en: Sprengstoffexplosion mit Initialsprengstoff
In|i|ti|and, der; -en, -en: jmd., der in etwas eingeweiht werden soll
In|i|ti|an|din, die; -, -nen: weibliche Form zu ↑ Initiand
In|i|ti|ant, der; -en, -en: jmd., der die Initiative (1 a) ergreift
In|i|ti|an|tin, die; -, -nen: weibliche Form zu ↑ Initiant
In|i|ti|a|ti|on, die; -, -en: [durch bestimmte Bräuche geregelte] Aufnahme eines Neulings in eine Gemeinschaft, einen Geheimbund o. Ä.
In|i|ti|a|ti|ons|ri|tus, der; -, …ten (Völkerkunde): Brauch bei der Initiation
in|i|ti|a|tiv: Initiative besitzend, ergreifend
In|i|ti|a|tiv|an|trag, der; -[e]s, …anträge: die parlamentarische Diskussion eines bestimmten Problems einleitender Antrag
In|i|ti|a|ti|ve, die; -, -n: 1. a) erster tätiger Anstoß zu einer Handlung, der Beginn einer Handlung; b) Entschlusskraft, Unternehmungsgeist. 2. Recht zur Einbringung einer Gesetzesvorlage (in der Volksvertretung)
In|i|ti|a|tiv|recht, das; -[e]s, -e: das Recht, Gesetzentwürfe einzubringen (z. B. einer Fraktion)
In|i|ti|a|tor, der; -s, …oren: 1. jmd., der etwas veranlasst u. dafür verantwortlich ist; Urheber, Anreger. 2. (Chemie) Stoff, der bereits in geringer Konzentration eine chemische Reaktion einleitet

In|i|ti|a|to|rin, die; -, -nen: weibliche Form zu ↑Initiator (1)

in|i|ti|ie|ren: 1. a) den Anstoß geben; b) die Initiative (1 a) ergreifen. 2. [mit einem Ritual] in einen Kreis einführen, in eine Gemeinschaft aufnehmen; einweihen

In|jek|ti|on, die; -, -en (Med.): das Injizieren; Spritze

In|jek|tor, der; -s, ...oren: 1. Pressluftzubringer in Saugpumpen. 2. Dampfstrahlpumpe zur Speisung von Dampfkesseln

in|ji|zie|ren (Med.): in den Körper einspritzen

In|ju|rie [...i̯ə], die; -, -n: Unrecht, Beleidigung durch Worte od. Taten

In|ka, der; -[s], -[s] (Geschichte): Angehöriger der ehemaligen indianischen Herrscher- u. Adelsschicht in Peru

I

in|kar|nat: fleischfarben

In|kar|nat, das; -[e]s: fleischfarbener Ton

In|kar|na|ti|on, die; -, -en: 1. Menschwerdung eines göttlichen Wesens. 2. Verkörperung

in|kar|nie|ren, sich: sich verkörpern

in|kar|niert: 1. fleischgeworden. 2. verkörpert

In|kas|so, das; -s, -s, auch, österr. nur: ...ssi: Beitreibung, Einziehung fälliger Forderungen

In|kas|so|bü|ro, das; -s, -s: Unternehmen, das sich mit der Einziehung fälliger Forderungen befasst

In|kli|na|ti|on, die; -, -en: Neigung, Hang

in|klu|die|ren (veraltet): einschließen

In|klu|sen, die (nur Plural) (Geschichte): Menschen, die sich zu Askese u. Gebet einschließen od. einmauern ließen

in|ko|g|ni|to: unter einem fremden Namen

In|ko|g|ni|to, das; -s, -s: Verheimlichung der Identität einer Person, das Auftreten unter fremdem Namen

in|ko|hä|rent: unzusammenhängend

In|ko|hä|renz, die; -, -en: mangelnder Zusammenhang

in|kom|men|su|ra|bel: nicht messbar; nicht vergleichbar

In|kom|men|su|ra|bi|li|tät, die; - (Physik): Unvergleichbarkeit von Stoffen mit Messwerten wegen fehlender zum Vergleich geeigneter Eigenschaften

in|kom|pa|ti|bel: nicht ↑kompatibel

In|kom|pa|ti|bi|li|tät, die; -, -en: das Inkompatibelsein

in|kom|pe|tent [auch: ...ˈtɛnt]: a) (bes. Rechtsspr.) nicht zuständig, nicht befugt, eine Angelegenheit zu behandeln; b) nicht maßgebend, nicht urteilsfähig, nicht über den nötigen Sachverstand verfügend

In|kom|pe|tenz [auch: ...ˈtɛnts], die; -, -en: a) das Nichtzuständigsein, Nichtbefugnis; b) Unfähigkeit, Unvermögen

in|kom|plett [auch: ...ˈplɛt]: unvollständig

in|kon|gru|ent [auch: ...ˈɛnt]: nicht übereinstimmend, nicht deckungsgleich

In|kon|gru|enz [auch: ...ˈɛnts], die; -, -en: Nichtübereinstimmung, Nichtdeckung

in|kon|se|quent [auch: ...ˈkvɛnt]: nicht folgerichtig; widersprüchlich [im Verhalten]

In|kon|se|quenz [auch: ...ˈkvɛnts], die; -, -en: mangelnde Folgerichtigkeit; Widersprüchlichkeit [im Verhalten]

in|kon|sis|tent [auch: ...ˈtɛnt]: a) keinen Bestand habend; b) widersprüchlich, unzusammenhängend in der Gedankenführung

In|kon|sis|tenz [auch: ...ˈtɛnts], die; -: a) Unbeständigkeit; b) Widersprüchlichkeit

In|kon|s|tanz [auch: ...ˈstants], die; -: Unbeständigkeit

in|kon|ti|nent [auch: ...ˈnɛnt] (Med.): Inkontinenz aufweisend

In|kon|ti|nenz [auch: ...ˈnɛnts], die; -, -en (Med.): Unvermögen, Harn od. Stuhl willkürlich zurückzuhalten

In|kon|ve|ni|enz [auch: ...ˈni̯ɛnts], die; -, -en (veraltet): 1. Ungehörigkeit, Unschicklichkeit. 2. Unbequemlichkeit, Ungelegenheit

In|kor|po|ra|ti|on, die; -, -en: 1. Aufnahme von körperfremden Bestandteilen in den Organismus. 2. (Rechtswiss.) Eingemeindung; rechtliche Einverleibung eines Staates durch einen anderen Staat. 3. Aufnahme in eine Körperschaft od. studentische Verbindung

in|kor|po|rie|ren: 1. (bes. Med.) in den Körper eindringen lassen. 2. (Rechtsspr.) eingemeinden, einen Staat in einen andern eingliedern. 3. in eine Körperschaft od. studentische Verbindung aufnehmen

in|kor|rekt [auch: ...ˈrɛkt]: ungenau, unrichtig; fehlerhaft, unangemessen; unordentlich

In|kor|rekt|heit [auch: ...'rɛkt...], die; -, -en: 1. (ohne Plural) a) inkorrekte Art, Fehlerhaftigkeit; b) Unangemessenheit. 2. a) Fehler, Unrichtigkeit (in einer Äußerung usw.); b) Beispiel, Fall inkorrekten Verhaltens

In|kre|ment, das; -[e]s, -e (Math.): Betrag, um den eine Größe zunimmt

In|kret, das; -[e]s, -e: von den Blutdrüsen in den Körper abgegebener Stoff (Hormon)

in|kri|mi|nie|ren (Rechtswiss.): jmdn. [eines Verbrechens] beschuldigen, anschuldigen

in|kri|mi|niert: [als Verstoß, Vergehen o. Ä.] zur Last gelegt, zum Gegenstand einer Strafanzeige, einer öffentlichen Beschuldigung gemacht

In|krus|ta|ti|on, die; -, -en: 1. (Kunstwiss.) farbige Verzierung von Flächen durch Einlagen (meist Stein in Stein). 2. (Geol.) Krustenbildung durch chemische Ausscheidung. 3. eingesetzter Besatzteil, Blende, Ornament; Inkrustierung

In|ku|ba|ti|on, die; -, -en: 1. (Biol.) Bebrütung von Vogeleiern. 2. (Med.) a) Vermehrung von Krankheitserregern im Körper; b) das Behandeln von Frühgeborenen in einem Brutkasten; c) verspätete Reaktion auf ein psychisches Trauma; d) Kurzform von ↑Inkubationszeit

In|ku|ba|ti|ons|zeit, die; -, -en (Med.): Zeit von der Ansteckung bis zum Ausbruch einer Krankheit

In|ku|ba|tor, der; -s, ...oren: 1. (Med.) Brutkasten für Frühgeburten. 2. Behälter mit Bakterienkulturen. 3. (Wirtsch.) Fördereinrichtung für neu gegründete Wirtschaftsunternehmen

In|ku|bus, der; -, Inkuben: 1. nächtlicher Dämon, Buhlteufel des mittelalterl. Hexenglaubens. 2. Albdrücken

In|ku|na|bel, die; -, -n (meist Plural): Wiegendruck, Frühdruck, Druck-Erzeugnis aus der Frühzeit des Buchdrucks (vor 1500)

In|lay ['ɪnlɛɪ̯], das; -s, -s: aus Metall, Keramik od. Porzellan gegossene Zahnfüllung

In|li|ner ['ɪnlaɪ̯nɐ], der; -s, -: 1. ↑Inlineskater (1). 2. ↑Inlineskater (2)

In|line|skate ['ɪnlaɪ̯nskɛɪ̯t], der; -s, -s (meist Plural): Rollschuh mit schmalen, in einer Linie hintereinander angeordneten Rollen

in|line|ska|ten [...skɛɪ̯tn̩]: auf Inlineskates laufen

In|line|ska|ter [...skɛɪ̯tɐ], der; -s, -: 1. Rollschuh mit schmalen, hintereinander angeordneten Rollen. 2. jmd., der mit Inlineskates läuft

In|line|ska|ting [...skɛɪ̯tɪŋ], das; -s: Rollschuhlaufen mit Inlineskates

in me|di|as res: ohne Einleitung u. Umschweife zur Sache

in me|mo|ri|am: zum Gedächtnis, zum Andenken (z. B.: in memoriam des großen Staatsmannes; in memoriam Maria Theresia)

in na|tu|ra: 1. leibhaftig, wirklich, persönlich. 2. (ugs.) in Waren, in Form von Naturalien

In|ner|va|ti|on, die; -, -en: 1. Versorgung von Geweben u. Organen mit Nerven. 2. (Med.) Leitung der Nervenreize zu den Organen

in|ner|vie|ren: 1. (Med.) mit Nerven od. Nervenreizen versehen. 2. anregen

In|no|va|ti|on, die; -, -en: Einführung von etwas Neuem; Erneuerung, Neuerung

in|no|va|tiv: Innovationen schaffend, beinhaltend

in|no|va|to|risch: Innovationen zum Ziel habend

in nu|ce: im Kern; in Kürze, kurz u. bündig

in|of|fi|zi|ell [auch: ...'tsi̯ɛl]: 1. a) nicht in amtlichem, offiziellem Auftrag; nicht amtlich; b) einer amtlichen, offiziellen Stelle nicht bekannt, nicht von ihr ausgehend. 2. nicht förmlich, nicht feierlich, nicht in offiziellem Rahmen

in|ope|ra|bel [auch: ...'ra:...] (Med.): nicht operierbar; durch Operation nicht heilbar

in|op|por|tun [auch: ...'tu:n]: nicht angebracht, nicht zweckmäßig; unpassend

In|op|por|tu|ni|tät [auch: ...'tɛt], die; -, -en: das Unangebrachtsein, Unzweckmäßigkeit, Ungünstigkeit

in per|so|na: in Person, persönlich, selbst

in pet|to: beabsichtigt, geplant

in pra|xi: a) in der Praxis, im wirklichen Leben; tatsächlich; b) in der Rechtsprechung (im Gegensatz zur Rechtslehre); vgl. Praxis (1)

I

I

in punc|to: in dem Punkt, hinsichtlich
In|put, der, auch: das; -s, -s: 1. (Wirtsch.) die in einem Produktionsbetrieb eingesetzten, aus anderen Teilbereichen der Wirtschaft bezogenen Produktionsmittel (Ggs.: ↑Output 1). 2. (EDV) Eingabe von Daten in einen Computer
In|qui|si|ti|on, die; -, -en: (Geschichte) Untersuchung durch Institutionen der katholischen Kirche u. daraufhin durchgeführte staatliche Verfolgung der ↑Häretiker zur Reinerhaltung des Glaubens (bis ins 19. Jh., bes. während der Gegenreformation)
In|qui|si|tor, der; -s, ...oren: 1. (Geschichte) jmd., der ein Inquisitionsverfahren leitet od. anstrengt. 2. [strenger] Untersuchungsrichter
in|qui|si|to|risch: nach Art eines Inquisitors, peinlich ausfragend
in|schal|lah: wenn Allah will
In|sekt, das; -[e]s, -en: Kerbtier (geflügelter, Luft atmender Gliederfüßer)
In|sek|ti|zid, das; -s, -e: Insektenbekämpfungsmittel
In|se|mi|na|ti|on, die; -, -en (Med., Zool.): künstliche Besamung, Samenübertragung
in|se|quent [auch: ...ˈkvɛnt] (Geol.): keine Beziehung zum Schichtenbau der Erde habend (in Bezug auf Flussläufe)
In|se|rat, das; -[e]s, -e: Anzeige (in einer Zeitung, Zeitschrift o. Ä.)
In|se|rent, der; -en, -en: jmd., der ein Inserat aufgibt
In|se|ren|tin, die; -, -nen: weibliche Form zu ↑Inserent
in|se|rie|ren: ein Inserat aufgeben
In|side [ˈɪnsaɪ̯d], der; -[s], -s (Fußball; schweiz. veraltet): Innenstürmer, Halbstürmer
In|si|der [ˈɪnsaɪ̯dɐ], der; -s, -: jmd., der bestimmte Dinge, Vorgänge od. Verhältnisse als ein Dazugehörender, Eingeweihter kennt
In|si|de|rin, die; -, -nen: weibliche Form zu ↑Insider
In|si|der|tipp, der; -s, -s: Geheimtipp
in|si|nu|ie|ren: a) unterstellen; b) einflüstern, zutragen; c) sich insinuieren: sich einschmeicheln
in|sis|tent (selten): auf etwas bestehend, beharrlich, hartnäckig
In|sis|tenz, die; -: Beharrlichkeit, Hartnäckigkeit
in|sis|tie|ren: auf etwas bestehen, beharren
in si|tu: a) (Med.) in der natürlichen, richtigen Lage (von Organen, Körperteilen, Geweben o. Ä.); vgl. Situs; b) (Archäol.) in originaler Lage (von ausgegrabenen Gegenständen, Fundstücken)
In|so|la|ti|on, die; -, -en: 1. (Meteorol.) Strahlung der Sonne auf die Erde, Sonneneinstrahlung. 2. (Med.) Sonnenstich
in|sol|vent [auch: ˈɪn...] (Wirtsch.): zahlungsunfähig
In|sol|venz [auch: ˈɪn...], die; -, -en (Wirtsch.): Zahlungsunfähigkeit
in spe [- ˈspeː]: zukünftig, baldig
In|s|pek|teur [...ˈtøːɐ̯], der; -s, -e: 1. Leiter einer Inspektion (2). 2. Dienststellung der ranghöchsten, Aufsicht führenden Offiziere der Teilstreitkräfte der Bundeswehr
In|s|pek|teu|rin [...ˈtøːrɪn], die; -, -nen: weibliche Form zu ↑Inspekteur
In|s|pek|ti|on, die; -, -en: 1. a) Prüfung, Kontrolle; b) regelmäßige Untersuchung u. Wartung eines Kraftfahrzeugs (gegebenenfalls mit Reparaturen). 2. Behörde, der die Prüfung od. Aufsicht [über die Ausbildung der Truppen] obliegt
In|s|pek|tor, der; -s, ...oren: 1. Verwaltungsbeamter auf der ersten Stufe des gehobenen Dienstes (bei Bund, Ländern u. Gemeinden). 2. jmd., der etwas inspiziert, dessen Amt es ist, Inspektionen durchzuführen
In|s|pek|to|rin, die; -, -nen: weibliche Form zu ↑Inspektor
In|s|pi|ra|ti|on, die; -, -en: 1. schöpferischer Einfall, Gedanke; plötzliche Erkenntnis, erhellende Idee, die jmdn. weiterführt; Eingebung. 2. (ohne Plural; Med.) Einatmung; das Einsaugen der Atemluft
In|s|pi|ra|tor, der; -s, ...oren: jmd., der einen anderen inspiriert, zu etwas anregt
In|s|pi|ra|to|rin, die; -, -nen: weibliche Form zu ↑Inspirator
in|s|pi|rie|ren: zu etwas anregen, animieren

In|s|pi|zi|ẹnt, der; -en, -en: 1. für den reibungslosen Ablauf von Proben und Aufführungen beim Theater oder von Sendungen beim Rundfunk und Fernsehen Verantwortlicher. 2. Aufsicht führende Person

In|s|pi|zi|ẹn|tin, die; -, -nen: weibliche Form zu ↑Inspizient

in|s|pi|zie|ren: be[auf]sichtigen; prüfen

ịn|sta|bil [auch: ...ˈbiːl]: unbeständig

In|sta|bi|li|tät, die; -, -en (Plural selten): Unbeständigkeit, Veränderlichkeit, Unsicherheit

In|s|tal|la|teur [...ˈtøːɐ̯], der; -s, -e: Einrichter von technischen Anlagen (Heizung, Gas, Wasser, Licht)

In|s|tal|la|teu|rin [...ˈtøːrɪn], die; -, -nen: weibliche Form zu ↑Installateur

In|s|tal|la|ti|on, die; -, -en: 1. a) Einbau, Anschluss (von technischen Anlagen); b) technische Anlage. 2. (EDV) das Überspielen eines Computerprogramms auf die Festplatte

in|s|tal|lie|ren: 1. technische Anlagen einrichten, einbauen, anschließen. 2. (EDV) ein Computerprogramm auf die Festplatte überspielen. 3. a) irgendwo einrichten, in etwas unterbringen; b) sich installieren: sich einrichten

ịn|s|tant [auch: ˈɪnstənt]: sofort [löslich], ohne Vorbereitung zur Verfügung (als nachgestelltes Attribut gebraucht: z. B. Kartoffelsuppe instant)

In|s|tạnz, die; -, -en: zuständige Stelle (bes. bei Behörden od. Gerichten)

in sta|tu nas|cẹn|di: im Zustand des Entstehens

In|s|tịnkt, der; -[e]s, -e: 1. angeborene, keiner Übung bedürfende Verhaltensweise u. Reaktionsbereitschaft der Triebsphäre, meist im Interesse der Selbst- u. Arterhaltung (bes. bei Tieren). 2. sicheres Gefühl für etwas

in|s|tink|tiv: 1. instinktbedingt, durch den Instinkt geleitet. 2. von einem Gefühl geleitet, gefühlsmäßig, unwillkürlich

In|s|ti|tut, das; -[e]s, -e: 1. Forschungs-, Lehranstalt. 2. Rechtsgebilde (z. B. Ehe, Familie, Eigentum o. Ä.)

In|s|ti|tu|ti|on, die; -, -en: 1. einem bestimmten Bereich zugeordnete öffentliche [staatliche, kirchliche] Einrichtung, die dem Wohl od. Nutzen des Einzelnen od. der Allgemeinheit dient. 2. (bes. Soziol.) bestimmten stabilen Mustern folgende Form menschlichen Zusammenlebens. 3. (veraltet) Einsetzung in ein [kirchl.] Amt

in|s|ti|tu|ti|o|na|li|sie|ren: a) in eine gesellschaftlich anerkannte, feste [starre] Form bringen; b) sich institutionalisieren: eine [gesellschaftlich anerkannte] feste [starre] Form annehmen; zu einer Institution (2) werden

In|s|ti|tu|ti|o|na|li|sie|rung, die; -: das Institutionalisieren

in|s|ti|tu|ti|o|nẹll: 1. die Institution betreffend. 2. ein Institut betreffend, zu einem Institut gehörend

in|s|t|ru|ie|ren: 1. in Kenntnis setzen; unterweisen, lehren, anleiten. 2. (veraltet) eine Rechtssache zur Entscheidung vorbereiten

In|s|t|ruk|teur [...ˈtøːɐ̯], der; -s, -e: jmd., der andere unterrichtet, [zum Gebrauch von Maschinen, zur Auslegung von Vorschriften, Richtlinien o. Ä.] anleitet

In|s|t|ruk|teu|rin [...ˈtøːrɪn], die; -, -nen: weibliche Form zu ↑Instrukteur

In|s|t|ruk|ti|on, die; -, -en: Anleitung; Vorschrift, Richtschnur, Dienstanweisung

in|s|t|ruk|tiv: lehrreich, aufschlussreich

In|s|t|rụk|tor, der; -s, ...oren: 1. (veraltet) Lehrer; Erzieher (bes. von Einzelpersonen). 2. (österr.) ↑Instrukteur

In|s|t|ruk|to|rin, die; -, -nen: weibliche Form zu ↑Instruktor

In|s|t|ru|mẹnt, das; -[e]s, -e: 1. Gerät, feines Werkzeug [für technische od. wissenschaftliche Arbeiten]. 2. Kurzform von ↑Musikinstrument

in|s|t|ru|men|tal: 1. a) durch Musikinstrumente ausgeführt, Musikinstrumente betreffend; b) wie Instrumentalmusik klingend. 2. als Mittel od. Werkzeug dienend. 3. das Mittel od. Werkzeug bezeichnend

in|s|t|ru|men|ta|li|sie|ren: 1. [in der Unterhaltungsmusik] ein Gesangsstück zu einem Instrumentalstück umschreiben; vgl. instrumentieren (1). 2. (für seine Zwecke) als Instrument benutzen

In|s|t|ru|men|ta|list, der; -en, -en: jmd., der [berufsmäßig] bes. in einem ↑Ensemble (b) ein Instrument spielt

In|s|t|ru|men|ta|lis|tin, die; -, -nen: weibliche Form zu ↑Instrumentalist

In|s|t|ru|men|tal|mu|sik, die; -, -en: nur mit Instrumenten ausgeführte Musik

In|s|t|ru|men|ta|ri|um, das; -s, ...ien: 1. alles, was zur Durchführung einer Tätigkeit o. Ä. gebraucht wird. 2. Instrumentensammlung. 3. Gesamtzahl der in einem Klangkörper für eine bestimmte musikalische Aufführung vorgesehenen Musikinstrumente

In|s|t|ru|men|ta|ti|on, die; -, -en: Anordnung und Verwendung der Orchesterinstrumente in einer mehrstimmigen Komposition

I

in|s|t|ru|men|tell: Instrumente (1) betreffend, mit Instrumenten versehen, unter Zuhilfenahme von Instrumenten

in|s|t|ru|men|tie|ren: 1. eine Komposition für die einzelnen Orchesterinstrumente ausarbeiten. 2. mit [technischen] Instrumenten ausstatten. 3. (Med.) [während einer OP] die chirurgischen Instrumente anreichen

In|s|t|ru|men|tie|rung, die; -, -en: das Instrumentieren

In|sub|or|di|na|ti|on [auch: 'ɪn...], die; -, -en: mangelnde Unterordnung; Ungehorsam gegenüber [militärischen] Vorgesetzten

In|suf|fi|zi|enz [auch: ...'tsi̯ɛnts], die; -, -en: 1. Unzulänglichkeit; Schwäche. 2. (Med.) ungenügende Leistung, Schwäche eines Organs. 3. (Rechtswiss.) Vermögenslage eines Schuldners, bei der die Gläubiger nicht ausreichend befriedigt werden können

In|su|la|ner, der; -s, -: Inselbewohner

in|su|lar: die Insel od. Inseln betreffend; inselartig; Insel...

In|su|lin, das; -s: 1. Hormon der Bauchspeicheldrüse. 2. Arzneimittel für Zuckerkranke

In|sult, der; -[e]s, -e: 1. [schwere] Beleidigung, Beschimpfung. 2. (Med.) Anfall (z. B. Schlaganfall)

in sum|ma: im Ganzen, insgesamt

In|sur|gent, der; -en, -en: Aufständischer

In|sze|na|tor, der; -s, ...oren: Leiter einer Inszenierung

in|sze|na|to|risch: die Inszenierung betreffend

in|sze|nie|ren: 1. eine Bühnenaufführung, einen Film gestalten. 2. (oft abwertend) geschickt ins Werk setzen, organisieren, einfädeln

In|sze|nie|rung, die; -, -en: 1. das Inszenieren. 2. inszeniertes Stück

in|takt: a) unversehrt, unberührt, heil; b) [voll] funktionsfähig, ohne Störungen funktionierend

In|tar|sia, die; -, ...ien (meist Plural): Einlegearbeit (andersfarbige Hölzer, Elfenbein, Metall usw. in Holz)

in|te|ger: ohne Makel; unbestechlich

in|te|g|ral: ein Ganzes ausmachend; für sich bestehend

In|te|g|ral, das; -s, -e: 1. Rechensymbol der Integralrechnung (Zeichen: ∫). 2. mathematischer Summenausdruck über die ↑Differenziale eines endlichen od. unendlichen Bereiches

In|te|g|ral|glei|chung, die; -, -en: mathematische Gleichung, bei der die Unbekannte in irgendeiner Form unter dem Integralzeichen auftritt

In|te|g|ral|rech|nung, die; -: Teilgebiet der ↑Infinitesimalrechnung (Umkehrung der Differenzialrechnung)

In|te|g|ra|ti|on, die; -, -en: 1. [Wieder]herstellung einer Einheit [aus Differenziertem]; Vervollständigung. 2. Einbeziehung, Eingliederung in ein größeres Ganzes. 3. Zustand, in dem sich etwas befindet, nachdem es integriert worden ist. 4. Berechnung eines Integrals (2)

in|te|g|ra|tiv: eine Integration (1–3) darstellend, in der Art einer Integration, auf eine Integration hindeutend

in|te|g|rier|bar: so geartet, dass man es integrieren kann; fähig, integriert zu werden

in|te|g|rie|ren: 1. a) in ein übergeordnetes Ganzes aufnehmen; b) sich integrieren: sich in ein übergeordnetes Ganzes einfügen. 2. (Math.) ein Integral (2) berechnen

in|te|g|rie|rend: zu einem Ganzen notwendig gehörend; wesentlich, unerlässlich

in|te|g|riert: durch Integration (1) entstanden, z. B. integrierte Gesamt[hoch]schule

In|te|g|rie|rung, die; -, -en: das Integrieren (2)

In|te|g|ri|tät, die; -: 1. Makellosigkeit, Unbescholtenheit, Unbestechlichkeit. 2. (Rechtswiss.) Unverletzlichkeit [eines Staatsgebietes]

In|te|gu|ment, das; -s, -e: 1. (Biol.) Gesamtheit der Hautschichten der Tiere u. des Menschen einschließlich der in der Haut gebildeten Haare, Federn, Stacheln, Kalkpanzer usw. 2. (Bot.) Hülle um die Samenanlage bei Pflanzen

In|tel|lekt, der; -[e]s: Fähigkeit, Vermögen, unter Einsatz des Denkens Erkenntnisse, Einsichten zu erlangen; Denk-, Erkenntnisvermögen; Verstand

In|tel|lek|tu|a|lis|mus, der; -, ...men: 1. philosophische Lehre, die dem Intellekt den Vorrang gibt. 2. übermäßige Betonung des Verstandes; einseitig verstandesmäßiges Denken

in|tel|lek|tu|ell: a) den Intellekt betreffend; geistig-begrifflich; b) einseitig, betont verstandesmäßig; auf den Intellekt ausgerichtet; c) die Intellektuellen betreffend

in|tel|li|gent: a) Intelligenz (1) besitzend; verständig; klug; begabt; b) (EDV) mit künstlicher Intelligenz arbeitend

In|tel|li|genz, die; -, -en: 1. [besondere] geistige Fähigkeit; Klugheit. 2. (ohne Plural) Schicht der wissenschaftlich Gebildeten. 3. (meist Plural; veraltend) Vernunftwesen, mit Intelligenz (1) ausgestattetes Lebewesen

In|tel|li|genz|ler, der; -s, - (abwertend): Angehöriger der Intelligenz (2)

In|tel|li|genz|le|rin, die; -, -nen: weibliche Form zu ↑Intelligenzler

In|tel|li|genz|quo|ti|ent, der; -en, -en: zahlenmäßig ausgedrückter Grad der Intelligenz (Abk.: IQ)

In|tel|li|genz|test, der; -[e]s, -s (auch: -e): psychologischer Test zur Messung der Intelligenz (1)

in|tel|li|gi|bel (Philos.): nur durch den Intellekt u. nicht durch die sinnliche Wahrnehmung erkennbar

In|ten|dant, der; -en, -en: künstlerischer u. geschäftlicher Leiter eines Theaters, einer Rundfunk- od. Fernsehanstalt

In|ten|dan|tin, die; -, -nen: weibliche Form zu ↑Intendant

In|ten|danz, die; -, -en: a) Amt eines Intendanten; b) Büro eines Intendanten

in|ten|die|ren: auf etwas hinzielen; beabsichtigen, anstreben, planen

In|ten|si|on, die; -, -en: 1. Anspannung; Kraft. 2. (Logik) Sinn, Inhalt einer Aussage

In|ten|si|tät, die; -: Stärke, Wirksamkeit

in|ten|siv: 1. gründlich u. konzentriert. 2. stark, kräftig, durchdringend (in Bezug auf Sinneseindrücke)

in|ten|si|vie|ren: verstärken, steigern; gründlicher durchführen

In|ten|siv|kurs, der; -es, -e: ↑Kurs (2 a), bei dem Kenntnisse durch intensiven (1) Unterricht in vergleichsweise kurzer Zeit vermittelt werden

I

In|ten|siv|sta|ti|on, die; -, -en (Med.): Krankenhausstation zur Betreuung akut lebensgefährlich erkrankter Personen

In|ten|ti|on, die; -, -en: 1. Absicht; Vorhaben; Anspannung geistiger Kräfte auf ein bestimmtes Ziel. 2. (Med.) Wundheilung [durch spontane Verklebung ohne Eiterung]

in|ten|ti|o|nal: mit einer Intention (1) verknüpft; zweckbestimmt; zielgerichtet

in|ter|agie|ren (Psychol., Soziol.): sich, agierend u. aufeinander reagierend, wechselseitig in seinem Verhalten beeinflussen

In|ter|ak|ti|on, die; -, -en (Psychol., Soziol.): das Interagieren

in|ter|ak|tiv: interagierend, zur Interaktion bereit, Interaktion ermöglichend

In|ter|ak|ti|vi|tät, die; - (bes. EDV): das Interaktivsein

In|ter|ci|ty® [...'sɪti], der; -[s], -s: Kurzform von ↑Intercityzug

In|ter|ci|ty|ex|press|zug [...'sɪti...], der; -[e]s, ...züge: besonders schneller Intercityzug (Abk.: ICE®)

In|ter|ci|ty|zug, der; -[e]s, ...züge: mit besonderem Komfort ausgestatteter Schnellzug, der nur an wichtigen Bahnhöfen hält, günstige Anschlusszüge hat und daher kürzere Fahrzeiten ermöglicht (Abk.: IC®)

in|ter|de|pen|dent: voneinander abhängend

I

In|ter|de|pen|denz, die; -, -en: gegenseitige Abhängigkeit

in|ter|dis|zi|p|li|när: mehrere Disziplinen (2 a) umfassend

in|te|r|es|sant: 1. geistige Teilnahme, Aufmerksamkeit erweckend; fesselnd. 2. (Kaufmannsspr.) vorteilhaft

In|te|r|es|se, das; -s, -n: 1. (ohne Plural) geistige Anteilnahme, Aufmerksamkeit. 2. a) (meist Plural) Vorliebe, Neigung; b) Neigung zum Kauf. 3. a) (meist Plural) Bestrebung, Absicht; b) das, woran jmdm. sehr gelegen ist, was für jmdn. od. etwas wichtig od. nützlich ist; Vorteil, Nutzen. 4. (nur Plural; veraltet) Zinsen

In|te|r|es|sen|ge|mein|schaft, die; -, -en: Zweckverband zur Wahrung [wirtschaftlicher] Interessen

In|te|r|es|sen|sphä|re, die; -, -n: Einflussgebiet eines Staates

In|te|r|es|sent, der; -en, -en: a) jmd., der an etwas Interesse zeigt, hat; b) potenzieller Käufer

In|te|r|es|sen|tin, die; -, -nen: weibliche Form zu ↑Interessent

in|te|r|es|sie|ren: 1. sich interessieren: a) Interesse zeigen, Anteilnahme bekunden; b) sich nach etwas erkundigen; etwas beabsichtigen, anstreben; an jmdm., an etwas interessiert sein (Interesse bekunden; haben wollen). 2. (jmdn. interessieren) a) jmds. Interesse wecken; b) jmdn. zu gewinnen suchen

in|te|r|es|siert: [starken] Anteil nehmend; geistig aufgeschlossen; aufmerksam

In|ter|face [...feɪs], das; -, -s [...sɪs] (EDV): Schnittstelle; Übergangs- bzw. Verbindungsstelle zwischen Bauteilen, Schaltkreisen, Programmen, Rechnern od. Geräten

In|ter|fe|renz, die; -, -en: Überlagerung, gegenseitige Beeinflussung

in|ter|fe|rie|ren: sich überlagern, überschneiden

In|ter|fe|ro|me|ter, das; -s, -: Gerät, mit dem man unter Ausnutzung der Interferenz Messungen ausführt (z. B. die Messung von Wellenlängen, der Konzentration bei Gasen, Flüssigkeiten o. Ä.)

In|ter|fe|ron, das; -s, -e (Med.): von Körperzellen gebildeter Eiweißkörper, der als Abwehrsubstanz bei der ↑Interferenz von Infektionen wirksam ist u. deshalb als Mittel zur Krebsbekämpfung angewendet wird

in|ter|frak|ti|o|nell: zwischen den Fraktionen bestehend (in Bezug auf Vereinbarungen), allen Fraktionen gemeinsam

in|ter|ga|lak|tisch (Astron.): zwischen den verschiedenen Milchstraßensystemen (vgl. Galaxie) gelegen

In|te|ri|eur [ɛ̃teˈri̯øːɐ̯], das; -s, -s u. -e: 1. a) das Innere [eines Raumes]; b) die Ausstattung eines Innenraumes. 2. einen Innenraum darstellendes Bild, bes. in der niederländischen Malerei des 17. Jh.s

In|te|rim, das; -s, -s: 1. Zwischenzeit. 2. vorläufige Regelung, Übergangslösung (vor allem im politischen Bereich)

in|te|ri|mis|tisch: vorläufig, einstweilig

In|ter|jek|ti|on, die; -, -en: Ausrufe-, Empfindungswort (z. B.: au, bäh)

in|ter|kan|to|nal (schweiz.): zwischen den Kantonen bestehend, allgemein

in|ter|kom|mu|nal: zwischen Städten, Kommunen bestehend (in Bezug auf Vereinbarungen, Finanzabkommen o. Ä.)

in|ter|kon|fes|si|o|nell: das Verhältnis verschiedener Konfessionen zueinander betreffend; über den Bereich einer Konfession hinausgehend; zwischenkirchlich

in|ter|kon|ti|nen|tal: a) zwischen zwei Kontinenten gelegen (in Bezug auf Mittelmeere); b) von einem Kontinent aus einen anderen erreichend (z. B.: interkontinentale Raketen)

In|ter|kon|ti|nen|tal|ra|ke|te, die; -, -n: landgestützte militärische Rakete mit großer Reichweite

in|ter|kul|tu|rell: die Beziehungen zwischen den verschiedenen Kulturen betreffend

in|ter|kur|rent (Med.), **in|ter|kur|rie|rend:** hinzukommend (z. B. von einer Krankheit, die zu einer anderen hinzukommt)

in|ter|me|di|är: in der Mitte liegend, dazwischen befindlich, ein Zwischenglied bildend

In|ter|mez|zo, das; -s, -s u. ...zzi: 1. a) Zwischenspiel im Drama, in der ernsten Oper;

b) kürzeres Klavier- od. Orchesterstück. 2. lustiger Zwischenfall; kleine, unbedeutende Begebenheit am Rande eines Geschehens

in|ter|mi|nis|te|ri|ẹll: die Zusammenarbeit zwischen den einzelnen Ministerien betreffend

in|ter|mit|tie|rend: zeitweilig aussetzend, nachlassend; mit Unterbrechungen verlaufend, z. B. intermittierender Strom; intermittierendes Fieber

in|tẹrn: 1. innerlich, inwendig. 2. (Med.) die inneren Organe betreffend. 3. nur den inneren, engsten Kreis einer Gruppe betreffend; im vertrauten Kreis erfolgend; nicht öffentlich. 4. im Internat wohnend

In|tẹr|na: *Plural* von ↑ Internum

in|ter|na|li|sie|ren (bildungsspr., Fachspr.): Werte, Normen, Auffassungen o. Ä. übernehmen u. sich zu eigen machen; verinnerlichen

In|ter|nat, das; -[e]s, -e: Schule mit angeschlossenem Wohnheim für die Schüler

in|ter|na|ti|o|nal [auch: 'ɪn...]: zwischenstaatlich, nicht national begrenzt

[1]In|ter|na|ti|o|na|le, die; -, -n: 1. ⟨Kurzf. von „Internationale Arbeiterassoziation"⟩: Vereinigung von Sozialisten u. Kommunisten (I., II. u. III. Internationale) unter dem Kampfruf: „Proletarier aller Länder, vereinigt euch!". 2. (ohne Plural) Kampflied der internationalen Arbeiterbewegung („Wacht auf, Verdammte dieser Erde")

[2]In|ter|na|ti|o|na|le, der u. die; -n, -n (Sport): jmd., der als Mitglied einer Nationalmannschaft internationale Wettkämpfe bestreitet

in|ter|na|ti|o|na|li|sie|ren: 1. die Gebietshoheit eines Staates über ein bestimmtes Staatsgebiet zugunsten mehrerer Staaten od. der ganzen Völkerrechtsgemeinschaft beschränken. 2. international machen

In|ter|na|ti|o|na|li|sie|rung, die; -, -en: das Internationalisieren

In|ter|na|ti|o|na|li|tät, die; -: Überstaatlichkeit

In|tẹr|ne, der u. die; -n, -n: Schüler[in] eines Internats; vgl. Externe

Ịn|ter|net, das; -s: weltweiter Verbund von Computernetzen, in dem verschiedene Dienste (z. B. WWW, E-Mail) angeboten werden

Ịn|ter|net|ad|res|se, die; -, -n: aus dem Namen einer Person, einer Firma o. Ä. sowie weiteren [standardisierten] Zeichen bestehende Angabe, unter der jmd. im Internet erreichbar ist

Ịn|ter|net|ak|ti|vist, der; -s, -en: Person, die im Internet politisch aktiv ist; Netzaktivist

Ịn|ter|net|ak|ti|vis|tin, die; -, -nen: weibliche Form zu ↑ Internetaktivist

Ịn|ter|net|ca|fé, das; -s, -s: Café, wo den Gästen Terminals zur Verfügung stehen, mit denen sie das Internet benutzen können

Ịn|ter|net|por|tal, das; -s, -e: Website, die so angelegt ist, dass man von ihr aus auf viele Informationen zu einem Thema zugreifen kann

Ịn|ter|net|te|le|fo|nie, die; -: Telefonieren mithilfe des Internets

In|ter|neu|ron, das; -s, ...one (auch: ...onen) (Biol., Med.): Nervenzelle, die andere Nervenzellen miteinander verschaltet

in|ter|nie|ren: in staatlichen Gewahrsam nehmen, in Lagern unterbringen

In|ter|nie|rung, die; -, -en: das Internieren, das Interniertwerden; das Interniertsein

In|ter|nie|rungs|la|ger, das; -s, -: Lager, in dem Zivilpersonen [während des Krieges] gefangen gehalten werden

In|ter|nịst, der; -en, -en: 1. Facharzt für innere Krankheiten. 2. (veraltet) ↑ Interne

In|ter|nịs|tin, die; -, -nen: weibliche Form zu ↑ Internist (1)

In|tẹr|num, das; -s, ...na: 1. Gebiet, das einer bestimmten Person, Gruppe od. Behörde vorbehalten u. Dritten gegenüber abgeschlossen ist. 2. nur die eigenen inneren Verhältnisse angehende Angelegenheit

in|ter|par|la|men|ta|risch: die Parlamente der einzelnen Staaten umfassend

In|ter|pel|lạnt, der; -en, -en: Parlamentarier, der eine Interpellation einbringt

In|ter|pel|lạn|tin, die; -, -nen: weibliche Form zu ↑ Interpellant

I

In|ter|pel|la|ti|on, die; -, -en: parlamentarische Anfrage an die Regierung

in|ter|pla|ne|tar, in|ter|pla|ne|ta|risch: zwischen den Planeten befindlich

In|ter|pol, die; -: zentrale Stelle (mit Sitz in Paris) zur internationalen Koordination der Ermittlungsarbeit in der Verbrechensbekämpfung

In|ter|po|la|ti|on, die; -, -en: 1. (Math.) das Errechnen von Zwischenwerten. 2. spätere unberechtigte Einfügung in einen Text

in|ter|po|lie|ren: 1. Werte zwischen bekannten Werten einer ↑Funktion (2) errechnen. 2. eine Interpolation (2) vornehmen

I

In|ter|pret, der; -en, -en: 1. jmd., der etwas interpretiert (1). 2. Künstler, der Lieder od. andere Musikkompositionen einem Publikum vermittelt (z. B. Musiker, Sänger)

In|ter|pre|ta|ti|on, die; -, -en: 1. Auslegung, Erklärung, Deutung [von Texten]. 2. künstlerische Wiedergabe von Musik

in|ter|pre|ta|to|risch: den Interpreten, die Interpretation betreffend

in|ter|pre|tie|ren: 1. [einen Text] auslegen, erklären, deuten. 2. Musik künstlerisch wiedergeben

In|ter|pre|tin, die; -, -nen: weibliche Form zu ↑Interpret

in|ter|punk|tie|ren: Satzzeichen setzen

In|ter|punk|ti|on, die; -, -en: Setzung von Satzzeichen; Zeichensetzung

In|ter|re|gio®, der; -s, -s, **In|ter|re|gio|zug,** der; -[e]s, ...züge: (früher) in einem bestimmten Zeittakt verkehrender Schnellzug (Abk.: IR®)

in|ter|re|gi|o|nal: zwei od. mehrere Regionen umfassend; zwischen Beteiligten aus verschiedenen Regionen stattfindend

In|ter|re|g|num, das; -s, ...nen u. ...na: 1. Zwischenregierung, vorläufige Regierung. 2. Zeitraum, in dem eine vorläufig eingesetzte Regierung die Regierungsgeschäfte wahrnimmt. 3. (ohne Plural; Geschichte) die kaiserlose Zeit zwischen 1254 u. 1273

In|ter|ro|ga|tiv|pro|no|men, das; -s, - u. ...mina: fragendes Fürwort, Fragefürwort (z. B. wer?, welcher?)

In|ter|se|xu|a|li|tät, die; - (Biol.): das Vorkommen von männlichen u. weiblichen Geschlechtsmerkmalen in einem Individuum (3) [einer sonst getrenntgeschlechtigen Art]

in|ter|se|xu|ell (Biol.): Intersexualität aufweisend (von Individuen)

in|ter|stel|lar: zwischen den Fixsternen befindlich

in|ter|sti|ti|ell (Biol., Med.): in den Zwischenräumen liegend (z. B. von Gewebe, Gewebeflüssigkeiten o. Ä.)

in|ter|sub|jek|tiv (Psychol.): verschiedenen Personen gemeinsam, von verschiedenen Personen nachvollziehbar

In|ter|vall, das; -s, -e: 1. Zeitabstand, Zeitspanne; Frist; Pause. 2. (Musik) Abstand zweier zusammen od. nacheinander klingender Töne. 3. (Med.) a) symptom- od. schmerzfreie Zwischenzeit im Verlauf einer Krankheit; b) Zeit zwischen den ↑Menstruationen. 4. (Math.) der Bereich zwischen zwei Punkten einer Strecke od. Skala

In|ter|vall|trai|ning, das; -s, -s (Sport): Trainingsmethode, bei dem die Übungen in einem bestimmten Rhythmus von Entspannungspausen unterbrochen werden

In|ter|ve|ni|ent, der; -en, -en: jmd., der sich in [Rechts]streitigkeiten einmischt

in|ter|ve|nie|ren: dazwischentreten; vermitteln; sich einmischen

In|ter|ven|ti|on, die; -, -en: Vermittlung; diplomatische, wirtschaftliche, militärische Einmischung eines Staates in die Verhältnisse eines anderen

In|ter|view ['ɪntɐvju:, auch: ...'vju:], das; -s, -s: 1. von einem Berichterstatter von Presse, Rundfunk od. Fernsehen vorgenommene Befragung einer meist bekannten Persönlichkeit zu bestimmten Themen od. zur eigenen Person. 2. a) (Soziol.) gezielte Befragung beliebiger od. ausgewählter Personen zu statistischen Zwecken; b) (Med., Psychol.) ↑methodische (2) Befragung eines Patienten zur Aufnahme einer ↑Anamnese u. zur Diagnose

in|ter|vie|w|en [...'vju:ən, auch: 'ɪn...]: mit jmdm. ein Interview führen

In|ter|vie|w|er [...'vju:ɐ, auch: 'ɪn...], der; -s, -: jmd., der mit jmdm. ein Interview führt

in|tes|ti|nal (Med.): zum Darmkanal gehörend

In|thro|ni|sa|ti|on, die; -, -en: a) Thronerhebung; b) feierliche Amtseinsetzung

in|thro|ni|sie|ren: a) einen Monarchen auf den Thron erheben; b) einen neuen Abt, Bischof od. Papst feierlich einsetzen

In|thro|ni|sie|rung, die; -, -en: ↑Inthronisation

In|ti, der; -[s], -s (aber: 5 -): frühere Währungseinheit in Peru

In|ti|fa|da, die; -: palästinensischer Widerstand in den von Israel besetzten Gebieten

in|tim: 1. innig; vertraut, eng [befreundet]. 2. a) (verhüll.) sexuell; b) den Bereich der Geschlechtsorgane betreffend. 3. ganz persönlich, verborgen, geheim. 4. gemütlich, anheimelnd. 5. genau, bis ins Innerste

In|ti|mi|tät, die; -, -en: 1. a) (ohne Plural) vertrautes, intimes Verhältnis; Vertrautheit; b) Vertraulichkeit; vertrauliche Angelegenheit. 2. (meist Plural) sexuelle, erotische Handlung, Berührung, Äußerung. 3. (ohne Plural) gemütliche, intime Atmosphäre. 4. (ohne Plural) ↑Intimsphäre

In|tim|sphä|re, die; -: innerster persönlicher Bereich

In|ti|mus, der; -, ...mi: Vertrauter; [eng] Befreundeter, Busenfreund

in|to|le|ra|bel (veraltet): unerträglich; unleidlich, unausstehlich

in|to|le|rant: 1. unduldsam; [eine andere Meinung, Haltung, Weltanschauung] auf keinen Fall gelten lassend. 2. (Med.) bestimmte Stoffe (bes. Nahrungsmittel od. Alkohol) nicht vertragend

In|to|le|ranz, die; -, -en: 1. Unduldsamkeit (gegenüber einer anderen Meinung, Haltung usw.). 2. (Med.) auf Unverträglichkeit beruhende Abneigung des Organismus gegen bestimmte Stoffe (bes. gegen bestimmte Nahrungsmittel od. Alkohol); mangelnde Widerstandsfähigkeit des Organismus gegen schädigende äußere Einwirkungen

In|to|na|ti|on, die; -, -en (Musik): 1. kurzes Orgelvorspiel. 2. Art der Tongebung bei Sängern u. Instrumentalisten

in|to|nie|ren: 1. (Physiol.) beim Sprechen od. Singen die Stimme auf eine bestimmte Tonhöhe einstellen. 2. a) anstimmen, etwas zu singen od. zu spielen beginnen; b) den Ton angeben; c) Töne mit der Stimme od. auf einem Instrument in einer bestimmten Tongebung hervorbringen

in to|to: im Ganzen; insgesamt, vollständig

In|to|xi|ka|ti|on, die; -, -en (Med.): Vergiftung; schädigende Einwirkung von Giftstoffen auf den Organismus

In|t|ra|da, En|t|ra|da, die; -, ...den: ↑Intrade

In|t|ra|de, die; -, -n (Musik): festliches, feierliches Eröffnungs- od. Einleitungsstück (z. B. der Suite)

in|t|ra|mo|le|ku|lar (Chemie): sich innerhalb der Moleküle vollziehend

in|t|ra|mus|ku|lär (Med.): im Innern eines Muskels gelegen; ins Innere des Muskels hinein erfolgend (von Injektionen; Abk.: i. m.)

In|t|ra|net, das; -s, -s: betriebsinternes Computernetzwerk, das mit Internettechnologie arbeitet

in|tran|si|gent: unversöhnlich, zu keinen Konzessionen od. Kompromissen bereit (bes. in der Politik)

In|tran|si|genz, die; -: Unversöhnlichkeit; mangelnde Bereitschaft zu Konzessionen

in|tran|si|tiv (Sprachwiss.): (von bestimmten Verben) nicht zielend; kein Akkusativobjekt nach sich ziehend u. kein persönliches Passiv bildend (z. B. danken)

In|tran|si|tiv, das; -s, -e: intransitives Verb

in|t|ra|ute|rin (Med.): innerhalb der Gebärmutter liegend bzw. erfolgend

in|t|ra|ve|nös (Med.): innerhalb einer Vene gelegen bzw. vorkommend; in die Vene hinein erfolgend (von Injektionen; Abk.: i. v.)

in|t|ri|gant: ständig auf Intrigen sinnend; ränkesüchtig, hinterlistig

In|t|ri|gant, der; -en, -en: jmd., der intrigiert; Ränkeschmied

In|t|ri|gan|tin, die; -, -nen: weibliche Form zu ↑Intrigant

In|t|ri|ge, die; -, -n: hinterlistig angelegte Verwicklung, Ränkespiel

in|t|ri|gie|ren: Ränke schmieden, hinterlistig Verwicklungen inszenieren, einen gegen den anderen ausspielen

in|t|rin|sisch: von innen her, durch in der Sache liegende Anreize bedingt

I

In|t|ro, das; -s, -s: a) einleitender Musiktitel; b) Vorbemerkung, einleitender Artikel einer Zeitschrift o. Ä.

In|t|ro|duk|ti|on, die; -, -en: 1. (veraltet) Einleitung, Einführung. 2. a) freier Einleitungssatz vor dem Hauptsatz einer Sonate, einer Sinfonie od. eines Konzerts; b) erste Gesangsnummer einer Oper

In|t|ro|s|pek|ti|on, die; -, -en (Psychol.): Selbstbeobachtung; Beobachtung der eigenen seelischen Vorgänge zum Zwecke psychologischer Selbsterkenntnis

in|t|ro|s|pek|tiv (Psychol.): auf dem Weg der Innenschau, der psychologischen Selbsterkenntnis

In|t|ro|ver|si|on, die; -, -en (Psychol.): Konzentration des Interesses von der Außenwelt weg auf innerseelische Vorgänge; nach innen gerichtete Haltung od. Einstellung

in|t|ro|ver|tiert (Psychol.): nach innen gewandt, zur Innenverarbeitung der Erlebnisse veranlagt

In|t|ru|si|on, die; -, -en: 1. (Geol.) Vorgang, bei dem Magma zwischen die Gesteine der Erdkruste eindringt u. erstarrt. 2. widerrechtliches Eindringen in einen fremden Bereich

In|t|ru|siv|ge|stein, das; -s, -e (Geol.): Tiefengestein (in der Erdkruste erstarrtes Magma)

In|tu|ba|ti|on, die; -, -en (Med.): Einführung eines Rohrs in den Kehlkopf bei drohender Erstickung od. zur Narkose

In|tu|i|ti|on, die; -, -en: Eingebung, [plötzliches] ahnendes Erfassen

in|tu|i|tiv: a) auf Intuition beruhend; b) mit Intuition (b)

In|tu|mes|zenz, In|tur|ges|zenz, die; -, -en (Med.): Anschwellung; Größenzunahme eines Körpers

in|tus: innen, inwendig

Inu|it: *Plural* von ↑Inuk

Inuk, der; -s, Inuit: Selbstbezeichnung der Eskimos, bes. in Kanada, Nordalaska u. Grönland

Inu|lin (Med.): aus gewissen Pflanzenknollen (z. B. den Wurzeln von Löwenzahn, Alant, Dahlie) gewonnenes ↑Kohlenhydrat, das als Diätzucker für Zuckerkranke verwendet wird

In|un|da|ti|on, die; -, -en (Geogr.): völlige Überflutung großer Teile des Festlandes durch das Meer od. einen Fluss

in|va|lid, in|va|li|de: arbeits-, dienst-, erwerbsunfähig (infolge einer Verwundung, eines Unfalles, einer Krankheit o. Ä.)

In|va|li|de, der u. die; -n, -n: Arbeits-, Dienst-, Erwerbsunfähige[r] (infolge von Unfall, Verwundung, Krankheit o. Ä.)

In|va|li|di|tät, die; -, -en: [dauernde] erhebliche Beeinträchtigung der Arbeits-, Dienst-, Erwerbsfähigkeit

In|va|ri|an|te, die; -, -n (Math.): Größe, die bei Eintritt gewisser Veränderungen unveränderlich bleibt

In|va|ri|anz [auch: ...ri̯'ants], die; -: Unveränderlichkeit (z. B. von Größen in der Mathematik)

In|va|si|on, die; -, -en: 1. Einfall; feindliches Einrücken von Truppen in fremdes Gebiet; vgl. Evasion (1). 2. (Med.) das Eindringen von Krankheitserregern in die Blutbahn

in|va|siv (Med.): in das umgebende Bindegewebe wuchernd hineinwachsend (von Krebszellen)

In|va|sor, der; -s, ...oren (meist Plural): Eroberer; eindringender Feind

In|vek|ti|ve, die; -, -n: Schmährede od. -schrift; beleidigende Äußerung; Beleidigung

In|ven|tar, das; -s, -e: 1. Gesamtheit der zu einem Betrieb, Haus, Hof o. Ä. gehörenden Vermögenswerte. 2. Verzeichnis des Besitzstandes

in|ven|ta|ri|sie|ren: ein Inventar, den Bestand von etwas aufnehmen

In|ven|ta|ri|sie|rung, die; -, -en: das Inventarisieren

In|ven|ti|on, die; -, -en: 1. (veraltet) Erfindung. 2. kleines zwei- od. dreistimmiges Klavierstück in kontrapunktisch imitierendem Satzbau mit nur einem zugrunde liegenden Thema

In|ven|tur, die; -, -en: Bestandsaufnahme der Vermögensteile u. Schulden eines Unternehmens zu einem bestimmten Zeitpunkt durch Zählen, Messen o. Ä. anlässlich der Erstellung der ↑Bilanz (1)

in|vẹrs: umgekehrt

In|ver|si|o̲n, die; -, -en: 1. Umkehrung der üblichen Wortstellung (Subjekt–Prädikat). 2. (Meteorol.) Temperaturumkehr mit wärmeren Luftschichten in der Höhe

In|ver|te|b|ra̲t, der; -en, -en (meist Plural): ↑Evertebrat

In|vẹr|ter, der; -s, -: 1. (Technik) logische Schaltung, die ein digitales Signal in sein Gegenteil verkehrt. 2. (Elektrot.) Gerät zur Umwandlung von Gleichstrom in Wechselstrom

in|ver|ti̲e̲|ren: umkehren, umstellen, eine Inversion vornehmen

in|ves|ti̲e̲|ren: 1. mit den Zeichen der Amtswürde bekleiden, in ein Amt einsetzen; vgl. Investitur (1 b). 2. a) Kapital langfristig in Sachgütern anlegen; b) etwas auf jmdn./etwas [in reichem Maße] verwenden

in|ves|ti|ga|ti̲v: nach-, ausforschend; enthüllend, aufdeckend

In|ves|ti|ti|o̲n, die; -, -en: 1. langfristige Anlage von Kapital in Sachwerten. 2. Aufwendung, Geldausgabe

In|ves|ti|tu̲r, die; -, -en: 1. a) Einweisung in ein niederes geistliches Amt (katholisches Pfarramt); b) im Mittelalter feierliche Belehnung mit dem Bischofsamt durch den König. 2. abschließender Akt der Eigentumsübertragung (im älteren deutschen Recht). 3. Bestätigung des Ministerpräsidenten durch die Nationalversammlung (in Frankreich)

in|ves|ti̲v: als Investition, in Form von Investitionen, zur produktiven Verwendung

In|vẹst|ment, das; -s, -s: Kapitalanlage in Investmentzertifikaten

In|vẹst|ment|fonds […fõ:], der; -, - […fõ:s] (Wirtsch.): Sondervermögen einer Kapitalanlagegesellschaft, das in Wertpapieren od. Grundstücken angelegt wird

In|vẹst|ment|zer|ti|fi|kat, das; -[e]s, -e: Schein über einen Anteil am Vermögen eines Investmentfonds

In|vẹs|tor, der; -s, …o̲ren: Kapitalanleger

In|ves|to̲|rin, die; -, -nen: weibliche Form zu ↑Investor

in vi̲|no ve̲|ri|tas: jmd., der etwas getrunken hat, spricht Wahrheiten aus, die er im nüchternen Zustand sonst eher für sich behält

in vi̲|t|ro: im Reagenzglas [durchgeführt] (von wissenschaftlichen Versuchen); vgl. aber: in vivo

in vi̲|vo: am lebenden Objekt [beobachtet od. durchgeführt] (von wissenschaftlichen Versuchen); vgl. aber: in vitro

in|vol|vi̲e̲|ren: 1. einschließen, einbegreifen, enthalten (den Sinn eines Ausdrucks). 2. an etwas beteiligen, in etwas verwickeln; vgl. evolvieren

In|zen|ti̲v, das; -s, -e: Anreiz, Ansporn

In|zẹst, der; -[e]s, -e (Med.): engste Inzucht; Blutschande

in|zes|tu|ö̲s: einen Inzest bedeutend, in der Art eines Inzests

I̲on [auch: ˈiːɔn], das; -s, I̲onen (Physik, Chemie): elektrisch geladenes Atom od. Molekül

Io|ni|sa|ti|o̲n, die; -, -en: Versetzung von Atomen od. Molekülen in elektrisch geladenen Zustand

io|ni|si̲e̲|ren: 1. Ionisation bewirken. 2. in ein Ion übergehen

Io|ni|si̲e̲|rung, die; -, -en: das Ionisieren

Io|no|sphä̲|re, die; -, -n: durch eine hohe Ionendichte gekennzeichnete Schicht der Atmosphäre eines Planeten, bes. der Erde

iPad®, **I-Pad** [ˈaɪ̯pɛd], das; -[s], -s: ein ↑Tablet-PC mit berührungsempfindlichem Bildschirm der Firma Apple

iPhone®, **I-Phone** [ˈaɪ̯fɔʊ̯n], das; -[s], -s: ein Mobiltelefon der Firma Apple

ịp|so fạc|to: Rechtsformel, die besagt, dass die Folgen einer Tat von selbst eintreten

ira̲|nisch: den Iran, die Iraner betreffend; zum Iran gehörend, aus dem Iran stammend

Ira|nịst, der; -en, -en: Wissenschaftler auf dem Gebiet der Iranistik

Ira|nịs|tin, die; -, -nen: weibliche Form zu ↑Iranist

Iri̲|di|um, das; -s: chem. Element; ein Edelmetall (Zeichen: Ir)

Iri|do|lo|gi̲e̲, die; -: Augendiagnose

I̲ris, die; -, -: 1. (Meteorol.) Regenbogen. 2. (Plural auch: Iri̲den od. Irides [iˈriːdeːs];

Med.) Regenbogenhaut des Auges. 3. Schwertlilie

Iris|scan|ner [...skɛnɐ], der; -s, - (EDV): Scanner, der die Identität einer Person an den Augen ermittelt

Iro|nie, die; -, ...ien (Plural selten): a) feiner, verdeckter Spott, mit dem man etwas dadurch zu treffen sucht, dass man es unter dem auffälligen Schein der eigenen Billigung lächerlich macht; b) paradoxe Konstellation, die einem als frivoles Spiel einer höheren Macht erscheint (z. B. eine Ironie des Schicksals, der Geschichte)

Iro|ni|ker, der; -s, -: Mensch mit ironischer Geisteshaltung

I

Iro|ni|ke|rin, die; -, -nen: weibliche Form zu ↑Ironiker

iro|nisch: voller Ironie; mit feinem, verstecktem Spott; durch übertriebene Zustimmung seine Kritik zum Ausdruck bringend

iro|ni|sie|ren: einer ironischen Betrachtung unterziehen

Iron|man® ['ai̯ənmɛn]: Triathlonwettkampf über die volle Distanz von 3,8 km Schwimmen, 180 km Radfahren und 42,195 km Laufen

ir|ra|ti|o|nal [auch: ...'na:l]: a) mit dem Verstand nicht fassbar, dem logischen Denken nicht zugänglich; b) vernunftwidrig

Ir|ra|ti|o|na|lis|mus, der; -, ...men: 1. (ohne Plural) Vorrang des Gefühlsmäßigen vor der Verstandeserkenntnis. 2. irrationale Verhaltensweise, Geschehen o. Ä.

Ir|ra|ti|o|na|li|tät, die; -: die Eigenschaft des Irrationalen

ir|re|al: nicht wirklich, unwirklich

Ir|re|al, der; -s, -e: ↑Irrealis

Ir|re|a|lis, der; -, ...les [...le:s]: ↑Modus des unerfüllbaren Wunsches, einer als unwirklich hingestellten Annahme (z. B.: Wenn ich ein Vöglein *wär ..., Hättest* du es doch nicht getan!)

Ir|re|a|li|tät, die; -, -en: Nichtwirklichkeit, Unwirklichkeit

ir|re|du|zi|bel [auch: ...'tsi:...] (Math.; Philos.): nicht zurückführbar, nicht ableitbar

ir|re|gu|lär [auch: ...'lɛ:ɐ̯]: 1. a) nicht regelgemäß, nicht der Regel entsprechend; b) nicht dem Gesetz entsprechend, ungesetzlich, regelwidrig (Ggs.: ↑regulär). 2. vom Empfang der katholischen geistlichen Weihen ausgeschlossen

Ir|re|gu|la|ri|tät, die; -, -en: 1. a) Regellosigkeit; mangelnde Gesetzmäßigkeit; b) (Sprachwiss.) vom üblichen Sprachgebrauch abweichende Erscheinung. 2. (kath. Kirchenrecht) kirchenrechtliches Hindernis, das vom Empfang der geistlichen Weihen ausschließt

ir|re|le|vant [auch: ...'vant]: unerheblich, belanglos

Ir|re|le|vanz [auch: ...'vants], die; -, -en: Unwichtigkeit, Bedeutungslosigkeit

ir|re|li|gi|ös [auch: ...'gi̯ø:s]: nicht religiös (2)

Ir|re|li|gi|o|si|tät [auch: 'ɪr...], die; -: irreligiöse Einstellung

ir|re|pa|ra|bel [auch: ...'ra:...]: nicht reparabel; unheilbar

ir|re|po|ni|bel [auch: ...'ni:...] (Med.): nicht wieder in die normale Lage zurückzubringen

ir|re|ver|si|bel [auch: ...'zi:...]: nicht umkehrbar, nicht rückgängig zu machen

Ir|re|ver|si|bi|li|tät [auch: 'ɪr...], die; -: Unumkehrbarkeit

Ir|ri|ga|tor, der; -s, ...oren (Med.): Spülapparat (z. B. für Spülungen des Dickdarms)

Ir|ri|ta|ti|on, die; -, -en: auf jmdn., etwas ausgeübter Reiz; Erregung

ir|ri|tie|ren: a) [auf]reizen, erregen; b) unsicher machen, verwirren; c) stören, lästig sein

Isa|bel|le, die; -, -n: Pferd mit graugelbem Fell u. gleichfarbenem od. hellerem Mähnen- u. Schweifhaar

Is|chi|a|di|kus [ɪs'çi̯a:..., ɪ'ʃi̯a...], der; -, ...izi (Plural selten) (Med.): Ischias-, Hüftnerv

Is|chi|as [auch: 'ɪsçi̯as], der od. das, fachspr.: die; - (Med.): Kompressionsschmerz in Bereichen des Ischiasnervs; Hüftschmerzen; Hexenschuss

ISDN, das; -: der schnellen Übermittlung von Daten dienendes Kommunikationsnetz

Is|lam [auch: 'ɪslam], der; -[s]: auf die im Koran niedergelegte Verkündigung des arabischen

Propheten Mohammed (um 570 bis 632) zurückgehende monotheistische Religion

is|la|misch: zum Islam gehörend

is|la|mi|sie|ren: zum Islam bekehren

Is|la|mis|mus, der; -: dem islamischen Fundamentalismus zugrunde liegende Ideologie

Is|la|mist, der; -en, -en: 1. Anhänger des Islamismus. 2. (selten) jmd., der den Islam wissenschaftlich erforscht

is|la|mis|tisch: den Islamismus betreffend, von ihm geprägt

Is|la|mo|pho|bie, die; - (bildungsspr.): Abneigung gegen den Islam [u. seine Anhänger]; negative, feindliche Einstellung gegenüber Muslimen

Is|ma|i|lit, der; -en, -en: Angehöriger einer ↑schiitischen Glaubensgemeinschaft, in der nur sieben ↑Imame (2), als letzter Ismail, anerkannt werden

Is|mus, der; -, Ismen: abwertende Bez. für eine bloße Theorie, eine von den vielen auf ...ismus endenden Lehren u. Systemen

Iso|ba|re, die; -, -n: Verbindungslinie zwischen Orten, an denen gleicher Luftdruck herrscht

iso|chro|ma|tisch: verschiedene Farben gleich behandelnd, für alle Spektralfarben gleich empfindlich, farbtonrichtig

iso|chron (Physik): gleich lange dauernd

Iso|glos|se, die; -, -n (Sprachwiss.): auf Sprachkarten Linie, die Gebiete gleichen Wortgebrauchs begrenzt

Iso|hyp|se, die; -, -n (Geogr.): Verbindungslinie zwischen Orten gleicher Meereshöhe

Iso|la|ti|on, die; -, -en: 1. Absonderung, Getrennthaltung [von Infektionskranken, psychisch Auffälligen od. Häftlingen]. 2. a) Vereinzelung, Vereinsamung (eines Individuums innerhalb einer Gruppe); Abkapselung; b) Abgeschnittenheit eines Gebietes (vom Verkehr, von der Kultur o. Ä.). 3. a) Verhinderung des Durchgangs von Strömen (Gas, Wärme, Elektrizität, Wasser u. a.) mittels nicht leitender Stoffe; b) (Technik) Isoliermaterial

Iso|la|ti|o|nis|mus, der; -: politische Tendenz, sich vom Ausland abzuschließen u. staatliche Eigeninteressen zu betonen

Iso|la|ti|o|nist, der; -en, -en: Verfechter des Isolationismus

Iso|la|ti|o|nis|tin, die; -, -nen: weibliche Form zu ↑Isolationist

iso|la|ti|o|nis|tisch: den Isolationismus betreffend, dem Isolationismus entsprechend

Iso|la|ti|ons|haft, die; -: Haft, bei der die Kontakte des Häftlings zur Außenwelt eingeschränkt od. unterbunden werden

Iso|la|tor, der; -s, ...oren: Stoff, der Energieströme schlecht od. gar nicht leitet

iso|lie|ren: 1. absondern; vereinzeln. 2. (Med.) Infizierte von Nichtinfizierten getrennt halten. 3. (Technik) einen ↑Isolator anbringen

Iso|lie|rung, die; -, -en: a) das Isolieren; b) ↑Isolation (3 b)

iso|mer (Chemie): die Eigenschaft der Isomeren aufweisend

Iso|mer, das; -s, -e (meist Plural), **Iso|me|re,** das; -n, -n (meist Plural): chem. Verbindung, die sich trotz der gleichen Anzahl gleichartiger Atome im Molekül durch deren Anordnung von einer entsprechenden anderen Verbindung hinsichtlich ihrer chem. u. physikalischen Eigenschaften unterscheidet

Iso|me|rie, die; -, ...ien: die Verhaltensweise der Isomeren

Iso|me|t|rie, die; -, ...ien (Fachspr.): Längengleichheit, Längentreue, bes. bei Landkarten

iso|me|t|risch: die gleiche Längenausdehnung beibehaltend

iso|morph: 1. (Physik, Chemie) von gleicher Gestalt (bes. bei Kristallen). 2. (Math.) in der algebraischen Struktur einen Isomorphismus enthaltend. 3. (Sprachwiss.) die gleiche sprachliche Struktur (die gleiche Anzahl von Konstituenten mit den gleichen Beziehungen zueinander, z. B. unbezähmbar, unverlierbar) aufweisend

Iso|mor|phie, die; -, ...ien: isomorpher Zustand

Iso|mor|phis|mus, der; -, ...men: 1. Eigenschaft gewisser chemischer Stoffe, gemeinsam dieselben Kristalle (Mischkristalle) zu bilden. 2. (Math.) spezielle, umkehrbar eindeutige Abbildung einer algebraischen Struktur auf eine andere

Iso|ther|me, die; -, -n (Meteorol.): Verbindungslinie zwischen Orten mit gleicher Temperatur

Iso|ton, das; -s, -e (meist Plural) (Kernphysik): Atomkern, der die gleiche Anzahl Neutronen wie ein anderer, aber eine von diesem verschiedene Protonenzahl enthält

iso|to|nisch: gleichen ↑osmotischen Druck habend (in Bezug auf Lösungen)

Iso|top, das; -s, -e (meist Plural): Atom od. Atomkern, der sich von einem andern des gleichen chemischen Elements nur in seiner Massenzahl unterscheidet

iso|trop (Physik): nach allen Richtungen hin gleiche Eigenschaften aufweisend

Isth|mus, der; -, ...men: Landenge (z. B. die von Korinth od. Sues)

ita|li|a|ni|sie|ren, ita|li|e|ni|sie|ren: a) auf italienische Art, nach italienischem Geschmack gestalten; b) der italienischen Sprache angleichen

Ita|li|enne [...'li̯ɛn], die; -: Antiqua mit fetten Querstrichen; Schriftart

ita|lisch: das antike Italien betreffend

Ita|lo|wes|tern, der; -[s], -: Western mit besonderen, durch italienische Regisseure entwickelten Stilmerkmalen

item (veraltet): ebenso, desgleichen, ferner (Abk.: it.)

Ite|ra|ti|on, die; -, -en: 1. (Math.) wiederholte Anwendung des gleichen Prozesses auf bereits gewonnene Zwischenwerte. 2. a) (Sprachwiss.) Verdoppelung einer Silbe od. eines Wortes (z. B. soso); b) (Rhet., Stilkunde) Wiederholung eines Wortes od. einer Wortgruppe im Satz. 3. (Psychol.) zwanghafte u. gleichförmige ständige Wiederholung von Wörtern, Sätzen u. einfachen Bewegungen

ite|ra|tiv: wiederholend

Ite|ra|tiv, das; -s, -e: Verb, das ein wiederholtes Tun ausdrückt

ite|rie|ren: wiederholen, eine Iteration (1) vornehmen

Iti|ne|rar, das; -s, -e, **Iti|ne|ra|ri|um,** das; -s, ...ien: 1. Straßen- und Stationenverzeichnis der römischen Kaiserzeit. 2. Verzeichnis der Wegeaufnahmen bei Forschungsreisen

J j

Jab [dʒɛp], der; -s, -s (Boxen): kurzer, hakenartiger Schlag

Ja|bot [ʒa'bo:], das; -s, -s: am Kragen befestigte Spitzen- od. Seidenrüsche

Jacht, Yacht [j...] die; -, -en: leichtes, schnelles (Sport- od. Vergnügungs)schiff

Ja|cket|kro|ne ['dʒɛkɪt...], die; -, -n (Med.): Zahnmantelkrone aus Porzellan od. Kunstharz

Ja|ckett [ʒa...], das; -s, -s, seltener: -e: Jacke als Teil eines Herrenanzugs

Jack|pot ['dʒɛkpɔt], der; -s, -s: 1. Grundeinsatz beim Kauf von Pokerkarten. 2. Gewinn der Gesamtklasse (beim Toto, Lotto)

Jac|quard [ʒa'ka:ɐ̯], der; -[s], -s: Gewebe, dessen Musterung mithilfe von Lochkarten (sogenannten Jacquardkarten) hergestellt wird

Ja|cuz|zi®, der; -[s], -s: [für therapeutische Zwecke genutzter] Whirlpool

Ja|gu|ar, der; -s, -e: dem Leoparden sehr ähnliches südamerikanisches Raubtier

Jah|ve, ökum.: **Jah|we:** Name Gottes im Alten Testament

Jak vgl. Yak

Ja|ko, der; -s, -s: Graupapagei

Ja|ko|bi|ner, der; -s, -: Mitglied des radikalsten u. wichtigsten politischen Klubs während der Französischen Revolution

ja|ko|bi|nisch: a) zu den Jakobinern gehörend; b) die Jakobiner betreffend

Ja|lou|sie, die; -, ...ien: Vorrichtung am Fenster, die meist aus Querleisten zusammengesetzt ist u. teilweise od. als Ganzes heruntergelassen wird

Jam [dʒæm], das; -s, -s, auch: die; -, -s: engl. Bez. für Marmelade

Jam|be, die; -, -n: ↑Jambus

jam|bisch: den Jambus betreffend, nach der Art des Jambus

Jam|bo|ree [dʒɛmbə'ri:], das; -s, -s: internationales Pfadfindertreffen

Jam|bus, der; -, ...ben: Versfuß aus einer kurzen (unbetonten) u. einer langen (betonten) Silbe (◡–)

James Grieve ['dʒeɪmz 'gri:v], der; - -, - -: mittelgroßer, hellgelb u. hellrot geflammter saftiger Tafelapfel

Jam|ses|sion, Jam-Ses|sion ['dʒɛmsɛʃn̩], die; -, -s: zwanglose Zusammenkunft von Jazzmusiker(inne)n zu gemeinsamem Spiel

Jams|wur|zel, die; -, -n: in tropischen Gebieten angebaute kletternde Pflanze mit essbaren Wurzelknollen

Ja|ni|t|schar, der; -en, -en: Soldat einer Kerntruppe des osmanischen Sultans (14.–17. Jh.)

Ja|nu|ar, der; -[s], -e: erster Monat im Jahr (Abk.: Jan.)

Ja|nus|ge|sicht, das; -[e]s, -er: ↑Januskopf

Ja|nus|kopf, der; -[e]s, ...köpfe: Kopf mit zwei in entgegengesetzter Richtung blickenden Gesichtern (oft als Sinnbild des Zwiespalts)

Ja|pa|no|lo|ge, der; -n, -n: Wissenschaftler auf dem Gebiet der Japanologie

Ja|pa|no|lo|gie, die; -: Wissenschaft von der japanischen Sprache u. Literatur

Ja|pa|no|lo|gin, die; -, -nen: weibliche Form zu ↑Japanologe

Ja|pan|pa|pier, das; -s, -e: weiches, biegsames, handgeschöpftes Papier, das aus Bastfasern jap. Pflanzen hergestellt wird

Jar|gon [ʒar'gõ:], der; -s, -s: a) umgangssprachlich geprägte Sondersprache einer Berufsgruppe od. einer sozialen Gruppe; b) (abwertend) saloppe, ungepflegte Ausdrucksweise

Jas|min, der; -s, -e: Zierstrauch mit stark duftenden Blüten

Jas|pis, der; - u. -ses, -se: als Schmuckstein verwendetes Mineral

Jau|se, die; -, -n (österr.): Zwischenmahlzeit, Vesper

jau|sen: a) eine Jause einnehmen; b) (etwas Bestimmtes) zur Jause essen, trinken

Jazz [dʒæz, dʒɛs, auch: jats], der; -: aus der Volksmusik der nordamerikanischen Afroamerikaner entstandener stark rhythmisierter Musikstil

Jazz|band ['dʒæzbænd, 'dʒɛsbɛnt], die; -, -s: Musikkapelle für den Jazz

jaz|zen ['dʒɛsn̩, auch: 'jatsn̩]: Jazzmusik spielen

Jaz|zer, der; -s, -: Jazzmusiker

Jaz|ze|rin, die; -, -nen: weibliche Form zu ↑Jazzer

Jeans [dʒi:ns], die; -, -: a) saloppe Hose [aus Baumwollstoff] im Stil der Bluejeans; b) Kurzform von ↑Bluejeans

Jeep® [dʒi:p], der; -s, -s: Geländefahrzeug mit starkem Motor u. Vierradantrieb

Je|ho|va: alte, aber unrichtige Lesung für ↑Jahve (entstanden durch Vermischung mit den im hebr. Text dazugeschriebenen Vokalzeichen von ↑Adonai, dem Ersatzwort für den aus religiöser Scheu vermiedenen Gottesnamen)

Jen vgl. Yen

je|nisch: wandernde Volksstämme betreffend

J

Je|re|mi|a|de, die; -, -n: Klagelied, Jammerrede

Je|rez ['çe:rɛs, x...], der; -: alkoholreicher, bernsteingelber Süßwein

Je|ri|cho|ro|se, Je|ri|cho-Ro|se, die; -, -n: Pflanze des Mittelmeerraums, die bei Trockenheit ihre Zweige nach innen rollt, sodass ein kugeliges Gebilde entsteht, das sich erst bei Feuchtigkeit wieder entrollt

[1]**Jer|sey** ['dʒœ:ɐ̯zi, 'dʒœrzi], der; -[s], -s: feinmaschig gewirkter od. gestrickter Kleiderstoff aus Wolle, Baumwolle od. Chemiefasern

[2]**Jer|sey,** das; -s, -s: eng anliegendes Hemd aus Trikot

Je|su|it, der; -en, -en: Angehöriger des Jesuitenordens

Je|su|i|ten|or|den, der; -s: vom hl. Ignatius v. Loyola 1534 gegründeter Orden (Abk.: SJ [= Societas Jesu])

Je|su|i|ten|tum, das; -s: Geist u. Wesen des Jesuitenordens

je|su|i|tisch: die Jesuiten betreffend

[1]**Jet** vgl. Jett

[2]**Jet** [dʒɛt], der; -[s], -s: durch ein Strahltriebwerk angetriebenes Flugzeug, Düsenflugzeug

Jet|lag ['dʒɛtlæg], der; -s, -s: Störung des biologischen Rhythmus aufgrund der mit weiten Flugreisen verbundenen Zeitunterschiede

Je|ton [ʒəˈtõː], der; -s, -s: a) Spielmünze, Spielmarke; b) Automatenmarke

Jet|set [ˈdʒɛtsɛt], der; -[s], -s: internationale Gesellschaftsschicht, die über genügend Geld verfügt, um sich – unter Benutzung eines [Privat]jets – mehr od. weniger häufig an den verschiedensten exklusiven Urlaubsorten od. entsprechenden Treffpunkten zu vergnügen

Jet|stream [ˈdʒɛtstriːm], der; -s, -s: 1. (Meteorol.) starker Luftstrom in der Tropo- od. Stratosphäre. 2. Gegenstromanlage (z. B. in [Hallen]bädern)

Jẹtt [dʒɛt, auch: jɛt], **¹Jet,** das; -[e]s: als Schmuckstein verwendete Pechkohle; Gagat

J

jet|ten [ˈdʒɛtn̩]: a) mit einem ²Jet fliegen; b) mit dem ²Jet an einen bestimmten Ort bringen [lassen]

Jeu [ʒøː], das; -s, -s: Spiel, Kartenspiel

Ji|ha̲d [dʒi...] vgl. Dschihad

Jin|gle [ˈdʒɪŋgl̩], der; -[s], -s: kurze, einprägsame Melodie, Tonfolge (z. B. als Bestandteil eines Werbespots)

Jit|ter|bug [ˈdʒɪtɐbag, ˈdʒɪtɐbak], der; -[s], -[s]: um 1920 in Amerika entstandener Jazztanz

Jiu-Jit|su [ˈdʒiːuˈdʒɪtsu]: ältere Bez. für: ↑Ju-Jutsu

Jive [dʒaɪ̯v], der; -[s], -[s]: 1. eine Art Swingmusik. 2. gemäßigte Form des Jitterbug als Turniertanz

Job [dʒɔp], der; -s, -s (ugs.): a) [Gelegenheits]arbeit, vorübergehende einträgliche Beschäftigung, Verdienstmöglichkeit; b) Arbeitsplatz, Stellung

jọb|ben [ˈdʒ...] (ugs.): einen Job (a) haben

Jọb|ber, der; -s, -: (ugs.) jmd., der jobbt

Jọb|be|rin, die; -, -nen: weibliche Form zu ↑Jobber

Jọb|hop|per, Jọb-Hop|per [...hɔpɐ], der; -s, -: jmd., der häufig seine Stelle wechselt [um Karriere zu machen]

Jọb|kil|ler, der; -s, - (Jargon): etwas, das Arbeitsplätze überflüssig macht, beseitigt

Jọb|ro|ta|tion [...rɔʊ̯teɪ̯ʃn̩], die; -, -s: (von einem Mitarbeiter zur Vorbereitung auf eine Führungsaufgabe) das Durchlaufen der verschiedensten Arbeitsbereiche eines Unternehmens

Job|sha|ring [...ʃɛːrɪŋ], das; -[s]: Aufteilung eines Vollzeitarbeitsplatzes unter zwei od. mehrere Personen

Job|ti|cket, das; -s, -s: Dauerkarte zur Benutzung öffentlicher Verkehrsmittel für Beschäftigte einer Firma

Jo|ckey [ˈdʒɔke, ˈdʒɔki, auch: ˈdʒɔkaɪ̯, ˈjɔkaɪ̯], der; -s, -s: Berufsrennreiter

Jo̲d, fachspr.: **Io̲d,** das; -[e]s: schwarzbraune Substanz, die in bestimmten Lösungen bes. zur Desinfektion verwendet wird (Zeichen: J bzw. I)

Jo|da̲t, fachspr.: **Io|da̲t,** das; -[e]s, -e: Salz der Jodsäure

Jo|di̲d, fachspr.: **Io|di̲d,** das; -[e]s, -e: Salz der Jodwasserstoffsäure

jog|gen [ˈdʒɔgn̩]: ↑Jogging betreiben

Jọg|ger, der; -s, -: jmd., der joggt

Jọg|ge|rin, die; -, -nen: weibliche Form zu ↑Jogger

Jọg|ging, das; -s: Fitnesstraining, bei dem man entspannt in mäßigem Tempo läuft

Jo|han|ni̲|ter, der; -s, -: Angehöriger des Johanniterordens

Jo|han|ni̲|ter|kreuz, das; -es, -e: achtspitziges [weißes Ordens]kreuz [der Johanniter]; vgl. Malteserkreuz

Jo|han|ni̲|ter|or|den, der; -s: um 1100 in Jerusalem ursprünglich zur Pflege kranker Pilger gegründeter geistlicher Ritterorden

Joint [dʒɔɪ̯nt], der; -s, -s: Zigarette mit Haschisch od. Marihuana

Jo-Jo, Yo-Yo [joˈjoː, ˈjoːjo], das; -s, -s: Geschicklichkeitsspiel mit elastischer Schnur u. daran befestigten Holzscheiben

Jo-Jo-Ef|fekt, Yo-Yo-Ef|fekt, der; -[e]s, -e: Gewichtsab- u. -wiederzunahme bei Diäten

Jo|ker [ˈdʒoːkɐ], der; -s, -: für jede andere Karte einsetzbare zusätzliche Spielkarte mit der Abbildung eines Narren

Jo̲|kus, der; -, -se (ugs.): Scherz, Spaß

Jo̲m Kip|pu̲r, der; - -: Versöhnungstag (höchstes jüdisches Fest)

Jon|g|leur [ʒɔŋ(g)ˈløːɐ̯, auch: ʒõˈgløːɐ̯], der; -s, -e: Artist, Geschicklichkeitskünstler im Jonglieren (1)

Jon|g|leu|rin […'(g)lø:rɪn], die; -, -nen, **Jongleu|se** […'(g)lø:zə], die; -, -n: weibliche Form zu ↑Jongleur

jon|g|lie|ren: 1. mit artistischem Können mehrere Gegenstände gleichzeitig werfen u. auffangen. 2. geschickt mit etwas umgehen

Jot, das; -, -: zehnter Buchstabe des deutschen Alphabets

Jo|ta, Io|ta, das; -[s], -s: neunter Buchstabe des griechischen Alphabets: Ι, ι

Joule [von DIN u. anderen Organisationen festgelegte Ausspr. nur: dʒu:l, sonst auch: dʒau̯l], das; -[s], - (Physik): Maßeinheit für Energie (Zeichen: J)

Jour|nail|le [ʒʊr'naljə, auch: …'naɪ̯…], die; -: verantwortungslose, verleumderische Presse u. ihre Journalisten

Jour|nal [ʒʊr…], das; -s, -e: 1. (veraltet) [Tages]zeitung. 2. Modezeitschrift. 3. (veraltend) Tagebuch

Jour|na|lis|mus, der; -: 1. a) Tätigkeit des Journalisten; b) journalistische Berichterstattung. 2. Zeitungs-, Pressewesen

Jour|na|list, der; -en, -en: jmd., der beruflich für Presse, Rundfunk und Fernsehen schreibt

Jour|na|lis|tik, die; -: 1. den Journalismus beinhaltendes Studienfach. 2. (geh., selten) Bericht, Arbeit aus der Feder eines Journalisten

Jour|na|lis|tin, die; -, -nen: weibliche Form zu ↑Journalist

jour|na|lis|tisch: a) die Journalistik betreffend; b) in der Art des Journalismus (1)

jo|vi|al: [einem niedriger Stehenden gegenüber] betont wohlwollend u. partnerschaftlich auftretend; leutselig

Jo|vi|a|li|tät, die; -: joviale Art, joviales Wesen, Leutseligkeit

Joy|stick ['dʒɔɪ̯stɪk], der; -s, -s: [Vorrichtung mit] Steuerhebel für Computerspiele

Ju|bi|lar, der; -s, -e: Gefeierter; jmd., der ein Jubiläum begeht

Ju|bi|la|rin, die; -, -nen: weibliche Form zu ↑Jubilar

Ju|bi|la|te (ev. Kirche): dritter Sonntag nach Ostern

Ju|bi|lä|um, das; -s, …äen: festlich begangener Jahrestag eines bestimmten Ereignisses

ju|bi|lie|ren: 1. jubeln, frohlocken. 2. ein Jubiläum feiern

Ju|da|is|mus, der; -: judenchristliche gesetzestreue Richtung im Urchristentum; jüdische Religion, Judentum

Ju|da|is|tik, die; -: Wissenschaft von der jüdischen Religion, Geschichte u. Kultur

Ju|di|ka|ti|ve, die; -, -n: richterliche Gewalt im Staat

Ju|di|ka|tur, die; -, -en: Rechtsprechung

Ju|di|zi|um, das; -s, …ien: auf langjährige Gerichtspraxis gegründetes Vermögen der Rechtsfindung

Ju|do, das; -[s]: sportliche Form des ↑Ju-Jutsu mit festen Regeln

Juice [dʒu:s], der od. das; -, -s […sɪs]: Obst-, Gemüsesaft

Ju-Jut|su, das; -[s]: in Japan entwickelte Technik der Selbstverteidigung ohne Waffen od. Gewalt; vgl. Judo, Kendo

Juke|box ['dʒu:k…], die; -, Plural -es […sɪs, auch …sɪz] od. -en: Musikautomat

Jul, das; -[s]: a) (Geschichte) germanisches Fest der Wintersonnenwende; b) (in Skandinavien) Weihnachtsfest

Ju|li|us|turm, der; -[e]s: vom Staat angesparte, als Reserve zurückgelegte Gelder

Jum|bo, der; -s, -s: Kurzform von ↑Jumbojet

Jum|bo|jet ['dʒʊmbodʒɛt], **Jumbo-Jet,** der; -[s], -s: Großraumflugzeug

Ju|me|la|ge [ʒymə'la:ʃ], die; -, -n […ʒn̩]: Städtepartnerschaft zwischen Städten verschiedener Länder

jum|pen ['dʒampn̩] (ugs.): springen

Jum|per [auch: 'dʒampe, bes. südd., österr.: 'dʒɛmpe], der; -s, -: [Damen]strickbluse, Pullover

Jump|suit ['dʒampsju:t], der; -s, -s: einteiliger Hosenanzug

Ju|ni, der; -[s], -s (Plural selten): der 6. Monat des Jahres

ju|ni|or: der, selten auch die Jüngere (nur unflektiert hinter dem Personennamen, z. B. Krause junior; Abk.: jr. u. jun.)

Ju|ni|or, der; -s, …oren: 1. (ugs.) a) (ohne Plural) Juniorchef; b) Sohn. 2. junger Sportler. 3. Jugendlicher

Ju|ni|o|rat, das; -[e]s, -e: ↑Minorat

J

Ju|ni|or|chef, der; -s, -s: Sohn des Geschäftsinhabers

Ju|ni|or|che|fin, die; -, -nen: weibliche Form zu ↑Juniorchef

Ju|ni|o|rin, die; -, -nen: weibliche Form zu ↑Junior (1 a, 2)

Ju|ni|or|part|ner, der; -s, - (Wirtsch.): mit weniger Rechten ausgestatteter [jüngerer] Geschäftspartner

Ju|ni|or|part|ne|rin, die; -, -nen: weibliche Form zu ↑Juniorpartner

Junk|food, Junk-Food [ˈdʒaŋkfuːd], das; -[s]: Nahrung von geringem Nährwert, aber von hoher Kalorienzahl

Jun|kie [ˈdʒaŋki], der; -s, -s: in fortgeschrittenem Stadium drogenabhängige Person

Junk|tim, das; -s, -s: Verbindung zusammengehöriger Verträge od. Gesetzesvorlagen

Jun|ta [ˈxʊnta, auch: ˈjʊnta], die; -, ...ten: 1. Regierungsausschuss, bes. in Spanien, Portugal u. Lateinamerika. 2. Kurzform von Militärjunta

[1]Ju|ra (ohne Artikel): Rechtswissenschaft; vgl. [1]Jus

[2]Ju|ra, der; -s (Geol.): erdgeschichtliche Formation des ↑Mesozoikums

ju|ras|sisch: a) zum [2]Jura gehörend; b) aus dem Juragebirge stammend

ju|ri|disch: juristisch

ju|rie|ren: a) Werke für eine Ausstellung, Filmfestspiele o. Ä. zusammenstellen; b) in einer Jury (1) mitwirken

Ju|ris|dik|ti|on, die; -, -en: Rechtsprechung, Gerichtsbarkeit

Ju|ris|pru|denz, die; -: Rechtswissenschaft

Ju|rist, der; -en, -en: jmd., der Rechtswissenschaften studiert hat bzw. auf diesem Gebiet arbeitet

Ju|ris|te|rei, die; - (scherzh.): Rechtswissenschaft

Ju|ris|tin, die; -, -nen: weibliche Form zu ↑Jurist

ju|ris|tisch: rechtswissenschaftlich

Ju|ror, der; -s, ...oren: Mitglied einer Jury

Ju|ro|rin, die; -, -nen: weibliche Form zu ↑Juror

Jur|te, die; -, -n: runde Filzhütte mittelasiatischer Nomaden

Ju|ry [ʒyˈriː, auch: ˈʒyːri], die; -, -s: 1. a) Preisgericht; b) Fachgremium, das Werke für eine Ausstellung, für Filmfestspiele o. Ä. auswählt. 2. Schwurgericht, ein bes. in Großbritannien u. Amerika bei Kapitalverbrechen zur Urteilsfindung verpflichtetes Laiengremium

ju|ry|frei: nicht von Fachleuten zusammengestellt

[1]Jus, das; - (österr.): ↑[1]Jura

[2]Jus [ʒyː], die; - (auch, bes. südd. u. schweiz.: das; - u. bes. schweiz.: der; -): 1. Bratensaft. 2. (schweiz.) Frucht-, Gemüsesaft

jus|ta|ment (veraltend, noch scherzh.): [nun] gerade

jus|tie|ren: Geräte od. Maschinen genau einstellen

Jus|tie|rer, der; -s, -: jmd., der beruflich mit dem Justieren von etwas beschäftigt ist

Jus|tie|rung, die; -, -en: das ↑Justieren

Jus|ti|fi|ka|tur, die; -, -en: Rechnungsgenehmigung nach erfolgter Prüfung

just in time [dʒʌst ɪn ˈtaɪm] (Wirtsch.): zeitlich aufeinander abgestimmt, gleichzeitig

Just-in-time-Pro|duk|ti|on, die; - (Wirtsch.): Produktionsprinzip, bei dem Zuliefer- u. Produktionstermine genau aufeinander abgestimmt werden, um Lagerkosten zu vermeiden

Jus|ti|tia, die; -: a) römische Göttin der Gerechtigkeit; b) Sinnbild der Gerechtigkeit

jus|ti|ti|a|bel usw. vgl. justiziabel usw.

Jus|tiz, die; -: 1. Rechtsprechung. 2. Recht sprechende Gewalt

jus|ti|zi|a|bel, jus|ti|ti|a|bel: vom Gericht abzuurteilen, richterlicher Entscheidung zu unterwerfen

Jus|ti|zi|ar, Jus|ti|ti|ar, der; -s, -e: für alle Rechtsangelegenheiten zuständiger Mitarbeiter eines Unternehmens, einer Behörde o. Ä.

Jus|ti|zi|a|ri|at, Jus|ti|ti|a|ri|at, das; -[e]s, -e: Amt des Justiziars

Jus|ti|zi|a|rin, Jus|ti|ti|a|rin, die; -, -nen: weibliche Form zu ↑Justiziar

Jus|ti|zi|um, Jus|ti|ti|um, das; -s, ...ien: Unterbrechung der Rechtspflege durch Krieg od. höhere Gewalt

Jus|ti̱z|mord, der; -[e]s, -e: (emotional) Hinrichtung eines Unschuldigen aufgrund eines fehlerhaften Gerichtsurteils

Ju̱|te, die; -: 1. Gattung der Lindengewächse mit zahlreichen tropischen Arten. 2. Bastfaser der Jutepflanzen

ju|ve|ni̱l: 1. jugendlich, für junge Menschen charakteristisch. 2. (Geol.) direkt aus dem Erdinnern stammend, aufgestiegen; vgl. vados

[1]**Ju|we̱l,** das (auch: der) -s, -en (meist Plural): Edelstein, Schmuckstück

[2]**Ju|we̱l,** das; -s, -e: Person od. Sache, die für jmdn. besonders wertvoll ist

Ju|we|lie̱r, der; -s, -e: jmd., der [als ausgebildeter Goldschmied, Uhrmacher o. Ä.] mit Schmuckwaren u. Ä. handelt

Ju|we|lie̱|rin, die; -, -nen: weibliche Form zu ↑Juwelier

Jụx, der; -es, -e (ugs.): Scherz, Spaß, Ulk

jụ|xen (ugs.): Spaß machen

Kk

Ka̱|a|ba, die; -: Steinbau in der großen Moschee von Mekka, Hauptheiligtum des Islams, Ziel der Mekkapilger; vgl. Hadsch

Ka|ba̱|le, die; -, -n (veraltet): Intrige

Ka|ba|nọs|si, Ca|ba|nọs|si, die; -, -: stark gewürzte grobe Wurst

Ka|ba|rett [kaba'rɛt, auch: 'ka..., ...'re:], das; -s, -s u. (bei eingedeutschter Ausspr. auch:) -e, auch, bes. österr.: **Ca|ba|ret** [kaba're:, auch: 'kabare], das; -s, -s: 1. (ohne Plural) Kleinkunst in Form von Sketchen u. Chansons, die in parodistischer, witziger Weise politische Zustände od. aktuelle Ereignisse kritisieren. 2. a) Kleinkunstbühne; b) Ensemble, das Kabarett (1) macht

Ka|ba|ret|tịst, der; -en, -en: Künstler des Kabaretts (1)

Ka|ba|ret|tịs|tin, die; -, -nen: weibliche Form zu ↑Kabarettist

ka|ba|ret|tịs|tisch: in der Art des Kabaretts (1)

Kạb|ba|la [auch: ...'la], die; -: a) stark mit Buchstaben- und Zahlendeutung arbeitende jüdische Geheimlehre und Mystik vor allem im Mittelalter; b) esoterische u. theosophische Bewegung im Judentum

kab|ba|lịs|tisch: a) auf die Kabbala bezüglich; b) [für Uneingeweihte] unverständlich

Ka̱|bel|jau, der; -s, -e u. -s: (bes. im Nordatlantik heimischer) großer, olivgrün gefleckter Raubfisch

Ka|bi̱|ne, die; -, -n: 1. a) Wohn- u. Schlafraum für Passagiere auf größeren [Fahrgast]schiffen; b) Raum, in dem in einem Flugzeug die Passagiere untergebracht werden. 2. a) kleiner, abgeteilter Raum zum Aus- u. Ankleiden; Bade-, Umkleidekabine; b) kleiner, abgeteilter Raum, kleines Häuschen für bestimmte Tätigkeiten, Verrichtungen einzelner Personen. 3. Gondel einer Seilbahn o. Ä.

Ka|bi|nẹtt, das; -s, -e: 1. a) kleinerer Museumsraum [für besonders wertvolle Objekte]; b) (österr.) kleines, einfenstriges Zimmer. 2. Kollegium der die Regierungsgeschäfte eines Staates führenden Minister. 3. (regional) Lehr- u. Beratungszentrum; Fachunterrichtsraum. 4. (nach dem deutschen Weingesetz) Wein der ersten Kategorie der Qualitätsweine mit Prädikat

Ka|bi|nẹtt|stück, das; -[e]s, -e: 1. (veraltet) besonders wertvoller, in seiner Art einmaliger Gegenstand; Prunkstück. 2. besonders geschicktes, erfolgreiches Vorgehen, Handeln

Ka̱|bis, der; - (südd., schweiz.): Kohl; vgl. Kappes (1)

Ka|bo|ta|ge [...'ta:ʒə], die; -: die meist den Bewohnern eines Landes vorbehaltene Beförderung von Gütern u. Personen innerhalb des Landes od. Hoheitsgebiets (z. B. Küstenschifffahrt, Binnenflugverkehr)

Ka|b|ri|o|lẹtt [auch, österr. nur: ...'le:], das; -s, -s (veraltet): leichter, zweirädriger Einspänner

Ka|da̱|ver, der; -s, -: toter, in Verwesung übergehender Tierkörper; Aas

Ka|da̱|ver|ge|hor|sam, der; -s (abwertend): blinder, willenloser Gehorsam unter völliger Aufgabe der eigenen Persönlichkeit

Kad|di̱sch, das; -s: jüdisches Gebet, das bes. für das Seelenheil Verstorbener während des Trauerjahres gesprochen wird

Ka|de̩nz, die; -, -en: 1. (Musik) Akkordfolge als Abschluss od. Gliederung eines Musikstücks. 2. (Musik) virtuose Auszierung eines Satzschlusses durch den Solisten. 3. (Sprachwiss.) das Abfallen der Stimme. 4. (Verslehre) metrische Form des Versschlusses

Ka̱|der|par|tie, die; -, -n: bestimmte Partie im ↑Billard

Ka|de̩tt, der; -en, -en: 1. (Geschichte) Zögling eines militärischen Internats für Offiziersanwärter. 2. (schweiz.) Mitglied einer [Schul]organisation für vormilitärischen Unterricht

Ka̱|di, der; -s, -s: 1. Richter in islamischen Ländern. 2. (ugs.) richterliche Instanz, Gericht

K

kad|mi̱e|ren, ver|ka̩d|men: Metalle mit einer Kadmiumschicht überziehen

Ka̩d|mi|um, fachspr.: **Ca̩d|mi|um,** das; -s: chem. Element; ein Metall (Zeichen: Cd)

Ka̩f|fee [auch, österr. nur: ka'fe:], der; -s, -s: 1. Kaffeepflanze, Kaffeestrauch. 2. a) bohnenförmige Samen des Kaffeestrauchs; b) geröstete [gemahlene] Kaffeebohnen. 3. aus den Kaffeebohnen bereitetes Getränk. 4. Kaffeemahlzeit

Ka̩f|fee-Ex|trakt, Ka̩f|fee|ex|trakt, der; -[e]s, -e: pulverisierter, [gefrier]getrockneter Auszug aus starkem Kaffeeaufguss

kaf|ka|e̩sk: in der Art der Schilderungen Kafkas; auf rätselvolle Weise unheimlich, bedrohlich

Ka̩f|tan, der; -s, -e: langes Obergewand (früher bei den orthodoxen Juden)

Ka̱i, der; -s, -s, **Quai** [ke:, auch: kɛ(:)], der oder das; -s, -s: durch Mauern befestigtes Ufer in einem Hafen

Ka̱i|man, der; -s, -e: (bes. im tropischen Südamerika vorkommender) Alligator

Kains|mal ['kai̯ns..., auch: 'ka:ɪns...], das; -[e]s, -e: Schuld, die jmdm. gleichsam an der Stirn geschrieben steht

Ka̱i|zen [...zɛn], das; -: Unternehmensführungskonzept aus Japan, das darin besteht, einen kontinuierlichen Verbesserungsprozess in Gang zu halten

Ka̱|jak, das, auch der; -s, -s: a) schmales, einsitziges Männerboot der Eskimos; vgl. Umiak; b) ein- od. mehrsitziges Sportpaddelboot, das mit Doppelpaddel vorwärtsbewegt wird

Ka|ja̱l, das; -[s]: als Kosmetikum zum Umranden der Augen verwendete [schwarze] Farbe

Ka̱|je, die; -, -n (nordd.): [Schutz]deich, Uferbefestigung

Ka|jü̱|te, die; -, -n: Wohn- u. Schlafraum auf Booten u. Schiffen

Ka̩|ka|du [auch: ...'du:], der; -s, -s: Papagei mit Federhaube

Ka|kao [...'kau̯, auch: ...'ka:o], der; -s, -s: 1. Kakaobaum, -pflanze. 2. Samen des Kakaobaumes. 3. aus gemahlenen Kakaobohnen hergestelltes Pulver. 4. aus Kakaopulver, Milch u. Zucker bereitetes Getränk

Ka̱|ker|lak, der; -s u. -en, -en, **Ka|ker|la̱|ke,** die; -, -n: 1. Küchenschabe. 2. (von Tieren) lichtempfindlicher Albino (2 a)

[1]**Ka̱|ki,** [1]**Kha̱|ki,** das; -[s]: Erdfarbe, Erdbraun

[2]**Ka̱|ki,** [2]**Kha̱|ki,** der; -[s]: gelbbrauner Stoff [für die Tropenuniform]

Ka|ko|fo|ni̱e, Ka|ko|pho|ni̱e, die; -, ...i̱en: 1. (Sprachwiss.) schlecht klingende Folge von Lauten. 2. (Musik) Missklang, ↑Dissonanz

ka|ko|fo̱|nisch, ka|ko|pho̱|nisch: die Kakofonie betreffend, misstönend, schlecht klingend

Kak|te̱e, die; -, -n: ↑Kaktus

Ka̩k|tus, der; - (ugs. u. österr. auch: -ses), ...te̱en (ugs. u. österr. auch: -se): (in vielen Arten in Trockengebieten vorkommende) meist säulen- od. kugelförmige Pflanze, die in ihrem verdickten Stamm Wasser speichert u. meist Dornen trägt

Ka|la|mi|tä̱t, die; -, -en: 1. [schlimme] Verlegenheit, missliche Lage. 2. (Biol.) durch Schädlinge, Hagel, Sturm o. Ä. hervorgerufener schwerer Schaden in Pflanzenkulturen

Ka|la̩n|der, der; -s, -: Maschine mit verschiedenen Walzen zum Glätten od. Prägen von Stoff, Papier, Folie o. Ä.

ka|lan|dern, ka|lan|d|ri̱e|ren: einen Werkstoff mit dem Kalander bearbeiten

Ka|la̩sch|ni|kow, die; -, -s: ein sowjetisches Sturmgewehr

Ka|lau|er, der; -s, -: nicht sehr geistreicher, meist auf einem Wortspiel beruhender Witz

ka|lau|ern: Kalauer erzählen

Ka|le|bas|se, Ka|la|bas|se, die; -, -n: aus einem Flaschenkürbis hergestelltes Gefäß

Ka|le|do|ni|den, die (nur Plural) (Geol.): die im älteren Paläozoikum entstandenen Gebirge, die sich innerhalb Europas vor allem vom Westen der Skandinavischen Halbinsel bis nach Schottland u. Irland erstrecken

Ka|lei|do|s|kop, das; -s, -e: 1. fernrohrähnliches Spielzeug, bei dem sich beim Drehen bunte Glassteinchen zu verschiedenen Mustern u. Bildern anordnen. 2. lebendig-bunte [Bilder]folge, bunter Wechsel

ka|lei|do|s|ko|pisch: in bunter Folge, ständig wechselnd (z. B. von Bildern od. Eindrücken)

ka|len|da|risch: nach dem Kalender

Ka|len|da|ri|um, das; -s, ...ien: 1. Verzeichnis kirchlicher Gedenk- u. Festtage. 2. [Termin]kalender

Ka|le|sche, die; -, -n: leicht gebaute Kutsche mit zusammenklappbarem Verdeck

Ka|le|va|la, Ka|le|wa|la, das; -: finnisches Nationalepos

Kal|fak|ter, der; -s, -, **Kal|fak|tor,** der; -s, ...oren: 1. a) (veraltend, oft leicht abwertend) jmd., der für jmdn. verschiedenste untergeordnete Hilfsdienste verrichtet; b) (oft abwertend) Gefangener, der in der Strafanstalt den Gefängniswärtern Hilfsdienste leistet. 2. (landsch. abwertend) jmd., der andere aushorcht

Ka|li, das; -s, -s: 1. bes. als Dünge- u. Ätzmittel verwendetes, natürlich vorkommendes Kalisalz. 2. Kurzf. von Kalium[verbindungen]

Ka|li|ban, der; -s, -e: roher, grobschlächtiger, primitiver Mensch

Ka|li|ber, das; -s, -: 1. a) innerer Durchmesser von Rohren u. Bohrungen; b) äußerer Durchmesser eines Geschosses. 2. (ugs.) Art, Schlag, Sorte

ka|li|b|rie|ren: auf ein genaues Maß bringen, ausrichten

Ka|lif, der; -en, -en: a) (ohne Plural) Bez. für den Nachfolger des Propheten Mohammed als Oberhaupt der muslimischen Gemeinschaft; b) Träger des Titels Kalif (a)

Ka|li|fat, das; -[e]s, -e (Geschichte): Amt, Herrschaft, Reich eines Kalifen

Ka|li|sal|pe|ter, der; -s: bes. als Düngemittel u. bei der Herstellung von Feuerwerkskörpern, Glas u. Porzellan verwendetes Salz der Salpetersäure

Ka|li|salz, das; -es, -e (meist Plural): Doppelsalz od. Gemisch von Verbindungen des Kaliums, Kalziums, Magnesiums u. Natriums, das bes. als Düngemittel u. als Rohstoff in der chemischen Industrie verwendet wird

Ka|li|um, das; -s: chem. Element; ein Alkalimetall, das in der Natur nur in Verbindungen vorkommt (Zeichen: K)

Ka|li|um|bro|mid, das; -[e]s, -e: halogenhaltiges Kaliumsalz, das in der Pharmazie für Beruhigungsmittel u. in der Fototechnik als Zusatz zu Entwicklern verwendet wird

Ka|li|um|chlo|rat, das; -s, -e: aus Kalium und Chlorsäure entstehendes Salz, das bes. bei der Herstellung von Zündholzköpfen, Feuerwerkskörpern u. Ä. verwendet wird

Ka|li|um|per|man|ga|nat, das; -[e]s, -e: dunkelviolett glänzende, Kristalle bildende chemische Verbindung, die bes. als Desinfektions- u. Bleichmittel, zum Beizen von Holz u. Ä. verwendet wird

Kal|kül, das, auch: der; -s, -e: etwas im Voraus abschätzende, einschätzende Berechnung, Überlegung

Kal|ku|la|ti|on, die; -, -en: 1. Kostenermittlung, [Kosten]voranschlag. 2. in Bezug auf etwas angestellte Überlegung; Schätzung

Kal|ku|la|tor, der; -s, ...oren: Angestellter des betrieblichen Rechnungswesens

Kal|ku|la|to|rin, die; -, -nen: weibliche Form zu ↑Kalkulator

kal|ku|la|to|risch: rechnungsmäßig

kal|ku|lie|ren: 1. [be]rechnen, veranschlagen. 2. abschätzen, überlegen

Kal|le, die; -, -n (Gaunerspr.): 1. a) Braut; b) Geliebte. 2. Prostituierte

Kal|li|graf, Kal|li|graph, der; -en, -en (veraltet): Schönschreiber

Kal|li|gra|fie, Kal|li|gra|phie, die; -, ...ien: Schönschreibkunst

kal|li|gra|fisch, kal|li|gra|phisch: die Kalligrafie betreffend

K

Kal|lus, der; -, -se: 1. (Bot.) an Wundrändern von Pflanzen durch vermehrte Teilung entstehendes Gewebe. 2. (Med.) a) Schwiele; b) nach Knochenbrüchen neu gebildetes Gewebe

Kal|me, die; -, -n: völlige Windstille

Kal|men|zo|ne, die; - (Meteorol.): Zone völliger Windstille in der Nähe des Äquators

kal|mie|ren (bildungsspr.): beruhigen, besänftigen

Ka|lo|rie, die; -, ...ien: 1. frühere physikalische Einheit der Wärme (Zeichen: cal). 2. (meist Plural) frühere Einheit für den Energiewert (Nährwert) von Lebensmitteln (Zeichen: cal)

ka|lo|ri|en|re|du|ziert: (von Lebensmitteln) einen deutlich geringeren physiologischen Brennwert besitzend, als ihn Produkte derselben Art üblicherweise haben

K

Ka|lo|ri|me|ter, das; -s, -: Gerät zur Bestimmung von Wärmemengen

ka|lo|risch: die Wärme betreffend

ka|lo|ri|sie|ren, chem. fachspr.: **ca|lo|ri|sie|ren:** auf Metallen eine Schutzschicht durch Glühen in Aluminiumpulver herstellen

Ka|lot|te, die; -, -n: 1. (Math.) gekrümmte Fläche eines Kugelabschnitts. 2. Käppchen katholischer Geistlicher

Kal|pak, Kol|pak, der; -s, -s: tatarische Lammfellmütze

Ka|lu|met, Ca|lu|met [auch: kaly'mɛ], das; -s, -s: Friedenspfeife der nordamerikanischen Indianer

Kal|va|ri|en|berg, der; -[e]s, -e: Nachbildung der Kreuzigungsstätte mit Kreuzweg an Wallfahrtsorten

Ka|lyp|t|ra, die; -, ...tren (Bot.): 1. Wurzelhaube der Farn- u. Samenpflanzen. 2. Hülle der Sporenkapsel bei Laubmoosen

Kal|ze|o|la|rie [...i̯ə], **Cal|ce|o|la|ria,** die; -, ...rien: Pantoffelblume (Zimmerpflanze mit pantoffelförmigen Blüten)

Kal|zit [auch: ...'tsɪt], chem. fachspr.: **Cal|cit,** der; -s, -e: Kalkspat

Kal|zi|um, chem. fachspr.: **Cal|ci|um,** das; -s: chem. Element; ein Metall (Zeichen: Ca)

Kal|zi|um|kar|bo|nat, chem. fachspr.: **Cal|ci|um|car|bo|nat,** das; -[e]s, -e: (kohlensaurer) Kalk

Ka|ma|ril|la [kama'rɪlja], die; -, ...llen: Hofpartei oder Gruppe von einflussreichen Günstlingen

Kam|bio, Cam|bio, der; -s, ...bi od. -s (Bankw. veraltet): Wechsel

Kam|bi|um, das; -s, ...ien (Bot.): ein teilungsfähig bleibendes Pflanzengewebe

kam|b|risch: das Kambrium betreffend

Kam|b|ri|um, das; -s (Geol.): älteste Stufe des ↑Paläozoikums

Ka|mee, die; -, -n: [Edel]stein mit erhabener figürlicher Darstellung

Ka|mel, das; -[e]s, -e: ein Huftier der Steppen- und Wüstengebiete

Ka|me|lie [...i̯ə], die; -, -n: eine Zierpflanze mit immergrünen, ledrigen Blättern u. roten bis weißen, rosenähnlichen Blüten

Ka|me|ra, die; -, -s: Foto- oder Filmapparat

Ka|me|ra|de|rie, die; - (meist abwertend): in entsprechenden Verhaltensweisen anderen bewusst vor Augen geführte Kameradschaft, Cliquengeist

Ka|me|ra|list, der; -en, -en: 1. Fachmann auf dem Gebiet der Kameralistik (2). 2. (Geschichte) Beamter einer fürstlichen Kammer

Ka|me|ra|lis|tik, die; -: 1. (veraltet) Finanzwissenschaft. 2. auf den Nachweis von Einnahmen u. Ausgaben sowie den Vergleich mit dem Haushaltsplan ausgerichtete Rechnungsführung

ka|me|ra|lis|tisch: staatswirtschaftlich, staatswissenschaftlich

Ka|me|ra|re|kor|der, Ka|me|ra|re|cor|der, der; -s, -: Videoaufzeichnungsgerät, das Videokamera u. Videorekorder zusammen in einem Gehäuse enthält

Ka|mi, der; -, - (meist Plural): schintoistische Gottheit

ka|mie|ren (Fechten): die gegnerische Klinge umgehen

Ka|mi|ka|ze, der; -[s], -[s]: japanischer Selbstmordflieger im 2. Weltkrieg

Ka|mil|le, die; -, -n: eine Heilpflanze

Ka|min, der; -s, -e: 1. offene Feuerstelle in Wohnräumen. 2. (Alpinistik) steile, enge Felsenspalte. 3. (landsch.) Schornstein

ka|mi|nie|ren (Alpinistik): im Kamin, zwischen überhängenden Felsen klettern

Ka|mo̩r|ra vgl. Camorra

Ka̩mp, der; -[e]s, Kä̩mpe: 1. (landsch.) eingefriedetes Feld; Grasplatz; Feldstück. 2. (Forstwirtsch.) [eingezäunte] kleinere Baumschule

Kam|pa|g|ne [kam'panjə], die; -, -n: 1. (veraltet) militärischer Feldzug. 2. gemeinschaftliche, groß angelegte, aber zeitlich begrenzte ↑Aktion, Aktivität in Bezug auf jmdn., etwas

Kam|pa|ni|le, der; -[s], -[s]: frei stehender Glockenturm [in Italien]

Kam|pe̩|sche|holz, Cam|pe|che|holz, das; -es, ...hölzer: ↑Hämatoxylin lieferndes Blauholz (Holz eines tropischen Baumes)

Ka̩mp|fer, der; -s: aus dem Holz des ostasiat. Kampferbaums destillierte harzartige Verbindung (in Med. und Technik verwendet)

kam|pie|ren: a) im Freien lagern; b) (ugs.) irgendwo eine notdürftige Unterkunft haben

Kam|sin, Cham|sin [ka...], der; -s, -e (Geogr.): trockenheißer Sandwind in der ägyptischen Wüste; vgl. Ghibli, Gibli, Schirokko

Ka|na|di|er, der; -s, -: offenes, [in halb kniender Haltung] mit einseitigem Paddel fortbewegtes Sportboot

Ka|nail|le, Ca|nail|le [ka'naljə, auch: ...'naɪ̯j(ə)], die; -, -n: 1. (abwertend) schurkischer Mensch. 2. (ohne Plural; veraltend abwertend) Gesindel; Pack

Ka|na|ke, der; -n, -n u. -r: 1. (Plural: -n) Ureinwohner Polynesiens u. der Südsee. 2. [meist: ka'nakə] (ugs. abwertend) verachtenswerter, hassenswerter Mensch (stark diskriminierendes Schimpfwort)

Ka|nal, der; -s, ...äle: 1. a) künstlicher Wasserlauf als Verbindungsweg für Schiffe zwischen Flüssen od. Meeren; b) [unterirdischer] Graben zum Ableiten von Abwässern. 2. (Med.) röhrenförmiger Durchgang. 3. (Technik) bestimmter Frequenzbereich eines Senders

Ka|na|li|sa|ti|on, die; -, -en: 1. a) System zum [unterirdischen] Abführen der Abwässer; b) der Bau einer Kanalisation (1 a). 2. Ausbau von Flüssen zu schiffbaren Wasserstraßen

ka|na|li|sie|ren: 1. mit einer Kanalisation (1 a) versehen. 2. (einen Fluss) schiffbar machen. 3. gezielt lenken, in eine bestimmte Richtung leiten

Ka|na|li|sie|rung, die; -, -en: 1. ↑Kanalisation. 2. gezielte Lenkung (z. B. von politischen od. geistigen Bewegungen)

Ka̩|na|pee, Ca|na|pé ['kanape, österr.: ...'pe:], das; -s, -s: 1. (veraltet) Sofa mit Rücken- u. Seitenlehne. 2. pikant belegtes [getoastetes] Weißbrothäppchen

Ka|na|ri, der; -s, - (südd., österr. ugs.): Kanarienvogel

Kan|da|re, die; -, -n: Gebissstange im Maul des Pferdes

Kan|de|la|ber, der; -s, -: mehrarmiger Leuchter für Lampen od. Kerzen

Kan|di|dat, der; -en, -en: 1. jmd., der sich um etwas, z. B. um ein Amt, bewirbt. 2. a) Student höheren Semesters, der sich auf sein Examen vorbereitet; b) Prüfling

Kan|di|da|tin, die; -, -nen: weibliche Form zu ↑Kandidat

Kan|di|da|tur, die; -, -en: Anwartschaft, das Kandidieren

kan|di|die|ren: sich (z. B. um ein Amt) bewerben

kan|die|ren: (Früchte) mit einer Zuckerlösung überziehen u. dadurch haltbar machen

Ka̩n|dis, der; -, **Ka̩n|dis|zu|cker**, der; -s: in großen Stücken an Fäden auskristallisierter Zucker

Ka̩|ne|vas, der; - u. -ses, - u. -se: gitterartiges Gewebe für Handarbeiten

Kän|gu|ru, das; -s, -s: australisches Springbeuteltier mit sehr langen Hinterbeinen

Ka|nin, das; -s, -e: Fell der Wild- u. Hauskaninchen

Ka|ni̩s|ter, der; -s, -: tragbarer Behälter für Flüssigkeiten

Ka̩n|na vgl. Canna

Ka̩n|nä, Ca̩n|nae [...nɛ], das; -, -: katastrophale Niederlage; vgl. kannensisch

Kä̩n|nel|koh|le, Can|nel|koh|le, die; -: eine Steinkohlenart

kan|ne̩n|sisch: in der Fügung **kannensische Niederlage**: völlige Niederlage, Vernichtung

Kan|ni|ba|le, der; -n, -n: 1. Menschenfresser. 2. roher, ungesitteter Mensch

K

Kan|ni|ba|lin, die; -, -nen: weibliche Form zu ↑Kannibale

kan|ni|ba|lisch: 1. in der Art eines Kannibalen. 2. roh, grausam, ungesittet. 3. (ugs.) ungemein, sehr groß, überaus

kan|ni|ba|li|sie|ren: 1. (Zool.) Kannibalismus (2) hervorrufen. 2. (Jargon) einer Sache in hohem Maße schaden

Kan|ni|ba|lis|mus, der; -: 1. Menschenfresserei. 2. das Fressen von Tieren der eigenen Art. 3. unmenschliche Rohheit

[1]**Ka|non,** der; -s, -s: 1. Gesamtheit der für ein bestimmtes [Fach]gebiet geltenden Regeln u. Vereinbarungen. 2. (Musik) Musikstück, bei dem verschiedene Stimmen in bestimmten Abständen nacheinander mit derselben Melodie einsetzen. 3. a) unabänderliche Liste der von einer Religionsgemeinschaft anerkannten Schriften; b) die im Kanon (3 a) enthaltenen Schriften

K

[2]**Ka|non,** die; - (Druckw. veraltet): ein Schriftgrad

Ka|no|na|de, die; -, -n: [anhaltendes] Geschützfeuer, Trommelfeuer

Ka|no|ne, die; -, -n: 1. [schweres] Geschütz. 2. (ugs.) jmd., der auf seinem Gebiet Bedeutendes leistet, [Sport]größe. 3. (salopp scherzh.) ↑Revolver

Ka|no|nen|boot, das; -[e]s, -e: kleines Kriegsschiff im Küstendienst od. auf Binnengewässern

Ka|no|nen|fut|ter, das; -s (ugs. abwertend): im Krieg sinnlos u. gewissenlos geopferte Soldaten

Ka|no|nier, der; -s, -e: Soldat, der ein Geschütz bedient

ka|no|nie|ren: 1. (veraltet) mit Kanonen [be]schießen. 2. (ugs.) besonders wuchtig aufs Tor schießen

Ka|no|ni|ker, der; -s, -, **Ka|no|ni|kus,** der; -, ...ker: Mitglied eines ↑Kapitels (2), ↑Chorherr (1)

ka|no|nisch: 1. als Vorbild dienend. 2. (kath. Rel.) den kirchlichen [Rechts]bestimmungen gemäß. 3. (Musik) den [1]Kanon (2) betreffend, ihm entsprechend, nach den musikalischen Gesetzen des Kanons gestaltet

ka|no|ni|sie|ren: 1. in den [1]Kanon aufnehmen, heiligsprechen. 2. a) zum [1]Kanon machen; b) in eine Liste mustergültiger Autoren, Werke aufnehmen

Kä|no|zo|i|kum, das; -s (Geol.): ↑Tertiär u. ↑Quartär umfassende erdgeschichtliche Neuzeit

kä|no|zo|isch: das Känozoikum betreffend

kan|ta|bel (Musik): gesanglich vorgetragen

Kan|ta|bi|li|tät, die; - (Musik): Sangbarkeit, gesanglicher Ausdruck, melodische Schönheit

Kan|tar, der od. das; -s, -e (aber: 2 Kantar): heute nicht mehr gebräuchliches Handelsgewicht Italiens u. der östlichen Mittelmeerländer; vgl. Cantaro

[1]**Kan|ta|te, Can|ta|te:** vierter Sonntag nach Ostern

[2]**Kan|ta|te,** die; -, -n (Musik): mehrteiliges, vorwiegend lyrisches Gesangsstück im ↑monodischen Stil für Solisten od. Chor mit Instrumentalbegleitung

Kan|ter [auch: 'kɛntɐ], der; -s, - (Reiten): kurzer, leichter Galopp

Kan|ti|le|ne, die; -, -n (Musik): gesangartige, meist getragene Melodie

Kan|til|le [auch: ...'tɪljə], die; -, -n: schraubenförmig gedrehter, vergoldeter od. versilberter Draht zur Herstellung von Borten u. Tressen

Kan|ti|ne, die; -, -n: Speiseraum in Betrieben, Kasernen u. Ä.

Kan|ton, der; -s, -e: 1. Bundesland der Schweiz (Abk.: Kt.). 2. Bezirk, Kreis

kan|to|nal: den Kanton betreffend, zu einem Kanton gehörend

Kan|tor, der; -s, ...oren: Leiter des Kirchenchors, Organist, Dirigent der Kirchenmusik

Kan|to|rei, die; -, -en: 1. ev. Kirchenchor. 2. kleine Singgemeinschaft, Schulchor

Kan|to|rin, die; -, -nen: weibliche Form zu ↑Kantor

Kan|tus, der; -, -se (Studentenspr.): Gesang; vgl. Cantus

Ka|nu [auch, österr. nur: ka'nu:], das; -s, -s: 1. als Boot benutzter ausgehöhlter Baumstamm. 2. ↑Kajak; Kanadier

Ka|nü|le, die; -, -n (Med.): 1. Röhrchen zum Einführen od. Ableiten von Luft od. Flüssigkeiten. 2. Hohlnadel an einer Injektionsspritze

Ka|nu|te, der; -n, -n (Sport): Kanufahrer

Ka|nu|tin, die; -, -nen: weibliche Form zu ↑Kanute

kan|ze|ro|gen (Med.): Krebs erzeugend

kan|ze|rös (Med.): krebsartig

Kanz|lei, die; -, -en: Büro [eines Rechtsanwalts od. einer Behörde]

Kanz|list, der; -en, -en (veraltet): Schreiber, Angestellter in einer Kanzlei

Kan|zo|ne, die; -, -n: 1. eine romanische Gedichtform. 2. leichtes, heiteres Lied

Ka|o|lin, das; -s, -e: weicher, formbarer Ton; Porzellanerde

Kap, das; -s, -s: Vorgebirge; vorspringender Teil einer Felsenküste

Ka|paun, der; -s, -e: kastrierter Masthahn

Ka|pa|zi|tät, die; -, -en: 1. (ohne Plural) Fassungs- od. Speicherungsvermögen eines technischen Geräts od. Bauteils. 2. a) Produktions- od. Leistungsvermögen einer Maschine od. Fabrik; b) (meist Plural) Produktionsstätte u. Gesamtheit aller Einrichtungen u. Arbeitskräfte, die zur Herstellung von Industriegütern zur Verfügung stehen. 3. a) räumliches Fassungsvermögen [eines Gebäudes]; b) geistiges Leistungs- od. Fassungsvermögen. 4. hervorragender Fachmann

[1]Ka|pel|le, die; -, -n: 1. kleines [privates] Gotteshaus ohne Gemeinde. 2. abgeteilter Raum für Gottesdienste in einer Kirche od. einem Wohngebäude

[2]Ka|pel|le, die; -, -n: a) (im Mittelalter) ein Sängerchor in der Kirche, der die reine Gesangsmusik pflegte; vgl. a cappella; b) Musikergruppe, Instrumentalorchester

Ka|pell|meis|ter, der; -s, -: a) Leiter einer [2]Kapelle (b), eines Orchesters; b) nach dem ↑[General]musikdirektor rangierender Orchesterdirigent

Ka|pell|meis|te|rin, die; -, -nen: weibliche Form zu ↑Kapellmeister

[1]Ka|per, die; -, -n (meist Plural): [in Essig eingemachte] Blütenknospe des Kapernstrauches (ein Gewürz)

[2]Ka|per, der; -s, - (Geschichte): 1. Schiff, das (im Seekrieg) feindliche Handelsschiffe erbeutet. 2. Freibeuter, Seeräuber

ka|pern: 1. a) (ein [Handels]schiff) auf See erbeuten; b) (ein Flugzeug, einen Zug o. Ä.) in seine Gewalt bringen u. entführen. 2. (ugs.) a) jmdn. [wider dessen Willen] für etwas gewinnen; b) sich einer Sache bemächtigen

ka|pie|ren (ugs.): begreifen, verstehen

ka|pil|lar (Med.): haarfein (z. B. von Blutgefäßen)

Ka|pil|la|re, die; -, -n: 1. (Biol.; Med.) Haargefäß, kleinstes Blutgefäß. 2. (Physik) ein Röhrchen mit sehr kleinem Querschnitt

ka|pi|tal: a) von solcher Art, dass die betreffende Person od. Sache alles Vergleichbare übersteigt; b) (Jägerspr.) außerordentlich groß, stark

Ka|pi|tal, das; -s, -e u., österr. nur, -ien [...i̯ən]: 1. Geld [für Investitionszwecke]. 2. Vermögen[sstamm]. 3. (ohne Plural) Gesamtheit der kapitalkräftigen Unternehmen [eines Landes]

Ka|pi|täl|chen, das; -s, - (Druckw.): Großbuchstabe in der Größe der kleinen Buchstaben

Ka|pi|ta|le, die; -, -n: 1. (veraltet) Hauptstadt. 2. Majuskelschrift

Ka|pi|tal|flucht, die; -: das Fortbringen von Kapital (1) ins Ausland bei politischer ↑Instabilität, ungünstigen Steuergesetzen u. Ä.

Ka|pi|ta|lis, die; -: altrömische Monumentalschrift [auf Bauwerken]

Ka|pi|ta|li|sa|ti|on, die; -, -en: Umwandlung eines laufenden Ertrags od. einer Rente in einen einmaligen Kapitalbetrag

ka|pi|ta|li|sie|ren: in eine Geldsumme umwandeln

Ka|pi|ta|li|sie|rung, die; -, -en: ↑Kapitalisation

Ka|pi|ta|lis|mus, der; -: Wirtschaftssystem, das auf dem freien Unternehmertum u. dem Gewinnstreben Einzelner basiert

Ka|pi|ta|list, der; -en, -en: Kapitalbesitzer

Ka|pi|ta|lis|tin, die; -, -nen: weibliche Form zu ↑Kapitalist

ka|pi|ta|lis|tisch: den Kapitalismus betreffend

Ka|pi|tal|ver|bre|chen, das; -s, -: besonders schwere Straftat (z. B. Mord)

Ka|pi|tän, der; -s, -e: 1. Kommandant eines Schiffes. 2. Kommandant eines Flugzeugs; Chefpilot. 3. Anführer, Spielführer einer Sportmannschaft

Ka|pi|tä|nin, die; -, -nen: weibliche Form zu ↑Kapitän

Ka|pi|tän|leut|nant, der; -s, -s (selten: -e): Offizier der Bundesmarine im Range eines Hauptmanns

Ka|pi|tel, das; -s, -: 1. Hauptstück, Abschnitt in einem Schrift- od. Druckwerk (Abk.: Kap.). 2. a) Körperschaft der Geistlichen einer Dom- od. Stiftskirche od. eines Kirchenbezirks (Landkapitel); b) Versammlung eines [geistlichen] Ordens

Ka|pi|tell, das; -s, -e: oberer Abschluss einer Säule, eines Pfeilers od. ↑Pilasters

ka|pi|teln (landsch.): jmdn. zurechtweisen, schelten

K

Ka|pi|tel|saal, der; -[e]s, ...säle: Sitzungssaal im Kloster

Ka|pi|tu|la|ti|on, die; -, -en: 1. a) das Kapitulieren (1); b) Vertrag über die Kapitulation (1 a). 2. resignierendes Nachgeben, Aufgeben

ka|pi|tu|lie|ren: 1. sich dem Feind ergeben; sich für besiegt erklären u. sich dem Gegner unterwerfen. 2. (angesichts einer Sache) resignierend aufgeben, nachgeben, die Waffen strecken

Ka|p|lan, der; -s, ...läne: dem Pfarrer untergeordneter katholischer Geistlicher

Ka|po|das|ter, der; -s, -: ein über alle Saiten reichender, auf dem Griffbrett sitzender verschiebbarer Bund bei Lauten u. Gitarren; vgl. Capotasto

Kap|pa, das; -[s], -s: zehnter Buchstabe des griechischen Alphabets (Κ, κ)

Kap|pes, Kap|pus, der; -: 1. (landsch.) Weißkohl. 2. (landsch. ugs.) a) dummes Zeug, törichtes Geschwätz; b) unbrauchbare Pfuscharbeit

Ka|p|ri|ce [ka'pri:sə] vgl. Caprice

Ka|p|ri|o|le, die; -, -n: 1. Luftsprung. 2. launenhafter, toller Einfall; übermütiger Streich. 3. ein Sprung in der Reitkunst

Ka|p|ri|ze vgl. Kaprice

ka|p|ri|zie|ren, sich: eigensinnig auf etwas bestehen; sich auf etwas festlegen

ka|p|ri|zi|ös: launenhaft, eigenwillig

Kap|si|kum, das; -s: ein scharfes Gewürz (spanischer Pfeffer)

Kap|ta|ti|on, die; -, -en (veraltet): Erschleichung; Erbschleicherei

ka|putt (ugs.): a) entzwei, zerbrochen; b) verloren, bankrott [im Spiel]; c) in Unordnung, aus der Ordnung gekommen

Ka|pu|ze, die; -, -n: an einen Mantel od. eine Jacke angearbeitete Kopfbedeckung, die sich ganz über den Kopf ziehen lässt

Ka|pu|zi|ner, der; -s, -: 1. Angehöriger eines katholischen Ordens (Abk.: O. F. M. Cap., OFMCap). 2. ↑Kaffee (3) mit etwas Milch. 3. Kapuzineraffe. 4. (landsch.) Birkenröhrling

Ka|ra|bi|ner, der; -s, -: 1. kurzes Gewehr. 2. (österr.) Karabinerhaken

Ka|ra|bi|ner|ha|ken, der; -s, -: federnder Verschlusshaken

Ka|ra|bi|ni|e|re vgl. Carabiniere

Ka|ra|cho, das; -s (ugs.): große Geschwindigkeit, Rasanz

Ka|rä|er, der; -s, -: Angehöriger einer [ost]jüdischen Sekte (seit dem 8. Jh.), die den ↑Talmud verwirft

Ka|raf|fe, die; -, -n: geschliffene, bauchige Glasflasche [mit Glasstöpsel]

Ka|ra|kul|schaf, das; -s, -e: Fettschwanzschaf, dessen Lämmer den Persianerpelz liefern

Ka|ram|bo|la|ge [...ʒə], die; -, -n: 1. Zusammenstoß, Zusammenprall. 2. das Anstoßen des Spielballes an die beiden anderen Bälle im Billardspiel

Ka|ra|mell, der; -s: gebrannter Zucker

Ka|ra|mell|bon|bon, der od. das; -s, -s: aus Karamell u. Milch od. Sahne hergestellte bonbonartige, weich-zähe Süßigkeit

ka|ra|mel|li|sie|ren: 1. Zucker zu Karamell brennen. 2. Speisen (bes. Früchte) mit gebranntem Zucker übergießen od. in Zucker rösten

Ka|ra|o|ke, das; -[s]: Form der Unterhaltung, bei der zur (vom Band abgespielten) Instrumentalmusik eines Schlagers dessen Text (von nicht berufsmäßigen Sängern) gesungen wird

Ka|rat, das; -[e]s, -e (aber: 2 -): 1. Einheit für die Gewichtsbestimmung von Edelsteinen. 2. Maß der Feinheit einer Goldlegierung

Ka|ra|te, das; -[s]: System waffenloser Selbstverteidigung

Ka|ra|te|ka, der; -[s], -[s] u. die; -, -[s]: jmd., der Karate als Sport betreibt

Ka|ra|vel|le, die; -, -n: ein mittelalterliches Segelschiff (14.–16. Jh.)

Ka|ra|wa|ne, die; -, -n: 1. durch unbewohnte Gebiete ziehende Reisegruppe. 2. lange [Fahrzeug]kolonne

Ka|ra|wan|se|rei, die; -, -en: Unterkunft für Karawanen (1)

Kar|bid, chem. fachspr.: **Car|bid,** das; -[e]s, -e: 1. (ohne Plural) Kalziumkarbid (Rohstoff der chemischen Industrie). 2. chemische Verbindung aus Kohlenstoff u. einem Metall

Kar|bo|li|ne|um, das; -s: ein Imprägnierungs- u. Schädlingsbekämpfungsmittel für Holz u. Bäume

Kar|bol|säu|re, die; -: ↑Phenol

Kar|bon, das; -s (Geol.): erdgeschichtliche Formation des ↑Paläozoikums

Kar|bo|nat, chem. fachspr.: **Car|bo|nat,** das; -[e]s, -e: kohlensaures Salz

Kar|bo|rund, das; -[e]s, **Car|bo|run|dum**®, das; -s: ein Schleifmittel

Kar|bun|kel, der; -s, - (Med.): Ansammlung dicht beieinanderliegender ↑Furunkel

Kar|da|mom, der od. das; -s, -e[n]: Ingwersamen (ein Gewürz)

Kar|dan|an|trieb, der; -s: Antrieb über ein Kardangelenk

Kar|dan|ge|lenk, das; -s, -e: Verbindungsstück zweier Wellen, das durch wechselnde Knickung Kraftübertragung unter einem Winkel gestattet

Kar|dan|wel|le, die; -, -n: Antriebswelle mit Kardangelenk für Kraftfahrzeuge

kar|den, kar|die|ren: rauen, kämmen (von Wolle)

kar|di|al (Med.): das Herz betreffend

kar|di|nal: grundlegend, hauptsächlich

Kar|di|nal, der; -s, ...näle: 1. (kath. Rel.) höchster katholischer Würdenträger nach dem Papst. 2. zu den ↑Tangaren gehörender, häufig als Stubenvogel gehaltener Singvogel

Kar|di|nals|kol|le|gi|um, das; -s, ...ien: Körperschaft der katholischen Kardinäle

Kar|di|nals|kon|gre|ga|ti|on, die; -: ↑Kurienkongregation

Kar|di|nal|tu|gend, die; -, -en (meist Plural): Haupttugend (bes. Weisheit, Gerechtigkeit, Besonnenheit, Tapferkeit)

Kar|di|nal|zahl, die; -, -en: Grundzahl, ganze Zahl (z. B. zwei, zehn)

Kar|dio|gramm, das; -s, -e (Med.): 1. ↑Elektrokardiogramm. 2. grafische Darstellung der elektrischen Herzaktivität

Kar|dio|lo|ge, der; -n, -n (Med.): Facharzt auf dem Gebiet der Kardiologie; Herzspezialist

Kar|dio|lo|gie, die; - (Med.): Teilgebiet der Medizin, das sich mit der Funktion u. den Erkrankungen des Herzens befasst

Kar|dio|spas|mus, der; -, ...men (Med.): Krampf der Mageneingangsmuskulatur

Kar|di|tis, die; -, ...itiden (Med.): Entzündung des Herzens

Ka|renz|zeit, die; -, -en: Wartezeit, Sperrfrist, bes. in der Krankenversicherung

Kar|fun|kel, der; -s, -: 1. feurig roter Edelstein (z. B. ↑[1]Granat, ↑Rubin). 2. ↑Karbunkel

Ka|ri|bu, das, auch der; -s, -s: nordamerikanisches Ren

ka|rie|ren: mit Würfelzeichnung mustern, kästeln

ka|riert: 1. gewürfelt, gekästelt. 2. (ugs. abwertend) wirr, ohne erkennbaren Sinn

Ka|ri|es, die; - (Zahnmed.): Zahnfäule

Ka|ri|ka|tur, die; -, -en: 1. komisch übertreibende Zeichnung. 2. Zerr-, Spottbild

Ka|ri|ka|tu|rist, der; -en, -en: Karikaturenzeichner

ka|ri|ka|tu|ris|tisch: in der Art einer Karikatur

ka|ri|kie|ren: verzerren, zur Karikatur machen, als Karikatur darstellen

ka|ri|ös (Med.): von ↑Karies befallen

Ka|ri|tas, die; -: [christliche] Nächstenliebe, Wohltätigkeit; vgl. Fides

ka|ri|ta|tiv: von Nächstenliebe bestimmt, mildtätig

Kar|kas|se, die; -, -n: 1. Unterbau [eines Gummireifens]. 2. (Gastron.) nach dem Loslösen des Fleisches übrig gebliebenes Gerippe von Geflügel, Wild od. Fisch

Kar|me|lit, der; -en, -en, **Kar|me|li|ter,** der; -s, -: Angehöriger eines katholischen Mönchsordens

Kar|me|li|te|rin, Kar|me|li|tin, die; -, -nen: Angehörige des weiblichen Zweiges der Karmeliten

Kar|me|sin, Kar|min, das; -s: roter Farbstoff

Karn, Ka|rinth, das; -s (Geol.): eine Stufe der alpinen ↑Trias (1)

Kar|nal|lit vgl. Carnallit

Kar|ne|val, der; -s, -e u. -s: Fastnacht, Fastnachtszeit

kar|ne|va|lis|tisch: den Karneval betreffend

Kar|nie|se, Kar|ni|sche, die; -, -n (österr.): Vorhangstange

kar|nisch: zum Karn gehörend, im Karn entstanden

K

kar|ni|vor (Biol.): fleischfressend (von bestimmten Tieren u. Pflanzen)

Ka|ros|se, die; -, -n: von Pferden gezogener Prunkwagen; Staatskutsche

Ka|ros|se|rie, die; -, ...ien: Wagenoberbau, -aufbau [von Kraftwagen]

Ka|ro|tin, fachspr.: **Ca|ro|tin,** das; -s, -e: ein Farbstoff als Vorstufe des Vitamins A

Ka|ro|tis, die; -, ...tiden, **Ka|ro|ti|de,** die; -, -n (Med.): Kopf-, Halsschlagader

Ka|rot|te, die; -, -n: 1. Mohrrübe. 2. (landsch.) Rote Rübe, Rote Bete. 3. Bündel von ausgerippten, gebeizten Tabakblättern

Kar|ree, das; -s, -s: 1. Viereck. 2. (Gastron.) Rippenstück

Kar|ri|e|re, die; -, -n: 1. schnellste Gangart des Pferdes. 2. [bedeutende, erfolgreiche] Laufbahn

Kar|ri|e|re|frau, die; -, -en (auch abwertend): Frau, die beruflich eine wichtige Stellung innehat u. auf eine erfolgreiche Laufbahn bedacht ist

Kar|ri|e|ris|mus, der; - (abwertend): rücksichtsloses Karrierestreben

Kar|ri|e|rist, der; -en, -en (abwertend): rücksichtsloser Karrieremacher

Kar|ri|e|ris|tin, die; -, -nen: weibliche Form zu ↑Karrierist

kar|ri|e|ris|tisch: nach Art eines Karrieristen

Kar|ri|ol, das; -s, -s, **Kar|ri|o|le,** die; -, -n: 1. leichtes, zweirädriges Fuhrwerk mit Kasten. 2. (veraltet) Briefpostwagen

Karst, der; -[e]s, -e (Geol.): durch die Wirkung von Oberflächen- u. Grundwasser in löslichen Gesteinen (Kalk, Gips) entstehende typische Oberflächenform

Kart, der; -[s], -s: kurz für: ↑Gokart

Kar|tät|sche, die; -, -n: 1. (Geschichte) mit Bleikugeln gefülltes Artilleriegeschoss. 2. (Bauw.) ein Brett zum Verreiben des Putzes

Kar|tau|se, die; -, -n: Kloster (mit Einzelhäusern) der Kartäusermönche

Kar|täu|ser, der; -s, -: 1. Angehöriger eines katholischen Einsiedlerordens (Abk.: O. Cart., OCart). 2. (ohne Plural) Kräuterlikör in der Art des ↑Chartreuse

Kar|tell, das; -s, -e: Zusammenschluss bes. von wirtschaftlichen Unternehmen (die weitgehend selbstständig bleiben)

Kar|ten|slot [...slɔt], der; -[s], -s (EDV): Steckplatz, ↑Slot (1) für eine digitale Karte (z. B. eine Speicherkarte)

kar|te|si|a|nisch, kar|te|sisch: von Descartes eingeführt, nach ihm benannt

kar|tie|ren: 1. (Geogr.) auf einer Karte darstellen (ein vermessenes Gebiet o. Ä.). 2. in eine Kartei einordnen

Kar|to|gra|fie, Kar|to|gra|phie, die; -: Wissenschaft u. Technik von der Herstellung von Land- u. Seekarten

kar|to|gra|fie|ren, kar|to|gra|phie|ren: auf Karten aufnehmen, kartografisch darstellen

Kar|ton [...ˈtõ:, ...ˈtɔŋ, auch, bes. südd., österr.: ...ˈto:n], der; -s, -s u. (bei nicht nasalierter Aussprache): -e (aber: 5 - Seife): 1. [leichte] Pappe, Steifpapier. 2. Schachtel aus [leichter] Pappe. 3. Ersatzblatt, das nachträglich für ein fehlerhaftes Blatt in ein Buch eingefügt wird. 4. Vorzeichnung zu einem [Wand]gemälde

Kar|to|na|ge [...ˈna:ʒə], die; -, -n: Pappverpackung

kar|to|nie|ren: [ein Buch] in Pappe [leicht] einbinden, steif heften

Kar|tu|sche, die; -, -n: 1. (Kunstwiss.) schildförmiges Ornament. 2. (Archäol.) ovale Umrahmung der Königsnamen in altägyptischen

Hieroglypheninschriften. 3. bes. dicht verschließbarer Behälter für bestimmte Stoffe (z. B. für Toner, Gas). 4. Hülse für die Pulverladung von Artilleriegeschossen

Ka|rus|sell, das; -s, -s u. -e: auf Jahrmärkten od. Volksfesten aufgestellte, sich im Kreis drehende große, runde Bahn mit verschiedenartigen Aufbauten oder mit aufgehängten Sitzen für Fahrgäste, bes. Kinder

Ka|ry|a|ti|de, die; -, -n: antike Säule in Form einer weiblichen Statue; vgl. Atlant

Kar|zer, der; -s, - (Geschichte): 1. Arrestraum in Universitäten u. Gymnasien. 2. (ohne Plural) Haftstrafe an Universitäten u. Gymnasien; Arrest

kar|zi|no|gen vgl. kanzerogen

Kar|zi|no|gen, das; -s, -e (Med.): Substanz, Strahlung o. Ä., von der eine Krebs erzeugende Wirkung ausgeht

Kar|zi|nom, das; -s, -e (Med.): maligne Neubildung der Deckschicht, meistens vom Platten- od. Drüsenepithel ausgehend (Abk.: Ca.)

Ka|sach, Ka|sak, der; -[s], -s: handgeknüpfter kaukasischer Gebrauchsteppich mit fast ausschließlich geometrischen Musterformen

Ka|sa|t|schok, der; -s, -s: ein russischer Volkstanz

Kas|ba[h], die; -, -s od. Ksabi: 1. Sultansschloss in Marokko. 2. arabisches Viertel in nordafrikanischen Städten

Kasch, der; -s, **Ka|scha,** die; -: [Buchweizen]grütze

Ka|schem|me, die; -, -n (abwertend): zweifelhaftes, schlechtes Lokal mit fragwürdigen Gästen

ka|schie|ren: verdecken, verbergen

Kasch|mir, der; -s, -e: feines Kammgarngewebe in Köper- od. Atlasbindung (eine Webart)

Ka|schu|be, der; -n, -n (landsch.): bäurischer Mensch, Hinterwäldler

Ka|se|in, chem. fachspr.: **Ca|se|in,** das; -s, -e: wichtigster Eiweißbestandteil der Milch

Ka|sel, die; -, -n, **Ca|su|la,** die; -, ...lae [...lɛ]: seidenes Messgewand, das über den anderen Gewändern zu tragen ist

Ka|se|mat|te, die; -, -n: 1. (Militär) gegen feindlichen Beschuss gesicherter Raum in Festungen. 2. durch Panzerwände geschützter Geschützraum eines Kriegsschiffes

Ka|ser|ne, die; -, -n: Gebäude zur ortsfesten u. ständigen Unterbringung von Soldaten, einer militärischen Einheit; Truppenunterkunft in Friedenszeiten

ka|ser|nie|ren: [Truppen] in Kasernen unterbringen

Ka|ser|nie|rung, die; -, -en: das Kasernieren

Ka|si|no vgl. Casino

Kas|ka|de, die; -, -n: 1. [künstlicher] stufenförmiger Wasserfall. 2. wagemutiger Sprung in der Artistik (z. B. Salto mortale). 3. Anordnung hintereinandergeschalteter, gleichartiger Gefäße (in der chemischen Technik)

Kas|ka|deur [...'dø:ɐ̯], der; -s, -e: Artist, der Kaskaden (2) ausführt

Kas|ko, der; -s, -s: 1. Schiffsrumpf. 2. Fahrzeug (im Unterschied zur Ladung). 3. Spielart des ↑Lombers

Kas|ko|ver|si|che|rung, die; -, -en: Versicherung gegen Schäden an Beförderungsmitteln des Versicherungsnehmers

Kas|sa, die; -, ...ssen (österr.): Kasse; vgl. per cassa

Kas|sa|ge|schäft, das; -s, -e: Geschäft, das sofort od. kurzfristig erfüllt werden soll (bes. im Börsenverkehr)

Kas|san|d|ra, die; -, ...dren: weibliche Person, die gegenüber etwas Bevorstehendem eine pessimistische Grundhaltung zeigt u. davor warnt

Kas|san|d|ra|ruf, der; -[e]s, -e: Unheil kündende Warnung

[1]**Kas|sa|ti|on,** die; -, -en: 1. Ungültigkeitserklärung (von Urkunden). 2. Aufhebung eines Gerichtsurteils durch die nächsthöhere Instanz. 3. (veraltet) bedingungslose Entlassung aus dem Militärdienst od. aus dem Beamtenverhältnis

[2]**Kas|sa|ti|on,** die; -, -en: mehrsätziges Tonwerk für mehrere Instrumente in der Musik des 18. Jh.s

Kas|se, die; -, -n: 1. verschließbarer Behälter zur Aufbewahrung von Geld. 2. (ohne Plural) zur Verfügung stehendes Geld, Barmittel. 3. Zahlungsraum, Bankschalter, an dem Geld aus- od. einbezahlt wird. 4. (ugs.) a) Sparkasse, Bank; b) Krankenkasse; vgl. Kassa

Kas|set|te, die; -, -n: 1. verschließbares Kästchen. 2. Schutzhülle für Bücher, Schallplatten o. Ä. 3. Magnetband u. zwei kleine Spulen, die fest in ein kleines Gehäuse aus Kunststoff eingebaut sind

Kas|set|ten|re|kor|der, Kas|set|ten|re|corder, der; -s, -: Tonbandgerät, bei dem für Aufnahme u. Wiedergabe Kassetten (3) verwendet werden

Kas|sia, Kas|sie [...i̯ə], die; -, ...ien: eine Heil- u. Gewürzpflanze

Kas|si|ber, der; -s, - (Gaunerspr.): heimliches Schreiben od. unerlaubte schriftliche Mitteilung eines Häftlings an einen anderen od. an Außenstehende

Kas|sier, der; -s, -e: ↑Kassierer

K

[1]**kas|sie|ren:** 1. Geld einnehmen, einziehen, einsammeln. 2. (ugs.) a) etwas an sich nehmen; b) etwas hinnehmen; c) jmdn. gefangen nehmen

[2]**kas|sie|ren:** a) jmdn. seines Amtes entheben, jmdn. aus seinem Dienst entlassen; b) etwas für ungültig erklären, ein Gerichtsurteil aufheben

Kas|sie|rer, der; -s, -: Angestellter eines Unternehmens od. Vereins, der die Kasse führt

Kas|sie|re|rin, die; -, -nen: weibliche Form zu ↑Kassierer

Kas|sie|rin, die; -, -nen (südd., österr., schweiz.): weibliche Form zu ↑Kassier

Kas|ta|g|net|te [...tan'jɛtə], die; -, -n: kleines Rhythmusinstrument aus zwei Hartholzschälchen, die mit den Fingern gegeneinandergeschlagen werden

Kas|ta|nie [...i̯ə], die; -, -n: 1. Edelkastanie. 2. Rosskastanie. 3. Frucht von Edel- od. Rosskastanie. 4. (Jägerspr.) Wulst von Haaren an den Hinterläufen des Wildes

Kas|te, die; -, -n: 1. Gruppe innerhalb der hinduistischen Gesellschaftsordnung. 2. (abwertend) sich gegenüber anderen Gruppen streng absondernde Gesellschaftsschicht [deren Angehörige ein übertriebenes Standesbewusstsein pflegen]

Kas|tell, das; -s, -e: 1. (Geschichte) a) militärische Befestigungsanlage; b) Burg, Schloss. 2. (veraltet) Aufbau auf dem Vorder- und Hinterdeck eines Kriegsschiffes

Kas|tel|lan, der; -s, -e: 1. (Geschichte) Burg-, Schlossvogt. 2. Aufsichtsbeamter in Schlössern u. öffentlichen Gebäuden

Kas|t|rat, der; -en, -en: 1. (veraltet) kastrierter Mann. 2. (Musik) in der Jugend kastrierter Sänger mit hoher, umfangreicher Sopran- od. Altstimme (im 17. u. 18. Jh.)

Kas|t|ra|ti|on, die; -, -en: 1. (Med.) Ausschaltung od. Entfernung der Keimdrüsen (Hoden od. Eierstöcke) bei Menschen u. Tieren; Verschneidung. 2. (Fachspr.) Entfernung der Staubblätter bei Pflanzen (aus züchterischen Gründen)

kas|t|rie|ren: eine Kastration vornehmen

Ka|su|ist, der; -en, -en: 1. Vertreter der Kasuistik. 2. jmd., der spitzfindig argumentiert; Wortverdreher, Haarspalter

Ka|su|is|tik, die; -: 1. Teil der Sittenlehre, der für Einzelfälle das rechte Verhalten bestimmt. 2. Wortverdreherei

ka|su|is|tisch: 1. Grundsätze bzw. Methoden der Kasuistik (1) befolgend. 2. spitzfindig argumentierend, haarspalterisch

Ka|sus, der; -, - [...zu:s]: 1. Fall, Vorkommnis. 2. (Sprachwiss.) Fall, Beugungsfall

Ka|ta|falk, der; -s, -e: schwarz verhängtes Gestell, auf dem der Sarg während der Trauerfeierlichkeit steht

Ka|ta|ka|na, die; -: japanische Silbenschrift

Ka|ta|kla|se, die; -, -n (Geol.): das Zerbrechen u. Zerreiben einzelner Mineralkomponenten eines Gesteins durch ↑tektonische Kräfte

Ka|ta|kom|be, die; -, -n (meist Plural): (in frühchristlicher Zeit) unterirdische Anlage zur Beisetzung von Toten

ka|ta|lek|tisch (antike Metrik): mit einem unvollständigen Versfuß endend

Ka|ta|le|xe, Ka|ta|le|xis [auch: ...'lɛ], die; -, ...lexen (antike Metrik): Unvollständigkeit des letzten Versfußes

Ka|ta|log, der; -[e]s, -e: [nach einem bestimmten System angelegtes] Verzeichnis

ka|ta|lo|gi|sie|ren: in einen Katalog aufnehmen

Ka|tal|pa, Ka|tal|pe, die; -, ...pen (Bot.): Zierstrauch mit kastanienähnlichen Blättern; Trompetenbaum

Ka|ta|ly|sa|tor, der; -s, ...oren: 1. (Chemie) Stoff, der chemische Reaktionen herbeiführt od. beeinflusst, selbst aber unverändert bleibt. 2. Vorrichtung in Kraftfahrzeugen, mit deren Hilfe das Abgas von umweltschädlichen Stoffen gereinigt wird

Ka|ta|ly|sa|tor|au|to, das; -s, -s: mit einem ↑Katalysator (2) ausgestatteter Pkw

Ka|ta|ly|se, die; -, -n (Chemie): Stoffumsetzung durch einen Katalysator

ka|ta|ly|sie|ren: durch einen Katalysator herbeiführen od. beeinflussen

ka|ta|ly|tisch: durch eine Katalyse od. einen ↑Katalysator (1) bewirkt

Ka|ta|ma|ran, der; -s, -e: schnelles, offenes Segelboot mit Doppelrumpf

Ka|ta|pho|re|se, die; -, -n: Bewegung positiv geladener Teilchen in Richtung der ↑Kathode

Ka|ta|pult, das, auch: der; -[e]s, -e: 1. Wurf-, Schleudermaschine im Altertum. 2. gabelförmige Schleuder mit zwei Gummibändern, mit der Kinder Steine o. Ä. schleudern od. schießen. 3. Schleudervorrichtung zum Starten von Flugzeugen; Startschleuder

ka|ta|pul|tie|ren: [mit einem Katapult] wegschnellen, [weg]schleudern

[1]**Ka|ta|rakt,** der; -[e]s, -e: a) Stromschnelle; b) Wasserfall

[2]**Ka|ta|rakt,** die; -, -e (Med.): Trübung der Augenlinse; grauer Star

Ka|tarrh, der; -s, -e (Med.): Schleimhautentzündung [der Atmungsorgane] mit meist reichlichen Absonderungen

Ka|ta|s|ter, der (österr. nur so) od. das; -s, -: amtliches Grundstücksverzeichnis

ka|ta|s|t|ro|phal: verhängnisvoll, entsetzlich

Ka|ta|s|t|ro|phe, die; -, -n: 1. Unglück von großen Ausmaßen u. entsetzlichen Folgen. 2. entscheidende Wendung [zum Schlimmen] als Schlusshandlung im [antiken] Drama

Ka|ta|s|t|ro|phen|tou|ris|mus, der; - (abwertend): das gezielte Anreisen von Schaulustigen bei Unglücksfällen größeren Ausmaßes, Naturkatastrophen u. Ä.

ka|ta|s|t|ro|phisch: unheilvoll, verhängnisvoll

Ka|ta|to|nie, die; -, ...ien (Med.): Form der Schizophrenie mit Krampfzuständen

ka|ta|to|nisch (Med.): die Katatonie betreffend

Ka|te|che|se, die; -, -n: Religionsunterricht

Ka|te|chet, der; -en, -en: Religionslehrer

Ka|te|chis|mus, der; -, ...men: 1. Lehrbuch für den christlichen Glaubensunterricht. 2. Glaubensunterricht für die ↑Katechumenen (1)

Ka|te|chist, der; -en, -en: einheimischer Laienhelfer in der katholischen Heidenmission

Ka|te|chu, das; -[s], -s: ↑Gambir

Ka|te|chu|me|ne [auch: ...'çu...], der; -n, -n: 1. [erwachsener] Taufbewerber. 2. Konfirmand

Ka|te|chu|me|nin, die; -, -nen: weibliche Form zu ↑Katechumene

ka|te|go|ri|al: in Kategorienart; Kategorien betreffend

Ka|te|go|rie, die; -, ...ien: Gruppe, in die jmd. od. etwas eingeordnet wird; Klasse, Gattung

ka|te|go|risch: 1. keinen Widerspruch duldend; bestimmt, mit Nachdruck. 2. einfach aussagend, behauptend. 3. unbedingt gültig

ka|te|go|ri|sie|ren: etwas nach Kategorien ordnen, einordnen

Ka|te|go|ri|sie|rung, die; -, -en: das Kategorisieren, Einordnen nach Kategorien

Ka|te|ne, die; -, -n (meist Plural): Sammlung von Auslegungen der Kirchenväter zu Bibelstellen

Kat|gut [auch: 'kɛtgat], das; -s (Med.): chirurgischer Nähfaden, der sich nach der Operation im Körper auflöst

Ka|tha|rer [auch: 'ka(:)...], der; -s, - (meist Plural): Angehöriger verschiedener mittelalterlicher strenger Sekten, bes. der ↑Albigenser

Ka|thar|sis ['ka(:)..., auch: ...'tar...], die; -: 1. (Literaturwiss.) Läuterung der Seele. 2. (Psychol.) das Sichbefreien von inneren Spannungen

ka|thar|tisch: die Katharsis betreffend

Ka|the|der, das od. der; -s, -: 1. [Lehrer]pult, Podium. 2. (selten) Lehrstuhl [eines Hochschullehrers]; vgl. ex cathedra

Ka|the|d|ra|le, die; -, -n: a) [erz]bischöfliche Hauptkirche, bes. in Spanien, Frankreich u. England; b) ↑ [1]Dom

Ka|the|te, die; -, -n (Math.): eine der beiden Seiten eines rechtwinkligen Dreiecks, die die Schenkel des rechten Winkels bilden (vgl. Hypotenuse)

Ka|the|ter, der; -s, - (Med.): Röhrchen zur Einführung in Körperorgane (z. B. in die Harnblase) zu deren Entleerung, Füllung, Spülung od. Untersuchung

ka|the|te|ri|sie|ren (Med.): einen Katheter in Körperorgane einführen

Ka|tho|de, fachspr. auch: **Ka|to|de,** die; -, -n: ↑ negative (4) Elektrode

Ka|tho|den|strahl, fachspr. auch: **Ka|to|denstrahl,** der; -s, -en (meist Plural): Elektronenstrahl, der von der Kathode ausgeht

K

Ka|tho|lik, der; -en, -en: Angehöriger der katholischen Kirche

Ka|tho|li|kin, die; -, -nen: weibliche Form zu ↑ Katholik

ka|tho|lisch: 1. zur katholischen Kirche gehörend; die katholische Kirche betreffend. 2. allgemein, [die ganze Erde] umfassend (von der Kirche Christi)

Ka|tho|li|zis|mus, der; -: Geist u. Lehre des katholischen Glaubens

Ka|tho|li|zi|tät, die; -: Rechtgläubigkeit im Sinne der katholischen Kirche

Kat|ion, das; -s, -en: positiv geladenes Ion, das bei der ↑ Elektrolyse zur Kathode wandert

Kat|tun, der; -s, -e: einfarbiges od. buntes Baumwollgewebe in Leinwandbindung (sehr feste Webart)

kau|dal (Med.): nach dem unteren [Körper]ende zu gelegen (von Organen od. Körperteilen)

kau|sal: ursächlich, das Verhältnis Ursache – Wirkung betreffend, dem Kausalgesetz entsprechend

Kau|sal|ge|setz, das; -es: Grundsatz, nach dem für jedes Geschehen notwendig eine Ursache angenommen werden muss

Kau|sa|li|tät, die; -, -en: der Zusammenhang von Ursache und Wirkung

Kaus|tik, die; -, -en: 1. (Optik) Brennfläche einer Linse. 2. (Med.) ↑ Kauterisation

Kaus|ti|kum, das; -s, ...ka (Med.; Chemie): Ätzmittel zum Verschorfen schlecht heilender Wunden

kaus|tisch: a) (Chemie) scharf, ätzend; b) sarkastisch, spöttisch

Kau|tel, die; -, -en: 1. (Rechtswiss.) [vertraglicher] Vorbehalt. 2. (nur Plural; Med.) Vorsichtsmaßregeln

Kau|ter, der; -s, - (Med.): [chirurgisches] Instrument zum Zerstören von Gewebe, Schneiden von Tumoren u. Stillen von Blutungen

Kau|te|ri|sa|ti|on, die; -, -en (Med.): Gewebszerstörung durch Brenn- od. Ätzmittel

Kau|ti|on, die; -, -en: Bürgschaft; Sicherheitsleistung in Form einer Geldhinterlegung (z. B. beim Mieten einer Wohnung)

Kau|t|schuk, der; -s, -e: Milchsaft des Kautschukbaumes (Rohstoff für die Gummiherstellung)

kau|t|schu|tie|ren: a) mit Kautschuk überziehen; b) aus Kautschuk herstellen

Ka|va|lier, der; -s, -e: 1. höflicher, taktvoller u. hilfsbereiter Mann. 2. (scherzh., veraltet) Freund, Begleiter eines Mädchens od. einer Frau. 3. (Geschichte) Edelmann

Ka|va|liers|de|likt, das; -[e]s, -e: [strafbare] Handlung, die von der Gesellschaft, von der Umwelt als nicht ehrenrührig, als nicht sehr schlimm angesehen wird

Ka|val|ka|de, die; -, -n (veraltend): prachtvoller Reiteraufzug, Pferdeschau

Ka|val|le|rie [auch: ...ˈriː], die; -, ...ien: Reiterei; Reitertruppe

Ka|val|le|rist [auch: ...ˈrɪst], der; -en, -en: Angehöriger der Reitertruppe

Ka|va|ti|ne, die; -, -n (Musik): a) einfaches Sologesangsstück in der Oper; b) liedartiger Instrumentalsatz

Ka|ver|ne, die; -, -n: 1. [künstlicher] unterirdischer Hohlraum. 2. (Med.) Hohlraum in tuberkulösen Lungen

Ka|vi|ar, der; -s, -e: mit Salz konservierter Rogen verschiedener Störarten

Ka|vi|tät, die; -, -en (Anat.): Hohlraum

Ka|wa, die; -: säuerlich-erfrischendes, stark berauschendes Getränk der Polynesier, das aus der Wurzel eines Pfeffergewächses hergestellt wird

Ka|wass, Ka|was|se, der; ...ssen, ...ssen: 1. (Geschichte) Ehrenwächter (für Diplomaten) in der Türkei. 2. Wächter u. Bote einer Gesandtschaft im Vorderen Orient

Ka|zi|ke, der; -n, -n: a) (Geschichte) Häuptling bei den Indianern Süd- u. Mittelamerikas; b) Titel eines indianischen Ortsvorstehers

Kea, der; -s, -s: neuseeländischer Papagei

Ke|bab [auch: 'ke:...], **Ke|bap,** der; -s, -s: [süd]osteuropäisches u. orientalisches Gericht aus am Spieß gebratenen [Hammel]fleischstückchen

Ke|fir, der; -s: ein aus Kuhmilch (in Russland ursprünglich aus Stutenmilch) durch Gärung gewonnenes Getränk mit säuerlichem, prickelndem Geschmack u. geringem Alkoholgehalt

Keks, der od. das; - u. -es, - u. -e, (österr.:) das; -[es], -[e]: 1. a) (ohne Plural) kleines trockenes Feingebäck; b) einzelner Keks (1 a). 2. (salopp) Kopf

Ke|lim, der; -[s], -[s]: gewebter orientalischer [Wand]teppich

Kel|li|on, das; -s, Kellien: kleines Kloster der orthodoxen Kirche; vgl. Cella (2 b)

Kel|vin, das; -[s], -: Gradeinheit auf der Kelvinskala (Zeichen: K)

Ke|ma|lis|mus, der; -: von Kemal Atatürk begründete politische Richtung in der Türkei

Ke|ma|list, der; -en, -en: Anhänger des Kemalismus

Ken, das; -, -: Verwaltungsbezirk, ↑Präfektur (a) in Japan

Ken|do, das; -[s]: japanische Form des Fechtens mit Bambusstäben

Ken|nel, der; -s, -: Hundezwinger [für die zur ↑Parforcejagd dressierte Meute]

Ke|no|taph, Ze|no|taph, das; -s, -e: ein leeres Grabmal zur Erinnerung an einen Toten, der an anderer Stelle begraben ist

Ken|taur vgl. Zentaur

Ke|ra|mik, die; -, -en: 1. (ohne Plural) Erzeugnisse aus gebranntem Ton (Steingut, Majoliken, Porzellan usw.). 2. einzelnes Erzeugnis aus gebranntem Ton

ke|ra|misch: zur Keramik gehörend, sie betreffend

Ke|ra|tin, das; -s, -e: Hornstoff; schwefelhaltiger Eiweißkörper in Haut, Haar u. Nägeln

Ke|ren, die (nur Plural): dämonische Wesen der griechischen Mythologie, die Verderben bringen

Ker|nel ['kœ:ɐnl], der; -s, -s (EDV): zentraler Bestandteil eines Betriebssystems, der Prozesse, Daten u. Geräte verwaltet u. unmittelbar auf die Hardware zugreift

Kern|phy|sik, die; -: Teilgebiet der Physik, auf dem der Aufbau u. die Eigenschaften der Atomkerne untersucht werden

Kern|re|ak|ti|on, die; -, -en: Umwandlung des Atomkerns durch Stöße von [Elementar]teilchen

Kern|re|ak|tor, der; -s, -en: ↑Reaktor

Kern|spin|to|mo|graf, Kern|spin|to|mo|graph, der; -en, -en (Med.): Gerät für eine ↑Kernspintomografie

K

Kern|spin|to|mo|gra|fie, Kern|spin|to|mo|gra|phie, die; - (Med.): ↑Tomografie mithilfe elektromagnetischer Wellen, die eine dreidimensionale Darstellung von Körperschichten ermöglicht

Ke|ro|sin, das; -s, -e: der im Erdöl vorkommende Petroleumanteil, der bes. als Treibstoff für Flugzeug- u. Raketentriebwerke verwendet wird

Ket|ch|up ['kɛtʃap], der od. das; -[s], -s: pikante, dickflüssige [Tomaten]soße

Ke|ton, das; -s, -e: organische Verbindung mit einer od. mehreren CO-Gruppen

Ketsch, die; -, -en (Sport): zweimastiges Segelboot

Ket|schua vgl. Quechua

Kett|car®, der od. das; -s, -s: mit ↑Pedalen (1) über eine Kette angetriebenes Kinderfahrzeug

Key-Ac|coun|ter ['ki:ʔəkaʊ̯ntɐ], der; -s, - (Wirtsch.): ↑Key-Account-Manager

Key-Ac|count-Ma|nage|ment [...mænɪdʒmənt], das; -s, -s (Wirtsch.): Management, das für den Kontakt zu Partnerunternehmen u. Großkunden zuständig ist

Key-Ac|count-Ma|na|ger [...mɛnɪdʒɐ], der; -s, -: jmd., der als leitende Persönlichkeit im ↑Key-Account-Management tätig ist

Key|board ['ki:bɔ:d], das; -s, -s: Tasteninstrument (z. B. elektronische Orgel, ↑Synthesizer)
Key|boar|der ['ki:bɔ:dɐ], der; -s, -: jmd., der Keyboard spielt
Key|log|ger ['ki:lɔgɐ], der; -s, - (EDV): Soft- od. Hardware, die die Tastatureingaben an einem Computer aufzeichnet
keyne|si|a|nisch: dem ↑Keynesianismus folgend, an ihm orientiert
Keyne|si|a|nis|mus [keɪnz...], der; -: Wirtschaftstheorie u. -politik, die das ökonomische Denken nach dem 2. Weltkrieg geprägt hat
Khan, Chan [ka:n, xa:n] der; -s, -e (Geschichte): mongolisch-türkischer Herrschertitel
Kib|buz, der; -, -im u. -e: Gemeinschaftssiedlung in Israel
Kib|buz|nik, der; -s, -s: Mitglied eines Kibbuz
K
Kick, der; -s, -s: 1. a) (ugs.) Tritt, Stoß (beim Fußball); b) [An]stoß. 2. a) Hochstimmung, Erregung, rauschhafter Zustand; b) durch ↑Drogen (1) hervorgerufene Hochstimmung
Kick|board [...bɔ:d], das; -s, -s: Kombination aus Skateboard u. Tretroller mit schmaler Stehfläche, teilweise mit zwei Vorder- od. Hinterrädern sowie Lenkstange [u. Bremse], bes. als schnelles Fortbewegungsmittel auf Asphaltflächen
Kick|bo|xen, das; -s: Kampfsportart, bei der die Gegner sowohl boxen als auch mit bloßen Füßen treten
Kick-down, Kick|down [...'daʊn], der od. das; -s, -s: plötzliches kräftiges Durchtreten des Gaspedals (zum raschen Beschleunigen)
ki|cken (ugs.): Fußball spielen
Ki|cker, der; -s, -[s] (ugs.): Fußballspieler
Kick-off, Kick|off [auch: ...'ʔɔf], der; -[s], -s: a) (schweiz.) Beginn, Anstoß beim Fußballspiel; b) Startschuss für ein Projekt, Vorhaben
Kid, das; -s, -s: (meist Plural) Kind, Jugendliche[r]
kid|nap|pen ['kɪtnɛpn̩]: einen Menschen entführen [um Lösegeld zu erpressen]
Kid|nap|per, der; -s, -: jmd., der kidnappt
Kid|nap|ping, das; -s, -s: Entführung eines Menschen
Kiez, der; -es, -e: 1. (landsch.) Fischersiedlung, -hütte. 2. a) (landsch.) abgesonderter Ortsteil; b) (Jargon) Stadtviertel, in dem ↑Prostituierte u. Strichjungen ihrem Gewerbe nachgehen; Strich
kif|fen (Jargon): Haschisch od. Marihuana rauchen
Kif|fer, der; -s, - (Jargon): jmd., der Haschisch od. Marihuana raucht
Kil|ler, der; -s, - (ugs.): jmd., der [in fremdem Auftrag] jmdn. tötet
Ki|lo|bit, das; -[s], -[s] (EDV): Einheit von 1 024 ↑Bit (2^{10} Bit; Zeichen: KBit, kBit)
Ki|lo|byte [...baɪt], das; -[s], -[s] (EDV): Einheit von 1 024 ↑Byte (2^{10} Byte; Zeichen: kByte)
Ki|lo|gramm, das; -s, -e (aber: 5 -): Einheit der Masse; 1 000 Gramm (Zeichen: kg)
Ki|lo|hertz, das; -, - (Physik): 1 000 Hertz (Zeichen: kHz)
Ki|lo|joule [...dʒu:l, auch: ...dʒaʊl], das; -[s], - (Physik): 1 000 Joule (Zeichen: kJ)
Ki|lo|ka|lo|rie, die; -, -n (Physik): 1 000 Kalorien (Zeichen: kcal)
Ki|lo|me|ter, der; -s, - (Physik): 1 000 Meter (Zeichen: km)
Ki|lo|pond, das; -s, - (veraltend): 1 000 Pond (Zeichen: kp)
Ki|lo|volt, das; - u. -[e]s, - (Physik): 1 000 Volt (Zeichen: kV)
Ki|lo|watt, das; -s, - (Physik): 1 000 Watt (Zeichen: kW)
Kilt, der; -[e]s, -s: a) bunt karierter schottischer Faltenrock für Männer; b) karierter Faltenrock für Damen
Ki|mo|no [auch: 'kɪ... oder: ki'mo:no], der; -s, -s: kaftanartiges japanisches Gewand für Männer u. Frauen mit angeschnittenen Ärmeln
Ki|ne|ma|thek, die; -, -en: a) Sammlung wissenschaftlicher od. künstlerisch wertvoller Filme; b) Raum od. Gebäude, in dem eine Filmsammlung aufbewahrt wird
Ki|ne|ma|tik (Physik): Teil der Mechanik (1); Bewegungslehre
ki|ne|ma|tisch: die Kinematik betreffend; sich aus der Bewegung ergebend
Ki|ne|ma|to|graf, Ki|ne|ma|to|graph, der;

-en, -en: der erste Apparat zur Aufnahme u. Wiedergabe bewegter Bilder

Ki|ne|ma|to|gra|fie, Ki|ne|ma|to|gra|phie, die; -: 1. (Geschichte) Verfahren zur Aufnahme u. Wiedergabe von bewegten Bildern. 2. Filmkunst, Filmindustrie

ki|ne|ma|to|gra|fisch, ki|ne|ma|to|gra|phisch: die Kinematografie betreffend

Ki|ne|tik, die; - (Physik): Lehre von der Bewegung durch Kräfte

ki|ne|tisch: bewegend, auf die Bewegung bezogen

Ki|ne|to|se, die; -, -n (Med.): [durch eine Störung des Gleichgewichtssinns hervorgerufene] Reaktion des Körpers auf ungewohnte Bewegungsmuster (z. B. See- u. Luftkrankheit)

Ki|no, das; -s, -s: 1. Filmtheater, Lichtspielhaus. 2. Filmvorführung, Vorstellung im Kino. 3. (ohne Plural) Film als Massenmedium, als Institution

Kin|topp, der od. das; -s, -s u. ...töppe (ugs.): Kino

Ki|osk [auch: ki̯ɔsk], der; -[e]s, -e: 1. Verkaufshäuschen [für Zeitungen, Getränke usw.]. 2. orientalisches Gartenhäuschen. 3. erkerartiger Vorbau vor den oberen Räumen orientalischer Paläste

Kir, der; -[s], -s (aber: 3 -): aus Johannisbeerlikör u. trockenem Weißwein bestehendes alkoholisches Getränk

Kir|ke vgl. Circe

Kir ro|y|al [- ro̯a'ja:l], der; - -[s], -s -s (aber: 3 - -): Getränk aus Johannisbeerlikör und Champagner

Kis|met, das; -s: das dem Menschen zugeteilte Los (im Islam)

Kit, das od. der; -[s], -s: Satz bestimmter zusammengehöriger Dinge; ↑Set (1)

Kite [kai̯t], der; -s, -s: großer Lenkdrachen, der bei verschiedenen Sportarten, besonders beim Kitesurfen, als Antrieb genutzt wird

Kite|sur|fen [...sœ:ɐ̯fn̩], das; -s: das Surfen über das Wasser mit einem Surfboard u. einem an zwei Seilen geführten Lenkdrachen

Ki|tha|ra, die; -, -s u. ...aren: bedeutendstes altgriechisches 4- bis 18-saitiges Zupfinstrument mit kastenförmigem ↑[1]Korpus (3)

[1]Ki|wi, der; -s, -s: 1. flugunfähiger Vogel in Neuseeland. 2. (ugs.) Neuseeländer

[2]Ki|wi, die; -, -s: exotische Frucht mit grünem Fruchtfleisch

Kla|do|ze|re, die; -, -n (meist Plural): Wasserfloh

Kla|mot|te, die; -, -n: 1. (meist Plural; salopp) [altes] Kleidungsstück. 2. (Jargon) anspruchsloses Theaterstück

klan|des|tin: heimlich

Kla|ri|net|te, die; -, -n: ein Holzblasinstrument

Kla|ri|net|tist, der; -en, -en: jmd., der [berufsmäßig] Klarinette spielt

Kla|ris|se, die; -, -n, **Kla|ris|sin,** die; -, -nen: Angehörige des 1212 gegründeten Klarissenordens, des zweiten (weiblichen) Ordens der ↑Franziskaner

Klas|se|ment [...'mã:, schweiz. auch: ...'mɛnt], das; -s, -s: 1. Einteilung; Ordnung. 2. (Sport) Rangliste, Reihenfolge

Klas|si|fi|ka|ti|on, die; -, -en: 1. das Klassifizieren. 2. das Klassifizierte

klas|si|fi|zie|ren: 1. jmdn. od. etwas (z. B. Tiere, Pflanzen) in Klassen einteilen, einordnen. 2. jmdn. od. etwas als etwas abstempeln

Klas|si|fi|zie|rung, die; -, -en: das Klassifizieren; Klassifikation

Klas|sik, die; -: 1. Kultur u. Kunst der griechisch-römischen Antike. 2. Epoche, die sich Kultur u. Kunst der Antike zum Vorbild genommen hat. 3. Epoche kultureller Höchstleistungen eines Volkes, die über ihre Zeit hinaus Maßstäbe setzt

Klas|si|ker, der; -s, -: 1. Vertreter der Klassik (1, 2). 2. Künstler, Schriftsteller, Wissenschaftler, der allgemein anerkannte, richtungsweisende Arbeit auf seinem Gebiet geleistet hat. 3. Sache, die ↑klassisch (3) ist. 4. Gegenstand, der ↑klassisch ist

Klas|si|ke|rin, die; -, -nen: weibliche Form zu ↑Klassiker (1, 2)

klas|sisch: 1. die [antike] Klassik betreffend, z. B. klassische Sprachen. 2. a) die Merkmale der Klassik tragend (z. B. von einem Kunstwerk); b) ausgereift, Maßstäbe setzend. 3. altbewährt; mustergültig, zeitlos

K

Klas|si|zis|mus, der; -: 1. Nachahmung eines klassischen [antiken] Vorbildes. 2. europäischer Bau- und Kunststil etwa von 1770 bis 1830

klas|si|zis|tisch: a) den Klassizismus betreffend, zum Klassizismus gehörend; b) die Antike [ohne Originalität] nachahmend

Klas|si|zi|tät, die; - (veraltet): Mustergültigkeit

Klau|se, die; -, -n: 1. Klosterzelle; Einsiedelei. 2. enger Raum, kleines [Studier]zimmer. 3. Engpass, Schlucht (bes. in den Alpen)

Klau|sel, die; -, -n: 1. (Rechtswiss.) vertraglicher Vorbehalt, Sondervereinbarung. 2. metrische Gestaltung des Satzschlusses [in der antiken Kunstprosa]. 3. (Musik) formelhafter, melodischer Schluss; vgl. Kadenz

Klaus|ner, der; -s, -: Einsiedler

K

Klaus|t|ro|pho|bie, die; -, ...ien (Psychol.): krankhafte Angst vor Aufenthalt in geschlossenen Räumen

Klau|sur, die; -, -en: 1. (ohne Plural) Einsamkeit, Abgeschlossenheit. 2. Bereich eines Klosters, der nur für einen bestimmten Personenkreis zugänglich ist. 3. ↑Klausurarbeit

Klau|sur|ar|beit, die; -, -en: unter Aufsicht zu schreibende Prüfungsarbeit

Klau|sur|ta|gung, die; -, -en: Tagung unter Ausschluss der Öffentlichkeit

Kla|vi|chord [...'kɔrt], das; -[e]s, -e: im 12. Jh. entstandenes Tasteninstrument, dessen waagerecht liegende Saiten mit einem Metallplättchen angeschlagen werden (Vorläufer des Klaviers)

Kla|vier, das; -s, -e: 1. Musikinstrument mit schwarzen u. weißen Tasten zum Anschlagen der senkrecht zur Tastatur gespannten Saiten. 2. (Fachspr.) (allgemein für) Tasteninstrument mit Klaviatur (z. B. Tafelklavier, Flügel)

Klein|kli|ma, das; -s, -s u. ...mate: ↑Mikroklima

kleis|to|gam (Bot.): sich in geschlossenem Zustand selbst bestäubend (von Blüten)

Kle|ma|tis, fachspr.: **Cle|ma|tis,** die; -, -: Kletterpflanze mit stark duftenden Blüten; Waldrebe

Kle|men|ti|ne vgl. Clementine

Klep|to|ma|ne, der; -n, -n (Psychol.): jmd., der an Kleptomanie leidet

Klep|to|ma|nie, die; -, ...ien (Med., Psychol.): zwanghafter Trieb zum Stehlen ohne Bereicherungsabsicht

klep|to|ma|nisch (Psychol.): die Kleptomanie betreffend

kle|ri|kal: a) zum Stand der katholischen Geistlichen gehörend; b) Ansprüche des Klerus fördernd, unterstützend

Kle|ri|ka|lis|mus, der; -: das Bestreben der [katholischen] Kirche, ihren Einflussbereich auf Staat u. Gesellschaft auszudehnen

Kle|ri|ker, der; -s, -: Angehöriger des Klerus

Kle|rus, der; -: katholische Geistlichkeit, Priesterschaft, -stand

Kli|ent, der; -en, -en: Auftraggeber, Kunde

Kli|en|tel, die; -, -en: 1. Gesamtheit der Klienten. 2. Gesamtheit der von einem ↑[1]Patron abhängigen Bürger

Kli|en|tin, die; -, -nen: weibliche Form zu ↑Klient

Kli|ma, das; -s, -ta, (selten:) -s, bes. fachspr.: ...mate: 1. a) (Meteorol.) der für ein Gebiet charakteristische Ablauf der Witterung; b) künstlich hergestellte Luft- u. Wärmeverhältnisse in einem Raum. 2. Atmosphäre, Stimmung

Kli|ma|an|la|ge, die; -, -n: Vorrichtung zur automatischen Regulierung der Frischluftzufuhr, der Lufttemperatur u. -feuchtigkeit in geschlossenen Räumen

Kli|ma|fak|tor, der; -s, -en: die Klimaelemente bedingende geografische Beschaffenheit eines Ortes (z. B. Höhenlage, Lage zum Meer)

kli|mak|te|risch (Med.): durch die Wechseljahre bedingt, sie betreffend

Kli|mak|te|ri|um, das; -s (Med.): Wechseljahre [der Frau]; vgl. Klimax (2)

Kli|ma|te: *Plural* von ↑Klima

kli|ma|tisch: das Klima betreffend

kli|ma|ti|sie|ren: a) in einen Raum od. ein Gebäude eine Klimaanlage einbauen; b) Temperatur, Luftzufuhr u. -feuchtigkeit [in geschlossenen Räumen] künstlich beeinflussen u. regeln

Kli|ma|to|lo|gie, die; -: vergleichende Wissenschaft der klimatischen Verhältnisse auf der Erde

Kli|max, die; -, -e: 1. (Rhet., Stilkunde) Steigerung des Ausdrucks. 2. (Med.) ↑Klimakterium

Kli|nik, die; -, -en: 1. [großes] Krankenhaus [das auf die Behandlung bestimmter Krankheiten usw. spezialisiert ist]. 2. (ohne Plural; Med.) praktischer Unterricht im Krankenhaus [für Medizinstudierende]

Kli|ni|kum, das; -s, ...ka u. ...ken: 1. (ohne Plural; Med.) Hauptteil der praktischen ärztlichen Ausbildung in einem Krankenhaus. 2. Zusammenschluss der [Universitäts]kliniken unter einheitlicher Leitung

kli|nisch (Med.): 1. a) die Klinik betreffend; b) die klinischen Semester betreffend. 2. durch ärztliche Untersuchung feststellbar od. festgestellt

Kli|no|mo|bil, Cli|no|mo|bil, das; -s, -e: Rettungswagen, in dem Operationen durchgeführt werden können

Klip|per, der; -s, -: schnelles Segelschiff für den Transport verderblicher Waren

Kli|schee, das; -s, -s: 1. Druckstock. 2. a) Abklatsch; b) eingefahrene, überkommene Vorstellung

Klis|tier, das; -s, -e (Med.): Einbringen einer Flüssigkeit [ggf. mit Zusätzen] über den Anus in den Darm; Darmeinlauf, -spülung

Kli|to|ris, die; -, - u. ...orides (Med.): schwellfähiges weibliches Geschlechtsorgan; Kitzler

Klo|a|ke, die; -, -n: 1. [unterirdischer] Abzugskanal für Abwässer; Senkgrube. 2. (Zool.) gemeinsamer Ausführungsgang für den Darm, die Harnblase u. die Geschlechtsorgane bei Reptilien u. einigen niederen Säugetieren

Klon, der; -s, -e (Biol.): durch Klonen entstandenes Lebewesen

klo|nen (Biol.): durch künstlich herbeigeführte ungeschlechtliche Vermehrung genetisch identische Exemplare von Lebewesen erzeugen

klo|nie|ren: ein einzelnes Gen aus einer Zelle isolieren und weiterverarbeiten; vgl. klonen

Klo|nus, der; -, ...ni (Med.): krampfartige Zuckungen infolge rasch aufeinanderfolgender Muskelzusammenziehungen; Schüttelkrampf

Klo|sett, das; -s, -s, (auch:) -e: 1. Toilettenraum. 2. Toilettenbecken

Klub, Club, der; -s, -s: a) [geschlossene] Vereinigung; b) Gebäude, Räume eines Klubs (a)

Klus, die; -, -en (schweiz.): Engpass, Schlucht

Klu|sil, der; -s, -e (Sprachwiss.): Verschlusslaut

Klü|ver, der; -s, -: ein dreieckiges Vorsegel

Knas|ter, der; -s, - (ugs.): schlechter Tabak

Kni|cker|bo|cker [auch: 'nɪke...], die (nur Plural): unter dem Knie geschlossene u. dadurch überfallende, halblange sportliche Hose

knock-out, knock|out [nɔk'ʔaʊ̯t] (Boxen): kampfunfähig nach einem Niederschlag (Abk.: k. o.)

Knock-out, Knock|out, der; -[s], -s (Boxen): Kampfunfähigkeit bewirkender Niederschlag (Abk.: K. o.)

Know-how, Know|how [noʊ̯'haʊ̯], das; -[s]: das Wissen, wie man eine Sache praktisch verwirklicht, anwendet o. Ä.

Knu|te, die; -, -n: Peitsche aus Lederriemen

knu|ten: knechten, unterdrücken, tyrannisieren

Ko|agu|lum, fachspr. auch: **Co|agu|lum,** das; -s, ...la (Med.): Blutgerinnsel außerhalb des Gefäßlumens

Ko|a|la, der; -s, -s: in Australien auf Bäumen lebender kleiner Beutelbär (ein Beuteltier)

ko|a|lie|ren, ko|a|li|sie|ren: a) verbinden; sich verbünden; b) mit jmdm. eine Koalition eingehen, bilden

Ko|a|li|ti|on, die; -, -en: Vereinigung, Bündnis mehrerer Parteien od. Staaten zur Durchsetzung ihrer Ziele

Ko|a|li|ti|o|när, der; -s, -e (meist Plural): Angehöriger einer Koalition

Ko|a|li|ti|ons|krieg, der; -[e]s, -e: die gemeinsame Kriegführung mehrerer Staaten mit einem od. mehreren anderen

Ko|a|li|ti|ons|par|tei, die; -, -en: die Partei, die zusammen mit einer anderen eine Koalition bildet

Ko|a|li|ti|ons|re|gie|rung, die; -, -en: von mehreren Parteien gebildete Regierung

Ko|au|tor usw. vgl. Co-Autor usw.

K

Ko|au|to|rin usw. vgl. Co-Autorin usw.
ko|axi|al: mit gleicher Achse
Ko|balt, fachspr.: **Co|balt,** das; -[e]s: chem. Element; ein Metall (Zeichen: Co)
Ko|b|ra, die; -, -s: südasiatische Brillenschlange
Ko|da vgl. Coda
Kode [ko:t] vgl. Code
Ko|de|in vgl. Codein
Ko|dex, der; -es u. -, -e u. ...dizes, **Co|dex,** der; -, ...dices: 1. Sammlung von Gesetzen, Handschriften usw. 2. eine mit Wachs überzogene hölzerne Schreibtafel der Antike, mit anderen zu einer Art Buch vereinigt
ko|di|fi|zie|ren: a) eine Kodifikation zusammenstellen; b) systematisch erfassen
Ko|di|fi|zie|rung, die; -, -en: das Kodifizieren
K
Ko|edu|ka|ti|on [auch: ...'tsi̯o:n], die; -: Gemeinschaftserziehung von Jungen u. Mädchen in Schulen u. Internaten
Ko|ef|fi|zi|ent, der; -en, -en: 1. (Math.) Multiplikator einer veränderlichen Größe einer ↑Funktion (2). 2. kennzeichnende Größe für bestimmte physikalische od. technische Verhaltensweisen
Ko|exis|tenz [auch: ...'tɛnts], die; -: das gleichzeitige Vorhandensein, das Nebeneinanderbestehen, z. B. von unterschiedlichen geistigen, religiösen, politischen od. gesellschaftlichen Systemen
ko|exis|tie|ren: nebeneinander bestehen
Kof|fe|in, Cof|fe|in, das; -s: in Kaffee, Tee u. Kolanüssen enthaltenes ↑Alkaloid
Ko|g|nak ['kɔnjak], der; -s, -s (aber: 2 -): Weinbrand; vgl. Cognac
Ko|g|ni|ti|on, die; -, -en: Gesamtheit aller Prozesse, die mit dem Wahrnehmen u. Erkennen zusammenhängen
ko|g|ni|tiv [auch: 'kɔ...] (bes. Psychol.): die Erkenntnis betreffend; erkenntnismäßig
Ko|g|no|men, das; -s, - u. ...mina: Beiname
Ko|ha|bi|ta|ti|on, die; -, -en: 1. (Med.) Geschlechtsverkehr. 2. (in Frankreich) Zusammenarbeit des Staatspräsidenten mit einer Regierung einer anderen Partei
ko|hä|rent (Psychol., Päd.): zusammenhängend
Ko|hä|renz, die; -: 1. Zusammenhang. 2. Eigenschaft von Lichtbündeln, die die gleiche Wellenlänge u. Schwingungsart haben
Ko|hä|si|on, die; -, -en: der innere Zusammenhalt der Moleküle eines Körpers
ko|hä|siv: zusammenhaltend
Koh|le|hy|d|rat vgl. Kohlenhydrat
Koh|len|di|oxid, Koh|len|di|oxyd, das; -s: farb-, geruch- u. geschmackloses Gas, das z. B. bei der vollständigen Verbrennung kohlenstoffhaltiger Brennstoffe entsteht (Zeichen: CO_2)
Koh|len|hy|d|rat, Koh|le|hy|d|rat, das; -[e]s, -e: aus Kohlenstoff, Sauerstoff u. Wasserstoff zusammengesetzte organische Verbindung (z. B. Stärke, Zellulose, Zucker)
Koh|len|mo|n|o|xid, Koh|len|mo|n|o|xyd, das; -s: farb- u. geruchloses, sehr giftiges Gas, das bei der Verbrennung kohlenstoffhaltiger Stoffe entsteht (Zeichen: CO)
Ko|hor|te, die; -, -n: 1. (Geschichte) der zehnte Teil einer römischen Legion. 2. (Soziol., Med.) ausgewählte Personengruppe, die soziologisch untersucht wird. 3. Schar, Gruppe (von gemeinsam auftretenden, agierenden Personen)
Ko|in|zi|denz, die; -, -en (bildungsspr.): das Zusammentreffen, der Zusammenfall (z. B. zweier Ereignisse), gleichzeitiges Auftreten (z. B. mehrerer Krankheiten bei einer Person)
ko|in|zi|die|ren: zusammenfallen, einander decken
ko|i|tie|ren (Med.): [mit jmdm.] den Geschlechtsverkehr vollziehen
Ko|i|tus, Co|i|tus, der; -, - [...tu:s] (Med.): Geschlechtsakt; Beischlaf
Ko|je, die; -, -n: 1. fest eingebautes Bett [auf Schiffen]. 2. Raum zur Aufbewahrung von Segeln. 3. Ausstellungsstand
Ko|jo|te, Co|yo|te, der; -n, -n: 1. nordamerikanischer Präriewolf. 2. Schuft (Schimpfwort)
Ko|ka, die; -, -, **Ko|ka|strauch,** der; -[e]s, ...sträucher: in Peru u. Bolivien vorkommender Strauch, aus dessen Blättern Kokain gewonnen wird
Ko|ka|in, das; -s: aus den Blättern des Kokastrauches gewonnenes ↑Alkaloid (ein Rauschgift u. Betäubungsmittel)

Ko|kar|de, die; -, -n: Abzeichen an Uniformmützen, Bandrosette

ko|ken: [1]Koks (1) herstellen

Ko|ke|rei, die; -, -en: Betrieb zur Herstellung von [1]Koks (1)

ko|kett: [von eitel-selbstgefälligem Wesen u.] bestrebt, die Aufmerksamkeit anderer zu erregen u. ihnen zu gefallen

Ko|ket|te|rie, die; -, ...ien: 1. kokette Art. 2. das Kokettieren

ko|ket|tie|ren: 1. sich kokett benehmen. 2. mit etwas liebäugeln. 3. sich (durch etwas) interessant machen wollen

Ko|kil|le, die; -, -n (Hüttentechnik): metallische, wiederholt verwendbare Gießform

Kok|ke, die; -, -n, **Kok|kus,** der; -, ...ken (meist Plural) (Med.): Kugelbakterie

Kok|kus vgl. Kokke

Ko|kon [ko'kõ:, auch: ko'kɔŋ, österr.: ko'ko:n], der; -s, -s, österr.: -ne: Hülle um die Eier od. die Puppen verschiedener Insekten (aus der z. B. beim Seidenspinner die Seide gewonnen wird)

Ko|kos|pal|me, die; -, -n: asiatische Palme von hohem Nutzwert

[1]Koks, der; -es, -e: 1. durch Erhitzen unter Luftabschluss gewonnener Brennstoff aus Stein- od. Braunkohle. 2. (ohne Plural; salopp scherzh.) [zur Verfügung stehendes] Geld

[2]Koks, der; -es (Jargon): Kokain

[3]Koks, der; -[es], -e (ugs.): steifer Hut, ↑Melone (2)

Kok|ser, der; -s, - (Jargon): jmd., der Kokain nimmt

Ko|la, die; -: der ↑Koffein enthaltende Samen des Kolastrauches; Kolanuss

Ko|la|ni, Co|la|ni, der; -s, -s: (bei der Marine getragenes) hüftlanges ↑Jackett aus dickem, dunkelblauem Wollstoff

Ko|lat|sche, die; -, -n (österr.): kleiner, gefüllter Hefekuchen

Ko|la|tur, die; -, -en (veraltet): [durch ein Tuch] durchgeseihte Flüssigkeit; vgl. kolieren

Kol|chos, der, (auch:) das; -, ...ose, **Kol|chose,** die; -, -n: landwirtschaftliche Produktionsgenossenschaft (in der Sowjetunion, heute u. a. in Russland)

Ko|li|bak|te|rie [...i̯ə], die; -, -n (meist Plural) (Med.): Darmbakterie bei Mensch u. Tier, außerhalb des Darms Krankheitserreger

Ko|li|b|ri, der; -s, -s: in Amerika vorkommender kleiner Vogel mit buntem, metallisch glänzendem Gefieder

ko|lie|ren (veraltet): [durch]seihen; vgl. Kolatur

Ko|lik [auch: ko'li:k], die; -, -en (Med.): krampfartig auftretender Schmerz im Leib u. seinen Organen (z. B. Magen-, Darm-, Nierenkolik)

kol|la|bie|ren (Med.): einen ↑Kollaps erleiden, plötzlich schwach werden, verfallen

Kol|la|bo|ra|teur [...'tø:ɐ̯], der; -s, -e: Angehöriger eines von feindlichen Truppen besetzten Gebiets, der mit dem Feind zusammenarbeitet

kol|la|bo|rie|ren: 1. mit einer feindlichen Besatzungsmacht gegen die eigenen Landsleute zusammenarbeiten. 2. (bildungsspr.) zusammenarbeiten

kol|la|gen (Biol., Med.): aus Kollagenen bestehend

Kol|la|gen, das; -s, -e (Biol.): leimartiger, stark quellender Eiweißkörper in Bindegewebe, Sehnen, Knorpeln, Knochen

Kol|laps [auch: ...'laps], der; -es, -e (Med.): plötzlicher Schwächeanfall infolge Kreislaufversagens

Kol|lar, das; -s, -e: steifer Halskragen, bes. des katholischen Geistlichen

kol|la|te|ral (Bot.): seitlich angeordnet (von den Leitbündeln, den strangartigen Gewebebündeln, in denen die Stoffleitung der Pflanzen vor sich geht)

Kol|la|te|ral|scha|den, der; -s, ...schäden (Militär verhüll.): bei einer militärischen Aktion in Kauf genommener schwerer Schaden, bes. der Tod von Zivilisten

Kol|leg, das; -s, -s u. (selten:) -ien [...i̯ən]: 1. Vorlesung[sstunde] an einer Hochschule. 2. Studienanstalt für katholische Theologen

Kol|le|ge, der; -n, -n: 1. a) jmd., der mit anderen zusammen im gleichen Betrieb od. im gleichen Beruf tätig ist; b) jmd., der mit anderen zusammen der gleichen Einrichtung, Organisation (z. B. der Gewerkschaft) angehört; c) Klassen-, Schulkamerad. 2. saloppe

K

Anrede an einen Unbekannten, nicht mit Namen Bekannten

kol|le|gi|al: 1. freundschaftlich, hilfsbereit (wie ein guter Kollege). 2. a) durch ein Kollegium erfolgend; b) nach Art eines Kollegiums zusammengesetzt

Kol|le|gi|a|li|tät, die; -: gutes Einvernehmen unter Kollegen, kollegiales Verhalten, kollegiale Einstellung

Kol|le|gi|at, der; -en, -en: 1. Teilnehmer an einem ↑Kolleg (2). 2. Stiftsgenosse

Kol|le|gin, die; -, -nen: weibliche Form zu ↑Kollege

Kol|le|gi|um, das; -s, ...ien: Gruppe von Personen mit gleichem Amt od. Beruf

Kol|lek|te, die; -, -n: 1. Sammlung freiwilliger Spenden [während u. nach einem Gottesdienst]. 2. kurzes Altargebet

K

Kol|lek|ti|on, die; -, -en: a) Mustersammlung von Waren, bes. der neuesten Modelle der Textilbranche; b) für einen bestimmten Zweck zusammengestellte Sammlung, Auswahl

kol|lek|tiv: a) gemeinschaftlich; b) alle Beteiligten betreffend, erfassend; umfassend

Kol|lek|tiv, das; -s, -e (auch: -s): 1. a) Gruppe, in der Menschen zusammen leben [u. in der die Persönlichkeit des Einzelnen von untergeordneter Bedeutung ist]; b) Gruppe, in der die Menschen zusammen arbeiten; Team. 2. Grundbegriff der kommunistischen Gesellschaftstheorie zur Bezeichnung einer von gemeinsamen Zielvorstellungen u. Überzeugungen getragenen Arbeits- u. Interessengemeinschaft

Kol|lek|ti|vie|rung, die; -, -en: Überführung privater Produktionsmittel in Gemeinwirtschaften

Kol|lek|ti|vis|mus, der; -: Anschauung, die den Vorrang des gesellschaftlichen Ganzen vor dem Individuum betont

Kol|lek|ti|vist, der; -en, -en: Anhänger des Kollektivismus

Kol|lek|ti|vis|tin, die; -, -nen: weibliche Form zu ↑Kollektivist

kol|lek|ti|vis|tisch: den Kollektivismus betreffend; im Sinne des Kollektivismus

Kol|lek|ti|vi|tät, die; -: 1. Gemeinschaftlichkeit. 2. Gemeinschaft

Kol|lek|tiv|ver|trag, der; -[e]s, ...verträge: 1. Vertrag zwischen Gewerkschaften u. Arbeitgeberverbänden zur gemeinsamen Regelung der arbeitsrechtlichen Probleme zwischen Arbeitgeber u. Arbeitnehmer (Tarifvertrag). 2. (Völkerrecht) Vertrag zwischen mehreren Staaten

Kol|lek|tor, der; -s, ...oren: 1. (Elektrot.) auf der Welle einer elektrischen Maschine (1) aufsitzendes Bauteil für die Stromzufuhr od. -aufnahme. 2. (Physik) Vorrichtung, in der [unter Ausnutzung der Sonnenstrahlung] Strahlungsenergie gesammelt wird. 3. Sammler

Kol|li: *Plural* von ↑Kollo

kol|li|die|ren: 1. (von Fahrzeugen) zusammenstoßen. 2. (von Interessen, Ansprüchen, Rechten, Pflichten o. Ä.) nicht zu vereinbaren sein

Kol|li|si|on, die; -, -en: 1. Zusammenstoß von Fahrzeugen. 2. Widerstreit [nicht miteinander vereinbarer Interessen, Rechte u. Pflichten]

Kol|lo, das; -s, -s u. ...li: Frachtstück, Warenballen

kol|lo|id, kol|lo|i|dal: fein zerteilt (von Stoffen)

Kol|lo|id, das; -[e]s, -e (Chemie): Stoff, der sich in feinster, mikroskopisch nicht mehr erkennbarer Verteilung in einer Flüssigkeit od. einem Gas befindet

Kol|lo|qui|um, das; -s, ...ien: 1. a) wissenschaftliches Gespräch [zwischen Fachleuten]; b) kleinere Einzelprüfung an einer Hochschule (bes. über eine einzelne Vorlesung). 2. Zusammenkunft, Beratung von Wissenschaftlern od. Politikern über spezielle Probleme

Ko|lom|bi|ne, Ko|lum|bi|ne, die; -, -n: weibliche Hauptfigur der ↑Commedia dell'Arte

Ko|lon, das; -s, -s u. ...la: 1. (veraltet) Doppelpunkt. 2. (antike Metrik u. Rhet.) auf der Atempause beruhende rhythmische Sprecheinheit in Vers u. Prosa. 3. (Med.) ein Teil des Dickdarms; Grimmdarm

ko|lo|ni|al: 1. a) aus den Kolonien stammend; b) die Kolonien betreffend. 2. (Biol.; von Tieren od. Pflanzen) in enger, natürlicher Gemeinschaft lebend

ko|lo|ni|a|li|sie|ren: in koloniale Abhängigkeit bringen

Ko|lo|ni|a|lis|mus, der; -: 1. (abwertend) System der politischen Unterdrückung u. wirtschaftlichen Ausbeutung unterentwickelter Völker [in Übersee] durch politisch u. wirtschaftlich einflussreiche Staaten. 2. (Geschichte) auf Erwerb u. Ausbau von [überseeischen] Besitzungen ausgerichtete Politik eines Staates

Ko|lo|ni|a|list, der; -en, -en: Anhänger des Kolonialismus

Ko|lo|ni|a|lis|tin, die; -, -nen: weibliche Form zu ↑Kolonialist

Ko|lo|ni|al|stil, der; -[e]s: vom Stil des kolonisierenden Landes geprägter Wohn- u. Baustil des kolonisierten Landes

Ko|lo|nie, die; -, ...ien: 1. auswärtige Besitzung eines Staates, die politisch u. wirtschaftlich von ihm abhängig ist. 2. Gruppe von Personen gleicher Nationalität, die im Ausland [am gleichen Ort] lebt. 3. a) Siedlung; b) (Geschichte) römische od. griechische Siedlung in eroberten Gebieten

Ko|lo|ni|sa|ti|on, die; -, -en: 1. Gründung, Entwicklung [u. wirtschaftliche Ausbeutung] von Kolonien. 2. wirtschaftliche Entwicklung rückständiger Gebiete des eigenen Staates (innere Kolonisation)

ko|lo|ni|sie|ren: 1. zu einer Kolonie (1) machen. 2. urbar machen, besiedeln u. wirtschaftlich erschließen

Ko|lo|ni|sie|rung, die; -, -en: das Kolonisieren

Ko|lo|nist, der; -en, -en: a) europäischer Siedler in einer Kolonie (1); b) jmd., der in einer Kolonie wohnt; c) jmd., der kolonisiert

Ko|lo|nis|tin, die; -, -nen: weibliche Form zu ↑Kolonist

Ko|lon|na|de, die; -, -n: Säulengang, -halle

Ko|lon|ne, die; -, -n: 1. geschlossene, geordnete, sich vorwärtsbewegende Gruppe von Personen od. Fahrzeugen. 2. [Zahlen]reihe

Ko|lo|ra|do|kä|fer, der; -s, -: der aus Nordamerika eingeschleppte Kartoffelkäfer

Ko|lo|ra|tur, die; -, -en: Ausschmückung u. Verzierung einer Melodie mit einer Reihe umspielender Töne

Ko|lo|ra|tur|so|p|ran, der; -s, -e: a) für hohe Sopranlage geeignete geschmeidige u. bewegliche Frauenstimme; b) Sängerin mit dieser Stimmlage

ko|lo|rie|ren: 1. mit Farben ausmalen (z. B. Holzschnitte). 2. eine Komposition mit Verzierungen versehen (15. u. 16. Jh.)

Ko|lo|ri|me|ter, das; -s, -: Gerät zur Bestimmung von Farbtönen

Ko|lo|rist, der; -en, -en: a) jmd., der Zeichnungen od. Drucke farbig ausmalt; b) Maler, der den Schwerpunkt auf das Kolorit (1) legt

Ko|lo|ris|tin, die; -, -nen: weibliche Form zu ↑Kolorist

ko|lo|ris|tisch: die Farbgebung betreffend

Ko|lo|rit [auch: ...'rɪt], das; -[e]s, -e: 1. a) farbige Gestaltung od. Wirkung eines Gemäldes; b) Farbgebung; Farbwirkung. 2. (Musik) die durch Instrumentation u. Harmonik bedingte Klangfarbe. 3. (ohne Plural) eigentümliche Atmosphäre, Stil

Ko|loss, der; -es, -e: a) (Geschichte) Riesenstandbild; b) etwas, jmd. von gewaltigem Ausmaß; eine Person von außergewöhnlicher Körperfülle

ko|los|sal: a) riesig, gewaltig; Riesen...; b) (ugs.) sehr groß, von ungewöhnlichem Ausmaß; c) (ugs.) äußerst, ungewöhnlich

Ko|los|t|ral|milch, die; -, **Ko|los|t|rum,** das; -s (Med.): Sekret der weiblichen Brustdrüsen, das bereits vor u. noch unmittelbar nach der Geburt abgesondert wird

Kol|por|ta|ge [...'ta:ʒə, österr.: ...'ta:ʃ], die; -, -n: 1. literarisch minderwertiger, auf billige Wirkung abzielender Bericht. 2. Verbreitung von Gerüchten. 3. (veraltet) [Hausierer]handel mit Kolportageliteratur

Kol|por|teur [...'tø:ɐ̯], der; -s, -e: 1. jmd., der Gerüchte verbreitet. 2. a) (veraltet) jmd., der mit Büchern od. Zeitschriften hausieren geht; b) (österr.) Zeitungsausträger

kol|por|tie|ren: 1. Gerüchte verbreiten. 2. (veraltet) von Haus zu Haus gehen u. Waren anbieten

Kol|po|s|ko|pie, die; -, ...ien (Med.): Untersuchung der Scheide[nschleimhaut] mit dem Kolposkop

K

¹Kol|ter, das; -s, - (landsch.): Messer vor der Pflugschar

²Kol|ter, die; -, -n (landsch.): [gesteppte Bett]decke

Ko|lum|ba|ri|um, das; -s, ...ien: 1. (Geschichte) römische Grabkammer der Kaiserzeit mit Wandnischen für Aschenurnen. 2. Urnenhalle eines Friedhofs

Ko|lum|ne, die; -, -n: 1. (Druckw.) Satzspalte. 2. von stets demselben [prominenten] Journalisten verfasster, regelmäßig an bestimmter Stelle einer Zeitung od. Zeitschrift veröffentlichter Meinungsbeitrag

Ko|lum|nist, der; -en, -en: jmd., der Kolumnen (2) schreibt

Ko|ma, das; -s, -s u. -ta (Med.): tiefste, durch keine äußeren Reize zu unterbrechende Bewusstlosigkeit

K

ko|ma|tös (Med.): in tiefster Bewusstlosigkeit befindlich; vgl. Koma

Kom|bat|tant, der; -en, -en: [Mit]kämpfer, Kampfteilnehmer

Kom|bi|nat, das; -[e]s, -e: (in sozialistischen Ländern üblicher) Großbetrieb, in dem Betriebe produktionsmäßig eng zusammengehörender Industriezweige zusammengeschlossen sind

Kom|bi|na|ti|on, die; -, -en: 1. Verbindung, [geistige] Verknüpfung; Zusammenstellung. 2. in der Farbe aufeinander abgestimmte u. zusammen zu tragende Kleidungsstücke. 3. a) planmäßiges Zusammenspiel [im Fußball]; b) aus mehreren Disziplinen bestehender Wettkampf. 4. Schlussfolgerung, Vermutung. 5. (Math.) willkürliche Zusammenstellung einer bestimmten Anzahl aus gegebenen Dingen

kom|bi|na|to|risch: die Kombination (1) betreffend

Kom|bi|ne [auch engl.: ...'baɪn], die; -, -n u. (bei engl. Ausspr.:) -s, **Com|bine** [kɔm'baɪn], die; -, -s: landwirtschaftliche Maschine, die verschiedene Arbeitsgänge gleichzeitig ausführt (z. B. Mähdrescher)

kom|bi|nie|ren: 1. [gedanklich] miteinander verknüpfen. 2. schlussfolgern. 3. [im Fußball] planmäßig zusammenspielen

Kom|bi|schrank, der; -[e]s, ...schränke: Mehrzweckschrank

Kom|bi|wa|gen, der; -s, -: kombinierter Liefer- u. Personenwagen

Kom|bu|cha, der; -s: 1. (auch: die; -) aus Meeresalgen gewonnener Teepilz. 2. (auch: das; -s) mit Kombucha (1) vergorener Tee

Ko|me|do, der; -s, ...onen: (meist Plural; Med.) Mitesser

Ko|mes|ti|bi|li|en, die (nur Plural): Esswaren, Lebensmittel

Ko|met, der; -en, -en (Astron.): Schweif-, Haarstern mit ↑elliptischer od. ↑parabolischer Bahn im Sonnensystem

Kom|fort [...'foːɐ̯], der; -s: luxuriöse Ausstattung (z. B. einer Wohnung), behagliche Einrichtung; Annehmlichkeiten; Bequemlichkeit

kom|for|ta|bel: behaglich, wohnlich; mit allen Bequemlichkeiten des modernen Lebensstandards ausgestattet

Ko|mik, die; -: die einer Situation od. Handlung innewohnende od. davon ausgehende erheiternde, belustigende Wirkung

Ko|mi|ker, der; -s, -: 1. a) Vortragskünstler, der sein Publikum durch das, was er darstellt, u. durch die Art, wie er es darstellt, erheitert; b) Darsteller komischer Rollen auf der Bühne, im Film, im Fernsehen. 2. Schimpfwort

Ko|mi|ke|rin, die; -, nen: weibliche Form zu ↑Komiker

ko|misch: 1. zum Lachen reizend, belustigend. 2. eigenartig, sonderbar

Ko|mi|tee, das; -s, -s: a) [leitender] Ausschuss; b) Gruppe von Personen, die mit der Vorbereitung, Organisation u. Durchführung einer Veranstaltung betraut ist

Kom|ma, das; -s, -s u. -ta: Zeichen in Form eines kleinen geschwungenen Strichs, mit dem Sätze oder Satzteile voneinander getrennt oder bei der Ziffernschreibung die Dezimalstellen abgetrennt werden

Kom|man|dant, der; -en, -en: 1. Befehlshaber [einer Festung, eines Schiffs usw.]. 2. (österr., schweiz.) Kommandeur

Kom|man|dan|tin, die; -, -nen: weibliche Form zu ↑Kommandant

Kom|man|dan|tur, die; -, -en: 1. Amt des Befehlshabers einer Truppenabteilung (vom Bataillon bis zur Division). 2. Dienstgebäude eines Kommandanten

Kom|man|deur […ˈdøːɐ̯], der; -s, -e: Befehlshaber eines größeren Truppenteils (vom Bataillon bis zur Division)

Kom|man|deu|rin […ˈdøːrɪn], die; -, -nen: weibliche Form zu ↑Kommandeur

kom|man|die|ren: 1. a) befehligen; b) an einen bestimmten Ort beordern, dienstlich versetzen; c) etwas [im Befehlston] anordnen, ein Kommando geben. 2. (ugs.) Befehle erteilen, den Befehlston anschlagen

Kom|man|di|tär, der; -s, -e (schweiz.): Gesellschafter einer Kommanditgesellschaft

Kom|man|di|tä|rin, die; -, -nen: weibliche Form zu ↑Kommanditär

Kom|man|dit|ge|sell|schaft, die; -, -en: Handelsgesellschaft, die unter gemeinschaftlicher Firma ein Handelsgewerbe betreibt u. bei der einer od. mehrere Gesellschafter persönlich haften u. mindestens einer der Gesellschafter nur mit seiner Einlage haftet (Abk.: KG)

Kom|man|do, das; -s, -s (österr. auch: …den): 1. (ohne Plural) Befehlsgewalt. 2. a) Befehl[swort]; b) befohlener Auftrag; c) vereinbarte Wortfolge, die als Startsignal dient. 3. [militärische] Abteilung, die zur Erledigung eines Sonderauftrags zusammengestellt wird

Kom|man|do|zen|t|ra|le, die; -, -n: [militärische] Führungsstelle, von der aus Kommandos gegeben werden

Kom|ment [kɔˈmãː], der; -s, -s (Verbindungsw.): Brauch, Sitte, Regel [des studentischen Lebens]

Kom|men|tar, der; -s, -e: 1. a) mit Erläuterungen u. kritischen Anmerkungen versehenes Zusatzwerk zu einem Druckwerk (bes. zu einem Gesetzestext, einer Dichtung od. einer wissenschaftlichen Abhandlung); b) kritische Stellungnahme in Presse, Radio od. Fernsehen zu aktuellen Tagesereignissen. 2. (ugs.) Anmerkung, Erklärung, Stellungnahme

Kom|men|ta|tor, der; -s, …oren: Verfasser eines Kommentars (1 b)

Kom|men|ta|to|rin, die; -, -nen: weibliche Form zu ↑Kommentator

kom|men|tie|ren: a) ein Druckwerk (bes. einen Gesetzestext od. eine wissenschaftliche Abhandlung) mit erläuternden u. kritischen Anmerkungen versehen; b) in einem Kommentar (1 b) zu aktuellen Tagesereignissen Stellung nehmen; c) eine Anmerkung zu etwas machen

Kom|mers, der; -es, -e (Verbindungsw.): Trinkabend in festlichem Rahmen

Kom|merz, der; -es: 1. Wirtschaft, Handel u. Verkehr. 2. wirtschaftliches, auf Gewinn bedachtes Interesse

kom|mer|zi|a|li|sie|ren: 1. öffentliche Schulden in privatwirtschaftliche umwandeln. 2. kulturelle Werte wirtschaftlichen Interessen unterordnen, dem Gewinnstreben dienstbar machen

Kom|mer|zi|a|li|sie|rung, die; -: das Kommerzialisieren

Kom|mer|zi|al|rat, der; -[e]s, …räte (österr.): ↑Kommerzienrat

kom|mer|zi|ell: 1. Wirtschaft u. Handel betreffend, auf ihnen beruhend. 2. Geschäftsinteressen wahrnehmend, auf Gewinn bedacht

Kom|mer|zi|en|rat, der; -[e]s, …räte (früher): a) Titel für Großkaufleute u. Industrielle; b) Träger dieses Titels

Kom|mi|li|to|ne, der; -n, -n (Studentenspr.): Studienkollege

Kom|mi|li|to|nin, die; -, -nen: weibliche Form zu ↑Kommilitone

Kom|mis [kɔˈmiː], der; - […ˈmiː(s)], - […ˈmiːs] (veraltet): Handlungsgehilfe

Kom|miss, der; -es (ugs.): Militär[dienst]

Kom|mis|sar, der; -s, -e: a) [vom Staat] Beauftragter; b) Dienstrangbezeichnung [für Polizeibeamte]

Kom|mis|sär, der; -s, -e (landsch.): Kommissar

Kom|mis|sa|ri|at, das; -[e]s, -e: 1. Amt[szimmer] eines Kommissars. 2. (österr.) Polizeidienststelle

Kom|mis|sa|rin, die; -, -nen: weibliche Form zu ↑Kommissar

kom|mis|sa|risch: vorübergehend, vertretungsweise [ein Amt verwaltend]

Kom|mis|si|on, die; -, -en: 1. Ausschuss [von beauftragten Personen]. 2. (veraltet) Auftrag

Kom|mis|si|o|när, der; -s, -e: jmd., der gewerbsmäßig Waren od. Wertpapiere in eigenem Namen für fremde Rechnung ankauft od. verkauft

Kom|mit|tent, der; -en, -en: Auftraggeber eines Kommissionärs

kom|mod (geh.): bequem, angenehm

Kom|mo|de, die; -, -n: Möbelstück mit mehreren Schubladen

Kom|mo|do|re, der; -[s], -n u. -s: 1. Geschwaderführer (bei Marine u. Luftwaffe). 2. erprobter ältester Kapitän bei großen Schifffahrtslinien

kom|mun: gemeinschaftlich, gemein

kom|mu|nal: eine Gemeinde od. die Gemeinden betreffend, Gemeinde..., gemeindeeigen

Kom|mu|nal|po|li|tik, die; -: die Belange einer Gemeinde betreffende Politik

K

Kom|mu|nal|wahl, die; -, -en: Wahl der Gemeindevertretungen (z. B. des Stadtrats)

Kom|mu|nar|de, der; -n, -n: 1. Mitglied einer Kommune (4). 2. Anhänger der Pariser Kommune

Kom|mu|nar|din, die; -, -nen: weibliche Form zu ↑Kommunarde (1)

Kom|mu|ne, die; -, -n: 1. Gemeinde als unterste Verwaltungseinheit. 2. (ohne Plural; Geschichte) Pariser Gemeinderat während der Französischen Revolution u. von März bis Mai 1871. 3. (ohne Plural; veraltet abwertend) Kommunisten. 4. Wohngemeinschaft, die bürgerliche Vorstellungen hinsichtlich Eigentum, Leistung, Konkurrenz und Moral ablehnt

Kom|mu|ni|kant, der; -en, -en: 1. (kath. Rel.) jmd., der [zum ersten Mal] kommuniziert (3). 2. (Sprachwiss.; Soziol.) Gesprächsteilnehmer, Teilhaber an einer ↑Kommunikation (1)

Kom|mu|ni|ka|ti|on, die; -, -en: 1. (ohne Plural) Verständigung untereinander, Umgang, Verkehr. 2. Verbindung, Zusammenhang

Kom|mu|ni|ka|ti|ons|zen|t|rum, das; -s, ...ren: zentraler Begegnungsort von Menschen u. Gruppen

kom|mu|ni|ka|tiv: a) mitteilbar, mitteilsam; b) auf die Kommunikation bezogen, die Kommunikation betreffend

Kom|mu|ni|ka|tor, der; -s, ...oren: jmd., der leicht, mühelos mit anderen ins Gespräch kommt, leicht, mühelos mit anderen kommuniziert

Kom|mu|ni|on, die; -, -en (kath. Kirche): 1. Gemeinschaft der Gläubigen in der Feier des heiligen Abendmahls. 2. der [erste] Empfang des Abendmahls

Kom|mu|ni|qué [kɔmyni'ke:, auch: kɔmu...], das; -s, -s: a) [regierungs]amtliche Mitteilung (z. B. über Sitzungen, Vertragsabschlüsse); b) Denkschrift

Kom|mu|nis|mus, der; -: Gesellschaftsordnung, in der alle Produktionsmittel u. Erzeugnisse gemeinsames Eigentum sind

Kom|mu|nist, der; -en, -en: a) Vertreter, Anhänger des Kommunismus; b) Mitglied einer kommunistischen Partei

Kom|mu|nis|tin, die; -, -nen: weibliche Form zu ↑Kommunist

kom|mu|nis|tisch: a) den Kommunismus u. seine Grundsätze betreffend; b) auf den Grundsätzen des Kommunismus aufbauend, basierend

Kom|mu|ni|tät, die; -, -en: 1. Gemeinschaft, Gemeingut. 2. (veraltet) Ort, an dem sich bes. Studenten zum Essen versammeln. 3. ordensähnliche evangelische Bruderschaft mit besonderen religiösen od. missionarischen Aufgaben

kom|mu|ni|zie|ren: 1. a) sich verständigen, miteinander sprechen; b) mitteilen. 2. zusammenhängen, in Verbindung stehen. 3. (kath. Rel.) das Altarsakrament empfangen, zur Kommunion gehen

kom|mu|ta|tiv: 1. (Math., Sprachwiss.) umstellbar, vertauschbar (von mathematischen Größen u. sprachlichen Einheiten). 2. die Kommutierung betreffend

Kom|mu|ta|tor, der; -s, ...oren (Elektrot.): Stromwender, ↑Kollektor (1)

kom|mu|tie|ren: 1. (Math., Sprachwiss.) Größen umstellen, miteinander vertauschen. 2. die Richtung des elektrischen Stroms ändern

Kom|mu|tie|rung, die; -: Umkehrung der Stromrichtung

Ko|mö|di|ant, der; -en, -en: 1. Schauspieler.

2. (abwertend) jmd., der anderen etwas vorzumachen versucht; Heuchler

Ko|mö|di|an|tin, die; -, -nen: weibliche Form zu ↑Komödiant

ko|mö|di|an|tisch: zum Wesen des Komödianten gehörend; schauspielerisch [begabt]

Ko|mö|die [...i̯ə], die; -, -n: 1. Bühnenstück mit heiterem Inhalt. 2. (ohne Plural) unechtes, theatralisches Gebaren, Heuchelei, Verstellung

Kom|pa|g|non ['kɔmpanjõ, auch: 'kɔmpanjɔŋ], der; -s, -s: Gesellschafter, Teilhaber, Mitinhaber eines Geschäfts od. eines Handelsunternehmens

kom|pakt: 1. (ugs.) massig, gedrungen. 2. undurchdringlich, dicht, fest. 3. gedrängt, kurz gefasst, das Wesentliche zusammenfügend

Kom|pa|nie, die; -, ...ien: 1. (veraltet) Handelsgesellschaft (Abk.: Cie., Co.). 2. Truppeneinheit von 100 bis 250 Mann innerhalb eines ↑Bataillons (Abk.: Komp.)

Kom|pa|ra|ti|on, die; -, -en: 1. das Vergleichen. 2. (Sprachwiss.) Steigerung des Adjektivs, Adverbs

Kom|pa|ra|tis|tik, die; -: vergleichende Literatur- od. Sprachwissenschaft

kom|pa|ra|tiv [auch: ...'ti:f]: 1. (Philos.) auf Vergleichung beruhend. 2. (Sprachwiss.) a) vergleichend (von der Untersuchung zweier od. mehrerer Sprachen); b) steigernd

Kom|pa|ra|tiv [auch: ...'ti:f], der; -s, -e (Sprachwiss.): Steigerungsstufe, Höherstufe, Mehrstufe

Kom|par|se, der; -n, -n: jmd., der als stumme Figur bei einem Film od. auch einem Theaterstück mitwirkt

Kom|par|se|rie, die; -, ...ien: Gesamtheit der Komparsen

Kom|par|sin, die; -, -nen: weibliche Form zu ↑Komparse

Kom|pass, der; -es, -e: Gerät zur Feststellung der Himmelsrichtung

kom|pa|ti|bel: miteinander vereinbar, zusammenpassend

Kom|pa|ti|bi|li|tät, die; -, -en: Vereinbarkeit

kom|pen|di|ös (veraltet): das Kompendium betreffend, in der Art eines Kompendiums; zusammengefasst, gedrängt

Kom|pen|di|um, das; -s, ...ien: Abriss, kurz gefasstes Lehrbuch

Kom|pen|sa|ti|on, die; -, -en: 1. Ausgleich. 2. Auf-, Verrechnung. 3. (Psychol.) das Streben nach Ersatzbefriedigung bei Minderwertigkeitsgefühlen

kom|pen|sa|to|risch: ausgleichend

kom|pen|sie|ren: 1. die Wirkungen einander entgegenstehender Ursachen ausgleichen. 2. (Rechtswiss.) bei wechselseitigem Verschulden die Strafe ausgleichen. 3. Minderwertigkeitsgefühle durch Vorstellungen od. Handlungen ausgleichen, die das Bewusstsein der Vollwertigkeit erzeugen. 4. (Med.) Funktionsstörungen eines Organs od. ihre Folgen ausgleichen

kom|pe|tent: 1. a) sachverständig, fähig; b) zuständig, maßgebend, befugt. 2. (Geol.) tektonisch wenig verformbar (von Gesteinen)

Kom|pe|tenz, die; -, -en: Sachverstand; Fähigkeiten; Zuständigkeit

Kom|pi|la|ti|on, die; -, -en: 1. Zusammenstellung, Zusammentragen mehrerer [wissenschaftlicher] Quellen. 2. a) unschöpferisches Abschreiben aus mehreren Schriften; b) durch Zusammentragen unverarbeiteten Stoffes entstandene Schrift (ohne wissenschaftlichen Wert)

Kom|pi|la|tor, der; -s, ...oren: Verfasser einer Kompilation

kom|pi|lie|ren: [unverarbeiteten] Stoff zu einer Schrift [ohne wissenschaftlichen Wert] zusammentragen

Kom|ple|ment, das; -[e]s, -e: Ergänzung

kom|ple|men|tär: sich gegenseitig ergänzend

Kom|ple|men|tär, der; -s, -e: 1. persönlich haftender Gesellschafter einer ↑Kommanditgesellschaft. 2. (DDR) Eigentümer einer privaten Firma, die mit Staatsbeteiligung arbeitet

Kom|ple|men|tär|far|be, die; -, -n: Farbe, die eine andere Farbe, mit der sie gemischt wird, je nach Mischungsverhältnis zu Weiß od. fast zu Schwarz ergänzt; Ergänzungsfarbe

Kom|ple|men|ta|ti|on, die; -, -en (Genetik): das Ausgleichen von Erbgutschäden durch Kombination von ↑Genomen

kom|ple|men|tie|ren: ergänzen

Kom|ple|ment|win|kel, der; -s, - (Math.): Ergänzungswinkel, der einen gegebenen Winkel zu 90° ergänzt

[1]**Kom|plet,** die; -, -e: Abendgebet als Schluss der katholischen kirchlichen Tageszeiten

[2]**Kom|plet** [kɔm'ple:, auch: kõ'ple:], das; -[s], -s: Mantel (od. Jacke) u. Kleid aus gleichem Stoff

kom|plett: 1. a) vollständig, abgeschlossen; b) ganz, gesamt, vollzählig; c) (ugs.) ganz u. gar, absolut. 2. (österr. veraltend) voll, besetzt

kom|plet|tie|ren: etwas vervollständigen; auffüllen, ergänzen

Kom|plet|tie|rung, die; -, -en: das Komplettieren, das Komplettiertwerden

kom|plex: a) vielschichtig; viele, sehr verschiedene Dinge umfassend; b) zusammenhängend; c) allseitig, alles umfassend

K

Kom|plex, der; -es, -e: 1. Zusammenfassung, Verknüpfung von verschiedenen Teilen zu einem geschlossenen Ganzen. 2. Gebiet, Bereich. 3. Gruppe, [Gebäude]block. 4. (Psychol.) aus dem Bewusstsein verdrängte Vorstellungsgruppe, die vielfach Zwangshandlungen auslöst

Kom|ple|xi|on, die; -, -en: 1. (veraltet) Zusammenfassung. 2. (Anthropol.) zusammenfassende Bez. für Augen-, Haar- u. Hautfarbe eines Menschen

Kom|ple|xi|tät, die; -: 1. Vielschichtigkeit. 2. Gesamtheit aller Merkmale, Möglichkeiten (z. B. eines Begriffs, Zustandes)

Kom|pli|ka|ti|on, die; -, -en: 1. Schwierigkeit, Verwicklung; Erschwerung. 2. (Med.) Verschlimmerung eines Krankheitszustandes u. Ä.

Kom|pli|ment, das; -[e]s, -e: 1. höfliche Redensart, Schmeichelei. 2. (veraltet) a) Gruß; b) Verbeugung

kom|pli|men|tie|ren (veraltet): 1. jmdn. willkommen heißen. 2. jmdn. mit höflichen Gesten u. Redensarten irgendwohin geleiten

Kom|pli|ze, der; -n, -n (abwertend): jmd., der an einer Straftat beteiligt ist; Mittäter, Helfershelfer

kom|pli|zie|ren: verwickeln; erschweren

kom|pli|ziert: schwierig, verwickelt; umständlich

Kom|pli|zin, die; -, -nen: weibliche Form zu ↑Komplize

Kom|plott, das, (ugs. auch:) der; -[e]s, -e: Verabredung zu einer gemeinsamen Straftat; Anschlag, Verschwörung

Kom|po|nen|te, die; -, -n: a) Teilkraft; b) Bestandteil eines Ganzen

kom|po|nie|ren: 1. [ein Kunstwerk nach bestimmten Gesetzen] aufbauen, gestalten. 2. ein musikalisches Werk schaffen. 3. etwas aus Einzelteilen zusammensetzen, gliedern

Kom|po|nist, der; -en, -en: jmd., der ein musikalisches Werk komponiert

Kom|po|nis|tin, die; -, -nen: weibliche Form zu ↑Komponist

Kom|po|si|ti|on, die; -, -en: 1. Zusammensetzung, -stellung [von Dingen] aus Einzelteilen. 2. a) (ohne Plural) das Komponieren eines Musikstücks; b) Musikwerk. 3. Aufbau eines Kunstwerks (z. B. eines Gemäldes, eines Romans). 4. (Sprachwiss.) a) das Zusammensetzen eines Wortes aus mehreren freien ↑Morphemen (als Art od. Vorgang der Wortbildung); b) Ergebnis der Komposition (4 a), Kompositum

kom|po|si|to|risch: 1. die Komposition [eines Musikwerks] betreffend. 2. gestalterisch

Kom|po|si|tum, das; -s, ...ta u. ...siten (Sprachwiss.): zusammengesetztes Wort, Zusammensetzung

Kom|post [auch: 'kɔm...], der; -[e]s, -e: als Dünger verwendetes Produkt aus mit Erde vermischten pflanzlichen od. tierischen Abfällen

kom|pos|tie|ren: 1. zu Kompost verarbeiten. 2. mit Kompost düngen

Kom|pott, das; -[e]s, -e: gekochtes Obst, das als Nachtisch od. zu bestimmten Gerichten gegessen wird

kom|press: 1. (veraltet) eng, dicht, zusammengedrängt. 2. a) (Druckw.) ohne Durchschuss; b) (von Satzzeichen u. Ä.) ohne vorangehendes u./od. folgendes Leerzeichen [gesetzt]

Kom|pres|se, die; -, -n (Med.): 1. feuchter Umschlag. 2. zusammengelegtes Mullstück zur Wundabdeckung

Kom|pres|si|on, die; -, -en: 1. (Physik) Zusammenpressung (z. B. von Gasen, Dämpfen). 2. (Med.) a) Quetschung eines Körperorgans od. einer Körperstelle durch mechanische Einwirkung; b) mechanische Abdrückung eines blutenden Gefäßes

Kom|pres|sor, der; -s, ...oren (Technik): Apparat zum Verdichten von Gasen od. Dämpfen

kom|pri|mier|bar: zusammenpressbar

kom|pri|mie|ren: a) zusammenpressen; b) verdichten

kom|pri|miert: in gedrängter Kürze dargestellt, nur das Wesentliche enthaltend

Kom|pro|miss, der, (selten:) das; -es, -e: Übereinkunft durch gegenseitige Zugeständnisse

Kom|pro|miss|ler, der; -s, - (abwertend): jmd., der zu schnell bereit ist, Kompromisse zu schließen

kom|pro|miss|los: ohne Kompromisse, nicht zu Kompromissen bereit

kom|pro|mit|tie|ren: seinem eigenen od. dem Ansehen eines anderen durch ein entsprechendes Verhalten empfindlich schaden; jmdn., sich bloßstellen

Kom|so|mol, der; -: kommunistische Jugendorganisation in der ehemaligen UdSSR

Kom|so|mol|ze, der; -n, -n: Mitglied des Komsomol

Kom|tess, Kom|tes|se, die; -, ...essen [beide auch: kõ'tɛs]: unverheiratete Tochter eines Grafen

Kom|tur, der; -s, -e: 1. (Geschichte) Ordensritter als Leiter einer Komturei. 2. Inhaber eines Komturkreuzes

Kom|tu|rei, die; -, -en (Geschichte): Verwaltungsbezirk od. Ordenshaus eines geistlichen Ritterordens

Ko|nak, der; -s, -e: Palast, Amtsgebäude in der Türkei

Kon|au|tor usw. vgl. Koautor usw.

Kon|cha, Con|cha, die; -, -s u. ...chen: 1. (in frühchristlichen u. mittelalterlichen Kirchen) halbkreisförmige ↑Apsis. 2. (Med.) muschelähnlicher Teil eines Organs

Kon|che, die; -, -n: 1. ↑Koncha (1). 2. bei der Schokoladenherstellung verwendeter Trog

Kon|chy|lio|lo|ge, der; -n, -n: Wissenschaftler, der auf dem Gebiet der Konchyliologie arbeitet

Kon|chy|lio|lo|gie, die; -: Teilgebiet der ↑Malakologie, das sich mit der Untersuchung von Weichtierschalen befasst

Kon|chy|lio|lo|gin, die; -, -nen: weibliche Form zu ↑Konchyliologe

Kon|den|sat, das; -[e]s, -e (Physik): bei der Kondensation (1) entstandene Flüssigkeit

Kon|den|sa|ti|on, die; -, -en: 1. (Physik) Verdichtung von Gas od. Dampf zu Flüssigkeit durch Druck od. Abkühlung. 2. (Chemie) chemische Reaktion, bei der sich zwei Moleküle unter Austritt eines chemisch einfachen Stoffes (z. B. Wasser) zu einem größeren Molekül vereinigen

Kon|den|sa|tor, der; -s, ...oren: 1. (Elektrot.) Gerät zur Speicherung elektrischer Ladungen. 2. Anlage zur Kondensation (1) von Dämpfen; Verflüssiger

kon|den|sie|ren: 1. a) Gase od. Dämpfe durch Druck od. Abkühlung verflüssigen; b) aus dem gas- od. dampfförmigen in einen flüssigen Zustand übergehen, sich verflüssigen. 2. eine Flüssigkeit durch Verdampfen eindicken

Kon|dens|milch, die; -: durch Wasserentzug eingedickte, in kleinere Gefäße abgefüllte [sterilisierte] Milch

Kon|den|sor, der; -s, ...oren: ein System von Linsen in optischen Apparaten, mit dem ein Objekt möglichst hell ausgeleuchtet werden kann

Kon|dens|strei|fen, der; -s, -: schmaler, weißer, wolkenähnlicher Streifen am Himmel, der sich durch Kondensation (1) von Wasserdampf in den Abgasen eines Flugzeugs bilden kann

Kon|di|ti|on, die; -, -en: 1. (meist Plural) Geschäftsbedingung (Lieferungs- u. Zahlungsbedingung). 2. (ohne Plural) a) körperlich-seelische Gesamtverfassung eines Menschen; b) körperliche Leistungsfähigkeit; Ausdauer (bes. eines Sportlers)

kon|di|ti|o|nal (Sprachwiss.): eine Bedingung angebend; bedingend (z. B. von Konjunktionen: *falls* er kommt ...)

K

Kon|di|ti|o|nal, der; -s, -e, **Kon|di|ti|o|na|lis**, der; -, ...les [...le:s] (Sprachwiss.): Modus der Bedingung (z. B.: ich *würde* kommen, wenn ...)

kon|di|ti|o|nell: die Kondition (2 b) betreffend

Kon|di|ti|ons|trai|ning, das; -s: auf die Verbesserung der ↑Kondition (2 b) ausgerichtetes Training

Kon|di|tor, der; -s, ...oren: Feinbäcker

Kon|di|to|rei, die; -, -en: 1. Betrieb, der Feinbackwaren herstellt u. verkauft u. zu dem oft ein Café gehört. 2. (ohne Plural) Feinbackwaren, Feingebäck

Kon|di|to|rin [auch: ...'di:...], die; -, -nen: weibliche Form zu ↑Konditor

Kon|do|lenz, die; -, -en: Beileid; Beileidsbezeigung

kon|do|lie|ren: sein Beileid aussprechen

K

Kon|dom, das od. der; -s, -e, (selten:) -s: dünne Hülle aus vulkanisiertem Gummi für das männliche Glied zur Empfängnisverhütung sowie zum Schutz gegen Geschlechtskrankheiten u. Aids

Kon|dor, der; -s, -e: sehr großer in Südamerika heimischer Geier

Kon|dot|ti|e|re, der; -s, ...ri: Söldnerführer im 14. u. 15. Jh. in Italien

Kon|du|i|te [auch: kõ'dy̆i:tə], die; - (veraltet): Führung, Betragen

Kon|duk|teur [...'tø:ɐ̯, schweiz.: 'kɔn...], der; -s, -e (schweiz., sonst veraltet): [Straßen-, Eisenbahn]schaffner

Kon|fekt, das; -[e]s, -e: 1. feine Zuckerwaren, Pralinen. 2. (südd., österr., schweiz.) Teegebäck

Kon|fek|ti|on, die; -, -en: 1. fabrikmäßige Serienherstellung von Kleidungsstücken. 2. in Konfektion (1) hergestellte Kleidung. 3. Bekleidungsindustrie

Kon|fek|ti|o|när, der; -s, -e: jmd., der Konfektion (2) entwirft, herstellt

kon|fek|ti|o|nie|ren: 1. serien-, fabrikmäßig herstellen. 2. die letzte Stufe eines Produktionsprozesses ausführen, die letzten Arbeitsgänge durchführen (z. B. Bücher zum Versand fertig machen, verpacken)

Kon|fek|ti|o|nie|rung, die; -, -en: 1. das Konfektionieren. 2. konfektionierte Ware

Kon|fe|renz, die; -, -en: 1. Sitzung; Besprechung; Tagung. 2. beratschlagende Versammlung. 3. kartellartiger Zusammenschluss von Reedereien im Überseegeschäft

Kon|fe|renz|schal|tung, die; -, -en: drahtlose od. telefonische Zusammenschaltung verschiedener Teilnehmer (an verschiedenen Orten), bei der jeder mit allen in Kontakt treten kann

kon|fe|rie|ren: 1. mit jmdm. verhandeln, über etwas [in größerem Kreis] beraten. 2. bei einer Veranstaltung als ↑Conférencier arbeiten

Kon|fes|si|on, die; -, -en: 1. [christliche] Glaubensgemeinschaft; Gesamtheit der Menschen, die zu der gleichen Glaubensgemeinschaft gehören. 2. literarische Zusammenfassung von Glaubenssätzen. 3. a) christliches [Glaubens]bekenntnis; b) Geständnis, [Sünden]bekenntnis

Kon|fes|si|o|na|lis|mus, der; -: [übermäßige] Betonung der eigenen Konfession

kon|fes|si|o|nell: zu einer Konfession gehörend

Kon|fes|si|ons|schu|le, die; -, -n: Bekenntnisschule

Kon|fet|ti, das; -[s]: 1. bunte Papierblättchen, die bes. bei Faschingsveranstaltungen geworfen werden. 2. (österr. veraltet) Zuckergebäck, Süßigkeiten

Kon|fi|dent, der; -en, -en: 1. a) (veraltet) Vertrauter, Freund; b) jmd., der mit bestimmten Gegebenheiten vertraut ist. 2. (österr.) [Polizei]spitzel

Kon|fi|den|tin, die; -, -nen: weibliche Form zu ↑Konfident

kon|fi|den|zi|ell, kon|fi|den|ti|ell (veraltend): vertraulich (von Briefen, Mitteilungen)

Kon|fi|gu|ra|ti|on, die; -, -en: 1. (veraltet) Gestaltung, Gestalt. 2. ↑Aspekt (2). 3. (Chemie) die dreidimensionale, räumliche Anordnung der Atome um ein Zentralatom. 4. (Astron., Astrol.) bestimmte Stellung der Planeten. 5. (EDV) konkrete Zusammenstellung einer Rechenanlage; Zusammenstellung der Software für einen Rechner, eine Rechenanlage

Kon|fi|gu|ra|tor, der; -s, ...oren (EDV): Website eines Herstellers, auf der der Kunde die Ausstattung eines Produkts nach eigenem Wunsch zusammenstellen kann

kon|fi|gu|rie|ren: 1. (veraltet) gestalten. 2. (fachspr.) verformen. 3. (EDV) einen Computer für eine konkrete Aufgabenstellung od. Problemlösung einrichten

Kon|fir|mand, der; -en, -en: jmd., der konfirmiert wird

Kon|fir|man|din, die; -, -nen: weibliche Form zu ↑Konfirmand

Kon|fir|ma|ti|on, die; -, -en: feierliche Aufnahme junger evangelischer Christen in die Gemeinde der Erwachsenen

kon|fir|mie|ren: einen evangelischen Jugendlichen feierlich in die Gemeinde der Erwachsenen aufnehmen

Kon|fi|se|rie [auch: kõ...] usw. vgl. Confiserie usw.

Kon|fis|ka|ti|on, die; -, -en: entschädigungslose staatliche Enteignung einer Person od. Gruppe

kon|fis|zie|ren: etwas [von Staats wegen, gerichtlich] einziehen, beschlagnahmen

Kon|fi|tü|re, die; -, -n: aus nur einer Obstsorte hergestellte Marmelade [mit ganzen Früchten od. Fruchtstücken]

Kon|flikt, der; -[e]s, -e: 1. a) [bewaffnete, militärische] Auseinandersetzung zwischen Staaten; b) Streit, Zerwürfnis. 2. Widerstreit der Motive, Zwiespalt

Kon|flu|enz, die; -, -en (Geol.): Zusammenfluss zweier Gletscher

Kon|fö|de|ra|ti|on, die; -, -en: Staatenbund

Kon|fö|de|rier|te, der u. die; -n, -n: 1. Verbündete[r]. 2. (Geschichte) Anhänger[in] der Südstaaten im Sezessionskrieg

kon|form: 1. einig, übereinstimmend (in den Ansichten). 2. (Math.) winkel-, maßstabgetreu (von Abbildungen)

Kon|for|mis|mus, der; -: Haltung, die durch Angleichung der eigenen Einstellung an die herrschende Meinung gekennzeichnet ist

Kon|for|mist, der; -en, -en: jmd., der seine eigene Einstellung der herrschenden Meinung angleicht

Kon|for|mis|tin, die; -, -nen: weibliche Form zu ↑Konformist

kon|for|mis|tisch: den Konformismus betreffend, ihm entsprechend

Kon|for|mi|tät, die; -: 1. Übereinstimmung mit der Einstellung, dem Verhalten der andern. 2. (Math.) Winkel- u. Maßstabtreue einer Abbildung

Kon|fra|ter, der; -s, ...fratres [...re:s]: Amtsbruder innerhalb der katholischen Geistlichkeit

Kon|fron|ta|ti|on, die; -, -en: 1. Gegenüberstellung von einander widersprechenden Meinungen, Sachverhalten od. Personengruppen. 2. [politische] Auseinandersetzung zwischen Gegnern

Kon|fron|ta|ti|ons|kurs, der; -es: Vorgehen, bei dem man eine Konfrontation (2), einen Konflikt in Kauf nimmt

kon|fron|tie|ren: a) jmdn. jmdm. anderen gegenüberstellen, bes. um etwas aufzuklären; b) jmdn. in eine Situation bringen, die ihn zur Auseinandersetzung mit etwas Unangenehmem zwingt; c) als ↑Kontrast (1), zum Vergleich einander gegenüberstellen

kon|fus: verwirrt, verworren, durcheinander

Kon|fu|si|on, die; -, -en: Verwirrung, Zerstreutheit; Unklarheit

kon|fu|zi|a|nisch: nach Art des Konfuzius gehalten

Kon|fu|zi|a|nis|mus, der; -: auf der Lehre des chinesischen Philosophen Konfuzius beruhende ethische, weltanschauliche Grundhaltung

kon|ge|ni|al: 1. geistig oder künstlerisch [einem genialen Menschen] ebenbürtig. 2. geistig oder künstlerisch dem hohen Niveau [eines genialen Werks] angemessen

kon|ge|ni|tal (Med.): angeboren; aufgrund einer Erbanlage bei der Geburt vorhanden (z. B. von Erbkrankheiten)

Kon|glo|me|rat, das; -[e]s, -e: 1. Zusammenballung, Gemisch. 2. (Geol.) Sedimentgestein aus gerundeten, durch ein Bindemittel verfestigten Gesteinstrümmern

Kon|gre|ga|ti|on, die; -, -en: 1. kirchliche Vereinigung [mit einfacher Mönchsregel] für bestimmte kirchliche Aufgaben. 2. engerer Verband von Klöstern innerhalb eines Mönchsordens. 3. ↑Kardinalskongregation. 4. (veraltet) Vereinigung, Versammlung

K

K

Kon|gre̜ss, der; -es, -e: 1. [größere] fachliche od. politische Versammlung, Tagung. 2. (ohne Plural) aus ↑Senat (2) u. ↑Repräsentantenhaus bestehendes Parlament in den USA

kon|gru|e̜nt: 1. übereinstimmend (von Ansichten). 2. (Math.) a) deckungsgleich (von geometrischen Figuren); b) übereinstimmend (von zwei Zahlen, die, durch eine dritte geteilt, gleiche Reste liefern)

Kon|gru|e̜nz, die; -, -en: 1. Übereinstimmung. 2. (Math.) a) Deckungsgleichheit; b) Übereinstimmung; vgl. kongruent (2 b). 3. (Sprachwiss.) a) formale Übereinstimmung zusammengehöriger Teile im Satz in ↑Kasus (2), ↑Numerus (3), ↑Genus (2) u. ↑Person (4); b) inhaltlich sinnvolle Vereinbarkeit des ↑Verbs mit anderen Satzgliedern

Ko|ni̲|die […i̯ə], die; -, -n (meist Plural): durch Abschnürung entstehende Fortpflanzungszelle vieler Pilze

Ko|ni|fe̲|re, die; -, -n (meist Plural): Nadelholzgewächs

ko̲|nisch: kegelförmig

Kon|jek|tu̲r, die; -, -en: 1. (veraltet) Vermutung. 2. mutmaßlich richtige Lesart; Textverbesserung bei schlecht überlieferten Texten

Kon|ju|ga|ti|o̲n, die; -, -en: 1. (Sprachwiss.) Abwandlung, Beugung des Verbs nach Person (4), Numerus (3), Tempus, ↑Modus (2) u. a.; vgl. Deklination. 2. (Biol.) a) bei den Wimperntierchen Befruchtung durch Austausch der Zellkerne; b) Vereinigung der Keimzellen bei der Befruchtung

kon|ju|gie̲|ren (Sprachwiss.): ein Verb beugen

Kon|junk|ti|o̲n, die; -, -en: 1. (Sprachwiss.) neben- od. unterordnendes Bindewort (z. B. und, obwohl). 2. (Astrol.) das Zusammentreffen mehrerer Planeten im gleichen Tierkreiszeichen. 3. (Astron.) Stellung zweier Gestirne im gleichen Längengrad. 4. (Logik) Verknüpfung zweier od. mehrerer Aussagen durch den ↑Konjunktor „und“

ko̜n|junk|tiv: verbindend

Ko̜n|junk|tiv, der; -s, -e (Sprachwiss.): Möglichkeitsform (sie sagte, sie *sei* verreist; Abk.: Konj.)

Kon|junk|ti̲|va, die; -, …vä (Med.): Bindehaut des Auges

ko̜n|junk|ti|visch: den Konjunktiv betreffend, auf ihn bezogen

Kon|junk|ti|vi̲|tis, die; -, …iti̲den (Med.): Bindehautentzündung des Auges

Kon|ju̜nk|tor, der; -s (Logik): die logische Partikel „und“ zur Herstellung einer ↑Konjunktion (4) (Zeichen: ∧)

Kon|junk|tu̲r, die; -, -en (Wirtsch.): a) Wirtschaftslage, -entwicklung; b) Wirtschaftsaufschwung (Hochkonjunktur)

kon|junk|tu|re̜ll: die wirtschaftliche Gesamtlage u. ihre Entwicklungstendenz betreffend

kon|ka̲v (Physik): hohl, vertieft, nach innen gewölbt (z. B. von Linsen od. Spiegeln)

Kon|ka|vi|tä̲t, die; -: Wölbung nach innen

Kon|kla̲|ve, das; -s, -n: Kardinalsversammlung zur Papstwahl

kon|klu|de̜nt (bes. Philos.): eine Schlussfolgerung zulassend; schlüssig

Kon|klu|si|o̲n, die; -, -en (Philos.): Schluss, Folgerung, Schlusssatz im ↑Syllogismus

kon|kor|da̜nt: übereinstimmend

Kon|kor|da̜nz, die; -, -en: a) alphabetisches Verzeichnis der in einem Buch vorkommenden Wörter u. Begriffe (bes. als Bibelkonkordanz); b) Vergleichstabelle von Seitenzahlen verschiedener Ausgaben eines Werkes

Kon|kor|da̲t, das; -[e]s, -e: 1. Vertrag zwischen einem Staat u. dem Vatikan. 2. (schweiz.) Vertrag zwischen Kantonen

Kon|kre|me̜nt, das; -[e]s, -e (Med.): vorwiegend aus Salzen bestehendes, krankhaftes, festes Gebilde (z. B. Nierensteine)

kon|kre̲t: 1. als etwas sinnlich, anschaulich Gegebenes erfahrbar. 2. im Einzelnen genau erklärt, genau dargelegt, tatsächlich. 3. gerade anstehend, im Augenblick so gegeben

Kon|kre|ti|o̲n, die; -, -en: 1. Vergegenständlichung. 2. (Geol.) knolliger, kugeliger mineralischer Körper in Gesteinen

kon|kre|ti|sie̲|ren: im Einzelnen ausführen, näher bestimmen, deutlich machen

Kon|kre|ti|sie̲|rung, die; -, -en: 1. das Konkretisieren. 2. durch Konkretisieren entstandener Begriff. 3. (Rechtswiss.) Umwandlung einer Gattungs- in eine Stückschuld

Kon|kre|tum, das; -s, ...ta (Sprachwiss.): Substantiv, das etwas Gegenständliches bezeichnet (z. B. Tisch)

Kon|ku|bi|nat, das; -[e]s, -e: 1. (Rechtswiss.) eheähnliche Gemeinschaft ohne Eheschließung. 2. in der römischen Kaiserzeit eine gesetzlich erlaubte außereheliche Verbindung zwischen Personen, die eine bürgerliche Ehe nicht eingehen durften

Kon|ku|bi|ne, die; -, -n: 1. (veraltet) im Konkubinat lebende Frau. 2. (abwertend) Geliebte

Kon|kur|rent, der; -en, -en: 1. Gegner, Rivale (im geschäftlichen Bereich, beim Sport o. Ä.). 2. (nur Plural; kath. Liturgie) zwei Feste, die auf aufeinanderfolgende Tage fallen

Kon|kur|ren|tin, die; -, -nen: weibliche Form zu ↑Konkurrent (1)

Kon|kur|renz, die; -, -en: 1. (ohne Plural) das Konkurrieren, bes. im wirtschaftlichen Bereich. 2. Wettkampf. 3. (ohne Plural) jmds. Konkurrent[en]

kon|kur|ren|zie|ren (südd., österr., schweiz.): mit jmdm. konkurrieren, jmdm. Konkurrenz machen, jmds. Konkurrent sein

kon|kur|rie|ren: mit anderen in Wettbewerb treten, wetteifern

Kon|kurs, der; -es, -e: 1. Zahlungsunfähigkeit, Zahlungseinstellung einer Firma. 2. (früher) gerichtliches Vollstreckungsverfahren zur ausgeglichenen Befriedigung der Gläubiger eines insolventen Unternehmens

Kon|nek|ti|vi|tät, die; -, -en (EDV): Fähigkeit von Betriebssystemen, zw. einem Computer u. Netzwerken, bes. dem Internet, eine Verbindung herzustellen

Kon|nex, der; -es, -e: zwischen Dingen bestehende Zusammenhänge; Verbindung

kon|ni|vent: 1. nachsichtig, duldsam. 2. (Rechtswiss.) Amtsdelikte untergebener od. beaufsichtigter Personen bewusst duldend od. dazu verleitend (von Vorgesetzten, Aufsichtsbeamten)

Kon|no|ta|ti|on, die; -, -en: 1. (Logik) Begriffsinhalt (im Gegensatz zum Umfang). 2. (Sprachwiss.) assoziative, emotionale, stilistische, wertende [Neben]bedeutung

kon|no|ta|tiv (Sprachwiss.): die Konnotation (2) eines sprachlichen Zeichens betreffend

Kon|quis|ta|dor, der; -en, -en (Geschichte): Teilnehmer an der spanischen Eroberung Südamerikas im 16. Jh.

Kon|rek|tor, der; -s, ...oren: Vertreter des Rektors einer Schule

Kon|rek|to|rin, die; -, -nen: weibliche Form zu ↑Konrektor

Kon|se|k|ra|ti|on, die; -, -en: 1. (kath. Rel.) liturgische Weihe einer Person od. Sache. 2. (kath. Rel.) liturgische Weihe von Brot u. Wein durch Verwandlung in Leib u. Blut Christi. 3. (Geschichte) Kaiserkult im alten Rom

kon|se|k|rie|ren: liturgisch weihen

kon|se|ku|tiv [auch: ...'ti:f]: 1. zeitlich folgend. 2. (Philos.) aus einem konstitutiven Begriffsmerkmal folgend, abgeleitet. 3. (Sprachwiss.) die Folge kennzeichnend

Kon|sens, der; -es, -e: a) (veraltet) Zustimmung, Einwilligung; b) Übereinstimmung der Meinungen

kon|se|quent: 1. folgerichtig, logisch zwingend. 2. a) unbeirrbar, fest entschlossen; b) beharrlich, immer, jedes Mal

Kon|se|quenz, die; -, -en: 1. (ohne Plural) a) Folgerichtigkeit; b) Zielstrebigkeit, Beharrlichkeit. 2. (meist Plural) Folge, Aus-, Nachwirkung

Kon|ser|va|tis|mus vgl. Konservativismus

kon|ser|va|tiv [auch: 'kɔ...]: 1. am Hergebrachten festhaltend, auf Überliefertem beharrend, bes. im politischen Leben. 2. althergebracht, bisher üblich. 3. (Med.) erhaltend, bewahrend (im Gegensatz zu operativer Behandlung)

Kon|ser|va|ti|vis|mus, Kon|ser|va|tis|mus, der; -, ...men: konservative [politische] Grundhaltung; an der Erhaltung des Bestehenden orientierte Anschauung

Kon|ser|va|tor, der; -s, ...oren: mit der Erhaltung von Kunstwerken, Kunstdenkmälern o. Ä. betrauter Beamter

Kon|ser|va|to|rin, die; -, -nen: weibliche Form zu ↑Konservator

kon|ser|va|to|risch: 1. die Bewahrung u. Er-

K

haltung von Kunstwerken betreffend. 2. das Konservatorium betreffend

Kon|ser|va|to|ri|um, das; -s, ...ien: Musik[hoch]schule für die Ausbildung von Musikern

Kon|ser|ve, die; -, -n: 1. a) Konservenbüchse od. -glas mit (durch Sterilisierung haltbar gemachten) Lebensmitteln o. Ä.; b) in einer Konservenbüchse od. einem Konservenglas enthaltenes konserviertes Lebensmittel o. Ä. 2. Aufzeichnung auf Bild- u. Tonträger. 3. (Med.) Blutkonserve (steril abgefülltes, mit gerinnungshemmenden Flüssigkeiten versetztes Blut für Blutübertragungen)

kon|ser|vie|ren: 1. (bes. Lebensmittel) durch spezielle Behandlung haltbar machen. 2. durch besondere Behandlung, Pflege erhalten, bewahren

K

Kon|si|g|na|ti|on, die; -, -en (Wirtsch.): (bes. im Überseehandel) Kommissionsgeschäft

kon|sis|tent: 1. a) dicht, fest od. zäh zusammenhängend; b) dickflüssig, von festem Zusammenhalt, in sich ↑stabil (1), beständig. 2. (Logik) widerspruchsfrei

Kon|sis|tenz, die; -: 1. a) (Chemie) Grad u. Art des Zusammenhalts eines Stoffes; b) konsistente Beschaffenheit. 2. strenger gedanklicher Zusammenhang; Widerspruchslosigkeit

Kon|sis|to|ri|um, das; -s, ...ien: 1. a) Plenarversammlung der Kardinäle unter Vorsitz des Papstes; b) Verwaltungsbehörde einer Diözese (in Österreich). 2. oberste Verwaltungsbehörde einer evangelischen Landeskirche

Kon|so|le, die; -, -n: 1. (Archit.) Vorsprung (als Teil einer Wand, Mauer), der etwas trägt od. auf dem etwas aufgestellt werden kann. 2. Wandbord, -brett; an der Wand angebrachtes tischartiges Möbel mit zwei Beinen. 3. (EDV) Ein- u. Ausgabegerät, Steuerpult am Computer

Kon|so|li|da|ti|on, die; -, -en: 1. Festigung, Sicherung. 2. (Wirtsch.) a) Umwandlung kurzfristiger Staatsschulden in Anleihen; b) Vereinigung unterschiedlicher Staatsanleihen zu einer einheitlichen Anleihe; c) Senkung der Nettoneuverschuldung (eines Staates). 3. (Med.) a) Stillstand eines Krankheitsprozesses (z. B. einer Tuberkulose); b) Verknöcherung des sich bei Knochenbrüchen neu bildenden Gewebes. 4. (Geol.) Versteifung von Teilen der Erdkruste durch Zusammenpressung u. Faltung sowie durch Eindringen von ↑Magma (1)

kon|so|li|die|ren: 1. [sich] in seinem Bestand festigen. 2. (Wirtsch.) durch ↑Konsolidation (2) umwandeln od. zusammenlegen

Kon|so|li|die|rung, die; -, -en: ↑Konsolidation

Kon|so|li|die|rungs|pha|se, die; -, -n: Zeitraum, in dem sich etwas konsolidiert

Kon|som|mee vgl. Consommé

kon|so|nant: 1. (veraltet) übereinstimmend. 2. (Musik) harmonisch zusammenklingend. 3. (Akustik) mitklingend, -schwingend

Kon|so|nant, der; -en, -en (Sprachwiss.): Laut, bei dessen ↑Artikulation (1 b) der Atemstrom gehemmt wird; Mitlaut (z. B. d, m)

Kon|so|nanz, die; -, -en (Musik): konsonanter Gleichklang von Tönen

Kon|sor|te, der; -n, -n: 1. Mitglied eines Konsortiums. 2. (nur Plural; abwertend) die Mitbeteiligten, Mittäter

Kon|sor|ti|um, das; -s, ...ien: vorübergehender Zusammenschluss von Unternehmen

Kon|s|pi|ra|ti|on, die; -, -en: Verschwörung

kon|s|pi|ra|tiv: a) eine [politische] Verschwörung anstrebend; b) in den Zusammenhang einer Verschwörung gehörend

kon|s|pi|rie|ren: sich verschwören (bes. zur Erreichung politischer Ziele)

kon|s|tant: gleichbleibend

Kon|s|tan|te, die; -[n], -n: 1. unveränderliche, feste Größe; fester Wert. 2. (Math.) mathematische Größe, deren Wert sich nicht ändert

Kon|s|tanz, die; -: Unveränderlichkeit, Beständigkeit; das Konstantbleiben

kon|s|ta|tie|ren: [eine Tatsache] feststellen, bemerken

Kon|s|tel|la|ti|on, die; -, -en: 1. das Zusammentreffen bestimmter Umstände u. die daraus resultierende Lage. 2. (Astron.) Planetenstand, Stellung der Gestirne zueinander

Kon|s|ter|na|ti|on, die; -, -en: Bestürzung

kon|s|ter|nie|ren: bestürzt, fassungslos machen

kon|s|ter|niert: bestürzt, fassungslos

Kon|s|ti|tu|an|te vgl. Constituante
Kon|s|ti|tu|en|te, die; -, -n (Sprachwiss.): sprachliche Einheit, die Teil einer größeren, komplexeren Einheit ist
kon|s|ti|tu|ie|ren: 1. a) gründen, ins Leben rufen; b) für etw. konstitutiv, grundlegend sein. 2. sich konstituieren: [zur Gründung zusammentreten u.] die eigene Organisationsform festlegen
Kon|s|ti|tu|ie|rung, die; -, -en: das [Sich]konstituieren
Kon|s|ti|tu|ti|on, die; -, -en: 1. a) allgemeine, bes. körperliche Verfassung; b) (bes. Med.) Körperbau. 2. (Politik) Verfassung; Satzung
Kon|s|ti|tu|ti|o|na|lis|mus, der; - (Politik): 1. Staatsform, bei der Rechte u. Pflichten der Staatsgewalt u. der Bürger in einer Verfassung festgelegt sind. 2. für den Konstitutionalismus (1) eintretende Lehre
kon|s|ti|tu|ti|o|nell: 1. (Rechtswiss.) verfassungsmäßig; an die Verfassung gebunden. 2. (Med.) anlagebedingt
kon|s|ti|tu|tiv: grundlegend; das Wesen einer Sache ausmachend
Kon|s|t|rik|tor, der; -s, ...oren (Med.): Schließmuskel
kon|s|t|ru|ie|ren: 1. a) [ein technisches Gerät] entwerfen und bauen; b) (bes. Math., Logik) mithilfe vorgeschriebener Operationen herleiten; c) [eine geometrische Figur] zeichnen; d) (Sprachwiss.) nach den Regeln der Grammatik bilden. 2. a) gedanklich, begrifflich, logisch aufbauen, herstellen; b) (abwertend) nur theoretisch mithilfe von Annahmen u. daher künstlich herstellen
Kon|s|t|rukt, das; -[e]s, -e u. -s: Arbeitshypothese; gedankliche Hilfskonstruktion
Kon|s|t|ruk|teur [...'tøːɐ̯], der; -s, -e: Fachmann (bes. Ingenieur, Techniker), der technische Objekte konstruiert
Kon|s|t|ruk|teu|rin [...'tøːrɪn], die; -, -nen: weibliche Form zu ↑Konstrukteur
Kon|s|t|ruk|ti|on, die; -, -en: 1. Bauart (z. B. eines Gebäudes, einer Maschine). 2. (Math.) geometrische Darstellung einer Figur mithilfe gegebener Größen. 3. (Sprachwiss.) Fügung, Satz[bau]. 4. a) gedanklicher Aufbau; begriffliches Gefüge; b) wirklichkeitsfremder Gedankengang. 5. (ohne Plural) das Entwerfen, die Entwicklung
kon|s|t|ruk|tiv: 1. die Konstruktion (1) betreffend. 2. aufbauend, sinnvoll, brauchbar
Kon|s|t|ruk|ti|vis|mus, der; -: 1. (Kunstwiss.) Kunst[richtung], bei der die geometrisch-technische Konstruktion wichtigstes Gestaltungsprinzip ist. 2. (Wissensch., Philos.) eine methodisch herleitende Lehre
Kon|s|t|ruk|ti|vist, der; -en, -en: Vertreter des Konstruktivismus
Kon|s|t|ruk|ti|vis|tin, die; -, -nen: weibliche Form zu ↑Konstruktivist
kon|s|t|ruk|ti|vis|tisch: in der Art des Konstruktivismus
Kon|sub|s|tan|ti|a|ti|on, die; -: (nach Luther) die Verbindung der realen Gegenwart Christi mit Brot u. Wein beim Abendmahl
Kon|sul, der; -s, -n: 1. (Geschichte) einer der beiden auf Zeit gewählten obersten Beamten der römischen Republik. 2. (halbdiplomatischer) offizieller Vertreter eines Staates im Ausland
kon|su|la|risch: a) den Konsul betreffend; b) das Konsulat betreffend
Kon|su|lat, das; -[e]s, -e: a) (ohne Plural) Amt[szeit] eines Konsuls; b) Dienststelle eines Konsuls
Kon|su|lin, die; -, -nen: 1. weibliche Form zu ↑Konsul (2). 2. (veraltet) Frau eines Konsuls (2)
Kon|sul|tant, der; -en, -en: fachmännischer Berater, Gutachter
Kon|sul|tan|tin, die; -, -nen: weibliche Form zu ↑Konsultant
Kon|sul|ta|ti|on, die; -, -en: 1. Untersuchung u. Beratung [durch einen Arzt]. 2. gemeinsame Beratung. 3. (regional) Beratung durch einen Fachmann
kon|sul|ta|tiv: beratend
kon|sul|tie|ren: 1. bei jmdm. [wissenschaftlichen, bes. ärztlichen] Rat einholen, jmdn. zurate ziehen. 2. (mit Bündnispartnern) beratende Gespräche führen, sich besprechen, beratschlagen
Kon|sum, der; -s: 1. Verbrauch (bes. von Nahrungs-, Genussmitteln); Verzehr, Genuss. 2. ↑Konsumtion (1)

Kon|sum|ar|ti|kel, der; -s, -: für den Konsum (1) bestimmter Artikel

Kon|su|ma|ti|on, die; -, -en: Verzehr, Zeche

Kon|su|ment, der; -en, -en: Käufer, Verbraucher

Kon|su|men|tin, die; -, -nen: weibliche Form zu ↑Konsument

kon|su|mie|ren: Konsumgüter, bes. Verbrauchsgüter, verbrauchen

Kon|sump|ti|on vgl. Konsumtion

kon|sump|tiv vgl. konsumtiv

Kon|sum|ter|ror, der; -s (emotional abwertend): durch die Werbung ausgeübter Druck, der den Verbraucher zur fortgesetzten Steigerung seines Konsums antreibt

Kon|sum|ti|on, die; -, -en: 1. Verbrauch von Wirtschaftsgütern. 2. (Rechtswiss.) das Aufgehen einer Begleittat in einer Haupttat. 3. (Med.) körperliche Auszehrung

K

kon|sum|tiv: für den Verbrauch bestimmt

Kon|takt, der; -[e]s, -e: 1. Verbindung zwischen Menschen. 2. Berührung. 3. (Elektrot.) a) Berührung, durch die eine Strom führende Verbindung hergestellt wird; b) Kontaktstelle für den Strom; Verbindungsteil

Kon|takt|ad|res|se, die; -, -n: Anschrift, über die man mit einer Person, Organisation, Gruppe o. Ä. Kontakt aufnehmen kann

kon|tak|ten (Wirtsch.): als Kontakter tätig sein, neue Geschäftsbeziehungen einleiten

Kon|tak|ter, der; -s, -: Angestellter einer Werbeagentur, der den Kontakt zu den Auftraggebern hält

Kon|takt|frau, die; -, -en: weibliche Form zu ↑Kontaktmann

kon|tak|tie|ren: (mit jmdm.) Kontakt aufnehmen, unterhalten

Kon|takt|lin|se, die; -, -n (meist Plural): Sehhilfe, die unmittelbar auf die Hornhaut des Auges gesetzt wird

Kon|takt|mann, der; -[e]s, ...männer: Verbindungsmann, Kontakter

Kon|takt|per|son, die; -, -en: 1. (Med.) jmd., der mit dem Träger od. der Quelle einer Infektion direkten od. indirekten Kontakt hat u. damit ansteckungsverdächtig ist. 2. jmd., zu dem man Kontakt aufnehmen kann

Kon|takt|stu|di|um, das; -s, ...ien: weiterbildendes zusätzliches Studium

Kon|ta|mi|na|ti|on, die; -, -en: 1. (Sprachwiss.) Vermengung von Wörtern od. Fügungen (z. B. *Gebäulichkeiten* aus Gebäude und Baulichkeiten). 2. Verschmutzung, Verunreinigung

kon|ta|mi|nie|ren: 1. eine Kontamination (1) vornehmen. 2. verschmutzen, verunreinigen, verseuchen

kon|tant: bar

Kon|tem|p|la|ti|on, die; -, -en: a) (Rel.) innere Sammlung u. religiöse Betrachtung; Versenkung; b) beschauliches Nachdenken u. geistiges Sichversenken in etwas

kon|tem|p|la|tiv: beschaulich, besinnlich

Kon|te|nance [kõtəˈnãːs] vgl. Contenance

Kon|ter, der; -s, - (Sport): schneller Gegenangriff, nachdem ein Angriff des Gegners abgewehrt werden konnte

Kon|ter|ad|mi|ral, der; -s, -e, auch: ...äle: a) (ohne Plural) dritthöchster Offiziersdienstgrad der Marine; b) Offizier mit dem Dienstgrad Konteradmiral

Kon|ter|ban|de, die; -: Schmuggelware

Kon|ter|fei [auch: ...ˈfai̯], das; -s, -s (veraltet, aber noch scherzh.): Bild[nis], Abbild, Porträt

kon|ter|ka|rie|ren: hintertreiben, durchkreuzen

kon|tern: 1. (Sport) den Gegner im Angriff abfangen u. aus der Verteidigung heraus selbst angreifen. 2. sich aktiv zur Wehr setzen, schlagfertig erwidern, entgegnen. 3. (Technik) eine Mutter auf einem Schraubengewinde durch Aufschrauben einer Kontermutter fest anziehen

Kon|ter|part, der; -s, -s: 1. passendes Gegenstück, Ergänzung. 2. Gegenspieler, Kontrahent

Kon|ter|re|vo|lu|ti|on, die; -, -en: 1. Gegenrevolution. 2. (marxistisch) antikommunistische Revolution od. Opposition

kon|ter|re|vo|lu|ti|o|när: die Konterrevolution betreffend, bezweckend, anstrebend

Kon|text, der; -[e]s, -e: 1. (Sprachwiss.) a) der umgebende Text einer sprachlichen Einheit; ↑Kotext; b) Sinn- u. Situationszusammenhang, aus dem heraus eine Äußerung zu verstehen ist. 2. Zusammenhang

kon|tex|tu|a|li|sie|ren: 1. (Sprachwiss.) eine sprachliche Äußerung unter Berücksichtigung ihres [sprachlichen] Kontexts (1 a, b) interpretieren. 2. (bildungsspr.) etw., jmdn. durch Einbindung in einen [zeitlichen, politischen usw.] Kontext (2) interpretieren

kon|tex|tu|ell: den Kontext betreffend

Kon|ti|nent [auch: kɔnti'nɛnt], der; -[e]s, -e: 1. (ohne Plural) [europäisches] Festland. 2. Erdteil

kon|ti|nen|tal: den Kontinent betreffend, zu ihm gehörend

Kon|ti|nenz, die; -: 1. (selten) Enthaltsamkeit. 2. (Med.) Fähigkeit, Harn od. Stuhl zurückzuhalten

kon|tin|gent: zufällig; wirklich od. möglich, aber nicht [wesens]notwendig

Kon|tin|gent, das; -[e]s, -e: 1. anteilmäßig zu erbringende od. zu erwartende Leistung, Menge, Anzahl. 2. Truppenkontingent

kon|tin|gen|tie|ren: durch Beschränkung auf Kontingente (1) einteilen, begrenzen

Kon|tin|gen|tie|rung, die; -, -en: die Einteilung, Zuteilung

Kon|tin|genz, die; -, -en: 1. a) (ohne Plural; Philos.) das Kontingentsein; b) (Logik) Möglichkeit u. gleichzeitige Nichtnotwendigkeit (einer Aussage). 2. (Statistik; Psychol.) Wahrscheinlichkeit, mit der zwei Sachverhalte, Merkmale usw. gemeinsam auftreten

kon|ti|nu|ier|lich: stetig, fortdauernd, ohne Bruch durchlaufend

Kon|ti|nu|i|tät, die; -, -en: lückenloser Zusammenhang, Stetigkeit, Fortdauer

Kon|ti|nu|um, das; -s, ...nua u. ...nuen: kontinuierlich, lückenlos Zusammenhängendes

Kon|to, das; -s, ...ten, (selten:) -s u. ...ti: Aufstellung und Abrechnung von Einnahmen u. Ausgaben für einen Kunden, bes. bei einer Bank

Kon|to|kor|rent, das; -s, -e: 1. laufende Abrechnung von Leistungen und Gegenleistungen. 2. (ohne Plural) Buchführung über Kunden und Lieferanten

Kon|tor, das; -s, -e: Niederlassung eines Handelsunternehmens im Ausland

Kon|to|rist, der; -en, -en: kaufmännischer Angestellter, der einfachere Verwaltungsarbeiten erledigt

Kon|to|ris|tin, die; -, -nen: weibliche Form zu ↑Kontorist

kon|t|ra, con|t|ra: gegen, entgegengesetzt

Kon|t|ra, Con|t|ra, das; -s, -s: Ansage beim Kartenspiel, die in die Punktwertung eingeht

Kon|t|ra|bass, der; -es, ...bässe (Musik): einem Violoncello ähnliches, jedoch größeres u. tiefer gestimmtes Streichinstrument

Kon|t|ra|bas|sist, der; -en, -en: Musiker, der Kontrabass spielt

kon|t|ra|dik|to|risch (Philos.): sich widersprechend, sich gegenseitig aufhebend (von zwei Aussagen)

Kon|tra|hent, der; -en, -en: 1. (Rechtswiss.) Vertragspartner. 2. Gegner in einem Streit od. Wettkampf

Kon|tra|hen|tin, die; -, -nen: weibliche Form zu ↑Kontrahent

kon|tra|hie|ren: 1. (Rechtswiss.) einen Vertrag schließen. 2. a) (Med.) sich zusammenziehen (z. B. von einem Muskel); b) das Zusammenziehen von Muskeln bewirken

Kon|tra|hie|rungs|zwang, der; -[e]s (Rechtswiss.): gesetzliche Verpflichtung zum Abschluss eines Vertrages für Unternehmen mit gemeinnützigen Aufgaben

Kon|t|ra|in|di|ka|ti|on, die; -, -en (Med.): Gegenanzeige, Umstand, der eine an sich angemessene ärztliche Maßnahme verbietet

kon|trakt (veraltet): zusammengezogen, verkrümmt, gelähmt

Kon|trakt, der; -[e]s, -e: Vertrag, Abmachung; Handelsabkommen

kon|trak|til (Med.): fähig, sich zusammenzuziehen

Kon|trak|ti|on, die; -, -en: 1. (Med.) das Sichzusammenziehen (bes. von Muskeln). 2. (Wirtsch.) Verminderung der in einer Volkswirtschaft vorhandenen Geld- u. Kreditmenge. 3. (Sprachwiss.) Zusammenziehung zu einem Vokal od. Diphthong (z. B. bei „nein“ aus: ni-ein). 4. (Geol.) Schrumpfung der Erdkruste durch Abkühlung od. Austrocknung. 5. (Physik) Verringerung des Volumens, der Länge od. des Querschnitts eines Körpers (z. B. durch Abkühlung)

Kon|t|ra|post, der; -[e]s, -e (Kunstwiss.): bei Statuen der harmonische Ausgleich in der Haltung einer Figur mit Stand- u. Spielbein

kon|t|ra|pro|duk|tiv: bestimmten Interessen zuwiderlaufend; ein gewünschtes Ergebnis verhindernd

Kon|t|ra|punkt, der; -[e]s, -e: 1. (Musik) Technik des musikalischen Satzes, in der mehrere Stimmen gleichberechtigt nebeneinanderher geführt werden. 2. etwas, was einen Gegenpol zu etwas anderem bildet

Kon|t|ra|punk|tik, die; - (Musik): die Lehre des Kontrapunktes; die Kunst kontrapunktischer Stimmführung

kon|t|ra|punk|tisch, kon|t|ra|punk|tis|tisch (Musik): den Kontrapunkt betreffend

K

kon|t|rär: gegensätzlich; entgegengesetzt

Kon|t|rast, der; -[e]s, -e: 1. starker, ins Auge springender Gegensatz; auffallender Unterschied. 2. a) (Fotogr.) Unterschied in der Helligkeit der hellen u. dunklen Partien eines Bildes; b) (Elektronik) Hell-Dunkel-Abstimmung auf einem Bildschirm, Display (2) u. Ä.

kon|t|ras|tie|ren: 1. einen augenfälligen Kontrast zu etwas bilden; sich von etwas abheben. 2. (zu etwas) einen Kontrast schaffen

kon|t|ras|tiv: vergleichend, gegenüberstellend

Kon|t|rast|mit|tel, das; -s, - (Med.): Stoff, der, vor einer Röntgenuntersuchung in den Körper eingebracht, auf dem Röntgenbild in Kontrast zu dem zu untersuchenden Gewebe erscheint

Kon|t|rast|pro|gramm, das; -[e]s, -e: Rundfunk- od. Fernsehprogramm, das eine Alternative zu einem oder mehreren anderen bietet

Kon|t|ra|zep|ti|on, die; - (Med.): Empfängnisverhütung

kon|t|ra|zep|tiv (Med.): empfängnisverhütend

Kon|t|ra|zep|tiv, das; -s, -e, **Kon|t|ra|zep|ti|vum,** das; -s, ...va (Med.): empfängnisverhütendes Mittel

Kon|t|re|tanz [ˈkɔntɐ...], **Con|t|re|tanz** [ˈkõtrə...] der; -es, ...tänze: ein alter Gesellschaftstanz; vgl. Contredanse

Kon|tri|bu|ti|on, die; -, -en: 1. von der Bevölkerung eines besetzten Gebietes erhobene Zahlung. 2. (veraltet) Beitrag (zu einer gemeinsamen Sache)

Kon|t|rol|le, die; -, -n: 1. Aufsicht, Überwachung; Überprüfung. 2. Herrschaft, Gewalt

Kon|t|rol|leur [...ˈløːɐ̯], der; -s, -e: jmd., der eine Kontrollfunktion ausübt

Kon|t|rol|leu|rin [...ˈløːrɪn], die; -, -nen: weibliche Form zu ↑Kontrolleur

kon|t|rol|lie|ren: 1. jmdn., etwas überwachen. 2. etwas unter seinem Einflussbereich haben, beherrschen (einen Markt u. a.)

Kon|t|roll|kom|mis|si|on, die; -, -en: Ausschuss, der die Einhaltung von Verpflichtungen überwacht

Kon|t|rol|lor, der; -s, -e (österr.): Kontrolleur

Kon|t|rol|lo|rin, die; -, -nen: weibliche Form zu ↑Kontrollor

kon|t|ro|vers: a) [einander] entgegengesetzt; b) strittig; c) umstritten

Kon|t|ro|ver|se, die; -, -n: Streitfrage; Meinungsstreit

kon|tun|die|ren (Med.): quetschen (z. B. Gewebe); vgl. Kontusion

Kon|tur, die; -, -en, (fachspr. auch:) der; -s, -en (meist Plural): Linie, die durch etwas begrenzt ist; Umriss[linie]

kon|tu|rie|ren: in Umrissen zeichnen

Kon|tu|si|on, die; -, -en (Med.): Quetschung

Ko|nus, der; -, -se (Technik auch: ...nen): 1. (Math.) Körper von der Form eines Kegels od. Kegelstumpfs. 2. (Druckw.) bei Drucktypen die Seitenflächen des das Schriftbild tragenden Oberteils

Kon|vek|ti|on, die; -, -en: 1. (Physik) Mitführung von Energie od. elektrischer Ladung durch die kleinsten Teilchen einer Strömung. 2. (Meteorol.) vertikale Luftbewegung. 3. vertikale Bewegung von Wassermassen der Weltmeere. 4. (Physik) Strömungsbewegung in einem flüssigen od. gasförmigen Medium

kon|vek|tiv (Meteorol.): durch Konvektion (2) bewirkt

Kon|vek|tor, der; -s, ...oren: Heizkörper, der die Luft durch Bewegung erwärmt

kon|ve|na|bel (veraltet): 1. schicklich. 2. gelegen, passend, bequem

kon|ve|nie|ren (veraltend): zusagen, gefallen, passen; annehmbar sein

Kon|vent, der; -[e]s, -e: a) Versammlung der stimmberechtigten Mitglieder eines Klosters; b) Gesamtheit der Mitglieder eines Klosters; Kloster[gemeinschaft]; c) Zusammenkunft von evangelischen Pfarrern zum Zweck der Weiterbildung, der Beratung u. Ä.

Kon|ven|ti|on, die; -, -en: 1. Übereinkunft, Abkommen, [völkerrechtlicher] Vertrag. 2. Regeln des Umgangs, des sozialen Verhaltens in einer Gesellschaft

Kon|ven|ti|o|nal|stra|fe, die; -, -n (Rechtswiss.): (bei Vertragsschluss vereinbarte) Geldsumme od. anderweitige Leistung, die ein Vertragspartner erbringen muss, wenn er eine Verpflichtung nicht (pünktlich) erfüllt

kon|ven|ti|o|nell: 1. a) den gesellschaftlichen Konventionen entsprechend; b) förmlich, steif. 2. (bes. Technik, Militär) herkömmlich, hergebracht (bes. im Gegensatz zu atomar, biologisch, chemisch)

Kon|ven|tu|a|le, der; -n, -n: 1. stimmberechtigtes Klostermitglied. 2. Angehöriger eines Zweiges des Franziskanerordens

kon|ver|gent: sich einander annähernd, übereinstimmend

Kon|ver|genz, die; -, -en: 1. Annäherung, Übereinstimmung von Meinungen, Zielen u. Ä. 2. das Aufeinanderzulaufen, -streben; das Sichschneiden. 3. Ausbildung von Ähnlichkeiten; Entwicklung aufeinander zu

kon|ver|gie|ren: a) sich einander nähern, zusammenlaufen; b) demselben Ziel zustreben; übereinstimmen

kon|ver|gie|rend: zusammenlaufend; vgl. konvergent (Ggs.: ↑divergierend)

Kon|ver|sa|ti|on, die; -, -en: [geselliges, leichtes] Gespräch, Plauderei

Kon|ver|sa|ti|ons|le|xi|kon, das; -s, ...ka (auch: ...ken): alphabetisch geordnetes Nachschlagewerk zur raschen Information über alle Gebiete des Wissens; Enzyklopädie

Kon|ver|si|on, die; -, -en: 1. der Übertritt von einer Konfession zu einer anderen. 2. (Sprachwiss.) Übergang von einer Wortart in eine andere ohne formale Veränderung (z. B. Dank – dank). 3. Konvertierung (2)

Kon|ver|ter, der; -s, -: 1. (Technik) Gerät, mit dem Wechselspannungen bestimmter Frequenzen umgeformt werden können. 2. (Fotogr.) Linsensystem, das die Brennweite verlängert. 3. (Hüttenw.) ein kippbares birnen- od. kastenförmiges Gefäß für die Stahlerzeugung u. Kupfergewinnung. 4. (EDV) Gerät od. Programm zum Umwandeln von Daten

kon|ver|ti|bel: frei austauschbar

Kon|ver|ti|bi|li|tät, Kon|ver|tier|bar|keit, die; - (Wirtsch.): die freie Austauschbarkeit der Währungen verschiedener Länder zum jeweiligen Wechselkurs

kon|ver|tie|ren: 1. inländische gegen ausländische Währung tauschen u. umgekehrt. 2. zu einem anderen Glauben übertreten. 3. (EDV) Daten von einem Format in ein anderes umwandeln

Kon|ver|tie|rung, die; -, -en: 1. das Konvertieren; das Konvertiertwerden. 2. (Chemie) Verfahren zur Herstellung von Wasserstoff durch Umsetzung von Kohlenmonoxid mit Wasserdampf

Kon|ver|tit, der; -en, -en: jmd., der zu einem anderen Glauben übergetreten ist

Kon|ver|ti|tin, die; -, -nen: weibliche Form zu ↑Konvertit

kon|vex (Physik): erhaben, nach außen gewölbt (z. B. von Spiegeln od. Linsen)

Kon|ve|xi|tät, die; - (Physik): Wölbung nach außen

Kon|vikt, das; -[e]s, -e: 1. Stift, Wohnheim für Theologiestudenten. 2. (österr.) Schülerheim, katholisches Internat

Kon|voi [...ˈvɔy̯, auch: ˈkɔn...], der; -s, -s: Fahrzeugkolonne [mit Geleitzug zum Schutz]

Kon|vo|lut, das; -[e]s, -e: 1. a) Bündel von verschiedenen Schriftstücken od. Drucksachen; b) Sammelband, Sammelmappe. 2. (Med.) Knäuel (z. B. von Darmschlingen)

Kon|vul|si|on, die; -, -en (Med.): Auftreten tonisch-klonischer Krämpfe, die sich schnell abwechseln; Schüttelkrampf

kon|ze|die|ren: zugestehen; erlauben; einräumen

Kon|ze|le|b|ra|ti|on, die; -, -en, **Con|ce|le|b|ra|tio,** die; -, ...tiones [...ne:s] (kath. Kirche):

K

die Feier der Eucharistie durch mehrere Geistliche gemeinsam

Kon|zen|t|ra|ti|on, die; -, -en: 1. Zusammenballung [wirtschaftlicher od. militärischer Kräfte]. 2. (ohne Plural) höchste Aufmerksamkeit. 3. (ohne Plural) gezielte Lenkung auf etwas hin. 4. (Chemie) Gehalt einer Lösung an gelöstem Stoff

Kon|zen|t|ra|ti|ons|la|ger, das; -s, -: 1. Bez. für nationalsozialistische Sammellager für politische Gegner, Zwangsarbeitslager u. Stätten der Massenvernichtung von als minderwertig erachteten Menschen, bes. von Juden (Abk.: KZ). 2. Massenlager, das Elemente des Arbeits-, Internierungs- u. Kriegsgefangenenlagers sowie des Gefängnisses u. Gettos vereinigt (Abk.: KZ)

kon|zen|t|rie|ren: 1. [wirtschaftliche od. militärische Kräfte] zusammenziehen, -ballen. 2. etwas verstärkt auf etwas od. jmdn. ausrichten. 3. sich konzentrieren: die Aufmerksamkeit nach innen richten, (auf eine Tätigkeit) lenken. 4. (Chemie) anreichern

K

kon|zen|t|riert: 1. gesammelt, aufmerksam. 2. (Chemie) einen gelösten Stoff in großer Menge enthaltend; angereichert

kon|zen|t|risch: 1. (bes. Math.) einen gemeinsamen Mittelpunkt habend (von Kreisen). 2. auf einen [Mittel]punkt hinstrebend

Kon|zept, das; -[e]s, -e: 1. [stichwortartiger] Entwurf einer Rede od. einer Schrift. 2. Plan, Programm

Kon|zep|ti|on, die; -, -en: 1. geistiger, künstlerischer Einfall; Entwurf eines Werkes. 2. klar umrissene Grundvorstellung, Leitprogramm, gedanklicher Entwurf. 3. (Biol., Med.) Befruchtung der Eizelle; Empfängnis

kon|zep|ti|o|nell: die Konzeption betreffend

kon|zep|tu|a|li|sie|ren: ein Konzept (2) entwerfen, als Konzept (2) gestalten

kon|zep|tu|ell: ein Konzept (2) aufweisend

Kon|zern, der; -[e]s, -e (Wirtsch.): Zusammenschluss von Unternehmen, die eine wirtschaftliche Einheit bilden, ohne dabei ihre rechtliche Selbstständigkeit aufzugeben

Kon|zert, das; -[e]s, -e: 1. Musikaufführung. 2. Komposition für Solo u. Orchester

Kon|zert|agen|tur, die; -, -en: Agentur, die Künstlern Konzerte vermittelt

kon|zer|tant: konzertmäßig, in Konzertform

kon|zer|tie|ren: ein Konzert geben

kon|zer|tiert: aufeinander abgestimmt

Kon|zes|si|on, die; -, -en: 1. (meist Plural) Zugeständnis, Entgegenkommen. 2. (Rechtswiss.) a) befristete behördliche Genehmigung zur Ausübung eines konzessionspflichtigen Gewerbes; b) dem Staat vorbehaltenes Recht, ein Gebiet zu erschließen, dessen Bodenschätze auszubeuten

Kon|zes|si|o|när, der; -s, -e: Inhaber einer Konzession

Kon|zes|si|o|nä|rin, die; -, -nen: weibliche Form zu ↑Konzessionär

kon|zes|si|o|nie|ren: eine Konzession erteilen, behördlich genehmigen

Kon|zil, das; -s, -e u. -ien: Versammlung von Bischöfen u. anderen hohen Vertretern der katholischen Kirche

kon|zi|li|ant: freundlich; versöhnlich

Kon|zi|li|anz, die; -: Umgänglichkeit, Verbindlichkeit, freundliches Entgegenkommen

Kon|zi|pi|ent, der; -en, -en: 1. (veraltet) Verfasser eines Schriftstücks. 2. (österr.) Jurist [zur Ausbildung] in einem Anwaltsbüro

Kon|zi|pi|en|tin, die; -, -nen: weibliche Form zu ↑Konzipient

kon|zi|pie|ren: a) ein schriftliches Konzept (1) für etwas machen; b) etwas planen, entwerfen, entwickeln

kon|zis (Rhet., Stilkunde): kurz, gedrängt

Ko|ope|ra|ti|on, die; -, -en: Zusammenarbeit verschiedener Partner

Ko|ope|ra|tor, der; -s, ...oren: 1. (veraltet) Mitarbeiter. 2. (landsch. u. österr.) katholischer Hilfsgeistlicher

ko|ope|rie|ren: [auf wirtschaftlichem od. politischem Gebiet] zusammenarbeiten

Ko|op|ta|ti|on, die; -, -en: nachträgliche Hinzuwahl neuer Mitglieder in eine Körperschaft

ko|op|tie|ren: jmdn. durch eine Nachwahl noch in eine Körperschaft aufnehmen

Ko|or|di|na|te, die; -, -n: 1. (meist Plural; Math., Geogr.) Zahl, die die Lage eines Punktes in der Ebene u. im Raum angibt. 2. (nur Plural; Math.) ↑Abszisse u. ↑Ordinate

Ko|or|di|na|ten|sys|tem, das; -s, -e (Math.): mathematisches System, in dem mithilfe von Koordinaten die Lage eines Punktes od. eines geometrischen Gebildes in der Ebene od. im Raum festgelegt wird

Ko|or|di|na|ti|on, die; -, -en: 1. gegenseitige Abstimmung. 2. (Sprachwiss.) Neben-, Beiordnung von Satzgliedern od. Sätzen. 3. (Med.) das harmonische Zusammenwirken der bei einer Bewegung tätigen Muskeln

Ko|or|di|na|tor, der; -s, ...oren: jmd., dessen Aufgabe die Koordination (1) ist

Ko|or|di|na|to|rin, die; -, -nen: weibliche Form zu ↑Koordinator

ko|or|di|nie|ren: mehrere Dinge od. Vorgänge aufeinander abstimmen

Ko|pal, der; -s, -e: ein Harz verschiedener tropischer Bäume, das für Lacke verwendet wird

Ko|pe|ke, die; -, -n: russische u. ukrainische Münzeinheit (Abk.: Kop.)

Kö|per, der; -s, -: Gewebe in Köperbindung (Webart)

ko|per|ni|ka|nisch: die Lehre des Kopernikus betreffend, auf ihr beruhend

Ko|pie [österr.: 'ko:pi̯ə], die; -, ...i̯en [österr.: 'ko:...]: 1. a) Abschrift, Durchschrift (eines Textes); Doppel (von Daten); b) ↑Fotokopie. 2. Nachbildung [eines Kunstwerks]. 3. a) Abzug von einem Negativ; b) Doppel eines Films

ko|pie|ren: 1. a) vervielfältigen, eine Kopie (1 a) von etwas herstellen; b) eine Fotokopie von etwas machen. 2. [ein Kunstwerk] nachbilden. 3. (in eine Datei, einen Film) einfügen

Ko|pie|rer, der; -s, - (ugs.): Gerät, mit dem Fotokopien gemacht werden

Ko|pier|schutz, der; -es (EDV): Programm zur Verhinderung unautorisierten Kopierens von Software

Ko|pi|lot usw. vgl. Co-Pilot usw.

Ko|pi|lo|tin usw. vgl. Co-Pilotin usw.

Ko|pist, der; -en, -en: jmd., der eine Kopie anfertigt

Ko|pis|tin, die; -, -nen: weibliche Form zu ↑Kopist

Ko|pro|duk|ti|on, die; -, -en: Gemeinschaftsherstellung, bes. beim Film

Ko|pro|du|zent usw. vgl. Co-Produzent usw.

Ko|pro|du|zen|tin usw. vgl. Co-Produzentin usw.

ko|pro|du|zie|ren: mit jmd. anderem zusammen etwas herstellen (bes. einen Film)

Ko|p|ro|pha|ge, der; -n, -n (Biol.): Tier, das sich von Exkrementen ernährt

Ko|p|ro|pha|gie, die; - (Med.): das Essen von Kot

Kops, der; -es, -e (Spinnerei): Spinnhülse mit aufgewundenem Garn, Garnkörper, Kötzer

Kop|te, der; -n, -n: Angehöriger der christlichen Kirche in Ägypten

Kop|tin, die; -, -nen: weibliche Form zu ↑Kopte

kop|tisch: a) zur christlichen Kirche Ägyptens, zu den Kopten gehörend; b) die Sprache der Kopten betreffend

Ko|pu|la|ti|on, die; -, -en: 1. (Biol.) Begattung. 2. (Gartenbau) Veredlung von Pflanzen, bei der ein schräg geschnittenes Edelreis genau auf die Unterlage gepasst wird. 3. ↑Koitus

K

ko|pu|lie|ren: 1. (Biol.) miteinander verschmelzen (von Geschlechtszellen). 2. Pflanzen veredeln. 3. ↑koitieren

Ko|ral|le, die; -, -n: 1. koloniebildendes Hohltier tropischer Meere. 2. das als Schmuck verwendete [rote] Kalkskelett der Koralle (1)

ko|ram: öffentlich

Ko|ran, der; -[s], -e: Sammlung der Offenbarungen Mohammeds, das heilige Buch des Islams (7. Jh. n. Chr.)

Kord vgl. Cord

Kor|del, die; -, -n (landsch.): Bindfaden

Kor|don [...'dõ:, bes. südd., österr.: ...'do:n], der; -s, -s u. (bes. südd., österr.:) -e [kɔr'do:nə]: 1. Postenkette, polizeiliche od. militärische Absperrung. 2. Ordensband

Ko|re, die; -, -n: bekleidete Mädchenfigur der [archaischen] griechischen Kunst

Ko|ri|an|der, der; -s, -: a) Gewürzpflanze des Mittelmeerraums; b) aus den Samenkörnern des Korianders (a) gewonnenes Gewürz

Ko|rin|the, die; -, -n: kleine, getrocknete, kernlose Weinbeere

Kor|mo|ran [österr.: 'kɔr...], der; -s, -e: großer, meist schwarzgrüner Schwimmvogel

Kor|mus, der; - (Bot.): aus Wurzel u. Sprossachse bestehender Pflanzenkörper

Kor|nel|kir|sche, die; -, -n: ein Zier- u. Heckenstrauch mit gelben Doldenblüten u. essbaren Früchten

Kor|nett, das; -[e]s, -e u. -s (Musik): ein kleines Horn mit Ventilen

Kor|net|tist, der; -en, -en: Musiker, der Kornett spielt

Kor|net|tis|tin, die; -, -nen: weibliche Form zu ↑Kornettist

Ko|rol|la, Ko|rol|le, die; -, ...llen (Bot.): Gesamtheit der Blütenblätter einer Blüte (Blumenkrone)

Ko|ro|na, die; -, ...nen: 1. (bild. Kunst) Heiligenschein an einer Figur. 2. (Astron.) [bei totaler Sonnenfinsternis sichtbarer] Strahlenkranz der Sonne. 3. a) (ugs.) [fröhliche] Runde; b) (ugs. abwertend) Horde

ko|ro|nar (Med.): zu den Herzkranzgefäßen gehörend, von ihnen ausgehend

K

Kör|per|scan|ner [...skɛnɐ], der; -s, -: bei Sicherheitskontrollen eingesetztes Gerät, das den Körper u. am Körper getragene Gegenstände auf einem Bildschirm anzeigt

Kor|po|ral, der; -s, -e (auch: ...äle): 1. (veraltet) Führer einer Korporalschaft; Unteroffizier. 2. (schweiz.) niederster Unteroffiziersgrad

Kor|po|ra|ti|on, die; -, -en: 1. Körperschaft, Innung, juristische Person. 2. Studentenverbindung

kor|po|ra|tiv: 1. körperschaftlich; geschlossen. 2. eine Studentenverbindung betreffend

kor|po|riert: einer Korporation (2) angehörend

Korps, Corps [koːɐ̯], das; - [koːɐ̯(s)], - [koːɐ̯s]: 1. größerer Truppenverband. 2. studentische Verbindung

Korps|geist, Corps|geist [ˈkoːɐ̯...], der; -[e]s: 1. Gemeinschaftsgeist. 2. Standeshochmut

kor|pu|lent: beleibt, wohlgenährt

Kor|pu|lenz, die; -: Beleibtheit, Wohlgenährtheit

[1]**Kor|pus,** der; -, -se: 1. (ugs. scherzh.) Körper. 2. der Leib Christi am Kreuz. 3. (ohne Plural) das massive Grundteil [bei Möbeln]. 4. (schweiz.) Ladentisch; Arbeitstisch. 5. (auch: das ohne Plural; Musik) Klangkörper eines Musikinstruments, bes. eines Saiteninstruments

[2]**Kor|pus,** das; -, ...pora: 1. Belegsammlung von Texten od. Schriften [aus dem Mittelalter od. der Antike]. 2. [als Datenbank angelegte] Textsammlung als Grundlage für sprachwissenschaftliche Untersuchungen

Kor|pus|kel, das; -s, -n (fachspr. auch: die; -, -n) (Physik): kleinstes Teilchen der Materie; Elementarteilchen

Kor|re|fe|rat, bes. österr.: **Ko|re|fe|rat,** das; -[e]s, -e: ergänzender Bericht

Kor|re|fe|rent, bes. österr.: **Ko|re|fe|rent,** der; -en, -en: a) jmd., der ein Korreferat hält; b) zweiter Gutachter [bei der Beurteilung einer wissenschaftlichen Arbeit]

Kor|re|fe|ren|tin, bes. österr.: **Ko|re|fe|ren|tin,** die; -, -nen: weibliche Form zu ↑Korreferent

kor|re|fe|rie|ren, bes. österr.: **ko|re|fe|rie|ren:** a) ein Korreferat halten; b) als zweiter Gutachter beurteilen

kor|rekt: richtig, fehlerfrei; einwandfrei

kor|rek|tiv (veraltet): richtigstellend

Kor|rek|tiv, das; -s, -e: etwas, was Missstände, Mängel ausgleicht

Kor|rek|tor, der; -s, ...oren: 1. jmd., der beruflich Schriftsätze auf Fehler hin durchsieht. 2. jmd., der eine Prüfungsarbeit korrigiert u. benotet

Kor|rek|to|rat, das; -[e]s, -e: Abteilung, in der Korrektoren u. Korrektorinnen arbeiten

Kor|rek|to|rin, die; -, -nen: weibliche Form zu ↑Korrektor

Kor|rek|tur, die; -, -en: Verbesserung; Berichtigung; Richtigstellung

kor|re|lat, kor|re|la|tiv: sich gegenseitig bedingend

Kor|re|lat, das; -[e]s, -e: 1. Ergänzung, Entsprechung. 2. (Sprachwiss.) Wort, das sich auf ein anderes Wort bezieht (z. B. darauf, dass ...; derjenige, welcher ...) 3. (Math.) eine Größe, die in der Ausgleichs- u. Fehlerrechnung auftritt

Kor|re|la|ti|on, die; -, -en: 1. wechselseitige Beziehung. 2. (Math.) statistischer Zusammenhang

kor|re|la|tiv vgl. korrelat

kor|re|lie|ren: einander bedingen, miteinander in [Wechsel]beziehung stehen

Kor|re|pe|ti|tor, der; -s, ...oren (Musik): Musiker, der vom Klavier aus mit Sängern übt

Kor|re|pe|ti|to|rin, die; -, -nen: weibliche Form zu ↑Korrepetitor

Kor|re|s|pon|dent, der; -en, -en: 1. Journalist, der [aus dem Ausland] regelmäßig aktuelle Berichte liefert. 2. Angestellter eines Betriebs, der den kaufmännischen Schriftwechsel führt

Kor|re|s|pon|den|tin, die; -, -nen: weibliche Form zu ↑Korrespondent

Kor|re|s|pon|denz, die; -, -en: 1. Briefwechsel, -verkehr. 2. Beitrag eines Korrespondenten (1) einer Zeitung. 3. (veraltet) Übereinstimmung

kor|re|s|pon|die|ren: 1. in Briefverkehr stehen. 2. übereinstimmen, entsprechen

Kor|ri|dor, der; -s, -e: 1. [Wohnungs]flur, Gang. 2. schmaler Gebietsstreifen, der durch das Hoheitsgebiet eines fremden Staates führt

Kor|ri|gen|da, die (nur Plural): Druckfehler, Fehlerverzeichnis

kor|ri|gie|ren: etwas berichtigen; verbessern

kor|ro|die|ren: angreifen, zerstören; der Korrosion unterliegen

Kor|ro|si|on, die; -, -en: 1. chemische Veränderung im Material an der Oberfläche fester Körper (z. B. von Gesteinen u. Metallen). 2. (Geol.) Wiederauflösung von früh ausgeschiedenen Mineralien durch die Schmelze

kor|ro|siv: 1. angreifend, zerstörend. 2. durch ↑Korrosion hervorgerufen

kor|rum|pie|ren: a) bestechen; b) moralisch verderben

kor|rum|piert: nur schwer od. nicht mehr zu entziffern (von Stellen in alten Texten u. Handschriften); verderbt

kor|rupt: a) bestechlich; b) moralisch verdorben

Kor|rup|ti|on, die; -, -en: a) Bestechung, Bestechlichkeit; b) moralischer Verfall

Kor|sa|ge [...ʒə], die; -, -n: auf Figur gearbeitetes, versteiftes Oberteil eines Kleides

Kor|sar, der; -en, -en (Geschichte): 1. a) Seeräuber; b) Seeräuberschiff. 2. Zweimannjolle mit Vor- u. Großsegel

Kor|sett, das; -s, -s (auch: -e): 1. mit Stäbchen verstärktes Mieder. 2. (Med.) Stützvorrichtung für die Wirbelsäule

Kor|so, der; -s, -s: 1. Umzug, festliche Demonstrationsfahrt. 2. breite Straße für Umzüge

Kor|tex, der; -[es], -e u. ...tizes [...titse:s] (Med.): 1. äußere Zellschicht eines Organs. 2. Hirnrinde

kor|ti|kal: 1. (Med.) von der Hirnrinde ausgehend, in der Hirnrinde sitzend. 2. (Biol., Med.) die äußere Zellschicht von Organen betreffend

Kor|ti|son, fachspr.: **Cor|ti|son,** das; -s (Med.): [Präparat aus dem] Hormon der Nebennierenrinde

Ko|rund, der; -[e]s, -e: ein sehr hartes Mineral

Kor|vet|te, die; -, -n: 1. a) leichtes Kriegsschiff; b) (veraltet) Segelkriegsschiff. 2. (Sport) Sprung in den Handstand

Kor|vet|ten|ka|pi|tän, der; -s, -e: Marineoffizier im Majorsrang

Ko|sak, der; -en, -en (Geschichte): Angehöriger der militärisch organisierten Grenzbevölkerung im zaristischen Russland

Ko|sche|nil|le [...ˈnɪljə], die; -, -n: 1. Weibchen der Scharlachschildlaus. 2. (ohne Plural) karminroter Farbstoff

ko|scher: 1. den jüdischen Speisegesetzen gemäß. 2. (ugs.) in Ordnung, einwandfrei

Ko|se|kans, der; -, - (auch: ...nten) (Math.): Kehrwert des ↑Sinus im rechtwinkligen Dreieck (Zeichen: cosec)

Ko|si|nus, der; -, - u. -se (Math.): Verhältnis von Ankathete zu Hypotenuse im rechtwinkligen Dreieck (Zeichen: cos)

Kos|me|tik, die; -: 1. Körper- u. Schönheitspflege. 2. nur oberflächlich vorgenommene Ausbesserung

Kos|me|ti|ke|rin, die; -, -nen: weibliche Fachkraft für Kosmetik (1) (Berufsbez.)

Kos|me|ti|kum, das; -s, ...ka (meist Plural): Mittel zur Körper- u. Schönheitspflege

kos|me|tisch: 1. a) die Kosmetik (1) betreffend; b) mithilfe der Kosmetik (1) [gepflegt]; c) der Verschönerung dienend, sie bewirkend. 2. nur oberflächlich [vorgenommen]

kos|misch: 1. das Weltall betreffend, aus ihm stammend. 2. weltumfassend, unermesslich

Kos|mo|drom, das; -s, -e: (bes. in Russland) Startplatz für Weltraumraketen

Kos|mo|go|nie, die; -, ...ien: 1. [mythische Lehre von der] Entstehung der Welt. 2. wissenschaftliche Theorienbildung über die Entstehung des Weltalls

Kos|mo|lo|gie, die; -, ...ien: Lehre von der Entstehung u. Entwicklung des Weltalls

kos|mo|lo|gisch: die Kosmologie betreffend

Kos|mo|naut, der; -en, -en: (bes. in Russland) Weltraumfahrer; vgl. Astronaut

Kos|mo|nau|tin, die; -, -nen: weibliche Form zu ↑Kosmonaut

kos|mo|nau|tisch: die Kosmonautik betreffend; vgl. astronautisch

Kos|mo|po|lit, der; -en, -en: 1. Weltbürger. 2. Tier- od. Pflanzenart, die über die ganze Erde verbreitet ist

K

kos|mo|po|li|tisch: die Anschauung des Kosmopolitismus vertretend

Kos|mo|po|li|tis|mus, der; -: Weltbürgertum

Kos|mos, der; -: a) Weltraum, Weltall; b) [die] Welt [als geordnetes Ganzes]

Kos|tüm, das; -[e]s, -e: 1. [historische] Kleidung, Tracht. 2. aus Rock u. Jacke bestehende Damenkleidung. 3. a) zur Ausstattung eines Theaterstückes nötige Kleidung; b) Verkleidung für ein Maskenfest

kos|tü|mie|ren: [für ein Maskenfest] verkleiden

Ko|tan|gens, der; -, - (Math.): Kehrwert des ↑Tangens im rechtwinkligen Dreieck (Zeichen: cot, cotg, ctg)

Ko|tau, der; -s, -s: demütige Ehrerweisung, Verbeugung

Ko|te, die; -, -n: Geländepunkt [einer Karte], dessen Höhenlage genau vermessen ist

Ko|te|lett [kɔt'lɛt, 'kɔtlɛt], das; -s, -s (selten: -e): Rippenstück vom Kalb, Schwein, Lamm od. Hammel

Ko|te|let|ten, die (nur Plural): Haare an beiden Seiten des Gesichts neben den Ohren

Ko|text, der; -[e]s, -e (Sprachwiss.): der umgebende Text einer sprachlichen Einheit; ↑Kontext (1 a)

Ko|thurn, der; -s, -e: Bühnenschuh der Schauspieler mit hoher Sohle (im antiken Trauerspiel)

ko|tie|ren: ein Wertpapier zur Notierung an der Börse zulassen

Ko|tie|rung, die; -, -en: Zulassung eines Wertpapiers zur amtlichen Notierung an der Börse

Ko|til|lon ['kɔtɪljõ, auch: ...'jõ:], der; -s, -s (veraltet): Gesellschaftsspiel in Tanzform

Ko|to, die; -, -s: 6- od. 13-saitiges zitherähnliches japanisches Musikinstrument

ko|to|ni|sie|ren: Bastfasern durch chemische Behandlung die Beschaffenheit von Baumwolle geben

Ko|ty|lo|sau|ri|er, der; -s, -, **Ko|ty|lo|sau|rus,** der; -, ...rier: ausgestorbenes Reptil der Trias- u. Permzeit

Ko|va|ri|anz, die; -, -en: (Statistik) Maß für die gegenseitige Abhängigkeit zweier Größen

Ko|x|al|gie, die; -, ...ien (Med.): Schmerz im Hüftgelenk od. im Bereich der Hüfte

Ko|xi|tis, die; -, ...itiden (Med.): Entzündung des Hüftgelenks

kra|cken [auch: 'krɛkn̩]: (Chemie) in einem chemischen Verfahren Schweröle in Leichtöle (Benzine) umwandeln

Krä|cker, der; -s, - (meist Plural): ↑Cracker (1, 2)

Kra|ke, der; -n, -n, (ugs. auch:) die; -, -n: ein Riesentintenfisch

Kra|ke|lee [krakə'le:] vgl. Craquelé

Kra|ko|wi|ak, der; -s, -s: polnischer Nationaltanz im $^{2}/_{4}$-Takt

Kral, der; -s, -e (auch: -s): Runddorf afrikanischer Stämme

Kram|pus, der; -, ...pi (Med.): Muskelkrampf

kra|ni|al (Med.): a) zum Kopf gehörend; b) kopfwärts gelegen

Kra|nio|to|mie, die; -, ...ien (Med.): operative Öffnung des Schädels

[1]**Kra|ter,** der; -s, -: 1. trichter- od. kesselförmige Öffnung eines Vulkans. 2. trichter- od. kesselförmige Vertiefung im Erd- od. Mondboden

[2]**Kra|ter,** der; -s, -e: altgriechischer Krug, in dem Wein mit Wasser gemischt wurde

Kraul, das; -[s]: Schwimmstil, bei dem die Arme lang gezogene Schaufelbewegungen zu einem rhythmischen Wechselschlag der Beine ausführen

krau|len: im Kraulstil schwimmen
Kra|wat|te, die; -, -n: Schlips
Kra|y|on [krɛ'jõ:], der; -s, -s (veraltet): 1. [Dreh]bleistift. 2. Kreide
Kre|as, das; -: ungebleichte Leinwand
Kre|a|tin, das; -s (Biol.; Med.): Stoffwechselprodukt des Eiweißes im Blut u. in der Muskulatur der Wirbeltiere u. des Menschen
Kre|a|ti|on, die; -, -en: 1. Modeschöpfung, Modell[kleid]. 2. (veraltet) Erschaffung
kre|a|tiv: schöpferisch, Ideen habend u. diese gestalterisch verwirklichend
Kre|a|ti|vi|tät, die; -: das Schöpferische; Schöpferkraft
Kre|a|tur, die; -, -en: 1. [Lebe]wesen, Geschöpf. 2. a) bedauernswerter, verachtenswerter Mensch; b) Günstling, willenloses, gehorsames Werkzeug eines anderen
kre|a|tür|lich: dem Geschöpf eigen, für ein Lebewesen typisch
Kre|denz, die; -, -en (veraltet): Anrichte
kre|den|zen: [ein Getränk] feierlich anbieten, darreichen, einschenken, auftischen
[1]**Kre|dit,** der; -[e]s, -e: 1. (finanzielle) Vertrauenswürdigkeit. 2. a) Darlehen; b) (ohne Plural) Zahlungsaufschub; Stundung
[2]**Kre|dit,** das; -s, -s: die rechte Seite (Habenseite) eines Kontos
kre|di|tie|ren: a) ↑[1]Kredit (2 a) geben; b) gutschreiben
Kre|dit|in|s|ti|tut, das; -[e]s, -e: Unternehmen, das überwiegend Bankgeschäfte betreibt, z. B. Banken u. Sparkassen
Kre|di|tor [österr.: ...'di:...], der; -s, ...oren: Gläubiger
Kre|do vgl. Credo
kre|ie|ren: schaffen, gestalten, erfinden
Kre|ma|ti|on, die; -, -en: Einäscherung
Kre|ma|to|ri|um, das; -s, ...ien: Einäscherungsanstalt, Anlage zur Feuerbestattung
kre|mie|ren (schweiz., sonst veraltet): einäschern, Leichen verbrennen
Kreml [auch: 'kre:ml̩], der; -[s], -: 1. Stadtteil in russischen Städten. 2. (ohne Plural) a) Sitz der Regierung in Russland; b) die Regierung Russlands
Kren, der; -[e]s (südd., bes. österr.): Meerrettich
Kre|o|le, der; -n, -n: 1. Nachkomme weißer romanischer Einwanderer in Südamerika (weißer Kreole). 2. Nachkomme von schwarzen Sklaven [in Brasilien] (schwarzer Kreole)
kre|pie|ren: 1. bersten, platzen, zerspringen (von Sprenggeschossen). 2. (ugs.) sterben; verenden
Krepp, der; -s, -s u. -e, **Crêpe** [krɛp], der; -[s], -s: Gewebe mit welliger od. gekräuselter Oberfläche
krep|pen: 1. (Textilfasergewebe) durch spezielle Behandlung zu Krepp verarbeiten. 2. (Papier) kräuseln
Kre|te, die; -, -n (schweiz.): [Gelände]kamm, Grat
Kre|thi und Ple|thi (abwertend): jedermann, alle Welt
Kre|tin [kre'tɛ̃:], der; -s, -s: 1. (Med.) jmd., der an Kretinismus leidet. 2. (ugs. abwertend) Dummkopf
Kre|ti|nis|mus, der; - (Med.): auf einer Unterfunktion der Schilddrüse beruhende Entwicklungsstörung
Kre|ton, der; -s, -e (österr.): ↑Cretonne
Kre|tonne [kre'tɔn] vgl. Cretonne
Kretsch|mer, der; -s, - (landsch.): Wirt
Kre|vet|te, Cre|vet|te, die; -, -n: Garnelenart; vgl. Garnele
Kri|cket, das; -s, -s: englisches Schlagballspiel
Kri|dar, Kri|da|tar, der; -s, -e (österr.): Konkursschuldner
Kri|mi [auch: 'kri:mi], der; -s, -s: 1. Kriminalfilm. 2. Kriminalroman
Kri|mi|na|le, der; -n, -n, **Kri|mi|na|ler,** der; -s, - (ugs.): Kriminalbeamter
Kri|mi|nal|film, der; -[e]s, -e: ein Film, der die Aufdeckung u. Aufklärung eines Verbrechens (meist eines Mordes) schildert; Kurzw.: Krimi
kri|mi|na|li|sie|ren: 1. kriminell werden lassen, machen, in die Kriminalität (a) treiben. 2. als kriminell erscheinen lassen, hinstellen
Kri|mi|na|li|sie|rung, die; -, -en: a) das Kriminalisieren; b) das Kriminalisiertwerden
Kri|mi|na|list, der; -en, -en: 1. Professor für Strafrecht; Strafrechtler. 2. Beamter, Sachverständiger der Kriminalpolizei

Kri|mi|na|lis|tik, die; -: (als Teilbereich der Kriminologie) Wissenschaft, Lehre von der Aufklärung u. Verhinderung von Verbrechen

Kri|mi|na|lis|tin, die; -, -nen: weibliche Form zu ↑Kriminalist

kri|mi|na|lis|tisch: die Kriminalistik betreffend, die Mittel der Kriminalistik anwendend

Kri|mi|na|li|tät, die; -: a) Straffälligkeit; b) Zahl und Umfang der strafbaren Handlungen (einer Personengruppe; in einem Gebiet)

Kri|mi|nal|po|li|zei, die; -, -en: die mit der Verhütung, Aufklärung u. Bekämpfung von Verbrechen od. Vergehen beauftragte Polizei; Kurzw.: Kripo

Kri|mi|nal|ro|man, der; -s, -e: Roman, bei dem ein Verbrechen u. seine Aufklärung im Mittelpunkt stehen; Kurzw.: Krimi

kri|mi|nell: 1. a) straffällig; b) strafbar, verbrecherisch. 2. (ugs.) sich an der Grenze des Erlaubten bewegend; unverantwortlich, schlimm; rücksichtslos

K

Kri|mi|no|lo|gie, die; -: Wissenschaft, die Ursachen u. Erscheinungsformen des Verbrechens untersucht u. sich mit der Bekämpfung des Verbrechens befasst

kri|mi|no|lo|gisch: die Kriminologie u. ihre Methoden betreffend

Krim|sekt, der; -[e]s: aus Weinen der Halbinsel Krim hergestellter Schaumwein

Kri|no|li|ne, die; -, -n: um die Mitte des 19. Jh.s getragener Reifrock

Kri|po, die; -, -s (Plural selten): kurz für: ↑Kriminalpolizei

Kris, der; -es, -e: Dolch der Malaien

Kri|se, Kri|sis, die; -, ...sen: 1. Entscheidungssituation, Wende-, Höhepunkt einer gefährlichen Entwicklung. 2. gefährliche Situation. 3. a) (Med.) schneller Fieberabfall als Wendepunkt einer Infektionskrankheit; b) dramatische Verschlechterung, heftiger Anfall

kri|seln: nur unpersönlich **es kriselt:** es gibt Anzeichen für eine bevorstehende Krise

Kri|sis vgl. Krise

[1]**Kris|tall,** der; -s, -e: fester, regelmäßig geformter, von ebenen Flächen begrenzter Körper

[2]**Kris|tall,** das; -s: a) geschliffenes Glas; b) Gegenstände aus geschliffenem Glas

kris|tal|len: 1. aus, von Kristallglas. 2. kristallklar, wie Kristall

kris|tal|lin, kris|tal|li|nisch: aus vielen kleinen [1]Kristallen bestehend (z. B. Granit)

Kris|tal|li|sa|ti|on, die; -, -en (Chemie): der Prozess, Zeitpunkt des Kristallisierens

kris|tal|li|sie|ren: [1]Kristalle bilden

Kris|tal|lit, der; -s, -e: kleiner [1]Kristall mit unregelmäßiger Oberfläche

Kri|te|ri|um, das; -s, ...ien: 1. Prüfstein, unterscheidendes Merkmal, Kennzeichen. 2. (Sport) a) Wettbewerb, bei dem keine Meisterschaft ausgetragen, sondern nur ein Sieger ermittelt wird; b) Straßenradrennen auf einem Rundkurs

Kri|tik, die; -, -en: 1. [wissenschaftliche, künstlerische] Beurteilung, Begutachtung, Bewertung. 2. Beanstandung, Tadel. 3. a) kritische (1 a) Besprechung einer künstlerischen od. wissenschaftlichen Leistung (in einer Zeitung, im Rundfunk o. Ä.); b) (ohne Plural) Gesamtheit der kritischen Betrachter

Kri|ti|kas|ter, der; -s, - (abwertend): Nörgler, kleinlicher Kritiker

Kri|ti|ker, der; -s, -: 1. Person, die jmdn., etwas prüfend beurteilt, kritisiert. 2. jmd., der beruflich Besprechungen von neu herausgebrachten Büchern, Theaterstücken o. Ä. verfasst

Kri|ti|ke|rin, die; -, -nen: weibliche Form zu ↑Kritiker

kri|tisch: 1. a) nach präzisen [wissenschaftlichen od. künstlerischen] Maßstäben prüfend u. beurteilend, genau abwägend; b) negativ beurteilend, missbilligend. 2. schwierig, bedenklich, gefährlich. 3. entscheidend

kri|ti|sie|ren: 1. beanstanden, bemängeln, tadeln. 2. als Kritiker beurteilen

Kri|ti|zis|mus, der; -: 1. (Philos.) von Kant eingeführtes wissenschaftlich-philosophisches Verfahren. 2. starker Hang zu kritisieren

Kro|cket [auch: krɔˈkɛt], das; -s, -s: englisches Rasenspiel

Kro|kant, der; -s: a) aus zerkleinerten Mandeln od. Nüssen u. karamellisiertem Zucker hergestellte knusprige Masse; b) Konfekt, Pralinen aus Krokant (a)

Kro|ket|te, die; -, -n (meist Plural): in Fett ausgebackenes Klößchen od. Röllchen aus Kartoffelbrei od. zerkleinertem Fleisch u. a.

Kro|ki, Cro|quis [kro'ki:] das; -s, -s: Plan, einfache Geländezeichnung

Kro|ko|dil, das; -s, -e: im Wasser lebendes Kriechtier (zahlreiche, bis 10 m lange Arten)

Kro|kus, der; -, - u. -se: früh blühende Gartenpflanze (Schwertliliengewächs)

Krom|lech […lɛk, auch: 'kro:m…, auch: …lɛç], der; -s, -e u. -s: jungsteinzeitliche kreisförmige Steinsetzung; Kultstätte

Kro|ton, der; -s, -s: ostasiatisches Wolfsmilchgewächs

krud, kru|de: 1. a) roh (von Nahrungsmitteln); b) unverdaulich. 2. roh, grausam

Krupp, der; -s (Med.): akute Entzündung der Kehlkopfschleimhaut mit Atemwegsverengung bei Diphtherie

Krup|pa|de, die; -, -n: eine Reitfigur der Hohen Schule

Krux, die; -, **Crux,** die; -, Cruces ['kru:tse:s]: a) Last, Kummer, Leid; b) Schwierigkeit

Kru|zi|fe|re, die; -, -n (meist Plural) (Bot.): Kreuzblütler

Kru|zi|fix [auch: …'fɪks], das; -es, -e: plastische Darstellung des gekreuzigten Christus am Kreuz

Kru|zi|fi|xus, der; -: die Figur des Gekreuzigten in der bildenden Kunst

Kryp|ta, die; -, …ten: unterirdische Grabanlage unter dem Chor alter romanischer od. gotischer Kirchen

kryp|tisch: unklar in seiner Ausdrucksweise oder Darstellung u. deshalb schwer zu deuten, dem Verständnis Schwierigkeiten bereitend

Kryp|to|ga|me, die; -, -n (meist Plural): blütenlose Pflanze, Sporenpflanze (z. B. Farn, Alge)

Kryp|to|gra|fie, Kryp|to|gra|phie, die; -, …ien: 1. (Psychol.) absichtslos entstandene Kritzelzeichnung bei Erwachsenen. 2. (veraltet) Geheimschrift. 3. (Informatik) Verschlüsselung u. Entschlüsselung von Informationen

Kryp|to|gramm, das; -s, -e: 1. Text od. Datei mit einer verschlüsselten Botschaft. 2. ein Rätselspiel, bei dem Buchstaben meist für Ziffern stehen

Kryp|ton [auch: …'to:n], das; -s: chem. Element; ein Edelgas (Zeichen: Kr)

Ku|ba|tur, die; -, -en (Math.): 1. Erhebung zur dritten ↑Potenz (4). 2. Berechnung des Rauminhalts von [Rotations]körpern

Ku|bik|de|zi|me|ter, der, früher fachspr. auch das; -s, - (Math.): dem Rauminhalt eines Würfels mit einer Kantenlänge von 1 Dezimeter entsprechendes Raummaß (Zeichen: dm^3)

Ku|bik|ki|lo|me|ter, der; -s, - (Math.): dem Rauminhalt eines Würfels mit einer Kantenlänge von 1 Kilometer entsprechendes Raummaß (Zeichen: km^3)

Ku|bik|me|ter, der, früher fachspr. auch das; -s, - (Math.): dem Rauminhalt eines Würfels mit einer Kantenlänge von 1 Meter entsprechendes Raummaß (Zeichen: m^3)

Ku|bik|zen|ti|me|ter, der, früher fachspr. auch das; -s, - (Math.): dem Rauminhalt eines Würfels mit einer Kantenlänge von 1 Zentimeter entsprechendes Raummaß (Zeichen: cm^3)

ku|bisch: a) würfelförmig; b) (Math.) in die dritte Potenz erhoben

Ku|bis|mus, der; - (Kunstwiss.): Kunststil des frühen 20. Jh.s, der in geometrischen Formen gestaltet

Ku|bist, der; -en, -en: Vertreter des Kubismus

Ku|bis|tin, die; -, -nen: weibliche Form zu ↑Kubist

ku|bis|tisch: a) im Stil des Kubismus [gemalt]; b) den Kubismus betreffend

Ku|bus, der; -, …ben: a) Würfel; b) (Math.) dritte Potenz

Ku|du, der; -s, -s: eine afrikanische ↑Antilope

ku|jo|nie|ren (ugs. abwertend): [bei der Arbeit] unwürdig behandeln, schikanieren

Ku-Klux-Klan [selten: 'kju:klʌks'klæn], der; -[s]: (1865 gegründeter) terroristischer Geheimbund in den USA

Ku|lak, der; -en, -en (Geschichte): Großbauer im zaristischen Russland

ku|lant: gefällig, entgegenkommend, großzügig (im Geschäftsverkehr)

Ku|lanz, die; -: Entgegenkommen, Großzügigkeit (im Geschäftsverkehr)

Ku|li, der; -s, -s: a) Tagelöhner in [Süd]ostasien; b) (rücksichtslos) ausgebeuteter Arbeiter

ku|li|na|risch: auf die [feine] Küche, die Kochkunst bezogen

Ku|lis|se, die; -, -n: 1. (meist Plural) bewegliche Dekorationswand auf einer Theaterbühne; Bühnendekoration. 2. a) Hintergrund; b) vorgetäuschte Wirklichkeit, Schein. 3. äußerer Rahmen einer Veranstaltung. 4. (Technik) Hebel mit verschiebbarem Drehpunkt

[1]**Kulm,** der od. das; -[e]s, -e: abgerundete [Berg]kuppe

[2]**Kulm,** das; -s (Geol.): sandig-schiefrige ↑Fazies (1) des unteren ↑Karbons

Kul|mi|na|ti|on, die; -, -en: Erreichung des Höhe-, Gipfelpunktes [einer Laufbahn]

Kul|mi|na|ti|ons|punkt, der; -[e]s, -e: Höhepunkt [einer Laufbahn od. Entwicklung]

K

kul|mi|nie|ren: seinen Höhepunkt erreichen

Kult, der; -[e]s, -e, **Kul|tus,** der; -, Kulte: 1. an feste Formen gebundene Religionsausübung einer Gemeinschaft. 2. a) übertriebene Verehrung für eine bestimmte Person; b) übertriebene Beschäftigung mit einer Sache

kul|tig (ugs.): bei einer bestimmten Gruppe, Anhängerschaft hohes Ansehen genießend

kul|tisch: den Kult betreffend, zum Kult gehörend

Kul|ti|va|tor, der; -s, ...oren (Landwirtsch.): Gerät zur Bodenbearbeitung

kul|ti|vie|ren: 1. a) (Land) bearbeiten, urbar machen; b) Kulturpflanzen anbauen. 2. a) sorgsam pflegen; b) auf eine höhere Stufe bringen, verfeinern

kul|ti|viert: gebildet; verfeinert, gepflegt; von vornehmer Lebensart

Kul|tur, die; -, -en: 1. Gesamtheit der geistigen u. künstlerischen Lebensäußerungen einer Gemeinschaft; Lebensart. 2. (ohne Plural) feine Lebensart, Erziehung u. Bildung. 3. Zucht von Bakterien u. anderen Lebewesen auf Nährböden. 4. Nutzung, Pflege u. Bebauung von Ackerboden. 5. junger Bestand von Forstpflanzen. 6. (ohne Plural) das Kultivieren (1)

Kul|tur|at|ta|ché, der; -s, -s: für kulturelle Belange zuständiger ↑Attaché (2) einer Auslandsvertretung

Kul|tur|at|ta|chée, die; -, -n: weibliche Form zu ↑Kulturattaché

Kul|tur|ba|nau|se, der; -n, -n (abwertend): jmd. ohne Kunstverständnis

kul|tu|rell: die Kultur (1) betreffend

Kul|tur|flüch|ter, der; -s, - (Biol.): Tier- od. Pflanzenart, die aus einer Kulturlandschaft verschwindet

Kul|tur|fol|ger, der; -s, - (Biol.): Tier- od. Pflanzenart, die sich in einer Kulturlandschaft ansiedelt

kul|tur|his|to|risch: kulturgeschichtlich

Kul|tur|po|li|tik, die; -: Tätigkeit des Staates od. anderer Institutionen zur Förderung von Bildung, Wissenschaft u. Kunst

Kul|tur|re|vo|lu|ti|on, die; -, -en: [radikale] sozialistische Umgestaltung des kulturellen Lebens (bes. 1965–69 in China)

Kul|tur|schock, der; -[e]s, -s (Soziol.): (beim unmittelbaren Kontakt mit einer fremden Kultur) schreckhaftes Erleben der Andersartigkeit

Kul|tur|spon|so|ring, das; -s: finanzielle Förderung von Kunst u. Kultur (durch Unternehmen)

Kul|tus|mi|nis|ter, der; -s, -: Leiter des ↑Kultusministeriums

Kul|tus|mi|nis|te|rin, die; -, -nen: weibliche Form zu ↑Kultusminister

Kul|tus|mi|nis|te|ri|um, das; -s, ...ien: für kulturelle Angelegenheiten, Bildung und Erziehung zuständiges Ministerium

Ku|ma|rin, fachspr. auch: **Cu|ma|rin,** das; -s: ein [pflanzlicher] Duftstoff

Ku|ma|ron, das; -s (Chemie): Bestandteil des Steinkohlenteers

Kum|pan, der; -s, -e: a) (ugs.) Kamerad, Gefährte; b) (ugs. abwertend) Mittäter

Kum|pa|nei, die; -, -en (ugs., oft abwertend): Freundschaft, Zusammenhalt (bes. zu unlauteren Zwecken)

Kum|pa|nin, die; -, -nen: weibliche Form zu ↑Kumpan

Kum|pel, der; -s, - (ugs.: -s): 1. Bergmann. 2. (ugs.) [Arbeits]kamerad, Freund

Ku|mu|la|ti|on, die; -, -en: Anhäufung

ku|mu|la|tiv: [an]häufend

ku|mu|lie|ren: a) [an]häufen; b) einem Wahlkandidaten mehrere Stimmen geben

Ku|mu|lo|nim|bus, der; -, -se (Meteorol.): Gewitterwolke, mächtig aufgetürmte Haufenwolke (Abk.: Cb)

Ku|mu|lus, der; -, ...li (Meteorol.): Haufenwolke (Abk.: Cu)

Kung-Fu, das; -[s]: Form der Selbstverteidigung

Ku|pi|do, Cu|pi|do, die; - (veraltet): sinnliche Begierde, Verlangen

ku|pie|ren: durch Schneiden kürzen, (z. B. Ohren, Schwanz bei Hunden od. Pferden) stutzen

Ku|pon [ku'pɔŋ, auch: ku'põ:, österr.: ...'po:n] vgl. Coupon

Kup|pel, die; -, -n: [halbkugelförmige] Überdachung eines größeren Raumes

Kur, die; -, -en: Heilbehandlung

ku|rant, cou|rant (veraltet): gangbar, gängig, umlaufend (Abk.: crt.)

Ku|ra|re, fachspr.: **Cu|ra|re,** das; -[s] (Med., Pharm.): zu [tödlichen] Lähmungen führendes alkaloides indianisches Pfeilgift, das früher als Mittel bei Narkosen zur Muskelerschlaffung verwendet wurde

Kü|ras|sier, der; -s, -e (Geschichte): Reiter mit Kürass; schwerer Reiter

Ku|rat, der; -en, -en: a) Hilfsgeistlicher mit eigenem Seelsorgebezirk; b) geistlicher Betreuer von Pfadfindergruppen o. Ä.

Ku|ra|tel, die; -, -en (veraltet): Pflegschaft, Vormundschaft

ku|ra|tiv (Med.): heilend

Ku|ra|tor, der; -s, ...oren: 1. Verwalter [einer Stiftung]. 2. [wissenschaftlicher] Leiter eines Museums, einer Ausstellung o. Ä.

Ku|ra|to|rin, die; -, -nen: weibliche Form zu ↑Kurator

ku|ra|to|risch: von jmdm. als Kurator[in], von einem Kuratorium ausgehend

Ku|ra|to|ri|um, das; -s, ...ien: Aufsichtsbehörde

Kü|ret|ta|ge, Cu|ret|ta|ge [...'ta:ʒə], die; -, -n (Med.): Ausschabung der Gebärmutter

Kü|ret|te, Cu|ret|te [ky...], die; -, -n (Med.): löffelartiges Instrument zur Ausschabung der Gebärmutter

kü|ret|tie|ren, cu|ret|tie|ren (Med.): (die Gebärmutter) mit der ↑Kürette ausschaben

ku|ri|al: zur päpstlichen Kurie gehörend

Ku|ri|a|lis|mus, der; -: katholische kirchenrechtliche Richtung, die der päpstlichen Kurie die oberste Gewalt zuspricht

Ku|rie [...i̯ə], die; -, -n: [Sitz der] päpstliche[n] Zentralbehörden; päpstlicher Hof

Ku|ri|en|kar|di|nal, der; -s, ...äle: an der Kurie tätiger Kardinal

Ku|ri|en|kon|gre|ga|ti|on, die; -: oberste Behörde der römischen Kurie

Ku|rier, der; -s, -e: jmd., der im Auftrag, Dienst des Staates, beim Militär o. Ä. wichtige Nachrichten, Informationen überbringt; Eilbote [im diplomatischen Dienst]

ku|rie|ren: [durch ärztliche Behandlung] von einer Krankheit od. Verletzung heilen

Ku|rie|rin, die; -, -nen: weibliche Form zu ↑Kurier

ku|ri|os: seltsam, sonderbar; belustigend

Ku|ri|o|si|tät, die; -, -en: 1. (ohne Plural) das Kuriossein; Sonderbarkeit, Merkwürdigkeit. 2. kuriose Sache; etwas, was merkwürdig ist, vom Normalen abweicht

Ku|ri|o|si|tä|ten|ka|bi|nett, das; -s, -e: [Museums]raum mit einer Sammlung kurioser Dinge

Ku|ri|o|sum, das; -s, ...sa: kuriose Sache, Angelegenheit, Situation

Kur|ku|ma, Cur|cu|ma, die; -, ...umen: Gelbwurzel, gelber ↑Ingwer

Kur|ren|de, die; -, -n: evangelischer Jugend- od. Studentenchor

kur|rent (österr.): in deutscher Schrift

Kurs, der; -es, -e: 1. a) Fahrtrichtung, Reiseroute; b) Rennstrecke. 2. a) zusammengehörende Folge von Unterrichtsstunden o. Ä.; Lehrgang; b) Gesamtheit der Teilnehmer eines Kurses (2 a). 3. Preis, zu dem Wertpapiere, Devisen o. Ä. (an der Börse) gehandelt werden

kur|sie|ren: umlaufen, im Umlauf sein, die Runde machen

kur|siv: schräg (von Schreib- u. Druckschrift)

Kurs|kor|rek|tur, die; -, -en: Änderung, Korrektur des Kurses (1 a)

kur|so|risch: fortlaufend, nicht unterbrochen, hintereinander, rasch

Kur|sus, der; -, Kurse: ↑Kurs (2)

K

Kur|ta|xe, die; -, -n: Gebühr, die ein Gast in Erholungs- od. Kurorten zahlen muss

Kur|ti|san, der; -s, -e (veraltet): Höfling, Liebhaber

Kur|ti|sa|ne, die; -, -n (Geschichte): Geliebte eines Adligen [am Hof]; Halbweltdame

Kur|ve [auch: ...fə], die; -, -n: 1. [Straßen-, Fahrbahn]krümmung. 2. gekrümmte Linie als Darstellung mathematischer od. statistischer Größen. 3. Bogen, Bogenlinie; Wendung

kur|ven [auch: ...f...] (ugs.): in Kurven [kreuz u. quer] fahren

Kur|ven|dis|kus|si|on [auch: ...f...], die; -, -en (Math.): rechnerische Untersuchung mit grafischer Darstellung einer ↑Kurve (2) u. ihrer Eigenschaften

kur|vig [...f...]: 1. gekrümmt, gebogen. 2. kurvenreich

Kur|vi|me|ter, das; -s, -: a) (Math.) Gerät zum Messen der Bogenlänge einer Kurve; b) (Geogr.) Gerät zur Entfernungsmessung auf Landkarten

L

Ku|si|ne vgl. Cousine

Kus|kus ['kʊskʊs] vgl. Couscous

Kus|to|de, der; -n, -n: ↑Kustos

Kus|tos, der; -, ...toden: wissenschaftlicher Sachbearbeiter bes. an Museen

ku|tan (Med.): zur Haut gehörend, sie betreffend

Kut|ter, der; -s, -: 1. a) einmastiges Segelfahrzeug; b) Jacht mit einer Kuttertakelung. 2. motorgetriebenes Fischereifahrzeug. 3. Rettungs-, Beiboot eines Kriegsschiffes

Kü|ve|la|ge [...'la:ʒə], die; -, -n (Bergbau): Ausbau eines wasserdichten Schachts mit gusseisernen Ringen

Ku|vert [ku've:ɐ̯, ku'vɛ:ɐ̯, auch: ku'vɛrt], das; -s u. (bei dt. Ausspr.:) -[e]s, -s u. (bei dt. Ausspr.:) -e: 1. Briefumschlag. 2. [Tafel]gedeck für eine Person

ku|ver|tie|ren: mit einem [Brief]umschlag versehen

Ku|ver|tü|re, die; -, -n: Überzugmasse für Gebäck od. Pralinen aus Kakao, Kakaobutter u. Zucker

Kux, der; -es, -e: Wertpapier über den Anteil an einer bergrechtlichen Gewerkschaft

Kwass, der; -es: russisches alkoholisches Getränk aus gegorenem Brot, Mehl, Malz u. a.

Ky|ber|ne|tik, die; -: 1. wissenschaftliche Forschungsrichtung, die Systeme verschiedenster Art (z. B. biologische, technische, soziologische Systeme) auf selbsttätige Regelungs- u. Steuerungsmechanismen hin untersucht. 2. (ev. Rel.) Lehre von der Kirchen- u. Gemeindeleitung

ky|ber|ne|tisch: die Kybernetik betreffend

Ky|ni|ker, der; -s, - (Geschichte): Angehöriger einer antiken Philosophenschule, die Bedürfnislosigkeit u. Selbstgenügsamkeit forderte; vgl. Zyniker

Ky|no|lo|ge, der; -n, -n: Hundezüchter; Hundekenner

Ky|no|lo|gin, die; -, -nen: weibliche Form zu ↑Kynologe

Ky|rie [...iə], das; -, -s: Kurzform von ↑Kyrieeleison

Ky|rie|elei|son [...eʔe'lɛɪ̯..., ...e'l'laɪ̯...], das; -s, -s: Bittruf [als Teil der musikalischen Messe]

Ky|rie elei|son [...e e'lɛɪ̯..., - e'laɪ̯...], **Ky|rieleis:** Bittruf in der Messe u. im lutherischen u. unierten Hauptgottesdienst

ky|ril|lisch: auf das nach Kyrill benannte Alphabet verschiedener slawischer Sprachen bezogen

Kyu [kju:], der; -s, -s: in sechs Leistungsgrade eingeteilte Rangstufe der Anfänger in den Budosportarten

L/l

L = large: groß (Kleidergröße)

la: Silbe, auf die man beim Solmisieren den Ton a singt; vgl. Solmisation

La Bam|ba, der; - -s, - -s: ein Modetanz in lateinamerikanischem Rhythmus

La|bel ['lɛɪ̯bl̩, 'le:bl̩], das; -s, -s: 1. a) [Klebe]etikett (z. B. zur Kennzeichnung von Waren); b) Produktlinie einer Firma; Marke. 2. a) Etikett einer Schallplatte; b) Firma, die Schallplatten, CDs u. dergleichen herstellt und vertreibt. 3. (EDV) Markierung eines Programmbeginns

La|bi|al, der; -s, -e: mithilfe der Lippen gebildeter Konsonant (z. B. b)

La|bi|a|te, die; -, -n (meist Plural) (Bot.): Lippenblütler

la|bil: 1. schwankend, leicht aus dem Gleichgewicht kommend, veränderlich (in Bezug auf eine Konstruktion, auf Wetter, Gesundheit). 2. leicht das psychische Gleichgewicht verlierend, nicht in sich gefestigt

la|bio|den|tal: 1. (Sprachwiss.) mit der gegen die oberen Zähne gepressten Unterlippe gebildet (von Lauten). 2. (Med.) zu den Lippen u. den Zähnen gehörend

La|bio|den|tal, der; -s, -e (Sprachwiss.): Laut, der mithilfe der gegen die oberen Zähne gepressten Unterlippe gebildet wird; Lippenzahnlaut (z. B. f, w)

La|bi|um, das; -s, ...ien u. ...ia: 1. (Med.) Lippe. 2. (Med.) a) „Schamlippe", Hautfalte mit Fettgewebe am Eingang der Scheide; b) lippenförmiger Rand (z. B. eines Hohlorgans). 3. a) Unterlippe der Insektenmundwerkzeuge; b) (Biol.) Lippe der ↑Labiaten

La|bor, das; -s, -s, auch: -e: Arbeitsstätte für naturwissenschaftliche, technische od. medizinische Arbeiten, Untersuchungen, Versuche o. Ä.

La|bo|rant, der; -en, -en: Fachkraft in Labors u. Apotheken

La|bo|ran|tin, die; -, -nen: weibliche Form zu ↑Laborant

La|bo|ra|to|ri|um, das; -s, ...ien: ↑Labor

la|bo|rie|ren (ugs.): 1. sich mit der Herstellung von etwas abmühen. 2. an einer Krankheit o. Ä. leiden und sie ohne rechten Erfolg zu heilen suchen

La|bour Par|ty ['leɪbə 'pɑ:ti], die; - -: die englische Arbeiterpartei

La|b|ra|dor, der; -s, -e: 1. Labradorit. 2. großer Jagdhund (eine Hunderasse)

La|b|ra|do|rit, der; -s, -e: Abart des Feldspats (Schmuckstein)

Labs|kaus, das; -: seemännisches Eintopfgericht aus Fleisch [u. Fisch] mit Kartoffeln u. Salzgurken

La|by|rinth, das; -[e]s, -e: 1. Irrgang, -garten. 2. undurchdringbares Wirrsal, Durcheinander. 3. (Anat.) Innenohr

la|by|rin|thisch: wie in einem Labyrinth; verschlungen gebaut

la|ckie|ren: 1. mit Lack überziehen. 2. (salopp) hintergehen, hereinlegen

La|ckie|rer, der; -s, -: Facharbeiter, der lackiert, z. B. Autolackierer

La|ckie|re|rin, die; -, -nen: weibliche Form zu ↑Lackierer

la|c|ri|mo|so (Musik): klagend, traurig (Vortragsanweisung)

La|c|rosse [la'krɔs], das; -: dem Hockey verwandtes amerikanisches Mannschaftsspiel

Lac|tam, das; -s, -e: durch Wasserabspaltung aus bestimmten Aminosäuren entstehendes ↑Amid

Lac|tat, das; -s, -e (Chemie): Salz der Milchsäure

La|da|num, das; -s: aus Zistrosen gewonnene weiche Harzmasse (vor allem für Räucherpulver u. Parfüme)

lä|die|ren: in einer das Aussehen beeinträchtigenden Weise beschädigen, verletzen

La|di|no, der; -s, -s (meist Plural): Nachkomme von Weißen u. Indianern in Mexiko u. Mittelamerika

La|dy ['leɪdi], die; -, -s: 1. (ohne Plural) Titel der Frau des ↑Peers. 2. Trägerin des Titels Lady (1). 3. Dame

la|dy|like ['leɪdilaɪk]: nach Art einer Lady; damenhaft

Lae|sio enor|mis ['lɛ... -], die; - -: Rechtsgrundsatz, nach dem ein Kauf rückgängig gemacht werden kann, wenn der Preis das Doppelte des Wertes einer Ware überschreitet

La|fet|te, die; -, -n: [fahrbares] Untergestell eines Geschützes

Lag [læg], der; -[s], -s (bes. Wirtsch.): Verzögerung zwischen dem Eintritt eines Ereignisses u. seinen Folgen

La|gu|ne, die; -, -n: 1. durch eine Reihe von Sandinseln od. durch eine Nehrung vom offenen Meer abgetrenntes Flachwassergebiet vor einer Küste. 2. von Korallenriffen umgebene Wasserfläche eines Atolls

Laie, der; -n, -n: 1. Nichtfachmann; Außenstehender. 2. Nichtkleriker

Lai|en|apo|s|to|lat, das, fachspr. auch: der; -[e]s (kath. Kirche): Teilnahme von Laien an den Aufgaben der Kirche, ↑Apostolat (b) der Laien

la|i|kal: den Laien (2) betreffend

la|i|sie|ren (kath. Kirche): einen Kleriker in den Laienstand zurücksetzen

La|i|sie|rung, die; -, -en: das Laisiertwerden

Lais|ser-al|ler [lɛsea'le:], **Lais|ser-faire** [lɛse'fɛ:r], das; -: 1. (veraltet) das Sich-gehen-Lassen; Ungezwungenheit, Ungebundenheit. 2. das Gewährenlassen; Nichteinmischung

La|i|zis|mus, der; -: weltanschauliche Richtung, die die radikale Trennung von Kirche und Staat fordert

la|i|zis|tisch: 1. den Laizismus betreffend. 2. das Laientum in der katholischen Kirche betonend

L

La|kai, der; -en, -en: 1. (früher) herrschaftlicher, fürstlicher Diener [in Livree]. 2. (abwertend) Mensch, der sich willfährig für die Interessen anderer gebrauchen lässt; Kriecher

la|ko|nisch: kurz, einfach [u. treffend], ohne zusätzliche Erläuterungen

La|k|rit|ze, die; -, -n, landsch.: **La|k|ritz,** der, auch: das; -es, -e: Süßigkeit aus eingedicktem Süßholzsaft

Lak|tat vgl. Lactat

Lak|to|fla|vin, das; -s: Vitamin B_2

Lak|to|se, die; -: Milchzucker (Zucker der Säugetier- u. Muttermilch)

La|ku|ne, die; -, -n: 1. (Sprachwiss.) Lücke in einem Text. 2. (Med.) Vertiefung, Ausbuchtung (z. B. an der Oberfläche von Organen); Muskel- od. Gefäßlücke

[1]**La|ma,** das; -s, -s: in Südamerika heimisches, als Haustier gehaltenes höckerloses Kamel

[2]**La|ma,** der; -[s], -s: buddhistischer Priester, Mönch in Tibet u. der Mongolei

La|ma|is|mus, der; -: Form des ↑Buddhismus in Tibet u. der Mongolei

la|ma|is|tisch: den Lamaismus betreffend, auf ihm beruhend, ihm angehörend

Lam|ba|da, der; -[s], -s: aus Brasilien stammender Modetanz in lateinamerikanischem Rhythmus

Lamb|da, das; -[s], -s: elfter Buchstabe des gr. Alphabets

Lam|b|rus|co, der; -[s], -[s]: süßer, leicht schäumender italienischer Rotwein

la|mé [la'me:], **la|mee:** mit Lamé durchwirkt

La|mé, La|mee, der; -[s], -s: Gewebe aus Metallfäden, die mit [Kunst]seide übersponnen sind

La|mel|le, die; -, -n (meist Plural): 1. eines der strahlenförmig stehenden Blättchen an der Unterseite des Hutes der Blätterpilze. 2. a) schmale, dünne Platte, Scheibe (bes. als Glied einer Schicht, Reihe); b) Glied, Rippe eines Heizkörpers

la|men|ta|bel: beklagenswert, kläglich, jämmerlich

La|men|ta|ti|on, die; -, -en: 1. Gejammer, weinerliches, jammerndes Klagen. 2. (nur Plural) a) Klagelieder Jeremias im Alten Testament; b) bei den katholischen Stundengebeten der Karwoche aus den Klageliedern Jeremias verlesene Abschnitte

la|men|tie|ren: 1. (ugs. abwertend) laut klagen, jammern. 2. (landsch.) jammernd um etwas betteln

La|men|to, das; -s, -s: 1. (abwertend) Klage, Gejammer. 2. (Plural auch: ...ti) Musikstück von schmerzlich-leidenschaftlichem Charakter

La|met|ta, das; -s: 1. aus schmalen, dünnen, glitzernden Metallstreifen bestehender Christbaumschmuck. 2. (ugs. abwertend) Orden, Uniformschnüre, Schulterstücke usw.

La|mi|na, die; -, ...nae [...nɛ]: 1. (Bot.) Blattspreite, -fläche. 2. (Plural auch: -s; Anat.) plattenförmige Gewebsschicht, Knochenplatte

la|mi|nar: gleichmäßig schichtweise gleitend

La|mi|nat, das; -[e]s, -e: ein Schichtpressstoff (z. B. für Bodenbeläge)

la|mi|nie|ren: 1. das Material strecken, um die Fasern längs zu richten (in der Spinnerei). 2. [Werkstoffe] mit einer Schicht überziehen

Lam|pi|on ['lampi̯ɔŋ, ...'pi̯õ:, österr.: ...'pi̯o:n], der, seltener das; -s, -s: Laterne aus Papier, dünnem Stoff o. Ä.

LAN, das; -[s], -s (EDV): Computernetzwerk innerhalb eines räumlich begrenzten Bereichs

lan|cie|ren [lã'si:...]: 1. gezielt bewirken, dass etwas bekannt wird. 2. jmdn. geschickt auf einen vorteilhaften Posten bringen

Land Ro|ver® ['lɛndrɔʊ̯vɐ], der; - -[s], - -, **Land|ro|ver,** der; -[s], -: geländegängiges Kraftfahrzeug mit Allradantrieb

Lands|mål ['lantsmo:l], das; -[s] (veraltet): ↑Nynorsk

Langue ['lã:gə], die; - (Sprachwiss.): die Sprache als grammatisches u. lexikalisches System

Lan|gus|te, die; -, -n: scherenloser Panzerkrebs des Mittelmeers u. des Atlantischen Ozeans

La Ola, die; - -, - -s (meist ohne Artikel): durch abwechselndes Aufstehen und Sichniedersetzen begeisterter Zuschauer in einem Stadion hervorgerufene Bewegung, die den Eindruck einer großen Welle entstehen lässt

la|pi|dar: knapp [formuliert], ohne weitere Erläuterungen, kurz u. bündig

La|pi|da|ri|um, das; -s, ...ien: Steinsammlung

La|pis|la|zu|li, der; -, -: ↑Lasurit, blauer Schmuckstein

Lap|pa|lie [...i̯ə], die; -, -n (abwertend): höchst unbedeutende Sache, Angelegenheit; Nichtigkeit, Belanglosigkeit

Lap|sus, der; -, - [...su:s]: Fehlleistung, Versehen, Schnitzer

Lap|top ['lɛp...], der, auch: das; -s, -s: kleiner tragbarer Personal Computer

Lar, der; -s, -en: hinterindischer Langarmaffe mit weißen Händen

large [la:ɐ̯dʒ]: groß (Kleidergröße; Abk.: L)

lar|ghet|to (Musik): etwas breit, etwas gedehnt, langsam (Vortragsanweisung)

Lar|ghet|to, das; -s, -s u. ...tti: larghetto gespieltes Musikstück

lar|go (Musik): breit, gedehnt, im langsamsten Zeitmaß (Vortragsanweisung)

Lar|go, das; -s, -s (auch: ...ghi): largo gespieltes Musikstück

La|ri|fa|ri, das; -s (ugs. abwertend): Geschwätz, Unsinn

lar|mo|y|ant [larmo̯a'jant]: sentimental-weinerlich; mit allzu viel Gefühl [u. Selbstmitleid]

Lar|mo|y|anz, die; -: Weinerlichkeit, Rührseligkeit

L'art pour l'art [larpur'la:r], das; - - -: die Kunst als Selbstzweck

Lar|ve ['larfə], die; -, -n (Zool.): Jugendform vieler Tiere, die in Gestalt [u. Lebensweise] vom ausgewachsenen Tier stark abweicht

La|rynx, der; -, Laryngen (Med.): Kehlkopf

La|sa|g|ne [la'zanjə], die; -, -n (Gastron.): Auflaufgericht mit Platten aus Nudelteig

La|ser ['lɛi̯zɐ, 'le:zɐ], der; -s, - (Physik): Gerät, das Licht gleicher Wellenlänge erzeugt u. zu einem Strahl bündelt

la|sern ['le:zɐn] (Med.): mit Laserstrahl behandeln

La|ser|poin|ter [...pɔi̯ntɐ], der; -s, -: Lasergerät, mit dem ein farbiger Lichtpunkt zur Hervorhebung bestimmter Stellen auf Projektionen (1) erzeugt werden kann

La|ser|scan|ner [...skɛnɐ], der; -s, -: ↑Scanner, der einen Laserstrahl für die Abtastung verwendet

La|ser|strahl, der; -s, -en: von einem Laser erzeugter Lichtstrahl

la|sie|ren: a) (ein Bild) mit durchsichtigen Farben übermalen; b) (bes. Holz) mit einer durchsichtigen Schicht überziehen

Lä|si|on, die; -, -en: 1. (Med.) Verletzung od. Störung der Funktion eines Organs od. Körperglieds. 2. ↑Laesio enormis

Las|sa|fie|ber, das; -s (Med.): durch ein Virus hervorgerufene, sehr ansteckende Erkrankung mit Geschwüren u. hohem Fieber

Las|so, das (österr. nur so) od. (seltener) der; -s, -s: Wurfschlinge zum [Ein]fangen von Tieren

Last-mi|nute-An|ge|bot, Last-Mi|nute-An|ge|bot ['la:st'mɪnɪt...], das; -[e]s, -e: kurzfristiges Angebot von Reiseveranstaltern, Fluggesellschaften u. Ä., um für frei gebliebene Plätze gegen Preisnachlass noch Interessenten zu gewinnen

La|sur, die; -, -en: Farb-, Lackschicht, die den Untergrund durchscheinen lässt

La|sur|far|be, die; -, -n: durchsichtige Farbe zum Übermalen von Bildern

La|su|rit [auch: ...'rɪt], der; -s, -e: tiefblaues, mitunter grünliches od. violettes, feinkörniges, an Kalkstein gebundenes Mineral; Lapislazuli

las|zi̱v: in einer an Anstößigkeit grenzenden Weise sinnlich, schwül-erotisch, schlüpfrig
Las|zi|vi|tä̱t, die; -: laszives Wesen, laszive Art
Lä|ta̱|re: vierter Sonntag der Passionszeit
Late-Night-Show ['lɛɪ̯tnaɪ̯tʃɔʊ̯], die; -, -s: Veranstaltung, Unterhaltungssendung, die am späten Abend beginnt bzw. stattfindet
la|tẹnt: 1. vorhanden, aber [noch] nicht in Erscheinung tretend; versteckt. 2. (Med.) ohne typische Merkmale vorhanden, nicht gleich erkennbar (von Krankheiten od. Krankheitssymptomen)
La|tẹnz, die; -: 1. (Med.) zeitweiliges Verborgensein, unbemerktes Vorhandensein einer Krankheit. 2. (Physiol.) durch die Nervenleitung bedingte Zeit zwischen Reizeinwirkung u. Reaktion. 3. Verstedktheit, Verborgenheit
La|tẹnz|zeit, die; -, -en (Med.): ↑Inkubationszeit
la|te|ra̱l: 1. seitlich, seitwärts [gelegen]. 2. (Med.) von der Mittellinie eines Organs abgewandt, an der Seite gelegen
La|te|ra̱n, der; -s: außerhalb der Vatikanstadt gelegener ehemaliger päpstlicher Palast in Rom mit ↑Basilika u. Museum
La|tẹr|ne, die; -, -n: durch ein Gehäuse geschützte [tragbare] Lampe
La̱|tex, der; -, ...tizes [...tseːs]: Milchsaft einiger tropischer Pflanzen, aus dem Kautschuk u. a. hergestellt wird
La|ti|fụn|di|um, das; -s, ...ien: 1. (Geschichte) von Sklaven bewirtschaftetes Landgut im Römischen Reich. 2. (nur Plural) Liegenschaften, großer Land- od. Forstbesitz
la|ti|ni|si̱e̱|ren: in lateinische Sprachform bringen; der lateinischen Sprachart angleichen
La|ti|nịst, der; -en, -en: jmd., der sich wissenschaftlich mit der lateinischen Sprache u. Literatur befasst
La|ti|nịs|tin, die; -, -nen: weibliche Form zu ↑Latinist
La|ti̱|no, der; -s, -s: ↑Hispanoamerikaner
La|ti̱|num, das; -s: durch eine Prüfung nachgewiesene Lateinkenntnisse
La|t|ri̱|nen|pa|ro|le, die; -, -n (ugs. abwertend): Gerücht
La̱u̱|da|num, das; -s: Lösung von Opium in Alkohol; Opiumtinktur
Lau|da̱|tio, die; -, ...o̱nes [...neːs] u. ...o̱nen: anlässlich einer Preisverleihung o. Ä. gehaltene Rede, in der die Verdienste des Preisträgers hervorgehoben werden
Lau|da̱|tor, der; -s, ...o̱ren: jmd., der eine Laudatio hält; Redner bei einer Preisverleihung
Lau|da|to̱|rin, die; -, -nen: weibliche Form zu ↑Laudator
La̱u̱|des [...deːs], die (nur Plural): im katholischen ↑Brevier enthaltenes Morgengebet
Lau|re|a̱t, der; -en, -en: a) (Geschichte) mit dem Lorbeerkranz gekrönter Dichter; b) Preisträger
Lau|rẹn|tia, die; - (Geol.): altes Festland in Kanada u. Grönland
lau|re|ta̱|nisch: aus Loreto
La̱u̱|rus, der; - u. -ses, - u. -se: Lorbeerbaum
Lau|te|nịst, der; -en, -en: jmd., der [als Berufsmusiker] Laute spielt; Lautenspieler
Lau|te|nịs|tin, die; -, -nen: weibliche Form zu ↑Lautenist
La̱|va, die; -, Laven (Geol.): bei Vulkanausbrüchen austretender Schmelzfluss u. das daraus durch Erstarrung hervorgehende Gestein
La|va̱|bo, das; -[s], -s: 1. Handwaschung des Priesters in der katholischen Liturgie. 2. ['laː...] (schweiz.) Waschbecken
la|vẹn|del: [blau]violett
La|vẹn|del, der; -s, -: Heil- u. Gewürzpflanze, die auch für Parfüme verwendet wird
la|vi̱e̱|ren: mit Geschick Schwierigkeiten überwinden, vorsichtig zu Werke gehen, sich durch Schwierigkeiten hindurchwinden
lä|vo|gy̱r (Physik; Chemie): die Ebene polarisierten Lichts nach links drehend (Zeichen: l)
Law and Or|der ['lɔː ənd 'ɔːdɐ] (oft abwertend): Schlagwort, das die Bekämpfung von Kriminalität u. Gewalt durch drastische Gesetze und harte Polizeimaßnahmen fordert
La|wi̱|ne, die; -, -n: an Hängen niedergehende Schnee- od. Eismassen
Lawn|ten|nis, Lawn-Ten|nis ['lɔːn...], das; -: Tennis auf Rasenplätzen
Law|ren|ci|um [lɔ'rɛ...], das; -s: künstlich hergestelltes chem. Element; ein Transuran (Zeichen: Lr)
lạx: nachlässig, ohne feste Grundsätze
La̱|xans, das; -, ...ạntia u. ...ạnzien, **La|xa|ti̱v,**

das; -s, -e, **La|xa|ti|vum,** das; -s, ...va (Med.): mildes Abführmittel

Lay|out, Lay-out [lɛɪ̯ˈʔaʊ̯t], das; -s, -s: 1. Text- u. Bildgestaltung einer Seite bzw. eines Buches. 2. (Elektronik) Schema für die Anordnung der Bauelemente einer Schaltung

lay|outen: ein Layout entwerfen

Lay|ou|ter, der; -s, -: jmd., der Layouts entwirft

Lay|ou|te|rin, die; -, -nen: weibliche Form zu ↑Layouter

La|za|rett, das; -[e]s, -e: Krankenanstalt für Soldaten, Militärkrankenhaus

La|za|rus, der; -[ses], -se (ugs.): bedauernswerter Mensch

Lead [li:d], das; -[s]: Führungsstimme in einer [Jazz]band (z. B. Trompete)

Lea|der [ˈli:dɐ], der; -s, -: 1. Kurzform von ↑Bandleader (2). 2. Spitzenreiter (beim Sport)

Lea|de|rin, die; -, -nen: weibliche Form zu ↑Leader (1)

Lead|gi|tar|re, die; -, -n: elektrische Gitarre, auf der die Melodie gespielt wird; vgl. Rhythmusgitarre

Lean Ma|nage|ment [ˈli:n ˈmænɪdʒmənt], das; - -s, - -s (Wirtsch.): zielgerichtete Unternehmensführung, die nach Möglichkeit Kosten einspart

Lean Pro|duc|tion [- prədakʃn̩], die; - - (Wirtsch.): Fertigung von Industrieerzeugnissen bei weitgehender Einsparung von Arbeitskräften, Kosten u. Material

Lear|ning by Do|ing [ˈlœ:ɐ̯nɪŋ baɪ̯ ˈdu:ɪŋ], das; - - -: Lernen durch unmittelbares Anwenden

lea|sen [ˈli:zn̩]: (im Leasingverfahren) mieten, pachten

Lea|sing, das; -s, -s (Wirtsch.): Vermietung von [Investitions]gütern, wobei die Mietzahlungen bei einem eventuellen späteren Kauf angerechnet werden können

Le|ci|thin vgl. Lezithin

Le|cka|ge [lɛˈka:ʒə], die; -, -n: 1. Gewichtsverlust durch Verdunsten od. Aussickern aufgrund einer undichten Stelle. 2. Leck

LED [ɛlʔe:ˈde:], die; -, -s: (als Kontrollanzeige verwendete) Leuchtdiode

le|gal: gesetzlich [erlaubt]

le|ga|li|sie|ren: 1. [Urkunden] amtlich beglaubigen. 2. legal machen

Le|ga|lis|mus, der; -: striktes Befolgen der Gesetze; starres Festhalten an Paragrafen

le|ga|lis|tisch: a) an Paragrafen u. Vorschriften kleinlich festhaltend; b) auf Legalismus beruhend

Le|ga|li|tät, die; -: Gesetzmäßigkeit; die Bindung der Staatsbürger u. der Staatsgewalt an das geltende Recht

Le|ga|li|täts|ma|xi|me, die; -, -n, **Le|ga|li|täts|prin|zip,** das; -s, -ien: Pflicht der Staatsanwaltschaft zur Verfolgung aller strafbaren Handlungen

Le|g|as|the|nie, die; -, ...ien (Psychol.; Med.): mangelhafte Fähigkeit, Wörter, zusammenhängende Texte zu lesen od. zu schreiben

Le|g|as|the|ni|ker, der; -s, - (Med., Psychol.): jmd., der an Legasthenie leidet

Le|g|as|the|ni|ke|rin, die; -, -nen: weibliche Form zu ↑Legastheniker

le|g|as|the|nisch (Med., Psychol.): die Legasthenie betreffend, an Legasthenie leidend

[1]**Le|gat,** der; -en, -en (kath. Kirche): päpstlicher Gesandter bei besonderen Anlässen

[2]**Le|gat,** das; -[e]s, -e: Vermächtnis; Vererbung einzelner Vermögensgegenstände

Le|ga|tar, der; -s, -e: jmd., der ein ↑[2]Legat erhält; Vermächtnisnehmer

le|ga|to (Musik): gebunden (Vortragsanweisung; Abk.: leg.)

Le|ga|to, das; -s, -s u. ...ti (Musik): gebundenes Spiel

le|ge ar|tis: vorschriftsmäßig, nach den Regeln der [ärztlichen] Kunst (Abk.: l. a.)

Le|gen|dar, das; -s, -e: Legendenbuch; Sammlung von Heiligenleben

le|gen|där: 1. legendenhaft, sagenhaft. 2. unwahrscheinlich, unglaublich, fantastisch

Le|gen|de, die; -, -n: 1. a) kurze, erbauliche religiöse Erzählung über Leben u. Tod von Heiligen; b) Person od. Sache, die so bekannt geworden ist, dass sich bereits zahlreiche Legenden (2) um sie gebildet haben; Mythos (2). 2. sagenhafte, unglaubwürdige Geschichte. 3. Erklärung der (auf einer Landkarte o. Ä.) verwendeten Zeichen

le|ger [le'ʒeːɐ̯, le'ʒɛːɐ̯]: a) lässig, zwanglos (in Bezug auf Benehmen u. Haltung); b) bequem, leicht (in Bezug auf die Kleidung); c) nachlässig, oberflächlich

Leg|gings, Leg|gins, die (nur Plural): 1. aus Leder hergestelltes, einer Hose ähnliches Kleidungsstück der nordamerikanischen Indianer. 2. Strumpfhose ohne Füßlinge

[1]le|gie|ren (veraltet): ein [2]Legat aussetzen

[2]le|gie|ren: 1. eine Legierung herstellen. 2. Suppen u. Soßen mit Ei od. Mehl eindicken

Le|gie|rung, die; -, -en: durch Zusammenschmelzen mehrerer Metalle entstandenes Mischmetall (z. B. Messing)

Le|gi|on, die; -, -en: 1. (Geschichte) altrömische Heereseinheit. 2. Freiwilligen-, Söldnerheer. 3. große Anzahl, Menge

Le|gi|o|när, der; -s, -e: Mitglied einer Legion (2), z. B. der französischen Fremdenlegion

L

Le|gi|o|närs|krank|heit, die; - (Med.): eine Infektionskrankheit mit starkem Fieber

Le|gis|la|ti|on, die; -: ↑Legislatur

le|gis|la|tiv: gesetzgebend

Le|gis|la|ti|ve, die; -, -n: gesetzgebende Gewalt, Gesetzgebung

le|gis|la|to|risch: gesetzgeberisch

Le|gis|la|tur, die; -, -en: Gesetzgebung

Le|gis|la|tur|pe|ri|o|de, die; -, -n: Gesetzgebungsperiode, Wahlperiode; Amtsdauer einer [gesetzgebenden] Volksvertretung

Le|gist, der; -en, -en: 1. (Geschichte) Kenner des römischen Rechts. 2. (bes. österr.) Verfasser von Gesetzestexten

le|gi|tim: 1. a) rechtmäßig, gesetzlich anerkannt; b) ehelich (von Kindern). 2. berechtigt, begründet; allgemein anerkannt, vertretbar

Le|gi|ti|ma|ti|on, die; -, -en: 1. Beglaubigung; [Rechts]ausweis. 2. Berechtigung. 3. Ehelichkeitserklärung

le|gi|ti|mie|ren: 1. a) beglaubigen; b) für gesetzmäßig erklären. 2. ein Kind für ehelich erklären. 3. sich legitimieren: sich ausweisen. 4. jmdn. berechtigen

Le|gi|ti|mie|rung, die; -, -en: das Legitimieren

Le|gi|ti|mi|tät, die; -: Rechtmäßigkeit einer Staatsgewalt; Übereinstimmung mit der Verfassung; Gesetzmäßigkeit

Le|gu|an [auch: 'leː...], der; -s, -e: tropische Baumeidechse mit gezacktem Rückenkamm

Le|gu|mi|no|se, die; -, -n (meist Plural): Hülsenfrüchtler

Leicht|ath|let, der; -en, -en: Sportler, der Leichtathletik treibt

Leicht|ath|le|tik, die; -: die Disziplinen Laufen, Gehen, Springen, Werfen, Stoßen umfassender Sport; vgl. Schwerathletik

Leicht|ath|le|tin, die; -, -nen: weibliche Form zu ↑Leichtathlet

Leit|fos|sil, das; -s, -ien (Geol.): für einen bestimmten geologischen Zeitabschnitt charakteristisches ↑Fossil

Lek|ti|on, die; -, -en: 1. Unterrichtsstunde. 2. Lernpensum, -abschnitt. 3. Zurechtweisung, Verweis

Lek|tor, der; -s, ...oren: 1. Sprachlehrer für praktische Übungen an einer Hochschule. 2. Mitarbeiter eines Verlags, der Manuskripte prüft u. bearbeitet, Autoren betreut, Projekte vorschlägt u. a. 3. a) zweiter Grad der katholischen niederen Weihen; b) Gemeindemitglied, das während der ↑[1]Messe (1) [liturgische] Texte vorliest

Lek|to|rat, das; -[e]s, -e: 1. Lehrauftrag eines Lektors (1)/einer Lektorin. 2. [Verlags]abteilung, in der Lektoren (2) u. Lektorinnen arbeiten

lek|to|rie|ren: als Lektor (2)/Lektorin ein Manuskript prüfen

Lek|to|rin, die; -, -nen: weibliche Form zu ↑Lektor

Lek|tü|re, die; -, -n: 1. Lesestoff. 2. (ohne Plural) das Lesen

Lem|ma, das; -s, -ta: 1. Stichwort in einem Nachschlagewerk. 2. a) (Math.; Logik) Hilfssatz, der in einer Beweisführung gebraucht wird; b) (gr. Philos.) Vordersatz eines Schlusses

Lem|ming, der; -s, -e: zu den Wühlmäusen gehörendes Nagetier

Le|mur, der; -en, -en, **Le|mu|re,** der; -n, -n (meist Plural): 1. (nach altröm. Glauben) Geist eines Verstorbenen; Gespenst. 2. (auf Madagaskar heimischer) Halbaffe mit dichtem, weichem Fell, langem Schwanz u. langen Hinterbeinen

le|mu|ren|haft: gespenstisch

Le|ni|nis|mus, der; -: der von Lenin beeinflusste u. geprägte ↑Marxismus

Le|ni|nist, der; -en, -en: Anhänger, Vertreter des Leninismus

Le|ni|nis|tin, die; -, -nen: weibliche Form zu ↑Leninist

le|ni|nis|tisch: den Leninismus betreffend, im Sinne des Leninismus

Le|nis, die; -, Lenes [...ne:s] (Sprachwiss.): mit schwachem Druck u. ungespannten Artikulationsorganen gebildeter Laut (z. B. b, v)

len|tan|do, slen|tan|do (Musik): nachlassend, zögernd, nach u. nach langsamer (Vortragsanweisung)

Len|tan|do, das; -s, -s u. ...di: nachlassendes, zögerndes, nach u. nach langsamer werdendes Zeitmaß

len|to (Musik): langsam

Len|to, das; -s, -s u. ...ti: langsames, gedehntes Zeitmaß

le|o|nisch: mit Metallfäden umwickelt od. umsponnen

Le|o|pard, der; -en, -en: asiatische u. afrikanische Großkatze mit meist fahlgelbem bis rötlich gelbem Fell mit schwarzen Ringelflecken

Le|po|rel|lo|al|bum, das; -s, ...ben: harmonikaartig gefaltete Bilderreihe

Le|p|ra, die; - (Med.): in den Tropen u. Subtropen verbreitete Infektionskrankheit; Aussatz

[1]Lep|ton, das; -s, Lepta: frühere Münzeinheit in Griechenland

[2]Lep|ton, das; -s, ...onen (Physik): Elementarteilchen mit halbzahligem Spin

lep|to|som (Med.): schmal-, schlankwüchsig

Lep|to|so|me, der u. die; -n, -n (Med.): Mensch mit zartem Körperbau

les|bisch: (in Bezug auf Frauen) homosexuell

le|tal (Med.): tödlich, todbringend

Le|ta|li|tät, die; - (Med.): Wahrscheinlichkeit, an einer Krankheit zu sterben

Le|thar|gie, die; -: 1. (Med.) krankheitsbedingte Schlafsucht. 2. körperliche u. seelische Trägheit; Gleichgültigkeit, Teilnahmslosigkeit

Le|the, die; - (dichter.): Vergessenheitstrank, Vergessenheit

Let|ter, die; -, -n: 1. Druckbuchstabe. 2. Drucktype

Leu, der; -, Lei: rumänische Währungseinheit

Leu|k|ä|mie, die; -, ...ien (Med.): Sammelbez. für bösartige Erkrankungen des blutbildenden u. lymphatischen Systems mit Überproduktion von weißen Blutkörperchen; Blutkrebs

leu|ko|derm (Med.): (von der Haut) pigmentarm; hellhäutig

[1]Leu|ko|plast, der; -en, -en: farbloser Bestandteil der pflanzlichen Zelle

[2]Leu|ko|plast®, das; -[e]s, -e: Zinkoxid enthaltendes Heftpflaster ohne Mullauflage

Leu|ko|zyt, der; -en, -en (meist Plural) (Med.): weißes Blutkörperchen

Leut|nant, der; -s, -s (selten: -e): Offizier der untersten Rangstufe (Abk.: Lt.)

Le|van|te, die; - (veraltet): die Mittelmeerländer östlich von Italien

Le|van|ti|ner, der; -s, -: in der Levante geborener u. aufgewachsener Abkömmling eines Europäers u. einer Orientalin

Le|van|ti|ne|rin, die; -, -nen: weibliche Form zu ↑Levantiner

le|van|ti|nisch: die Levante od. die Levantiner/-innen betreffend

Le|vel ['lɛvl], der u. das; -s, -[s]: erreichtes Niveau, Leistungsstand, Rang, Stufe

Le|vi|a|than, Le|vi|a|tan [auch: ...'ta:n], der; -s, -e [...'ta:nə]: 1. (ohne Plural) Ungeheuer (Drache) der altorientalischen Mythologie (auch im Alten Testament). 2. (ohne Plural) Symbol für den allmächtigen Staat bei dem englischen Philosophen Hobbes (17. Jh.)

Le|vit, der; -en, -en: Tempeldiener im Alten Testament

Le|vi|ta|ti|on, die; -, -en (Parapsychol.): freies Schweben eines Körpers im Raum (z. B. als Traumerlebnis)

Lew, der; -[s], Lewa: bulgarische Währungseinheit

Lex, die; -, Leges ['le:ge:s]: aus bestimmtem Anlass erlassenes Gesetz, das nach dem Antragsteller od. der betreffenden Sache benannt wird (z. B. Lex Heinze)

Le|xem, das; -s, -e (Sprachwiss.): (das Wort als) Einheit des Wortschatzes

le|xi|ka|li|sie|ren (Sprachwiss.): als ein neues Lexem festlegen

Le|xi|ko|graf, Le|xi|ko|graph, der; -en, -en: Verfasser, Bearbeiter [einzelner Artikel] eines Wörterbuchs od. Lexikons

Le|xi|ko|gra|fie, Le|xi|ko|gra|phie, die; -: [Wissenschaft von der] Aufzeichnung u. Erklärung des Wortschatzes in Form eines Wörterbuchs

le|xi|ko|gra|phisch

Le|xi|ko|lo|ge, der; -n, -n: Wissenschaftler auf dem Gebiet der Lexikologie

Le|xi|ko|lo|gie, die; - (Sprachwiss.): Wort(schatz)lehre

Le|xi|kon, das; -s, ...ka, auch: ...ken: 1. nach Stichwörtern alphabetisch geordnetes Nachschlagewerk für alle Wissensgebiete od. für ein bestimmtes Sachgebiet. 2. (veraltet) Wörterbuch. 3. (Sprachwiss.) Wortschatz

Le|xi|kon|for|mat, das; -[e]s, -e: bei Lexika übliches Buchformat von etwa 25 bis 30 cm (Abk.: Lex.-8°)

L

Le|zi|thin, fachspr.: **Le|ci|thin,** das; -s, -e: als Bestandteil aller Zellen wichtiger, phosphorhaltiger, fettähnlicher Stoff

Li|ai|son [liɛ'zõ:], die; -, -s, bes. südd., österr.: ...onen [...'zo:nən]: 1. (veraltend) Liebesverhältnis, Liebschaft. 2. im Französischen das Aussprechen eines sonst stummen Konsonanten am Wortende

Li|as, der od. die; - (Geol.): älteste Abteilung des ↑²Jura

Li|bell, das; -s, -e: 1. (Geschichte) gerichtliche Klageschrift im alten Rom. 2. Schmähschrift, Streitschrift

Li|bel|le, die; -, -n: 1. am Wasser lebendes größeres Insekt mit schlankem Körper u. 2 Paar schillernden Flügeln. 2. Hilfseinrichtung an [Mess]instrumenten zur genauen Horizontal- od. Vertikalstellung. 3. eine Haarspange

Li|bel|list, der; -en, -en: Verfasser eines Libells (2)

Li|bel|lis|tin, die; -, -nen: weibliche Form zu ↑Libellist

Li|ber, der; -, Libri: lat. Bez. für: Buch

li|be|ral: 1. dem Einzelnen wenige Einschränkungen auferlegend, die Selbstverantwortung des Individuums unterstützend, freiheitlich. 2. die Weltanschauung des Liberalismus betreffend, sie vertretend. 3. eine den Liberalismus vertretende Partei betreffend, zu ihr gehörend

li|be|ra|li|sie|ren: 1. von Einschränkungen befreien; liberal (1) gestalten. 2. (Wirtsch.) stufenweise Einfuhrverbote u. -kontingente im Außenhandel beseitigen

Li|be|ra|lis|mus, der; -: im Individualismus wurzelnde Denkrichtung und Lebensform, die eine freie Entfaltung der Persönlichkeit vertritt und staatliche Eingriffe auf ein Minimum beschränkt sehen will

Li|be|ra|list, der; -en, -en: Anhänger, Verfechter des Liberalismus

Li|be|ra|lis|tin, die; -, -nen: weibliche Form zu ↑Liberalist

li|be|ra|lis|tisch: a) den Liberalismus betreffend, auf ihm beruhend; freiheitlich im Sinne des Liberalismus; b) extrem liberal

Li|be|ra|li|tät, die; -: liberales (1) Wesen, Denken; liberale Gesinnung

Li|be|ro, der; -[s], -s (Fußball): Abwehrspieler ohne unmittelbaren Gegenspieler, der sich aber ins Angriffsspiel einschalten kann

Li|ber|té [...'te:], die; -: Freiheit (eines der drei Schlagworte der Französischen Revolution); vgl. Égalité, Fraternité

Li|ber|tin [...'tɛ̃:], der; -s, -s (veraltet): 1. Freigeist. 2. ausschweifend lebender Mensch

Li|ber|ti|na|ge [...ʒə], die; -, -n: Ausschweifung, Zügellosigkeit

li|bi|di|nös (Med.; Psychol.): auf die Libido bezogen, die sexuelle Lust betreffend

Li|bi|do [auch: li'bi:do], die; - (Med.; Psychol.): auf sexuelle Befriedigung gerichteter Trieb

Li|b|ret|tist, der; -en, -en: Verfasser eines Librettos

Li|b|ret|tis|tin, die; -, -nen: weibliche Form zu ↑Librettist

Li|b|ret|to, das; -s, -s u. ...tti: Text[buch] von Opern, Operetten, Singspielen, Oratorien

Li|chen ['li:çe:n], der; -s (Med.): Hautflechte; Knötchenflechte

Li|che|ni|fi|ka|ti|on, die; -, -en (Med.): Vergröberung u. Verdickung der Haut

Li|do, der; -s, -s (auch: Lidi): schmaler, lang gestreckter Landstreifen vor einer Küste; Nehrung zwischen Lagune u. offenem Meer

Li|en [auch: li̯e:n], der; -s, Li̲enes (Med.): Milz

Life|style […stai̯l], der; -[s], -s: Lebensstil; Art u. Weise, das Leben zu gestalten

[1]**Lift,** der; -[e]s, -e u. -s: 1. Fahrstuhl, Aufzug. 2. (Plural nur: -e) Skilift, Sessellift

[2]**Lift,** der od. das; -s, -s: kosmetische Operation zur Straffung der [Gesichts]haut

Lift|boy, der; -s, -s: [junger] Fahrstuhlführer

Li|ga, die; -, …gen (Sport): Wettkampfklasse, die mehrere Vereinsmannschaften eines bestimmten Gebietes zusammenfasst

Li|ga|tur, die; -, -en: 1. a) (Druckw.) Buchstabenverbindung auf einer Drucktype (z. B. ff, æ); b) das Zusammenziehen von Buchstaben in der Schrift (das ein flüssigeres Schreiben ermöglicht). 2. (Musik) a) Zusammenfassung mehrerer (auf einer Silbe gesungener) Noten zu Notengruppen in der Mensuralmusik des 13. bis 16. Jh.s; b) das Zusammenbinden zweier Noten gleicher Tonhöhe mit dem Haltebogen zu einem Ton über einen Takt od. einen betonten Taktteil hinweg (zur Darstellung einer Synkope 3). 3. (Med.) Unterbindung von Blutgefäßen mithilfe einer Naht

light [lai̯t]: (in Bezug auf Nahrungs- u. Genussmittel) weniger unerwünschte, belastende o. ä. Inhaltsstoffe enthaltend

Light|show, die; -, -s: a) Darbietung von Lichteffekten und anderen optischen Effekten zur Verstärkung der Wirkung von Popmusiktiteln; b) Anlage, die eine Lightshow (a) liefert

li|gie|ren: 1. (Fechten) die gegnerische Klinge zur Seite drücken. 2. (Med.) anbinden, zusammenbinden (von Blutgefäßen)

Li|gist, der; -en, -en: Angehöriger einer Liga

Li|g|nin, das; -s, -e: Verholzung bewirkender, farbloser, fester Stoff; Holzstoff

Li|gus|ter, der; -s, -: häufig in Zierhecken angepflanzter Strauch mit weißen Blütenrispen u. schwarzen Beeren

li|ie|ren, sich: a) ein Liebesverhältnis mit jmdm. beginnen; b) eine Geschäftsverbindung eingehen

Like [ˈlai̯k], der; -[s], -s: positive Bewertung [in einem sozialen Netzwerk im Internet]

li|ken [ˈlai̯kn̩]: [in einem sozialen Netzwerk] im Internet eine Schaltfläche anklicken, um eine positive Bewertung abzugeben

Li|kör, der; -s, -e: süßes alkoholisches Getränk aus Branntwein mit Zucker[lösung] u. aromatischen Geschmacksträgern

Lik|tor, der; -s, …oren (Geschichte): Amtsdiener als Begleiter hoher Beamter im alten Rom

li|la: fliederblau, hellviolett

Li|la, das; -[s], -[s]: lila Farbe

Li|lie […i̯ə], die; -, -n: stark duftende Gartenpflanze mit schmalen Blättern u. trichterförmigen Blüten in vielen Arten

Li|li|put (ohne Artikel) -s: Märchenland, dessen Bewohner winzig klein sind

Li|li|pu|ta|ner, der; -s, -: 1. (veraltend abwertend) kleinwüchsiger Mensch. 2. Bewohner von Liliput

Li|li|pu|ta|ne|rin, die; -, -nen: weibliche Form zu ↑Liliputaner

Lim|bo, der; -s, -s: akrobatischer Tanz westindischer Herkunft

Li|me|rick, der; -[s], -s: 1. nach festliegendem Reimschema verfasstes fünfzeiliges Gedicht von ironischem od. grotesk-komischem Inhalt. 2. in der Mode des 17. Jh.s Handschuh aus dem Fell ungeborener Kälber

Li|mes, der; -, -: 1. von den Römern angelegter Grenzwall. 2. (Plural auch: Limites; Math.) mathematischer Grenzwert, dem eine Zahlenfolge zustrebt (Zeichen: lim)

Li|met|te, die; -, -n: dünnschalige westindische Zitrone

Li|mit, das; -s, -s, auch: -e: 1. Grenze, die räumlich, zeitlich, mengen- od. geschwindigkeitsmäßig nicht über- bzw. unterschritten werden darf. 2. (Wirtsch.) obere od. untere Preisgrenze (für ein Geschäft)

Li|mi|ta|ti|on, die; -, -en: Begrenzung, Einschränkung

Li|mi|te, die; -, -n (schweiz.): Limit

li|mi|ted [ˈlɪmɪtɪd] (Wirtsch.): Zusatz bei Handelsgesellschaften mit beschränkter Haftung in Großbritannien (Abk.: Ltd., lim., Lim. od. Ld.)

li|mi|tie|ren: begrenzen, einschränken

Lim|ni|me|ter, das; -s, -: Pegel zum Messen u.

L

selbstständigen Aufzeichnen des Wasserstandes (z. B. eines Sees)

lim|nisch (Biol.): im Süßwasser lebend od. entstanden (von Pflanzen u. Tieren)

Li|mo|na|de, die; -, -n: alkoholfreies Getränk aus Obstsaft, -sirup od. künstlicher Essenz, Zucker u. Wasser, meist mit Zusatz von Kohlensäure

Li|mo|ne, die; -, -n: 1. (selten) Zitrone (b). 2. ↑Limette

Li|mou|si|ne [limu...], die; -, -n: Personenwagen mit festem Verdeck

Li|ne|al, das; -s, -e: meist mit einer Messskala versehenes Gerät zum Ziehen von Geraden

li|ne|ar: 1. geradlinig, linienförmig. 2. (Wirtsch.) für alle in gleicher Weise erfolgend; gleichmäßig, gleichbleibend (z. B. Steuersenkung). 3. (Musik) den gleichzeitigen Verlauf selbstständiger Melodien, Stimmen in den Vordergrund stellend

Li|ne|a|ri|tät, die; - (Fachspr.): lineare Beschaffenheit

Li|ne|a|tur, die; -, -en: 1. Linierung (z. B. in einem Schulheft). 2. Linienführung (z. B. einer Zeichnung)

Li|ner ['laɪ̯nɐ], der; -s, -: 1. Überseedampfer, Linienschiff. 2. Linien-, Passagierflugzeug

Lin|ge|rie [lɛ̃ʒə'ri:], die; -, ...i̯en (schweiz.): a) Wäschekammer; b) betriebsinterne Wäscherei; c) Wäschegeschäft

Lin|gua fran|ca, die; - -: a) Verkehrssprache meist für Handel u. Seefahrt im Mittelmeerraum mit romanischem, vor allem italienischem Wortgut, das mit arabischen Bestandteilen vermischt ist; b) Verkehrssprache eines größeren mehrsprachigen Raums

lin|gu|al (Med.): a) die Zunge betreffend; b) zur Zunge gehörend

Lin|gu|al, der; -s, -e (Sprachwiss.): mit der Zunge gebildeter Laut; Zungenlaut

Lin|gu|ist, der; -en, -en: Sprachwissenschaftler

Lin|gu|is|tik, die; -: Sprachwissenschaft

Lin|gu|is|tin, die; -, -nen: weibliche Form zu ↑Linguist

lin|gu|is|tisch: sprachwissenschaftlich

Li|nie [...i̯ə], die; -, -n: 1. a) längerer (gezeichneter od. sich abzeichnender) Strich; b) (Math.) zusammenhängendes, eindimensionales geometrisches Gebilde ohne Querausdehnung; c) (Sport) Markierungslinie, Begrenzungslinie. 2. Umriss[linie], Umrissform, -gestalt. 3. a) gedachte, angenommene Linie (1 a), die etwas verbindet (z. B. die Linie Freiburg–Basel); b) (ohne Plural; Seemannsspr.) ↑Äquator (1). 4. Reihe. 5. a) Front, Kampfgebiet mit den Stellungen der Truppen; b) in gleichmäßigen Abständen nebeneinander aufgestellte Truppen. 6. a) von [öffentlichen] Verkehrsmitteln regelmäßig befahrene, beflogene Verkehrsstrecke zwischen bestimmten Orten, Punkten; b) die Verkehrsmittel, Fahrzeuge einer bestimmten Linie (6 a). 7. Verwandtschaftszweig. 8. allgemeine Richtung, die bei einem Vorhaben, Verhalten usw. eingeschlagen, befolgt wird

Link, der, seltener das; -[s], -s (EDV): Hyperlink (a)

Links|ex|t|re|mis|mus, der; -: extrem sozialistische od. kommunistische Haltung

Li|n|o|le|um, das; -s: [Fußboden]belag aus Jutegewebe und einer darauf aufgetragenen Masse

Li|n|ol|schnitt, der; -[e]s, -e: 1. (ohne Plural) grafische Technik, bei der die Darstellung in eine Linoleumplatte geschnitten wird. 2. Abzug in der Technik des Linolschnitts (1)

Li|no|type® ['laɪ̯notaɪ̯p], die; -, -s (Druckw.): Setz- u. Zeilengießmaschine

Li|nux®, das; -: freies Betriebssystem, das UNIX ähnlich ist

Li|on ['laɪ̯ən], der; -s, -s: Mitglied des Lions Clubs

Li|ons Club ['laɪ̯ənz 'klʌb], der; - -s, - -s: 1. (ohne Plural) ↑Lions International. 2. zu Lions International gehörender örtlicher Klub

Li|ons In|ter|na|tio|nal [- ɪntə'næʃ(ə)nl̩], der; - -: karitativ tätige, um internationale Verständigung bemühte Vereinigung führender Persönlichkeiten des öffentlichen Lebens

Lip|gloss, das oder der; -[es], -[e]: Kosmetikmittel, das den Lippen Glanz verleiht

Li|pid, das; -[e]s, -e (Chemie): a) (meist Plural) Fett od. fettähnliche Substanz; b) (nur Plural) Sammelbezeichnung für alle Fette u. ↑Lipoide

Li|piz|za|ner, der; -s, -: ein edles Warmblutpferd, meist Schimmel

Li|po|id, das; -s, -e (Chemie; Biol.): a) (meist Plural) lebenswichtige, in tierischen u. pflanzlichen Zellen vorkommende fettähnliche Substanz; b) (nur Plural) Sammelbezeichnung für alle fettähnlichen organischen Substanzen

Lip|si, der; -s, -s: Gesellschaftstanz im 6/4-Takt

li|quid, li|qui|de: 1. (Chemie) flüssig. 2. (Wirtsch.) a) verfügbar; b) zahlungsfähig

Li|qui|da|ti|on, die; -, -en: 1. Abwicklung der Rechtsgeschäfte einer aufgelösten Handelsgesellschaft. 2. Abwicklung von Börsengeschäften. 3. Kostenrechnung freier Berufe (z. B. eines Arztes). 4. a) Beseitigung; b) Ermordung, Hinrichtung eines Menschen

li|qui|die|ren: 1. eine Gesellschaft, ein Geschäft auflösen. 2. in Rechnung stellen. 3. Sachwerte in Geld umwandeln. 4. a) beseitigen, abschaffen; b) hinrichten lassen, umbringen

Li|qui|die|rung, die; -, -en: das Liquidieren

Li|qui|di|tät, die; -: 1. Zahlungsfähigkeit (eines Unternehmens). 2. flüssige Mittel (wie Bargeld, Bankguthaben o. Ä.). 3. Möglichkeit, Sachgegenstände des Vermögens schnell in Geld umzuwandeln

Li|quor, der; -, ...ores: 1. (Med.) seröse Körperflüssigkeit. 2. (Med.) Körperflüssigkeit, die das Zentralnervensystem (Gehirn u. Rückenmark) umgibt. 3. (Pharm.) flüssiges Arzneimittel (Abk.: Liq.)

¹Li|ra, die; -, ...ren: birnenförmige, einsaitige Geige des Mittelalters

²Li|ra, die; -, Lire: frühere italienische Währungseinheit (Abk.: L., Lit.)

³Li|ra, die; -, -: türkische Währungseinheit (Abk.: TL)

Lis|te|ria, die; -, ...rien u. ...riae [...iɛ] (Med.): in der Natur (z. B. in Fäkalien) weitverbreitete, krankheitserregende Bakterie

Lis|ting, das; -s, -s (Börsenw.): Zulassung von Wertpapieren zum Börsenhandel

Li|ta|nei, die; -, -en: 1. Wechselgebet zwischen Priester und Gläubigen. 2. (abwertend) eintöniges Gerede; endlose Aufzählung

Li|ter [auch: 'lı...], der (schweiz. nur so; auch:) das; -s, -: Hohlmaß; 1 Kubikdezimeter (Zeichen: l)

Li|te|ra, die; -, -s u. ...rä: 1. Buchstabe (Abk.: Lit. od. lit.). 2. auf Effekten, Banknoten, Kassenscheinen usw. aufgedruckter Buchstabe zur Kennzeichnung verschiedener ↑Emissionen (1)

Li|te|rar|his|to|ri|ker, der; -s, -: Wissenschaftler auf dem Gebiet der Schrifttumsgeschichte eines Volkes

Li|te|rar|his|to|ri|ke|rin, die; -, -nen: weibliche Form zu ↑Literarhistoriker

li|te|rar|his|to|risch: die Schrifttumsgeschichte betreffend, auf ihr beruhend

li|te|ra|risch: die Literatur (1) betreffend, schriftstellerisch

Li|te|rat, der; -en, -en: Schriftsteller

Li|te|ra|tin, die; -, -nen: weibliche Form zu ↑Literat

Li|te|ra|tur, die; -, -en: 1. schöngeistiges Schrifttum. 2. Gesamtbestand aller Schriftwerke eines Volkes. 3. (ohne Plural) Fachschrifttum eines bestimmten Bereichs; Schriftennachweise

Li|te|ra|tur|kri|tik, die; -, -en: wissenschaftliche Beurteilung des Schrifttums

Li|te|ra|tur|spra|che, die; -: 1. in der Literatur (1) verwendete Sprache, die oft (z. B. durch Stilisierung) von der Gemeinsprache abweicht. 2. (Sprachwiss.) ↑Standardsprache

Li|thi|um, das; -s: chem. Element; ein Metall (Zeichen: Li)

Li|tho, das; -s, -s: Kurzform von ↑Lithografie (2)

Li|tho|graf, Li|tho|graph, der; -en, -en: 1. in der Lithografie, im Flachdruckverfahren ausgebildeter Drucker. 2. jmd., der Steinzeichnungen, Lithografien (2) herstellt

Li|tho|gra|fie, Li|tho|gra|phie, die; -, ...ien: 1. a) (ohne Plural) [Verfahren zur] Herstellung von Platten für den Steindruck, für das Flachdruckverfahren; b) Originalplatte für Stein- od. Flachdruck. 2. grafisches Kunstblatt in Steindruck; Steinzeichnung

li|tho|gra|fie|ren, li|tho|gra|phie|ren: 1. in Steindruck wiedergeben, im Flachdruckverfahren arbeiten. 2. Steinzeichnungen, Lithografien (2) herstellen, auf Stein zeichnen

L

li|tho|gra|fisch, li|tho|gra|phisch: die Lithografie betreffend
Li|tho|klast, der; -en, -en (Med.): Instrument zur Zertrümmerung von Blasensteinen
Li|tho|lo|gie, die; -: Gesteinskunde
Li|tho|sphä|re, die; - (Geol.): bis in 100 km Tiefe reichende Gesteinshülle der Erde
Li|tho|trip|tor, der; -s, ...oren (Med.): ↑Lithoklast
li|to|ral (Geogr.): die Küsten-, Ufer-, Strandzone betreffend
Li|to|ral, das; -s, -e (Geogr.): Küsten-, Ufer-, Strandzone
Lit|schi, die; -, -s, **Lit|schi|pflau|me,** die; -, -n: pflaumengroße, erdbeerähnlich schmeckende Frucht mit rauer Schale u. saftigem Fleisch
Li|turg, der; -en, -en, **Li|tur|ge,** der; -n, -n: der den Gottesdienst, bes. die Liturgie, haltende Geistliche
Li|tur|gie, die; -, ...ien: a) amtliche od. gewohnheitsrechtliche Form des Gottesdienstes; b) in der evangelischen Kirche am Altar [im Wechselgesang] mit der Gemeinde gehaltener Teil des Gottesdienstes
Li|tur|gik, die; -: Theorie u. Geschichte der Liturgie
li|tur|gisch: den Gottesdienst, die Liturgie betreffend, zu ihr gehörend
live [laɪ̯f]: a) direkt, original (von Rundfunk- od. Fernsehübertragungen); b) unmittelbar, in realer Anwesenheit, persönlich
Live|act, Live-Act ['laɪ̯fʔɛkt], der; -s, -s (Jargon): musikalische Vorstellung, bei der die Sänger, Musiker live singen, spielen usw.
Live|sen|dung, Live-Sen|dung, die; -, -en: Sendung, die unmittelbar vom Ort der Aufnahme aus gesendet wird; Originalübertragung, Direktsendung
Live|show, Live-Show [...ʃoʊ̯], die; -, -s: 1. live (a) ausgestrahlte, revueartige Unterhaltungssendung mit ↑Jazz, ↑Pop (2) u. Humor. 2. a) ↑Peepshow; b) Vorführung sexueller Handlungen auf der Bühne (z. B. eines Nachtlokals)
Li|v|ree [li'vre:], die; -, ...een: uniformartige Dienerkleidung
li|v|riert: Livree tragend
Li|zenz, die; -, -en: [behördliche] Erlaubnis, Genehmigung
[1]Li|zen|zi|at, Li|zen|ti|at, das; -[e]s, -e: akademischer Grad (vor allem in der Schweiz)
[2]Li|zen|zi|at, Li|zen|ti|at, der; -en, -en: Inhaber eines Lizenziatstitels (Abk.: Lic. [theol.], [in der Schweiz] lic. phil.)
li|zen|zie|ren: Lizenz erteilen
Lla|ne|ra [lja...], die; -, -s: weibliche Form zu ↑Llanero
Lla|ne|ro, der; -s, -s: Bewohner eines Llanos
Lla|no ['lja:no], der; -s, -s (meist Plural): baumlose od. baumarme Ebene in den lateinamerikanischen Tropen u. Subtropen
Lob, der; -[s], -s: 1. (Tennis, Badminton) hoch über den am Netz angreifenden Gegner hinweggeschlagener Ball. 2. (Volleyball) angetäuschter Schmetterschlag, der an den am Netz verteidigenden Spielern vorbei od. hoch über sie hinwegfliegt
lob|ben (Tennis, Badminton, Volleyball): einen ↑Lob schlagen
Lob|by, die; -, -s: 1. Wandelhalle im [britischen, amerikanischen] Parlamentsgebäude, in der die Abgeordneten mit Wählern u. Interessengruppen zusammentreffen. 2. Interessengruppe, die versucht, zu ihren Gunsten Entscheidungen [von Abgeordneten] zu beeinflussen. 3. Vestibül, Hotelhalle
Lob|by|ing, das; -s, -s: Beeinflussung von Abgeordneten durch Interessen[gruppen]
Lob|by|is|mus, der; -: [ständige] Beeinflussung [von Abgeordneten] durch Interessengruppen
Lob|by|ist, der; -en, -en: jmd., der Abgeordnete für seine Interessen zu gewinnen sucht
Lob|by|is|tin, die; -, -nen: weibliche Form zu ↑Lobbyist
Lo|be|lie [...i̯ə], die; -, -n: niedrige, buschige Pflanze mit zahlreichen blauen, seltener violetten od. weißen Blüten
Lo|cal|host, der; -[s], -s, **Lo|cal Host,** der; - -[s], - -s ['lɔʊ̯kl̩...] (EDV): (in einem Netzwerk) Bezeichnung für einen Computer, Server o. Ä., wenn dieser von sich selbst adressiert wird
Lo|ca|tion [lo'keɪ̯ʃn̩], die; -, -s (Jargon): 1. Örtlichkeit. 2. (Film) Drehort im Freien

L

lo|co [auch: ˈlɔko] (Kaufmannsspr.): am Ort, hier; greifbar, vorrätig

lo|co ci|ta|to: an der angeführten Stelle (eines Buches; Abk.: l. c.); vgl. citato loco

Lodge [lɔdʒ], die; -, -s [...dʒɪs]: Ferienhotel, Anlage mit Ferienwohnungen

Loft, das, selten: der; -[s], -s: aus der Etage einer Fabrik o. Ä. umgebaute Großraumwohnung

Log, das; -s, -e, **Log|ge,** die; -, -n (Seew.): Fahrgeschwindigkeitsmesser eines Schiffes

Lo|g|a|rith|men|ta|fel, die; -, -n (Math.): tabellenartige Sammlung der ↑Mantissen (2) der Logarithmen

lo|g|a|rith|misch (Math.): den, einen Logarithmus betreffend

Lo|g|a|rith|mus, der; -, ...men (Math.): Zahl, mit der man eine andere Zahl, die ↑Basis (3 c), potenzieren (3) muss, um eine vorgegebene Zahl, den ↑Numerus (2), zu erhalten (Abk.: log)

Log|buch, das; -[e]s, ...bücher: Schiffstagebuch

Lo|ge [ˈlo:ʒə], die; -, -n: 1. kleiner, abgeteilter Raum mit mehreren Sitzplätzen im Theater. 2. Pförtnerraum. 3. a) geheime Gesellschaft; Vereinigung von Freimaurern; b) Versammlungsort einer geheimen Gesellschaft

Lo|gen|bru|der, der; -s, ...brüder: Mitglied einer Freimaurerloge; Freimaurer

log|gen (Seew.): die Fahrgeschwindigkeit eines Schiffes mit dem ↑Log messen

Log|ger, der; -s, -: kleineres Küsten[segel]fahrzeug zum Fischfang

Log|gia [ˈlɔdʒa], die; -, -s od. ...ien: 1. (Archit.) Bogengang; Bogenhalle. 2. nach einer Seite offener, überdeckter Raum im [Ober]geschoss eines Hauses

Lo|gi|cal [ˈlɔdʒɪkl̩], das; -s, -s: nach den Gesetzen der ↑Logik (1 b) aufgebautes Rätsel

lo|gie|ren [loˈʒi:...]: 1. [vorübergehend] wohnen. 2. (veraltet) beherbergen, unterbringen

Lo|gik, die; -: 1. a) (Philos.) Lehre, Wissenschaft vom [folgerichtigen] Denken; b) folgerichtiges, schlüssiges Denken, Folgerichtigkeit des Denkens. 2. a) Fähigkeit, folgerichtig zu denken; b) Zwangsläufigkeit; zwingende, notwendige Folgerung

Lo|gi|ker, der; -s, -: 1. Wissenschaftler auf dem Gebiet der Logik (1 a). 2. Mensch mit scharfem, klarem Verstand

Lo|gi|ke|rin, die; -, -nen: weibliche Form zu ↑Logiker

Lo|gis [loˈʒi:], das; - [...ʒi:(s)], - [loˈʒi:s]: 1. Wohnung, Bleibe. 2. (Seemannsspr.) Mannschaftsraum auf Schiffen

lo|gisch: 1. die Logik (1 a) betreffend. 2. folgerichtig, schlüssig. 3. (ugs.) selbstverständlich

[1]**Lo|gis|tik,** die; -, -en: ↑mathematische Logik

[2]**Lo|gis|tik,** die; -, -en: 1. militärisches Versorgungs-, Nachschubwesen. 2. (Wirtsch.) Beschaffung, Lagerung u. Transport von Materialien u. Produkten

Lo|gis|ti|ker, der; -s, -: 1. Vertreter der [1]Logistik. 2. Fachmann, Spezialist auf dem Gebiet der [2]Logistik

Lo|gis|ti|ke|rin, die; -, -nen: weibliche Form zu ↑Logistiker

Lo|gi|zi|tät, die; - (Philos.): das Logische an einer Sache; Folgerichtigkeit des Denkens

lo|go (salopp): ↑logisch (3)

Lo|go, der od. das; -s, -s: Marken-, Firmenzeichen

Lo|go|pä|de, der; -n, -n (Med., Psychol.): Spezialist auf dem Gebiet der Logopädie

Lo|go|pä|die, die; - (Med., Psychol.): Sprachheilkunde

Lo|go|pä|din, die; -, -nen: weibliche Form zu ↑Logopäde

lo|go|pä|disch (Med., Psychol.): die Logopädie betreffend, auf ihr beruhend

Lo|gor|rhö, die; -, -en (Med.): krankhafte Geschwätzigkeit

Lo|gos, der; -, Logoi (Plural selten): 1. (Philos.) menschliche Rede, Sprache. 2. (Philos.) logisches Urteil; Begriff. 3. (Philos.) menschliche Vernunft. 4. (ohne Plural; Theol.) Offenbarung, Mensch gewordenes Wort Gottes in der Person Jesu. 5. (ohne Plural; Theol.) Gott, Vernunft Gottes als Weltschöpfungskraft. 6. (ohne Plural; Philos.) göttliche Vernunft, Weltvernunft

Loi|pe, die; -, -n (Skisport): Langlaufbahn, -spur

Lo|ja Dschir|ga, die; -: traditionelle große Ratsversammlung in Afghanistan

L

Lok, die; -, -s: Kurzform von ↑Lokomotive
lo|kal: 1. örtlich. 2. örtlich beschränkt
Lo|kal, das; -[e]s, -e: 1. Gaststätte, Restaurant, [Gast]wirtschaft. 2. Raum, in dem Zusammenkünfte, Versammlungen o. Ä. stattfinden
Lo|kal|an|äs|the|sie, die; -, ...ien (Med.): örtliche Betäubung
Lo|kal|der|by, das; -s, -s: [Fußball]spiel zweier Ortsrivalen
Lo|ka|li|sa|ti|on, die; -, -en: 1. Ortsbestimmung, Zuordnung zu einer bestimmten Stelle. 2. Niederlassung, Ansammlung an einem bestimmten Ort, Platz
lo|ka|li|sie|ren: 1. örtlich beschränken, eingrenzen. 2. örtlich bestimmen
Lo|ka|li|sie|rung, die; -, -en: das Lokalisieren (1, 2)
Lo|ka|li|tät, die; -, -en: Örtlichkeit; Raum
Lo|kal|ko|lo|rit, das; -[e]s, -e: besondere ↑Atmosphäre (3) einer Stadt od. Landschaft
Lo|kal|ma|ta|dor, der; -s, -e (bes. Sport): örtliche Berühmtheit
Lo|kal|ma|ta|do|rin, die; -, -nen: weibliche Form zu ↑Lokalmatador
Lo|kal|pa|t|ri|o|tis|mus, der; -: starke od. übertriebene Liebe zur engeren Heimat, zur Vaterstadt o. Ä.
Lo|kal|re|dak|ti|on, die; -, -en: a) ↑Redaktion (2 a) einer Zeitung, die die Lokalnachrichten bearbeitet; b) Geschäftsstelle einer Zeitung, die für die Erstellung der Lokalseite verantwortlich ist
Lo|kal|ter|min, der; -s, -e: Gerichtstermin, der am Tatort, am Ort des fraglichen Geschehens abgehalten wird
Lo|ka|tiv, der; -s, -e (Sprachwiss.): den Ort ausdrückender ↑Kasus
Lo|ko|ge|schäft, das; -[e]s, -e (Wirtsch.): Geschäft über sofort verfügbare Ware
Lo|ko|mo|ti|on, die; -, -en (Med.): der menschliche Gang; Fortbewegung
Lo|ko|mo|ti|ve, die; -, -n: Fahrzeug auf Schienen zum Ziehen der Eisenbahnwagen; Kurzform: Lok
Lo|kus, der; - u. -ses, -se (ugs.): Toilette (2 a)
Lo|li|ta, die; -, -s: Kindfrau
Lom|bard, der od. das; -[e]s, -e (Wirtsch.): Kredit gegen Verpfändung beweglicher Sachen
Lom|bard|satz, der; -es, ...sätze (Wirtsch.): von der Notenbank festgesetzter Zinsfuß für Lombardgeschäfte; vgl. Diskontsatz
Lom|ber, das; -s: ein Kartenspiel
Long|drink, der; -s, -s, **Long Drink,** der; - -s, - -s: neben Alkohol vor allem Soda, Fruchtsaft o. Ä. enthaltendes Mixgetränk
Lon|ge ['lõ:ʒə], die; -, -n: a) (Reitsport) sehr lange Laufleine für Pferde; b) an einem Gurt befestigte Sicherheitsleine
lon|gi|tu|di|nal: a) in der Längsrichtung verlaufend, längs gerichtet; b) die geografische Länge betreffend
long|line [...laɪn]: an der Seitenlinie entlang
Long|line, der; -[s], -s (Tennis): entlang der Seitenlinie gespielter Ball
Long|list, die; -, -s: Auswahlliste [für einen Wettbewerb], aus der durch Kürzen eine kleinere Auswahl (Shortlist) getroffen wird
Long|sel|ler, der; -s, -: Buch, das über einen langen Zeitraum gut verkauft wird
Look [lʊk], der; -s, -s: Modestil, Modeerscheinung; Aussehen, Note
Loop [lu:p], der; -[s], -s: 1. (EDV) Programmschleife, Folge von Programmteilen, die mehrfach durchlaufen werden können. 2. (Musik) kurzes, ständig wiederkehrendes Motiv im ↑Rap
Loo|ping ['lu:pɪŋ], der (auch: das); -s, -s: senkrechter Schleifenflug, Überschlag (beim Kunstflug)
Lord, der; -s, -s: 1. (ohne Plural) Titel für einen Vertreter des hohen englischen Adels. 2. Träger des Titels Lord (1)
Lord May|or [- 'mɛ:ɐ], der; - -[s], - -s: Oberbürgermeister bestimmter Großstädte im britischen Commonwealth
Lor|g|non [lɔr'njõ:], das; -s, -s: a) früher übliches Stieleinglas; b) Lorgnette, früher übliche Stielbrille
[1]**Lo|ri,** der; -s, -s: ein farbenprächtiger Papagei
[2]**Lo|ri,** der; -s, -s: schwanzloser Halbaffe
Lo|ser ['lu:zɐ], der; -s, -: Verlierer, Versager
Lost, der; -[e]s: chemischer Kampfstoff; Senfgas
Lot, das; -s, -s: ein Posten Ware

Lo|ti|on [auch: ˈlɔʊ̯ʃn̩], die; -, -en u. (bei engl. Ausspr.:) -s: flüssiges Kosmetikum zur Reinigung u. Pflege der Haut

Lo|tos, der; -, -, **Lo|tos|blu|me,** die; -, -n: eine Seerose

Lot|te|rie, die; -, ...ien: 1. Zahlenglücksspiel, bei dem Lose gekauft od. gezogen werden. 2. Verlosung. 3. Kartenglücksspiel. 4. riskantes Handeln

Lot|to, das; -s, -s: 1. Glücksspiel, bei dem man auf Zahlen wettet. 2. ein Kartenspiel

Lo|tus, der; -, -: 1. Hornklee. 2. ↑Lotos

Lou|is-seize [...ˈsɛːz], das; -: französischer Kunststil zur Zeit Ludwigs XVI.

Lounge [laʊ̯ndʒ], die; -, -s [ˈlaʊ̯ndʒɪs]: 1. Gesellschaftsraum in Hotels o. Ä.; Hotelhalle. 2. Bar, Klub mit anheimelnder Atmosphäre

Love-Pa|rade®, Love|pa|rade [ˈlʌvpərɛɪ̯d], die; -, -s: Umzug der Raver u. Raverinnen mit Musik u. Tanz

Lo|ver [ˈlavɐ], der; -s, -[s]: Freund u. Liebhaber; Liebespartner

Love|sto|ry [ˈlʌv...], die; -, -s: Liebesgeschichte

Low-Bud|get-Pro|duk|ti|on [lɔʊ̯ˈbadʒɪt...], die; -, -en: mit geringen finanziellen Mitteln produzierter Film

Low-Carb-Di|ät [ˈlɔʊ̯ˈkaːɐ̯b...], die; -, -en: Diät, bei der man möglichst wenig kohlenhydrathaltige Lebensmittel zu sich nimmt

Low Church [ˈlɔʊ̯ ˈtʃəːtʃ], die; -: vom ↑Methodismus beeinflusste Richtung in der ↑anglikanischen Kirche

Low-Cost-Car|ri|er [ˈlɔʊ̯(ˈ)kɔst...], der; -s, -s: Billigfluglinie

Low-Fat-Di|ät, Low|fat|di|ät [ˈlɔʊ̯(ˈ)fɛt...], die; -, -en: Diät, bei der man möglichst wenig Fett zu sich nimmt

Low Im|pact [ˈlɔʊ̯ ˈɪmpɛkt], der; - -s, - -s: geringe Belastung, schwächere Wirkung

lo|y|al [lo̯aˈjaːl]: a) den Staat, eine Instanz respektierend; b) vertragstreu; anständig, redlich

Lo|ya|li|tät, die; -, -en: a) Treue gegenüber dem Staat, einer Instanz; b) Vertragstreue; Achtung vor den Interessen anderer; Anständigkeit, Redlichkeit

Lu|es, die; - (Med.): Syphilis

lu|e|tisch (Med.): syphilitisch

Lü|gen|de|tek|tor, der; -s, -en: Gerät, mit dem unwillkürliche körperliche Reaktionen eines Befragten gemessen werden können

lu|k|ra|tiv: gewinnbringend, einträglich

lu|kul|lisch: üppig, erlesen (von Speisen)

Lum|ber|jack [...dʒɛk], der; -s, -s: Jacke aus Cord, Leder o. Ä., meist mit Reißverschluss u. mit Bund an Taille u. Ärmeln

Lu|men, das; -s, - u. Lumina: 1. (Physik) Einheit des Lichtstroms (Zeichen: lm). 2. (Biol., Med.) innerer Durchmesser (z. B. eines Blutgefäßes)

Lum|me, die; -, -n: ein arktischer Seevogel

Lum|pen|pro|le|ta|ri|at, das; -[e]s, -e (marxistische Theorie): unterste Gesellschaftsschicht ohne Klassenbewusstsein

lu|nar (Astron.): den Mond betreffend, zu ihm gehörend, von ihm ausgehend

Lunch [lanʃ, lantʃ], der; -[e]s u. -, -[e]s u. -e: (in den angelsächsischen Ländern) kleinere, leichte Mahlzeit in der Mittagszeit

L

lun|chen [ˈlantʃn̩, ˈlanʃn̩]: den Lunch einnehmen

Lunch|pa|ket [ˈlanʃ..., ˈlantʃ...], das; -[e]s, -e: kleines Paket mit Verpflegung für die Teilnehmer an einem Ausflug o. Ä.

Lu|pi|ne, die; -, -n: Pflanze mit meist gefingerten Blättern u. ährigen Blüten

Lu|pus, der; -, -[se] (Med.): meist chronisch verlaufende tuberkulöse Hautflechte mit entstellender Narbenbildung (meist im Gesicht)

Lu|re, die; -, -n: altes nordisches hornähnliches Blasinstrument

Lus|ter, der; -s, - (österr.): ↑Lüster

Lüs|ter, der; -s, -: 1. Kronleuchter. 2. Glanzüberzug auf Glas-, Ton-, Porzellanwaren

Lu|te|ti|um, das; -s: chem. Element; Metall (Zeichen: Lu); vgl. Cassiopeium

Lux, das; -, - (Physik): Einheit der Beleuchtungsstärke (Zeichen: lx)

Lu|xa|ti|on, die; -, -en (Med.): Verrenkung, Ausrenkung eines Gelenks

lu|xu|ri|ös: sehr komfortabel ausgestattet; üppig, verschwenderisch; kostbar, prunkvoll

Lu|xus, der; -: Aufwand, der nur dem Vergnügen dient; Verschwendung; Pracht

Lu|zer|ne, die; -, -n: zur Familie der Schmetterlingsblütler zählende wichtige Futterpflanze mit meist blauen, violetten od. gelben Blüten

lu|zid: 1. hell; durchsichtig. 2. klar, verständlich

Lu|zi|di|tät, die; -: 1. Helle, Durchsichtigkeit. 2. Klarheit, Verständlichkeit

Lu|zi|fer, kirchenlat.: **Lu|ci|fer,** der; -s: Teufel, Satan

lu|zi|fe|risch: teuflisch

Ly|ko|po|di|um, das; -s, ...ien: 1. Bärlapp. 2. Pulver aus Bärlappsporen

lym|pha|tisch (Med.): auf Lymphe, Lymphknötchen, -drüsen bezüglich, sie betreffend

Lymph|drai|na|ge [...ʒə], die; -, -n (Med.): Massage, bei der krankhaft gestaute Lymphgefäße ausgestrichen werden

Lym|phe, die; -, -n (Med.): 1. hellgelbe, eiweißhaltige, für den Stoffaustausch der Gewebe wichtige Körperflüssigkeit in eigenem Gefäßsystem u. in Gewebsspalten. 2. Impfstoff gegen Pocken

lym|pho|id (Med.): lymphartig, lymphähnlich

M

Lym|pho|zyt, der; -en, -en (meist Plural) (Med.): im lymphatischen Gewebe entstehendes, außer im Blut auch in der Lymphe u. im Knochenmark vorkommendes weißes Blutkörperchen

lyn|chen [auch: 'lɪnçn̩]: (jmdn.) für eine [als Unrecht empfundene] Tat ohne Urteil eines Gerichts grausam misshandeln od. töten

Lynch|jus|tiz, die; -: das Lynchen; grausame Misshandlung od. Tötung eines Menschen [durch eine aufgebrachte Volksmenge]

lyo|phil (Chemie): leicht löslich

lyo|phob (Chemie): schwer löslich

Ly|ra, die; -, ...ren: 1. altgriechisches Zupfinstrument. 2. Drehleier. 3. Streichinstrument, Vorgängerin der Violine (16. Jh.); vgl. Viola da Braccio. 4. dem Schellenbaum ähnliches Glockenspiel der Militärkapellen

Ly|rik, die; -: literarische Gattung, in der mit Formmitteln wie Reim, Versmaß u. Strophe Gefühle, Stimmungen u. Gedanken ausgedrückt werden; die Gedichte (eines Autors, einer Epoche, in einer Sprache)

Ly|ri|ker, der; -s, -: Dichter, der Lyrik schreibt

Ly|ri|ke|rin, die; -, -nen: weibliche Form zu ↑Lyriker

ly|risch: 1. die Lyrik betreffend, in der Art der Lyrik. 2. (Musik) weich u. daher für gefühlsbetonten Gesang geeignet (auf die Gesangsstimme bezogen). 3. gefühl-, stimmungsvoll

Ly|se vgl. Lysis

Ly|sin, das; -s, -e (meist Plural) (Med.): essenzielle Aminosäure mit großer Bedeutung für die Proteinsynthese u. damit für viele Körperfunktionen u. das Immunsystem

Ly|sis, Ly|se, die; -, ...sen (Med.): Auflösung von Zellen (z. B. von Bakterien, Blutkörperchen)

ly|tisch (Med.): allmählich sinkend, abfallend (vom Fieber)

Ly|ze|um, das; -s, ...een (veraltet): höhere Lehranstalt für Mädchen

M *m*

M = medium: mittelgroß (Kleidergröße)

mä|an|dern, mä|an|d|rie|ren: sich schlangenförmig bewegen (von Flüssen u. Bächen)

Mac|chia ['maki̯a], **Mac|chie** ['maki̯ə], die; -, ...ien: charakteristischer immergrüner Buschwald des Mittelmeergebietes; vgl. Maquis

Ma|che|te [auch: ma'tʃe:tə], die; -, -n: großes südamerikanisches Buschmesser

Ma|chi|a|vel|lis|mus [maki̯a...], der; -: politische Lehre u. Praxis, die der Machtpolitik den Vorrang vor der Moral gibt

ma|chi|a|vel|lis|tisch: nach der Lehre Machiavellis, im Sinne des Machiavellismus

Ma|chis|mo [ma'tʃɪsmo], der; -[s]: übersteigertes Männlichkeitsgefühl; Männlichkeitswahn

Ma|cho ['matʃo], der; -s, -s (ugs.): sich übertrieben männlich gebender Mann

Ma|dame [ma'dam]: französische Anrede für eine Frau, etwa dem deutschen „gnädige Frau" entsprechend; als Anrede ohne Artikel (Abk.: Mme; Plural: Mesdames [me'dam]; Abk.: Mmes)

Ma|de|moi|selle [mad(ə)mo̯a'zɛl]: französische Anrede für: Fräulein; als Anrede ohne

Artikel (Abk.: Mlle); Plural: Mesdemoiselles [medəmo̯aˈzɛl] (Abk.: Mlles)

Ma|dọn|na, die; -, ...nnen: a) (ohne Plural) die Gottesmutter Maria; b) die Darstellung der Gottesmutter [mit dem Kinde]

Ma|d|ri|ga̲l, das; -s, -e: 1. aus der italienischen Schäferdichtung entwickeltes Gedicht. 2. (Musik) a) meist zwei- bis dreistimmiger Gesang des 14. Jh.s; b) vier- od. mehrstimmiges weltliches Lied im 16. u. 17. Jh.

Ma|d|ri|ga̲l|chor, der; -s, ...chöre (Musik): Chor in kleiner Besetzung

Ma|d|ri|ga̲l|stil, der; -[e]s: mehrstimmiger, die Singstimme artikulierender Kompositionsstil (seit dem frühen 16. Jh.)

Ma|es|tạ̀, die; -: it. Bez. für die Darstellung der inmitten von Engeln u. Heiligen thronenden Maria (bes. im 12. u. 13. Jh.)

ma|es|to̲|so (Musik): feierlich, würdevoll, gemessen (Vortragsanweisung)

Ma|es|to̲|so, das; -s, -s u. ...si: feierliches, getragenes Musikstück

Ma|ẹs|t|ro, der; -s, -s u. ...stri: a) großer Musiker od. Komponist; b) Musiklehrer

Mạ|fia, die; -, -s: erpresserische Geheimorganisation (ursprünglich in Sizilien)

ma|fi|o̲s, ma|fi|ö̲s: die Mafia betreffend, zu ihr gehörend; nach Art der Mafia

Ma|fi|o̲|so, der; -s, ...si: Angehöriger der Mafia

Ma|ga|zi̲n, das; -s, -e: 1. Vorratshaus. 2. Lagerraum [für Bücher]. 3. Laden. 4. reich bebilderte Zeitschrift. 5. berichtende u. kommentierende Rundfunk-, Fernsehsendung mit Beiträgen zu aktuellen Themen. 6. Rückteil einer Kamera, das den Film enthält. 7. Patronenkammer in [automatischen] Gewehren u. Pistolen

Ma|ga|zi̲|ner, der; -s, - (schweiz.): Magazinarbeiter

Ma|ga|zi̲|ne|rin, die; -, -nen: weibliche Form zu ↑Magaziner

Ma|ge̲n|ta, das; -s: Anilinrot

Mạ|gh|reb, der; -[s]: Tunesien, Nordalgerien u. Marokko umfassender westlicher Teil der arabischen Welt

ma|gh|re|bi̲|nisch: zum Maghreb gehörend

Ma|gi̲e, die; -: 1. geheime Kunst, die sich übernatürliche Kräfte dienstbar zu machen sucht. 2. Trickkunst des Zauberers im Varieté. 3. Zauberkraft, Zauber

Ma̲|gi|er, Ma̲|gi|ker, der; -s, -: 1. [persisch-medischer] Zauberpriester. 2. Zauberer, [berufsmäßiger] Zauberkünstler

Ma̲|gi|e|rin, die; -, -nen: weibliche Form zu ↑Magier

ma̲|gisch: 1. die Magie (1) betreffend. 2. zauberhaft, geheimnisvoll bannend

Ma|gịs|ter, der; -s, -: in einigen Hochschulfächern verliehener akademischer Grad, gleichwertig mit einem Diplom

Ma|gis|t|ra̲|le, die; -, -n: Hauptverkehrslinie, -straße [in einer Großstadt]

[1]**Ma|gis|t|ra̲t,** der; -[e]s, -e: Stadtverwaltung (in einigen Städten)

[2]**Ma|gis|t|ra̲t,** der; -en, -en (schweiz.): Mitglied der Regierung bzw. der ausführenden Behörde

Mạg|ma, das; -s, ...men: 1. (Geol.) heiße natürliche Gesteinsschmelze im od. aus dem Erdinnern, aus der Erstarrungsgesteine entstehen. 2. (Med.) knetbare Masse, Brei

mag|ma̲|tisch: aus dem Magma (1) kommend (z. B. von Gasen bei Vulkanausbrüchen)

Mạ|g|na Chạr|ta, die; - -: 1. englisches [Grund]gesetz von 1215, in dem der König dem Adel grundlegende Freiheitsrechte garantiert. 2. Grundgesetz, Verfassung, Satzung

mạ|g|na cum la̲u̲|de: sehr gut (zweitbestes Prädikat bei der Doktorprüfung)

Ma|g|na̲t, der; -en, -en: Inhaber [branchenbeherrschender] wirtschaftlicher Macht

Ma|g|ne̲|sia, die; -: Magnesiumoxid [in Form von weißem Pulver], bes. zum Trockenhalten der Handflächen beim Geräteturnen

Ma|g|ne̲|si|um, das; -s: chem. Element; ein Metall (Zeichen: Mg)

Ma|g|ne̲t, der; -en, -en u. -es, -e: 1. a) Eisen- od. Stahlstück, das andere ↑ferromagnetische Stoffe anzieht; b) Elektromagnet. 2. anziehende Person, reizvoller Gegenstand, Ort

Ma|g|ne̲t|band, das; -[e]s, ...bänder: mit einer magnetisierbaren Schicht versehenes Band, auf dem Informationen gespeichert werden

ma|g|ne|tisch: 1. die Eigenschaften eines Magneten (1 b) aufweisend; ↑ferromagnetische Stoffe anziehend. 2. auf der Wirkung eines Magneten (1) beruhend. 3. anziehend

ma|g|ne|ti|sie|ren: magnetisch (1) machen

Ma|g|ne|tis|mus, der; -, ...men: 1. Fähigkeit eines Stoffes, Eisen od. andere ↑ferromagnetische Stoffe anzuziehen. 2. Wissenschaft von den magnetischen Erscheinungen. 3. ↑Mesmerismus

Ma|g|ne|tit, der; -s, -e: wichtiges Eisenerz

Ma|g|ne|to|fon, Ma|g|ne|to|phon®, das; -s, -e: ein Tonbandgerät

Ma|g|ne|to|me|ter, das; -s, -: Instrument zur Messung magnetischer Feldstärke u. des Erdmagnetismus

Ma|g|ne|to|sphä|re, die; -: Teil der die Erde umgebenden Atmosphäre, in dem die ↑[1]Elektronen u. ↑Ionen durch das Magnetfeld der Erde beeinflusst werden

Ma|g|ni|fi|zenz, die; -, -en: a) (ohne Plural) Titel für Hochschulrektor[inn]en u. a.; b) Träger[in] dieses Titels; als Anrede: Euer, Eure (Abk.: Ew.) Magnifizenz

M

Ma|g|no|lie [...i̯ə], die; -, -n: Zierbaum mit tulpenförmigen Blüten

Ma|g|num, die; -, ...gna: 1. Wein- od. Sektflasche mit doppeltem Fassungsvermögen (1,5 l). 2. (Waffentechnik) spezielle Patrone mit verstärkter Ladung

Ma|gus, der; -, ...gi: ↑Magier (2)

Ma|ha|bha|ra|ta [...'ba:rata], das; -: altindisches Nationalepos, zugleich religiöses Gesetzbuch des Hinduismus; vgl. Bhagawadgita

Ma|ha|go|ni, das; -s: wertvolles, rotbraunes, hartes Holz

Ma|ha|ra|d|scha, der; -[s], -s: a) (ohne Plural) Titel eines indischen Großfürsten; b) Träger dieses Titels

Ma|ha|ra|ni, die; -, -s: a) (ohne Plural) Titel für die Frau eines Maharadschas; b) Trägerin dieses Titels

Ma|hat|ma, der; -s, -s: indischer Ehrentitel für geistig hochstehende Männer (z. B. Gandhi), die oft göttlich verehrt werden

Mah|di ['maxdi, auch: 'ma:...], der; -[s], -s: von den Muslimen erwarteter letzter Prophet, Glaubens- u. Welterneuerer

Mai, der; -[e]s u. - (dichter. auch: -en), -e: fünfter Monat im Jahr

Mail [meɪ̯l], die; -, -s, auch, bes. südd., österr., schweiz.: das; -s, -s: Kurzform von ↑E-Mail (1, 2)

Mail|box, die; -, -en (EDV): Datei zur Speicherung und zum Austausch von Nachrichten

mai|len ['meɪ̯lən]: etwas als ↑E-Mail senden

Mai|ling ['meɪ̯lɪŋ], das; -s, -s: [Versand von] Werbe-, Informationspost (per E-Mail, per Brief)

Mai|ling|lis|te, die; -, -n: E-Mail-Adressenliste im Internet für das Versenden u. Empfangen von Beiträgen

Main|stream ['meɪ̯nstri:m], der; -s: 1. stark vom Swing beeinflusste Jazzrichtung. 2. (oft abwertend) vorherrschende Richtung (z. B. im Kulturleben)

Maire [mɛ:ɐ̯], der; -s, -s: Bürgermeister in Frankreich

Mai|rie [mɛ...], die; -, ...i̯en: Bürgermeisterei in Frankreich

Mai|so|nette, Mai|son|nette [mɛzɔ'nɛt], die; -, -s: zweistöckige Wohnung in einem [Hoch]haus

Ma|jes|tät, die; -, -en: 1. (ohne Plural) Herrlichkeit, Erhabenheit. 2. Titel u. Anrede von Kaisern u. Königen

ma|jes|tä|tisch: herrlich, erhaben; hoheitsvoll

Ma|jo|li|ka, die; -, ...ken u. -s: Töpferware mit Zinnglasur; vgl. Fayence

Ma|jor, der; -s, -e: Offizier, der im Rang über dem Hauptmann steht

Ma|jo|ran [auch: ...'ra:n], der; -s, -e: a) Gewürz- u. Heilpflanze (Lippenblütler); b) als Gewürz verwendete, getrocknete Blätter des Majorans (a)

Ma|jo|rat, das; -[e]s, -e (Rechtswiss.): 1. Vorrecht des Ältesten auf das Erbgut; Ältestenrecht. 2. nach dem Ältestenrecht zu vererbendes Gut; vgl. Juniorat, Minorat

Ma|jor|do|mus, der; -, - (Geschichte): oberster Hofbeamter, Befehlshaber des Heeres (unter den fränkischen Königen)

ma|jo|renn (Rechtsspr. veraltet): volljährig, mündig

Ma|jo|ren|ni|tät, die; - (Rechtsspr. veraltet): Volljährigkeit, Mündigkeit

ma|jo|ri|sie|ren: überstimmen, durch Stimmenmehrheit zwingen

Ma|jo|ri|tät, die; -, -en: [Stimmen]mehrheit

Ma|jo|ri|täts|wahl, die; -, -en: Mehrheitswahl, nach der die Mehrheit den Kandidaten wählt, die Stimmen der Minderheit[en] hingegen unberücksichtigt bleiben

Ma|jorz, der; -es (schweiz.): ↑Majoritätswahl

Ma|jus|kel, die; -, -n: Großbuchstabe

ma|ka|ber: a) (durch eine bestimmte Beziehung zum Tod) unheimlich, Grauen hervorrufend; b) mit Tod u. Vergänglichkeit Scherz treibend

Ma|kak [ma'ka(:)k], der; -s u. -en, -en [ma'ka(:)kn̩]: meerkatzenartiger Affe

Ma|ka|me, die; -, -n: 1. kunstvolle alte arabische Stegreifdichtung. 2. (Geschichte) a) im Orient ein Podium für Sänger; b) Gesang der höfischen Sänger im Orient; vgl. Maqam

Make-up ['meɪk?ap], das; -s, -s: 1. Verschönerung des Gesichts mit kosmetischen Mitteln. 2. kosmetisches Mittel; Creme zum Tönen u./od. Glätten der Haut. 3. Aufmachung, Verschönerung eines Gegenstands

Ma|ki, der; -s, -s: ↑Lemure (2)

Mak|ka|bi|a|de, die; -, -n: in vierjährigem Zyklus stattfindender jüdischer Sportwettkampf nach Art der Olympiade

Ma|ko, der od. das; -[s], -s: 1. ägyptische Baumwolle. 2. Gewebe aus Mako (1)

Ma|k|ra|mee, das; -[s], -s: (ohne Plural) ursprünglich arabische Knüpftechnik, bei der Fäden zu Mustern verknüpft werden

Ma|k|re|le, die; -, -n: bis 35 cm langer Speisefisch des Mittelmeergebiets, des Atlantiks u. nordischer Gewässer

Ma|k|ro, der od. das; -s, -s (EDV): Kurzform von ↑Makrobefehl

Ma|k|ro|be|fehl, der; -[e]s, -e (EDV): zu einer Einheit zusammengefasste Folge von Befehlen

ma|k|ro|bi|o|tisch: die Makrobiotik betreffend

Ma|k|ro|fau|na, die; -, ...nen (Biol.): Arten der Tierwelt, die mit bloßem Auge sichtbar sind

ma|k|ro|kos|misch: den Makrokosmos betreffend

Ma|k|ro|kos|mos, der; -: das Weltall

Ma|k|ro|mo|le|kül, das; -s, -e: ein aus tausend od. mehr Atomen aufgebautes Molekül

ma|k|ro|mo|le|ku|lar [auch: 'ma:kro...]: aus Makromolekülen bestehend

Ma|k|ro|ne, die; -, -n: Gebäck aus Mandeln, Zucker u. Eiweiß

Ma|k|ro|öko|no|mie, die; - (Wirtsch.): Teilgebiet der Wirtschaftstheorie, dessen Gegenstand die Untersuchung gesamtwirtschaftlicher Zusammenhänge ist

ma|k|ro|öko|no|misch (Wirtsch.): die Makroökonomie betreffend

Ma|k|ro|phy|sik, die; -: Teilbereich der Physik, der den atomaren Aufbau der Materie nicht berücksichtigt

Ma|k|ro|phyt, der; -en, -en (meist Plural) (Biol.): mit dem bloßen Auge sichtbarer pflanzlicher Organismus

ma|k|ro|s|ko|pisch: ohne optische Hilfsmittel, mit bloßem Auge erkennbar

Ma|k|ro|struk|tur, die; -, -en: ohne optische Hilfsmittel erkennbare Struktur (z. B. von pflanzlichen Geweben)

Ma|k|ro|the|o|rie, die; -, -n: Theorie der Volkswirtschaft

Ma|k|ro|ze|pha|lie, die; -, ...ien (Med.): anomale Vergrößerung des Kopfes

Ma|ku|la|tur, die; -, -en: beim Druck schadhaft gewordene od. fehlerhafte Bogen

Ma|la|chit [auch: ...'xɪt], der; -s, -e: ein schwärzlich grünes Mineral; Schmuckstein

ma|lad, ma|la|de: [leicht] krank u. sich entsprechend lustlos, unwohl, elend fühlend

ma|la fi|de: in böser Absicht; trotz besseren Wissens; vgl. bona fide

Ma|la|ga, der; -s, -s: südspanischer brauner Süßwein

Ma|la|ko|lo|gie, die; -: Weichtierkunde

Ma|la|ria, die; -: Sumpffieber, Wechselfieber

Ma|la|ya|lam, Ma|la|ja|lam, das; -[s]: eine drawidische Sprache in Südindien

Ma|la|zie, die; -, ...ien (Med.): Erweichung, Auflösung der Struktur eines Gewebes

Mal|heur [ma'lø:ɐ̯], das; -s, -e u. -s: 1. (veraltet) Unglück. 2. (ugs.) [peinliches] Missgeschick

Ma|li|ce [ma'li:sə], die; -, -n (veraltet): 1. Bosheit. 2. boshafte Äußerung

M

ma|li|g|ne (Med.): bösartig (bes. von Tumoren)
Ma|li|g|ni|tät, die; - (Med.): Bösartigkeit
ma|li|zi|ös: arglistig, hämisch, boshaft
Mall [mɔːl], die; -, -s: (bes. in den USA) Einkaufszentrum
Malm, der; -[e]s (Geol.): die obere Abteilung des Juras (in Süddeutschland: Weißer Jura)
Ma|lo|che [auch: maˈlɔ...], die; - (ugs.): [schwere] Arbeit
ma|lo|chen (ugs.): schwer arbeiten, schuften
Ma|lo|cher [auch: maˈlɔ...], der; -s, - (ugs.): Arbeiter
Ma|lo|che|rin, die; -, -nen: weibliche Form zu ↑Malocher
Mal|te|ser, der; -s, -: 1. Angehöriger des katholischen Zweigs der Johanniter, deren Sitz 1530 bis 1798 Malta war. 2. weißer Schoßhund mit langhaarigem Fell
Mal|te|ser|kreuz, das; -es, -e: vgl. Johanniterkreuz
Mal|to|se, die; -: Malzzucker

M

mal|t|rä|tie|ren: misshandeln, quälen
Ma|lus, der; - u. -ses, - u. -se: 1. nachträglicher Prämienzuschlag bei Häufung von Schadensfällen in der Kraftfahrzeugversicherung. 2. (Schule, Sport) zum Ausgleich für eine bessere Ausgangsposition erteilter Punktnachteil
Mal|ve, die; -, -n: Käsepappel, eine krautige Heil- u. Zierpflanze
Mal|ware [...wɛːɐ̯, ...vɛːɐ̯], die; -, -s: Sammelbez. für Programme, die in Computersysteme eindringen u. Störungen od. Schäden verursachen (z. B. ein ↑Computervirus)
Ma|ma [veraltend, geh.: ...ˈmaː], die; -, -s (ugs.): Mutter
Mam|ba, die; -, -s: eine afrikanische Giftschlange
Mam|bo, die; -, -s: mäßig schneller lateinamerikanischer Tanz im 4/4-Takt
Mam|ma, die; -, ...mae [...mɛ]: 1. (Med.) weibliche Brust, Brustdrüse. 2. (Biol.) Zitze der Säugetiere
Mam|mo|gra|fie, Mam|mo|gra|phie, die; -, ...ien (Med.): Röntgenuntersuchung der weiblichen Brust (v. a. zur Brustkrebsvorsorge)
Mam|mon, der; -s (meist abwertend): Geld als etwas, was begehrt, wonach gestrebt wird
Mam|mut, das; -s, -e u. -s: ausgestorbene Elefantenart der Eiszeit mit langhaarigem Fell u. langen gebogenen Stoßzähnen
Mam|mut|baum, der; -[e]s, ...bäume: ↑Sequoia
Ma|na, das; -s: (nach der Vorstellung der Südseeinsulaner) eine geheimnisvolle, übernatürliche Kraft in Menschen, Tieren u. Dingen, die Außergewöhnliches bewirkt; vgl. Orenda
Mä|na|de, die; -, -n: sich wild gebärdende, rasende weibliche Person
Ma|nage|ment [ˈmænɪdʒmənt], das; -s, -s: 1. Leitung, Führung, Organisation (eines Unternehmens o. Ä.). 2. Führungskräfte in Großunternehmen o. Ä.
Ma|nage|ment-Buy-out, Ma|nage|ment-Buy|out [...baɪ̯ˈaʊ̯t], das od. der; -s, -s (Wirtsch.): Übernahme einer Firma durch die eigene Geschäftsleitung (Abk.: MBO)
ma|na|gen [ˈmɛnɪdʒn̩]: 1. (ugs.) leiten, zustande bringen, geschickt bewerkstelligen, organisieren. 2. (einen Berufssportler, Künstler o. Ä.) betreuen
Ma|na|ger [ˈmɛnɪdʒɐ], der; -s, -: 1. mit weitgehender Verfügungsgewalt, Entscheidungsbefugnis ausgestattete leitende Persönlichkeit [eines großen Unternehmens]. 2. Betreuer (eines Berufssportlers, Künstlers o. Ä.)
Ma|na|ge|rin, die; -, -nen: weibliche Form zu ↑Manager
Ma|na|ger|krank|heit, die; -: Erkrankung des Herz-Kreislauf-Systems infolge dauernder körperlicher u. psychischer Überbeanspruchung
Man|da|la, das; -s, -s: mystisches Kreis- od. Vieleckbild in den indischen Religionen, ein Hilfsmittel zur Meditation
Man|dant, der; -en, -en: Klient (bes. eines Rechtsanwalts), Kunde, Auftraggeber
Man|dan|tin, die; -, -nen: weibliche Form zu ↑Mandant
Man|da|rin: Dialekt von Peking, der heute die Standardsprache Chinas ist
Man|da|ri|ne, die; -, -n: kleine apfelsinenähnliche Zitrusfrucht von süßem Geschmack

Man|dat, das; -[e]s, -e: 1. (Rechtswiss.) Auftrag, jmdn. juristisch zu vertreten. 2. (Politik) Amt eines gewählten Abgeordneten mit Sitz u. Stimme im Parlament. 3. (Politik) in Treuhand von einem Staat verwaltetes Gebiet

Man|da|tar, der; -s, -e: 1. jmd., der im Auftrag, kraft Vollmacht eines anderen handelt (z. B. ein Rechtsanwalt). 2. (österr.) Abgeordneter

Man|da|ta|rin, die; -, -nen: weibliche Form zu ↑Mandatar

man|da|tie|ren (Rechtsspr. veraltet): jmdn. beauftragen, bevollmächtigen

Man|dats|ge|biet, das; -[e]s, -e: durch einen fremden Staat verwaltetes Gebiet

Man|do|la, die; -, ...len: eine Oktave tiefer als die Mandoline klingendes Zupfinstrument

Man|do|li|ne, die; -, -n: lautenähnliches Zupfinstrument mit bauchigem Schallkörper u. vier Doppelsaiten aus Stahl

Man|dor|la, die; -, ...dorlen (bildende Kunst): mandelförmiger Heiligenschein um die ganze Figur (bei Christus- u. Mariendarstellungen)

Man|d|ra|go|ra, Man|d|ra|go|re, die; -, ...oren: stängelloses Nachtschattengewächs mit großen Blättern u. glockigen Blüten

Man|d|rill, der; -s, -e: meerkatzenartiger Affe Westafrikas mit meist buntfarbigem Gesicht

Ma|ne|ge [...ʒə], die; -, -n: runde Fläche für Darbietungen im Zirkus, in einer Reitschule

Ma|nen, die (nur Plural): gute Geister der Toten im altrömischen Glauben

Man|ga, das od. der; -s, -[s]: aus Japan stammender handlungsreicher Comic mit besonderen grafischen Effekten

Man|gan, das; -s: chem. Element; ein Metall (Zeichen: Mn)

Man|go, die; -, ...gonen od. -s: längliche, grüne bis rotgelbe, saftige, wohlschmeckende Frucht des Mangobaumes

Man|go|baum, der; -[e]s, ...bäume: tropischer Obstbaum mit wohlschmeckenden Früchten

Man|g|ro|ve, die; -, -n: immergrüner Laubwald in Meeresbuchten u. Flussmündungen tropischer Gebiete

Ma|ni|chä|er, der; -s, -: 1. Anhänger des Manichäismus. 2. (veraltet) drängender Gläubiger

Ma|ni|chä|is|mus, der; -: von Mani gestiftete, dualistische Weltreligion

Ma|nie, die; -, ...ien: 1. krankhaft übersteigerte Leidenschaft. 2. (Psychol.) Phase der manisch-depressiven Psychose mit abnorm heiterem Gemütszustand, Enthemmung u. Triebsteigerung

Ma|nier, die; -, -en: 1. (ohne Plural) a) typischer Stil [eines Künstlers]; b) (abwertend) Künstelei. 2. (meist Plural) Benehmen, Umgangsform[en]. 3. (Musik) Verzierung

ma|nie|riert (abwertend): gekünstelt, unnatürlich

Ma|nie|riert|heit, die; -, -en (abwertend): Geziertheit, Künstelei

Ma|nie|ris|mus, der; -, ...men: 1. (ohne Plural; Kunstwiss.) Stilbegriff für die Kunst der Zeit zwischen Renaissance u. Barock. 2. (ohne Plural; Literaturwiss.) Stil der Übergangsphase zwischen Renaissance u. Barock. 3. (ohne Plural) Epoche des Manierismus (1, 2) von etwa 1520 bis 1580. 4. (ohne Plural) in verschiedenen Epochen (z. B. Hellenismus, Romantik, Jugendstil) dominierender gegenklassischer Stil. 5. manieriertes Verhalten, manierierte Ausdrucksweise

ma|nie|ris|tisch: in der Art des Manierismus

ma|nier|lich: a) brav, wohlerzogen; b) (ugs.) einigermaßen gut

ma|ni|fest: 1. offenbar, offenkundig. 2. (Med.) im Laufe der Zeit deutlich erkennbar (von Krankheiten u. Ä.)

Ma|ni|fest, das; -[e]s, -e: 1. Grundsatzerklärung, Programm [einer Partei, Kunst- od. Literaturrichtung, politischen Organisation]. 2. Verzeichnis der Güter auf einem Schiff

Ma|ni|fes|ta|ti|on, die; -, -en: 1. das Offenbar-, Sichtbarwerden. 2. (Rechtswiss.) Offenlegung, Darlegung; Bekundung. 3. (Med.) das Erkennbarwerden (von latenten Krankheiten, Erbanlagen u. Ä.)

ma|ni|fes|tie|ren: a) offenbaren; kundgeben, bekunden; b) sich manifestieren: offenbar, sichtbar werden

Ma|ni|kü|re, die; -, -n: (ohne Plural) Hand-, bes. Nagelpflege

ma|ni|kü|ren: die Hände (bes. die Nägel) pflegen

Ma|ni|la|hanf, Ma|ni|la-Hanf, der; -[e]s: Spinnfaser der philippinischen Faserbanane

Ma|ni|ok, der; -s, -s: tropische Kulturpflanze, aus deren Wurzelknollen die ↑Tapioka gewonnen wird

Ma|ni|pu|la|ti|on, die; -, -en: 1. gezielter Einfluss auf Menschen ohne deren Wissen. 2. absichtliche Verfälschung von Informationen. 3. (meist Plural) Machenschaft, undurchsichtiger Kniff. 4. (Technik) Handhabung, Verfahren. 5. (Med.) Eingriff; Handgriff

ma|ni|pu|la|tiv: auf Manipulation beruhend; durch Manipulation entstanden

Ma|ni|pu|la|tor, der; -s, ...oren: 1. jemand, der andere zu seinem eigenen Vorteil lenkt oder beeinflusst. 2. Vorrichtung zur indirekten Handhabung, Fernsteuerung (bei Operationen; beim Umgang mit gefährlichen Substanzen o. Ä.). 3. Zauberkünstler, Taschenspieler

Ma|ni|pu|la|to|rin, die; -, -nen: weibliche Form zu ↑Manipulator (1, 3)

ma|ni|pu|lier|bar: sich manipulieren lassend

M

ma|ni|pu|lie|ren: 1. (Menschen) gezielt beeinflussen. 2. (Informationen) verfälschen. 3. bestimmte Handgriffe (an jmdm., etwas) ausführen, hantieren

Ma|ni|pu|lie|rung, die; -, -en: ↑Manipulation

ma|nisch: 1. (Psychol.) für die ↑Manie (2) kennzeichnend; krankhaft heiter; erregt. 2. einer ↑Manie (1) entspringend; krankhaft übersteigert

ma|nisch-de|pres|siv (Psychol.): abwechselnd krankhaft heiter u. schwermütig

Ma|ni|tu, der; -[s]: die allem innewohnende, unpersönliche, auch als Geist personifizierte Macht des indianischen Glaubens

Man|ko, das; -s, -s: 1. Fehlbetrag. 2. Fehler, Unzulänglichkeit, Mangel

Man|na, das; -[s] oder die; -: (Altes Testament) vom Himmel gefallene Nahrung für die Israeliten in der Wüste nach ihrem Auszug aus Ägypten

Man|ne|quin [...kɛ̃, auch: ...ˈkɛ̃:], das, selten: der; -s, -s: 1. weibliche Person, die Kleider vorführt. 2. lebensechte Schaufensterpuppe

Man|nit, der; -s, -e: in der Natur weitverbreiteter sechswertiger, kristalliner Alkohol, der für Kunstharze u. Heilmittel verwendet wird

Ma|no|me|ter, das; -s, -: 1. (Physik) Druckmesser für Gase u. Flüssigkeiten. 2. (salopp) (als Ausruf des Erstaunens, des Unwillens) Mann!

ma non trop|po (Musik): aber nicht zu sehr (Vortragsanweisung)

Ma|nö|ver, das; -s, -: 1. (Militär) a) größere Truppen-, Flottenübung unter kriegsmäßigen Bedingungen; b) taktische Truppenbewegung. 2. Bewegung, die mit einem Schiff, Flugzeug, Auto o. Ä. ausgeführt wird. 3. Ablenkungs-, Täuschungsversuch

Ma|nö|ver|kri|tik, die; -, -en: kritische Besprechung von Erfahrungen und Ergebnissen

ma|nö|v|rie|ren: 1. ein Manöver (1 b) durchführen. 2. eine Sache od. ein Fahrzeug (Schiff, Flugzeug, Raumschiff, Auto) geschickt lenken od. bewegen. 3. Kunstgriffe anwenden, um sich od. jmdn. in eine bestimmte Situation zu bringen

Man|po|w|er [ˈmænpaʊ̯ɐ], die; - (Jargon): Personal; Arbeitskräfte

Man|sar|de, die; -, -n: für Wohnzwecke ausgebautes Dachgeschoss, -zimmer

Man|schet|te, die; -, -n: 1. Ärmelaufschlag. 2. (Technik) Dichtungsring aus Gummi, Leder od. Kunststoff mit eingestülptem Rand

Man|tik, die; -: Seher-, Wahrsagekunst

Man|tis|se, die; -, -n: 1. (veraltet) Zugabe, Anhängsel. 2. (Math.) Ziffern des ↑Logarithmus hinter dem Komma

Man|t|ra, das; -s, -s: als wirkungskräftig geltender religiöser Spruch, magische Formel der Inder

[1]**Ma|nu|al,** das; -s, -e, **Ma|nu|a|le,** das; -[s], -[n]: Handklaviatur der Orgel

[2]**Ma|nu|al** [ˈmɛnjuəl] (bes. EDV): Bedienungsanleitung; Handbuch

ma|nu|ell: die Hände, die Tätigkeit der Hände betreffend; mit der Hand, von Hand

Ma|nu|fak|tur, die; -, -en: 1. (Geschichte) gewerblicher Großbetrieb mit Handarbeit. 2. in Handarbeit hergestelltes gewerbliches Erzeugnis

Ma|nu|skript, das; -[e]s, -e: 1. Handschrift, handschriftliches Buch der Antike und des Mittelalters. 2. Niederschrift eines literarischen, wissenschaftlichen o. ä. Textes als Vorlage für den Setzer (Abk.: Ms. od. Mskr.,

Plur.: Mss.). 3. vollständige od. stichwortartige Ausarbeitung eines Vortrags, einer Vorlesung, Rede u. Ä.

Man|za|nil|la [mantsaˈnɪlja, auch: mansa...], der; -s, -s: südspanischer Weißwein

Mao|is|mus, der; -: politische Ideologie, die streng dem Konzept des chinesischen Kommunismus folgt

Mao|ist, der; -en, -en: jmd., der die Ideologie des Maoismus vertritt

Mao|is|tin, die; -, -nen: weibliche Form zu ↑Maoist

mao|is|tisch: den Maoismus betreffend; zum Maoismus gehörend

[1]**Ma|o|ri** [auch: ˈmaʊ̯ri], der; -[s], -[s]: Angehöriger eines polynesischen Volkes auf Neuseeland

[2]**Ma|o|ri,** das; -: Sprache der [1]Maoris

Ma|qam [maˈka:m], der; -, -en od. ...amat (Musik): a) Melodiemodell auf 17 Stufen im arabischen Tonsystem; vgl. Makame; b) liedartiger Zyklus, der das Maqam (a) variiert

Ma|quet|te [maˈkɛtə], die; -, -n: Skizze, Entwurf, Modell

Ma|quis [maˈki:], der; -: 1. französische Widerstandsorganisation im Zweiten Weltkrieg. 2. frz. Bez. für ↑Macchia

Ma|ra|bu, der; -s, -s: tropische Storchenart mit kropfartigem Kehlsack

Ma|ra|but, der; - u. -[e]s, -[s]: islamischer Einsiedler od. Heiliger

Ma|ra|cu|ja, die; -, -s: essbare Frucht der Passionsblume

Ma|ras|mus, der; -, ...men (Med.): allgemeiner geistig-körperlicher Kräfteverfall

[1]**Ma|ra|thon** [auch: ˈma...], der; -s, -s: ↑Marathonlauf

[2]**Ma|ra|thon** [auch: ˈma...], der, auch: das; -s, -s (ugs.): etwas übermäßig lange Dauerndes u. dadurch Anstrengendes

Ma|ra|thon|lauf [auch: ˈma...], der; -[e]s, ...läufe: Langstreckenlauf über 42,2 km (olympische Disziplin)

mar|ca|to (Musik): markiert, scharf hervorgehoben, betont (Vortragsanweisung)

Mar|che|se [...ˈke:zə], der; -, -n: a) (ohne Plural) hoher italienischer Adelstitel; b) Träger dieses Titels

Ma|re, das; -, - od. ...ria: als dunkle Fläche erscheinende große Ebene auf dem Mond u. auf dem Mars

Ma|ren|go, der; -s: grau melierter Kammgarnstoff für Mäntel u. Kostüme

Mar|ga|ri|ne, die; -, (Sorten) -n: streichfähiges, butterähnliches Speisefett aus tierischen u. pflanzlichen od. rein pflanzlichen Fetten

Mar|ge [ˈmarʒə], die; -, -n: 1. Abstand, Spielraum, Spanne. 2. (Wirtsch.) Unterschied zwischen Selbstkosten u. Verkaufspreisen; Handelsspanne

Mar|ge|ri|te, die; -, -n (Bot.): [Wiesen]blume mit sternförmigem weißem Blütenstand

mar|gi|nal: 1. auf dem Rand stehend; am Rand liegend. 2. nicht unmittelbar wichtig; geringfügig

Mar|gi|na|lie [...i̯ə], die; -, -n (meist Plural): 1. Anmerkung am Rande einer Handschrift od. eines Buches. 2. (Rechtswiss.) Randtitel bei Gesetzeserlassen

mar|gi|na|li|sie|ren: 1. mit Marginalien versehen. 2. [politisch] ins Abseits schieben

Mar|gi|na|li|sie|rung, die; -, -en: das Marginalisieren

Ma|ri|a|ge [...ʒə], die; -, -n: 1. (veraltet) Heirat, Ehe. 2. das Zusammentreffen von König u. Dame in der Hand eines Spielers (bei verschiedenen Kartenspielen). 3. Kartenspiel, das mit 32 Karten gespielt wird

ma|ri|a|nisch: die Gottesmutter Maria betreffend

Ma|ri|hu|a|na, das; -s: aus getrockneten Blättern, Stängeln u. Blüten des indischen Hanfs hergestelltes Rauschgift

Ma|ril|le (landsch., bes. österr.): Aprikose

Ma|rim|ba, die; -, -s: (bes. in Guatemala beliebtes) dem Xylofon ähnliches, ursprünglich aus Afrika stammendes Musikinstrument

Ma|rim|ba|fon, Ma|rim|ba|phon, das; -s, -e: Xylofon mit Resonatoren

ma|rin: 1. zum Meer gehörend. 2. im Meer lebend; aus dem Meer stammend

Ma|ri|na|de, die; -, -n: aus Öl, Essig u. Gewürzen hergestellte Beize zum Einlegen von Fleisch u. Fisch od. für Salate

Ma|ri|ne, die; -, -n: 1. Seewesen eines Staates; Flottenwesen. 2. Kriegsflotte, Flotte

M

ma|ri|ne|blau: dunkelblau
ma|ri|nie|ren: in eine Marinade einlegen od. damit beträufeln
Ma|rio|lo|gie, die; -: katholisch-theologische Lehre von der Gottesmutter
Ma|ri|o|net|te, die; -, -n: 1. an Fäden od. Drähten aufgehängte u. dadurch bewegliche Gliederpuppe. 2. willenloses Geschöpf
Ma|ri|o|net|ten|re|gie|rung, die; -, -en (abwertend): von einem fremden Staat eingesetzte u. von ihm abhängige Regierung
ma|ri|tim: 1. das Meer betreffend. 2. das Seewesen betreffend
mar|kant: stark ausgeprägt
Mar|ker, der; -s, -[s]: 1. (Sprachwiss.) Merkmal eines sprachlichen Elements, dessen Vorhandensein mit + u. dessen Fehlen mit – gekennzeichnet wird. 2. (Biol.) genetisches Merkmal bei Viren. 3. (Med.) biologische Substanz (z. B. Protein, Hormon), deren Nachweis auf einen Krankheitszustand hindeutet. 4. Stift zum Markieren (1)
Mar|ke|ten|der, der; -s, - (früher): die Truppe bei Manövern u. im Krieg begleitender Händler
Mar|ke|ten|de|rin, die; -, -nen: weibliche Form zu ↑Marketender
Mar|ke|te|rie, die; -, ...ien: Einlegearbeit mit Furnierblättern
Mar|ke|ting [auch: 'ma:ɐ̯kɪtɪŋ], das; -[s] (Wirtsch.): Ausrichtung der Teilbereiche eines Unternehmens auf die Förderung des Absatzes durch Werbung, durch Steuerung der eigenen Produktion u. a.
mar|kie|ren: 1. bezeichnen, kennzeichnen, kenntlich machen. 2. a) hervorheben, betonen; b) sich markieren: sich deutlich abzeichnen. 3. (österr.) entwerten (von Fahrkarten). 4. (Gastron.) ein Gericht vorbereiten. 5. etwas [nur] andeuten (z. B. auf einer [Theater]probe). 6. (Sport) einen Treffer erzielen. 7. (Sport) in einer bestimmten Art u. Weise decken. 8. (ugs.) vortäuschen; so tun, als ob
Mar|kie|rung, die; -, -en: Kennzeichnung; [Kenn]zeichen; Einkerbung
Mar|ki|se, die; -, -n: 1. Sonnendach, Schutzdach, -vorhang aus festem Stoff. 2. länglicher Diamantenschliff

M

Mar|kör, Mar|keur, der; -s, -e: 1. Schiedsrichter, Punktezähler beim Billardspiel. 2. (Landwirtsch.) Furchenzieher
Mar|me|la|de, die; -, -n: 1. Brotaufstrich aus mit Zucker eingekochtem Fruchtmark bzw. eingekochten reifen Früchten. 2. (nach einer Verordnung der Europäischen Gemeinschaft) süßer Brotaufstrich aus Zitrusfrüchten
Mar|mor, der; -s, -e: weißes od. farbiges, häufig geädertes, sehr hartes Kalkgestein, das bes. in der Bildhauerei u. als Baumaterial verwendet wird
mar|mo|rie|ren: marmorartig bemalen, ädern
mar|morn: aus Marmor
ma|ro|de: heruntergekommen, ruiniert, abgewirtschaftet
Ma|ro|deur [...'dø:ɐ̯], der; -s, -e: plündernder Nachzügler einer Truppe
ma|ro|die|ren: plündern
[1]**Ma|ro|ne,** die; -, -n u. bes. südd., österr.: ...ni: [geröstete] essbare Edelkastanie
[2]**Ma|ro|ne,** die; -, -n: essbarer Röhrenpilz mit dunkelbraunem Hut
Ma|ro|ni, die; -, - (südd., österr.): ↑[1]Marone
Ma|ro|nit, der; -en, -en (meist Plural): Angehöriger der mit Rom unierten syrisch-christlichen Kirche im Libanon
ma|ro|ni|tisch: die Maroniten betreffend
Ma|rot|te, die; -, -n: Schrulle, wunderliche Neigung, merkwürdige Idee
Mar|quis [...'ki:], der; - [...ki:(s)], - [...ki:s]: 1. (ohne Plural) französischer Adelstitel. 2. Träger dieses Titels
Mar|qui|se, die; -, -n: 1. (ohne Plural) weibliche Form zu ↑Marquis. 2. Ehefrau eines Marquis
Mar|qui|set|te, Mar|ki|set|te, die; -, auch: der; -s: gazeartiges Gardinengewebe
Mar|seil|lai|se [...sɛ'jɛ:z(ə)], die; -: französische Nationalhymne (1792 entstandenes Marschlied der Französischen Revolution)
Mar|shall|plan ['marʃal..., auch: 'ma:ɐ̯ʃl̩...], der; -[e]s: amerikanisches [wirtschaftliches] Hilfsprogramm für die westeuropäischen Staaten nach dem Zweiten Weltkrieg
mar|ti|a|lisch: kriegerisch; grimmig, wild
Mar|tin|gal, das; -s, -e (Reiten): zwischen den

Vorderbeinen des Pferdes durchlaufender Hilfszügel

Mär|ty|rer, der; -s, -: jmd., der wegen seines Glaubens oder seiner Überzeugung Verfolgungen, körperliche Leiden, den Tod auf sich nimmt

Mär|ty|re|rin, Mär|ty|rin, die; -, -nen: weibliche Formen zu ↑Märtyrer

Mar|ty|ri|um, das; -s, ...ien: Opfertod, schweres Leiden [um des Glaubens oder der Überzeugung willen]

Mar|xis|mus, der; -, ...men: (ohne Plural) von Karl Marx u. Friedrich Engels entwickeltes System von philosophischen, politisch-sozialen und ökonomischen Lehren

Mar|xis|mus-Le|ni|nis|mus, der; -: von Lenin weiterentwickelter Marxismus

Mar|xist, der; -en, -en: Vertreter u. Anhänger des Marxismus

Mar|xis|tin, die; -, -nen: weibliche Form zu ↑Marxist

mar|xis|tisch: a) den Marxismus betreffend; b) im Sinne des Marxismus

Ma|ry Jane ['mɛə̯rɪ 'dʒɛɪ̯n], die; - - (ugs. verhüllend): Marihuana

März, der; -[es] (dichter. auch: -en), -e: dritter Monat im Jahr

Mar|zi|pan [auch: 'mar...], das (selten: der); -s, -e: weiche Masse aus Mandeln, Aromastoffen u. Zucker

Mas|ca|ra, die; -, -s: Wimperntusche

Mas|car|po|ne, der; -[s]: aus Molke hergestellter italienischer Frischkäse

Ma|schi|ne, die; -, -n: 1. mechanische Vorrichtung aus beweglichen Teilen, mit deren Hilfe bestimmte Arbeiten [leichter als von Hand] ausgeführt werden können. 2. a) Motorrad; b) Flugzeug; c) Rennwagen

ma|schi|nell: maschinenmäßig; mit einer Maschine [hergestellt]

ma|schi|nen|les|bar (EDV): für einen Computer o. Ä. lesbar

Ma|schi|ne|rie, die; -, ...ien: 1. maschinelle Einrichtung. 2. System von automatisch ablaufenden Vorgängen, in die einzugreifen schwer od. unmöglich ist

Ma|schi|nist, der; -en, -en: 1. jmd., der fachkundig Maschinen bedient u. überwacht. 2. auf Schiffen der für Inbetriebsetzung, Instandhaltung u. Reparaturen an der Maschine Verantwortliche

Ma|schi|nis|tin, die; -, -nen: weibliche Form zu ↑Maschinist (1, 2)

Ma|ser ['mɛɪ̯zɐ], der; -s, - (Physik): Gerät zur Verstärkung bzw. Erzeugung von Mikrowellen

Mas|ke, die; -, -n: 1. a) Gesichtsform aus Holz, Leder, Pappe, Metall als Requisit des Theaters, Tanzes, der Magie zur Veränderung des Gesichts; b) Gesichtsschutz; c) (Med.) bei der Narkose ein Mund u. Nase bedeckendes Gerät, mit dem Gase (z. B. Sauerstoff) eingeatmet werden. 2. Aufmachung des Schauspielers. 3. Verstellung, Vortäuschung. 4. eine Art Schablone, die auf den Computerbildschirm abgerufen werden kann und in die Daten eingetragen werden

Mas|ke|ra|de, die; -, -n: 1. Verkleidung. 2. Maskenfest, Mummenschanz. 3. Heuchelei

mas|kie|ren: 1. verkleiden, eine Maske umbinden. 2. verdecken, verbergen. 3. (Gastron.) Speisen mit einer Glasur o. Ä. überziehen

Mas|kie|rung, die; -, -en: 1. (Chemie) Bildung von chemischen Komplexen, um eine Ionenart quantitativ bestimmen zu können. 2. (Zool.) Tarnung, Schutztracht mithilfe von Steinchen, Schmutz od. Pflanzenteilen bei Tieren

Mas|kott|chen, das; -s, -, **Mas|kot|te,** die; -, -n: Talisman (Anhänger, Puppe u. a.), der Glück bringen soll

mas|ku|lin [auch: 'ma...]: a) für den Mann charakteristisch, männlich; b) das Männliche betonend; c) (Sprachwiss.) mit männlichem Geschlecht (Abk.: m)

Mas|ku|li|num, das; -s, ...na (Sprachwiss.): a) männliches Geschlecht eines Substantivs; b) männliches Substantiv (z. B. der Wagen; Abk.: M., Mask.)

Ma|so|chis|mus, der; -, ...men: 1. (ohne Plural) das Empfinden von sexueller Erregung durch Erleiden von körperlichen od. seelischen Misshandlungen. 2. masochistische Handlung; vgl. Sadismus

Ma|so|chist, der; -en, -en: jmd., der durch Erleiden von Misshandlungen sexuelle Erregung empfindet

Ma|so|chis|tin, die; -, -nen: weibliche Form zu ↑Masochist

ma|so|chis|tisch: den Masochismus betreffend

Mas|sa|ge […ʒə], die; -, -n: Behandlung des Körpergewebes mit den Händen (durch Kneten, Klopfen, Streichen u. Ä.) od. mit mechanischen Apparaten zur Lockerung u. Kräftigung der Muskeln sowie zur Förderung der Durchblutung o. Ä.

Mas|sa|ker, das; -s, -: Gemetzel, Blutbad, Massenmord

mas|sa|k|rie|ren: 1. niedermetzeln, grausam umbringen. 2. (ugs., meist scherzh.) quälen

Maß|ana|ly|se, die; -, -n (Chemie): Verfahren, durch ↑Titration die Zusammensetzung von Lösungen zu ermitteln

[1]**Mas|sel,** der, österr. das; -s: Glück

[2]**Mas|sel,** die; -, -n: plattenförmiger gegossener Metallblock

Mas|sen|hys|te|rie, die; -, -n […iːən]: unkontrollierte [panikartige] Erregung vieler Menschen, bes. bei Massenansammlungen

M

Mas|sen|me|di|um, das; -s, …dien (meist Plural): auf große Massen ausgerichteter Vermittler von Information u. Kulturgut (z. B. Presse, Film, Funk, Fernsehen)

Mas|seur […ˈsøːɐ̯], der; -s, -e: jmd., der berufsmäßig Massagen verabreicht

Mas|seu|rin […ˈsøːrɪn], die; -, -nen: weibliche Form zu ↑Masseur

Mas|seu|se […ˈsøːzə], die; -, -n: 1. (veraltend) weibliche Form zu ↑Masseur. 2. (verhüll.) Prostituierte

[1]**mas|sie|ren:** jmdn. mit einer Massage behandeln

[2]**mas|sie|ren:** 1. Truppen zusammenziehen. 2. verstärken

mas|siv: 1. ganz aus ein u. demselben Material, nicht hohl. 2. fest, wuchtig. 3. stark, grob, heftig

Mas|siv, das; -s, -e: 1. Gebirgsstock, geschlossene Gebirgseinheit. 2. (Geol.) durch Hebung u. Abtragung freigelegte Masse alter Gesteine

Mas|siv|bau, der; -[e]s: Bauweise, bei der fast ausschließlich Naturstein, Ziegelstein od. Beton verwendet wird

Mas|si|vi|tät, die; -: Wucht, Nachdruck

Mas|so|ra, die; -: [jüdische] Textkritik des Alten Testaments; Gesamtheit textkritischer Rand- od. Schlussbemerkungen in alttestamentlichen Handschriften

Mas|ter, der; -s, -: 1. englische Anrede für: junger Herr. 2. akademischer Grad, bes. in Großbritannien u. in den USA, z. B. Master of Arts. 3. Kopie (einer CD), die als Grundlage weiterer Kopien dient; Schallplattenmatrize

Mas|te|ring, das; -[s], -s (Plural selten): 1. [künstlerische] Endbearbeitung einer Tonaufnahme. 2. Herstellung einer Kopie des Originals eines Datenträgers (z. B. CD, DVD) als Vorlage für die weitere Vervielfältigung

Mas|tiff, der; -s, -s: doggenartiger Hund (englische Hunderasse)

Mas|ti|ka|tor, der; -s, …oren: Knetmaschine

Mas|tix, der; -[es]: 1. Harz des Mastixbaumes, das für Pflaster, Kaumittel, Lacke u. a. verwendet wird. 2. Gemisch aus Bitumen u. Gesteinsmehl, das als Straßenbelag verwendet wird

Mas|t|o|don, das; -s, …donten: ausgestorbene Elefantenart des Tertiärs

Mas|tur|ba|ti|on, die; -, -en: 1. geschlechtliche Selbstbefriedigung; Onanie. 2. geschlechtliche Befriedigung eines anderen durch manuelle Reizung der Geschlechtsorgane

mas|tur|bie|ren: 1. sich selbst geschlechtlich befriedigen; onanieren. 2. bei jmdm. die Masturbation (2) ausüben

Ma|ta|dor, der; -s (auch: -en), -e (auch: -en): 1. Stierkämpfer, der dem Stier den Todesstoß versetzt. 2. wichtigster Mann, Hauptperson

Ma|ta|do|rin, die; -, -nen: weibliche Form zu ↑Matador

Match [mɛtʃ], das, schweiz. der; -[e]s, Plur. -[e]s, auch -e: sportlicher Wettkampf in Form eines Spiels

Match|ball [ˈmɛtʃ…], der; -[e]s, …bälle (Badminton, Tennis, Tischtennis): über den Sieg entscheidender Ball

Match|beu|tel, der; -s, -: über der Schulter getragener, größerer Beutel

Match|plan [ˈmɛtʃ…], der; -[e]s, …pläne (bes. Fußball): [vom Trainer festgelegte] Strategie für ein Spiel

Match|stra|fe, die; -, -n (Eishockey): Feldverweis für die gesamte Spieldauer

Match|win|ner, der; -s, -: 1. Spieler in einem Mannschaftsspiel, der die Entscheidung für einen Sieg herbeiführt. 2. a) den Verlauf des Spiels entscheidend beeinflussender Spielzug; b) spielentscheidender Punkt

[1]**Ma|te,** der; -: aus den gerösteten, koffeinhaltigen Blättern der Matepflanze zubereiteter Tee

[2]**Ma|te,** die; -, -n: südamerikanisches Stechpalmengewächs; Matepflanze

Ma|ter do|lo|ro|sa, die; - - (Kunstwiss.; Rel.): Darstellung Marias in ihrem Schmerz über die Leiden ihres Sohnes; vgl. Pieta

ma|te|ri|al: 1. stofflich, sich auf einen Stoff beziehend, als Material gegeben; vgl. materiell (1). 2. (Philos.) inhaltlich

Ma|te|ri|al, das; -s, -ien: 1. Stoff, Werkstoff, Rohstoff, aus dem etwas besteht, gefertigt wird. 2. Hilfsmittel, Gegenstände, die für eine bestimmte Arbeit, für die Herstellung von etwas, als Ausrüstung o. Ä. benötigt werden. 3. [schriftliche] Angaben, Unterlagen, Belege, Nachweise o. Ä.

Ma|te|ri|a|li|sa|ti|on, die; -, -en: 1. (Physik) Umwandlung von [Strahlungs]energie in materielle Teilchen mit Ruhemasse. 2. (Parapsychol.) Bildung körperhafter Gebilde in Abhängigkeit von einem [1]Medium (4)

ma|te|ri|a|li|sie|ren: (Parapsychol.) eine Materialisation (2) bewirken

Ma|te|ri|a|lis|mus, der; -: 1. philosophische Lehre, die die ganze Wirklichkeit (einschließlich Seele, Geist, Denken) auf Kräfte od. Bedingungen der Materie zurückführt. 2. Streben nach bloßem Lebensgenuss ohne ethische Ziele u. Ideale

Ma|te|ri|a|list, der; -en, -en: 1. Vertreter, Anhänger des philosophischen Materialismus. 2. oberflächlicher, nur auf den eigenen Nutzen bedachter Mensch

Ma|te|ri|a|lis|tin, die; -, -nen: weibliche Form zu ↑Materialist

ma|te|ri|a|lis|tisch: 1. den Materialismus (1) betreffend. 2. nur auf eigenen Nutzen u. Vorteil bedacht

Ma|te|ri|a|li|tät, die; -: Stofflichkeit, Körperlichkeit, das Bestehen aus Materie

Ma|te|ri|al|kon|s|tan|te, die; -, -n (Physik): feste Größe, die vom Material (1) eines untersuchten Körpers abhängt (z. B. die Dichte)

Ma|te|rie, die; -, -n: 1. (ohne Plural; Physik) Stoff, Substanz, unabhängig vom Aggregatzustand. 2. Gegenstand, Gebiet [einer Untersuchung]. 3. Urstoff, Ungeformtes. 4. (Philos.) die außerhalb unseres Bewusstseins vorhandene Wirklichkeit im Gegensatz zum Geist. 5. Inhalt, Substanz im Gegensatz zur Form

ma|te|ri|ell: 1. stofflich, körperlich greifbar; die Materie betreffend. 2. auf Besitz, auf Gewinn bedacht. 3. finanziell, wirtschaftlich

Ma|te|tee, der; -s: ↑[1]Mate

Ma|the|ma|tik [auch: ...'tɪk, österr.: ...'matɪk], die; -: Wissenschaft von den Raum- u. Zahlengrößen

Ma|the|ma|ti|ker, der; -s, -: Wissenschaftler auf dem Gebiet der Mathematik

Ma|the|ma|ti|ke|rin, die; -, -nen: weibliche Form zu ↑Mathematiker

ma|the|ma|tisch: die Mathematik betreffend

Ma|ti|nee, die; -, ...een: am Vormittag stattfindende künstlerische Veranstaltung

Ma|t|rat|ze, die; -, -n: Bettpolster; federnder Betteinsatz

Mä|t|res|se, die; -, -n: 1. (Geschichte) Geliebte eines Fürsten. 2. (abwertend) Geliebte, bes. eines verheirateten Mannes

Ma|t|ri|ar|chat, das; -[e]s, -e: Gesellschaftsordnung, bei der die Frau eine bevorzugte Stellung in Staat u. Familie innehat u. bei der in Erbfolge u. sozialer Stellung die weibliche Linie ausschlaggebend ist

Ma|t|ri|kel, die; -, -n: 1. Verzeichnis von Personen (z. B. der Studenten an einer Universität); vgl. Immatrikulation. 2. (österr.) Personenstandsregister

Ma|t|rix, die; -, Matrizes, auch: Matrices [...tse:s] u. Matrizen: 1. (Biol.) a) Keimschicht, aus der etwas (z. B. das Nagelbett) entsteht; b) Hülle der ↑Chromosomen. 2. a) (Math.) rechteckiges Schema von Zahlen, für das bestimmte Rechenregeln gelten; b) (EDV) System, das zusammengehörende Einzelfaktoren darstellt

Ma|t|ri|ze, die; -, -n: 1. (Druckw.) a) (bei der Setzmaschine) Hohlform zum Erzeugen der Druckbuchstaben; b) von einem Druckstock zur Anfertigung eines ↑Galvanos hergestellte [Wachs]form. 2. (bei der Formung eines Werkstücks) Teil des Werkzeugs, in dessen Hohlform der Stempel eindringt

Ma|t|ro|ne, die; -, -n: ältere, Gesetztheit u. Würde ausstrahlende [füllige] Frau

Ma|t|ro|sch|ka, seltener: **Ma|t|ri|osch|ka, Ma|tr|josch|ka,** die; -, -s: aus zwei Teilen zusammengesetzte Figur mit aufgemalter Darstellung einer weiblichen Person, die in ihrem hohlen Inneren mehrere kleinere Exemplare enthält

Ma|t|ro|se, der; -n, -n: Seemann

mat|tie|ren: matt, glanzlos machen

Ma|tur, die; - (schweiz.): ↑Abitur, Reifeprüfung

Ma|tu|ra, die; - (österr., schweiz.): Reifeprüfung

Ma|tu|rand, der; -en, -en (schweiz.): Abiturient

Ma|tu|ran|din, die; -, -nen: weibliche Form zu ↑Maturand

Ma|tu|rant, der; -en, -en (österr.): jmd., der die Reifeprüfung gemacht hat od. macht

Ma|tu|ran|tin, die; -, -nen: weibliche Form zu ↑Maturant

Ma|tu|ri|tät, die; -: 1. (veraltet) Reife[zustand]. 2. (schweiz.) Abitur; Hochschulreife

Ma|tu|tin, die; -, -e[n]: nächtliches Stundengebet

Mat|ze, die; -, -n, **Mat|zen,** der; -s, -: ungesäuertes Fladenbrot, wie es die Juden während der Passahzeit essen

Mau-Mau, das; -[s]: Kartenspiel, bei dem in der Farbe od. im Kartenwert bedient werden muss

mau|scheln: 1. unter der Hand in undurchsichtiger Weise Vorteile aushandeln, Vereinbarungen treffen, Geschäfte machen. 2. Mauscheln spielen

Mau|scheln, das; -s: Kartenspiel für 3–6 Personen

Maus|klick, der; -s, -s (EDV): das Anklicken mit der Maus, wodurch ein Prozess aktiviert wird

Mau|so|le|um, das; -s, ...een: monumentales Grabmal in Form eines Bauwerks

Maus|pad [...pɛd] (EDV): Unterlage, auf der die Maus bewegt wird

mauve [mo:f]: malvenfarbig

ma|xi: knöchellang

Ma|xi-CD, die; -s, -[s]: CD mit nur einem od. nur wenigen Titeln, bes. der Popmusik

ma|xi|mal: a) sehr groß, größt..., höchst...; b) höchstens

Ma|xi|me, die; -, -n: Leitsatz

ma|xi|mie|ren: bis zum Höchstwert steigern

Ma|xi|mie|rung, die; -, -en: das Maximieren

Ma|xi|mum, das; -s, ...ma: 1. (Plural selten) größtes Maß, höchster Wert; Höchstmaß. 2. (Math.) oberer Extremwert

Max|well ['mækswəl], das; -, - (Physik): Einheit des magnetischen Flusses im elektromagnetischen ↑CGS-System (Zeichen: M)

May|day ['meɪdeɪ]: internationaler Notruf im Funksprechverkehr

Ma|yon|nai|se [majɔ'nɛ:zə]: kalte, dickliche Soße aus Eigelb, Öl u. Gewürzen

Ma|y|or ['meə, auch: mɛ:ɐ̯], der; -s, -s: Bürgermeister in Großbritannien u. in den USA

Mä|zen, der; -s, -e: vermögender Privatmann, der [einen] Künstler od. Sportler bzw. Kunst, Kultur od. Sport finanziell fördert

Mä|ze|na|ten|tum, das; -[e]s: freigebige, gönnerhafte Kunstpflege, -freundschaft

mä|ze|na|tisch: nach Art eines Mäzens

Mä|ze|nin, Mä|ze|na|tin, die; -, -nen: weibliche Formen zu ↑Mäzen

Ma|zis, der; -: getrocknete Samenhülle der Muskatnuss (als Gewürz u. Heilmittel verwendet)

Ma|zur|ka, die; -, ...ken u. -s: polnischer Nationaltanz im $^3/_4$- od. $^3/_8$-Takt

Mc|Car|thy|is|mus [məka:ɐ̯θi'ɪsmʊs], der; -: zu Beginn der 1950er-Jahre in den USA betriebene Verfolgung von Kommunisten u. Linksintellektuellen

Me|cha|nik, die; -, -en: 1. (ohne Plural) Wissenschaft von der Bewegung der Körper unter dem Einfluss äußerer Kräfte od. Wechselwirkungen. 2. Getriebe, Triebwerk, Räderwerk. 3. automatisch ablaufender, selbsttätiger Prozess

Me|cha|ni|ker, der; -s, -: Handwerker od. Facharbeiter, der Maschinen, technische Geräte o. Ä. zusammenbaut, prüft, instand hält u. repariert

Me|cha|ni|ke|rin, die; -, -nen: weibliche Form zu ↑Mechaniker

me|cha|nisch: 1. den Gesetzen der Mechanik entsprechend. 2. maschinenmäßig, von Maschinen angetrieben. 3. gewohnheitsmäßig, unwillkürlich, unbewusst [ablaufend]. 4. ohne Nachdenken [ablaufend], kein Nachdenken erfordernd

me|cha|ni|sie|ren: auf mechanischen Ablauf, Betrieb umstellen

Me|cha|nis|mus, der; -, ...men: 1. Getriebe, Triebwerk, sich bewegende Einrichtung zur Kraftübertragung. 2. [selbsttätiger] Ablauf (z. B. von ineinandergreifenden Vorgängen in einer Behörde od. Körperschaft); Zusammenhang od. Geschehen, das gesetzmäßig u. wie selbstverständlich abläuft

me|cha|nis|tisch: [nur] auf mechanischen Ursachen beruhend

Mèche [mɛʃ], **Me|sche,** die; -, -n (österr.): gefärbte Haarsträhne

Me|dail|le [meˈdaljə], die; -, -n: runde od. ovale Plakette mit Inschrift od. figürlicher Darstellung als Auszeichnung für besondere Leistungen od. zum Andenken an eine Person od. ein Geschehen

Me|dail|lon [...dalˈjõː], das; -s, -s: 1. (an einem Kettchen getragene) kleine, flache Kapsel, die ein Bild od. ein Andenken enthält. 2. (Kunstwiss.) rundes od. ovales [in etwas eingearbeitetes] Relief od. Bild[nis]. 3. (Gastron.) kleine Fleisch-, Fischscheibe (bes. vom Filetstück)

Me|dia, die; -, ...diä u. ...dien: 1. (Sprachwiss.) stimmhafter ↑Explosivlaut (z. B. b). 2. Plural von ↑[1]Medium

me|di|al: 1. das [1]Medium (2, 4, 5) betreffend. 2. (Med.) in der Mitte liegend, die Mitte bildend

me|di|a|li|sie|ren: 1. durch den Einsatz, die Nutzung von Medien prägen. 2. in den Medien thematisieren, durch Medien vermitteln

me|di|an (Anat.): in der Mitte[llinie] eines Körpers od. Organs gelegen

me|di|at (veraltet): mittelbar

Me|di|a|ti|on, die; -, -en: aussöhnende Vermittlung

me|di|a|ti|sie|ren: 1. (Geschichte) unmittelbar dem Reich unterstehende Herrschaften od. Besitzungen der Landeshoheit unterwerfen. 2. (bildungsspr.) in die Medien bringen, durch die Medien bekannt machen

Me|di|a|tor, der; -s, ...oren: 1. (Med., Physiol.) Botenstoff, der an einem Zielorgan eine spezifische Reaktion (z. B. Schock, Allergie) hervorruft. 2. (veraltet) Vermittler, Schlichter

Me|di|a|to|rin, die; -, -nen: weibliche Form zu ↑Mediator (2)

Me|di|ä|vist, der; -en, -en: Wissenschaftler auf dem Gebiet der Mediävistik

Me|di|ä|vis|tik, die; -: Wissenschaft von der Geschichte, Kunst, Literatur usw. des europäischen Mittelalters

Me|di|ä|vis|tin, die; -, -nen: weibliche Form zu ↑Mediävist

Me|di|en|kon|zern, der; -[e]s, -e: Zusammenschluss mehrerer im Bereich der [1]Medien (5 a) tätigen Unternehmen

Me|di|en|ver|bund, der; -[e]s: Kombination verschiedener Kommunikationsmittel unter einer Organisation

Me|di|ka|ment, das; -[e]s, -e: Arzneimittel

me|di|ka|men|tös (Med.): mithilfe von Medikamenten

Me|di|ka|ti|on, die; -, -en: Verordnung, Verabreichung, Anwendung eines Medikaments

Me|di|kus, der; -, Medizi (scherzhaft): Arzt

Me|dio, der; -[s], -s (veraltet): Monatsmitte

me|di|o|ker: mittelmäßig

Me|di|o|k|ri|tät, die; -, -en: Mittelmäßigkeit

Me|di|ta|ti|on, die; -, -en: 1. (bildungsspr.) [sinnende] Betrachtung. 2. (Rel., Psychol., Philos.) mystische, kontemplative Versenkung

me|di|ta|tiv: die Meditation betreffend

me|di|ter|ran: dem Mittelmeerraum angehörend, eigen

me|di|tie|ren: 1. nachsinnen, nachdenken. 2. sich der Meditation (2) hingeben

me|di|um [ˈmiːdi̯əm]: 1. mittelgroß (als Kleidergröße) (Abk.: M). 2. (Gastron.) [auch: ˈmeːdi̯ʊm] nicht ganz durchgebraten

M

[1]**Me̱|di|um,** das; -s, ...ien u. ...ia: 1. (Plural selten auch: ...ia) vermittelndes Element. 2. (Plural ...ia; selten; Sprachwiss.) Mittelform zwischen Aktiv u. Passiv (bes. im Griechischen; im Deutschen reflexiv ausgedrückt). 3. (Plural ...ien; Physik; Chemie) Träger bestimmter physikalischer od. chemischer Vorgänge. 4. a) (Plural ...ien; Parapsychol.) jmd., der für Verbindungen zum übersinnlichen Bereich besonders befähigt ist; b) jmd., an dem sich aufgrund seiner körperlichen, seelischen Beschaffenheit Experimente, bes. Hypnoseversuche, durchführen lassen. 5. a) (Plural selten auch: ...ia) Einrichtung, organisatorischer u. technischer Apparat für die Vermittlung von Meinungen, Informationen od. Kulturgütern; eines der Massenmedien Film, Funk, Fernsehen, Presse; b) (Plural selten auch: ...ia) Unterrichts[hilfs]mittel, das der Vermittlung von Information u. Bildung dient; c) (Plural meist ...ia) für die Werbung benutztes Kommunikationsmittel

M

[2]**Me̱|di|um,** die; -: genormter Schriftgrad für die Schreibmaschine u. den Computer

Me|di|zi̱n, die; -, -en: 1. (ohne Plural) Wissenschaft vom gesunden u. kranken Organismus des Menschen, von seinen Krankheiten, ihrer Verhütung u. Heilung. 2. [flüssiges] Medikament

Me|di|zi̱n|ball, der; -[e]s, ...bälle (Sport): großer, schwerer, nicht elastischer Lederball

Me|di|zi̱|ner, der; -s, -: jmd., der Medizin studiert [hat]

Me|di|zi̱|ne|rin, die; -, -nen: weibliche Form zu ↑Mediziner

me|di|zi̱|nisch: die Medizin betreffend, dazu gehörend

me|di|zi̱|nisch-tẹch|nisch: die Medizin (1) in Verbindung mit der Technik betreffend

Me|di|zi̱n|mann, der; -[e]s, ...männer: (bei vielen Naturvölkern) eine Art Arzt u. Priester, der sich der Magie bedient

Med|ley ['mɛdli], das; -s, -s: Potpourri

Me|dọc, der; -s, -s: französischer Rotwein

Mẹ|d|re|se, Mẹ|d|res|se, die; -, -n: 1. islamische juristisch-theologische Hochschule. 2. Koranschule einer Moschee; vgl. Liwan

Me|du̱|se, die; -, -n: Qualle

Me|du̱|sen|blick, der; -[e]s, -e: fürchterlicher, schreckenerregender Blick

Me|du̱|sen|haupt, das; -[e]s: 1. vgl. Medusenblick. 2. (Med.) Krampfadern um den Nabel

Mee|ting ['mi:tɪŋ], das; -s, -s: 1. Zusammenkunft. 2. Sportveranstaltung

Me|ga|byte [...bai̯t, 'mɛ...], das; -[s], -[s] (EDV): Einheit von 1 048 576 ↑Byte ($=2^{20}$ Byte; Zeichen: MB, MByte)

Me|ga|fo̱n, Me|ga|pho̱n, das; -s, -e: Sprachrohr [mit elektrischem Verstärker]

Me̱|ga|hertz [auch: 'mɛ...], das; -, -: 1 Million Hertz (Zeichen: MHz)

me̱|ga-in: mega-in sein: sehr gefragt, begehrt sein

Me|ga|li̱th [auch: ...'lɪt], der; -s u. -en, -e[n]: großer, roher Steinblock vorgeschichtlicher Grabbauten

me|ga|li̱|thisch: aus Megalithen bestehend

Me|ga|li̱th|kul|tur [auch: ...'lɪt...], die; -, -en: Kultur der Jungsteinzeit

me|ga|lo|ma̱n, me|ga|lo|ma̱|nisch (Psychol.): größenwahnsinnig

Me|ga|lo|ma|ni̱e, die; -, ...i̱en (Psychol.): Größenwahn

Me̱|ga|ohm [auch: 'mɛ...]: 1 Million Ohm (Zeichen: MΩ)

me̱|ga-out [...ʔau̯t]: **mega-out sein:** überhaupt, absolut nicht mehr gefragt, begehrt sein

Me|ga|pho̱n vgl. Megafon

Me̱|ga|sel|ler [...sɛ...], der; -s, - (ugs.): überaus erfolgreicher Bestseller

Me̱|ga|star, der; -s, -s: überaus beliebter, bekannter Star

Me̱|ga|ton|ne [auch: 'mɛ...], die; -, -n: 1 Million Tonnen (Zeichen: Mt)

Me̱|ga|watt [auch: 'mɛ...], das; -, -: 1 Million Watt (Zeichen: MW)

Mei̱s|je, das; -s, -s: holländisches Mädchen

Mẹk|ka, das; -s, -s: Platz, Ort, Zentrum für etwas Bestimmtes

Me|lan|cho|lie [melaŋko'li:], die; -, ...i̱en: von großer Niedergeschlagenheit, Traurigkeit od. Depressivität gekennzeichneter Gemütszustand

Me|lan|cho̱|li|ker, der; -s, -: melancholischer Mensch

Me|lan|cho|li|ke|rin, die; -, -nen: weibliche Form zu ↑ Melancholiker

me|lan|cho|lisch: schwermütig, niedergedrückt, trübsinnig

Me|lan|ge [me'lã:ʒə], die; -, -n: 1. Mischung, Gemisch. 2. (österr.) Milchkaffee

Me|la|nin, das; -s, -e (Biol.): vom Organismus gebildeter Farbstoff

me|la|no|derm (Med.): dunkle Hautflecken bildend

Me|la|nom, das; -s, -e (Med.): bösartige braune bis schwärzliche Geschwulst

Me|las|se, die; -, -n: bei der Zuckergewinnung anfallender, zähflüssiger brauner Rückstand

Me|la|to|nin, das; -s: Hormon, das die Schilddrüsenfunktion hemmt u. den Stoffwechsel senkt

me|lie|ren: mischen, mengen

me|liert: a) aus verschiedenen Farben gemischt; b) (vom Haar) leicht ergraut

Me|li|o|ra|ti|on, die; -, -en: Verbesserung

Me|lis, der; -: weißer Zucker verschiedener Zuckersorten

me|lisch (Musik): liedhaft

Me|lis|ma, das; -s, ...men (Musik): melodische Verzierung, Koloratur

me|lis|ma|tisch (Musik): koloraturhaft ausgeziert

Me|lis|se, die; -, -n: (zu den Lippenblütlern gehörende) Pflanze mit unscheinbaren weißen Blüten u. zitronenähnlich duftenden Blättern

Me|lo|die, die; -, ...ien: a) sich nach Höhe od. Tiefe ändernde, abgeschlossene u. geordnete Tonfolge; b) Weise; Vertonung (eines Liedes)

Me|lo|dik, die; -: 1. Lehre von der Melodie. 2. die melodischen Merkmale eines Musikstücks

me|lo|di|ös: wohlklingend; reich an klanglichen Nuancen

me|lo|disch: von einem dem Ohr angenehmen Klang; harmonisch klingend

Me|lo|dram, das; -s, -en: 1. (Musik) einzelner melodramatischer Teil einer Bühnenmusik od. Oper. 2. ↑ Melodrama

Me|lo|dra|ma, das; -s, ...men: 1. (Literaturwiss., Musik) Schauspiel mit untermalender Musik (mit Pathos deklamiert). 2. (Theater, Film; oft abwertend) Schauspiel mit rührenden od. schaurigen Effekten, oft mittelalterlichen od. orientalischen Schauplätzen (in pathetischer Inszenierung)

Me|lo|dra|ma|tik, die; -: das Theatralische, (übertrieben) Pathetische (in einem Verhalten, in einer Situation)

me|lo|dra|ma|tisch: in der Art eines Melodramas

Me|lo|ne, die; -, -n: 1. a) (zu den Kürbisgewächsen gehörende) Pflanze mit großen kugeligen, saftreichen Früchten; b) Frucht der Melone (1 a). 2. (ugs.) runder steifer Hut

Me|lo|nen|baum, der; -[e]s, ...bäume: (in tropischen Ländern kultivierter) Baum, an dessen Spitze die ↑ Papayas (2) wachsen

Me|los, das; -: 1. gesangliches Element in der Musik; Melodie (im Unterschied zum Rhythmus). 2. a) (Sprachwiss.) Sprachmelodie; b) klangliche Gestalt einer Dichtung

Mem|b|ran, Mem|b|ra|ne, die; -, ...nen: 1. (Technik) dünnes Blättchen aus Metall, Papier o. Ä., das Schallwellen übertragen kann. 2. dünnes, feines Häutchen, das trennende od. abgrenzende Funktion hat

Me|men|to, das; -s, -s: 1. Fürbitte, Bitte um Fürsprache in der katholischen Messe. 2. Mahnung

Me|men|to mo|ri, das; - -, - -: etwas, was an den Tod gemahnt

Me|mo, das; -s, -s: 1. kurz für: ↑ Memorandum. 2. Merkzettel

Me|moire [me'mo̯a:ɐ̯], das; -s, -s: ↑ Memorandum

Me|mo|ra|bi|li|en, die (nur Plural): Denkwürdigkeiten, Erinnerungen

Me|mo|ran|dum, das; -s, ...den u. ...da: Denkschrift, Eingabe

[1]**Me|mo|ri|al,** das; -s, -e u. -ien (veraltet): Tagebuch, Merkbuch

[2]**Me|mo|ri|al** [mə'mɔ(:)riəl], das; -s, -s: 1. [sportliche] Veranstaltung zum Gedenken an einen Verstorbenen. 2. Denkmal

me|mo|rie|ren: auswendig lernen

Me|mo|ry® [...ri], das; -s, -s: Gesellschaftsspiel, bei dem man mit Bildern, Symbolen

M

o. Ä. bedruckte jeweils doppelt vorhandene Karten zunächst einzeln aufdeckt, um dann später aus der Erinnerung das Gegenstück wiederzufinden

Me|mo|ry|stick® [...stɪk], der; -s, -s (EDV): kleinformatiger digitaler Datenspeicher

Me|na|ge|rie, die; -, ...ien: Tierschau, Tiergehege

Me|n|ar|che, die; - (Med.): Zeitpunkt des ersten Eintritts der Regelblutung

Men|di|kant, der; -en, -en: Angehöriger eines Bettelordens

Me|nes|t|rel, der; -s, -s: altfranzösischer Spielmann, fahrender Musikant

Me|ne|te|kel, das; -s, -: geheimnisvolles Anzeichen eines drohenden Unheils

Men|hir, der; -s, -e: aufrecht stehender [unbehauener] Stein aus vorgeschichtlicher Zeit

Me|nin|gi|tis, die; -, ...itiden (Med.): Hirnhautentzündung

Me|nis|kus, der; -, ...ken (Med.): scheibenförmiger, im Knie halbmondförmiger Knorpel im Gelenk

M

Men|no|nit, der; -en, -en: Anhänger einer evangelischen Freikirche

Men|no|ni|tin, die; -, -nen: weibliche Form zu ↑Mennonit

Me|no|pau|se, die; -, -n (Med.): das Aufhören der Monatsblutung in den Wechseljahren

Me|no|ra, die; -, -: siebenarmiger Leuchter der jüdischen Liturgie

Men|sa, die; -, -s u. ...sen: 1. (kath. Kirche) Altartisch. 2. kantinenähnliche Einrichtung an einer [Hoch]schule od. Universität

Men|sche|wik, der; -en, -en u. -i: Vertreter des Menschewismus

Men|sche|wi|kin, die; -, -nen: weibliche Form zu ↑Menschewik

Men|sche|wist, der; -en, -en: ↑Menschewik

Men|sche|wis|tin, die; -, -nen: weibliche Form zu ↑Menschewist

Mens|t|ru|a|ti|on, die; -, -en (Med.): Monatsblutung, Regel

mens|t|ru|ie|ren (Med.): die Monatsblutung haben

Men|sur, die; -, -en: 1. (Fechten) Abstand der beiden Fechter. 2. (Verbindungsw.) studentischer Zweikampf mit Schläger od. Säbel. 3. (Musik) a) Maß, das die Geltungsdauer der einzelnen Notenwerte untereinander bestimmt; b) Maßverhältnis bei Musikinstrumenten (z. B. Anordnung der Löcher bei Blasinstrumenten)

Men|su|ral|mu|sik, die; - (Musik): mehrstimmige Musik des 13.–16. Jh.s

men|tal: den Bereich des Verstandes betreffend; geistig, gedanklich

Men|ta|li|tät, die; -, -en: Geistes- u. Gemütsart; besondere Art des Denkens u. Fühlens

Men|tal|re|ser|va|ti|on, die; -, -en (Rechtswiss.): stiller Vorbehalt

Men|thol, das; -s: aus dem ätherischen Öl der Pfefferminze gewonnene, weiße kristalline Substanz

Me|nü, das; -s, -s: 1. aus mehreren Gängen bestehende Mahlzeit. 2. auf einem Bildschirm od. Display (2) angebotene Programmauswahl [u. deren Abfolge]

Me|nu|ett, das; -s, -e, auch: -s: 1. aus Frankreich stammender, mäßig schneller Tanz im $^3/_4$-Takt. 2. Satz einer Sonate od. Sinfonie

Me|phis|to, der; -[s], -s: jmd., der seine geistige Überlegenheit in zynisch-teuflischer Weise zeigt u. zur Geltung bringt

me|phis|to|phe|lisch: teuflisch

Mer|chan|di|sing [...daɪzɪŋ], das; -[s]: a) Gesamtheit der verkaufsfördernden Maßnahmen des Herstellers einer Ware; b) Vermarktung aller mit einem bestimmten Film in Zusammenhang stehenden Produkte

mer|ci [mɛr'si:]: danke!

Mer|ger ['mœ:ɐ̯dʒɐ], der; -s, -[s] (Wirtsch.): Zusammenschluss von Firmen; Fusion

Me|ri|di|an, der; -s, -e: 1. (Astron.) größter Kreis an der Himmelskugel; Mittagskreis. 2. (Geogr.) von Pol zu Pol verlaufender, senkrecht zum Äquator stehender Halbkreis, der die geografische Länge angibt

Me|ri|di|an|kreis, der; -es, -e: astronomisches Messinstrument zur Ortsbestimmung von Gestirnen

Me|ri|no, der; -s, -s: 1. krauswolliges Schaf. 2. Kleiderstoff aus Merinowolle. 3. Wolle des Merinoschafs

Me|ris|tem, das; -s, -e (Bot.): pflanzliches Bildungsgewebe, das durch fortgesetzte Zweiteilungen neue Gewebe liefert

Me|ri|tum, das; -s, ...iten (meist Plural): das Verdienst

mer|kan|til: kaufmännisch, den Handel betreffend

Mer|kan|ti|lis|mus, der; - (Geschichte): Wirtschaftspolitik im Zeitalter des ↑Absolutismus

Mer|kan|ti|list, der; -en, -en: Vertreter des Merkantilismus

Mer|kan|ti|lis|tin, die; -, -nen: weibliche Form zu ↑Merkantilist

mer|kan|ti|lis|tisch: dem Merkantilismus entsprechend, auf seinem System beruhend

Mer|lin, der; -s, -e: Zwergfalke in Nord- u. Osteuropa

Mer|ze|ri|sa|ti|on, die; -, -en: das Veredeln und Glänzendmachen von Baumwolle

Me|sche vgl. Mèche

me|schug|ge (ugs.): verrückt

Mes|dames [me'dam]: *Plural* von ↑Madame

Me|s|en|chym, das; -s, -e (Med.; Biol.): einzelliges Gewebe, aus dem sich die Formen des Stützgewebes entwickeln

Me|se|ta, die; -, ...ten: span. Bez. für: Hochebene

Mes|ka|lin, Mes|ca|lin, das; -s: Alkaloid einer mexikanischen Kaktee, Rauschmittel

Mes|mer, Mess|mer, der; -s, - (schweiz.): ↑Mesner

Mes|me|rin, Mess|me|rin, die; -, -nen: weibliche Form zu ↑Mesmer

Mes|me|ris|mus, der; -: Lehre von der Heilkraft des Magnetismus

Mes|ner, Mess|ner, der; -s, -: [katholischer] Kirchendiener

Mes|ne|rin, Mess|ne|rin, die; -, -nen: weibliche Form zu ↑Mesner

Me|so|derm, das; -s, -e (Med.; Biol.): mittleres Keimblatt in der menschlichen u. tierischen Embryonalentwicklung

Me|so|kli|ma, das; -s, -s u. ...mate: Klima eines kleineren Landschaftsausschnittes

Me|so|li|thi|kum [auch: ...'lı...], das; -s (Geol.): Mittelsteinzeit

Me|son, das; -s, ...onen (meist Plural) (Physik): unstabiles Elementarteilchen

Me|so|sphä|re, die; - (Meteorol.): Schicht der Erdatmosphäre in etwa 50 bis 80 Kilometer Höhe

Me|so|zo|i|kum, das; -s: erdgeschichtliches Mittelalter

Mes|sage ['mɛsɪdʒ], die; -, -s [...dʒɪs]: 1. Mitteilung, Nachricht, Information, die durch die Verbindung von Zeichen ausgedrückt u. vom Sender zum Empfänger übertragen wird. 2. Gehalt, Aussage, Botschaft

Mes|sa|li|na, die; -, ...nen (veraltet): genusssüchtige, zügellose Frau

¹Mes|se, die; -, -n: 1. katholischer Gottesdienst. 2. geistliche Komposition als Vertonung der liturgischen Bestandteile der ¹Messe (1)

²Mes|se, die; -, -n: große [internationale] Ausstellung von Warenmustern eines od. mehrerer Wirtschaftszweige

³Mes|se, die; -, -n: Speise- u. Aufenthaltsraum der Besatzung eines [Kriegs]schiffs; Schiffskantine

mes|si|a|nisch: auf den Messias, den Messianismus bezüglich

Mes|si|a|nis|mus, der; -: geistige Bewegung, die die religiöse od. politische Erlösung von einem Messias erwartet

Mes|si|as, der; -, -se: 1. (ohne Plural) der im Alten Testament verheißene Heilskönig, in der christlichen Religion auf Jesus von Nazareth bezogen. 2. Befreier, Erlöser aus religiöser, sozialer o. ä. Unterdrückung

Mes|sing, das; -s: Kupfer-Zink-Legierung

Mess|ner usw. vgl. Mesner usw.

Mes|ti|ze, der; -n, -n: Nachkomme eines weißen u. eines indianischen Elternteils (bes. in Lateinamerika)

Mes|ti|zin, die; -, -nen: weibliche Form zu ↑Mestize

me|ta|bo|lisch, me|ta|bol: 1. veränderlich (z. B. in Bezug auf die Gestalt von Einzellern). 2. (Med.; Biol.) im Stoffwechselprozess entstanden

Me|ta|bo|lis|mus, der; -: 1. Umwandlung, Veränderung. 2. (Med.; Biol.) Stoffwechsel

Me|ta|da|ten (nur Plural): Daten, die anderen Daten übergeordnet sind

Me|ta|lep|se, Me|ta|lep|sis, die; -, ...epsen (Rhet.): rhetorische Figur, bei der das Nachfolgende mit dem Vorhergehenden vertauscht od. ein mehrdeutiges Wort durch das Synonym zu einer im Kontext nicht gemeinten Bedeutung ersetzt wird

Me|tall, das; -[e]s, -e: chemischer Grundstoff, der sich durch charakteristischen Glanz, Undurchsichtigkeit, Legierbarkeit u. gute Fähigkeit, Wärme u. Elektrizität zu leiten, auszeichnet

me|tal|len: aus Metall [bestehend]

Me|tal|ler, der; -s, - (ugs.): kurz für: Metallarbeiter [als Gewerkschaftsangehöriger]

Me|tal|le|rin, die; -, -nen: weibliche Form zu ↑Metaller

me|tal|lic [...lɪk]: metallisch schimmernd lackiert

me|tal|lisch: 1. aus Metall bestehend, die Eigenschaften eines Metalls besitzend. 2. a) hart klingend; b) in seinem optischen Eindruck wie Metall, an Metall erinnernd

Me|tal|li|sie|rung, die; -, -en: das Überziehen eines Gegenstandes mit Metall

Me|tal|l|urg, Me|tal|l|ur|ge, der; ...gen, ...gen: Fachwissenschaftler der Metallurgie

M

Me|tal|l|ur|gie, die; -: Hüttenkunde; Wissenschaft vom Ausschmelzen der Metalle aus Erzen, von der Metallreinigung, -veredlung u. (im weiteren Sinne) -verarbeitung

Me|tal|l|ur|gin, die; -, -nen: weibliche Form zu ↑Metallurg

me|tal|l|ur|gisch: die Metallurgie betreffend

me|ta|morph, me|ta|mor|phisch: die Gestalt, den Zustand wandelnd

Me|ta|mor|pho|se, die; -, -n: Umwandlung, Verwandlung; Umgestaltung, Entwicklung

Me|ta|pha|se, die; -, -n (Biol.): Stadium der Kernteilung

Me|ta|pher, die; -, -n (Sprachwiss.): sprachlicher Ausdruck, bei dem ein Wort, eine Wortgruppe aus seinem eigentlichen Bedeutungszusammenhang in einen anderen übertragen wird; bildhafte Übertragung (z. B. das Haupt der Familie)

Me|ta|pho|rik, die; -: das Vorkommen, der Gebrauch von Metaphern [als Stilmittel]

me|ta|pho|risch: a) die Metapher betreffend; b) bildlich, übertragen [gebraucht]

Me|ta|phy|sik, die; -: 1. (Philos.) a) philosophische Disziplin od. Lehre, die das hinter der sinnlich erfahrbaren, natürlichen Welt Liegende, die letzten Gründe u. Zusammenhänge des Seins behandelt; b) die Metaphysik (1 a) darstellendes Werk. 2. (Philos.) der ↑Dialektik entgegengesetzte Denkweise, die die Erscheinungen als isoliert u. als unveränderlich betrachtet (im Marxismus)

me|ta|phy|sisch (Philos.): die Metaphysik betreffend, zur Metaphysik gehörend

Me|ta|psy|cho|lo|gie, die; -, ...ien: 1. (von S. Freud gewählte Bezeichnung für die von ihm begründete) psychologische Lehre in ihrer ausschließlich theoretischen Dimension. 2. ↑Parapsychologie

Me|ta|spra|che [auch: ˈmɛ...], die; -, -n (Sprachwiss.): Sprache od. Symbolsystem, das dazu dient, eine andere Sprache od. ein Symbolsystem zu beschreiben od. zu analysieren

Me|ta|s|ta|se, die; -, -n: 1. (Med.) Tochtergeschwulst; durch Verschleppung von Geschwulstkeimen an vom Ursprungsort entfernt gelegene Körperstellen entstandener Tumor (z. B. bei Krebs). 2. (antike Rhet.) Redefigur, mit der der Redner die Verantwortung für eine Sache auf eine andere Person überträgt

me|ta|s|ta|sie|ren (Med.): Tochtergeschwülste bilden

Me|ta|xa®, der; -[s], -s (aber: 2 -): milder, aromatischer Branntwein aus Griechenland

Me|ta|zo|on, das; -s, ...zoen (meist Plural): vielzelliges Tier, das echte Gewebe bildet

Me|te|or, der (selten: das); -s, ...ore: Lichterscheinung (Feuerkugel), die durch in die Erdatmosphäre eindringende kosmische Partikeln hervorgerufen wird

Me|te|o|rit [auch: ...ˈrɪt], der; -en u. -s, -e[n]: in die Erdatmosphäre eindringender kosmischer Körper

Me|te|o|ro|lo|ge, der; -n, -n: Wissenschaftler auf dem Gebiet der Meteorologie

Me|te|o|ro|lo|gie, die; -: Wetterkunde; Wissenschaft von der Erdatmosphäre u. dem sich in ihr abspielenden Wettergeschehen

Me|te|o|ro|lo|gin, die; -, -nen: weibliche Form zu ↑Meteorologe

me|te|o|ro|lo|gisch: die Meteorologie betreffend

Me|ter, der, früher fachspr. auch das; -s, -: Längenmaß (Zeichen: m)

Me|tha|don, das; -s (Chemie, Med.): synthetisches ↑Derivat (3) des Morphins (als Ersatzdroge für Heroinabhängige)

Me|than, das; -s: farbloses, geruchloses u. brennbares Gas

Me|tha|nol, das; -s: ↑Methylalkohol

Me|tho|de, die; -, -n: 1. Verfahren. 2. Vorgehensweise

Me|tho|dik, die; -, -en: 1. Verfahrensweise. 2. (ohne Plural) Wissenschaft vom planmäßigen Vorgehen beim Unterrichten

Me|tho|di|ker, der; -s, -: 1. planmäßig Verfahrender. 2. Begründer einer Methode

Me|tho|di|ke|rin, die; -, -nen: weibliche Form zu ↑Methodiker

me|tho|disch: 1. die Methode (1) betreffend. 2. planmäßig, überlegt, schrittweise

Me|tho|dis|mus, der; -: aus dem Anglikanismus im 18. Jh. hervorgegangene evangelische Erweckungsbewegung

Me|tho|dist, der; -en, -en: Mitglied einer Methodistenkirche

Me|tho|dis|tin, die; -, -nen: weibliche Form zu ↑Methodist

me|tho|dis|tisch: a) den Methodismus betreffend; b) in der Art des Methodismus denkend

Me|tho|do|lo|gie, die; -, ...ien: Methodenlehre, Theorie der wissenschaftlichen Methoden

me|tho|do|lo|gisch: zur Methodenlehre gehörend

Me|thyl, das; -s: einwertiger Methanrest in zahlreichen organisch-chemischen Verbindungen

Me|thyl|al|ko|hol, der; -s: einfachster Alkohol (sehr giftige Flüssigkeit)

Me|thy|l|a|min, das; -s, -e: einfachste organische ↑Base, ein brennbares Gas

Me|thy|len|blau, das; -[s]: ein synthetischer Farbstoff

Me|ti|er [me'tie:], das; -s, -s: bestimmte berufliche o. ä. Tätigkeit als jmds. Aufgabe, die er bzw. sie durch die Beherrschung der dabei erforderlichen Fertigkeiten erfüllt

Me|t|o|ny|mie, die; -, ...ien: übertragener Gebrauch eines Wortes od. einer Fügung für einen verwandten Begriff

me|t|o|ny|misch: die Metonymie betreffend

Me|t|o|pe, die; -, -n: abgeteilte, fast quadratische, verzierte Platte als Teil des Gebälks beim dorischen Tempel

Me|t|ra, Me|t|ren: *Plural* von ↑Metrum

Me|t|rik, die; -, -en: 1. a) Verslehre; b) Verskunst. 2. (Musik) Lehre vom Takt u. von der Taktbetonung

me|t|risch: 1. die Metrik betreffend. 2. auf den ↑Meter als Längeneinheit bezogen

Me|t|ro, die; -, -s: Untergrundbahn (bes. in Paris u. Moskau)

Me|t|ro|lo|gie, die; -: Maß- u. Gewichtskunde

me|t|ro|lo|gisch: die Metrologie betreffend

Me|t|ro|nom, das; -s, -e (Musik): Gerät mit einer Skala, das im eingestellten Tempo zur Kontrolle mechanisch den Takt schlägt; Taktmesser

Me|t|ro|po|le, die; -, -n: a) Hauptstadt mit weltstädtischem Charakter; Weltstadt; b) Stadt, die als Zentrum für etwas gilt

Me|t|ro|po|lis, die; -, ...polen (veraltet): ↑Metropole

Me|t|ro|po|lit, der; -en, -en: a) katholischer Erzbischof; b) in der orthodoxen Kirche Bischof als Leiter einer Kirchenprovinz

Me|t|rum, das; -s, ...tren u. (älter:) ...tra: 1. Versmaß, metrisches Schema. 2. (Musik) a) Zeitmaß, ↑Tempo (2); b) Taktart

Met|teur [...'tø:ɐ̯], der; -s, -e (Druckw.): Schriftsetzer, der beim Bleisatz die Spalten zu Seiten umbricht u. druckfertig machte

Met|teu|rin [...'tørɪn], die; -, -nen: weibliche Form zu ↑Metteur

Mez|za|nin, das, auch der; -s, -e: niedriges Zwischengeschoss, meist zwischen Erdgeschoss u. erstem Obergeschoss od. unmittelbar unter dem Dach

mez|za vo|ce [- 'vo:tʃə] (Musik): (Vortragsanweisung) mit halber Stimme (Abk.: m. v.)

mez|zo|for|te (Musik): halblaut, mittelstark (Abk.: mf)

Mez|zo|gior|no [...'dʒɔrno], der; -: der Teil Italiens südlich von Rom, einschließlich Siziliens

M

Mez|zo|so|p|ran, der; -s, -e: a) Stimmlage zwischen Sopran u. Alt; b) Mezzosopransängerin

mi: Silbe, auf die bei der ↑Solmisation der Ton e gesungen wird

Mi|as|ma, das; -s, ...men: früher angenommene giftige Ausdünstung des Bodens

Mid|gard, der; - (nord. Mythologie): Erde

mi|di: halblang, wadenlang

Mid|life-Cri|sis, Mid|life|cri|sis ['mɪdlaɪ̯fkraɪ̯sɪs], die; -: Phase in der Lebensmitte [des Mannes], in der der Betroffene sein bisheriges Leben kritisch überdenkt, gefühlsmäßig in Zweifel zieht

Mid|ship|man [...ʃɪpmən], der; -s, ...men [...mən]: a) Seeoffizier der britischen Marine; b) Seeoffiziersanwärter der amerik. Marine

Mi|g|non [mɪn'jõ:, 'mɪnjõ], der; -s, -s (veraltet): 1. Liebling, Günstling. 2. Kolonel

Mi|g|rä|ne, die; -, -n (Med.): oft mit Sehstörungen u. Erbrechen verbundener heftiger, einseitiger Kopfschmerz

Mi|g|rant, der; -en, -en: 1. (Zool.) ab- od. eingewandertes Tier. 2. jmd., der eine Migration (2) vornimmt

Mi|g|ran|tin, die; -, -nen: weibliche Form zu ↑Migrant (2)

Mi|g|ra|ti|on, die; -, -en: 1. (Zool.) a) dauerhafte Ab- od. Einwanderung einzelner Tiere od. einer Population in eine andere Population der gleichen Art; b) Wirtswechsel niederer Tiere, die von einer Pflanzenart auf eine andere überwandern. 2. (Soziol.) Ab- u. Einwanderung von jmdm. in ein anderes Land, eine andere Gegend

mi|g|rie|ren: a) (Biol.) wandern (z. B. von tierischen Parasiten); b) emigrieren, auswandern

Mijn|heer [mə'ne:ɐ̯], der; -s, -s: (ohne Artikel) niederländische Anrede eines Herrn

Mi|ka|do, das; -s, -s: Geschicklichkeitsspiel mit dünnen, langen Holzstäbchen

Mi|k|ro|ana|ly|se [auch: 'mi:kro...], die; -, -n: chemische Untersuchung mit kleinsten Stoffmengen

Mi|k|ro|be, die; -, -n (meist Plural): Mikroorganismus

mi|k|ro|bi|ell (Biol., Med.): durch Mikroben hervorgerufen

Mi|k|ro|bio|lo|ge, der; -n, -n: Wissenschaftler auf dem Gebiet der Mikrobiologie

Mi|k|ro|bio|lo|gie, die; -: Wissenschaftszweig, der sich mit der Erforschung der Mikroorganismen befasst

Mi|k|ro|bio|lo|gin, die; -, -nen: weibliche Form zu ↑Mikrobiologe

Mi|k|ro|chip [...tʃɪp], der; -s, -s: miniaturisierter ↑Chip (3)

Mi|k|ro|com|pu|ter, der; -s, -: in extrem miniaturisierter Bauweise hergestellter Computer

Mi|k|ro|elek|t|ro|nik, die; -: Zweig der ↑Elektronik, der sich mit elektronischen Schaltungen von hoher Dichte befasst

mi|k|ro|elek|t|ro|nisch: die Mikroelektronik betreffend, zu ihr gehörend

Mi|k|ro|fa|ser, die; -, -n: Kunstfaser, die zu leichten, wärme- u. feuchtigkeitsregulierenden Stoffen verarbeitet wird

Mi|k|ro|fau|na, die; -, ...nen (Biol.): Kleintierwelt

Mi|k|ro|fiche [...fi:ʃ], das od. der; -s, -s: Filmkarte mit stark verkleinerten Kopien

Mi|k|ro|film, der; -[e]s, -e: Film mit Mikrokopien

Mi|k|ro|fon, Mi|k|ro|phon, das; -s, -e: Gerät, durch das Töne u. Geräusche auf Tonträger, über Lautsprecher übertragen werden

mi|k|ro|fo|nisch, mi|k|ro|pho|nisch: das Mikrofon betreffend

Mi|k|ro|gramm, das; -s, -e: ein millionstel Gramm (Zeichen: µg)

Mi|k|ro|kli|ma, das; -s, -s u. ...mate (Plural selten): 1. ↑Mesoklima. 2. Klima der bodennahen Luftschicht

Mi|k|ro|ko|pie, die; -, ...ien: stark verkleinerte fotografische Aufnahme

mi|k|ro|kos|misch: zum Mikrokosmos gehörend

Mi|k|ro|kos|mos, Mi|k|ro|kos|mus, der; -: 1. (Biol.) die Welt der Kleinlebewesen. 2. Welt des Menschen als verkleinertes Abbild des Universums

Mi|k|ro|me|ter, das; -s, -: ein Feinmessgerät

Mi|k|ro|öko|no|mie, die; -: wirtschaftstheoretisches Konzept, das die einzelnen wirtschaftlichen Erscheinungen untersucht

mi|k|ro|öko|no|misch: die Mikroökonomie betreffend

Mi|k|ro|or|ga|nis|mus, der; -, ...men (meist Plural) (Biol.): mikroskopisch kleiner pflanzlicher od. tierischer Organismus

Mi|k|ro|phy|sik, die; -: Physik der Moleküle u. Atome

Mi|k|ro|pro|zes|sor, der; -s, -en (EDV): standardisierter Baustein eines Computers, der Rechen- u. Steuerfunktion in sich vereint

Mi|k|ro|s|kop, das; -s, -e: optisches Vergrößerungsgerät

mi|k|ro|s|ko|pie|ren: mit dem Mikroskop arbeiten

mi|k|ro|s|ko|pisch: 1. verschwindend klein, winzig. 2. die Mikroskopie betreffend, mithilfe des Mikroskops

Mi|k|ro|wel|le, die; -, -n: 1. (meist Plural) elektromagnetische Welle mit einer Länge zwischen 10 cm u. 1 mm. 2. (ugs.) Kurzform von ↑Mikrowellenherd

Mi|k|ro|wel|len|herd, der; -[e]s, -e: Gerät bes. zum Auftauen u. Erwärmen von Speisen in wenigen Minuten mithilfe von Mikrowellen

Mi|k|ro|zen|sus, der; -, - [...zu:s]: statistische Repräsentativerhebung der Bevölkerung u. des Erwerbslebens

Mi|k|ro|ze|pha|lie, die; -, ...ien (Med.): abnorme Kleinheit des Kopfes

Mik|we, die; -, Mikwaot u. -n: jüdisches Ritualbad

Mi|li|eu [mi'li̯ø:], das; -s, -s: 1. [soziales] Umfeld, Umgebung. 2. Lebensraum von Pflanzen, Tieren, Kleinstlebewesen u. Ä. 3. Stadtteil, Bereich, in dem Prostitution betrieben wird

mi|li|tant: mit kriegerischen Mitteln für eine Überzeugung kämpfend; streitbar

Mi|li|tanz, die; -: militantes Verhalten, militante Einstellung

¹Mi|li|tär, das; -s: Heerwesen, Gesamtheit der Soldaten eines Landes

²Mi|li|tär, der; -s, -s: hoher Offizier

Mi|li|tär|aka|de|mie, die; -, -n: ↑Akademie (2) zur Aus- u. Weiterbildung von Soldaten u. Beamten der Militärverwaltung

Mi|li|tär|at|ta|ché [...ʃe:], der; -s, -s: einer diplomatischen Vertretung zugeteilter Offizier

Mi|li|tär|dik|ta|tur, die; -, -en: ↑Diktatur, in der ²Militärs die Herrschaft innehaben

mi|li|tä|risch: 1. das Militär betreffend. 2. a) schneidig, forsch, soldatisch; b) streng geordnet

mi|li|ta|ri|sie|ren: militärische Anlagen errichten, Truppen aufstellen

Mi|li|ta|ris|mus, der; -, ...men: Vorherrschen militärischen Denkens in der Politik eines Staates u. die Übertragung militärischer Prinzipien auf alle Lebensbereiche

Mi|li|ta|rist, der; -en, -en: Anhänger des Militarismus

Mi|li|ta|ris|tin, die; -, -nen: weibliche Form zu ↑Militarist

Mi|li|tär|po|li|zei, die; -: militärischer Verband mit polizeilicher Funktion

Mi|li|ta|ry ['mɪlɪtəri], die; -, -s: reitsportliche Vielseitigkeitsprüfung

Mi|liz, die; -, -en: 1. Truppe, die nur im Bedarfsfall aus Bürgern mit einer kurzen militärischen Ausbildung aufgestellt wird. 2. Polizei mit militärischem Charakter

Mi|li|zi|o|när, der; -s, -e: Angehöriger einer Miliz

Mi|li|zi|o|nä|rin, die; -, -nen: weibliche Form zu ↑Milizionär

Mil|le, die; -, - (meist Plural) (ugs.): (ugs.) tausend Euro

Mil|le|fi|o|ri|glas, das; -es: vielfarbiges, blumenartig gemustertes Kunstglas

Mil|l|en|ni|um, das; -s, ...ien: Jahrtausend

Mil|li|am|pere [...ʔampe:ɐ̯], das; -[s], -: Einheit kleiner elektrischer Stromstärken; ein tausendstel ↑Ampere (Zeichen: mA)

Mil|li|ar|där, der; -s, -e: Besitzer eines Vermögens von einer Milliarde od. mehr

Mil|li|ar|dä|rin, die; -, -nen: weibliche Form zu ↑Milliardär

Mil|li|ar|de, die; -, -n: 1 000 Millionen (Abk.: Md., Mrd. u. Mia.)

Mil|li|ards|tel, das; -s, -: der milliardste Teil

Mil|li|bar, das; -s, -s (aber: 2 -) (veraltend): Einheit für den Luftdruck, $^{1}/_{1000}$ Bar (Zeichen: mbar)

Mil|li|gramm, das; -s, -e (aber: 2 -): $^{1}/_{1000}$ Gramm (Zeichen: mg)

M

Mil|li|li|ter, der, auch: das; -s, -: $^{1}/_{1000}$ Liter (Zeichen: ml)

Mil|li|me|ter [auch: ...'me:tɐ], der, früher fachspr. auch das; -s, -: $^{1}/_{1000}$ Meter (Zeichen: mm)

Mil|li|on, die; -, -en: 1 000 mal 1 000 (Abk.: Mill. u. Mio.)

Mil|li|o|när, der; -s, -e: Besitzer eines Vermögens von einer Million od. mehr

Mil|li|o|nä|rin, die; -, -nen: weibliche Form zu ↑Millionär

Mil|li|ons|tel, Mil|li|on|tel, das, schweiz. meist: der; -s, -: der millionste Teil

Mi|me, der; -n, -n: Schauspieler; vgl. Mimus

mi|men (ugs.): a) ein Gefühl o. Ä. vortäuschen; b) so tun, als ob man jmd., etwas sei

Mi|men: *Plural* von ↑Mime

mi|me|tisch: nachahmend, nachäffend

Mi|mik, die; -: Gebärden- u. Mienenspiel

Mi|mi|k|ry [...ri], die; -: 1. Selbstschutz von Tieren, die die Gestalt, Färbung u. a. wehrhafterer od. ungenießbarer Tiere nachahmen. 2. der Täuschung u. dem Selbstschutz dienende Anpassung[sgabe]

M

Mi|min, die; -, -nen: weibliche Form zu ↑Mime

mi|misch: a) die Mimik betreffend; b) den Mimen betreffend; c) schauspielerisch, von Gebärden begleitet

Mi|mo|se, die; -, -n: 1. hoher Baum mit gefiederten Blättern u. gelben, kugeligen Blüten an Rispen. 2. (im tropischen Brasilien) als großer Strauch wachsende, rosaviolett blühende Pflanze, die ihre gefiederten Blätter bei der geringsten Erschütterung abwärtsklappt. 3. überempfindlicher Mensch

mi|mo|sen|haft: überaus empfindlich, verletzlich; verschüchtert

Mi|na|rett, das; -s, -e u. -s: schlanker Turm einer Moschee

Mi|ne, die; -, -n: 1. unterirdischer Gang. 2. Bergwerk; unterirdisches Erzvorkommen. 3. stäbchenförmige Bleistift-, Kugelschreibereinlage. 4. Sprengkörper, der meist massenweise im Gelände bzw. im Wasser verlegt wird

Mi|ne|ral, das; -s, -e u. -ien: jeder anorganische, chemisch u. physikalisch einheitliche u. natürlich gebildete Stoff der Erdkruste

mi|ne|ra|lisch: a) aus Mineralien entstanden; b) Mineralien enthaltend

Mi|ne|ra|lo|ge, der; -n, -n: Kenner u. Erforscher der Mineralien u. Gesteine

Mi|ne|ra|lo|gie, die; -: Wissenschaft von der Zusammensetzung der Mineralien u. Gesteine, ihrem Vorkommen u. ihren Lagerstätten

Mi|ne|ra|lo|gin, die; -, -nen: weibliche Form zu ↑Mineraloge

mi|ne|ra|lo|gisch: die Mineralogie betreffend

Mi|ne|ral|öl, das; -s, -e: durch ↑Destillation (1) von Erdöl erzeugter Kohlenwasserstoff (z. B. Heizöl, Benzin, Bitumen)

Mi|ne|ral|quel|le, die; -, -n: Quelle, in deren Wasser eine bestimmte Menge an Mineralsalz od. Kohlensäure gelöst ist

Mi|ne|ral|was|ser, das; -s, ...wässer: 1. Wasser, dem Mineralsalze u./od. Kohlensäure zugesetzt wurden. 2. Wasser einer Mineralquelle

Mi|nes|t|ro|ne, die; -, -n: italienische Gemüsesuppe mit Reis u. Parmesankäse

Mi|neur [mi'nøːɐ̯], der; -s, -e: 1. Tunnelbauer. 2. (Militär veraltet) im Minenbau ausgebildeter Pionier (1)

mi|ni: sehr kurz, [weit] oberhalb des Knies endend

Mi|ni, das; -s, -s: a) [weit] oberhalb des Knies endende, sehr kurze Kleidung; b) (ohne Plural) (von Röcken, Kleidern, Mänteln) Länge, die [weit] oberhalb des Knies endet

Mi|ni|a|tur, die; -, -en: a) Bild od. Zeichnung als Illustration einer [alten] Handschrift od. eines Buches; b) zierliche Kleinmalerei, kleines Bild[nis]

mi|ni|a|tu|ri|sie|ren: verkleinern

Mi|ni|a|tu|ri|sie|rung, die; -, -en: Verkleinerung, Kleinbauweise

Mi|ni|golf, das; -s (Sport): Klein-, Bahnengolf

mi|nim (veraltet): geringfügig, minimal

mi|ni|mal: a) sehr klein, sehr wenig, niedrigst; b) mindestens

Mi|ni|ma|list, der; -en, -en (ugs.): jmd., der etwas nur minimal beherrscht, betreibt

Mi|ni|ma|lis|tin, die; -, -nen: weibliche Form zu ↑Minimalist

mi|ni|ma|lis|tisch: 1. die Minimal Music betreffend. 2. geringfügig; in [bewusst] geringem Ausmaß

Mi|ni|mal|kon|sens, der; -es, -e: ↑Konsens auf einer Basis, die trotz unterschiedlicher Weltanschauung od. politischer Richtung als kleinstmögliche Grundlage dient

Mi|ni|mal Mu|sic ['mɪnɪməl 'mju:zɪk], die; - -: Musikrichtung, die mit unaufhörlicher Wiederholung u. geringster ↑Variation einfachster Klänge arbeitet

mi|ni|mie|ren: so weit wie möglich verringern, verkleinern

Mi|ni|mie|rung, die; -, -en: Verringerung, Verkleinerung

Mi|ni|mum [auch: 'mi:ni...], das; -s, ...ma: 1. (Plural selten) geringstes, niedrigstes Maß; niedrigster Wert; Mindestmaß (Ggs.: ↑Maximum 1). 2. (Math.) unterer Extremwert

Mi|ni|rock, der; -[e]s, ...röcke: sehr kurzer Rock

Mi|nis|ter, der; -s, -: Mitglied der Regierung eines Staates od. Landes, das einen bestimmten Geschäftsbereich verwaltet

Mi|nis|te|ri|al|di|rek|tor, der; -s, -en: Abteilungsleiter in einem Ministerium

Mi|nis|te|ri|al|di|rek|to|rin, die; -, -nen: weibliche Form zu ↑Ministerialdirektor

Mi|nis|te|ri|al|di|ri|gent, der; -en, -en: Unterabteilungsleiter, Referatsleiter in einem Ministerium

Mi|nis|te|ri|al|di|ri|gen|tin, die; -, -nen: weibliche Form zu ↑Ministerialdirigent

Mi|nis|te|ri|a|le, der; -n, -n: Angehöriger des mittelalterlichen Dienstadels

mi|nis|te|ri|ell: a) einen Minister betreffend; b) ein Ministerium betreffend

Mi|nis|te|rin, die; -, -nen: weibliche Form zu ↑Minister

Mi|nis|te|ri|um, das; -s, ...ien: höchste Verwaltungsbehörde eines Staates od. Landes mit einem bestimmten Aufgabenbereich (Wirtschaft, Justiz u. a.)

Mi|nis|ter|prä|si|dent, der; -en, -en: 1. Leiter einer Landesregierung. 2. Leiter der Regierung in bestimmten Staaten

Mi|nis|ter|prä|si|den|tin, die; -, -nen: weibliche Form zu ↑Ministerpräsident

mi|nis|t|ra|bel: befähigt, Minister zu werden

Mi|nis|t|rant, der; -en, -en: katholischer Messdiener

Mi|nis|t|ran|tin, die; -, -nen: weibliche Form zu ↑Ministrant

mi|nis|t|rie|ren: bei der Messe dienen

Mink, der; -s, -e: nordamerik. Marder

mi|no|isch: die Kultur Kretas von etwa 3000 bis 1200 v. Chr. betreffend

Mi|nor, der; - (Logik): der „kleinere, engere Begriff" im ↑Syllogismus

Mi|no|rat, das; -[e]s, -e: 1. Vorrecht des Jüngsten auf das Erbgut; Jüngstenrecht. 2. (Rechtswiss.) nach dem Jüngstenrecht zu vererbendes Gut

mi|no|renn (veraltet): minderjährig, unmündig

Mi|no|ren|ni|tät, die; - (Rechtsspr. veraltet): Minderjährigkeit, Unmündigkeit

Mi|no|ri|tät, die; -, -en: Minderheit

Mins|t|rel, der; -s, -s: mittelalterlicher Spielmann u. Sänger in England

Mi|nus|kel, die; -, -n: Kleinbuchstabe

Mi|nu|te, die; -, -n: 1. der sechzigste Teil einer Stunde (Abk.: Min.; Zeichen: min (für die Uhrzeit: ^{min} od. ^{m}). 2. (Math.) der sechzigste Teil eines Grades (Zeichen: ')

mi|nu|ti|ös [minu'tsjø:s], **mi|nu|zi|ös:** 1. peinlich genau, äußerst gründlich. 2. (veraltet) kleinlich

mi|nüt|lich, mi|nut|lich: jede Minute

mio|zän: das Miozän betreffend

Mio|zän, das; -s (Geol.): zweitjüngste Abteilung des ↑Tertiärs

Mi|ra|bel|le, die; -, -n: gelbe, kleinfruchtige, süße Pflaume[nart]

Mi|rage [mi'ra:ʒ], die; -, -n: a) (Meteorol.) Luftspiegelung; b) (veraltet) leichter Selbstbetrug, Selbsttäuschung

Mi|ra|kel, das; -s, -: 1. Wunder; Gebetserhörung (an Wallfahrtsorten). 2. mittelalterliches Drama über Marien- u. Heiligenwunder

mi|ra|ku|lös (veraltet): durch ein Wunder bewirkt

Mir|za, der; -[s], -s: persischer Ehrentitel (vor dem Namen „Herr"; hinter dem Namen „Prinz")

Mi|s|an|th|rop, der; -en, -en: Menschenfeind, -hasser

M

Mi|s|an|th|ro|pie, die; -: Menschenhass, -scheu

Mi|s|an|th|ro|pin, die; -, -nen: weibliche Form zu ↑Misanthrop

mi|s|an|th|ro|pisch: menschenfeindlich, menschenscheu

Misch|na, die; -: Sammlung der jüdischen Gesetzeslehre aus dem 2. Jh. n. Chr.

Mi|se, die; -, -n: 1. einmalige Prämie bei der Lebensversicherung. 2. Spieleinsatz beim Glücksspiel

mi|se|ra|bel (ugs.): a) auf ärgerliche Weise sehr schlecht; b) erbärmlich; c) moralisch minderwertig, niederträchtig, gemein

Mi|se|re, die; -, -n: Elend, Unglück, Notsituation, -lage

Mi|se|re|or, das; -[s]: katholische Organisation, die den Menschen in den Entwicklungsländern helfen will (seit 1959)

Mi|so|gyn, der; -s u. -en, -e[n] (Med., Psychol.): Frauenfeind

Mi|so|gy|nie, die; -: 1. (Med., Psychol.) krankhafter Hass von Männern gegenüber Frauen. 2. Frauen entgegengebrachte Verachtung

M

Miss, die; -, -es: 1. (ohne Artikel) englische Anrede für eine (meist unverheiratete) Frau. 2. Schönheitskönigin

Mis|sa, die; -, ...ae [...ɛ]: kirchenlat. Bez. der [1]Messe (1)

Mis|sile ['mɪsai̯l, auch: 'mɪsl̩], das; -s, -s (Militär): Flugkörpergeschoss

Mis|sio ca|no|ni|ca, die; - - (kath. Kirchenrecht): kirchliche Ermächtigung zur Erteilung des Religionsunterrichts

Mis|si|on, die; -, -en: 1. Sendung, [ehrenvoller] Auftrag, innere Aufgabe. 2. Verbreitung einer religiösen Lehre unter Andersgläubigen. 3. [ins Ausland] entsandte Person[engruppe] mit besonderem Auftrag. 4. diplomatische Vertretung eines Staates im Ausland

Mis|si|o|nar, österr. nur: **Mis|si|o|när,** der; -s, -e: in der [christlichen] Mission (2) tätiger Geistlicher od. Laie; Glaubensbote

Mis|si|o|na|rin, österr. nur: **Mis|si|o|nä|rin,** die; -, -nen: weibliche Form zu ↑Missionar

mis|si|o|na|risch: die Mission (2) betreffend; auf Bekehrung hinzielend

mis|si|o|nie|ren: eine (bes. die christliche) Glaubenslehre verbreiten

Mis|t|ral, der; -s, -e: kalter Nord[west]wind in Südfrankreich

Mi|th|rä|um, das; -s, ...räen: unterirdischer Kultraum des altpersischen Rechts- u. Lichtgottes Mithra[s]

Mi|to|chon|d|ri|um [...x...], das; -s, ...ien (Biol.): faden- od. kugelförmiges Gebilde in menschlichen, tierischen u. pflanzlichen Zellen zur Zellatmung u. zum -stoffwechsel

Mi|to|se, die; -, -n (Biol.): Zellkernteilung mit Längsspaltung der Chromosomen

Mi|t|ra, die; -, ...ren: 1. Bischofsmütze. 2. mützenartige Kopfbedeckung altorientalischer Herrscher. 3. a) bei den Griechen u. Römern Stirnbinde der Frauen; b) metallener Leibgurt der Krieger

Mi|t|ro|pa, die; -: Mitteleuropäische Schlaf- und Speisewagen-Aktiengesellschaft

Mix, der; -[es], -e (Jargon): Gemisch, spezielle Mischung

Mixed [mɪkst], das; -[s], -[s]: gemischtes Doppel

Mixed Pi|ck|les, Mixed|pi|ck|les ['mɪkst 'pɪkl̩s, 'mɪkstpɪkl̩s], **Mix|pi|ck|les** ['mɪkspɪkl̩s] die (nur Plural): in Essig eingelegte Gemüsestückchen

mi|xen: 1. (bes. Getränke) mischen. 2. die auf verschiedene Bänder aufgenommenen akustischen Elemente eines Films (Sprache, Musik, Geräusche) aufeinander abstimmen u. auf eine Tonspur überspielen. 3. Speisen mit einem elektrischen Küchengerät zerkleinern u. mischen

Mi|xer, der; -s, -: 1. jmd., der [in einer Bar] alkoholische Getränke mischt. 2. (bei der Zubereitung von Getränken, Speisen gebrauchtes) elektrisches Gerät zum Mixen (3)

Mi|xe|rin, die; -, -nen: weibliche Form zu ↑Mixer (1)

Mix|tur, die; -, -en: Mischung; flüssige Arzneimischung

Mne|mo|tech|nik, die; -, -en: Technik, Verfahren, sich etwas leichter einzuprägen, seine Gedächtnisleistung zu steigern

Mne|mo|tech|ni|ker [auch: ...'tɛç...], der; -s, -: jmd., der die Mnemotechnik beherrscht

Mne|mo|tech|ni|ke|rin [auch: …tɛç…], die; -, -nen: weibliche Form zu ↑Mnemotechniker
mne|mo|tech|nisch [auch: …tɛç…]: die Mnemotechnik betreffend
Moa, der; -[s], -s: ausgestorbener, straußenähnlicher neuseeländischer Laufvogel
Mob, der; -s, -s (abwertend): 1. Pöbel. 2. kriminelle Bande, organisiertes Verbrechertum
mob|ben: (einen Kollegen, eine Kollegin) ständig schikanieren, quälen, verletzen
Mob|bing, das; -[s]: das Mobben
Mö|bel, das; -s, -: a) Einrichtungsgegenstand für Wohn- u. Arbeitsräume; b) (nur Plural) Einrichtung, Mobiliar
mo|bil: 1. a) beweglich, nicht an einen festen Standort gebunden; b) den Wohnsitz u. Arbeitsplatz häufig wechselnd. 2. für den Krieg bestimmt od. ausgerüstet; einsatzbereit. 3. (ugs.) wohlauf, gesund; lebendig, munter
Mo|bi|le, das; -s, -s: hängend befestigtes Gebilde aus [Metall]plättchen, Stäben, Figuren u. Drähten, das durch Luftzug, Warmluft od. Anstoßen in Bewegung gerät
Mo|bile Ban|king, das; - -[s], **Mo|bile|banking**, das; -[s] [ˈmɔʊ̯baɪ̯l(ˈ)bɛŋkɪŋ]: Abwicklung von Bankgeschäften über das Internet mithilfe von Smartphones
Mo|bil|funk, der; -s: Funk zwischen mobilen od. zwischen mobilen u. festen Stationen
Mo|bi|li|ar, das; -s, -e: Gesamtheit der Möbel u. sonstigen Einrichtungsgegenstände
Mo|bi|li|en, die (nur Plural): 1. Hausrat, Möbel. 2. (Wirtsch.) bewegliche Güter
Mo|bi|li|sa|ti|on, die; -, -en: 1. das Mobilisieren (3). 2. ↑Mobilmachung
mo|bi|li|sie|ren: 1. (Militär) mobilmachen. 2. (Wirtsch.) beweglich, zu Geld machen. 3. (Med.) (ein Gelenk, einen Körperteil o. Ä.) [wieder] beweglich machen. 4. a) in Bewegung versetzen, zum Handeln veranlassen; b) rege, wirksam machen; aktivieren
Mo|bi|li|tät, die; -: 1. geistige Beweglichkeit. 2. Beweglichkeit von Individuen od. Gruppen innerhalb der Gesellschaft. 3. Häufigkeit des Wohnsitzwechsels einer Person
Mo|bil|ma|chung, die; -, -en: Vorbereitung auf einen bevorstehenden Krieg durch Einberufung der Reserve u. Aufstellung neuer Truppenteile
Mo|bil|te|le|fon, das; -s, -e: (innerhalb eines bestimmten Gebiets) von praktisch jedem beliebigen Ort aus benutzbares Funktelefon
mö|b|lie|ren: mit Hausrat einrichten, ausstatten
Mobs|ter, der; -s, -: Gangster, Bandit
mo|dal: den Modus betreffend
Mo|da|li|tät, die; -, -en: 1. Art u. Weise [des Seins, des Denkens]. 2. (meist Plural) Art u. Weise der Aus- u. Durchführung eines Vertrages, Beschlusses o. Ä.
Mo|dal|satz, der; -es, …sätze (Sprachwiss.): Adverbialsatz der Art u. Weise (z. B.: ich half ihm, *indem ich ihm Geld schickte*)
Mo|de, die; -, -n: 1. a) Brauch, Sitte zu einem bestimmten Zeitpunkt; b) Tages-, Zeitgeschmack. 2. die zu einem bestimmten Zeitpunkt bevorzugte Art, sich zu kleiden od. zu frisieren
[1]**Mo|del**, der; -s, -, **Mo|dul**, der; -s, -n: 1. Halbmesser des unteren Teils einer antiken Säule (Maßeinheit zur Bestimmung architektonischer Verhältnisse, bes. in der Antike u. Renaissance). 2. Hohlform z. B. für die Herstellung von Gebäck. 3. erhabene Druckform für Stoff- u. Tapetendruck. 4. Stick- u. Wirkmuster
[2]**Mo|del**, das; -s, -s: Mannequin, Fotomodell
Mo|dell, das; -s, -e: 1. Muster, Vorbild. 2. Entwurf od. Nachbildung in kleinerem Maßstab. 3. [Holz]form zur Herstellung der Gussform. 4. Kleidungsstück, das eine Einzelanfertigung ist. 5. Mensch od. Gegenstand als Vorbild für ein Werk der bildenden Kunst. 6. Typ, Ausführungsart eines Fabrikats. 7. vereinfachte Darstellung der Funktion eines Gegenstands od. des Ablaufs eines Sachverhalts. 8. Mannequin. 9. (verhüll.) ↑Callgirl
Mo|del|leur […ˈløːɐ̯], der; -s, -e: ↑Modellierer
Mo|del|leu|rin […ˈløːrɪn], die; -, -nen: weibliche Form zu ↑Modelleur
mo|del|lie|ren: [eine Plastik] formen, ein Modell herstellen
Mo|del|lie|rer, der; -s, -: Former, Musterformer
Mo|del|lie|re|rin, die; -, -nen: weibliche Form zu ↑Modellierer

M

Mo|dem, der, auch: das; -s, -s: Gerät zur Übertragung von Daten über Fernsprechleitungen

mo|de|rat: gemäßigt, maßvoll

Mo|de|ra|ti|on, die; -, -en: 1. (veraltet) Mäßigung; Gleichmut. 2. Leitung u. Redaktion einer Rundfunk- od. Fernsehsendung

mo|de|ra|to (Musik): (Vortragsanweisung) gemäßigt, mäßig schnell (Abk.: mod.)

Mo|de|ra|to, das; -s, -s u. ...ti (Musik): Musikstück in mäßig schnellem Zeitmaß

Mo|de|ra|tor, der; -s, ...oren: [leitender] Redakteur einer Rundfunk- od. Fernsehanstalt, der durch eine Sendung führt u. dabei die einzelnen Programmpunkte ankündigt, erläutert u. kommentiert

Mo|de|ra|to|rin, die; -, -nen: weibliche Form zu ↑Moderator

mo|de|rie|ren: (eine Rundfunk- od. Fernsehsendung) mit einleitenden u. verbindenden Worten versehen

mo|dern: 1. der Mode entsprechend. 2. neuzeitlich, -artig

M

Mo|der|ne, die; -: 1. moderne Richtung in Literatur, Musik u. Kunst. 2. die jetzige Zeit u. ihr Geist

mo|der|ni|sie|ren: nach neuesten technischen od. wissenschaftlichen Erkenntnissen ausstatten od. verändern

Mo|der|nis|mus, der; -, ...men: 1. (ohne Plural) Streben nach Modernität [in Kunst u. Literatur]. 2. (ohne Plural) liberal-wissenschaftliche Reformbewegung in der katholischen Kirche. 3. modernes Stilelement

Mo|der|nist, der; -en, -en: Anhänger des Modernismus (1, 2)

Mo|der|nis|tin, die; -, -nen: weibliche Form zu ↑Modernist

mo|der|nis|tisch: zum Modernismus gehörend; sich modern gebend

Mo|der|ni|tät, die; -, -en: 1. (ohne Plural) neuzeitliches Verhalten, Gepräge. 2. Neuheit

mo|dest (veraltet): bescheiden, sittsam

Mo|di|fi|ka|ti|on, die; -, -en: 1. (bildungsspr.) Abwandlung, Veränderung. 2. (Biol.) durch äußere Faktoren bedingte nicht erbliche Änderung bei Pflanzen, Tieren od. Menschen. 3. (Chemie) durch die Kristallstruktur bedingte Zustandsform, in der ein Stoff vorkommt

mo|di|fi|zie|ren: abändern, abwandeln

mo|disch: nach der Mode

Mo|dis|tin, die; -, -nen: Hutmacherin

¹**Mo|dul,** der; -s, -n: 1. vgl. ¹Model. 2. (Physik) ↑Materialkonstante (z. B. Elastizitätsmodul)

²**Mo|dul,** das; -s, -e: 1. (bes. Elektrot.) austauschbares, komplexes Teil eines Geräts od. einer Maschine, das eine geschlossene Funktionseinheit bildet. 2. (Informatik) eine sich aus mehreren Elementen zusammensetzende Einheit innerhalb eines Gesamtsystems, die jederzeit ausgetauscht werden kann

mo|du|lar: in der Art eines ↑²Moduls; das ↑²Modul betreffend

Mo|du|la|ti|on, die; -, -en: 1. Beeinflussung einer Trägerfrequenz zum Zwecke der Übertragung von Nachrichten auf Drahtleitungen od. auf drahtlosem Weg. 2. (Musik) Übergang von einer Tonart in die andere. 3. (Musik) das Abstimmen von Tonstärke u. Klangfarbe im Musikvortrag (z. B. beim Gesang)

Mo|du|la|tor, der; -s, ...oren: Gerät zur Modulation (1)

mo|du|lie|ren: 1. abwandeln. 2. (eine Frequenz) zum Zwecke der Nachrichtenübermittlung beeinflussen. 3. in eine andere Tonart übergehen

Mo|dus [auch: ˈmɔ...], der; -, ...di: 1. Art u. Weise [des Geschehens od. Seins]. 2. (Sprachwiss.) grammatische Kategorie des Verbs zum Ausdruck der Modalität (1) (z. B. Indikativ, Konjunktiv, Imperativ). 3. (Musik) Kirchentonart. 4. (Statistik) in einer Reihe am häufigsten vorkommender Wert

Mo|dus Ope|ran|di, der; - -, ...di -: Art u. Weise des Handelns, Tätigwerdens

Mo|fa, das; -s, -s: Kleinkraftrad mit geringer Höchstgeschwindigkeit (bis 25 km/h)

Mo|gul, der; -s, -n (Geschichte): mongolischer Herrscher einer muslimischen Dynastie in Indien

Mo|ham|me|da|ner, der; -s, -: veraltete Bez. für ↑Muslim

Mo|ham|me|da|ne|rin, die; -, -nen: weibliche Form zu ↑Mohammedaner

Mo|hi|ka|ner: in der Fügung **der letzte Mohikaner** od. **der Letzte der Mohikaner** (ugs. scherzh.): jmd., der von vielen übrig geblieben ist; etwas, was übrig geblieben ist

Moi|ré [mo̯a're:], das; -[s], -s: 1. (auch der) Stoff mit Wasserlinienmusterung. 2. (Druckw.) fehlerhafte Musterung beim Mehrfarbendruck. 3. störendes Streifenmuster auf dem Fernsehbild

Mo|ji|to [mo'xi:to], der; -[s], -s: Cocktail aus weißem Rum, Minzeblättern, Limettensaft, Rohrzucker u. Sodawasser

mo|kant: spöttisch

Mo|kas|sin [auch: 'mɔk...], der; -s, -s u.-e: 1. [farbig gestickter] absatzloser Wildlederschuh der nordamerikanischen Indianer. 2. Schuh in der Art eines Mokassins (1)

Mo|kett, Mo|quette [mo'kɛt] der; -s: Möbelplüsch aus [Baum]wolle

mo|kie|ren, sich: sich abfällig od. spöttisch äußern, sich lustig machen

Mol, das; -s, -e (aber: 1000 -) (Chemie): Menge eines chemisch einheitlichen Stoffes, die seiner relativen ↑Molekülmasse in Gramm entspricht (Einheit der molaren Masse)

mo|lar: das Mol betreffend; je 1 Mol

Mo|lar, der; -s, (auch:) -en, -en (Med.): Mahlzahn, Backenzahn

Mo|le|kül, das; -s, -e: kleinste Einheit einer chemischen Verbindung, die noch die charakteristischen Eigenschaften dieser Verbindung aufweist

mo|le|ku|lar: die Moleküle betreffend

Mo|le|ku|lar|bio|lo|ge, der; -n, -n: Wissenschaftler auf dem Gebiet der Molekularbiologie

Mo|le|ku|lar|bio|lo|gie, die; -: Forschungszweig der Biologie, der sich mit den chemisch-physikalischen Eigenschaften organischer Verbindungen im lebenden Organismus beschäftigt

Mo|le|ku|lar|bio|lo|gin, die; -, -nen: weibliche Form zu ↑Molekularbiologe

Mo|le|ku|lar|ge|wicht, das; -[e]s, -e: ältere Bez. für ↑Molekülmasse

Mo|le|kül|mas|se, die; -, -n: Masse eines Moleküls (Summe der Massen der in einem bestimmten Molekül vorhandenen Atome)

Moll, das; -[s] (Musik): Tongeschlecht aller Tonarten mit einem Halbton zwischen der zweiten u. dritten Stufe

Mol|lus|ke, die; -, -n (meist Plural): Weichtier (Muscheln, Schnecken, Tintenfische u. a.)

Mo|lo, der; -s, Moli (österr.): Mole, Hafendamm

Mo|lo|tow|cock|tail, Mo|lo|tow-Cock|tail [...tɔf...], der; -s, -s: mit Benzin [u. Phosphor] gefüllte Flasche, die als einfache Handgranate verwendet wird

mol|to, di mol|to (Musik): viel, sehr (Vortragsanweisung)

Mol|ton, der; -s, -s: weiche, doppelseitig geraute Baumwollware in Köperbindung

Mo|lyb|dän, das; -s: chem. Element; ein Metall (Zeichen: Mo)

¹Mo|ment, der; -[e]s, -e: 1. Augenblick, Zeitpunkt. 2. kurze Zeitspanne

²Mo|ment, das; -[e]s, -e: 1. ausschlaggebender Umstand; Merkmal; Gesichtspunkt. 2. (Physik) Produkt aus zwei physikalischen Größen, deren eine meist eine Kraft ist

mo|men|tan: augenblicklich, vorübergehend

Mo|n|arch, der; -en, -en: gekrönter [Allein]herrscher (z. B. Kaiser od. König)

Mo|n|ar|chie, die; -, ...ien: a) (ohne Plural) Staatsform mit einem/einer durch Herkunft legitimierten Herrscher/-in an der Spitze; b) Staat mit der Monarchie (a) als Staatsform

Mo|n|ar|chin, die; -, -nen: weibliche Form zu ↑Monarch

mo|n|ar|chisch: a) eine Monarchin/einen Monarchen betreffend; b) die Monarchie betreffend

Mo|n|ar|chist, der; -en, -en: Anhänger des Monarchismus, der Monarchie

Mo|n|ar|chis|tin, die; -, -nen: weibliche Form zu ↑Monarchist

mon|dän: eine extravagante Eleganz zeigend

Mo|nem, das; -s, -e (Sprachwiss.): kleinste bedeutungstragende Spracheinheit

mo|ne|tär: geldlich; die Finanzen betreffend

Mo|ne|ten, die (nur Plural) (ugs.): Geld

M

Mon|go|le, der; -n, -n: 1. Einwohner der Mongolei. 2. (Anthropol.) Angehöriger einer Völkergruppe in Zentralasien

Mon|go|lin, die; -, -nen: weibliche Form zu ↑Mongole

mon|go|lisch: a) die Mongolei, die Mongolen betreffend, zu ihnen gehörend; b) in einer der Sprachen der Mongolen [verfasst]

Mon|go|lis|mus, der; -: (veraltet) ↑Downsyndrom

mon|go|lo|id: 1. den Mongolen ähnlich. 2. (veraltend) Symptome des ↑Downsyndroms aufweisend

mo|nie|ren: etwas bemängeln, beanstanden

Mo|nis|mus, der; - (Philos.): philosophisch-religiöse Lehre von der Existenz nur eines einheitlichen Grundprinzips des Seins

Mo|nist, der; -en, -en: Vertreter des Monismus

Mo|nis|tin, die; -, -nen: weibliche Form zu ↑Monist

mo|nis|tisch: den Monismus betreffend

Mo|ni|tor, der; -s, -e (auch: ...oren): 1. Kontrollbildschirm. 2. Bildschirm eines Personal Computers o. Ä.

M

Mo|ni|to|ring ['mɔnɪtərɪŋ], das; -s, -s: [Dauer]beobachtung [eines bestimmten Systems]

Mo|ni|tum, das; -s, ...ta: Mahnung, Rüge, Beanstandung

Mo|no, das; -s: Kurzform von ↑Monofonie

mo|no|chrom: einfarbig

mo|no|chro|ma|tisch (Physik): einfarbig, zu nur einer Spektrallinie gehörend

Mo|n|o|die, die; -, ...ien (Musik): 1. einstimmiger Gesang. 2. Sologesang mit Generalbassbegleitung

mo|n|o|disch (Musik): a) die Monodie betreffend; b) im Stil der Monodie; einstimmig

Mo|no|dra|ma, das; -s, ...men: Einpersonenstück

mo|no|fil: aus einer einzigen [langen] Faser bestehend

mo|no|fon, mo|no|phon: einkanalig (in Bezug auf die Schallübertragung)

Mo|no|fo|nie, Mo|no|pho|nie, die; -: einkanalige Schallübertragung

mo|no|gam: a) von der Anlage her auf nur einen Geschlechtspartner bezogen; b) (Völkerkunde) nur die Einehe kennend

Mo|no|ga|mie, die; -: Zusammenleben mit nur einem Partner

mo|no|gen: 1. durch nur ein Gen bestimmt (von einem Erbvorgang). 2. aus einer einmaligen Ursache entstanden

Mo|no|ge|ne|se, Mo|no|ge|ne|sis, die; -: 1. (ohne Plural) biologische Theorie von der Herleitung jeder gegebenen Gruppe von Lebewesen aus je einer gemeinsamen Urform (Stammform). 2. (Biol.) ungeschlechtliche Fortpflanzung

Mo|no|gra|fie, Mo|no|gra|phie, die; -, ...ien: größere, wissenschaftliche Einzeldarstellung

Mo|no|gramm, das; -s, -e: Namenszeichen, meist aus den Anfangsbuchstaben von Vor- u. Familiennamen bestehend

mo|no|kau|sal: sich auf nur eine Grundlage stützend; auf nur einen Grund zurückgehend

Mo|n|o|kel, das; -s, -: Einglas; Korrekturlinse für ein Auge, die durch die Muskulatur der Augenlider gehalten wird

mo|no|klo|nal (Biol.): auf nur einen ↑Klon zurückgehend u. deshalb identisch aufgebaut (von Zellen)

mo|n|o|ku|lar (Med.): a) mit [nur] einem Auge; b) für [nur] ein Auge

Mo|no|kul|tur, die; -, -en: Form der landwirtschaftlichen Bodennutzung, bei der nur eine Nutzpflanze angebaut wird

Mo|no|lith, der; -s od. -en, -e[n]: Säule, Denkmal aus einem einzigen Steinblock

mo|no|li|thisch: 1. aus nur einem Stein bestehend. 2. aus sehr kleinen elektronischen Bauelementen untrennbar zusammengesetzt

Mo|no|log, der; -[e]s, -e: a) laut geführtes Selbstgespräch einer Figur auf der Bühne; b) [längere] Rede, die jmd. während eines Gesprächs hält

mo|no|lo|gisch: in der Form eines Monologs

mo|no|lo|gi|sie|ren: innerhalb eines Gesprächs für längere Zeit allein reden

Mo|nom, das; -s, -e (Math.): eingliedrige Zahlengröße

mo|no|man (Psychol. veraltet): an einer Zwangsvorstellung leidend

Mo|no|ma|ne, der; -n, -n: jmd., der an Monomanie leidet

Mo|no|ma|nie, die; -, ...ien: Besessensein von Wahn- od. Zwangsvorstellungen
Mo|no|ma|nin, die; -, -nen: weibliche Form zu ↑Monomane
mo|no|ma|nisch: ↑monoman
mo|no|mer (Chemie): aus einzelnen, voneinander getrennten, selbstständigen Molekülen bestehend
Mo|no|mer, das; -s, -e, **Mo|no|me|re**, das; -n, -n (Chemie): Stoff, dessen Moleküle monomer sind
mo|no|misch (Math.): eingliedrig
mo|no|phon usw. vgl. monofon usw.
Mo|no|ph|thong, der; -[e]s, -e (Sprachwiss.): einfacher Vokal (z. B. a, e, i)
mo|no|ph|thon|gie|ren: a) einen Diphthong in einen Monophthong umbilden; b) (von Diphthongen) zum Monophthong werden
mo|no|phy|le|tisch (Biol.): einstämmig; von einer Urform abstammend
Mo|no|ple|gie, die; -, ...ien (Med.): Lähmung eines einzelnen Gliedes od. Gliedabschnittes
Mo|no|po|die, die; -, ...ien: aus nur einem Versfuß bestehender Takt in einem Vers
Mo|no|pol, das; -s, -e: 1. Vorrecht, alleiniger Anspruch, alleiniges Recht, bes. auf Herstellung u. Verkauf eines bestimmten Produktes. 2. marktbeherrschendes Unternehmen
mo|no|po|li|sie|ren: ein Monopol aufbauen
Mo|no|po|list, der; -en, -en: Inhaber eines monopolistischen Unternehmens
Mo|no|po|lis|tin, die; -, -nen: weibliche Form zu ↑Monopolist
mo|no|po|lis|tisch: auf Marktbeherrschung und Höchstgewinnerzielung ausgehend
Mo|no|pol|ka|pi|tal, das; -s (abwertend): 1. in Monopolen (2) arbeitendes Kapital. 2. Gesamtheit monopolistischer Unternehmungen
Mo|no|pol|ka|pi|ta|lis|mus, der; - (abwertend): Kapitalismus, der durch monopolartige Unternehmenszusammenschlüsse geprägt ist
Mo|no|pol|ka|pi|ta|list, der; -en, -en (abwertend): Eigentümer eines marktbeherrschenden [Industrie]unternehmens
Mo|no|pol|ka|pi|ta|lis|tin, die; -, -nen: weibliche Form zu ↑Monopolkapitalist
Mo|no|po|ly®, das; -: Gesellschaftsspiel, bei dem Grundstücksspekulationen simuliert werden
Mo|no|p|te|ros, der; -, ...eren: von einer Säulenreihe umgebener, kleiner, runder Tempel
mo|no|sem (Sprachwiss.): nur eine Bedeutung habend (von Wörtern)
mo|no|s|ti|chisch: das Monostichon betreffend; aus metrisch gleichen Einzelversen bestehend (in Bezug auf Gedichte)
Mo|no|s|ti|chon, das; -s, ...cha (Metrik): einzelner Vers
Mo|no|syn|de|ton, das; -s, ...ta (Sprachwiss.): Reihe von Satzteilen, bei der vor dem letzten Glied eine Konjunktion steht
Mo|no|the|is|mus, der; -: Glaube an einen einzigen Gott
Mo|no|the|ist, der; -en, -en: Anhänger des Monotheismus
Mo|no|the|is|tin, die; -, -nen: weibliche Form zu ↑Monotheist
mo|no|the|is|tisch: an einen einzigen Gott glaubend
mo|no|ton: gleichförmig, ermüdend-eintönig
Mo|no|to|nie, die; -, ...ien: Gleichförmigkeit, Eintönigkeit
mo|no|va|lent (Chemie): einwertig
Mo|n|ö|zie, die; - (Bot.): das Vorkommen männlicher u. weiblicher Blüten auf einem Pflanzenindividuum; Einhäusigkeit
Mon|si|eur [mə'sjø:], der; -[s], Messieurs [mɛ'sjø:]: frz. Bez. für Herr; als Anrede ohne Artikel (Abk.: M., Plural: MM.)
Mon|si|g|no|re [mɔnsɪn'jo:rə], der; -[s], ...ri: 1. (ohne Plural) Titel u. Anrede von Prälaten der kath. Kirche (Abk.: Mgr., Msgr.). 2. Träger dieses Titels
Mons|ter, das; -s, -: Ungeheuer
Mons|te|ra, die; -, ...rae [...rɛ]: ↑Philodendron
Mons|ter|film, der; -[e]s, -e: 1. meist überlanger, mit sehr großem Aufwand gedrehter Film. 2. Film, der von ↑Monstern handelt
Mons|t|ranz, die; -, -en: kostbares Behältnis zum Tragen u. Zeigen der geweihten Hostie
mons|t|rös: (bildungsspr., meist abwertend) ungeheuerlich

M

Mons|t|rum, das; -s, ...ren u. ...ra: 1. Monster, Ungeheuer. 2. großer, unförmiger Gegenstand; Ungetüm

Mon|sun, der; -s, -e: a) jahreszeitlich wechselnder Wind in Asien; b) die Sommerregenzeit [in Süd- u. Ostasien]

Mon|ta|ge [...ʒə, auch: mõ..., österr.: ...'taːʃ], die; -, -n (österr.): 1. a) das Zusammensetzen aus vorgefertigten Teilen [zum fertigen Produkt]; b) das Aufstellen u. Anschließen [einer Maschine] zur Inbetriebnahme. 2. Kunstwerk, das aus ursprünglich nicht zusammengehörenden Einzelteilen zu einer neuen Einheit zusammengesetzt ist

mon|tan: Bergbau und Hüttenwesen betreffend

Mon|tan|in|dus|t|rie, die; -, -n: Gesamtheit der bergbaulichen Industrieunternehmen

Mon|ta|nist, der; -en, -en: Fachmann im Bergbau u. Hüttenwesen

Mon|ta|nis|tin, die; -, -nen: weibliche Form zu ↑Montanist

Mon|tan|uni|on, die; -: Europäische Gemeinschaft für Kohle und Stahl

Mon|teur [...'tøːɐ̯, auch: mõ...], der; -s, -e: Montagefacharbeiter

Mon|teu|rin [...tøːrɪn], die; -, -nen: weibliche Form zu ↑Monteur

Mont|gol|fi|e|re [mõgɔl...], die; -, -n: Heißluftballon

mon|tie|ren: 1. etwas aus Einzelteilen zusammensetzen [u. betriebsbereit machen]. 2. etwas an einer bestimmten Stelle mit technischen Hilfsmitteln anbringen; installieren

Mon|tur, die; -, -en: 1. (veraltet) Uniform, Dienstkleidung. 2. (ugs., oft scherzh.) Kleidung

Mo|nu|ment, das; -[e]s, -e: 1. [großes] Denkmal. 2. [wichtiges] Zeichen der Vergangenheit; Erinnerungszeichen

mo|nu|men|tal: 1. denkmalartig. 2. gewaltig, großartig

Mo|nu|men|ta|li|tät, die; -: eindrucksvolle Größe, Großartigkeit

Moon|boot® ['muːnbuːt], der; -s, -s (meist Plural): dick gefütterter Winterstiefel [aus synthetischem Material]

Mo|ped, das; -s, -s: Kleinkraftrad mit geringem Hubraum u. begrenzter Höchstgeschwindigkeit

Mopp, der; -s, -s: Staubbesen mit Fransen

Mo|ra, Mo|re, die; -, Moren: kleinste Zeiteinheit im Verstakt

Mo|ral, die; -, -en (Plural selten): 1. Gesamtheit von ethisch-sittlichen Normen, Grundsätzen, Werten, die das zwischenmenschliche Verhalten in einer Gesellschaft regulieren. 2. (ohne Plural) Stimmung, Kampfgeist. 3. philosophische Lehre von der Sittlichkeit. 4. das sittliche Verhalten eines Einzelnen od. einer Gruppe

Mo|ra|lin, das; -s: heuchlerische Entrüstung in moralischen Dingen; enge, spießbürgerliche Sittlichkeitsauffassung

mo|ra|lisch: 1. der Moral entsprechend, sie befolgend. 2. sittenstreng, tugendhaft

mo|ra|li|sie|ren: 1. moralische Überlegungen anstellen. 2. die Moral (2, 4) verbessern. 3. sich für sittliche Dinge ereifern

Mo|ra|lis|mus, der; -: 1. Haltung, die die Moral (1) als verbindliche Grundlage des zwischenmenschlichen Verhaltens anerkennt. 2. [übertreibende] Beurteilung der Moral (1) als alleiniger Maßstab für das Verhalten

Mo|ra|list, der; -en, -en: 1. Vertreter des Moralismus (1). 2. (oft abwertend) jmd., der alle Dinge in übertriebener Weise moralisierend beurteilt

Mo|ra|lis|tin, die; -, -nen: weibliche Form zu ↑Moralist

mo|ra|lis|tisch: den Moralismus betreffend, ihm gemäß handelnd

Mo|ral|ko|dex: Kodex moralischen Verhaltens

Mo|ral|phi|lo|so|phie, die; -: philosophische Lehre von den Grundlagen u. dem Wesen der Sittlichkeit; Ethik

Mo|ral|theo|lo|gie, die; -, ...ien [...iːən]: Disziplin der kath. Theologie, die sich mit dem sittlichen Verhalten des Menschen befasst

Mo|rä|ne, die; -, -n: von einem Gletscher bewegte u. abgelagerte Masse von Gestein

Mo|rast, der; -[e]s, -e u. Moräste: a) schlammiges Stück Land, Sumpfland; b) (ohne Plural) schlammiger Boden; Schlamm

mo|ras|tig: sumpfig, schlammig

Mo|ra|to|ri|um, das; -s, ...ien: gesetzlich angeordneter od. [vertraglich] vereinbarter Aufschub

mor|bid: 1. (Med.) kränklich, krankhaft. 2. im Verfall begriffen

Mor|bi|dez|za, die; - (veraltet): Weichheit, Weichlichkeit (in der Malerei)

Mor|bi|di|tät, die; -: 1. morbider Zustand. 2. (Med.) Häufigkeit der Erkrankungen innerhalb einer Bevölkerungsgruppe

Mor|bus, der; -, ...bi (Med.): Krankheit

Mor|dent, der; -s, -e (Musik): Wechsel zwischen Hauptnote u. nächsttieferer Note; Pralltriller

Mo|rel|le, Ma|rel|le, die; -, -n: bes. in Südosteuropa angepflanzte Sauerkirsche

Mo|res [...re:s], die (nur Plural): in der Wendung **jmdn. Mores lehren:** jmdn. energisch zurechtweisen

Mo|res|ke, Mau|res|ke, die; -, -n: Flächenornament der islamischen Kunst aus schematischen Linien u. stilisierten Pflanzen

mo|ri|bund (Med.): im Sterben liegend; sterbend; dem Tode geweiht

Mo|ris|ke, der; -n, -n (meist Plural): nach der arabischen Herrschaft in Spanien zurückgebliebener Maure, der [nach außen hin] Christ war

Mor|mo|ne, der; -n, -n: Angehöriger einer chiliastischen Religionsgemeinschaft in Nordamerika

Mor|mo|nin, die; -, -nen: weibliche Form zu ↑Mormone

mo|ros (veraltet): mürrisch, verdrießlich

Mor|phem, das; -s, -e (Sprachwiss.): kleinste bedeutungstragende Gestalteinheit in der Sprache, kleinstes sprachliches Zeichen

mor|phen (ugs.): Morphing betreiben

Mor|pheus: griechischer Gott des Schlafes

Mor|phin, das; -s, -e (Chemie, Med.): aus Opium gewonnene Droge, die in der Medizin bes. als schmerzlinderndes Mittel eingesetzt wird

Mor|phing, das; -s: (bes. in der Werbung angewandtes) computergestütztes Verfahren, eine Gestalt, ein Bild o. Ä. übergangslos in ein anderes wechseln zu lassen

Mor|phi|nist, der; -en, -en: Morphiumsüchtiger

Mor|phi|nis|tin, die; -, -nen: weibliche Form zu ↑Morphinist

Mor|phi|um, das; -s (allgemeinsprachlich): ↑Morphin

Mor|pho|lo|ge, der; -n, -n: Wissenschaftler auf dem Gebiet der Morphologie

Mor|pho|lo|gie, die; -: 1. Wissenschaft von den Gestalten u. Formen. 2. (Sprachwiss.) Wissenschaft von den Formveränderungen, denen Wörter unterliegen. 3. Teilgebiet der Soziologie, das sich mit der Struktur der Gesellschaft befasst

Mor|pho|lo|gin, die; -, -nen: weibliche Form zu ↑Morphologe

mor|pho|lo|gisch: die Morphologie, äußere Gestalt, Form betreffend

Mor|se|al|pha|bet, Mor|se-Al|pha|bet, das; -[e]s, -e: dem Alphabet entsprechende Folge von Zeichen, die aus Kombinationen von Punkten u. Strichen bzw. kurzen u. langen Stromimpulsen bestehen

Mor|se|ap|pa|rat, Mor|se-Ap|pa|rat, der; -[e]s, -e: Gerät zur telegrafischen Übermittlung von Nachrichten mithilfe von Zeichen des Morsealphabets

mor|sen: 1. den Morseapparat bedienen. 2. unter Verwendung des Morsealphabets hörbare od. sichtbare Zeichen geben

Mor|ta|del|la, die; -, -s: dickere Brühwurst aus Schweine- u. Kalbfleisch

Mor|ta|li|tät, die; -, -en (Med.): Sterblichkeit, Sterblichkeitsziffer; Verhältnis der Zahl der Todesfälle zur Gesamtzahl der Personen

Mo|sa|ik, das; -s, -en (auch: -e): 1. aus kleinen, bunten Steinen od. Glassplittern zusammengesetztes Bild, Ornament. 2. aus vielen kleinen Teilen zusammengesetzte Einheit

Mo|schee, die; -, ...scheen: islamisches Gotteshaus, das ein Zentrum des religiösen u. politischen Lebens der Muslime darstellt

Mo|schus, der; -: Duftstoff aus der Moschusdrüse der männlichen Moschustiere

Mo|ses, der; -, -: 1. jüngstes Besatzungsmitglied an Bord; Schiffsjunge. 2. Beiboot einer Jacht, kleinstes Boot

Mos|ki|to, der; -s, -s (meist Plural): 1. tropische Stechmücke, die gefährliche Krankheiten (z. B. Malaria) übertragen kann. 2. (Fachspr., sonst selten) Stechmücke

Mos|lem usw. vgl. Muslim usw.

Mo|tel [auch: mo'tɛl], das; -s, -s: an Autobahnen o. Ä. gelegenes Hotel [für Autoreisende]

Mo|tet|te, die; -, -n: in mehrere Teile gegliederter mehrstimmiger Chorgesang [ohne Instrumentalbegleitung]

Mo|ti|on, die; -, -en: 1. (schweiz.) schriftlicher Antrag in einem Parlament. 2. (Sprachwiss.) Bildung weiblicher Personenbezeichnungen aus den männlichen mit einem Suffix

Mo|ti|o|när, der; -s, -e (schweiz.): jmd., der eine Motion (1) einreicht

Mo|ti|o|nä|rin, die; -, -nen: weibliche Form zu ↑Motionär

Mo|tiv, das; -s, -e: 1. Beweggrund, Antrieb, Ursache; Leitgedanke. 2. Gegenstand einer künstlerischen Darstellung. 3. (Musik) gestaltbildende musikalische Einheit

M

Mo|ti|va|ti|on, die; -, -en: 1. (Psychol., Päd.) Summe der Beweggründe, die jmds. Entscheidung, Handlung beeinflussen. 2. das Motiviertsein

Mo|tiv|for|schung, die; -, -en: Teil der Marktforschung, der die Motive für das Verhalten u. Handeln [der Käufer] untersucht

mo|ti|vie|ren: 1. begründen. 2. zu etwas anregen, veranlassen

Mo|ti|vie|rung, die; -, -en: das Motivieren

Mo|ti|vik, die; - (Musik): Kunst der Motivverarbeitung in einem Tonwerk

mo|ti|visch: a) das Motiv betreffend; b) die Motivik betreffend

Mo|to, das; -s, -s (schweiz.): kurz für: Motorrad

Mo|to|cross, Mo|to-Cross, das; -, -e: Gelände-, Vielseitigkeitsprüfung für Motorradsportler

Mo|to|drom, das; -s, -e: Rennstrecke (Rundkurs) für Motorsportveranstaltungen

Mo|tor, der; -s, ...oren: 1. [mo'to:ɐ̯] (Plur. auch: ...ore) Maschine, die Kraft erzeugt u. etwas in Bewegung setzt. 2. Kraft, die etwas antreibt; jmd., der etwas voranbringt

Mo|to|rik, die; -: 1. (Med.) Gesamtheit der aktiven, vom Gehirn aus gesteuerten, koordinierten Bewegungen des menschlichen Körpers. 2. Gesamtheit von [gleichförmigen, regelmäßigen] Bewegungsabläufen

Mo|to|ri|ker, der; -s, - (Psychol.): jmd., dessen Persönlichkeit von einer auffallenden Motorik geprägt ist

Mo|to|ri|ke|rin, die; -, -nen: weibliche Form zu ↑Motoriker

mo|to|risch: 1. a) den Motor betreffend, im Hinblick auf den Motor; b) von einem Motor angetrieben. 2. (Med.) die Motorik (1) betreffend. 3. gleichförmig, mit nur geringen Schwankungen ablaufend (von Bewegungsabläufen)

mo|to|ri|sie|ren: 1. auf Maschinen od. Motorfahrzeuge umstellen; mit Maschinen od. Motorfahrzeugen ausrüsten. 2. (ugs.) sich motorisieren: sich ein Kraftfahrzeug anschaffen. 3. mit einem Motor versehen

Mo|to|ri|sie|rung, die; -, -en: das Motorisieren (1, 3)

Mot|to, das; -s, -s: Denk-, Wahl-, Leitspruch

Moun|tain|bike ['maʊntn̩baɪ̯k], das; -s, -s: Fahrrad für Gelände- bzw. Gebirgsfahrten

moun|tain|bi|ken: mit dem Mountainbike fahren

Moun|tain|bi|ker, der; -s, -: jmd., der Mountainbike fährt

Moun|tain|bi|ke|rin, die; -, -nen: weibliche Form zu ↑Mountainbiker

Mouse|pad ['maʊ̯spɛd, engl.: 'maʊ̯spæd] vgl. Mauspad

Mousse [mus], die; -, -s [mus]: a) kalte Vorspeise aus püriertem Fleisch o. Ä.; b) schaumartige Süßspeise

Mousse au Cho|co|lat [musoʃoko'la], die; - - -, -s - - [mus...'la]: mit Schokolade hergestellte Mousse (b)

mous|sie|ren: (von Wein od. Sekt) perlen, in Bläschen schäumen

Move [mu:f], der; -s, -s: Bewegung, fester Bewegungsablauf beim Tanzen

Mo|vie ['mu:vi], das; -[s], -s, auch der; -[s], -s: engl. Bez. für: Unterhaltungsfilm, Kino

Mo|xa, die; -, ...xen: (in Ostasien, bes. in Japan) als Brennkraut verwendete Beifußwolle

Moz|za|rel|la, der; -s, -s: ein italienischer Frischkäse

Much|tar, der; -s, -s: türkischer Gemeinde-, Ortsvorsteher

Mu|d|scha|hed, Mud|ja|hed, Mu|ja|hed […dʒ…], der; -, -din: Freischärler (im islamischen Raum)

Mu|ez|zin [auch, österr. nur: ˈmuːɛ…], der; -s, -s (islam. Rel.): Ausrufer, der vom Minarett die Zeiten zum Gebet verkündet

Muf|f|lon, der; -s, -s: braunes Wildschaf mit großen, quer geringelten, nach hinten gebogenen Hörnern

Muf|ti, der; -[s], -s: islamischer Rechtsgelehrter und Gutachter

Mu|ko|sa, die; -, …sen (Med.): Schleimhaut

Mu|ko|vis|zi|do|se, die; -, -n (Med.): Erbkrankheit mit Funktionsstörungen der Drüsen

Mu|lat|te, der; -n, -n: Nachkomme eines weißen u. eines schwarzen Elternteils (oft als diskriminierend empfunden)

Mu|lat|tin, die; -, -nen: weibliche Form zu ↑Mulatte (oft als diskriminierend empfunden)

Mu|li, das (auch: der); -s, -[s] (südd., österr.): Kreuzung zwischen Esel u. Pferd; bes. Maultier

Mul|lah, der; -s, -s: 1. a) (ohne Plural) Titel der untersten Stufe der ↑schiitischen Geistlichen; b) Träger dieses Titels. 2. a) (ohne Plural) von ↑Sunniten für islamische Würdenträger u. Gelehrte gebrauchte Ehrenbezeichnung; b) Träger dieser Ehrenbezeichnung

Mul|ti, der; -s, -s (ugs.): multinationaler Konzern

mul|ti|dis|zi|p|li|när: sehr viele Disziplinen (2 (2 a)) umfassend, die Zusammenarbeit vieler Disziplinen betreffend

mul|ti|fil: aus mehreren [miteinander verdrehten] einzelnen Fasern bestehend

mul|ti|funk|ti|o|nal: vielen Funktionen gerecht werdend

Mul|ti|ko|p|ter, Mul|ti|co|p|ter, der; -s, -: unbemanntes leichtes, ferngesteuertes Fluggerät mit vier od. mehr horizontal rotierenden Propellern

mul|ti|kul|ti (ugs.): Kurzform von ↑multikulturell

mul|ti|kul|tu|rell: viele Kulturen umfassend

mul|ti|la|te|ral: mehrseitig, mehrere Seiten betreffend

mul|ti|lin|gu|al: a) mehrsprachig; b) die Mehrsprachigkeit betreffend

Mul|ti|me|dia, das; -[s] (meist ohne Artikel): das Zusammenwirken, die gleichzeitige Anwendung von verschiedenen Medien (Texten, Bildern, Animationen, Tönen)

mul|ti|me|di|al: a) viele Medien betreffend, aus vielen Medien bestehend; b) den Bereich, die Technik o. Ä. von Multimedia betreffend

Mul|ti|me|dia|show […ʃoʊ], die; -, -s: Veranstaltung, Vorstellung, bei der verschiedene Kunstarten u. ihre Mischformen unter Einbeziehung der verschiedensten Medien dargeboten werden

Mul|ti|me|dia|sys|tem, das; -s, -e: System, das mehrere Medien (z. B. Fernsehen, Dias, Bücher) gleichzeitig verwendet

Mul|ti|mil|li|o|när, der; -s, -e: mehrfacher Millionär

Mul|ti|mil|li|o|nä|rin, die; -, -nen: weibliche Form zu ↑Multimillionär

mul|ti|na|ti|o|nal: mehrere Nationen betreffend, einbeziehend

mul|ti|pel: vielfältig, vielfach

Mul|ti|ple-Choice-Ver|fah|ren [ˈmaltɪpl̩ˈtʃɔɪs…], das; -s, - (Psychol., Päd.): Prüfungsmethode od. Test, bei dem der Prüfling unter mehreren vorgegebenen Antworten die richtige[n] erkennen muss

mul|ti|plex (veraltet): vielfältig

Mul|ti|plex, das; -[es], -e: großes Kinozentrum

Mul|ti|plex|be|trieb, der; -s (ohne Plural): 1. Betrieb von Systemen zur Nachrichtenübertragung mit mehrfacher Nutzung jedes Kanals. 2. Multiplexkino

Mul|ti|plex|ver|fah|ren, das; -s, -: gleichzeitige Übertragung von mehreren Nachrichten über denselben Sender

Mul|ti|pli|ka|ti|on, die; -, -en: Vervielfachung, Vervielfältigung

mul|ti|pli|ka|tiv: die Multiplikation betreffend

Mul|ti|pli|ka|tor, der; -s, …oren: 1. Zahl, mit

M

der eine vorgegebene Zahl multipliziert werden soll. 2. Person, Einrichtung, die Wissen od. Informationen weitergibt u. dadurch zu deren Verbreitung beiträgt

mul|ti|pli|zie|ren: 1. (Math.) um eine bestimmte Zahl vervielfachen, malnehmen. 2. a) vervielfältigen, vermehren; b) sich multiplizieren: sich steigern; zunehmen

Mul|ti|tas|king [...ta:s..., auch: maltı'ta:skıŋ], das; -[s] (EDV): gleichzeitiges Abarbeiten mehrerer Tasks in einem Computer

mul|ti|va|lent: mehr-, vielwertig (von Tests, die mehrere Lösungen zulassen)

mul|tum, non mul|ta: „viel (= ein Gesamtes), nicht vielerlei (viele Einzelheiten)“, d. h. Gründlichkeit, nicht Oberflächlichkeit

Mu|lus, der; -, Muli: lat. Bez. für: Maulesel, Maultier

Mu|mie, die; -, -n: durch Einbalsamieren usw. vor Verwesung geschützter Leichnam

mu|mi|fi|zie|ren: 1. einbalsamieren. 2. (Med.) eintrocknen lassen (bes. Gewebe)

M

Mu|mi|fi|zie|rung, die; -, -en: Einbalsamierung

Mumps, der (landsch. auch: die); - (Med.): Ziegenpeter; Entzündung der Ohrspeicheldrüse

[1]**Mun|go,** der; -[s], -s: bräunliche, silbergrau gesprenkelte Schleichkatze in Afrika u. Asien

[2]**Mun|go,** der; -[s], -s: Garn, Gewebe aus Reißwolle

Mu|ni|ti|on, die; -: Schießmaterial für Feuerwaffen

mu|ni|ti|o|nie|ren: mit Munition versehen

Mu|ni|ti|ons|de|pot [...po:], das; -s, -s: Depot, in dem Munition gelagert wird

Mu|ni|zi|pi|um, das; -s, ...ien: 1. (Geschichte) altrömische Landstadt. 2. (veraltet) Stadtverwaltung

Mu|rä|ne, die; -, -n: aalartiger Knochenfisch

Mu|sa, die; -: Banane (z. B. die philippinische Faserbanane)

Mus|ca|det [myska'dɛ], der; -[s], -s [myska'dɛ(s)]: leichter, trockener, würziger Weißwein aus der Gegend um Nantes

Mu|schik [auch: mʊ'ʃık], der; -s, -s: Bauer im zaristischen Russland

Musch|ko|te, der; -n, -n (Soldatenspr. abwertend): Fußsoldat

Mu|se, die; -, -n (gr. Mythologie): eine von neun Schwestern als Schutzgöttinnen der Künste

mu|se|al: 1. das Museum betreffend. 2. (ugs.) veraltet, verstaubt, unzeitgemäß

Mu|sel|man, der; -en, -en (veraltet): ↑Muslim

Mu|sel|ma|nin [auch: ...'ma:...], die; -, -nen: weibliche Form zu ↑Muselman

mu|sel|ma|nisch [auch: ...'ma:...] (scherzh., veraltet): moslemisch

Mu|se|um, das; -s, Museen: Ausstellungsgebäude für Kunstgegenstände u. wissenschaftliche od. technische Sammlungen

Mu|si|ca, die; -: Musik, Tonkunst

Mu|si|cal ['mju:zık|], das; -s, -s: musikalisches Bühnenstück mit Elementen aus Operette, Revue u. Ballett

Mu|sic|box ['mju:zık...], die; -, -en u. -es [...ıs]: ↑Musikbox

Mu|sik, die; -, -en: 1. (ohne Plural) die Kunst, Töne in melodischer, harmonischer u. rhythmischer Ordnung zu einem Ganzen zu fügen; Tonkunst. 2. Kunstwerk, bei dem Töne u. Rhythmus eine Einheit bilden

Mu|sik|aka|de|mie, die; -, -n: Musikhochschule

Mu|si|ka|li|en, die (nur Plural): Musikwerke

mu|si|ka|lisch: 1. die Musik betreffend; tonkünstlerisch. 2. musikbegabt, Musik liebend. 3. klangvoll; wie Musik wirkend

Mu|si|ka|li|tät, die; -: 1. a) musikalisches Empfinden; b) Musikbegabung. 2. Wirkung wie Musik (2)

Mu|si|kant, der; -en, -en: Musiker, der zum Tanz, zu Umzügen u. Ä. aufspielt

Mu|si|kan|tin, die; -, -nen: weibliche Form zu ↑Musikant

mu|si|kan|tisch: musizierfreudig, musikliebhaberisch

Mu|sik|au|to|mat, der; -en, -en: a) Apparat, der ein od. mehrere Musikstücke abspielt; b) ↑Musikbox

Mu|sik|box, die; -, -en: Apparat (bes. in Gaststätten), der gegen Geldeinwurf nach freier Wahl Musikstücke abspielt

Mu|sik|dra|ma, das; -s, ...men: Oper mit besonderem Akzent auf dem Dramatischen

Mu|si|ker, der; -s, -: jmd., der beruflich Musik, eine Tätigkeit im musikalischen Bereich ausübt

Mu|si|ke|rin, die; -, -nen: weibliche Form zu ↑Musiker

Mu|sik|in|s|t|ru|ment, das; -[e]s, -e: Instrument, mit dem Töne hervorgebracht werden

Mu|sik|kas|set|te, die; -, -n: Kassette (3), auf der Musik aufgenommen ist

Mu|si|ko|lo|ge, der; -n, -n: Musikgelehrter, Musikwissenschaftler

Mu|si|ko|lo|gin, die; -, -nen: weibliche Form zu ↑Musikologe

Mu|si|kus, der; -, ...sizi (veraltet, noch scherzh. od. iron.): Musiker

mu|sisch: 1. die schönen Künste betreffend. 2. künstlerisch [begabt], kunstempfänglich

Mu|siv|gold, das; -es: goldglänzendes, schuppiges Pulver

mu|si|visch: eingelegt (von Glassplittern od. Steinen)

mu|si|zie|ren: [mit jmdm. zusammen] Musik spielen, zu Gehör bringen

Mus|kat, der; -[e]s, -e: als Gewürz verwendeter Samenkern der Muskatfrucht

Mus|kat|blü|te, die; -, -n: als Gewürz verwendete Samenhülle der Muskatfrucht

Mus|ka|tel|ler, der; -s, -: 1. (ohne Plural) Traubensorte mit Muskatgeschmack. 2. [süßer] Wein aus der Muskatellertraube

Mus|kat|nuss, die; -, ...nüsse: getrockneter Samenkern der Muskatfrucht

Mus|kel, der; -s, -n: aus Faserbündeln bestehendes Gewebe, das der Bewegung von Gliedmaßen u. Körperteilen dient

Mus|ke|te, die; -, -n (Geschichte): schwere Handfeuerwaffe

Mus|ke|tier, der; -s, -e (Geschichte): [mit einer Muskete bewaffneter] Fußsoldat

mus|ku|lär (Med.): zu den Muskeln gehörend, die Muskulatur betreffend

Mus|ku|la|tur, die; -, -en: Gesamtheit der Muskeln eines Körpers od. Organs

mus|ku|lös: mit starken Muskeln versehen

Mus|lim, der; -[s], -e u. -s, **Mos|lem,** der; -s, -s: Anhänger des Islams

Mus|li|ma, die; -, -s u. (selten:) ...men, **Mus|li|me,** die; -, -n, **Mus|li|min,** die; -, -nen: weibliche Formen zu ↑Muslim

mus|li|misch, mos|le|misch: die Muslime, ihren Glauben o. Ä. betreffend

Mus|se|lin, Mous|se|line [mʊs(ə)'li:n], der; -s, -e: feiner, locker gewebter Stoff

Mus|tang, der; -s, -s: wild lebendes Präriepferd

Must-have [mast'hɛv, 'masthæv], das; -[s], -s: Gegenstand, den man besitzen sollte, um als modern o. ä. zu gelten

Mu|ta, die; -, ...tä (Sprachwiss. veraltet): Explosiv-, Verschlusslaut

Mu|tant, der; -en, -en: 1. (österr.) Junge, der mutiert (2). 2. ↑Mutante

Mu|tan|te, die; -, -n: durch Mutation (1) verändertes Individuum

Mu|ta|ti|on, die; -, -en: 1. (Biol.) Veränderung im Erbgefüge. 2. (Med.) Stimmbruch (bei Eintritt der Pubertät)

mu|ta|tis mu|tan|dis: mit den nötigen Abänderungen (Abk.: m. m.)

mu|tie|ren: 1. (Biol.) sich im Erbgefüge ändern. 2. (Med.) sich im Stimmbruch befinden

mu|tu|al: gegen-, wechselseitig

Mu|zak ['mju:zɛk], die; - (Jargon): Hintergrundmusik für Büros, Einkaufszentren o. Ä.

My|as|the|nie, die; -, ...ien (Med.): krankhafte Muskelschwäche, die sich unter Belastung verstärkt

My|e|li|tis, die; -, ...itiden (Med.): Rückenmarksentzündung

my|ke|nisch: die griechische Kultur der Bronzezeit betreffend

My|ko|lo|ge, der; -n, -n: Wissenschaftler, der auf dem Gebiet der Mykologie arbeitet

My|ko|lo|gie, die; -: 1. (Biol.) Pilzkunde. 2. (Med.) Wissenschaft von den Mykosen

My|ko|lo|gin, die; -, -nen: weibliche Form zu ↑Mykologe

My|la|dy [mi'le:di, mi'lɛɪdi]: (in Großbritannien, veraltend) Anrede an eine Trägerin des Titels Lady (1)

Myo|kard, das; -[e]s, -e, fachspr.: **Myo|car|di|um,** das; -s, ...dia, **Myo|kar|di|um,** das; -s, ...dia (Med.): Herzmuskel

Myo|kar|die, die; -, ...ien, **Myo|kar|do|se,**

die; -, -n (Med.): Erkrankung des Herzmuskels

Myo|kard|in|farkt, der; -[e]s, -e (Med.): Herzinfarkt

Myo|kar|do|se vgl. Myokardie

My|om, das; -s, -e (Med.): gutartige Geschwulst des Muskelgewebes

my|op, my|o|pisch (Med.): kurzsichtig

My|o|pie, die; -, ...ien (Med.): Kurzsichtigkeit

My|o|sin, das; -s (Med.): Muskeleiweiß; bildet zusammen mit anderen Substanzen die kontraktile Einheit eines Muskels

My|o|si|tis, die; -, ...itiden (Med.): Muskelentzündung

My|ri|a|de, die; -, -n: 1. (nur Plural) Unzahl, unzählig große Menge. 2. Anzahl von 10 000

My|ria|po|de, veraltet: **My|rio|po|de,** der; -n, -n (meist Plural) (Zool.): Tausendfüßler

Myr|rhe, die; -, -n: aus nordafrikanischen Bäumen gewonnenes Harz für Räuchermittel u. Arzneien

Myr|te, die; -, -n: immergrüner Baum od. Strauch, dessen weiß blühende Zweige oft als Brautschmuck verwendet werden

N

Mys|te|ri|en, die (nur Plural): griechische u. römische Geheimkulte der Antike

Mys|te|ri|en|spiel, das; -s, -e: mittelalterliches geistliches Drama

mys|te|ri|ös: geheimnisvoll; rätselhaft, dunkel

Mys|te|ri|um, das; -s, ...ien: [religiöses] Geheimnis; Geheimlehre (vgl. Mysterien)

Mys|te|ry ['mɪst(ə)ri], die; -, -s od. das; -s, -s (meist ohne Artikel): [Fernseh]film, Roman o. Ä. mit geheimnisvoller, schauriger Darstellung von mysteriösen, meist nicht mit natürlichen Phänomenen erklärbaren Verbrechen

Mys|ti|fi|ka|ti|on, die; -, -en: Täuschung, Vorspiegelung

mys|ti|fi|zie|ren: ein geheimnisvolles Gepräge geben, mystisch machen

Mys|tik, die; -: Form der Religiosität, bei der der Mensch durch Hingabe u. Versenkung zu persönlicher Vereinigung mit Gott zu gelangen sucht

Mys|ti|ker, der; -s, -: Vertreter, Anhänger der Mystik

Mys|ti|ke|rin, die; -, -nen: weibliche Form zu ↑Mystiker

mys|tisch: 1. geheimnisvoll, dunkel. 2. zur Mystik gehörend

Mys|ti|zis|mus, der; -, ...men: 1. (ohne Plural) Wunderglaube; [Glaubens]schwärmerei. 2. schwärmerischer Gedanke

My|the, die; -, -n: ↑Mythos (1)

my|thisch: dem Mythos angehörend

My|tho|lo|gie, die; -, ...ien: 1. Gesamtheit der mythischen Überlieferungen eines Volkes. 2. wissenschaftliche Erforschung u. Darstellung der Mythen

my|tho|lo|gisch: auf die Mythen bezogen, sie betreffend

my|tho|lo|gi|sie|ren: in mythischer Form darstellen od. mythologisch erklären

My|thos, My|thus, der; -, ...then: 1. überlieferte Dichtung, Sage o. Ä. aus der Vorzeit eines Volkes (die sich bes. mit Göttern befasst). 2. Person, Sache, Begebenheit, die glorifiziert wird, legendären Charakter hat

My|zel, My|ze|li|um, das; -s, ...lien: Gesamtheit der Pilzfäden eines Pilzes

My|ze|tis|mus, der; -, ...men (Med.): Pilzvergiftung

N *n*

Na|bob, der; -s, -s: 1. Provinzgouverneur in Indien. 2. reicher Mann

Na|dir [auch: 'na:...], der; -s (Astron.): Fußpunkt; dem Zenit genau gegenüberliegender Punkt an der Himmelskugel

na|iv: 1. a) kindlich unbefangen, von argloser Gemüts-, Denkart; b) wenig Erfahrung, Sachkenntnis od. Urteilsvermögen erkennen lassend. 2. (Literaturwiss.) in vollem Einklang mit Natur u. Wirklichkeit stehend

Na|ja|de, die; -, -n: in Quellen u. Gewässern wohnende Nymphe des altgriechischen Volksglaubens

Na|mur [na'my:ɐ̯], das; -s (Geol.): untere Stufe des Oberkarbons

Nan|du, der; -s, -s: straußenähnlicher flugunfähiger Laufvogel

Na|nis|mus, der; - (Biol., Med.): Zwergwuchs

Nan|ny ['nɛni], die; -, -s: engl. Bez. für: Kindermädchen

Na|no|me|ter, der, früher fachspr. auch das; -s, -: ein milliardstel Meter (Zeichen: nm)

Na|palm®, das; -s: hochwirksamer Füllstoff für Benzinbrandbomben

Naph|tha|lin, das; -s: aus Steinkohlenteer gewonnener, durchdringend riechender aromatischer Kohlenwasserstoff

na|po|le|o|nisch: Napoleon betreffend, wie Napoleon (beschaffen, handelnd)

Nap|pa, das; -[s], -s, **Nap|pa|le|der,** das; -s, -: feines u. weiches Leder

Nar|ko|se, die; -, -n (Med.): allgemeine Betäubung des Organismus mit zentraler Schmerz- u. Bewusstseinsausschaltung

Nar|ko|ti|kum, das; -s, ...ka: Betäubungsmittel; Rauschmittel

nar|ko|tisch (Med.): betäubend, berauschend

nar|ko|ti|sie|ren (Med.): betäuben, unter Narkose setzen

nar|ra|tiv (Sprachwiss.): erzählend, in erzählender Form darstellend

Nar|wal, der; -[e]s, -e: grauweißer, dunkelbraun gefleckter Gründelwal

Nar|ziss, der; - u. -es, -e: eitler, sich selbst bewundernder Mensch

Nar|zis|se, die; -, -n: Frühlingsblume mit glockenförmigen gelben od. weißen Blüten

Nar|ziss|mus, der; -: [krankhafte] Selbstliebe, Selbstbewunderung, Ichbezogenheit

Nar|zisst, der; -en, -en: auf sich selbst bezogener Mensch

Nar|ziss|tin, die; -, -nen: weibliche Form zu ↑Narzisst

nar|ziss|tisch: a) eigensüchtig, voller Eigenliebe; b) den Narzissmus betreffend

NASA, die; -: nationale Luft- u. Raumfahrtbehörde der USA

na|sal: 1. (Med.) zur Nase gehörend, die Nase betreffend. 2. a) (Sprachwiss.) als Nasal ausgesprochen; b) [unbeabsichtigt] näselnd

Na|sal, der; -s, -e (Sprachwiss.): Konsonant od. Vokal, bei dessen Aussprache die Luft [zum Teil] durch die Nase entweicht; Nasenlaut

NASDAQ® ['nɛsdɛk], die; -: elektronische Börse in den USA

nas|zie|rend: entstehend, im Werden begriffen (bes. von chemischen Stoffen)

Na|ti|on, die; -, -en: 1. große, meist geschlossen siedelnde Gemeinschaft von Menschen mit gleicher Abstammung, Geschichte, Sprache, Kultur. 2. Staat, Staatswesen

na|ti|o|nal: a) zur Nation gehörend, sie betreffend, für sie charakteristisch; b) überwiegend die Interessen der eigenen Nation vertretend; vaterländisch

Na|ti|o|nal|epos, das; -, ...epen: Heldenepos eines Volkes

Na|ti|o|nal|hym|ne, die; -, -n: Lied als Ausdruck des Nationalbewusstseins eines Volkes

na|ti|o|na|li|sie|ren: 1. [einen Wirtschaftszweig] verstaatlichen, zum Nationaleigentum erklären. 2. die Staatsangehörigkeit verleihen, ↑naturalisieren (1), einbürgern

Na|ti|o|na|lis|mus, der; -, ...men: a) (abwertend) übersteigertes Nationalbewusstsein, das Macht u. Größe der eigenen Nation als höchsten Wert erachtet; b) erwachendes Selbstbewusstsein einer Nation mit dem Bestreben, einen eigenen Staat zu bilden

Na|ti|o|na|list, der; -en, -en: jmd., der nationalistisch eingestellt ist; Verfechter des Nationalismus

Na|ti|o|na|lis|tin, die; -, -nen: weibliche Form zu ↑Nationalist

na|ti|o|na|lis|tisch: den Nationalismus (a) betreffend

Na|ti|o|na|li|tät, die; -, -en: 1. Volks- od. Staatszugehörigkeit. 2. Volksgruppe in einem Staat; nationale Minderheit

Na|ti|o|na|li|tä|ten|staat, der; -[e]s, -en: Vielvölkerstaat

Na|ti|o|nal|kir|che, die; -, -n: auf eine Nation begrenzte, rechtlich selbstständige Kirche

Na|ti|o|nal|kon|vent, der; -[e]s: die 1792 in Frankreich gewählte Volksvertretung

na|ti|o|nal|li|be|ral: der Nationalliberalen Partei (von 1867 bis 1918) angehörend, sie betreffend, ihr Gedankengut vertretend

Na|ti|o|nal|öko|no|mie, die; -: Volkswirtschaftslehre

Na|ti|o|nal|rat, der; -[e]s, ...räte: 1. in Österreich u. in der Schweiz Volksvertretung, Abgeordnetenhaus des Parlaments. 2. in Österreich u. in der Schweiz Mitglied der Volksvertretung

Na|ti|o|nal|so|zi|a|lis|mus, der; -: (nach dem 1. Weltkrieg in Deutschland aufgekommene) extrem nationalistische, imperialistische u. rassistische Bewegung [u. die darauf basierende faschistische Herrschaft in Deutschland von 1933 bis 1945]

Na|ti|o|nal|so|zi|a|list, der; -en, -en: a) Anhänger des Nationalsozialismus; b) Mitglied der Nationalsozialistischen Deutschen Arbeiterpartei

Na|ti|o|nal|so|zi|a|lis|tin, die; -, -nen: weibliche Form zu ↑Nationalsozialist

na|ti|o|nal|so|zi|a|lis|tisch: den Nationalsozialismus betreffend, für ihn charakteristisch

Na|ti|o|nal|staat, der; -[e]s, -en: Staat, dessen Bürger [überwiegend] einer Nation angehören

NATO, Na|to, die; -: westliches Verteidigungsbündnis

Na|t|ri|um, das; -s: chem. Element; ein Alkalimetall (Zeichen: Na)

N

Na|t|ri|um|chlo|rid, das; -[e]s: Kochsalz

Na|t|ron, das; -s: in Back- u. Brausepulver verwendetes Natriumsalz der Kohlensäure

Na|tur, die; -, -en: 1. (ohne Plural) Gesamtheit dessen, was an organischen u. anorganischen Erscheinungen ohne Zutun des Menschen existiert od. sich entwickelt. 2. (ohne Plural) [Gesamtheit der] Pflanzen, Tiere, Gewässer u. Gesteine als Teil der Erdoberfläche od. eines bestimmten Gebietes. 3. geistige, seelische, körperliche od. biologische Eigentümlichkeit, Besonderheit, Eigenart von [bestimmten] Menschen od. Tieren. 4. (ohne Plural) einer Sache o. Ä. eigentümliche Beschaffenheit. 5. (ohne Plural) natürliche, ursprüngliche Beschaffenheit, natürlicher Zustand von etwas

Na|tu|ra|li|en|ka|bi|nett, das; -s, -e (veraltet): naturwissenschaftliche Sammlung von Gesteinen, Versteinerungen, Tierpräparaten usw.

Na|tu|ra|li|sa|ti|on, die; -, -en: 1. (Rechtswiss.) Einbürgerung eines Ausländers in einen Staatsverband. 2. (Biol.) allmähliche Anpassung von Pflanzen u. Tieren in ihnen ursprünglich fremden Lebensräumen

na|tu|ra|li|sie|ren: 1. ausländischen Mitbürgern die Staatsbürgerrechte verleihen. 2. (Biol.) sich in ursprünglich fremden Lebensräumen anpassen (von Pflanzen u. Tieren)

Na|tu|ra|li|sie|rung, die; -, -en: ↑Naturalisation

Na|tu|ra|lis|mus, der; -, ...men: 1. (ohne Plural) Wirklichkeitstreue, -nähe in der Darstellung (bes. in Literatur u. Kunst). 2. (ohne Plural) philosophische, religiöse Weltanschauung, nach der alles aus der Natur u. diese allein aus sich selbst erklärbar ist. 3. eine möglichst genaue Wiedergabe der Wirklichkeit (bes. auch des Hässlichen u. des Elends) anstrebender Kunststil

Na|tu|ra|list, der; -en, -en: Vertreter des Naturalismus (3)

Na|tu|ra|lis|tin, die; -, -nen: weibliche Form zu ↑Naturalist

na|tu|ra|lis|tisch: a) den Naturalismus (3) betreffend; b) naturgetreu, wirklichkeitsnah

na|ture [na'ty:ɐ̯] (Gastron.): natürlich, ohne Zusätze

Na|tu|rell, das; -s, -e: Veranlagung, Wesensart

na|tur|iden|tisch [na'tu:ɐ̯...]: natürlichen Stoffen angenähert, wie sie beschaffen

Na|tu|rist, der; -en, -en: ↑Nudist

Na|tu|ris|tin, die; -, -nen: weibliche Form zu ↑Naturist

Na|tur|phi|lo|so|phie, die; -: Gesamtheit der philosophischen Versuche u. Bemühungen, die Natur zu interpretieren

Na|tur|the|a|ter, das; -s, -: Freilichtbühne, Theater mit den natürlichen Kulissen einer meist eindrucksvollen Landschaft

Nau|tik, die; -: 1. Schifffahrtskunde. 2. Kunst, Fähigkeit, ein Schiff zu führen

Nau|ti|ker, der; -s, -: Seemann, der in der Führung eines Schiffes Erfahrung besitzt

Nau|ti|lus, der; -, - u. -se: Tintenfisch mit schneckenähnlichem Gehäuse

nau|tisch: die Nautik betreffend, zu ihr gehörend

Na|vi|ga|ti|on, die; -: bei Schiffen, Luft- u. Raumfahrzeugen Gesamtheit der Maßnahmen zur Bestimmung des Standorts u. zur Einhaltung des gewählten Kurses

Na|vi|ga|tor, der; -s, ...oren: für die Navigation zuständige Person

na|vi|ga|to|risch: die Navigation betreffend

na|vi|gie|ren: bei einem Schiff od. Flugzeug die Navigation durchführen

Na|zi, der; -s, -s (abwertend): kurz für: ↑Nationalsozialist (a)

Na|zis|mus, der; - (abwertend): Nationalsozialismus

na|zis|tisch (abwertend): nationalsozialistisch

Ne|ark|tis, die; -: tiergeografisches Gebiet, das Nordamerika u. Mexiko umfasst

neb|bich: 1. (Gaunerspr.) leider, schade. 2. (ugs.) nun wenn schon!, was macht das!

Neb|bich, der; -s, -e (abwertend): unbedeutende, unwichtige Person

Ne|ces|saire [nesɛˈsɛːɐ̯], das; -s, -s: Täschchen, Beutel o. Ä. für Toiletten-, Nähutensilien u. a.

Ne|ga|ti|on, die; -, -en: 1. Verneinung; Ablehnung einer Aussage. 2. Verneinungswort (z. B. nicht)

ne|ga|tiv [auch: negaˈtiːf]: 1. a) verneinend, ablehnend; b) ergebnislos; ungünstig, schlecht. 2. (Math.) kleiner als null (Zeichen: –). 3. (Fotogr.) das Negativ betreffend; in der Helligkeit, in den Farben gegenüber dem Original vertauscht. 4. (Physik) eine der beiden Formen elektrischer Ladung betreffend, bezeichnend. 5. (Med.) keinen krankhaften Befund zeigend

Ne|ga|tiv, das; -s, -e: fotografisches Bild, das gegenüber der Vorlage umgekehrte Helligkeitsverhältnisse aufweist

Ne|ga|tiv|image [engl.: ...ˈɪmɪdʒ, ...ɪmɪtʃ], das; -[s], -s: durch negativ auffallendes Verhalten entstandenes Image

Ne|ga|ti|vi|tät, die; - (selten): verneinendes, ablehnendes Verhalten

Ne|ga|tiv|lis|te, die; -: Verzeichnis der Arzneimittel, deren Kosten von der gesetzlichen Krankenversicherung nicht übernommen werden

Ne|ga|ti|vum, das; -s, ...va: etw. Negatives

ne|gie|ren: 1. a) ablehnen, verneinen; b) bestreiten. 2. mit einer Negation (2) versehen

Ne|gie|rung, die; -, -en: a) Verneinung, Bestreitung; b) das Negiertwerden

Ne|g|li|gé [...ˈʒeː], das; -s, -s: zarter, oft durchsichtiger Überwurfmantel

Ne|g|ro|spi|ri|tu|al [ˈniːgrɔʊ̯spɪrɪtjʊ̯əl], das, auch: der; -s, -s: geistliches Lied der im Süden Nordamerikas lebenden Afroamerikaner mit schwermütiger, synkopierter Melodie

Ne|k|ro|mant, der; -en, -en: Toten-, Geisterbeschwörer (bes. des Altertums)

Ne|k|ro|man|tie, die; -: Weissagung durch Geister- u. Totenbeschwörung

Ne|k|ro|phi|lie, die; -, ...ien (Med., Psychol.): auf Leichen gerichtetes sexuelles Verlangen

Ne|k|ro|po|le, Ne|k|ro|po|lis, die; -, ...polen: großes Gräberfeld des Altertums, der vorgeschichtlichen Zeit

Ne|k|rop|sie, die; -, ...ien: Totenschau, Leichenöffnung

Ne|k|ro|se, die; -, -n (Med.): örtlicher Gewebstod, Absterben von Zellen

ne|k|ro|tisch (Med.): (von Gewebe) abgestorben, brandig

Nek|tar, der; -s, -e: 1. (ohne Plural) ewige Jugend spendender Göttertrank der griechischen Sage. 2. (Biol.) von einem ↑Nektarium ausgeschiedene Zuckerlösung zur Anlockung von Insekten. 3. (Fachspr.) Getränk aus verdünntem Fruchtfleisch

Nek|ta|ri|ne, die; -, -n: glatthäutiger Pfirsich

Nek|ta|ri|um, das; -s, ...ien (Biol.): Honigdrüse im Bereich der Blüte, seltener der Blätter, die der Anlockung von Insekten dient

Nel|son, der; -[s], -[s] (Sport): Nackenhebel beim Ringen

Ne|ma|to|de, der; -n, -n (meist Plural) (Zool.): Fadenwurm (z. B. Spulwurm, Trichine)

Neo|dym, das; -s: chem. Element; ein Metall der seltenen Erden (Zeichen: Nd)

Neo|fa|schis|mus, der; -: rechtsradikale Bewegung, die in Zielsetzung u. Ideologie an die Epoche des Faschismus anknüpft

Neo|fa|schist, der; -en, -en: Vertreter des Neofaschismus

Neo|fa|schis|tin, die; -, -nen: weibliche Form zu ↑Neofaschist

neo|fa|schis|tisch: den Neofaschismus betreffend, zu ihm gehörend

N

Neo|klas|si|zis|mus, der; -: sich bes. in kolossalen Säulenordnungen ausdrückender Baustil des 20. Jh.s

Neo|ko|lo|ni|a|lis|mus, der; -: Politik entwickelter Industrienationen, ehemalige Kolonien, Entwicklungsländer wirtschaftlich u. politisch abhängig zu halten

Neo|li|be|ra|lis|mus, der; -: wirtschaftspolitisches u. sozialphilos. Konzept für eine Wirtschaftsordnung, die alles über den freien Wettbewerb steuert

Neo|li|thi|kum [auch: ...'lɪ...], das; -s: Jungsteinzeit

neo|li|thisch [auch: ...'lɪ...]: das Neolithikum betreffend, zu ihm gehörend

Neo|lo|gis|mus, der; -, ...men: 1. (ohne Plural) Neuerungssucht. 2. (Sprachwiss.) sprachliche Neubildung

Ne|on, das; -s: chem. Element; ein Edelgas (Zeichen: Ne)

Neo|na|zi, der; -s, -s: ↑Neonazist

Neo|na|zis|mus, der; -: rechtsradikale Bewegung (nach 1945) zur Wiederbelebung des Nationalsozialismus

Neo|na|zist, der; -en, -en: Anhänger des Neonazismus

Neo|na|zis|tin, die; -, -nen: weibliche Form zu ↑Neonazist

neo|na|zis|tisch: den Neonazismus betreffend, zu ihm gehörend

Ne|on|röh|re, die; -, -n: mit Neon gefüllte Leuchtröhre

Ne|po|tis|mus, der; -: Vetternwirtschaft

Nerd [nœːɐ̯t], der; -s, -s (Jargon abwertend): sehr intelligenter, aber sozial isolierter Computerfan

Ne|re|i|de, die; -, -n (meist Plural): 1. Meernymphe der griechischen Sage. 2. (Zool.) Vertreter der Familie der vielborstigen Würmer

Nerv, der; -s, -en: 1. (Med.) aus parallel angeordneten Fasern bestehender, in einer Bindegewebshülle liegender Strang, der der Reizleitung zwischen Gehirn, Rückenmark u. Körperorgan od. -teil dient. 2. (nur Plural) nervliche Konstitution, psychische Verfassung. 3. Kernpunkt; kritische Stelle. 4. Blattader oder -rippe

ner|val (Med.): die Nerventätigkeit betreffend, durch die Nervenfunktion bewirkt; nervlich

ner|ven [...fn̩] (ugs.): a) jmdm. auf die Nerven gehen, ihn nervlich strapazieren; b) hartnäckig bedrängen

ner|vig [...fɪç, auch: ...vɪç]: 1. sehnig, kraftvoll. 2. (ugs.) äußerst lästig werdend, aufreibend, unangenehm

ner|vös: 1. ↑nerval. 2. a) unruhig, leicht reizbar, aufgeregt; b) fahrig, zerfahren

Ner|vo|si|tät, die; -, -en: 1. (ohne Plural) nervöser (2) Zustand, nervöse Art. 2. einzelne nervöse Äußerung, Handlung

Nes|ca|fé®, der; -s, -s: löslicher Kaffeeextrakt in Pulverform

Nes|tor, der; -s, ...oren: herausragender ältester Vertreter eines Faches; Ältester eines bestimmten Kreises

Nes|to|rin, die; -, -nen: weibliche Form zu ↑Nestor

Net, das; -s: Kurzform von ↑Internet

Net|book [...bʊk], das; -s, -s: kleinformatiges Notebook

Ne|ti|quet|te [...'kɛtə], die; -: Gesamtheit der Regeln für soziales Kommunikationsverhalten im Internet

Ne|ti|zen ['nɛtɪzn̩], der; -[s], -s: Person, die das Internet aktiv [u. verantwortungsvoll] nutzt; Netzbürger

net|to (Wirtsch.; Handel): rein, nach Abzug, ohne Verpackung

Net|to|preis, der; -es, -e: Endpreis einer Ware, von dem keinerlei Abzug mehr möglich ist

Net|work ['nɛtwœːɐ̯k], das; -[s], -s: 1. Rundfunkverbundsystem durch Zusammenschalten mehrerer Sender. 2. (EDV) Datenverbundsystem zwischen mehreren, voneinander unabhängigen Geräten

Netz|ak|ti|vist, der; -en, -en: Person, die im Internet politisch aktiv ist

Netz|ak|ti|vis|tin, die; -, -nen: weibliche Form zu ↑Netzaktivist

neu|apo|s|to|lisch: einer aus den katholisch-apostolischen Gemeinden hervorgegangenen Religionsgemeinschaft angehörend, deren Bekenntnis entsprechend

Neu|me, die; -, -n (meist Plural): vor der Erfindung der Notenschrift im Mittelalter übliches Notenhilfszeichen

Neu|pla|to|nis|mus, der; -: an die Philosophie Platons anknüpfende philosophische Strömung des 3. bis 6. Jh.s n. Chr.

Neu|r|al|gie, die; -, ...ien (Med.): in Anfällen auftretender Schmerz im Ausbreitungsgebiet bestimmter Nerven

Neu|r|al|gi|ker, der; -s, - (Med.): an Neuralgie Leidender

Neu|r|al|gi|ke|rin, die; -, -nen: weibliche Form zu ↑Neuralgiker

neu|r|al|gisch: 1. (Med.) auf Neuralgie beruhend, für sie charakteristisch. 2. sehr problematisch, kritisch

Neu|r|a|s|the|nie, die; -, ...ien (Med. veraltend): 1. (ohne Plural) leichte Erregbarkeit des Nervensystems infolge Überforderung; Nervenschwäche. 2. Zustand nervöser Erschöpfung

Neu|r|a|s|the|ni|ker, der; -s, - (Med.): an Neurasthenie Leidender

Neu|r|a|s|the|ni|ke|rin, die; -, -nen: weibliche Form zu ↑Neurastheniker

neu|r|a|s|the|nisch (Med.): 1. die Neurasthenie betreffend. 2. nervenschwach

Neu|ro|bio|lo|gie, die; -: Forschungsrichtung, die sich mit der Struktur u. Funktion des Nervensystems befasst

Neu|ro|chi|r|ur|gie, die; -, ...ien: Spezialgebiet der Chirurgie, das alle operativen Eingriffe am Zentralnervensystem umfasst

Neu|ro|der|mi|tis, die; -, ...itiden (Med.): chronische Hauterkrankung mit Bläschenbildung u. ↑Lichenifikation

neu|ro|gen (Med.): von den Nerven ausgehend

Neu|ro|lo|ge, der; -n, -n: Facharzt auf dem Gebiet der Neurologie (2); Nervenarzt

Neu|ro|lo|gie, die; -: 1. Wissenschaft von Aufbau u. Funktion des Nervensystems. 2. Wissenschaft von den Nervenkrankheiten

Neu|ro|lo|gin, die; -, -nen: weibliche Form zu ↑Neurologe

neu|ro|lo|gisch: zur ↑Neurologie (1, 2) gehörend, auf ihr beruhend

Neu|rom, das; -s, -e (Med.): aus einer Wucherung der Nervenfasern u. -zellen entstandene Geschwulst

Neu|ro|mar|ke|ting, das; -[s]: Anwendung neurowissenschaftlicher Erkenntnisse zur Optimierung des Marketings von Produkten

Neu|ron, das; -s, ...one (auch: ...onen) (Biol., Med.): Nerveneinheit, Nervenzelle mit Fortsätzen

neu|ro|nal: ein Neuron betreffend, von einem Neuron ausgehend

Neu|ro|pa|thie, die; -, ...ien (Med.): Nervenleiden, Nervenkrankheit

Neu|ro|pa|tho|lo|gie, die; -, ...ien: Teilgebiet der ↑Pathologie, das sich mit den krankhaften Vorgängen u. Veränderungen des Nervensystems u. mit den Nervenkrankheiten befasst

Neu|ro|se, die; -, -n (Med.): Verhaltensanomalie mit seelischen Ausnahmezuständen u. verschiedenen körperlichen Funktionsstörungen ohne organische Ursachen

Neu|ro|ti|ker, der; -s, - (Med.): jmd., der an einer Neurose leidet

Neu|ro|ti|ke|rin, die; -, -nen: weibliche Form zu ↑Neurotiker

neu|ro|tisch (Med., Psychol.): a) auf einer Neurose beruhend; b) an einer Neurose leidend

Neu|ro|wis|sen|schaft, die; -, -en (meist Plural): Wissenschaft, die sich mit dem Nervensystem befasst

neu|ro|wis|sen|schaft|lich: die Neurowissenschaften betreffend

Neu|t|ra: Plural von ↑Neutrum

neu|t|ral: 1. a) unparteiisch, unabhängig, nicht an eine Interessengruppe, Partei o. Ä. gebunden; b) keinem Staatenbündnis angehörend. 2. (Sprachwiss.) sächlich, sächlichen Geschlechts. 3. [nicht auffällig u. daher] zu allem passend, nicht einseitig festgelegt (z. B. von einer Farbe). 4. (Chemie) a) weder basisch noch sauer reagierend; b) weder positiv noch negativ reagierend (z. B. von Elementarteilchen)

Neu|t|ra|li|sa|ti|on, die; -, -en: 1. ↑Neutralisierung (1). 2. (Chemie) Aufhebung der Säurewirkung durch Zugabe von Basen u. umgekehrt. 3. Aufhebung, gegenseitige Auslöschung von Spannungen, Kräften, Ladungen u. a.

neu|t|ra|li|sie|ren: 1. unwirksam machen, eine Wirkung aufheben. 2. (Militär) ein [Grenz]gebiet von militärischen Anlagen u. Truppen frei machen. 3. (Chemie) bewirken, dass eine Lösung weder basisch noch sauer reagiert. 4. (Physik) Spannungen, Kräfte, Ladungen u. a. aufheben

Neu|t|ra|li|sie|rung, die; -, -en: 1. Aufhebung einer Wirkung, eines Einflusses. 2. (Militär) Räumung bestimmter [Grenz]gebiete von militärischen Anlagen u. Truppen

Neu|t|ra|lis|mus, der; -: Grundsatz der Nichteinmischung in fremde Angelegenheiten

Neu|t|ra|list, der; -en, -en: Verfechter und Vertreter des Neutralismus

neu|t|ra|lis|tisch: zum Neutralismus gehörend, den Grundsätzen des Neutralismus folgend

Neu|t|ra|li|tät, die; -: a) unparteiische Haltung, Nichteinmischung; b) Nichtbeteiligung eines Staates an einem Krieg od. Konflikt

Neu|t|ri|no, das; -s, -s (Physik): masseloses Elementarteilchen ohne elektrische Ladung

Neu|t|ron, das; -s, ...onen (Physik): Elementarteilchen ohne elektrische Ladung als Baustein des Atomkerns (Zeichen: n)

Neu|t|ro|nen|bom|be vgl. Neutronenwaffe

Neu|t|ro|nen|waf|fe, die; -, -n: Kernwaffe, die eine extrem starke Neutronenstrahlung auslöst u. dadurch bes. Lebewesen schädigt od. tötet, Objekte dagegen weitgehend unbeschädigt lässt

Neu|t|rum, das; -s, ...tra, auch: ...tren (Sprachwiss.): a) sächliches Geschlecht eines Substantivs; b) sächliches Substantiv (z. B. das Kind; Abk.: n., N., Neutr.)

New|co|mer ['nju:kamɐ], der; -s, -: jmd., der noch nicht lange bekannt, etwas, was noch neu ist

New Deal ['nju: 'di:l], der; - -: wirtschafts- u. sozialpolitisches Reformprogramm des ehemaligen amerikanischen Präsidenten F. D. Roosevelt

New Eco|no|my ['nju: ɪ'kɔnəmi], die; - -: Wirtschaftsbereich, der Unternehmen aus Zukunftsbranchen (z. B. Biotechnologie, Informationstechnologie, Multimedia) umfasst u. für den u. a. neue Formen des Marktverhaltens (z. B. E-Business) charakteristisch sind

New Look ['nju: 'lʊk], der od. das; - -[s]: neue Linie, neuer Stil (z. B. in der Mode)

New-Or|leans-Jazz [nju'ɔ:lɪənzdʒæz, auch: ...ɔ:'li:nz...], der; -: frühester, improvisierender Jazzstil der nordamerikanischen Afroamerikaner in u. um New Orleans; vgl. Chicago Jazz

News [nju:s], die (nur Plural): [sensationelle] Neuigkeiten, Nachrichten, Meldungen

News|desk, der oder das; -[s], -s: Koordinations- u. Produktionszentrale einer Medienredaktion

News|group ['nju:sgru:p], die; -, -s: Diskussionsforum im Internet

News|let|ter ['nju:slɛtɐ], der; -s, -s u. -: als E-Mail an einen Abonnentenkreis verschicktes, regelmäßig erscheinendes Informationsschreiben

News|room ['nju:sru:m], der; -s, -s: Raum in einer Redaktion, in dem die eingehenden Nachrichten zentral bearbeitet werden

Ne|xus, der; -, - [...su:s]: Zusammenhang, Verbindung, Verflechtung

Ni|cki, der; -[s], -s: Pullover aus plüschartigem [Baumwoll]material

Nick|na|me [auch: 'nɪknɛɪm], der; -ns, -n u. (bei engl. Ausspr.:) -[s], -s: selbst gewähltes Pseudonym, unter dem jmd. im Internet auftritt

Ni|col [engl.: 'nɪkəl], das; -s, -s (Optik): aus zwei geeignet geschliffenen Teilprismen aus Kalkspat zusammengesetzter ↑Polarisator des Lichts; Polarisationsprisma

Ni|da|ti|on, die; - (Med.; Biol.): das Sicheinbetten eines befruchteten Eies in der Gebärmutterschleimhaut

Ni|fe [...fə], das; - (Geol.): wahrscheinlich aus Nickel u. Eisen bestehender Erdkern

Night|club ['naɪtklʌb], der; -s, -s: Nachtbar, Nachtlokal

Ni|hi|lis|mus, der; -: a) [philosophische] Anschauung, Überzeugung von der Nichtigkeit alles Bestehenden, Seienden; b) weltanschauliche Haltung, die alle positiven Zielsetzungen, Ideale, Werte ablehnt; völlige Verneinung aller Normen, Werte, Ziele

Ni|hi|list, der; -en, -en: Vertreter des Nihilismus; jmd., der nihilistisch eingestellt ist

Ni|hi|lis|tin, die; -, -nen: weibliche Form zu ↑Nihilist

ni|hi|lis|tisch: a) in der Art des Nihilismus; b) alle positiven Zielsetzungen, Ideale, Werte, Normen bedingungslos ablehnend

Nik|kei-In|dex, der; - (Wirtsch.): Aufstellung der errechneten Durchschnittskurse von 225 an der Börse in Tokio notierten Aktien

Ni|kol vgl. Nicol

Ni|ko|laus [auch: 'ni:ko...], der; -[es], ...läuse, selten -e: 1. als hl. Nikolaus verkleidete Person. 2. (ohne Plural) mit bestimmten Bräuchen verbundener Tag des hl. Nikolaus (6. Dezember); Nikolaustag

Ni|ko|tin, chem. fachspr.: **Ni|co|tin,** das; -s: in den Wurzeln der Tabakpflanze gebildetes ↑Alkaloid, das sich in den Blättern ablagert u. beim Tabakrauchen als [anregendes] Genussmittel dient

Nim|bo|stra|tus, der; -, ...ti (Meteorol.): sehr große, tief hängende Regenwolke

Nim|bus, der; -, -se: 1. Heiligenschein, Gloriole. 2. besonderes Ansehen, glanzvoller Ruhm

Nin|ja, der; -[s], -[s]: in Geheimbünden organisierter Krieger der japanischen Feudalzeit, der sich spezieller Waffen u. eines besonderen Kampfstils bediente

Ni|ob: chem. Element; hellgraues, glänzendes Metall, das sich gut walzen u. schmieden lässt (Zeichen: Nb)

Nip|pes [auch: nɪps, nɪp], der; -: kleine Gegenstände, Figuren [aus Porzellan], die zur Zierde aufgestellt werden

Nir|wa|na, das; -[s]: (im Buddhismus) Endziel des Lebens als Zustand völliger Ruhe

Ni|t|rat, das; -[e]s, -e: häufig als Oxidations- u. Düngemittel verwendetes Salz der Salpetersäure

Ni|t|rit [auch: ...'trɪt], das; -s, -e: farbloses, in Wasser meist leicht lösliches Salz der salpetrigen Säure

Ni|t|ro|gly|ze|rin, chem. fachspr.: **Ni|t|ro|gly|ce|rin** [auch: ...'ri:n], das; -s: ölige, farblose bis gelbliche, geruchlose Flüssigkeit, die zur Herstellung von Sprengstoff od. die in der Medizin verwendet wird

Ni|t|ro|zel|lu|lo|se, früher chem. fachspr.: **Ni|t|ro|cel|lu|lo|se,** die; -: weiße, faserige Masse, die für die Herstellung von Lacken u. Zelluloid od. für Sprengstoffe verwendet wird

Ni|veau [ni'vo:], das; -s, -s: 1. waagerechte, ebene Fläche in bestimmter Höhe. 2. Stufe in einer Skala bestimmter Werte. 3. geistiger Rang; Stand, Grad, Stufe der bildungsmäßigen, künstlerischen o. ä. Ausprägung

ni|veau|los: sich auf einem niedrigen Niveau (3) bewegend; geistig anspruchslos

ni|vel|lie|ren: 1. (Unterschiede) durch Ausgleichung aufheben, mildern. 2. ebnen, planieren

Ni|zä|num, Ni|cae|num [ni'tsɛ:...], **Ni|zä|um,** das; -s: auf dem ersten allgemeinen Konzil zu Nizäa 325 n. Chr. angenommenes und 381 in Konstantinopel fortgebildetes zweites ↑ökumenisches Glaubensbekenntnis

no|bel: 1. in bewundernswerter Weise großmütig, edel [gesinnt], menschlich vornehm. 2. elegant [wirkend]; luxuriös. 3. (ugs.) freigebig, großzügig

No|bel|preis, der; -es, -e: von dem schwed. Chemiker A. Nobel gestifteter, jährlich für hervorragende kulturelle u. wissenschaftliche Leistungen auf verschiedenen Gebieten verliehener Geldpreis

No|bi|li|tät, die; -: Amtsadel im alten Rom

no|bi|li|tie|ren: adeln

No|b|les|se [auch: nɔ'blɛs], die; -, -n: 1. (veraltet) Adel; adlige, vornehme Gesellschaft. 2. (ohne Plural) edle Gesinnung, Vornehmheit, vornehmes Benehmen

no|b|lesse ob|lige [nɔblɛsɔ'bli:ʒ]: eine höhere gesellschaftliche Stellung verpflichtet zu unerwartetem Verhalten

No|bo|dy ['noʊbədi], der; -[s], -s: jmd., der unbedeutend, [noch] ein Niemand ist

Noc|turne [nɔk'tʏrn], die; -, -s (Musik): 1. elegisches od. träumerisches Charakterstück in einem Satz (für Klavier). 2. (selten) ↑Notturno

no fu|ture ['noʊ 'fju:tʃɐ]: Schlagwort meist arbeitsloser Jugendlicher als Ausdruck der Hoffnungslosigkeit

N

no|lens vo|lens: wohl od. übel

No|ma|de, der; -n, -n: Angehöriger eines [Hirten]volkes, das innerhalb eines begrenzten Gebietes umherzieht

No|ma|din, die; -, -nen: weibliche Form zu ↑Nomade

no|ma|disch: die Nomaden betreffend; zu den Nomaden gehörend

no|ma|di|sie|ren: a) als Nomade leben, umherziehen; b) zu Nomaden machen

No|men, das; -s, - u. ...mina (Sprachwiss.): 1. Substantiv. 2. deklinierbares Wort, das weder Pronomen noch Artikel ist (zusammenfassende Bez. für Substantiv u. Adjektiv)

no|men est omen: der Name deutet schon darauf hin

No|men gen|ti|le, das; - -, Nomina gentilia: (in der Antike) [an zweiter Stelle stehender] Geschlechtsname der Römer (z. B. Gaius *Julius* Caesar)

No|men|kla|tur, die; -, -en: System der Namen u. Fachbezeichnungen, die für ein bestimmtes Fachgebiet [allgemeine] Gültigkeit haben

No|men|kla|tu|ra, die; -: 1. Verzeichnis der wichtigsten Führungspositionen (in der Sowjetunion). 2. herrschende Klasse

No|men pro|p|ri|um, das; - -, Nomina propria: Eigenname

no|mi|nal: 1. a) (Sprachwiss.) das Nomen (2) betreffend; b) substantivisch. 2. (Wirtsch.) zum Nennwert

No|mi|nal|ein|kom|men, das; -s, - (Wirtsch.): in Form einer bestimmten Summe angegebenes Einkommen

No|mi|na|lis|mus, der; -: 1. (Philos.) Denkrichtung, nach der die Begriffe nur als Namen, Bezeichnungen für einzelne Erscheinungen der Wirklichkeit fungieren. 2. (Wirtsch.) volkswirtschaftliche Theorie, nach der das Geld einen Wert nur symbolisiert

No|mi|na|list, der; -en, -en: Vertreter des Nominalismus

No|mi|nal|ka|ta|log, der; -[e]s, -e (Bibliothekswesen veraltend): nach Autorennamen geordneter Katalog einer Bibliothek

No|mi|nal|stil, der; -[e]s: Stil, der durch Häufung von Substantiven gekennzeichnet ist

No|mi|nal|wert, der; -[e]s, -e (Wirtsch.): der auf Münzen, Banknoten, Wertpapieren usw. in Zahlen od. Worten angegebene Nennwert

No|mi|na|ti|on, die; -, -en: a) (kath. Kirchenrecht) Ernennung der bischöflichen Beamten; b) (Geschichte) Benennung eines Bewerbers für das Bischofsamt durch die Landesregierung

No|mi|na|tiv, der; -s, -e (Sprachwiss.): 1. (ohne Plural) Kasus, dessen [singularische] Formen als Grundformen der deklinierbaren Wörter gelten; Werfall, erster Fall (Abk.: Nom.). 2. Wort, das im Nominativ (1) steht

no|mi|nell: 1. [nur] dem Namen nach [bestehend], vorgeblich. 2. ↑nominal (2)

no|mi|nie|ren: zur Wahl, für ein Amt, für die Teilnahme an etwas vorschlagen, ernennen

No|mi|nie|rung, die; -, -en: das Vorschlagen eines Kandidaten, Ernennung

No|mos, der; -, ...moi: 1. (Philos.) menschliche Ordnung, von Menschen gesetztes Recht (im Unterschied zum Naturrecht, göttlichen Recht). 2. (Musik) nach festen, urspr. für kultische Zwecke entwickelten Modellen, Regeln komponierte [gesungene] Weise der altgriechischen Musik

Non, die; -, -en: ↑None (1)

No-Name-Pro|dukt, No|name|pro|dukt [ˈnɔʊ̯ˈnɛɪ̯m...], das; -[e]s, -e: neutral verpackte Ware ohne Marken- od. Firmenzeichen

Non|cha|lance [nõʃaˈlãːs], die; -: Nachlässigkeit; formlose Ungezwungenheit, Lässigkeit, Unbekümmertheit

non|cha|lant [...ˈlãː, bei attributivem Gebrauch: ...ˈlant]: nachlässig; formlos ungezwungen, lässig

No|ne, die; -, -n: 1. Teil des kath. Stundengebets. 2. (Musik) a) neunter Ton einer diatonischen Tonleiter vom Grundton aus; b) Intervall (2) von neun diatonischen Tonstufen

Non|kon|for|mis|mus, der; -: individualistische Haltung in politischen, weltanschaulichen, religiösen u. sozialen Fragen

Non|kon|for|mist, der; -en, -en: jmd., der sich in seiner Einstellung nicht nach der herrschenden Meinung richtet

Non|kon|for|mis|tin, die; -, -nen: weibliche Form zu ↑Nonkonformist

non|kon|for|mis|tisch: auf Nonkonformismus beruhend

Non|kon|for|mi|tät, die; -: 1. Nichtübereinstimmung; mangelnde Anpassung. 2. ↑Nonkonformismus

Non|plus|ul|t|ra, das; -: Unübertreffbares, Unvergleichliches

Non-Pro|fit-Or|ga|ni|sa|ti|on, Non|pro|fit|or|ga|ni|sa|ti|on, die; -, -en: ohne Gewinnerzielungsabsicht agierende Organisation bzw. Institution (z. B. Gewerkschaft, Sportverein, Bildungseinrichtung)

Non|pro|li|fe|ra|ti|on [nɔnprolɪfəˈrɛɪʃn̩], die; -: Nichtweitergabe von Atomwaffen

non scho|lae, sed vi|tae dis|ci|mus [- ˈsçoːlɛ - - -, - ˈskoːlɛ - - -]: was man lernt, lernt man für sich selbst; vgl. non vitae, sed scholae discimus

Non|sens, der; - u. -es: Unsinn; absurde, unlogische Gedankenverbindung

non|stop: ohne Unterbrechung, ohne Pause

Non|va|leur [nõvaˈløːɐ̯], der; -s, -s (Wirtsch.): a) [fast] wertloses Wertpapier; b) Investition, die keine Rendite abwirft

non|ver|bal: nicht mithilfe der Sprache

non vi|tae, sed scho|lae dis|ci|mus [- - - ˈsçoːlɛ, auch: ˈskoːlɛ -]: originaler Wortlaut der meist belehrend „non scholae, sed vitae discimus" zitierten Briefstelle bei Seneca

Noor, das; -[e]s, -e (landsch.): Haff; flaches Gewässer, das durch einen Kanal mit dem Meer verbunden ist

Nord|at|lan|tik|pakt, der; -[e]s: ↑NATO

Nor|dic Wal|king [- ˈwɔːkɪŋ], das; - -[s]: ↑Walking mit hüfthohen Stöcken

Norm, die; -, -en: 1. (meist Plural) allgemein anerkannte, als verbindlich geltende Regel für das Zusammenleben der Menschen. 2. eigentlich übliche, den Erwartungen entsprechende Beschaffenheit, Größe o. Ä.; Durchschnitt. 3. festgesetzte, vom Arbeitnehmer geforderte Arbeitsleistung. 4. (Sport) als Voraussetzung vorgeschriebene Mindestleistung. 5. (in Wirtschaft, Industrie, Technik, Wissenschaft) Vorschrift, Regel, Richtlinien o. Ä. für die Herstellung von Produkten, die Durchführung von Verfahren, die Anwendung von Fachtermini o. Ä.

nor|mal: 1. a) der Norm entsprechend; vorschriftsmäßig; b) üblich, gewöhnlich; c) (ugs.) normalerweise. 2. (veraltet) geistig [u. körperlich] gesund

Nor|mal, das; -s, -e: 1. mit besonderer Genauigkeit hergestellter Maßstab, der zur Kontrolle für andere verwendet wird. 2. (meist ohne Artikel; ohne Plural) Kurzform von ↑Normalbenzin

Nor|mal|ben|zin, das; -s: Benzin mit geringerer Klopffestigkeit, mit niedrigerer Oktanzahl

Nor|ma|le, die; -[n], -n (fachspr.: 2 -) (Math.): auf einer Ebene od. Kurve in einem vorgegebenen Punkt errichtete Senkrechte

nor|ma|li|sie|ren: 1. wieder normal gestalten, auf ein normales Maß zurückführen. 2. sich normalisieren: wieder normal (1 b) werden, wieder in einen normalen Zustand zurückkehren

Nor|ma|li|tät, die; -: normale Beschaffenheit, normaler Zustand

Nor|mal|null, das; -s: festgelegte Höhe, auf die sich die Höhenmessungen beziehen (Abk.: N. N., NN)

nor|ma|tiv: als Norm (1) geltend, maßgebend, als Richtschnur dienend

nor|men: (zur Vereinheitlichung) für etwas eine Norm aufstellen

Nor|men|kon|t|roll|kla|ge, die; -, -n (Rechtswiss.): Klage beim Bundesverfassungsgericht zur grundsätzlichen Klärung der Vereinbarkeit von Bundes- od. Landesrecht mit dem Grundgesetz einerseits od. von Bundesrecht mit Landesrecht andererseits

nor|mie|ren: a) vereinheitlichen, nach einem einheitlichen Schema, in einer bestimmten Weise festlegen, regeln; b) normen

Nor|mie|rung, die; -, -en: das Normieren

Nor|mung, die; -, -en: einheitliche Gestaltung, Festsetzung [als Norm (1)]

Nor|ne, die; -, -n (meist Plural): Schicksalsgöttin in der nordischen Mythologie

No|so|gra|fie, No|so|gra|phie, die; - (Med.): Krankheitsbeschreibung

N

No-Spiel, das; -[e]s, -e: streng stilisiertes japanisches Bühnenspiel mit Musik, Tanz, Gesang u. Pantomime

Nos|t|al|gie, die; -, ...ien: von unbestimmter Sehnsucht erfüllte Gestimmtheit, die sich in der Rückwendung zu früheren, in der Erinnerung sich verklärenden Zeiten, Erlebnissen, Erscheinungen äußert

Nos|t|al|gi|ker, der; -s, -: jmd., der sich der Nostalgie überlässt

Nos|t|al|gi|ke|rin, die; -, -nen: weibliche Form zu ↑Nostalgiker

nos|t|al|gisch: die Nostalgie betreffend; verklärend vergangenheitsbezogen

no|ta|bel (veraltet): bemerkenswert, merkwürdig

No|ta|beln, die (nur Plural) (Geschichte): die durch Bildung, Rang u. Vermögen ausgezeichneten Mitglieder der bürgerlichen Oberschicht in Frankreich

no|ta|be|ne: übrigens (Abk.: NB)

No|ta|be|ne, das; -[s], -[s]: Merkzeichen, Vermerk

No|tar, der; -s, -e: staatlich vereidigter Volljurist, der die Beglaubigung u. Beurkundung von Rechtsgeschäften vornimmt

No|ta|ri|at, das; -[e]s, -e: a) Amt eines Notars; b) Büro eines Notars

no|ta|ri|ell, no|ta|risch (Rechtswiss.): von einem Notar ausgefertigt u. beglaubigt

No|ta|rin, die; -, -nen: weibliche Form zu ↑Notar

No|tat, das; -[e]s, -e: niedergeschriebene Bemerkung; Aufzeichnung, Notiz (1)

No|ta|ti|on, die; -, -en: 1. (Musik) das Aufzeichnen von Musik in Notenschrift. 2. System von Zeichen od. Symbolen einer Metasprache

Note|book ['noʊtbʊk], das; -s, -s: tragbarer, leichter Computer, bei dem Bildschirm, Tastatur, Laufwerk usw. in das aufklappbare Gehäuse integriert sind

Note|pad [...pæd], das; -s, -s: kleiner Computer vom Format eines Notizblocks, der zur Speicherung von Notizen, Adressen, Terminen o. Ä. dient

no|tie|ren: 1. a) aufzeichnen, schriftlich vermerken, aufschreiben; b) vormerken. 2. (Musik) in Notenschrift schreiben. 3. (Wirtsch.) a) den offiziellen Kurs eines Wertpapiers an der Börse, den Preis einer Ware feststellen bzw. festsetzen; b) einen bestimmten Börsenkurs haben, erhalten

No|tie|rung, die; -, -en: 1. a) das Aufzeichnen, schriftliche Vermerken; b) das Vormerken. 2. (Musik) Aufzeichnen von Musik in Notenschrift. 3. (Wirtsch.) Feststellung bzw. Festsetzung von Kursen od. Warenpreisen [an der Börse]

no|ti|fi|zie|ren (veraltet): anzeigen, benachrichtigen

No|tiz, die; -, -en: 1. Aufzeichnung, Vermerk. 2. Nachricht, Meldung, Anzeige. 3. (Kaufmannsspr.) Notierung (3), Preisfeststellung

no|to|risch: 1. offenkundig, allbekannt. 2. für eine negative Eigenschaft, Gewohnheit bekannt

Not|tur|no, das; -s, -s u. ...ni (Musik): 1. a) stimmungsvolles Musikstück in mehreren Sätzen (für eine nächtliche Aufführung im Freien); b) einem Ständchen ähnliches Musikstück für eine od. mehrere Singstimmen [mit Begleitung]. 2. (selten) Nocturne (1)

Nou|gat ['nu:...] vgl. Nugat

Nou|veau Ro|man [nuvorɔ'mɑ̃:], der; - - (Literaturwiss.): nach 1945 in Frankreich entstandene experimentelle Form des Romans, die unter Verzicht auf den allwissenden Erzähler die distanzierte Beschreibung einer eigengesetzlichen Welt in den Vordergrund stellt

Nou|veau|té [nuvo'te:], die; -, -s: Neuheit, Neuigkeit [in der Mode]

Nou|velle Cui|sine [nu'vɛl kɥi'zi:n], die; - - (Gastron.): Art der Kochkunst, die bes. die Verwendung frischer Ware bei kurzen Garzeiten vorsieht

No|va, die; -, ...vä u. ...vae u. ...ven (Astron.): Stern, der kurzfristig durch innere Explosionen hell aufleuchtet

No|ve|cen|to [nove'tʃɛnto], das; -[s]: 1. it. Bez. für: 20. Jh. (bes. in der Kunstwissenschaft). 2. 1923 hervorgetretene, in Mailand gegründete italienische Künstlergruppe

No|vel Food ['nɔvl̩ 'fu:d, 'nɔvl̩...], das; - -[s], - -s, **No|vel|food,** das; -[s], -s: neue, zum Teil mit gentechnischen Hilfsmitteln entwickelte

Lebensmittel, die noch nicht allgemein verbreitet sind

No|vel|le, die; -, -n: 1. Erzählung kürzeren od. mittleren Umfangs, die von einem einzelnen Ereignis handelt u. deren geradliniger Handlungsablauf auf ein Ziel hinführt. 2. (Rechtswiss.) abändernder od. ergänzender Nachtrag zu einem Gesetz

no|vel|lie|ren (Rechtswiss.): ein Gesetz[buch] mit Novellen (2) versehen

No|vel|list, der; -en, -en: Schriftsteller, der Novellen verfasst

No|vel|lis|tin, die; -, -nen: weibliche Form zu ↑Novellist

no|vel|lis|tisch: die Novelle (1) betreffend

No|vem|ber, der; -[s], -: elfter Monat im Jahr (Abk.: Nov.)

No|vi|tät, die; -, -en: Neuheit, -erscheinung

No|vi|ze, der; -n, -n (kath. Kirche): Mann, der in einem Kloster eine Vorbereitungszeit verbringt, bevor er die Gelübde ablegt

No|vi|zi|at, das; -[e]s, -e: Vorbereitungs-, Probezeit der Noviz[inn]en; Dienst, den die Noviz[inn]en versehen

No|vi|zin, die; -, -nen: weibliche Form zu ↑Novize

No|vum, das; -s, Nova: Neuheit; neu hinzukommende Tatsache; etwas nie Dagewesenes

Nu|an|ce ['nỹã:sə, österr.: ny'ã:s], die; -, -n: 1. feiner gradueller Unterschied. 2. Kleinigkeit

nu|an|cie|ren [nỹã'si:...]: a) sehr fein graduell abstufen; b) in seinen Feinheiten, feinen Unterschieden erfassen, darstellen

Nu|cel|lus, der; -, ...lli (Bot.): Gewebekern der Samenanlage bei Blütenpflanzen

Nu|dis|mus, der; -: Freikörperkultur

Nu|dist, der; -en, -en: Anhänger des Nudismus

Nu|dis|tin, die; -, -nen: weibliche Form zu ↑Nudist

Nu|gat, Nou|gat ['nu:...] der od. das; -s, -s: aus fein zerkleinerten gerösteten Nüssen, Zucker u. Kakao zubereitete Masse

Nug|get ['nagɪt], das; -[s], -s: natürlicher Goldklumpen

nu|k|le|ar: a) den Atomkern betreffend; b) mit der Kernenergie zusammenhängend; c) Atom-, Kernwaffen betreffend

Nu|k|le|ar|me|di|zin, die; -: Teilgebiet der Medizin, das sich mit der Anwendung radioaktiver Stoffe für die Erkennung u. Behandlung von Krankheiten befasst

Nu|k|le|in|säu|re, die; -, -n (Biochemie): bes. im Zellkern u. in den Ribosomen vorkommende polymere (2) Verbindung, die als Grundsubstanz der Vererbung fungiert

Nu|k|le|on, das; -s, ...onen: Baustein des Atomkerns (Proton od. Neutron)

Nu|k|leo|pro|te|id, das; -[e]s, -e: Eiweißverbindung des Zellkerns

Null|di|ät, die; -, -en (Med.): Fasten, bei dem man nur Wasser, Mineralstoffe u. Vitamine zu sich nimmt, um abzunehmen

Null|me|ri|di|an, der; -s: durch Greenwich verlaufender Meridian, von dem aus die Meridiane nach Ost u. West von 0° bis 180° gezählt werden

Null ou|vert [- u've:ɐ̯], der (selten: das); - -[s] [- u'vɛ:ɐ̯(s)], - -s [- u'vɛ:ɐ̯s]: (beim Skat) Spiel, bei dem der Spielende keinen Stich machen darf u. die Karten offen auf den Tisch legen muss

Null|ta|rif, der; -[e]s, -e: kostenlose Gewährung bestimmter Leistungen

Nu|men, das; -s: göttliches Wesen als wirkende Kraft

nu|me|risch: a) zahlenmäßig, der Zahl nach; b) unter Verwendung von [bestimmten] Zahlen, Ziffern erfolgend; c) (EDV) sich nur aus Ziffern zusammensetzend

Nu|me|ro, das; -s, -s (veraltet): Nummer (in Verbindung mit einer Zahl; Abk.: No.)

Nu|me|rus, der; -, ...ri: 1. Zahl. 2. (Math.) Zahl, zu der der Logarithmus gesucht wird. 3. (Sprachwiss.) Zahlform des Nomens (2) od. Verbs (Singular, Plural, Dual)

nu|mi|nos: göttlich, in der Art des Numinosen

Nu|mis|ma|tik, die; -: Münzkunde

Nu|mis|ma|ti|ker, der; -s, -: jmd., der sich mit der Numismatik beschäftigt

Nu|mis|ma|ti|ke|rin, die; -, -nen: weibliche Form zu ↑Numismatiker

nu|mis|ma|tisch: die Numismatik betreffend

Num|mer, die; -, -n: 1. zur Kennzeichnung dienende Ziffer, Zahl; Kennzahl (z. B. für das Telefon, für die Schuhgröße, für das Heft einer

N

Zeitschrift; Abk.: Nr., Plural: Nrn.); vgl. Numero. 2. spaßige, unbekümmert-dreiste Person, Witzbold. 3. a) einzelne Darbietung im Zirkus, Kabarett, Varieté; b) (ugs.) einzelnes Musikstück der Unterhaltungsmusik. 4. (ugs.) Geschlechtsakt

num|me|rie|ren: beziffern, mit fortlaufenden Ziffern versehen

Num|mern|kon|to, das; -s, ...ten, (auch:) -s, ...ti: Konto, das nicht auf den Namen des Inhabers lautet, sondern nur durch eine Nummer (1) gekennzeichnet ist

Nun|cha|ku [...'tʃaku], das; -s, -s: asiatische Waffe aus zwei mit einer Schnur od. Kette verbundenen Holzstäben

Nun|ti|a|tur, die; -, -en: a) Amt eines Nuntius; b) Sitz eines Nuntius

Nun|ti|us, der; -, ...ien: ständiger diplomatischer Vertreter des Papstes bei einer Staatsregierung (im Botschafterrang)

[1]**Nu|t|ria,** die; -, -s: in Südamerika heimische Biberratte mit braunem Fell

[2]**Nu|t|ria,** der; -s, -s: a) Fell der Biberratte; b) aus dem Fell der Biberratte gearbeiteter Pelz

Nu|t|ri|ti|on, die; - (Med.): Ernährung

Ny, das; -[s], -s: dreizehnter Buchstabe des gr. Alphabets (Ν, ν)

O

Ny|lon ['naɪ̯lɔn], das; -[s]: haltbare synthetische Textilfaser

Nym|phäa, Nym|phäe, die; -, ...äen: See- od. Wasserrose

Nym|phe, die; -, -n: 1. weibliche Naturgottheit des griechischen Volksglaubens. 2. (Zool.) Larve der Insekten, die bereits Anlagen zu Flügeln besitzt

nym|pho|man, nym|pho|ma|nisch: an Nymphomanie leidend

Nym|pho|ma|nie, die; -: [krankhaft] gesteigerter Wunsch nach Sexualität bei Frauen

Nym|pho|ma|nin, die; -, -nen (Med.): an Nymphomanie leidende Frau

Ny|norsk, das; -: mit dem ↑Bokmål gleichberechtigte norwegische Schriftsprache, die im Gegensatz zum Bokmål auf den norwegischen Dialekten beruht; vgl. Landsmål

Nys|tag|mus, der; - (Med.): nicht willkürlich beeinflussbare rhythmische Bewegung eines Organs, meist des Auges

O o

Oa|se, die; -, -n: 1. fruchtbare Stelle mit Wasser u. Pflanzen in der Wüste. 2. [stiller] Ort der Erholung

Ob|duk|ti|on, die; -, -en (Med.): [gerichtlich angeordnete] Leichenöffnung [zur Klärung der Todesursache]

ob|du|zie|ren (Med.): eine Obduktion vornehmen

Ob|e|di|enz, Ob|ö|di|enz, die; -: 1. Gehorsamspflicht der Kleriker gegenüber den geistlichen Oberen. 2. Anhängerschaft eines Papstes während eines ↑Schismas

Obe|lisk, der; -en, -en: frei stehender, rechteckiger, spitz zulaufender Pfeiler (meist ↑Monolith)

Ober|li|ga, die; -, ...gen: Spielklasse in zahlreichen Sportarten

Obi, der od. das; -[s], -s: 1. breiter steifer Seidengürtel, der um den japanischen Kimono geschlungen wird. 2. Gürtel der Kampfbekleidung beim Judo

Ob|jekt, das; -[e]s, -e: 1. a) Gegenstand, auf den das Interesse, das Denken, das Handeln gerichtet ist; b) (Philos.) unabhängig vom Bewusstsein existierende Erscheinung der materiellen Welt, auf die sich das Erkennen, die Wahrnehmung richtet; c) (Kunstwiss.) aus verschiedenen Materialien zusammengestelltes plastisches Werk der modernen Kunst. 2. [auch: 'ɔp...] (Sprachwiss.) Satzglied, das von einem Verb als Ergänzung gefordert wird (z. B. ich kaufe *ein Buch*); vgl. Prädikat (3), Subjekt (2). 3. a) (Wirtsch.) Grundstück, Wertgegenstand, Vertrags-, Geschäftsgegenstand; b) (österr.) Gebäude

ob|jek|tiv: 1. außerhalb des subjektiven Bewusstseins bestehend. 2. sachlich, nicht von Gefühlen u. Vorurteilen bestimmt; unvoreingenommen, unparteiisch

Ob|jek|tiv, das; -s, -e: die dem zu beobachtenden Gegenstand zugewandte Linse[nkombination] eines optischen Gerätes

Ob|jek|ti|va|ti|on, die; -, -en: Vergegenständlichung, vom rein Subjektiven abgelöste Darstellung

ob|jek|ti|vier|bar: sich ↑objektivieren lassend

ob|jek|ti|vie|ren: 1. etwas in eine bestimmte, der objektiven Betrachtung zugängliche Form bringen; etwas von subjektiven, emotionalen Einflüssen befreien. 2. (Physik) etwas so darstellen, wie es wirklich ist, unbeeinflusst vom Messinstrument oder vom Beobachter

Ob|jek|ti|vie|rung, die; -, -en: das Objektivieren

Ob|jek|ti|vis|mus, der; -: 1. Annahme, dass es subjektunabhängige, objektive Wahrheiten u. Werte gibt. 2. (Philos.) erkenntnistheoretische Lehre, wonach die Erfahrungsinhalte objektiv Gegebenes sind. 3. (marxistisch abwertend) wissenschaftliches Prinzip, das davon ausgeht, dass wissenschaftliche Objektivität unabhängig von gesellschaftlichen Realitäten existieren kann

ob|jek|ti|vis|tisch: a) den Objektivismus (1, 2) betreffend, in der Art des Objektivismus; b) nach den Prinzipien des Objektivismus (3) verfahrend, ihn betreffend

Ob|jek|ti|vi|tät, die; -: objektive (2) Darstellung, Beurteilung o. Ä.

Ob|jekt|kunst, die; - (Kunstwiss.): moderne Kunstrichtung, die sich mit der Gestaltung von Objekten (1 c) befasst

Ob|jekt|schutz, der; -es: polizeilicher, militärischer o. ä. Schutz für Gebäude, Anlagen usw.

Ob|jekt|spra|che, die; - (Sprachwiss.): Sprache als Gegenstand der Betrachtung, die mit der ↑Metasprache beschrieben wird

¹Ob|la|te, die; -, -n: 1. a) (kath. Rel.) noch nicht ↑konsekrierte Hostie; b) (ev. Rel.) Abendmahlsbrot. 2. a) eine Art Waffel; b) sehr dünne Scheibe aus einem Teig aus Mehl u. Wasser (als Gebäckunterlage). 3. (landsch.) kleines Bildchen, das in ein Poesiealbum o. Ä. eingeklebt wird

²Ob|la|te, der; -n, -n (meist Plural): 1. (Geschichte) im Kloster erzogenes, für den Ordensstand bestimmtes Kind. 2. Laie, der sich in stets widerruflichem Gehorsamsversprechen einem geistlichen Orden angeschlossen hat. 3. Angehöriger kath. religiöser Genossenschaften

Ob|la|tin, die; -, -nen: weibliche Form zu ↑²Oblate (2, 3)

ob|li|gat: 1. a) unerlässlich, erforderlich, unentbehrlich; b) (meist spöttisch) regelmäßig dazugehörend, üblich, unvermeidlich. 2. (Musik) als selbstständig geführte Stimme für eine Komposition unentbehrlich

Ob|li|ga|ti|on, die; -, -en: 1. (Rechtswiss.) Verpflichtung; persönliche Verbindlichkeit. 2. (Wirtsch.) Schuldverschreibung eines Unternehmers

ob|li|ga|to|risch: verpflichtend, bindend, verbindlich; Zwangs...

Ob|li|ga|to|ri|um, das; -s, ...ien (schweiz.): Verpflichtung, Pflichtfach, -leistung

Ob|li|go [auch: 'ɔb...], das; -s, -s: 1. (Wirtsch.) Verbindlichkeit, Verpflichtung. 2. Wechselkonto im Obligobuch

Ob|li|go|buch, das; -[e]s, ...bücher: bei Kreditinstituten geführtes Buch, in das alle eingereichten Wechsel eingetragen werden

ob|long (veraltet): länglich, rechteckig

Oboe, die; -, -n (Musik): 1. Holzblasinstrument mit Löchern, Klappen, engem Mundstück. 2. im Klang der Oboe ähnelndes Orgelregister

Obo|ist, der; -en, -en: Musiker, der Oboe spielt

Obo|is|tin, die; -, -nen: weibliche Form zu ↑Oboist

Ob|ser|vant, der; -en, -en: Angehöriger der strengeren Richtung eines Mönchsordens, bes. bei den Franziskanern

Ob|ser|vanz, die; -, -en: 1. Ausprägung, Form. 2. (Rechtswiss.) Gewohnheitsrecht [in unwesentlicheren Sachgebieten]. 3. Befolgung der eingeführten Regel [eines Mönchsordens]

Ob|ser|va|ti|on, die; -, -en: 1. wissenschaftliche Beobachtung [in einem Observatorium]. 2. das Observieren (2)

Ob|ser|va|tor, der; -s, ...oren: jmd., der in einem Observatorium tätig ist

Ob|ser|va|to|rin, die; -, -nen: weibliche Form zu ↑Observator

Ob|ser|va|to|ri|um, das; -s, ...ien: [astronomische, meteorologische, geophysikalische] Beobachtungsstation; Stern-, Wetterwarte

ob|ser|vie|ren: 1. wissenschaftlich beobachten. 2. polizeilich überwachen

O

ob|ses|siv (Psychol.): in der Art einer Zwangsvorstellung

Ob|si|di|an, der; -s, -e: kieselsäurereiches, glasiges Gestein

ob|s|kur: a) dunkel; verdächtig; zweifelhafter Herkunft; b) unbekannt; vgl. Clair-obscur

Ob|s|ku|rant, der; -en, -en (veraltet): Dunkelmann

Ob|s|ku|ran|tis|mus, der; -: Bestreben, die Menschen bewusst in Unwissenheit zu halten, ihr selbstständiges Denken zu verhindern u. sie an Übernatürliches glauben zu lassen

Ob|s|ku|ri|tät, die; -, -en: a) Dunkelheit, zweifelhafte Herkunft; b) Unbekanntheit

ob|so|let: ungebräuchlich, veraltet

ob|s|ti|nat: starrsinnig, widerspenstig, unbelehrbar

Ob|s|ti|pa|ti|on, die; -, -en (Med.): Stuhlverstopfung

Ob|s|t|ruk|ti|on, die; -, -en: 1. Widerstand; parlamentarische Verzögerungstaktik (z. B. durch sehr lange Reden, Fernbleiben von Sitzungen). 2. (Med.) Verstopfung (z. B. von Körperkanälen o. Ä. durch entzündliche Prozesse)

ob|s|t|ruk|tiv: 1. hemmend. 2. (Med.) Gefäße od. Körperkanäle verstopfend (z. B. von entzündlichen Prozessen)

ob|s|zön: 1. in das Schamgefühl verletzender Weise auf den Sexual-, Fäkalbereich bezogen; unanständig, schlüpfrig. 2. [sittliche] Entrüstung hervorrufend

Ob|s|zö|ni|tät, die; -, -en: Schamlosigkeit, Schlüpfrigkeit

Obus, der; -ses, -se: Kurzw. für: *O*berleitungsomni*bus*

Oc|ca|si|on, die; -, -en (österr., schweiz.): ↑Okkasion (2)

Oc|chi|spit|ze, Ok|ki|spit|ze, die; -, -n: mit einem Schiffchen hergestellte Knüpfspitze

ocker: von der Farbe des Ockers; gelbbraun

Ocker, der od. das; -s, -: a) zur Farbenherstellung verwendete, ihres Eisenoxidgehalts wegen an gelben Farbtönen reiche Tonerde; b) gelbbraune Malerfarbe; c) gelbbraune Farbe

Ock|ha|mis|mus [ɔka..., auch: ɔkɛ...], der; -: Lehre des englischen ↑Scholastikers Wilhelm von Ockham

Od, das; -[e]s: angeblich vom menschlichen Körper ausgestrahlte, das Leben lenkende Kraft

Oda|lis|ke, die; -, -n (Geschichte): europäische od. kaukasische Sklavin in einem türkischen Harem

Odds, die (nur Plural): a) (Sport) engl. Bez. für: Vorgaben; b) das vom Buchmacher festgelegte Verhältnis des Einsatzes zum Gewinn (bei Pferdewetten)

Ode, die; -, -n: 1. a) Chorgesangsstück der griechischen Tragödie; b) lyrisches Strophengedicht der Antike. 2. erhabene, meist reimlose lyrische Dichtung in kunstvollem Stil. 3. (Musik) Odenkomposition nach antiken Versmaßen (15. u. 16. Jh.)

Ödem, das; -s, -e (Med.): Gewebewassersucht; krankhafte Ansammlung von Flüssigkeit im Gewebe infolge von Eiweißmangel, Durchblutungsstörungen u. a.

Ode|on, das; -s, -s: ↑Odeum; Name für größere Bauten, in denen Filmvorführungen, Tanzveranstaltungen o. Ä. stattfinden

Ode|um, das; -s, Odeen: im Altertum rundes, theaterähnliches Gebäude für musikalische u. schauspielerische Aufführungen

Odeur [o'dø:ɐ̯], das; -s, -s u. -e: a) wohlriechender Stoff, Duft; b) seltsamer Geruch

ödi|pal (Psychoanalyse): vom Ödipuskomplex bestimmt

Ödi|pus|kom|plex, der; -es: zu starke Bindung eines Kindes zum gegengeschlechtlichen Elternteil, bes. des Sohnes an die Mutter

Odi|um, das; -s (geh.): hassenswerter Makel; übler Beigeschmack, der einer Sache anhaftet

Odon|to|lo|ge, der; -n, -n: Wissenschaftler auf dem Gebiet der Odontologie; in der Forschung tätiger Zahnarzt

Odon|to|lo|gin, die; -, -nen: weibliche Form zu ↑Odontologe

Odys|see, die; -, ...seen: 1. lange Irrfahrt; lange, mit Schwierigkeiten verbundene Reise. 2. langer, mit Schwierigkeiten verbundener Prozess, mühevolle Aktion

OECD [o:e:tse:'de:], die; -: Organisation für

wirtschaftliche Zusammenarbeit und Entwicklung

Oe|so|pha|gus vgl. Ösophagus

off: a) hinter der Bühne sprechend; b) außerhalb der Kameraeinstellung zu hören

Off, das; -[s]: unsichtbar bleibender Bereich, Hintergrund (einer Bühne, der Kameraeinstellung o. Ä.)

Off|beat ['ɔfbi:t, auch: ɔf'bi:t], der; -[s], -s: Technik der Rhythmik im Jazz, die die melodischen Akzente zwischen den einzelnen betonten Taktteilen setzt

of|fen|siv: angreifend, den Angriff bevorzugend

Of|fen|si|ve, die; -, -n: a) [planmäßig vorbereiteter] Angriff [einer Heeresgruppe]; b) (ohne Plural; Sport) auf Angriff (Stürmen) eingestellte Spielweise

Of|fe|rent, der; -en, -en: jmd., der etwas anbietet, der eine Offerte macht

Of|fe|ren|tin, die; -, -nen: weibliche Form zu ↑Offerent

of|fe|rie|ren: anbieten, darbieten

Of|fer|te, die; -, -n: schriftliches [Waren]angebot; Anerbieten

Of|fer|to|ri|um, das; -s, ...ien: Darbringung von Brot u. Wein mit den dazugehörigen gesungenen Messgebeten, die die Konsekration (2) vorbereiten

[1]**Of|fice** ['ɔfɪs], das; -, -s ['ɔfɪs] (schweiz.): a) (selten) Büro; b) Anrichteraum [im Gasthaus]

[2]**Of|fice** ['ɔfɪs], das; -[s], -s [auch ...sɪs]: engl. Bez. für: Büro

Of|fi|zi|al|de|likt, das; -[e]s, -e (Rechtswiss.): Straftat, deren Verfolgung von Amts wegen eintritt

Of|fi|zi|al|ver|tei|di|ger, der; -s, - (Rechtswiss.): Pflichtverteidiger in Strafsachen, der vom Gericht in besonderen Fällen bestellt werden muss

Of|fi|zi|al|ver|tei|di|ge|rin, die; -, -nen: weibliche Form zu ↑Offizialverteidiger

of|fi|zi|ell: 1. amtlich, von einer Behörde, Dienststelle ausgehend, bestätigt. 2. feierlich, förmlich

Of|fi|zier, der; -s, -e: 1. a) (ohne Plural) militärische Rangstufe, die die Dienstgrade vom Leutnant bis zum General umfasst; b) Träger eines Dienstgrades innerhalb der Rangstufe der Offiziere. 2. (Schach) Schachfigur mit größerer Beweglichkeit als die Bauern (z. B. Turm, Läufer, Springer)

Of|fi|zie|rin, die; -, -nen: weibliche Form zu ↑Offizier (1)

Of|fi|zin, die; -, -en: 1. (veraltet) [größere] Buchdruckerei. 2. a) (veraltet) Apotheke; b) Arbeitsräume einer Apotheke

of|fi|zi|ös: halbamtlich; nicht verbürgt

Of|fi|zi|um, das; -s, ...ien: 1. (veraltet) [Dienst]pflicht, Obliegenheit. 2. a) offizieller Gottesdienst der katholischen Kirche, im engeren Sinne das Stundengebet (auch als Chorgebet); b) katholisches Kirchenamt u. die damit verbundenen Pflichten eines Geistlichen

off li|mits: Zutritt verboten

off|line ['ɔflaɪ̯n] (EDV): 1. getrennt von der Datenverarbeitungsanlage arbeitend, indirekt mit dieser gekoppelt (von bestimmten Geräten). 2. nicht ans Datennetz, nicht an das Internet angeschlossen; außerhalb des Datennetzes, des Internets

Off|roa|der ['ɔfrɔʊ̯dɐ], der; -s, -: 1. ↑Offroadfahrzeug. 2. jmd., der sich gern [in einem Offroadfahrzeug] im freien Gelände, in der Natur aufhält

Off|road|fahr|zeug ['ɔfrɔʊ̯t...], das; -[e]s, -e: Geländefahrzeug

Off|set|druck, der; -[e]s: Flachdruckverfahren, bei dem der Druck von einer Druckplatte über ein Gummituch (indirekter Druck) auf das Papier erfolgt

off|shore ['ɔfʃɔ:ɐ̯]: in einiger Entfernung von der Küste

Off|shore|boh|rung, Off-Shore-Boh|rung, die; -, -en: von Plattformen aus durchgeführte Bohrung nach Erdöl od. Erdgas in Küstennähe

off|side [...saɪ̯d] (bes. schweiz.): abseits (beim Fußball)

Off|side, das; -[s], -s (bes. schweiz.): Abseits (beim Fußball)

Off|stim|me, Off-Stim|me, die; -, -n: [kommentierende] Stimme aus dem ↑Off

Ofir vgl. Ophir

Oger, der; -s, -: menschenfressendes Ungeheuer (im Märchen)
Oka|pi, das; -s, -s: kurzhalsige, dunkelbraune Giraffe mit weißen Querstreifen an den Oberschenkeln
Oka|ri|na, die; -, -s u. ...nen: kurze Flöte aus Ton od. Porzellan in Form eines Gänseeis (acht Grifflöcher)
okay [ɔʊ̯ˈkeɪ̯] (ugs.): in Ordnung, gut (Abk.: o. k. od. O. K.)
Okay, das; -[s], -s (ugs.): Einverständnis, Zustimmung
Ok|ka|si|on, die; -, -en: 1. (veraltet) Gelegenheit, Anlass. 2. (Wirtsch.) Gelegenheitskauf
Ok|ka|si|o|na|lis|mus, der; -, ...men: 1. (ohne Plural; Philos.) von R. Descartes ausgehende Theorie, nach der die Wechselwirkung zwischen Leib u. Seele auf direkte Eingriffe Gottes „bei Gelegenheit" zurückgeführt wird. 2. (Sprachwiss. veraltend) bei einer bestimmten Gelegenheit, in einer bestimmten Situation gebildetes Wort
Ok|klu|si|on, die; -, -en: 1. a) Verschließung, Verschluss; b) (Med.) normale Schlussbissstellung der Zähne. 2. (Meteorol.) das Zusammentreffen von Kalt- u. Warmfront
ok|klu|siv: die Okklusion betreffend
Ok|klu|siv, der; -s, -e (Sprachwiss.): Verschlusslaut (z. B. *p*)
ok|kult: verborgen, geheim (von übersinnlichen Dingen)
Ok|kul|tis|mus, der; -: Geheimwissenschaft; Lehren u. Praktiken, die sich mit der Wahrnehmung übersinnlicher Kräfte (z. B. Telepathie, Hellsehen, Materialisation) beschäftigen
Ok|kul|tist, der; -en, -en: Anhänger des Okkultismus
Ok|kul|tis|tin, die; -, -nen: weibliche Form zu ↑Okkultist
ok|kul|tis|tisch: zum Okkultismus gehörend
Ok|ku|pant, der; -en, -en (meist Plural) (abwertend): jmd., der fremdes Gebiet okkupiert; Angehöriger einer Besatzungsmacht
Ok|ku|pan|tin, die; -, -nen: weibliche Form zu ↑Okkupant
Ok|ku|pa|ti|on, die; -, -en: 1. (abwertend) [militärische] Besetzung eines fremden Gebietes. 2. (Rechtswiss.) Aneignung herrenlosen Gutes
ok|ku|pie|ren (abwertend): ein fremdes Gebiet [militärisch] besetzen
Öko, der; -s, -s (ugs. scherzh.): Anhänger der Ökologiebewegung
Öko|bank, die; -, -en: Kreditinstitut zur Förderung von Umwelt- u. Friedensprojekten
Öko|bi|lanz, die; -, -en: Bilanz (2) aller Auswirkungen eines Produktes od. Verfahrens auf die Umwelt
Öko|la|den, der; -s, ...läden: Laden, in dem nur Waren verkauft werden, die den Vorstellungen von der Erhaltung der Umwelt entsprechen
Öko|lo|ge, der; -n, -n: Wissenschaftler, Fachmann auf dem Gebiet der Ökologie
Öko|lo|gie, die; -: 1. Wissenschaft von den Beziehungen der Lebewesen zu ihrer Umwelt. 2. Wechselbeziehungen zwischen den Lebewesen u. ihrer Umwelt; ungestörter Haushalt der Natur
Öko|lo|gin, die; -, -nen: weibliche Form zu ↑Ökologe
öko|lo|gisch: 1. die Ökologie (1) betreffend. 2. die Wechselbeziehungen zwischen den Lebewesen u. ihrer Umwelt betreffend
Öko|nom, der; -en, -en: a) (veraltend) Landwirt, Verwalter [landwirtschaftlicher Güter]; b) Wirtschaftswissenschaftler
Öko|no|mie, die; -, ...ien: 1. a) Wirtschaftswissenschaft; b) Wirtschaft; c) (ohne Plural) Wirtschaftlichkeit, sparsames Umgehen mit etwas, rationelle Verwendung od. Einsatz von etwas. 2. (veraltet) Landwirtschaft[sbetrieb]
Öko|no|mie|rat, der; -[e]s, ...räte (österr.): a) (ohne Plural) Ehrentitel für einen verdienten Landwirt; b) Träger dieses Titels
Öko|no|mie|rä|tin, die; -, -nen: weibliche Form zu ↑Ökonomierat
Öko|no|mik, die; -, -en: 1. Wirtschaftswissenschaft, Wirtschaftstheorie. 2. (regional veraltend) Produktionsweise od. ökonomische Struktur einer Gesellschaftsordnung. 3. Wirtschaftsverhältnisse eines Landes od. eines Sektors der Volkswirtschaft

Öko|no|min, die; -, -nen: weibliche Form zu ↑Ökonom

öko|no|misch: a) die Wirtschaft betreffend; b) wirtschaftlich; c) sparsam

öko|no|mi|sie|ren: ökonomisch gestalten, auf eine ökonomische Basis stellen

Öko|no|mi|sie|rung, die; -, -en: das Ökonomisieren

Öko|steu|er, die; -, -n (Wirtsch.): an ökologischen Gesichtspunkten orientierte Steuer

Öko|sys|tem, das; -s, -e: aus Organismen und unbelebter Umwelt bestehende natürliche Einheit, die durch deren Wechselwirkung ein gleichbleibendes System bildet (z. B. See)

Öko|tou|ris|mus [...tu...], der; -: Fremdenverkehr in ökologisch schützenswerte Gebiete mit minimaler Belastung der entsprechenden Ökosysteme

Öko|tro|pho|lo|ge, der; -n, -n: Wissenschaftler auf dem Gebiet der Ökotrophologie

Öko|tro|pho|lo|gie, die; -: Hauswirtschafts- u. Ernährungswissenschaft

Öko|tro|pho|lo|gin, die; -, -nen: weibliche Form zu ↑Ökotrophologe

Ok|ta|eder, das; -s, -: Achtflächner (meist regelmäßig)

ok|ta|ed|risch: das Oktaeder betreffend

Ok|tan, Oc|tan, das; -s: gesättigter Kohlenwasserstoff mit acht Kohlenstoffatomen (in Erdöl und Benzin)

Ok|tan|zahl, die; -, -en: Maßzahl für die Klopffestigkeit der Motorkraftstoffe (Abk.: OZ)

[1]**Ok|tav,** das; -s: Achtelbogengröße (Buchformat; Zeichen: 8°, z. B. Lex.-8°)

[2]**Ok|tav,** die; -, -en: 1. (österr.) ↑Oktave. 2. in der katholischen Liturgie die Nachfeier der Hochfeste Weihnachten, Ostern u. Pfingsten mit Abschluss am achten Tag

Ok|ta|ve, die; -, -n: achter Ton einer diatonischen Tonleiter vom Grundton an, wobei der Zusammenklang als Konsonanz empfunden wird

Ok|tett, das; -[e]s, -e: 1. a) (selten) Komposition für acht solistische Instrumente od. (selten) für acht Solostimmen; b) Vereinigung von acht Instrumentalsolisten. 2. Achtergruppe von Elektronen in der Außenschale der Atomhülle

Ok|to|ber, der; -[s], -: zehnter Monat im Jahr (Abk.: Okt.)

Ok|to|gon, das; -s, -e: a) Achteck; b) Gebäude mit achteckigem Grundriss

ok|to|go|nal: achteckig

Ok|to|pus, der; -, -se und ...poden: Gattung achtarmiger Kraken

ok|t|ro|y|ie|ren [...troa'ji:...]: 1. (veraltet) a) verleihen; b) (ein Gesetz) kraft landesherrlicher Machtvollkommenheit ohne die verfassungsgemäße Zustimmung der Landesvertretung erlassen. 2. aufdrängen, aufzwingen

oku|lar: 1. das Auge betreffend. 2. mit dem, für das Auge; dem Auge zugewandt

Oku|lar, das; -s, -e: dem Auge zugewandte Linse[nkombination] eines optischen Gerätes

Öku|me|ne, die; -, -n: a) die bewohnte Erde als menschlicher Lebens- u. Siedlungsraum; b) Gesamtheit der Christen; c) ökumenische Bewegung

öku|me|nisch: allgemein, die ganze bewohnte Erde betreffend, Welt...

Ok|zi|dent [...'dɛnt], der; -s: 1. Abendland (Europa). 2. (veraltet) Westen

ok|zi|den|tal, ok|zi|den|ta|lisch: 1. abendländisch. 2. (veraltet) westlich

Old Eco|no|my ['ɔʊ̯ld ɪ'kɔnəmi], die; - -: die traditionelle Wirtschaft u. ihre theoretische Grundlegung im Unterschied zur ↑New Economy

Ol|die ['ɔʊ̯ldi], der; -s, -s: a) alter, beliebt gebliebener Schlager, ↑Song (1); b) (ugs.) jmd., der einer älteren Generation angehört; c) etwas, was einer vergangenen Zeit angehört

Old|ti|mer ['ɔʊ̯ldtai̯mɐ], der; -s, -: 1. altes, gut gepflegtes Modell eines Fahrzeugs (bes. Auto, aber auch Flugzeug, Schiff, Eisenbahn). 2. (scherzh.) jmd., der über lange Jahre bei einer Sache dabei war u. daher das nötige Wissen, die nötige Erfahrung hat

olé [o'lɛ, o'le:]: spanischer Ausruf mit der Bedeutung: los!, auf!, hurra!

Ole|an|der, der; -s, -: Rosenlorbeer; immergrüner Strauch od. Baum aus dem Mittelmeergebiet mit rosa, weißen u. gelben Blüten

OLED, Oled, die; -, -[s] (Elektrot.): organische Leuchtdiode

O

Ole|fin, das; -s, -e: ungesättigter Kohlenwasserstoff mit einer od. mehreren Doppelbindungen im Molekül

Ole|um, das; -s, Olea: ölige Flüssigkeit, die sich u. a. zum Ätzen eignet; rauchende Schwefelsäure

ol|fak|to|risch (Med.): den Riechnerv betreffend

Oli|fant [auch: ...'fant], der; -[e]s, -e: im Mittelalter reich verziertes Signalhorn

Oli|g|arch, der; -en, -en: a) Anhänger der Oligarchie; b) jmd., der mit wenigen anderen zusammen eine Herrschaft ausübt

Oli|g|ar|chie, die; -, ...ien: Herrschaft einer kleinen Gruppe

Oli|g|ar|chin, die; -, -nen: weibliche Form zu ↑Oligarch

oli|g|ar|chisch: die Oligarchie betreffend

Oli|go|pol, das; -s, -e (Wirtsch.): Form des Monopols, bei der der Markt von einigen wenigen Großunternehmen beherrscht wird

Oli|g|op|son, das; -s, -e (Wirtsch.): das Vorhandensein nur weniger Nachfrager auf einem Markt

Oli|go|zän, das; -s (Geol.): mittlere Abteilung des ↑Tertiärs

O

Olim: seit, zu Olims Zeiten (scherzh.): seit, vor undenklicher Zeit

oliv: von dunklem, bräunlichem Gelbgrün

Oli|ve, die; -, -n: 1. a) Frucht des Ölbaumes, die das Olivenöl liefert; b) Olivenbaum, Ölbaum. 2. (Anat.) olivenförmige Erhabenheit im verlängerten Mark. 3. Handgriff für die Verschlussvorrichtung an Fenstern, Türen o. Ä. 4. eine länglich runde Bernsteinperle. 5. (Med.) olivenförmiges Endstück verschiedener ärztlicher Instrumente od. Laborgeräte (z. B. eines Katheters)

Oli|vin, der; -s, -e: in ↑prismatischen bis dicktafligen Kristallen auftretendes glasig glänzendes, flaschengrün bis gelblich durchscheinendes Mineral

Olymp, der; -s: 1. geistiger Standort, an dem sich jmd. weit über anderen zu befinden glaubt. 2. (ugs. scherzh.) oberster Rang, Galerieplätze im Theater od. in der Oper

Olym|pia, das; -[s] (meist ohne Artikel): Olympische Spiele

Olym|pi|a|de, die; -, -n: 1. Zeitspanne von 4 Jahren, nach deren jeweiligem Ablauf im Griechenland der Antike die Olympischen Spiele gefeiert wurden. 2. a) Olympische Spiele; b) Wettbewerb (häufig in Zusammensetzungen wie z. B. Schlagerolympiade)

Olym|pi|o|ni|ke, der; -n, -n: 1. Sieger bei den Olympischen Spielen. 2. Teilnehmer an den Olympischen Spielen

Olym|pi|o|ni|kin, die; -, -nen: weibliche Form zu ↑Olympionike

olym|pisch: 1. göttergleich, hoheitsvoll, erhaben. 2. die Olympiade betreffend

Om|b|ro|graf, Om|b|ro|graph, der; -en, -en (Meteorol.): Regenschreiber, Gerät zum Aufzeichnen der Niederschlagsmenge

Om|buds|frau, die; -, -en: Frau, die die Rechte des Bürgers gegenüber den Behörden wahrnimmt

Om|buds|mann, der; -[e]s, ...männer (selten: ...leute): Mann, der die Rechte des Bürgers gegenüber den Behörden wahrnimmt

Ome|ga, das; -[s], -s: vierundzwanzigster (und letzter) Buchstabe des griechischen Alphabets (langes O; Ω, ω)

Ome|lett [ɔm(ə)'lɛt], das; -[e]s, -e u. -s, auch (österr., schweiz. nur): **Ome|lette** [ɔm(ə)'lɛt(ə)], die; -, -n: Eierkuchen

Omen, das; -s, - u. Omina: (gutes od. schlechtes) Vorzeichen; Vorbedeutung

Omen|tum, das; -s, ...ta (Anat.): Teil des Bauchfells, das aus der schürzenartig vor dem Darm hängenden Bauchfellfalte (großes Netz) u. der Bauchfellfalte zwischen Magen u. unterem Leberrand (kleines Netz) besteht

Omi|k|ron, das; -[s], -s: fünfzehnter Buchstabe des griechischen Alphabets

omi|nös: a) von schlimmer Vorbedeutung, unheilvoll; b) bedenklich, verdächtig, anrüchig

Om|ni|bus, der; -ses, -se: großer Kraftwagen mit vielen Sitzen zur Beförderung einer größeren Anzahl von Personen; Kurzform: Bus

om|ni|po|tent: allmächtig, einflussreich

Om|ni|po|tenz, die; -: a) göttliche Allmacht; b) absolute Machtstellung

om|ni|prä|sent: allgegenwärtig

Om|ni|prä|senz, die; -: Allgegenwart (Gottes)

Om|ni|um, das; -s, ...ien (Radsport): aus mehreren Bahnwettbewerben bestehender Wettkampf

Om|ni|vo|re, der; -n, -n (meist Plural): Allesfresser, von Pflanzen u. Tiernahrung lebendes Tier

on: auf der Bühne, im Fernsehbild beim Sprechen sichtbar

On, das; -[s]: das Sichtbarsein eines Sprechers, Kommentators im Fernsehen, auf der Bühne

Ona|nie, die; -: geschlechtliche Selbstbefriedigung durch manuelles Reizen der Geschlechtsorgane; ↑Masturbation

ona|nie|ren: durch manuelle Reizung der Geschlechtsorgane [sich selbst] sexuell erregen, zum Orgasmus bringen; ↑masturbieren

on de|mand [ɔn dɪˈmaːnd]: auf Verlangen, auf Bestellung

On|dit [õˈdiː], das; -[s], -s: Gerücht

On|du|la|ti|on, die; -, -en: das Wellen der Haare mit einer Brennschere

on|du|lie|ren: (Haare) [mit einer Brennschere] wellen

One-Night-Stand [ˈwʌnnaɪtstænd], der; -s, -s: flüchtiges sexuelles Abenteuer (für eine einzige Nacht)

On|ko|lo|ge, der; -n, -n (Med.): Arzt mit speziellen Kenntnissen auf dem Gebiet der Geschwulstkrankheiten

On|ko|lo|gie, die; - (Med.): Teilgebiet der Medizin, das sich mit den Tumoren [u. besonders den malignen Tumorerkrankungen] befasst

On|ko|lo|gin, die; -, -nen: weibliche Form zu ↑Onkologe

on|ko|lo|gisch: die Onkologie betreffend

on|line [ˈɔnlaɪn] (EDV): 1. in direkter Verbindung mit einem Computer arbeitend, direkt mit diesem gekoppelt (von bestimmten Geräten). 2. ans Datennetz, an das Internet angeschlossen; innerhalb des Datennetzes, des Internets

On|line|ban|king [...bæŋkɪŋ], das; -[s]: computergestützte Abwicklung von Bankgeschäften

On|line|da|ting [...dɛɪtɪŋ], das; -s, -s: Partnersuche über das Internet

On|line|dienst, der; -[e]s, -e: Telekommunikationsdienst, bei dem Text-, Ton-, Bild- u. Videoinformationen im Onlinebetrieb über Datennetze (bes. über das Telefonnetz) übertragen werden

On|line|kri|mi|na|li|tät, die; -: Gesamtheit der Straftaten, die im Internet begangen werden

On|line|pe|ti|ti|on, die; -, -en: (Politik) ↑Petition, die über eine Internetseite unterschrieben werden kann

On|line|por|tal, das; -s, -e: Internetportal

On|line|shop, der; -s, -s: Website, über die ein Unternehmen Waren od. Dienstleistungen im Internet verkauft

On|line|zei|tung, die; -, -en: online abrufbare Version einer elektronisch aufbereiteten Zeitung

Öno|lo|gie, die; -: Wein[bau]kunde

öno|lo|gisch: die Önologie betreffend

Ono|mas|tik, die; - (Sprachwiss.): Wissenschaft von den Eigennamen, Namenkunde

ono|ma|to|po|e|tisch: die Onomatopöie betreffend; lautmalend

Ono|ma|to|pö|ie, die; -, ...ien: a) Laut-, Schallnachahmung, Lautmalerei bei der Bildung von Wörtern (z. B. grunzen, bauz); b) Wortbildung des Kleinkindes durch Lautnachahmung (z. B. Wauwau)

on the rocks [ɔn ðə ˈrɔks]: mit Eiswürfeln (von Getränken)

On|to|ge|ne|se, die; -, -n (Biol.): die Entwicklung des Individuums von der Eizelle zum geschlechtsreifen Zustand

on|to|ge|ne|tisch: die Entwicklung des Individuums betreffend

On|to|lo|gie, die; -, ...ien: Lehre vom Sein, von den Ordnungs-, Begriffs- u. Wesensbestimmungen des Seienden

on|to|lo|gisch: die Ontologie betreffend

Onyx, der; -[es], -e: 1. Halbedelstein, Abart des Quarzes. 2. (Med.) Hornhautabszess von der Form eines Nagels

Oo|ge|ne|se, die; -, -n (Med.; Biol.): Entwicklung des Eis vom Keimepithel bis zum reifen Ei

OP [oˈpeː], der; -[s], -[s]: kurz für: Operationssaal

opak: undurchsichtig, lichtundurchlässig

Opal, der; -s, -e: 1. glasig bis wächsern glänzendes, milchig weißes od. verschiedenfarbiges Mineral, das in einigen farbenprächtigen Spielarten auch als Schmuckstein verwendet wird. 2. (ohne Plural) feines Baumwollgewebe von milchigem Aussehen

Op-Art [ˈɔpʔaːɐ̯t], die; -: moderne illusionistisch dekorative Kunstrichtung (mit starkem Einfluss auf die Mode), die durch geometrische Abstraktionen (in hart konturierten Farben) charakterisiert ist

open end [ˈɔʊ̯pn̩ ˈɛnt]: ohne ein vorher auf einen bestimmten Zeitpunkt festgesetztes Ende

Oper, die; -, -n: 1. a) (ohne Plural) Gattung von musikalischen Bühnenwerken mit Darstellung einer Handlung durch Gesang (Soli, Ensembles, Chöre) u. Instrumentalmusik; b) einzelnes Werk dieser Gattung. 2. a) Opernhaus als kulturelle Institution; b) (ohne Plural) Mitglieder, Personal eines Opernhauses

ope|ra|bel: 1. (Med.) operierbar. 2. so beschaffen, dass damit gearbeitet, operiert werden kann

O

Ope|ra buf|fa, die; - -, ...re ...ffe: heitere, komische Oper (als Gattung)

Ope|rand, der; -en, -en: Information, die der Computer mit anderen zu einer bestimmten Operation (4 b) verknüpft

Ope|ra se|ria, die; - -, ...re ...rie: ernste, große Oper (als Gattung)

Ope|ra|teur [...ˈtøːɐ̯], der; -s, -e: 1. Arzt, der eine Operation vornimmt. 2. (veraltend) a) Kameramann (bei Filmaufnahmen); b) Vorführer (im Kino); c) Toningenieur. 3. (selten) ↑Operator (1)

Ope|ra|teu|rin [...ˈtøːrɪn], die; -, -nen: weibliche Form zu ↑Operateur

Ope|ra|ti|on, die; -, -en: 1. (Med.) chirurgischer Eingriff. 2. zielgerichtete Bewegung eines [größeren] Truppen- od. Schiffsverbandes mit genauer Abstimmung der Aufgabe der einzelnen Truppenteile od. Schiffe. 3. a) (Math.) Lösungsverfahren; b) wissenschaftlich nachkontrollierbares Verfahren, nach bestimmten Grundsätzen vorgenommene Prozedur. 4. a) Handlung, Unternehmung, Verrichtung; Arbeits-, Denkvorgang; b) (EDV) Ausführung eines Befehls (von Computern)

ope|ra|ti|o|na|li|sie|ren: 1. (Soziol.) Begriffe präzisieren, standardisieren durch Angabe der Operationen (4 a), mit denen der durch den Begriff bezeichnete Sachverhalt erfasst werden kann, od. durch Angabe der Indikatoren (der messbaren Ereignisse), die den betreffenden Sachverhalt anzeigen. 2. in der Curriculumforschung (vgl. Curriculum) Lernziele durch einen Ausbildungsgang in Verhaltensänderungen der Lernenden übersetzen, die durch Tests o. Ä. zu überprüfen sind

Ope|ra|ti|ons|ba|sis, die; -: Ausgangs-, Nachschubgebiet einer Operation (2)

ope|ra|tiv: 1. (Med.) die Operation (1) betreffend; auf dem Wege der Operation erfolgend. 2. (Militär) strategisch. 3. (bes. Wirtsch.) konkrete Maßnahmen treffend, sie unmittelbar wirksam werden lassend

Ope|ra|tor, der; -s, ...oren u. (bei engl. Aussprache:) -[s]: 1. [auch: ˈɔpərɛɪ̯tɐ] (EDV) jmd., der in einem Rechenzentrum die Rechner bedient u. überwacht. 2. (Fachspr., bes. Math., Sprachwiss.) in Wissenschaft und Technik etwas Materielles oder Ideelles, was auf etwas anderes verändernd einwirkt; Mittel oder Verfahren zur Durchführung einer Operation (3, 4)

Ope|ra|to|rin, die; -, -nen: weibliche Form zu ↑Operator (1)

Ope|ret|te, die; -, -n: a) (ohne Plural) Gattung von leichten, unterhaltenden musikalischen Bühnenwerken mit gesprochenen Dialogen, [strophenliedartigen] Soli u. Tanzeinlagen; b) einzelnes Werk dieser Gattung

Ope|ret|ten|staat, der; -[e]s, -en (scherzh.): kleiner, unbedeutender Staat (wie er z. B. als Fantasiegebilde oft als Schauplatz einer Operette vorkommt)

ope|rie|ren: eine Operation durchführen

Ophir, ökum.: **Ofir,** das; -s (meist ohne Artikel): fernes, sagenhaftes Goldland im Alten Testament

Ophit, der; -en, -en (meist Plural): Schlangenanbeter; Angehöriger einer ↑gnostischen Sekte, die die Schlange des Paradieses als Vermittlerin der Erkenntnis verehrte

Oph|thal|mi|a|t|rie, Oph|thal|mi|a|t|rik, die; - (Med.): Augenheilkunde; Ophthalmologie

Oph|thal|mo|lo|ge, der; -n, -n (Med.): Augenarzt

Oph|thal|mo|lo|gin, die; -, -nen: weibliche Form zu ↑Ophthalmologe

Opi|at, das; -[e]s, -e: a) Arzneimittel, das Opium enthält; b) (im weiteren Sinne) Arzneimittel, das dem Betäubungsmittelgesetz unterliegt

Opi|o|id, das; -[e]s, -e (Med.): im Körper gebildetes ↑Peptid, das eine opiumähnliche Wirkung hat

Opi|um, das; -s: aus dem Milchsaft des Schlafmohns gewonnenes schmerzstillendes Arzneimittel u. Rauschgift

Opos|sum, das; -s, -s: 1. nordamerikanische Beutelratte mit wertvollem Fell. 2. Fell des Opossums (1)

Op|pi|dum, das; -s, ...da (Geschichte): stadtähnliche Siedlung innerhalb od. außerhalb der Grenzen des Römischen Reiches, im Mittelalter stadtähnliche Siedlung

Op|po|nent, der; -en, -en: jmd., der eine gegenteilige Anschauung vertritt

Op|po|nen|tin, die; -, -nen: weibliche Form zu ↑Opponent

op|po|nie|ren: 1. widersprechen, sich widersetzen. 2. (Med.) gegenüberstellen

op|por|tun: in der gegenwärtigen Situation von Vorteil, angebracht

Op|por|tu|nis|mus, der; -: 1. allzu bereitwillige Anpassung an die jeweilige Lage (um persönlicher Vorteile willen). 2. (im marxistischen Sprachgebrauch) bürgerliche ideologische Strömung, die dazu benutzt wird, die Arbeiterbewegung zu spalten u. Teile der Arbeiterklasse an das kapitalistische System zu binden

Op|por|tu|nist, der; -en, -en: 1. jmd., der sich aus Nützlichkeitserwägungen schnell u. bedenkenlos der jeweiligen Lage anpasst. 2. Anhänger, Vertreter des Opportunismus (2)

Op|por|tu|nis|tin, die; -, -nen: weibliche Form zu ↑Opportunist

op|por|tu|nis|tisch: 1. a) den Opportunismus betreffend; b) in der Art eines Opportunisten handelnd. 2. (im Hinblick auf Keime, Erreger) nur unter bestimmten Bedingungen ↑pathogen werdend

Op|por|tu|ni|tät, die; -, -en: Zweckmäßigkeit in der gegenwärtigen Situation

Op|por|tu|ni|täts|prin|zip, das; -s (Rechtswiss.): strafrechtlicher Grundsatz, der besagt, dass die Strafverfolgung in den gesetzlich gekennzeichneten Ausnahmefällen dem Ermessen der Staatsanwaltschaft überlassen ist

Op|po|si|ti|on, die; -, -en: 1. Widerstand, Widerspruch. 2. Gesamtheit der an der Regierung nicht beteiligten u. mit der Regierungspolitik nicht einverstandenen Parteien u. Gruppen. 3. (Astron.) Stellung eines Planeten od. des Mondes, bei der Sonne, Erde u. Planet auf einer Geraden liegen; 180° Winkelabstand zwischen Planeten. 4. (Sprachwiss.) Gegensätzlichkeit sprachlicher Gebilde, z. B. zwischen Wörtern (kalt/warm) od. in rhetorischen Figuren (er ist nicht dumm, er ist gescheit). 5. (Sprachwiss.) paradigmatische Relation einer sprachlichen Einheit zu einer anderen, gegen die sie in gleicher Umgebung ausgetauscht werden kann (z. B. *die Studentin* macht eine Prüfung/*der Student* macht eine Prüfung; *grünes* Tuch/*rotes* Tuch). 6. (Med.) Gegenüberstellung des Daumens zu den anderen Fingern. 7. (Schach) a) Gegenüberstellung zweier gleichartiger, aber verschiedenfarbiger Figuren auf der gleichen Linie, Reihe od. Diagonalen zum Zwecke der Sperrung; b) [unmittelbare] Gegenüberstellung beider Könige auf einer Linie od. Reihe. 8. (beim Fechten) auf die gegnerische Klinge ausgeübter Gegendruck

op|po|si|ti|o|nell: a) gegensätzlich; gegnerisch; b) widersetzlich, zum Widerspruch neigend

Op|pres|si|on, die; -, -en: 1. Bedrückung, Unterdrückung. 2. (Med.) Beklemmung

Op|tant, der; -en, -en: jmd., der (für etwas) optiert, eine Option ausübt

op|tie|ren: vom Recht der Option (1–3) Gebrauch machen

O

Op|tik, die; -, -en: 1. Wissenschaft vom Licht, seiner Entstehung, Ausbreitung u. seiner Wahrnehmung. 2. die Linsen enthaltender Teil eines optischen Gerätes. 3. optischer Eindruck, optische Wirkung, äußeres Erscheinungsbild

Op|ti|ker, der; -s, -: Fachmann für Herstellung, Wartung u. Verkauf von optischen Geräten

Op|ti|ke|rin, die; -, -nen: weibliche Form zu ↑Optiker

op|ti|mal: sehr gut, bestmöglich

Op|ti|mat, der; -en, -en: Angehöriger der herrschenden Geschlechter u. Mitglied der Senatspartei im alten Rom

op|ti|mie|ren: 1. a) optimal gestalten; b) sich optimieren: sich optimal gestalten. 2. (Math.) günstigste Lösungen für bestimmte Zielstellungen ermitteln

Op|ti|mie|rung, die; -, -en: 1. das Optimieren. 2. Teilgebiet der numerischen Mathematik, das sich mit der optimalen Festlegung von Größen, Eigenschaften, zeitlichen Abläufen u. a. eines Systems unter gleichzeitiger Berücksichtigung von Nebenbedingungen befasst

Op|ti|mis|mus, der; -: Lebensauffassung, die alles von der besten Seite betrachtet; heitere, zuversichtliche, lebensbejahende Grundhaltung

Op|ti|mist, der; -en, -en: a) lebensbejahender, zuversichtlicher Mensch; b) (scherzh.) jmd., der die sich ergebenden Schwierigkeiten o. Ä. unterschätzt, sie für nicht so groß ansieht, wie sie in Wirklichkeit sind

Op|ti|mis|tin, die; -, -nen: weibliche Form zu ↑Optimist

Op|ti|mum, das; -s, Optima: 1. das Beste, das Wirksamste; höchster erreichbarer Wert, Höchstmaß. 2. (Biol.) günstigste Umweltbedingungen für ein Lebewesen (z. B. die günstigste Temperatur)

Op|ti|on, die; -, -en: 1. freie Entscheidung, bes. für eine bestimmte Staatsangehörigkeit (in Bezug auf Bewohner abgetretener Gebiete). 2. a) (Rechtswiss.) Voranwartschaft auf Erwerb einer Sache od. das Recht zur zukünftigen Lieferung einer Sache; b) (Wirtsch.) Vorkaufsrecht, Vorrecht, etwas zu festgelegten Bedingungen innerhalb einer bestimmten Frist zu beziehen. 3. [Wahl]möglichkeit. 4. (EDV) Auswahlmöglichkeit in einem Anwendungsprogramm. 5. (kath. Kirche) Recht der Kardinäle u. der ↑Kanoniker, in eine frei werdende Würde aufzurücken

op|ti|o|nal (fachspr.): nicht zwingend; fakultativ

op|tisch: die Optik, die Augen, das Sehen betreffend; vom äußeren Eindruck her

Op|to|elek|t|ro|nik, die; -: modernes Teilgebiet der Elektronik, das die auf der Wechselwirkung von Optik u. Elektronik beruhenden physikalischen Effekte zur Herstellung besonderer elektronischer Schaltungen ausnutzt

op|to|elek|t|ro|nisch: die Optoelektronik betreffend, auf ihren Prinzipien beruhend

opu|lent: üppig, reichlich

Opu|lenz, die; -: Üppigkeit, Überfluss

Opus [auch: 'ɔ...], das; -, Opera: künstlerisches, literarisches, bes. musikalisches Werk (Abk.: [in der Musik] op)

ora et la|bo|ra: bete und arbeite! (alte Mönchsregel)

Ora|kel, das; -s, -: a) Stätte (bes. im Griechenland der Antike), wo Priester[innen], Seher[innen] o. Ä. Weissagungen verkündeten oder [rätselhafte, mehrdeutige] Aussagen in Bezug auf gebotene Handlungen, rechtliche Entscheidungen o. Ä. machten; b) durch das Orakel (a) erhaltene Weissagung, [rätselhafte, mehrdeutige] Aussage

ora|kel|haft: dunkel, undurchschaubar, rätselhaft (in Bezug auf Äußerungen, Aussprüche)

ora|keln: in dunklen Andeutungen sprechen

oral: a) (Med.) den Mund betreffend, am Mund gelegen, durch den Mund; b) mündlich (im Unterschied zu schriftlich überliefert, weitergegeben); c) mit dem Mund [geschehend]

Oral|sex, der; -[es] (ugs.): oraler (c) Geschlechtsverkehr

oran|ge [o'raŋʒə, o'rã:ʒə]: rötlich gelb, orangenfarbig

[1]**Oran|ge,** die; -, -n: ↑Apfelsine

[2]**Oran|ge,** das; -, -, (ugs.:) -s: orange Farbe

Oran|geat [...'ʒa:t, auch: ...ŋ'ʒa:t], das; -s, -e: kandierte Apfelsinenschale

Oran|ge|rie [orãʒəˈriː, auch: oraŋʒəˈriː], die; -, ...ien: [in die Anlage barocker Schlösser einbezogenes] Gewächshaus zum Überwintern von exotischen Gewächsen, bes. von Orangenbäumen (in Parkanlagen des 17. u. 18. Jh.s)

Orang-Utan, der; -s, -s: Menschenaffe auf Borneo u. Sumatra

Orans, der; Oranten, Oranten, **Oran|te,** die; -, -n, **Orant,** der; -en, -en: Gestalt der frühchristlichen Kunst in antiker Gebetshaltung mit erhobenen Armen (auf Sarkophagen, in der Wandmalerei der Katakomben)

Ora|ri|on, das; -[s], ...ia: Stola des Diakons im orthodoxen Gottesdienst

Ora|to|ri|a|ner, der; -s, -: Mitglied einer Gemeinschaft von Weltpriestern, bes. der vom hl. Philipp Neri (16. Jh.) in Rom gegründeten

ora|to|risch: 1. rednerisch, schwungvoll, hinreißend. 2. in der Art eines Oratoriums (2)

Ora|to|ri|um, das; -s, ...ien: 1. a) Betsaal, Hauskapelle in Klöstern u. a. kirchlichen Gebäuden; b) Versammlungsstätte der Oratorianer. 2. a) (ohne Plural) Gattung von opernartigen Musikwerken ohne szenische Handlung mit meist religiösen od. episch-dramatischen Stoffen; b) einzelnes Werk dieser Gattung

Or|bis, der; -: 1. lat. Bez. für: (Erd)kreis. 2. (Astrol.) Umkreis od. Wirkungsbereich, der sich aus der Stellung der Planeten zueinander u. zur Erde ergibt

Or|bit, der; -s, -s: Umlaufbahn (eines Satelliten, einer Rakete) um die Erde od. einen anderen Himmelskörper

or|bi|tal: 1. den Orbit betreffend, zum Orbit gehörend. 2. (Med.) zur Augenhöhle gehörend

Or|bi|ter, der; -s, -: Teil eines Raumfahrtsystems, der in einen Orbit gebracht wird

Or|ches|ter [...ˈkɛs..., auch, bes. österr.: ...ˈçɛs...], das; -s, -: 1. größeres Ensemble von Instrumentalmusikern, in dem bestimmte Instrumente mehrfach besetzt sind u. das unter der Leitung eines Dirigenten spielt. 2. Orchestergraben

Or|ches|t|ra [...ç...], die; -, ...ren: a) runder Raum im altgriechischen Theater, in dem sich der Chor bewegte; b) (im Theater des 15. u. 16. Jh.s) Raum zwischen Bühne u. Zuschauerreihen als Platz für die Hofgesellschaft; c) (im Theater des 17. Jh.s) Raum zwischen Bühne u. Zuschauerreihen als Platz für die Instrumentalisten

or|ches|t|ral [...k..., auch: ...ç...]: das Orchester betreffend, von orchesterhafter Klangfülle, orchestermäßig

or|ches|t|rie|ren [...k..., 2: ...ç...]: a) ↑instrumentieren (1); b) eine Komposition für Orchesterbesetzung umarbeiten

Or|ches|t|ri|on [...ç...], das; -s, -s u. ...ien: 1. mechanisches Musikwerk (1828 von den Gebrüdern Bauer konstruiert). 2. Orgelklavier (1791 von Th. A. Kunz zuerst gebaut). 3. tragbare Orgel (1769 von Abt Vogler konstruiert). 4. Drehorgel (1851 von Fr. Th. Kaufmann zuerst gebaut)

Or|chi|da|ze|en, die (nur Plural): artenreiche Pflanzenfamilie der Einkeimblättrigen mit Nutzpflanzen (z. B. Vanille) u. wertvollen Zierpflanzen (z. B. Orchidee)

Or|chi|dee, die; -, -n: zu den Orchidazeen gehörende, in den Tropen und Subtropen in vielen Arten vorkommende, in Gewächshäusern als Zierpflanze gezüchtete Pflanze mit farbenprächtigen Blüten

Or|chi|de|en|fach, das; -s, ...fächer (Jargon): ausgefallenes, ungewöhnliches u. deshalb nur von wenigen gewähltes Studienfach

Or|der, die; -, -s u. -n: 1. [militärischer] Befehl, Anweisung. 2. (Plural: -s; bes. Börsenw.) Bestellung, Auftrag

Or|der|buch, das; -[e]s, ...bücher (Kaufmannsspr., Börsenw.): Buch, in dem laufende Aufträge verzeichnet werden; Auftragsbuch

or|dern (Wirtsch.): einen Auftrag erteilen; eine Ware bestellen

Or|der|pa|pier, das; -s, -e (Wirtsch.): Wertpapier, das durch ↑Indossament der im Papier bezeichneten Person übertragen werden kann

Or|di|nal|zahl, die; -, -en: Ordnungszahl (z. B. zweite, zehnte)

or|di|när: 1. (abwertend) unfein, vulgär. 2. alltäglich, gewöhnlich

Or|di|na|ri|at, das; -[e]s, -e: 1. oberste Verwaltungsstelle eines katholischen Bistums od. eines ihm entsprechenden geistlichen Bezirks. 2. Amt eines ordentlichen Hochschulprofessors

Or|di|na|ri|um, das; -s, ...ien: 1. katholische [handschriftliche] Gottesdienstordnung. 2. sogenannter ordentlicher Haushalt [eines Staates, Landes, einer Gemeinde] mit den regelmäßig wiederkehrenden Ausgaben u. Einnahmen

Or|di|na|ri|us, der; -, ...ien: 1. ordentlicher Professor an einer Hochschule. 2. Inhaber einer katholischen Oberhirtengewalt (z. B. Papst, Diözesanbischof, Abt u. a.). 3. (veraltet) Klassenlehrer an einer höheren Schule

Or|di|när|preis, der; -es, -e: 1. im Buchhandel vom Verleger festgesetzter Verkaufspreis. 2. Marktpreis im Warenhandel

Or|di|na|te, die; -, -n (Math.): Größe des Abstandes von der horizontalen Achse (Abszisse) auf der vertikalen Achse des rechtwinkligen Koordinatensystems

Or|di|na|ti|on, die; -, -en: 1. a) feierliche Einsetzung in ein evangelisches Pfarramt; b) katholische Priesterweihe. 2. a) (Med.) ärztliche Verordnung; b) ärztliche Sprechstunde; c) (österr.) ärztliches Untersuchungszimmer

O

or|di|nie|ren: 1. a) (ev. Kirche) in das geistliche Amt einsetzen; b) (kath. Kirche) zum Priester weihen. 2. (Med.) a) [eine Arznei] verordnen; b) Sprechstunde halten

Or|do, der; -, Ordines [...ne:s]: 1. (ohne Plural) Hinordnung alles Weltlichen auf Gott (im Mittelalter). 2. Stand des ↑Klerikers, bes. des Priesters. 3. (ohne Plural) verwandte Familien zusammenfassende systematische Einheit in der Biologie

or|do|li|be|ral: einen durch straffe Ordnung gezügelten Liberalismus vertretend

Or|don|nanz, Or|do|nanz, die; -, -en: 1. (veraltet) Befehl, Anordnung. 2. Soldat, der einem Offizier zur Befehlsübermittlung zugeteilt ist. 3. (nur Plural) die königlichen Erlasse in Frankreich vor der Französischen Revolution

Or|don|nanz|of|fi|zier, Or|do|nanz|of|fi|zier, der; -s, -e: meist jüngerer Offizier, der in höheren Stäben den Stabsoffizieren zugeordnet ist

Or|do|vi|zi|um, das; -s (Geol.): erdgeschichtliche Formation; Unterabteilung des ↑Silurs (Untersilur)

Or|d|re ['ɔrdrə, 'ɔrdɐ, 'ɔrdr], die; -, -s: französische Form von ↑Order

Öre, die; -, -: dänische, norwegische u. schwedische Münzeinheit (100 Öre = 1 Krone)

Ore|ga|no, Ori|ga|no, der; -: als Gewürz verwendete getrocknete Blätter u. Zweigspitzen des ↑Oreganums

Ore|ga|num, Ori|ga|num, das; -[s]: eine Gewürzpflanze; wilder Majoran

Oren|da, das; -s: übernatürlich wirkende Kraft in Menschen, Tieren u. Dingen (Glaube von Naturvölkern)

Or|gan, das; -s, -e: 1. Stimme. 2. Zeitung, Zeitschrift einer politischen od. gesellschaftlichen Vereinigung. 3. a) Institution od. Behörde, die bestimmte Aufgaben ausführt; b) Beauftragter. 4. Sinn, Empfindung, Empfänglichkeit. 5. (Med.) Körperteil mit einheitlicher Funktion

Or|gan|bank, die; -, -en (Med.): Einrichtung, die der Aufbewahrung von Organen (5) od. Teilen davon für Transplantationen dient

Or|gan|dy [...di], der; -[s]: fast durchsichtiges, wie Glasbatist ausgerüstetes Baumwollgewebe in zarten Pastellfarben

Or|ga|nell, das; -s, -en, **Or|ga|nel|le,** die; -, -n (Biol.): organartige Bildung des Zellplasmas von Einzellern

Or|ga|ni|gramm, das; -s, -e: 1. Stammbaumschema, das den Aufbau einer [wirtschaftlichen] Organisation erkennen lässt u. über Arbeitseinteilung od. über die Zuweisung bestimmter Aufgabenbereiche an bestimmte Personen Auskunft gibt. 2. ↑Organogramm

Or|ga|nik, die; -: 1. Lehre vom geologischen, vegetabilischen und animalischen Organismus (bei Hegel). 2. (Chemie) ↑organische Chemie

Or|ga|ni|sa|ti|on, die; -, -en: 1. (ohne Plural) a) das Organisieren; b) Aufbau, Gliederung, planmäßige Gestaltung. 2. Gruppe, Verband mit [sozial]politischen Zielen (z. B. Partei, Gewerkschaft). 3. (Biol.) Bauplan eines Organismus, Gestalt u. Anordnung seiner Organe. 4. (Med.) Umwandlung abgestorbenen Körpergewebes in gefäßhaltiges Bindegewebe

Or|ga|ni|sa|tor, der; -s, ...oren: 1. a) jmd., der etwas organisiert, eine Unternehmung nach einem bestimmten Plan vorbereitet; b) jmd., der organisatorische Fähigkeiten besitzt. 2. (Biol.) Keimbezirk, der auf die Differenzierung der Gewebe Einfluss nimmt

Or|ga|ni|sa|to|rin, die; -, -nen: weibliche Form zu ↑Organisator (1)

or|ga|ni|sa|to|risch: die Organisation betreffend

or|ga|nisch: 1. a) (Biol., Med.) ein Organ od. den Organismus betreffend; b) der belebten Natur angehörend; c) die Verbindungen des Kohlenstoffs betreffend; **organische Chemie:** Teilgebiet der Chemie, das sich mit den Verbindungen des Kohlenstoffs beschäftigt. 2. einer inneren Ordnung gemäß in einen Zusammenhang hineinwachsend, mit etwas eine Einheit bildend

or|ga|ni|sie|ren: 1. a) etwas sorgfältig u. systematisch vorbereiten [u. für einen reibungslosen, planmäßigen Ablauf sorgen]; b) etwas sorgfältig u. systematisch aufbauen, für einen bestimmten Zweck einheitlich gestalten. 2. (ugs.) sich etwas [auf nicht ganz rechtmäßige Weise] beschaffen. 3. a) in einer Organisation (2), einem Verband o. Ä. od. zu einem bestimmten Zweck zusammenschließen; b) sich organisieren: sich zu einem Verband zusammenschließen. 4. (Med.) totes Gewebe in gefäßführendes Bindegewebe umwandeln. 5. (Musik) auf der Orgel zum Cantus firmus frei fantasieren

or|ga|nis|misch: zu einem Organismus gehörend, sich auf einen Organismus beziehend

Or|ga|nis|mus, der; -, ...men: 1. a) gesamtes System der Organe (5); b) (meist Plural; Biol.) [meist tierisches od. pflanzliches] Lebewesen. 2. (Plural selten) größeres Ganzes, Gebilde, dessen Teile, Kräfte o. Ä. zusammenpassen, zusammenwirken

Or|ga|nist, der; -en, -en: Musiker, der Orgel spielt

Or|ga|nis|tin, die; -, -nen: weibliche Form zu ↑Organist

Or|ga|ni|zer ['ɔːgənaɪzɐ], der; -s, -: Mikrocomputer, der bes. als Terminkalender sowie als Adressen- u. Telefonverzeichnis benutzt wird; vgl. Notebook

Or|ga|no|gra|fie, Or|ga|no|gra|phie, die; -, ...ien: 1. (Biol., Med.) Beschreibung der Organe. 2. (Biol. veraltet) Teilgebiet der Botanik, das sich mit dem äußeren Bau der Pflanzen befasst; Morphologie. 3. (Musik veraltet) Beschreibung der Musikinstrumente

or|ga|no|gra|fisch, or|ga|no|gra|phisch (Biol., Med.): Lage u. Bau der Organe beschreibend

Or|ga|no|gramm, das; -s, -e: 1. (Psychol.) schaubildliche Wiedergabe der Verarbeitung von Informationen im Organismus. 2. ↑Organigramm

Or|gan|trans|plan|ta|ti|on, die; -, -en (Med.): Übertragung eines gesunden Organs von einem Spender auf einen Empfänger mit einem entsprechend unheilbaren Organ

Or|ga|num, das; -s, ...gana: 1. älteste Art der Mehrstimmigkeit, Parallelmelodien zu den Weisen des gregorianischen Gesanges. 2. Musikinstrument, bes. Orgel

Or|gan|za, der; -s: sehr dünnes Gewebe [aus nicht entbasteter Naturseide]

Or|gas|mus, der; -, ...men: Höhepunkt der geschlechtlichen Erregung

or|gas|tisch: den Orgasmus betreffend; wollüstig

Or|gel, die; -, -n: größtes Tasteninstrument mit [1]Manualen, Pedalen, Registern, Gebläse, Windladen, Pfeifenwerk, Schweller u. Walze

or|gi|as|tisch: schwärmerisch; wild, zügellos

Or|gie [...i̯ə], die; -, -n: 1. geheimer, wild verzückter Gottesdienst [in altgriechischen ↑Mysterien]. 2. a) ausschweifendes Gelage; b) keine Grenzen kennendes Ausmaß von etwas

Ori|ent [auch: o'ri̯ɛnt], der; -s: 1. Gesamtheit der vorder- u. mittelasiatischen Länder; östliche Welt. 2. (veraltet) Osten

Ori|en|ta|le, der; -n, -n: Bewohner des Orients

Ori|en|ta|lin, die; -, -nen: weibliche Form zu ↑Orientale

ori|en|ta|lisch: den Orient betreffend; östlich, morgenländisch

O

Ori|en|ta|list, der; -en, -en: Wissenschaftler auf dem Gebiet der Orientalistik

Ori|en|ta|lis|tik, die; -: Wissenschaft von den orientalischen Sprachen u. Kulturen

Ori|en|ta|lis|tin, die; -, -nen: weibliche Form zu ↑Orientalist

ori|en|ta|lis|tisch: die Orientalistik betreffend

ori|en|tie|ren: 1. a) sich orientieren: eine Richtung suchen, sich zurechtfinden; b) ein Kultgebäude, eine Kirche in der West-Ost-Richtung anlegen. 2. (bes. schweiz.) informieren, unterrichten. 3. auf etwas einstellen, nach etwas ausrichten (z. B. sich, seine Politik an bestimmten Leitbildern orientieren). 4. (regional) a) auf etwas hinlenken; b) sich orientieren: seine Aufmerksamkeit auf etwas, jmdn. konzentrieren

Ori|en|tie|rung, die; -, -en: 1. Anlage eines Kultgebäudes, einer Kirche in der West-Ost-Richtung. 2. das Sichzurechtfinden im Raum. 3. geistige Einstellung, Ausrichtung. 4. Informierung, Unterrichtung. 5. (regional) Hinlenkung auf etwas

Ori|en|tie|rungs|stu|fe, die; -, -n: Zwischenstufe von zwei Jahren zwischen Grundschule u. weiterführender Schule

O

ori|gi|nal: 1. ursprünglich, echt; urschriftlich. 2. von besonderer, einmaliger Art, urwüchsig, originell (1)

Ori|gi|nal, das; -s, -e: 1. Urschrift, Urfassung; Urbild, Vorlage; Urtext, ursprünglicher, unübersetzter fremdsprachiger Text; vom Künstler eigenhändig geschaffenes Werk der bildenden Kunst. 2. eigentümlicher, durch seine besondere Eigenart auffallender Mensch

Ori|gi|na|li|tät, die; -, -en: 1. (ohne Plural) Ursprünglichkeit, Echtheit, Selbstständigkeit. 2. Besonderheit, wesenhafte Eigentümlichkeit

Ori|gi|nal|ton, der; -[e]s: im Rahmen einer Hörfunk-, Fernsehsendung verwendeter Ton einer Direktaufnahme, d. h. mit direkt sprechenden Personen, mit echter Geräuschkulisse o. Ä. (Abk.: O-Ton)

ori|gi|när: ursprünglich

ori|gi|nell: 1. ursprünglich, in seiner Art neu, schöpferisch; original (1). 2. eigenartig, eigentümlich, urwüchsig u. gelegentlich komisch

Or|kan, der; -[e]s, -e: äußerst starker Sturm

Or|kus, der; -: Unterwelt, Totenreich

Or|le|ans [...leã], der; - [...leãs]: leichter, glänzender Baumwollstoff

Or|na|ment, das; -[e]s, -e: Verzierung; Verzierungsmotiv

or|na|men|tal: mit einem Ornament versehen, durch Ornamente wirkend; schmückend, zierend

or|na|men|tie|ren: mit Verzierungen versehen

Or|na|men|tik, die; -: Verzierungskunst

Or|nat, der, (auch:) das; -[e]s, -e: feierliche [kirchliche] Amtstracht

Or|ni|tho|lo|ge, der; -n, -n: Wissenschaftler auf dem Gebiet der Vogelkunde

Or|ni|tho|lo|gie, die; -: Vogelkunde

Or|ni|tho|lo|gin, die; -, -nen: weibliche Form zu ↑Ornithologe

or|ni|tho|lo|gisch: vogelkundlich

Oro|ge|ne|se, die; -, -n (Geol.): Gebirgsbildung, die eine ↑Geosynklinale ausfaltet

oro|gra|fisch, oro|gra|phisch (Geogr.): die Ebenheiten u. Unebenheiten des Landes betreffend

oro|hy|d|ro|gra|fisch, oro|hy|d|ro|gra|phisch: die Gebirge u. Wasserläufe betreffend

or|tho|dox: 1. rechtgläubig, strenggläubig. 2. ↑griechisch-orthodox. 3. der strengen Lehrmeinung, der herkömmlichen Anschauung entsprechend

Or|tho|do|xie, die; -, ...ien: 1. Rechtgläubigkeit. 2. [engstirniges] Festhalten an Lehrmeinungen

or|tho|go|nal: rechtwinklig

Or|tho|gra|fie, Or|tho|gra|phie, die; -, ...ien: Rechtschreibung

or|tho|gra|fisch, or|tho|gra|phisch: die Orthografie betreffend, rechtschreiblich

Or|tho|pä|de, der; -n, -n: Facharzt für Orthopädie

Or|tho|pä|die, die; -: Wissenschaft von der Erkennung u. Behandlung angeborener od. erworbener Fehler der Haltungs- u. Bewegungsorgane

Or|tho|pä|din, die; -, -nen: weibliche Form zu ↑Orthopäde
or|tho|pä|disch: die Orthopädie betreffend
Or|tho|p|te|re, die; -, -n, **Or|tho|p|te|ron,** das; -s, ...pteren: Geradflügler (z. B. Heuschrecke, Grille)
Or|th|op|tist, der; -en, -en: Fachkraft in der Augenheilkunde, die bes. Störungen der Augenbewegung und des Zusammenspiels beider Augen diagnostiziert u. behandelt
Or|th|op|tis|tin, die; -, -nen: weibliche Form zu ↑Orthoptist
Os, der, (auch:) das; -[es], -er (meist Plural): (Geol.) mit Sand u. Schotter ausgefüllte ↑subglaziale Schmelzwasserrinne
Os|car, der; -[s], -s: volkstümlicher Name der vergoldeten Statuette als Symbol für den jährlich verliehenen amerikanischen Filmpreis
Os|mi|um, das; -s: chem. Element; ein Metall (Zeichen: Os)
Os|mo|se, die; - (Chemie): Übergang des Lösungsmittels (z. B. Wasser) einer Lösung in eine stärker konzentrierte Lösung durch eine feinporige (semipermeable) Scheidewand, die zwar für das Lösungsmittel, nicht aber für den gelösten Stoff durchlässig ist
os|mo|tisch: auf Osmose beruhend
Öso|pha|gus, fachspr.: **Oe|so|pha|gus,** der; -, ...gi (Anat.): Speiseröhre
Os|sa|ri|um, das; -s, ...ien: 1. Beinhaus (auf Friedhöfen). 2. Gebeinurne der Antike
Os|te|al|gie, die; -, ...ien (Med.): Knochenschmerz
os|ten|ta|tiv: zur Schau gestellt, betont, herausfordernd
Os|teo|pa|thie, die; -, ...ien (Med.): Knochenleiden
Os|teo|po|ro|se, die; -, -n (Med.): Schwund des festen Knochengewebes bei Zunahme der Markräume
Os|te|ria, die; -, -s, **Os|te|rie,** die; -, ...ien: volkstümliche Gaststätte (in Italien)
os|ti|nat, os|ti|na|to (Musik): immer wiederkehrend, ständig wiederholt
Os|ti|na|to, der od. das; -s, -s u. ...ti: ↑Basso ostinato
Os|t|ra|zis|mus, der; - (Geschichte): altathenisches Volksgericht, das die Verbannung eines Bürgers beschließen konnte
Ös|t|ro|gen, das; -s, -e (Med.): weibliches Sexualhormon
Os|zil|la|ti|on, die; -, -en: Schwingung
Os|zil|la|tor, der; -s, ...oren (Physik): Schwingungserzeuger
os|zil|lie|ren: a) (Physik) schwingen; b) schwanken, pendeln
Os|zil|lo|graf, Os|zil|lo|graph, der; -en, -en (Physik, Med.): Apparatur zum Aufzeichnen veränderlicher Vorgänge, bes. Schwingungen
Os|zil|lo|gramm, das; -s, -e (Physik, Med.): von einem Oszillografen aufgezeichnetes Schwingungsbild
Oto|lo|gie, die; - (Med.): Ohrenheilkunde
ot|ta|va (Musik): in der Oktave [zu spielen]
Ot|to|ma|ne, die; -, -n: niedriges Liegesofa
out: 1. (österr.) aus, außerhalb des Spielfeldes (bei Ballspielen). 2. in der Verbindung **out sein** (ugs.): a) nicht mehr im Brennpunkt des Interesses stehen, nicht mehr gefragt sein; b) nicht mehr in Mode sein
Out, das; -[s], -[s] (österr.): Aus (wenn der Ball das Spielfeld verlässt; bei Ballspielen)
Out|back ['aʊ̯tbɛk], das, auch der -[s]: kaum besiedeltes australisches Landesinneres
Out|cast ['aʊ̯tka:st], der; -s, -s: von der Gesellschaft Ausgestoßener
Out|door ['aʊ̯tdɔ:ɐ̯], das; -[s]: Gesamtheit von Freizeitaktivitäten, die im Freien stattfinden (wie Wandern, Bergsteigen o. Ä.)
ou|ten ['aʊ̯tn̩] (Jargon): eine bestimmte Vorliebe, Neigung o. Ä. [öffentlich] bekannt machen
Out|fit ['aʊ̯tfɪt], das; -s, -s: Kleidung, Ausstattung, Ausrüstung
Out|law ['aʊ̯tlɔ:], der; -s, -s: Geächteter, Verfemter
Out|put ['aʊ̯tpʊt], der, auch: das; -s, -s: 1. (Wirtsch.) die von einem Unternehmen produzierten Güter; Güterausstoß. 2. (EDV) Ausgabe von Daten aus einer Datenverarbeitungsanlage
Out|si|der ['aʊ̯tsa͜idɐ], der; -s, -: Außenseiter
Out|si|de|rin, die; -, -nen: weibliche Form zu ↑Outsider

out|sour|cen ['au̯tsɔ:ɐ̯sn̩]: Outsourcing betreiben, durch Outsourcing ausgliedern

Out|sour|cing, das; -s (Wirtsch.): Auslagerung von bisher in einem Unternehmen selbst erbrachten Leistungen an externe Auftragnehmer od. Dienstleister

Ou|ver|tü|re [uvɛr...], die; -, -n: a) einleitendes Instrumentalstück am Anfang einer Oper, eines Oratoriums, Schauspiels, einer Suite; b) einsätziges Konzertstück für Orchester (bes. im 19. Jh.)

Ou|zo ['u:zo], der; -[s], -s: griechischer Anisbranntwein

oval: eirund, länglich rund

Oval, das; -s, -e: ovale Fläche, ovale Anlage, ovale Form

Ova|ri|um, das; -s, ...ien (Biol., Med.): Eierstock

Ova|ti|on, die; -, -en: Huldigung, Beifall

Ove|r|all ['ɔu̯vərɔ:l], der; -s, -s: einteiliger, den ganzen Körper bekleidender Schutzanzug (für Mechaniker, Sportler u. a.)

over|dressed ['ɔu̯vedrɛst]: (für einen bestimmten Anlass) zu vornehm angezogen, zu feierlich gekleidet

Over|head|pro|jek|tor ['ɔu̯vehɛt...], der; -s, -en: Projektor, durch den eine auf einer horizontalen Glasfläche sich befindende Vorlage über den Kopf des Vortragenden rückseitig von ihm projiziert wird

P

Over|kill ['ɔu̯vekɪl], der; -[s]: Situation, in der gegnerische Staaten mehr Waffen, bes. Atomwaffen, besitzen, als nötig sind, um den Gegner zu vernichten

Ovu|la|ti|on, die; -, -en (Biol., Med.): Eisprung

Ovum, das; -s, Ova (Biol., Med.): Ei, Eizelle

Oxa|lat, das; -[e]s, -e: Salz der Oxalsäure

Oxal|säu|re, die; -: Kleesäure, giftige, technisch vielfach verwendete organische Säure

Oxer, der; -s, -: Hindernis beim Springreiten, das aus zwei Stangen besteht, zwischen die Buschwerk gestellt wird

Oxid, Oxyd, das; -[e]s, -e: Verbindung eines chemischen Elements mit Sauerstoff

Oxi|da|ti|on, Oxy|da|ti|on, die; -, -en: chem. Vereinigung eines Stoffes mit Sauerstoff

oxi|die|ren, oxy|die|ren: sich mit Sauerstoff verbinden

oxi|disch, oxy|disch: Oxid enthaltend

oxy|gen (Biol.): Sauerstoff freisetzend, produzierend

Oxy|gen, das; -s: chem. Element; Sauerstoff (Zeichen: O)

Oxy|mo|ron, das; -s, ...ra (Rhet., Stilkunde): Zusammenstellung zweier sich widersprechender Begriffe in einem Wort od. als rhetorische Figur (z. B. bittersüß, eile mit Weile)

Oze|an, der; -s, -e: große zusammenhängende Wasserfläche zwischen den Kontinenten

Oze|a|na|ri|um, das; -s, ...ien: größeres Meerwasseraquarium

oze|a|nisch: 1. den Ozean betreffend, durch ihn beeinflusst; Meeres... 2. Ozeanien (die Inseln des Stillen Ozeans) betreffend

Oze|a|no|gra|fie, Oze|a|no|gra|phie, die; -: Meereskunde

oze|a|no|gra|fisch, oze|a|no|gra|phisch: meereskundlich

Oze|lot [auch: 'ɔts...], der; -s, -e u. -s: 1. katzenartiges Raubtier Mittel- u. Südamerikas (auch im südlichen Nordamerika) mit wertvollem Fell. 2. a) Fell dieses Tieres; b) aus diesem Fell gearbeiteter Pelz

Ozon, der, auch: das; -s: besondere Form des Sauerstoffs (O_3); starkes Oxidations-, Desinfektions- u. Bleichmittel

Ozon|loch, das; -[e]s, ...löcher: Stelle in der Ozonschicht in der Stratosphäre bes. der Antarktis, an der das Ozon abgebaut ist

Ozon|schicht, die; - (Meteorol.): durch höheren Ozongehalt gekennzeichnete Schicht der Erdatmosphäre

P *p*

Pace [pɛɪ̯s], die; - (Sport): Tempo eines Rennens, auch einer Jagd, eines Geländerittes

Pace|ma|ker ['pɛɪ̯smɛɪ̯kɐ], der; -s, - (Med.): 1. Herzschrittmacher. 2. (Pferdesport) in einem Rennen führendes Pferd, das (meist zugunsten eines anderen Pferdes, eines Stallgefährten) das Tempo des Rennens bestimmt. 3. (Leichtathletik) Läufer, der bei Langstreckenläufen zunächst an der Spitze des Feldes läuft u. das Tempo bestimmt, sodass die stärkeren Läufer sich möglichst lange an ihm orientieren können

Pad [pɛd], das; -s, -s: 1. Kurzform von ↑Mauspad. 2. (meist Plural) Kosmetikkissen zum Pudern, Schminken u. Ä.

Pä|d|a|go|ge, der; -n, -n: a) Erzieher, Lehrer; b) Erziehungswissenschaftler

Pä|d|a|go|gik, die; -, -en: Theorie u. Praxis der Erziehung u. Bildung; Erziehungswissenschaft

Pä|d|a|go|gin, die; -, -nen: weibliche Form zu ↑Pädagoge

pä|d|a|go|gisch: a) die Pädagogik betreffend, zu ihr gehörend; b) erzieherisch

Pä|d|a|go|gi|um, das; -s, ...ien (veraltet): 1. Erziehungsanstalt. 2. Vorbereitungsschule für das Studium an einer pädagogischen Hochschule

[1]**Pad|dy** ['pɛdi], der; -s: ungeschälter, noch mit Spelzen umgebener Reis

[2]**Pad|dy** ['pædi], der; -s, -s (scherzh.): Ire (Spitzname)

Pä|d|e|rast, der; -en, -en: Homosexueller mit bes. auf männliche Jugendliche gerichtetem Sexualempfinden

Pä|d|e|ras|tie, die; -: Sexualempfinden der Päderasten

Pä|d|i|a|ter, der; -s, - (Med.): Facharzt für Krankheiten des Säuglings- u. Kindesalters; Kinderarzt

Pä|d|i|a|te|rin, die; -, -nen: weibliche Form zu ↑Pädiater

Pä|d|i|a|t|rie, die; - (Med.): Kinderheilkunde

pä|d|i|a|t|risch: die Kinderheilkunde betreffend, zu ihr gehörend, auf ihr beruhend

pä|do|phil (Med., Psychol.): a) die Pädophilie betreffend; b) zur Pädophilie neigend

Pä|do|phi|le, der u. die; -n, -n (Med., Psychol.): pädophil veranlagte Person

Pä|do|phi|lie, die; - (Med., Psychol.): [primäres] sexuelles Interesse Erwachsener an Kindern, die noch nicht in der Pubertät sind

Pa|el|la [pa'ɛlja], die; -, -s: spanisches Reisgericht mit verschiedenen Fleisch- u. Fischsorten, Muscheln, Krebsen u. Ä.

Pa|fe|se, Po|fe|se (bayr., österr.): zwei zusammengelegte, mit Marmelade od. einer anderen Füllung bestrichene Weißbrotschnitten, die in Fett gebacken werden

Pa|ge ['pa:ʒə], der; -n, -n: 1. (Geschichte) junger Adliger als Diener am Hof eines Fürsten. 2. uniformierter [Hotel]diener, Laufbursche

Pa|ger ['pɛɪ̯dʒɐ], der; -s, - (Funkw.): Funkgerät, das durch ein Signal anzeigt, dass eine Meldung gewünscht wird

Pa|gi|na, die; -, -s u. ...nä (veraltet): Buchseite, Blattseite (Abk.: p., pag.)

Pa|gi|nie|rung, die; -, -en: Seitenzahlen (mit denen Geschriebenes, Gedrucktes versehen ist)

Pail|let|te [paɪ̯'jɛtə], die; -, -n (meist Plural): glitzerndes Metallblättchen zum Aufnähen

Paint|ball ['pɛɪ̯ntbɔ:l], der; -[s]: einen militärischen Kampf simulierendes Spiel, bei dem zwei Mannschaften mit Patronen, die mit Farbe gefüllt sind, aufeinander schießen

pair [pɛ:ɐ̯]: gerade (von den Zahlen beim Roulettespiel; Gewinnmöglichkeit)

Pair [pɛ:ɐ̯], der; -s, -s (Geschichte): Mitglied des französischen Hochadels

Pa|ket, das; -[e]s, -e: 1. a) mit Papier o. Ä. umhüllter [u. verschnürter] Packen; b) etwas in einen Karton, eine Schachtel o. Ä. Eingepacktes; vgl. Lunchpaket; c) größere Packung, die eine bestimmte größere Menge einer Ware enthält (z. B. ein Paket Waschpulver). 2. größeres Päckchen als Postsendung in bestimmten Maßen u. mit einer Höchstgewichtsgrenze. 3. zu einer Sammlung, einem Bündel zusammengefasste Anzahl politischer Pläne, Vorschläge, Forderungen. 4. dichte Gruppierung von Spielern beider Mannschaften um den Spieler, der den Ball hält (beim Rugby)

Pa|ko, der; -s, -s: ↑Alpaka

Pakt, der; -[e]s, -e: Vertrag, Übereinkommen; politisches od. militärisches Bündnis

pak|tie|ren: a) einen Vertrag schließen; b) (oft abwertend) eine Vereinbarung treffen, gemeinsame Sache machen

Pa|la|din [auch: 'pa(:)...], der; -s, -e: 1. Angehöriger des Heldenkreises am Hofe Karls des Großen. 2. treuer Gefolgsmann

Pa|lais [pa'lɛː], das; - […ɛː(s)], - […ɛːs]: Palast, Schloss

Pa|läo|bo|ta|nik [auch: …'taː…], die; -: Wissenschaft von den ↑fossilen Pflanzen

Pa|läo|li|thi|kum [auch: …'lɪ…], das; -s: älterer Abschnitt der Steinzeit; Altsteinzeit

pa|läo|li|thisch [auch: …'lɪ…]: zum Paläolithikum gehörend; altsteinzeitlich

Pa|lä|on|to|lo|ge, der; -n, -n: Wissenschaftler, der sich mit den Lebewesen vergangener Erdperioden befasst

Pa|lä|on|to|lo|gie, die; -: Wissenschaft von den Lebewesen vergangener Erdperioden

Pa|lä|on|to|lo|gin, die; -, -nen: weibliche Form zu ↑Paläontologe

pa|lä|on|to|lo|gisch: die Paläontologie betreffend, zu ihr gehörend, auf ihr beruhend

Pa|läo|zo|i|kum, das; -s (Geol.): erdgeschichtliches Altertum, Erdaltertum

Pa|las, der; -, -se: Hauptgebäude einer Ritterburg

Pa|last, der; -[e]s, Paläste: schlossartiges Gebäude

Pa|last|re|vo|lu|ti|on, die; -, -en: Umsturzversuch von Personen in der nächsten Umgebung eines Herrschers, Staatsoberhaupts

Pa|la|tal, der; -s, -e (Sprachwiss.): Gaumenlaut (z. B. k)

Pa|la|tin, der; -s, -e (Geschichte): 1. Pfalzgraf (im Mittelalter). 2. der Stellvertreter des Königs von Ungarn (bis 1848)

Pa|la|t|schin|ke, die; -, -n (meist Plural) (österr.): dünner, zusammengerollter [mit Marmelade o. Ä. gefüllter] Eierkuchen

Pa|la|ver, das; -s, - (ugs. abwertend): endloses, wortreiches, meist überflüssiges Gerede

pa|la|vern (ugs. abwertend): sich lange in wortreichem, meist überflüssigem Gerede ergehen

Pa|laz|zo, der; -[s], …zzi: it. Bez. für: Palast

Pa|le|tot ['paləto, auch, österr. nur: pal'toː], der; -s, -s: 1. (veraltet) doppelreihiger, leicht taillierter Herrenmantel mit Samtkragen, meist aus schwarzem Tuch. 2. dreiviertellanger Damen- od. Herrenmantel

Pa|let|te, die; -, -n: 1. meist ovales, mit Daumenloch versehenes Mischbrett für Farben. 2. reiche Auswahl, viele Möglichkeiten bietende Menge. 3. hölzerne od. metallene Hubplatte zum Stapeln von Waren

pa|let|ti: [es ist] alles paletti (ugs.): [es ist] alles in Ordnung

Pa|lin|drom, das; -s, -e: Wort[folge] od. Satz, die vorwärts wie rückwärts gelesen Sinn ergeben (z. B. Reliefpfeiler; Nebel – Leben; die Liebe ist Sieger – rege ist sie bei Leid)

Pa|li|sa|de, die; -, -n: 1. zur Befestigung dienender Pfahl; Schanzpfahl. 2. Hindernis aus dicht nebeneinander in die Erde gerammten Pfählen; Pfahlzaun

Pa|li|san|der, der; -s, -: violettbraunes, von dunklen Adern durchzogenes, wertvolles brasilianisches Nutzholz, Jakaranda

¹**Pal|la|di|um,** das; -s, …ien: Bild der griechischen Göttin Pallas Athene als Schutzbild, schützendes Heiligtum

²**Pal|la|di|um,** das; -s: chem. Element; dehnbares, silberweißes Edelmetall (Zeichen: Pd)

Pal|la|watsch, Bal|la|watsch, der; -[s], -e (österr. ugs.): 1. (ohne Plural) Durcheinander, Blödsinn. 2. Versager, Niete

pal|li|a|tiv (Med.): die Beschwerden einer Krankheit lindernd, aber nicht die Ursachen bekämpfend; schmerzlindernd

Pal|li|a|tiv, das; -s, -e, **Pal|li|a|ti|vum,** das; -s, …va (Med.): die Krankheitsbeschwerden linderndes, aber nicht die Krankheit selbst beseitigendes Arzneimittel; Linderungsmittel

Pal|li|um, das; -s, …ien: 1. im antiken Rom mantelartiger Überwurf. 2. Krönungsmantel der [mittelalterlichen] Kaiser. 3. weiße Schulterbinde mit sechs schwarzen Kreuzen als Amtszeichen der katholischen Erzbischöfe

Palm, der; -s, -e (aber: 5 -): altes Maß zum Messen von Rundhölzern

Pal|me, die; -, -n: tropischer od. subtropischer Baum mit unverzweigtem Stamm u. großen gefiederten od. fächerförmigen Blättern

Pal|met|te, die; -, -n: 1. palmblattähnliches, streng symmetrisches Ornament der griechischen Kunst. 2. an Wänden od. frei stehendem Gerüst gezogene Spalierbaumform

Pal|mi|tin|säu|re, die; -: feste, gesättigte Fettsäure, die in zahlreichen pflanzlichen u. tierischen Fetten vorkommt

Palm|top® ['pɑːmtɔp], der; -[s], -s: kompakter Computer, den man aufgrund seiner geringen Größe in einer Hand halten kann

Pam|pa, die; -, -s (meist Plural): ebene, baumarme Grassteppe in Südamerika

Pam|pel|mu|se, die; -, -n: große, gelbe Zitrusfrucht von säuerlich-bitterem Geschmack

Pam|ph|let, das; -[e]s, -e: [politische] Streit- u. Schmähschrift, verunglimpfende Flugschrift

Pa|na|de, die; -, -n (Gastron.): Brei aus Semmelbröseln bzw. Mehl u. geschlagenem Eigelb zum ↑Panieren

pan|af|ri|ka|nisch: alle afrikanischen Staaten betreffend

Pan|af|ri|ka|nis|mus, der; -: das Bestreben, die wirtschaftliche u. politische Zusammenarbeit aller afrikanischen Staaten zu verstärken

Pa|na|ma|hut, der; -[e]s, ...hüte: aus den Blattfasern einer bestimmten Palmenart geflochtener Hut

pan|ame|ri|ka|nisch: alle amerikanischen Staaten betreffend

Pa|na|schee, das; -s, -s (veraltet): 1. mehrfarbiges Speiseeis. 2. aus verschiedenen Obstsorten bereitetes Kompott, Gelee

pa|na|schie|ren: bei einer Wahl seine Stimme für Kandidaten verschiedener Parteien abgeben

Pa|na|schie|rung, die; -, -en (Bot.): weiße Musterung auf Pflanzenblättern durch Mangel an Blattgrün in den Farbstoffträgern

pan|chro|ma|tisch (Fotogr.): empfindlich für alle Farben (von Filmmaterial)

Pan|da, der; -s, -s: scheuer Kleinbär, weiß mit schwarzem Gürtel, schwarzen Ohren u. Augenringen, der von Bambus lebt; Bambusbär

Pan|dai|mo|ni|on, Pan|dä|mo|ni|um, das; -s, ...ien: a) Aufenthalt aller ↑Dämonen; b) Gesamtheit aller ↑Dämonen

Pan|da|ne, die; -, -n, **Pan|da|nus,** der; -, -: Schraubenbaum (Zierpflanze mit langen, schmalen Blättern)

Pan|de|mie, die; -, ...ien (Med.): sich weit verbreitende, ganze Länder od. Landstriche erfassende Seuche

Pan|dit, der; -s, -e u. -s: 1. (ohne Plural) Titel brahmanischer Gelehrter. 2. Träger dieses Titels

Pan|do|ra: in der Fügung **die Büchse der Pandora:** Unheilsquell

Pa|neel, das; -s, -e: 1. a) das vertieft liegende Feld einer Holztäfelung; b) gesamte Holztäfelung. 2. Holztafel der Gemälde

Pa|nel ['pɛnl̩], das; -s, -s: repräsentative Personengruppe für die Meinungsforschung

pa|nem et cir|cen|ses [- - ...ze:s]: Lebensunterhalt u. Vergnügungen als Mittel zur Zufriedenstellung des Volkes

Pa|net|to|ne, der; -[s], ...ni: italienischer Hefekuchen mit kandierten Früchten

pan|eu|ro|pä|isch: gesamteuropäisch

Pan|flö|te, die; -, -n: aus verschieden langen, grifflochlosen, floßartig aneinandergereihten Pfeifen bestehendes Holzblasinstrument

[1]**Pa|nier,** das; -s, -e: 1. (veraltet) Banner, Fahne. 2. Wahlspruch

[2]**Pa|nier,** die; - (österr.): Panade

pa|nie|ren: (Fleisch, Fisch u. a.) vor dem Braten in Eigelb tauchen u. mit Semmelbröseln bestreuen od. in Mehl wälzen

Pa|nik, die; -, -en: durch eine plötzliche Bedrohung, Gefahr hervorgerufene unkontrollierte [Massen]angst

Pa|nik|ma|che, die; - (abwertend): Heraufbeschwören einer Panikstimmung durch aufgebauschte Darstellung eines Sachverhalts o. Ä.

pa|nisch: von Panik bestimmt

Pan|k|re|as, das; -, ...aten u. ...eata (Med.): Bauchspeicheldrüse

Pan|k|re|a|ti|tis, die; -, ...itiden (Med.): Entzündung der Bauchspeicheldrüse

Pan|mi|xie, die; -, ...ien (Biol.): Mischung guter u. schlechter Erbanlagen

Pan|ne, die; -, -n (ugs.): a) Unfall, Schaden, Betriebsstörung (bes. bei Fahrzeugen); b) Störung, Missgeschick, Fehler

Pa|n|op|ti|kum, das; -s, ...ken: Sammlung von Sehenswürdigkeiten, meist Kuriositäten, od. von Wachsfiguren

Pa|n|o|ra|ma, das; -s, ...men: 1. Rundblick, Ausblick. 2. a) Rundgemälde; b) fotografische Rundaufnahme

Pan|sla|wis|mus, der; -: Bestrebungen, alle slawischen Völker in einem Großreich zu vereinigen; Allslawentum

Pan|ta|le|on, das; -s, -s: Hackbrett mit doppeltem Resonanzboden u. Darm- od. Drahtsaiten (Vorläufer des Hammerklaviers)
Pan|ta|lo|ne, der; -[s], -s u. ...ni: Maske, Figur des dummen, oft verliebten u. stets geprellten Alten im italienischen Volkslustspiel
pan|ta rhei: es gibt kein bleibendes Sein (Heraklit [fälschlich?] zugeschriebener Grundsatz, nach dem das Sein als ewiges Werden, ewige Bewegung gedacht wird)
Pan|ter vgl. Panther
Pan|the|is|mus, der; - (Philos.): Lehre, in der Gott u. Welt identisch sind
Pan|the|ist, der; -en, -en: Vertreter des Pantheismus
Pan|the|is|tin, die; -, -nen: weibliche Form zu ↑Pantheist
pan|the|is|tisch: den Pantheismus betreffend; in der Art des Pantheismus
Pan|the|on, das; -s, -s: 1. antiker Tempel (bes. in Rom) für alle Götter. 2. Gesamtheit der Götter eines Volkes
Pan|ther, Pan|ter, der; -s, -: ↑Leopard
Pan|ti|ne, die; -, -n (meist Plural): Holzschuh, Holzpantoffel
Pan|tof|fel, der; -s, -n (ugs.: -) (meist Plural): leichter Hausschuh [ohne Fersenteil]
Pan|to|graf, Pan|to|graph, der; -en, -en: 1. Instrument zum Übertragen von Zeichnungen im gleichen, größeren od. kleineren Maßstab; Storchschnabel. 2. (Elektrot.) Scherenstromabnehmer (früher auf Zügen oder Straßenbahnen)
Pan|to|gra|fie, Pan|to|gra|phie, die; -, ...ien: mit dem Pantografen (1) hergestelltes Bild
Pan|to|graph vgl. Pantograf
Pan|to|let|te, die; -, -n (meist Plural): leichter Sommerschuh ohne Fersenteil
[1]**Pan|to|mi|me,** die; -, -n: Darstellung einer Szene, Handlung nur mit Gebärden, Mienenspiel u. Tanz
[2]**Pan|to|mi|me,** der; -n, -n: Darsteller einer [1]Pantomime
Pan|to|mi|mik, die; -: Kunst der Pantomime
Pan|to|mi|min, die; -, -nen: weibliche Form zu ↑[2]Pantomime
pan|to|mi|misch: die Pantomime betreffend, in der Art der Pantomime
Pä|n|ul|ti|ma, die; -, ...mä u. ...men (Sprachwiss.): vorletzte Silbe in einem Wort
Pä|on, der; -s, -e (antike Metrik): antiker Versfuß mit drei kurzen u. einer beliebig einsetzbaren langen Silbe
Pä|o|nie [...iə], die; -, -n: Pfingstrose
[1]**Pa|pa** [veraltend, geh.: pa'pa:], der; -s, -s (ugs.): Vater
[2]**Pa|pa,** der; -s: 1. kirchliche Bezeichnung des Papstes. 2. in der orthodoxen Kirche Titel höherer Geistlicher (Abk.: P.); vgl. Papas, Pope
Pa|pa|bi|li, die (nur Plural): it. Bez. für: als Papstkandidaten infrage kommende Kardinäle
Pa|pa|gal|lo, der; -[s], -s u. ...lli: auf erotische Abenteuer bei Touristinnen ausgehender Mann
Pa|pa|gei [auch: 'pa...], der; -s u. -en, -e[n]: meist bunt gefiederter tropischer Vogel
Pa|pa|gei|en|krank|heit, die; - (Med.): ↑Psittakose
Pa|pa|lis|mus, der; -: kirchenrechtliche Anschauung, nach der dem Papst die volle Kirchengewalt zusteht
Pa|pa|raz|zo, der; -s, ...zzi (meist Plural) (ugs., oft abwertend): [aufdringlicher] Pressefotograf, Skandalreporter
Pa|pas, der; -, -: Weltgeistlicher in der orthodoxen Kirche
Pa|pa|ya [...ja], die; -, -s: 1. Melonenbaum. 2. Frucht des Melonenbaums; Baummelone
Pa|pel, die; -, -n, **Pa|pu|la,** die; -, ...lae [...lɛ] (Med.): Hautknötchen, kleine, bis linsengroße Hauterhebung
Pa|per ['pɛɪpɐ], das; -s, -s: schriftliche Unterlage, Schriftstück; vgl. Papier (2)
Pa|per|back [...bɛk], das; -s, -s: kartoniertes, meist in Klebebindung hergestelltes [Taschen]buch
Pa|pe|te|rie, die; -, ...ien (schweiz.): Papierwaren, Papierwarenhandlung
Pa|pier, das; -s, -e: 1. aus Fasern hergestelltes, blattartig gepresstes, zum Beschreiben, Bedrucken, zur Verpackung o. Ä. dienendes Material. 2. Schriftstück, Dokument, schriftliche Unterlage; vgl. Paper. 3. (meist Plural) Ausweis, Personaldokument. 4. Wertpapier

pa|pie|ren: 1. aus Papier. 2. trocken, unlebendig, steif (im Stil, Ausdruck)

Pa|pier|ma|schee, Pa|pier|ma|ché [pa'pi:ɐmaʃe:, papjema'ʃe:], das; -s, -s: verformbares Hartpapier

Pa|pil|le, die; -, -n (Med.), **Pa|pil|la,** die; -, ...llae [...lɛ]: Warze

Pa|pil|lon [papi'jõ:], der; -s, -s: frz. Bez. für: Schmetterling

Pa|pist, der; -en, -en (abwertend): Anhänger des Papsttums

Pa|pis|tin, die; -, -nen: weibliche Form zu ↑Papist

Pap|pus, der; -, - u. -se (Bot.): Haarkrone der Frucht von Korbblütlern

Pa|p|ri|ka, der; -s, -[s]: 1. Gemüse-, Gewürzpflanze mit hohlen Beerenfrüchten. 2. (ohne Plural) leicht scharfes rotes Gewürz aus getrockneten Paprikaschoten. 3. (auch: die; -, -[s]) grüne, gelbe, orange od. rote Frucht des Paprikas; Paprikaschote

Pa|py|rus, der; -, ...ri: in der Antike gebräuchliches Schreibmaterial in Blatt- u. Rollenform

Par, das; -[s], -s (Golf): für jedes Loch des Golfplatzes festgesetzte Anzahl von Schlägen

Pa|ra, der; -s, -s: frz. Bez. für Fallschirmjäger

Pa|ra|bel, die; -, -n: 1. lehrhafte Erzählung, Lehrstück; Gleichnis. 2. (Math.) eine symmetrisch ins Unendliche verlaufende Kurve

Pa|ra|bol|an|ten|ne, die; -, -n (Technik): Antenne in der Form eines Parabolspiegels, mit der Ultrakurzwellen gebündelt werden

pa|ra|bo|lisch: 1. die Parabel (1) betreffend, in der Art einer Parabel (1); gleichnishaft, sinnbildlich. 2. parabelförmig gekrümmt

Pa|ra|bo|lo|id, das; -[e]s, -e (Math.): gekrümmte Fläche, deren Schnitte parallel zur Mittelachse Parabeln ergeben

Pa|ra|bol|spie|gel, der; -s, -: Hohlspiegel von der Form eines Paraboloids

Pa|ra|de, die; -, -n: Vorbeimarsch militärischer Verbände; prunkvoller Aufmarsch

Pa|ra|dei|ser, der; -s, - (österr.): Tomate

pa|ra|die|ren: [anlässlich einer Parade] vorbeimarschieren; feierlich vorbeiziehen

Pa|ra|dies, das; -es, -e: 1. (ohne Plural) a) Garten Eden; b) Himmel; Ort der Seligkeit. 2. Gegend, die für jmdn. od. etw. besonders günstig ist

pa|ra|die|sisch: 1. das Paradies (1) betreffend. 2. herrlich, himmlisch, wunderbar

Pa|ra|dig|ma, das; -s, ...men (auch: -ta): 1. (Sprachwiss.) Muster einer Deklinations- od. Konjugationsklasse. 2. Denkmuster, das das wissenschaftliche Weltbild, die Weltsicht einer Zeit prägt

pa|ra|dig|ma|tisch: als Beispiel, Muster dienend

Pa|ra|dig|men|wech|sel, der; -s, -: Wechsel von einer wissenschaftlichen Grundauffassung zu einer anderen

pa|ra|dox: widersinnig, einen Widerspruch in sich enthaltend

Pa|ra|dox, das; -es, -e: etw., was einen Widerspruch in sich enthält, paradox ist; vgl. Paradoxon

Pa|ra|do|xie, die; -, ...ien: paradoxer Sachverhalt; etwas Widersinniges, Widersprüchliches

Pa|ra|do|xon, das; -s, ...xa: scheinbar falsche Aussage, die aber bei genauerer Analyse auf eine höhere Wahrheit hinweist

Pa|r|af|fin, das; -s, -e: festes, wachsähnliches od. flüssiges, farbloses Gemisch wasserunlöslicher gesättigter Kohlenwasserstoffe, das bes. zur Herstellung von Kerzen, Bohnerwachs o. Ä. dient

Pa|ra|glei|ter, der; -s, -: 1. Gleitschirm. 2. jmd., der Paragliding betreibt

Pa|ra|gli|ding [...glaɪdɪŋ], das; -s: Gleitschirmfliegen, Gleitsegeln

Pa|ra|graf, Pa|ra|graph, der; -en, -en: in Gesetzbüchern, wissenschaftlichen Werken u. a. ein fortlaufend nummerierter kleiner Abschnitt

Pa|ra|k|let, der; -[e]s u. -en, -e[n]: Helfer, Fürsprecher vor Gott, bes. der Heilige Geist (Johannes 14, 16 u. a.)

Pa|ra|lip|se, die; -, -n: rhetorische Figur, die darin besteht, dass man etwas durch die Erklärung, es übergehen zu wollen, nachdrücklich hervorhebt

Pa|r|al|la|xe, die; -, -n: 1. (Physik) Winkel, den zwei Geraden bilden, die von verschiedenen Standorten auf einen Punkt gerichtet sind. 2. (Fotogr.) Unterschied zwischen dem Bild-

P

ausschnitt im Sucher u. auf dem Speichermedium

pa|r|al|lel: 1. (Math.) in gleichem Abstand nebeneinander verlaufend. 2. gleichlaufend, gleichgeschaltet, nebeneinandergeschaltet

Pa|r|al|le|le, die; -, -n (aber: 3 Parallele[n]): 1. (Math.) Gerade, die zu einer anderen Geraden in gleichem Abstand verläuft. 2. Entsprechung; Vergleich; vergleichbarer Fall

Pa|r|al|lel|flach, das; -[e]s, -e (Math.): von drei Paaren paralleler Ebenen begrenzter Körper (z. B. Rhomboeder, Würfel)

pa|r|al|le|li|sie|ren: vergleichend nebeneinanderstellen, zusammenstellen

Pa|r|al|le|lis|mus, der; -, ...men: [formale] Übereinstimmung verschiedener Dinge od. Vorgänge

Pa|r|al|le|li|tät, die; -, -en: 1. (ohne Plural; Math.) Eigenschaft zweier paralleler Geraden. 2. Gleichlauf, Gleichheit, Ähnlichkeit (von Geschehnissen, Erscheinungen o. Ä.)

Pa|r|al|le|lo|gramm, das; -s, -e (Math.): Viereck mit parallelen gegenüberliegenden Seiten

Pa|r|al|lel|pro|jek|ti|on, die; -, -en (Math.): durch parallele Strahlen auf einer Ebene dargestelltes Raumgebilde

Pa|ra|lym|pics [engl.: pærəˈlɪmpɪks], die (nur Plural): olympische Spiele für Sportlerinnen u. Sportler mit Behinderungen

Pa|ra|ly|se, die; -, -n (Med.): Bewegungslähmung

pa|ra|ly|sie|ren: 1. (Med.) lähmen, schwächen. 2. unwirksam machen, aufheben

Pa|ra|ly|ti|ker, der; -s, - (Med.): Gelähmter

Pa|ra|ly|ti|ke|rin, die; -, -nen: weibliche Form zu ↑ Paralytiker

Pa|ra|ment, das; -[e]s, -e (meist Plural) (Rel.): im christlichen Gottesdienst übliche liturgische Bekleidung; für Altar, Kanzel u. liturgische Geräte verwendetes Tuch

Pa|ra|me|ter, der; -s, -: 1. (Math.) in Funktionen u. Gleichungen eine neben den Variablen auftretende Hilfsgröße. 2. kennzeichnende Größe in technischen Prozessen o. Ä., mit deren Hilfe Aussagen über Aufbau, Leistungsfähigkeit einer Maschine, eines Gerätes, Werkzeugs o. Ä. gewonnen werden. 3. (Wirtsch.) veränderliche Größe (z. B. Materialkosten, Zeit), durch die ein ökonomischer Prozess beeinflusst wird

pa|ra|mi|li|tä|risch: halbmilitärisch, militärähnlich

Pa|ra|noia [...ˈnɔy̯a], die; - (Med.; Psychol.): Form der Psychose, die durch das Auftreten von Wahnvorstellungen gekennzeichnet ist

pa|ra|no|id: a) (Med.) an Paranoia leidend; b) (bildungsspr.) krankhaft misstrauisch

Pa|ra|no|i|ker, der; -s, - (Med.): an Paranoia Leidender

Pa|ra|no|i|ke|rin, die; -, -nen: weibliche Form zu ↑ Paranoiker

pa|ra|no|isch (Med.): die Paranoia betreffend, zu ihrem Erscheinungsbild gehörend

pa|ra|nor|mal (Parapsychol.): nicht auf natürliche Weise erklärbar; übersinnlich

Pa|ra|nuss, die; -, ...nüsse: dreikantige, dick- u. hartschalige Nuss eines südamerikanischen Baumes

Pa|ra|phe, die; -, -n: Namenszeichen

pa|ra|phie|ren: mit der Paraphe versehen, abzeichnen; bes. einen Vertrag[sentwurf], ein Verhandlungsprotokoll als Bevollmächtigter unterzeichnen

Pa|ra|phra|se, die; -, -n: 1. (Sprachwiss.) Umschreibung eines sprachlichen Ausdrucks mit anderen Wörtern oder Ausdrücken. 2. (Musik) Ausschmückung; ausschmückende Bearbeitung einer Melodie o. Ä.

pa|ra|phra|sie|ren: 1. (Sprachwiss.) verdeutlichend umschreiben. 2. (Musik) eine Melodie frei umspielen, ausschmücken

Pa|ra|ple|gie, die; -, ...ien (Med.): doppelseitige Lähmung; auf beiden Körperseiten gleichmäßig auftretende Lähmung der oberen od. unteren Extremitäten

Pa|ra|psy|cho|lo|gie, die; -, ...ien: Lehre von den okkulten, außerhalb der normalen Wahrnehmbarkeit liegenden, übersinnlichen Erscheinungen (z. B. Telepathie, Telekinese)

pa|ra|psy|cho|lo|gisch (Parapsychol.): die Parapsychologie betreffend

Pa|ra|sit, der; -en, -en (Biol.): tierischer oder pflanzlicher Schmarotzer

pa|ra|si|tär: parasitenähnlich, schmarotzerhaft

pa|ra|si|tisch: parasitär, schmarotzerartig

Pa|ra|si|tis|mus, der; -: Schmarotzertum

Pa|ra|si|to|lo|gie, die; -: Wissenschaft von den pflanzlichen u. tierischen Schmarotzern, bes. den krankheitserregenden

[1]**Pa|ra|sol,** der od. das; -s, -s (veraltet): Sonnenschirm

[2]**Pa|ra|sol,** der; -s, -e u. -s: großer, wohlschmeckender Blätterpilz

Pa|r|äs|the|sie, die; -, ...ien (Med.): anomale Körperempfindung (z. B. Taubheit der Glieder)

Pa|ra|sym|pa|thi|kus, der; -, ...thizi (Med.): dem ↑Sympathikus entgegengesetzt wirkender Teil des vegetativen (3) Nervensystems

pa|rat: (für den Gebrauchs-, Bedarfsfall) zur Verfügung [stehend], bereit

pa|ra|tak|tisch (Sprachwiss.): der Parataxe unterliegend, nebenordnend

Pa|ra|ta|xe, die; -, -n (Sprachwiss.): Nebenordnung von Sätzen od. Satzgliedern

Pa|ra|vent [...'vã:], der od. das; -s, -s: spanische Wand; Wandschirm aus bespannten Holzrahmen (z. B. als Raumteiler)

Par|cours [...'ku:ɐ̯], der; -, - [...s]: 1. (Pferdesport) abgesteckte Hindernisbahn für Jagdspringen od. Jagdrennen. 2. (Sport, bes. schweiz.) Lauf-, Rennstrecke

Par|don [par'dõ:, österr.: ...'do:n], der, auch: das; -s (veraltet): Verzeihung; Nachsicht

Pa|r|en|chym, das; -s, -e (Biol., Med.): pflanzliches u. tierisches Grundgewebe, Organgewebe im Unterschied zum Binde- u. Stützgewebe

Pa|ren|tal|ge|ne|ra|ti|on, die; -, -en (Biol.): Elterngeneration (Zeichen: P)

Pa|ren|ta|li|en, die (nur Plural): altrömisches Totenfest im Februar

Pa|ren|tel|sys|tem, das; -s (Rechtswiss.): für die 1.–3. Ordnung gültige Erbfolge nach Stämmen, bei der die Abkömmlinge eines wegfallenden Erben gleichberechtigt an dessen Stelle nachrücken; vgl. Gradualsystem

Pa|r|en|the|se, die; -, -n (Sprachwiss.): Redeteil, der außerhalb des eigentlichen Satzverbandes steht (z. B. Interjektion, Vokativ)

Pa|reo, der; -s, -s: großes Wickeltuch, das um die Hüften geschlungen wird

par ex|cel|lence [parɛksɛ'lã:s]: in typischer Ausprägung, in höchster Vollendung, schlechthin (immer nachgestellt)

Par|fait [...'fɛ], das; -s, -s: 1. Pastete aus Fleisch od. Fisch. 2. Halbgefrorenes

Par|force|jagd, die; -, -en: Hetzjagd mit Pferden u. Hunden

Par|force|ritt, der; -[e]s, -e: mit großer Anstrengung, unter Aufbietung aller Kräfte bewältigte Leistung

Par|fum [...'fœ̃:], das; -s, -s, **Par|füm,** das; -s, -e u. -s: Flüssigkeit mit intensivem [länger anhaltendem] Duft (als Kosmetikartikel)

Par|fü|me|rie, die; -, ...ien: Geschäft, in dem Parfüme, Kosmetika o. Ä. verkauft werden

Par|fü|meur [...'mø:ɐ̯], der; -s, -e: Fachkraft für die Herstellung von Parfümen

Par|fü|meu|rin [...'mø:rɪn], die; -, -nen: weibliche Form zu ↑Parfümeur

par|fü|mie|ren: mit Parfüm besprengen; wohlriechend machen

Pa|ria, der; -s, -s: 1. außerhalb der Kasten stehender bzw. der niedersten Kaste angehörender Inder. 2. von der menschlichen Gesellschaft Ausgestoßener, Entrechteter

[1]**pa|rie|ren** (Sport): einen Angriff abwehren

[2]**pa|rie|ren** (ugs.): ohne Widerspruch gehorchen

Pa|ri|e|tal|au|ge, das; -s, -n (Biol.): vom Zwischenhirn gebildetes, lichtempfindliches Sinnesorgan niederer Wirbeltiere

Pa|ri|si|enne [...'zi̯ɛn], die; -: 1. klein gemustertes, von Metallfäden durchzogenes Seidengewebe. 2. französisches Freiheitslied zur Verherrlichung der Julirevolution von 1830

Pa|ri|tät, die; -, -en (Plural selten): Gleichstellung, Gleichsetzung, [zahlenmäßige] Gleichheit

pa|ri|tä|tisch: gleichgestellt, gleichberechtigt

Par|ka, die; -, -s: knielanger, oft mit Pelz gefütterter, warmer Anorak mit Kapuze

Par|kett, das; -[e]s, -e u. -s: 1. Fußboden aus schmalen, kurzen Holzbrettern, die in einem bestimmten Muster zusammengesetzt sind. 2. im Theater od. Kino meist vorderer Zuschauerraum zu ebener Erde. 3. amtlicher Börsenverkehr

par|kie|ren (schweiz.): parken

Par|ko|me|ter, das (auch: der); -s, -: Parkuhr

Par|la|ment, das; -[e]s, -e: 1. gewählte Volksvertretung. 2. Parlamentsgebäude

Par|la|men|tär, der; -s, -e: Unterhändler zwischen feindlichen Heeren

Par|la|men|ta|ri|er, der; -s, -: Abgeordneter, Mitglied eines Parlaments

Par|la|men|ta|ri|e|rin, die; -, -nen: weibliche Form zu ↑Parlamentarier

par|la|men|ta|risch: das Parlament betreffend, vom Parlament ausgehend

Par|la|men|ta|ris|mus, der; -: demokratische Regierungsform, in der die Regierung dem Parlament verantwortlich ist

par|lan|do (Musik): rhythmisch exakt u. mit nur leichter Tongebung, dem Sprechen nahekommend (von einer bestimmten Gesangsweise, bes. in Arien der komischen Oper)

Par|lan|do, das; -s, -s u. ...di (Musik): parlando vorgetragener Gesang; Sprechgesang

par|lie|ren: (veraltend) reden, plaudern; sich miteinander unterhalten

Par|me|san, der; -[s]: sehr fester, vollfetter italienischer [Reib]käse

Par|nass, der; - u. -es: Reich der Dichtkunst

Par|nas|sos, Par|nas|sus, der; -: ↑Parnass

Pa|r|o|chi|al|kir|che, die; -, -n: Pfarrkirche

P

Pa|r|o|die, die; -, ...ien: 1. komisch-satirische Umbildung od. Nachahmung eines meist künstlerischen, oft literarischen Werkes od. des Stils eines Künstlers; vgl. Travestie. 2. [komisch-spöttische] Unterlegung eines anderen Textes unter eine Komposition

pa|r|o|die|ren: in einer Parodie (1) nachahmen, verspotten

Pa|r|o|dist, der; -en, -en: jmd., der Parodien (1) verfasst od. vorträgt

Pa|r|o|dis|tin, die; -, -nen: weibliche Form zu ↑Parodist

pa|r|o|dis|tisch: komisch-satirisch nachahmend, verspottend

Pa|r|o|don|ti|tis, die; -, ...itiden (Med.): Entzündung des Zahnfleischsaumes

Pa|r|o|don|to|se, die; -, -n (Med.): Zahnfleischschwund

[1]Pa|role [pa'rɔl], die; - (Sprachwiss.): die gesprochene (aktualisierte) Sprache, Rede (nach F. de Saussure)

[2]Pa|ro|le, die; -, -n: 1. [militärisches] Kennwort; Losung. 2. Leit-, Wahlspruch

par or|d|re du muf|ti [- dy -]: auf Anordnung von vorgesetzter Stelle

Pa|r|o|xys|mus, der; -, ...men (Med.): anfallartiges Auftreten einer Krankheitserscheinung

Pa|r|o|xy|to|non, das; -s, ...tona: (im Griechischen) Wort mit einem Akut auf der betonten vorletzten Silbe

par re|nom|mée [parranɔ'me] (veraltet): dem Ruf nach; vgl. Renommee

Par|se, der; -n, -n: Anhänger des Parsismus [in Indien]

Par|sec, das; -, - (Astron.): Maß der Entfernung von Sternen (1 Parsec = 3,257 Lichtjahre; Abk.: pc)

par|sen ['pa:ɐ̯sn̩] (EDV): maschinenlesbare Daten analysieren, segmentieren u. codieren

Par|ser, der; -s, - (EDV): Programm zum Parsen

par|sisch: die Parsen betreffend

Par|sis|mus, der; -: von Zarathustra gestiftete altpersische Religion, bes. in ihrer heutigen indischen Form

Pars pro To|to, das; - - - (Sprachwiss.): Redefigur, die einen Teilbegriff an die Stelle eines Gesamtbegriffs setzt (z. B. unter einem *Dach* = in einem *Haus*)

Part, der; -s, -s, (selten:) -e: 1. (Kaufmannsspr.) Anteil des Miteigentums an einem Schiff. 2. a) Stimme eines Musikstücks; b) Rolle in einem Theaterstück, einem Film

[1]Par|te, die; -, -n: Familie, Wohnpartei in einem [Miets]haus

[2]Par|te, die; -, -n (österr.): Todesanzeige, ↑Partezettel

Par|tei|se|kre|tär, der; -s, -e: für die Verwaltung der Parteiangelegenheiten bestelltes (meist leitendes) Parteimitglied

Par|tei|se|kre|tä|rin, die; -, -nen: weibliche Form zu ↑Parteisekretär

par|terre [...'tɛr]: zu ebener Erde (Abk.: part.)

Par|ter|re [...'tɛr(ə)], das; -s, -s: 1. Erdgeschoss (Abk.: Part.). 2. Sitzreihen zu ebener Erde in Theater od. Kino

Par|te|zet|tel, der; -s, - (österr.): Todesanzeige, ↑[2]Parte

Par|the|no|ge|ne|se, die; -, -n: 1. (Rel.) Jungfrauengeburt; Geburt eines Gottes od. Helden durch eine Jungfrau. 2. (Biol.) Jungfernzeugung (z. B. bei Insekten)

par|ti|al: ↑partiell

Par|tie, die; -, ...ien: 1. Abschnitt, Ausschnitt, Teil. 2. Durchgang, Runde bei bestimmten Spielen. 3. Rolle in einem gesungenen [Bühnen]werk. 4. (Kaufmannsspr.) Warenposten

Par|tie|füh|rer, der; -s, - (österr.): Vorarbeiter; Führer einer Gruppe von Arbeitern

Par|tie|füh|re|rin, die; -, -nen: weibliche Form zu ↑Partieführer

par|ti|ell: teilweise [vorhanden]

[1]**Par|ti|kel** [auch: ...'tɪ...], die; -, -n (Sprachwiss.): 1. Wort, das nicht flektiert werden kann (z. B. Präposition, Konjunktion, Adverb). 2. die Bedeutung nur modifizierendes Wörtchen ohne syntaktische Funktion (z. B. doch, etwa)

[2]**Par|ti|kel,** das; -s, -, (auch:) die; -, -n (Fachspr.): [sehr] kleiner materieller Körper; Elementarteilchen

par|ti|ku|lar, par|ti|ku|lär: einen Teil, eine Minderheit betreffend; einzeln

Par|ti|ku|la|ris|mus, der; - (meist abwertend): das Streben staatlicher Teilgebiete, ihre besonderen Interessen gegen die allgemeinen Interessen der übergeordneten staatlichen Gemeinschaft durchzusetzen

Par|ti|ku|la|rist, der; -en, -en: Anhänger des Partikularismus

Par|ti|ku|la|ris|tin, die; -, -nen: weibliche Form zu ↑Partikularist

par|ti|ku|la|ris|tisch: den Partikularismus betreffend

Par|ti|ku|lier, der; -s, -e: selbstständiger Schiffer in der Binnenschifffahrt

Par|ti|kü|li|er [...'li̯e:], der; -s, -s (veraltet): Privatmann; Rentner; vgl. Privatier

Par|ti|san, der; -s u. -en, -en: jmd., der nicht als regulärer Soldat, sondern als Angehöriger bewaffneter, aus dem Hinterhalt operierender Gruppen od. Verbände gegen den in sein Land eingedrungenen Feind kämpft

Par|ti|sa|nin, die; -, -nen: weibliche Form zu ↑Partisan

Par|ti|ta, die; -, ...ten (Musik): Folge von mehreren in der gleichen Tonart stehenden Stücken; vgl. Suite (4)

Par|ti|te, die; -, -n: Geldsumme, die in Rechnung gebracht wird

Par|ti|ti|on, die; -, -en (Logik): Zerlegung des Begriffsinhaltes in seine Teile od. Merkmale

Par|ti|tur, die; -, -en: in Notenschrift auf übereinanderliegenden Liniensystemen angeordnete Zusammenstellung der Stimmen einer Komposition

Par|ti|zip, das; -s, -ien (Sprachwiss.): Mittelwort

Par|ti|zi|pa|ti|on, die; -, -en: das Partizipieren

par|ti|zi|pa|tiv: unter Beteiligung der Betroffenen [stattfindend, ausgeführt]

par|ti|zi|pie|ren: von etwas, was ein anderer hat, etwas abbekommen; teilhaben

Part|ner, der; -s, -: 1. a) jmd., der mit anderen etwas gemeinsam [zu einem bestimmten Zweck] unternimmt, sich mit anderen zusammentut; b) jmd., der mit einem anderen zusammenlebt, ihm eng verbunden ist; c) (Sport) Mit-, Gegenspieler. 2. Teilhaber

Part|ne|rin, die; -, -nen: weibliche Form zu ↑Partner

Part|ner|look [...lʊk], der; -s: [modische] Kleidung, die der des Partners (1 b) in Farbe, Schnitt o. Ä. gleicht

par|tout [par'tu:] (ugs.): durchaus, unbedingt, um jeden Preis

Par|ty ['pa:ɐ̯ti, engl.: 'pɑ:ti], die; -, -s: zwangloses Fest, gesellige Feier [im Bekanntenkreis, mit Musik u. Tanz]

Par|ty|dro|ge, die; -, -n: Droge, die bes. auf Partys od. in Diskotheken (2) konsumiert wird

Par|ty|ser|vice [...sœ:ɐ̯vɪs], der; -, -s [...vɪs u. ...vɪsɪs]: Unternehmen, das auf Bestellung Speisen, Getränke u. a. für Festlichkeiten ins Haus liefert

Par|ve|nü, der; -s, -s: Emporkömmling, Neureicher

Par|ze, die; -, -n (meist Plural): eine der drei altrömischen Schicksalsgöttinnen (Nona, Decuma, Morta)

Par|zel|le, die; -, -n: vermessenes Stück Land (als Bauland od. zur landwirtschaftlichen Nutzung)

par|zel|lie|ren: (Land) in Parzellen aufteilen

Pas [pa], der; - [pa(s)], - [pas]: frz. Bez. für: Schritt, Tanzbewegung

Pas|cal, das; -s, -: Einheit des [Luft]drucks u. der mechanischen Spannung (Zeichen: Pa)
PASCAL [...'kal], das; -s (EDV): eine aus ↑ALGOL weiterentwickelte, weitverbreitete Programmiersprache
Pasch, der; -[e]s, -e u. Pạ̈sche: Wurf mit gleicher Augenzahl auf mehreren Würfeln
pa̱|schen (veraltet): schmuggeln
Pa̱|scher, der; -s, - (ugs.): Schmuggler
Pas de deux [padə'dø:], der oder das; - - -, - - -: Tanz für eine Solotänzerin u. einen Solotänzer
Pa̲|so do̲|b|le, der; - -, - -: Gesellschaftstanz in lebhaftem $^{2}/_{4}$- od. $^{3}/_{4}$-Takt
Pa̱s|pel, der; -s, -, bes. österr.: **Passe|poil,** der; -s, -s: schmaler Nahtbesatz bei Kleidungsstücken
Pas|qui̱ll, das; -s, -e: anonyme Schmäh-, Spottschrift, schriftlich verbreitete Beleidigung
pas|sa̲|bel: annehmbar, leidlich
Pas|sa|ca|g|lia [...'kalja], die; -, ...ien: langsames Instrumentalstück mit Variationen in den Oberstimmen über einem ↑Ostinato, meist im $^{3}/_{4}$-Takt
Pas|sa̲|ge [...ʒə], die; -, -n: 1. Durchfahrt, Durchgang; das Durchfahren, Passieren. 2. überdachte Ladenstraße. 3. Reise mit Schiff od. Flugzeug, bes. übers Meer. 4. aus melodischen Figuren zusammengesetzter Teil eines Musikwerks. 5. fortlaufender, zusammenhängender Teil einer Rede od. eines Textes
pas|sa|ger [...'ʒe:ɐ] (Med.): nur vorübergehend auftretend (von Symptomen, Krankheiten o. Ä.)
Pas|sa|gier [...'ʒi:ɐ̯], der; -s, -e: Schiffsreisender; Flug-, Fahrgast
Pas|sa|gie̲|rin, die; -, -nen: weibliche Form zu ↑Passagier
Pa̱s|sah, das; -[s]: jüdisches Fest zum Gedenken an den Auszug aus Ägypten
Pas|sa̱nt, der; -en, -en: Vorübergehender
Pas|sa̱n|tin, die; -, -nen: weibliche Form zu ↑Passant
Pas|sa̲t, der; -[e]s, -e: beständig in Richtung Äquator wehender Ostwind in den Tropen
Pa̱s|se, die; -, -n: maßgerecht geschnittener Stoffteil, der bei Kleidungsstücken im Bereich der Schultern angesetzt wird
pas|sé [pa'se:] (ugs.): vorbei, vergangen, abgetan, überlebt
Passe|par|tout [paspar'tu:], das (schweiz.: der); -s, -s: 1. Umrahmung aus leichter Pappe für Grafiken, Aquarelle, Zeichnungen u. a. 2. (schweiz., sonst veraltet) Freipass; Dauerkarte
Pa̱s|se|rel|le, die; -, -n (schweiz.): Fußgängerüberweg, kleiner Viadukt
pas|sie̲|ren: 1. a) durchreisen, durch-, überqueren; vorüber-, durchgehen; b) durchlaufen (z. B. von einem Schriftstück). 2. a) geschehen, sich ereignen, sich zutragen; b) widerfahren, zustoßen. 3. (Gastron.) durchsieben; durch ein Sieb rühren
pa̱s|sim: da und dort, zerstreut, allenthalben (Abk.: pass.)
Pas|si|o̲n, die; -, -en: 1. a) Leidenschaft, leidenschaftliche Hingabe; b) Vorliebe, Liebhaberei. 2. a) das Leiden u. die Leidensgeschichte Jesu Christi; b) die Darstellung der Leidensgeschichte Jesu Christi in der bildenden Kunst, die Vertonung der Leidensgeschichte Jesu Christi als Chorwerk od. Oratorium (2)
pas|si|o|na̲|to vgl. appassionato
pas|si|o|nie̲rt: leidenschaftlich [für etwas begeistert]
Pas|si|o̲ns|spiel, das; -[e]s, -e: volkstümliche dramatische Darstellung der Passion Christi
pa̱s|siv [auch: ...'si:f]: 1. a) untätig, nicht zielstrebig, (eine Sache) nicht ausübend (aber davon betroffen); b) teilnahmslos; still, duldend. 2. ↑passivisch
Pa̱s|siv, das; -s, -e (Sprachwiss.): Leideform (z. B. der Hund *wird* [von Fritz] *geschlagen*)
Pas|si̲|va, Pas|si̲|ven (nur Plural): das auf der rechten Bilanzseite verzeichnete Eigen- u. Fremdkapital eines Unternehmens; Schulden, Verbindlichkeiten
Pa̱s|siv|ge|schäft, das; -[e]s, -e: Bankgeschäft, bei dem sich die Bank Geld beschafft, um Kredite gewähren zu können
pas|si|vie̲|ren: Verbindlichkeiten aller Art in der Bilanz erfassen u. ausweisen
pas|si̲|visch [auch: 'pas...] (Sprachwiss.): das Passiv betreffend, zum Passiv gehörend, im Passiv stehend

P

Pas|si|vi|tät, die; -: Untätigkeit, Teilnahmslosigkeit, Inaktivität

Pas|siv|le|gi|ti|ma|ti|on, die; -, -en (Rechtswiss.): im Zivilprozess die sachliche Berechtigung (bzw. Verpflichtung) des Beklagten, seine Rechte geltend zu machen

Pas|siv|rau|chen, das; -s: unfreiwilliges Einatmen von Tabakrauch beim Aufenthalt in Räumen, in denen geraucht wird

Pas|si|vum, das; -s, ...va (veraltet): Passiv

Pas|siv|zin|sen, die (nur Plural): Zinsen, die ein Unternehmen zu zahlen hat

Pas|sus, der; -, - [...su:s]: 1. Abschnitt in einem Text. 2. (selten) Angelegenheit, Fall

Pas|ta, die; -, Pasten (seltener: -s): 1. ↑Paste. 2. (ohne Plural) it. Bez. für: Teigwaren

Pas|te, die; -, -n: 1. streichbare Masse [aus Fisch, Gänseleber o. Ä.]. 2. streichbare Masse als Grundlage für Arzneien u. kosmetische Mittel

Pas|tell, das; -[e]s, -e: 1. Technik des Malens mit Pastellfarben (1). 2. mit Pastellfarben (1) gemaltes Bild (von heller, samtartiger Wirkung). 3. Kurzform von ↑Pastellfarbe (2)

pas|tel|len: [wie] mit Pastellfarben (1) gemalt; von heller, samtartiger Wirkung

Pas|tell|far|be, die; -, -n: 1. aus Kreide, Ton, Farbstoff u. Bindemittel hergestellte trockene Malfarbe in Stiftform. 2. (meist Plural) zarter, heller Farbton

Pas|te|te, die; -, -n: a) meist zylinderförmige Hülle aus Blätterteig für die Füllung mit Ragout; b) mit Ragout gefüllte Pastete (a); c) Speise aus gehacktem Fleisch od. Fisch, die in einer Hülle aus Teig gebacken od. in einer Terrine o. Ä. serviert wird

pas|teu|ri|sie|ren [pastøri'zi:rən]: durch Erhitzen entkeimen, haltbar machen

Pas|teu|ri|sie|rung, die; -, -en: das Pasteurisieren

Pas|til|le, die; -, -n: Plättchen zum Lutschen

Pas|ti|nak, der; -s, -e, **Pas|ti|na|ke,** die; -, -n: 1. Pflanze mit essbarer Pfahlwurzel. 2. Wurzel der Pastinake, die als Gemüse u. Viehfutter verwendet wird

Pas|tor [auch: ...'to:ɐ̯], der; -s, ...oren: Pfarrer (Abk.: P.)

pas|to|ral: 1. ländlich, idyllisch. 2. den Pastor, sein Amt betreffend, ihm zustehend; pfarramtlich, seelsorgerisch. 3. a) feierlich, würdig; b) (abwertend) salbungsvoll

[1]**Pas|to|ra|le,** das; -s, -s od. die; -, -n (Musik): a) Instrumentalstück, bes. für Schalmei- u. Oboegruppen; b) musikalisches Schäferspiel

[2]**Pas|to|ra|le,** das; -s, -s: Hirtenstab eines katholischen Bischofs

Pas|to|ral|theo|lo|gie, die; -: in der katholischen Kirche die praktische Theologie

Pas|to|rat, das; -[e]s, -e: Pfarramt

Pas|to|rin, die; -, -nen: a) Pfarrerin; b) (ugs.) Ehefrau eines Pastors

pas|tos: 1. dick aufgetragen (bes. von Ölfarben auf Gemälden, sodass eine reliefartige Fläche entsteht). 2. (Gastron.) dickflüssig, teigartig

pas|tös: 1. (Med.) gedunsen, aufgeschwemmt. 2. (Technik) pastenartig, teigig

Patch [pætʃ], das; -[s], -s (EDV): Softwareprogramm, das die in einem Programm enthaltenen Fehler beheben soll

pat|chen [pætʃn̩] (EDV): die in einem ↑Programm (4) enthaltenen Fehler beheben

Patch|work ['pætʃwœ:ɐ̯k], das; -s, -s: aus vielen einzelnen Stücken zusammengesetzter Stoff

Pa|tel|la, die; -, ...llen (Med.): Kniescheibe

Pa|te|ne, die; -, -n: flacher [goldener] Teller für die Hostien od. das Abendmahlsbrot

pa|tent (ugs.): praktisch, tüchtig; brauchbar

Pa|tent, das; -[e]s, -e: 1. a) amtlich verliehenes Recht zur alleinigen Benutzung u. gewerblichen Verwertung einer Erfindung; b) Erfindung, die durch das Patentrecht geschützt ist. 2. Ernennungs-, Bestallungsurkunde, bes. eines [Schiffs]offiziers. 3. (schweiz.) Erlaubnis[urkunde] für die Ausübung bestimmter Berufe, Tätigkeiten

pa|ten|tie|ren: eine Erfindung durch Patent schützen

Pa|tent|re|zept, das; -[e]s, -e: einfache Lösung, die alle Schwierigkeiten behebt

Pa|ter, der; -s, - u. Patres [...re:s]: katholischer Ordensgeistlicher (Abk.: P.; Plural PP.)

Pa|ter|fa|mi|li|as, der; -, *Plur.* - u. Patresfamilias (scherzh.): Familienoberhaupt, Familienvater

[1]**Pa|ter|nos|ter,** das; -s, -: Vaterunser

P

[2]**Pa|ter|nos|ter,** der; -s, -: ständig umlaufender Aufzug ohne Tür zur Beförderung von Personen od. Gütern; Umlaufaufzug

Pa|the|tik, die; -: unnatürliche, übertriebene, gespreizte Feierlichkeit

pa|the|tisch (oft abwertend): übertrieben gefühlvoll, salbungsvoll, affektiert

pa|tho|gen (Med.): Krankheiten verursachend (z. B. von Bakterien)

Pa|tho|ge|ne|se, die; -, -n (Med.): Gesamtheit der an Entstehung u. Entwicklung einer Krankheit beteiligten Faktoren

Pa|tho|ge|ni|tät, die; - (Med.): Fähigkeit bestimmter Substanzen u. Organismen, krankhafte Veränderungen im Organismus hervorzurufen

pa|tho|g|no|mo|nisch (Med.): für eine Krankheit, ein Krankheitsbild charakteristisch

Pa|tho|lo|ge, der; -n, -n (Med.): Wissenschaftler bzw. Facharzt auf dem Gebiet der Pathologie (1)

Pa|tho|lo|gie, die; -, ...ien: 1. (ohne Plural; Med.) Wissenschaft von den Krankheiten, bes. von ihrer Entstehung u. den durch sie hervorgerufenen organisch-anatomischen Veränderungen. 2. pathologische Abteilung, pathologisches Institut

Pa|tho|lo|gin, die; -, -nen: weibliche Form zu ↑Pathologe

P

pa|tho|lo|gisch (Med.): 1. die Pathologie betreffend, zu ihr gehörend. 2. krankhaft [verändert]

Pa|tho|phy|sio|lo|gie, die; - (Med.): Teilgebiet der Medizin, das sich mit den Krankheitsvorgängen u. Funktionsstörungen des menschlichen Organismus befasst

Pa|thos, das; -: 1. leidenschaftlich-bewegter Ausdruck, feierliche Ergriffenheit. 2. (abwertend) Gefühlsüberschwang

Pa|ti|ence [pa'si̯ã:s], die; -, -n [...sn̩]: 1. Kartenspiel, bei dem die Karten so gelegt werden, dass bestimmte Sequenzen entstehen. 2. Gebäck in Form von Figuren

Pa|ti|ens [...tsiɛns], das; -, - (Sprachwiss.): Ziel eines durch ein Verbum ausgedrückten Verhaltens; ↑Akkusativobjekt

Pa|ti|ent, der; -en, -en: vom Arzt o. Ä. behandelte Person

Pa|ti|en|tin, die; -, -nen: weibliche Form zu ↑Patient

Pa|ti|na, die; -: grünliche Schicht, die sich unter dem Einfluss der Witterung auf Kupfer od. Kupferlegierungen bildet; Edelrost

pa|ti|nie|ren: mit Patina überziehen

Pa|tio, der; -[s], -s: Innenhof eines Hauses, zu dem hin sich die Wohnräume öffnen

Pa|tis|se|rie, die; -, ...ien (schweiz.): a) feines Backwerk, Konditorei-Erzeugnisse; b) Feinbäckerei

Pa|tis|si|er [...'si̯e:], der; -s, -s: [Hotel]konditor

Pa|tois [pa'to̯a], das; -, -: Mundart, Sprechweise der Landbevölkerung (Frankreichs)

Pa|t|ri|arch, der; -en, -en: 1. biblischer Erzvater. 2. oberster orthodoxer Geistlicher

pa|t|ri|ar|chal: ↑patriarchisch

pa|t|ri|ar|cha|lisch: 1. a) das Patriarchat (2) betreffend; vaterrechtlich; b) den Patriarchen betreffend. 2. als Mann seine Autorität (bes. im familiären Bereich) geltend machend

Pa|t|ri|ar|chat, das; -[e]s, -e: 1. (auch: *der*) Würde u. Amtsbereich eines kirchlichen Patriarchen. 2. Gesellschaftsform, in der der Mann eine bevorzugte Stellung in Staat u. Familie innehat

pa|t|ri|ar|chisch: a) das Patriarchat (2) betreffend; b) durch das Patriarchat (2) geprägt

Pa|t|ri|mo|ni|um, das; -s, ...ien: väterliches Erbgut

Pa|t|ri|ot, der; -en, -en: jmd., der von Patriotismus erfüllt, patriotisch gesinnt ist

Pa|t|ri|o|tin, die; -, -nen: weibliche Form zu ↑Patriot

pa|t|ri|o|tisch: auf Patriotismus beruhend, von ihm erfüllt, zeugend; vaterländisch

Pa|t|ri|o|tis|mus, der; -: durch eine gefühlsmäßige Bindung an die Werte, Traditionen o. Ä. des eigenen Landes geprägte, oft mit Überheblichkeit, mit unkritisch übertriebenem Stolz verbundene [politische] Haltung, Einstellung; vaterländische Gesinnung

Pa|t|ris|tik, die; -: Wissenschaft von den Schriften u. Lehren der Kirchenväter

pa|t|ris|tisch: die Patristik betreffend, zu ihr gehörend

Pa|t|ri|zi|at, das; -[e]s, -e (Geschichte): Gesamtheit der altrömischen adligen Geschlechter

Pa|t|ri|zi|er, der; -s, -: 1. Mitglied des altrömischen Adels. 2. vornehmer, wohlhabender Bürger (bes. im Mittelalter)

Pa|t|ri|zi|e|rin, die; -, -nen: weibliche Form zu ↑Patrizier

pa|t|ri|zisch: 1. die Patrizier (1), den altrömischen Adel betreffend, zu ihm gehörend. 2. die Patrizier (2) betreffend, für sie, ihre Lebensweise charakteristisch; vornehm

[1]**Pa|t|ron,** der; -s, -e: 1. Schutzheiliger einer Kirche od. einer Berufs- od. Standesgruppe. 2. (veraltet) a) Schutzherr, Gönner; b) Schiffs-, Handelsherr. 3. (ugs. abwertend) Bursche, Kerl

[2]**Pa|t|ron** [pa'trõ:], der; -s, -s (schweiz.): Inhaber eines Geschäfts, einer Gaststätte o. Ä.

Pa|t|ro|na, die; -, ...nä: [heilige] Beschützerin

Pa|t|ro|na|ge [...ʒə], die; -, -n: Günstlingswirtschaft, Protektion

Pa|t|ro|nat, das; -[e]s, -e: 1. Würde u. Amt eines Schutzherrn (im alten Rom). 2. Schirmherrschaft

Pa|t|ro|ne, die; -, -n: 1. Metallhülse mit Treibladung u. Geschoss (als Munition für Feuerwaffen). 2. a) kleiner, fast zylindrischer Behälter aus Kunststoff für Tinte od. Tusche zum Einlegen in einen Füllfederhalter; b) fest schließende, lichtundurchlässige Kapsel mit einem Kleinbildfilm, die in die Kamera eingelegt wird

Pa|t|ro|nym, das; -s, -e, **Pa|t|ro|ny|mi|kon,** das; -s, ...ka, **Pa|t|ro|ny|mi|kum,** das; -s, ...ka: vom Namen des Vaters abgeleiteter Name (z. B. Petersen = Peters Sohn)

Pa|t|rouil|le [pa'trʊljə, österr.: ...'tru:jə], die; -, -n: 1. von (einer Gruppe) Soldaten durchgeführte Erkundung, durchgeführter Kontrollgang. 2. Gruppe von Soldaten, die etwas erkundet, einen Kontrollgang durchführt

pa|t|rouil|lie|ren [patrʊl'ji:...]: als Posten od. Wache auf u. ab gehen, auf Patrouille gehen

Pa|t|ro|zi|ni|um, das; -s, ...ien: 1. (Geschichte) im alten Rom die Vertretung durch einen [1]Patron vor Gericht. 2. Festtag zu Ehren des od. der jeweiligen Ortsheiligen

Pat|schu|li, das; -[s], -s: zur Herstellung von Parfüm aus den Blättern einer bestimmten Pflanze gewonnenes Öl

patt: zu keinem erlaubten Zug mehr in der Lage

Patt, das; -s, -s: 1. als unentschieden gewertete Stellung im Schachspiel, bei der eine Partei patt ist. 2. Situation, in der keine Partei sich gegen die andere durchsetzen kann

Pat|tern ['pɛtən], das; -s, -s: 1. (bes. Psychol.; Soziol.) [Verhaltens]muster, [Denk]schema, Modell. 2. (Sprachwiss.) Sprachmuster

Pau|kist, der; -en, -en: jmd., der [berufsmäßig] die (Kessel)pauke schlägt

pau|li|nisch: der Lehre des Apostels Paulus entsprechend, von Paulus stammend

pau|schal: a) im Ganzen, ohne Spezifizierung o. Ä.; b) sehr allgemein [beurteilt], ohne näher zu differenzieren

Pau|scha|le, die; -, -n: Geldbetrag, durch den eine Leistung, die sich aus verschiedenen einzelnen Posten zusammensetzt, ohne Spezifizierung abgegolten wird

pau|scha|lie|ren: Teilsummen od. -leistungen zu einer einzigen Summe od. Leistung zusammenlegen

pau|scha|li|sie|ren: etwas pauschal (b) behandeln, sehr stark verallgemeinern

Pau|scha|li|tät, die; -: das Pauschalsein, das Undifferenziertsein

Pau|schal|tou|ris|mus, der; -: Form des Tourismus, bei der das Reisebüro die jeweilige Reise vermittelt u. Flug, Hotel usw. pauschal berechnet

[1]**Pau|se,** die; -, -n: 1. a) Unterbrechung [einer Tätigkeit], die der Erholung dienen soll; b) kurze Unterbrechung, vorübergehendes Aufhören von etwas. 2. (Musik) Taktteil innerhalb eines Musikwerks, der nicht durch Töne ausgefüllt ist

[2]**Pau|se,** die; -, -n: mithilfe von Pauspapier od. auf fotochemischem Wege hergestellte Kopie (eines Schriftstücks o. Ä.)

pau|sen: eine [2]Pause anfertigen; durchpausen

pau|sie|ren: a) mit etwas vorübergehend aufhören; b) ausruhen, ausspannen

Pa|va|ne, die; -, -n (Musik): 1. langsamer höfischer Schreittanz. 2. Einleitungssatz der Suite

P

Pa|vi|an, der; -s, -e: (in Afrika heimischer) großer, vorwiegend am Boden lebender Affe

Pa|vil|lon ['pavɪljɔŋ, auch: ...jõ, auch: pavi'jõ:], der; -s, -s: 1. großes viereckiges [Fest]zelt. 2. kleines rundes od. mehreckiges, [teilweise] offenes, frei stehendes Gebäude (z. B. Gartenhaus). 3. Einzelbau auf einem Ausstellungsgelände. 4. (Archit.) zu einem größeren Komplex gehörender selbstständiger Bau

Pay-per-View ['peɪpə'vju:], das; -[s]: Verfahren, mit dem einzeln abrechenbare Fernsehangebote wahrgenommen werden können

Pay-TV ['peɪti:vi:], das; -[s]: kostenpflichtiges Fernsehprogramm

Pa|zi|fik, der; -[s]: Pazifischer Ozean

pa|zi|fisch: den Raum, den Küstentyp u. die Inseln des Pazifischen Ozeans betreffend

Pa|zi|fis|mus, der; -: durch die Ablehnung des Krieges als Mittel der Auseinandersetzung gekennzeichnete Einstellung

Pa|zi|fist, der; -en, -en: Anhänger des Pazifismus

Pa|zi|fis|tin, die; -, -nen: weibliche Form zu ↑Pazifist

pa|zi|fis|tisch: den Pazifismus betreffend

pa|zi|fi|zie|ren (veraltend): [ein Land] befrieden

P

[1]PC [pe:'tse:], der; -[s], -[s]: ↑Personal Computer

[2]PC [pe:'tse:], die; -: ↑Political Correctness

Pea|nuts ['pi:nats], die (Plural; meist ohne Artikel) (Jargon): Kleinigkeit; bes. als unbedeutend erachtete Geldsumme

Pe|dal, das; -s, -e: 1. Teil der Tretkurbel am Fahrrad, auf den man den Fuß setzt. 2. Fußhebel in Kraftfahrzeugen. 3. Fußhebel am Klavier u. a. Musikinstrumenten. 4. a) Tastatur an der Orgel, die mit den Füßen bedient wird; b) mit dem Fuß zu bedienender Hebel an der Orgel

pe|dant (österr.): pedantisch

Pe|dant, der; -en, -en: jmd., der die Dinge übertrieben genau nimmt

pe|dan|tisch: übertrieben genau, ordnungsliebend, gewissenhaft

Pe|dell, der; -s, -e (veraltet): Hausmeister einer [Hoch]schule

Pe|di|g|ree ['pɛdigri], der; -s, -s (Biol.): Stammbaum (in der Pflanzen- u. Tierzucht)

Pe|di|kü|re, die; -, -n: 1. (ohne Plural) Fußpflege. 2. Fußpflegerin

Pe|do|graf, Pe|do|graph, der; -en, -en: Wegmesser

Pee|ling ['pi:...], das; -s, -s: kosmetische Schälung der [Gesichts]haut zur Beseitigung von Hautunreinheiten

Peep|show ['pi:pʃɔʊ], die; -, -s: Zurschaustellung einer nackt posierenden [weiblichen] Person, die von einer Kabine aus durch ein Guckfenster betrachtet werden kann

Peer [pi:ɐ̯, auch: pɪə̯], der; -s, -s: 1. Angehöriger des höchsten Adels in Großbritannien. 2. Mitglied des britischen Oberhauses

Pe|ga|sos: geflügeltes Pferd als Sinnbild dichterischer Fantasie

pe|jo|ra|tiv (Sprachwiss.): abwertend

Pe|jo|ra|ti|vum, das; -s, ...va (Sprachwiss.): pejoratives Wort (z. B. Jüngelchen, frömmeln)

Pe|ki|ne|se, der; -n, -n: kleiner, kurzbeiniger Hund mit großem Kopf, Hängeohren u. langem, seidigem Haar

Pek|tin, das; -s, -e (meist Plural): gelierender Pflanzenstoff

Pek|to|ra|le, das; -[s], -s u. ...lien: Brustkreuz katholischer geistlicher Würdenträger

pe|ku|ni|är: geldlich, finanziell

pek|zie|ren, pe|xie|ren (landsch.): etwas anstellen, eine Dummheit machen

Pe|la|gi|al, das; -s (Geol.): freies Wasser der Meere u. Binnengewässer von der Oberfläche bis zur größten Tiefe

Pe|la|gi|a|nis|mus, der; -: Lehre des Pelagius, die gegen Augustins Gnadenlehre die menschliche Willensfreiheit vertrat

pe|la|gisch (Geol.): dem Meeresboden der Tiefsee angehörend (von Sedimenten)

Pe|lar|go|nie, die; -, -n: Geranie

Pe|le|ri|ne, die; -, -n: über dem Mantel zu tragender, einem Cape ähnlicher Umhang, der etwa bis zur Taille reicht

Pe|li|kan [auch: ...'ka:n], der; -s, -e: bes. in den Tropen u. Subtropen heimischer großer Schwimmvogel mit langem, mit einem Kehlsack versehenem Schnabel

Pel|let, das; -s, -s (meist Plural): a) durch Pelletieren von gehäckseltem od. gemahlenem Trockenfutter hergestellter, meist zylinderförmiger Presskörper zur Verfütterung an Pferde, Schweine, Rinder u. Geflügel; b) aus Sägemehl u. a. Holzabfällen hergestellte Presskörper, die zum Heizen verwendet werden

pel|le|tie|ren, pel|le|ti|sie|ren (Technik): feinkörnige Stoffe durch besondere Verfahren zu kleinen kugel- od. walzenförmigen Stücken zusammenfügen

Pel|li|cu|la, die; -, ...lae [...lɛ] (Biol.): äußerste, dünne, elastische Plasmaschicht des Zellkörpers vieler Einzeller

Pe|lo|ta, die; -: baskisches, tennisartiges Rückschlagspiel, bei dem der Ball mit der Faust od. einem Lederhandschuh an eine Wand geschlagen wird

Pe|lo|ton [...'tõ:], das; -s, -s (Radsport): geschlossenes Feld, Hauptfeld im Straßenrennen

Pe|nal|ty ['pɛn̩ti], der; -[s], -s (Sport, bes. Eishockey, schweiz. auch Fußball): Strafstoß

Pe|na|ten, die (nur Plural): altrömische Schutzgötter des Hauses u. der Familie

Pen|dant [pã'dã:], das; -s, -s: ergänzendes Gegenstück; Entsprechung

pen|dent (schweiz.): unerledigt, schwebend, anhängig

Pen|denz, die; -, -en (schweiz.): schwebende, unerledigte Sache, Angelegenheit

Pen|du|le [pã'dy:lə], **Pen|dü|le,** die; -, -n: Pendeluhr

pe|ne|t|rant: a) in störender Weise durchdringend; b) in störender Weise aufdringlich

Pe|ne|t|ranz, die; -, -en: a) durchdringende Schärfe, penetrante (a) Beschaffenheit; b) Aufdringlichkeit

Pe|ne|t|ra|ti|on, die; -, -en: 1. Durchdringung, Durchsetzung. 2. (Fachspr.) das Eindringen (z. B. des Penis in die Scheide)

pe|ne|t|rie|ren: 1. durchsetzen, durchdringen. 2. mit dem Penis eindringen

pe|ni|bel: übertrieben genau

Pe|ni|bi|li|tät, die; -: [übertriebene] Genauigkeit; penible Art

Pe|ni|cil|li|um, das; -s: Schimmelpilz, der das Penizillin liefert

Pen|in|su|la, die; -, ...sul(e)n: Halbinsel

Pe|nis, der; -, -se u. Penes [...ne:s] (Med.): männliches Glied

Pe|ni|zil|lin, fachspr. u. österr.: **Pe|ni|cil|lin,** das; -s, -e (Med.): [früher] besonders wirksames Antibiotikum; vgl. Penicillium

Pen|nä|ler, der; -s, - (ugs.): Schüler [einer höheren Schule]

Pen|nä|le|rin, die; -, -nen: weibliche Form zu ↑Pennäler

Pen|ny ['pɛni], der; -s, (einzelne Stücke:) Pennys [...ni:s] u. (als Wertangabe:) Pence: Münzeinheit in Großbritannien (Abk.: [für Singular u. Plural beim neuen Penny im Dezimalsystem]: p, vor 1971: d)

Pen|si|on [pã'zi̯o:n, auch: paŋ..., pɛn..., pã'si̯o:n], die; -, -en: 1. a) (ohne Plural; meist ohne Artikel) Ruhestand; b) Ruhegehalt. 2. Fremdenheim zur Beherbergung u. Verpflegung von Gästen

Pen|si|o|när, der; -s, -e: jmd., der sich im Ruhestand befindet

Pen|si|o|nä|rin, die; -, -nen: weibliche Form zu ↑Pensionär

Pen|si|o|nat, das; -[e]s, -e (veraltend): Internat, bes. für Mädchen

pen|si|o|nie|ren: in den Ruhestand versetzen

Pen|si|o|nist, der; -en, -en (österr.): Pensionär

Pen|si|o|nis|tin, die; -, -nen: weibliche Form zu ↑Pensionist

Pen|sum, das; -s, Pensen u. Pensa: a) Aufgabe, Arbeit, die innerhalb einer bestimmten Zeit zu erledigen ist; b) Lehrstoff

[1]**Pen|ta|gon,** das; -s, -e: Fünfeck

[2]**Pen|ta|gon,** das; -s: auf einem fünfeckigen Grundriss errichtetes amerikanisches Verteidigungsministerium

Pen|ta|gon|do|de|ka|eder, das; -s, -: von zwölf fünfeckigen Flächen begrenzter Körper

Pen|ta|gramm, das; -s, -e: fünfeckiger Stern, der in einem Zug mit fünf gleich langen Linien gezeichnet werden kann; Drudenfuß

Pen|ta|me|ter, der; -s, -: (nach deutscher Messung) aus sechs Versfüßen bestehender epischer Vers, der durch Zäsur in zwei Hälften geteilt ist

P

Pen|ta|teuch, der; -[s]: die fünf Bücher Mose im Alten Testament

Pen|t|ath|lon [auch: ...'ʔa:tlɔn], der u. das; -s, -s: altgriechischer Fünfkampf

Pent|house ['pɛnthaʊs], das; -, -s [...zɪs], **Pent|haus,** das; -es, ...häuser: exklusives Apartment auf dem Flachdach eines Etagen- od. Hochhauses

Pen|ti|um®, der; -[s], -s: ein Mikroprozessor

Pe|n|um|b|ra, die; - (Astron.): nicht ganz dunkles Randgebiet eines Sonnenflecks

Pe|nun|ze, die; -, -n (meist Plural) (ugs.): Geld, Geldmittel

Pep, der; -[s]: mitreißender Schwung

Pe|pe|ro|ne, der; -, ...oni, häufiger: **Pe|pe|ro|ni,** die; -, - (meist Plural): kleine, sehr scharfe [in Essig eingelegte] Paprikaschote

Pe|pi|ta, der od. das; -s, -s: a) klein kariertes Muster; b) Gewebe mit klein kariertem Muster

Pe|p|lon, das; -s, ...plen u. -s, **Pe|p|los,** der; -, ...plen u. -: altgriechisches faltenreiches, gegürtetes Obergewand, bes. der Frauen

Pep|sin, das; -s, -e: (Biol., Med.) bestimmtes Enzym des Magensaftes

Pep|tid, das; -[e]s, -e: bestimmtes Produkt des Eiweißabbaus

per: 1. mit, mittels, durch. 2. (Amts-, Kaufmannsspr.) a) je, pro; b) bis zum, am

P

per an|num (veraltet): jährlich, für das Jahr (Abk.: p. a.)

per as|pe|ra ad as|t|ra: nach vielen Mühen zum Erfolg; durch Nacht zum Licht

per cas|sa (Kaufmannsspr.): gegen Barzahlung; vgl. Kassa

Per|cus|sion [pə'kaʃn̩], die; -, -s (Musik): in der Jazzkapelle o. Ä. Gruppe der Schlaginstrumente

per de|fi|ni|ti|o|nem: wie in der Aussage enthalten; erklärtermaßen

per|du [...'dy:] (ugs.): verloren, weg

per|fekt: vollendet, vollkommen

Per|fekt, das; -s, -e (Sprachwiss.): Zeitform, mit der ein verbales Geschehen od. Sein als vollendet charakterisiert wird

Per|fek|ti|on, die; -, -en: Vollendung, Vollkommenheit, vollendete Meisterschaft

per|fek|ti|o|nie|ren: in einen perfekten Zustand bringen

Per|fek|ti|o|nie|rung, die; -: das Vervollkommnen, Perfektionieren

Per|fek|ti|o|nis|mus, der; - (abwertend): übertriebenes Streben nach Perfektion

Per|fek|ti|o|nist, der; -en, -en (abwertend): jmd., der in übertriebener Weise nach Perfektion strebt

Per|fek|ti|o|nis|tin, die; -, -nen: weibliche Form zu ↑Perfektionist

per|fek|ti|o|nis|tisch (abwertend): in übertriebener Weise Perfektion anstrebend

per|fek|tisch: das Perfekt betreffend, im Perfekt [gebraucht]

per|fek|tiv [auch: ...'ti:f] (Sprachwiss.): die zeitliche Begrenzung eines Geschehens ausdrückend

per|fid, per|fi|de: hinterlistig, tückisch

Per|fi|die, die; -, ...ien: a) (ohne Plural) Hinterhältigkeit, Hinterlist, Falschheit; b) perfide Handlung, Äußerung

Per|fo|ra|ti|on, die; -, -en: a) Reiß-, Trennlinie an einem Papierblatt; Zähnung; b) zum Transportieren erforderliche Lochung am Rande eines Films

per|fo|rie|ren: a) durchlöchern; b) mit einer Perforation versehen, lochen

Per|for|mance [pœ:ɐ̯'fɔ:ɐ̯məns], die; -, -s [...sɪs]: 1. dem ↑Happening ähnliche, meist von einem einzelnen Künstler dargebotene künstlerische Aktion. 2. (Bankw.) Wertzuwachs des Vermögens einer Investmentgesellschaft od. auch eines einzelnen Wertpapiers. 3. (EDV) Leistung eines Rechners

Per|for|manz, die; -, -en (Sprachwiss.): Gebrauch der Sprache, konkrete Realisierung von Ausdrücken in einer bestimmten Situation durch einen individuellen Sprecher

per|for|ma|tiv, per|for|ma|to|risch (Sprachwiss.): eine mit einer sprachlichen Äußerung beschriebene Handlung zugleich vollziehend (z. B. ich gratuliere dir ...)

per|for|men: 1. darbieten, präsentieren; etw. vorführen. 2. (Bankw.) sich in Bezug auf den Wert entwickeln

Per|for|mer [...'fɔ:...], der; -s, -: Künstler, der Performances darbietet

Per|for|me|rin, die; -, -nen: weibliche Form zu ↑Performer

Per|ga|ment, das; -[e]s, -e: 1. enthaarte, zum Beschreiben zubereitete Tierhaut. 2. Handschrift auf Pergament (1)

per|ga|men|ten: aus Pergament (1)

Per|go|la, die; -, ...len: Laube od. Laubengang aus Pfeilern od. Säulen als Stützen für eine Holzkonstruktion, an der sich Pflanzen [empor]ranken

Pe|ri|gä|um, das; -s, ...äen (Astron.): erdnächster Punkt einer Umlaufbahn um die Erde

Pe|ri|gon, das; -s, -e, **Pe|ri|go|ni|um,** das; -s, ...ien (Bot.): Blütenhülle aus gleichartigen, meist auffällig gefärbten Blättern (z. B. bei Tulpen, Lilien, Orchideen; Zeichen: P)

Pe|ri|hel, das; -s, -e, **Pe|ri|he|li|um,** das; -s, ...ien (Astron.): Punkt einer Planeten- od. Kometenbahn, der der Sonne am nächsten liegt

Pe|ri|kard, das; -[e]s, -e, **Pe|ri|car|di|um,** das; -s, ...ien (Med.): äußerste Umhüllung des Herzens; Herzbeutel

Pe|ri|ko|pe, die; -, -n: 1. zur gottesdienstlichen Verlesung vorgeschriebener Bibelabschnitt. 2. (Metrik) Strophengruppe, metrischer Abschnitt

pe|ri|na|tal (Med.): den Zeitraum kurz vor, während und kurz nach der Entbindung betreffend, in diesen Zeitraum fallend

Pe|ri|od-Dra|ma, Pe|ri|od|dra|ma, das; -s, ...men ['pi:riət...]: Film od. Theaterstück, das in einer (auch fiktiven) früheren Epoche angesiedelt ist

Pe|ri|o|de, die; -, -n: 1. durch etwas Bestimmtes (z. B. Ereignisse, Persönlichkeiten) charakterisierter Zeitabschnitt, -raum. 2. etwas periodisch Auftretendes, regelmäßig Wiederkehrendes. 3. (Math.) Zahl od. Zahlengruppe einer unendlichen Dezimalzahl, die sich ständig wiederholt (z. B. $1{,}171717... = 1{,}\overline{17}$). 4. (Med.) Monatsblutung, Regel, ↑Menstruation

Pe|ri|o|dik, die; -: Periodizität

Pe|ri|o|di|kum, Pe|ri|o|di|cum, das; -s, ...ka bzw. ...ca (meist Plural): periodisch erscheinende Schrift (z. B. Zeitung, Zeitschrift)

pe|ri|o|disch: regelmäßig auftretend, wiederkehrend

Pe|ri|o|di|zi|tät, die; -, -en: regelmäßige Wiederkehr

Pe|ri|pa|te|ti|ker, der; -s, - (meist Plural) (Philos.): Schüler des Aristoteles

Pe|ri|pe|tie, die; -, ...ien: entscheidender Wendepunkt, Umschwung, bes. im Drama

pe|ri|pher: am Rande befindlich, an der Peripherie liegend

Pe|ri|phe|rie, die; -, ...ien: Rand, Randgebiet (z. B. Stadtrand)

Pe|ri|phe|rie|ge|rät, das; -[e]s, -e (EDV): Gerät, das über eine Schnittstelle an einen Computer angeschlossen werden kann

Pe|ri|phra|se, die; -, -n: 1. Umschreibung eines Begriffs, einer Person od. Sache durch kennzeichnende Eigenschaften (z. B. *der Allmächtige* für Gott). 2. ↑Paraphrase (2)

Pe|ri|s|kop, das; -s, -e: [ausfahrbares, drehbares] Fernrohr mit geknicktem Strahlengang (z. B. Sehrohr für Unterseeboote)

Pe|ri|s|tal|tik, die; - (Med.): von den Wänden der muskulösen Hohlorgane (z. B. des Magens, Darms u. Harnleiters) ausgeführte Bewegung, bei der sich die einzelnen Organabschnitte nacheinander zusammenziehen u. so den Inhalt des Hohlorgans transportieren

pe|ri|s|tal|tisch (Med.): die Peristaltik betreffend

Pe|ri|s|tyl, das; -s, -e, **Pe|ri|s|ty|li|um,** das; -s, ...ien: von Säulen umgebener Innenhof eines antiken Hauses

Per|ko|la|tor, der; -s, ...oren: Apparat zur Herstellung von Pflanzenauszügen

Per|kus|si|o|nist, der; -en, -en: jmd., der ein ↑Perkussionsinstrument spielt

Per|kus|si|o|nis|tin, die; -, -nen: weibliche Form zu Perkussionist

Per|kus|si|ons|in|s|t|ru|ment, das; -[e]s, -e (Musik): Schlaginstrument

per|kus|siv (Musik): vorwiegend vom Rhythmus geprägt, bestimmt; durch rhythmische Geräusche erzeugt, hervorgebracht

Per|lit [auch: ...'lɪt], der; -s, -e: ein glasig erstarrtes Gestein

Per|lo|ku|ti|on, die; -, -en: Sprechhandlung, die eine Wirkung auf den Hörer ausübt, Konsequenzen für ihn, sein Verhalten hat

per|lo|ku|ti|o|när (Sprachwiss.): die Perlokution betreffend; **perlokutionärer Akt:** Sprechakt im Hinblick auf die Konsequenzen der Aussage (z. B. die Wirkung auf die Gefühle, Gedanken u. Handlungen des Hörers)

Per|lon®, das; -s: sehr haltbare Kunstfaser

Perm, das; -s (Geol.): jüngste erdgeschichtliche Formation des ↑Paläozoikums (umfasst Rotliegendes u. Zechstein)

per|ma|nent: dauernd, anhaltend, ununterbrochen, ständig

Per|ma|nent|weiß, das; -[es]: aus Bariumsulfat hergestellte Malerfarbe

Per|ma|nenz, die; -: ununterbrochene, permanente Dauer

per|me|a|bel: durchdringbar, durchlässig

Per|me|a|bi|li|tät, die; -, -en: 1. (Fachspr.) Durchlässigkeit eines bestimmten Materials für bestimmte Stoffe, bes. Durchlässigkeit von Scheidewänden. 2. im magnetischen Feld das Verhältnis zwischen magnetischer Induktion u. magnetischer Feldstärke

Per|mis|si|on, die; -, -en (veraltet): Erlaubnis

per|mis|siv (Psychol., Soziol.): die Einhaltung bestimmter Verhaltensnormen nur locker kontrollierend

Per|mis|si|vi|tät, die; - (Psychol., Soziol.): freies, permissives Gewährenlassen

Per|mu|ta|ti|on, die; -, -en: 1. Vertauschung, Umstellung. 2. (Math.) Umstellung in der Reihenfolge bei einer Zusammenstellung einer bestimmten Anzahl geordneter Größen, Elemente. 3. (Sprachwiss.) Umstellung aufeinanderfolgender sprachlicher Elemente; Umstellprobe, Verschiebeprobe

Per|nam|buk|holz, das; -es, ...hölzer: ↑Brasilholz

per|ni|zi|ös (Med.): bösartig, unheilbar

Per|nod® [...'no:], der; -[s], -s: aus echtem Wermut, Anis u. anderen Kräutern hergestelltes alkoholisches Getränk

Pe|ro|nis|mus, der; -: autoritär geführte Bewegung mit politisch-sozialen Zielen in Argentinien

pe|ro|nis|tisch: den Peronismus betreffend, auf ihm beruhend, in der Art des Peronismus

per|oral (Med.): durch den Mund, über den Verdauungsweg (z. B. von der Anwendung eines Arzneimittels)

Per|oxid, Per|oxyd, das; -[e]s, -e: sauerstoffreiche chemische Verbindung

per|pen|di|ku|lar, per|pen|di|ku|lär: senkrecht, lotrecht

per|pe|tu|ie|ren: ständig [in gleicher Weise] fortfahren, weitermachen; fortdauern

Per|pe|tu|um mo|bi|le, das; - -, - -[s] u. ...tua ...bilia: utopische Maschine, die ohne Energiezufuhr dauernd Arbeit leistet

per|plex (ugs.): verwirrt, verblüfft, überrascht, bestürzt, betroffen

Per|ron [pɛ'rõ:, österr.: ...ro:n, schweiz.: 'pɛrõ], der; -s, -s (veraltet, aber noch schweiz.): Bahnsteig; Plattform

per sal|do: 1. (Kaufmannsspr.) aufgrund des ↑Saldos; als Rest zum Ausgleich (auf einem Konto). 2. (ugs.) überschlägig, alles in allem

per se: an sich, von selbst

Per|sen|ning, Pre|sen|ning, die; -, -e[n] u. -s: 1. (ohne Plural) starkfädiges, wasserdichtes Gewebe für Segel, Zelte u. a. 2. Schutzbezug aus wasserdichtem Segeltuch

Per|se|ve|ra|ti|on, die; -, -en: 1. Tendenz seelischer Erlebnisse u. Inhalte, im Bewusstsein zu verharren. 2. (Med., Psychol.) krankhaftes Verweilen bei ein u. demselben Denkinhalt

Per|si|a|ner, der; -s, -: a) klein gelocktes Fell von Lämmern des Karakulschafes; b) Pelz aus Persianer (a)

Per|si|f|la|ge [...ʒə], die; -, -n: feine, geistreiche Verspottung durch übertreibende od. ironisierende Darstellung bzw. Nachahmung

per|si|f|lie|ren: durch Persiflage auf geistreiche Art verspotten

per|sis|tent (Biol., Med.): anhaltend, dauernd, hartnäckig

Per|sis|tenz, die; -, -en (Biol., Med.): Bestehenbleiben eines Zustandes über längere Zeiträume

Per|son, die; -, -en: 1. a) Mensch, menschliches Wesen; b) Mensch als individuelles geistiges Wesen, in seiner spezifischen Eigenart als Träger eines einheitlichen, bewussten Ichs.

2. Figur in einem Drama, Film o. Ä. 3. (emotional) Frau, junges Mädchen. 4. (Sprachwiss.) Träger eines durch ein Verb gekennzeichneten Geschehens (z. B. *ich* gehe); vgl. Personalform

Per|so|na in|gra|ta, die; - -: Angehöriger des diplomatischen Dienstes, dessen [vorher genehmigter] Aufenthalt in einem fremden Staat von der Regierung des betreffenden Staates nicht [mehr] gewünscht wird

per|so|nal: den Einzelmenschen betreffend, von einer Einzelperson ausgehend; vgl. personell

Per|so|nal, das; -s: 1. Gesamtheit der Hausangestellten. 2. Gesamtheit der Angestellten, Beschäftigten in einem Betrieb o. Ä.

Per|so|nal|ak|te, die; -, -n (meist Plural): Schriftstück, das persönliche Angaben über einen Menschen enthält

Per|so|nal Com|pu|ter ['pœ:ɐ̯sənɛl -], der; - -s, - -: leistungsfähiger Computer mit vielfältigen Anwendungsmöglichkeiten, der mit benutzerfreundlichen Programmen ausgestattet u. leicht handhabbar ist (Abk.: PC)

Per|so|na|le, das; -s, ...lia u. ...lien (Sprachwiss.): in allen drei Personen (4) gebräuchliches Verb

Per|so|nal|form, die; -, -en (Sprachwiss.): ↑finite Form, Form des Verbs, die die Person (4) kennzeichnet (z. B. er *geht*)

Per|so|na|lie [...i̯ə], die; -, -n: 1. (nur Plural) Angaben zur Person (wie Name, Lebensdaten usw.). 2. Einzelheit, die jmds. persönliche Verhältnisse betrifft

per|so|nal|in|ten|siv (Wirtsch.): viele Arbeitskräfte erfordernd

per|so|na|li|sie|ren: auf Einzelpersonen ausrichten

Per|so|na|li|tät, die; -, -en: Persönlichkeit; Gesamtheit der das Wesen einer Person ausmachenden Eigenschaften

Per|so|na|li|täts|prin|zip, das; -s (Rechtswiss.): Grundsatz des internationalen Strafrechts, bestimmte Straftaten nach den im Heimatrecht des Täters gültigen Gesetzen abzuurteilen

Per|so|na|li|ty|show, Per|so|na|li|ty-Show [pœ:ɐ̯sə'nælɪtiʃɔʊ̯], die; -, -s: Unterhaltungssendung im Fernsehen, in der die Fähigkeiten eines Künstlers demonstriert werden sollen

Per|so|nal|pro|no|men, das; -s, - u. ...mina (Sprachwiss.): persönliches Fürwort (z. B. er, wir)

Per|so|nal|uni|on, die; -: Vereinigung von Ämtern in der Hand einer Person

per|so|nell: das Personal, die Gesamtheit der Angestellten, Beschäftigten in einem Betrieb o. Ä. betreffend

Per|so|nen|kult, der; -[e]s, -e (Plural selten) (abwertend): übertriebene persönliche Verehrung einer Führungspersönlichkeit

Per|so|ni|fi|ka|ti|on, die; -, -en: Vermenschlichung von Göttern, Begriffen od. leblosen Dingen (z. B. die Sonne *lacht*)

per|so|ni|fi|zie|ren: vermenschlichen

Per|so|ni|fi|zie|rung, die; -, -en: das Personifizieren

per|s|pek|tiv: ↑perspektivisch

Per|s|pek|tiv, das; -s, -e: kleines Fernrohr

Per|s|pek|ti|ve, die; -, -n: 1. a) Betrachtungsweise, -möglichkeit von einem bestimmten Standpunkt aus; Sicht, Blickwinkel; b) Aussicht für die Zukunft. 2. dem Augenschein entsprechende ebene Darstellung räumlicher Verhältnisse u. Gegenstände

P

per|s|pek|ti|visch: 1. die Perspektive (1 b) betreffend; in die Zukunft gerichtet, planend. 2. die Perspektive (2) betreffend, ihren Regeln entsprechend

Per|su|a|si|on, die; -, -en: Überredung

per|su|a|siv, per|su|a|so|risch: überredend, zum Überzeugen, Überreden geeignet

Pe|rü|cke, die; -, -n: zu einer bestimmten Frisur gearbeiteter Haarersatz aus echten od. künstlichen Haaren

per|vers: ein von einer Norm in erheblichem Maß abweichendes Verhalten zeigend

Per|ver|si|on, die; -, -en: von einer Norm in erheblichem Maß abweichendes Verhalten

Per|ver|si|tät, die; -, -en: 1. (ohne Plural) das Perverssein. 2. Erscheinungsform der Perversion; perverse Verhaltensweise

per|ver|tie|ren: 1. von einer Norm abweichen. 2. verdrehen, verfälschen, ins Gegenteil verkehren

Per|ver|tie|rung, die; -, -en: 1. das Pervertiertsein. 2. das Pervertieren

Per|zep|ti|on, die; -, -en (Biol., Med.): Reizaufnahme durch Sinneszellen od. -organe

per|zep|tiv: ↑perzeptorisch

per|zep|to|risch: die Perzeption betreffend

per|zi|pie|ren (Biol., Med.): durch Sinneszellen od. -organe Reize aufnehmen

Pe|se|ta, Pe|se|te, die; -, ...ten: frühere spanische Währungseinheit

Pe|so, der; -[s], -[s]: Währungseinheit in Süd-, Mittelamerika u. auf den Philippinen

Pes|si|mis|mus, der; -: Lebensauffassung, bei der alles von der negativen Seite betrachtet wird; negative Grundhaltung; Schwarzseherei

Pes|si|mist, der; -en, -en: negativ eingestellter Mensch, der immer die schlechten Seiten des Lebens sieht; Schwarzseher

Pes|si|mis|tin, die; -, -nen: weibliche Form zu ↑Pessimist

Pes|ti|lenz, die; -, -en (veraltet): Pest; schwere Seuche

Pes|ti|zid, das; -s, -e: Schädlingsbekämpfungsmittel

Pes|to, das od. der; -s, -s: Würzpaste aus Olivenöl, Knoblauch, Basilikum, Pinienkernen u.Ä.

P

Pe|tent, der; -en, -en: Bittsteller

Pe|ter|si|lie [...i̯ə], die; -, -n: Gewürz- u. Gemüsepflanze, die sehr reich an Vitamin C ist u. deren Blätter als Küchenkraut dienen

Pe|tit [pə'ti:], die; - (Druckw.): Schriftgrad von 8 Punkt (ungefähr 3 mm)

Pe|ti|tes|se, die; -, -n: Kleinigkeit, Geringfügigkeit, unbedeutende Sache, Bagatelle

Pe|ti|ti|on, die; -, -en: Bittschrift, Eingabe

Pe|ti|ti|ons|recht, das; -[e]s, -e: Bittrecht, Beschwerderecht

Pe|t|ro|che|mie, die; -: 1. ↑Petrolchemie. 2. (veraltend) Wissenschaft von der chemischen Zusammensetzung der Gesteine

pe|t|ro|che|misch: 1. a) die Petrochemie betreffend; b) die chemische Zusammensetzung der Gesteine betreffend. 2. petrolchemisch

Pe|t|ro|dol|lar ['pɛ...], der; -[s], -s (meist Plural): amerikanische Währung im Besitz der Erdöl produzierenden Staaten, die auf dem internationalen Markt angelegt wird

Pe|t|ro|gra|fie, Pe|t|ro|gra|phie, die; -, ...ien: Wissenschaft von der mineralogischen u. chemischen Zusammensetzung der Gesteine u. ihrer Gefüge; beschreibende Gesteinskunde

pe|t|ro|gra|fisch, pe|t|ro|gra|phisch: die Petrografie betreffend

Pe|t|rol, das; -s (schweiz.): Petroleum

Pe|t|rol|che|mie, die; -: Zweig der technischen Chemie, dessen Aufgabe bes. in der Gewinnung von chemischen Rohstoffen aus Erdöl u. Erdgas besteht

pe|t|rol|che|misch: die Petrolchemie, die Gewinnung von chemischen Rohstoffen aus Erdöl u. Erdgas betreffend

Pe|t|ro|le|um, das; -s: 1. Erdöl. 2. Destillationsprodukt des Erdöls

Pet|ti|coat ['pɛtikɔu̯t], der; -s, -s: versteifter, weiter, in der Taille ansetzender Unterrock

Pet|ting, das; -[s], -s: Stimulierung durch Berühren und Reizen der Genitalien ohne Ausübung des eigentlichen Geschlechtsverkehrs

Pe|tu|nie [...i̯ə], die; -, -n: Balkonpflanze mit violetten, roten od. weißen Trichterblüten

peu à peu [pøa'pø:]: allmählich, nach u. nach

Pfef|fe|ro|ne, der; -, ...ni (selten: -n), **Pfef|fe|ro|ni,** der; -, - (österr.): Peperone

Phä|a|ke, der; -n, -n: sorgloser Genießer

Pha|ge, der; -n, -n: ↑Bakteriophage

Pha|go|zyt, der; -en, -en (meist Plural) (Med.): weißes Blutkörperchen, das eingedrungene Fremdstoffe, bes. Bakterien, aufnehmen, durch ↑Enzyme auflösen u. unschädlich machen kann

Pha|lanx, die; -, ...langen: 1. (Geschichte) tief gestaffelte, geschlossene Schlachtreihe des schweren Fußvolks im Griechenland der Antike. 2. geschlossene Front (z. B. des Widerstands)

phal|lisch: den Phallus betreffend

Phal|lus, der; -, ...lli u. ...llen, auch: -se: [erigiertes] männliches Glied (meist als Symbol der Kraft und Fruchtbarkeit)

Phal|lus|kult, der; -[e]s (Völkerkunde): religiöse Verehrung des männlichen Gliedes als Sinnbild der Naturkraft, der Fruchtbarkeit

Pha|ne|ro|ga|me, die; -, -n (meist Plural): Blütenpflanze

Phä|no|men, das; -s, -e: etwas, was sich wahrnehmen, beobachten, feststellen lässt; Erscheinung

phä|no|me|nal: außergewöhnlich, einzigartig, erstaunlich, unglaublich

Phä|no|typ [auch: ...'ty:p], der; -s, -en, **Phä|no|ty|pus** [auch: ...'ty:...], der; -, ...pen (Biol.): das Erscheinungsbild eines Organismus, das durch Erbanlagen u. Umwelteinflüsse geprägt wird

phä|no|ty|pisch [auch: ...'ty:...] (Biol.): das Erscheinungsbild eines Organismus betreffend

Phan|ta|sie usw. vgl. [1]Fantasie usw.

Phan|tas|ma, das; -s, ...men (Psychol.): Sinnestäuschung, Trugbild

Phan|tas|ma|go|rie, die; -, ...ien: 1. Zauber, Truggebilde, Wahngebilde. 2. künstliche Darstellung von Trugbildern, Gespenstern u. a. auf der Bühne

phan|tas|ma|go|risch: traumhaft, bizarr, gespenstisch, trügerisch

Phan|tom, das; -s, -e: 1. gespenstische Erscheinung, Trugbild. 2. (Med.) Nachbildung von Körperteilen u. Organen für den Unterricht

Phan|tom|bild, das; -[e]s, -er: nach Zeugenaussagen erstelltes Bild eines gesuchten Täters

Phan|tom|schmerz, der; -es, -en (Med.): Schmerzen, die man in einem bereits amputierten Körperglied empfindet

Pha|rao, der; -[s], ...onen: altägyptischer König

pha|ra|o|nisch: den Pharao betreffend

Pha|ri|sä|er, der; -s, -: 1. (Geschichte) Angehöriger einer altjüdischen, streng gesetzesfrommen religiös-politischen Partei. 2. selbstgerechter Mensch; Heuchler. 3. heißer Kaffee mit Rum und geschlagener Sahne

Pha|ri|sä|e|rin, die; -, -nen: weibliche Form zu ↑Pharisäer (2)

pha|ri|sä|isch: 1. die Pharisäer (1) betreffend. 2. selbstgerecht; heuchlerisch

Phar|ma|in|dus|t|rie, die; -, -n: Arzneimittelindustrie

Phar|ma|kant, der; -en, -en: Facharbeiter für die Herstellung pharmazeutischer Erzeugnisse

Phar|ma|kan|tin, die; -, -nen: weibliche Form zu ↑Pharmakant

Phar|ma|ko|lo|ge, der; -n, -n: Wissenschaftler auf dem Gebiet der Pharmakologie

Phar|ma|ko|lo|gie, die; -: Wissenschaft von Art u. Aufbau der Heilmittel, ihren Wirkungen u. Anwendungsgebieten; Arzneimittelkunde, Arzneiverordnungslehre

Phar|ma|ko|lo|gin, die; -, -nen: weibliche Form zu ↑Pharmakologe

phar|ma|ko|lo|gisch: die Pharmakologie, Arzneimittel betreffend

Phar|ma|kon, das; -s, ...ka: Arzneimittel

Phar|ma|re|fe|rent, der; -en, -en: Vertreter, der bei Ärzten für die Arzneimittel o. Ä. einer Firma wirbt

Phar|ma|re|fe|ren|tin, die; -, -nen: weibliche Form zu ↑Pharmareferent

Phar|ma|un|ter|neh|men, das; -s, -: Unternehmen der Pharmaindustrie

Phar|ma|zeut, der; -en, -en: Fachmann, Wissenschaftler auf dem Gebiet der Pharmazie

Phar|ma|zeu|tik, die; -: Arzneimittelkunde

Phar|ma|zeu|ti|kum, das; -s, ...ka: Arzneimittel

Phar|ma|zeu|tin, die; -, -nen: weibliche Form zu ↑Pharmazeut

phar|ma|zeu|tisch: zur Pharmazie gehörend; die Herstellung von Arzneimitteln betreffend

phar|ma|zeu|tisch-tech|nisch: die Pharmazie in Verbindung mit entsprechenden technischen, praktischen Handhabungen betreffend

Phar|ma|zie, die; -: Wissenschaft von den Arzneimitteln

Pha|ryn|gis|mus, der; -, ...men (Med.): Krampf im Bereich des Rachens

Pha|rynx, der; -, ...ryngen (Med.): Schlund, Rachen

Pha|se, die; -, -n: 1. Abschnitt einer [stetigen] Entwicklung; Zustandsform, Stufe. 2. (Chemie) Aggregatzustand eines chemischen Stoffes (z. B. feste, flüssige Phase). 3. (Physik) Größe, die den Schwingungszustand einer Welle an einer bestimmten Stelle, bezogen auf den Anfangszustand, charakterisiert

Phe|nol, das; -s: Karbolsäure, eine aus dem Steinkohlenteer gewonnene, technisch vielfach verwendete organische Verbindung

Phe|nol|harz, das; -es, -e: aus Phenolen u. Formaldehyd synthetisch hergestelltes Harz

Phe|ro|mon, das; -s, -e (meist Plural) (Biol.): Wirkstoff, der nach außen abgegeben wird u. auf andere Individuen der gleichen Art Einfluss hat (z. B. Lockstoffe von Insekten)

Phi, das; -[s], -s: einundzwanzigster Buchstabe des griechischen Alphabets: Φ, φ

Phi|l|an|th|rop, der; -en, -en: Menschenfreund

Phi|l|an|th|ro|pie, die; -: Menschenfreundlichkeit, Menschenliebe

Phi|l|an|th|ro|pi|nis|mus: am Ende des 18. Jh.s einsetzende, von Basedow begründete Erziehungsbewegung, die eine natur- u. vernunftgemäße Erziehung anstrebte

phi|l|an|th|ro|pisch: menschenfreundlich, menschlich [gesinnt]

Phi|l|a|te|lie, die; -: [wissenschaftliche] Beschäftigung mit Briefmarken, das Sammeln von Briefmarken

Phi|l|a|te|list, der; -en, -en: jmd., der sich [wissenschaftlich] mit Briefmarken beschäftigt; Briefmarkensammler

Phi|l|a|te|lis|tin, die; -, -nen: weibliche Form zu ↑Philatelist

P

Phil|har|mo|nie, die; -, ...ien: 1. Name philharmonischer Orchester od. musikalischer Gesellschaften. 2. [Gebäude mit einem] Konzertsaal eines philharmonischen Orchesters

Phil|har|mo|ni|ker, der; -s, -: a) Mitglied eines philharmonischen Orchesters; b) (nur Plural) Name eines Sinfonieorchesters mit großer Besetzung (z. B. Berliner Philharmoniker, Wiener Philharmoniker)

Phil|har|mo|ni|ke|rin, die; -, -nen: weibliche Form zu ↑Philharmoniker (a)

phil|har|mo|nisch: die Musikliebe, -pflege betreffend; Musik pflegend

Phil|hel|le|ne, der; -n, -n: Anhänger, Vertreter des Philhellenismus

Phil|hel|le|nin, die; -, -nen: weibliche Form zu ↑Philhellene

Phil|hel|le|nis|mus, der; - (Geschichte): politisch-romantische Bewegung, die den Befreiungskampf der Griechen gegen die Türken unterstützte

Phi|l|ip|pi|ka, die; -, ...ken: Straf-, Kampfrede

Phi|lis|ter, der; -s, -: 1. kleinbürgerlicher Mensch; Spießbürger. 2. (Verbindungsw.) im Berufsleben stehender Alter Herr. 3. (Studentenspr. veraltend) Nichtakademiker

phi|lis|t|rös: spießig; engstirnig

Phil|lu|me|nist, der; -en, -en: Sammler von Streichholzschachteln od. Etiketten von Streichholzschachteln

Phil|lu|me|nis|tin, die; -, -nen: weibliche Form zu ↑Phillumenist

Phi|lo|den|d|ron, der, auch: das; -s, ...ren: zu den Aronstabgewächsen gehörende Blattpflanze mit Luftwurzeln u. gelappten Blättern; vgl. Monstera

Phi|lo|lo|ge, der; -n, -n: jmd., der sich wissenschaftlich mit Philologie befasst (z. B. Hochschullehrer, Student)

Phi|lo|lo|gie, die; -, ...ien: Sprach- u. Literaturwissenschaft

Phi|lo|lo|gin, die; -, -nen: weibliche Form zu ↑Philologe

phi|lo|lo|gisch: die Philologie betreffend, auf ihr beruhend, zu ihr gehörend

Phi|lo|se|mit, der; -en, -en: Vertreter des Philosemitismus

Phi|lo|se|mi|tin, die; -, -nen: weibliche Form zu ↑Philosemit

Phi|lo|se|mi|tis|mus, der; -: a) (bes. im 17. u. 18. Jh.) geistige Bewegung, die gegenüber Juden und ihrer Religion eine sehr tolerante Haltung einnimmt; b) (abwertend) unkritische Haltung, die die Politik des Staates Israel vorbehaltlos unterstützt

Phi|lo|soph, der; -en, -en: 1. a) jmd., der nach dem letzten Sinn, den Ursprüngen des Denkens u. Seins, dem Wesen der Welt, der Stellung des Menschen im Universum fragt; b) Begründer einer Denkmethode, einer Philosophie (1). 2. Wissenschaftler auf dem Gebiet der Philosophie (2). 3. jmd., der gern philosophiert (2), über etwas nachdenkt, grübelt

Phi|lo|so|phem, das; -s, -e: Ergebnis philosophischer Nachforschung od. Lehre; philosophisches Ergebnis

Phi|lo|so|phie, die; -, …ien: 1. forschendes Fragen u. Streben nach Erkenntnis des letzten Sinnes, der Ursprünge des Denkens u. Seins, der Stellung des Menschen im Universum, des Zusammenhanges der Dinge in der Welt. 2. (ohne Plural) Wissenschaft von den verschiedenen philosophischen Systemen, Denkgebäuden

phi|lo|so|phie|ren: 1. Philosophie (1) betreiben, sich philosophisch über einen Gegenstand verbreiten. 2. über etwas nachdenken, grübeln; nachdenklich über etwas reden

Phi|lo|so|phin, die; -, -nen: weibliche Form zu ↑Philosoph

phi|lo|so|phisch: 1. die Philosophie (1) betreffend. 2. in der Art eines Philosophen, abgeklärt, weise

Phi|mo|se, die; -, -n (Med.): angeborene od. erworbene Vorhautverengung des Penis

Phi|o|le, die; -, -n: kugelförmige Glasflasche mit langem Hals

Phleg|ma|ti|ker, der; -s, -: a) (nach dem von Hippokrates aufgestellten Temperamentstyp) ruhiger, langsamer, schwerfälliger Mensch; vgl. Choleriker, Melancholiker, Sanguiniker; b) Vertreter dieses Temperamentstyps

Phleg|ma|ti|ke|rin, die; -, -nen: weibliche Form zu ↑Phlegmatiker

phleg|ma|tisch: träge, schwerfällig; gleichgültig; vgl. cholerisch, melancholisch, sanguinisch

Phlox, der; -es, -e, auch: die; -, -e: Zierpflanze mit rispenartigen, farbenprächtigen Blütenständen

Pho|bie, die; -, …ien (Med.): krankhafte Angst

Pho|bi|ker, der; -s, - (Med.): jmd., der an einer Phobie leidet

Pho|bi|ke|rin, die; -, -nen: weibliche Form zu ↑Phobiker

Phon, [1]Fon, das; -s, -s (aber: 50 -): Maßeinheit der Tonstärke (Zeichen: phon)

Pho|nem, Fo|nem, das; -s, -e: 1. (Sprachwiss.) kleinste bedeutungsunterscheidende, aber nicht selbst bedeutungstragende sprachliche Einheit (z. B. b in Bein im Unterschied zu p in Pein). 2. (nur Plural; Med.) Gehörhalluzinationen in Form von Stimmen (z. B. bei Schizophrenie)

Pho|ne|ma|tik, Fo|ne|ma|tik, die; -: Phonologie, Phonemik

pho|ne|ma|tisch, fo|ne|ma|tisch: das Phonem betreffend

Pho|ne|tik, Fo|ne|tik, die; -: Teilgebiet der Sprachwissenschaft, das die Vorgänge beim Sprechen untersucht; Lautlehre, Stimmbildungslehre

Pho|ne|ti|ker, Fo|ne|ti|ker, der; -s, -: Wissenschaftler auf dem Gebiet der Phonetik

Pho|ne|ti|ke|rin, Fo|ne|ti|ke|rin, die; -, -nen: weibliche Form zu ↑Phonetiker

pho|ne|tisch, fo|ne|tisch: die Phonetik betreffend, lautlich

Pho|ni|a|t|rie, Fo|ni|a|t|rie, die; - (Med.): Stimm- u. Sprachheilkunde

pho|nisch, fo|nisch: die Stimme, die Stimmbildung betreffend

Phö|nix, der; -[es], -e: sich im Feuer verjüngender Vogel der altägyptischen Sage, der zum Symbol der ewigen Erneuerung u. zum christlichen Sinnbild der Auferstehung wurde

Pho|no|dik|tat, Fo|no|dik|tat, das; -[e]s, -e: in ein Diktiergerät gesprochenes Diktat

Pho|no|graph, Fo|no|graf, der; -en, -en (Technik): 1877 von Edison erfundenes Tonaufnahmegerät

Pho|no|gra|phie, Fo|no|gra|fie, die; -, …ien: Verzeichnis von Tonaufnahmen

pho|no|gra|phisch, fo|no|gra|fisch: die Phonographie betreffend, lautgetreu

Pho|no|lo|gie, Fo|no|lo|gie, die; -: Teilgebiet der Sprachwissenschaft, das sich mit der Funktion der Laute in einem Sprachsystem beschäftigt

pho|no|lo|gisch, fo|no|lo|gisch: die Phonologie betreffend

Pho|no|me|ter, Fo|no|me|ter, das; -s, -: Apparat zur Prüfung u. Messung von Klang, Ton u. Schall od. zur Prüfung der Hörschärfe

Pho|no|me|t|rie, Fo|no|me|t|rie, die; -: 1. Teilgebiet der ↑Akustik, das sich mit akustischen Reizen u. ihrer Wirkung auf den Gehörsinn befasst. 2. Forschungszweig der Phonetik, der sich mit den zähl- u. messbaren Werten von Lauten beschäftigt, mit technischen Mitteln das Sprechen untersucht

P

Pho|no|thek, Fo|no|thek, die; -, -en: Tonarchiv mit Beständen an Schallplatten, Tonbändern, CDs u. a.

Pho|no|ty|pis|tin, Fo|no|ty|pis|tin, die; -, -nen: weibliche Schreibkraft, die vorwiegend nach einem Diktiergerät schreibt

Phos|gen, das; -s: zur Herstellung von Farbstoffen und Arzneimitteln, im 1. Weltkrieg als Kampfgas verwendete Verbindung von Kohlenmonoxid u. Chlor (Carbonylchlorid)

Phos|phat, das; -[e]s, -e: Salz der Phosphorsäure, dessen verschiedene Arten wichtige technische Rohstoffe sind

Phos|phor, der; -s, -e: chem. Element; ein Nichtmetall (Zeichen: P)

Phot, das; -s, -: alte Leuchtstärkeeinheit (Zeichen: ph)

Pho|to|che|mie [auch: ...'mi:] usw. vgl. Fotochemie usw.

Pho|to|graph usw. vgl. Fotograf usw.

Pho|ton, Fo|ton [auch: fo'to:n], das; -s, ...onen (Physik): in der Quantentheorie das kleinste Energieteilchen einer elektromagnetischen Strahlung

pho|to|nisch, fo|to|nisch: das Licht leitend (bes. Kristalle)

Pho|to|ta|xis vgl. Fototaxis

Pho|to|vol|ta|ik usw. vgl. Fotovoltaik usw.

P

[1]Phra|se, die; -, -n: 1. (Sprachwiss.) Satz; typische Wortverbindung, Redewendung. 2. selbstständiger Abschnitt eines musikalischen Gedankens

[2]Phra|se, die; -, -n: abgegriffene, leere Redensart; Geschwätz

Phra|seo|lo|gie, die; -, ...ien (Sprachwiss.): a) Gesamtheit typischer Wortverbindungen, charakteristischer Redensarten, Redewendungen einer Sprache; b) Zusammenstellung, Sammlung solcher Redewendungen

phra|sie|ren (Musik): a) ein Tonstück in melodisch-rhythmische Abschnitte einteilen; b) beim Vortrag eines Tonstücks die Gliederung in melodisch-rhythmische Abschnitte zum Ausdruck bringen

Phthi|se, Phthi|sis, die; -, ...sen (Med.): 1. allgemeiner Verfall des Körpers od. einzelner Organe. 2. (veraltet) Lungentuberkulose; Schwindsucht

Phyl|lo|kla|di|um, das; -s, ...ien (Bot.): blattähnlicher Pflanzenspross

Phy|lo|ge|ne|se, die; -, -n: ↑Phylogenie

phy|lo|ge|ne|tisch (Biol.): die Stammesgeschichte betreffend

Phy|lo|ge|nie, die; -, ...ien (Biol.): Stammesgeschichte der Lebewesen

Phy|sa|lis, die; -, - u. ...alen: a) Lampionblume, Blasen- od. Judenkirsche; b) Kapstachelbeere

Phy|s|i|a|ter, der; -s, -: Naturheilarzt

Phy|sik, die; -: Naturwissenschaft, die vor allem durch experimentelle Erforschung u. messende Erfassung die Grundgesetze der Natur, bes. Bewegung u. Aufbau der unbelebten Materie u. die Eigenschaften der Strahlung u. der Kraftfelder, untersucht

phy|si|ka|lisch: die Physik betreffend, zu ihr gehörend, auf ihr beruhend

Phy|si|ker, der; -s, -: Wissenschaftler auf dem Gebiet der Physik

Phy|si|ke|rin, die; -, -nen: weibliche Form zu ↑Physiker

Phy|si|kum, das; -s, ...ka: ärztliches Vorexamen, bei dem die Kenntnisse auf dem Gebiet der allgemeinen naturwissenschaftlichen u. anatomischen Grundlagen der Medizin geprüft werden

Phy|si|o|g|nom, der; -en, -en: jmd., der sich [wissenschaftlich] mit der Physiognomik beschäftigt

Phy|si|o|g|no|mie, die; -, ...ien: äußere Erscheinung, bes. der Gesichtsausdruck eines Menschen, auch eines Tieres

Phy|si|o|g|no|mik, die; - (Psychol.): Ausdruck, Form, Gestalt des menschlichen Körpers, bes. des Gesichts

Phy|si|o|g|no|mi|ker vgl. Physiognom

Phy|si|o|g|no|mi|ke|rin, die; -, -nen: weibliche Form zu ↑Physiognomiker

phy|si|o|g|no|misch: die Physiognomie betreffend

Phy|sio|lo|ge, der; -n, -n: Wissenschaftler auf dem Gebiet der Physiologie

Phy|sio|lo|gie, die; -, -n: Wissenschaft, die sich mit den Lebensvorgängen, den funktionellen Vorgängen im Organismus befasst

Phy|sio|lo|gin, die; -, -nen: weibliche Form zu ↑Physiologe

phy|sio|lo|gisch: die Physiologie betreffend; die Lebensvorgänge im Organismus betreffend

Phy|sio|the|ra|peut, der; -en, -en: Masseur, Krankengymnast, der physiotherapeutische Behandlungen durchführt

Phy|sio|the|ra|peu|tin, die; -, -nen: weibliche Form zu ↑Physiotherapeut

phy|sio|the|ra|peu|tisch: die Physiotherapie betreffend

Phy|sio|the|ra|pie, die; -, ...ien: Behandlung bestimmter Krankheiten mit Wärme, Wasser, Strom usw. sowie Krankengymnastik und Massagen

Phy|sis, die; -: körperliche Beschaffenheit [des Menschen]

phy|sisch: die körperliche Beschaffenheit betreffend; körperlich; vgl. psychisch

Phy|to|plank|ton, das; -s: pflanzliches Plankton

Phy|to|the|ra|pie, die; -, ...ien: Wissenschaft von der Heilbehandlung mit pflanzlichen Substanzen

Pi|af|fe, die; -, -n (Reitsport): trabähnliche Bewegung auf der Stelle

Pi|a|ni|no, das; -s, -s: kleines Klavier

pi|a|nis|si|mo (Musik): sehr leise (Vortragsanweisung; Abk.: pp)

Pi|a|nis|si|mo, das; -s, -s u. ...mi (Musik): sehr leises Spielen od. Singen

Pi|a|nist, der; -en, -en: Musiker, der Klavier spielt

Pi|a|nis|tin, die; -, -nen: weibliche Form zu ↑Pianist

pi|a|nis|tisch: die Technik, Kunst des Klavierspielens betreffend

pi|a|no (Musik): schwach, leise (Vortragsanweisung; Abk.: p)

Pi|a|no, das; -s, -s (veraltend, noch scherzh.): Klavier

Pi|a|no|for|te, das; -s, -s (veraltet): Klavier

Pi|as|ter, der; -s, -: Münzeinheit in Ägypten, Syrien, Libanon u. Sudan

Pi|at|ti, die (nur Plural) (Musik): Schlaginstrument aus zwei Becken

Pi|az|za, die; -, -s u. Piazze: it. Bez. für: [Markt]platz

Pi|az|zet|ta, die; -, ...tte: kleine Piazza

Pi|ca, die; -: 1. aus dem Angloamerikanischen stammender, der Cicero entsprechender Schriftgrad mit 4,21 mm Schrifthöhe. 2. ↑Pikazismus

Pic|co|lo, Pik|ko|lo, der; -s, -s (österr.): Kellner, der sich noch in der Ausbildung befindet

Pic|co|lo|flö|te, Pik|ko|lo|flö|te, die; -, -n: kleine Querflöte

Pi|ck|les ['pɪkl̩s], die (nur Plural): ↑Mixed Pickles

Pick|nick, das; -s, -e u. -s: Mahlzeit, Imbiss im Freien

pick|ni|cken: ein Picknick abhalten

Pick-up [pɪk'ʔap], der; -s, -s: 1. Pritschenwagen. 2. Tonabnehmer für Schallplatten

Pick-up-Shop [pɪk'apʃɔp], der; -s, -s: Laden, der dem Kunden auch für große, sperrige Artikel keinen Lieferservice bietet

pi|co|bel|lo (ugs.): tadellos [in Ordnung], vorzüglich

Pi|co|fa|rad, Pi|ko|fa|rad, das; -[s], - (Physik): ein billionstel ↑Farad (Zeichen: pF)

Pi|cot [pi'ko:], der; -s, -s: Muster, bei dem mehrere Luftmaschen u. eine feste Masche gehäkelt werden

Pid|gin|eng|lisch, Pid|gin-Eng|lisch ['pɪdʒɪn...], das; -[s]: Mischsprache aus einem grammatisch sehr vereinfachten, im Vokabular stark begrenzten Englisch u. einer od. mehreren anderen [ostasiatischen, afrikanischen] Sprachen

Pi|e|ce ['pi̯ɛ:s(ə)], die; -, -n: Stück, Tonstück, musikalisches Zwischenspiel

Pi|e|des|tal, das; -s, -e: a) (Archit.) [gegliederter] Sockel; b) sockelartiger Ständer für bestimmte Zier-, Kunstgegenstände

pier|cen ['pi:ɐ̯sn̩]: ein Piercing vornehmen

Pier|cing ['pi:ɐ̯sɪŋ], das; -s: das Durchstechen der Haut zur Anbringung von Schmuck

Pi|er|ret|te [pi̯ɛ...], die; -, -n: weibliche Form zu ↑Pierrot

Pi|er|rot [pi̯ɛ'ro:], der; -s, -s: männliche Lustspielfigur, bes. der französischen Pantomime

Pi|e|ta, it. Schreibung: **Pi|e|tà,** die; -, -s: Darstellung Marias mit dem Leichnam Christi auf dem Schoß; Vesperbild

P

Pi|e|tät, die; -: (bes. in Bezug auf die Gefühle, die sittlichen, religiösen Wertvorstellungen anderer) ehrfürchtiger Respekt, taktvolle Rücksichtnahme

Pi|e|tis|mus, der; -: protestantische Bewegung des 17. u. 18. Jh.s, die durch vertiefte Frömmigkeit u. tätige Nächstenliebe die einseitige Betonung der Orthodoxie (1) zu überwinden suchte

Pi|e|tist, der; -en, -en: Anhänger, Vertreter des Pietismus

Pi|e|tis|tin, die; -, -nen: weibliche Form zu ↑Pietist

pi|e|tis|tisch: a) den Pietismus betreffend, dazu gehörend; b) für die Pietisten charakteristisch, in der Art der Pietisten

pi|e|zo|elek|t|risch: elektrisch durch Druck

Pig|ment, das; -[e]s, -e: 1. (Med.; Biol.) die Färbung der Gewebe bestimmender Farbstoff. 2. Farbstoff

Pig|men|ta|ti|on, die; -, -en (Biol., Med.): Einlagerung von Pigment, Färbung

pig|men|tie|ren: 1. körpereigenes Pigment bilden. 2. als körperfremdes Pigment sich einlagern u. etwas einfärben

Pi|g|no|le [pɪn'jo:lə], österr.: **Pi|g|no|lie** […i̯ə], die; -, -n: Pinienkern

Pik, das; -[s], -[s]: a) schwarzfarbige Figur in Form der stilisierten Spitze eines Spießes; b) durch Pik (a) gekennzeichnete [zweithöchste] Farbe im Kartenspiel; c) Spielkarte mit Pik (b) als Farbe

pi|kant: 1. angenehm scharf durch verschiedene Gewürze [u. Wein, Essig o. Ä.]. 2. zweideutig, leicht frivol, schlüpfrig

Pi|kan|te|rie, die; -, …ien: Zweideutigkeit, Anzüglichkeit

pi|ka|resk, pi|ka|risch: schelmenhaft

Pik|ass, Pik-Ass [auch: 'pi:k…] das; -es, -e: Ass (1 a) der Farbe Pik (b)

Pi|ka|zis|mus, der; -, …men: Heißhunger nach ausgefallenen Speisen bei Schwangeren

Pi|ke, die; -, -n (Geschichte): (im späten Mittelalter) aus langem hölzernem Schaft u. Eisenspitze bestehende Stoßwaffe des Fußvolkes

Pi|kee, der, österr. auch: das; -s, -s: Doppelgewebe mit erhabenem Waben- od. Waffelmuster

Pi|kett, das; -[e]s, -e: 1. Kartenspiel für zwei Personen, in dem es keine Trumpffarbe gibt. 2. (schweiz.) a) (im Heer u. bei der Feuerwehr) einsatzbereite Einheit; b) Bereitschaft

pi|kie|ren: zu dicht stehende junge Pflanzen ausziehen u. in größerem Abstand verpflanzen

pi|kiert: gekränkt, ein wenig beleidigt

Pik|ko|lo usw. vgl. Piccolo usw.

Pi|ko|fa|rad vgl. Picofarad

Pi|k|rin|säu|re, die; - (Chemie): Trinitrophenol; explosible organische Verbindung

Pik|to|gramm, das; -s, -e: stilisierte Darstellung von etwas, die eine bestimmte Information, Orientierungshilfe vermittelt

Pi|las|ter, der; -s, -: flach aus der Wand hervortretender, in Fuß, Schaft u. Kapitell gegliederter Pfeiler

Pi|lau, Pi|law, der; -s: Reisgericht mit Hammel- od. Hühnerfleisch

Pi|lot, der; -en, -en: a) jmd., der aufgrund einer bestimmten Ausbildung [berufsmäßig] ein Flugzeug steuert; Flugzeugführer; b) Rennfahrer

Pi|lo|te, die; -, -n (Bauw.): Stütze; einzurammender Pfahl

Pi|lot|film, der; -[e]s, -e: einer Fernsehserie od. -sendung vorausgehender Film, mit dem man das Interesse der Zuschauer zu wecken u. die Breitenwirkung zu testen versucht

Pi|lo|tin, die; -, -nen: weibliche Form zu ↑Pilot

Pi|lot|pro|jekt, das; -[e]s, -e: Projekt, in dem versuchsweise neuartige Verfahren, Arbeitsweisen o. Ä. angewendet werden

Pi|lot|stu|die, die; -, -n: einem Projekt vorausgehende Untersuchung, in der alle in Betracht kommenden, wichtigen Faktoren zusammengetragen werden

Pi|ment, der od. das; -[e]s, -e: Nelkenpfeffer

Pim|per|nell, der; -s, -e, **Pim|pi|nel|le,** die; -, -n: (zu den Doldengewächsen gehörende) Pflanze mit Fiederblättern u. weißen bis gelblichen od. rosafarbenen Blüten

Pin, der; -s, -s: 1. getroffener Kegel als Wertungseinheit beim Bowling (2). 2. Stecknadel

PIN, die; -, -s: persönliche Geheimzahl (z. B. zum Geldabheben am Bankautomaten)

P

Pi|na|ko|thek, die; -, -en: Bilder-, Gemäldesammlung

Pi|nax, der; -, Pinakes: altgriechische Tafel aus Holz, Ton od. Marmor, die beschriftet od. [als Weihgeschenk] bemalt wurde

Pin|ball [ˈpɪnbɔːl], das; -[s] (meist ohne Artikel): Spiel, das mit einem realen od. virtuellen ↑Flipper gespielt wird

Ping|pong [österr.: ...ˈpɔŋ], das; -s (veraltend, oft abwertend): nicht turniermäßig betriebenes Tischtennis

Pin|gu|in, der; -s, -e: flugunfähiger, im Wasser geschickt schwimmender Vogel mit meist schwarzem, auf dem Bauch weißem Gefieder

Pi|nie, die; -, -n: Kiefer des Mittelmeerraumes mit schirmförmiger Krone

Pink, das; -s, -s: kräftiges, grelles Rosa

Pint [paɪ̯nt], das; -s, -s: englisches u. amerikanisches Hohlmaß, das etwas mehr als einem halben Liter entspricht

Pin|te, die; -, -n: 1. (schweiz.) [Blech]kanne. 2. (ugs.) kleines Wirtshaus, Kneipe

Pin-up-Girl [pɪnˈʔap...], das; -s, -s: Bild einer erotisch anziehenden, leicht bekleideten Frau, bes. auf dem Titelblatt von Illustrierten

Pin|zet|te, die; -, -n: kleines Instrument mit federnden, an einem Ende zusammenlaufenden Schenkeln zum Fassen von sehr kleinen Gegenständen

Pi|o|nier, der; -s, -e: 1. Soldat der technischen Truppe. 2. jmd., der auf einem bestimmten Gebiet bahnbrechend ist; Wegbereiter

Pi|o|nie|rin, die; -, -nen: weibliche Form zu ↑Pionier (2)

Pipe [paɪ̯p], die oder das; -, -s: englisches u. amerikanisches Hohlmaß von unterschiedlicher Größe für Wein u. Branntwein

Pipe|line [ˈpaɪ̯plaɪ̯n], die; -, -s: (über weite Strecken verlegte) Rohrleitung für den Transport von Erdöl, Erdgas o. Ä.

Pi|pet|te, die; -, -n: kleines Glasröhrchen mit verengter Spitze zum Entnehmen, Abmessen u. Übertragen kleiner Flüssigkeitsmengen

Pi|qué [piˈkeː], das; -s, -s: Maßeinheit für die mit bloßem Auge zu erkennenden Einschlüsse bei ↑[1]Diamanten

Pi|ran|ha [piˈranja], der; -[s], -s: in südamerikanischen Flüssen lebender kleiner Raubfisch mit sehr scharfen Zähnen, der in einem Schwarm jagt u. seine Beute in kürzester Zeit bis auf das Skelett abfrisst

Pi|rat, der; -en, -en: Seeräuber

Pi|ra|te|rie, die; -, ...ien: Seeräuberei

Pi|ra|tin, die; -, -nen: weibliche Form zu ↑Pirat

Pi|ro|ge, die; -, -n: Einbaum der Indianer

Pi|rog|ge, die; -, -n, auch -gi (meist Plural): osteuropäische Teigtasche, die mit Fleisch, Pilzen, Kraut u. Ä. gefüllt wird

Pi|rou|et|te [piˈru̯ɛtə], die; -, -n: Standwirbel um die eigene Körperachse (bei Eiskunst-, Rollschuhlauf u.Tanz)

Pis|soir [pɪˈso̯aːɐ̯], das; -s, -e u. -s: Toilette für Männer

Pis|ta|zie, die; -, -n: 1. (im Mittelmeerraum wachsender) Strauch od. Baum mit gefiederten Blättern u. ölreichen, essbaren Samenkernen. 2. Samenkern der Pistazie (1)

Pis|te, die; -, -n: 1. (Skisport) Strecke für Abfahrten. 2. Rennstrecke, bes. für Rad- u. Autorennen. 3. Rollbahn auf Flugplätzen. 4. Verkehrsweg ohne feste Fahrbahndecke

[1]**Pis|to|le,** die; -, -n: kleinere Faustfeuerwaffe mit kurzem Lauf

[2]**Pis|to|le,** die; -, -n (Geschichte): frühere, urspr. spanische Goldmünze

Pis|ton [pɪsˈtõː], das; -s, -s: 1. (Musik) Pumpenventil der Blechblasinstrumente. 2. Pumpenkolben

[1]**Pi|ta,** die; -: vor allem zur Herstellung von Stricken u. Säcken verwendete Blattfaser aus zentral- u. südamerikanischen Agaven

[2]**Pi|ta, Pit|ta,** das od. die; -, -s: flaches, rundes Fladenbrot aus Hefeteig, das mit Fleisch, Salat o. Ä. gefüllt werden kann

Pit|bull [...bʊl], der; -s, -s: mit Bulldogge u. Terrier verwandter, als Kampfhund gezüchteter Hund

Pit|ta vgl. [2]Pita

pit|to|resk: malerisch

Pi|vot [piˈvoː], der od. das; -s, -s: Schwenkzapfen an Drehkränen u. a.

Pi|xel, das; -s, - (EDV): Bildpunkt

pi|xe|lig (ugs.): durch zu geringe Auflösung mit Treppen statt Linien od. durch schlechten Empfang aus Klötzchen zusammengesetzt (von digitalen Bildern)

P

pi|xeln (EDV): 1. mit Pixeln [auf dem Bildschirm] darstellen. 2. durch Veränderung der Pixel auf einem Foto, in einer Videoaufzeichnung o. Ä. unkenntlich machen. 3. (ugs.) pixelig aufgelöst sein (vom Fernsehbild o. Ä.)

Piz, der; -es, -e: Bergspitze (meist als Teil von Bergnamen)

Piz|za, die; -, -s, auch: ...zzen: aus dünn ausgerolltem u. mit Tomatenscheiben, Käse u. a. belegtem Hefeteig gebackene pikante italienische Spezialität (meist in runder Form)

Piz|za|ser|vice [...sœ:ɐ̯vɪs], der; -, -s: Lieferdienst, der auf Bestellung Pizza u. a. italienische Speisen verzehrfertig ins Haus bringt

Piz|ze|ria, die; -, ...rien, auch: -s: Restaurant, in dem es neben anderen italienischen Spezialitäten hauptsächlich Pizzas gibt

piz|zi|ca|to (Musik): mit den Fingern gezupft (Vortragsanweisung bei Streichinstrumenten; Abk.: pizz.)

Piz|zi|ka|to, das; -s, -s u. ...ti (Musik): gezupftes Spiel (bei Streichinstrumenten)

Pla|ce|bo, das; -s, -s (Med.): Präparat, das einem Medikament in Aussehen u. Geschmack gleicht, ohne dessen Wirkstoff zu enthalten

Pla|ce|bo|ef|fekt, der; -[e]s, -e (Med., Psychol.): durch ein Placebo hervorgerufene physiologische Wirkung

Pla|ce|ment [plasə'mã:], das; -s, -s (Wirtsch.): 1. Absatz von Waren. 2. Anlage von Kapitalien

pla|cet (veraltet): es gefällt, wird genehmigt; vgl. Plazet

plä|die|ren: 1. (Rechtswiss.) ein Plädoyer halten, in einem Plädoyer beantragen. 2. sich für etwas aussprechen

Plä|do|y|er [...doa'je:], das; -s, -s: 1. (Rechtswiss.) zusammenfassende Rede eines Rechtsanwalts od. Staatsanwalts vor Gericht. 2. Äußerung, Rede o. Ä., mit der jmd. entschieden für od. gegen etwas eintritt

Pla|fond [...'fõ:], der; -s, -s: 1. [flache] Decke eines Raumes. 2. (Wirtsch.) oberer Grenzbetrag bei der Kreditgewährung

pla|fo|nie|ren (bes. schweiz.): nach oben hin begrenzen

Pla|gi|at, das; -[e]s, -e: a) Diebstahl geistigen Eigentums; b) durch unrechtmäßiges Nachahmen entstandenes künstlerisches od. wissenschaftliches Werk

Pla|gi|a|tor, der; -s, ...oren: jmd., der ein Plagiat begeht

Pla|gi|a|to|rin, die; -, -nen: weibliche Form zu ↑Plagiator

Plaid [plɛɪt, ple:t], das, (auch:) der; -s, -s: 1. [Reise]decke im Schottenmuster. 2. großes Umhangtuch aus Wolle

Pla|kat, das; -[e]s, -e: großer Bogen Papier mit einem Text [u. Bildern], der zum Zwecke der Information, Werbung o. Ä. an gut sichtbarer Stelle befestigt wird

pla|ka|tie|ren: a) Plakate an etwas anbringen; b) durch Plakate öffentlich bekannt machen

Pla|ka|tie|rung, Pla|ka|ti|on, die; -, -en: das Plakatieren; öffentliche Bekanntmachung durch Plakate

pla|ka|tiv: bewusst herausgestellt; betont auffällig; einprägsam

Pla|ket|te, die; -, -n: 1. kleines, flaches, meist rundes od. eckiges Schildchen zum Anstecken od. Aufkleben, das mit einer Inschrift od. figürlichen Darstellung versehen ist. 2. kleine Tafel aus Metall mit einer reliefartigen Darstellung

plan: flach, eben, platt

Pla|na|rie, die; -, -n: stark abgeplatteter Strudelwurm mit einer halsartigen Einschnürung u. einem deutlich sichtbaren Kopf

Planche [plã:ʃ], die; -, -n: Fechtbahn

Pla|net, der; -en, -en: nicht selbst leuchtender, um eine Sonne kreisender Himmelskörper

pla|ne|tar: ↑planetarisch

pla|ne|ta|risch: die Planeten betreffend, auf sie bezüglich

Pla|ne|ta|ri|um, das; -s, ...ien: 1. Vorrichtung, Gerät zur Darstellung der Bewegung, Lage u. Größe der Gestirne. 2. Gebäude, auf dessen halbkugelförmiger Kuppel durch Projektion aus einem Planetarium (1) die Erscheinungen am Sternenhimmel sichtbar gemacht werden

Pla|ne|ten|sys|tem, das; -s -e: Gesamtheit der die Sonne od. einen entsprechenden Stern umkreisenden Planeten

Pla|ne|to|id, der; -en, -en: kleinerer planetenartiger Himmelskörper

pla|nie|ren: etwas [ein]ebnen

Pla|nier|rau|pe, die; -, -n: Raupenfahrzeug mit Planierschild zum Planieren von [Boden]flächen

Pla|ni|glob, das; -s, -en, **Pla|ni|glo|bi|um,** das; -s, ...ien: kreisförmige Karte einer Halbkugel der Erde

Pla|ni|me|ter, das; -s, -: Instrument zum mechanischen Ausmessen krummlinig begrenzter ebener Flächen

Pla|ni|me|t|rie, die; -: 1. Messung u. Berechnung von Flächeninhalten. 2. Lehre von den geometrischen Gebilden in einer Ebene

Plank|ton, das; -s (Biol.): Gesamtheit der (größtenteils sehr kleinen) im Wasser lebenden Lebewesen, die sich nicht selbst fortbewegen, sondern durch das Wasser bewegt werden

plank|to|nisch, plank|ton|tisch (Biol.): das Plankton, den Planktonten betreffend

Plank|tont, der; -en, -en (Biol.): zum Plankton zählendes Lebewesen

pla|no: glatt, ohne Falz (von Druckbogen u. [Land]karten)

Plan|ta|ge [...'ta:ʒə], die; -, -n: landwirtschaftlicher Großbetrieb in tropischen Ländern

Pla|num, das; -s: eingeebnete Fläche für den Unter- od. Oberbau einer Straße o. Ä.

Plaque [plak], die; -, -s [plak] (Zahnmed.): Zahnbelag

Plas|ma, das; -s, ...men: 1. (Biol.) Kurzform von ↑Protoplasma. 2. (Med.) flüssiger Teil des Blutes; Blutplasma. 3. (Physik) leuchtendes, elektrisch leitendes Gasgemisch, das u. a. in elektrischen Entladungen von Gas, in heißen Flammen u. bei der Explosion von Wasserstoffbomben entsteht

Plas|ma|phy|sik, die; -: modernes Teilgebiet der Physik, auf dem die Eigenschaften u. das Verhalten der Materie im Zustand des Plasmas (3) untersucht werden

Plas|mo|di|um, das; -s, ...ien: Masse aus vielkernigem Protoplasma, die durch Kernteilung ohne nachfolgende Zellteilung entsteht

Plast, der; -[e]s, -e: makromolekularer Kunststoff

Plas|ti|de, die; -, -n (meist Plural): zur pflanzlichen Zelle gehörende Organelle mit einer eigenen, doppelsträngigen DNA

¹Plas|tik, die; -, -en: 1. a) (ohne Plural) Bildhauerkunst; b) Werk der Bildhauerkunst; Bildwerk. 2. (Med.) operative Formung, Wiederherstellung von zerstörten Gewebs- u. Organteilen

²Plas|tik, das; -s: Kunststoff

Plas|ti|ker, der; -s, -: Bildhauer

Plas|ti|ke|rin, die; -, -nen: weibliche Form zu ↑Plastiker

Plas|ti|lin, das; -s, **Plas|ti|li|na,** die; -: kittartige, oft farbige Knetmasse zum Modellieren

plas|tisch: 1. bildhauerisch. 2. modellierfähig, knetbar, formbar. 3. a) räumlich [herausgearbeitet], körperhaft, nicht flächenhaft [wirkend]; b) anschaulich; bildhaft einprägsam. 4. die operative Plastik betreffend, auf ihr beruhend

Plas|ti|zi|tät, die; -: 1. räumliche, körperhafte Anschaulichkeit. 2. Formbarkeit (eines Materials)

Pla|ta|ne, die; -, -n: hochwachsender Laubbaum mit großen, gelappten Blättern u. kugeligen Früchten sowie heller, glatter, sich in größeren Teilen ablösender Borke

Pla|teau [...'to:], das; -s, -s: 1. Hochebene. 2. obere ebene Fläche eines Berges

Pla|teau|schuh, der; -s, -e: (zur Mode der 1970er-Jahre gehörender) Schuh mit extrem hoher Sohle

Pla|tin ['pla:ti:n, auch: pla'ti:n], das; -s: chem. Element; silbergrau glänzendes Edelmetall (Zeichen: Pt)

Pla|ti|ne, die; -, -n: der Montage einzelner elektrischer Bauelemente dienende, meist mit Kupfer od. Silber beschichtete dünne Platte mit Löchern, durch die die Anschlüsse der Bauelemente zum weiteren Verlöten gesteckt werden

Pla|to|ni|ker, der; -s, -: Kenner od. Vertreter der Philosophie Platons

pla|to|nisch: 1. die Philosophie Platons betreffend, zu ihr gehörend, auf ihr beruhend. 2. nicht sinnlich, rein seelisch-geistig

Pla|to|nis|mus, der; -: Gesamtheit der philosophischen Richtungen in Fortführung der Philosophie Platons

plat|tie|ren (Technik): unedle Metalle mit einer Schicht edleren Metalls überziehen

Plat|ti|tü|de, Pla|ti|tude, die; -, -n: nichtssagende, abgedroschene Redewendung; Plattheit

plat|zie|ren: 1. an einen bestimmten Platz bringen, setzen, stellen; jmdm., einer Sache einen bestimmten Platz zuweisen. 2. (schweiz.) jmdn. unterbringen. 3. a) (Ballspiele) gezielt schießen, schlagen; b) (Fechten, Boxen) (einen Treffer) anbringen; c) (Tennis) so schlagen, dass der Gegner den Ball nicht od. kaum erreichen kann. 4. (Sport) sich platzieren: einen bestimmten Platz erreichen, belegen. 5. (Wirtsch.) Kapital anlegen

plau|si|bel: verständlich, begreiflich

Plau|si|bi|li|tät, die; -: das Plausibelsein

Play|boy ['ple̯ɪbɔɪ̯], der; -s, -s: Mann, der aufgrund seiner wirtschaftlichen Unabhängigkeit vor allem seinem Vergnügen lebt

Play|girl ['ple̯ɪgœ:ɐ̯l], das; -s, -s: dem Vergnügen u. dem Luxus lebende, bes. in Kreisen von Playboys verkehrende, leichtlebige, attraktive junge Frau

Play|list ['ple̯ɪlɪst], die; -, -s (bes. EDV): Verzeichnis, das die Reihenfolge des Abspielens von Musik- od. Filmdateien festlegt

Play-off, Play|off, das; -[s], -s (Sport): System von Ausscheidungsspielen, bei dem die Mannschaften, die die Endrunde erreicht haben, in Hin-, Rück- u. eventuell Entscheidungsspielen gegeneinander spielen u. der Verlierer jeweils ausscheidet

P

Play|sta|tion® ['ple̯ɪste̯ɪʃn̩], die; -, -s: Spielkonsole mit CD-ROM-, DVD- u. Blu-Ray-Laufwerk

Pla|zen|ta, die; -, -s u. ...zenten: 1. (Med., Biol.) Mutterkuchen. 2. (Bot.) Verdickung auf dem Fruchtblatt, aus der die Samenanlage hervorgeht

pla|zen|tar (Med.): die Plazenta betreffend, zu ihr gehörend

Pla|zet, das; -s, -s: Zustimmung, Einwilligung (durch [mit]entscheidende Personen od. Behörden); vgl. placet

Ple|be|jer, der; -s, -: 1. (Geschichte) Angehöriger der Plebs im alten Rom. 2. (abwertend) gewöhnlicher, ungehobelter Mensch

Ple|be|je|rin, die; -, -nen: weibliche Form zu ↑Plebejer

ple|be|jisch: 1. zur Plebs gehörend. 2. (abwertend) ungebildet, ungehobelt

Ple|bis|zit, das; -[e]s, -e: Volksbeschluss, Volksabstimmung; Volksbefragung

ple|bis|zi|tär: das Plebiszit betreffend, auf ihm beruhend

[1]**Plebs** [auch: ple:ps], die; -: (im antiken Rom) das gemeine Volk

[2]**Plebs,** der; -es u. (österr. nur) die; - (abwertend): Masse ungebildeter, niedrig u. gemein denkender, roher Menschen

pleis|to|zän: das Pleistozän betreffend

Pleis|to|zän, das; -s (Geol.): vor dem Holozän liegende ältere Abteilung des Quartärs; Eiszeit[alter]

Plek|t|ron, Plek|t|rum, das; -s, ...tren u. ...tra: Plättchen od. Stäbchen (aus Holz, Elfenbein, Metall o. Ä.), mit dem die Saiten von Zupfinstrumenten geschlagen od. angerissen werden

ple|no or|ga|no (Musik): mit allen Registern (bei der Orgel)

Ple|num, das; -s, ...nen: Vollversammlung einer Körperschaft, bes. der Mitglieder eines Parlaments

Ple|o|nas|mus, der; -, ...men (Rhet., Stilkunde): überflüssige Häufung sinngleicher od. sinnähnlicher Wörter, Ausdrücke

ple|o|nas|tisch: einen Pleonasmus darstellend

Ple|sio|sau|ri|er, der; -s, -, **Ple|sio|sau|rus,** der; -, ...rier: langhalsiges Kriechtier des Lias mit paddelförmigen Gliedmaßen

Ple|thys|mo|graf, Ple|thys|mo|graph, der; -en, -en (Med.): Apparat zur Messung von Volumenänderungen eines Organs od. Körperteils

Pleu|ra, die; -, ...ren (Med.): die inneren Wände des Brustkorbs auskleidende Haut; Brust-, Rippenfell

Ple|xi|glas®, das; -es: nicht splitternder, glasartiger Kunststoff

Ple|xus, der; -, - [...u:s] (Med.): netzartige Verknüpfung von Nerven, Blutgefäßen

Pli, der; -s (landsch.): [Welt]gewandtheit, Schliff [im Benehmen], Geschick

Plin|the, die; -, -n: viereckige [Stein]platte, auf der die Basis einer Säule o. Ä. ruht

Plio|zän, das; -s (Geol.): gegenüber dem Miozän die jüngere Abteilung des Neogens

Plis|see, das; -s, -s: a) Gesamtheit der Plisseefalten (eines Stoffes, Kleidungsstückes); b) plissiertes Gewebe, plissierter Stoff

Plom|be, die; -, -n: 1. Klümpchen aus Blei o. Ä., durch das hindurch die beiden Enden eines Drahtes o. Ä. laufen, sodass dieser eine geschlossene Schlaufe bildet, die nur durch Beschädigung des Bleiklumpens od. des Drahtes geöffnet werden kann. 2. (Med. veraltend) Zahnfüllung

plom|bie|ren: 1. mit einer Plombe (1) versehen. 2. (Med. veraltend) mit einer Zahnfüllung versehen

Plot, der, auch: das; -s, -s: 1. Handlung einer epischen od. dramatischen Dichtung, eines Films o. Ä. 2. (EDV) mithilfe eines Plotters (1) hergestellte grafische Darstellung

Plot|ter, der; -s, -: 1. (EDV) an einen Computer angeschlossenes Zeichengerät, das Zeichnungen, Grafiken u. Ä. liefert; Kurvenschreiber. 2. (Navigation) Gerät zum Aufzeichnen u. Auswerten der auf dem Radarschirm erscheinenden relativen Bewegung eines Objekts sowie der Eigenbewegung des Schiffes od. Flugkörpers

Plu|meau [ply'mo:], das; -s, -s: halblanges, dickeres Federbett

Plum|pud|ding ['plam...], der; -s, -s: in Großbritannien bes. zur Weihnachtszeit beliebte kuchenartige, schwere Süßspeise

plu|ral: ↑pluralistisch

Plu|ral, der; -s, -e (Sprachwiss.): Mehrzahl

Plu|ra|lis Ma|jes|ta|tis, der; - -, ...les [...le:s] -: Plural, mit dem eine einzelne Person, gewöhnlich ein Herrscher, bezeichnet wird u. sich selbst bezeichnet (z. B. *Wir,* Wilhelm, von Gottes Gnaden deutscher Kaiser)

Plu|ra|lis|mus, der; -: a) innerhalb einer Gesellschaft, eines Staates [in allen Bereichen] vorhandene Vielfalt gleichberechtigt nebeneinander bestehender u. miteinander um Einfluss, Macht konkurrierender Gruppen, Organisationen, Institutionen, Meinungen, Werte, Weltanschauungen usw.; b) politische Anschauung, Grundeinstellung, nach der ein Pluralismus (a) erstrebenswert ist

plu|ra|lis|tisch: den Pluralismus betreffend, auf ihm basierend

Plu|ra|li|tät, die; -, -en: mehrfaches, vielfaches, vielfältiges Vorhandensein, Nebeneinanderbestehen; Vielzahl

Plu|ri|pa|ra, die; -, ...paren (Med.): Frau, die mehrmals geboren hat

plu|ri|po|tent (Biol., Med.): viele Entwicklungsmöglichkeiten in sich tragend (von noch nicht ausdifferenziertem Gewebe)

Plus, das; -, -: 1. Mehrbetrag, Überschuss. 2. Vorteil, Vorzug, Positivum

Plus|quam|per|fekt, das; -s, -e (Sprachwiss.): Zeitform, mit der bes. die Vorzeitigkeit (im Verhältnis zu etwas Vergangenem) ausgedrückt wird; Vorvergangenheit

Plu|to|krat, der; -en, -en: jmd., der aufgrund seines Reichtums politische Macht ausübt

Plu|to|kra|tie, die; -, ...ien: 1. Staatsform, in der die Besitzenden, die Reichen die politische Herrschaft ausüben; Geldherrschaft. 2. Staat, Gemeinwesen, in dem eine Plutokratie (1) besteht

Plu|ton, der; -s, -e (Geol.): magmatischer Tiefengesteinskörper, der innerhalb der Erdkruste erstarrt ist

Plu|to|nis|mus, der; - (Geol.): Gesamtheit der Vorgänge innerhalb der Erdkruste, die durch Bewegungen u. das Erstarren von Magma hervorgerufen werden

Plu|to|ni|um, das; -s: radioaktives, metallisches, durch Kernumwandlung hergestelltes Transuran (Zeichen: Pu)

p. m. [pi:ˈʔɛm]: nachmittags (engl. Uhrzeitangabe)

Pneu|ma, das; -s: 1. (Philos.) in der Stoa ätherische, luftartige Substanz, die als Lebensprinzip angesehen wurde. 2. (Theol.) Geist Gottes, Heiliger Geist

pneu|ma|tisch (Technik): luftgefüllt, mit Luftdruck betrieben, Luft...

Pneu|mo|graf, Pneu|mo|graph, der; -en, -en (Med. früher): Apparat zur Aufzeichnung der Atembewegungen des Brustkorbs

Pneu|mo|ko|ni|o|se, die; -, -n (Med.): Staublunge

Pneu|mo|nie, die; -, ...ien (Med.): Lungenentzündung

Pneu|mo|tho|rax, der; -[es], -e (Med.): krankhafte od. künstlich therapeutisch geschaffene Luftansammlung im Rippenfellspalt

po|chie|ren [pɔˈʃiː...]: Speisen, bes. aufgeschlagene Eier, in kochendem Wasser, einer Brühe o. Ä. gar werden lassen

Po|cket|ka|me|ra, die; -, -s: kleiner, handlicher, einfach zu bedienender Fotoapparat

po|co (Musik): ein wenig, etwas (in vielen Verbindungen vorkommende Vortragsbezeichnung)

Pod|cast [ˈpɔtkaːst], der; -s, -s: Reportage, (Radio)beitrag o. Ä. zum Herunterladen als Audiodatei aus dem Internet

Pod|cas|ting, das; -[s]: das Produzieren u. Bereitstellen von Podcasts

Po|dest, das, auch: der; -[e]s, -e: 1. Treppenabsatz. 2. schmales Podium

Po|des|ta, it. Schreibung: **Po|des|tà,** der; -[s], -s: it. Bez. für: Ortsvorsteher, Bürgermeister

Po|di|um, das; -s, Podien: 1. trittartige, breitere Erhöhung (z. B. für Redner); Rednerpult. 2. erhöhte hölzerne Plattform

Po|di|ums|dis|kus|si|on, die; -, -en, **Po|di|ums|ge|spräch,** das; -[e]s, -e: Diskussion, Gespräch mehrerer kompetenter Teilnehmer über ein bestimmtes Thema vor einer Zuhörerschaft

Po|do|lo|ge, der; -n, -n: Fachkraft für medizinische Fußpflege

Po|do|lo|gin, die; -, -nen: weibliche Form zu ↑Podologe

Po|em, das; -s, -e (oft abwertend): [größeres] Gedicht

Po|e|sie, die; -, ...ien: 1. Dichtkunst; Dichtung, bes. in Versen geschriebene Dichtung im Gegensatz zur Prosa (1). 2. [dichterischer] Stimmungsgehalt, Zauber

Po|e|sie|al|bum, das; -s, ...ben: (bes. bei Kindern u. jungen Mädchen) Album, in das Verwandte, Freunde, Lehrer zur Erinnerung Verse u. Sprüche schreiben

Po|et, der; -en, -en (meist scherzh. od. leicht abwertend): Dichter

Po|e|tik, die; -, -en: 1. (ohne Plural) Theorie der Dichtung als Teil der Literaturwissenschaft. 2. Lehr-, Regelbuch der Dichtkunst

Po|e|tin, die; -, -nen: weibliche Form zu ↑Poet

po|e|tisch: a) die Poesie betreffend, dichterisch; b) bilderreich, ausdrucksvoll, stimmungsvoll

po|e|ti|sie|ren: dichterisch ausschmücken; dichtend erfassen u. durchdringen

Po|e|t|ry-Slam, Po|e|t|ry|slam [ˈpɔʊ̯ətrislæm], der; -s, -s: auf einer Bühne vor Publikum [das gleichzeitig die Jury ist] ausgetragener literarischer Wettbewerb

Po|go, der; -[s], -s: Tanz zu Punk- u. Heavy-Metal-Musik, bei dem die Tänzer wild u. heftig springen [u. sich dabei anrempeln]

Po|g|rom, der, auch: das; -s, -e: Hetze, Ausschreitungen gegen nationale, religiöse, ethnische Minderheiten

poi|ki|lo|therm (Biol.): wechselwarm

Poil [po̯ˈal], der; -s, -e: ↑²Pol

Point [po̯ɛ̃ː], der; -s, -s: a) Stich (bei Kartenspielen); b) Auge (bei Würfelspielen)

Poin|te [ˈpo̯ɛ̃ːtə], die; -, -n: geistreicher, überraschender Schlusseffekt (z. B. bei einem Witz)

Poin|ter [ˈpɔɪ̯n...], der; -s, -: gescheckter Vorsteh- od. Hühnerhund

poin|tie|ren [po̯ɛ̃...]: betonen, hervorheben

poin|tiert: betont, zugespitzt

Poin|til|lis|mus [...tiˈjɪs...], der; -: spätimpressionistische Stilrichtung in der Malerei, in der ungemischte Farben punktförmig nebeneinandergesetzt wurden

Poin|til|list, der; -en, -en: Vertreter des Pointillismus

Poin|til|lis|tin, die; -, -nen: weibliche Form zu ↑Pointillist

Po|kal, der; -s, -e: 1. a) [kostbares] kelchartiges Trinkgefäß aus Glas od. [Edel]metall mit Fuß [u. Deckel]; b) Siegestrophäe in Form eines Pokals (1 a) bei sportlichen Wettkämpfen. 2. Wettbewerb um einen Pokal

Po|ker, das; -s: amerikanisches Kartenglücksspiel

Po|ker|face [...fɛɪ̯s, ˈpɔʊ̯kɐfɛɪ̯s], das; -, -s [...fɛɪ̯sɪs]: 1. Mensch, dessen Gesicht u. Haltung keine Gefühlsregung widerspiegeln.

2. unbewegter, gleichgültig wirkender Gesichtsausdruck

po|kern: 1. Poker spielen. 2. bei Geschäften, Verhandlungen o. Ä. ein Risiko eingehen, einen hohen Einsatz wagen

[1]**Pol,** der; -s, -e: 1. Drehpunkt, Mittelpunkt, Zielpunkt. 2. Schnittpunkt von Achse und Oberfläche der Erde. 3. (Astron.) Schnittpunkt der verlängerten Erdachse mit dem Himmelsgewölbe, Himmelspol. 4. (Math.) Punkt, der eine besondere Bedeutung hat; Bezugspunkt. 5. der Aus- u. Eintrittspunkt des Stroms bei einer elektrischen Stromquelle. 6. Aus- u. Eintrittspunkt magnetischer Kraftlinien beim Magneten

[2]**Pol,** der; -s, -e: bei Samt u. Teppichen die rechte Seite mit dem [2]Flor (2)

Po|lac|ca, die; -, -s: ↑Polonaise

po|lar: 1. die Pole der Erde betreffend, zu ihnen gehörend. 2. gegensätzlich bei wesenhafter Zusammengehörigkeit; nicht vereinbar

Po|la|ri|sa|ti|on, die; -, -en: 1. Herausbildung einer Gegensätzlichkeit; Polarisierung. 2. a) (Chemie) Herausbildung einer Gegenspannung (bei der Elektrolyse); b) (Physik) das Herstellen einer festen Schwingungsrichtung aus sonst unregelmäßigen Schwingungen des natürlichen Lichts

Po|la|ri|sa|tor, der; -s, ...oren: Vorrichtung, die linear polarisiertes Licht aus natürlichem erzeugt

po|la|ri|sie|ren: 1. a) spalten, trennen, Gegensätze schaffen; b) sich polarisieren: in seiner Gegensätzlichkeit immer deutlicher hervortreten, sich immer mehr zu Gegensätzen entwickeln. 2. a) (Chemie) elektrische od. magnetische Pole hervorrufen; b) (Physik) einer Polarisation (2 b) unterziehen

Po|la|ri|sie|rung, die; -, -en: das Polarisieren

Po|la|ri|tät, die; -, -en: 1. (Geogr., Astron., Physik) Vorhandensein zweier [1]Pole (2, 3, 5, 6). 2. Gegensätzlichkeit bei wesenhafter Zusammengehörigkeit

Po|lar|kreis, der; -es, -e: Breitenkreis, der die Polarzone von der gemäßigten Zone trennt

Po|la|ro|id|ka|me|ra® [...'rɔi̯t...], die; -, -s: Fotoapparat, der in Sekunden das fertige [Papier]bild produziert

Po|lar|stern, der; -[e]s (Astron.): in der Nähe des nördlichen Himmelspols stehender hellster Stern im Sternbild des Kleinen Bären; Nord[polar]stern

Po|le|mik, die; -, -en: 1. wissenschaftlicher Meinungsstreit, literarische Fehde. 2. unsachlicher Angriff, scharfe Kritik

Po|le|mi|ker, der; -s, -: 1. jmd., der zur Polemik (2) neigt, gern scharfe, unsachliche Kritik übt. 2. jmd., der in einer Polemik (1) steht

Po|le|mi|ke|rin, die; -, -nen: weibliche Form zu ↑Polemiker

po|le|misch: 1. die Polemik (1) betreffend; streitbar. 2. scharf u. unsachlich (von kritischen Äußerungen)

po|le|mi|sie|ren: 1. eine Polemik (1) ausfechten, gegen eine andere literarische od. wissenschaftliche Meinung kämpfen. 2. scharfe, unsachliche Kritik üben; jmdn. mit unsachlichen Argumenten scharf angreifen

Po|len|ta, die; -, ...ten u. -s: Brei aus Maisgrieß

Po|len|te, die; - (salopp): Polizei

Pole|po|si|tion, Pole-Po|si|tion ['pɔʊ̯lpəzɪʃn̩], die; -, -s: a) bei Autorennen bester (vorderster) Startplatz für den Fahrer mit der schnellsten Zeit im ↑Qualifying; b) (Jargon) Marktführerschaft

Po|li|ce [po'li:sə], die; -, -n: Urkunde über einen Versicherungsvertrag, die vom Versicherer ausgefertigt wird

Po|lier, der; -s, -e: Vorarbeiter der Maurer u. Zimmerleute; Facharbeiter, der die Arbeitskräfte auf einer Baustelle beaufsichtigt

po|lie|ren: a) glätten, schleifen; b) glänzend machen, blank reiben; putzen

Po|lie|rin, die; -, -nen: weibliche Form zu ↑Polier

Po|li|kli|nik, die; -, -en: Krankenhaus od. -abteilung für ambulante Krankenbehandlung

Po|lio|my|e|li|tis, die; -, ...itiden (Med.): spinale Kinderlähmung

Po|lis, die; -, Poleis: altgriechischer Stadtstaat (z. B. Athen)

Po|lit|bü|ro, das; -s, -s: zentrales Gremium einer kommunistischen Partei

Po|li|ti|cal Cor|rect|ness [...kl̩ kə'rɛktnɪs], die; - -: von einer bestimmten Öffentlichkeit

P

als richtig eingestufte Gesinnung, Haltung (die zum Ziel hat, alles zu vermeiden, was andere als diskriminierend empfinden könnten; Abk.: p. c.)

Po|li|tik [auch: ...'tɪk], die; -, Politiken: 1. auf die Durchsetzung bestimmter Ziele (bes. im staatlichen Bereich) u. auf die Gestaltung des öffentlichen Lebens gerichtetes Handeln von Regierungen, Parlamenten, Parteien, Organisationen o. Ä. 2. berechnendes, zielgerichtetes Verhalten, Vorgehen

Po|li|ti|ker [auch: po'lɪ...], der; -s, -: jmd., der aktiv an der Politik (1), an der Führung eines Gemeinwesens teilnimmt; Staatsmann

Po|li|ti|ke|rin, die; -, -nen: weibliche Form zu ↑Politiker

Po|li|ti|kum [auch: ...'lɪ...], das; -s, ...ka: Tatsache, Vorgang von politischer Bedeutung

po|li|tisch [auch: po'lɪ...]: die Politik (1) betreffend, zu ihr gehörend; staatsmännisch

po|li|ti|sie|ren: 1. [laienhaft] von Politik reden. 2. bei jmdm. Anteilnahme, Interesse an der Politik (1) erwecken; jmdn. zu politischer Aktivität bringen. 3. etwas, was nicht unmittelbar in den politischen Bereich gehört, unter politischen Gesichtspunkten betrachten

Po|li|ti|sie|rung, die; -, -en: das Politisieren

Po|li|to|lo|ge, der; -n, -n: Wissenschaftler auf dem Gebiet der Politologie

Po|li|to|lo|gie, die; -: Wissenschaft von der Politik

Po|li|to|lo|gin, die; -, -nen: weibliche Form zu ↑Politologe

Po|lit|ruk, der; -s, -s (früher): politischer Offizier einer sowjetischen Truppeneinheit

Po|lit|talk [...tɔ:k], der; -s, -s: öffentliches Gespräch od. Talkshow mit politischem Thema

Po|li|tur, die; -, -en: Mittel zum Glänzendmachen; Poliermittel

Po|li|zei, die; -, -en: 1. Behörde, die über die Wahrung der öffentlichen Ordnung zu wachen hat. 2. (ohne Plural) Angehörige der Polizei. 3. (ohne Plural) Dienststelle der Polizei

Po|li|zei|staat, der; -[e]s, -en (abwertend): Staat, in dem der Bürger der willkürlichen Rechtsausübung der [Geheim]polizei ausgesetzt ist

Po|li|zist, der; -en, -en: Angehöriger der Polizei (1); Schutzmann

Po|li|zis|tin, die; -, -nen: weibliche Form zu ↑Polizist

Po|liz|ze, die; -, -n (österr.): ↑Police

Pol|ka, die; -, -s: Rundtanz im lebhaften bis raschen $^2/_4$-Takt mit Achtelrhythmus, wobei jeweils auf drei Schritte ein Hopser folgt (etwa seit 1835)

Pol|len, der; -s, - (Bot.): Blütenstaub

Pol|lu|ti|on, die; -, -en (Med.): unwillkürlicher Samenerguss im Schlaf (z. B. in der Pubertät)

Po|lo, das; -s: zu Pferde gespieltes Ballspiel

Po|lo|hemd, das; -[e]s, -en: kurzärmeliges, enges Trikothemd mit offenem Kragen

Po|lo|nai|se [...'nɛ:zə], **Po|lo|nä|se,** die; -, -n: Reihentanz; festlicher Schreittanz im $^3/_4$-Takt; vgl. Polacca

Po|lo|ni|um, das; -s: radioaktives chem. Element (Zeichen: Po)

Po|lo|shirt [...ʃœ:ɐ̯t], das; -s, -s: ↑Polohemd

Po|ly|ac|ryl|ni|t|ril, das; -s: polymerisiertes Acrylsäurenitril (Ausgangsstoff wichtiger Kunstfasern)

Po|ly|amid, das; -[e]s, -e: hochmolekularer elastischer Kunststoff (z. B. Perlon, Nylon)

Po|ly|an|d|rie, die; - (Völkerkunde): Vielmännerei; Ehegemeinschaft einer Frau mit mehreren Männern (vereinzelt bei Naturvölkern [mit Mutterrecht]); vgl. Polygamie (a)

Po|ly|ar|th|ri|tis, die; -, ...itiden (Med.): an mehreren Gelenken gleichzeitig auftretende Arthritis

Po|ly|äthy|len, fachspr.: **Po|ly|ethy|len,** das; -s, -e: ein thermoplastischer Kunststoff

po|ly|chrom [...'kro:m] (Malerei, bild. Kunst): vielfarbig, bunt

Po|ly|chro|mie, die; -, ...ien (Malerei, bild. Kunst): Vielfarbigkeit; [dekorative] bunte Bemalung ohne einheitlichen Gesamtton mit kräftig voneinander abgesetzten Farben (z. B. bei Keramiken, Glasgemälden, Bauwerken)

Po|ly|dä|mo|nis|mus, der; -: Glaube an eine Vielheit von [nicht persönlich ausgeprägten] Geistern als Vorstufe des Polytheismus

Po|ly|eder, das; -s, - (Math.): Vielflächner; von Vielecken begrenzter Körper

Po|ly|es|ter, der; -s, -: aus Säuren u. Alkoholen gebildete Verbindung mit hoher Molekülmasse, die als wichtiger Rohstoff zur Herstellung synthetischer Fasern u. Harze dient

Po|ly|ethy|len vgl. Polyäthylen

po|ly|fon, po|ly|phon (Musik): 1. die Polyfonie betreffend. 2. nach den Gesetzen der Polyfonie komponiert; mehrstimmig

Po|ly|fo|nie, Po|ly|pho|nie, die; -, ...ien (Musik): Mehrstimmigkeit

po|ly|gam: a) von der Anlage her auf mehrere Geschlechtspartner bezogen (von Tieren u. Menschen); b) die Polygamie betreffend; in Mehrehe lebend; mit mehreren Partnern geschlechtlich verkehrend

Po|ly|ga|mie, die; -: a) (Völkerkunde) Mehrehe, Vielehe, bes. Vielweiberei (meist in vaterrechtlichen Kulturen); vgl. Polyandrie, Polygynie; b) geschlechtlicher Verkehr mit mehreren Partnern

Po|ly|ga|mist, der; -en, -en: in Vielehe lebender Mann

po|ly|gen: 1. (Biol.) durch mehrere Erbfaktoren bedingt. 2. (Geol.) vielfachen Ursprung habend (z. B. von einem durch mehrere Ausbrüche entstandenen Vulkan)

Po|ly|ge|ne|se, Po|ly|ge|ne|sis, die; -: biologische Theorie von der stammesgeschichtlichen Herleitung jeder gegebenen Gruppe von Lebewesen aus jeweils mehreren Stammformen

po|ly|glott: 1. mehr-, vielsprachig (von Buchausgaben). 2. viele Sprachen sprechend

[1]**Po|ly|glot|te,** der od. die; -n, -n: jmd., der viele Sprachen beherrscht

[2]**Po|ly|glot|te,** die; -, -n: Buch (bes. Bibel) mit Textfassung in verschiedenen Sprachen

Po|ly|gon, das; -s, -e (Math.): Vieleck

po|ly|go|nal (Math.): vieleckig

Po|ly|gy|nie, die; - (Völkerkunde): Vielweiberei; Ehegemeinschaft eines Mannes mit mehreren Frauen; vgl. Polygamie (a)

Po|ly|his|tor, der; -s, ...oren (veraltet): in vielen Fächern bewanderter Gelehrter

po|ly|mer: (Chemie) aus größeren Molekülen bestehend, die durch Verknüpfung kleinerer entstanden sind

Po|ly|mer, das; -s, -e, **Po|ly|me|re,** das; -n, -n (meist Plural) (Chemie): Verbindung aus Riesenmolekülen

Po|ly|me|rie, die; -, ...ien: 1. (Biol.) Zusammenwirken mehrerer gleichartiger Erbfaktoren bei der Ausbildung eines erblichen Merkmals. 2. Verbundensein vieler gleichartiger Moleküle in einer chemischen Verbindung

Po|ly|me|ri|sa|ti|on, die; -, -en: auf Polymerie (2) beruhendes chemisches Verfahren zur Herstellung von Kunststoffen

po|ly|me|ri|sie|ren (Chemie): einfache Moleküle zu größeren Molekülen vereinigen

po|ly|morph (bes. Mineral., Biol.): viel-, verschiedengestaltig

Po|ly|mor|phie, die; -, ...ien (bes. Mineral., Biol.): Vielgestaltigkeit, Verschiedengestaltigkeit

Po|ly|nom, das; -s, -e: aus mehr als zwei Gliedern bestehender, durch Plus- od. Minuszeichen verbundener mathematischer Ausdruck

Po|lyp, der; -en, -en: 1. auf einem Untergrund festsitzendes Nesseltier, das oft große Stöcke bildet. 2. (veraltet, noch Gastron.) Tintenfisch, bes. Krake. 3. a) (Med.) gutartige, oft gestielte Geschwulst der Schleimhäute; b) (ugs.) Wucherung der Rachenmandel. 4. (salopp) Polizist, Polizeibeamter

po|ly|phag (Biol.): (von Tieren) Nahrung verschiedenster Herkunft aufnehmend

po|ly|phon usw. vgl. polyfon usw.

po|ly|phy|le|tisch: mehrstämmig in Bezug auf die Stammesgeschichte

po|ly|plo|id (Biol.): mehr als zwei Chromosomensätze aufweisend (von Zellen, Geweben, Organismen)

Po|ly|p|ty|chon, das; -s, ...chen u. ...cha: Flügelaltar mit mehr als zwei Flügeln; vgl. Diptychon, Triptychon

Po|ly|rhyth|mik, die; - (Musik): gleichzeitiges Auftreten verschiedenartiger Rhythmen in den einzelnen Stimmen einer Komposition (z. B. im Jazz)

po|ly|rhyth|misch (Musik): die Polyrhythmik betreffend; Polyrhythmik aufweisend

Po|ly|sac|cha|rid, Po|ly|sa|cha|rid, das; -[e]s, -e: Vielfachzucker, der in seinen Großmolekülen aus zahlreichen Molekülen einfacher Zucker aufgebaut ist (z. B. Glykogen)

P

po|ly|sem, po|ly|se|man|tisch (Sprachwiss.): mehrere Bedeutungen habend (von Wörtern)

Po|ly|se|mie, die; -, ...ien (Sprachwiss.): das Vorhandensein mehrerer Bedeutungen zu einem Wort (z. B. Pferd: 1. Tier. 2. Turngerät. 3. Schachfigur)

Po|ly|sty|rol, das; -s, -e (Chemie): vielseitig verwendeter Kunststoff aus polymerisiertem ↑Styrol

po|ly|syn|de|tisch: (Sprachwiss.) durch mehrere Bindewörter verbunden

Po|ly|syn|de|ton, das; -s, ...ta: Wort- od. Satzreihe, deren Glieder durch Konjunktionen (1) miteinander verbunden sind (z. B. *Und* es wallet *und* siedet *und* brauset *und* zischt; Schiller); vgl. Asyndeton

po|ly|syn|the|tisch: vielfach zusammengesetzt

Po|ly|tech|ni|ker, der; -s, - (veraltet): Student am Polytechnikum

Po|ly|tech|ni|ke|rin, die; -, -nen: weibliche Form zu ↑Polytechniker

Po|ly|tech|ni|kum, das; -s, ...ka, auch: ...ken: a) (früher) technische Hochschule, Ingenieurschule; b) höhere technische Lehranstalt; vgl. Technikum

po|ly|tech|nisch: mehrere Zweige der Technik, auch der Wirtschaft o. Ä. umfassend

P

Po|ly|the|is|mus, der; -: Vielgötterei; Verehrung einer Vielzahl persönlich gedachter Götter; vgl. Polydämonismus

Po|ly|the|ist, der; -en, -en: Anhänger des Polytheismus

Po|ly|the|is|tin, die; -, -nen: weibliche Form zu ↑Polytheist

po|ly|the|is|tisch: den Polytheismus betreffend, zu ihm gehörend, auf ihm beruhend

Po|ly|vi|nyl|chlo|rid, das; -[e]s: durch ↑Polymerisation von Vinylchlorid hergestellter Kunststoff, der durch Zusatz von Weichmachern biegsam gemacht u. hauptsächlich für Fußbodenbeläge, Folien usw. verwendet wird (Abk.: PVC)

Po|ma|de, die; -, -n (veraltend): parfümierte salbenähnliche Substanz zur Haarpflege

Po|me|ran|ze, die; -, -n: der Apfelsine ähnliche, aber kleinere Zitrusfrucht

Pom|mes, die (nur Plural): Kurzform von ↑Pommes frites

Pommes frites [...ˈfrɪt] (nur Plural): roh in Fett gebackene Kartoffelstäbchen

Pomp, der; -[e]s: [übertriebener] Prunk; glanzvoller Aufzug, großartiges Auftreten

Pom|pon [põˈpõ:], der; -s, -s: knäuelartige Quaste aus Wolle od. Seide

pom|pös: [übertrieben] prunkhaft, prächtig

Pon|cho [ˈpɔntʃo], der; -s, -s: 1. von den Indianern Mittel- u. Südamerikas getragene Schulterdecke mit Kopfschlitz. 2. ärmelloser mantelartiger Umhang, bes. für Frauen

Pond, das; -s, -: alte physikalische Krafteinheit (tausendster Teil eines ↑Kiloponds; Zeichen: p)

Pon|de|ra|bi|li|en, die (nur Plural): kalkulierbare, fassbare, wägbare Dinge

Pont, das; -s (Geol.): älteste Stufe des ↑Pliozäns

Pon|te, die; -, -n (landsch.): breite Fähre

Pon|ti|fex, der; -, ...tifizes, auch: ...tifices [...tse:s]: Oberpriester im alten Rom

Pon|ti|fex ma|xi|mus, der; - -, ...ifices [...tse:s] ...mi: 1. (Geschichte) oberster Priester im alten Rom. 2. (ohne Plural; Geschichte) Titel der römischen Kaiser. 3. (ohne Plural) Titel des Papstes

Pon|ti|fi|kal|amt, das; -[e]s, ...ämter: vom Bischof (od. einem Prälaten) gehaltene feierliche Messe

Pon|ti|fi|kat, das od. der; -[e]s, -e: Amtsdauer u. Würde des Papstes od. eines Bischofs

pon|tisch: 1. (Geol.) das ↑Pont betreffend. 2. (von Pflanzen) aus südosteuropäischen Steppengebieten stammend

Pon|ton [põˈtõ:, auch: pɔnˈtõ: od.: põnˈto:n], der; -s, -s (Seew., Militär): Brückenschiff, schwimmender Hohlkörper zum Bau von [behelfsmäßigen] Brücken o. Ä.

[1]**Po|ny,** das; -s, -s: Pferd einer kleinen Rasse

[2]**Po|ny,** der; -s, -s: fransenartig in die Stirn gekämmtes, glattes Haar

Pool [pu:l], der; -s, -s: 1. (Wirtsch.) Zusammenfassung von Beteiligungen am gleichen Objekt. 2. (Jargon) Zusammenschluss, Vereinigung

Pool|bil|lard [ˈpu:l...], das; -s, -e: Billard, bei dem eine Anzahl Kugeln, die unterschiedlich nach Punkten bewertet werden, in die Löcher des Billardtischs gespielt werden müssen

Pop, der; -[s]: 1. Gesamtheit von Popkunst, -musik, -literatur o. Ä. 2. ↑Popmusik

Po|panz, der; -es, -e: etwas, was aufgrund vermeintlicher Bedeutung, Wichtigkeit einschüchtert, Furcht o. Ä. hervorruft

Pop-Art [...ʔa:ɐ̯t], die; -: moderne Kunstrichtung, die Dinge des alltäglichen Lebens darstellt, um die Kunst mit der modernen Lebenswirklichkeit zu verbinden

Pop|corn, das; -s: Puffmais, Röstmais

Po|pe, der; -n, -n: [Welt]priester im slawischen Sprachraum der orthodoxen Kirche

Pop|mu|sik, die; -, -en: von ↑Beat u. ↑Rockmusik beeinflusste moderne [Unterhaltungs]musik verschiedener Stilrichtungen

pop|pig: [Stil]elemente der Pop-Art enthaltend, modern-auffallend

Pop|star, der; -s, -s: Star der Popmusik

po|pu|lär: 1. gemeinverständlich, volkstümlich. 2. a) beliebt, allgemein bekannt; b) Anklang, Beifall, Zustimmung findend

po|pu|la|ri|sie|ren: 1. gemeinverständlich darstellen. 2. verbreiten, in die Öffentlichkeit bringen

Po|pu|la|ri|tät, die; -: Volkstümlichkeit, Beliebtheit

po|pu|lär|wis|sen|schaft|lich: in gemeinverständlicher Form wissenschaftlich

Po|pu|la|ti|on, die; -, -en: 1. (veraltend) Bevölkerung. 2. (Biol.) Gesamtheit der an einem Ort vorhandenen Individuen einer Art

Po|pu|lis|mus, der; - (Politik): von Opportunismus geprägte, volksnahe, oft demagogische Politik, mit der deren Vertreter die Gunst der Massen zu gewinnen suchen

Po|pu|list, der; -en, -en: Vertreter des Populismus

Po|pu|lis|tin, die; -, -nen: weibliche Form zu ↑Populist

po|pu|lis|tisch: den Populismus betreffend, auf ihm beruhend

Por|no, der; -s, -s (ugs.): kurz für: pornografischer Film, Roman o. Ä.

Por|no|gra|fie, Por|no|gra|phie, die; -, ...ien: obszöne Darstellung geschlechtlicher Vorgänge

por|no|gra|fisch, por|no|gra|phisch: die Pornografie betreffend, in ihrer Art

po|rös: durchlässig, porig; mit kleinen Löchern versehen

Po|ro|si|tät, die; -: poröse Beschaffenheit

Por|phyr [auch: ...'fy:ɐ̯], der; -s, -e: feinkörniges Ergussgestein mit Kristalleinsprenglingen

Por|phy|rit [auch: ...'rɪt], der; -s, -e (Geol.): dunkelgraues, oft auch grünliches od. braunes Ergussgestein mit Einsprenglingen

Por|ree, der; -s, -s: Lauch

Por|ridge ['pɔrɪdʒ], der u. das; -s: [Frühstücks]haferbrei

Por|tal, das; -s, -e: 1. [prunkvolles] Tor, Pforte, großer Eingang. 2. torartige, fest stehende od. fahrbare Tragkonstruktion für einen Kran. 3. (EDV) a) Website, die als Einstieg ins Internet dient (z. B. Suchmaschine); b) Zugang zu einem bestimmten Themengebiet im Internet (z. B. Sport-, Wissensportal)

Por|ta|tiv, das; -s, -e: kleine tragbare Orgel

Porte|feuille [pɔrt'fœɪ̯], das; -s, -s: 1. Geschäftsbereich eines Ministers. 2. (Wirtsch.) Portfolio (2 a)

Porte|mon|naie [pɔrtmɔ'ne:, auch: 'pɔrt...], **Port|mo|nee,** das; -s, -s: Geldbörse

Por|ter, der (auch: das); -s, -: starkes [englisches] Bier

Port|fo|lio, das; -s, -s: 1. (Kunstwiss.) Mappe mit einer Serie von Druckgrafiken od. Fotografien eines od. mehrerer Künstler. 2. (Wirtsch.) a) Wertpapierbestand eines Anlegers, Investors; b) (Jargon) gesamtes, aufeinander abgestimmtes Angebot eines Unternehmens

Por|ti|er [...'ti̯e:, österr. auch: ...'ti:ɐ̯], der; -s, -s (österr. meist: -e): 1. Pförtner. 2. Hauswart

Por|ti|e|re, die; -, -n: schwerer Türvorhang

por|tie|ren (schweiz.): zur Wahl vorschlagen

Por|ti|kus, der (fachspr. auch: die); -, - [...ku:s] u. ...ken: Säulenhalle als Vorbau

Por|ti|on, die; -, -en: [An]teil, abgemessene Menge (bes. bei Speisen)

por|ti|o|nie|ren: in Portionen teilen

Por|to, das; -s, -s u. ...ti: Gebühr für die Beförderung von Postsendungen

Por|t|rät [...'trɛ:], das; -s, -s: a) Bild (bes. Brustbild) eines Menschen; Bildnis; b) literari-

P

sche od. filmische Darstellung, Beschreibung eines Menschen

Por|t|rät|fo|to|gra|fie, Por|t|rät|pho|to|gra|phie, die; -: 1. Bereich der Fotografie, der die Porträtdarstellung zum Gegenstand hat. 2. Fotografie, die ein ↑Porträt zeigt

por|t|rä|tie|ren: jmds. Porträt anfertigen

Por|t|rä|tist, der; -en, -en: Fotograf, Künstler, der Porträts anfertigt

Por|t|rä|tis|tin, die; -, -nen: weibliche Form zu ↑Porträtist

Por|tu|gie|ser, der; -s, -: a) (ohne Plural) schwarzblaue Rebsorte; b) Rotwein der Rebsorte Portugieser (a)

Port|wein, der; -[e]s, -e: Likörwein aus den portugiesischen Gebieten des Douro

Por|zel|lan, das; -s, -e: feinste Tonware, die durch Brennen einer aus Kaolin, Feldspat u. Quarz bestehenden Masse hergestellt wird

por|zel|la|nen: aus Porzellan

Po|sa|da, die; -, ...den: span. Bez. für: Wirtshaus

Po|sau|ne, die; -, -n: Blechblasinstrument mit kesselförmigem Mundstück u. dreiteiliger, doppelt u-förmig gebogener langer Schallröhre mit ausziehbarem Mittelteil

po|sau|nen: 1. (meist ugs.) die Posaune blasen. 2. (ugs. abwertend) a) [etwas, was nicht bekannt werden sollte] überall herumerzählen; b) lautstark verkünden, ausposaunen

Po|sau|nist, der; -en, -en: Musiker, der Posaune spielt

Po|sau|nis|tin, die; -, -nen: weibliche Form zu ↑Posaunist

Po|se, die; -, -n: 1. (auf eine bestimmte Wirkung abzielende) Körperhaltung, Stellung. 2. gekünstelte Stellung, Haltung

po|sen: posieren

Po|ser, der; -s, - (Jargon abwertend): a) jmd., der sich gekünstelt benimmt; b) rücksichtsloser Angeber, der etwas zur Schau stellt

Po|se|rin, die; -, -nen: weibliche Form zu ↑Poser (a)

Po|seur [...'zøːɐ̯], der; -s, -e (abwertend): Blender, Wichtigtuer

po|sie|ren: 1. eine Pose, eine besonders wirkungsvolle Stellung einnehmen. 2. sich gekünstelt benehmen

P

Po|sing ['pɔʊ̯zɪŋ], das; -[s], -s: das ↑Posen; Zurschaustellung

Po|si|ti|on, die; -, -en: 1. a) Stellung, Stelle [im Beruf]; b) Situation, Lage, in der sich jmd. im Verhältnis zu einem anderen befindet; c) Einstellung, Standpunkt. 2. bestimmte (räumliche) Stellung, Lage. 3. Standort eines Schiffes od. Flugzeugs. 4. (Sport) Platz, Stelle in einer Wertungsskala. 5. Einzelposten einer [Waren]liste, eines Planes (Abk.: Pos.)

po|si|ti|o|nell: 1. stellungsmäßig. 2. in der Stellung (im strategischen Aufbau) einer Schachpartie begründet

po|si|ti|o|nie|ren: in eine bestimmte Position (2), Stellung bringen; einordnen

Po|si|ti|o|nie|rung, die; -, -en: das Positionieren, Positioniertwerden

po|si|tiv [auch: pozi'tiːf]: 1. a) bejahend, zustimmend, bestätigend; b) vorteilhaft, günstig, gut. 2. (Math.) größer als null (Zeichen: +). 3. (Fotogr.) der Natur entsprechende Licht- u. Schattenverteilung habend. 4. (Physik) eine der beiden Formen elektrischer Ladung betreffend

[1]**Po|si|tiv** [auch: pozi'tiːf], der; -s, -e (Sprachwiss.): ungesteigerte Form des Adjektivs, Grundstufe (z. B. schön)

[2]**Po|si|tiv** [auch: pozi'tiːf], das; -s, -e: 1. kleine Standorgel, meist ohne Pedal. 2. (Fotogr.) über das ↑Negativ gewonnenes, seitenrichtiges, der Natur entsprechendes Bild

Po|si|ti|vis|mus, der; -: Philosophie, die ihre Forschung auf das Wirkliche beschränkt, sich allein auf Erfahrung beruft u. jegliche Metaphysik ablehnt

Po|si|ti|vist, der; -en, -en: Vertreter, Anhänger des Positivismus

Po|si|ti|vis|tin, die; -, -nen: weibliche Form zu ↑Positivist

po|si|ti|vis|tisch: den Positivismus betreffend, zu ihm gehörend, auf ihm beruhend

Po|si|ti|vum, das; -s, ...va: etwas, was an einer Sache als positiv, vorteilhaft, gut empfunden wird; etwas Positives

Po|si|t|ron, das; -s, ...onen: positiv geladenes Elementarteilchen, dessen Masse gleich der Elektronenmasse ist (Zeichen: e^+)

Po|si|tur, die; -, -en: bewusst eingenommene Stellung, Haltung des Körpers
Pos|ses|si|on, die; -, -en (Rechtsspr. veraltet): Besitz
Pos|ses|siv [auch: ...'si:f], das; -s, -e: ↑Possessivpronomen
Pos|ses|siv|pro|no|men [auch: ...'si:f...], das; -s, - u. ...mina (Sprachwiss.): besitzanzeigendes Fürwort (z. B. mein)
pos|sier|lich: klein, niedlich u. dabei drollig
pos|ta|lisch: die Post betreffend
Pos|ta|ment, das; -[e]s, -e: Unterbau, Sockel einer Säule od. Statue
Post|doc [auch: 'po̯ʊst...], der; -s, -s u. die; -, -s: nach der Promotion auf dem jeweiligen Spezialgebiet noch weiterforschender Wissenschaftler bzw. -forschende Wissenschaftlerin
pos|ten ['po̯ʊstn̩] (EDV): als Beitrag zu einer Newsgroup od. einem Weblog schreiben
Pos|ter [engl.: 'po̯ʊstə], das, seltener der; -s, - (bei engl.Ausspr.: -s): größeres, plakatartig aufgemachtes, gedrucktes Bild
Post|exis|tenz, die; - (Philos.): das Fortbestehen der Seele nach dem Tod
post|fak|tisch: durch geringe od. abnehmende Bedeutung von Tatsachen gekennzeichnet
post fes|tum: hinterher, im Nachhinein
post|hum, pos|tum: a) nach jmds. Tod erfolgend (z. B. eine Ehrung); b) zum künstlerischen o. ä. Nachlass gehörend, nach dem Tod eines Autors veröffentlicht, nachgelassen (z. B. ein Roman); c) nach dem Tode des Vaters geboren; nachgeboren
Pos|til|le, die; -, -n: 1. religiöses Erbauungsbuch. 2. Predigtbuch, -sammlung
Pos|til|li|on [auch: ...'jo:n], der; -s, -e: 1. (Geschichte) Postkutscher. 2. heimischer Tagfalter mit orangegelben, schwarz gesäumten Flügeln
post me|ri|di|em vgl. p. m.
post|mi|g|ran|tisch: 1. von ↑Migration (2) mittelbar durch ihre Vorfahren betroffen. 2. von der zurückliegenden Zuwanderung eines Teils der Bevölkerung geprägt
post|mo|dern: die Postmoderne betreffend
Post|mo|der|ne, die; -: 1. Stilrichtung der modernen Architektur, die durch eine Abkehr vom Funktionalismus u. Hinwendung zu freierem Umgang mit unterschiedlichen Bauformen auch aus früheren Epochen gekennzeichnet ist. 2. der Moderne (2) folgende Zeit
post|mor|tal (Med.): nach dem Tode [auftretend] (z. B. von Organveränderungen)
post mor|tem: nach dem Tode (Abk.: p. m.)
post|na|tal (Med.): nach der Geburt [auftretend] (z. B. von Schädigungen des Kindes)
post|nu|me|ran|do: nachträglich (zahlbar)
post|ope|ra|tiv (Med.): nach der Operation auftretend, einer Operation folgend
Post|skript, das; -[e]s, -e, **Post|skrip|tum,** das; -s, ...ta: Nachschrift (Abk.: PS)
Post|sze|ni|um, das; -s, ...ien: Raum hinter der Bühne
post|trau|ma|tisch: (Med.) nach, infolge einer Verletzung auftretend, vor sich gehend
Pos|tu|lant, der; -en, -en: Kandidat eines katholischen Ordens in der Probezeit
Pos|tu|lat, das; -[e]s, -e: 1. Forderung. 2. (Philos.) sachlich od. denkerisch notwendige Annahme. 3. Probezeit für die Kandidaten eines katholischen Ordens
pos|tu|lie|ren: fordern, für erforderlich erklären
pos|tum vgl. posthum
Pos|tur, die; - (schweiz.): ↑Positur
post ur|bem con|di|tam: nach Gründung Roms (Abk.: p. u. c.); vgl. ab urbe condita
[1]**Pot,** das; -s (Jargon): ↑Haschisch, ↑Marihuana
[2]**Pot,** der; -s: Summe aller Einsätze, Kasse
Po|tem|kin|schen Dör|fer, po|tem|kin|schen Dör|fer [auch: pa'tjɔmkɪn... -], die (nur Plural): 1. Trugbilder, Vorgetäuschtes. 2. Vorspiegelung falscher Tatsachen
po|tent: 1. a) leistungsfähig; b) mächtig, einflussreich; c) zahlungskräftig, vermögend. 2. (Med.) a) (vom Mann) fähig zum Geschlechtsverkehr; b) zeugungsfähig
Po|ten|tat, der; -en, -en: 1. jmd., der Macht hat u. Macht zu seinem Vorteil ausübt. 2. (veraltet) souveräner, regierender Fürst
Po|ten|ta|tin, die; -, -nen: weibliche Form zu ↑Potentat
po|ten|ti|al usw. vgl. potenzial usw.
Po|ten|til|la, die; -, ...llen: Fingerkraut

Po|tẹnz, die; -, -en: 1. Fähigkeit, Leistungsvermögen. 2. (Med.) a) Fähigkeit des Mannes zum Geschlechtsverkehr; b) Zeugungsfähigkeit. 3. (Med.) Grad der Verdünnung einer Arznei in der ↑Homöopathie. 4. (Math.) Produkt mehrerer gleicher Faktoren, dargestellt durch die ↑Basis (3 c) u. den ↑Exponenten (2)

po|ten|zi|al, po|ten|ti|al: 1. (Philos.) die bloße Möglichkeit betreffend. 2. (Sprachwiss.) die Möglichkeit ausdrückend

Po|ten|zi|al, Po|ten|ti|al, das; -s, -e: 1. Leistungsfähigkeit. 2. (Physik) a) Maß für die Stärke eines Kraftfeldes in einem Punkt des Raumes; b) potenzielle Energie

Po|ten|zi|al|dif|fe|renz, Po|ten|ti|al|dif|fe|renz, die; - (Physik): Unterschied des elektrischen Potenzials zwischen zwei Punkten eines elektrischen Feldes

Po|ten|zi|a|lis, Po|ten|ti|a|lis, der; -, ...les [...le:s] (Sprachwiss.): Möglichkeitsform

Po|ten|zi|a|li|tät, Po|ten|ti|a|li|tät, die; - (Philos.): Möglichkeit, die zur Wirklichkeit werden kann

po|ten|zi|ẹll, po|ten|ti|ẹll: möglich (im Unterschied zu wirklich), denkbar; der Anlage, Möglichkeit nach

po|ten|zie|ren: 1. verstärken, erhöhen, steigern. 2. (Med.) eine Arznei homöopathisch verdünnen. 3. (Math.) eine Zahl mit sich selbst multiplizieren

Po|ten|zio|me|ter, Po|ten|tio|me|ter, das; -s, - (Elektrot.): Gerät zur Abnahme od. Herstellung von Teilspannungen, Spannungsteiler

po|ten|zio|me|t|risch, po|ten|tio|me|t|risch (Elektrot.): die Potenziometrie betreffend, mit ihrer Hilfe vor sich gehend

Po|tẹnz|pil|le, die; -, -n (ugs.): die Potenz (2 a) steigerndes od. wiederherstellendes Mittel

Pọt|pour|ri [...pʊri, auch: ...pʊ'ri:], das; -s, -s: 1. Zusammenstellung verschiedener, durch Übergänge verbundener Melodien. 2. buntes Allerlei, Kunterbunt

Poule [pu:l], die; -, -n [...lən]: 1. Spiel- od. Wetteinsatz. 2. bestimmtes Spiel beim Billard od. Kegeln

Pou|let [pu'le:], das; -s, -s: junges, zartes Masthuhn od. -hähnchen

Pour le Mé|rite [...ləme'ri:t], der; - - -: hoher Verdienstorden, von dem seit 1918 nur noch die Friedensklasse für Wissenschaften u. Künste verliehen wird

pous|sie|ren [pu...]: (ugs. veraltend, noch landsch.) flirten, anbändeln; mit jmdm. in einem Liebesverhältnis stehen

Pou|voir [pu'vo̯a:ɐ̯], das; -s, -s (österr.): Handlungs-, Verhandlungsvollmacht

po|wer (landsch.): arm, armselig

Po|w|er ['paʊ̯ɐ], die; - (Jargon): Kraft, Stärke, Leistung

Po|w|er|frau ['paʊ̯ɐ...], die; -, -en: energische, zielstrebige Frau voll Kraft u. Stärke

po|w|ern ['paʊ̯ɐn] (Jargon): große Leistung entfalten, sich voll einsetzen

Po|w|er|play ['paʊ̯ɐplɛɪ̯], das; -[s] (bes. Eishockey): gemeinsames, anhaltendes Anstürmen auf das gegnerische Tor

Prä, das; -s: jmdm. zum Vorteil gereichender Vorrang

Prä|ạm|bel, die; -, -n: a) Einleitung; b) feierliche Erklärung als Einleitung einer [Verfassungs]urkunde od. eines Staatsvertrages

Prä|de|s|ti|na|ti|on, die; -: 1. (bes. von Calvin als Lehre vertretene) göttliche Vorherbestimmung hinsichtlich der Seligkeit od. Verdammnis des einzelnen Menschen. 2. das Geeignetsein, Vorherbestimmtsein für ein bestimmtes Lebensziel, einen Beruf o. Ä. aufgrund gewisser Fähigkeiten, Anlagen

prä|de|s|ti|nie|ren: vorherbestimmen

Prä|di|ka|mẹnt, das; -[e]s, -e (Philos.): eine der fünf Kategorien, die die Scholastik von den zehn Kategorien des Aristoteles übernahm

Prä|di|kạnt, der; -en, -en: [Hilfs]prediger in der evangelischen Kirche

Prä|di|kạn|tin, die; -, -nen: weibliche Form zu ↑Prädikant

Prä|di|kat, das; -[e]s, -e: 1. Note, Bewertung, Zensur. 2. Rangbezeichnung, Titel (beim Adel). 3. (Sprachwiss.) Verb od. Verben, die Inhalt und Struktur des Satzes bestimmen; Satzaussage (z. B. der Bauer *pflügt* den Acker); vgl. Objekt (2), Subjekt (2)

prä|di|ka|ti|sie|ren, prä|di|ka|tie|ren: mit einem Prädikat (1) versehen

P

prä|di|ka|tiv (Sprachwiss.): das Prädikat (3) betreffend, zu ihm gehörend; aussagend

Prä|di|ka|tiv, das; -s, -e (Sprachwiss.): auf Subjekt od. Objekt bezogener Teil der Satzaussage (z. B.: Karla ist *Lehrerin;* er ist *krank;* ich nenne ihn *feige;* ich nenne ihn *meinen Freund*)

Prä|di|kats|no|men, das; -s, - u. ...mina: Prädikativ, das aus einem Nomen (2) besteht

Prä|di|kats|wein, der; -[e]s, -e: Wein aus der obersten Güteklasse der deutschen Weine

Prä|dik|tor, der; -s, ...oren (Statistik): zur Vorhersage eines Merkmals herangezogene Variable

Prä|dis|po|si|ti|on, die; -, -en: Anlage, Empfänglichkeit für bestimmte Krankheiten

prae|cox ['prɛːkɔks] (Med.): vorzeitig

Prae|sens his|to|ri|cum, das; - -, ...sentia ...ca: Gegenwartsform des Verbs, die längst Vergangenes ausdrückt; historisches Präsens

Prä|fekt, der; -en, -en: 1. hoher Zivil- od. Militärbeamter im alten Rom. 2. oberster Verwaltungsbeamter eines Departements (in Frankreich) od. einer Provinz (in Italien). 3. mit besonderen Aufgaben betrauter, leitender katholischer Geistlicher (bes. in Missionsgebieten). 4. [ältester] Schüler in einem ↑Internat, der jüngere beaufsichtigt

Prä|fek|tin, die; -, -nen: weibliche Form zu ↑Präfekt (2, 4)

Prä|fek|tur, die; -, -en: a) Amt, Amtsbezirk eines Präfekten (2); b) Amtsräume eines Präfekten (2)

Prä|fe|renz, die; -, -en: a) Vorrang, Vorzug; b) (Wirtsch.) [bestimmten Ländern gewährte] Vergünstigung

prä|fe|ren|zi|ell, prä|fe|ren|ti|ell (Wirtsch.): Präferenzen (b) betreffend

Prä|fe|renz|zoll, der; -[e]s, ...zölle: Zoll, der einen Handelspartner begünstigt

prä|fe|rie|ren: vorziehen, den Vorzug geben

Prä|fix [auch: ...'fɪks], das; -es, -e (Sprachwiss.): Vorsilbe (z. B. *un*schön, *be*steigen)

Prä|fi|xo|id, das; -[e]s, -e (Sprachwiss.): präfixähnlicher Wortbestandteil (z. B. sau-, Sau- in *sau*blöd, *Sau*wetter)

Prä|for|ma|ti|on, die; -, -en (Biol.): angenommene Vorherbildung des fertigen Organismus im Keim

Prag|ma|tik, die; -, -en: 1. (ohne Plural) Orientierung auf das Nützliche, Sinn für Tatsachen, Sachbezogenheit. 2. (österr.) Ordnung des Staatsdienstes, Dienstordnung

Prag|ma|ti|ker, der; -s, -: pragmatisch eingestellter Mensch

Prag|ma|ti|ke|rin, die; -, -nen: weibliche Form zu ↑Pragmatiker

prag|ma|tisch: anwendungs-, handlungs-, sachbezogen; sachlich, auf Tatsachen beruhend

Prag|ma|tis|mus, der; -: pragmatische Einstellung, Denk-, Handlungsweise

prä|g|nant: etwas in knapper Form genau, treffend darstellend

Prä|g|nanz, die; -: Schärfe, Genauigkeit, Knappheit des Ausdrucks

Prä|his|to|rie [auch: 'prɛː...], die; -: Vorgeschichte

prä|his|to|risch [auch: 'prɛː...]: vorgeschichtlich

Prahm, der; -[e]s, -e u. Prähme: [kastenförmiger] großer Lastkahn

Prä|ju|diz, das; -es, -e: 1. vorgefasste Meinung, Vorentscheidung. 2. (Rechtswiss.) [Vor]entscheidung eines oberen Gerichts in einer Rechtsfrage, die sich in einem anderen Rechtsstreit erneut stellt. 3. (Politik) vorgreifende Entscheidung

prä|ju|di|zi|ell (Rechtswiss.): bedeutsam für die Beurteilung eines späteren Sachverhalts

prä|ju|di|zie|ren (Politik, Rechtsspr.): eine [richterliche] Vorentscheidung über etwas treffen, ein Präjudiz schaffen

prä|kam|b|risch (Geol.): die vor dem ↑Kambrium liegenden Zeiten betreffend

Prä|kam|b|ri|um, das; -s (Geol.): das ↑Archaikum umfassender Zeitraum der erdgeschichtlichen Frühzeit

prä|kar|di|al, prä|kor|di|al (Med.): vor dem Herzen liegend, die vor dem Herzen liegende Brustwand betreffend

Prä|klu|si|on, die; -, -en (Rechtswiss.): Rechtsverwirkung

prä|klu|siv, prä|klu|si|visch (Rechtswiss.): rechtsverwirkend infolge versäumter Geltendmachung eines Rechts

P

Prä|klu|si̲v|frist, die; -, -en (Rechtswiss.): gerichtlich festgelegte Frist, nach deren Ablauf ein Recht infolge Versäumung nicht mehr geltend gemacht werden kann

prä|ko|lu̦m|bisch: den Zeitraum vor der Entdeckung durch Kolumbus betreffend (in Bezug auf Amerika)

Pra̦k|tik, die; -, -en: 1. [bestimmte Art der] Ausübung von etwas; Handhabung, Verfahrensweise. 2. (meist Plural) nicht ganz korrekter Kunstgriff; nicht immer einwandfreies u. erlaubtes Vorgehen

prak|ti|ka̲|bel: brauchbar, benutzbar, zweckmäßig; durch-, ausführbar

Prak|ti|ka̲|bel, das; -s, -: begehbarer, benutzbarer Teil der Theaterdekoration (z. B. ein Podium)

Prak|ti|ka|bi|li|tä̲t, die; -: Brauchbarkeit, Zweckmäßigkeit; Durchführbarkeit

Prak|ti|ka̦nt, der; -en, -en: jmd., der ein Praktikum absolviert

Prak|ti|ka̦n|tin, die; -, -nen: weibliche Form zu ↑Praktikant

Pra̦k|ti|ker, der; -s, -: 1. Mann der [praktischen] Erfahrung. 2. (Medizinjargon) praktischer Arzt

Pra̦k|ti|ke|rin, die; -, -nen: weibliche Form zu ↑Praktiker

Pra̦k|ti|kum, das; -s, ...ka: 1. zur praktischen Anwendung des Erlernten eingerichtete Übung (bes. an den naturwissenschaftlichen Fakultäten). 2. im Rahmen einer Ausbildung außerhalb der [Hoch]schule abzuleistende praktische Tätigkeit

pra̦k|tisch: 1. a) die Praxis, das Tun, das Handeln betreffend; ausübend; b) in der Wirklichkeit auftretend; wirklich, tatsächlich. 2. zweckmäßig, gut zu handhaben. 3. geschickt, geübt, erfahren, findig

prak|ti|zi̲e̲|ren: 1. a) etwas betreiben, ins Werk setzen; [Methoden] anwenden; b) etwas aktiv ausüben, in die Praxis umsetzen (z. B. praktizierender Katholik). 2. seinen Beruf ausüben (bes. als Arzt). 3. (österr.) seine praktische berufliche Ausbildung beginnen od. vervollkommnen. 4. (ugs.) etwas geschickt irgendwohin bringen, befördern

Prä|la̲t, der; -en, -en: 1. katholischer geistlicher Würdenträger. 2. leitender evangelischer Geistlicher

Prä|li|mi|na̲|ri|en, die (nur Plural): vorbereitende Handlungen

Pra|li̲|ne, die; -, -n: kleines Stück Schokoladenkonfekt mit einer Füllung

prä|lu|di̲e̲|ren: durch ein musikalisches Vorspiel einleiten

Prä|lu̲|di|um, das; -s, ...ien: a) oft frei improvisiertes musikalisches Vorspiel; b) Einleitung der Suite u. Fuge; c) fantasieartiges Instrumentalstück

prä|mens|t|ru|e̦ll (Med.): vor der Menstruation auftretend (von bestimmten Symptomen)

Prä̲|mie [...i̯ə], die; -, -n: 1. Belohnung, Preis. 2. [einmalige] zusätzliche Vergütung für eine bestimmte Leistung. 3. Versicherungsbeitrag. 4. zusätzlicher Gewinn in der Lotterie, im Lotto o. Ä.

prä|mi̲e̲|ren, prä|mi|i̲e̲|ren: mit einem Preis belohnen, auszeichnen

Prä|mi̦s|se, die; -, -n: 1. (Philos.) Vordersatz im ↑Syllogismus. 2. Voraussetzung

prä̲|mo|dern: die Prämoderne betreffend

Prä̲|mo|der|ne, die; -: Phase der westlichen Kultur zwischen Antike u. Moderne, die in etwa dem Mittelalter entspricht

Prä|mons|t|ra|te̦n|ser, der; -s, -: Angehöriger eines katholischen Ordens (Abk.: O. Praem.)

prä|na|ta̲l (Med.): vor der Geburt, der Geburt vorausgehend

prä|nu|me|ra̦n|do: im Voraus (zu zahlen)

Prä|nu|me|ra|ti|o̲n, die; -, -en (Wirtsch. veraltet): Vorauszahlung

Prä|pa|ra̦nd, der; -en, -en: Kind, das den Vorkonfirmandenunterricht besucht

Prä|pa|ra̦n|din, die; -, -nen: weibliche Form zu ↑Präparand

Prä|pa|ra̲t, das; -[e]s, -e: 1. (Fachspr.) für einen bestimmten Zweck hergestellte Substanz (z. B. Arzneimittel, chemisches Mittel). 2. a) (Biol., Med.) konservierte Pflanze od. konservierter Tierkörper [zu Lehrzwecken]; b) Gewebsschnitt zum Mikroskopieren

Prä|pa|ra|ti|o̲n, die; -, -en: 1. (veraltet) Vorbereitung. 2. Herstellung eines Präparats (2)

Prä|pa|ra̲|tor, der; -s, ...o̲ren: jmd., der Präparate (2) herstellt u. pflegt

P

Prä|pa|ra|to|rin, die; -, -nen: weibliche Form zu ↑Präparator

prä|pa|rie|ren: 1. (bildungsspr.) a) vorbereiten; b) sich präparieren: sich vorbereiten. 2. (Biol., Med.) (einen toten Organismus od. Teile davon) sachgerecht zerlegen u. durch spezielle Behandlung auf Dauer haltbar machen

Prä|po|si|ti|on, die; -, -en: Verhältniswort (z. B. auf, in)

Prä|po|si|ti|o|nal|at|tri|but, das; -[e]s, -e (Sprachwiss.): mit einer Präposition angeschlossenes Attribut (2)

prä|po|tent: 1. (veraltet) überlegen, übermächtig. 2. (österr., abwertend) aufdringlich, frech, überheblich

Prä|po|tenz, die; -, -en (veraltet): Übermacht, Überlegenheit

Prä|raf|fa|e|lit, der; -en, -en: Angehöriger einer (1848 gegründeten) Gruppe von englischen Malern, die im Sinne [der Vorläufer] Raffaels die Kunst durch seelische Vertiefung zu erneuern suchten

Prä|rie, die; -, ...ien: Grasland im mittleren Westen Nordamerikas

Prä|ro|ga|tiv, das; -s, -e, **Prä|ro|ga|ti|ve,** die; -, -n: Vorrecht, früher bes. des Herrschers bei der Auflösung des Parlaments, dem Erlass von Gesetzen u. Ä.

Prä|sens, das; -, ...sentia [...zia] od. ...senzien (Sprachwiss.): Zeitform, mit der ein verbales Geschehen od. Sein als gegenwärtig charakterisiert wird; Gegenwart

prä|sent: anwesend; gegenwärtig

Prä|sent, das; -[e]s, -e: [kleineres] Geschenk

prä|sen|ta|bel: ansehnlich, vorzeigbar

Prä|sen|tant, der; -en, -en (Wirtsch.): jmd., der einen Wechsel vorlegt

Prä|sen|ta|ti|on, die; -, -en: 1. Präsentierung. 2. Vorlage, bes. das Vorlegen eines Wechsels

prä|sen|tie|ren: 1. überreichen, darbieten. 2. vorlegen, vorzeigen, vorweisen (z. B. einen Wechsel zur Annahme od. Bezahlung). 3. sich präsentieren: sich zeigen, vorstellen. 4. mit der Waffe eine militärische Ehrenbezeigung machen

Prä|sen|tie|rung, die; -, -en: Vorstellung, Vorzeigung, Überreichung; vgl. Präsentation

Prä|senz, die; -, -en: 1. Anwesenheit, Gegenwärtigkeit; das Dabeisein. 2. körperliche Ausstrahlung[skraft]

Prä|senz|bi|b|lio|thek, die; -, -en: Bibliothek, deren Bücher nicht entliehen, sondern nur an Ort und Stelle benutzt werden dürfen

Pra|seo|dym, das; -s: chem. Element (seltene Erde; Zeichen: Pr)

prä|ser|va|tiv: vorbeugend, verhütend

Prä|ser|va|tiv, das; -s, -e: ↑Kondom

Prä|ser|ve, die; -, -n (meist Plural): nicht vollständig keimfreie Konserve; Halbkonserve

Prä|ses, der u. die; -, Prä̲sides [...de:s] u. Präsiden: 1. geistlicher Vorstand eines katholischen kirchlichen Vereins. 2. Vorsitzende[r] einer evangelischen Synode

Prä|si|de, der; -n, -n: 1. (ugs.) Mitglied eines Präsidiums (1 a). 2. (Verbindungsw.) Vorsitzender, Leiter einer studentischen Kneipe, eines Kommerses

Prä|si|dent, der; -en, -en: 1. Vorsitzender. 2. Leiter (einer Behörde, einer Organisation o. Ä.). 3. Staatsoberhaupt einer Republik

prä|si|den|ti|ell: 1. einen ↑Präsidenten (3) einsetzend, von ihm geleitet. 2. vom ↑Präsidenten (3) ausgehend, zu ihm gehörend

Prä|si|den|tin, die; -, -nen: weibliche Form zu ↑Präsident

prä|si|di|al: den Präsidenten od. das Präsidium (1) betreffend

Prä|si|di|al|sys|tem, das; -s: Regierungsform, bei der der Staatspräsident aufgrund eigener Autorität u. unabhängig vom Vertrauen des Parlaments zugleich Chef der Regierung ist

prä|si|die|ren: 1. (einem Gremium o. Ä.) vorsitzen. 2. (eine Versammlung o. Ä.) leiten

Prä|si|di|um, das; -s, ...ien: 1. a) leitendes ↑Gremium (a) einer Versammlung, einer Organisation o. Ä.; b) Vorsitz, Leitung. 2. Amtsgebäude eines [Polizei]präsidenten

prä|skrip|tiv: vorschreibend, Normen setzend

Prä|sum|ti|on, die; -, -en (Philos.; Rechtsspr.): Voraussetzung, Vermutung, Annahme

prä|sum|tiv (Philos.; Rechtsspr.): voraussetzend, wahrscheinlich, vermutlich

Prä|ten|dent, der; -en, -en: jmd., der Ansprüche auf ein Amt, bes. auf den Thron, erhebt

P

Prä|ten|den|tin, die; -, -nen: weibliche Form zu ↑Prätendent
Prä|ten|ti|on, die; -, -en: Anspruch, Anmaßung
prä|ten|ti|ös: anspruchsvoll; anmaßend
Prä|te|r|i|tio, Prä|te|r|i|ti|on, die; -, ...onen: ↑Paralipse
Prä|te|r|i|tum, das; -s, ...ta (Sprachwiss.): Zeitform, die das verbale Geschehen od. Sein als vergangen charakterisiert; Imperfekt
Prä|tor, der; -s, ...oren: höchster [Justiz]beamter im Rom der Antike
Prä|to|ri|a|ner, der; -s, -: Angehöriger der Leibwache römischer Feldherren od. Kaiser
Prä|ven|ti|on, die; -, -en: Vorbeugung, Verhütung
prä|ven|tiv: vorbeugend, verhütend
Prä|ven|tiv|krieg, der; -[e]s, -e: Angriffskrieg, der dem voraussichtlichen Angriff des Gegners zuvorkommt
Prä|ven|tiv|me|di|zin, die; -: Teilgebiet der ↑Medizin, auf dem man sich mit vorbeugender Gesundheitsfürsorge befasst
Pra|xis, die; -, ...xen: 1. (ohne Plural) Anwendung von Gedanken, Vorstellungen, Theorien o. Ä. in der Wirklichkeit; vgl. in praxi. 2. (ohne Plural) durch praktische Tätigkeit gewonnene Erfahrung. 3. Praktik. 4. a) gewerbliches Unternehmen, bes. eines Arztes od. Anwalts; b) Arbeitsräume eines Arztes od. Anwalts
Prä|ze|denz|fall, der; -[e]s, ...fälle: Musterfall, der für zukünftige, ähnlich gelagerte Situationen richtungweisend ist; vgl. Präjudiz
prä|ze|die|ren: in ↑Präzession sein
Prä|zep|tor, der; -s, ...oren (veraltet): Lehrer, Erzieher
Prä|zes|si|on, die; -, -en (Astron.): durch Kreiselbewegung der Erdachse (in etwa 26 000 Jahren) verursachte Rücklaufbewegung des Schnittpunktes (Frühlingspunktes) zwischen Himmelsäquator u. Ekliptik
Prä|zi|pi|tat, das; -[e]s, -e (Chemie, Med.): Produkt einer Ausfällung od. Ausflockung
Prä|zi|pi|ta|ti|on, die; -, -en (Med.; Chemie): Ausfällung od. Ausflockung (z. B. von Eiweißkörpern)
prä|zis (bes. österr.), **prä|zi|se:** bis ins Einzelne gehend, genau [umrissen, angegeben]
prä|zi|sie|ren: genauer bestimmen, eindeutiger beschreiben, angeben
Prä|zi|si|on, die; -: Genauigkeit; Feinheit
Pre|fe|rence [prefeˈrɑ̃:s], die; -, -n [...sn̩]: französisches Kartenspiel
Preis|in|dex, der; -[es], -e u. ...dizes, auch: ...dices [...ditse:s] (Wirtsch.): statistische Messzahl für die Höhe bestimmter Preise
pre|kär: misslich, schwierig, heikel
Pre|ka|ri|at, das; -[e]s, -e: Teil der Bevölkerung, der [wegen lang anhaltender Arbeitslosigkeit, unsicherer od. schlecht bezahlter Beschäftigung] in Armut lebt bzw. von Armut bedroht ist
Pre|ka|ri|sie|rung, die; -: Entwicklung, durch die jmd., etw. dem Prekariat zugerechnet wird
Pre|mi|er [prəˈmi̯e:], der; -s, -s: Kurzform von ↑Premierminister
Pre|mi|e|re, die; -, -n: Erst-, Uraufführung
Pre|mi|er|mi|nis|ter, der; -s, -: Ministerpräsident
Pre|mi|er|mi|nis|te|rin, die; -, -nen: weibliche Form zu ↑Premierminister
pre|mi|um: von besonderer, bester Qualität
Pre|print [ˈpri:prɪnt], das; -s, -s (Buchw.): Vorabdruck; vgl. Reprint
Pres|by|ter, der; -s, -: Mitglied eines evangelischen Kirchenvorstands
Pres|by|te|ri|a|ner, der; -s, -: Angehöriger protestantischer Kirchen mit Presbyterialverfassung in England u. Amerika
Pres|by|te|ri|a|ne|rin, die; -, -nen: weibliche Form zu ↑Presbyterianer
pres|by|te|ri|a|nisch: die Presbyterialverfassung, Kirchen mit Presbyterialverfassung betreffend
Pres|by|te|rin, die; -, -nen: weibliche Form zu ↑Presbyter
Pres|by|te|ri|um, das; -s, ...ien: aus dem Pfarrer u. den Presbytern bestehender evangelischer Kirchenvorstand
Pre|shave-Lo|ti|on, Pre|shave|lo|ti|on [ˈpri:ʃɛɪ̯flɔʊ̯ʃn̩], die; -, -s: vor der Rasur zu verwendendes Gesichtswasser; vgl. After-shave-Lotion
Pres|se, die; -, -n: 1. a) Vorrichtung, Maschine, die durch Druck Rohstoffe, Werkstücke o. Ä.

P

formt; b) Gerät zum Auspressen von Obst; c) Druckmaschine, Druckpresse. 2. (ohne Plural) Gesamtheit der Zeitungen und Zeitschriften

Pres|se|kon|fe|renz, die; -, -en: Zusammenkunft prominenter Persönlichkeiten od. ihrer Beauftragten mit Vertretern von Publikationsorganen zur Beantwortung von Fragen

pres|sie|ren (bes. südd., österr., schweiz.): eilig, dringend sein; drängen

Pres|si|on, die; -, -en: Druck, Nötigung, Zwang

Pres|ti|ge [...ˈtiːʒə, ...tiːʃ], das; -s: [positives] Ansehen, Geltung

pres|tis|si|mo (Musik): sehr schnell, in schnellstem Tempo (Vortragsanweisung)

Pres|tis|si|mo, das; -s, -s u. ...mi: 1. (Musik) äußerst schnelles Tempo. 2. Musikstück in schnellstem Zeitmaß

pres|to (Musik): schnell (Vortragsanweisung)

Pres|to, das; -s, -s u. ...ti: 1. (Musik) schnelles Tempo. 2. Musikstück in schnellem Zeitmaß

Pre|view [ˈpriːvjuː], die; -, -s, auch: das u. der; -s, -s: 1. Voraufführung (bes. eines Films). 2. (EDV) Druckvorschau

pre|zi|ös, pre|ti|ös: geziert, gekünstelt

Pre|zi|o|sen, Pre|ti|o|sen, die (nur Plural): Kostbarkeiten, Geschmeide

pri|a|pe|isch, pri|a|pisch: unzüchtig

prim (Math.): nur durch 1 u. sich selbst teilbar (von Zahlen)

Prim, die; -, -en: ↑Prime

pri|ma: a) vom Besten, erstklassig (Abk.: pa., I a); b) (ugs.) vorzüglich, prächtig, wunderbar, sehr gut, ausgezeichnet

Pri|ma, die; -, Primen (veraltend): in Unter- u. Oberprima geteilte letzte Klasse eines Gymnasiums

Pri|ma|bal|le|ri|na, die; -, ...nen: die erste u. Vortänzerin einer Ballettgruppe; vgl. Ballerina

Pri|ma|don|na, die; -, ...nnen: Darstellerin der weiblichen Hauptpartie in der Oper, erste Sängerin

Pri|ma|ner, der; -s, - (veraltend): Schüler einer Prima

Pri|ma|ne|rin, die; -, -nen: weibliche Form zu ↑Primaner

Pri|mar, der; -s, -e (österr.): Kurzform von ↑Primararzt

pri|mär: 1. a) zuerst vorhanden, ursprünglich; b) an erster Stelle stehend; erst-, vorrangig; grundlegend, wesentlich. 2. (Elektrot.) den Teil eines Netzgeräts betreffend, der unmittelbar an das Stromnetz angeschlossen ist u. in den die umzuformende Spannung einfließt

Pri|mar|arzt, der; -es, ...ärzte (österr.): leitender Arzt eines Krankenhauses; Chefarzt

Pri|mar|ärz|tin, die; -, -nen: weibliche Form zu ↑Primararzt

Pri|mär|ener|gie, die; -, -n (Technik): von natürlichen, noch nicht weiterbearbeiteten Energieträgern (wie Kohle, Erdöl, Erdgas) stammende Energie

Pri|ma|ria, die; -, ...iae: weibliche Form zu ↑Primar

Pri|ma|ri|us, der; -, ...ien (österr.): ↑Primararzt

Pri|mär|li|te|ra|tur, die; -: Literatur, die Gegenstand einer wissenschaftlichen Untersuchung ist; vgl. Sekundärliteratur

Pri|mar|schu|le, die; -, -n (schweiz.): allgemeine Volksschule

Pri|mär|sta|tis|tik, die; -: gezielt für statistische Zwecke durchgeführte Erhebungen u. deren Auswertung (z. B. Volkszählung)

Pri|mar|stu|fe, die; -, -n: 1.–4. Schuljahr; vgl. Sekundarstufe

Pri|mas, der; -, -se: (Plural auch: Primaten) [Ehren]titel des würdehöchsten Erzbischofs eines Landes

[1]**Pri|mat,** der od. das; -[e]s, -e: 1. Vorrang, bevorzugte Stellung. 2. Stellung des Papstes als Inhaber der obersten Kirchengewalt

[2]**Pri|mat,** der; -en, -en (meist Plural) (Biol.): Angehöriger einer Menschen, Affen u. Halbaffen umfassenden Ordnung der Säugetiere; Herrentier

Pri|ma|wech|sel, der; -s, - (Wirtsch.): Erstausfertigung eines Wechsels

Pri|me, die; -, -n (Musik): erster Ton, Grundton einer diatonischen Tonleiter

Pri|mel, die; -, -n: Vertreter einer Pflanzenfamilie mit zahlreichen einheimischen Arten (z. B. Schlüsselblume, Aurikel)

P

Prime|time ['praɪ̯mtaɪ̯m], die; -, -s, **Prime Time,** die; - -, - -s (Jargon): abendliche Hauptsendezeit (beim Fernsehen)

Prim|gei|ger, der; -s, -: erster Geiger in der Kammermusik, bes. im Streichquartett

pri|mi|tiv: 1. (veraltend) auf einer einfachen Kultur-, Entwicklungsstufe stehend; urzuständlich, urtümlich. 2. (abwertend) von geringem geistig-kulturellem Niveau. 3. einfach; dürftig, behelfsmäßig

Pri|mi|ti|vis|mus, der; -: moderne Kunstrichtung, die sich von der Kunst der primitiven (1) Kulturen anregen lässt

Pri|miz, die; -, -en: erste [feierliche] Messe eines neu geweihten katholischen Priesters

Pri|mo|ge|ni|tur, die; -, -en: Erstgeburtsrecht; Vorzugsrecht des [fürstlichen] Erstgeborenen u. seiner Linie bei der Erbfolge; vgl. Sekundogenitur

Pri|mus, der; -, Primi u. -se: Klassenbester

Pri|mus in|ter Pa|res, der; - - -, Primi - -: Erster unter Ranggleichen

Prim|zahl, die; -, -en (Math.): Zahl größer als 1, die nur durch 1 und sich selbst teilbar ist (z. B. 7, 13, 67)

Prince of Wales ['prɪns əv 'wɛɪ̯lz], der; - - -: Titel des britischen Thronfolgers

Prin|cess of Wales [prɪn'sɛs əv 'wɛɪ̯lz, 'prɪn;sɛs - -], die; - - -: Titel der Ehefrau des britischen Thronfolgers

Prin|te, die; -, -n (meist Plural): lebkuchenähnliches Gebäck

prin|ted in ... ['prɪntɪd ɪn]: gedruckt in ... (Vermerk in Büchern)

Prin|ter, der; -s, - (EDV): Drucker

Print|me|di|um, das; -s, ...ien, selten auch: ...ia (meist Plural): [1]Medium (5 a), bei dem die Informationen durch bedrucktes Papier vermittelt werden (z. B. Zeitung, Zeitschrift, Buch)

Prin|zeps, der; -, Prinzipes [...tsipe:s]: 1. altrömischer Senator von großem politischem Einfluss. 2. Titel römischer Kaiser

Prin|zip, das; -s, -ien (selten -e): a) Regel, Richtschnur; b) Grundlage, Grundsatz; c) Gesetzmäßigkeit, Idee, die einer Sache zugrunde liegt, nach der etwas wirkt; Schema, nach dem etwas aufgebaut ist

[1]Prin|zi|pal, der; -s, -e: Leiter eines Theaters, einer Theatertruppe

[2]Prin|zi|pal, das; -s, -e (Musik): Hauptregister der Orgel (Labialstimme mit weichem Ton)

Prin|zi|pa|lin, die; -, -nen: weibliche Form zu ↑[1]Prinzipal

Prin|zi|pat, das (auch: der); -[e]s, -e: das ältere, auf Augustus zurückgehende römische Kaisertum; vgl. Dominat

prin|zi|pi|ell: 1. im Prinzip, grundsätzlich. 2. einem Prinzip, Grundsatz entsprechend, aus Prinzip

Prinz|re|gent, der; -en, -en: Vertreter eines (z. B. durch Krankheit) an der Ausübung der Herrschaft gehinderten Monarchen

Pri|on, das; -s, ...onen (meist Plural) (Med.): Eiweißpartikel, das bei bestimmten Gehirnerkrankungen (z. B. BSE, Creutzfeld-Jakob-Krankheit) gefunden wird u. vermutlich Erreger dieser Krankheiten ist

Pri|or, der; -s, Prioren: a) katholischer Klosteroberer, -vorsteher (z. B. bei den Dominikanern); b) Stellvertreter eines Abtes

Pri|o|rat, das; -[e]s, -e: Amt, Würde eines Priors, einer Priorin

Pri|o|rin [auch: 'pri:orɪn], die; -, -nen: Stellvertreterin einer Äbtissin

pri|o|ri|sie|ren: etw. vorrangig behandeln, einer Sache den Vorrang geben

pri|o|ri|tär: vorrangig, höchste Priorität habend

Pri|o|ri|tät, die; -, -en: 1. a) Vorrecht, Vorrang eines Rechts, bes. eines älteren Rechts gegenüber einem später entstandenen; b) Rangfolge, Stellenwert, den etwas innerhalb einer Rangfolge einnimmt; c) (ohne Plural) höherer Rang, größere Bedeutung, Vorrangigkeit. 2. (nur Plural; Wirtsch.) Aktien, Obligationen, die mit bestimmten Vorrechten ausgestattet sind

Pri|se, die; -, -n: 1. a) aufgebrachtes feindliches od. Konterbande führendes neutrales Schiff; b) beschlagnahmte Ladung eines solchen Schiffes. 2. kleine Menge eines pulverigen od. feinkörnigen Stoffes (die man zwischen zwei Fingern greifen kann, z. B. Salz, Pfeffer)

Pris|ma, das; -s, ...men: 1. (Math.) von ebenen Flächen begrenzter Körper mit paralleler, kongruenter Grund- u. Deckfläche. 2. (Mineral.) Kristallfläche, die nur zwei Achsen schneidet u. zur dritten parallel ist

pris|ma|tisch: von der Gestalt eines Prismas, prismenförmig

pri|vat: 1. die eigene Person angehend, persönlich. 2. vertraulich. 3. familiär, häuslich, vertraut. 4. nicht offiziell, nicht öffentlich, außeramtlich

Pri|vat|au|di|enz, die; -, -en: private (4), nicht dienstlichen Angelegenheiten dienende Audienz

Pri|vat|de|tek|tiv, der; -s, -e: freiberuflich tätiger od. bei einer Detektei angestellter Detektiv, der in privatem (2) Auftrag handelt

Pri|vat|de|tek|ti|vin, die; -, -nen: weibliche Form zu ↑Privatdetektiv

Pri|vat|do|zent, der; -en, -en: a) (ohne Plural) Titel eines Hochschullehrers, der [noch] nicht Professor ist u. nicht im Beamtenverhältnis steht; b) Träger dieses Titels

Pri|vat|do|zen|tin, die; -, -nen: weibliche Form zu ↑Privatdozent

Pri|va|ti|er [priva'tie:], der; -s, -s: jmd., der keiner Erwerbstätigkeit nachgeht

pri|va|tim: in ganz persönlicher, vertraulicher Weise; unter vier Augen

pri|va|ti|sie|ren: 1. staatliches Vermögen in Privatvermögen umwandeln. 2. als Privatperson vom eigenen Vermögen leben

Pri|va|ti|sie|rung, die; -: Umwandlung von staatlichem Vermögen in privates Vermögen

Pri|va|tis|si|mum, das; -s, ...ma: 1. Vorlesung für einen ausgewählten Kreis. 2. Ermahnung

Pri|va|tist, der; -en, -en (österr.): Schüler, der sich, ohne die Schule zu besuchen, auf eine Schulprüfung vorbereitet

Pri|vat|pa|ti|ent, der; -en, -en: jmd., der sich auf eigene Rechnung od. als Versicherter einer privaten (4) Krankenkasse in [ärztliche] Behandlung begibt

Pri|vat|pa|ti|en|tin, die; -, -nen: weibliche Form zu ↑Privatpatient

Pri|vat|per|son, die; -, -en: jmd., der in privater (4) Eigenschaft handelt

Pri|vi|leg, das; -[e]s, -ien (auch: -e): Vorrecht, Sonderrecht

pri|vi|le|gie|ren: jmdm. eine Sonderstellung, ein Vorrecht einräumen

Prix [pri:], der; -, -: frz. Bez. für: Preis

pro: je

pro an|no: aufs Jahr, jährlich (Abk.: p. a.)

pro|ba|bel (Philos.): wahrscheinlich, glaubwürdig; billigenswert

Pro|band, der; -en, -en: 1. (Psychol.; Med.) Versuchsperson, Testperson (z. B. bei psychologischen Tests). 2. Verurteilter, dessen Strafe zur Bewährung ausgesetzt ist

Pro|ban|din, die; -, -nen: weibliche Form zu ↑Proband

pro|bat: erprobt, bewährt, wirksam

pro|bie|ren: 1. einen Versuch machen, ausprobieren, versuchen. 2. kosten, abschmecken

pro|bio|tisch: durch hinzugefügte, sich im Darm ansiedelnde Mikroorganismen die Darmflora verbessernd u. zur Gesunderhaltung beitragend (von Lebensmitteln)

Pro|b|lem, das; -s, -e: schwierige Aufgabe; unentschiedene Frage

Pro|b|le|ma|tik, die; -: aus einer Frage, Aufgabe, Situation sich ergebende Schwierigkeit

pro|b|le|ma|tisch: ungewiss u. schwierig

pro|b|le|ma|ti|sie|ren: a) die Problematik von etwas darlegen, diskutieren, sichtbar machen; b) zum Problem machen

pro|b|lem|ori|en|tiert: a) auf ein bestimmtes Problem, auf bestimmte Probleme ausgerichtet; b) (EDV) auf die Lösung bestimmter Aufgaben bezogen

Pro|ce|de|re vgl. Prozedere

Pro|de|kan, der; -s, -e: Vertreter des Dekans (an einer Hochschule)

Pro|de|ka|nin, die; -, -nen: weibliche Form zu ↑Prodekan

pro do|mo: in eigener Sache

Pro|du|cer [pro'dju:se], der; -s, -: 1. engl. Bez. für: Hersteller, Fabrikant. 2. a) Film-, Musikproduzent; b) (im Hörfunk) jmd., der eine Sendung technisch vorbereitet u. ihren Ablauf überwacht [u. für die Auswahl der Musik zuständig ist]

Pro|dukt, das; -[e]s, -e: 1. Erzeugnis, Ertrag. 2. (Math.) Ergebnis einer Multiplikation

P

Pro|duk|ti|on, die; -, -en: 1. Herstellung von Waren u. Gütern. 2. Herstellung eines Films, einer Schallplatte, einer Hörfunk-, Fernsehsendung o. Ä.

pro|duk|tiv: 1. ergiebig, viel hervorbringend. 2. leistungsstark, schöpferisch, fruchtbar

Pro|duk|ti|vi|tät, die; -: 1. Ergiebigkeit. 2. schöpferische Leistung, Schaffenskraft

Pro|duk|tiv|kraft, die; -, ...kräfte: Faktor des Produktionsprozesses (z. B. menschliche Arbeitskraft, Maschine, Rohstoff, Forschung)

Pro|du|zent, der; -en, -en: 1. jmd., der etwas produziert (1). 2. a) Leiter einer Produktion (2); b) Beschaffer u. Verwalter der Geldmittel, die für eine Produktion (2) nötig sind

Pro|du|zen|tin, die; -, -nen: weibliche Form zu ↑Produzent (1, 2)

pro|du|zie|ren: 1. [Güter] erzeugen, herstellen. 2. a) die Herstellung eines Films, einer CD, einer Hörfunk-, Fernsehsendung o. Ä. leiten; b) Geldmittel zur Verfügung stellen u. verwalten. 3. (oft iron.) sich produzieren: mit etwas die Aufmerksamkeit auf sich lenken

Pro|en|zym, das; -s, -e: Vorstufe eines Enzyms

pro|fan: 1. (Rel.) weltlich, unkirchlich; ungeweiht, unheilig. 2. alltäglich

Pro|fan|bau, der; -[e]s, -ten (Archit., Kunstwiss.): nicht kirchliches Bauwerk

pro|fa|nie|ren: entweihen, entwürdigen

Pro|fa|nie|rung, die; -, -en: Entweihung

Pro|fa|ni|tät, die; -, -en: 1. Weltlichkeit. 2. Alltäglichkeit

[1]Pro|fess, der; -en, -en: jmd., der die [2]Profess ablegt u. Mitglied eines geistlichen Ordens od. einer Kongregation wird

[2]Pro|fess, die; -, -e: Ablegung der [Ordens]gelübde

Pro|fes|si|on, die; -, -en (veraltend): Beruf, Gewerbe

pro|fes|si|o|nal: ↑professionell

Pro|fes|sio|nal [pro'fɛʃənəl], der; -s, -s: Berufssportler; Kurzw. Profi

pro|fes|si|o|na|li|sie|ren: 1. zum Beruf, zur Erwerbsquelle machen. 2. zum Beruf erheben, als Beruf anerkennen

Pro|fes|si|o|na|lis|mus, der; -: Professionalität

pro|fes|si|o|nell: 1. (eine Tätigkeit) als Beruf ausübend, als Beruf betrieben. 2. fachmännisch, von Fachleuten zu benutzen

Pro|fes|sor, der; -s, ...oren: a) (ohne Plural) akademischer Titel für Hochschullehrer, Forscher, Künstler; b) Träger dieses Titels (Abk.: Prof.)

pro|fes|so|ral: professorenhaft, würdevoll

Pro|fes|so|rin [auch: pro'fɛsorɪn], die; -, -nen: weibliche Form zu ↑Professor (b); im Titel u. in der Anrede auch: Frau Professor

Pro|fes|sur, die; -, -en: Lehrstuhl, -amt

Pro|fi, der; -s, -s: 1. Berufssportler. 2. jmd., der etwas professionell betreibt

Pro|fil, das; -s, -e: 1. Seitenansicht [eines Gesichts]; Umriss. 2. (Geol.) grafische Darstellung eines senkrechten Schnitts durch die Erdoberfläche. 3. a) Schnitt in od. senkrecht zu einer Achse; b) Riffelung bei Gummireifen od. Schuhsohlen. 4. stark ausgeprägte persönliche Eigenart, Charakter

Pro|fi|ler [pro'fai̯lɐ], der; -s, -: jmd., der ein ↑Profiling erstellt

Pro|fi|le|rin, die; -, -nen: weibliche Form zu ↑Profiler

pro|fi|lie|ren: 1. im Profil, im Querschnitt darstellen. 2. a) einer Sache, jmdm. eine besondere, charakteristische, markante Prägung geben; b) sich profilieren: seine Fähigkeiten [für einen bestimmten Aufgabenbereich] entwickeln u. dabei Anerkennung finden

pro|fi|liert: 1. mit Profil versehen, gerillt. 2. in bestimmtem Querschnitt hergestellt. 3. scharf umrissen, markant, von ausgeprägter Art

Pro|fi|lie|rung, die; -, -en: 1. Umrisse eines Gebäudeteils. 2. Entwicklung der Fähigkeiten [für einen bestimmten Aufgabenbereich]

Pro|fi|ling [pro'fai̯lɪŋ], das; -s, -s: psychologisches Profil einer Persönlichkeit (bes. eines gesuchten Täters) aus vielen Einzeldaten

Pro|fil|neu|ro|se, die; -, -n (Psychol.): Befürchtung, Angst, zu wenig zu gelten [u. die daraus resultierenden größeren Bemühungen, sich zu profilieren]

Pro|fit [auch: ...'fɪt], der; -[e]s, -e: Nutzen, [materieller] Gewinn, den jmd. aus einer Sache od. Tätigkeit zieht

pro|fi|ta|bel: gewinnbringend

Pro|fi|ta|bi|li|tät, die; -, -en: Gewinnträchtigkeit

Pro|fit|cen|ter, Pro|fit-Cen|ter, das; -s, -: Unternehmensbereich mit eigener Verantwortung für den wirtschaftlichen Erfolg

Pro|fi|teur [...'tøːɐ̯], der; -s, -e (abwertend): jmd., der Profit aus etwas zieht; Nutznießer

Pro|fi|teu|rin [...'tøːrɪn], die; -, -nen: weibliche Form zu ↑Profiteur

pro|fi|tie|ren: Nutzen ziehen, Vorteil haben

pro for|ma: der Form wegen, zum Schein

pro|fund: 1. tief, tiefgründig, gründlich. 2. (Med.) tief liegend, in den tieferen Körperregionen liegend, verlaufend

Pro|ges|te|ron, das; -s (Med., Pharm.): Gelbkörperhormon, das die Schwangerschaftsvorgänge reguliert

Pro|g|no|se, die; -, -n: Vorhersage einer zukünftigen Entwicklung

Pro|g|nos|tik, die; - (bes. Med.): Wissenschaft, Lehre von der Prognose

pro|g|nos|tisch: die Prognose betreffend; vorhersagend (z. B. den Verlauf einer Krankheit)

pro|g|nos|ti|zie|ren: den voraussichtlichen Verlauf einer zukünftigen Entwicklung vorhersagen

Pro|gramm, das; -[e]s, -e: 1. a) Gesamtheit der Veranstaltungen, Darbietungen eines Theaters, Kinos, des Fernsehens, Rundfunks o. Ä.; b) [vorgesehener] Ablauf [einer Reihe] von Darbietungen (z. B. bei einer Aufführung); c) festzulegende Folge, programmierbarer Ablauf von Arbeitsgängen einer Maschine (z. B. einer Waschmaschine). 2. Blatt, Heft, das über eine Darbietung (z. B. Theateraufführung, Konzert) informiert. 3. Konzeptionen, Grundsätze, die zur Erreichung eines bestimmten Zieles dienen. 4. (EDV) Folge von Anweisungen für einen Computer zur Lösung einer bestimmten Aufgabe

Pro|gram|ma|tik, die; -, -en: Zielsetzung, Zielvorstellung

Pro|gram|ma|ti|ker, der; -s, -: jmd., der ein Programm (3) aufstellt od. erläutert

Pro|gram|ma|ti|ke|rin, die; -, -nen: weibliche Form zu ↑Programmatiker

pro|gram|ma|tisch: 1. einem Programm (3), einem Grundsatz entsprechend. 2. zielsetzend, richtungsweisend; vorbildlich

pro|gram|mie|ren: 1. nach einem Programm (3) ansetzen, festlegen. 2. (EDV) ein Programm (4) für einen Computer, eine computergesteuerte Anlage o. Ä. schreiben; einen Computer mit Instruktionen versehen. 3. jmdn. von vornherein auf etw. festlegen

Pro|gram|mie|rer, der; -s, -: Person, die [berufsmäßig] programmiert (2)

Pro|gram|mie|re|rin, die; -, -nen: weibliche Form zu ↑Programmierer

Pro|gram|mier|spra|che, die; -, -n (EDV): künstliche, formale Sprache (Wörter u. Symbole), die zur Formulierung von Programmen (4) verwendet wird

Pro|gram|mie|rung, die; -, -en: das Programmieren

Pro|gramm|ki|no, das; -s, -s: Kino, in dem nach künstlerischen, kulturellen u. a. Gesichtspunkten ausgewählte Filme gezeigt werden, die sonst nicht [mehr] zu sehen sind

Pro|gramm|mu|sik, die; -: durch Darstellung literarischer Inhalte, seelischer, dramatischer, lyrischer od. äußerer [Natur]vorgänge die Fantasie des Hörers zu konkreten Vorstellungen anregende Instrumentalmusik

Pro|gress, der; -es, -e: Fortschritt

Pro|gres|si|on, die; -, -en: 1. Steigerung, Fortschreiten, Stufenfolge. 2. stufenweise Steigerung der Steuersätze

pro|gres|siv: 1. stufenweise fortschreitend, sich entwickelnd. 2. fortschrittlich

Pro|hi|bi|ti|on, die; -, -en: 1. (veraltet) Verbot, Verhinderung. 2. staatliches Verbot von Alkoholherstellung u. -abgabe

Pro|hi|bi|ti|o|nist, der; -en, -en: Anhänger der Prohibition (2)

Pro|hi|bi|ti|o|nis|tin, die; -, -nen: weibliche Form zu ↑Prohibitionist

pro|hi|bi|tiv: verhindernd, vorbeugend

Pro|jekt, das; -[e]s, -e: Plan, Unternehmung, Entwurf, Vorhaben

Pro|jek|tant, der; -en, -en: jmd., der neue Projekte vorbereitet; Planer

Pro|jek|tan|tin, die; -, -nen: weibliche Form zu ↑Projektant

P

pro|jek|tie|ren: entwerfen, planen, vorhaben

Pro|jek|til, das; -s, -e: Geschoss

Pro|jek|ti|on, die; -, -en: 1. (Optik) Wiedergabe eines Bildes auf eine helle Fläche mithilfe eines Projektors. 2. (Geogr.) Abbildung von Teilen der Erdoberfläche auf einer Ebene mithilfe von verschiedenen Gradnetzen. 3. (Math.) bestimmtes Verfahren zur Abbildung von Körpern mithilfe paralleler od. zentraler Strahlen auf einer Ebene

pro|jek|tiv: die Projektion betreffend

Pro|jekt|ma|nage|ment, das; -s: Gesamtheit der Planungs-, Steuerungs- u. Kontrollmaßnahmen, die bei zeitlich befristeten u. terminlich vereinbarten Vorhaben anfallen

Pro|jek|tor, der; -s, ...oren: Gerät, mit dem man Bilder auf einer hellen Fläche vergrößert wiedergeben kann; Lichtbildwerfer

pro|ji|zie|ren: 1. (Math.) ein geometrisches Gebilde auf einer Fläche gesetzmäßig mithilfe von Strahlen darstellen. 2. (Optik) Bilder mit einem Projektor auf einer hellen Fläche vergrößert wiedergeben

Pro|ka|ta|lep|sis, die; -, ...lepsen: Kunstgriff der antiken Redner, die Einwendungen eines möglichen Gegners vorwegzunehmen u. zu widerlegen

Pro|kla|ma|ti|on, die; -, -en: a) amtliche Verkündigung (z. B. einer Verfassung); b) Aufruf an die Bevölkerung; c) gemeinsame Erklärung mehrerer Staaten

P

pro|kla|mie|ren: [durch eine Proklamation] verkündigen, erklären; aufrufen; kundgeben

Pro|kla|mie|rung, die; -, -en: das Proklamieren

Pro|kli|se, Pro|kli|sis, die; -, Proklisen: Anlehnung eines unbetonten Wortes an ein folgendes betontes (z. B. *der* Tisch, *am* Ende)

pro|kli|tisch (Sprachwiss.): sich an ein folgendes betontes Wort anlehnend

Pro|kon|sul, der; -s, -n (Geschichte): ehemaliger Konsul als Statthalter einer Provinz (im Römischen Reich)

Pro|k|rus|tes|bett, das; -[e]s: 1. Schema, in das etwas gezwängt wird. 2. unangenehme Lage, in die jmd. mit Gewalt gezwungen wird

Prok|to|lo|ge, der; -n, -n (Med.): Facharzt mit einer Zusatzqualifikation auf dem Gebiet der Proktologie

Prok|to|lo|gie, die; -: Wissenschaft u. Lehre von den Erkrankungen des Enddarms

Pro|ku|ra, die; -, ...ren: einem od. einer Angestellten erteilte handelsrechtliche Vollmacht, alle Arten von Rechtsgeschäften für den Betrieb vorzunehmen

Pro|ku|ra|tor, der; -s, ...oren: 1. (Geschichte) Statthalter einer Provinz des Römischen Reiches. 2. bevollmächtigter Vertreter einer Person im katholischen kirchlichen Prozess

Pro|ku|rist, der; -en, -en: Bevollmächtigter mit Prokura

Pro|ku|ris|tin, die; -, -nen: weibliche Form zu ↑Prokurist

pro|lep|tisch: vorgreifend, vorwegnehmend

Pro|let, der; -en, -en: 1. (ugs. veraltet) ↑Proletarier. 2. (ugs. abwertend) roher, ungehobelter, ungebildeter Mensch

Pro|le|ta|ri|at, das; -[e]s, -e (Plural selten): wirtschaftlich abhängige, besitzlose [Arbeiter]klasse

Pro|le|ta|ri|er, der; -s, -: Angehöriger des Proletariats

Pro|le|ta|ri|e|rin, die; -, -nen: weibliche Form zu ↑Proletarier

pro|le|ta|risch: den Proletarier, das Proletariat betreffend

[1]Pro|li|fe|ra|ti|on, die; -, -en (Med.): Wucherung des Gewebes durch Zellvermehrung (bei Entzündungen, Geschwülsten)

[2]Pro|li|fe|ra|tion [prolifəˈrɛɪ̯ʃn̩], die; -: Weitergabe von Atomwaffen od. Mitteln zu deren Herstellung an Länder, die selbst keine Atomwaffen entwickelt haben

pro|li|fe|rie|ren (Med.): wuchern

Pro|log, der; -[e]s, -e: 1. a) einleitender Teil des Dramas; b) Vorrede, Vorwort, Einleitung eines literarischen Werkes. 2. Rennen (meist Zeitfahren), das den Auftakt eines über mehrere Etappen (1 a) gehenden Radrennens bildet

Pro|lon|ga|ti|on, die; -, -en (Wirtsch.): Stundung, Verlängerung einer Kreditfrist

pro|lon|gie|ren (Wirtsch.): stunden, eine Kreditfrist verlängern

pro me|mo|ria: zum Gedächtnis
Pro|me|na|de, die; -, -n: 1. Spaziergang. 2. Spazierweg
pro|me|nie|ren: spazieren gehen, sich ergehen
Pro|mes|se, die; -, -n: Schuldverschreibung
pro|me|the|isch: himmelstürmend; an Kraft, Gewalt, Größe alles übertreffend
Pro|me|thi|um, das; -s: chem. Element, Metall
pro mil|le: a) für tausend; b) vom Tausend
Pro|mil|le, das; -[s], -: 1. ein Teil vom Tausend, Tausendstel. 2. in Tausendsteln gemessener Alkoholanteil im Blut
Pro|mil|le|gren|ze, die; -: gesetzlich festgelegter Grenzwert des Alkoholgehalts im Blut bei Kraftfahrern
pro|mi|nent: a) hervorragend, bedeutend, maßgebend; b) weithin bekannt, berühmt
Pro|mi|nen|te, der u. die; -n, -n: prominente Persönlichkeit
Pro|mi|nenz, die; -: (ohne Plural) Gesamtheit der Prominenten
Pro|mis|ku|i|tät, die; -: Geschlechtsverkehr mit verschiedenen, häufig wechselnden Partnern
pro|mis|ku|i|tiv: a) in Promiskuität lebend; b) durch Promiskuität gekennzeichnet
pro|mo|ten [...'mɔʊ̯..., ...'mo:...]: für jmdn., etwas Werbung machen
Pro|mo|ter [pro'mɔʊ̯tɐ, ...'mo:...], der; -s, -: Veranstalter (z. B. von Berufssportwettkämpfen, bes. Boxen, von Konzerten)
Pro|mo|te|rin, die; -, -nen: weibliche Form zu ↑Promoter
[1]**Pro|mo|ti|on,** die; -, -en: 1. Erlangung, Verleihung der Doktorwürde. 2. (österr.) offizielle Feier, bei der die Doktorwürde verliehen wird
[2]**Pro|mo|tion** [...'mɔʊ̯ʃn̩], die; -, -s: Absatzförderung, Werbung [durch besondere Werbemaßnahmen]
Pro|mo|vend, der; -en, -en: jmd., der kurz vor seiner [1]Promotion (1) steht
Pro|mo|ven|din, die; -, -nen: weibliche Form zu ↑Promovend
pro|mo|vie|ren: 1. a) eine Dissertation schreiben; b) die Doktorwürde erlangen. 2. die Doktorwürde verleihen
prompt: unverzüglich, unmittelbar (als Reaktion auf etwas) erfolgend; umgehend, sofort
Pro|no|men, das; -s, - u. ...mina (Sprachwiss.): Wort, das für ein Nomen, anstelle eines Nomens steht; Fürwort (z. B. er, mein, welcher)
Pro|no|mi|nal|ad|verb, das; -s, -ien (Sprachwiss.): aus einem alten pronominalen Stamm u. einer Präposition gebildetes Adverb, das eine Fügung aus Präposition u. Pronomen vertritt; Umstandsfürwort (z. B. *darüber* für *über es, über das*)
pro|non|cie|ren [pronõ'si:rən] (veraltet): a) offen aussprechen, erklären; b) mit Nachdruck aussprechen, stark betonen
pro|non|ciert: a) eindeutig, entschieden; b) deutlich ausgeprägt
Pro|pä|deu|tik, die; -, -en: Einführung in die Vorkenntnisse zu einem wissenschaftlichen Studium
Pro|pä|deu|ti|kum, das; -s, ...ka (schweiz.): medizinische Vorprüfung
pro|pä|deu|tisch: vorbereitend, in ein Studienfach einführend
Pro|pa|gan|da, die; -: Werbung (für politische, kulturelle od. wirtschaftl. Zwecke)
Pro|pa|gan|dist, der; -en, -en: 1. jmd., der Propaganda treibt. 2. Werbefachmann
Pro|pa|gan|dis|tin, die; -, -nen: weibliche Form zu ↑Propagandist
pro|pa|gan|dis|tisch: die Propaganda betreffend, auf Propaganda beruhend
Pro|pa|ga|tor, der; -s, ...toren: jmd., der etwas propagiert, sich für etwas einsetzt
pro|pa|gie|ren: verbreiten, für etwas Propaganda treiben, werben
Pro|pan, das; -s: gesättigter Kohlenwasserstoff, der bes. als Brenngas verwendet wird
Pro|par|oxy|to|non, das; -s, ...tona: in der griechischen Betonungslehre Wort, das den Akut auf der drittletzten Silbe trägt (z. B. *gr.* ανάλυσις = Analyse)
Pro|pel|ler, der; -s, -: Antriebsschraube bei Schiffen, Flugzeugen u. Ä.
pro|per (veraltend): ordentlich u. sauber
Pro|per|ge|schäft, das; -[e]s, -e (Wirtsch.): Geschäft, Handel auf eigene Rechnung u. Gefahr; Eigengeschäft

P

Pro|pe|ri|s|po|me|non, das; -s, ...mena: in der griechischen Betonungslehre Wort mit dem Zirkumflex auf der vorletzten Silbe (z. B. *gr.* δῶρον = Geschenk)
Pro|pha|se, die; -, -n (Biol.): erste Phase der Kernteilung, in der die Chromosomen sichtbar werden
Pro|phet, der; -en, -en: jmd., der von Gott dazu auserwählt wurde, als Mahner u. Weissager die göttliche Wahrheit zu verkünden (bes. im Alten Testament u. als Bezeichnung Mohammeds)
Pro|phe|tie, die; -, ...ien: Weissagung, Prophezeiung; Voraussage (durch einen Propheten)
Pro|phe|tin, die; -, -nen: weibliche Form zu ↑Prophet
pro|phe|tisch: 1. von einem Propheten stammend, zu ihm gehörend. 2. eine intuitive Prophezeiung enthaltend
pro|phe|zei|en: weissagen; voraussagen
Pro|phe|zei|ung, die; -, -en: 1. das Prophezeien. 2. das, was prophezeit worden ist, die Weissagung
pro|phy|lak|tisch (Med.): vorbeugend, verhütend, vor einer Erkrankung schützend
Pro|phy|la|xe, die; -, -n (Med.): Vorbeugung, vorbeugende Maßnahme
Pro|pi|on|säu|re, die; -: farblose, stechend riechende organische Säure, die z. B. zur Herstellung von Arzneimitteln verwendet wird
Pro|po|nent, der; -en, -en (veraltet): Antragsteller
Pro|por|ti|on, die; -, -en: 1. Größenverhältnis; rechtes Maß. 2. (Math.) Verhältnisgleichung
pro|por|ti|o|nal: verhältnisgleich, in gleichem Verhältnis stehend; angemessen, entsprechend
Pro|por|ti|o|na|li|tät, die; -, -en: Verhältnismäßigkeit, richtiges Verhältnis
pro|por|ti|o|niert: bestimmte Proportionen aufweisend; ebenmäßig, wohlgebaut
Pro|porz, der; -es, -e: Verteilung von Sitzen u. Ämtern nach dem Verhältnis der abgegebenen Stimmen bzw. der Partei-, Konfessionszugehörigkeit o. Ä.
Pro|prä|tor, der; -s, ...oren (Geschichte): Prätor als Statthalter einer Provinz (im Römischen Reich)
pro|p|re vgl. proper
Pro|p|ri|e|tär, der; -s, -e: Eigentümer
Pro|py|lä|en, die (nur Plural): 1. Vorhalle griechischer Tempel. 2. Zugang, Eingang
Pro|py|len, das; -s: gasförmiger, ungesättigter Kohlenwasserstoff, technisch wichtiger Ausgangsstoff für andere Stoffe
Pro|rek|tor, der; -s, -en (auch: ...oren): Stellvertreter des amtierenden Rektors an Hochschulen
Pro|rek|to|rin, die; -, -nen: weibliche Form zu ↑Prorektor
Pro|sa, die; -: 1. Rede od. Schrift in ungebundener Form im Unterschied zur Poesie (1). 2. Nüchternheit, nüchterne Sachlichkeit
Pro|sa|i|ker, der; -s, -: 1. ↑Prosaist. 2. Mensch von nüchterner Geistesart
Pro|sa|i|ke|rin, die; -, -nen: weibliche Form zu ↑Prosaiker
pro|sa|isch: 1. in Prosa (1) [abgefasst]. 2. sachlich-nüchtern, trocken, ohne Fantasie
Pro|sa|ist, der; -en, -en: Prosa schreibender Schriftsteller
Pro|sa|is|tin, die; -, -nen: weibliche Form zu ↑Prosaist
Pro|sec|co, der; -[s], -s (aber: 3 -): italienischer Schaum-, Perl- od. Weißwein
Pro|sek|tor, der; -s, ...oren (Med.): 1. Arzt, der Sektionen (2) durchführt. 2. Leiter der pathologischen Abteilung eines Krankenhauses
Pro|se|lyt, der; -en, -en: Neubekehrter, im Altertum bes. zur Religion Israels übergetretener Ungläubiger
Pro|se|mi|nar, das; -s, -e: einführende Übung [im Grundstudium] an der Hochschule
pro|sit, prost: wohl bekomms!; zum Wohl!
Pro|sit, das; -[e]s, -e: Zutrunk
Pro|s|o|die, die; -, ...ien, **Pro|s|o|dik,** die; -, -en: 1. in der antiken Metrik die Lehre von der Tonhöhe u. der Quantität der Silben, Silbenmessungslehre. 2. Lehre von der metrisch-rhythmischen Behandlung der Sprache
Pro|s|pekt, der, österr. auch: das; -[e]s, -e: 1. meist mit Illustrationen ausgestattete Wer-

P

beschrift. 2. Vorderansicht der Orgel. 3. (Theater) Bühnenhintergrund, Bühnenhimmel, Rundhorizont

pro|s|pek|tiv: a) der Aussicht, Möglichkeit nach; vorausschauend; b) die Weiterentwicklung betreffend

pro|s|pe|rie|ren (bes. Wirtsch.): sich günstig entwickeln; gedeihen, vorankommen

Pro|s|pe|ri|tät, die; -: Wohlstand, Blüte, Periode allgemeinen wirtschaftlichen Aufschwungs

prost vgl. prosit

Pro|s|ta|ta, die; -, ...tae [...tɛ] (Med.): walnussgroßes Anhangsorgan der männlichen Geschlechtsorgane, das den Anfangsteil der Harnröhre umgibt; Vorsteherdrüse

pro|s|ti|tu|ie|ren: 1. herabwürdigen, öffentlich preisgeben, bloßstellen. 2. sich prostituieren: der Prostitution nachgehen

Pro|s|ti|tu|ier|te, die u. der; -n, -n: Person, die der Prostitution nachgeht

Pro|s|ti|tu|ti|on, die; -: gewerbsmäßige Ausübung sexueller Handlungen

Pro|sze|ni|um, das; -s, ...ien: Raum zwischen Vorhang u. Rampe einer Bühne

Pro|t|a|go|nist, der; -en, -en: 1. Hauptdarsteller, erster Schauspieler im altgriechischen Drama. 2. a) zentrale Gestalt, wichtigste Person; b) Vorkämpfer

Pro|t|a|go|nis|tin, die; -, -nen: weibliche Form zu ↑Protagonist (2)

Pro|te|gé [...teˈʒeː], der; -s, -s: jmd., der protegiert wird; Günstling, Schützling

pro|te|gie|ren [...ˈʒiː...]: begünstigen, fördern, bevorzugen

Pro|te|in, das; -s, -e (Chemie): nur aus Aminosäuren aufgebauter einfacher Eiweißkörper

Pro|tek|ti|on, die; -, -en: Gönnerschaft, Förderung, Begünstigung, Bevorzugung

Pro|tek|ti|o|nis|mus, der; - (Wirtsch.): Schutz der einheimischen Produktion gegen die Konkurrenz des Auslandes durch Maßnahmen der Außenhandelspolitik (z. B. durch Schutzzölle)

Pro|tek|ti|o|nist, der; -en, -en: Anhänger des Protektionismus

Pro|tek|ti|o|nis|tin, die; -, -nen: weibliche Form zu ↑Protektionist

pro|tek|ti|o|nis|tisch: den Protektionismus betreffend, in der Art des Protektionismus

Pro|tek|tor, der; -s, ...oren: a) Beschützer, Förderer; b) Schutz-, Schirmherr; Ehrenvorsitzender

Pro|tek|to|rat, das; -[e]s, -e: 1. Schirmherrschaft. 2. a) Schutzherrschaft eines Staates über ein fremdes Gebiet; b) unter Schutzherrschaft eines anderen Staates stehendes Gebiet

Pro|tek|to|rin, die; -, -nen: weibliche Form zu ↑Protektor (a)

Pro|test, der; -[e]s, -e: 1. Bekundung des Missfallens, der Ablehnung. 2. (Wirtsch.) Annahmeverweigerung bei Wechseln

Pro|tes|tant, der; -en, -en: 1. Angehöriger einer den Protestantismus vertretenden Kirche. 2. jmd., der gegen etwas protestiert (1)

Pro|tes|tan|tin, die; -, -nen: weibliche Form zu ↑Protestant

pro|tes|tan|tisch: zum Protestantismus gehörend, ihn vertretend (Abk.: prot.)

Pro|tes|tan|tis|mus, der; -: aus der kirchlichen Reformation des 16. Jh.s hervorgegangene Glaubensbewegung, die die verschiedenen evangelischen Kirchengemeinschaften umfasst

pro|tes|tie|ren: 1. a) Protest (1) einlegen; b) eine Behauptung, Forderung, einen Vorschlag o. Ä. als unzutreffend, unpassend zurückweisen. 2. (Wirtsch.) die Annahme, Zahlung eines Wechsels verweigern

Pro|test|no|te, die; -, -n: offizielle Beschwerde, schriftlicher Einspruch einer Regierung bei der Regierung eines anderen Staates gegen einen Übergriff

Pro|test|song, der; -s, -s: soziale, gesellschaftliche, politische Verhältnisse kritisierender ↑Song (1)

Pro|teus, der; -, -: 1. wandelbarer, wetterwendischer Mensch. 2. Olm (Schwanzlurch)

Pro|the|se, die; -, -n: 1. künstlicher Ersatz eines amputierten, fehlenden Körperteils, bes. der Gliedmaßen od. der Zähne. 2. (Sprachwiss.) Bildung eines neuen Lautes (bes. eines Vokals) od. einer neuen Silbe am Wortanfang (z. B. *lat.* stella; *span.* estella)

Pro|the|tik, die; - (Med.): Wissenschaft, Lehre vom Kunstgliederbau

P

pro|the|tisch: 1. (Med.) die Prothetik betreffend. 2. die Prothese (2) betreffend

Pro|to|koll, das; -s, -e: 1. Niederschrift einer Aussage, Verhandlung o. Ä. 2. die Gesamtheit der im diplomatischen Verkehr gebräuchlichen Formen. 3. (EDV) a) Aufzeichnung von Daten über den Ablauf eines ↑Programms (4) od. Programmteils; b) bei der Datenübertragung eine [genormte] Verfahrensvorschrift od. Vereinbarung zur Übermittlung von Daten; c) Gesamtheit der für den Datenaustausch über eine Schnittstelle vereinbarten Regeln

Pro|to|kol|lant, der; -en, -en: jmd., der etwas protokolliert; Schriftführer

Pro|to|kol|lan|tin, die; -, -nen: weibliche Form zu ↑Protokollant

pro|to|kol|la|risch: 1. a) in der Form eines Protokolls (1); b) im Protokoll (1) festgehalten, aufgrund des Protokolls. 2. dem Protokoll (2) entsprechend

pro|to|kol|lie|ren: bei einer Sitzung o. Ä. die wesentlichen Punkte schriftlich festhalten; ein Protokoll aufnehmen; beurkunden

Pro|ton, das; -s, ...onen: positiv geladenes, schweres Elementarteilchen, das den Wasserstoffatomkern bildet u. mit dem Neutron zusammen Baustein aller Atomkerne ist (Zeichen: p)

P

Pro|to|phy|te, die; -, -n, **Pro|to|phy|ton,** das; -s, ...yten (meist Plural): einzellige Pflanze

Pro|to|plas|ma, das; -s: Lebenssubstanz aller pflanzlichen, tierischen u. menschlichen Zellen

Pro|to|typ, der; -s, -en: 1. Urbild, Muster, Inbegriff. 2. erster Abdruck. 3. erste Ausführung eines Flugzeugs, Autos o. Ä.

pro|to|ty|pisch: den Prototyp (1) betreffend, in der Art eines Prototyps; urbildlich

Pro|to|zo|on, das; -s, ...zoen (meist Plural): einzelliges Tier

Pro|tu|be|ranz, die; -, -en (Astron.): teils ruhende, teils aus dem Sonneninnern aufschießende, glühende Gasmasse

Pro|ve|ni|enz, die; -, -en: Bereich, aus dem jmd., etwas stammt; Herkunft, Ursprung

Pro|verb, das; -s, -ien (veraltet): Sprichwort

Pro|vi|ant, der; -s, -e: Wegzehrung, Verpflegung, Ration

Pro|vi|der [pro'vaɪ̯dɐ], der; -s, -: Anbieter eines Zugangs zu Kommunikationsdiensten (wie z. B. zum Internet)

Pro|vinz, die; -, -en: 1. größeres Gebiet, das eine staatliche od. kirchliche Verwaltungseinheit bildet (Abk.: Prov.). 2. (ohne Plural; oft abwertend) Gegend, in der (mit großstädtischem Maßstab gemessen) in kultureller, gesellschaftlicher Hinsicht, für das Vergnügungsleben o. Ä. nur sehr wenig od. nichts geboten wird

Pro|vin|zi|a|lis|mus, der; -, ...men: 1. (Sprachwiss.) landschaftlich gebundene Spracheigentümlichkeit. 2. kleinbürgerliche, spießige Einstellung, Engstirnigkeit

pro|vin|zi|ell: 1. (meist abwertend) zur Provinz (2) gehörend, ihr entsprechend, für sie, das Leben in ihr charakteristisch; von geringem geistigem, kulturellem Niveau zeugend; engstirnig. 2. landschaftlich, mundartlich

Pro|vinz|ler, der; -s, - (abwertend): Provinzbewohner, [kulturell] rückständiger Mensch

Pro|vinz|le|rin, die; -, -nen: weibliche Form zu ↑Provinzler

Pro|vi|si|on, die; -, -en: Vergütung; Vermittlungsgebühr

pro|vi|so|risch: nur vorläufig, behelfsmäßig

Pro|vi|so|ri|um, das; -s, ...ien: etwas, was provisorisch ist; Übergangslösung

Pro|vi|t|a|min, das; -s, -e (Chemie): Vorstufe eines Vitamins

Pro|vo, der; -s, -s: Anhänger einer [1965 in Amsterdam entstandenen] antibürgerlichen Protestbewegung

pro|vo|kant: herausfordernd, provozierend

Pro|vo|ka|teur [...'tøːɐ̯], der; -s, -e: jmd., der andere provoziert od. zu etwas aufwiegelt

Pro|vo|ka|teu|rin [...'tøːrɪn], die; -, -nen: weibliche Form zu ↑Provokateur

Pro|vo|ka|ti|on, die; -, -en: Herausforderung

pro|vo|ka|tiv: herausfordernd, eine Provokation enthaltend

pro|vo|zie|ren: a) jmdn. herausfordern, aufreizen; b) bewirken, dass etwas ausgelöst wird

pro|xi|mal (Med.): dem zentralen Teil eines Körpergliedes, der Körpermitte zu gelegen

Pro|ze|de|re, Pro|ce|de|re, das; -[s], -: Verfahrensordnung, -weise; Prozedur

Pro|ze|dur, die; -, -en: 1. Verfahren, [schwierige, unangenehme] Behandlungsweise. 2. (EDV) Zusammenfassung mehrerer Befehle zu einem kleinen, selbstständigen Programm

Pro|zent, das; -[e]s, -e (aber: 5 -): 1. vom Hundert, Hundertstel (Abk.: p. c.; Zeichen: %). 2. (nur Plural; ugs.) in Prozenten (1) berechneter Gewinn-, Verdienstanteil

Pro|zent|punkt, der; -[e]s, -e (meist Plural): Differenz zwischen zwei Prozentzahlen

Pro|zent|satz, der; -es, ...sätze: bestimmte Anzahl von Prozenten

pro|zen|tu|al, österr.: **pro|zen|tu|ell:** im Verhältnis zum Hundert, in Prozenten ausgedrückt

Pro|zess, der; -es, -e: 1. Verlauf, Ablauf, Hergang, Entwicklung. 2. vor einem Gericht ausgetragener Rechtsstreit

pro|zes|sie|ren: zur Klärung eines Rechtsstreits gegen jmdn. gerichtlich vorgehen; einen Prozess (2) [durch]führen

Pro|zes|si|on, die; -, -en (kath. u. orthodoxe Kirche): feierlicher [kirchlicher] Umzug

Pro|zes|sor, der; -s, ...oren (EDV): aus Leit- u. Rechenwerk bestehende Funktionseinheit in einem Computer

pro|zes|su|al: 1. einen Prozess (1) betreffend. 2. (Rechtsspr.) einen Prozess (2) betreffend, gemäß den Grundsätzen des Verfahrensrechtes

pro|zy|k|lisch [auch: ...'tsʏk...] (Wirtsch.): einem bestehenden Konjunkturzustand entsprechend

prü|de: in Bezug auf Sexuelles unfrei u. sich peinlich davon berührt fühlend

Prü|de|rie, die; -, ...ien: prüde [Wesens]art, prüdes Verhalten

Prü|nel|le, die; -, -n: entsteinte, getrocknete u. gepresste Pflaume

Psa|li|gra|fie, Psa|li|gra|phie, die; -: Kunst des Scherenschnittes

Psalm, der; -[e]s, -en: eines der im Alten Testament gesammelten Lieder des jüdischen Volkes

Psal|m|o|die, die; -, ...ien: Psalmengesang (nach liturgisch geregelter Melodie)

psal|m|o|die|ren: in der Art der Psalmodie singen

Psal|ter, der; -s, -: 1. a) Buch der Psalmen im Alten Testament; b) (im Mittelalter) für den liturgischen Gebrauch eingerichtetes Psalmenbuch. 2. (im Mittelalter) trapezförmige od. dreieckige Zither ohne Griffbrett

Pseu|d|epi|graf, Pseu|d|epi|graph, das; -s, -en (meist Plural): 1. Schrift aus der Antike, die einem Autor fälschlich zugeschrieben wurde. 2. ↑Apokryph

pseu|d|o|nym: unter einem Decknamen [verfasst]

Pseu|d|o|nym, das; -s, -e: angenommener, nicht richtiger Name; Deckname [einer Autorin/eines Autors]

Psi, das; -[s] (meist ohne Artikel) (Parapsychol.): bestimmendes Element parapsychologischer Vorgänge

Psit|ta|ko|se, die; -, -n (Med.): auf den Menschen übertragbare Infektionserkrankung der Papageienvögel, die beim Menschen zu schweren grippeartigen Symptomen führt; Papageienkrankheit

Psy|ch|a|go|ge, der; -n, -n: Psychotherapeut, der sich auf Psychagogik spezialisiert hat

Psy|ch|a|go|gin, die; -, -nen: weibliche Form zu ↑Psychagoge

Psy|che, die; -, -n: Gesamtheit bewusster u. unbewusster Erlebens- und Verhaltensweisen

psy|che|de|lisch: a) das Bewusstsein verändernd; einen euphorischen, tranceartigen Gemütszustand hervorrufend; b) in einem (bes. durch Drogen hervorgerufenen) euphorischen, tranceartigen Gemütszustand befindlich

Psy|ch|i|a|ter, der; -s, -: Facharzt für Psychiatrie

Psy|ch|i|a|te|rin, die; -, -nen: weibliche Form zu ↑Psychiater

Psy|ch|i|a|t|rie, die; -: Teilgebiet der Medizin, das sich mit der Erkennung, den Ursachen, der Systematik u. der Behandlung psychischer Störungen befasst

psy|ch|i|a|t|risch (Med.): die Psychiatrie betreffend

psy|chisch: die Psyche betreffend
Psy|cho|ana|ly|se, die; -, -n (Psychol.): 1. (ohne Plural) Ende des 19. Jh.s geschaffenes Verfahren zur Untersuchung u. Behandlung psychischer Erkrankungen, das von S. Freud zu einer tiefenpsychologischen Lehre ausgebildet wurde. 2. psychoanalytische Behandlung
Psy|cho|ana|ly|ti|ker, der; -s, -: ein die Psychoanalyse vertretender od. anwendender Arzt
Psy|cho|ana|ly|ti|ke|rin, die; -, -nen: weibliche Form zu ↑Psychoanalytiker
psy|cho|ana|ly|tisch: die Psychoanalyse betreffend
Psy|cho|dra|ma, das; -s, ...men: 1. (Literaturwiss.) Einpersonenstück, das psychische Vorgänge als dramatische Handlung gestaltet. 2. (Psychol.) psychotherapeutische Methode, bei der durch szenische Darstellung Erlebtes od. Gedachtes bewusst wird u. verarbeitet werden kann
psy|cho|gen (Med., Psychol.): psychisch bedingt, verursacht (von körperlichen Störungen)
Psy|cho|lin|gu|is|tik, die; -: Wissenschaftszweig der Linguistik mit den Gegenstandsbereichen Sprachverstehen, Sprache u. Denken, Spracherwerb, Sprachstörungen u. a.

P

Psy|cho|lo|ge, der; -n, -n: wissenschaftlich ausgebildeter Theoretiker od. Praktiker auf dem Gebiet der Psychologie
Psy|cho|lo|gie, die; -, ...ien: 1. Wissenschaft von den bewussten u. unbewussten Vorgängen u. Zuständen sowie deren Ursachen u. Wirkungen. 2. Verständnis für, Eingehen auf die menschliche Psyche. 3. psychische Verhaltens-, Reaktionsweise; psychisches Denken u. Fühlen
Psy|cho|lo|gin, die; -, -nen: weibliche Form zu ↑Psychologe
psy|cho|lo|gisch: die Psychologie betreffend
psy|cho|lo|gi|sie|ren (abwertend): etwas in übersteigerter Weise psychologisch gestalten
Psy|cho|lo|gis|mus, der; -, ...men: Überbewertung der Psychologie
Psy|cho|path, der; -en, -en (Psychol. veraltet): jmd., der an Psychopathie leidet
Psy|cho|pa|thie, die; -, ...ien (Psychol.): besonders schwere Form einer antisozialen Persönlichkeitsstörung
Psy|cho|pa|thin, die; -, -nen: weibliche Form zu ↑Psychopath
psy|cho|pa|thisch: (Med.; Psychol. veraltet) die Psychopathie betreffend
Psy|cho|pa|tho|lo|gie, die; -, ...ien (Med., Psychol.): Wissenschaft von den psychischen Erkrankungen
Psy|cho|phar|ma|kon, das; -s, ...ka (meist Plural) (Med., Psychol.): Arzneimittel, das eine steuernde (dämpfende, beruhigende) Wirkung hat
Psy|cho|phy|sik, die; - (Med., Psychol.): Lehre von den Wechselwirkungen zwischen Körper u. Seele, insbesondere zwischen physischen Reizen u. den ihnen entsprechenden physikalischen Reaktionen
psy|cho|phy|sisch: die Psychophysik betreffend, auf ihr beruhend
Psy|cho|se, die; -, -n (Med., Psychol.): krankhafter Zustand mit erheblicher Beeinträchtigung der psychischen Funktionen u. gestörtem Realitätsbezug
Psy|cho|so|ma|tik, die; - (Med.): Krankheitslehre, die psychischen Prozessen bei der Entstehung körperlicher Leiden wesentliche Bedeutung beimisst
psy|cho|so|ma|tisch (Med.): die Psychosomatik betreffend
Psy|cho|ter|ror, der; -s: Einschüchterung mit psychologischen Mitteln
Psy|cho|the|ra|peut, der; -en, -en: die Psychotherapie anwendender Arzt od. Psychologe
Psy|cho|the|ra|peu|tin, die; -, -nen: weibliche Form zu ↑Psychotherapeut
psy|cho|the|ra|peu|tisch (Med.): die Psychotherapeutik, die Psychotherapie betreffend
Psy|cho|the|ra|pie, die; -, ...ien (Med., Psychol.): Therapie, Behandlung mit den Mitteln, Methoden der Psychotherapie
Psy|cho|thril|ler, der; -s, -: Thriller, dessen Spannung psychologisch motiviert ist
psy|cho|tisch (Med.): zum Erscheinungsbild einer Psychose gehörend

pto|le|mä|isch: die Lehre des Ptolemäus betreffend, auf ihr beruhend

Pub [pap, pʌb], das (auch: der); -s, -s: Bar im englischen Stil

Pu|ber|tät, die; -: Zeit der eintretenden Geschlechtsreife

pu|ber|tie|ren: in die Pubertät eintreten, sich darin befinden

Pu|b|li|ci|ty [pa'blɪsiti], die; -: 1. jmds. öffentliches Bekanntsein od. -werden. 2. öffentliche Verbreitung

pu|b|lik: öffentlich; allgemein bekannt

Pu|b|li|ka|ti|on, die; -, -en: 1. publiziertes Werk. 2. Veröffentlichung

Pu|b|li|ka|ti|ons|or|gan, das; -s, -e: Organ (2) zur Publikation (Zeitung, Zeitschrift o. Ä.)

Pu|b|li|kum, das; -s: a) Gesamtheit von Zuhörern, Zuschauern; b) als Einheit gesehene, an Kunst, Wissenschaft o. Ä. interessierte Menschen

pu|b|li|zie|ren: 1. veröffentlichen; publik machen. 2. publik machen, bekannt machen

Pu|b|li|zist, der; -en, -en: Journalist, Schriftsteller, der mit Kommentaren zum aktuellen [politischen] Geschehen aktiv an der Bildung der öffentlichen Meinung teilnimmt

Pu|b|li|zis|tik, die; -: a) Bereich der Beschäftigung mit allen die Öffentlichkeit interessierenden Angelegenheiten in Buch, Presse, Rundfunk, Film, Fernsehen; b) Wissenschaft von den Massenmedien u. ihrer Wirkung auf die Öffentlichkeit

Pu|b|li|zis|tin, die; -, -nen: weibliche Form zu ↑Publizist

pu|b|li|zis|tisch: die Publizistik betreffend

Pu|b|li|zi|tät, die; -: 1. das Bekanntsein. 2. Öffentlichkeit

Puck, der; -s, -s: 1. Kobold, schalkhafter Elf. 2. Hartgummischeibe beim Eishockey

Pud|ding, der; -s, -e u. -s: 1. kalte Süßspeise aus in Milch aufgekochtem Puddingpulver od. Grieß. 2. im Wasserbad gekochte Mehl-, Fleisch- od. Gemüsespeise

Pu|e|b|lo, der; -s, -s: aus mehrstöckig zusammenhängenden terrassenartig angelegten Wohneinheiten bestehende Wohnanlage der Puebloindianer

pu|e|ril (Med.): kindlich, im Kindesalter vorkommend, dafür typisch

Pul|ci|nel|la [pʊltʃi...], der; -[s], ...elle, **Pul|ci|nell,** der; -s, -e: komischer Diener, Hanswurst in der neapolitanischen Commedia dell'Arte

Pull-down-Me|nü [...'daʊn...], das; -s, -s (EDV): Menü (2), das durch Auswählen eines Begriffs in der Menüzeile eines Fensters [nach unten] aufgeblättert wird

pul|len: 1. (Seemannsspr.) rudern. 2. (vom Pferd) mit vorgestrecktem Kopf stark vorwärtsdrängen

Pull|man|wa|gen, Pull|man-Wa|gen, der; -s, -: komfortabel ausgestatteter Schnellzugwagen

Pul|l|o|ver, der; -s, -: gestricktes od. gewirktes Kleidungsstück für den Oberkörper, das über den Kopf gezogen wird

Pul|l|un|der, der; -s, -: meist kurzer, ärmelloser Pullover, der über einem Oberhemd, einer Bluse getragen wird

pul|mo|nal (Med.): die Lunge betreffend, zu ihr gehörend

Pulp, der; -s, -en: breiige Masse mit größeren od. kleineren Fruchtstücken zur Marmeladeherstellung

Pul|pa, die; -, ...pae [...pɛ] (Med.): a) Zahnmark; b) weiche Gewebemasse in der Milz

Pul|que ['pʊlkə], der; -[s]: mexikanisches berauschendes Getränk aus gegorenem Agavensaft

Puls, der; -es, -e: a) das Anschlagen der durch den Herzschlag fortgeleiteten Blutwelle an den Gefäßwänden; b) Stelle am inneren Handgelenk, an der der Puls (a) zu fühlen ist

Pul|sar, der; -s, -e (Astron.): kosmische Strahlungsquelle mit Strahlungspulsen von höchster periodischer Konstanz

pul|sen: ↑pulsieren

pul|sie|ren: 1. rhythmisch an- u. abschwellen; schlagen, klopfen. 2. sich lebhaft regen, fließen, strömen

Pul|ver ['pʊlvɐ, auch: ...fɐ], das; -s, -: a) fester Stoff in sehr feiner Zerteilung; b) Schießpulver; c) Medikament, Gift in Pulverform

P

pul|ve|ri|sie|ren: feste Stoffe zu Pulver (a) zerreiben, zerstäuben

Pu|ma, der; -s, -s: in Amerika heimisches Raubtier mit langem Schwanz, kleinem Kopf u. dichtem braunem bis [silber]grauem Fell

Pump|gun ['pampgan], die; -, -s: großkalibriges mehrschüssiges Gewehr, bei dem das Repetieren durch Zurückziehen des Vorderschaftes erfolgt

Pumps [pœmps], der; -, -: ausgeschnittener, nicht durch Riemen od. Schnürung gehaltener Damenschuh

Pu|na, die; -: Hochfläche der südamerikanischen Anden mit Steppennatur

Pun|cher ['pantʃɐ], der; -s, - (Boxen): 1. Boxer, der über einen kraftvollen Schlag verfügt. 2. Boxer, der mit dem Punchingball trainiert

Pun|ching|ball ['pantʃɪŋ...], der; -[e]s, ...bälle, **Pun|ching|bir|ne,** die; -, -n: oben u. unten befestigter, frei beweglicher Lederball als Übungsgerät für Boxer

Punk [paŋk], der; -[s], -s: 1. a) (ohne Plural, meist ohne Artikel) Protestbewegung von Jugendlichen mit bewusst rüdem, exaltiertem Auftreten u. bewusst auffallender Aufmachung (grelle Haare, zerrissene Kleidung, Metallketten o. Ä.); b) Anhänger des Punk (1 a). 2. (ohne Plural) Kurzform von ↑Punkrock

Pun|ker ['paŋkɐ], der; -s, -: 1. Musiker des Punkrock. 2. Anhänger des Punk (1 a)

Pun|ke|rin, die; -, -nen: weibliche Form zu ↑Punker

pun|kig ['paŋ...]: den Punk (1 a) betreffend, ihm entsprechend, für ihn charakteristisch

Punk|rock, Punk-Rock ['paŋk...], der; -[s]: Rockmusik, die durch einfache Harmonik, harte Akkorde, hektisch-aggressive Spielweise u. meist zynisch-resignative Texte gekennzeichnet ist

Punkt, der; -[e]s, -e: 1. (Math.) geometrisches Gebilde ohne Ausdehnung; bestimmte Stelle im Raum, die durch Koordinaten festgelegt ist. 2. kleines schriftliches Zeichen als Schlusszeichen eines Satzes od. einer im vollen Wortlaut gesprochenen Abkürzung, als Kennzeichen für eine Ordnungszahl, als Verlängerungszeichen hinter einer Note, als Morsezeichen u. a. 3. sehr kleiner Fleck. 4. Stelle, Abschnitt; einzelner Teil aus einem zusammenhängenden Ganzen. 5. Thema, Verhandlungsgegenstand innerhalb eines größeren Fragen-, Themenkomplexes. 6. Wertungseinheit im Sport, bei bestimmten Spielen, für bestimmte Leistungen

punk|ten: 1. mit Punkten (6) bewerten. 2. Punkte (6) sammeln

punk|tie|ren: 1. mit Punkten versehen, tüpfeln. 2. (Musik) a) eine Note mit einem Punkt versehen u. sie dadurch um die Hälfte ihres Wertes verlängern; b) die Töne einer Gesangspartie um eine Oktave (od. Terz) niedriger od. höher setzen. 3. (Med.) eine Punktion durchführen

Punk|tie|rung, die; -, -en: a) (ohne Plural) das Punktieren; b) durch einen Punkt, durch Punkte gekennzeichnete Stelle

Punk|ti|on, die; -, -en (Med.): Entnahme von Flüssigkeit od. Gewebe aus einer Körperhöhle durch Einstich mit Hohlnadeln

punk|tu|ell: einen od. mehrere Punkte (4, 5) betreffend, Punkt für Punkt, punktweise

Punk|tum: basta!, genug damit!, Schluss!

Pun|ze, die; -, -n: Stempel, Stahlgriffel mit einer od. mehreren Spitzen zum Herstellen bestimmter Treib-, Ziselierarbeiten

Pu|pil|le, die; -, -n: schwarze Öffnung im Auge, durch die das Licht eindringt; Sehloch

pur: 1. rein, unverfälscht, lauter; unvermischt. 2. nur, bloß, nichts als; glatt

Pü|ree, das; -s, -s: breiartige Speise aus Kartoffeln, Gemüse, Hülsenfrüchten, Fleisch, Obst o. Ä.

Pur|ga|to|ri|um, das; -s: in katholischem Glaubensverständnis Läuterungsort der Seelen Verstorbener; Fegefeuer

pü|rie|ren (Gastron.): zu Püree machen, ein Püree herstellen

pu|ri|fi|zie|ren: reinigen, läutern

Pu|rim [auch: 'pu:...], das; -s: im Februar/März gefeiertes jüdisches Freudenfest

Pu|rin, das; -s, -e (meist Plural) (Chemie): aus der Nukleinsäure der Zellkerne entstehende organische Verbindung

P

Pu|ris|mus, der; - (Sprachwiss.): Streben nach Sprachreinheit, Kampf gegen Fremdwörter

Pu|rist, der; -en, -en: Vertreter des Purismus

Pu|ris|tin, die; -, -nen: weibliche Form zu ↑Purist

pu|ris|tisch: den Purismus betreffend

Pu|ri|ta|ner, der; -s, -: a) Anhänger des Puritanismus; b) sittenstrenger Mensch

Pu|ri|ta|ne|rin, die; -, -nen: weibliche Form zu ↑Puritaner

pu|ri|ta|nisch: a) den Puritanismus betreffend; b) sittenstreng; c) bewusst einfach, spartanisch [in der Lebensführung]

Pu|ri|ta|nis|mus, der; -: streng calvinistische Richtung im England des 16. u. 17. Jh.s

Pur|pur, der; -s: 1. a) sattroter, violetter Farbstoff; b) sattroter Farbton mit mehr od. weniger starkem Anteil von Blau. 2. purpurfarbenes, prächtiges Gewand

pur|purn: mit Purpur (1) gefärbt, purpurfarbig

Pur|ser ['pœ:ɐ̯sɐ], der; -s, -: a) Zahlmeister auf einem Schiff; b) Chefsteward im Flugzeug

Pur|se|rette [pœ:ɐ̯sə'rɛt], die; -, -s: weibliche Form zu ↑Purser

pu|schen vgl. pushen

Push|but|ton, Push-But|ton ['pʊʃbatn̩], der; -[s], -s: a) Druckschalter, Taste; b) (EDV) einen Pushbutton (a) imitierende Schaltfläche in der Benutzeroberfläche eines Computerprogramms

pu|shen ['pʊʃn̩]: 1. (salopp) a) durch forcierte Werbung jmds. Aufmerksamkeit auf jmdn., etwas lenken; b) antreiben, in Schwung bringen. 2. (Jargon) mit harten Drogen handeln

Pu|sher, der; -s, - (Jargon): Rauschgifthändler

Pu|she|rin, die; -, -nen: weibliche Form zu ↑Pusher

Push-up-BH ['pʊʃʔapbeha:], der; -[s], -[s]: ein üppiges Dekolleté formender Büstenhalter

Pus|tel, die; -, -n (Med.): Eiterbläschen; Pickel

Pusz|ta, die; -, ...ten: Grassteppe, Weideland in Ungarn

Putt, der; -[s], -s (Golf): Schlag auf dem Grün, durch den der Ball in das Loch rollen soll (Rasenfläche am Ende der Spielbahn mit dem Loch)

Put|te, die; -, -n, **Put|to,** der; -s, ...tti u. ...tten: (bes. im Barock u. Rokoko) Figur eines kleinen nackten Knaben, Kindes [mit Flügeln]

put|ten (Golf): den Ball mit dem Putter schlagen

Put|ter, der; -s, - (Golf): Spezialgolfschläger, mit dem der Ball ins Loch getrieben wird

Put|to vgl. Putte

puz|zeln ['pʊzl̩n, 'pʊsl̩n, auch: 'pazl̩n, 'pasl̩n]: ein Puzzle zusammensetzen

Puz|zle ['pʊzl̩, 'pʊsl̩, auch: 'pazl̩, 'pasl̩], das; -s, -s: aus vielen Einzelteilen in einem Geduldsspiel zusammenzusetzendes Bild

Puzz|ler ['pʊslɐ], der; -s, -: jmd., der ein Puzzle zusammensetzt

Py|ämie, die; -, ...ien (Med.): Streuung von [Eiter]erregern im Blut

Pyg|mäe, der; -n, -n: Angehöriger eines kleinwüchsigen Menschentyps in Afrika

Py|ja|ma [py'dʒa:ma, auch: py'ʒa:ma, österr.: pi'dʒa:ma, selten: ...'ja:...], der, österr., schweiz. auch: das; -s, -s: Schlafanzug

Py|k|ni|ker, der; -s, - (Anthropol., Med.): Mensch von pyknischem Körperbau

py|k|nisch (Med.): (in Bezug auf den Körperbautyp) kräftig, gedrungen u. zu Fettansatz neigend

Py|lon, der; -en (auch: -s), -en (auch: -e), **Py|lo|ne,** die; -, -n: 1. von festungsartigen Türmen flankiertes Eingangstor ägyptischer Tempel. 2. turm- od. portalartiger Teil von Hängebrücken o. Ä., der die Seile an den höchsten Punkten trägt. 3. kegelförmige, bewegliche, der Absperrung dienende Markierung auf Straßen

pyo|gen (Med.): Eiterungen verursachend (von bestimmten Bakterien)

py|ra|mi|dal: 1. pyramidenförmig. 2. (ugs.) gewaltig, riesenhaft

Py|ra|mi|de, die; -, -n: 1. monumentaler Grab- od. Tempelbau verschiedener Kulturen, bes. im alten Ägypten. 2. (Math.) geometrischer Körper mit einem ebenen Vieleck als Grundfläche u. einer entsprechenden Anzahl von gleichschenkligen Dreiecken, die in einer gemeinsamen Spitze enden, als Seitenflächen

Py|rit [auch: ...'rɪt], der; -s, -e (Geol.): Eisenkies, Schwefelkies

py|ro|gen: 1. (Med.) Fieber erzeugend (z. B.

P

von Medikamenten). 2. (Geol.) aus Schmelze entstanden (von Mineralien)

Py|ro|ly|se, die; -, -n: Zersetzung chemischer Verbindungen durch sehr große Wärmeeinwirkung

Py|ro|ma|ne, der; -n, -n (Med., Psychol.): jmd., der an Pyromanie leidet

Py|ro|ma|nie, die; - (Med., Psychol.): zwanghafter Trieb, Brände zu legen

Py|ro|ma|nin, die; -, -nen: weibliche Form zu ↑Pyromane

Py|ro|me|ter, das; -s, -: Gerät zur Messung der Temperatur glühender Stoffe

py|ro|phor: [in feinster Verteilung] sich an der Luft bei gewöhnlicher Temperatur selbst entzündend

Py|ro|tech|nik, die; -: Herstellung u. Gebrauch von Feuerwerkskörpern; Feuerwerkerei

Py|ro|tech|ni|ker, der; -s, -: Fachmann auf dem Gebiet der Pyrotechnik; Feuerwerker

py|ro|tech|nisch: die Pyrotechnik betreffend

Pyr|rhus|sieg, der; -[e]s, -e: Scheinsieg; Erfolg, der mit hohem Einsatz, mit großen Opfern verbunden ist u. daher eher einem Fehlschlag gleichkommt

Py|tha|go|re|er, österr.: **Py|tha|go|rä|er:** Anhänger der Lehre des Pythagoras

py|tha|go|re|isch, österr.: **py|tha|go|rä|isch:** die Lehre des Pythagoras betreffend

Py|thia, die; -, ...ien: Frau, die in orakelhafter Weise Zukünftiges voraussagt

py|thisch: dunkel, orakelhaft

Py|thon, der; -s, -s, **Py|thon|schlan|ge,** die; -, -n: in Afrika, Südasien u. Nordaustralien lebende Riesenschlange

Py|xis, die; -, ...iden, auch: ...ides [...de:s]: Behältnis für liturgische Gegenstände, Hostienbehälter im Tabernakel

Q *q*

Qi [tʃi:], das; -[s]: die Lebensenergie bezeichnender Begriff in der chinesischen Philosophie

Qi|gong [tʃiˈɡʊŋ], das; -[s]: eine der chinesischen Tradition entstammende Heil- u. Selbstheilmethode, bei der Atem, Bewegung u. Vorstellungskraft methodisch eingesetzt werden, um Herz-, Kreislauf- u. Nervenerkrankungen zu behandeln

QR-Code®, der; -s, -s: aus Punkten zu einem Quadrat zusammengesetzter, elektronisch lesbarer Code

Qua|d|rant, der; -en, -en: 1. (Math.) a) Viertelkreis; b) beim ebenen Koordinatensystem die zwischen zwei Achsen liegende Viertelebene. 2. a) ein Viertel des Äquators od. eines Meridians; b) (Geschichte) Instrument zur Messung der Durchgangshöhe der Sterne (Vorläufer des ↑Meridiankreises)

Qua|d|rat, das; -[e]s, -e[n]: (Plural nur: -e; Math.) a) Viereck mit vier rechten Winkeln u. vier gleichen Seiten; b) zweite ↑Potenz (4) einer Zahl

qua|d|ra|tisch: 1. in der Form eines Quadrats. 2. (Math.) in die zweite Potenz erhoben

Qua|d|rat|ki|lo|me|ter, der; -s, -: Fläche von 1 km Länge u. 1 km Breite (Zeichen: km^2)

Qua|d|rat|me|ter, der, früher fachspr. auch das; -s, -: Fläche von 1 m Breite u. 1 m Länge (Zeichen: m^2)

Qua|d|rat|mil|li|me|ter, der, früher fachspr. auch das; -s, -: Fläche von 1 mm Breite u. 1 mm Länge (Zeichen: mm^2)

Qua|d|ra|tur, die; -, -en: (Math.) a) Umwandlung einer beliebigen, ebenen Fläche in ein Quadrat gleichen Flächeninhalts durch geometrische Konstruktion; b) Inhaltsberechnung einer beliebigen Fläche durch ↑Planimeter od. ↑Integralrechnung

Qua|d|rat|wur|zel, die; -, -n: zweite Wurzel einer Zahl od. mathematischen Größe (Zeichen: $\sqrt{}$)

Qua|d|rat|zahl, die; -, -en (Math.): Zahl, die die zweite ↑Potenz (4) einer anderen ist

Qua|d|rat|zen|ti|me|ter, der, früher fachspr. auch das; -s, -: Fläche von 1 cm Länge u. 1 cm Breite (Zeichen: cm^2)

qua|d|rie|ren (Math.): in die zweite ↑Potenz (4) erheben, d. h. mit sich selbst multiplizieren

Qua|d|ri|ga, die; -, ...gen: von einem offenen

Streit-, Renn- od. Triumphwagen [der Antike] aus gelenktes Viergespann

Qua|d|ril|le [kva'drıljə, auch: ka..., österr.: ka'drıl], die; -, -n: von je vier Paaren im Karree getanzter Contretanz (im 3/8- od. 2/4-Takt)

Qua|d|ro [auch: 'kva...], das; -s: Kurzform von ↑Quadrofonie

qua|d|ro|fon, qua|d|ro|phon: (in Bezug auf die Übertragung von Musik, Sprache o. Ä.) über vier Kanäle laufend; vgl. stereofon

Qua|d|ro|fo|nie, Qua|d|ro|pho|nie, die; -: quadrofone Übertragungstechnik, durch die ein gegenüber der ↑Stereofonie erhöhtes Maß an räumlicher Klangwirkung erreicht wird

Quai [ke:, auch: kɛ:], der od. das; -s, -s: frz. Schreibung für ↑Kai

Quä|ker, der; -s, -: Mitglied der im 17. Jh. gegründeten englisch-amerikanischen Society of Friends (= Gesellschaft der Freunde), einer sittenstrengen, pazifistischen Religionsgemeinschaft mit bedeutender Sozialarbeit

Quä|ke|rin, die; -, -nen: weibliche Form zu ↑Quäker

Qua|li|fi|ka|ti|on, die; -, -en: 1. das Sichqualifizieren. 2. a) Befähigung, Eignung; b) Befähigungsnachweis

qua|li|fi|zie|ren: 1. sich qualifizieren: a) sich weiterbilden u. einen Befähigungsnachweis erbringen, eine Qualifikation (2 b) erwerben; b) die für die Teilnahme an einem sportlichen Wettbewerb erforderliche Leistung erbringen. 2. die Voraussetzung für jmds. Eignung, Befähigung für etwas darstellen. 3. als etwas beurteilen, einstufen, kennzeichnen, bezeichnen

qua|li|fi|ziert: tauglich, besonders geeignet

Qua|li|fi|zie|rung, die; -, -en: das Qualifizieren (1–3)

Qua|li|fy|ing ['kwɔlıfaıŋ], das; -s, -s: Qualifikation u. Festlegung der Startreihenfolge für ein [Auto]rennen

Qua|li|tät, die; -, -en: a) Beschaffenheit; b) Güte, Wert

qua|li|ta|tiv: hinsichtlich der Qualität

Qua|li|täts|kon|t|rol|le, die; -, -n: die Überwachung der Qualität von in Massen produzierten Gütern mithilfe statistischer Methoden

Quant, das; -s, -en (Physik): nicht weiter teilbares Energieteilchen, das verschieden groß sein kann

quan|teln: eine Energiemenge in Quanten darstellen

Quan|ten|me|cha|nik, die; -: erweiterte elementare Mechanik, die es ermöglicht, das Geschehen des Mikrokosmos zu erfassen

Quan|ten|sprung, der; -[e]s, ...sprünge: 1. (Physik) (unter Emission od. Absorption von Energie od. Teilchen erfolgender) plötzlicher Übergang eines mikrophysikalischen Systems aus einem Quantenzustand in einen anderen. 2. [durch eine neue Idee, Entdeckung, Erfindung, Erkenntnis o. Ä. ermöglichter] Fortschritt, der eine Entwicklung innerhalb kürzester Zeit ein sehr großes Stück voranbringt

Quan|ten|the|o|rie, die; -, ...ien: Theorie über die mikrophysikalischen Erscheinungen, die das Auftreten von Quanten in diesem Bereich berücksichtigt

quan|ti|fi|zie|ren: in Mengenbegriffen, Zahlen o. Ä. beschreiben

Quan|ti|fi|zie|rung, die; -, -en: das Quantifizieren

Quan|ti|tät, die; -, -en: Menge, Anzahl

quan|ti|ta|tiv: die Quantität betreffend

Quan|tum, das; -s, ...ten: jmdm. zukommende, einer Sache angemessene Menge von etwas (bes. Nahrungsmittel o. Ä.)

Qua|ran|tä|ne [ka...], die; -, -n: Isolierung Ansteckungsverdächtiger od. Absperrung eines Infektionsherdes von der Umgebung als Schutzmaßregel gegen Ausbreitung od. Verschleppung von Seuchen

Qua|ran|tä|ne|sta|ti|on, die; -, -en: Einrichtung zur Unterbringung von Personen, Tieren, die unter Quarantäne stehen

Quark [kwɔ:ɐ̯k], das; -s, -s (Physik): hypothetisches Elementarteilchen

¹Quart, die; -, -en: 1. (Musik) ↑Quarte. 2. bestimmte Klingenhaltung beim Fechten

²Quart, das; -s, -e (aber: 2 -): (ohne Plural) Viertelbogengröße (Zeichen: 4°)

Quar|ta, die; -, ...ten (veraltend): dritte, in Österreich vierte Klasse eines Gymnasiums

Quar|tal, das; -s, -e: Vierteljahr

Q

Quar|ta|ner, der; -s, - (veraltend): Schüler der Quarta
Quar|ta|ne|rin, die; -, -nen: weibliche Form zu ↑Quartaner
quar|tär (Geol.): das Quartär betreffend
Quar|tär, das; -s (Geol.): erdgeschichtliche Formation des ↑Känozoikums
Quar|te, die; -, -n (Musik): a) vierter Ton einer diatonischen Tonleiter vom Grundton an; b) Intervall von vier diatonischen Tonstufen
Quar|tel, das; -s, - (bayr.): kleines Biermaß
Quar|ter ['kwɔːtɐ], der; -s, -s (aber: 5 Quarter): 1. englisches Gewicht (12,7 kg). 2. englisches Hohlmaß (= 290,95 l). 3. Getreidemaß in den USA (= 21,75 kg)
Quar|ter|back ['kwɔːɐ̯tɐbɛk], der; -s, -s: Spielmacher (im amerikanischen Football)
Quar|ter|deck, das; -s, -s (Seew.): leicht erhöhtes hinteres Deck eines Schiffes
Quar|tett, das; -[e]s, -e: 1. a) Komposition für vier solistische Instrumente od. vier Solostimmen; b) Vereinigung von vier Instrumental- od. Vokalsolisten; c) (iron.) Gruppe von vier Personen, die gemeinsam etwas tun. 2. die erste od. zweite der beiden vierzeiligen Strophen des ↑Sonetts. 3. Kartenspiel, bes. für Kinder, bei dem jeweils vier zusammengehörende Karten abgelegt werden
Quar|tier, das; -s, -e: 1. Unterkunft. 2. (österr., schweiz.) Stadtviertel
qua|si: gewissermaßen, sozusagen, so gut wie
Quäs|ti|on, die; -, -en: in einer mündlichen ↑Diskussion entwickelte u. gelöste wissenschaftliche Streitfrage (in der Scholastik)
Quäs|tor, der; -s, ...oren: 1. (Geschichte) hoher Finanz- u. Archivbeamter in der römischen Republik. 2. Leiter einer Quästur (2)
Quäs|to|rin, die; -, -nen: weibliche Form zu ↑Quästor (2)
Quäs|tur, die; -, -en: 1. a) Amt eines Quästors (1); b) Amtsbereich eines Quästors (1). 2. Universitätskasse, die die Hochschulgebühren einzieht
Quat|t|ro|cen|to, das; -[s]: das 15. Jahrhundert als Stilbegriff der italienischen Kunst
Que|chua ['kɛtʃu̯a], **Ket|schua,** das; -[s]: südamerikanische Indianersprache
Queen [kviːn], die; -, -s: 1. englische Königin. 2. femininer Homosexueller
queer [kwɪɐ̯, kviːɐ̯]: (von einer Person) in der Geschlechtsidentität von einer heterosexuellen Norm abweichend
Quent, das; -[e]s, -e (aber: 5 -): ehemaliges kleines deutsches Gewicht unterschiedlicher Größe
Que|re|le, die; -, -n (meist Plural): auf gegensätzlichen Bestrebungen, Interessen, Meinungen beruhende [kleinere] Streiterei
Que|ru|lant, der; -en, -en: jmd., der immer etwas zu nörgeln hat
Que|ru|lan|tin, die; -, -nen: weibliche Form zu ↑Querulant
[1]**Quet|zal** [kɛ...], der; -[s], -s, **Que|sal,** der; -s, -s: bunter Urwaldvogel (Wappenvogel von Guatemala)
[2]**Quet|zal,** der; -[s], -[s] (aber: 5 -): Münzeinheit in Guatemala
[1]**Queue** [køː], das (auch: der); -s, -s: Billardstock
[2]**Queue,** die; -, -s: lange Reihe, Schlange (z. B. eine Queue bilden)
Quiche [kiʃ], die; -, -s [kiʃ] (Gastron.): Kuchen aus ungezuckertem Mürbe- od. Blätterteig mit herzhafter Füllung
Qui|dam, der; -: ein gewisser Jemand
Qui|e|tis|mus, der; -: passive Geisteshaltung, die bes. durch das Streben nach Frömmigkeit u. Ruhe des Gemüts gekennzeichnet ist
Qui|e|tist, der; -en, -en: Anhänger des Quietismus
Qui|e|tis|tin, die; -, -nen: weibliche Form zu ↑Quietist
qui|e|tis|tisch: den Quietismus betreffend
Quilt, der; -s, -s: eine Art Steppdecke
Qui|noa [ki'noːa], die; -, -s (Bot.): in den Hochanden kultivierte Pflanze, deren Samen bes. zu Mehl vermahlen werden
Quin|qua|ge|si|ma, die; -, (bei artikellosem Gebrauch auch:) ...mä: kath. Bez. des Fastnachtsonntags ↑Estomihi als des ungefähr 50. Tages vor Ostern
Quin|ta, die; -, ...ten (veraltend): zweite, in Österreich fünfte Klasse eines Gymnasiums
Quin|ta|na, die; - (Med.): Infektionskrankheit mit periodischen Fieberanfällen im Abstand von meist fünf Tagen

Quin|ta|ner, der; -s, - (veraltend): Schüler einer Quinta

Quin|ta|ne|rin, die; -, -nen: weibliche Form zu ↑Quintaner

Quin|te, die; -, -n (Musik): a) fünfter Ton einer diatonischen Tonleiter vom Grundton an; b) Intervall von fünf diatonischen Tonstufen

Quin|ten|zir|kel, der; -s (Musik): Kreis, in dem alle Tonarten in Dur u. Moll in Quintenschritten dargestellt werden

Quint|es|senz, die; -, -en: Endergebnis, Hauptgedanke, -inhalt, Wesen einer Sache

Quin|tett, das; -[e]s, -e (Musik): a) Komposition für fünf solistische Instrumente od. fünf Solostimmen; b) Vereinigung von fünf Instrumental- od. Vokalsolisten

Quin|til|li|on, die; -, -en: 10^{30}, Zahl mit 30 Nullen

Qui|pu ['kɪpu], **Quip|pu,** das; -[s], -s: Knotenschnur der Inkas

Qui|ri|nal, der; -s: seit 1948 Sitz des italienischen Staatspräsidenten (früher des Königs)

Quis|ling, der; -s, -e: ↑Kollaborateur

Quis|qui|li|en, die (nur Plural): Belanglosigkeiten

quit|tie|ren: den Empfang einer Leistung, einer Lieferung durch Quittung bescheinigen, bestätigen

Quit|tung, die; -, -en: 1. Empfangsbescheinigung, -bestätigung (für eine Bezahlung). 2. (iron.) unangenehme Folgen (z. B. einer Tat, eines Verhaltens); Vergeltung

Quiz [kvɪs], das; -, *Plur.* -, ugs. auch -ze: Frage-und-Antwort-Spiel (bes. im Rundfunk u. Fernsehen), bei dem die Antworten innerhalb einer vorgeschriebenen Zeit gegeben werden müssen

Quiz|mas|ter ['kvɪsma:stɐ], der; -s, -: Fragesteller bei einer Quizveranstaltung

quod erat de|mons|t|ran|dum: durch diese Ausführung ist das klar, deutlich geworden (Abk.: q. e. d.)

Quod|li|bet, das; -s, -s: 1. humoristische musikalische Form, in der verschiedene Lieder unter Beachtung kontrapunktischer Regeln gleichzeitig od. [in Teilen] aneinandergereiht gesungen werden. 2. ein Kartenspiel

Quo|rum, das; -s, ...ren (bes. südd., schweiz.): die zur Beschlussfähigkeit einer [parlamentarischen] Vereinigung, Körperschaft o. Ä. vorgeschriebene Zahl anwesender stimmberechtigter Mitglieder od. abgegebener Stimmen

Quo|ta|ti|on, die; -, -en: Kursnotierung an der Börse

Quo|te, die; -, -n: Anteil (von Sachen od. auch Personen), der bei Aufteilung eines Ganzen auf den Einzelnen od. eine Einheit entfällt

Quo|ten|frau, die; -, -en (Jargon): Frau, der unterstellt wird, eine bestimmte Position nur aufgrund einer Quotenregelung erreicht zu haben

Quo|ten|re|ge|lung, die; -: Regelung, die vorsieht, dass in bestimmten Funktionen od. Positionen ein bestimmter Personenkreis in einer angemessenen Zahl vertreten sein soll

Quo|ti|ent, der; -en, -en (Math.): a) Dividend, der durch den Divisor geteilt wird; b) Ergebnis einer Division

quo|tie|ren (Wirtsch.): den Preis (Kurs) angeben od. mitteilen, notieren

Quo|tie|rung, die; -, -en: das Quotieren

Rr

Ra|batt, der; -[e]s, -e: Preisnachlass

Ra|bat|te, die; -, -n: schmales Beet

Ra|batz, der; -es (ugs.): 1. lärmendes Treiben, Geschrei, Krach. 2. laut vorgebrachter Protest

Ra|bau|ke, der; -n, -n (ugs.): grober, gewalttätiger junger Mensch, Rohling

Rab|bi, der; -s, ...inen (auch: -s): 1. (ohne Plural) Ehrentitel jüdischer Gesetzeslehrer. 2. Träger dieses Titels

Rab|bi|nat, das; -[e]s, -e: Amt, Würde eines Rabbiners

Rab|bi|ner, der; -s, -: jüdischer Gesetzes- u. Religionslehrer, Prediger u. Seelsorger

Rab|bi|ne|rin, die; -, -nen: weibliche Form zu ↑Rabbiner

rab|bi|nisch: die Rabbiner betreffend

ra|bi|at: a) rücksichtslos u. roh; b) wütend
Ra|bu|list, der; -en, -en: Wortverdreher
Ra|bu|lis|tik, die; -, -en: Haarspalterei
Ra|bu|lis|tin, die; -, -nen: weibliche Form zu ↑Rabulist
ra|bu|lis|tisch: haarspalterisch
Ra|chi|tis [...x...], die; -, ...itiden (Med.): Vitamin-D-Mangel-Krankheit, bes. im frühen Kleinkindalter mit mangelhafter Verkalkung des Knochengewebes
ra|chi|tisch: a) an Rachitis leidend, die charakteristischen Symptome einer Rachitis zeigend; b) (Med.) die Rachitis betreffend
Rack [rɛk, engl.: ræk], das; -s, -s: regalartiges Gestell zur Unterbringung einer Stereoanlage
Ra|cket ['rɛkət, engl.: 'rækɪt], das; -s, -s: Tennisschläger
Ra|dar [auch: 'ra:...], das, nicht fachspr. auch: der; -s, -e: 1. Verfahren zur Ortung von Gegenständen im Raum mithilfe gebündelter elektromagnetischer Wellen, die von einem Sender ausgehen, reflektiert werden u. über einen Empfänger auf einem Anzeigegerät sichtbar gemacht werden. 2. Radargerät, -anlage
Ra|dar|kon|t|rol|le [auch: 'ra:...], die; -, -n: Geschwindigkeitskontrolle mit Radargeräten
ra|di|al: den Radius betreffend, in Radiusrichtung; strahlenförmig, von einem Mittelpunkt ausgehend, auf einen Mittelpunkt hinzielend
ra|di|al|sym|me|t|risch: die Radialsymmetrie betreffend; vgl. bilateralsymmetrisch
Ra|di|ant, der; -en, -en: 1. (Astron.) scheinbarer Ausstrahlungspunkt eines Meteorschwarms an der Himmelssphäre. 2. Einheit des Winkels im Bogenmaß; ebener Winkel, für den das Längenverhältnis Kreisbogen zu Kreisradius den Zahlenwert 1 besitzt (Zeichen: rad)
Ra|di|a|ti|on, die; -, -en (Astron.): Strahlung, scheinbar von einem Punkt ausgehende Bewegung der Einzelteile eines Meteorschwarms
Ra|di|a|tor, der; -s, ...oren: Heizkörper bei Dampf-, Wasser-, Gaszentralheizungen
Ra|dic|chio [ra'dɪki̯o], der; -[s]: bes. in Italien angebaute Art der ↑Zichorie (3) mit rotweißen Blättern, die als Salat zubereitet werden
ra|die|ren: 1. etwas Geschriebenes od. Gezeichnetes mit einem Radiergummi od. Messer entfernen, tilgen. 2. eine Zeichnung in eine Kupferplatte einritzen
Ra|die|rer, der; -s, -: 1. Künstler, der Radierungen herstellt. 2. (ugs.) Radiergummi
Ra|die|re|rin, die; -, -nen: weibliche Form zu ↑Radierer (1)
Ra|die|rung, die; -, -en: 1. (ohne Plural) Tiefdruckverfahren, bei dem die Zeichnung in eine Wachs-Harz-Schicht, die sich auf einer Kupferplatte befindet, eingeritzt wird, von der [nach der Ätzung durch ein Säurebad] Abzüge gemacht werden. 2. durch das Radierverfahren hergestelltes grafisches Blatt
ra|di|kal: 1. a) bis auf die Wurzel gehend, vollständig, gründlich u. ohne Rücksichtnahme; b) hart, rücksichtslos. 2. einen politischen od. weltanschaulichen Radikalismus vertretend. 3. (Math.) die Wurzel betreffend
Ra|di|kal, das; -s, -e: 1. (Chemie) chemisch sehr reaktionsfähiges Atom od. Molekül mit einem ungepaarten Elektron. 2. durch Wurzelziehen erhaltene mathematische Größe
ra|di|ka|li|sie|ren: radikal machen
Ra|di|ka|li|sie|rung, die; -, -en: Entwicklung zu einer radikalen (2) Form
Ra|di|ka|lis|mus, der; -, ...men: 1. rücksichtslos bis zum Äußersten gehende Richtung. 2. unerbittliches, unnachgiebiges Vorgehen
Ra|di|ka|list, der; -en, -en: Vertreter des Radikalismus
Ra|di|ka|lis|tin, die; -, -nen: weibliche Form zu ↑Radikalist
Ra|dio, das; -s, -s: 1. (ugs., bes. schweiz. auch: der) Rundfunkgerät. 2. (ohne Plural) Rundfunk
ra|dio|ak|tiv (Physik): Elementarteilchen aussendend
Ra|dio|ak|ti|vi|tät, die; - (Physik): Eigenschaft der Atomkerne gewisser ↑Isotope, sich ohne äußere Einflüsse umzuwandeln und dabei bestimmte Strahlen auszusenden
Ra|dio|as|t|ro|no|mie, die; -: Teilgebiet der Astronomie, auf dem die von Gestirnen u. kosmischen Objekten sowie aus dem inter-

R

stellaren Raum kommende Radiofrequenzstrahlung untersucht wird

Ra|dio|lo|ge, der; -n, -n (Med.): Facharzt für Röntgenologie u. Strahlenheilkunde

Ra|dio|lo|gie, die; -: Wissenschaft von den Röntgenstrahlen u. den Strahlen radioaktiver Stoffe u. ihrer Anwendung; Strahlenkunde

Ra|dio|lo|gin, die; -, -nen: weibliche Form zu ↑Radiologe

ra|dio|lo|gisch: die Radiologie betreffend

Ra|dio|re|kor|der, Ra|dio|re|cor|der, der; -s, -: [tragbares] Rundfunkgerät mit eingebautem ↑Kassettenrekorder

Ra|dio|te|le|gra|fie, Ra|dio|te|le|gra|phie, die; -: drahtlose ↑Telegrafie

Ra|dio|te|le|s|kop, das; -s, -e: Gerät für den Empfang der aus dem Weltraum kommenden Radiofrequenzstrahlung

Ra|dio|the|ra|pie [auch: 'ra:dio:...], die; -, ...ien (Med.): Behandlung von Krankheiten mit radioaktiven od. Röntgenstrahlen

Ra|di|um, das; -s: radioaktives chem. Element; ein Metall (Zeichen: Ra)

Ra|di|us, der; -, ...ien (Math.): Halbmesser des Kreises (Abk.: R, r)

Ra|dix, die; -, Radizes (fachspr. auch: Radices) [ra'di:tse:s]: 1. Pflanzenwurzel. 2. (Anat.) Basisteil eines Organs, Nervs od. sonstigen Körperteils

Ra|dom, das; -s, -s: für elektromagnetische Strahlen durchlässige, kugelförmige Hülle als Wetterschutz für Radar- od. Satellitenbodenantennen

Ra|don [ra'do:n], das; -s: radioaktives chem. Element; ein Edelgas (Zeichen: Rn)

Raf|fi|ne|ment [rafinə'mã:], das; -s, -s: 1. durch intellektuelle Geschicklichkeit erreichte höchste Verfeinerung. 2. mit einer gewissen Durchtriebenheit u. Gerissenheit klug berechnendes Handeln, um andere unmerklich zu beeinflussen

Raf|fi|ne|rie, die; -, ...ien: Betrieb zur Raffination von Zucker, Ölen u. anderen [Natur]produkten

Raf|fi|nes|se, die; -, -n: 1. besondere künstlerische, technische Vervollkommnung, Feinheit. 2. schlau und gerissen ausgeklügelte Vorgehensweise

raf|fi|nie|ren: Zucker, Öle u. andere [Natur]produkte reinigen

raf|fi|niert: 1. durchtrieben, gerissen, schlau, abgefeimt. 2. von Raffinement (1) zeugend

Raft, das; -s, -s: 1. schwimmende Insel aus [Treib]holz. 2. Schlauchboot, mit dem Rafting betrieben wird

raf|ten: Rafting betreiben

Raf|ting, das; -s: Wildwasserfahren einer Gruppe im Schlauchboot

Ra|ge ['ra:ʒə], die; -: Wut, Raserei

Ra|gout [ra'gu:], das; -s, -s: Gericht aus Fleisch, Wild, Geflügel od. Fisch in pikanter Soße

Ra|gout fin, Ra|goût fin [ragu'fɛ̃:], das; --, -s -s [ragu'fɛ̃:]: Ragout aus hellem Fleisch (z. B. Kalbfleisch, Geflügel) mit [Worcester]soße

Rag|time ['rɛktaɪm], der; -[s], -s: 1. nordamerikanischer Musik-, bes. Klaviermusikstil mit melodischer Synkopierung bei regelmäßigem Beat (2). 2. Musik im Rhythmus des Ragtime (1)

Raid [re:t], der; -s, -s: begrenzte offensive militärische Operation; Überraschungsangriff

Ra|ke|te, die; -, -n: 1. Feuerwerkskörper. 2. mithilfe einer Treibladung durch Rückstoß fortgetriebener Flugkörper. 3. begeistertes, das Heulen einer Rakete (1) nachahmendes Pfeifen bei [Karnevals]veranstaltungen

Ra|ke|ten|ba|sis, die; -, ...sen: (oft unterirdische) militärische Anlage, von der aus Raketen (2) eingesetzt werden können

Ra|ki, der; -s, -s: türkischer Branntwein aus Anis u. Rosinen

Ral|ly ['rɛli], die; -, -s, schweiz. auch das; -s, -s (Börsenw.): Rallye

Ral|lye ['rali, auch: 'rɛli], die; -, -s, schweiz. auch das; -s, -s (Sport): Autorennen [in mehreren Etappen] mit Sonderprüfungen

Ral|lye-Cross, Ral|lye|cross, das; -, -e: dem Motocross ähnliches, jedoch mit Autos gefahrenes Rennen im Gelände

Ra|ma|dan, der; -[s], -e: islamischer Fastenmonat (9. Monat des Mondjahrs)

Ra|ma|su|ri, Re|ma|su|ri, die; - (österr. ugs.): großes Durcheinander, Wirbel

Ram|bo, der; -s, -s (ugs.): jmd., der sich rück-

R

sichtslos [u. mit Gewalt] durchsetzt; Kraftprotz

Ram|bouil|let|schaf, Ram|bouil|let-Schaf [rãbu'je:...], das; -[e]s, -e: feinwollige französische Schafrasse

Ra|mie, die; -, ...ien: kochfeste, gut färbbare Faser einer ostasiatischen Nesselpflanze

ram|po|nie|ren (ugs.): stark beschädigen

Ranch [rɛntʃ, auch: ra:ntʃ], die; -, -s, (auch:) -es: nordamerikanische Viehwirtschaft, Farm

Ran|cher ['rɛntʃɐ, auch: 'ra:ntʃɐ], der; -s, -[s]: nordamerikanischer Viehzüchter, Farmer

Ran|che|rin ['rɛntʃərɪn, auch: 'ra:ntʃərɪn], die; -, -nen: weibliche Form zu ↑Rancher

Rand [rɛnt], der; -s, -s (aber: 5 -): Währungseinheit der Republik Südafrika

Ran|da|le, die; -, -n (ugs.): 1. (ohne Plural) lautstarker Protest; Krawall. 2. Ausschreitung, Gewalttätigkeit; **Randale machen**: randalieren

ran|da|lie|ren: lärmend durch die Straßen ziehen u. dabei andere belästigen od. mutwillig Sachen beschädigen

Ran|da|lie|rer, der; -s, -: jmd., der randaliert

Ran|da|lie|re|rin, die; -, -nen: weibliche Form zu ↑Randalierer

Ran|ger ['rɛɪndʒɐ], der; -s, -[s]: 1. (früher) Angehöriger einer [Polizei]truppe, z. B. die Texas Rangers. 2. Aufseher in den Nationalparks

ran|gie|ren [raŋ'ʒi:rən, rã...]: 1. einen Rang innehaben [vor, hinter jmdm.]. 2. Eisenbahnwagen durch entsprechende Fahrmanöver auf ein anderes Gleis fahren

R

Ran|king ['rɛŋkɪŋ], das; -s, -s: a) Rangliste; b) Einordnung in eine Rangliste; Bewertung

Ran|kü|ne, die; -, -n: Groll, heimliche Feindschaft; Rachsucht

Ra|nun|kel, die; -, -n: Gartenpflanze der Gattung Hahnenfuß

Rap [rɛp], der; -[s], -s: schneller, rhythmischer Sprechgesang (in der Popmusik)

ra|pid, ra|pi|de: sehr, überaus, erstaunlich schnell [vor sich gehend]

Ra|pier, das; -s, -e (Sport): Fechtwaffe, Degen

Rap|mu|sik ['rɛp...], die; -: Popmusik in der Form des Raps

rap|pen ['rɛpn̩] (Musik): einen ↑Rap singen, spielen

Rap|per ['rɛpɐ], der; -s, -: jmd., der rappt

Rap|pe|rin ['rɛ...], die; -, -nen: weibliche Form zu ↑Rapper

Rap|port, der; -[e]s, -e: 1. a) Bericht; b) (Militär veraltet) dienstliche Meldung. 2. sich [auf Geweben usw.] ständig wiederholendes Muster od. Motiv

rap|por|tie|ren: 1. berichten, Meldung machen. 2. sich als Muster od. Motiv ständig wiederholen

rar: nur in [zu] geringer Menge, Anzahl vorhanden; selten, aber gesucht

Ra|ri|tät, die; -, -en: etwas Rares

Ras, der; -, -: 1. abessinischer Titel. 2. arab. Bez. für: Vorgebirge, Berggipfel

ra|sant: 1. (ugs.) auffallend schnell; den Eindruck von Schnelligkeit vermittelnd; stürmisch. 2. (ugs.) durch Schwung, Spannung o. Ä. begeisternd, imponierend

Ra|sanz, die; -: 1. (ugs.) rasende Geschwindigkeit; erstaunliche Schnelligkeit; stürmische Bewegtheit. 2. (ugs.) durch Schwung, Spannung o. Ä. bewirkte Faszination, Großartigkeit

ra|sie|ren: 1. mit einem Rasiermesser od. -apparat die [Bart]haare entfernen. 2. (ugs.) übertölpeln, betrügen

Rä|son [rɛ'zõ:], die; - (veraltend): Vernunft, Einsicht

Rä|so|neur [...'nø:ɐ̯], der; -s, -e (veraltet): a) Schwätzer, Klugredner; b) Nörgler

Rä|so|neu|rin [...'nø:rɪn], die; -, -nen: weibliche Form zu ↑Räsoneur

rä|so|nie|ren: 1. (veraltet) vernünftig reden, Schlüsse ziehen. 2. (abwertend) a) viel und laut reden; b) seiner Unzufriedenheit Luft machen, schimpfen

Rä|son|ne|ment [...'mã:], das; -s, -s (veraltend): 1. vernünftige Beurteilung, Überlegung, Erwägung. 2. Vernünftelei

Ras|sis|mus, der; -: a) meist ideologisch begründete, zur Rechtfertigung von Diskriminierung, Unterdrückung u. Ä. entwickelte Theorie, nach der bestimmte Menschentypen od. auch Völker hinsichtlich ihrer kulturellen Leistungsfähigkeit anderen von Natur aus überlegen seien; Rassendenken; b) dem Rassismus (a) entsprechende Einstellung

Ras|sist, der; -en, -en: Anhänger des Rassismus

Ras|sis|tin, die; -, -nen: weibliche Form zu ↑Rassist

ras|sis|tisch: den Rassismus betreffend

Ras|ta, der; -s, -s: Kurzform von ↑Rastafari

Ras|ta|fa|ri, der; -s, -s: Anhänger einer religiösen Bewegung in Jamaika, die Ras, den äthiopischen Kaiser Haile Selassie I., als Gott verehrt

Ra|sur, die; -, -en: 1. das Rasieren; Entfernung der [Bart]haare. 2. das Radieren; Schrifttilgung (z. B. in Geschäftsbüchern)

Ra|ta|touille [...'tui̯], das; -s, -s: Gemüse aus Auberginen, Zucchini, Tomaten, Paprika u. a.

Ra|ter ['rɛi̯tɐ], der; -s, -: jmd., der ein Rating vornimmt

Ra|te|rin ['rɛi̯tərɪn], die; -, -nen: weibliche Form zu ↑Rater

Ra|ti|fi|ka|ti|on, die; -, -en: Genehmigung, Bestätigung eines von der Regierung abgeschlossenen völkerrechtlichen Vertrages

ra|ti|fi|zie|ren: als gesetzgebende Körperschaft einen völkerrechtlichen Vertrag in Kraft setzen

Ra|ti|fi|zie|rung, die; -, -en: das Ratifizieren

Ra|ting ['rɛi̯tɪŋ], das; -[s], -s: 1. (Wirtsch.) bonitätsmäßige Einstufung von Ländern, Banken, Firmen o. Ä. in ein Klassifikationssystem. 2. (Psychol., Soziol.) Verfahren zur Einschätzung, Beurteilung von Personen, Situationen o. Ä. 3. Verfahren zur Ermittlung der Einschaltquote von [Fernseh]sendungen

Ra|ting|agen|tur, die; -, -en: Agentur, die die Bonität (1) von Wertpapieren, Unternehmen u. Ä. einschätzt

Ra|tio, die; -: Vernunft, Verstand

Ra|ti|on, die; -, -en: zugeteilte Menge an Lebens- u. Genussmitteln; [täglicher] Verpflegungssatz (bes. für Soldaten)

ra|ti|o|nal: die Ratio betreffend; vernünftig, aus der Vernunft stammend

Ra|ti|o|na|li|sa|tor, der; -s, ...oren: Angestellter eines Betriebs, der mit der Durchführung einer ↑Rationalisierung betraut ist

ra|ti|o|na|li|sie|ren: 1. vereinheitlichen, straffen, [das Zusammenwirken der Produktionsfaktoren] zweckmäßiger gestalten. 2. vernunftgemäß gestalten; durch Denken erfassen, erklären

Ra|ti|o|na|li|sie|rung, die; -, -en (Wirtsch.): Ersatz überkommener Verfahren durch zweckmäßigere u. besser durchdachte; Vereinheitlichung, Straffung

Ra|ti|o|na|lis|mus, der; -: Geisteshaltung, die das rationale Denken als einzige Erkenntnisquelle ansieht

Ra|ti|o|na|list, der; -en, -en: Vertreter des Rationalismus; einseitiger Verstandesmensch

Ra|ti|o|na|lis|tin, die; -, -nen: weibliche Form zu ↑Rationalist

ra|ti|o|na|lis|tisch: im Sinne des Rationalismus; einer Anschauung entsprechend, die die Vernunft in den Mittelpunkt stellt u. alles Denken u. Handeln von ihr bestimmen lässt

Ra|ti|o|na|li|tät, die; -: rationales, von der Vernunft bestimmtes Wesen

ra|ti|o|nell: vernünftig, zweckmäßig, sparsam

ra|ti|o|nie|ren: in festgelegten, relativ kleinen Rationen zuteilen, haushälterisch einteilen

Rat|tan, das; -s, -e: aus den Stängeln bestimmter Rotangpalmen gewonnenes Rohr, das bes. zur Herstellung von Korbwaren verwendet wird

Rave [rɛi̯v], der od. das; -s, -s: große Fete, Tanzparty, bei der die ganze Nacht über bes. zu Technomusik getanzt wird

ra|ven ['rɛi̯vn̩]: an einem ↑Rave teilnehmen

Ra|ver ['rɛi̯vɐ], der; -s, -: Teilnehmer, Mitwirkender an einem ↑Rave

Ra|ve|rin ['rɛi̯vərɪn], die; -, -nen: weibliche Form zu ↑Raver

Ra|vi|o|li, die (nur Plural) (Gastron.): mit Fleisch od. Gemüse gefüllte Nudelteigtaschen

Raz|zia, die; -, ...ien (seltener: -s): groß angelegte, überraschende Fahndungsaktion der Polizei in einem Gebäude od. Gebiet

re: Silbe, auf die man den Ton d singen kann; vgl. Solmisation

Rea|der ['ri:dɐ], der; -s, -: [Lese]buch mit Auszügen aus der [wissenschaftlichen] Literatur

Rea|dy|made, Rea|dy-made ['rɛdimɛi̯d], das; -[s], -s: beliebiger, serienmäßig hergestellter Gegenstand, der als Kunstwerk ausgestellt wird

R

Re|a|gens, das; -, ...gẹnzien (fachspr. auch: ...gẹntien), **Re|a|gẹnz,** das; -es, -ien (Chemie): Stoff, der mit einem anderen eine bestimmte chemische Reaktion herbeiführt u. ihn so identifiziert

Re|a|gẹnz|glas, das; -es, ...gläser: zylindrisches Prüf-, Probierglas

re|agie|ren: 1. auf etwas ansprechen, antworten, eingehen; eine Gegenwirkung zeigen. 2. (Chemie) eine chemische Reaktion eingehen, auf etwas einwirken

Re|ak|ti|on, die; -, -en: 1. das Reagieren; durch etwas hervorgerufene Wirkung; Gegenwirkung. 2. (Chemie) unter stofflichen Veränderungen ablaufender Vorgang. 3. (ohne Plural) a) fortschrittsfeindliches politisches Verhalten; b) Gesamtheit aller fortschrittsfeindlichen Kräfte

re|ak|ti|o|när (abwertend): rückschrittlich

Re|ak|ti|o|när, der; -s, -e (abwertend): jmd., der reaktionäre Ansichten vertritt

Re|ak|ti|o|nä|rin, die; -, -nen: weibliche Form zu ↑Reaktionär

Re|ak|ti|ons|ge|schwin|dig|keit, die; -, -en: die Zeit, in der ein [chemischer] Vorgang abläuft

re|ak|tiv: (Psychol.) als Reaktion auf einen Reiz od. auf eine außergewöhnliche Belastung auftretend

re|ak|ti|vie|ren: 1. a) wieder in Tätigkeit setzen, in Gebrauch nehmen, wirksam machen; b) wieder anstellen, in Dienst nehmen. 2. chemisch wieder umsetzungsfähig machen

Re|ak|ti|vi|tät, die; -, -en: 1. Rück-, Gegenwirkung, erneute Aktivität. 2. (Psychol.) das Maß des Reagierens als Norm der Vitalität

Re|ạk|tor, der; -s, ...oren: 1. Anlage, in der die geregelte Kernkettenreaktion zur Gewinnung von Energie od. von bestimmten radioaktiven Stoffen genutzt wird; Kernreaktor. 2. (Physik) Vorrichtung, in der eine physikalische od. chemische Reaktion abläuft

re|al: 1. dinglich, sachlich. 2. wirklich, tatsächlich; der Realität entsprechend

[1]**Re|al,** das; -[e]s, -e (landsch.): ↑[1]Regal

[2]**Re|al,** der; -s, (span.:) -es u. (port.:) Reis [rɛiʃ]: alte spanische u. portugiesische Münze

[3]**Re|al,** der; -[s], Reais [ri'ai̯s]: Währungseinheit in Brasilien

Re|al|ein|kom|men, das; -s, - (Wirtsch.): in Form einer bestimmten Summe angegebenes Einkommen unter dem Aspekt der Kaufkraft

Re|al|gym|na|si|um, das; -s, ...ien (früher): höhere Schule mit Betonung der Naturwissenschaften u. der modernen Sprachen

Re|a|li|en, die (nur Plural): 1. wirkliche Dinge, Tatsachen. 2. naturwissenschaftliche Fächer. 3. (Päd.) Sachkenntnisse

Re|a|li|sa|ti|on, die; -, -en: 1. Verwirklichung. 2. (Wirtsch.) Umwandlung in Geld

re|a|li|sie|ren: 1. verwirklichen, in die Tat umsetzen. 2. in Geld umwandeln

Re|a|li|sie|rung, die; -, -en: das Realisieren

Re|a|lịs|mus, der; -, ...men: 1. (ohne Plural) a) Wirklichkeitssinn, wirklichkeitsnahe Einstellung; auf Nutzen bedachte Grundhaltung; b) ungeschminkte Wirklichkeit. 2. (ohne Plural) philosophische Denkrichtung, nach der eine außerhalb unseres Bewusstseins liegende Wirklichkeit angenommen wird, zu deren Erkenntnis man durch Wahrnehmung u. Denken kommt. 3. a) die Wirklichkeit nachahmende, mit der Wirklichkeit übereinstimmende künstlerische Darstellung[sweise] in Literatur u. bildender Kunst; b) (ohne Plural) Stilrichtung in Literatur u. bildender Kunst, die sich des Realismus (3 a), der wirklichkeitsgetreuen Darstellung bedient

Re|a|lịst, der; -en, -en: 1. jmd., der die Gegebenheiten des täglichen Lebens nüchtern u. sachlich betrachtet u. sich in seinen Handlungen danach richtet. 2. Vertreter des Realismus (3)

Re|a|lịs|tik, die; -: ungeschminkte Wirklichkeitsdarstellung

Re|a|lịs|tin, die; -, -nen: weibliche Form zu ↑Realist

re|a|lịs|tisch: 1. a) wirklichkeitsnah, lebensecht; b) ohne Illusion, sachlich-nüchtern. 2. zum Realismus (3) gehörend

Re|a|li|tät, die; -, -en: Wirklichkeit, tatsächliche Lage, Gegebenheit

re|a|li|ter: in Wirklichkeit

Re|a|li|ty|show, Re|a|li|ty-Show [ri'ɛlɪtiʃoʊ̯],

die; -, -s: Unterhaltungssendung im Fernsehen, die tatsächlich Geschehendes (bes. Unglücksfälle) live zeigt bzw. nachgestellt darbietet

Re|a|li|ty-TV, das; -[s]: Sparte des Fernsehens, in der Realityshows produziert werden

Re|al|ka|ta|log, der; -[e]s, -e: nach dem sachlichen Inhalt des betreffenden Werkes geordnetes Bücherverzeichnis; Sachkatalog

Re|al|kon|kor|danz, die; -, -en: Konkordanz (a), die ein alphabetisches Verzeichnis von Sachen enthält; vgl. Verbalkonkordanz

Re|al|kon|kur|renz, die; -, -en (Rechtsspr.): Tatmehrheit; Verletzung mehrerer strafrechtlicher Tatbestände nacheinander durch den gleichen Täter

Re|al|le|xi|kon, das; -s, ...ka (auch: ...ken): Lexikon, das die Sachbegriffe einer Wissenschaft od. eines Wissenschaftsgebietes enthält

Re|a|lo, der; -s, -s (ugs.): jmd., der Realpolitik betreibt, sich an den realen Gegebenheiten orientiert (bes. bei den Grünen)

Re|al|po|li|tik, die; -: Politik, die moralische Grundsätze od. nationale ↑Ressentiments nicht berücksichtigt, sondern auf der nüchternen Erkenntnis der Gegebenheiten u. des wirklich Erreichbaren beruht

Re|al|schu|le, die; -, -n: sechsklassige, auf der Grundschule aufbauende Lehranstalt, die bis zur mittleren Reife führt; Mittelschule

Real|time ['ri:əltaɪm, - 'taɪm], die; -, **Real Time,** die; - - (EDV): die wirklich benötigte Zeit eines Computers, bis er eine ↑Operation (4 b) abgeschlossen hat

Re|ani|ma|ti|on, die; - (Med.): Wiederbelebung durch künstliche Beatmung o. Ä.

re|ani|mie|ren (Med.): wiederbeleben

Re|ani|mie|rung, die; -, -en (Med.): ↑Reanimation

Re|bell, der; -en, -en: Aufrührer, Aufständischer; jmd., der sich auflehnt, widersetzt

re|bel|lie|ren: sich auflehnen, sich widersetzen, sich empören

Re|bel|lin, die; -, -nen: weibliche Form zu ↑Rebell

Re|bel|li|on, die; -, -en: Aufruhr, Aufstand, Widerstand, Empörung

re|bel|lisch: rebellierend, aufständisch

Re|bound ['ri:baʊnt, ri'baʊnt], der; -s, -s: 1. (Basketball) vom Brett od. Korbring abprallender Ball. 2. (Med.) Rückfall. 3. (Börsenw.) das Wettmachen von Kursverlusten

Re|break ['ri:breɪk], der od. das; -s, -s (Tennis): [1]Break (1 b), das man [unmittelbar] nach einem gegnerischen Break erzielt

Re|bus, der od. das; -, -se: Bilderrätsel

Re|call [ri'kɔ:l], der; -s, -s: Rückruf[aktion] (z. B. zur Nachbesserung von mangelhaften Produkten)

Re|cei|ver [ri'si:vɐ], der; -s, -: 1. Hochfrequenzteil für den Satellitenempfang. 2. Kombination von Rundfunkempfänger u. Verstärker für Hi-Fi-Wiedergabe

Re|chaud [re'ʃo:], der od. das; -s, -s: 1. (südd., österr., schweiz.) [Gas]kocher. 2. (Gastron.) Wärmeplatte

Re|cher|che [re'ʃɛrʃə], die; -, -n: Nachforschung, Ermittlung

re|cher|chie|ren: ermitteln, untersuchen, nachforschen, erkunden, sich genau über etwas informieren, um Bescheid zu wissen, Hintergründe u. Umstände kennenzulernen, sich ein Bild machen zu können

Rechts|ex|t|re|mis|mus, der; -: extrem nationalistische, gegen liberale u. demokratische Verhältnisse ankämpfende Haltung

Re|ci|tal [rɪ'saɪtl̩], das; -s, -s: Solistenkonzert

re|ci|tan|do [retʃi...] (Musik): frei, d. h. ohne strikte Einhaltung des Taktes, rezitierend

re|com|man|dé [...mã'de:] (Postw.): frz. Bez. für: eingeschrieben (Abk.: R)

Re|cor|der vgl. Rekorder

Re|c|rui|ting [ri'kru:tɪŋ], das; -s: Suche nach bzw. Vermittlung von qualifizierten Arbeitskräften

rec|te: richtig, recht

Rec|to, Rek|to, das; -s, -s: Vorderseite eines Blattes in einem Papyrus, einer Handschrift, einem Buch

Rec|tor ma|g|ni|fi|cus, der; - -, ...ores ...fici: Titel des Hochschulrektors

re|cy|celn [ri'saɪkl̩n]: einem Recycling zuführen

Re|cy|c|ling [ri'saɪklɪŋ], das; -s, -s: Aufbereitung u. Wiederverwendung bereits benutzter Rohstoffe

R

Re|cy|c|ling|pa|pier, das; -s: Papier, das aus Altpapier hergestellt ist; Umweltschutzpapier

Re|dak|teur [...'tø:ɐ̯], der; -s, -e: jmd., der für eine Zeitung, Zeitschrift, für Rundfunk od. Fernsehen, für ein [wissenschaftliches] Sammelwerk o. Ä. Beiträge auswählt, bearbeitet od. auch selbst schreibt

Re|dak|teu|rin [...'tø:rɪn], die; -, -nen: weibliche Form zu ↑Redakteur

Re|dak|ti|on, die; -, -en: 1. Tätigkeit des Redakteurs; das Redigieren. 2. a) Gesamtheit der Redakteure; b) Raum, Abteilung, Büro, in dem Redakteure arbeiten

re|dak|ti|o|nell: die Redaktion betreffend

Re|dak|tor, der; -s, ...oren: 1. wissenschaftlicher Herausgeber. 2. (schweiz.) Redakteur

Re|dak|to|rin, die; -, -nen: weibliche Form zu ↑Redaktor

re|di|gie|ren: [als Redakteur] einen Text bearbeiten, druckfertig machen

re|di|vi|vus: wiedererstanden

Re|dou|te [re'du:tə, österr.: ...'dut], die; -, -n: 1. (veraltet) Saal für festliche od. Tanzveranstaltungen. 2. (österr., sonst veraltet) Maskenball. 3. (Geschichte) Festungswerk

Re|dox|re|ak|ti|on, die; -, -en (Chemie): auf einem Elektronenübergang beruhende chem. Reaktion

Re|duk|ti|on, die; -, -en: 1. a) Zurückführung; b) Verringerung, Herabsetzung. 2. (Logik) Zurückführung des Komplizierten auf etwas Einfaches. 3. (Sprachwiss.) a) Verlust der Qualität u. Quantität bis zum Schwund des Vokals (z. B. *Nachbar* aus mhd. *nachgebur*); b) Sonderform der sprachlichen ↑Substitution, durch deren Anwendung sich die Zahl der sprachlichen Einheiten verringert (z. B.: ich fliege nach London, ich fliege dorthin). 4. a) chemischer Vorgang, bei dem Elektronen von einem Stoff auf einen anderen übertragen u. von diesem aufgenommen werden (im Zusammenhang mit einer gleichzeitig stattfindenden ↑Oxidation); b) Entzug von Sauerstoff aus einer chemischen Verbindung od. Einführung von Wasserstoff in eine chemische Verbindung; c) Verarbeitung eines Erzes zu Metall

Re|duk|ti|o|nis|mus, der; -: isolierte Betrachtung von Einzelelementen ohne ihre Verflechtung in einem Ganzen od. von einem Ganzen als einfacher Summe aus Einzelteilen unter Überbetonung der Einzelteile, von denen aus generalisiert wird

re|duk|ti|o|nis|tisch: dem Reduktionismus entsprechend

re|d|un|dant: Redundanz (1, 2, 3) aufweisend; vgl. abundant

Re|d|un|danz, die; -, -en: 1. Überreichlichkeit, Überfluss, Üppigkeit. 2. (Sprachwiss.) a) im Sprachsystem angelegte mehrfache Kennzeichnung derselben Information (z. B. d*en* Kälb*ern:* mehrfach bezeichneter Dativ Plural; d*ie* groß*en* Wörterb*ü*ch*er sind* teuer: der Plural wird auf komplexe Weise ausgedrückt); b) stilistisch bedingte Überladung einer Aussage mit überflüssigen sprachinhaltlichen Elementen; vgl. Pleonasmus, Tautologie. 3. (in der Informationstheorie bzw. Nachrichtentechnik) das Vorhandensein von weglassbaren Elementen in einer Nachricht, die keine zusätzliche Information liefern

re|du|zi|bel (Philos., Math.): sich ableiten, auf eine Grundform zurückführen lassend

re|du|zie|ren: 1. a) auf etwas Einfacheres, das Wesentliche zurückführen; b) verringern, herabsetzen, beeinträchtigen. 2. (Sprachwiss.) einen Vokal an Qualität u. Quantität abschwächen. 3. a) einer chemischen Verbindung Elektronen zuführen; b) einer chemischen Verbindung Sauerstoff entziehen od. Wasserstoff in eine chemische Verbindung einführen. 4. Erz zu Metall verarbeiten

Re|du|zie|rung, die; -, -en: das Reduzieren

re|ell: 1. a) anständig, ehrlich, redlich; b) (ugs.) ordentlich, den Erwartungen entsprechend. 2. wirklich, tatsächlich [vorhanden]

Re|fek|to|ri|um, das; -s, ...ien: Speisesaal im Kloster

Re|fe|rat, das; -[e]s, -e: 1. a) Vortrag über ein bestimmtes Thema; b) eine Beurteilung enthaltender schriftlicher Bericht; Kurzbesprechung [eines Buches]. 2. Sachgebiet eines ↑Referenten (2)

Re|fe|ree [...'ri:, auch: 'rɛfəri], der; -s, -s (Sport): Schiedsrichter, Ringrichter

Re|fe|ren|dar, der; -s, -e: Anwärter auf die höhere Beamtenlaufbahn nach der ersten Staatsprüfung

Re|fe|ren|da|ri|at, das; -[e]s, -e: Vorbereitungsdienst für Referendare

Re|fe|ren|da|rin, die; -, -nen: weibliche Form zu ↑Referendar

Re|fe|ren|dum, das; -s, ...den u. ...da: Volksabstimmung, Volksentscheid

Re|fe|rent, der; -en, -en: 1. a) jmd., der ein Referat (1 a) hält; Redner; b) Gutachter [bei der Beurteilung einer wissenschaftlichen Arbeit]. 2. Sachbearbeiter in einer Dienststelle

Re|fe|ren|tin, die; -, -nen: weibliche Form zu ↑Referent

Re|fe|renz, die; -, -en: 1. (meist Plural) von einer Vertrauensperson gegebene Auskunft, die man als Empfehlung vorweisen kann; vgl. aber: Reverenz. 2. Vertrauensperson, die über jmdn. eine positive Auskunft geben kann

re|fe|rie|ren: a) einen kurzen [beurteilenden] Bericht von etwas geben; b) ein Referat (1 a) halten

re|fi|nan|zie|ren, sich: fremde Mittel aufnehmen, um damit selbst Kredit zu geben

Re|fi|nan|zie|rung, die; -, -en: das Refinanzieren

re|flek|tie|ren: 1. zurückstrahlen, spiegeln. 2. nachdenken; erwägen. 3. (ugs.) an jmdm./etwas sehr interessiert sein, etwas erhalten wollen

Re|flek|tor, der; -s, ...oren: 1. Hohlspiegel hinter einer Lichtquelle zur Bündelung des Lichtes. 2. Teil einer Richtantenne, der einfallende elektromagnetische Strahlen zur Bündelung nach einem Brennpunkt zurückwirft. 3. Fernrohr mit Parabolspiegel

re|flek|to|risch: durch einen Reflex bedingt

Re|flex, der; -es, -e: 1. Widerschein, Rückstrahlung. 2. (Med.) Reaktion des Organismus auf eine Reizung seines Nervensystems; durch äußere Reize ausgelöste unwillkürliche Muskelkontraktion

Re|fle|xi|on, die; -, -en: 1. das Zurückwerfen von Licht, elektromagnetischen Wellen, Schallwellen, Gaswellen und Verdichtungsstößen an Körperoberflächen. 2. das Nachdenken; Überlegung

re|fle|xiv: 1. (Sprachwiss.) sich (auf das Subjekt) rückbeziehend; rückbezüglich. 2. die Reflexion (2) betreffend, reflektiert

Re|fle|xiv, das; -s, -e: ↑Reflexivpronomen

Re|fle|xiv|pro|no|men, das; -s, - u. ...mina (Sprachwiss.): rückbezügliches Fürwort (z. B. sich)

Re|form, die; -, -en: Umgestaltung, Neuordnung; Verbesserung des Bestehenden

Re|for|ma|ti|on, die; -: 1. durch Luther ausgelöste Bewegung zur Erneuerung der Kirche im 16. Jh., die zur Bildung der protestantischen Kirchen führte. 2. Erneuerung, geistige Umgestaltung, Verbesserung

Re|for|ma|tor, der; -s, ...oren: 1. Begründer der Reformation (Luther, Zwingli, Calvin u. a.). 2. Umgestalter, Erneuerer

Re|for|ma|to|rin, die; -, -nen: weibliche Form zu ↑Reformator (2)

re|for|ma|to|risch: 1. in der Art eines Reformators (1); umgestaltend, erneuernd. 2. die Reformation betreffend, im Sinne der Reformation, der Reformatoren (2)

Re|for|mer, der; -s, -: Umgestalter, Verbesserer, Erneuerer

Re|for|me|rin, die; -, -nen: weibliche Form zu ↑Reformer

re|for|me|risch: Reformen betreibend; nach Verbesserung, Erneuerung strebend

Re|form|haus®, das; -es, ...häuser: Fachgeschäft für gesunde, an vollwertigen Nährstoffen reiche Kost

re|for|mie|ren: verbessern, [geistig, sittlich] erneuern; neu gestalten

Re|for|mie|rung, die; -, -en (Plural selten): Neugestaltung u. Verbesserung

Re|for|mis|mus, der; -: Bewegung zur Verbesserung eines [sozialen] Zustandes

Re|for|mist, der; -en, -en: Anhänger des Reformismus

Re|for|mis|tin, die; -, -nen: weibliche Form zu ↑Reformist

Re|form|pä|d|a|go|gik, die; -, -en: pädagogische Bewegung, die die Aktivität u. Kreativität des Kindes fördern will u. sich gegen eine Schule wendet, in der hauptsächlich auf das Lernen Wert gelegt wird

Re|form|po|li|tik, die; -: politisches Konzept,

R

das eine Veränderung der politischen u. gesellschaftlichen Verhältnisse mithilfe von Reformen anstrebt

Re|f|rain [rə'frɛ̃:], der; -s, -s: in regelmäßigen Abständen wiederkehrende gleiche Laut- od. Wortfolge in einem Gedicht od. Lied; Kehrreim

Re|frak|ti|on, die; -, -en (Physik): a) Brechung von Lichtwellen; b) Brechungswert

Re|fu|gi|um, das; -s, ...ien: Zufluchtsort, -stätte

re|gal (selten): königlich, fürstlich

[1]**Re|gal,** das; -s, -e: [Bücher-, Waren]gestell mit Fächern; vgl. [1]Real

[2]**Re|gal,** das; -s, -e: 1. kleine, tragbare Orgel. 2. Zungenregister der Orgel

[3]**Re|gal,** das; -s, -ien (meist Plural): [wirtschaftlich nutzbares] Hoheitsrecht (z. B. Zoll-, Münz-, Postrecht)

Re|gat|ta, die; -, ...tten: 1. (Wassersport) Bootswettkampf. 2. schmal gestreiftes Baumwollgewebe in Köperbindung (eine Webart)

Re|ge|ne|ra|ti|on, die; -, -en: (Biol., Med.) Neubildung

re|ge|ne|ra|tiv: wiedergewinnend od. wiedergewonnen (z. B. in der Chemie aus Abfällen)

re|ge|ne|rie|ren: a) erneuern, auffrischen, wiederherstellen; b) (Chemie) wiedergewinnen [von wertvollen Rohstoffen o. Ä. aus verbrauchten, verschmutzten Materialien]; c) (sich regenerieren; Biol., Med.) sich neu bilden

R

Re|gent, der; -en, -en: 1. [fürstliches] Staatsoberhaupt. 2. verfassungsmäßiger Vertreter des Monarchen; Landesverweser

Re|gen|tin, die; -, -nen: weibliche Form zu ↑Regent (1)

Re|gent|schaft, die; -, -en: Herrschaft od. Amtszeit eines Regenten

Reg|gae ['rɛge, 'rɛgi], der; -[s] (Musik): aus Jamaika stammende Stilrichtung der Popmusik, deren Rhythmus durch die Hervorhebung unbetonter Taktteile gekennzeichnet ist

Re|gie [re'ʒi:], die; -, ...ien: verantwortliche Führung, [künstlerische] Leitung bei der Gestaltung einer Aufführung, eines Spielgeschehens, eines bestimmten Vorhabens

Re|gie|as|sis|tent [re'ʒi:...], der; -en, -en: Assistent eines Regisseurs

Re|gie|as|sis|ten|tin, die; -, -nen: weibliche Form zu ↑Regieassistent

re|gie|ren: 1. [be]herrschen; die Verwaltung, die Politik eines [Staats]gebietes leiten. 2. (Sprachwiss.) einen bestimmten Fall fordern. 3. in der Gewalt haben; bedienen, handhaben, führen, lenken

Re|gie|rung, die; -, -en: 1. das Regieren; Ausübung der Regierungs-, Herrschaftsgewalt. 2. oberstes Organ eines Staates, eines Landes; Gesamtheit der Personen, die einen Staat, ein Land regieren (1)

Re|gime [re'ʒi:m], das; -s, - [re'ʒi:mə], auch: -s: einem bestimmten politischen System entsprechende, von ihm geprägte [volksfeindliche] Regierung, Regierungs-, Herrschaftsform

Re|gime|kri|ti|ker, der; -s, -: jmd., der an dem [totalitären] Regime seines Landes aktiv Kritik übt

Re|gime|kri|ti|ke|rin, die; -, -nen: weibliche Form zu ↑Regimekritiker

Re|gi|ment, das; -[e]s, -e u. -er: 1. (Plural: -e) Regierung, Herrschaft; Leitung. 2. (Plural: -er) größere [meist von einem Oberst od. Oberstleutnant befehligte] Truppeneinheit (Abk.: R., Reg., Regt., Rgt.)

Re|gi|on, die; -, -en: 1. a) Gebiet, Gegend; b) Bereich, Sphäre. 2. (Anat.) Körpergegend

re|gi|o|nal: 1. sich auf einen bestimmten Bereich erstreckend; gebietsmäßig, -weise, Gebiets... 2. einen bestimmten Körperbereich betreffend; regionär

Re|gi|o|nal|ex|press®, der; -es, -e: schneller Zug des Personennahverkehrs (Abk.: RE)

Re|gi|o|na|lis|mus, der; -: 1. Ausprägung landschaftlicher Eigeninteressen. 2. (Sprachwiss.) regional gebundene Spracheigentümlichkeit (z. B. Broiler für Brathähnchen)

Re|gi|o|na|list, der; -en, -en: Vertreter des Regionalismus (1, 2)

Re|gi|o|na|lis|tin, die; -, -nen: weibliche Form zu ↑Regionalist

Re|gi|o|nal|li|ga, die; -, ...ligen: auf bestimmte

[Groß]regionen begrenzte deutsche Spielklasse in verschiedenen Sportarten (z. B. im Fußball)

re|gi|o|när (Med. veraltet): einen bestimmten Körperbereich betreffend; regional

Re|gis|seur [reʒɪˈsøːɐ̯], der; -s, -e: jmd., der [berufsmäßig] Regie führt, die Regie hat

Re|gis|seu|rin […ˈsøːrɪn], die; -, -nen: weibliche Form zu ↑Regisseur

Re|gis|ter, das; -s, -: 1. a) alphabetisches Namen- od. Sachverzeichnis; ↑Index (1); b) stufenförmig eingeschnittener u. mit den Buchstaben des Alphabets versehener Seitenrand in Telefon-, Wörter-, Notizbüchern o. Ä. 2. a) meist den ganzen Umfang einer Klaviatur deckende Orgelpfeifengruppe mit charakteristischer Klangfärbung; b) im Klangcharakter von anderen unterschiedene Lage der menschlichen Stimme (Brust-, Kopf-, Falsettstimme) od. von Holzblasinstrumenten. 3. amtliches Verzeichnis rechtlicher Vorgänge (z. B. Standesregister)

re|gis|tered [ˈrɛdʒɪstəd]: 1. in ein Register eingetragen, patentiert, gesetzlich geschützt (Abk.: reg.; Zeichen: ®). 2. eingeschrieben (auf Postsendungen)

Re|gis|t|ra|tor, der; -s, …oren (veraltet): 1. Register führender Beamter. 2. Ordner[mappe]

Re|gis|t|ra|tur, die; -, -en: 1. das Registrieren (1 a), Eintragen; Buchung. 2. a) Aufbewahrungsstelle für Karteien, Akten o. Ä.; b) Regal, Gestell, Schrank zum Aufbewahren von Akten o. Ä. 3. die Register (2 a) und Koppeln auslösende Schaltvorrichtung bei Orgel u. Harmonium

re|gis|t|rie|ren: 1. a) [in ein Register] eintragen; b) selbsttätig aufzeichnen; einordnen. 2. a) bewusst wahrnehmen, ins Bewusstsein aufnehmen; b) sachlich feststellen; ohne urteilenden Kommentar feststellen, zur Kenntnis nehmen. 3. die geeigneten Registerstimmen verbinden u. mischen (bei Orgel u. Harmonium)

Re|g|le|ment […ˈmãː, schweiz.: …ˈmɛnt], das; -s, -s u. (schweiz.:) -e: [Dienst]vorschrift; Geschäftsordnung

re|g|le|men|ta|risch: bestimmungsgemäß

re|g|le|men|tie|ren: durch Vorschriften regeln, einschränken

Re|g|le|men|tie|rung, die; -, -en: a) das Reglementieren; b) Unterstellung (bes. von Prostituierten) unter behördliche Aufsicht

re|gre|die|ren: 1. (Psychol.) auf Früheres zurückgehen, zurückgreifen. 2. (Rechtswiss.) Regress nehmen

Re|gress, der; -es, -e (Rechtswiss.): Rückgriff eines ersatzweise haftenden Schuldners auf den Hauptschuldner

Re|gres|si|on, die; -, -en: 1. langsamer Rückgang; rückläufige Tendenz, Entwicklung. 2. (Geogr.) langsamer Rückzug des Meeres. 3. (Psychol.) das Zurückfallen auf frühere, kindliche Stufen der Triebvorgänge

re|gres|siv: 1. (Logik) zurückschreitend, zurückgehend vom Bedingten zur Bedingung. 2. a) (Med.) sich zurückbildend (von Krankheiten); b) auf einer Regression (3) beruhend. 3. nicht progressiv, rückschrittlich; rückläufig

Re|gu|lar, der; -s, -e: Mitglied eines katholischen Ordens mit feierlichen Gelübden

re|gu|lär: 1. der Regel gemäß; vorschriftsmäßig; üblich, gewöhnlich. 2. (ugs.) regelrecht

Re|gu|la|ri|tät, die; -, -en: a) Gesetzmäßigkeit, Richtigkeit; b) (meist Plural; Sprachwiss.) sprachübliche Erscheinung

Re|gu|la|ti|on, die; -, -en (Biol.): Regelung der Organsysteme eines lebenden Organismus durch verschiedene Steuerungseinrichtungen (z. B. Hormone, Nerven)

re|gu|la|tiv: regulierend, regelnd; als Norm dienend

Re|gu|la|tiv, das; -s, -e: a) regelnde Verfügung, Vorschrift, Verordnung; b) steuerndes, ausgleichendes Element

Re|gu|la|tor, der; -s, …oren: 1. Apparatur zur Einstellung des gleichmäßigen Ganges einer Maschine. 2. Pendeluhr, bei der das Pendel reguliert werden kann

re|gu|la|to|risch: regulierend, steuernd

re|gu|lie|ren: 1. a) regeln, ordnen; b) sich regulieren: in ordnungsgemäßen Bahnen verlaufen; einen festen, geordneten Ablauf haben; sich regeln. 2. in Ordnung bringen, den gleichmäßigen, richtigen Gang einer Ma-

R

schine, Uhr o. Ä. einstellen. 3. (einen Fluss) begradigen

Re|gu|lie|rung, die; -, -en: 1. Regelung. 2. Herstellung des gleichmäßigen, richtigen Ganges einer Maschine, Uhr o. Ä. 3. Begradigung eines Flusslaufs

Re|ha|bi|li|tand, der; -en, -en: jmd., dem die Wiedereingliederung in das berufliche u. gesellschaftliche Leben ermöglicht werden soll

Re|ha|bi|li|tan|din, die; -, -nen: weibliche Form zu ↑Rehabilitand

Re|ha|bi|li|ta|ti|on, die; -, -en: 1. [Wieder]eingliederung eines Kranken, körperlich od. geistig Behinderten in das berufliche u. gesellschaftliche Leben. 2. Rehabilitierung

Re|ha|bi|li|ta|ti|ons|zen|t|rum, das; -s, ...ren: der Rehabilitation (1) dienende Anstalt

re|ha|bi|li|tie|ren: 1. jmds. od. sein eigenes soziales Ansehen wiederherstellen, jmdn. in frühere [Ehren]rechte wieder einsetzen. 2. (einen durch Krankheit od. Unfall Geschädigten) durch geeignete Maßnahmen wieder in die Gesellschaft eingliedern

Re|ha|bi|li|tie|rung, die; -, -en: 1. Wiederherstellung des sozialen Ansehens, Wiedereinsetzung in frühere [Ehren]rechte. 2. ↑Rehabilitation (1)

Re|ha|zen|t|rum, das; -s, ...ren: kurz für: ↑Rehabilitationszentrum

Rei|bach, der; -s (ugs.): unverhältnismäßig hoher Gewinn

R

Rei|ki ['re:ki], das; -s: japanische Heilkunst mittels Händeauflegen

Re|im|plan|ta|ti|on, die; -, -en (Med.): Wiedereinheilung, Wiedereinpflanzung

Re|im|port, der; -[e]s, -e: Wiedereinfuhr ausgeführter Güter

re|im|por|tie|ren: (ausgeführte Güter) wieder einführen

Re|in|kar|na|ti|on, die; -, -en: Übergang der Seele eines Menschen in einen neuen Körper u. eine neue Existenz (in der buddhistischen Lehre von der Seelenwanderung)

Re|ka|pi|tu|la|ti|on, die; -, -en: 1. das Rekapitulieren. 2. das Rekapitulierte

re|ka|pi|tu|lie|ren: a) wiederholen, noch einmal zusammenfassen; b) in Gedanken durchgehen, sich noch einmal vergegenwärtigen

Re|kla|ma|ti|on, die; -, -en: Beanstandung, Beschwerde

Re|kla|me, die; -, -n (Plural selten): Werbung; Anpreisung [von Waren zum Verkauf]

re|kla|mie|ren: 1. (bildungsspr.) [zurück]fordern, für sich beanspruchen. 2. wegen irgendwelcher Mängel beanstanden, Einspruch erheben, Beschwerde führen

Re|kom|pens, die; -, -en: das Rekompensieren (1)

re|kom|pen|sie|ren: 1. (Wirtsch.) entschädigen. 2. (Med.) den Zustand der Kompensation wiederherstellen

re|kon|fi|gu|rier|bar: für das ↑Rekonfigurieren (2, 3) geeignet, ausgelegt

re|kon|fi|gu|rie|ren: 1. neu anordnen, gestalten. 2. (Technik) eine Maschine an neue Anforderungen anpassen. 3. (EDV) ein System neu, anders ↑konfigurieren (3) [um die Funktionsfähigkeit zu erhalten od. wiederherzustellen]

re|kon|s|t|ru|ie|ren: 1. den ursprünglichen Zustand wiederherstellen od. nachbilden. 2. den Ablauf eines früheren Vorgangs od. Erlebnisses in den Einzelheiten darstellen, wiedergeben

Re|kon|s|t|ruk|ti|on, die; -, -en: 1. a) das Wiederherstellen, Wiederaufbauen, Nachbilden; b) das Wiederhergestellte, Wiederaufgebaute, Nachgebildete. 2. a) das Wiedergeben, Darstellen eines Vorgangs in seinen Einzelteilen; b) detaillierte Wiedergabe, Darstellung

re|kon|va|les|zent (Med.): sich im Stadium der Genesung befindend

Re|kon|va|les|zent, der; -en, -en (Med.): Genesender

Re|kon|va|les|zen|tin, die; -, -nen: weibliche Form zu ↑Rekonvaleszent

Re|kon|va|les|zenz, die; - (Med.): a) Genesung; b) Genesungszeit

re|kon|va|les|zie|ren (Med.): genesen

Re|kord, der; -[e]s, -e: [anerkannte] sportliche Höchstleistung

Re|kor|der, Re|cor|der, der; -s, -: 1. Gerät zur elektromagnetischen Aufzeichnung u. Wiedergabe von Bild- u./od. Tonsignalen. 2. Drehspulschnellschreiber im Funkdienst

Re|kre|a|ti|on, die; -, -en (veraltet): a) Erfrischung; b) Erholung

Re|k|rut, der; -en, -en: Soldat in der ersten Ausbildungszeit

re|k|ru|tie|ren: 1. (veraltet) Rekruten ausheben, mustern. 2. a) zusammenstellen, zahlenmäßig aus etwas ergänzen, beschaffen; b) sich rekrutieren: sich zusammensetzen, sich bilden [aus etwas]

Re|k|ru|tie|rung, die; -, -en: 1. das Rekrutieren; das Sichrekrutieren. 2. Beschaffung u. Auswahl od. die herkunftsmäßige Zusammensetzung der Mitglieder von Gruppen, Organisationen, sozialen Schichten

Re|k|ru|tin, die; -, -nen: weibliche Form zu ↑Rekrut

rek|tal (Med.): a) den Mastdarm betreffend; b) durch den, im Mastdarm erfolgend

Rek|to vgl. Recto

Rek|tor, der; -s, ...oren: 1. Leiter einer Hochschule. 2. Leiter einer Grund-, Haupt-, Sonder- od. Realschule. 3. katholischer Geistlicher an einer Nebenkirche, einem Seminar o. Ä.

Rek|to|rat, das; -[e]s, -e: 1. a) Amt eines Rektors; b) Amtszimmer eines Rektors; c) Amtszeit eines Rektors bzw. einer Rektorin. 2. Verwaltungsgremium, dem der Rektor, die Prorektoren u. der Kanzler angehören

Rek|to|rin, die; -, -nen: weibliche Form zu ↑Rektor (1, 2)

Rek|tum, das; -s, ...ta (Med.): Mastdarm

re|kul|ti|vie|ren: [durch Bergbau] unfruchtbar gewordenen Boden wieder kultivieren, als Kulturland nutzen

Re|ku|pe|ra|tor, der; -s, ...oren: Vorwärmer (in technischen Feuerungsanlagen)

re|kur|rie|ren: 1. Bezug nehmen, auf etwas zurückgreifen. 2. (schweiz. Rechtsspr., sonst veraltet) Beschwerde, Einspruch einlegen gegen gerichtliche Urteile od. Verwaltungsakte

Re|kurs, der; -es, -e: 1. Rückgriff auf etwas, Bezug[nahme]. 2. (Rechtswiss.) Einspruch, Beschwerde gegen gerichtliche Entscheidungen od. Verwaltungsakte

re|kur|siv: 1. (Math.) zurückgehend (bis zu bekannten Werten). 2. Rekursivität zeigend

Re|lais [rəˈlɛː], das; - [rəˈlɛː(s)], - [rəˈlɛːs]: 1. (Elektrot.) zum Ein-, Ausschalten eines stärkeren Stroms benutzter Apparat, der durch Steuerimpulse von geringer Leistung betätigt wird. 2. (Geschichte) a) Pferdewechsel im Postverkehr; b) Station für den Postpferdewechsel

Re|la|ti|on, die; -, -en: a) Beziehung, Verhältnis; b) (Math.) Beziehung zwischen den Elementen einer Menge; c) (veraltend) gesellschaftliche, geschäftliche o. ä. Verbindung

re|la|tiv [auch: ˈreː...]: 1. verhältnismäßig, vergleichsweise. 2. bezüglich

Re|la|tiv, das; -s, -e: a) Oberbegriff für Relativpronomen u. Relativadverb; b) ↑Relativpronomen

Re|la|tiv|ad|verb, das; -s, -ien (Sprachwiss.): bezügliches Umstandswort (z. B.: dort, *wo* er lebt)

re|la|ti|vie|ren: mit etwas anderem in eine Beziehung bringen u. dadurch in seiner Gültigkeit einschränken

Re|la|ti|vis|mus, der; - (Philos.): Anschauung, nach der jede Erkenntnis nur relativ (bedingt durch den Standpunkt des Erkennenden) richtig ist, nicht allgemeingültig

re|la|ti|vis|tisch: 1. (Philos.) den Relativismus betreffend. 2. (Physik) die Relativitätstheorie betreffend, auf ihr beruhend. 3. die Relativität (2) betreffend

Re|la|ti|vi|tät, die; -, -en: 1. relative (1) Gültigkeit. 2. Bezogenheit, Bedingtheit

Re|la|ti|vi|täts|the|o|rie, die; - (Physik): von A. Einstein begründete physikalische Theorie, nach der Raum, Zeit u. Masse vom Bewegungszustand eines Beobachters abhängig u. deshalb relative (1) Größen sind

Re|la|tiv|pro|no|men, das; -s, - u. ...mina: bezügliches Fürwort (z. B.: der Mann, *der* dort sitzt)

Re|la|tiv|satz, der; -es, ...sätze: durch ein Relativ eingeleiteter Attributsatz (z. B.: die Zeit, *die dafür noch bleibt ...;* kennst du ein Land, *wo es das noch gibt?*)

Re|la|ti|vum, das; -s, ...va: ↑Relativ

Re|launch ['ri:lɔ:ntʃ], der u. das; -[e]s, -[e]s (Werbespr.): verstärkter Werbeeinsatz für ein schon länger auf dem Markt befindliches Produkt

re|laun|chen (Werbespr.): einen Relaunch durchführen

re|laxed, re|laxt [ri'lɛkst] (ugs.): gelöst, zwanglos

re|la|xen [ri'lɛksn̩] (ugs.): sich körperlich entspannen, sich nach einer Anspannung, Anstrengung erholen

Re|la|xing [ri'lɛksɪŋ], das; -s: das Relaxen

[1]**Re|lease,** das oder der; -[s], -s [...sɪs], (selten:) die; -, -s (bes. EDV): [Neu]veröffentlichung, Erscheinen [in neuer Form], Freigabe

[2]**Re|lease** [ri'li:s], das; -, -s [...sɪs]: Kurzform von ↑Releasecenter

Re|lease|cen|ter, Re|lease-Cen|ter, das; -s, - (veraltet): Einrichtung zur Heilung Rauschgiftsüchtiger

Re|lea|ser [ri'li:zɐ], der; -s, - (Jargon): Psychotherapeut, Sozialarbeiter o. Ä., der bei der Behandlung Drogenabhängiger mitwirkt

Re|lea|se|rin, die; -, -nen: weibliche Form zu ↑Releaser

Re|le|ga|ti|on, die; -, -en: Verweisung von der [Hoch]schule

Re|le|ga|ti|ons|spiel, das; -[e]s, -e (Sport): Qualifikationsspiel zwischen [einer] der schlechtesten Mannschaft[en] der höheren u. [einer] der besten der tieferen Spielklasse um das Verbleiben in der bzw. den Aufstieg in die höhere Spielklasse

re|le|gie|ren: von der [Hoch]schule verweisen

re|le|vant: bedeutsam, wichtig

Re|le|vanz, die; -, -en: Wichtigkeit, Erheblichkeit

Re|li|ef, das; -s, -s u. -e: 1. Geländeoberfläche od. deren plastische Nachbildung. 2. plastisches Bildwerk auf einer Fläche

Re|li|gi|on, die; -, -en: 1. Glaube[nsbekenntnis]. 2. a) Gottesverehrung; b) innerliche Frömmigkeit

Re|li|gi|ons|phi|lo|so|phie, die; -: Wissenschaft vom Ursprung, Wesen u. Wahrheitsgehalt der Religion u. ihrer Beziehung zur Philosophie

re|li|gi|ös: 1. die Religion betreffend. 2. gottesfürchtig, fromm

Re|li|gi|o|si|tät, die; -: [innere] Frömmigkeit, Gläubigkeit

re|likt: in Resten vorkommend (von Tieren u. Pflanzen)

Re|likt, das; -[e]s, -e: Überrest, Überbleibsel

Re|li|qui|ar, das; -s, -e: [künstlerisch gestalteter] Reliquienbehälter

Re|li|quie [...iə], die; -, -n: körperlicher Überrest eines Heiligen, seiner Kleidung, seiner Gebrauchsgegenstände od. Marterwerkzeuge als Gegenstand religiöser Verehrung

Re|lish ['rɛlɪʃ], das; -s, -es [...ʃɪs]: würzige Soße aus pikant eingelegten, zerkleinerten Gemüsestückchen

Re|make ['ri:mɛɪk, ri'mɛɪk], das; -s, -s: 1. Neufassung, Zweitfassung, Wiederholung einer künstlerischen Produktion. 2. Neuverfilmung eines älteren Spielfilmstoffes

Re|ma|su|ri vgl. Ramasuri

Re|mi|g|rant, der; -en, -en: jmd., der in das Land zurückkehrt, aus dem er zuvor emigriert ist

Re|mi|g|ran|tin, die; -, -nen: weibliche Form zu ↑Remigrant

Re|mi|nis|zenz, die; -, -en: Erinnerung, die etwas für jmdn. bedeutet; Anklang

re|mis [rə'mi:]: unentschieden (bes. in Bezug auf Schachpartien u. Sportwettkämpfe)

Re|mis [rə'mi:], das; - [rə'mi:(s)], - [rə'mi:s] u. (bes. Schach:) -en [rə'mi:zn̩]: Schachpartie, Sportwettkampf mit unentschiedenem Ausgang

Re|mi|se, die; -, -n: 1. (veraltend) Geräte-, Wagenschuppen. 2. (Forstwirtsch.) [künstlich angelegtes] dichtes Schutzgehölz für Wild

Re|mis|si|on, die; -, -en: 1. (Med.) Rückgang von Krankheitserscheinungen; vorübergehendes Abklingen, bes. des Fiebers. 2. diffuse Reflexion (1). 3. Rücksendung von Remittenden

Re|mit|ten|de, die; -, -n: beschädigtes od. fehlerhaftes Buch o. Ä., das an den Verlag zum Umtausch zurückgeschickt wird

Re|mit|tent, der; -en, -en (Wirtsch.): Wechselnehmer, an den od. an dessen Order die Wechselsumme gezahlt werden soll

Re|mit|ten|tin, die; -, -nen: weibliche Form zu ↑Remittent

Re|mix ['ri:...], der; -[es], -e, auch: das; -[es], -es (Musik): neu gestaltete Tonaufnahme

Rem|mi|dem|mi, das; -s (ugs.): lautes, buntes Treiben; großer Trubel, Betrieb

Re|mou|la|de [remu...], die; -, -n: eine Art Kräutermayonnaise

REM-Pha|se, die; -, -n (Med., Psychol.): während des Schlafs [mehrmals] auftretende Traumphase, die an den schnellen Augenbewegungen des Schläfers erkennbar ist

Re|nais|sance [rənɛ'sã:s], die; -, -n: 1. a) Stil, kulturelle Bewegung in Europa im Übergang vom Mittelalter zur Neuzeit, von Italien ausgehend u. gekennzeichnet durch eine Rückbesinnung auf Werte u. Formen der griechisch-römischen Antike in Literatur, Philosophie, Wissenschaft u. bes. in Kunst u. Architektur; b) Epoche der Renaissance (1 a) vom 14. bis 16. Jh. 2. Wiederaufleben, neue Blüte

re|na|tu|rie|ren: in einen naturnäheren Zustand zurückführen

Re|na|tu|rie|rung, die; -, -en: Zurückführung in einen naturnäheren Zustand

Ren|dant, der; -en, -en: Rechnungsführer in größeren Kirchengemeinden od. Gemeindeverbänden

Ren|dan|tin, die; -, -nen: weibliche Form zu ↑Rendant

Ren|de|ment [rãdə'mã:], das; -s, -s: Gehalt eines Rohstoffs an reinen Bestandteilen, bes. der Gehalt an reiner [Schaf]wolle nach Abzug des Feuchtigkeitszuschlags

Ren|dez|vous, schweiz. auch: **Ren|dez-vous** [rãde'vu:, auch: 'rã:devu], das; - [...'vu:(s), auch: 'rã:devu(:s)], - [...'vu:s, auch: 'rã:devu:s]: a) Stelldichein, Verabredung; b) Annäherung u. Ankopplung von Raumfahrzeugen im Weltraum

Ren|di|te, die; -, -n: Jahresertrag eines angelegten Kapitals

ren|di|te|ori|en|tiert (Wirtsch.): auf eine hohe Rendite ausgerichtet

Re|ne|gat, der; -en, -en: [Glaubens]abtrünniger

Re|ne|ga|tin, die; -, -nen: weibliche Form zu ↑Renegat

Re|ne|k|lo|de, Rei|ne|clau|de [rɛ(:)nə'klo:də], die; -, -n: Pflaumenart mit grünen Früchten; vgl. Ringlotte

Re|net|te, Rei|net|te [rɛ'nɛtə], die; -, -n: saftiger, süß-säuerlich schmeckender Apfel

re|ni|tent: widerspenstig, widersetzlich

Re|ni|tenz, die; -: Widersetzlichkeit

Ren|kon|t|re [rã'kõ:tɐ, auch: ...trə], das; -s, -s (veraltend): feindliche Begegnung

Ren|min|bi [rɛn...], der; -s, -s: Währungseinheit der Volksrepublik China

Re|nom|mee, das; -s, -s: guter Ruf, Leumund, Ansehen; vgl. par renommée

re|nom|mie|ren: angeben, prahlen, großtun

re|nom|miert: berühmt, angesehen, namhaft

Re|nom|mist, der; -en, -en: Prahlhans, Aufschneider

Re|nom|mis|tin, die; -, -nen: weibliche Form zu ↑Renommist

Re|no|va|ti|on, die; -, -en (schweiz., sonst veraltet): Renovierung

re|no|vie|ren: erneuern, instand setzen, wiederherstellen

Re|no|vie|rung, die; -, -en: Erneuerung

ren|ta|bel: einträglich, lohnend; gewinnbringend

Ren|ta|bi|li|tät, die; -: Verhältnis des Gewinns einer Unternehmung zu dem eingesetzten Kapital in einem Rechnungszeitraum

Ren|te, die; -, -n: regelmäßiges Einkommen aus angelegtem Kapital od. Beträgen, die aufgrund von Rechtsansprüchen gezahlt werden

ren|tie|ren: Zins, Gewinn, Rendite bringen, einträglich sein; sich rentieren: sich lohnen

ren|tier|lich: ertragreich

Re|nun|zi|a|ti|on, die; -, -en: Abdankung [eines Monarchen]

Re|or|ga|ni|sa|ti|on, die; -, -en: Neugestaltung, Neuordnung

Re|or|ga|ni|sa|tor, der; -s, ...oren: Neugestalter

Re|or|ga|ni|sa|to|rin, die; -, -nen: weibliche Form zu ↑Reorganisator

re|or|ga|ni|sie|ren: neu gestalten, neu ordnen, wieder einrichten

re|pa|ra|bel: wiederherstellbar

Re|pa|ra|teur [...'tø:ɐ̯], der; -s, -e: jmd., der [berufsmäßig] repariert

Re|pa|ra|teu|rin [...'tø:rɪn], die; -, -nen: weibliche Form zu ↑Reparateur

Re|pa|ra|ti|on, die; -, -en: 1. (selten) Reparatur, Reparierung. 2. (Med.) eine Form der Regeneration, bei der durch Verletzung verloren gegangene Organe ersetzt werden; vgl. Restitution. 3. (nur Plural) Kriegsentschädigungen

Re|pa|ra|tur, die; -, -en: Wiederherstellung, Ausbesserung, Instandsetzung

re|pa|rie|ren: in Ordnung bringen, ausbessern, wiederherstellen

re|par|tie|ren: (im Börsenhandel) Wertpapiere zuteilen

re|pa|t|ri|ie|ren: 1. die Staatsangehörigkeit wieder verleihen. 2. (einen Kriegs- od. Zivilgefangenen) in die Heimat entlassen

Re|per|toire [...'to̯a:ɐ̯], das; -s, -s: Vorrat einstudierter Theaterstücke, Bühnenrollen, Partien, Kompositionen o. Ä.

Re|per|toire|stück, das; -[e]s, -e: sich über längere Zeit im Spielplan haltendes Bühnenwerk

re|pe|tie|ren: 1. durch Wiederholen einüben, lernen. 2. eine Klasse noch einmal durchlaufen (weil man das Klassenziel nicht erreicht hat)

Re|pe|tier|ge|wehr, das; -[e]s, -e: Mehrladegewehr mit Patronenmagazin

Re|pe|ti|ti|on, die; -, -en: Wiederholung

Re|pe|ti|tor, der; -s, ...oren: Akademiker, der Studierende [der juristischen Fakultät] durch Wiederholung des Lehrstoffes auf das Examen vorbereitet

Re|pe|ti|to|rin, die; -, -nen: weibliche Form zu ↑Repetitor

Re|pe|ti|to|ri|um, das; -s, ...ien: 1. Wiederholungsunterricht. 2. Wiederholungsbuch

Re|plik, die; -, -en: 1. a) Entgegnung, Erwiderung; b) (Rechtswiss.) Gegeneinrede; Erwiderung des Klägers auf das Vorbringen des Beklagten. 2. (Kunstwiss.) Nachbildung eines Kunstwerks durch den Künstler selbst

Re|pli|kat, das; -[e]s, -e (Kunstwiss.): originalgetreue Nachbildung eines Kunstwerks

re|pli|zie|ren: 1. a) entgegnen, erwidern; b) (Rechtswiss.) eine Replik (1 b) vorbringen. 2. (Kunstwiss.) eine Replik (2) herstellen

re|po|ni|bel (Med.): in die ursprüngliche Lage zurückbringbar

Re|port, der; -[e]s, -e u. -s: [Dokumentar]bericht

Re|por|ta|ge [...ʒə], die; -, -n: von einem Reporter hergestellter u. von Presse, Funk od. Fernsehen verbreiteter Bericht vom Ort des Geschehens über ein aktuelles Ereignis; Berichterstattung

Re|por|ter, der; -s, -: Zeitungs-, Fernseh-, Rundfunkberichterstatter

Re|por|te|rin, die; -, -nen: weibliche Form zu ↑Reporter

re|prä|sen|ta|bel: würdig, stattlich; wirkungsvoll

Re|prä|sen|tant, der; -en, -en: 1. [offizieller] Vertreter (z. B. eines Volkes, einer Gruppe). 2. Vertreter einer Firma. 3. Abgeordneter

Re|prä|sen|tan|ten|haus, das; -es, ...häuser: deutsche Form des Namens der zweiten Kammer bestimmter Parlamente, bes. des Kongresses der USA

Re|prä|sen|tan|tin, die; -, -nen: weibliche Form zu ↑Repräsentant

Re|prä|sen|tanz, die; -, -en: Vertretung

Re|prä|sen|ta|ti|on, die; -, -en: 1. Vertretung einer Gesamtheit von Personen durch eine einzelne Person od. eine Gruppe von Personen. 2. standesgemäßes Auftreten; gesellschaftlicher Aufwand

re|prä|sen|ta|tiv: 1. vom Prinzip der Repräsentation (1) bestimmt. 2. a) als Einzelner, Einzelnes so typisch für etwas, eine Gruppe o. Ä., dass es das Wesen, die spezifische Eigenart der gesamten Erscheinung, Richtung o. Ä. ausdrückt; b) verschiedene [Interessen]gruppen in ihrer Besonderheit, typischen Zusammensetzung berücksichtigend (z. B. repräsentativer Querschnitt, repräsentative Umfrage). 3. a) in seiner Art, Anlage, Ausstattung wirkungs-, eindrucksvoll; b) der Repräsentation (2) dienend

Re|prä|sen|ta|ti|vi|tät, die; -: das Repräsentativsein

Re|prä|sen|ta|tiv|sys|tem, das; -s, -e: a) Regierungssystem, in dem das Volk nicht selbst, direkt die staatliche Gewalt ausübt, sondern durch bestimmte Körperschaften vertreten

R

wird; repräsentative Demokratie; b) System, in dem die verschiedenen [Interessen]gruppen in einer Gesellschaft durch Organisationen, bes. Parteien u. Verbände, vertreten werden

re|prä|sen|tie|ren: 1. etwas, eine Gesamtheit von Personen nach außen vertreten. 2. repräsentativ (2) sein. 3. wert sein; etwas darstellen

Re|pres|sa|lie [...i̯ə], die; -, -n (meist Plural): Druckmittel, Vergeltungsmaßnahme

Re|pres|si|on, die; -, -en: 1. Unterdrückung von Triebregungen. 2. (Soziol.) a) Unterdrückung individueller Entfaltung u. individueller Triebäußerungen durch gesellschaftliche Strukturen u. Autoritätsverhältnisse; b) politische Gewaltanwendung

re|pri|mie|ren (Biol., Med.): unterdrücken, hemmen (von genetischen Informationen)

Re|print [auch: 'ri:...], der; -s, -s (Buchw.): unveränderter Nachdruck, Neudruck

Re|pri|se, die; -, -n: 1. a) Wiederaufnahme eines lange nicht gespielten Theaterstücks od. Films in den Spielplan; Neuauflage einer vergriffenen Schallplatte; b) in einem Sonatensatz Wiederaufnahme des 1. Teiles nach der Durchführung. 2. dem Feind wieder abgenommene Prise (1)

re|pri|va|ti|sie|ren: ein verstaatlichtes Unternehmen in Privateigentum zurückführen

Re|pri|va|ti|sie|rung, die; -, -en: das Reprivatisieren

Re|pro, das; -s, -s (Druckw.): fotografische Reproduktion nach einer Bildvorlage

Re|pro|duk|ti|on, die; -, -en: 1. Wiedergabe. 2. (bes. Druckw.) a) das Abbilden u. Vervielfältigen von Büchern, Karten, Bildern, Notenschriften o. Ä., bes. durch Druck; b) einzelnes Exemplar einer Reproduktion (2 a)

re|pro|duk|tiv: nachbildend, nachahmend

re|pro|du|zie|ren: 1. etwas genauso hervorbringen, [wieder]herstellen (wie das Genannte). 2. eine Reproduktion (2 b) herstellen

Rep|til, das; -s, -ien, selten auch: -e: Kriechtier (z. B. Krokodil, Schildkröte, Eidechse, Schlange)

Re|pu|b|lik, die; -, -en: Staatsform, bei der die Regierenden für eine bestimmte Zeit vom Volk od. von Repräsentanten des Volkes gewählt werden

Re|pu|b|li|ka|ner, der; -s, -: 1. Anhänger der republikanischen Staatsform. 2. in den USA Mitglied od. Anhänger der Republikanischen Partei. 3. in Deutschland Mitglied einer rechtsgerichteten Partei

Re|pu|b|li|ka|ne|rin, die; -, -nen: weibliche Form zu ↑Republikaner

re|pu|b|li|ka|nisch: 1. die Republik betreffend. 2. die Republikanische Partei (der USA) betreffend. 3. die Republikaner (3) betreffend

Re|pu|ta|ti|on, die; -: [guter] Ruf, Ansehen

re|pu|tier|lich: ansehnlich; achtbar; ordentlich

Re|qui|em, das; -s, -s (österr. auch: ...quien): a) katholische Toten- od. Seelenmesse; b) komponierte Totenmesse

re|qui|rie|ren: 1. für Heereszwecke beschlagnahmen. 2. (scherzh.) [auf nicht ganz rechtmäßige Weise] beschaffen, herbeischaffen. 3. Nachforschungen anstellen, untersuchen

Re|qui|sit, das; -s, -en: 1. (meist Plural) Zubehör für eine Bühnenaufführung od. Filmszene. 2. für etwas benötigtes Gerät, Zubehörteil

Re|qui|si|te, die; -, -n (Jargon): a) Raum für Requisiten (1); b) für die Requisiten (1) zuständige Stelle

Re|qui|si|teur [...'tø:ɐ̯], der; -s, -e: Verwalter der Requisiten (bei Theater u. Film)

Re|qui|si|teu|rin [...'tø:rɪn], die; -, -nen: weibliche Form zu ↑Requisiteur

Re|search [ri'sœ:ɐ̯tʃ], das; -[s], -s (Soziol.): Marktforschung; Meinungsforschung

Re|se|da, die; -, ...den, selten: -s, **Re|se|de,** die; -, -n: aus dem Mittelmeergebiet stammende krautige Zierpflanze

Re|sek|ti|on, die; -, -en (Med.): operative Entfernung kranker Organteile im Unterschied zur Ektomie

Re|ser|vat, das; -[e]s, -e: 1. Vorbehalt, Sonderrecht. 2. ↑Reservation (1). 3. natürliches Großraumgehege zum Schutz bestimmter, in freier Wildbahn lebender Tierarten

Re|ser|va|ti|on, die; -, -en: 1. den Indianern in Nordamerika vorbehaltenes Gebiet. 2. ↑Reservat (1)

Re|ser|ve, die; -, -n: 1. (ohne Plural) Zurückhaltung, Verschlossenheit, zurückhaltendes Wesen. 2. Vorrat; Rücklage für den Bedarfs- od. Notfall. 3. Gesamtheit der ausgebildeten, aber nicht aktiven (2 a) Soldaten; [Offizier, Leutnant] der Reserve (Abk.: d. R.). 4. (Sport) [Gesamtheit der] Ersatzspieler einer Mannschaft

re|ser|vie|ren: a) für jmdn. bis zur Inanspruchnahme freihalten od. zurücklegen; b) für einen bestimmten Anlass, Fall aufbewahren

re|ser|viert: zurückhaltend, kühl, abweisend

Re|ser|vist, der; -en, -en: 1. Soldat der Reserve (3). 2. (Fußball) Auswechselspieler, Ersatzspieler

Re|ser|vis|tin, die; -, -nen: weibliche Form zu ↑Reservist

Re|ser|voir [...'vo̯a:ɐ̯], das; -s, *Plur.* -e u. -s: 1. Sammelbecken, Wasserspeicher, Behälter für Vorräte. 2. Reservebestand, -fonds

Re|si|dent, der; -en, -en: a) Regierungsvertreter; Geschäftsträger; b) (veraltet) Statthalter; c) jmd., der sich [ständig] im [südlichen] Ausland an seinem zweiten Wohnsitz aufhält

Re|si|den|tin, die; -, -nen: weibliche Form zu ↑Resident

Re|si|denz, die; -, -en: 1. a) Wohnsitz eines Staatsoberhauptes, eines Fürsten, eines hohen Geistlichen; b) [zweiter] Wohnsitz im Ausland. 2. Hauptstadt

re|si|die|ren: a) seinen Wohnsitz haben (in Bezug auf [regierende] Fürsten); b) sich im Ausland [am zweiten Wohnsitz] aufhalten

Re|si|du|um, das; -s, ...duen (Med.): [als Folge einer Krankheit o. Ä.] Rückstand, Rest

Re|si|g|na|ti|on, die; -, -en: das Resignieren; das Sichfügen in das unabänderlich Scheinende

re|si|g|na|tiv: resignierend, durch Resignation gekennzeichnet

re|si|g|nie|ren: entsagen, verzichten; sich widerspruchslos fügen

re|si|g|niert: durch Resignation gekennzeichnet

Ré|sis|tance [...'tã:s], die; -: 1. französische Widerstandsbewegung gegen die deutsche Besatzung im 2. Weltkrieg. 2. Gruppe der konservativen französischen Parteien im 19. Jh.

re|sis|tent (Biol., Med.): widerstandsfähig gegen äußere Einflüsse (in Bezug auf einen Organismus)

Re|sis|tenz, die; -, -en: 1. Widerstand, Gegenwehr. 2. (Biol., Med.) Widerstandsfähigkeit eines Organismus gegenüber äußeren Einflüssen

re|so|lut: betont entschlossen u. mit dem Willen, sich durchzusetzen

Re|so|lu|ti|on, die; -, -en: Beschluss, Entschließung

Re|so|nanz, die; -, -en: 1. a) (Physik) durch Schallwellen gleicher Schwingungszahl angeregtes Mitschwingen, Mittönen eines anderen Körpers od. schwingungsfähigen Systems; b) (Musik) Klangverstärkung u. -verfeinerung durch Mitschwingung in den Obertönen. 2. Widerhall, Anklang, Wirkung

Re|so|na|tor, der; -s, ...oren: bei der Resonanz mitschwingender Körper (z. B. Luftsäule bei Blasinstrumenten, Holzgehäuse bei Saiteninstrumenten)

Re|so|pal®, das; -s: widerstandsfähiger Kunststoff, der als Schicht für Tischplatten o. Ä. verwendet wird

re|sor|bie|ren (Biol., Med.): bestimmte Stoffe aufnehmen, aufsaugen

Re|sorp|ti|on, die; -, -en: (Biol., Med.) das Aufnehmen flüssiger od. gelöster Stoffe in die Blut- u. Lymphbahn

Re|sort [rɪ'zɔ:ɐ̯t], das; -s, -s: Kurzform von ↑Urlaubsresort

re|so|zi|a|li|sie|ren (Rechtswiss.): [nach Verbüßung einer längeren Haftstrafe] schrittweise wieder in die Gesellschaft eingliedern

Re|so|zi|a|li|sie|rung, die; -, -en (Rechtswiss.): [nach Verbüßung einer längeren Haftstrafe] schrittweise Wiedereingliederung in die Gesellschaft

Re|s|pekt, der; -[e]s: a) Ehrerbietung; schuldige Achtung; b) Scheu

Re|s|pek|ta|bi|li|tät, die; - (veraltet): Achtbarkeit, Ansehen

re|s|pek|tie|ren: achten; anerkennen, gelten lassen

re|s|pek|ti|ve: beziehungsweise; oder (Abk.: resp.)

Re|s|pekts|per|son, die; -, -en: jmd., dem

aufgrund seiner übergeordneten, hohen Stellung gemeinhin Respekt entgegengebracht wird

Re|s|pi|ra|ti|on, die; - (Med.): Atmung

Re|s|pi|ra|tor, der; -s, ...oren (Med.): Beatmungsgerät

re|s|pi|ra|to|risch (Med.): die Atmung betreffend, auf ihr beruhend, zu ihr gehörend

Re|s|pons, der; -es, -e: Reaktion (1) auf bestimmte Bemühungen

Res|sen|ti|ment [rɛsãti'mã:, rə...], das; -s, -s: auf Vorurteilen, Unterlegenheitsgefühlen, Neid o. Ä. beruhende gefühlsmäßige Abneigung

Res|sort [rɛ'so:ɐ̯], das; -s, -s: Geschäfts-, Amtsbereich; Arbeits-, Aufgabengebiet

res|sor|tie|ren: zugehören, unterstehen

Res|sour|ce [rɛ'sʊrsə], die; -, -n (meist Plural): a) natürliches Produktionsmittel für die Wirtschaft; b) Hilfsmittel; Reserve; Geldmittel

Re|s|tant, der; -en, -en: zahlungsrückständiger Schuldner

Re|s|tan|tin, die; -, -nen: weibliche Form zu ↑Restant

Re|s|tau|rant [rɛsto'rã:], das; -s, -s: Speisegaststätte

Re|s|tau|ra|ti|on [...taʊ̯...], die; -, -en: 1. das Restaurieren (1). 2. Wiedereinrichtung der alten politischen u. sozialen Ordnung nach einem Umsturz

re|s|tau|ra|tiv [...taʊ̯...]: die Restauration betreffend

Re|s|tau|ra|tor [...taʊ̯...], der; -s, ...oren: Fachmann, der Kunstwerke wiederherstellt

Re|s|tau|ra|to|rin, die; -, -nen: weibliche Form zu ↑Restaurator

re|s|tau|rie|ren: 1. (ein Kunst-, Bauwerk, einen Kunstgegenstand, ein Gemälde o. Ä.) in seinen ursprünglichen Zustand bringen, wiederherstellen, ausbessern. 2. eine frühere, überwundene politische o. ä. Ordnung wiederherstellen

Re|s|tau|rie|rung, die; -, -en: 1. das Restaurieren. 2. (veraltend) das Sichrestaurieren

re|s|ti|tu|ie|ren: 1. wiederherstellen. 2. zurückerstatten. 3. ersetzen

Re|s|ti|tu|ti|on, die; -, -en: 1. Wiederherstellung, Wiedererrichtung. 2. a) Wiedergutmachung od. Schadensersatzleistung für alle einem anderen Staat widerrechtlich zugefügten Schäden; b) im römischen Recht Wiederaufhebung einer Entscheidung, die einen unbilligen Rechtserfolg begründete

Rest|less Legs, die (nur Plural) (Med.): meist in Ruhe auftretende kribbelnde Hautempfindung an der Außenseite der Beine mit starkem Bewegungsdrang

Re|s|t|rik|ti|on, die; -, -en: a) Einschränkung, Beschränkung (von jmds. Rechten, Befugnissen, Möglichkeiten); b) (Sprachwiss.) für den Gebrauch eines Wortes o. Ä. geltende, im System der Sprache liegende Einschränkung

re|s|t|rik|tiv: einschränkend, einengend

re|s|t|ruk|tu|rie|ren: durch bestimmte Maßnahmen neu gestalten, neu ordnen

Re|s|t|ruk|tu|rie|rung, die; -, -en: Umgestaltung, Neuordnung

Re|sul|tan|te, die; -, -n: Ergebnisvektor von verschieden gerichteten Bewegungs- od. Kraftvektoren

Re|sul|tat, das; -[e]s, -e: 1. (in Zahlen ausdrückbares) Ergebnis [einer Rechnung]. 2. Erfolg, Ergebnis

re|sul|tie|ren: sich herleiten, sich [als Resultat] ergeben, die Folge von etwas sein

Ré|su|mé, das; -s, -s: schweiz. häufig für Resümee

Re|sü|mee, das; -s, -s: 1. Zusammenfassung. 2. Fazit

re|sü|mie|ren: zusammenfassen

Re|tail ['ri:tɛɪ̯l], der oder das; -s (Wirtsch.): für den Verkauf an den Endverbraucher, an Privatpersonen bestimmte Produkte

Re|tai|ler [...tɛɪ̯lə], der; -s, - (Wirtsch.): Unternehmen, das Produkte an Endverbraucher bzw. Privatpersonen verkauft; Einzelhändler

Re|tard [rə'ta:ɐ̯], der; -s: Hebelstellung zur Verringerung der Ganggeschwindigkeit von Uhren

Re|tar|da|ti|on, die; -, -en: Verzögerung, Verlangsamung eines Ablaufs, einer Entwicklung; Entwicklungsverzögerung

re|tar|die|ren: 1. verzögern, hemmen. 2. (veraltet) nachgehen (in Bezug auf Uhren)

R

Re|ti|na, die; -, ...nae [...nɛ] (Med.): Netzhaut des Auges

Re|ti|nol, das; -s, -e: internationale Bez. für Vitamin A

re|ti|rie|ren: sich [fluchtähnlich, eilig] zurückziehen

Re|tor|te, die; -, -n: a) rundliches Labordestillationsgefäß aus Glas mit umgebogenem, verjüngtem Hals; b) in der chemischen Industrie zylindrischer od. flacher langer Behälter, der innen mit feuerfestem Material ausgekleidet ist

Re|tor|ten|ba|by, das; -s, -s: Baby, das sich aus einem außerhalb des Mutterleibs befruchteten u. dann wieder in die Gebärmutter zurückversetzten Ei entwickelt hat

re|tour [re'tu:ɐ̯] (landsch., sonst veraltend): zurück

Re|tour|kut|sche [re'tu:ɐ̯...], die; -, -n (ugs.): das Zurückgeben eines Vorwurfs, einer Beleidigung o. Ä. [bei passender Gelegenheit] mit einem entsprechenden Vorwurf, einer entsprechenden Beleidigung

re|tour|nie|ren: a) Waren zurücksenden (an den Verkäufer); b) (österr.) zurückgeben, -bringen

Re|tri|bu|ti|on, die; -, -en: 1. Rückgabe, Wiedererstattung. 2. Vergeltung

Re|t|rie|val [rɪ'tri:vl̩], das; -s, -s (EDV): das Suchen und Auffinden gespeicherter Daten in einer Datenbank

Re|t|rie|ver [...'tri:vɐ], der; -s, -: zum Apportieren gezüchteter Jagdhund

re|t|ro|flex (Sprachwiss.): mit zurückgebogener Zungenspitze gebildet (in Bezug auf Laute)

re|t|ro|s|pek|tiv: rückschauend, rückblickend

Re|t|ro|s|pek|ti|ve, die; -, -n: a) Rückschau, Rückblick; b) Kunstausstellung od. Filmserie, die das Gesamtwerk eines Künstlers od. einer Epoche in einer Rückschau vorstellt

Re|t|ro|vi|rus, das, auch: der; -, ...viren (meist Plural) (Med.): Virus, das sein Genom in das Genom der Wirtszelle einbauen und so Tumor- und andere Erkrankungen (z. B. HIV) auslösen kann

Ret|si|na, der; -[s], -s (aber: 3 -): mit Harz versetzter griechischer Weißwein

[1]Re|turn [ri'tœ:ɐ̯n, ri'tœrn], der; -s, -s (Tennis, Tischtennis): Rückschlag; zurückgeschlagener Ball [nach einem gegnerischen Aufschlag]

[2]Re|turn (ohne Artikel gebr.): Kurzform von ↑Returntaste

Re|turn|tas|te, die; -, -n: Taste auf der Computertastatur zum Bestätigen od. Beenden eines Vorgangs

Re|tu|sche, die; -, -n: a) das Retuschieren; b) Stelle, an der retuschiert worden ist

Re|tu|scheur [...'ʃø:ɐ̯], der; -s, -e: jmd., der Retuschen ausführt

Re|tu|scheu|rin [...'ʃø:rɪn], die; -, -nen: weibliche Form zu ↑Retuscheur

re|tu|schie|ren: (bes. an einem Foto, einer Druckvorlage) nachträglich Veränderungen anbringen

[1]Re|uni|on, die; -, -en (veraltet): Wiedervereinigung

[2]Re|uni|on [reʔy'ni̯õ:], die; -, -s (veraltet): bes. in Kurorten veranstalteter Gesellschaftsball

re|üs|sie|ren: Erfolg haben; ein Ziel erreichen

Re|van|che [re'vã:ʃ(ə), ugs. auch: re'vaŋʃə], die; -, -n [...ʃn̩]: 1. (veraltend) Vergeltung (eines Landes) für eine erlittene militärische Niederlage. 2. das Sichrevanchieren, Sichrächen. 3. Gegendienst, Gegenleistung. 4. a) Chance, eine erlittene Niederlage bei einem Wettkampf in einer Wiederholung wettzumachen; b) (Sport) Rückkampf, Rückspiel eines Hinspiels, das verloren wurde

re|van|chie|ren: 1. vergelten, sich rächen. 2. sich erkenntlich zeigen, durch eine Gegenleistung ausgleichen, einen Gegendienst erweisen. 3. (Sport) eine erlittene Niederlage durch einen Sieg in einem zweiten Spiel gegen denselben Gegner ausgleichen

Re|van|chis|mus, der; -: Politik, die auf Rückgewinnung in einem Krieg verlorener Gebiete mit militärischen Mitteln gerichtet ist

Re|van|chist, der; -en, -en: Vertreter des Revanchismus

Re|van|chis|tin, die; -, -nen: weibliche Form zu ↑Revanchist

re|van|chis|tisch: den Revanchismus betreffend

Re|ve|nue [...'ny:], die; -, -n [...'ny:ən] (meist Plural): Einkommen, Einkünfte

Re|ve|rend ['rɛvərənd], der; -s, -s: a) (ohne Plural) Titel der Geistlichen in englischsprachigen Ländern (Abk.: Rev.); b) Träger dieses Titels

Re|ve|renz, die; -, -en: a) Ehrerbietung; b) Verbeugung; vgl. aber: Referenz

[1]**Re|vers** [rəˈvɛːɐ̯], das od. (österr. nur:) der; - [...ɐ̯(s)], - [...ɐ̯s]: Umschlag od. Aufschlag an Kleidungsstücken

[2]**Re|vers** [auch: rəˈvɛːɐ̯], der; -es u. (bei frz. Ausspr.:) - [rəˈvɛːɐ̯(s)], -e u. (bei frz. Ausspr.:) - [rəˈvɛːɐ̯s]: Rückseite [einer Münze]

[3]**Re|vers,** der; -es, -e: Erklärung, Verpflichtungsschein

Re|verse [rɪˈvəːs], das; -: Umschaltautomatik für den Rücklauf (bes. bei Kassettenrekordern)

re|ver|si|bel: umkehrbar (z. B. von technischen, chemischen, biologischen Vorgängen)

Re|ver|si|bi|li|tät, die; -: Umkehrbarkeit

Re|ver|si|ble [...ˈziːbl̩], das; -s, -s: Kleidungsstück, das beidseitig getragen werden kann

re|vi|die|ren: 1. überprüfen, prüfen, kontrollieren, durchsuchen. 2. formal abändern, korrigieren; nach eingehender Prüfung ändern

Re|vier, das; -s, -e: 1. Bezirk, Gebiet; Tätigkeitsbereich (z. B. eines Kellners). 2. kleinere Polizeidienststelle [eines Stadtbezirks]. 3. (Militär) a) von einem Truppenteil belegte Räume in einer Kaserne od. in einem Lager; b) Krankenstube eines Truppenteils. 4. (Forstwirtsch.) a) Teilbezirk eines Forstamts; b) begrenzter Jagdbezirk. 5. (Bergbau) Abbaugebiet. 6. Lebensraum, Wohngebiet bestimmter Tiere

Re|vi|re|ment [...ˈmãː], das; -s, -s: Wechsel in der Besetzung von Ämtern

Re|vi|si|on, die; -, -en: 1. (Druckw.) [nochmalige] Durchsicht, Nachprüfung; bes. die Korrektur des bereits umbrochenen (zu Druckseiten zusammengestellten) Satzes. 2. Änderung nach eingehender Prüfung. 3. (Rechtswiss.) bei einem Gericht mit grundsätzlicher Entscheidungsvollmacht (Bundesgerichtshof, Oberlandesgericht) gegen ein [Berufungs]urteil einzulegendes Rechtsmittel, das die Überprüfung dieses Urteils fordert

Re|vi|si|o|nis|mus, der; -: das Streben nach Änderung eines bestehenden [völkerrechtlichen] Zustandes od. eines [politischen] Programms

Re|vi|si|o|nist, der; -en, -en: Verfechter des Revisionismus

Re|vi|si|o|nis|tin, die; -, -nen: weibliche Form zu ↑Revisionist

re|vi|si|o|nis|tisch: den Revisionismus betreffend

Re|vi|sor, der; -s, ...oren: [Wirtschafts]prüfer

re|vi|ta|li|sie|ren: 1. (Med.) wieder kräftigen, wieder funktionsfähig machen. 2. (Biol.) wieder in ein natürliches Gleichgewicht bringen

Re|vi|ta|li|sie|rung, die; -, -en: das Revitalisieren

Re|vi|val [rɪˈvaɪvl̩], das; -s, -s: Wiederbelebung, Erneuerung (z. B. eines [erfolgreichen] Films)

Re|vol|te, die; -, -n: Aufruhr, Aufstand

re|vol|tie|ren: an einer Revolte teilnehmen; sich empören, sich auflehnen, meutern

Re|vo|lu|ti|on, die; -, -en: 1. [gewaltsamer] Umsturz der bestehenden politischen u. sozialen Ordnung. 2. Aufhebung, Umwälzung der bisher als gültig anerkannten Gesetze od. der bisher geübten Praxis durch neue Erkenntnisse u. Methoden

re|vo|lu|ti|o|när: 1. die Revolution (1) betreffend, zum Ziele habend; für die Revolution eintretend. 2. eine Revolution (2) bewirkend

Re|vo|lu|ti|o|när, der; -s, -e: 1. jmd., der auf eine Revolution (1) hinarbeitet od. an ihr beteiligt ist. 2. jmd., der sich gegen Überkommenes auflehnt u. grundlegende Veränderungen auf einem Gebiet herbeiführt

Re|vo|lu|ti|o|nä|rin, die; -, -nen: weibliche Form zu ↑Revolutionär

re|vo|lu|ti|o|nie|ren: 1. in Aufruhr bringen, für seine revolutionären (1) Ziele gewinnen. 2. grundlegend verändern

Re|vo|luz|zer, der; -s, - (abwertend): jmd., der sich [bes. mit Worten, in nicht ernst zu nehmender Weise] als Revolutionär gebärdet

Re|vo|luz|ze|rin, die; -, -nen: weibliche Form zu ↑Revoluzzer

Re|vol|ver, der; -s, -: kurze Handfeuerwaffe mit einer drehbaren Trommel als Magazin

Re|vue [rəˈvyː], die; -, -n [...ˈvyːən]: 1. Titel od. Bestandteil des Titels von Zeitschriften. 2. musikalisches Ausstattungsstück mit einer Programmfolge von sängerischen, tänzerischen u. artistischen Darbietungen, die oft durch eine Handlung verbunden sind

Rex, der; -, Reges [ˈreːgeːs]: [altrömischer] Königstitel

Re|zen|sent, der; -en, -en: Verfasser einer Rezension, [Literatur]kritiker

Re|zen|sen|tin, die; -, -nen: weibliche Form zu ↑Rezensent

re|zen|sie|ren: eine künstlerische, wissenschaftliche o. ä. Arbeit kritisch besprechen

Re|zen|si|on, die; -, -en: 1. kritische Besprechung einer künstlerischen, wissenschaftlichen o. ä. Arbeit, bes. in einer Zeitung od. Zeitschrift. 2. berichtigende Durchsicht eines alten, oft mehrfach überlieferten Textes

re|zent (Biol.): gegenwärtig noch lebend (von Tier- u. Pflanzenarten)

Re|zept, das; -[e]s, -e: 1. schriftliche Anweisung des Arztes an den Apotheker für die Abgabe von Heilmitteln. 2. Back-, Kochanweisung

re|zep|tiv: [nur] aufnehmend; empfänglich

Re|zep|tor, der; -s, ...oren: 1. (veraltet) Empfänger; Steuereinnehmer. 2. (meist Plural; Med.) Ende einer Nervenfaser od. spezialisierte Zelle in der Haut u. in inneren Organen zur Aufnahme von Reizen

Re|zep|tur, die; -, -en: a) Zubereitung von Arzneimitteln in kleinen Mengen nach Rezept (1); b) Zusammenstellung, Zubereitung nach einem bestimmten Rezept (2)

Re|zes|si|on, die; -, -en: Verminderung der wirtschaftlichen Wachstumsgeschwindigkeit, leichter Rückgang der Konjunktur

re|zes|siv: 1. (Biol.) zurücktretend, nicht in Erscheinung tretend (in Bezug auf Erbfaktoren). 2. die Rezession betreffend

Re|zes|si|vi|tät, die; - (Biol.): Eigenschaft eines Gens bzw. des entsprechenden Merkmals, gegenüber seinem allelen Partner nicht in Erscheinung zu treten

Re|zi|pi|ent, der; -en, -en: jmd., der einen Text, ein Werk der bildenden Kunst, ein Musikstück o. Ä. aufnimmt; Hörer, Leser, Betrachter

Re|zi|pi|en|tin, die; -, -nen: weibliche Form zu ↑Rezipient

re|zi|pie|ren: a) fremdes Gedanken-, Kulturgut aufnehmen, übernehmen; b) einen Text, ein Werk der bildenden Kunst o. Ä. als Hörer, Leser, Betrachter aufnehmen

re|zi|p|rok: wechsel-, gegenseitig

Re|zi|p|ro|zi|tät, die; -: Wechselseitigkeit

Re|zi|ta|ti|on, die; -, -en: künstlerischer Vortrag einer Dichtung, eines literarischen Werks

Re|zi|ta|tiv, das; -s, -e: dramatischer Sprechgesang

re|zi|ta|ti|visch (Musik): in der Art des Rezitativs vorgetragen

re|zi|tie|ren: eine Dichtung, ein literarisches Werk künstlerisch vortragen

re|zy|k|lie|ren: ↑recyceln

Rhap|so|die, die; -, ...ien: 1. a) von einem Rhapsoden vorgetragene epische Dichtung; b) Gedicht in freien Rhythmen. 2. a) Instrumentalfantasie [für Orchester] (seit dem 19. Jh.); b) romantisches Klavierstück freien, balladesken Charakters; c) kantatenartige Vokalkomposition mit Instrumentalbegleitung (z. B. bei Brahms)

rhap|so|disch: a) die Rhapsodie betreffend; in freier [Rhapsodie]form; b) bruchstückartig, unzusammenhängend; c) den Rhapsoden betreffend, charakterisierend

Rhe|sus|af|fe, der; -n, -n: zu den Meerkatzen gehörender, in Süd- u. Ostasien lebender Affe

Rhe|sus|fak|tor, der; -s, -en (Med.): von den Blutgruppen unabhängiger Faktor der roten Blutkörperchen, dessen Vorhandensein od. Fehlen ein entscheidendes Bestimmungsmerkmal ist, um Komplikationen bei Schwangerschaften u. Transfusionen vorzubeugen (Zeichen: Rh [= Rhesusfaktor positiv], rh [= Rhesusfaktor negativ])

Rhe|tor, der; -s, ...oren: Redner der Antike

Rhe|to|rik, die; -, -en: a) (ohne Plural) Wissenschaft von der wirkungsvollen Gestaltung öffentlicher Reden; vgl. Stilistik (1); b) (ohne Plural) Redebegabung, Redekunst; c) Lehrbuch der Redekunst

Rhe|to|ri|ker, der; -s, -: jmd., der die Rhetorik (a) beherrscht; guter Redner

Rhe|to|ri|ke|rin, die; -, -nen: weibliche Form zu ↑Rhetoriker

rhe|to|risch: a) die Rhetorik (a) betreffend, den Regeln der Rhetorik entsprechend; b) die Rhetorik (b) betreffend, rednerisch; c) phrasenhaft, schönrednerisch

Rheu|ma|ti|ker, der; -s, - (Med.): an Rheumatismus Leidender

Rheu|ma|ti|ke|rin, die; -, -nen: weibliche Form zu ↑Rheumatiker

rheu|ma|tisch (Med.): durch Rheumatismus bedingt, auf ihn bezüglich

Rheu|ma|tis|mus, der; -, ...men: schmerzhafte Erkrankung der Gelenke, Muskeln u. Ä.

Rheu|ma|to|lo|ge, der; -n, -n (Med.): Arzt mit speziellen Kenntnissen auf dem Gebiet rheumatischer Krankheiten

Rheu|ma|to|lo|gin, die; -, -nen: weibliche Form zu ↑Rheumatologe

Rhi|no|ze|ros, das; - u. -ses, -se: Nashorn

Rhi|zom, das; -s, -e (Bot.): Wurzelstock, Erdspross mit Speicherfunktion

Rh-ne|ga|tiv [ɛrha:...] (Med.): den Rhesusfaktor nicht aufweisend

Rho, das; -[s], -s: siebzehnter Buchstabe des griechischen Alphabets (Ρ, ρ)

Rho|dan, das; -s (Chemie): einwertige Schwefel-Kohlenstoff-Stickstoff-Gruppe in chemischen Verbindungen

Rho|di|um, das; -s: chem. Element; ein Edelmetall (Zeichen: Rh)

Rho|do|den|d|ron, der (auch: das); -s, ...dren: als Zierstrauch kultivierte Pflanze mit ledrigen Blättern

rhom|bisch: von der Form eines Rhombus

Rhom|bus, der; -, ...ben: Parallelogramm mit gleichen Seiten

Rh-po|si|tiv [ɛrha:...] (Med.): den Rhesusfaktor aufweisend

Rhus, der u. die; -: tropischer u. subtropischer, sommer- od. immergrüner Baum od. [Zier]strauch

Rhyth|mik, die; -: 1. rhythmischer Charakter, Art des Rhythmus. 2. a) Kunst der rhythmischen Gestaltung; b) Lehre vom Rhythmus, von der rhythmischen Gestaltung

Rhyth|mi|ker, der; -s, -: Musiker, bes. Komponist, der das rhythmische Element bes. gut beherrscht u. in seiner Musik hervorhebt

Rhyth|mi|ke|rin, die; -, -nen: weibliche Form zu ↑Rhythmiker

rhyth|misch: den Rhythmus betreffend

rhyth|mi|sie|ren: in einen bestimmten Rhythmus versetzen

Rhyth|mus, der; -, ...men: 1. Gleichmaß, gleichmäßig gegliederte Bewegung; periodischer Wechsel, regelmäßige Wiederkehr natürlicher Vorgänge (z. B. Ebbe u. Flut). 2. einer musikalischen Komposition zugrunde liegende Gliederung des Zeitmaßes, die sich aus dem Metrum des thematischen Materials, aus Tondauer u. Wechsel der Tonstärke ergibt

Rhyth|mus|gi|tar|re, die; -, -n: elektrische Gitarre zur Erzeugung od. Unterstützung des Beats (2); vgl. Leadgitarre

Rhyth|mus|grup|pe, die; -, -n: zur Erzeugung des Beats (2) benötigte Schlagzeuggruppe [mit zusätzlichen Zupfinstrumenten]

Ria, die; -, -s: Meeresbucht, die durch Eindringen des Meeres in ein Flusstal u. dessen Nebentäler entstanden ist

Ri|al, der; -[s], -s (aber: 100 -): Währungseinheit in Iran, Jemen u. Oman (Abk.: Rl., Rl, R)

Ri|bo|fla|vin, das; -s, -e: ↑Laktoflavin

Ri|bo|nu|k|le|in|säu|re, die; -, -n: ↑Ribosenukleinsäure

Ri|bo|se|nu|k|le|in|säu|re, die; -, -n: wichtiger Bestandteil des Kerneiweißes der Zelle (Abk.: RNS)

Ri|bo|som, das; -s, -en (meist Plural) (Biol.): hauptsächlich aus Ribosenukleinsäuren u. Protein bestehendes, für den Eiweißaufbau wichtiges, submikroskopisch kleines Körnchen am ↑endoplasmatischen Retikulum

ri|en ne va plus [rjɛ̃n(ə)va'ply:]: beim Roulettespiel die Ansage des Croupiers, dass nicht mehr gesetzt werden kann

Rie|sen|sla|lom, der; -s, -s (Skisport): Slalom, bei dem die durch Flaggen gekennzeichneten Tore in größerem Abstand stehen, sodass er dem Abfahrtslauf ähnlicher ist

Riff, der; -s, -s: melodische [1]Phrase (2) in Jazz, Rock- u. Popmusik, die von einem Instrument fast unverändert wiederholt wird

Ri|fi|fi, das; -s: raffiniert ausgeklügeltes, in aller Heimlichkeit durchgeführtes Verbrechen
Rigg, das; -s, -s: gesamte Takelung eines Schiffs
ri|gid, ri|gi|de: 1. streng, unnachgiebig. 2. (Med.) starr, steif, fest
Ri|gi|di|tät, die; -, -en: 1. a) Unnachgiebigkeit; b) eingeschränktes Vermögen, sich wechselnden Bedingungen schnell anzupassen. 2. Versteifung, [Muskel]starre
ri|go|len: tief pflügen od. umgraben (z. B. bei der Anlage eines Weinbergs)
Ri|gor, der; -s: Muskelsteifheit; ↑Rigidität (2)
Ri|go|ris|mus, der; -: unbeugsames, starres Festhalten an Grundsätzen
Ri|go|rist, der; -en, -en: Vertreter des Rigorismus
Ri|go|ris|tin, die; -, -nen: weibliche Form zu ↑Rigorist
ri|go|ros: sehr streng, unerbittlich, hart, rücksichtslos
Ri|go|ro|si|tät, die; -: Strenge, Rücksichtslosigkeit
Ri|go|ro|sum, das; -s, ...sa: mündliche Prüfung bei der [1]Promotion (1)
Ri|kam|bio, der; -s, ...ien (Bankw.): Rückwechsel, den ein rückgriffsberechtigter Inhaber eines protestierten Wechsels auf einen seiner Vormänner zieht
Rik|scha, die; -, -s: zweirädriger Wagen in Ostasien, der von einem Menschen gezogen wird u. zur Beförderung von Personen dient
Riks|mål [...mo:l], das; -[s]: ältere Bez. für ↑Bokmål
Ri|mes|se, die; -, -n (Wirtsch.): in Zahlung gegebener Wechsel
rin|for|zan|do (Musik): plötzlich deutlich stärker werdend (Abk.: rf., rfz.)
Rin|for|zan|do, das; -s, -s u. ...di (Musik): plötzliche Verstärkung des Klanges auf einem Ton od. einer kurzen Tonfolge
Rin|g|lot|te, die; -, -n (landsch.): Reneklode
Ri|pos|te, die; -, -n: unmittelbarer Gegenstoß nach einem parierten Angriff (beim Fechten)
rip|pen (EDV-Jargon): (Video- od. Audiodaten von CD od. DVD) auf ein anderes Speichermedium (bes. eine Festplatte) kopieren
Rips, der; -es, -e: Gewebe mit Längs- od. Querrippen
Ri|si|ko, das; -s, -s u. ...ken (österr. auch: Risken): Wagnis; Gefahr, Verlustmöglichkeit bei einer unsicheren Unternehmung
Ri|si|ko|fak|tor, der; -s, -en: Faktor, der ein besonderes Risiko für etwas darstellt
Ri|si|ko|ka|pi|tal, das; -s, -e u. -ien: Kapital, das bes. in kapitalschwachen Unternehmen investiert wird, wobei der Kapitalgeber bewusst ein höheres Risiko eingeht, jedoch auf hohe Wertsteigerungen spekuliert
Ri|si|ko|pa|ti|ent, der; -en, -en (Med.): Patient, der aufgrund früherer od. bestehender Krankheiten bes. gefährdet ist
Ri|si|ko|pa|ti|en|tin, die; -, -nen: weibliche Form zu ↑Risikopatient
Ri|si|ko|prä|mie, die; -, -n: 1. Zuschlag bei der Kalkulation für erwartete Risiken. 2. Gewinnanteil als Vergütung für die Übernahme des allgemeinen Unternehmerrisikos
Ri|si-Pi|si, Ri|si|pi|si, das; -[s], -: Gericht aus Reis u. Erbsen
ris|kant: gefährlich, gewagt
ris|kie|ren: a) aufs Spiel setzen; b) wagen; c) sich einer bestimmten Gefahr aussetzen
Ri|sor|gi|men|to [...dʒi...], das; -[s]: italienische Einigungsbestrebungen im 19. Jh.
Ri|sot|to, das; -s, -[s]: italienisches Reisgericht
Ri|ta, das; -: Wahrheit; Recht als höchstes, alles durchwirkendes Prinzip der ↑vedischen Religion
ri|tar|dan|do (Musik): das Tempo verzögernd, langsamer werdend (Abk.: rit., ritard.)
Ri|tar|dan|do, das; -s, -s u. ...di (Musik): allmähliches Langsamerwerden
ri|te: 1. genügend (geringstes Prädikat bei Doktorprüfungen). 2. ordnungsgemäß, in ordnungsgemäßer Weise
Ri|tor|nell, das; -s, -e (Musik): instrumentales Vor-, Zwischen- od. Nachspiel im Concerto grosso (2) u. beim Gesangssatz mit instrumentaler Begleitung (17. u. 18. Jh.)
ri|tu|al: den Ritus betreffend
Ri|tu|al, das; -s, -e u. -ien: 1. a) Ordnung für gottesdienstliches Brauchtum; b) religiöser [Fest]brauch in Worten, Gesten u. Handlungen; Ritus (1). 2. a) das Vorgehen nach fest-

gelegter Ordnung; Zeremoniell; b) Verhalten in bestimmten Grundsituationen, bes. bei Tieren (z. B. Droh-, Fluchtverhalten)

ri|tu|a|li|sie|ren: zum Ritual (2 b) formalisieren

ri|tu|ell: 1. dem Ritus (1) entsprechend. 2. in der Art eines Ritus (1), zeremoniell

Ri|tus, der; -, Riten: 1. religiöser [Fest]brauch in Worten, Gesten u. Handlungen. 2. das Vorgehen nach festgelegter Ordnung; Zeremoniell

Ri|va|le, der; -n, -n: Nebenbuhler, Mitbewerber, Konkurrent; Gegenspieler

Ri|va|lin, die; -, -nen: weibliche Form zu ↑Rivale

ri|va|li|sie|ren: um den Vorrang kämpfen

Ri|va|li|tät, die; -, -en: Nebenbuhlerschaft

Ri|ver|boat|shuf|fle, Ri|ver|boat-Shuf|fle [...bɔʊ̯tʃafl], die; -, -s: zwanglose Geselligkeit mit Jazzband auf einem Schiff

Ri|y|al [ri'ja:l], der; -[s], -s (aber: 100 -): Währungseinheit in Saudi-Arabien u. anderen arabischen Staaten (Abk.: S. Rl., Rl.); vgl. Rial

Ri|zi|nus, der; -, - u. -se: strauchiges Wolfsmilchgewächs mit sehr giftigem Samen

Road|mo|vie ['rɔʊ̯tmu:vi], das; -s, -s: Spielfilm, dessen Handlung sich unterwegs, auf einer Fahrt mit dem Auto abspielt

Road|pri|cing, Road-Pri|cing ['rɔʊ̯tpraɪ̯sɪŋ], das; -s (Verkehrsw.): Gebühr für die Benutzung einer Straße mit einem Kraftfahrzeug

Roads|ter ['rɔʊ̯tstɐ], der; -s, -: zweisitziger Sportwagen mit zurückklappbarem Verdeck

Roast|beef ['rɔst...], das; -s, -s: [Braten aus einem] Rippenstück vom Rind

Ro|bi|nie [...i̯ə], die; -, -n: falsche Akazie (Zierbaum od. -strauch)

Ro|bin|son, der; -s, -e: jmd., der fern von der Zivilisation [auf einer einsamen Insel], in der freien Natur lebt

Ro|bin|so|na|de, die; -, -n: a) Abenteuerroman, der das Motiv des „Robinson Crusoe" (↑Robinson) aufgreift; b) Erlebnis, Abenteuer ähnlich dem des Robinson Crusoe

ro|bo|ten (ugs.): schwer arbeiten

Ro|bo|ter, der; -s, -: 1. (ugs.) Schwerarbeiter. 2. a) Maschinenmensch; b) elektronisch gesteuertes Gerät

ro|bust: stark, kräftig, derb, widerstandsfähig, unempfindlich

Ro|caille [ro'ka:j], das od. die; -, -s: Muschelwerk (wichtigstes Dekorationselement des Rokokos)

Ro|cha|de [rɔ'xa:də, auch: rɔ'ʃa:də], die; -, -n: 1. (Schach) unter bestimmten Voraussetzungen zulässiger Doppelzug von König u. Turm. 2. (schweiz.) [Ämter]tausch

ro|chie|ren [rɔ'xi:..., rɔ'ʃi:...]: 1. eine Rochade ausführen. 2. die Position auf dem Spielfeld wechseln (u. a. beim Fußball)

Rock and Roll ['rɔk ɛnt 'rɔl, - - 'ro:l, 'rɔk ənd 'rɔʊ̯l], **Rock 'n' Roll,** der; - - -[s], - - -s: 1. (ohne Plural) (Anfang der 1950er-Jahre in Amerika entstandene Form der) Musik, die den Rhythm and Blues mit Elementen der Countrymusic u. des Dixieland-Jazz verbindet. 2. stark synkopierter Tanz in flottem $^4/_4$-Takt

ro|cken: stark synkopiert, im Rhythmus des Rock and Roll spielen, tanzen, sich bewegen

Ro|cker, der; -s, -: zu aggressivem Verhalten neigender Angehöriger einer lose organisierten Clique von männlichen Jugendlichen, meist in schwarzer Lederkleidung u. mit schwerem Motorrad

Rock|mu|sik, die; -: von Bands gespielte, aus einer Vermischung von Rock and Roll (1) mit verschiedenen anderen Musikstilen entstandene Form der Unterhaltungs- u. Tanzmusik

Rock|mu|si|ker, der; -s, -: jmd., der Rockmusik macht

Rock|mu|si|ke|rin, die; -, -nen: weibliche Form zu ↑Rockmusiker

Ro|deo, der od. das; -s, -s: Reiterschau der Cowboys in den USA

ro|ger ['rɔdʒɐ]: 1. (Funkw.) verstanden! 2. (ugs.) in Ordnung!; einverstanden!

Ro|ko|ko [auch: ro'kɔko, ...'ko:], das; -[s]: durch zierliche, beschwingte Formen u. eine weltzugewandte, heitere od. empfindsame Grundhaltung gekennzeichneter Stil der europäischen Kunst des 18. Jh.s

Roll|back, Roll-back ['rɔʊ̯lbɛk], das; -[s], -s: [erzwungenes] Zurückstecken, das Sichzurückziehen

Rol|ler|blade® ['rɔu̯lɐblɛɪ̯t], der; -s, -s (meist Plural): bestimmter ↑Inlineskate

rol|lie|ren: 1. einen dünnen Stoff am Rand od. Saum zur Befestigung einrollen, rollend umlegen. 2. nach einem bestimmten System turnusmäßig abwechseln, auswechseln

Rol|lo [auch: rɔ'lo:], das; -s, -s: aufrollbarer Vorhang (z. B. an Fenstern)

Roll|out, Roll-out […'ʔau̯t], der od. das; -s, -s: 1. öffentliche Vorstellung eines neuen Fahrzeugtyps (bes. eines Flugzeugs). 2. (EDV) Einführung neuer IT-Lösungen und deren Integration in ein bestehendes System

Rom, der; -, -a: Angehöriger einer bes. in Südosteuropa beheimateten Gruppe eines urspr. aus Indien stammenden Volkes (das vielfach als diskriminierend empfundene *Zigeuner* ersetzende Selbstbezeichnung); vgl. Romani, Sinto

ROM, das; -[s], -[s] (EDV): Datenspeicher, dessen Daten nach dem Einprogrammieren nur noch abgerufen, aber nicht mehr verändert werden können; Festwertspeicher

Ro|ma|dur [auch: …'du:ɐ̯], der; -s, -s: ein Weichkäse

Ro|man, der; -s, -e: große Prosaerzählung

Ro|man|ci|er [romã'si̯e:], der; -s, -s: Verfasser von Romanen; Romanschriftsteller

Ro|ma|ne, der; -n, -n: Angehöriger eines Volkes mit romanischer Sprache

Ro|man|fi|gur, die; -, -en: Figur, Gestalt aus einem Roman

Ro|ma|ni [auch: 'rɔ…], das; -: Sprache der Sinti und Roma

Ro|ma|nik, die; -: der Gotik vorausgehende europäische Stilepoche des frühen Mittelalters, die sich bes. in der [Sakral]architektur, der [Architektur]plastik und der Wand- u. Buchmalerei ausprägte

Ro|ma|nin, die; -, -nen: weibliche Form zu ↑Romane

ro|ma|nisch: 1. a) aus dem Vulgärlatein entwickelt (zusammenfassend in Bezug auf Sprachen, z. B. Französisch, Italienisch, Spanisch u. a.); b) die Romanen u. ihre Kultur betreffend, kennzeichnend; zu den Romanen gehörend. 2. die Kunst der Romanik betreffend, für die Romanik charakteristisch

Ro|ma|nist, der; -en, -en: 1. jmd., der sich wissenschaftlich mit einer od. mehreren romanischen (1 a) Sprachen u. Literaturen (bes. mit Französisch) befasst. 2. Wissenschaftler auf dem Gebiet des römischen Rechts. 3. (veraltet) Anhänger des katholischen Roms

Ro|ma|nis|tik, die; -: 1. Wissenschaft von den romanischen (1 a) Sprachen u. Literaturen. 2. Wissenschaft vom römischen Recht

Ro|ma|nis|tin, die; -, -nen: weibliche Form zu ↑Romanist

ro|ma|nis|tisch: die Romanistik betreffend

Ro|man|tik, die; -: 1. Epoche des europäischen, bes. des deutschen Geisteslebens, der Literatur u. Kunst vom Ende des 18. bis zur Mitte (in der Musik bis zum Ende) des 19. Jh.s. 2. a) durch eine schwärmerische od. träumerische Idealisierung der Wirklichkeit gekennzeichnete romantische (2) Art; b) romantischer (2) Reiz, romantische Stimmung

Ro|man|ti|ker, der; -s, -: 1. Vertreter, Künstler der Romantik (1). 2. Fantast, Gefühlsschwärmer

Ro|man|ti|ke|rin, die; -, -nen: weibliche Form zu ↑Romantiker

ro|man|tisch: 1. die Romantik (1) betreffend, im Stil der Romantik. 2. a) fantastisch, gefühlsschwärmerisch, die Wirklichkeit idealisierend; b) stimmungsvoll, malerisch-reizvoll; geheimnisvoll

ro|man|ti|sie|ren: 1. den Stil der Romantik (1) gestalten; den Stil der Romantik imitieren, nachempfinden. 2. in einem idealisierenden Licht erscheinen lassen, verklären, schönfärben

Ro|man|ti|zis|mus, der; -, …men: 1. (ohne Plural) sich auf die Romantik (1) beziehende Geisteshaltung. 2. romantisches (1) Element

Ro|man|ze, die; -, -n: 1. [spanisches] volksliedhaftes episches Gedicht mit balladenhaften Zügen, das hauptsächlich Heldentaten u. Liebesabenteuer sehr farbig schildert. 2. episodenhaftes Liebesverhältnis [das durch die äußeren Umstände als romantisch erscheint]

Ro|meo, der; -s, -s (ugs.): Liebhaber, Geliebter

rö|misch-ka|tho|lisch: die vom Papst in Rom geleitete katholische Kirche betreffend, ihr angehörend (Abk.: r.-k., rk, röm.-kath.)

Rom|mé, Rom|mee ['rɔme, auch: rɔ'me:], das; -s, -s: Kartenspiel

Ron|dell, Run|dell, das; -s, -e: 1. Rundteil (an einer Bastei). 2. Rundbeet

Ron|do, das; -s, -s: 1. mittelalterliches Tanzlied. 2. ein Sonatensatz

Rönt|ge|no|gra|fie, Rönt|ge|no|gra|phie, die; -, …ien: Untersuchung u. Bildaufnahme mit Röntgenstrahlen

rönt|ge|no|gra|fisch, rönt|ge|no|gra|phisch: durch Röntgenografie erfolgend

Rönt|ge|no|gramm, das; -s, -e: Röntgenbild

Rönt|ge|no|lo|ge, der; -n, -n: Facharzt für Röntgenologie

Rönt|ge|no|lo|gin, die; -, -nen: weibliche Form zu ↑Röntgenologe

Rönt|ge|no|s|ko|pie, die; -, …ien (Med.): Durchleuchtung mit Röntgenstrahlen

Root|kit ['ru:tkɪt], das; -s, -s: Schadsoftware, die ein Angreifer auf einem System installiert, um zukünftige Hackerangriffe zu tarnen

Roque|fort ['rɔkfo:ɐ̯, auch: rɔk'fo:ɐ̯], der; -[s], -s: französischer Edelpilzkäse

ro|sa: 1. blassrot. 2. (Jargon) sich auf Homosexualität, Homosexuelle beziehend

Ro|sa|ri|um, das; -s, …ien: Rosenpflanzung

ro|sé [ro'ze:]: rosig, zartrosa

Ro|sé, der; -[s], -s: ↑Roséwein

Ro|sé|wein [ro'ze:…], der; -[e]s, -e: blassroter Wein aus hell gekelterten Rotweintrauben

Ro|si|nan|te, die; -, -n (selten): minderwertiges Pferd

Ro|si|ne, die; -, -n: getrocknete Weinbeere

Ros|ma|rin [auch: …'ri:n], der; -s: immergrüner Gewürzstrauch des Mittelmeergebietes

Ros|t|ra, die; -, …ren: Rednertribüne [im alten Rom]

Ro|ta, die; -, **Ro|ta Ro|ma|na,** die; - -: höchster (päpstlicher) Gerichtshof der katholischen Kirche

Ro|ta|ri|er, der; -s, -: Angehöriger des ↑Rotary Clubs

Ro|ta|ri|e|rin, die; -, -nen: weibliche Form zu ↑Rotarier

ro|ta|risch: a) den Rotary Club betreffend; b) zum Rotary Club gehörend

Ro|ta|ry Club, der; - -s, - -s: 1. zu Rotary International gehörender örtlicher Klub. 2. (ohne Plural) ↑Rotary International

Ro|ta|ry In|ter|na|tio|nal [- …'nɛʃənl], der; - -s: internationale Vereinigung führender Persönlichkeiten unter dem Gedanken des Dienstes am Nächsten

Ro|ta|ti|on, die; -, -en (Physik): Drehung (z. B. eines Körpers od. einer Kurve) um eine feste Achse, wobei jeder Punkt eine Kreisbahn beschreibt

Ro|ta|ti|ons|ma|schi|ne, die; -, -n: im Verfahren des Rotationsdrucks arbeitende Druckmaschine

Ro|ta|ti|ons|prin|zip, das; -s: Prinzip, ein [politisches] Amt nach einer bestimmten Zeit an einen anderen abzugeben

ro|tie|ren: 1. umlaufen, sich um die eigene Achse drehen. 2. (ugs.) aus der Fassung geraten, sich in Aufregung u. Unruhe befinden. 3. die Position[en] wechseln (beim Volleyball)

Ro|tor, der; -s, …oren: 1. sich drehender Teil einer elektrischen Maschine. 2. sich drehender Zylinder, der als Schiffsantrieb ähnlich wie ein Segel im Wind wirkt. 3. Drehflügel des Hubschraubers

Ro|tun|de, die; -, -n: 1. Rundbau; runder Saal. 2. (veraltend) rund gebaute öffentliche Toilette

Rouge [ru:ʒ], das; -s, -s: 1. Make-up (2) in roten Farbtönen, mit dem die Wangen u. Lippen geschminkt werden. 2. (ohne Plural) Rot als Farbe (u. Gewinnmöglichkeit) beim Roulette

Rou|la|de [ru…], die; -, -n: Fleischscheibe, die mit Speck, Zwiebeln o. Ä. belegt, gerollt u. dann geschmort wird

Rou|leau [ru'lo:], das; -s, -s: ältere Bez. für ↑Rollo

Rou|lette [ru'lɛt], das; -s, -s: 1. Glücksspiel, bei dem auf Zahl u./od. Farbe gesetzt wird u. der Gewinner durch eine Kugel ermittelt wird, die, auf eine sich drehende Scheibe mit rot u. schwarz nummerierten Fächern geworfen, in einem der Fächer liegen bleibt; **russisches**

Roulette: eine auf Glück od. Zufall abzielende, selbst herbeigeführte Schicksalsentscheidung, die darauf beruht, dass jmd. einen nur mit einer Patrone geladenen Trommelrevolver auf sich selbst abdrückt, ohne vorher zu wissen, ob die Revolverkammer leer ist od. nicht. 2. drehbare Scheibe, mit der Roulette (1) gespielt wird

Round Ta|ble ['ra̯ʊnd 'tɛɪ̯bl̩], der; - -: Kurzform von ↑Round-Table-Konferenz

Round-Ta|b|le-Kon|fe|renz, die; -, -en: Konferenz am runden Tisch, d. h. eine Konferenz, deren Sitzordnung ausdrückt, dass die Teilnehmer gleichberechtigt sind

Rou|te ['ru:tə], die; -, -n: a) [vorgeschriebener od. geplanter] Reiseweg; Weg[strecke] in bestimmter [Marsch]richtung; b) Kurs, Richtung (in Bezug auf ein Handeln, Vorgehen)

rou|ten ['ru:tən]: Nachrichten, Gespräche in einem Datennetz weiterleiten

Rou|ter ['ru:...], der; -s, - (EDV): Vermittlungsvorrichtung in einem Kommunikationsverbund (z. B. einem Intranet), die Daten zwischen räumlich getrennten Netzwerken transportiert

Rou|ti|ne [ru...], die; -, -n: a) durch längere Erfahrung erworbene Fähigkeit, eine bestimmte Tätigkeit sehr sicher, schnell u. überlegen auszuführen; b) (meist abwertend) [technisch perfekte] Ausführung einer Tätigkeit, die zur Gewohnheit geworden ist u. jedes Engagement vermissen lässt

Rou|ting ['ru:tɪŋ], das; -s, -s (EDV): das Ermitteln eines geeigneten [bes. günstigen] Wegs für die Übertragung von Daten in einem Netzwerk

R

Rou|ti|ni|er [...'ni̯e:], der; -s, -s: jmd., der Routine (a) besitzt; routinierter Praktiker

rou|ti|niert: [durch Erfahrung, Übung] gewandt, geschickt, gekonnt, überlegen

Row|dy ['ra̯ʊdi], der; -s, -s: [jüngerer] Mann, der sich in der Öffentlichkeit flegelhaft benimmt, gewalttätig wird

ro|y|al: 1. königlich. 2. königstreu

Ro|y|al Air Force ['rɔɪ̯əl 'ɛ:ɐ̯ fo:ɐ̯s], die; - - -: die [königliche] britische Luftwaffe (Abk.: R. A. F.)

Ro|y|a|list, der; -en, -en: Anhänger des Königshauses

Ro|y|a|lis|tin, die; -, -nen: weibliche Form zu ↑Royalist

ro|y|a|lis|tisch: den Royalismus betreffend

ru|ba|to (Musik): durch kleine Tempoverschiebungen zu beleben; nicht im strengen Zeitmaß (Vortragsanweisung)

Ru|ba|to, das; -s, -s u. ...ti (Musik): in Tempo u. Ausdruck freier Vortrag

Ru|bel, der; -s, -: Währungseinheit in Belarus u. in der Russischen Föderation (1 Rubel = 100 Kopeken)

Ru|bi|di|um, das; -s: chem. Element; ein Alkalimetall (Zeichen: Rb)

Ru|bi|kon: den Rubikon überschreiten: einen [strategisch] entscheidenden Schritt tun

Ru|bin, der; -s, -e: kostbarer roter Edelstein

Ru|b|ra, Ru|b|ren: *Plural* von ↑Rubrum

Ru|b|rik, die; -, -en: 1. a) Spalte, in die etwas nach einer bestimmten Ordnung [unter einer Überschrift] eingetragen wird; b) Kategorie, in die man jmdn./etwas gedanklich einordnet. 2. rot gehaltene Überschrift od. Initiale, die in mittelalterlichen Handschriften u. Frühdrucken die einzelnen Abschnitte trennte. 3. rot gedruckte Anweisung für rituelle Handlungen in [katholischen] liturgischen Büchern

ru|b|ri|zie|ren: in eine bestimmte Rubrik einordnen

Ru|b|rum, das; -s, ...bra u. ...bren: kurze Inhaltsangabe als Aufschrift auf Akten

Ru|co|la, Ru|ko|la, die; -: einjähriges bis ausdauerndes Kraut, dessen junge Blätter als Salat gegessen werden; Rauke

Ru|di|ment, das; -[e]s, -e: etwas, was sich aus einer früheren Epoche, einem früheren Lebensabschnitt noch als Rest erhalten hat; Rest, Überbleibsel; Bruchstück

ru|di|men|tär: a) nur noch als Rudiment [vorhanden]; b) unvollständig, unvollkommen, nur in Ansätzen [vorhanden], unzureichend

Rug|by ['rakbi, engl.: 'rʌgbi], das; -[s] (Sport): Kampfspiel mit eiförmigem Ball

Ru|in, der; -s: Zustand, in dem die betreffende Person, Institution o. Ä. wirtschaftlich, moralisch am Ende od. sonst in ihrer Existenz getroffen, vernichtet ist

Ru|i|ne, die; -, -n: a) stehen gebliebene Reste eines zum [größeren] Teil zerstörten od. verfallenen [historischen] Bauwerkes; b) (nur Plural) Trümmer von Ruinen (a)

ru|i|nie|ren: a) eine Person, Sache in ihrer Existenz radikal schädigen, zugrunde richten, vernichten; b) aufgrund von Unachtsamkeit stark beschädigen, unbrauchbar machen

ru|i|nös: zum Ruin führend, beitragend

Rum, der; -s, -s: Edelbranntwein aus Rohrzuckermelasse od. Zuckerrohrsaft

Rum|ba, die; -, -s (ugs. auch, österr. nur: der; -s, -s): aus Kuba stammender Tanz in mäßig schnellem $^4/_4$- od. $^2/_4$-Takt (seit etwa 1930)

ru|mo|ren: 1. durch Bewegung dumpfen Lärm machen; geräuschvoll hantieren. 2. jmdm. im Magen kollern. 3. in jmdm. Unruhe hervorrufen

Rump|steak [...stɛi̯k, ...ste:k], das; -s, -s: Scheibe [mit Fettrand] aus dem Rückenstück des Rindes, die kurz gebraten od. gegrillt wird

Run [ran, engl.: rʌn], der; -s, -s: großer Ansturm auf etwas wegen drohender Knappheit

Run|ner's High ['ranes hai̯], das; --[s], --s: Hochgefühl, das sich beim Ausdauersport nach einer gewissen Belastung einstellt

Run|ning Gag, der; - -s, - -s: Gag, der sich immer wiederholt, der oft verwendet wird

Ru|no|lo|ge, der; -n, -n: Wissenschaftler auf dem Gebiet der Runologie

Ru|no|lo|gie, die; -: Runenforschung

Ru|no|lo|gin, die; -, -nen: weibliche Form zu ↑Runologe

Ru|pi|ah, die; -, -: Währungseinheit in Indonesien (= 100 Sen)

Ru|pie [...i̯ə], die; -, -n: Währungseinheit, z. B. in Indien

Rup|tur, die; -, -en (Med.): Zerreißung (eines Gefäßes od. Organs), Durchbruch

ru|ral: ländlich, bäuerlich

Rush [raʃ], der; -s, -s: 1. plötzlicher Vorstoß (eines Läufers, eines Pferdes) beim Rennen. 2. [wirtschaftlicher] Aufschwung; Ansturm

Rush|hour ['raʃʔaṷɐ], die; -, -s (Plural selten): Hauptverkehrszeit

rus|sisch-or|tho|dox: der orthodoxen Kirche in ihrer russischen Ausprägung angehörend

rus|ti|kal: 1. a) ländlich-schlicht, bäuerlich; b) eine ländlich-gediegene Note habend. 2. a) von bäuerlich-robuster, unkomplizierter Wesensart; b) (abwertend) grob, ungehobelt

Rus|ti|ka|li|tät, die; -: rustikale Art

Ru|the|ni|um, das; -s: chem. Element, Edelmetall (Zeichen: Ru)

Rye [rai̯], der; -, -s: amerikanischer Whiskey, dessen Getreidemaische überwiegend aus Roggen bereitet ist

S s

S = small: klein (Kleidergröße)

Sab|bat, Schab|bat, der; -s, -e: nach jüdischem Glauben geheiligter, von Freitag- bis Samstagabend dauernder Ruhetag, der mit bestimmten Ritualen begangen wird

Sab|ba|ti|cal [sə'bɛtɪkl̩]: [neben dem jährlichen Erholungsurlaub gewährte] längere Freistellung; vgl. Sabbatjahr (2)

Sab|bat|jahr, das; -[e]s, -e: 1. alle sieben Jahre wiederkehrendes Ruhejahr, in dem der Boden brachliegt, Schulden erlassen u. Sklaven freigelassen werden (im Alten Testament). 2. einjährige Freistellung von beruflicher Tätigkeit

Sa|bo|ta|ge [...'ta:ʒə], die; -, -n: vorsätzliche Schädigung od. Zerstörung von wirtschaftlichen u. militärischen Einrichtungen

Sa|bo|teur [...'tø:ɐ̯], der; -s, -e: jmd., der Sabotage treibt

Sa|bo|teu|rin [...'tø:rɪn], die; -, -nen: weibliche Form zu ↑Saboteur

sa|bo|tie|ren: a) etwas durch Sabotage stören, vereiteln; b) zu vereiteln suchen

Sac|cha|ra|se [zaxa...], **Sa|cha|ra|se,** die; -, -n: Enzym, das Rohrzucker in Traubenzucker u. Fruchtzucker spaltet

Sac|cha|rin vgl. Sacharin

Sac|cha|ro|se, Sa|cha|ro|se, die; - (Chemie):

aus bestimmten Pflanzen (bes. Zuckerrüben u. Zuckerrohr) gewonnener Zucker

Sa|cha|rin, Sac|cha|rin, das; -s: [künstlich hergestellter] Süßstoff

Sa|dhu [...du], der; -[s], -s: als Eremit u. bettelnder Asket lebender Hindu

Sa|dis|mus, der; -, ...men: a) (ohne Plural) Veranlagung, beim Quälen anderer zu sexueller Erregung, Lust zu gelangen; b) (ohne Plural) Lust am Quälen, an Grausamkeiten; c) sadistische Handlung; vgl. Masochismus

Sa|dist, der; -en, -en: a) jmd., der sich durch Quälen anderer sexuell zu befriedigen sucht; b) jmd., der Freude daran hat, andere zu quälen

Sa|dis|tin, die; -, -nen: weibliche Form zu ↑Sadist

sa|dis|tisch: a) den Sadismus (a) betreffend, darauf beruhend; sexuelle Erregung, Lust bei Quälereien empfindend; b) in grausamer Weise von Sadismus (b) bestimmt, geprägt

Sa|do|ma|so|chis|mus, der; -, ...men: a) (ohne Plural) Veranlagung, beim Ausführen u. Erdulden von Quälereien zu sexueller Erregung, Lust zu gelangen; b) sadomasochistische Handlung

sa|do|ma|so|chis|tisch: den Sadomasochismus betreffend, auf ihm beruhend, zu ihm gehörend

Sa|fa|ri, die; -, -s: a) längerer Fußmarsch [mit Trägern u. Lasttieren] (bes. in Ostafrika); b) Reise (nach Afrika) mit der Möglichkeit, Großwild zu beobachten [u. zu jagen]

S

Sa|fa|ri|park, der; -s, -s: Wildpark mit exotischen Tieren

Safe [sɛɪf], der (auch: das); -s, -s: a) Geldschrank; b) Schließfach im Tresor [eines Geldinstituts] zur sicheren Aufbewahrung von Geld, kostbarem Schmuck, Wertpapieren o. Ä.

Sa|f|ran, der; -s, -e: 1. eine Krokusart. 2. (ohne Plural) aus Teilen des getrockneten Fruchtknotens des Safrans (1) gewonnenes Gewürz, Heil- u. Färbemittel

Sa|ga ['za(:)ga], die; -, -s: 1. altisländische, meist von den Kämpfen heldenhafter Bauerngeschlechter handelnde Prosaerzählung. 2. literarisch gestaltete od. für das Fernsehen aufbereitete Familiengeschichte, -chronik

Sa|go, der, österr. meist: das; -s: feinkörniges Stärkemehl aus Palmenmark

Sa|hib, der; -[s], -s: in Indien u. Pakistan titelähnliche Bez. für: Europäer

Sai|son [zɛ'zõ:, auch: zɛ'zɔŋ], die; -, -s (bes. südd. u. österr. auch: ...onen): a) für etwas wichtigster Zeitabschnitt innerhalb eines Jahres, in dem etwas Bestimmtes am meisten vorhanden ist, stattfindet; b) Zeitabschnitt im Hinblick auf Aktuelles (z. B. in der Mode)

sai|so|nal: die [wirtschaftliche] Saison betreffend, von ihr bedingt

Sa|ke, der; -: Reiswein

Sak|ko [österr.: za'ko:], das (österr. nur so), auch der; -s, -s: Jackett für Herren

sa|k|ral: 1. a) [geweiht u. daher] heilig; religiösen Zwecken dienend; b) Heiliges, Religiöses betreffend. 2. (Med.) das Kreuzbein betreffend

Sa|k|ral|bau, der; -[e]s, -ten (Archit., Kunstwiss.): kirchliches Bauwerk

Sa|k|ra|ment, das; -[e]s, -e (Rel., bes. kath. Kirche): a) von Jesus Christus eingesetzte zeichenhafte Handlung, die in traditionellen Formen vollzogen wird u. nach christlichem Glauben dem Menschen in sinnlich wahrnehmbarer Weise die Gnade Gottes übermittelt; b) Mittel (z. B. Hostie), mit dem das Sakrament (a) gespendet wird

sa|k|ra|men|tal: ein Sakrament betreffend, zu ihm gehörend

Sa|k|ra|men|ta|li|en, die (nur Plural): a) den Sakramenten ähnliche Zeichen od. Handlungen, die jedoch von der Kirche eingesetzt sind; b) durch Sakramentalien (a) geweihte Dinge (z. B. Weihwasser)

Sa|k|ri|leg, das; -s, -e, **Sa|k|ri|le|gi|um,** das; -s, ...ien: Vergehen, Frevel gegen Personen, Gegenstände, Stätten usw., denen religiöse Verehrung entgegengebracht wird

Sa|k|ris|tan, der; -s, -e: [katholischer] Kirchendiener; Küster, Mesner

Sa|k|ris|ta|nin, die; -, -nen: weibliche Form zu ↑Sakristan

Sa|k|ris|tei, die; -, -en: Nebenraum in der Kirche für den Geistlichen u. die für den Gottesdienst benötigten Gegenstände

sa|k|ro|sankt: unantastbar, hochheilig

sä|ku|lar: 1. a) alle hundert Jahre wiederkehrend; b) hundert Jahre dauernd; c) ein Jahrhundert betreffend. 2. außergewöhnlich, herausragend, einmalig

Sä|ku|la|ri|sa|ti|on, die; -, -en: 1. Einziehung od. Nutzung kirchlichen Besitzes durch weltliche Hoheitsträger. 2. ↑Säkularisierung (1, 2)

sä|ku|la|ri|sie|ren: 1. kirchlichen Besitz einziehen u. verstaatlichen. 2. aus kirchlicher Bindung, Abhängigkeit lösen, unter weltlichem Gesichtspunkt betrachten, beurteilen

Sä|ku|la|ri|sie|rung, die; -: 1. Loslösung des Einzelnen, des Staates u. gesellschaftlicher Gruppen aus den Bindungen an die Kirche (seit Ausgang des Mittelalters); Verweltlichung. 2. (kath. Kirche) Erlaubnis für Angehörige eines Ordens, das Kloster zu verlassen u. ohne Bindung an die Gelübde zu leben

Sä|ku|la|ris|mus, der; -, ...men: Weltanschauung, die auf der Trennung von Kirche u. Staat beruht

Sä|ku|lum, das; -s, ...la: 1. Zeitraum von hundert Jahren; Jahrhundert. 2. Zeitalter

Sa|la|man|der, der; -s, -: Schwanzlurch

Sa|la|mi, die; -, -[s]: kräftig gewürzte, rötlich braune, luftgetrocknete Dauerwurst

Sa|la|mi|tak|tik, die; -, -en: Taktik, mit der [politische] Ziele durch kleinere Forderungen u. entsprechende Zugeständnisse der Gegenseite erreicht werden sollen

Sa|lär, das; -s, -e (bes. schweiz.): Honorar, Gehalt, Lohn

Sa|lat, der; -s, -e: 1. a) mit verschiedenen süßen od. sauren Marinaden od. Dressings zubereitete kalte Speise aus zerkleinerten Salatpflanzen, Obst, frischem od. gekochtem Gemüse, Fleisch, Wurst, Fisch o. Ä.; b) Blattsalat, Kopfsalat. 2. (ugs.) Wirrwarr, Durcheinander, Unordnung

Sal|chow [...ço], der; -[s], -s (Eiskunstlauf, Rollkunstlauf): ein Drehsprung

sal|die|ren: den Saldo ermitteln

Sal|do, der; -s, Salden u. -s u. Saldi: 1. Differenzbetrag, der sich nach Aufrechnung der Soll- u. Habenseite des Kontos ergibt. 2. Betrag, der nach Abschluss einer Rechnung zu deren völliger Begleichung fällig bleibt

Sales|ma|na|ger [ˈsɛɪ̯ls...], der; -s, - (Wirtsch.): Verkaufsleiter in einem Unternehmen

Sales|ma|na|ge|rin, die; -, -nen: weibliche Form zu ↑Salesmanager

Sales|pro|mo|ter, der; -s, -: Vertriebskaufmann mit besonderen Kenntnissen auf dem Gebiet der Marktbeeinflussung

Sales|pro|mo|te|rin, die; -, -nen: weibliche Form zu ↑Salespromoter

Sa|li|ne, die; -, -n: 1. Anlage zur Gewinnung von Kochsalz durch Verdunstung von Wasser, in dem Kochsalz enthalten ist. 2. Gradierwerk

sa|lisch: (von Mineralien) reich an Kieselsäure u. Tonerde

Sa|li|zin, das; -s (Med.): (früher als fiebersenkendes Mittel verwendeter) Bitterstoff

Sa|li|zyl|säu|re, chem. fachspr.: **Sa|li|cyl|säu|re,** die; -: farblose kristalline Substanz; früher wegen ihrer antibakteriellen Wirkung als Konservierungsmittel verwendet, heute vor allem Ausgangsstoff für die Herstellung von schmerzstillenden, fiebersenkenden usw. Medikamenten

Salk|vak|zi|ne, Salk-Vak|zi|ne [ˈzalk..., auch: ˈsɔː(l)k...], die; - (Med.): Impfstoff gegen Kinderlähmung

[1]Salm, der; -[e]s, -e: Lachs

[2]Salm, der; -s (ugs.): umständlich-breites Gerede, Geschwätz

Sal|mi|ak [auch, österr. nur: ˈzal...], der (auch: das); -s: Verbindung von Ammoniak u. Salzsäure mit einem durchdringend-beizenden Geruch

Sal|mo|nel|lo|se, die; -, -n (Med.): durch Salmonellen verursachte Darmerkrankung

sa|lo|mo|nisch: einem Weisen entsprechend ausgewogen, Einsicht zeigend; klug, weise

Sa|lon [zaˈlõː, auch: zaˈlɔŋ, zaˈloːn], der; -s, -s: 1. größerer, repräsentativer Raum als Gesellschafts- od. Empfangszimmer. 2. a) [regelmäßig stattfindendes] Zusammentreffen eines literarisch od. künstlerisch interessierten Kreises; b) Kreis von Personen, der sich regelmäßig trifft u. die Meinungen über Kunst, Literatur, Wissenschaft u. Politik austauscht. 3. [modern eingerichtetes, elegantes u. großzügig mit Luxus ausgestattetes] Geschäft (z. B. eines Friseurs). 4. a) Ausstellungsraum, -saal; b) Ausstellung (bes. Kunst- u. Gemäldeausstellung)

Sa|lon|mu|sik, die; -: virtuos-elegant dargebrachte, gefällige Musik

Sa|lon|or|ches|ter, das; -s, -: kleines Streichensemble mit Klavier für Unterhaltungsmusik

Sa|loon [sə'lu:n], der; -s, -s: Lokal, dessen Einrichtung dem Stil der Wildwestfilme nachempfunden ist

sa|lopp: 1. (von Kleidung) betont bequem u. etwaige bestehende Formen od. Vorschriften nicht berücksichtigend. 2. (von Benehmen) unbekümmert zwanglos, die Nichtachtung gesellschaftlicher Normen ausdrückend

Sal|pe|ter, der; -s: weißes od. hellgraues Salz der Salpetersäure, das früher vor allem zur Herstellung von Düngemitteln u. Schießpulver verwendet wurde

Sal|pe|ter|säu|re, die; -: stark oxidierende, farblose Säure, die Silber u. die meisten unedlen Metalle löst

sal|pet|rig: (von bestimmten Säuren) nur in verdünnten wässrigen Lösungen u. ihren Salzen beständig

Sal|pinx, die; -, ...ingen: 1. trompetenähnliches Instrument der griechischen Antike. 2. (Anat. selten) a) Eileiter; b) ↑eustachische Röhre

S

Sal|ta|rel|lo, der; -s, ...lli: lebhafter, der Tarantella ähnlicher süditalienischer u. spanischer Tanz in schnellem Dreiertakt

Sal|to, der; -s, -s u. ...ti: 1. (Sport) frei in der Luft ausgeführte Rolle, schnelle Drehung des Körpers um seine Querachse (als Teil einer sportlichen Übung). 2. (Fliegersprache) Looping

Sal|to mor|ta|le, der; - -, - - u. ...ti ...li: [meist dreifacher] Salto, der in großer Höhe ausgeführt wird

Sa|lut, der; -[e]s, -e: Ehrung, z. B. anlässlich von Staatsbesuchen, durch Abfeuern einer Salve aus Geschützen; Ehrengruß

sa|lu|tie|ren: 1. a) bei militärischem Zeremoniell vor einem Vorgesetzten od. Ehrengast Haltung annehmen u. ihn grüßen, indem man die Hand an die Kopfbedeckung legt; b) [durch Anlegen der Hand an die Kopfbedeckung, an die Schläfe] grüßen. 2. (veraltend) Salut schießen

Sal|va|ti|on, die; -, -en (veraltet): Rettung, Verteidigung

sal|ve: sei gegrüßt! (lateinischer Gruß)

Sal|ve, die; -, -n: [auf ein Kommando] gleichzeitig abgefeuerte Anzahl von Schüssen aus mehreren Gewehren od. Geschützen

Sa|ma|ri|ter, der; -s, -: 1. selbstlos helfender Mensch. 2. (schweiz.) Sanitäter

Sa|ma|ri|te|rin, die; -, -nen: weibliche Form zu ↑Samariter

Sam|ba, der; -s, -s: aus Brasilien stammender beschwingter Gesellschaftstanz im $^2/_4$-Takt

Sa|mi|el [...mi̯e:l, auch: ...mi̯ɛl], der; -[s]: Satan in der jüdischen Legende u. der deutschen Sage

Sa|mo|war [auch: 'za...], der; -s, -e: russische Teemaschine

Sam|pan, der; -s, -s: flaches, breites Ruder- od. Segelboot

Sam|ple ['sɛmpl̩], das; -[s], -s: 1. (Statistik) a) repräsentative Stichprobe, Auswahl; b) aus einer größeren Menge ausgewählte Gruppe von Personen, die repräsentativ für die Gesamtheit ist. 2. Warenprobe, Muster

Sam|p|ler ['sɛmplɐ], der; -s, -: Langspielplatte od. CD, auf der [erfolgreiche] Titel von verschiedenen bekannten Musikern, Sängern, Gruppen zusammengestellt sind

Sa|mum [auch: za'mu:m], der; -s, -s u. -e: Staub od. Sand mitführender Wüstenwind in Nordafrika u. auf der Arabischen Halbinsel

Sa|mu|rai, der; -[s], -[s]: Angehöriger der japanischen Adelsklasse, der obersten Klasse der japanischen Feudalzeit

Sa|na|to|ri|um, das; -s, ...ien: Kurheim

San|cho Pan|sa ['zantʃo -], der; - -, - -s: mit Mutterwitz ausgestatteter, realistisch denkender Mensch

Sanc|ta Se|des [- ...dɛs], die; - -: lat. Bez. für: Heiliger (Apostolischer) Stuhl

Sanc|tus, das; -, -: Lobgesang vor der Eucharistie

San|da|le, die; -, -n: leichter, meist flacher Schuh, dessen Oberteil aus Riemen od. durchbrochenem Leder besteht

San|da|let|te, die; -, -n: der Sandale ähnlicher, leichter, oft eleganter Damenschuh

San|di|nis|mus, der; -: (in den 1970er- u. 1980er-Jahren entstandene) am ↑Marxismus-Leninismus orientierte (Befreiungs)bewegung, Ideologie in Nicaragua

San|di|nist, der; -en, -en: Anhänger des Sandinismus

Sand|wich [ˈsɛntvɪtʃ], das, auch: der; -s oder -[es], -s oder -es [...is], auch: -e: 1. zwei zusammengelegte, innen mit Butter bestrichene u. mit Fleisch, Fisch, Käse, Salat o. Ä. belegte Brotscheiben od. Hälften von Brötchen. 2. auf Brust u. Rücken zu tragendes doppeltes Plakat, das für politische Ziele, für Produkte o. Ä. wirbt

San|g|ria, die; -, -s: einer Bowle ähnliches spanisches Getränk aus Rotwein mit [Zucker u.] klein geschnittenen Früchten

San|gu|i|ni|ker, der; -s, -: lebhafter, temperamentvoller, lebensbejahender Mensch

San|gu|i|ni|ke|rin, die; -, -nen: weibliche Form zu ↑Sanguiniker

san|gu|i|nisch: das Temperament eines Sanguinikers habend, seinen Typ verkörpernd

sa|nie|ren: 1. (Med.) [eine bestimmte Stelle des Körpers] so behandeln, dass ein Krankheitsherd beseitigt wird. 2. a) durch Renovierung, Modernisierung od. Abriss alter Gebäude u. den Bau neuer Gebäude o. Ä. umgestalten; b) modernisierend umgestalten, reformieren; c) wieder in einen intakten Zustand versetzen. 3. a) (Wirtsch.) aus finanziellen Schwierigkeiten herausbringen, wieder rentabel machen; b) sich sanieren: seine finanziellen, wirtschaftlichen Schwierigkeiten überwinden, wieder rentabel werden

Sa|nie|rung, die; -, -en: 1. Behandlung [bestimmter Körperstellen], durch die ein Krankheitsherd beseitigt od. ein Krankheitserreger abgetötet wird. 2. Instandsetzung; modernisierende Umgestaltung durch Renovierung od. Abriss alter Gebäude sowie durch Neubau. 3. erfolgreiche Bewältigung finanzieller Schwierigkeiten

sa|ni|tär: die Körperpflege, die Hygiene betreffend, ihr dienend

Sa|ni|tät, die; - (schweiz. u. österr.): 1. a) (ohne Plural) militärisches Gesundheitswesen, Sanitätswesen; b) Sanitätstruppe. 2. (ugs.) Unfallwagen, Sanitätswagen

Sa|ni|tä|ter, der; -s, -: jmd., der in Erster Hilfe, Krankenpflege ausgebildet ist [u. in diesem Bereich tätig ist]

Sa|ni|tä|te|rin, die; -, -nen: weibliche Form zu ↑Sanitäter

San|ka, San|k|ra, der; -[s], -[s] (Soldatenspr.): militärischer Sanitätswagen

Sank|ti|on, die; -, -en: 1. Bestätigung, Anerkennung. 2. (Rechtswiss.) a) Anweisung, die einen Gesetzesinhalt zum verbindlichen Rechtssatz erhebt; b) (meist Plural) Maßnahme, die gegen einen Staat eingeleitet wird, der das Völkerrecht verletzt hat. 3. (meist Plural) Straf-, Zwangsmaßnahme

sank|ti|o|nie|ren: 1. Gesetzeskraft erteilen. 2. bestätigen, gutheißen. 3. mit bestimmten Maßnahmen, z. B. Tadel, auf eine Normabweichung reagieren; Sanktionen verhängen

Sank|tis|si|mum, das; -s (kath. Kirche): die geweihte Hostie

Sans|cu|lot|te [sãskyˈlɔt(ə)], der; -n, -n [...tn̩]: proletarischer Revolutionär der Französischen Revolution

San|se|vi|e|ria, San|se|vi|e|rie [...i̯ə], die; -, ...ien: tropisches Liliengewächs mit wertvoller Blattfaser; Bogenhanf

Sans|k|rit, das; -[s]: noch heute in Indien als Literatur- und Gelehrtensprache verwendete altindische Sprache

Sans|k|ri|tis|tik, die; -: Wissenschaft von der altindischen Literatursprache Sanskrit, der in dieser Sprache geschriebenen Literatur u. der altindischen Kultur

San|ta Claus [ˈsæntə klɔːz], der; - -, - -: amerik. Bez. für: Weihnachtsmann

Sa|phir [auch: zaˈfiːɐ̯], der; -s, -e: [durchsichtig blauer] Edelstein

Sa|pin, der; -s, -e, **Sa|pi|ne,** die; -, -n, **Sap|pel,** der; -s, - (Forstwirtsch. österr.): Spitzhacke zum Heben u. Wegziehen von gefällten Baumstämmen

Sa|po|nin, das; -s, -e: in vielen Pflanzen enthaltener Stoff, der zur Herstellung von Reinigungs- u. Arzneimitteln verwendet wird

Sap|pel vgl. Sapin

Sap|peur [za'pø:ɐ̯], der; -s, -e (schweiz.): Soldat der technischen Truppe; Pionier

sap|phisch ['zapfɪʃ, auch: 'zafɪʃ]: die Dichterin Sappho u. ihre Werke betreffend

Sa|p|ro|bie [...i̯ə], die; -, -n (meist Plural): Lebewesen, das in od. auf faulenden Stoffen lebt u. sich von ihnen ernährt

Sa|ra|ze|ne, der; -n, -n (Geschichte): Araber, Muslim

Sa|ra|ze|nin, die; -, -nen: weibliche Form zu ↑Sarazene

sa|ra|ze|nisch: zu den Sarazenen gehörend

Sar|del|le, die; -, -n: 1. kleiner, dem Hering verwandter Fisch, der als Speisefisch gepökelt od. mariniert gegessen wird. 2. (meist Plural; ugs. scherzh.) Haarsträhne (von noch verbliebenem Haar), die schräg über eine Glatze gelegt ist

Sar|di|ne, die; -, -n: kleiner, zu den Heringen gehörender bläulich silbern schillernder Speisefisch

sar|do|nisch: (vom Lachen, Lächeln o. Ä.) boshaft, hämisch u. fratzenhaft verzerrt

Sa|ri, der; -[s], -s: kunstvoll um den Körper gewickeltes Gewand indischer Frauen

S

Sar|kas|mus, der; -, ...men: 1. (ohne Plural) beißender, verletzender Spott. 2. sarkastische Äußerung, Bemerkung

sar|kas|tisch: spöttisch, höhnisch

Sar|kom, das; -s, -e, **Sar|ko|ma,** das; -s, -ta (Med.): aus dem Bindegewebe hervorgehende bösartige Geschwulst

Sar|ko|phag, der; -[e]s, -e: prunkvoller, großer, in einer Grabkammer od. der Krypta einer Kirche o. Ä. aufgestellter Sarg, in dem hochgestellte Persönlichkeiten beigesetzt werden

Sa|rong, der; -[s], -s: um die Hüfte geschlungener, bunter Rock der Indonesierinnen

Sa|tan, der; -s, -e: 1. (ohne Plural) der Widersacher Gottes, der Teufel, der Versucher. 2. (häufig als Schimpfwort) boshafter Mensch

Sa|ta|nas, der; -: ↑Satan

sa|ta|nisch: sehr böse, boshaft; teuflisch

Sa|ta|nis|mus, der; -: 1. Teufelsverehrung. 2. Darstellung des Bösen, Krankhaften u. Grausamen in der Literatur

Sa|tel|lit, der; -en, -en: 1. (Astron.) Himmelskörper, der einen Planeten umkreist. 2. Flugkörper, der – auf eine Umlaufbahn gebracht – in elliptischer o. kreisförmiger Bahn die Erde (od. den Mond) umkreist u. dabei bestimmte wissenschaftliche od. technische Aufgaben erfüllt. 3. Kurzform von ↑Satellitenstaat. 4. Kurzform von ↑Satellitenbox

Sa|tel|li|ten|box, die; -, -en (Elektronik): kleinere Lautsprecherbox für die hohen u. mittleren Frequenzen eines Kanals

Sa|tel|li|ten|fern|se|hen, das; -s: flächendeckende Fernsehversorgung durch Übertragung der Sendungen über spezielle Nachrichtensatelliten

Sa|tel|li|ten|fo|to, das; -s, -s: von einem [Wetter]satelliten aufgenommenes Foto von einem bestimmten Bereich der Erdoberfläche

Sa|tel|li|ten|pro|gramm, das; -[e]s, -e: über einen Satelliten (2) ausgestrahltes Fernsehprogramm

Sa|tel|li|ten|staat, der; -[e]s, -en (abwertend): Staat, der (trotz formaler äußerer Unabhängigkeit) von einem anderen Staat (bes. von einer Großmacht) abhängig ist

Sa|tel|li|ten|stadt, die; -, ...städte: größere, weitgehend eigenständige Ansiedlung in unmittelbarer Nähe einer Großstadt

Sa|tin [za'tɛ̃:, auch: za'tɛŋ], der; -s, -s: Gewebe, Stoff in Atlasbindung mit glatter, glänzender Oberfläche

Sa|ti|re, die; -, -n: 1. künstlerisches Werk, das zur Gattung der Satire (2) gehört. 2. (ohne Plural) Kunstgattung (Literatur, Karikatur, Film), die durch Übertreibung, Ironie u. Spott an Personen od. Zuständen Kritik übt, sie mit scharfem Witz geißelt

Sa|ti|ri|ker, der; -s, -: a) Verfasser von Satiren; b) jmd., der sich gern bissig-spöttisch, ironisch äußert

Sa|ti|ri|ke|rin, die; -, -nen: weibliche Form zu ↑Satiriker
sa|ti|risch: a) in der Art der Satire (1); b) spöttisch-tadelnd, beißend
Sa|tis|fak|ti|on, die; -, -en (veraltend): Genugtuung, bes. in Form einer Ehrenerklärung
Sa|t|rap, der; -en, -en (Geschichte): Statthalter einer Provinz im Persien der Antike
Sa|t|ra|pin, die; -, -nen: weibliche Form zu ↑Satrap
Sa|tu|ra|ti|on, die; -, -en: 1. Sättigung. 2. spezielles Verfahren bei der Zuckergewinnung, bei dem überschüssiger Kalk aus dem Zuckersaft durch Kohlendioxid abgeschieden wird
sa|tu|rie|ren: sättigen; befriedigen
sa|tu|riert (abwertend): ohne geistige Ansprüche, selbstzufrieden
Sa|tur|na|li|en, die (nur Plural): ausgelassenes Fest
Sa|tyr, der; -s (auch: -n), -n (meist Plural): 1. lüsterner Waldgeist u. Begleiter des Dionysos in der griechischen Sage. 2. sinnlich-lüsterner Mensch
Sa|tyr|spiel, das; -s, -e: (im Griechenland der Antike) heiter-groteskes mythologisches Nachspiel einer Tragödientrilogie mit einem Chor aus Satyrn
Sau|ce ['zo:sə, zo:s] vgl. Soße
Sauce hol|lan|daise [sosɔlã'dɛ:z], die; - -: Soße, bei der Weißwein, Eigelb u. Butter im Wasserbad cremig gerührt u. mit Pfeffer, Salz u. Zitronensaft abgeschmeckt werden
Sau|na, die; -, -s u. ...nen: 1. (mit Holz ausgekleideter) Raum od. Holzhäuschen, in dem trockene Hitze herrscht u. von Zeit zu Zeit Wasser zum Verdampfen gebracht wird. 2. dem Schwitzen dienender Aufenthalt in einer Sauna (1)
sau|nen, sau|nie|ren: ein Saunabad nehmen
Sau|ri|er, der; -s, -: ausgestorbene [Riesen]echse der Urzeit
Sau|ternes [so'tɛrn], der; -, -: französischer Weißwein
sau|tie|ren [zo...]: kurz in der Pfanne braten
Sa|van|ne, die; -, -n: tropische Steppe mit einzeln od. gruppenweise stehenden Bäumen
Sa|voir-vi|v|re [savo̯a:ɐ̯'vi:vrə], das; -: feine Lebensart, Lebensklugheit
Sa|xo|fon, Sa|xo|phon, das; -s, -e (Musik): Blasinstrument aus Messing mit nach oben gerichtetem Schalltrichter
Sa|xo|fo|nist, Sa|xo|pho|nist, der; -en, -en: Saxofonspieler
Sa|xo|fo|nis|tin, Sa|xo|pho|nis|tin, die; -, -nen: weibliche Form zu ↑Saxofonist
Scam|pi, der; -[s], - (ugs. auch -s) (meist Plural), bes. fachspr.: **Scam|po,** der; -[s], Scampi (meist Plural) [sk...]: it. Bez. für eine Art kleiner Krebse
Scan [skɛn], der od. das; -s, -s: 1. gescanntes Dokument. 2. (Fachspr.) ↑Scanning
scan|nen ['skɛnən]: mit einem Scanner abtasten
Scan|ner ['skɛnɐ], der; -s, -: Gerät, das ein zu untersuchendes Objekt (z. B. den menschlichen Körper) mit einem Strahl abtastet [u. die erhaltenen Messwerte weiterverarbeitet]
Scan|ner|kas|se ['skɛnɐ...], die; -, -n: mit einem Scanner zum Einlesen von Preisen u. Ä. ausgestattete elektronische Kasse
Scan|ning ['skɛnɪŋ], das; -s: Untersuchung, Abtasten mithilfe eines Scanners
Scart [skɑ:t], der; -s, -s: Steckverbindung, bes. zum Anschluss von Videogeräten
Scha|b|lo|ne, die; -, -n: 1. ausgeschnittene Vorlage [zur Vervielfältigung], Muster. 2. geistlose Nachahmung ohne eigene Gedanken
Scha|b|ra|cke, die; -, -n: 1. a) verzierte Decke über od. unter dem Sattel; Prunkdecke; b) übergelegte Zier- und Schutzdecke (bes. für Polstermöbel); c) aus dem gleichen Stoff wie die Übergardine gefertigter Behang, der quer oberhalb des Fensters angebracht ist. 2. (ugs. abwertend) a) alte [hässliche] Frau; b) altes Pferd; c) alte, abgenutzte Sache
schach|matt: 1. unfähig, den im Schachspiel unmittelbar angegriffenen König zu verteidigen, u. damit die Partie verlierend. 2. handlungsunfähig, erschöpft
Scha|dor vgl. Tschador
Scha|fott, das; -[e]s, -e: Stätte, meist erhöhtes Gerüst, für Enthauptungen

S

Schah, der; -s, -s: a) (ohne Plural) persischer Herrschertitel; b) Träger dieses Titels
Scha|kal [auch: 'ʃa:...], der; -s, -e: hundeartiges Raubtier, das überwiegend nachts jagt
Scha|lot|te, die; -, -n: kleine Zwiebel
Scha|lup|pe, die; -, -n: Frachtfahrzeug; großes Beiboot
Scha|ma|de, Cha|ma|de [ʃa...] die; -, -n (veraltet): [mit Trommel od. Trompete gegebenes] Zeichen der Kapitulation
Scha|ma|ne, der; -n, -n: (bei bestimmten Naturvölkern) Zauberpriester, der mit Geistern u. den Seelen Verstorbener Verbindung aufnimmt
Scha|ma|nis|mus, der; - (Völkerkunde): Glaube an die Fähigkeit der Schamanen
Scha|mot|te [...'mɔt], die; -: feuerfester Ton
scham|po|nie|ren: das Haar mit Shampoo waschen
Scham|pus, der; - (ugs.): Sekt
Schan|tung, der; -s, -s, **Schan|tung|sei|de,** die; -, -n: eine Wildseide
Scha|ra|de, die; -, -n: Worträtsel, bei dem das zu erratende Wort in Silben od. sonstige Bestandteile zerlegt wird
Schä|re, die; -, -n (meist Plural): kleine, der Küste vorgelagerte Felseninsel
Scha|ria, Sche|ria, die; -: religiöses Gesetz, das das gesamte islamische Leben regelt
Schar|la|tan, der; -s, -e: jmd., der bestimmte Fähigkeiten vortäuscht u. andere damit hinters Licht führt
Schar|la|ta|ne|rie, die; -, ...ien: a) Verhaltensweise eines Scharlatans; b) Schwindelei eines Scharlatans
Schar|la|ta|nin, die; -, -nen: weibliche Form zu ↑Scharlatan
Schar|müt|zel, das; -s, -: kurzes, kleines Gefecht, Plänkelei
Schar|nier, das; -s, -e: drehbares Gelenk [an Türen]
Schar|te|ke, die; -, -n: 1. altes wertloses Buch, Schmöker. 2. (abwertend) unsympathische ältere Frau
schar|wen|zeln, scher|wen|zeln (ugs.): schmeichlerisch um jmdn. herum sein
Schasch|lik, der od. das; -s, -s: am Spieß gebratene Fleischstückchen

S

schas|sen (ugs.): 1. kurzerhand [von der Schule, der Lehrstätte, aus der Stellung] entlassen. 2. fassen, ergreifen
Scha|tul|le, die; -, -n: 1. Geld-, Schmuckkästchen. 2. (veraltet) Privatkasse eines Staatsoberhaupts od. eines Fürsten
Scheck, Cheque, der; -s, -s: Zahlungsanweisung an eine Bank; vgl. [2]Check
Sched|dach, Shed|dach, das; -s, ...dächer: Dach, das ungleich große u. verschieden geneigte Flächen hat; Sattel-, Sägedach
Scheich, Schech, Scheik, der; -s, -e u. -s: 1. a) (ohne Plural) arabischer Ehrentitel führender Persönlichkeiten der traditionellen islamischen Gesellschaft; b) Träger dieses Titels. 2. (ugs.) Freund eines Mädchens, einer Frau
Sche|kel, der; -s, -: 1. israelische Währungseinheit. 2. vgl. Sekel
Schelf, der od. das; -s, -e (Geogr.): Festlandsockel; Flachmeer entlang der Küste
Schel|lack, der; -[e]s, -e: Mischung aus Baumharz u. Wachs zur Lack- u. Firnisherstellung
Sche|ma, das; -s, -s u. -ta, ...men: 1. Muster, anschauliche Darstellung. 2. Entwurf, Plan
sche|ma|tisch: 1. einem Schema folgend. 2. gleichförmig; gedankenlos
sche|ma|ti|sie|ren: nach einem Schema behandeln; in eine Übersicht bringen
Sche|ma|tis|mus, der; -, ...men: gedankenlose Nachahmung eines Schemas
Sche|men: *Plural* von ↑Schema
Sche|ria vgl. Scharia
Sche|rif, Scha|rif, der; -s u. -en, -s u. -e[n]: a) (ohne Plural) Titel der Nachkommen des Propheten Mohammed; b) Träger dieses Titels
scher|zan|do [skɛr...] (Musik): in der Art eines Scherzos (Vortragsanweisung)
Scher|zo ['sk...], das; -s, -s u. ...zi (Musik): Tonstück von heiterem Charakter
Schi vgl. Ski
Schia, die; -: eine der beiden Hauptrichtungen des Islams
Schib|bo|leth [auch: 'ʃ...], das; -s, -e u. -s: Erkennungszeichen, Losungswort; Merkmal
schick: 1. modisch, geschmackvoll gekleidet. 2. (ugs.) in Mode, modern

Schick, der; -[e]s: modische Eleganz, gutes Aussehen, gefällige Form
Schi|cke|ria, die; -: in der Mode u. im Gesellschaftsleben tonangebende Schicht
Schick|se, die; -, -n (ugs. abwertend): Flittchen
Schi|is|mus, der; -: Lehre der Schiiten
Schi|it, der; -en, -en: Anhänger der Schia
Schi|i|tin, die; -, -nen: weibliche Form zu ↑Schiit
schi|i|tisch: zur Schia gehörend, sie betreffend
Schi|ka|ne, die; -, -n: 1. böswillig bereitete Schwierigkeit, Bosheit. 2. (Sport) [eingebaute] Schwierigkeit in einer Autorennstrecke
schi|ka|nie|ren: jmdm. in kleinlicher u. böswilliger Weise Schwierigkeiten machen
schi|ka|nös: 1. andere schikanierend. 2. von Böswilligkeit zeugend
Schi|mä|re, [1]Chi|mä|re, die; -, -n: Trugbild, Hirngespinst
Schim|pan|se, der; -n, -n: kleiner afrikanischer Menschenaffe
Schin|to|is|mus, Shin|to|is|mus, der; -: japanische Nationalreligion mit Verehrung der Naturkräfte u. Ahnenkult
Schin|to|ist, Shin|to|ist, der; -en, -en: Anhänger des Schintoismus
Schin|to|is|tin, Shin|to|is|tin, die; -, -nen: weibliche Form zu ↑Schintoist
schin|to|is|tisch, shin|to|is|tisch: zum Schintoismus gehörend
Schi|rok|ko, der; -s, -s: sehr warmer, oft stürmischer Mittelmeerwind
Schis|ma [auch: 'sçɪs...], das; -s, ...men u. -ta: a) Kirchenspaltung; b) in der Weigerung, sich dem Papst, den ihm unterstehenden Bischöfen unterzuordnen, bestehendes kirchenrechtliches Delikt
schi|zo|id: der Schizophrenie ähnlich
schi|zo|phren: 1. (Med.) an Schizophrenie erkrankt. 2. (ugs.) in sich widersprüchlich, unvereinbar (mit anderem). 3. (ugs.) verrückt, absurd
Schi|zo|phre|nie, die; -, ...ien: 1. (Med., Psychol.) mit Denkstörungen, Wahn u. Halluzinationen einhergehende schwere Psychose. 2. (ugs.) innere Widersprüchlichkeit, Unsinnigkeit
Schla|mas|sel, der; -s, auch, österr. nur: das; -s (ugs.): Unglück; verfahrene, schwierige Situation
Schle|mihl [auch: ...'mi:l], der; -s, -e (ugs.): 1. jmd., dem [durch eigene Dummheit] alles misslingt; Pechvogel. 2. gerissener Mensch
Schlup vgl. Slup
Schmal|te, die; -, -n: pulverig gemahlener, kobaltblauer Farbstoff für feuerfeste Glasuren
Schmock, der; -[e]s, Schmöcke (auch: -e u. -s) (abwertend): gesinnungsloser Journalist, Schriftsteller
Schmon|zet|te, die; -, -n (ugs. abwertend): wenig geistreiches, kitschiges Stück
Schmu, der; -s (ugs.): etwas, was nicht ganz korrekt ist
Schmus, der; -es (ugs.): leeres Gerede, Geschwätz; Schönrednerei, Lobhudelei
schmu|sen (ugs.): 1. mit jmdm. zärtlich sein, Liebkosungen austauschen. 2. (abwertend) schwatzen, schmeicheln, schöntun
Scho|ah, Sho|ah [ʃ...] die; -: Holocaust während des Nationalsozialismus
Schock, der; -[e]s, -s: 1. durch ein ungewöhnliches Ereignis ausgelöste Erschütterung. 2. (Med.) akutes Kreislaufversagen
scho|cken: 1. (Med.) mit künstlich erzeugtem (z. B. elektrischem) Schock behandeln; defibrillieren. 2. (ugs.) jmdm. einen Schock versetzen
scho|ckie|ren: Entrüstung, moralische Empörung hervorrufen; jmdn. aufbringen
Schock|the|ra|pie, die; -, -...ien [...i:ən]: Heilverfahren, das den gezielten Einsatz von elektrischen Schocks beinhaltet
scho|fel, scho|fe|lig, schof|lig (ugs.): 1. gemein, schäbig. 2. knauserig
Scho|fel, der; -s, - (ugs.): 1. Schund, schlechte Ware. 2. gemeiner Mensch
Scho|gun vgl. Shogun
Scho|ko|la|de, die; -, -n: 1. mit Zucker [Milch o. Ä.] gemischte Kakaomasse, die meist in Tafeln gewalzt od. in Figuren gegossen ist. 2. Getränk aus Schokoladenmasse und Milch

Scho|lar, Scho|last [ʃ...], der; -en, -en (Geschichte): [herumziehender] Schüler, Student [im Mittelalter]

Scho|las|tik, die; -: 1. christliche Philosophie des Mittelalters (etwa 9.–14. Jh.). 2. engstirnige, dogmatische Schulweisheit

Scho|las|ti|ker, der; -s, -: Vertreter der Scholastik (1)

scho|las|tisch: 1. die Scholastik (1) betreffend. 2. (abwertend) spitzfindig, rein verstandesmäßig

schraf|fie|ren (Kunstwiss.): [eine Fläche] mit parallelen Linien stricheln

Schrap|nell, das; -s, -e u. -s (veraltet): Sprenggeschoss mit Kugelfüllung

Schred|der, der; -s, -: a) technische Anlage zum Verschrotten u. Zerkleinern von Autowracks; b) Zerkleinerungsmaschine (z. B. für Gartenabfälle)

Schwa|d|ron, die; -, -en (Militär): kleinste Truppeneinheit der Kavallerie

Schwa|d|ro|neur [...'nø:ɐ̯], der; -s, -e: jmd., der schwadroniert

schwa|d|ro|nie|ren: schwatzen, viel u. lebhaft erzählen

Schwer|ath|let, der; -en, -en: Sportler, der Schwerathletik treibt

Schwer|ath|le|tik, die; -: sportliche Disziplin, die Ringen, Gewichtheben, Kunst- u. Rasenkraftsport umfasst

Schwer|ath|le|tin, die; -, -nen: weibliche Form zu ↑Schwerathlet

Sci|ence-Fic|tion, Sci|ence|fic|tion ['saɪ̯əns'fɪkʃn̩], die; -: abenteuerlich-fantastische Literatur utopischen Inhalts auf naturwissenschaftlich-technischer Grundlage

Sci|en|to|lo|ge [saɪ̯ənto...], der; -n, -n: Angehöriger der Scientology®

Sci|en|to|lo|gy® [saɪ̯ən'tɔlədʒi], die; -: Religionsgemeinschaft, deren Anhänger glauben, eine wissenschaftliche Theorie über das Wissen u. damit den Schlüssel zu vollkommener geistiger u. seelischer Gesundheit zu besitzen

Scoop [sku:p], der; -s, -s: Exklusivmeldung, Knüller

Scoo|ter ['sku:tɐ], der; -s, -: 1. Segelboot mit Stahlkufen zum Wasser- u. Eissegeln. 2. ↑Skooter

Score [skɔ:ɐ̯, sko:ɐ̯], der; -s, -s: a) Spielstand, Spielergebnis; b) Zahl der erreichten Treffer im Lotto od. der erreichten Punkte in einem sportlichen Wettkampf

sco|ren ['skɔ:rən, 'sko:...] (Sport): einen Punkt, ein Tor o. Ä. erzielen

Scotch [skɔtʃ], der; -s, -s: schottischer Whisky

Scout [skaʊ̯t], der; -s, -s: 1. a) Pfadfinder; b) Wegbereiter, Vordenker. 2. (Jargon) jmd., der etw. aufspüren soll

Scrab|b|le® ['skrɛbl̩], das; -[s], -s: Spiel für zwei bis vier Mitspieler, bei dem aus Spielsteinen mit Buchstaben Wörter nach einem bestimmten Verfahren zusammengesetzt werden müssen

Scra|pie ['skrɛɪ̯pi], die; - (Tiermed.): Traberkrankheit (der BSE ähnliche, vor allem bei Schafen auftretende Tierseuche)

scrat|chen ['skrɛtʃn̩]: Scratching betreiben

Scrat|ching ['skrɛtʃɪŋ], das; -s: das Hervorbringen bestimmter akustischer Effekte durch Manipulieren der laufenden Schallplatte (bes. in der Discomusik)

Screen [skri:n], der; -s, -s: engl. Bez. für: Bildschirm

Scree|ning ['skri:nɪŋ], das; -s, -s (Fachspr.), **Scree|ning|test,** der; -[e]s, -s (auch: -e) (Med.): Verfahren zur Reihenuntersuchung (z. B. auf Krebs)

Scu|do, der; -, ...di: alte italienische Münze

Scyl|la vgl. Szylla

Seal [si:l], der od. das; -s, -s: 1. Fell des Seebären. 2. Pelz aus Seal (1)

Sé|an|ce [ze'ã:s(ə)], die; -, -n [...sn̩]: (Parapsychol.) [spiritistische] Sitzung

sec [sɛk]: ↑dry

sec|co: it. Bez. für: trocken

Sec|co, das; -[s], -s (Musik): nur von einem Tasteninstrument begleitetes Rezitativ

Sec|co|ma|le|rei, die; -: Wandmalerei auf trockenem Putz

Se|cen|tis|mus [zetʃɛn...], der; -: Stilrichtung der italienischen Barockpoesie des 17. Jh.s

Se|ces|si|on, die; -: a) Form des Jugendstils in Österreich; b) Ausstellungsgebäude in Wien

S

se|cond|hand ['sɛkənt'hɛnt]: aus zweiter Hand; gebraucht

Se|cond|hand|shop, der; -s, -s: Laden, in dem gebrauchte Kleidung o. Ä. verkauft wird

Se|c|ret Ser|vice ['si:krɪt 'sœ:ɐ̯vɪs], der; - -: britischer Geheimdienst

Se|cu|ri|ty [sɪ'kjʊ̯ɐ̯rəti], die; -, -s: 1. Sicherheit [vor Gefahr od. Schaden]. 2. Sicherheitsdienst. 3. (meist Plural) a) (Bankw.) bankübliche Sicherheit, Kaution; b) (Börsenw.) Wertpapier

se|da|tiv (Med.): beruhigend

Se|da|tiv, das; -s, -e, **Se|da|ti|vum,** das; -s, ...va (Med.): Beruhigungsmittel

Se|di|ment, das; -[e]s, -e: 1. (Geol.) das durch Sedimentation entstandene Schicht- oder Absatzgestein. 2. (Med.) Bodensatz einer [Körper]flüssigkeit (bes. des Urins)

se|di|men|tär (Geol.): durch Ablagerung entstanden (von Gesteinen u. Lagerstätten)

Se|di|men|ta|ti|on, die; -, -en: 1. (Geol.) Ablagerung von Stoffen, die an anderen Stellen abgetragen wurden. 2. (Chemie, Med.) Bodensatzbildung in Flüssigkeiten

Se|dis|va|kanz, die; -, -en: Zeitraum, während dessen das Amt des Papstes od. eines Bischofs unbesetzt ist

Se|dum, das; -s, ...da: Pflanzengattung der Dickblattgewächse

Seg|ment, das; -[e]s, -e: 1. Abschnitt, Teilstück (in Bezug auf ein Ganzes). 2. (Med.) Abschnitt eines Organs od. eines Körpers

seg|men|tal: segmentförmig

seg|men|tie|ren: [in Segmente] zerlegen; gliedern

Seg|men|tie|rung, die; -, -en: das Segmentieren

se|gre|gie|ren: absondern, aufspalten

Sei|cen|to [sei̯'tʃɛnto], **Se|cen|to,** das; -[s]: die italienische Kunst des 17. Jh.s

Sei|g|neur [zɛn'jø:ɐ̯], der; -s, -s: 1. (Geschichte) französischer Grund-, Lehnsherr. 2. (veraltet) vornehmer, gewandter Herr

Seis|mik, die; -: Wissenschaft, Lehre von der Entstehung, Ausbreitung u. Auswirkung der Erdbeben

seis|misch: 1. die Seismik betreffend. 2. Erdbeben betreffend, durch Erdbeben verursacht

Seis|mo|graf, Seis|mo|graph, der; -en, -en: Erdbebenmesser, der Richtung u. Dauer des Bebens aufzeichnet

seis|mo|gra|phisch

Seis|mo|lo|ge, der; -n, -n: Forscher, Fachmann auf dem Gebiet der ↑Seismik

Seis|mo|lo|gie, die; -: ↑Seismik

Seis|mo|lo|gin, die; -, -nen: weibliche Form zu ↑Seismologe

seis|mo|lo|gisch: seismisch (1)

Sejm [zai̯m, poln.: sɛjm], der; -s: polnische Volksvertretung

Se|kel, Sche|kel, der; -s, -: altbabylonische u. jüdische Gewichts- u. Münzeinheit

Se|kret, das; -[e]s, -e (Med.): a) von einer Drüse produzierter u. abgesonderter Stoff (z. B. Speichel, Hormone); b) Ausscheidung, Absonderung [einer Wunde]

Se|kre|tär, der; -s, -e: 1. jmd., der für eine [leitende] Persönlichkeit des öffentlichen Lebens die Korrespondenz, die organisatorischen Aufgaben o. Ä. erledigt. 2. a) leitender Funktionär einer Organisation; b) Schriftführer. 3. Beamter des mittleren Dienstes. 4. Schreibschrank. 5. afrik. Raubvogel (Kranichgeier)

Se|kre|ta|ri|at, das; -[e]s, -e: a) der Leitung einer Organisation, Institution, eines Unternehmens beigeordnete, für Verwaltung u. organisatorische Aufgaben zuständige Abteilung; b) Raum, Räume eines Sekretariats (a)

Se|kre|ti|on, die; -, -en (Med.): Absonderung von Sekreten durch Drüsen

se|kre|to|risch (Med.): die Sekretion von Drüsen betreffend

Sek|te, die; -, -n: 1. kleinere, von einer größeren Glaubensgemeinschaft, einer Kirche abgespaltene religiöse Gemeinschaft, die andere Positionen als die ursprüngliche Gemeinschaft betont. 2. (meist abwertend) kleinere Gemeinschaft, die in meist radikaler, einseitiger Weise bestimmte Ideologien vertritt, die nicht den ethischen Grundwerten der Gesellschaft entsprechen

Sek|tie|rer, der; -s, -: 1. Anhänger einer Sekte. 2. (meist abwertend) jmd., der von einer politischen o. ä. Richtung abweicht

Sek|tie|re|rin, die; -, -nen: weibliche Form zu ↑Sektierer

sek|tie|re|risch: 1. einer Sekte anhängend. 2. nach Art eines Sektierers

Sek|ti|on, die; -, -en: 1. Abteilung, Gruppe [innerhalb einer Behörde od. Institution]. 2. (Med.) ↑Obduktion

Sek|ti|ons|chef […ʃɛf], der; -s, -s (österr.): höchster Ministerialbeamter

Sek|ti|ons|che|fin, die; -, -nen: weibliche Form zu ↑Sektionschef

Sek|tor, der; -s, …oren: [Sach]gebiet (als Teil von einem Ganzen), Bezirk

Se|kund, die; -, -en (österr.): ↑Sekunde (4)

Se|kun|da|ner, der; -s, - (veraltend): Schüler einer Sekunda

Se|kun|da|ne|rin, die; -, -nen: weibliche Form zu ↑Sekundaner

Se|kun|dant, der; -en, -en: 1. Zeuge bei einem Duell. 2. Helfer, Berater, Betreuer eines Sportlers während eines Wettkampfes (bes. beim Berufsboxen). 3. Helfer, Beistand

Se|kun|dan|tin, die; -, -nen: weibliche Form zu ↑Sekundant (2, 3)

se|kun|där: a) an zweiter Stelle stehend, zweitrangig, in zweiter Linie in Betracht kommend; b) nachträglich hinzukommend

Se|kun|dar|arzt, der; -es, …ärzte (österr.): Assistenzarzt

Se|kun|dar|ärz|tin, die; -, -nen: weibliche Form zu ↑Sekundararzt

Se|kun|där|li|te|ra|tur, die; - (Literaturwiss.): wissenschaftliche u. kritische Literatur über Primärliteratur

S

Se|kun|där|roh|stoff, der; -[e]s, -e: Altmaterial

Se|kun|dar|schu|le, die; -, -n (schweiz.): höhere Volksschule

Se|kun|dar|stu|fe, die; -, -n: auf der Primarstufe aufbauende weiterführende Stufe

Se|kun|de, die; -, -n: 1. a) der 60. Teil einer Minute, eine Grundeinheit der Zeit (Abk.: Sek.; Zeichen: s, älter sec, sek); b) (ugs.) sehr kurze Zeitspanne, kurzer Augenblick. 2. (Math.) Winkelmaß (der 3 600ste Teil eines Winkelgrads; Kurzzeichen: ″). 3. die dritte Seite eines Druckbogens mit der Sternchenziffer. 4. (Musik) a) zweiter Ton einer diatonischen Tonleiter; b) Intervall von zwei diatonischen Tonstufen

se|kun|die|ren: 1. a) jmdn., etwas [mit Worten] unterstützen; beipflichtend äußern; b) die zweite Stimme singen od. spielen u. jmdn., etwas damit begleiten. 2. als Sekundant tätig sein. 3. (Sport, bes. Boxen u. Schach) einen Teilnehmer während des Wettkampfs persönlich betreuen u. beraten

Se|kun|do|ge|ni|tur, die; -, -en: Besitz[recht] des zweitgeborenen Sohnes u. seiner Linie in Fürstenhäusern; vgl. Primogenitur

Se|la, das; -s, -s: Musikzeichen in den Psalmen

se|lek|tie|ren: auswählen

Se|lek|ti|on, die; -, -en: 1. Aussonderung, Auswahl. 2. (Biol.) Auslese, Zuchtwahl; vgl. Elektion

se|lek|ti|o|nie|ren: ↑selektieren

se|lek|tiv: auf Auswahl, Auslese beruhend; auswählend; vgl. elektiv

Se|len, das; -s: chem. Element; ein Halbmetall (Zeichen: Se)

Se|le|no|gra|fie, Se|le|no|gra|phie, die; - (Astron.): Beschreibung u. kartografische Darstellung der Mondoberfläche

Self|ful|fil|ling Pro|phe|cy [ˈsɛlffʊlfɪlɪŋ ˈprɔfəsi], die; - -, - -s (Psychol., Soziol.): Zunahme der Wahrscheinlichkeit, dass ein bestimmtes Ereignis eintritt, wenn es vorher bereits erwartet wird

Sel|fie [ˈsɛlfi], das; -s, -s: mit der Digitalkamera (des Smartphones od. Tablets) meist spontan aufgenommenes Selbstporträt einer od. mehrerer Personen

Sel|fie|stick, der; -s, -s: Stange, mit der man das Smartphone bei der Aufnahme eines Selfies weit vom Körper weg halten kann

Self|made|man […mæn], der; -s, …men […mən]: jmd., der aus eigener Kraft zu beruflichem Erfolg gelangt ist

Sel|le|rie [österr.: …ˈriː], die; -, - (österr.: …rien): eine Gemüse- u. Gewürzpflanze

Se|man|tik, die; - (Sprachwiss.): Teilgebiet der Linguistik, das sich mit den Bedeutungen sprachlicher Zeichen u. Zeichenfolgen befasst

se|man|tisch: a) den Inhalt eines sprachlichen

Zeichens betreffend; b) die Semantik betreffend

Se|ma|phor, das od. (österr. nur:) der; -s, -e: Mast mit verstellbarem Flügelsignal zur optischen Zeichengebung

Se|men, das; -s, Semina (Bot.): Pflanzensamen

Se|mes|ter, das; -s, -: 1. Studienhalbjahr an einer Hochschule. 2. (Studentenspr.) Student eines bestimmten Semesters. 3. (ugs. scherzh.) Jahrgang (in Bezug auf eine [ältere] Person)

Se|mi|fi|na|le, das; -s, -: Vorschlussrunde bei Sportwettkämpfen, die in mehreren Ausscheidungsrunden durchgeführt werden

Se|mi|ko|lon, das; -s, -s u. ...la: Strichpunkt (Zeichen: ;)

Se|mi|nar, das; -s, -e (österr. auch: -ien): 1. Hochschulinstitut. 2. a) Lehrveranstaltung (z. B. an einer Hochschule); b) Schulung, Weiterbildungsveranstaltung. 3. kirchliches Institut zur Ausbildung von Geistlichen

Se|mi|na|rist, der; -en, -en: jmd., der an einem Seminar (3) ausgebildet wird

Se|mi|na|ris|tin, die; -, -nen: weibliche Form zu ↑Seminarist

se|mi|na|ris|tisch: a) das Seminar betreffend; b) den Seminaristen betreffend

Se|mio|lo|gie, die; -: 1. (Philos., Sprachwiss.) Lehre von den Zeichen, Zeichentheorie. 2. (Med.) ↑Symptomatologie

Se|mi|o|tik, die; -: 1. ↑Semiologie (1). 2. Wissenschaft vom Ausdruck, Bedeutungslehre. 3. ↑Symptomatologie

se|mi|o|tisch: a) die Semiotik betreffend; b) das [sprachliche] Zeichen betreffend

se|mi|per|me|a|bel (Chemie, Biol.): halbdurchlässig (z. B. von Membranen)

se|mi|pro|fes|si|o|nell: weitgehend, fast schon professionell

Se|mit, der; -en, -en: Angehöriger einer sprachlich u. anthropologisch verwandten Gruppe von Völkern, bes. in Vorderasien und Nordafrika

Se|mi|tin, die; -, -nen: weibliche Form zu ↑Semit

se|mi|tisch: die Semiten betreffend

Se|nar, der; -s, -e (antike Metrik): lat. Vers mit sechs Hebungen

Se|nat, der; -[e]s, -e: 1. (Geschichte) Staatsrat im Rom der Antike. 2. eine Kammer des Parlaments im Zweikammersystem (z. B. in den USA). 3. a) Regierungsbehörde in Hamburg, Bremen u. Berlin; b) ↑[1]Magistrat (z. B. in Lübeck). 4. Verwaltungsbehörde an Hochschulen. 5. Richterkollegium an höheren deutschen Gerichten

Se|na|tor, der; -s, ...oren: Mitglied eines Senats

Se|na|to|rin, die; -, -nen: weibliche Form zu ↑Senator

se|na|to|risch: den Senat betreffend

Se|n|hor [sɛnˈjoːɐ̯], der; -s, -es: port. Bez. für: Herr; Gebieter, Besitzer

Se|n|ho|ra [...ˈjoːra], die; -, -s: port. Bez. für: Dame, Frau

se|nil: 1. greisenhaft. 2. (abwertend) verkalkt

Se|ni|li|tät, die; -: 1. (meist abwertend) das Senilsein; Greisenhaftigkeit. 2. (Med.) verstärkte Ausprägung normaler Alterserscheinungen (z. B. Gedächtnisschwäche, psychische Veränderungen)

se|ni|or: der, selten auch die Ältere (nur unflektiert hinter dem Personennamen, z. B. Krause senior; Abk.: sen.)

Se|ni|or, der; -s, ...oren: 1. (ugs.) a) ↑Seniorchef; b) Vater (im Verhältnis zum Sohn). 2. Sportler einer bestimmten Altersgruppe. 3. Vorsitzender. 4. (ugs.) der Älteste (in einem [Familien]kreis, einer Versammlung o. Ä.). 5. (meist Plural) älterer Mensch

Se|ni|or|chef, der; -s, -s: Geschäfts-, Firmeninhaber, dessen Sohn in der Firma mitarbeitet

Se|ni|or|che|fin, die; -, -nen: weibliche Form zu ↑Seniorchef

Sen|na, die; -: ↑Kassia

Se|ñor [sɛnˈjoːɐ̯], der; -s, -es: span. Bez. für: Herr

Se|ño|ra, die; -, -s: span. Bez. für: Dame, Frau

Se|ño|ri|ta, die; -, -s: span. Bez. für: unverheiratete Frau

Sen|sa|lie, Sen|sa|rie, die; -, ...ien (österr.): Maklergebühr

S

Sen|sa|ti|on, die; -, -en: aufsehenerregendes, unerwartetes Ereignis; aufsehenerregende, verblüffende Leistung, Darbietung

sen|sa|ti|o|nell: aufsehenerregend, verblüffend, [höchst] eindrucksvoll

sen|si|bel: empfindsam, empfindlich

sen|si|bi|li|sie|ren: empfindlich, sensibel machen

Sen|si|bi|li|tät, die; -, -en: Empfindlichkeit, Empfindsamkeit; Feinfühligkeit

sen|si|tiv (Med.): leicht reizbar, überempfindlich (z. B. in Bezug auf die Psyche)

Sen|si|ti|vi|tät, die; -, -en: Überempfindlichkeit, Feinfühligkeit

Sen|sor, der; -s, ...oren (Technik): 1. elektronischer Fühler, Signalmesser. 2. durch bloßes Berühren zu betätigende Schaltvorrichtung

Sen|so|ri|en, die (nur Plural) (Med.): Gebiete der Großhirnrinde, in denen Sinnesreize verarbeitet werden; vgl. Sensorium

sen|so|risch (Med.): die Sinnesorgane, die Aufnahme von Sinnesempfindungen betreffend

Sen|so|ri|um, das; -s, ...ien: 1. (Med.) Bewusstsein; vgl. Sensorien. 2. Gespür

Sen|su|a|lis|mus, der; - (Philos.): Lehre, nach der alle Erkenntnis allein auf Sinneswahrnehmung zurückführbar ist

Sen|su|a|list, der; -en, -en: Vertreter des Sensualismus

sen|su|a|lis|tisch: den Sensualismus betreffend

S

sen|su|ell (Med.): a) die Wahrnehmung durch Sinnesorgane, die Sinnesorgane betreffend; b) sinnlich wahrnehmbar

Sen|sus, der; -, - [...zu:s] (Med.): Empfindungsvermögen eines bestimmten Sinnesorgans

Sen|tenz, die; -, -en: 1. einprägsamer, weil kurz u. treffend formulierter Ausspruch. 2. (Rechtswiss.) richterliches Urteil

Sen|ti|ment [sãti'mã:], das; -s, -s: Empfindung, Gefühl, Gefühlsäußerung

sen|ti|men|tal: a) empfindsam; b) rührselig, übertrieben gefühlvoll

Sen|ti|men|ta|li|tät, die; -, -en: Empfindsamkeit; Rührseligkeit

se|pa|rat: [ab]gesondert; einzeln, für sich

Se|pa|ra|ti|on, die; -, -en: 1. (veraltet) Absonderung. 2. Gebietsabtrennung zum Zwecke der Angliederung an einen anderen Staat od. der politischen Verselbstständigung

Se|pa|ra|tis|mus, der; - (oft abwertend): das Streben (im politischen, kirchlich-religiösen od. weltanschaulichen Bereich) nach Separation, bes. um einen separaten Staat zu gründen

Se|pa|ra|tist, der; -en, -en: Verfechter, Anhänger des Separatismus

Se|pa|ra|tis|tin, die; -, -nen: weibliche Form zu ↑Separatist

se|pa|ra|tis|tisch: a) den Separatismus betreffend; b) Tendenzen des Separatismus zeigend

Se|pa|ree, Sé|pa|rée [zepa're:] das; -s, -s: Nebenraum in einem Lokal; vgl. Chambre séparée

se|pa|rie|ren (veraltend): absondern, ausschließen

se|pia: grau- bis schwarzbraun

Se|pia, Se|pie, die; -, ...ien: 1. zehnarmiger Kopffüßer (z. B. Tintenfisch). 2. (ohne Plural) aus dem Sekret des Tintenbeutels der Sepia (1) hergestellter grau- bis schwarzbrauner Farbstoff

Sep|sis, die; -, ...sen (Med.): generalisierte Entzündung eines Organismus durch Eindringen von Bakterien, deren Toxinen od. Pilzen in den Blutkreislauf; Blutvergiftung

Sep|tem|ber, der; -[s], -: neunter Monat im Jahr (Abk.: Sept.)

Sep|tett, das; -[e]s, -e (Musik): a) Komposition für sieben solistische Instrumente od. sieben Solostimmen; b) Ensemble von sieben Instrumental- od. Vokalsolisten

Sep|ti|me, die; -, -n (Musik): a) siebenter Ton einer diatonischen Tonleiter vom Grundton an; b) Intervall von sieben diatonischen Tonstufen

Sep|ti|men|ak|kord, Sept|ak|kord, der; -[e]s, -e (Musik): Akkord aus Grundton, Terz, Quinte u. Septime od. aus drei übereinandergebauten Terzen (mit Septime)

sep|tisch (Med.): 1. die Sepsis betreffend, mit Sepsis verbunden. 2. nicht keimfrei

Sep|tu|a|gin|ta, die; -: älteste u. wichtigste griechische Übersetzung des Alten Testaments (Zeichen: LXX)

Sep|tum, das; -s, ...ta u. ...ten (Med.): Scheidewand, Zwischenwand, die benachbarte anatomische Strukturen voneinander trennt

Se|quel ['si:kwəl], das; -s, -s: Fortsetzungsfilm [im Fernsehen]

Se|quenz, die; -, -en: 1. Aufeinanderfolge von etwas Gleichartigem; Folge, Reihe. 2. (Musik) Wiederholung eines musikalischen Motivs auf höherer od. tieferer Tonstufe. 3. (Musik) hymnusähnlicher Gesang in der mittelalterlichen Liturgie. 4. (Film) kleinere filmische Handlungseinheit. 5. eine Serie aufeinanderfolgender Karten gleicher Farbe (im Kartenspiel). 6. (EDV) Befehlsfolge in einem Programmierabschnitt

se|quen|zi|ell, se|quen|ti|ell (EDV): fortlaufend, nacheinander zu verarbeiten (von der Speicherung u. Verarbeitung von Anweisungen eines Computerprogramms)

Se|ques|ter, der; -s, - (Rechtswiss.): jmd., der amtlich durch Gerichtsbeschluss mit der treuhänderischen Verwaltung einer strittigen Sache beauftragt wird; [Zwangs]verwalter

Se|ques|t|ra|ti|on, die; -, -en (Rechtswiss.): gerichtlich angeordnete Übergabe einer strittigen Sache an einen Sequester

Se|quo|ia [...ja], die; -, -s, **Se|quo|ie** [...jə], die; -, -n: Mammutbaum

Se|rail [ze'raɪ̯, ...l], das; -s, -s: a) Palast des Sultans; b) orientalisches Fürstenschloss

Se|raph, der; -s, Plural: -e u. -im: Engel des Alten Testaments mit sechs Flügeln [u. der Gestalt einer Schlange]

se|ra|phisch: a) zu den Engeln gehörend; b) engelgleich; c) verzückt

se|ren (veraltet): heiter

Se|ren: *Plural* von ↑Serum

Se|re|na|de, die; -, -n (Musik): 1. a) aus einer lockeren Folge von fünf bis sieben Einzelsätzen bestehende Komposition für meist kleines Orchester; b) Konzertveranstaltung [im Freien], auf deren Programm bes. Serenaden (1 a) stehen. 2. (veraltet) Ständchen

Se|re|nis|si|mus, der; -, ...mi (veraltet): a) Anrede für einen regierenden Fürsten; Durchlaucht; b) (scherzh.) Fürst eines Kleinstaates

Serge [zɛrʃ, sɛrʒ], die (auch, österr. nur:) der; -, -n: Gewebe bes. für Futterstoffe

Ser|geant [zɛr'ʒant, engl. Musspr.: 'sɑ:dʒənt], der; -en, -en u. (bei engl. Ausspr.:) -[s], -s: 1. (ohne Plural) Unteroffiziersdienstgrad. 2. Träger dieses Dienstgrades

Se|rie [...iə], die; -, -n: 1. a) Reihe bestimmter gleichartiger Dinge, Folge; b) Anzahl in gleicher Ausführung gefertigter Erzeugnisse der gleichen Art. 2. Aufeinanderfolge gleicher, ähnlicher Geschehnisse, Erscheinungen. 3. mehrteilige Fernseh- oder Radiosendung

se|ri|ell: 1. (Musik) eine Reihentechnik mit vorgegebenen Tonreihen verwendend (in der Zwölftonmusik). 2. (EDV) zeitlich nacheinander (in Bezug auf die Übertragung bzw. Verarbeitung von Daten). 3. in Serie herstellbar, gefertigt; serienmäßig

Se|ri|fe, die; -, -n (meist Plural) (Druckw.): kleiner, abschließender Querstrich am oberen od. unteren Ende von Buchstaben

Se|ri|gra|fie, Se|ri|gra|phie, die; -, ...ien: 1. (ohne Plural) Siebdruckverfahren. 2. durch Serigrafie (1) hergestellter Druck

se|ri|ös: a) ernst gemeint; b) gediegen, anständig; c) glaubwürdig

Se|ri|o|si|tät, die; -: seriöse Art

Ser|mon, der; -s, -e (ugs.): a) Redeschwall; langweiliges Geschwätz; lange, inhaltsleere Rede; b) Strafpredigt

Se|ro|to|nin, das; -s, -e (Med.): im Darm u. im Nervensystem vorkommender hormonähnlicher Stoff, der verschiedene Organfunktionen reguliert

ser|pens, ser|pi|gi|nös (Med.): sich weiterverbreitend (z. B. von Hautflechten)

Ser|pen|tin, der; -s, -e: ein Mineral; Schmuckstein

Ser|pen|ti|ne, die; -, -n: a) Schlangenlinie; in Schlangenlinie ansteigender Weg an Berghängen; b) Windung, Kehre, Kehrschleife

Ser|ra|del|la, Ser|ra|del|le, die; -, ...llen: mitteleuropäische Futterpflanze

Se|rum, das; -s, Sera u. Seren (Med.): a) nicht mehr gerinnbarer Teil des Blutplasmas; b) mit

S

Immunkörpern angereichertes, als Impfstoff verwendetes Blutserum

Ser|ve|la, die od. der; -, -s (schweiz.: -): 1. (landsch., bes. schweiz.) ↑Zervelatwurst. 2. (landsch.) kleine Fleischwurst

Ser|ver ['sœːɐ̯vɐ], der; -s, -: Rechner, der ein zentrales Speichermedium verwaltet (z. B. größere Festplatten o. Ä.), auf das verschiedene mit ihm vernetzte Rechner Zugriff haben

ser|ver|ba|siert (EDV): durch einen Server unterstützt

Ser|vice ['sœːɐ̯vɪs], der (selten: das); -[s], -s [...vɪs u. ...vɪsɪs]: 1. Bedienung, Kundendienst, Kundenbetreuung. 2. Aufschlag[ball] im Tennis

ser|vie|ren [zɛr...]: 1. bei Tisch bedienen; zum Essen, Trinken auf den Tisch bringen. 2. (Sport) a) den Ball aufschlagen (beim Tennis); b) einem Mitspieler den Ball [zum Torschuss] genau vorlegen (z. B. beim Fußball)

Ser|vie|re|rin, die; -, -nen: Kellnerin

Ser|vier|toch|ter, die; -, ...töchter (schweiz.): Kellnerin

Ser|vi|et|te, die; -, -n: Stoff- od. Papiertuch zum Abwischen des Mundes beim Essen

ser|vil (abwertend): unterwürfig, kriechend

Ser|vis, der; - (veraltet): 1. Dienst[leistung]. 2. a) Quartier-, Verpflegungsgeld; b) Wohnungs-, Ortszulage

Ser|vo|len|kung, die; -, -en: Lenkung bei Kraftwagen, bei der die vom Fahrer aufgewendete Kraft hydraulisch unterstützt wird

S

Ser|vo|mo|tor, der; -s, -en (Technik): Hilfsmotor zur Betätigung von Steuervorrichtungen

ser|vus (bes. südd., österr.): freundschaftlicher Gruß beim Abschied od. zur Begrüßung

Se|sam, der; -s, -s: a) Ölpflanze mit fingerhutartigen Blüten u. Fruchtkapseln; b) Samen der Sesampflanze

Se|sam|öl, das; -s, -e: Speiseöl aus Sesam (b)

Ses|terz, der; -es, -e: antike römische Münze

Set [sɛt], das od. der; -[s], -s: 1. Satz zusammengehörender, oft gleichartiger Dinge. 2. (meist Plural) Platzdeckchen für ein Gedeck. 3. (bei Film u. Fernsehen) (nur: *der*) Szenenaufbau, Dekoration

Set|te|cen|to [sɛte'tʃɛnto], das; -[s]: das 18. Jh. in Italien als Stilepoche

Set|ter [auch: 'sɛtɐ], der; -s, -: langhaariger englischer Jagd- u. Haushund

Sex [sɛks, zɛks], der; -[es]: 1. Geschlechtlichkeit, Sexualität. 2. Geschlechtsverkehr. 3. Geschlecht, Sexus. 4. ↑Sex-Appeal

Sex-Ap|peal, Sex|ap|peal ['sɛks(ʔ)ə...], der; -s: erotische, sexuelle Anziehungskraft

Sex|bom|be, die; -, -n (ugs.): Frau, von der eine starke sexuelle Reizwirkung ausgeht

Se|xis|mus, der; -: Diskriminierung von Menschen, bes. von Frauen, aufgrund ihrer Geschlechtszugehörigkeit

Se|xist, der; -en, -en: Vertreter des Sexismus

Se|xis|tin, die; -, -nen: weibliche Form zu ↑Sexist

se|xis|tisch: den Sexismus betreffend

Sex|shop, der; -s, -s: [kleiner] Laden, in dem Erotika u. Mittel zur sexuellen Stimulation verkauft werden

Sext, die; -, -en: 1. drittes Tagesgebet des Breviers (1 a) (zur sechsten Tagesstunde, 12 Uhr). 2. vgl. Sexte

Sex|ta, die; -, ...ten (veraltend): erste Klasse eines Gymnasiums

Sex|ta|ner, der; -s, - (veraltend): Schüler einer Sexta

Sex|ta|ne|rin, die; -, -nen: weibliche Form zu ↑Sextaner

Sex|tant, der; -en, -en: (bes. in der Seefahrt zur astronomisch-geografischen Ortsbestimmung benutztes) Winkelmessinstrument zur Bestimmung der Höhe eines Gestirns

Sex|te, die; -, -n: a) sechster Ton einer diatonischen Tonleiter vom Grundton an; b) Intervall von sechs diatonischen Tonstufen

Sex|tett, das; -s, -e: a) Komposition für sechs solistische Instrumente od. auch sechs Solostimmen; b) Ensemble von sechs Instrumental- od. auch Vokalsolisten

Sex|tou|ris|mus, der; -: Tourismus mit dem Ziel sexueller Kontakte

Se|xu|al|de|likt, das; -[e]s, -e: Delikt auf sexuellem Gebiet (z. B. Vergewaltigung)

Se|xu|al|hor|mon, das; -s, -e (Med.): a) auf die Entwicklung der sekundären Geschlechtsmerkmale und auf die Tätigkeit der Eierstöcke einwirkendes Hormon; b) Hormon, das auf die Keimdrüsen einwirkt

se|xu|a|li|sie|ren: die Sexualität in den Vordergrund stellen, überbetonen

Se|xu|a|li|tät, die; -: Geschlechtlichkeit

se|xu|ell: die Sexualität betreffend, geschlechtlich

se|xy ['sɛksi, 'zɛksi] (ugs.): Sex-Appeal besitzend, von starkem sexuellem Reiz; erotisch attraktiv

Sey|chel|len|nuss, Sey|chel|len-Nuss [ze'ʃɛlən...], die; -, ...nüsse: Frucht der Seychellenpalme

se|zer|nie|ren (Med.): ein Sekret absondern

Se|zes|si|on, die; -, -en: 1. Absonderung, Trennung von einer Künstlergruppe, von einer älteren Künstlervereinigung. 2. Absonderung, Verselbstständigung von Staatsteilen

Se|zes|si|o|nist, der; -en, -en: 1. Künstler, Mitglied einer Sezession (1). 2. Anhänger einer Sezession (2)

Se|zes|si|o|nis|tin, die; -, -nen: weibliche Form zu ↑Sezessionist

se|zes|si|o|nis|tisch: die Sezession betreffend, ihr angehörend

se|zie|ren (Anat.): [eine Leiche] öffnen, anatomisch zerlegen

sfor|zan|do, sfor|za|to (Musik): plötzlich betont (Abk.: sf, sfz)

Sfor|zan|do, das; -s, Plur. -s u. ...ti, **Sfor|zato,** das; -s, -s u. ...ti (Musik): plötzliche Betonung eines Tones od. Akkordes

sfu|ma|to: mit weichen, verschwimmenden Umrissen gemalt

Sgraf|fi|to, das; -s, -s u. ...ti: Fassadenmalerei, bei der die Zeichnung in die noch feuchte helle Putzschicht eingeritzt wird

Sha|ding ['ʃɛɪ̯dɪŋ], das; -[s], -s (Plural selten) (EDV): (in der 3-D-Computergrafik) Erzeugung von Tiefenwirkung durch Darstellung von Schattierungen auf Objekten

[1]**Shake** [ʃɛɪ̯k], das; -s, -s (Jazz): a) heftiges Vibrato über einer einzelnen Note; b) besondere Betonung einer Note

[2]**Shake,** der; -s, -s: Mixgetränk

Shake|hands ['ʃɛɪ̯k'hænts], das; -, - (meist Plural): Händeschütteln

Sha|ker ['ʃɛɪ̯kɐ], der; -s, -: Mixbecher

Sham|poo ['ʃampu, 'ʃampo, österr.: ...'po:], **Sham|poon** [ʃɛm'pu:n, auch, österr. nur: ʃam'po:n] das; -s, -s: Haarwaschmittel

sham|poo|nie|ren [ʃampo..., auch: ʃɛmpu...]: ↑schamponieren

Shan|ty ['ʃɛnti], das; -s, -s: Seemannslied

Share [ʃɛ:ɐ̯], der; -, -s: engl. Bez. für: Aktie

Share|hol|der-Va|lue, Share|hol|der|va|lue [...'vɛlju:] der; -[s], -s (Wirtsch.): Marktwert des sich auf die Aktionäre aufteilenden Eigenkapitals eines Unternehmens

Share|ware ['ʃɛ:ɐ̯wɛ:ɐ̯], die; -, -s: zu Testzwecken kostengünstig angebotene Software, die erst nach Eignungsnachweis bezahlt werden muss

She-DJ ['ʃi:'di:dʒɛɪ̯], die; -, -s (schweiz.): weibliche Form zu ↑DJ

She|riff ['ʃɛrɪf], der; -s, -s: 1. hoher Verwaltungsbeamter in einer englischen od. irischen Grafschaft. 2. oberster, auf Zeit gewählter Vollzugsbeamter einer amerikanischen Stadt mit begrenzten richterlichen Aufgaben

Sher|pa [ʃ...], der; -[s], -s: (als Träger u. Bergführer bei Expeditionen im Himalajagebiet bekannt gewordener) Angehöriger eines tibet. Volksstamms

Sher|ry ['ʃɛri], der; -s, -s: spanischer Likörwein

Shet|land [engl.: 'ʃɛtlənd], der; -s, -s: grau melierter Wollstoff in Tuch- od. Köperbindung

Shi|at|su [ʃ...], das; -[s]: jap. Druckmassage

Shi|i|ta|ke|pilz [ʃ...], der; -es, -e: (als Speisepilz beliebter) Blätterpilz mit rötlich braunem Hut u. festem weißlichem Fleisch

Shil|ling [ʃ...], der; -s, -s (aber: 5 -): bis 1971 im Umlauf befindliche britische Münze (20 Shilling = 1 Pfund Sterling; Zeichen: s od. sh)

Shim|my ['ʃɪmi], der; -[s], -s: Gesellschaftstanz der 1920er-Jahre im $^2/_2$- od. $^2/_4$-Takt

Shirt [ʃœ:ɐ̯t], das; -s, -s: [kurzärmeliges] Baumwollhemd

Shit [ʃ...], der od. das; -s (Jargon): Haschisch

Shit|storm ['ʃɪtstɔ:ɐ̯m], der; -s, -s (EDV): Sturm der Entrüstung in einem Kommunikationsmedium des Internets (zum Teil mit beleidigenden Äußerungen)

S

Sho|ah [ʃ...] vgl. Schoah

sho|cking (ugs.): anstößig, schockierend

Sho|gun ['ʃoːguːn], **Scho|gun**, der; -s, -e (Geschichte): a) (ohne Plural) [erblicher] Titel japanischer kaiserlicher Feldherren; b) Träger dieses Titels

Shoo|ting|star ['ʃuː...], der; -s, -s: Senkrechtstarter/-in

Shop [ʃ...], der; -s, -s: Laden, Geschäft

shop|pen: einen Einkaufsbummel machen

Shop|per, der; -s, -: 1. jmd., der einen Einkaufsbummel macht, einkauft. 2. größere [Hand]tasche

Shop|pe|rin, die; -, -nen: weibliche Form zu ↑Shopper (1)

Shop|ping, das; -s: Einkaufsbummel

Short|list ['ʃɔːɐ̯tlɪst], die; -, -s: Auswahlliste [für einen Wettbewerb], die durch Kürzen einer ↑Longlist entstanden ist

Shorts [ʃɔːɐ̯ts], die (nur Plural): kurze, sportliche Hose

Short Sto|ry ['ʃɔːɐ̯tstɔ(ː)ri], die; - -, - -s, **Shortsto|ry**, die; -, -s: Kurzgeschichte

Shor|ty ['ʃɔːɐ̯ti], das, auch: der; -s, -s: Damenschlafanzug mit kurzer Hose

Show [ʃɔʊ̯], die; -, -s: Vorführung eines großen bunten, aufwendigen Unterhaltungsprogramms in einem Theater, Varieté o. Ä., bes. als Fernsehsendung

Show|block, der; -s, ...blöcke: Show als Einlage in einer Fernsehsendung

Show|busi|ness [...bɪznɪs], das; -: Vergnügungs-, Unterhaltungsbranche; Schaugeschäft

Show|man [...mən], der; -s, ...men [...mən]: jmd., der im Showbusiness tätig ist

Show|mas|ter, der; -s, -: Unterhaltungskünstler, der eine Show arrangiert u. präsentiert

Show|mas|te|rin, die; -, -nen: weibliche Form zu ↑Showmaster

Show|view® [...vjuː], das; -s: Videoprogrammierung über Ziffernreihen

Shrimp [ʃrɪmp], der; -s, -s (meist Plural): kleine, essbare Garnele, Nordseekrabbe

Shut|tle ['ʃatl̩], der; -s, -s: 1. Kurzform von ↑Spaceshuttle. 2. a) Pendelverkehr; b) im Pendelverkehr eingesetztes Fahr- od. Flugzeug

Shy|lock ['ʃaɪ̯lɔk], der; -[s], -s: erpresserischer Geldverleiher; mitleidloser Gläubiger

si [siː]: Silbe, auf die beim Solmisieren der Ton h gesungen wird

Si|al, das; -[s] (Geol.): oberste Schicht der Erdkruste

si|a|me|sisch: in der Fügung **siamesische Zwillinge** (Med.): eineiige, miteinander verwachsene Zwillinge

Si|byl|le, die; -, -n: weissagende Frau, geheimnisvolle Wahrsagerin

si|byl|li|nisch: geheimnisvoll, rätselhaft

sic [auch: zɪk]: so, ebenso; wirklich so!

sic tran|sit glo|ria mun|di: „so vergeht die Herrlichkeit der Welt"

Side|board [...bɔːd], das; -s, -s: Anrichte, Büfett (1)

si|e|na [s...]: rotbraun

Si|e|na|er|de, die; -, -n: als Farbstoff zur Herstellung sienafarbener Malerfarbe verwendete, gebrannte, tonartige, feinkörnige Erde

Si|er|ra [s...], die; -, ...ren u. -s: span. Bez. für: Gebirgskette

Si|es|ta [s...], die; -, -s: Ruhepause [nach dem Essen]

Si|gel, das; -s, -, **Si|g|le** ['ziːgl̩], die; -, -n: festgelegtes Abkürzungszeichen für Silben, Wörter od. Wortgruppen

Sight|see|ing ['saɪ̯tsiːɪŋ], das; -s, -[s]: Besichtigung von Sehenswürdigkeiten

Sight|see|ing|tour, **Sight|see|ing-Tour** [...tuːɐ̯], die; -, -en: Stadtrundfahrt zur Besichtigung von Sehenswürdigkeiten

Si|g|le ['ziːgl̩] vgl. Sigel

Sig|ma, das; -[s], -s: 1. achtzehnter Buchstabe des griechischen Alphabets (Σ, σ, am Wortende: ς). 2. (Med.) ↑Sigmoid

Sig|mo|id, der; -[e]s, -e (Med.): s-förmiger Abschnitt des Dickdarms

Si|g|nal, das; -s, -e: optisches od. akustisches Zeichen mit einer bestimmten Bedeutung

Si|g|na|le|ment [...'mãː, schweiz.: ...'mɛnt], das; -s, -s (schweiz. auch: -e): (bes. schweiz.) Personenbeschreibung, Kennzeichnung (z. B. in einem Personalausweis)

si|g|na|li|sie|ren: 1. auf etwas aufmerksam machen, ein Signal geben. 2. etwas ankündigen. 3. benachrichtigen, warnen

Si|g|na|tar, der; -s, -e: 1. Kurzform von ↑Signatarmacht. 2. (Rechtsspr. veraltet) Unterzeichner eines Vertrages

Si|g|na|tar|macht, die; -, ...mächte: einen [internationalen] Vertrag unterzeichnender Staat

Si|g|na|tur, die; -, -en: 1. Kurzzeichen als Aufschrift od. Unterschrift, Namenszug. 2. Kennzeichen auf Gegenständen. 3. Name od. Zeichen von Künstlern auf ihrem Werk. 4. Nummer des Buches, unter der es im Magazin einer Bibliothek zu finden ist u. die im Katalog hinter dem betreffenden Buchtitel vermerkt ist. 5. kartografisches Zeichen zur Darstellung von Dingen u. Gegebenheiten

Si|g|net [zɪnˈjeː, auch: zɪˈgnɛt], das; -s, -s u. (bei dt. Ausspr.:) -e: 1. Buchdrucker-, Verlegerzeichen. 2. (veraltet) Handsiegel, Petschaft. 3. Aushängeschild, Visitenkarte. 4. Marke, Firmensiegel

si|g|nie|ren: a) mit einer Signatur versehen; b) unterzeichnen, abzeichnen

si|g|ni|fi|kant: a) bedeutsam; in deutlicher Weise als wesentlich, wichtig erkennbar; b) kennzeichnend; typisch; c) (Statistik) zu groß, um noch als zufällig gelten zu können

Si|g|ni|fi|kanz, die; -, -en: Bedeutsamkeit

Si|g|nor [sɪnˈjoːɐ̯], der; -, ...ri: it. Bez. für Herr (mit folgendem Namen od. Titel)

Si|g|no|ra, die; -, -s u. ...re: it. Bez. für Frau

Si|g|no|re [sɪnˈjoːrə], der; -, ...ri: it. Bez. für: [mein] Herr (ohne folgenden Namen od. Titel)

Si|g|no|ria [zinjo...], **Si|g|no|rie** [zɪnjo...], die; -, ...ien: die höchste [leitende] Behörde der italienischen Stadtstaaten (bes. der Rat in Florenz)

Si|g|no|ri|na [sɪnjo...], die; -, -s u. ...ne: it. Bez. u. Anrede eines Mädchens, einer unverheirateten [jungen] Frau

Si|g|num, das; -s, ...na: verkürzte Unterschrift; Zeichen

Si|g|rist [auch: ziˈgrɪst], der; -en, -en (schweiz.): Küster

Si|la|ge [...ʒə], die; -, -n: 1. (meist Plural) Gärfutter. 2. Einlagerung von Futter in Silos; Ensilage

Si|lan, das; -s, -e: Siliziumwasserstoff

Sild, der; -[e]s, -[e]: eingelegter Hering

Si|len, der; -s, -e: zweibeiniges Fabelwesen der griechischen Sage mit menschlichem Oberkörper u. Pferdeleib

Sil|hou|et|te [ziluˈɛtə], die; -, -n: 1. a) Umriss, der sich [dunkel] vom Hintergrund abhebt; b) Schattenriss. 2. (Mode) Umriss[linie]; Form der Konturen

Si|li|ci|um vgl. Silizium

Si|li|kat, fachspr.: **Si|li|cat,** das; -[e]s, -e: Salz der Kieselsäure

Si|li|kon, chem. fachspr.: **Si|li|con,** das; -s, -e: siliziumhaltiger Kunststoff von großer Wärme- u. Wasserbeständigkeit

Si|li|zi|um, fachspr.: **Si|li|ci|um,** das; -s: chem. Element; ein Nichtmetall (Zeichen: Si)

Si|lo, der, auch: das; -s, -s: a) Großspeicher (für Getreide, Erz u. Ä.); b) Gärfutterbehälter

Si|lur, das; -s (Geol.): erdgeschichtliche Formation des Paläozoikums

Sil|va|ner, der; -s, -: a) (ohne Plural) Rebsorte für einen milden, feinfruchtigen bis vollmundigen Weißwein; b) Wein der Rebsorte Silvaner (a)

si|mi|le (Musik): ähnlich, auf ähnliche Weise weiter, ebenso

Si|mi|li, das od. der; -s, -s: Nachahmung, bes. von Edelsteinen

si|mi|lia si|mi|li|bus: „Gleiches [wird] durch Gleiches [geheilt]" (ein Grundgedanke der Volksmedizin)

Si|mo|nie, die; -, ...ien: Kauf od. Verkauf von geistlichen Ämtern o. Ä.

si|mo|nisch, si|mo|nis|tisch: die Simonie betreffend

sim|pel: 1. leicht zu bewältigen; unkompliziert. 2. anspruchslos, einfach

Sim|pel, der; -s, - (landsch. ugs.): einfältiger Mensch, Dummkopf

Sim|plex, das; -, -e u. Simplizia (Sprachwiss.): nicht zusammengesetztes (u. nicht abgeleitetes) Wort

Sim|p|li|fi|ka|ti|on, die; -, -en: ↑Simplifizierung

sim|p|li|fi|zie|ren: sehr stark vereinfachen

Sim|p|li|fi|zie|rung, die; -, -en: Vereinfachung

Sim|p|li|zi|tät, die; -: 1. Einfachheit. 2. Einfalt

Si|mu|lant, der; -en, -en: jmd., der etwas, bes. eine Krankheit, vortäuscht

Si|mu|lan|tin, die; -, -nen: weibliche Form zu ↑Simulant

Si|mu|la|tor, der; -s, ...oren (Technik): Gerät, in dem künstlich die Bedingungen u. Verhältnisse der Wirklichkeit hergestellt werden

si|mu|lie|ren: 1. [eine Krankheit] vortäuschen, vorgeben. 2. [technische] Vorgänge wirklichkeitsgetreu nachahmen

si|mul|tan: gleichzeitig

Si|mul|ta|ne|i|tät, Si|mul|ta|ni|tät, die; -, -en: Gleichzeitigkeit

Si|mul|tan|schu|le, die; -, -n: Gemeinschaftsschule für verschiedene Konfessionen

si|ne ira et stu|dio: objektiv u. sachlich; unvoreingenommen

Sin|fo|nie, Sym|pho|nie, die; -, ...ien (Musik): auf das Zusammenklingen des ganzen Orchesters hin angelegte Instrumentalkomposition in mehreren (meist vier) Sätzen

Sin|fo|ni|et|ta, die; -, ...tten: kleine Sinfonie

Sin|fo|ni|ker, Sym|pho|ni|ker, der; -s, -: 1. Komponist von Sinfonien. 2. Mitglied eines Sinfonieorchesters

Sin|fo|ni|ke|rin, Sym|pho|ni|ke|rin, die; -, -nen: weibliche Form zu ↑Sinfoniker

sin|fo|nisch, sym|pho|nisch: sinfonieartig, in Stil u. Charakter einer Sinfonie

[1]Sin|gle ['sɪŋl̩], das; -[s], -s: 1. Einzelspiel zweier Spieler, Spielerinnen im Tennis. 2. Zweierspiel im Golf

S

[2]Sin|gle, die; -, -s: kleine Schallplatte, CD mit nur zwei Titeln

[3]Sin|gle, der; -[s], -s: jmd., der allein, ohne Bindung an einen Partner lebt

Sin|gu|lar, der; -s, -e (Sprachwiss.): Einzahl

sin|gu|lär: vereinzelt vorkommend, einen Einzel- od. Sonderfall darstellend

Sin|gu|la|ri|tät, die; -, -en: vereinzelte Erscheinung; Seltenheit, Besonderheit

si|nis|ter: 1. (Med.) links, auf der linken Seite befindlich. 2. unheilvoll, unglücklich

Si|no|lo|ge, der; -n, -n: jmd., der sich wissenschaftlich mit der chinesischen Sprache u. Literatur befasst

Si|no|lo|gie, die; -: Wissenschaft von der chinesischen Sprache u. Literatur

Si|no|lo|gin, die; -, -nen: weibliche Form zu ↑Sinologe

Sin|to, der; -, ...ti (meist Plural): Angehöriger einer im deutschsprachigen Raum beheimateten Gruppe eines urprünglich aus Indien stammenden Volks (das vielfach als diskriminierend empfundene *Zigeuner* ersetzende Selbstbezeichnung); vgl. Rom

Si|nus, der; -, - [...nu:s] u. -se (Math.): Winkelfunktion im rechtwinkligen Dreieck, die das Verhältnis der Gegenkathete zur Hypotenuse darstellt (Zeichen: sin)

Si|nu|si|tis, Si|nu|i|tis, die; -, ...itiden (Med.): Entzündung im Bereich der Nebenhöhlen

Si|nus|kur|ve, die; -, -n (Math.): zeichnerische Darstellung der Sinusfunktion (vgl. Sinus) in einem Koordinatensystem

Si|pho, der; -s, ...onen: Atemröhre der Schnecken, Muscheln u. Tintenfische

Si|phon ['zi:fõ, österr.: zi'fo:n], der, selten auch: das; -s, -s: 1. s-förmiger Geruchsverschluss bei Wasserausgüssen zur Abhaltung von Abwassergasen. 2. Getränkegefäß, aus dem beim Öffnen die eingeschlossene Kohlensäure die Flüssigkeit herausdrückt; Siphonflasche. 3. (österr. ugs.) Sodawasser. 4. Abflussanlage, die unter eine Straße führt

Sire [si:r]: frz. Anrede für: Majestät

Si|re|ne, die; -, -n: 1. schöne, verführerische Frau. 2. Anlage zur Erzeugung eines Alarm- od. Warnsignals. 3. Seekuh

Sir|ta|ki, der; -[s], -s: ein griechischer Volkstanz

Si|rup, der; -s, -e oder -s: a) eingedickter, wässriger Zuckerrübenauszug; b) zähflüssige Lösung aus Zucker u. Wasser od. Fruchtsaft

Si|sal, der; -s: Faser aus den Blättern einer Agave, die zur Herstellung von Seilen u. Säcken verwendet wird

sis|tie|ren: 1. (Rechtswiss.) ein Verfahren vorläufig einstellen. 2. jmdn. zur Feststellung seiner Personalien zur Wache bringen

Sis|tie|rung, die; -, -en: 1. das Feststellen der Personalien auf der Wache. 2. (Rechtswiss.) vorläufige Einstellung eines Verfahrens

Si|sy|phus|ar|beit, die; -, -en: sinnlose Anstrengung; vergebliche, nie ans Ziel führende Arbeit

Si|tar, der; -[s], -[s] u. die; -, -[s]: ein iranisches u. indisches Zupfinstrument

Sit|com [ˈsɪtkɔm], die; -, -s: Situationskomödie (bes. als Fernsehserie)

Site [saɪ̯t], die; -, -s: Kurzform von ↑Website

Sit-in, Sit|in [s...], das; -s, -s: demonstratives Sichhinsetzen einer Gruppe zum Zeichen des Protests; Sitzstreik

Si|tu|a|ti|on, die; -, -en: allgemeine [Sach]lage, Stellung; Zustand; augenblickliche Umstände

Si|tu|a|ti|ons|ko|mik, die; -: Komik, die durch eine erheiternde u. zum Lachen reizende Situation entsteht

si|tu|a|tiv: durch die (jeweilige) Situation bedingt

si|tu|ie|ren: legen, stellen, [an]ordnen (meist als Partizip Perfekt in Verbindung mit Adjektiven wie „gut" gebraucht, z. B. *gut situiert* = wirtschaftlich gut gestellt)

Si|tus, der; -, - [...tu:s] (Med.): a) [natürliche] Lage der Organe im Körper; b) Lage des Fetus in der Gebärmutter; vgl. in situ

Ska|bi|es, die; - (Med.): Krätze (eine parasitäre Hautkrankheit)

Ska|la, die; -, Skalen u. -s: 1. (Technik) Maßeinteilung an Messinstrumenten. 2. Stufenleiter, vollständige Reihe sich abstufender Erscheinungen. 3. (Musik) Tonleiter

ska|lar (Math.): durch ↑reelle Zahlen bestimmt

Ska|lar, der; -s, -e (Math.): mathematische Größe, die allein durch einen Zahlenwert bestimmt wird

Skal|de, der; -n, -n: altnordischer Dichter u. Sänger

ska|lie|ren (Psychol., Soziol.): Verhaltensweisen od. Leistungen in einer statistisch verwendbaren Wertskala einstufen

Skalp, der; -s, -e (Geschichte): bei den Indianern die abgezogene Kopfhaut des getöteten Gegners als Siegeszeichen

Skal|pell, das; -s, -e: kleines chirurgisches Messer mit fest stehender Klinge

skal|pie|ren: den Skalp nehmen, die Kopfhaut abziehen

Skan|dal, der; -s, -e: Ärgernis; aufsehenerregendes, schockierendes Vorkommnis

skan|da|li|sie|ren: etwas zu einem Skandal machen; Anstoß nehmen

Skan|da|lon, das; -s (veraltet): Anstoß, Ärgernis

skan|da|lös: unglaublich, unerhört; anstößig

skan|die|ren: Verse taktmäßig u. ohne Rücksicht auf den Sinnzusammenhang sprechen

Ska|ra|bä|us, der; -, ...äen: 1. Käfer, der aus Kot Kugeln formt, die ihm als Nahrung u. zur Eiablage dienen; Pillendreher. 2. als Amulett od. Siegel benutzte [altägyptische] Nachbildung des Skarabäus (1)

Skat, der; -[e]s, -e u. -s: 1. Kartenspiel für drei Spieler. 2. die zwei bei diesem Kartenspiel verdeckt liegenden Karten

Skate|board [ˈskɛɪ̯tbɔ:d], das; -s, -s: als Spiel- u. Sportgerät dienendes Brett auf vier Rollen, mit dem man sich stehend [mit Abstoßen] fortbewegt u. das nur durch Gewichtsverlagerung gesteuert wird

Skate|boar|der [ˈskɛɪ̯tbɔ:dɐ], der; -s, -: jmd., der Skateboard fährt

Skate|boar|de|rin, die; -, -nen: weibliche Form zu ↑Skateboarder

ska|ten [ˈskɛɪ̯tn̩]: a) mit, auf einem Skateboard fahren; b) Kurzform von ↑inlineskaten

Ska|ter [ˈskɛɪ̯tɐ], der; -s, -: a) jmd., der mit, auf einem Skateboard fährt; b) jmd., der auf Inlineskates läuft

Ska|te|rin [ˈskɛɪ̯tə...], die; -, -nen: weibliche Form zu ↑Skater

Ske|le|ton [...lətn̩, ...letɔn], der; -s, -s (Sport): niedriger, schwerer Sportrennschlitten

Ske|lett, das; -[e]s, -e: 1. (Biol., Med.) stützendes Körpergerüst aus Knochen, Chitin od. Kalk bei Tieren u. dem Menschen; Gerippe. 2. der tragende Unterbau, Grundgerüst

ske|let|tie|ren: 1. das Skelett (1) bloßlegen. 2. zum Skelett (1) werden

Ske|ne, die; -, ...nai: im altgriechischen Theater ein Ankleideräume enthaltender Holzbau, der als Bühnenabschluss diente u. vor dem die Schauspieler auftraten; vgl. Szene

Skep|sis, die; -: Zweifel, Bedenken; Ungläubigkeit

S

Skep|ti|ker, der; -s, -: Zweifler; misstrauischer Mensch

Skep|ti|ke|rin, die; -, -nen: weibliche Form zu ↑Skeptiker

skep|tisch: zum Zweifel neigend, zweiflerisch, misstrauisch, ungläubig; kühl abwägend

Skep|ti|zis|mus, der; -: skeptische Haltung

Ski [ʃiː], **Schi,** der; -[s], -, (auch:) -er: aus Holz, Kunststoff od. Metall gefertigtes, langes schmales Brett mit Spezialbindung zur Fortbewegung auf Schnee

Ski|bob [ˈʃiː...], **Schi|bob,** der; -s, -s: einkufiger Schlitten mit Lenkvorrichtung, der von einem Fahrer mit Kurzskiern an den Füßen, wie auf einem Fahrrad sitzend, gefahren wird

Ski|cross [ˈʃiːkrɔs], **Schi|cross,** das; -, -: Sportart, bei der vier Skifahrer gleichzeitig eine mit Hindernissen versehene Strecke abfahren

Skiff, das; -[e]s, *Plur.* -e u. -s (Sport): schmales nordisches Einmannruderboot

Ski|gym|nas|tik [ˈʃiː...], **Schi|gym|nas|tik,** die; -, -en: spezielle Gymnastik, die den Körper für das Skilaufen kräftigt

Ski|lift [ˈʃiː...], **Schi|lift,** der; -[e]s, -e u. -s: Seilbahn od. ähnliche Anlage, die Skiläufer bergaufwärts befördert

Skin|head [...hɛt], der; -s, -s: zu aggressivem Verhalten u. Gewalttätigkeiten neigender Jugendlicher mit kahl geschorenem Kopf

Skip|per, der; -s, -: Kapitän einer [Segel]jacht

Ski|zir|kus [ˈʃiː...], **Schi|zir|kus,** der; -, -se (Jargon): 1. (ohne Plural) alpine Skirennen mit allen damit in Zusammenhang stehenden Veranstaltungen der Saison. 2. über ein ganzes Skigebiet verteiltes, in sich geschlossenes System von Skiliften

Skiz|ze, die; -, -n: 1. das Festhalten eines Eindrucks od. einer Idee in einer vorläufigen Form. 2. [erster] Entwurf, flüchtig entworfene Zeichnung für ein Gemälde, eine Plastik, eine Architektur. 3. kleine Geschichte

skiz|zie|ren: 1. (einen Eindruck od. eine Idee) vorläufig [auf dem Papier] festhalten; (ein Problem) umreißen. 2. entwerfen; in den Umrissen zeichnen; andeuten

Skla|ve, der; -n, -n: 1. Leibeigener, in völliger wirtschaftlicher u. rechtlicher Abhängigkeit lebender Mensch. 2. (Jargon) ↑Masochist

Skla|ve|rei, die; -: Leibeigenschaft; Knechtschaft

Skla|vin, die; -, -nen: weibliche Form zu ↑Sklave

skla|visch: blind gehorchend, willenlos

Skle|ra, die; -, ...ren (Med.): Lederhaut des Auges, die äußere Hülle des Auges

Skle|ro|se, die; -, -n (Med.): krankhafte Verhärtung von Geweben u. Organen

skle|ro|tisch (Med.): verhärtet (von Geweben)

Sko|li|o|se, die; -, -n (Med.): seitliche Verkrümmung der Wirbelsäule

Skon|to, der od. das; -s, ...ti (auch: -s): Barzahlungsrabatt

Skoo|ter [ˈskuːtɐ], der; -s, -: [elektrisches] Kleinauto auf Jahrmärkten

Skor|but, der; -[e]s (Med.): auf einem Mangel an Vitamin C beruhende Krankheit

sko|ren (österr.): ↑scoren

Skor|pi|on, der; -s, -e: 1. tropisches u. subtropisches Spinnentier mit Giftstachel. 2. (ohne Plural) ein Sternbild. 3. a) (ohne Plural) das 8. Tierkreiszeichen; b) in diesem Zeichen geborener Mensch

Skri|bent, der; -en, -en: Vielschreiber, Schreiberling

Skri|ben|tin, die; -, -nen: weibliche Form zu ↑Skribent

Skript, das; -[e]s, -e[n] u. -s: 1. schriftliche Ausarbeitung, Schriftstück. 2. Nachschrift einer Hochschulvorlesung. 3. (Plural meist -s) Drehbuch für einen Film

Skrip|tum, das; -s, ...ten u. ...ta: ↑Skript

skrip|tu|ral: die Schrift betreffend

Skro|fu|lo|se, die; -, -n (Med.): [tuberkulöse] Haut- u. Lymphknotenerkrankung bei Kindern

Skro|tal|bruch, der; -[e]s, ...brüche, **Skro|tal|her|nie** [...ni̯ə], die; -, -n (Med.): Hodenbruch

Skro|tum, med. fachspr.: **Scro|tum,** das; -s, ...ta (Med.): Hodensack

Skru|pel, der; -s, - (meist Plural): Zweifel, moralische Bedenken

skru|pu|lös (bildungsspr.): bedenkenvoll, ängstlich; peinlich genau

Skull, das; -s, -s: der nur mit einer Hand geführte Holm mit Ruderblatt eines Skullboots

Skul|ler, der; -s, -: 1. Skullboot. 2. jmd., der das Skullen als Sport betreibt; Sportruderer

Skul|le|rin, die; -, -nen: weibliche Form zu ↑Skuller (2)

Skulp|teur [...'tøːɐ̯], der; -s, -e: Künstler, der Skulpturen herstellt

Skulp|teu|rin [...'tøːrɪn], die; -, -nen: weibliche Form zu ↑Skulpteur

Skulp|tur, die; -, -en: 1. Bildhauerarbeit, -werk. 2. (ohne Plural) Bildhauerkunst

skulp|tu|ral: die Form einer Skulptur betreffend, in der Form einer Skulptur

skur|ril: (in Aussehen u. Wesen) sonderbar, bizarr

Sky|bea|mer ['skai̯biːmɐ], der; -s, -: starker Scheinwerfer, der zu Diskotheken (2) od. ähnlichen Veranstaltungen lockende gebündelte Lichtstrahlen am Nachthimmel erzeugt

Sky|light ['skai̯lai̯t], das; -s, -s (Seemannsspr.): Oberlicht, Luke (auf Schiffen)

Sky|line ['skai̯lai̯n], die; -, -s: Horizont, Silhouette einer Stadt

sky|pen ['skai̯pn̩]: mit der Software Skype® über das Internet telefonieren

Slack|line ['slɛklai̯n], die; - , -s: zwischen zwei Punkten gespanntes Band zum Balancieren

Sla|lom, der; -s, -s: a) (Ski- u. Kanusport) Torlauf; b) Zickzacklauf, -fahrt

Slang [slɛŋ], der; -s, -s: a) (oft abwertend) nachlässige, saloppe Umgangssprache; b) umgangssprachliche Ausdrucksweise bestimmter sozialer, beruflicher o. ä. Gruppen; [Fach]jargon

Slap|stick ['slɛpstɪk], der; -s, -s: grotesk-komischer Gag, bes. im [Stumm]film

Sla|wist, der; -en, -en: Wissenschaftler auf dem Gebiet der Slawistik

Sla|wis|tik, die; -: wissenschaftliche Erforschung der slawischen Sprachen u. Literaturen

Sla|wis|tin, die; -, -nen: weibliche Form zu ↑Slawist

Sli|bo|witz, Sli|wo|witz, der; -[es], -e: Pflaumenbranntwein

Sling|pumps, der; -, -: Pumps mit ausgesparter Hinterkappe, der über der Ferse mit einem Riemchen gehalten wird

Slip, der; -s, -s: kleine, eng anliegende Unterhose, deren Beinteil in der Schenkelbeuge endet

Sli|pon, der; -s, -s: bequemer Herrensportmantel mit Raglanärmeln

Slip|per, der; -s, -: 1. bequemer Schuh mit niederem Absatz u. ohne Verschnürung. 2. (österr.) ↑Slipon

Sli|wo|witz vgl. Slibowitz

Slo|gan ['slɔʊ̯gn̩, 'sloːgn̩], der; -s, -s: Werbeschlagwort od. -zeile, einprägsame, wirkungsvoll formulierte Redewendung

Sloop [sluːp], die; -, -s: ↑Slup

Slot, der; -[s], -s: 1. (EDV) Steckplatz. 2. (Flugw.) Zeitfenster für die Starts u. Landungen von Flugzeugen

slow [sloː, slɔʊ̯]: Tempobezeichnung im Jazz, etwa zwischen adagio u. andante

Slow Food, das; - -[s], **Slow|food,** das; -[s] ['slɔʊ̯fuːd]: bewusst naturbelassenes u. in Ruhe zu verzehrendes Essen

Slow Mo|tion ['- 'mɔʊ̯ʃn̩], die; - -: a) Zeitlupe; b) in Zeitlupe abgespielter Film[ausschnitt]

Slum [slam, slʌm], der; -s, -s (meist Plural): Elendsviertel [einer Großstadt]

Slup, die; -, -s: 1. einmastige Jacht mit Groß- u. Vorsegel. 2. Kurzform von Sluptakelung (Takelungsart mit Groß- u. Vorsegel)

small [smɔːl]: klein (als Kleidergröße; Abk.: S)

Small Talk, der; - -[s], - -s, **Small|talk,** der (auch: das); -[s], -s ['smɔːltɔːk]: leichte, beiläufige Konversation

Sma|ragd, der; -[e]s, -e: tiefgrün gefärbter Beryll, der als wertvoller Edelstein gilt

sma|rag|den: grün wie ein Smaragd

smart: a) schlau, geschäftstüchtig; b) schick, flott (von der Kleidung)

Smart|board, das; -s, -s, **Smart Board,** das; - -s, - -s [...bɔːd]: elektronische Wandtafel, auf der Texte u. Bilder sowohl angezeigt als auch eingegeben werden können

Smart|card, die; -, -s, **Smart Card,** die; - -, - -s [...kaːɐ̯t]: Plastikkarte mit Mikrochip, die als Zahlungsmittel, Datenträger, Ausweis o. Ä. dient

S

Smart|home, das; -s, -s, **Smart Home**, das; - -s, - -s [...hoʊ̯m]: Wohnung, in der Licht, Heizung, Haushaltgeräte u. Ä. elektronisch, insbes. mittels Smartphone, steuerbar sind

Smar|tie, der; -s, -s (ugs.): jmd., der smart ist

Smart|phone, das; -s, -s, **Smart Phone**, das; - -s, - -s [...foʊ̯n]: Mobiltelefon mit zahlreichen zusätzlichen Funktionen wie GPS, Internetzugang, Digitalkamera u. a.

Smart|watch, die; -, -es, **Smart Watch**, die; - -, - -es [...wɔtʃ]: (wie eine Uhr) am Handgelenk getragener Minicomputer, der neben der Zeitanzeige über Sensoren zur Beobachtung des Anwenders u. die Verbindung zu einem Smartphone o. Ä. verfügt

Smash [smɛʃ], der; -[s], -s (Tennis): a) Schmetterschlag; b) Schmetterball

Smeg|ma, das; -[s] (Med.): von den Talgdrüsen unter der Vorhaut sowie zwischen Klitoris u. kleinen Schamlippen abgesondertes Sekret

Smi|ley ['smai̯li], der od. das; -s, -s (EDV): ↑Emoticon in Form eines lächelnden Gesichts

Smog, der; -[s], -s: mit Abgasen, Rauch u. a. gemischter Dunst od. Nebel über Industriestädten

Smo|king, der; -s, -s (österr. auch: -e): bei kleineren gesellschaftlichen Veranstaltungen getragener, meist schwarzer Abendanzug mit seidenen Revers für Herren

SMS [ɛsʔɛm'ʔɛs], die, bes. österr. u. schweiz. auch: das; -, -: 1. über das Handy verschickte Kurznachricht. 2. (ohne Artikel) Kurznachrichtendienst (beim Mobilfunk)

Smyr|na, der; -[s], -s: langfloriger Teppich mit großer Musterung

Snack|bar ['snɛk...], die; -, -s: engl. Bez. für: Imbissstube

Snail|mail, **Snail-Mail** ['snɛi̯lmɛi̯l], die; -, -s: Briefpost (im Unterschied zur elektronischen Post)

Snea|ker ['sni:kɐ], der; -s, -s u. - (meist Plural): aus dem Turnschuh entwickelter, sportlicher Schuh

Sneak|pre|view, **Sneak-Pre|view** ['sni:k(')pri:vju:], die; -, -s: Überraschungsvorstellung eines Films vor dem offiziellen Kinostart

Snob, der; -s, -s: Mensch mit extravagantem Verhalten; Vornehmtuer

Sno|bis|mus, der; -, ...men: 1. (ohne Plural) Vornehmtuerei, Wichtigtuerei. 2. für einen Snob typische Verhaltensweise od. Eigenschaft

sno|bis|tisch: in der Art eines Snobs; von Snobismus (1) geprägt

Snow|board ['snoʊ̯bɔ:d], das; -s, -s: einem Brett ähnliches Sportgerät zum Gleiten auf Schnee

snow|boar|den: Snowboarding betreiben

Snow|boar|der, der; -s, -: jmd., der Snowboarding betreibt

Snow|boar|de|rin, die; -, -nen: weibliche Form zu ↑Snowboarder

Snow|boar|ding, das; -s: sportliche Betätigung auf einem Snowboard

Soap [soʊ̯p], die; -, -s: Kurzform von ↑Soap-Opera

Soap-Ope|ra, **Soap|ope|ra** ['soʊ̯pʔɔpəra], die; -, -s: Seifenoper; rührselige, seichte, melodramatische, komische o. ä. Hörspiel- od. Fernsehserie, Unterhaltungsserie

so|a|ve (Musik): lieblich, sanft, angenehm

Soc|cer ['sɔkɐ], das (auch: der); -s: amerik. Bez. für: Fußball

So|cial Me|dia ['soʊ̯ʃl̩ 'mi:di̯ə], die (nur Plural): Gesamtheit der digitalen Technologien und Medien wie Weblogs, soziale Netzwerke u. Ä., über die Nutzerinnen und Nutzer miteinander kommunizieren und Inhalte austauschen können

So|ci|e|tas Je|su, die; - -: Orden der Jesuiten (Abk.: SJ hinter Personennamen = Societatis Jesu „von der Gesellschaft Jesu")

So|ci|e|ty [sə'sai̯əti], die; -: ↑High Society

So|da, die; -, auch das; -s: 1. Natriumkarbonat. 2. (nur: *das;* -s) mit Kohlensäure versetztes Mineralwasser, Sodawasser

So|dom, das; -: Stadt od. Stätte der Sünde u. Lasterhaftigkeit

So|do|mie, die; -: Geschlechtsverkehr mit Tieren

So|do|mit, der; -en, -en: jmd., der seinen Geschlechtstrieb durch Sodomie befriedigt

So|do|mi|tin, die; -, -nen: weibliche Form zu ↑Sodomit

so|do|mi|tisch: Sodomie treibend

So|fa, das; -s, -s: gepolstertes Sitzmöbel für mehrere Personen

Sof|fit|te, Suf|fit|te, die; -, -n (meist Plural): 1. (Theater) vom Schnürboden herabhängendes Deckendekorationsstück. 2. Kurzform von ↑Soffittenlampe

Sof|fit|ten|lam|pe, die; -, -n: röhrenförmige Glühlampe

soft [sɔft]: 1. weich (Vortragsweise in der Musik, bes. im Jazz). 2. (ugs.) (von Männern) sanft, weich, seinen Gefühlen Ausdruck gebend

Soft|drink, der; -s, -s, **Soft Drink,** der; - -s, - -s: alkoholfreies Getränk

Soft|eis, das; -es, -: sahniges Speiseeis

Sof|tie ['sɔfti], der; -s, -s (ugs.): Mann von sanftem, zärtlichem, empfindungsfähigem Wesen

Soft|por|no, der; -s, -s: Sexfilm, in dem Sexualpraktiken nicht allzu detailliert gezeigt werden

Soft|rock, der; -[s], **Soft Rock,** der; - -[s]: gemilderte, leisere Form der Rockmusik

Soft|ware ['sɔftwɛ:ɐ̯], die; -, -s (Plural selten): zum Betrieb einer Datenverarbeitungsanlage erforderliche nicht apparative Funktionsbestandteile (Einsatzanweisungen, Programme u. Ä.)

soi|g|nie|ren [zo̯an'ji:...] (veraltet): pflegen

soi|g|niert: gepflegt; gediegen; seriös (bes. in Bezug auf die äußere Erscheinung)

Soi|ree, Soi|rée [zo̯a're:, s...], die; -, Soireen: Abendgesellschaft; Abendvorstellung

So|ja, die; -, Sojen, **So|ja|boh|ne,** die; -, -n: südostasiatische wertvolle, eiweißreiche Nutzpflanze

So|ja|so|ße, die; -, -n: aus gegorenen Sojabohnen gewonnene Speisewürze

sol (Musik): Silbe, auf die beim Solmisieren der Ton g gesungen wird; vgl. Solmisation

[1]**Sol,** der; -[s], -s (aber: 5 -): (bis 1985) Währungseinheit in Peru

[2]**Sol,** das; -s, -e (Chemie): kolloide Lösung

So|la|num, das; -s, ...nen: Nachtschattengewächs (z. B. Kartoffel, Tomate)

so|lar, so|la|risch (Physik, Astron., Meteorol.): die Sonne betreffend, zur Sonne gehörend

So|lar|ener|gie, die; - (Physik): Sonnenenergie

So|la|ri|sa|ti|on, die; -, -en (Fotogr.): Erscheinung der Umkehrung der Lichteinwirkung bei starker Überbelichtung des Films

So|la|ri|um, das; -s, ...ien: Anlage, Gerät mit künstlich ultraviolette Strahlung erzeugenden Lichtquellen zur Bräunung des Körpers

So|lar|kol|lek|tor, der; -s, -en: Sonnenkollektor; Vorrichtung, mit deren Hilfe Sonnenenergie absorbiert wird

So|lar|ple|xus [auch: ...'plɛ...], der; -, - (Med.): Sonnengeflecht (des sympathischen Nervensystems im Oberbauch)

So|lar|tech|nik, die; -: Technik, die sich mit der Nutzbarmachung u. den Anwendungsmöglichkeiten der Sonnenenergie befasst

So|lar|teur® [...'tø:ɐ̯], der; -s, -e: Fachkraft für den Bau u. die Instandhaltung von Solaranlagen

So|lar|teu|rin, die; -, -nen: weibliche Form zu Solarteur

So|lar|zel|le, die; -, -n: Sonnenzelle; Element aus bestimmten Halbleitern, das die Energie der Sonnenstrahlen in elektrische Energie umwandelt

Sol|dat, der; -en, -en: a) Angehöriger der Streitkräfte eines Landes; b) unterster militärischer Dienstgrad, unterste Ranggruppe der Land- u. Luftstreitkräfte

Sol|da|tes|ka, die; -, ...ken: gewalttätig u. rücksichtslos vorgehende Soldaten

Sol|da|tin, die; -, -nen: weibliche Form zu ↑Soldat (a)

sol|da|tisch: in Art eines ↑Soldaten (a)

Sol|do, der; -s, -s u. Soldi (Geschichte): italienische Münze

so|lenn: feierlich, festlich

so|lid, so|li|de: 1. fest, haltbar; gediegen (von Gegenständen). 2. maßvoll, nicht ausschweifend; anständig (von Personen)

so|li|da|risch: füreinander einstehend, eng verbunden

so|li|da|ri|sie|ren, sich: sich solidarisch erklären

So|li|da|ri|tät, die; -: Zusammengehörigkeitsgefühl, Gemeinsinn

So|li|da|ri|täts|zu|schlag, der; -[e]s: zur Be-

S

schaffung der durch die deutsche Vereinigung zusätzlich benötigten Mittel erhobener Zuschlag zur Einkommens- u. Körperschaftssteuer

So|li|dar|pakt, der; -[e]s, -e (Politik): Übereinkommen zwischen Politik, Unternehmensverbänden u. Gewerkschaften zur Finanzierung außergewöhnlicher Vorhaben durch eine möglichst sozial verträgliche Verteilung der Lasten

So|li|dar|pa|tho|lo|gie, die; - (Med.): Lehre, die in den festen Bestandteilen des Körpers die Ursachen der Krankheiten sucht

So|li|di|tät, die; -: 1. Festigkeit, Haltbarkeit. 2. Zuverlässigkeit; Mäßigkeit, Gesetztheit

So|ling, das od. der; -s, -s: mit drei Personen zu segelndes Kielboot im Rennsegelsport

So|lip|sis|mus, der; - (Philos.): Standpunkt, der nur das eigene Ich mit seinen Bewusstseinsinhalten gelten lässt

So|lip|sist, der; -en, -en: Vertreter des Solipsismus

So|lip|sis|tin, die; -, -nen: weibliche Form zu ↑Solipsist

so|lip|sis|tisch: den Solipsismus betreffend; ichbezogen

So|list, der; -en, -en: jmd., der ein ↑Solo (1) singt, spielt od. tanzt

So|lis|tin, die; -, -nen: weibliche Form zu ↑Solist

so|lis|tisch: a) den Solisten/die Solistin betreffend; b) sich als Solist[in] betätigend; c) für ↑Solo (1) komponiert

S

So|li|tär, der; -s, -e: einzeln gefasster Brillant od. Edelstein

So|li|tude [...'ty:d], **So|li|tü|de,** die; -, -n: Name von Schlössern

Sol|jan|ka, die; -, -s: stark gewürzte Suppe mit Fleisch od. Fisch, Gemüse, saurer Gurke u. saurer Sahne

Sol|mi|sa|ti|on, die; - (Musik): System, bei dem die Töne der Tonleiter anstatt mit c, d, e usw. mit den Tonsilben ut (später: do), re, mi, fa, sol, la, si bezeichnet werden

sol|mi|sie|ren (Musik): die Solmisation, die Silben der Solmisation anwenden

so|lo (ugs.): allein; unbegleitet, ohne Partner

So|lo, das; -s, -s u. Soli: 1. Einzelgesang, -spiel, -tanz. 2. a) Einzelspiel, Alleinspiel (bei Kartenspielen mit mehreren Teilnehmern); b) Alleingang eines Spielers (vor allem beim Fußball)

so|lu|bel, so|lu|bi|le (Chemie): löslich, auflösbar

Sol|vens, das; -, ...venzien u. ...ventia (Med.): [schleim]lösendes Mittel

sol|vent (Wirtsch.): zahlungsfähig

Sol|venz, die; -, -en (Wirtsch.): Zahlungsfähigkeit

So|ma, das; -, -ta (Med.): Körper (im Gegensatz zum Geist)

so|ma|tisch (Med., Psychol.): den Körper betreffend; körperlich

Som|b|re|ro, der; -s, -s: breitrandiger, leichter Strohhut aus Mittel- u. Südamerika

Som|me|li|er [...'lie:], der; -s, -s: speziell für die Getränke, vor allem für den Wein zuständiger Kellner

som|nam|bul: schlafwandlerisch, nachtwandelnd, mondsüchtig

Som|nam|bu|le, der u. die; -n, -n: Person, die schlafwandelt

Som|nam|bu|lis|mus, der; - (Med.): Schlaf-, Nachtwandeln, Mondsüchtigkeit

So|nar, das; -s, -e, **So|nar|ge|rät,** das; -[e]s, -e: Gerät zur Aufspürung u. Lokalisierung von Gegenständen unter Wasser (z. B. von Minen) mittels Schallwellen

So|na|te, die; -, -n: zyklisch angelegte Instrumentalkomposition mit meist mehreren Sätzen in kleiner od. solistischer Besetzung

So|na|ti|ne, die; -, -n: kleinere Sonate

son|die|ren: vorsichtig erkunden, ausforschen, vorfühlen

So|nett, das; -[e]s, -e: Gedichtform von insgesamt 14 Zeilen in zwei Teilen

Song [sɔŋ], der; -s, -s: 1. Lied (der populären Unterhaltungsmusik o. Ä.). 2. oft als Sprechgesang vorgetragenes Lied mit zeitkritischem, sozialkritischem, satirischem o. ä. Inhalt

Song|wri|ter [...raɪ̯tɐ], der; -s, -: jmd., der Songs schreibt, komponiert

Song|wri|te|rin, die; -, -nen: weibliche Form zu ↑Songwriter

Son|ny|boy ['sanibɔɪ̯, 'sɔni...], der; -s, -s: junger Mann, der Charme hat, dem die Sympathien zufliegen

so|nor: 1. klangvoll, volltönend. 2. (Sprachwiss.) stimmhaft

So|no|ri|tät, die; - (Sprachwiss.): Klangfülle eines Lautes, Grad der Stimmhaftigkeit

Soor, der; -[e]s, -e (Med.): Pilzinfektion (bes. bei Menschen mit geschwächtem Immunsystem), die sich in grauweißem Belag bes. der Mundschleimhaut äußert

So|phist, der; -en, -en: jmd., der in geschickter u. spitzfindiger Weise etwas aus u. mit Worten zu beweisen versucht; Wortverdreher

So|phis|te|rei, die; -, -en (abwertend): Spitzfindigkeit, Spiegelfechterei

So|phis|tik, die; -: scheinbare, spitzfindige Weisheit; Spitzfindigkeit

So|phis|tin, die; -, -nen: weibliche Form zu ↑Sophist

so|phis|tisch: spitzfindig, wortklauberisch

So|p|ran, der; -s, -e: 1. höchste Stimmlage von Knaben u. Frauen. 2. Sopransängerin. 3. (ohne Plural) Gesamtheit der Sopranstimmen im gemischten Chor. 4. (ohne Plural) Sopranpartie, Sopranstimme in einem Musikstück

So|p|ra|nist, der; -en, -en: Sänger (meist Knabe) mit Sopranstimme

So|p|ra|nis|tin, die; -, -nen: Sopransängerin

So|p|ra|por|te, die; -, -n: Wandfeld [mit Gemälde od. Relief] über einer Tür (bes. im Baustil des Rokokos)

Sor|bet [zɔr'be:, auch: 'zɔrbɛt], der oder das; -s, -s, **Sor|bett,** der oder das; -[e]s, -e: 1. halbgefrorene [Süß]speise aus Saft, Wein od. Schaumwein [u. Zucker]. 2. eisgekühltes Getränk aus gesüßtem Fruchtsaft od. Wein

[1]**Sor|bit** [auch: ...'bɪt], der; -s (Chemie): sechswertiger Alkohol; pflanzlicher Wirkstoff

[2]**Sor|bit** [auch: ...'bɪt], der; -s (veraltet): Bestandteil von Stahl

Sor|di|ne, die; -, -n, **Sor|di|no,** der; -s, -s u. ...ni: Dämpfer (bei Musikinstrumenten); vgl. con sordino

So|re, die; -, -n: Diebesgut

Sor|gho [...go], der; -s, -s, **Sor|ghum** [...gʊm], das; -s, -s: in Afrika u. Südeuropa angebaute Getreidepflanze; Durra

sor|tie|ren: nach Art, Farbe, Größe, Qualität o. Ä. sondern, ordnen, auslesen

Sor|tie|rer, der; -s, -: a) Arbeiter, der Waren, Werkstücke, Materialien o. Ä. sortiert; b) Arbeiter an einer Sortiermaschine; c) Sortiermaschine

Sor|tie|re|rin, die; -, -nen: weibliche Form zu ↑Sortierer (a, b)

sor|tiert: 1. ein reichhaltiges [Waren]angebot aufweisend. 2. erlesen, hochwertig

Sor|ti|ment, das; -[e]s, -e: 1. Warenangebot (Warenauswahl) in einem Geschäft. 2. Kurzform von ↑Sortimentsbuchhandel

Sor|ti|men|ter, der; -s, -: Angehöriger des Sortimentsbuchhandels; Ladenbuchhändler

Sor|ti|men|te|rin, die; -, -nen: weibliche Form zu ↑Sortimenter

Sor|ti|ments|buch|han|del, der; -s: Buchhandelszweig, der in Läden für den Käufer ein Sortiment von Büchern aus den verschiedensten Verlagen bereithält

So|ße, Sau|ce ['zo:sə, zo:s] die; -, -n: mehr od. weniger dickflüssige Beigabe zu verschiedenen Gerichten, Salaten, Nachspeisen o. Ä.

sos|te|nu|to (Musik): [aus]gehalten, breit, getragen (Abk.: sost.)

Sot|ti|se, die; -, -n (meist Plural): 1. Dummheit. 2. Grobheit. 3. freche Äußerung

sot|to: unter der anderen Hand zu spielen

sot|to vo|ce [- 'vo:tʃə] (Musik): halblaut, gedämpft (Abk.: s. v.)

Sou [su:], der; -, -s [su:]: (früher) französische Münze im Wert von 5 Centimes

Sou|b|ret|te [zu..., auch: su...], die; -, -n: Sopranistin, die auf die naiv-heiteren, komischen Partien in Oper, Operette, Singspiel spezialisiert ist

Souf|f|lé, Souf|f|lee [zu'fle:, auch: su...], das; -s, -s (Gastron.): Auflauf

Souf|f|leur [...'flø:ɐ̯], der; -s, -e: Mann, der souffliert

Souf|f|leu|se [...'flø:zə], die; -, -n: Frau, die souffliert

souf|f|lie|ren: einem Schauspieler, einer Schauspielerin auf der Bühne den Rollentext flüsternd vorsprechen

Soul [sɔʊ̯l], der; -[s]: expressive afroamerikanische Jazzmusik

Sound [saʊ̯nt], der; -s, -s: charakteristischer Klang, Klangfarbe, bes. in der Rock- u. Jazzmusik

Sound|check ['saʊ̯nttʃɛk], der; -s, -s: das Ausprobieren des Klangs (vor dem Konzert einer Rockgruppe o. Ä.)

Sound|kar|te, die; -, -n: Steckkarte, die der Wiedergabe von Tönen bei Computern dient

Sound|track [...trɛk], der; -s, -s: a) Tonstreifen eines Tonfilms; b) Musik zu einem Film

Sou|per [zu'pe:, auch: su...], das; -s, -s: festliches Abendessen [mit Gästen]

Sour|cing ['sɔ:ɐ̯sɪŋ], das; -s: Einkauf, Beschaffung von Gütern u. Dienstleistungen

Sour|cing-Ma|na|ger, der; -s, - (Wirtsch.): Angestellter in einem Unternehmen, der für das ↑Sourcing verantwortlich ist

Sour|cing-Ma|na|ge|rin, die; -, -nen: weibliche Form zu Sourcing-Manager

Sou|ta|che [zu'taʃ(ə), auch: su'taʃ], **Su|tasch,** die; -, -n: schmale, geflochtene Schnur für Besatzzwecke

Sou|ta|ne [zu..., auch: su...], die; -, -n: Gewand der katholischen Geistlichen

Sou|ta|nel|le, die; -, -n: (früher) bis ans Knie reichender Gehrock der katholischen Geistlichen

Sou|ter|rain [zutɛ'rɛ̃:, 'zu..., auch: sutɛ'rɛ̃, 'su...], das; -s, -s: Kellergeschoss, Kellerwohnung

Sou|ve|nir [zuvə..., auch: su...], das; -s, -s: [kleines Geschenk als] Andenken, Erinnerungsstück

sou|ve|rän [zuvə...]: 1. die staatlichen Hoheitsrechte ausübend. 2. einer Aufgabe gewachsen; überlegen

Sou|ve|rän, der; -s, -e: [unumschränkter] Herrscher, Fürst eines Landes

Sou|ve|rä|ni|tät, die; -: 1. höchste Herrschaftsgewalt eines Staates; staatliche Unabhängigkeit. 2. Überlegenheit

Sove|reign ['zɔvrɪn]: ehemalige englische Goldmünze im Wert von 1 £

Sow|chos ['sɔfxɔs], der; -, ...chose, österr. nur: **Sow|cho|se** [auch: zɔf'ço:...], die; -, -n: staatlicher landwirtschaftlicher Großbetrieb in der Sowjetunion

So|w|jet [auch: 'zɔ...], der; -s, -s: 1. Organ der Selbstverwaltung in der Sowjetunion. 2. (nur Plural; ugs.) Sowjetbürger

so|w|je|tisch: den Sowjet od. die Sowjetunion betreffend

so|zi|al: 1. die menschliche Gesellschaft betreffend. 2. das Gemeinwohl betreffend. 3. gemeinnützig, wohltätig, hilfsbereit. 4. die gesellschaftliche Stellung betreffend

So|zi|al|de|mo|krat, der; -en, -en: Mitglied, Anhänger einer sozialdemokratischen Partei

So|zi|al|de|mo|kra|tie, die; -, ...ien: 1. politische Richtung, die eine Verbindung zwischen ↑Sozialismus u. ↑Demokratie herstellen will. 2. a) Sozialdemokratische Partei (eines Landes); b) Gesamtheit der sozialdemokratischen Parteien

So|zi|al|de|mo|kra|tin, die; -, -nen: weibliche Form zu ↑Sozialdemokrat

so|zi|al|de|mo|kra|tisch: die Sozialdemokratie betreffend

So|zi|al|ethik, die; -: Lehre von den Pflichten des Menschen gegenüber der Gesellschaft, dem Gemeinschaftsleben

So|zi|a|li|sa|ti|on, die; -, -en (Soziol.): Prozess der Einordnung des Individuums in die Gesellschaft u. die damit verbundene Übernahme gesellschaftlich bedingter Verhaltensweisen

so|zi|a|li|sie|ren: ein Unternehmen, einen Wirtschaftszweig verstaatlichen

So|zi|a|li|sie|rung, die; -, -en: 1. Verstaatlichung von privatem Eigentum. 2. ↑Sozialisation

So|zi|a|lis|mus, der; -, ...men: 1. Entwicklungsstufe, die auf gesellschaftlichen od. staatlichen Besitz der Produktionsmittel u. eine gerechte Verteilung der Güter an alle Mitglieder der Gemeinschaft hinzielt. 2. politische Richtung, die den gesellschaftlichen Besitz der Produktionsmittel u. die Kontrolle der Warenproduktion u. -verteilung verficht

So|zi|a|list, der; -en, -en: a) Anhänger, Verfechter des Sozialismus; b) Mitglied einer sozialistischen Partei

S

So|zi|a|lis|tin, die; -, -nen: weibliche Form zu ↑Sozialist

so|zi|a|lis|tisch: 1. den Sozialismus betreffend. 2. (österr.) sozialdemokratisch

So|zi|al|kom|pe|tenz, die; -: Fähigkeit einer Person, in ihrer sozialen Umwelt selbstständig zu handeln

So|zi|al|kri|tik, die; -, -en: Kritik an einer bestehenden Gesellschaft; Gesellschaftskritik

so|zi|al|kri|tisch: die Sozialkritik betreffend

So|zi|al|kun|de, die; -: Schulfach, das Kenntnisse über das gesellschaftl. Leben vermittelt

so|zi|al|li|be|ral, so|zi|al-li|be|ral: die Kombination von Sozialismus od. Sozialdemokratie u. Liberalismus betreffend

So|zi|al|öko|no|mie, So|zi|al|öko|no|mik, die; -: Wissenschaft, die sich mit der gesamten Wirtschaft einer Gesellschaft befasst

So|zi|al|pä|d|a|go|ge, der; -n, -n: jmd., der in der Sozialpädagogik (1) tätig ist (Berufsbez.)

So|zi|al|pä|d|a|go|gik, die; -, -en: 1. Teilgebiet der Pädagogik, das sich mit der Erziehung des Einzelnen zur Gemeinschaft u. zu sozialer Verantwortung befasst. 2. Gesamtheit der Bemühungen zur Behebung gesellschaftsbedingter Erziehungsschwierigkeiten

So|zi|al|pä|d|a|go|gin, die; -, -nen: weibliche Form zu ↑Sozialpädagoge

so|zi|al|pä|d|a|go|gisch: die Sozialpädagogik betreffend

So|zi|al|part|ner, der; -s, -: Arbeitgeber od. Arbeitnehmer bzw. deren Vertreter (z. B. bei Tarifverhandlungen)

So|zi|al|po|li|tik, die; -: Planung u. Durchführung staatlicher Maßnahmen zur Verbesserung der sozialen Verhältnisse der Bevölkerung

so|zi|al|po|li|tisch: die Sozialpolitik betreffend

So|zi|al|pres|ti|ge, das; -s: Ansehen, das jmd. aufgrund seiner gesellschaftlichen Stellung genießt

So|zi|al|pro|dukt, das; -[e]s; -e: Gesamtheit aller Güter, die eine Volkswirtschaft in einem Zeitraum mithilfe der Produktionsfaktoren erzeugt (nach Abzug sämtlicher Vorleistungen)

So|zi|al|psy|cho|lo|gie, die; -, ...ien: Teilgebiet sowohl der Soziologie als auch der Psychologie, das sich mit den Erlebnis- u. Verhaltensweisen unter dem Einfluss gesellschaftlicher Faktoren befasst

So|zi|al|staat, der; -[e]s: Demokratie, die bestrebt ist, die soziale Sicherheit ihrer Bürger zu gewährleisten

So|zi|al|struk|tur, die; -, -en: inneres Beziehungsgefüge einer Gesellschaft, das aus Schichten, Gruppen, Institutionen, Rollen besteht

So|zi|e|tät, die; -, -en: Genossenschaft

So|zio|gramm, das; -s, -e (Soziol.): grafische Darstellung sozialer Verhältnisse od. Beziehungen innerhalb einer Gruppe

so|zio|kul|tu|rell: die soziale Gruppe u. ihr kulturelles Wertsystem betreffend

So|zio|lekt, der; -[e]s, -e: Sprachgebrauch einer sozialen Gruppe (z. B. Berufssprache, Teenagersprache); vgl. Idiolekt

So|zio|lin|gu|is|tik, die; - (Sprachwiss.): Teilgebiet der Linguistik, das das Sprachverhalten von gesellschaftlichen Gruppen untersucht

So|zio|lo|ge, der; -n, -n: jmd., der sich wissenschaftlich mit der Soziologie befasst

So|zio|lo|gie, die; -, ...ien: Wissenschaft, die sich mit dem Ursprung, der Entwicklung u. der Struktur der menschlichen Gesellschaft befasst

So|zio|lo|gin, die; -, -nen: weibliche Form zu ↑Soziologe

so|zio|lo|gisch: die Soziologie betreffend

so|zio|öko|no|misch: die Gesellschaft wie die Wirtschaft, die [Volks]wirtschaft in ihrer gesellschaftlichen Struktur betreffend

So|zi|us, der; -, ...zien, ...zii, auch: -se: 1. (Wirtsch.) Teilhaber. 2. Beifahrer auf einem Motorrad, -roller

Spa, das; -[s], -s: Wellnessbad

Space|lab [ˈspeɪslæb], das; -[s], -s: von ESA u. NASA entwickeltes Raumlabor

Space|shut|tle [...ʃatl̩], der oder das; -s, -s: Raumfähre

Spa|gat, der (österr. nur so) od. das; -[e]s, -e: Stellung, bei der die gespreizten Beine eine Linie bilden

Spa|ghet|ti [ʃpaˈgɛti, auch: sp...], die; -, - (ugs. auch -s) (meist Plural), **Spa|get|ti** [ʃpaˈgɛti, auch: sp...], die; -, - (ugs. auch -s) (meist Plural), bes. fachspr.: **Spa|ghet|to** [sp...], der; -[s], Spaghetti (meist Plural)

Spa|lier [ʃp...], das; -s, -e: 1. Gitterwand, an der Obstbäume, Wein o. Ä. gezogen werden. 2. Ehrenformation beiderseits eines Weges

Spa|ni|el [ˈʃpani̯əl, auch: ˈspɛ...], der; -s, -s: Jagd- und Haushund mit großen Schlappohren u. seidigem Fell

Spare|ribs [ˈspɛːɐ̯rɪbs], die (nur Plural): Schälrippchen

Spart, der od. das; -[e]s, -e: ↑Esparto

Spar|ta|ki|a|de [ʃp..., auch: sp...], die; -, -n: sportliche Großveranstaltung mit Wettkämpfen in verschiedenen Disziplinen

Spar|ta|kist, der; -en, -en: Angehöriger des Spartakusbundes

Spar|ta|kis|tin, die; -, -nen: weibliche Form zu ↑Spartakist

Spar|ta|kus|bund, der; -[e]s: 1917 gegründete linksradikale Bewegung in Deutschland, die 1918 den Namen „Kommunistische Partei" annahm

spar|ta|nisch: streng, hart; genügsam, einfach, anspruchslos

Spar|te [ˈʃpa...], die; -, -n: Fachgebiet; Geschäftszweig

spas|misch (Med.), **spas|mo|disch:** krampfhaft, krampfartig, verkrampft

Spas|mo|ly|ti|kum, das; -s, ...ka (Med.): krampflösendes Mittel

spas|mo|ly|tisch (Med.): krampflösend

Spas|mus, der; -, ...men (Med.): Krampf, Verkrampfung

Spas|ti|ker, der; -s, -: jmd., der an einer spasmischen Krankheit leidet

Spas|ti|ke|rin, die; -, -nen: weibliche Form zu ↑Spastiker

spa|ti|o|nie|ren (Druckw.): [mit Zwischenräumen] durchschießen, gesperrt drucken

spa|zie|ren [ʃp...]: sich gemütlich, ohne Eile [u. ohne bestimmtes Ziel] fortbewegen, schlendern

Spe|cial [ˈspɛʃl̩], das; -s, -s (Rundfunk, Fernsehen): a) Sondersendung zu einem Thema; b) Sendung, in der eine Persönlichkeit od. eine Gruppe im Mittelpunkt steht

spe|die|ren [ʃp...]: [Waren] versenden, abfertigen

Spe|di|teur [...ˈtøːɐ̯], der; -s, -e: Kaufmann, der gewerbsmäßig in eigenem od. fremdem Namen Speditionsgeschäfte besorgt; Transportunternehmer

Spe|di|teu|rin [...ˈtøːrɪn], die; -, -nen: weibliche Form zu ↑Spediteur

Spe|di|ti|on, die; -, -en: 1. gewerbsmäßige Verfrachtung od. Versendung von Gütern. 2. Transportunternehmen

spe|di|tiv (schweiz.): zügig

Speech [spiːtʃ], der; -es, -e u. -es [...ɪs] (selten): Rede, Ansprache

[1]**Speed** [spiːd], der; -[s], -s (Sport): Spurt

[2]**Speed,** das; -[s] (Jargon): Aufputschmittel

Speed|way [...wɛɪ̯], der; -s, -s: engl. Bez. für: Autorennstrecke

Speed|way-Ren|nen, Speed|way|ren|nen, das; -s, - (Sport): Motorradrennen auf einer Aschen-, Sand- od. Eisbahn

[1]**Spek|ta|kel** [ʃp...], der; -s, - (ugs.): Lärm, Krach; laute Auseinandersetzung

[2]**Spek|ta|kel** [ʃp..., sp...], das; -s, -: 1. (veraltet) Theaterstück. 2. aufsehenerregender Anblick

spek|ta|keln [ʃp...] (veraltend): lärmen

spek|ta|ku|lär: aufsehenerregend

Spek|ta|ku|lum, das; -s, ...la (scherzh.): Anblick, Schauspiel

spek|t|ral [ʃp...]: das ↑Spektrum (1) betreffend, davon ausgehend

Spek|t|ral|ana|ly|se, die; -, -n: Ermittlung der chem. Zusammensetzung eines Stoffes od. Himmelskörpers durch Auswertung seines Spektrums

Spek|t|ral|far|be, die; -, -n: die ungemischten, reinen Farben einer spektralen Zerlegung von Licht

Spek|t|ro|s|ko|pie, die; -, ...i̲en (Physik; Astron.): Beobachtung u. Bestimmung von Spektren mit dem Spektroskop

spek|t|ro|s|ko|pisch (Physik, Astron.): die Spektroskopie betreffend, darauf beruhend

Spek|t|rum, das; -s, ...tren u. ...tra: 1. bei der Brechung von weißem Licht durch ein Glas-

S

prisma entstehende Farbfolge von Rot bis Violett. 2. Buntheit, Vielfalt

Spe|ku|lant [ʃp...], der; -en, -en: jmd., der spekuliert (3), sich in Spekulationen (3) einlässt

Spe|ku|la|ti|on, die; -, -en: 1. a) auf bloßen Annahmen, Mutmaßungen beruhende Erwartung, Behauptung, dass etwas eintrifft; b) (Philos.) hypothetischer, über die erfahrbare Wirklichkeit hinausgehender Gedankengang. 2. (Wirtsch.) Geschäftsabschluss, der auf Gewinne aus zukünftigen Veränderungen der Preise abzielt. 3. gewagtes Geschäft

Spe|ku|la|ti|us, der; -, -: flaches Gebäck aus gewürztem Mürbeteig in Figurenform

spe|ku|la|tiv: 1. in der Art der Spekulation (1 b) denkend. 2. in reinen Begriffen denkend. 3. die Spekulation (2) betreffend. 4. grüblerisch

spe|ku|lie|ren: 1. (ugs.) a) grübeln; b) auf etwas rechnen. 2. (ugs.) ausforschen, auskundschaften. 3. [an der Börse] durch Spekulationen (2) Gewinne zu erzielen suchen

Spe|ku|lum [ˈʃpeː..., ˈspeː...], das; -s, ...la (Med.): röhren- od. trichterförmiges Instrument zum Betrachten u. Untersuchen von Hohlräumen u. Organen, die dem bloßen Auge nicht [genügend] zugänglich sind

Spe|lun|ke [ʃp...], die; -, -n (abwertend): wenig gepflegtes, verrufenes Wirtshaus

spen|da|bel (ugs.): freigebig, großzügig

spen|die|ren (ugs.): (für jmdn.) bezahlen; (jmdn.) zu etwas einladen

Spen|zer [ˈʃpɛn...], **Spen|ser** [ˈspɛnsɐ], der; -s, -: kurzes, eng anliegendes Jäckchen od. Hemd

Spe|renz|chen, Spe|ren|zi|en, die (nur Plural) (ugs.): Umschweife; Ausflüchte

Sper|ma [ˈʃpɛr..., ˈspɛr...], das; -s, ...men u. -ta (Biol.): männliche Keimzellen enthaltende Samenflüssigkeit (von Mensch u. Tier)

Sper|ma|to|ge|ne|se, Sper|mio|ge|ne|se, die; -, -n (Biol., Med.): Samenbildung im Hoden

Sper|ma|to|zo|on, das; -s, ...zoen: ↑Spermium

Sper|mi|en: *Plural* von ↑Spermium

Sper|mi|um, das; -s, ...ien (Biol.): reife männliche Keimzelle bei Mensch u. Tier

Spe|sen, die (nur Plural): Auslagen, [Un]kosten im Dienst o. Ä. [die ersetzt werden]

Spe|ze|rei, die; -, -en (meist Plural) (veraltend): Gewürz[ware]

spe|zi|al: ↑speziell

Spe|zi|al, der; -s, -e (landsch.): 1. vertrauter Freund. 2. Tageswein, Schankwein

spe|zi|a|li|sie|ren: 1. gliedern, unterscheiden. 2. sich spezialisieren: sich [beruflich] auf einem Teilgebiet bes. ausbilden

Spe|zi|a|li|sie|rung, die; -, -en: 1. das Spezialisieren (1). 2. das Sichspezialisieren

Spe|zi|a|list, der; -en, -en: Fachmann auf einem Gebiet; Facharbeiter, Facharzt

Spe|zi|a|lis|tin, die; -, -nen: weibliche Form zu ↑Spezialist

Spe|zi|a|li|tät, die; -, -en: 1. Besonderheit. 2. Gebiet, auf dem die besonderen Fähigkeiten od. Interessen eines Menschen liegen. 3. Feinschmeckergericht

spe|zi|ell: vor allem, besonders, eigentümlich; eigens

Spe|zi|es [ˈʃpeːtsi̯ɛs, ˈsp...], die; -, - [...eːs]: 1. besondere, bestimmte Art, Sorte von etwas, einer Gattung. 2. Tier- od. Pflanzenart. 3. Grundrechnungsart in der Mathematik

Spe|zi|fi|ka|ti|on, die; -, -en: 1. (Logik) Einteilung der Gattung in Arten. 2. Einzelaufzählung. 3. (Rechtswiss.) Umbildung eines Stoffes durch Arbeiten, die ihn erheblich verändern

Spe|zi|fi|kum, das; -s, ...ka: 1. Besonderes, Entscheidendes. 2. (Med.) gegen eine bestimmte Krankheit wirksames Mittel

spe|zi|fisch: einer Sache ihrer Eigenart nach zukommend, bezogen [auf eine besondere Art], arteigen, kennzeichnend

Spe|zi|fi|tät, die; -, -en: 1. Eigentümlichkeit, Besonderheit. 2. (Chemie) charakteristische Reaktion

spe|zi|fi|zie|ren: 1. einzeln aufführen, verzeichnen. 2. zergliedern

Spe|zi|fi|zie|rung, die; -, -en: ↑Spezifikation

Sphä|re, die; -, -n: 1. kugelförmig erscheinendes Himmelsgewölbe. 2. Gesichts-, Gesellschafts-, Wirkungskreis; [Macht]bereich

sphä|risch: 1. die Himmelskugel betreffend. 2. (Math.) auf die Kugel bezogen
Sphink|ter, der; -s, ...tere (Med.): Ring-, Schließmuskel
Spi|der ['ʃpaɪ̯dɐ, 'sp...], der; -s, -: 1. Roadster. 2. (EDV) Suchmaschinensonderprogramm, das mithilfe von ↑Hyperlinks (a) von Webseite zu Webseite „krabbelt", Informationen sammelt u. speichert
Spike [ʃpaɪ̯k, spaɪ̯k], der; -s, -s: 1. Metalldorn an der Sohle von Laufschuhen (in der Leichtathletik). 2. (meist Plural) rutschfester Laufschuh mit Spikes (1)
Spin [spɪn], der; -s, -s (Physik): Eigendrehimpuls der Elementarteilchen im Atom
Spi|na ['ʃpi:..., 'spi:...], die; -, ...nen: 1. (Med.) Stachel, Dorn; spitzer Knochenvorsprung. 2. (Anat.) Rückgrat
spi|nal [ʃp..., sp...] (Anat., Med.): zur Wirbelsäule, zum Rückenmark gehörend
Spi|nat, der; -[e]s, (Sorten) -e: dunkelgrünes Blattgemüse
Spi|nett, das; -[e]s, -e: dem ↑Cembalo ähnliches Musikinstrument
Spin|na|ker, der; -s, - (Seew.): großes, halbrundes, sich stark wölbendes Jachtvorsegel
Spin-off [auch: 'spɪn...], das od. der; -[s], -s: 1. Übernahme innovativer Verfahren od. Produkte in andere Technikbereiche. 2. (Wirtsch.) Ausgliederung einzelner Geschäftsbereiche aus dem Mutterunternehmen. 3. von Universitätsangehörigen gegründete Firma
spin|ti|sie|ren (ugs.): grübeln; fantasieren
Spi|on, der; -s, -e: 1. Späher, Horcher; heimlicher Kundschafter; Person, die geheime Informationen unerlaubterweise [an eine fremde Macht] übermittelt. 2. ein außen am Fenster angebrachter Spiegel, in dem man die Vorgänge auf der Straße beobachten kann. 3. [vergittertes] Guckloch an den Zellentüren im Gefängnis od. an Haustüren
Spi|o|na|ge [...'na:ʒə], die; -: Auskundschaftung von Geheimnissen für eine fremde Macht
spi|o|nie|ren: [für eine fremde Macht] Geheimnisse auskundschaften

S

Spi|o|nin, die; -, -nen: weibliche Form zu ↑Spion (1)
spi|ral [ʃp...] (Technik): schneckenförmig gedreht
Spi|ra|le, die; -, -n: 1. a) sich gleichmäßig um eine Achse windende Linie; b) (Math.) ebene Kurve in immer weiter werdenden Windungen. 2. Gegenstand in der Form einer Spirale (1) (z. B. Uhrfeder)
spi|ra|lig: schraubenförmig, schneckenförmig
Spi|rit ['spɪ...], der; -s, -s: ²Geist (3)
Spi|ri|tis|mus [ʃp..., sp...], der; -: Geisterlehre; Versuch, okkulte Vorgänge als Einwirkungen von Geistern zu erklären
Spi|ri|tist, der; -en, -en: Anhänger des Spiritismus
Spi|ri|tis|tin, die; -, -nen: weibliche Form zu ↑Spiritist
spi|ri|tis|tisch: den Spiritismus betreffend
spi|ri|tu|al: auf den [Heiligen] Geist bezogen; geistig, übersinnlich
Spi|ri|tu|a|lis|mus, der; -: 1. metaphysische Lehre, die das Wirkliche als geistig od. als Erscheinungsweise des Geistigen annimmt. 2. theologische Richtung, die die unmittelbare geistige Verbindung des Menschen mit Gott gegenüber der geschichtlichen Offenbarung betont
spi|ri|tu|a|lis|tisch: den Spiritualismus betreffend
Spi|ri|tu|a|li|tät, die; -: Geistigkeit
spi|ri|tu|ell: geistig; geistlich
¹**Spi|ri|tus** ['spi:...], der; -, - [...tu:s]: Hauch, Atem, [Lebens]geist
²**Spi|ri|tus** ['ʃpi:...], der; -, -se: Weingeist; Alkohol
Spi|tal, das; -s, Spitäler: 1. (veraltend, aber noch landsch., bes. österr., schweiz.) Krankenhaus. 2. (veraltet) a) Pflegeheim, Altersheim; b) Armenhaus
Spitt|ler, der; -s, -: 1. (veraltend, aber noch landsch., bes. schweiz.) Krankenhauspatient. 2. (veraltet) Insasse eines Spitals (2)
Splat|ter|mo|vie ['splɛtɐmu:vi], das; -[s], -s (Jargon): blutrünstiger Horrorfilm
Spleen [ʃpli:n, seltener: sp...], der; -s, -e u. -s: Schrulle, Marotte; Überspanntheit
splee|nig: schrullig, verrückt, überspannt

splen|did [ʃp..., sp...]: 1. freigebig. 2. glanzvoll, kostbar

Splen|did Iso|la|tion ['splɛndɪd aɪsə'leɪʃn̩], die; - -: 1. freiwillige Bündnislosigkeit eines Landes, einer Partei o. Ä. 2. (Geschichte) die Bündnislosigkeit Großbritanniens im 19. Jh.

split|ten ['ʃplɪtn̩, 'sp...]: das Splitting anwenden, aufteilen

Spoi|ler ['ʃpɔɪlɐ, 'sp...], der; -s, -: 1. Luftleitblech an [Renn]autos zum Zweck der besseren Bodenhaftung. 2. Klappe an den Tragflächen von Flugzeugen, die die Strömungsverhältnisse verändert; Störklappe

Spo|li|um, das; -s, ...ien: Beutestück, erbeutete Waffe (im alten Rom)

Spon|de|us, der; -, ...deen: aus zwei Längen bestehender antiker Versfuß (– –)

spon|gi|form (bes. Tiermed.): schwammförmig

spon|sern: aus Werbegründen jmdn. od. etwas finanziell fördern

Spon|sor ['ʃpɔnzɐ, 'spɔnzɐ, engl.: 'spɔnsə], der; -s, ...oren u. (bei engl. Aussprache) -s: Person, Organisation o. Ä., die jmdn. od. etwas sponsert; Förderer, Geldgeber

Spon|so|rin [ʃp..., sp...], die; -, -nen: weibliche Form zu ↑Sponsor

Spon|so|ring ['ʃpɔn..., 'spɔn..., engl.: 'spɔnsərɪŋ], das; -s, -s: das Sponsern

spon|tan [ʃp..., sp...]: von selbst; freiwillig, unmittelbar

Spon|ta|ne|i|tät, die; -, -en: ↑Spontanität

Spon|ta|ni|tät, die; -, -en: Handeln ohne äußere Anregung; innerer Antrieb; unmittelbare, spontane Reaktion

Spon|ti, der; -s, -s (ugs.): Angehöriger einer undogmatischen linksgerichteten Gruppe

spo|ra|disch [ʃp..., sp...]: 1. vereinzelt [vorkommend], verstreut. 2. gelegentlich, selten

Spo|r|an|gi|um, das; -s, ...ien [...i̯ən] (Bot.): Sporenbildner u. -behälter bei Pflanzen

Spo|re, die; -, -n (meist Plural): 1. (Bot.) ungeschlechtliche Fortpflanzungszelle. 2. (Biol., Med.) Dauerform der Bakterien

Spo|ro|phyt, der; -en, -en (Bot.): Sporen bildende Generation bei Pflanzen

spor|tiv [sp..., ʃp...]: sportlich

Sports|wear ['spɔːɐ̯tswɛːɐ̯], die; auch: der od. das; -[s]: sportliche Freizeitkleidung

Spot [spɔt, ʃpɔt], der; -s, -s: 1. a) Werbekurzfilm (in Kino u. Fernsehen); b) in Hörfunksendungen eingeblendeter Werbetext. 2. Kurzform von ↑Spotlight

Spot|light [...laɪt], das; -s, -s: Beleuchtung od. Scheinwerfer, der auf einen Punkt gerichtet ist u. dabei die Umgebung im Dunkeln lässt

Spray [ʃpreː, spreː, spreɪ], der od. das; -s, -s: Flüssigkeit, die durch Druck aus einem Behältnis in feinsten Tröpfchen versprüht wird

spray|en: Flüssigkeiten zerstäuben

Spray|er, der; -s, -: jmd., der [Graffiti an Wände o. Ä.] sprayt

Spray|e|rin, die; -, -nen: weibliche Form zu ↑Sprayer

Sprink|ler, der; -s, -: 1. Teil einer Beregnungsanlage zum Feuerschutz. 2. Rasensprenger

Sprint, der; -s, -s: kurzer, schneller Lauf

sprin|ten: eine kurze Strecke mit größtmöglicher Geschwindigkeit zurücklegen

Sprin|ter, der; -s, -: Kurzstreckenläufer

Sprin|te|rin, die; -, -nen: weibliche Form zu ↑Sprinter

Sprit, der; -s, -e (ugs.): Benzin, Treibstoff

Spu|man|te [sp..., ʃp...], der; -[s], -s: it. Bez. für Schaumwein

Spurt, der; -[e]s, -s (selten: -e) (Sport): Steigerung der Geschwindigkeit bei Rennen; sehr schnelles Laufen über eine kürzere Strecke

spur|ten (Sport): einen Spurt machen

Sput|nik [ʃp..., sp...], der; -s, -s: Name der ersten künstlichen Erdsatelliten

Spu|tum, das; -s, ...ta (Med.): Auswurf, Gesamtheit der Sekrete der Luftwege

Spy|ware ['spaɪwɛːɐ̯], die; -, -s: Software, die Daten ohne Wissen des Computerbenutzers ausspioniert

Squash [skvɔʃ], das; -[s]: 1. (Sport) Ballspiel, bei dem ein kleiner Ball mit einer Art Tennisschläger gegen eine Wand geschlagen wird. 2. ausgepresster Saft [mit Mark] von Zitrusfrüchten

Squat|ter ['skvɔtɐ, engl.: 'skwɔtə], der; -s, -: (bes. früher in den USA) Siedler, der ohne Rechtsanspruch auf unbebautem Land siedelt

Squaw [skwɔː], die; -, -s: nordamerikanische Indianerfrau

Squi|re ['skvaɪ̯ɐ], der; -[s], -s: englischer Gutsherr

Staats|ka|pi|ta|lis|mus, der; -: Wirtschaftsform, die Elemente des Sozialismus mit Prinzipien der Marktwirtschaft verbindet

staats|mo|no|po|lis|tisch: (im Marxismus-Leninismus) durch die Verbindung der Macht der Monopole mit der Macht des Staates gekennzeichnet

sta|bil: 1. beständig, sich im Gleichgewicht haltend. 2. seelisch robust. 3. körperlich kräftig, widerstandsfähig. 4. fest, dauerhaft

Sta|bi|li|sa|tor, der; -s, ...oren: 1. Gerät, das Schwankungen von elektrischen Spannungen o. Ä. verhindert od. vermindert. 2. Bauteil, das bei der Federung einen Ausgleich bei einseitiger Belastung o. Ä. bewirkt. 3. Zusatz, der unerwünschte Reaktionen chemischer Verbindungen verhindert oder verlangsamt

sta|bi|li|sie|ren: festsetzen; festigen, dauerhaft, standfest machen

Sta|bi|li|sie|rung, die; -, -en: Herstellung od. Herbeiführung eines festen Zustandes

Sta|bi|li|tät, die; -: Beständigkeit; Standfestigkeit

stac|ca|to [ʃt..., st...] (Musik): kurz abgestoßen (Vortragsanweisung; Abk.: stacc.)

Sta|di|on, das; -s, ...ien: 1. mit Zuschauerrängen versehenes ovales Sportfeld; Kampfbahn. 2. alt- u. neugriechisches Längenmaß

S

Sta|di|um, das; -s, ...ien: Abschnitt einer Entwicklung

Sta|fet|te, die; -, -n: 1. (Geschichte) reitender Eilbote, Meldereiter. 2. (bes. Sport) Staffel, Staffellauf

Staf|fa|ge [...'faːʒə], die; -, -n: 1. Beiwerk; trügerischer Schein. 2. Menschen u. Tiere als Belebung eines Landschafts- od. Architekturgemäldes

staf|fie|ren: 1. (veraltet) ausstaffieren. 2. (österr.) schmücken, verzieren. 3. Stoff auf einen anderen nähen

[1]**Sta|ge** ['staːʒə], die; -, -n: Vorbereitungszeit, Probezeit

[2]**Stage** [steɪ̯dʒ], die; -, -s [...dʒɪs]: engl. Bez. für [Konzert]bühne

Stage|di|ving ['steɪ̯dʒdaɪ̯vɪŋ], das; -s, -s: Sprung von der Bühne ins Publikum

Stag|fla|ti|on [ʃt..., st...], die; -, -en: Stillstand des Wirtschaftswachstums bei gleichzeitiger Geldentwertung

Sta|gi|aire [sta'ʒi̯ɛːr], der; -[s], -s: Probekandidat

Sta|g|na|ti|on [ʃt..., auch: st...], die; -, -en: 1. Stockung, Stauung, Stillstand. 2. (Geogr.) kalte Wasserschicht in Binnenseen, die sich im Sommer nicht mit der oberen, erwärmten Schicht mischt

sta|g|nie|ren: 1. stocken, sich stauen; sich festfahren. 2. stehen (von Gewässern ohne sichtbaren Abfluss u. vom Stillstand eines Gletschers)

Stak|ka|to [ʃt..., st...], das; -s, -s u. ...ti: ein die einzelnen Töne kurz abstoßender musikalischer Vortrag; vgl. staccato

Sta|lag|mit [ʃt..., st..., auch: ...'mɪt], der; -s u. -en, -e[n]: Tropfstein, der vom Boden der Höhle nach oben wächst; vgl. Stalaktit

Sta|lak|tit [ʃt..., st..., auch: ...'tɪt], der; -s u. -en, -e[n]: Tropfstein, der von der Höhlendecke nach unten wächst; vgl. Stalagmit

Sta|li|nis|mus [ʃt..., st...], der; -: von Stalin geprägte Interpretation des Marxismus

Sta|li|nist, der; -en, -en: Anhänger, Verfechter des Stalinismus

Sta|li|nis|tin, die; -, -nen: weibliche Form zu ↑Stalinist

sta|li|nis|tisch: den Stalinismus betreffend

Sta|mo|kap, der; -[s]: Kurzw. für *sta*ats*mo*nopolistischer *Kap*italismus

Stam|pe|de [ʃt..., st..., engl.: stæm'piːd], die; -, -n u. (bei engl. Aussprache:) -s: wilde Flucht einer in Panik geratenen [Rinder]herde

[1]**Stan|dard** ['ʃt..., auch: 'st...], der; -s, -s: 1. Normalmaß, Durchschnittsbeschaffenheit, Richtschnur. 2. allgemeines Leistungs- od. Qualitätsniveau. 3. anerkannter Qualitätstyp, Qualitätsmuster, Normalausführung einer Ware

[2]**Stan|dard** ['stændəd], der oder das; -s, -s: Musikstück, das zum festen Repertoire gehört

stan|dar|di|sie|ren: [nach einem Muster] vereinheitlichen

Stan|dar|di|sie|rung, die; -, -en: das Standardisieren

Stan|dard|spra|che, die; -, -n: allgemein verbindliche Sprachform, die sich im mündlichen und schriftlichen Gebrauch normsetzend entwickelt hat

Stan|dar|te [ʃt...], die; -, -n: 1. Fahne einer berittenen od. motorisierten Truppe. 2. die etwa einem Regiment entsprechende Einheit von SA u. SS zur Zeit des Nationalsozialismus. 3. (Jägerspr.) Schwanz des Fuchses (od. Wolfes)

Stand-by, Stand|by [stænd'bai̯], das; -[s], -s: 1. Flugreise (zu verbilligtem Preis) mit Platzvergabe nach einer Warteliste. 2. (Elektronik) Bereitschaftsschaltung; Kurzform von ↑Stand-by-Betrieb

Stand-by-Be|trieb, Stand|by|be|trieb, der; -[e]s, -e (Elektronik): Betriebsart, bei der ein Gerät auf die Fernbedienung anspricht, im Übrigen aber abgeschaltet ist

Stan|ding ['stændɪŋ], das; -s: engl. Bez. für Rang, Ansehen, Name

Stan|ni|ol, das; -s, -e: 1. (ugs.) silberglänzende Aluminiumfolie. 2. silberglänzende Zinnfolie

stan|te pe|de ['st..., auch: 'ʃt... -] (ugs. scherzh.): sofort, auf der Stelle

Stan|ze ['ʃt...], die; -, -n: Strophenform aus acht elfsilbigen jambischen Verszeilen

Sta|phy|lo|kok|kus, der; -, ...kken (meist Plural) (Med.): traubenförmige Bakterie

Star [st..., auch: ʃt...], der; -s, -s: 1. (Film, Musik, Theater) gefeierter, berühmter Künstler; gefeierte, berühmte Künstlerin. 2. jmd., der auf einem bestimmten Gebiet Berühmtheit erlangt hat

Stars and Stripes ['stɑ:z ənd 'strai̯ps], die (nur Plural): Nationalflagge der USA, Sternenbanner

Start-up [...'ʔap], das; -s, -s: neu gegründetes Wirtschaftsunternehmen

Sta|se ['st..., 'ʃt...], **Sta|sis,** die; -, Stasen (Med.): Stockung, Stauung

sta|ta|risch: langsam fortschreitend

State De|part|ment ['steɪ̯t dɪ'pɑ:tmənt], das; - -[s]: Außenministerium der USA

State|ment ['steɪ̯tmənt], das; -s, -s: öffentliche [politische] Erklärung od. Behauptung

Sta|tik ['ʃt..., 'st...], die; -: Lehre vom Gleichgewicht der Kräfte an ruhenden Körpern

Sta|ti|ker, der; -s, -: Bauingenieur mit speziellen Kenntnissen auf dem Gebiet statischer Berechnungen von Bauwerken

Sta|ti|ke|rin, die; -, -nen: weibliche Form zu ↑Statiker

Sta|ti|on, die; -, -en: 1. Haltestelle; Bahnhof. 2. Bereich, Krankenhausabteilung. 3. Ort, an dem sich eine technische Anlage befindet, Sende-, Beobachtungsstelle

sta|ti|o|när: 1. a) an einen festen Standort gebunden; b) örtlich u. zeitlich nicht verändert; unverändert. 2. (Med.) an eine Krankenhausaufnahme gebunden

sta|ti|o|nie|ren: 1. an einen bestimmten Platz stellen, aufstellen, anstellen. 2. eine Truppe an einen bestimmten Standort verlegen

sta|tisch ['ʃt..., 'st...]: 1. (Bauw.) die Statik betreffend. 2. keine Bewegung, Entwicklung aufweisend. 3. (Physik) das von Kräften erzeugte Gleichgewicht betreffend

Sta|tist [ʃt...], der; -en, -en: jmd., der als stumme Figur in einer Theater- od. Filmszene mitwirkt

Sta|tis|tik, die; -, -en: 1. (ohne Plural) wissenschaftliche Methode zur zahlenmäßigen Erfassung, Untersuchung u. Darstellung von Massenerscheinungen. 2. Ergebnis einer statistischen Untersuchung

Sta|tis|ti|ker, der; -s, -: Wissenschaftler, der sich mit den Grundlagen u. Anwendungsmöglichkeiten der Statistik befasst

Sta|tis|ti|ke|rin, die; -, -nen: weibliche Form zu ↑Statistiker

Sta|tis|tin, die; -, -nen: weibliche Form zu ↑Statist

sta|tis|tisch: die Statistik betreffend, auf Ergebnissen der Statistik beruhend

Sta|tiv, das; -s, -e: dreibeiniges Gestell zum Aufstellen von Geräten (z. B. für Kamera)

sta|tu|a|risch: auf die Bildhauerkunst od. eine Statue bezogen; standbildhaft

Sta|tue [...tuə], die; -, -n: Standbild (plastische Darstellung eines Menschen od. Tieres)

Sta|tu|et|te, die; -, -n: kleine Statue
sta|tu|ie|ren: aufstellen; bestimmen
Sta|tur [ʃt...], die; -, -en: [Körper]gestalt, Wuchs
Sta|tus ['ʃt..., 'st...], der; -, - [...tu:s]: 1. Zustand; Bestand. 2. (Med.) a) allgemeiner Gesundheits- od. Krankheitszustand; b) akutes Stadium einer Krankheit. 3. Stand, Stellung in der Gesellschaft, innerhalb einer Gruppe
Sta|tus|sym|bol, das; -s, -e: etwas, womit jmds. gehobener Status (3) dokumentiert werden soll
Sta|tut [ʃt...], das; -[e]s, -en: Satzung, [Grund]gesetz
sta|tu|ta|risch: auf einem Statut beruhend, satzungs-, ordnungsgemäß
Stea|dy|sel|ler ['stɛdi...], der; -s, -: Buch, das über längere Zeit gleichmäßig gut verkauft wird
Steak [steɪk, ste:k, auch: ʃt...], das; -s, -s: Fleischscheibe aus der Lende (vor allem von Rind, Kalb, Schwein), die nur kurz gebraten wird
Stea|mer ['sti:mɐ], der; -s, -: engl. Bez. für Dampfer
Ste|a|rin, das; -s, -e: festes, weißes, bei höheren Temperaturen flüssig werdendes Gemisch aus Stearin- u. Palmitinsäure
Ste|go|sau|ri|er, der; -s, -: Gattung der ausgestorbenen Dinosaurier mit sehr kleinem Schädel
Ste|le ['st..., 'ʃt...], die; -, -n: 1. (Kunstwiss.) frei stehende, mit einem Relief od. einer Inschrift versehene Platte oder Säule (bes. als Grabdenkmal). 2. Leitbündelstrang des Pflanzensprosses (Zentralzylinder der Pflanze)
Stel|la|ge [...'la:ʒə], die; -, -n: Gestell; Ständer
stel|lar [ʃt..., st...]: die Fixsterne betreffend
Ste|no|gra|fie, Ste|no|gra|phie, die; -, ...ien: Kurzschrift (Schreibsystem mit besonderen Zeichen)
ste|no|gra|fie|ren, ste|no|gra|phie|ren: in Stenografie schreiben
Ste|no|gramm, das; -s, -e: in Stenografie geschriebenes Diktat, geschriebene Rede
Ste|no|se, die; -, -n, **Ste|no|sis,** die; -, ...osen (Med.): Verengung von Öffnungen, Kanälen u. Hohlorganen
Sten|tor|stim|me ['ʃt..., 'st...], die; -, -n: laute, gewaltige Stimme
Stepp [ʃtɛp, stɛp], der; -s, -s: 1. (Leichtathletik) zweiter Sprung beim Dreisprung; vgl. Hop, Jump. 2. artistischer Tanz, bei dem die mit Eisen beschlagenen Spitzen u. Absätze der Schuhe dem Rhythmus entsprechend in schnellem Bewegungswechsel auf den Boden gesetzt werden
Step|pe, die; -, -n: überwiegend baumlose, trockene Graslandschaft außereuropäischer Klimazonen
Ster, der; -s, -e u. -s (aber: 3 -): ein vor allem in der Forstwirtschaft verwendetes Raummaß für Holz (1 m^3)
Ste|ra|di|ant, der; -en, -en (Math.): Einheit des Raumwinkels (Zeichen: sr)
Ste|reo|bild, das; -[e]s, -er: Bild, das bei der Betrachtung einen räumlichen Eindruck hervorruft; Raumbild
ste|reo|fon, ste|reo|phon: über zwei od. mehr Kanäle elektroakustisch übertragen
Ste|reo|fo|nie, Ste|reo|pho|nie, die; -: elektroakustische Schallübertragung über zwei od. mehr Kanäle, die räumliches Hören gestattet
Ste|reo|fo|to|gra|fie, Ste|reo|pho|to|gra|phie, die; -, ...ien: 1. (ohne Plural) Verfahren zur Herstellung von räumlich wirkenden Fotografien. 2. fotografisches Raumbild
Ste|reo|me|ter, das; -s, -: 1. (Physik) optisches Gerät zur Messung des Volumens fester Körper. 2. Gerät zur Auswertung von Stereofotografien
Ste|reo|me|t|rie, die; - (Math.): Wissenschaft von der Geometrie u. der Berechnung räumlicher Gebilde; vgl. Planimetrie
ste|reo|me|t|risch: die Stereometrie betreffend
Ste|reo|s|kop, das; -s, -e: optisches Gerät zur Betrachtung von Stereobildern
Ste|reo|s|ko|pie, die; -: Gesamtheit der Verfahren zur Aufnahme u. Wiedergabe von raumgetreuen Bildern
ste|reo|s|ko|pisch: räumlich erscheinend, dreidimensional wiedergegeben

ste|reo|typ: 1. mit fest stehenden Schrifttypen gedruckt. 2. feststehend, unveränderlich. 3. abgedroschen

Ste|reo|typ, das; -s, -e (meist Plural): 1. (Sozialpsychol., Psychol.) eingebürgertes Vorurteil mit festen Vorstellungsklischees innerhalb einer Gruppe; vgl. Autostereotyp, Heterostereotyp. 2. ↑Stereotypie (2)

Ste|reo|ty|pie, die; -, ...ien: 1. (Druckw.) das Herstellen u. Ausgießen von Matern. 2. (Psychol., Med.) das Wiederholen von sprachlichen Äußerungen od. motorischen Abläufen über einen längeren Zeitraum

Ste|reo|typ|plat|te, die; -, -n: Abguss einer Mater in Form einer festen Druckplatte

ste|ril [ʃt..., st...]: 1. keimfrei; vgl. aseptisch (a). 2. (Biol., Med.) unfruchtbar, nicht fortpflanzungsfähig. 3. a) (bildungsspr. abwertend) langweilig, geistig unfruchtbar, unschöpferisch; b) kalt, nüchtern wirkend, ohne eigene Note gestaltet

Ste|ri|li|sa|ti|on, die; -, -en: das Sterilisieren

Ste|ri|li|sa|tor, der; -s, ...oren: Entkeimungsapparat

ste|ri|li|sie|ren: 1. keimfrei machen. 2. (Med.) unfruchtbar, zeugungsunfähig machen

Ste|ri|li|sie|rung, die; -, -en: das Sterilisieren

Ste|ri|li|tät, die; -: 1. (Med.) Keimfreiheit. 2. (Biol., Med.) Unfruchtbarkeit, Zeugungsunfähigkeit

Ste|rin [ʃt..., st...], das; -s, -e: in jeder tierischen od. pflanzlichen Zelle vorhandene Kohlenwasserstoffverbindung

Ster|ling ['stɛr..., engl.: 'stə:lɪŋ], der; -s, -e (aber: 5 Pfund -): 1. Währungseinheit in Großbritannien; Pfund Sterling (Zeichen u. Abk.: £, £Stg). 2. altenglische Silbermünze

Ste|tho|s|kop [ʃt..., st...], das; -s, -e (Med.): Gerät zum Abhören von akustischen Phänomenen des Körpers

Ste|ward ['stju:ɐt], der; -s, -s: Betreuer der Passagiere an Bord von Schiffen u. Flugzeugen; Flugbegleiter

Ste|war|dess ['stju:ɐdɛs, auch: ...'dɛs], die; -, -en: weibliche Form zu ↑Steward

Sti|bi|um ['ʃt..., 'st...], das; -s: ↑Antimon

Sti|cker ['ʃt..., 'st...], der; -s, -: Aufkleber aus Papier od. Plastik

stie|kum (landsch.): heimlich, leise

Stig|ma ['ʃt..., 'st...], das; -s, ...men u. -ta: Mal, Zeichen; Wundmal

stig|ma|ti|sie|ren: 1. jmdn. brandmarken, anprangern. 2. (Soziol.) jmdm. bestimmte, von der Gesellschaft als negativ bewertete Merkmale zuordnen

Stig|ma|ti|sie|rung, die; -, -en: das Stigmatisieren

Stil [sti:l, ʃti:l], der; -[e]s, -e: 1. Art des sprachlichen Ausdrucks [eines Individuums]. 2. einheitliche u. charakteristische Darstellungs- u. Ausdrucksweise einer Epoche od. eines Künstlers. 3. Lebensweise, die dem besonderen Wesen od. den Bedürfnissen von jmdm. entspricht. 4. [allgemein anerkannte] Art, etwas (z. B. eine Sportart) auszuführen

Sti|lett, das; -s, -e: kleiner Dolch

Stil|fi|gur, die; -, -en: rhetorische Figur

sti|li|sie|ren: Formen, die in der Natur vorkommen, vereinfachen od. verändern, um die Grundstrukturen sichtbar zu machen

Sti|li|sie|rung, die; -, -en: a) nach einem bestimmten Stilideal od. -muster geformte [künstlerische] Darstellung; b) Vereinfachung od. Reduktion auf die Grundstruktur[en]

Sti|list, der; -en, -en: Beherrscher des Stils, des sprachlichen Ausdrucks

Sti|lis|tik, die; -, -en: 1. (ohne Plural) Stillehre, -kunde. 2. Lehrbuch für guten Stil (1); Beschreibung der Stilmittel

Sti|lis|tin, die; -, -nen: weibliche Form zu ↑Stilist

sti|lis|tisch: den Stil (1, 2, 4) betreffend

Sti|mu|lans ['ʃt..., 'st...], das; -, ...lanzien u. ...lantia: anregendes Arzneimittel, Reizmittel

Sti|mu|lanz, die; -, -en: Anreiz, Antrieb

Sti|mu|la|ti|on, die; -, -en: das Stimulieren

sti|mu|lie|ren: anregen, anreizen; ermuntern

Sti|mu|lie|rung, die; -, -en: das Stimulieren

Sti|mu|lus, der; -, ...li: Reiz, Antrieb

Sti|pen|di|at [ʃt...], der; -en, -en: jmd., der ein Stipendium erhält

Sti|pen|di|a|tin, die; -, -nen: weibliche Form zu ↑Stipendiat

Sti|pen|di|um, das; -s, ...ien: finanzielle Unter-

S

stützung vom Staat, von der Kirche o. Ä. für Schüler, Studierende u. jüngere Wissenschaftler

sti|pu|lie|ren: 1. vertraglich vereinbaren, übereinkommen. 2. festlegen, festsetzen

Stoa ['st..., 'ʃt...], die; -: Philosophenschule, deren oberste Maxime darin bestand, in Übereinstimmung mit sich selbst u. mit der Natur zu leben u. Affekte zu bekämpfen

Sto|i|ker ['ʃt..., 'st...], der; -s, -: 1. Angehöriger der Stoa. 2. Vertreter des Stoizismus. 3. Mensch von stoischer Gelassenheit

Sto|i|ke|rin, die; -, -nen: weibliche Form zu ↑Stoiker (2, 3)

sto|isch: 1. die Stoa od. den Stoizismus (1) betreffend. 2. von unerschütterlicher Ruhe, gleichmütig, gelassen

Sto|i|zis|mus, der; -: 1. von der Stoa ausgehende Philosophie u. Geisteshaltung. 2. Unerschütterlichkeit, Gleichmut

Sto|la ['ʃt..., 'st...], die; -, ...len: 1. schmaler, über beide Schultern herabhängender Teil des priesterlichen Messgewandes. 2. langer, schmaler Umhang aus Stoff od. Pelz

stop [ʃt..., st...]: 1. (auf Verkehrsschildern) halt!; vgl. stopp. 2. Punkt (im Telegrafenverkehr)

Stop-and-go-Ver|kehr ['stɔpʔɛnd'goʊ̯...], der; -[e]s: durch langsame Fahrweise u. häufiges Anhalten der Fahrzeuge gekennzeichneter Verkehr

Stop|over, Stop-over ['stɔpʔoʊ̯vɐ], der; -s, -s: Zwischenlandung, Zwischenaufenthalt auf einer Reise

S

stopp [ʃtɔp]: halt!; vgl. stop

[1]**Store** [ʃtoːɐ̯, stoːɐ̯, schweiz.: 'ʃtoːrə], der; -s, -s (schweiz.: die; -, -n): durchsichtiger Fenstervorhang

[2]**Store** [stɔː], der; -s, -s: engl. Bez. für: Vorrat, Lager, Laden

Sto|ren, der; -s, - (schweiz.): 1. Vorhang, der von oben vor ein Fenster gezogen od. herabgelassen wird, um direkte Sonnenstrahlung abzuhalten; Rollo. 2. aufrollbares, schräges Sonnendach; Markise

stor|nie|ren: 1. einen Fehler in der Buchhaltung durch Eintragung eines Gegenpostens berichtigen. 2. rückgängig machen

Stor|no, der u. das; -s, ...ni (Wirtsch.): Berichtigung eines Buchhaltungsfehlers, Rückbuchung

Stor|ting ['st..., 'ʃt...], das; -[s]: norwegisches Parlament

Sto|ry ['stɔri, 'stɔːri], die; -, -s: 1. den Inhalt eines Films, Romans o. Ä. ausmachende Geschichte. 2. (ugs.) a) ungewöhnliche Geschichte, die sich so zugetragen haben soll; b) Bericht, Report

Stout [staʊ̯t], der; -[s], -s: dunkles englisches Bier mit starkem Hopfengeschmack

Strac|cia|tel|la [stratʃa'tɛla], das; -[s]: Speiseeissorte, die aus Milchspeiseeis mit Schokoladenstückchen besteht

Stra|di|va|ri [st...], die; -, -[s], **Stra|di|va|ri|us,** die; -, -: Geige aus der Werkstatt des italienischen Geigenbauers Antonio Stradivari (1644–1737)

Stran|gu|la|ti|on [ʃt..., st...], die; -, -en: 1. das Strangulieren. 2. (Med.) Abklemmung innerer Organe

stran|gu|lie|ren: durch Zuschnüren, Zudrücken der Luftröhre töten; erdrosseln

Stra|pa|ze, die; -, -n: große Anstrengung, Mühe, Beschwerlichkeit

stra|pa|zie|ren: übermäßig anstrengen, beanspruchen; abnutzen, verbrauchen

stra|pa|zi|ös: anstrengend, beschwerlich

Straps [ʃt..., st..., engl.: stræps], der; -es, -e: a) Strumpfhalter; b) [schmaler] Hüftgürtel mit vier Strapsen (a)

Strass, der; - u. -es, -e: a) (ohne Plural) glitzerndes Glas, bes. zur Nachbildung von Edelsteinen; b) aus Strass (a) hergestellte Nachbildung von Edelsteinen

Stra|te|ge [ʃt..., st...], der; -n, -n: jmd., der nach einer bestimmten Strategie, strategisch vorgeht

Stra|te|gie, die; -, ...ien: genauer Plan des eigenen Vorgehens, der dazu dient, ein militärisches, politisches, psychologisches o. ä. Ziel zu erreichen

Stra|te|gin, die; -, -nen: weibliche Form zu ↑Stratege

stra|te|gisch: genau geplant, einer Strategie folgend

Strea|ming ['striːmɪŋ], das; -[s]: Datenübertragungsverfahren, bei dem die Daten bereits während der Übertragung angesehen od. angehört werden können

Street|ball ['stri:tbɔ:l], der; -s: auf Plätzen, Höfen o. Ä. gespielte Variante des Basketballs

Street|wear [...wɛ:ɐ̯], die; -: Alltagskleidung

Street|work ['stri:twœ:ɐ̯k], die; - (Jargon): Hilfe u. Beratung für Drogenabhängige, gefährdete od. straffällig gewordene Jugendliche innerhalb ihres Wohnbereichs, ihres Milieus

Street|wor|ker ['stri:twœ:ɐ̯kɐ], der; -s, - (Jargon): Sozialarbeiter, der Streetwork betreibt

Street|wor|ke|rin, die; -, -nen: weibliche Form zu ↑Streetworker

Strep|to|kok|ke, die; -, -n, **Strep|to|kok|kus,** der; -, ...kken (meist Plural): kugelförmige Bakterie

Stress [ʃt..., st...], der; -es, -e (Plural selten): 1. erhöhte Belastung physischer od. psychischer Art. 2. (ugs.) Ärger

stres|sen ['ʃt...]: (ugs.) als Stress auf jmdn. wirken; körperlich u. seelisch belasten

Stretch [strɛtʃ], der; -[e]s, -es: elastisches Gewebe aus Stretchgarn, bes. für Strümpfe

Stret|ching ['strɛtʃɪŋ], das; -s: aus Dehnungsübungen bestehende Gymnastik

Stretch|li|mou|si|ne ['strɛtʃlimu...], die; -, -n: Limousine mit bes. langem Fahrgastteil

Strike [straɪ̯k], der; -s, -s: 1. das Abräumen mit dem ersten Wurf (beim Bowling). 2. ordnungsgemäß geworfener Ball, der entweder nicht angenommen, verfehlt od. außerhalb des Feldes geschlagen wird (beim Baseball)

strikt ['ʃt..., 'st...]: streng; genau; pünktlich

strik|te: ohne Einschränkung, aufs Genaueste, strengstens

String [st...], der; -s, -s: 1. (EDV) Zeichenkette. 2. (Physik) theoretisches Gebilde in der Stringtheorie. 3. (ugs.) Kurzform von ↑Stringtanga

strin|gent [ʃt..., st...] (bes. Philos.): bündig, zwingend, streng

Strin|genz, die; - (bes. Philos.): Bündigkeit, strenge Beweiskraft

String|tan|ga [st...], der; -s, -s: Tanga[slip], dessen rückwärtiger Teil aus einem schnurförmigen Stück Stoff o. Ä. besteht

Strip [ʃt..., st...], der; -s, -s: 1. Kurzform von ↑Striptease (1, 2). 2. in Streifen verpacktes, gebrauchsfertiges Wundpflaster

strip|pen: Striptease vorführen; als Stripteasetänzer[in] arbeiten

Strip|per, der; -s, - (ugs.): Stripteasetänzer

Strip|pe|rin, die; -, -nen (ugs.): Stripteasetänzerin

Strip|tease ['ʃtrɪpti:s, 'st...], der (auch: das); -: 1. Vorführung von erotisch stimulierenden Tänzen, bei denen sich die Akteure nach u. nach entkleiden. 2. (scherzh.) Entblößung

Stro|bo|s|kop [ʃt..., st...], das; -s, -e: Gerät zur Bestimmung der Frequenz schwingender od. rotierender Systeme

stro|bo|s|ko|pisch: das Stroboskop betreffend

Stron|ti|um, das; -s: chem. Element; ein Metall (Zeichen: Sr)

Stro|phe, die; -, -n: aus mehreren rhythmisch gegliederten [u. gereimten] Verszeilen bestehender [in gleicher Form sich wiederholender] Abschnitt eines Liedes, Gedichtes od. Versepos

Struk|tur [ʃt..., st...], die; -, -en: 1. gegliederter Aufbau, innere Gliederung; Gefüge. 2. (ohne Plural) erhabene Musterung bei Textilien, Tapeten o. Ä.

struk|tu|ral: sich auf die Struktur von etwas beziehend, in Bezug auf die Struktur

Struk|tu|ra|lis|mus, der; -: 1. Forschungsrichtung, die Sprache als ein geschlossenes Zeichensystem versteht u. die Struktur (1) dieses Systems erfassen will. 2. Forschungsmethode in der Völkerkunde, die eine Beziehung zwischen der Struktur der Sprache u. der Kultur einer Gesellschaft herstellt. 3. Wissenschaftstheorie, die von einer synchronen Betrachtungsweise ausgeht u. die alle zugrunde liegenden, unwandelbaren Grundstrukturen erforschen will

Struk|tu|ra|list, der; -en, -en: Vertreter des Strukturalismus

Struk|tu|ra|lis|tin, die; -, -nen: weibliche Form zu ↑Strukturalist

struk|tu|ra|lis|tisch: den Strukturalismus betreffend; vom Strukturalismus ausgehend
Struk|tur|ana|ly|se, die; -, -n: Untersuchung der einzelnen Strukturelemente von etwas
struk|tu|rell: a) eine bestimmte Struktur aufweisend; von der Struktur her; b) ↑struktural
Struk|tur|for|mel, die; -, -n: formelhafte grafische Darstellung vom Aufbau einer chemischen Verbindung
struk|tu|rie|ren: mit einer Struktur versehen
Strych|nin [ʃt..., st...], das; -s: farbloses, giftiges Alkaloid aus den Samen eines Baumes
Stu|cka|teur [...'tøːɐ̯], der; -s, -e: a) Stuckarbeiter; b) (selten) Stuckator
Stu|cka|teu|rin [...'tøːrɪn], die; -, -nen: weibliche Form zu ↑Stuckateur
Stu|cka|tor, der; -s, ...oren: Künstler, der Stuckplastiken herstellt; Stuckkünstler
Stu|cka|to|rin, die; -, -nen: weibliche Form zu ↑Stuckator
Stu|dent, der; -en, -en: a) zur wissenschaftlichen Ausbildung an einer Hochschule od. Fachhochschule Immatrikulierter; Studierender, Hochschüler; b) (österr.) Schüler einer höheren Schule
Stu|den|tin, die; -, -nen: weibliche Form zu ↑Student
stu|den|tisch: a) [die] Studierenden betreffend; b) von, durch, mit Studierenden
Stu|die [...i̯ə], die; -, -n: Entwurf, kurze [skizzenhafte] Darstellung; Vorarbeit [zu einem Werk der Wissenschaft od. Kunst]; Übung
Stu|di|en|as|ses|sor, der; -s, -en (früher): Anwärter auf das höhere Lehramt nach der zweiten Staatsprüfung
Stu|di|en|as|ses|so|rin, die; -, -nen: weibliche Form zu ↑Studienassessor
Stu|di|en|di|rek|tor, der; -s, -en: a) Ehrentitel für einen Lehrer in der DDR; b) Beförderungsstufe für einen Oberstudienrat (als Stellvertreter des Direktors)
Stu|di|en|di|rek|to|rin, die; -, -nen: weibliche Form zu ↑Studiendirektor
Stu|di|en|kol|leg, das; -s, -s u. -ien: Vorbereitungskurs an einer Hochschule, bes. für ausländische Studierende
Stu|di|en|rat, der; -s, ...räte: beamteter Lehrer an einer höheren Schule
Stu|di|en|rä|tin, die; -, -nen: weibliche Form zu ↑Studienrat
Stu|di|en|re|fe|ren|dar, der; -s, -e: Anwärter auf das höhere Lehramt nach der ersten Staatsprüfung
Stu|di|en|re|fe|ren|da|rin, die; -, -nen: weibliche Form zu ↑Studienreferendar
stu|die|ren: 1. a) eine Universität, Hochschule besuchen; b) Kenntnisse auf einem bestimmten Fachgebiet durch ein Studium erwerben. 2. a) erforschen; b) genau durchlesen
Stu|dio, das; -s, -s: 1. Künstlerwerkstatt, Atelier. 2. Produktionsstätte für Rundfunk-, Fernsehsendungen, Filme, Schallplatten. 3. Übungs- u. Trainingsraum für Tänzer/-innen
Stu|di|o|sus, der; -, ...si (scherzh. veraltend): Studierender, Student
Stu|di|um, das; -s, ...ien: 1. (ohne Plural) akademische Ausbildung an einer Hochschule. 2. a) eingehende [wissenschaftliche] Beschäftigung mit etwas; b) (ohne Plural) genaue, kritische Prüfung, kritisches Durchlesen; c) (ohne Plural) das Einüben, Erlernen
Stu|di|um ge|ne|ra|le, das; - -: 1. frühe Form der Universität im Mittelalter. 2. Vorlesungen allgemeinbildender Art an Hochschulen
Stuk|ka|teur [ʃtʊkə'tøːɐ̯]: frühere Schreibung für ↑Stuckateur
Stunt [stʌnt], der; -s, -s: gefährliches akrobatisches Kunststück, bes. als Szene eines Films
Stunt|frau ['stʌnt...], die; -, -en: ↑Stuntwoman
Stunt|man [...mən], der; -[s], ...men [...mən]: Mann, der sich auf Stunts spezialisiert hat u. entsprechende Szenen für den eigentlichen Darsteller übernimmt
Stunt|wo|man [...wʊmən], die; -, ...men [...wɪmɪn]: weibliche Form zu ↑Stuntman
stu|pend [ʃt..., st...]: erstaunlich, verblüffend
stu|pid [ʃtu..., st...], **stu|pi|de** [ʃt..., st...]: a) dumm; ohne geistige Interessen; b) monoton
Stu|pi|di|tät, die; -, -en: 1. (ohne Plural) a) Dummheit; b) Monotonie. 2. dumme Bemerkung o. Ä.

S

Stu|por, der; -s (Med.): völlige körperliche u. geistige Regungslosigkeit, Starrheit

sty|len [ˈstaɪ̯lən]: 1. das Styling von etwas entwerfen, gestalten. 2. seine äußere Aufmachung durch Kosmetik, Kleidung u. Ä. zurechtmachen

Sty|ling [ˈstaɪ̯lɪŋ], das; -s, -s: 1. Formgebung, Design, Gestaltung. 2. durch Frisur, Kleidung, Kosmetik u. Ä. bestimmte Aufmachung eines Menschen

Sty|list [staɪ̯ˈlɪst], der; -en, -en: Formgestalter; jmd., der das Styling (1) entwirft (Berufsbez.)

Sty|lis|tin, die; -, -nen: weibliche Form zu ↑Stylist

Sty|rol, das; -s: zu den Kohlenwasserstoffen gehörende farblose, benzolartig riechende Flüssigkeit, die zur Herstellung von Kunststoffen verwendet wird

Sty|ro|por®, das; -s: weißer, sehr leichter, aus kleinen zusammengepressten Kügelchen bestehender, schaumstoffartiger Kunststoff

Su|a|da, Su|a|de, die; -, …den: 1. wortreiche Rede, ununterbrochener Redefluss, Redeschwall. 2. (ohne Plural) Beredsamkeit, Überredungskunst

Su|a|he|li, Swa|hi|li, das; -[s]: weitverbreitete Handels- u. Amtssprache in Ostafrika

su|a|ve (Musik): lieblich, sanft (Vortragsanweisung)

sub|al|tern: 1. (abwertend) unterwürfig, untertänig. 2. untergeordnet, nur beschränkte Entscheidungsbefugnis habend

sub|ark|tisch (Geogr.): zwischen Arktis u. gemäßigter Klimazone gelegen

Sub|di|a|kon, der; -s u. -en, -e[n] (kath. Kirche früher): Geistlicher, der unter einem Diakon steht

Sub|do|mi|nan|te, die; -, -n (Musik): a) vierte Stufe einer diatonischen Tonleiter; b) auf einer Subdominante (a) aufgebauter Dreiklang

sub|gla|zi|al (Geol.): unter dem Gletscher[eis] befindlich, vor sich gehend

su|bi|to (Musik): schnell, sofort anschließend

Sub|jekt, das; -[e]s, -e: 1. [auch: ˈzʊp…] (Philos.) erkennendes, mit Bewusstsein ausgestattetes, handelndes Ich. 2. [auch: ˈzʊp…] (Sprachwiss.) Satzgegenstand. 3. [auch: ˈzʊp…] (Musik) Thema einer kontrapunktischen Komposition, bes. einer Fuge. 4. (abwertend) verachtenswerter Mensch

sub|jek|tiv [auch: ˈzʊp…]: 1. (Philos.) zu einem Subjekt (1) gehörend. 2. von persönlichen Gefühlen, Interessen, von Vorurteilen bestimmt

Sub|jek|ti|vis|mus, der; -: 1. philosophische Anschauung, nach der es keine objektive Erkenntnis gibt, sondern alle Erkenntnisse in Wahrheit Schöpfungen des subjektiven Bewusstseins sind. 2. Ichbezogenheit

sub|jek|ti|vis|tisch: 1. den Subjektivismus (1) betreffend, von ihm geprägt, zu ihm gehörend. 2. ichbezogen

Sub|jek|ti|vi|tät, die; -: 1. (bes. Philos.) subjektives (1) Wesen (einer Sache); das Subjektivsein. 2. subjektive (2) Haltung; das Subjektivsein

Sub|kon|ti|nent, der; -[e]s, -e: geografisch geschlossener Teil eines Kontinents, der aufgrund seiner Größe u. Gestalt eine gewisse Eigenständigkeit hat

Sub|kul|tur, die; -, -en (Soziol.): innerhalb eines Kulturbereichs, einer Gesellschaft bestehende, von einer bestimmten gesellschaftlichen, ethnischen o. ä. Gruppe getragene Kultur mit eigenen Normen u. Werten

sub|kul|tu|rell: zu einer Subkultur gehörend, sie betreffend

sub|ku|tan (Med.): 1. unter der Haut befindlich. 2. unter die Haut appliziert

su|b|lim: a) nur mit großer Feinsinnigkeit wahrnehmbar, verständlich; nur einem sehr feinen Verständnis od. Empfinden zugänglich; b) von Feinsinnigkeit, feinem Verständnis, großer Empfindsamkeit zeugend

Su|b|li|ma|ti|on, die; -, -en: 1. das Sublimieren (1 a). 2. (Chemie) das Sublimieren (2)

su|b|li|mie|ren: 1. a) auf eine höhere Ebene erheben, ins Erhabene steigern; verfeinern, veredeln; b) einen Trieb in kulturelle, künstlerische o. ä. Leistungen umsetzen. 2. (Chemie) a) unmittelbar vom festen in den gasförmigen Zustand übergehen u. umgekehrt; b) vom festen unmittelbar in den gasförmigen Zustand überführen u. umgekehrt

Su|b|li|mie|rung, die; -, -en: 1. (Chemie) das Sublimieren (1). 2. (bildungsspr., Psychol.) das Sublimieren (2)

sub|ma|rin (Geol., Biol.): unter der Meeresoberfläche lebend od. befindlich

sub|mers: (von Wasserpflanzen) unter der Wasseroberfläche befindlich, lebend

Sub|mer|si|on, die; -, -en: 1. (Geol.) Untertauchen des Festlandes unter den Meeresspiegel. 2. (veraltet) Überschwemmung. 3. (Theol.) das Hineintauchen des Täuflings ins Wasser

Sub|mis|si|on, die; -, -en: 1. (veraltet) Ehrerbietigkeit, Unterwürfigkeit; Unterwerfung. 2. öffentliche Ausschreibung einer Arbeit [durch die öffentliche Hand] u. Vergabe des Auftrags an denjenigen, der das günstigste Angebot liefert. 3. (regional) a) Kaufhandlung; b) Musterausstellung der Herstellerbetriebe zur Entgegennahme von Aufträgen des Handels

Sub|mit|tent, der; -en, -en (Wirtsch.): jmd., der sich um einen Auftrag bewirbt

Sub|mit|ten|tin, die; -, -nen: weibliche Form zu ↑Submittent

sub|op|ti|mal: weniger gut, nicht optimal

Sub|or|di|na|ti|on, die; -, -en: (veraltend) Unterordnung, Gehorsam

Sub|pi|xel, das; -[s], - (EDV): [rote, grüne od. blaue] Untereinheit eines ↑Pixels; Teilbildpunkt

sub|po|lar (Geogr.): zwischen den Polen u. der gemäßigten Klimazone gelegen

S

sub|si|di|är, sub|si|di|a|risch: a) unterstützend, Hilfe leistend; b) behelfsmäßig

Sub|si|di|a|ri|tät, die; -: (Politik, Soziol.) gesellschaftspolitisches Prinzip, nach dem übergeordnete gesellschaftliche Einheiten nur solche Aufgaben übernehmen sollen, zu deren Wahrnehmung untergeordnete Einheiten nicht in der Lage sind

sub|skri|bie|ren (Buchw.): sich verpflichten, ein noch nicht [vollständig] erschienenes Druck-Erzeugnis zum Zeitpunkt des Erscheinens abzunehmen; vorausbestellen

Sub|skrip|ti|on, die; -, -en: 1. (Buchw.) Vorherbestellung von später erscheinenden Büchern [durch Unterschrift] (meist zu niedrigerem Preis). 2. am Schluss einer antiken Handschrift stehende Angabe über Inhalt, Verfasser, Schreiber usw. des Werkes. 3. Verpflichtung, eine bestimmte Anzahl von ↑emittierten (1) Wertpapieren zu kaufen

Sub|spe|zi|es, die; -, -: Unterart (in der Tier- u. Pflanzensystematik)

Sub|s|tan|tiv [auch: ...'ti:f], das; -s, -e (Sprachwiss.): Wort, das ein Ding, ein Lebewesen, einen Begriff o. Ä. bezeichnet; Nomen; Haupt-, Dingwort

sub|s|tan|ti|vie|ren: zu einem Substantiv machen, als Substantiv gebrauchen

Sub|s|tan|ti|vie|rung, die; -, -en: 1. (ohne Plural) das Substantivieren. 2. substantivisch gebrauchtes Wort

sub|s|tan|ti|visch [auch: ...'ti:...]: als Substantiv, wie ein Substantiv [gebraucht], durch ein Substantiv [ausgedrückt]; nominal; haupt-, dingwörtlich

Sub|s|tanz, die; -, -en: 1. Stoff, Materie. 2. (Philos.) a) für sich Seiendes, unabhängig (von anderen) Seiendes; b) das eigentliche Wesen der Dinge. 3. das den Wert Ausmachende, das Wesentliche, Wichtige. 4. das als Grundstock Vorhandene; fester Bestand

Sub|s|tan|zi|a|li|tät, Sub|s|tan|ti|a|li|tät, die; -: 1. (Philos.) das Substanzsein, substanzielles Wesen. 2. das Substanziellsein

sub|s|tan|zi|ell, sub|s|tan|ti|ell: 1. die Substanz (1) betreffend, stofflich, materiell. 2. die Substanz (4) betreffend, zu ihr gehörend, sie [mit] ausmachend. 3. die Substanz (3) einer Sache betreffend, wesentlich. 4. (veraltend) nahrhaft, gehaltvoll. 5. (Philos.) wesenhaft

sub|s|ti|tu|ie|ren: austauschen, ersetzen; einen Begriff anstelle eines anderen setzen

[1]**Sub|s|ti|tut,** das; -[e]s, -e: Ersatz[mittel], Surrogat

[2]**Sub|s|ti|tut,** der; -en, -en: a) Stellvertreter, Ersatzmann, Untervertreter; b) Verkaufsleiter

Sub|s|ti|tu|ti|on, die; -, -en: das Substituieren

Sub|s|t|rat, das; -[e]s, -e: 1. das einer Sache Zugrundeliegende; Grundlage, Basis. 2. (Philos.) die eigenschaftslose Substanz eines Dinges als Träger seiner Eigenschaften. 3. (Sprachwiss.) a) Sprache, Sprachgut eines [besiegten] Volkes im Hinblick auf den Niederschlag, den sie in der übernommenen od. aufgezwungenen Sprache [des Siegervolkes] gefunden hat; b) aus einer Substratsprache stammendes Sprachgut einer Sprache. 4. (Biol.) Nährboden. 5. Substanz, die bei fermentativen Vorgängen abgebaut wird

sub|su|mie|ren: einem Oberbegriff unterordnen, unter einer Kategorie einordnen; unter einem Thema zusammenfassen

Sub|sum|ti|on, die; -, -en: Unterordnung von Begriffen unter einen Oberbegriff

sub|til: zart, fein; sorgsam

Sub|ti|li|tät, die; -: Zartheit, Feinheit; Sorgsamkeit

sub|tra|hie|ren (Math.): abziehen, vermindern

Sub|trak|ti|on, die; -, -en: das Subtrahieren

sub|trak|tiv: mit Subtraktion durchgeführt

sub|tro|pisch [auch: ...'tro:...]: in den Subtropen gelegen, für sie charakteristisch

Su|b|urb ['sʌbə:b], die; -, -s: engl. Bez. für: Vorstadt

Su|b|ur|bia [sə'bœ:ɐ̯bia], die; -: Gesamtheit der um die großen Industriestädte wachsenden Trabanten- u. Schlafstädte

Sub|ven|ti|on, die; -, -en: zweckgebundene [finanzielle] Unterstützung bestimmter Wirtschaftszweige od. einzelner Unternehmen aus öffentlichen Mitteln; Staatszuschuss

sub|ven|ti|o|nie|ren: durch zweckgebundene öffentliche Mittel unterstützen; mitfinanzieren

Sub|ver|si|on, die; -, -en: meist im Verborgenen betriebene, auf den Umsturz der bestehenden staatlichen Ordnung zielende Tätigkeit

sub|ver|siv: umstürzlerisch

Sub|woo|fer ['sʌbwʊfɐ], der; -s, -: (in Verbindung mit zwei kleineren Satellitenboxen zur stereofonen Wiedergabe verwendete) große Lautsprecherbox für die tiefen Frequenzen beider Kanäle; vgl. Woofer

Su|cus, der; -, ...ci [...tsi] (Med.): zu Heilzwecken verwendeter Pflanzensaft

Su|da|ti|on, die; - (Med.): das Schwitzen

Sud|den Death ['sadn̩ 'dɛθ], der; - -, - - (Sport, bes. Eishockey): bei unentschiedenem Stand in einem zusätzlichen Spielabschnitt durch den ersten Treffer herbeigeführte Entscheidung

süf|fi|sant: ein Gefühl von [geistiger] Überlegenheit genüsslich zur Schau tragend; selbstgefällig, spöttisch-überheblich

Süf|fi|sanz, die; -: süffisantes Wesen, süffisante Art; Selbstgefälligkeit

Suf|fix [auch: ...'fɪks], das; -es, -e (Sprachwiss.): an ein Wort, einen Wortstamm angehängte Ableitungssilbe; Nachsilbe (z. B. *-ung, -chen, -heit*)

Suf|fi|zi|enz, die; -, -en: 1. Zulänglichkeit, Können. 2. (Med.) ausreichendes Funktionsvermögen

Suf|f|ra|get|te, die; -, -n: a) radikale Frauenrechtlerin in Großbritannien vor 1914; b) (veraltet abwertend) Frauenrechtlerin

Su|fi, der; -[s], -s: islamischer Mystiker

Su|fis|mus, der; -: islamische Mystik

sug|ge|rie|ren: 1. jmdm. etwas [ohne dass dies dem Betroffenen bewusst wird] einreden od. auf andere Weise eingeben. 2. darauf abzielen, einen bestimmten Eindruck entstehen zu lassen

sug|ges|tiv: a) darauf abzielend, jmdm. etwas zu suggerieren; auf Suggestion beruhend; b) eine starke psychische, emotionale Wirkung ausübend

Sug|ges|to|pä|die, die; -: Lernmethode, die es ermöglichen soll, auf kreativ-spielerische Weise möglichst viel innerhalb kurzer Zeit zu lernen

sui ge|ne|ris: nur durch sich selbst eine Klasse bildend; einzig, besonders

Sui|te ['sui̯:t(ə), 'svi:t(ə)], die; -, -n: 1. (veraltet) Gefolge einer hochgestellten Persönlichkeit. 2. Folge von zusammengehörenden Zimmern in Hotels, Palästen o. Ä. 3. (veraltet) lustiger Streich. 4. aus einer Folge von in sich geschlossenen, nur lose verbundenen Sätzen (oft Tänzen) bestehende Komposition

Su|i|zid, der od. das; -[e]s, -e: Selbstmord; Selbsttötung

su|i|zi|dal: a) den Suizid betreffend, zum Suizid neigend; b) durch Suizid [erfolgt]

Su|i|zi|dant, der; -en, -en: jmd., der einen Suizid begeht od. versucht

S

Su|i|zi|dent, der; -en, -en: ↑Suizidant
Su|i|zi|den|tin, die; -, -nen: weibliche Form zu ↑Suizident
Su|jet [zy'ʒeː, sy'ʒeː], das; -s, -s: Gegenstand, Motiv, Thema einer Darstellung
suk|ku|lent: a) (Bot.) saftreich u. fleischig (von pflanzlichen Organen); b) (Med.) flüssigkeitsreich (von Geweben)
Suk|ku|len|te, die; -, -n: hauptsächlich in trockenen Gebieten vorkommende Pflanze mit besonderen, Wasser speichernden Geweben in Wurzeln, Blättern od. Stamm
Suk|zes|si|on, die; -, -en: 1. Thronfolge. 2. Übernahme der Rechte u. Pflichten eines Staates durch einen anderen. 3. Eintritt einer Person in ein bestehendes Rechtsverhältnis; Rechtsnachfolge. 4. (Ökol.) zeitliche Aufeinanderfolge der an einem Standort einander ablösenden Pflanzen- u./od. Tiergesellschaften
suk|zes|siv: allmählich, nach u. nach, schrittweise [eintretend, erfolgend]
Sul|fat, das; -[e]s, -e: Salz der Schwefelsäure
Sul|fid, das; -[e]s, -e: Salz der Schwefelwasserstoffsäure
Sul|fit, das; -s, -e: Salz der schwefligen Säure
Sul|fo|n|a|mid, das; -[e]s, -e: antibakteriell wirksames chemotherapeutisches Heilmittel gegen Infektionskrankheiten
Sul|ky ['zʊlki, 'salki], das; -s, -s: bei Trabrennen verwendetes zweirädriges Gefährt
Sul|tan, der; -s, -e: 1. a) (ohne Plural) Titel islamischer Herrscher; b) Träger dieses Titels. 2. türkischer Nomadenteppich
Sul|ta|nat, das; -[e]s, -e: 1. Herrschaftsgebiet eines Sultans. 2. Herrschaft eines Sultans
Sul|ta|ni|ne, die; -, -n: große, kernlose Rosine
Sum|ma, die; -, Summen: 1. (veraltet) Summe (Abk.: Sa.). 2. auf der scholastischen Methode aufbauende, systematische Gesamtdarstellung eines Wissensstoffs (bes. der Theologie u. der Philosophie des Mittelalters)
sum|ma cum lau|de: mit Auszeichnung (bestes Prädikat bei Doktorprüfungen)
Sum|mand, der; -en, -en (Math.): Zahl, die hinzuzuzählen ist, addiert wird; Addend
sum|ma|risch: mehreres gerafft zusammenfassend
sum|ma sum|ma|rum: alles in allem
Sum|ma|ti|on, die; -, -en: 1. (Math.) Bildung einer Summe. 2. Anhäufung
Sum|me, die; -, -n: 1. Resultat einer Addition. 2. Gesamtzahl. 3. Geldbetrag
sum|mie|ren: 1. a) zusammenzählen; b) zusammenfassen, vereinigen. 2. sich summieren: immer mehr werden, anwachsen
Su|mo, das; -: japanischer Ringkampf
Sun|blo|cker ['san...], der; -s, -: Sonnenschutzmittel
Sun|dow|ner ['sandaʊn...], der; -s, -: [alkohol.] Getränk, das am Abend, zum Sonnenuntergang konsumiert wird
Sun|na, die; -: Gesamtheit der überlieferten Aussprüche u. Lebensgewohnheiten des Propheten Mohammed als Richtschnur islamischer Lebensweise
Sun|nit, der; -en, -en: Anhänger der orthodoxen Hauptrichtung des Islams, die sich auf die Sunna stützt; vgl. Schia
Sun|ni|tin, die; -, -nen: weibliche Form zu ↑Sunnit
sun|ni|tisch: die Sunna betreffend
su|per (ugs.): sehr gut, großartig, hervorragend
Su|per|aci|di|tät, Su|per|azi|di|tät, die; - (Med.): übermäßig hoher Säuregehalt des Magensaftes
su|perb, sü|perb: ausgezeichnet, vorzüglich
Su|per|ben|zin, das; -s, -e: Benzin von hoher Klopffestigkeit, mit hoher Oktanzahl
Su|per|cup [...kap], der; -s, -s (Fußball früher): 1. Pokalwettbewerb zwischen den Europapokalgewinnern der Landesmeister u. der Pokalsieger. 2. Siegestrophäe beim Supercup (1)
Su|per-G [...dʒiː], der; -[s], -[s]: alpine Disziplin mit Elementen von Abfahrtslauf u. Riesenslalom
Su|per|in|ten|dent ['zuː...], der; -en, -en: höherer evangelischer Geistlicher, Vorsteher eines Kirchenkreises
su|pe|ri|or: überlegen
Su|pe|ri|or, der; -s, ...oren: Vorsteher eines Klosters od. Ordens

Su|pe|ri|o|ri|tät, die; -: Überlegenheit

su|per|la|tiv: a) überragend; b) (Rhet.) übertreibend, übertrieben

Su|per|la|tiv, der; -s, -e: 1. (Sprachwiss.) Höchststufe des Adjektivs bei der Steigerung. 2. a) (nur Plural) etwas, was sich in seiner höchsten, besten Form darstellt; etwas, was zum Besten gehört u. nicht zu überbieten ist; b) Ausdruck höchsten Wertes, Lobes

su|per|la|ti|visch: 1. den Superlativ betreffend. 2. a) überragend; b) übertrieben

Su|per|lear|ning ['su:pəlœ:ɐ̯nɪŋ], das; -s: Lernmethode für Fremdsprachen, die darin besteht, durch gezielte Entspannungsübungen eine bessere Aufnahmefähigkeit zu erreichen

Su|per|markt, der; -[e]s, ...märkte: großer [Lebensmittel]laden mit umfangreichem Sortiment zu meist niedrigen Preisen

Su|per|no|va, die; -, Plur. ...vae [...vɛ], auch ...vä, und ...ven (Astron.): besonders lichtstarke Nova

Su|per|oxid, Su|per|oxyd vgl. Peroxid

Su|per|star, der; -s, -s (ugs.): bes. erfolgreicher Star

Su|per|vi|si|on [engl.: s(j)u:pə'vɪʒən], die; -: a) Beratung einer Organisation zur Erhöhung der Effektivität; b) Beratung u. Beaufsichtigung von Psychotherapeuten

Su|per|vi|sor [engl.: 's(j)u:pəvaɪ̯zə], der; -s, ...oren, bei engl. Ausspr. -s, -s: 1. (Wirtsch.) jmd., der innerhalb eines Betriebes eine Kontrollfunktion wahrnimmt. 2. a) psychologisch ausgebildete Person, die berufsmäßig Supervision (a) betreibt; b) Psychologe, der Supervision (b) betreibt. 3. (EDV) Überwachungsgerät bei Rechenanlagen

Su|per|vi|so|rin, die; -, -nen: weibliche Form zu ↑Supervisor (1, 2)

Sup|ple|ant, der; -en, -en (schweiz.): Ersatzmann [in einer Behörde]

Sup|ple|an|tin, die; -, -nen: weibliche Form zu ↑Suppleant

Sup|ple|ment, das; -[e]s, -e: Ergänzung (Ergänzungsband od. Ergänzungsteil), Nachtrag, Anhang

sup|plie|ren (veraltet): a) ergänzen, hinzufügen; b) vertreten

Sup|port [sʊpɔrt], der; -[e]s, -e: 1. zweiseitig verschiebbarer, schlittenförmiger Werkzeugträger auf dem Bett einer Drehbank. 2. (bes. EDV) Unterstützung, Hilfe

Sup|po|si|tum, das; -s, ...ta: Annahme

Sup|pres|si|on, die; -, -en: (Med.) Unterdrückung, Hemmung (einer Blutung o. Ä.)

Su|p|ra|lei|ter, der; -s, -: elektrischer Leiter, der in der Nähe des absoluten Nullpunktes ohne Widerstand Strom leitet

su|p|ra|na|ti|o|nal: überstaatlich, übernational

Su|p|ra|por|te vgl. Sopraporte

Su|p|re|mum, das; -s, ...ma (Math.): kleinste obere Schranke; obere Grenze

Su|re, die; -, -n: Kapitel des Korans

Surf|board ['sə:fbɔ:d], das; -s, -s: flaches, stromlinienförmiges Brett aus Holz od. Kunststoff, das beim Surfing verwendet wird

Surf|brett, das; -[e]s, -er: ↑Surfboard

sur|fen ['sœ:ɐ̯fn̩]: 1. Surfing betreiben. 2. a) Windsurfing betreiben; b) surfend (2 a) irgendwohin gelangen. 3. (Jargon) a) im Internet wahllos od. gezielt nach Informationen suchen, sie abfragen; b) von einer Website zur anderen springen

Sur|fer, der; -s, -: jmd., der Surfing betreibt

Sur|fe|rin, die; -, -nen: weibliche Form zu ↑Surfer

Sur|fing ['sœ:ɐ̯fɪŋ], das; -s: 1. Wassersport, bei dem man sich, auf einem Surfboard stehend, von den Brandungswellen ans Ufer tragen lässt. 2. ↑Windsurfing. 3. (Jargon) die wahllose od. gezielte Suche nach od. Abfrage von Informationen (im Internet)

sur|re|al [auch: zʏr...]: traumhaft, unwirklich

Sur|re|a|lis|mus [auch: zyr...], der; -: Richtung der modernen Literatur u. Kunst, die das Unbewusste, Träume, Visionen u. Ä. als Ausgangspunkt künstlerischer Produktion ansieht

Sur|re|a|list, der; -en, -en: Anhänger, Vertreter des Surrealismus

Sur|re|a|lis|tin, die; -, -nen: weibliche Form zu ↑Surrealist

sur|re|a|lis|tisch: den Surrealismus betreffend, dafür typisch

Sur|ro|gat, das; -[e]s, -e: Stoff, Mittel o. Ä. als behelfsmäßiger, nicht vollwertiger Ersatz

Sur|ro|ga|ti|on, die; -, -en (Rechtswiss.): Austausch eines Wertes gegen einen anderen, der den gleichen Rechtsverhältnissen unterliegt

Su|shi ['zu:ʃi], das; -[s], -[s]: japanisches Gericht in Form kleiner Häppchen aus essigsaurem Reis u. verschiedenen Zutaten, bes. aus rohem Fisch u. a. Meerestieren

su|s|pekt: verdächtig, fragwürdig, zweifelhaft

sus|pen|die|ren: 1. a) [einstweilen] des Dienstes entheben; aus einer Stellung entlassen; b) zeitweilig aufheben; c) von einer Verpflichtung befreien. 2. fein verteilen, aufschwemmen. 3. (Med.) Körperglieder hochhängen, hochlagern

Sus|pen|si|on, die; -, -en: 1. [einstweilige] Dienstenthebung; zeitweilige Aufhebung. 2. Aufschwemmung feinstverteilter fester Stoffe in einer Flüssigkeit. 3. (Med.) schwebende Aufhängung

Sus|pen|so|ri|um, das; -s, ...ien: 1. (Med.) beutelförmige Tragevorrichtung für erschlaffte, schwer herabhängende Glieder (z. B. die weibliche Brust). 2. beutelförmiger Schutz für die männlichen Geschlechtsteile

Sus|zep|ti|bi|li|tät, die; -, -en: 1. (veraltet) Empfindlichkeit, Reizbarkeit. 2. Maß für die Magnetisierbarkeit eines Stoffes

su|um cu|i|que: jeder soll haben, was ihm zusteht, was er gern möchte

Swa|mi, der; -[s], -s: hinduistischer Mönch, Lehrer

S

Swap [svɔp], der; -s, -s (Bankw.): Austausch bestimmter Verbindlichkeiten, Forderungen, Rechte o. Ä. [um sich gegen Zinsänderungs- und Währungsrisiken abzusichern]

Swas|ti|ka, die; -, ...ken (auch der; -[s], -s): altindisches Glückssymbol in Form eines Sonnenrades

Swea|ter ['svɛtɐ], der; -s, -: Pullover

Sweat|shirt ['svɛtʃœ:ɐ̯t], das; -s, -s: weit geschnittener Sportpullover (meist aus Baumwolle)

Swim|ming|pool ['svɪmɪŋpu:l], der; -s, -s: Schwimmbecken innerhalb od. außerhalb eines Gebäudes

Swing, der; -[s], -s: 1. (ohne Plural) a) rhythmische Qualität des Jazz, die durch die Spannung zwischen dem Grundrhythmus u. den melodisch-rhythmischen Akzenten sowie durch Überlagerungen verschiedener Rhythmen entsteht; b) Jazzstil, bei dem die afroamerikanischen Elemente hinter europäischen Klangvorstellungen zurücktreten (bes. 1930–1945). 2. Kurzform von ↑Swingfox

swin|gen: 1. a) in der Art des Swing (1 a) ein Musikstück spielen, Musik machen; b) zur Musik des Swing (1 b) tanzen. 2. Gruppensex betreiben

Swin|ger, der; -s, -: 1. (Mode) Kurzmantel in schwingender Weite. 2. (Jargon) jmd., der swingt (2)

Swin|ge|rin, die; -, -nen: weibliche Form zu ↑Swinger (2)

Swing|fox, der; -[es], -e: aus dem Foxtrott entwickelter Gesellschaftstanz

swit|chen ['svɪtʃn̩]: 1. (Wirtsch.) ein Switchgeschäft tätigen. 2. (ugs.) ↑zappen

Sy|ko|se, die; -, -n (Med.): Bartflechte

Syl|la|bus, der; -, - u. ...bi: Zusammenfassung, Verzeichnis

Syl|lo|gis|mus, der; -, ...men (Philos.): aus zwei Prämissen gezogener logischer Schluss vom Allgemeinen auf das Besondere

Syl|phi|de, die; -, -n: 1. weiblicher Luftgeist. 2. zartes, anmutiges Mädchen

Syl|vin, das (auch: der); -s, -e: zu den Kalisalzen gehörendes Mineral

Sym|bi|ont, der; -en, -en: Lebewesen, das mit Lebewesen anderer Art in Symbiose lebt

Sym|bi|o|se, die; -, -n: das Zusammenleben von Lebewesen verschiedener Art zu gegenseitigem Nutzen

sym|bi|o|tisch: in Symbiose lebend

Sym|bol, das; -s, -e: 1. Sinnbild. 2. christliches Tauf- od. Glaubensbekenntnis. 3. Zeichen, das eine Rechenanweisung gibt

Sym|bol|fi|gur, die; -, -en: Figur, Person, die ein Symbol darstellt

Sym|bo|lik, die; -: 1. a) symbolische Bedeutung; b) symbolische Darstellung. 2. a) Verwendung von Symbolen; b) Wissenschaft von den Symbolen u. ihrer Verwendung

sym|bo|lisch: a) als Symbol für etwas anderes

stehend; ein Symbol darstellend; b) sich eines Symbols bedienend

sym|bo|li|sie|ren: sinnbildlich darstellen

Sym|bo|lis|mus, der; -: 1. [literarische] Bewegung, die eine symbolische Darstellungs- u. Ausdrucksweise anstrebt. 2. (Fachspr.) System von Formelzeichen

Sym|bo|list, der; -en, -en: Vertreter des Symbolismus (1)

Sym|bo|lis|tin, die; -, -nen: weibliche Form zu ↑Symbolist

sym|bo|lis|tisch: den Symbolismus, die Symbolisten betreffend

Sym|me|t|rie, die; -, ...ien: 1. Gleich-, Ebenmaß. 2. (Math., Biol.) Spiegelungsgleichheit

sym|me|t|risch: 1. gleich-, ebenmäßig. 2. (Math.) auf beiden Seiten einer [gedachten] Mittelachse ein Spiegelbild ergebend (von Körpern, Figuren u. Ä.)

sym|pa|the|tisch: 1. (veraltet) Sympathie empfindend, auf Sympathie beruhend. 2. eine geheimnisvolle Wirkung ausübend

Sym|pa|thie, die; -, ...ien: 1. aufgrund gewisser Übereinstimmung, Affinität positive gefühlsmäßige Einstellung zu jmdm., einer Sache; [Zu]neigung; Wohlgefallen. 2. Verbundenheit aller Teile des Ganzen, sodass, wenn ein Teil betroffen ist, auch alle anderen Teile betroffen sind (in der Naturphilosophie)

Sym|pa|thi|kus, der; -, ...thizi (Med.): Teil des vegetativen Nervensystems, der zu erhöhter Leistungsbereitschaft führt; Gegenspieler des Parasympathikus; vgl. Parasympathikus

Sym|pa|thi|sant, der; -en, -en: jmd., der einer [extremen] politischen od. gesellschaftlichen Gruppe (seltener einer Einzelperson), Anschauung wohlwollend gegenübersteht [u. sie unterstützt]

Sym|pa|thi|san|tin, die; -, -nen: weibliche Form zu ↑Sympathisant

sym|pa|thisch: 1. Sympathie erweckend. 2. (Med.) zum vegetativen Nervensystem gehörend; den Sympathikus betreffend. 3. (veraltet) mitfühlend, aufgrund innerer Verbundenheit gleich gestimmt

sym|pa|thi|sie|ren: die Anschauungen einer Gruppe, einer Einzelperson teilen, ihnen zuneigen, sie unterstützen

Sym|po|si|on [auch: ...'po:...], das; -s, ...ien: 1. Zusammenkunft von Wissenschaftlern, Fachleuten, bei der bestimmte fachbezogene Themen erörtert werden. 2. Trinkgelage im antiken Griechenland, bei dem das [philosophische] Gespräch im Vordergrund stand. 3. Sammelband mit Beiträgen verschiedener Autoren zu einem Thema

Sym|po|si|um [auch: ...'po:...], das; -s, ...ien: lat. Form von ↑Symposion

Sym|p|tom, das; -s, -e: 1. Anzeichen, Vorbote; Kennzeichen; Merkmal. 2. (Med.) Krankheitszeichen, für eine bestimmte Krankheit charakteristische, zu einem bestimmten Krankheitsbild gehörende krankhafte Veränderung

Sym|p|to|ma|tik, die; - (Med.): 1. Gesamtheit von Symptomen. 2. ↑Symptomatologie

sym|p|to|ma|tisch: 1. bezeichnend. 2. (Med.) nur auf die Symptome, nicht auf die Krankheitsursache einwirkend

Sym|p|to|ma|to|lo|gie, die; - (Med.): Wissenschaft von den Krankheitszeichen

Sy|n|a|go|ge, die; -, -n: Gebäude, Raum, in dem sich die jüdische Gemeinde zu Gebet u. Belehrung versammelt

Sy|n|ap|se, die; -, -n (Biol., Med.): 1. Kontakt-, Umschaltstelle zwischen Nervenfortsätzen, an der nervöse Reize von einem Neuron auf ein anderes weitergeleitet werden. 2. Berührungsstelle der Grenzflächen zwischen Muskel u. Nerv

S

Sy|n|ä|re|se, Sy|n|ä|re|sis, die; -, ...resen: Zusammenziehung zweier verschiedenen Silben angehörender Vokale zu einer Silbe (z. B. *gehen* zu *gehn*)

Sy|n|äs|the|sie, die; -, ...ien: a) (Med.) Reizempfindung eines Sinnesorgans bei Reizung eines anderen (z. B. Farbwahrnehmung bei akustischem Reiz); b) (Stilkunde) durch sprachlichen Ausdruck hervorgerufene Verschmelzung mehrerer Sinneseindrücke

sy|n|äs|the|tisch: a) die Synästhesie betreffend; b) durch einen nicht spezifischen Reiz erzeugt

syn|chron [...k...]: 1. gleichzeitig; mit gleicher Geschwindigkeit [ab]laufend. 2. a) als sprachliche Gegebenheit in einem bestimmten Zeitraum geltend, anzutreffen; b) ↑synchronisch (a)

Syn|chro|nie, die; -: a) Zustand einer Sprache in einem bestimmten Zeitraum (im Gegensatz zu ihrer geschichtlichen Entwicklung); b) Beschreibung sprachlicher Phänomene, eines sprachlichen Zustandes innerhalb eines bestimmten Zeitraums

Syn|chro|ni|sa|ti|on, die; -, -en: 1. a) Zusammenstimmung von Bild, Sprechton u. Musik im Film; b) bild- und bewegungsechte Übertragung fremdsprachiger Partien eines Films. 2. Ergebnis einer Synchronisation; synchronisierte Fassung

syn|chro|nisch (Sprachwiss.): a) die Synchronie betreffend; b) ↑synchron (2 a)

syn|chro|ni|sie|ren: 1. eine Synchronisation (1) vornehmen. 2. den Gleichlauf zwischen zwei Vorgängen, Maschinen od. Geräte[teile]n herstellen. 3. zeitlich aufeinander abstimmen

Syn|chro|ni|sie|rung, die; -, -en: das Synchronisieren

syn|de|tisch (Sprachwiss.): durch eine Konjunktion verbunden (von Satzteilen od. Sätzen)

Syn|di|ka|list, der; -en, -en: Anhänger des Syndikalismus

Syn|di|ka|lis|tin, die; -, -nen: weibliche Form zu ↑Syndikalist

S

Syn|di|kat, das; -[e]s, -e: 1. (Wirtsch.) Kartell, bei dem die Mitglieder ihre Erzeugnisse über eine gemeinsame Verkaufsorganisation absetzen müssen. 2. als geschäftliches Unternehmen getarnte Verbrecherorganisation (in den USA)

Syn|di|kus, der; -, -se u. ...dizi (Rechtswiss.): der von einer Körperschaft zur Besorgung ihrer Rechtsgeschäfte aufgestellte Bevollmächtigte, Rechtsbeistand

Syn|drom, das; -s, -e: a) (Med.) Krankheitsbild, das sich aus dem Zusammentreffen verschiedener charakteristischer Symptome ergibt; b) (Soziol.) Gruppe von Merkmalen od. Faktoren, deren gemeinsames Auftreten einen bestimmten Zusammenhang od. Zustand anzeigt

sy|n|er|ge|tisch: zusammen..., mitwirkend

Sy|n|er|gie, die; -, ...ien: 1. (Psychol.) Energie, die für den Zusammenhalt u. die gemeinsame Erfüllung von Aufgaben zur Verfügung steht. 2. positives [ökonomisches] Potenzial, das zum Synergieeffekt führen kann

Sy|n|er|gie|ef|fekt, der; -[e]s, -e: positive Wirkung, die sich aus dem Zusammenschluss od. der Zusammenarbeit zweier Unternehmen o. Ä. ergibt

sy|n|er|gis|tisch: den Synergismus betreffend

Syn|kli|na|le, Syn|kli|ne, die; -, -n (Geol.): Mulde

Syn|ko|pe, die; -, ...kopen: 1. a) ['zʏnkope] (Sprachwiss.) Ausfall eines unbetonten Vokals zwischen zwei Konsonanten im Wortinnern (z. B. ew'ger statt ewiger); b) ['zʏnkope] (Metrik) Ausfall einer Senkung im Vers. 2. ['zʏnkope] (Med.) plötzliche, kurzzeitige Ohnmacht infolge einer Störung der Gehirndurchblutung. 3. [zʏn'ko:pə] (Musik) rhythmische Verschiebung durch Bindung eines unbetonten Wertes an den folgenden betonten

syn|ko|pisch: die Synkope betreffend, in der Art der Synkope

Syn|kre|tis|mus, der; -: Vermischung verschiedener Religionen, Konfessionen od. philosophischer Lehren, meist ohne innere Einheit (z. B. in der späten Antike)

Syn|kre|tist, der; -en, -en: Vertreter des Synkretismus

Syn|kre|tis|tin, die; -, -nen: weibliche Form zu ↑Synkretist

syn|kre|tis|tisch: den Synkretismus betreffend

Sy|n|od, der; -s, -e: oberstes Organ der russisch-orthodoxen Kirche (bis 1917)

sy|n|o|dal: die Synode betreffend, zu ihr gehörend

Sy|n|o|de, die; -, -n: 1. (ev. Kirche) aus Beauftragten der Gemeinden bestehende Versammlung, die Fragen der Lehre u. kirchlichen Ordnung regelt u. Trägerin kirchlicher Selbstverwaltung ist. 2. (kath. Kirche) beratende, beschließende u. gesetzgebende Versammlung von Bischöfen in einem Konzil [unter Vorsitz des Papstes]

sy|n|o|nym: (Sprachwiss.; von Wörtern) eine gleiche od. ähnliche Bedeutung habend; sinnverwandt (z. B. alt/betagt, Sieg/Erfolg)

Sy|n|o|nym, das; -s, -e, auch: Synonyma (Sprachwiss.): synonymes Wort

Sy|n|o|ny|mie, die; -, ...ien: (Sprachwiss.) inhaltliche Übereinstimmung von verschiedenen Wörtern od. Konstruktionen in derselben Sprache

Sy|n|op|se, Sy|n|op|sis, die; -, ...opsen: 1. knappe Zusammenfassung, vergleichende Übersicht. 2. a) vergleichende Gegenüberstellung von Texten o. Ä.; b) sachliche bzw. wörtliche Nebeneinanderstellung der Evangelien nach Matthäus, Markus u. Lukas

Sy|n|op|ti|ker, der; -s, - (meist Plural): einer der drei Evangelisten (Matthäus, Markus, Lukas), deren Texte beim Vergleich weitgehend übereinstimmen

sy|n|op|tisch: 1. [übersichtlich] zusammengestellt, nebeneinandergereiht. 2. von den Synoptikern stammend

syn|tak|tisch: die Syntax (1, 2) betreffend

Syn|tax, die; -, -en (Sprachwiss.): 1. in einer Sprache übliche Verbindung von Wörtern zu Wortgruppen u. Sätzen; korrekte Verknüpfung sprachlicher Einheiten im Satz. 2. Lehre vom Bau des Satzes als Teilgebiet der Grammatik; Satzlehre

Syn|the|se, die; -, -n: (Philos.) Vereinigung verschiedener [gegensätzlicher] geistiger Elemente, von These u. Antithese zu einem neuen [höheren] Ganzen

Syn|the|si|zer [ˈsʏntəsaɪ̯zɐ, engl.: ˈsɪnθɪsaɪ̯zə], der; -s, -: elektronisches Musikinstrument

Syn|the|tics, die (nur Plural): a) auf chemischem Wege gewonnene Textilfasern; Gewebe aus Kunstfasern; b) Textilien aus Synthetics (a)

Syn|the|tik, das; -s (meist ohne Artikel): [Gewebe aus] Kunstfaser, Chemiefaser

syn|the|tisch: 1. zusammensetzend. 2. (Chemie) aus einfacheren Stoffen aufgebaut; künstlich hergestellt

syn|the|ti|sie|ren (Chemie): durch Synthese herstellen

Sy|phi|lis, die; -: chronisch verlaufende Geschlechtskrankheit; Lues

Sy|phi|li|ti|ker, der; -s, - (Med.): jmd., der an Syphilis leidet

Sy|phi|li|ti|ke|rin, die; -, -nen: weibliche Form zu ↑Syphilitiker

sy|phi|li|tisch (Med.): die Syphilis betreffend

Sy|rin|ge, die; -, -n (Bot.): Flieder

Sy|rinx, die; -, ...ingen: 1. Panflöte. 2. Töne erzeugendes Organ (bei [Sing]vögeln)

Sys|tem, das; -s, -e: 1. Prinzip, Ordnung, nach der etwas organisiert od. aufgebaut wird, Plan, nach dem vorgegangen wird. 2. Gefüge; einheitlich geordnetes Ganzes. 3. wissenschaftliches Schema, Lehrgebäude. 4. Form der staatlichen, wirtschaftlichen u. gesellschaftlichen Organisation; Regierungsform. 5. (bes. Logik) eine Menge von Elementen, zwischen denen bestimmte Beziehungen bestehen od. die nach bestimmten Regeln zu verwenden sind. 6. (Biol.) Zusammenfassung u. Einordnung der Tiere u. Pflanzen in verwandte od. ähnlich gebaute Gruppen

Sys|tem|ana|ly|se, die; -, -n (EDV): 1. Untersuchung eines Problems u. seine Zerlegung in Einzelprobleme als Vorstufe des Programmierens. 2. Untersuchung der Computertechnik u. der jeweiligen Einsatzmöglichkeiten

Sys|te|ma|tik, die; -, -en: 1. planmäßige Darstellung; einheitliche Gestaltung nach bestimmten Ordnungsprinzipien. 2. (ohne Plural) Teilgebiet der Zoologie u. Botanik mit der Aufgabe der Einordnung aller Lebewesen in ein System

Sys|te|ma|ti|ker, der; -s, -: 1. jmd., der systematisch vorgeht. 2. Wissenschaftler auf dem Gebiet der Systematik (2)

sys|te|ma|tisch: 1. das System, die Systematik betreffend. 2. in ein System gebracht, ordentlich gegliedert. 3. planmäßig, gezielt, absichtlich

sys|te|ma|ti|sie|ren: in ein System bringen, in einem System darstellen

Sys|te|ma|ti|sie|rung, die; -, -en: das Systematisieren

sys|tem|im|ma|nent: a) einem System innewohnend; in den Rahmen eines Systems (3, 4) gehörend; b) sich [im Denken u. Handeln]

innerhalb der Grenzen eines Systems (4) bewegend; angepasst
sys|te|misch (Biol., Med.): ein Organsystem od. mehrere Organe in gleicher Weise betreffend od. auf sie wirkend
sys|tem|kon|form: mit einem bestehenden politischen System im Einklang
Sys|tem|kri|ti|ker, der; -s, -: jmd., der eine politische od. gesellschaftliche Ideologie angreift u. kritisiert
Sys|tem|kri|ti|ke|rin, die; -, -nen: weibliche Form zu ↑Systemkritiker
Sy|s|to|le [auch: 'zʏstole], die; -, ...olen: (Med.) Phase der Zusammenziehung des Herzmuskels mit Auswurf des Blutes
sy|s|to|lisch (Med.): die Systole betreffend
Sze|na|rio, das; -s, -s, auch: ...ien: 1. szenisch gegliederter Entwurf eines Films. 2. (Theater) Szenarium (1). 3. hypothetische Aufeinanderfolge von Ereignissen, die zur Beachtung kausaler Zusammenhänge konstruiert wird. 4. Szenerie (2), Bild, Ambiente
Sze|na|ri|um, das; -s, ...ien: 1. (Theater) für die Regie u. das technische Personal erstellte Übersicht mit Angaben über Szenenfolge, auftretende Personen u. Ä. 2. (Film) ↑Szenario (1). 3. ↑Szenario (3). 4. Schauplatz
Sze|ne, die; -, -n: 1. ↑Skene. 2. Schauplatz einer [Theater]handlung; Bühne. 3. kleinste Einheit des Dramas od. Films; Auftritt (als Unterabteilung des Aktes). 4. Vorfall, der sich zwischen Personen abspielt. 5. Auseinandersetzung. 6. (Plural selten) charakteristischer Bereich für bestimmte [kulturelle] Aktivitäten
T
Sze|ne|rie, die; -, ...ien: 1. das mittels der Bauten, Dekorationen u. Ä. dargestellte Bühnenbild. 2. Schauplatz, Rahmen von etwas
sze|nisch: die Szene betreffend, bühnenmäßig
Szep|ter vgl. Zepter
szi|en|ti|fisch: wissenschaftlich
Szi|en|tis|mus, der; - (Fachspr.): Wissenschaftstheorie, nach der die Methoden der exakten [Natur]wissenschaften auf die Geistes- u. Sozialwissenschaften übertragen werden sollen
Szi|en|tist, der; -en, -en: Vertreter des Szientismus
Szi|en|tis|tin, die; -, -nen: weibliche Form zu ↑Szientist
szi|en|tis|tisch: den Szientismus, die Szientisten betreffend
Szil|la, bes. fachspr.: **Scil|la,** die; -, - od. ...en: (im Frühjahr blühende) Pflanze mit schmalen Blättern u. kleinen, sternförmigen blauen Blüten
Szyl|la, Scyl|la, die; -: **zwischen Szylla und Charybdis:** in einer Situation, in der nur zwischen zwei Übeln zu wählen ist; in einer ausweglosen Lage

T *t*

Tab [auch: tɛp], der; -s, -s: vorspringender Teil einer Karteikarte zur Kenntlichmachung bestimmter Merkmale
Ta|bak [auch: 'ta:... u. bes. österr.: ...'bak], der; -s, -e: 1. (ohne Plural) Pflanze, deren Blätter zu Zigaretten, Zigarren u. Pfeifentabak verarbeitet werden. 2. aus den Blättern der Tabakpflanze hergestelltes Genussmittel
Ta|bas|co®, der; -s, **Ta|bas|co|so|ße,** die; -, **Ta|bas|co|sau|ce,** die; -: aus roten ↑Chillies hergestellte, scharfe Würzsoße
ta|bel|la|risch: in Tabellenform
Ta|bel|le, die; -, -n: a) listenähnliche Zusammenstellung von Zahlenmaterial, Fakten, Namen u. a.; Übersicht, [Zahlen]tafel, Liste; b) (Sport) Tabelle (a), die die Rangfolge von Mannschaften, Sportlern wiedergibt
ta|bel|lie|ren: Angaben in Tabellenform darstellen
Ta|ber|na|kel, das (auch, bes. in der kath. Kirche: der); -s, -: kunstvoll gearbeitetes festes Gehäuse zur Aufbewahrung der geweihten Hostie auf dem katholischen Altar
Ta|bes, die; - (Med.): 1. (veraltet) Auszehrung, Schwindsucht. 2. [Rückenmarks]schwindsucht
Ta|bi|ker, der; -s, - (Med.): jmd., der an Tabes (1) leidet

Ta|bi|ke|rin, die; -, -nen: weibliche Form zu ↑Tabiker

Ta|b|lar, das; -s, -e (schweiz.): Regalbrett

Ta|b|leau [ta'blo:], das; -s, -s (Theater, Film): wirkungsvoll gruppiertes Bild (auf der Bühne od. Leinwand)

Ta|b|let, das; -s, -s (EDV): kurz für: ↑Tablet-PC

Ta|b|let-PC ['tɛblɛt...], der; -[s], -[s]: per Stift od. durch Berühren des Bildschirms mit dem Finger bedienbarer, flacher Computer [ohne Tastatur]

Ta|b|lett, das; -[e]s, -s (auch: -e): Servierbrett

Ta|b|let|te, die; -, -n: in eine feste Form gepresstes Arzneimittel

ta|bu: einem Tabu unterliegend; unverletzlich, unantastbar

Ta|bu, das; -s, -s: 1. (Völkerkunde) bei Naturvölkern die Heiligung eines mit ↑Mana erfüllten Menschen od. Gegenstandes mit dem Verbot, ihn anzurühren. 2. ungeschriebenes Gesetz, das aufgrund bestimmter Anschauungen verbietet, bestimmte Dinge zu tun

ta|bu|i|sie|ren: für tabu erklären

Ta|bu|i|sie|rung, die; -, -en: das Tabuisieren

Ta|bu|la ra|sa, die; - -: a) etwas, was durch nichts [mehr] vorgeprägt ist; b) unbeschriebenes Blatt

Ta|bu|la|tor, der; -s, ...oren: Vorrichtung an Büro-, bes. Schreibmaschinen für das Weiterrücken des Wagens auf vorher eingestellte Stellen beim Schreiben von Tabellen o. Ä.

Ta|bu|wort, das; -[e]s, ...wörter (Sprachwiss.): Wort, das ein Tabu berührt u. das man deswegen meidet u. durch ein anderes ersetzt (z. B. *der Leibhaftige* anstelle von *der Teufel*)

Ta|che|les: Tacheles reden: a) offen miteinander reden; b) jmdm. seine Meinung sagen

Ta|chis|mus [ta'ʃɪs...], der; -: Richtung der informellen Malerei, die seelische Regungen durch spontanes Auftragen von Farbflecken auf die Leinwand auszudrücken sucht u. jede bewusste Formgestaltung ablehnt

Ta|cho, der; -s, -s (ugs.): Kurzform von ↑Tachometer (2)

Ta|cho|me|ter, der (auch: das); -s, -: 1. Messgerät, das die Anzahl der Umdrehungen von rotierenden Maschinenteilen anzeigt; Drehzahlmesser. 2. Geschwindigkeitsmesser

Ta|chy|kar|die, die; -, ...ien (Med.): stark beschleunigter Herzschlag; Herzjagen

Ta|cker, der; -s, -: Gerät, mit dem etwas geheftet werden kann

ta|ckern (ugs.): mit dem Tacker heften

Tack|ling ['tɛk...], das; -s, -s (Fußball): Aktion eines Abwehrspielers mit dem Ziel, den Angreifer vom Ball zu trennen, wobei der Abwehrspieler in die Beine des Angreifers hineingrätscht

Täcks, Täks, der; -es, -e (Schuhherstellung): kleiner keilförmiger Nagel zur Verbindung von Oberleder u. Brandsohle

Taft, der; -[e]s, -e: a) dichtes, feinfädiges [Kunst]seidengewebe in Leinwandbindung; b) ein Futterstoff

Ta|ge|tes, die; -, -: eine Zierpflanze; Studentenblume

Ta|g|li|a|tel|le [talja...], **Ta|g|li|a|ti** [tal'ja:ti], die (nur Plural): italienische Bandnudeln

Tai-Chi [taɪ̯'tʃi:], das; -[s]: 1. (in der chinesischen Philosophie) Urgrund des Seins, aus dem alles entsteht. 2. Abfolge von Übungen mit langsamen, fließenden Bewegungen

Tai|fun, der; -s, -e: tropischer Wirbelsturm [in Südostasien]

Tai|ga, die; -: Wald- u. Sumpflandschaft bes. in Sibirien

Tail|le ['taljə, österr.: 'taɪ̯ljə], die; -, -n: a) oberhalb der Hüfte schmaler werdende Stelle des menschlichen Körpers; Gürtellinie; b) (ugs.) die Taille (a) bedeckender Teil von Kleidungsstücken

T

tail|lie|ren [ta(l)'ji:...]: (ein Kleidungsstück) auf Taille arbeiten

Take [tɛɪ̯k, te:k], der od. das; -s, -s: 1. Abschnitt, Teil einer Filmszene, die in einem Stück gedreht wird. 2. (Jargon) Zug aus einer Haschisch- od. Marihuanazigarette

Take-away, Take|away ['tɛɪ̯kʔəwɛɪ̯, auch: ...'wɛɪ̯], das oder der; -s, -s: Laden, der Snacks zum Mitnehmen verkauft

Ta|ke|la|ge [...ʒə], die; -, -n: Segelausrüstung eines Schiffes; Takelwerk

Take-off, Take|off ['tɛɪ̯kʔɔf, auch: ...'ʔɔf], das

u. der; -s, -s: a) Start (einer Rakete, eines Flugzeugs); b) Beginn

Take-over, Take|over [...ˈʔɔʊ̯vɐ], das u. der; -s, -s (Wirtsch.): Kauf, Übernahme eines Unternehmens

[1]**tak|tie|ren:** den Takt angeben, schlagen

[2]**tak|tie|ren:** in einer bestimmten Weise taktisch vorgehen

Tak|tik, die; -, -en: 1. berechnendes Verhalten. 2. (Militär) Praxis der geschickten Kampf- od. Truppenführung

Tak|ti|ker, der; -s, -: jmd., der eine Situation planmäßig u. klug berechnend zu seinem Vorteil zu nutzen versteht

Tak|ti|ke|rin, die; -, -nen: weibliche Form zu ↑Taktiker

tak|til (Med.): das Tasten, die Berührung, den Tastsinn betreffend

tak|tisch: a) die Taktik betreffend; b) geschickt u. planvoll vorgehend, auf einer bestimmten Taktik beruhend

Ta|lar, der; -s, -e: bis zu den Knöcheln reichendes, weites, schwarzes Amts- od. Festgewand (z. B. des Pfarrers)

Ta|lent, das; -[e]s, -e: a) angeborene besondere Begabung; b) jmd., der über eine besondere Begabung auf einem bestimmten Gebiet verfügt

ta|len|tiert: begabt, geschickt

Ta|li|ban, der; -[s], - (meist Plural): Angehöriger einer radikalen islamischen Miliz in Afghanistan [u. angrenzenden Gebieten]

Ta|lis|man, der; -s, -e: Glücksbringer, Maskottchen; vgl. Fetisch

[1]**Talk,** der; -[e]s: ein Mineral

T

[2]**Talk** [tɔ:k], der; -s, -s: Plauderei, Unterhaltung, [öffentliches] Gespräch

tal|ken [ˈtɔ:kn̩]: 1. eine Talkshow durchführen. 2. sich unterhalten, Konversation machen

Talk|mas|ter [ˈtɔ:k...], der; -s, -: jmd., der eine Talkshow leitet

Talk|mas|te|rin, die; -, -nen: weibliche Form zu ↑Talkmaster

Talk|show [...ʃɔʊ̯], die; -, -s: Unterhaltungssendung im Fernsehen, in der ein Gesprächsleiter [bekannte] Persönlichkeiten durch Fragen zu Äußerungen über private, berufliche u. allgemein interessierende Dinge anregt

Tal|kum, das; -s: 1. feiner weißer Talk als Streupulver. 2. ↑[1]Talk

Tal|mi, das; -s: 1. schwach vergoldeter ↑Tombak. 2. etwas Unechtes

Tal|mud, der; -[e]s u. -, -e: Sammlung der Gesetze u. religiösen Überlieferungen des Judentums nach der Babylonischen Gefangenschaft

tal|mu|disch: den Talmud betreffend

Ta|lon [taˈlõ:, österr.: taˈlo:n], der; -s, -s: 1. a) (Börsenw.) Erneuerungsschein bei Wertpapieren, der zum Empfang eines neuen Couponbogens berechtigt; b) Kontrollabschnitt [einer Eintrittskarte, Wertmarke o. Ä.]. 2. a) Kartenrest (beim Geben); b) Kartenstock (bei Glücksspielen); c) einer der noch nicht verteilten Steine (beim Dominospiel). 3. unterer Teil des Bogens von Streichinstrumenten

Ta|ma|rin|de, die; -, -n: tropische Pflanze

Ta|ma|ris|ke, die; -, -n: Strauch od. Baum mit schuppenförmigen Blättern u. kleinen, rosafarbenen, in Trauben stehenden Blüten

Tam|bour [...bu:ɐ̯, auch: ...ˈbu:ɐ̯], der; -s, -e, (schweiz.) -en: 1. Trommel. 2. Trommler. 3. Trommel zum Aufrollen von Papier

Tam|bou|rin [tãbuˈrɛ̃:], das; -s, -s: längliche, zylindrische Trommel, die mit zwei Fellen bespannt ist

Tam|bour|ma|jor [auch: ...ˈbu:r...], der; -s, -e: Leiter eines [uniformierten] Spielmannszuges

Tam|bu|rin [auch: ...ˈri:n], das; -s, -e: 1. Handtrommel mit Schellen. 2. Stickrahmen

Tam|pon [...pɔŋ, ...pɔn, österr. nur: ...ˈpo:n], der; -s, -s: 1. a) (Med.) [Watte-, Mull]bausch zum Aufsaugen von Flüssigkeiten; b) in die Scheide einzuführender länglicher Tampon (1 a), der von Frauen während der ↑Menstruation benutzt wird. 2. (Druckw.) Einschwärzballen für den Druck gestochener Platten

Tam|tam [auch: ˈtam...], das; -s, -s: 1. a) asiatisches, mit einem Klöppel geschlagenes Becken; Gong; b) afrikanische Holztrommel. 2. (auch: der ohne Plural; ugs.) laute Betriebsamkeit, mit der auf etwas aufmerksam gemacht werden soll

TAN, die; -, -s: Codenummer, die für jede Buchung beim Onlinebanking o. Ä. zusätzlich zur ↑PIN anzugeben ist

Tan|bur, Tam|bur, der; -s, -e u. -s: arabisches Zupfinstrument mit 3 bis 4 Stahlsaiten

Tan|dem, das; -s, -s: Doppelsitzerfahrrad mit zwei hintereinander angeordneten Sitzen u. Tretlagern

Tan|ga, der; -s, -s: sehr knapper Bikini od. Slip

Tan|ga|re, die; -, -n (meist Plural): amerikanischer bunt gefiederter Singvogel

Tan|gens, der; -, - (Math.): im rechtwinkligen Dreieck das Verhältnis von Gegenkathete zu ↑Ankathete (Zeichen: tan, tang, tg)

Tan|gen|te, die; -, -n (Math.): Gerade, die eine gekrümmte Linie (z. B. einen Kreis) in einem Punkt berührt

tan|gen|ti|al (Math.): eine gekrümmte Linie od. Fläche berührend

tan|gie|ren: 1. (Math.) eine gekrümmte Linie od. Fläche berühren (von Geraden od. Kurven). 2. berühren, betreffen, beeindrucken

Tan|go, der; -s, -s: lateinamerikanischer Tanz

Tan|g|ram, das; -s: Spiel, bei dem aus Dreiecken, Quadraten o. Ä. Figuren gelegt werden

Tan|ka, das; -, -: japanische Kurzgedichtform aus einer dreizeiligen Ober- u. einer zweizeiligen Unterstrophe mit zusammen 31 Silben

Tank|top ['tɛŋktɔp], das; -s, -s: ärmelloses T-Shirt

Tan|nin, das; -s, -e: aus Blattgallen von Pflanzen gewonnene Gerbsäure

Tan|tal, das; -s: chem. Element; vor allem für die Herstellung von Implantaten verwendetes Metall (Zeichen: Ta)

Tan|ti|e|me [auch: tã...], die; -, -n: 1. Gewinnbeteiligung an einem Unternehmen. 2. (meist Plural) an Autoren, Sänger u. a. gezahlte Vergütung für Aufführung bzw. Wiedergabe musikalischer od. literarischer Werke

Tan|t|ra, das; -[s], -s, selten: ...en: ein Lehrsystem der indischen Religion; vgl. Tantrismus

Tan|t|ris|mus, der; -: indische Heilsbewegung

Tao [auch: taʊ̯], das; -: allem zugrunde liegendes, alles durchdringendes Prinzip im Taoismus

Tao|is|mus [auch: taʊ̯...], der; -: philosophisch bestimmte chinesische Volksreligion

Ta|pa, die; -, -s oder der; -s, -s (meist Plural): (bes. in Spanien servierter) kleiner Appetithappen

Tape [tɛɪ̯p, te:p], das, (auch:) der; -[s], -s: 1. Magnetband, bes. Tonband. 2. Kassette. 3. Klebeband

Tape|deck, das; -s, -s: Tonbandgerät

ta|pen ['tɛɪ̯pn̩, 'te:pn̩]: (Jargon) einen ↑Tapeverband anlegen

Tape|ver|band ['tɛɪ̯p..., 'te:p...], der; -[e]s, ...bände: Verband aus klebenden Binden od. Pflastern

ta|pe|zie|ren: 1. [Wände] mit Tapeten bekleben od. verkleiden. 2. (österr.) mit einem neuen Stoff beziehen (Sofa u. a.)

Ta|pe|zie|rer, der; -s, -: Handwerker, der tapeziert [u. Möbel polstert]

Ta|pi|o|ka, die; -: Stärkemehl aus den Knollen des Maniokstrauches

Ta|pir [österr.: ta'pi:ɐ̯], der; -s, -e: Säugetier mit plumpem Körper u. kurzem Rüssel

Ta|pis|se|rie, die; -, ...ien: Wandteppich

Ta|ra, die; -, Taren: 1. Verpackungsgewicht. 2. Verpackung einer Ware (Abk.: T, Ta)

Ta|ran|tel, die; -, -n: südeuropäische Wolfsspinne, deren Biss Entzündungen hervorruft

Ta|ran|tel|la, die; -, -s u. ...llen: süditalienischer Volkstanz im $^3/_8$- od. $^6/_8$-Takt

ta|rie|ren: 1. (Wirtsch.) die ↑Tara bestimmen. 2. (Physik) durch Gegengewichte das Reingewicht einer Ware auf der Waage ausgleichen

Ta|rif, der; -[e]s, -e: 1. Verzeichnis der Preis- bzw. Gebührensätze für bestimmte Lieferungen, Leistungen, Steuern u. a. 2. vertraglich festgelegte Höhe von Löhnen u. Gehältern

Ta|rif|au|to|no|mie, die; -, ...ien: Befugnis der ↑Sozialpartner, Tarifverträge auszuhandeln u. zu kündigen

Ta|rif|kom|mis|si|on, die; -, -en: Arbeitsgruppe aus Gewerkschaftsvertretern u. Vertretern von Arbeitgeberverbänden für die Beratung von Tarifverträgen

ta|rif|lich: den Tarif betreffend

Ta|rif|part|ner, der; -s, -: zum Abschluss von

T

Tarifverträgen berechtigter Vertreter der Arbeitnehmer u. Arbeitgeber (Gewerkschaften u. Arbeitgeberverbände)

Ta|rif|part|ne|rin, die; -, -nen: weibliche Form zu ↑Tarifpartner

Ta|rif|ver|trag, der; -[e]s, ...verträge: Vertrag zur Regelung der arbeitsrechtlichen Beziehungen (Lohn, Arbeitszeit, Urlaub u. a.) zwischen Arbeitgebern u. Arbeitnehmern

Ta|ro, der; -s, -s: stärkehaltige Knolle eines Aronstabgewächses (Nahrungsmittel der Südseeinsulaner)

Ta|rock, das (österr. nur so) od. der; -s, -s: ein Kartenspiel

Ta|rot [ta'ro:], das od. der; -s, -s: dem Tarock ähnliches Kartenspiel, das zu spekulativen Deutungen verwendet wird

Tar|tan [auch: 'ta:ɐ̯tn̩], der; -[s], -s: 1. spezifische Musterung des ↑Kilts (a) od. ↑Plaids (1). 2. Plaid od. Kilt mit Tartanmuster

Tar|ta|rus, der; -: Unterwelt, Schattenreich der griechischen Sage

Tar|tu|fo, das: -s, -s: mit Schokolade, Kakao o. Ä. überzogene Halbkugel aus Speiseeis

Task, der; -s, -s: (EDV) in sich geschlossene Aufgabe, dargestellt durch ein Programm, das gleichzeitig neben anderen Programmen abgearbeitet werden kann

Task|leis|te, die; -, -n: Bereich am Rand des Bildschirms, in dem die jeweils laufenden Programme angezeigt werden

Tas|ta|tur, die; -, -en: 1. größere Anzahl von in bestimmter Weise (meist in mehreren übereinanderliegenden Reihen) angeordneten Tasten. 2. (Musik) sämtliche Ober- u. Untertasten bei Tasteninstrumenten

T

Ta|ta|mi, die; -, -s: Unterlage für Futons o. Ä.

Ta|tar, das; -s: rohes gehacktes mageres Rindfleisch [angemacht mit Ei u. Gewürzen]

tä|to|wie|ren: Muster od. Zeichnungen mit Farbstoffen in die Haut einritzen

Tä|to|wie|rung, die; -, -en: 1. das Tätowieren. 2. auf die Haut tätowierte Zeichnung

Tat|ter|sall, der; -s, -s: 1. geschäftliches Unternehmen für reitsportliche Veranstaltungen. 2. Reitbahn, -halle

[1]**Tat|too** [tɛ'tu:], das; -[s], -s: engl. Bez. für: Zapfenstreich

[2]**Tat|too** [tɛ'tu:], das, seltener der; -s, -s: 1. ↑Tätowierung (2). 2. einer Tätowierung (2) ähnlich sehender, aber abwaschbarer Aufdruck auf die Haut

Tau, das; -[s], -s: neunzehnter Buchstabe des griechischen Alphabets (Τ, τ)

Tau|to|lo|gie, die; -, ...ien: 1. einen Sachverhalt doppelt wiedergebende Fügung (z. B. schwarzer Rappe, alter Greis). 2. ↑Pleonasmus

tau|to|lo|gisch: a) die Tautologie betreffend; b) durch Tautologie wiedergebend; vgl. pleonastisch

Ta|ver|ne, die; -, -n: italienisches Wirtshaus

Ta|xa|me|ter, das od. der; -s, -: Fahrpreisanzeiger in einem Taxi

Ta|xi, das (schweiz.: der); -s, -s: Auto, mit dem man sich gegen ein Entgelt befördern lassen kann

ta|xie|ren: 1. einschätzen, abschätzen, veranschlagen. 2. prüfend betrachten u. danach ein Urteil fällen

Ta|xis, die; -, Taxen (Biol.): Orientierungsreaktion eines Organismus

Tax|ler, der; -s, - (österr. ugs.): Taxifahrer

Tax|le|rin, die; -, -nen: weibliche Form zu ↑Taxler

ta|xo|nom, ta|xo|no|misch: die Taxonomie betreffend; vgl. Taxonomie (1)

Ta|xo|no|mie, die; -, ...ien: 1. (Biol.) Einordnung der Lebewesen in ein biologisches System. 2. (Sprachwiss.) Teilgebiet der Linguistik, auf dem man durch Segmentierung u. Klassifikation sprachlicher Einheiten den Aufbau eines Sprachsystems beschreiben will

Ta|xus, der; -, -: Eibe

T-Bone-Steak ['ti:bɔʊ̯n...], das; -s, -s: Steak aus dem Rippenstück des Rinds, dessen Knochen (engl. „bone") die Form eines T hat

Teak [ti:k], das; -s: Kurzform von ↑Teakholz

Teak|holz, das; -es, ...hölzer: wertvolles Holz des südostasiatischen Teakbaums

Team [ti:m], das; -s, -s: a) Gruppe von Personen, die eine Aufgabe gemeinsam bewältigt; b) (Sport) Mannschaft

Team|chef ['ti:m...], der; -s, -s (Sport): Betreuer, Trainer einer Mannschaft

Team|che|fin, die; -, -nen: weibliche Form zu ↑Teamchef

Team|geist, der; -[e]s: Mannschaftsgeist

team|ori|en|tiert: auf ein Team ausgerichtet

Team|work [...wœ:ɐ̯k], das; -s, -s: Gemeinschafts-, Gruppen-, Zusammenarbeit

Tea|room ['ti:ru:m], der, schweiz. auch das; -s, -s: 1. Teestube. 2. (schweiz.) Café, in dem kein Alkohol ausgeschenkt wird

Tea|ser ['ti:zɐ], der; -s, -: Neugierde weckendes Werbeelement

Tech|ne|ti|um, das; -s: chem. Element; ein Metall (Zeichen: Tc)

Tech|nik, die; -, -en: 1. (ohne Plural) Gesamtheit der Maßnahmen, Einrichtungen u. Verfahren, die dazu dienen, naturwissenschaftliche Erkenntnisse praktisch nutzbar zu machen. 2. ausgebildete Fähigkeit, Kunstfertigkeit, die zur richtigen Ausübung einer Sache notwendig ist. 3. Herstellungsverfahren

Tech|ni|ker, der; -s, -: 1. Fachmann auf einem Gebiet der Ingenieurwissenschaften. 2. in einem Zweig der Technik fachlich ausgebildeter Arbeiter. 3. jmd., der auf technischem Gebiet besonders begabt ist. 4. jmd., der die Feinheiten einer bestimmten Sportart sehr gut beherrscht

Tech|ni|ke|rin, die; -, -nen: weibliche Form zu ↑Techniker

Tech|ni|kum, das; -s, ...ka (auch: ...ken): technische Fachschule, Ingenieurfachschule; vgl. Polytechnikum

tech|ni|sie|ren: 1. Maschinenkraft, technische Mittel einsetzen. 2. etw. auf technischen Betrieb umstellen, für technischen Betrieb einrichten

Tech|no ['tɛkno], das od. der; -[s] (Musik): rein elektronisch erzeugte, von besonders schnellem Rhythmus bestimmte Tanzmusik

Tech|no|krat, der; -en, -en: Vertreter der Technokratie

Tech|no|kra|tie, die; -, ...ien: (abwertend) die Beherrschung des Menschen u. seiner Umwelt durch die Technik

tech|no|kra|tisch: 1. die Technokratie (1) betreffend. 2. (abwertend) von der Technik bestimmt, rein mechanisch

Tech|no|lo|ge, der; -n, -n: Wissenschaftler, der auf dem Gebiet der Technologie arbeitet

Tech|no|lo|gie, die; -, ...ien: 1. (ohne Plural; Verfahrenskunde) Wissenschaft von der Umwandlung von Rohstoffen in fertige Produkte. 2. Gesamtheit der zur Gewinnung od. Bearbeitung von Stoffen nötigen Prozesse

Tech|no|lo|gie|park, der; -s, -s: Gelände, auf dem Firmen moderne Technologien entwickeln

Tech|no|lo|gie|trans|fer, der; -s, -s: Weitergabe betriebswirtschaftlicher u. technologischer Kenntnisse u. Verfahren

Tech|no|lo|gin, die; -, -nen: weibliche Form zu ↑Technologe

tech|no|lo|gisch: verfahrenstechnisch, den technischen Bereich von etwas betreffend

Tech|tel|mech|tel [auch: 'tɛç...], das; -s, - (ugs.): Liebelei, Flirt

TED [tɛt], der; -s: Computer, der telefonische Stimmabgaben registriert u. hochrechnet

Te|de|um, das; -s, -s: 1. (ohne Plural) frühchristlicher ↑ambrosianischer Lobgesang. 2. musikalisches Werk über diesen Hymnus

[1]**Tee,** der; -s, -s: 1. Blätter des Teestrauchs. 2. aus den Blättern des Teestrauchs bereitetes Getränk

[2]**Tee** [ti:], das; -s, -s (Golf): 1. kleiner Stift aus Holz od. Kunststoff, der in den Boden gedrückt u. auf den der Golfball vor dem Abschlag aufgesetzt wird. 2. kleine Fläche, von der aus der Golfball geschlagen wird

Tee|in vgl. Tein

Teen [ti:n], der; -s, -s (meist Plural), **Teen|ager** ['ti:nʔeɪdʒɐ], der; -s, -: Jugendliche[r] im Alter etwa zwischen 13 u. 19 Jahren

Te|fil|lin, die (nur Plural): Gebetsriemen der Juden

Te|f|lon® [auch: ...'lo:n], das; -s: hitzebeständiger Kunststoff

Te|in, Tee|in, The|in, das; -s: in Teeblättern enthaltenes Koffein

Teint [tɛ̃:, tɛŋ], der; -s, -s: Gesichts-, Hautfarbe

tek|tie|ren: eine fehlerhafte Stelle in einem Buch überkleben; vgl. Tektur

Tek|to|nik, die; -: 1. (Geol.) Teilgebiet der Geologie, das sich mit dem Bau der Erdkruste u. ihren inneren Bewegungen befasst. 2. [Lehre von der] Zusammenfügung von Bauteilen zu einem Gefüge

tek|to|nisch: die Tektonik betreffend

Tek|tur, die; -, -en: a) Antrag auf Änderung eines Bauplans; b) (in Büchern, Broschüren o. Ä.) Blatt od. Papierstreifen mit Ergänzungen od. Korrekturen

Te|le|ar|beit, die; -: Form der Heimarbeit, bei der der Arbeitnehmer über Datenleitungen mit dem Arbeitgeber verbunden ist

Te|le|ban|king [...bɛŋkɪŋ], das; -[s]: Abwicklung von Bankgeschäften über Internet oder Telefon

Te|le|fax, das; -, -e: Fax

te|le|fa|xen: ein Telefax übermitteln

Te|le|fon [auch: telə'foːn], das; -s, -e: Fernsprecher, Fernsprechanschluss

Te|le|fo|nat, das; -[e]s, -e: Ferngespräch, Anruf

Te|le|fon|ban|king [...bɛŋkɪŋ], das; -[s]: Erledigung von Bankangelegenheiten per Telefon

Te|le|fo|nie, die; -: 1. Sprechfunk. 2. Fernsprechwesen

te|le|fo|nie|ren: anrufen, durch das Telefon mit jmdm. sprechen

te|le|fo|nisch: a) das Telefon betreffend; b) mithilfe des Telefons [erfolgend]

Te|le|fo|nist, der; -en, -en: Angestellter im Fernsprechverkehr

Te|le|fo|nis|tin, die; -, -nen: Angestellte im Fernsprechverkehr

Te|le|fon|sex, der; - (ugs.): auf sexuelle Stimulation zielender telefonischer Kontakt

Te|le|fon|ter|ror, der; -s: durch Anrufe mit Drohungen o. Ä. ausgeübter Terror

te|le|gen: in Fernsehaufnahmen besonders wirkungsvoll zur Geltung kommend

Te|le|graf, Te|le|graph, der; -en, -en: Einrichtung zur Übermittlung von Nachrichten durch elektrische Signale; Fernschreiber

Te|le|gra|fie, Te|le|gra|phie, die; -: Übermittlung von Nachrichten mithilfe eines Telegrafen

te|le|gra|fie|ren, te|le|gra|phie|ren: eine Nachricht telegrafisch übermitteln

te|le|gra|fisch, te|le|gra|phisch: auf drahtlosem Weg, drahtlos, durch Telegrafie

Te|le|gramm, das; -s, -e: telegrafisch übermittelte Nachricht

Te|le|ki|ne|se, die; - (Parapsychol.): das Bewegtwerden von Gegenständen durch übersinnliche Kräfte

Te|le|kol|leg, das; -s, -s u. -ien: Unterrichtssendung in Serienform im Fernsehen

Te|le|kom, die; -: in der Telekommunikation tätiges Dienstleistungsunternehmen

Te|le|kom|mu|ni|ka|ti|on, die; -: Austausch von Informationen u. Nachrichten mithilfe der Nachrichtentechnik

Te|le|kra|tie, die; -, ...ien (abwertend, scherzh.): Vorherrschaft, übermäßiger Einfluss des Fernsehens

Te|le|ma|tik, die; -: Forschungsbereich, in dem man sich mit der wechselseitigen Beeinflussung u. Verflechtung von verschiedenen nachrichtentechnischen Disziplinen befasst

Te|le|me|t|rie, die; -: Übertragung von Messwerten; Fernmessung

Te|le|ob|jek|tiv, das; -s, -e (Fotogr.): Kombination von Linsen zur Erreichung großer Brennweiten für Fernaufnahmen

Te|leo|lo|gie, die; - (Philos.): die Lehre von der Zielgerichtetheit u. Zielstrebigkeit jeder Entwicklung

te|leo|lo|gisch: die Teleologie betreffend

Te|le|path, der; -en, -en (Parapsychol.): für Telepathie Empfänglicher

Te|le|pa|thie, die; -: Wahrnehmung von Gedanken, Gefühlen o. Ä. einer anderen Person ohne Vermittlung der Sinne

te|le|pa|thisch (Parapsychol.): a) die Telepathie betreffend; b) auf dem Weg der Telepathie

Te|le|promp|ter®, der; -s, - (Jargon): Vorrichtung, die es ermöglicht, den vorzutragenden Text ohne Blicksenkung vom Monitor abzulesen

Te|le|shop|ping [...ʃɔpɪŋ], das; -s: Einkaufen per Bestellung von im Fernsehen angebotenen Waren

Te|le|s|kop, das; -s, -e: Fernrohr

Te|le|s|ti|chon, das; -s, ...chen u. ...cha: a) Wort od. Satz, der aus den Endbuchstaben, -silben od. -wörtern der Verszeilen od. Strophen eines Gedichts gebildet ist; b) Gedicht, das Telestichen enthält

Te|le|vi|si|on [auch: 'tɛlɪvɪʒ(ə)n], die; -: Fernsehen (Abk.: TV)

Te|lex, das (österr., schweiz.: der); -, -e: 1. a) (ohne Plural) international übliche Bez. für: Fernschreiber[teilnehmer]netz; b) Fernschreiber. 2. Fernschreiben

Tell, der; -s, -e (Archäol.): Hügel aus in Schichten übereinandergelagerten Ruinen, die aus unterschiedlichen Zeiten der Besiedlung stammen

Tel|lur, das; -s: chem. Element; ein Halbmetall (Zeichen: Te)

Te|lo|pha|se, die; -, -n (Biol.): Endstadium der Kernteilung

Tem|pel, der; -s, -: 1. a) nicht christlicher, bes. antiker Kultbau für eine Gottheit; b) Synagoge. 2. Gotteshaus (z. B. der Mormonen)

Tem|pe|ra|ma|le|rei, die; -, -en: 1. (ohne Plural) Technik des Malens mit Temperafarben. 2. mit Temperafarben gemaltes Bild

Tem|pe|ra|ment, das; -[e]s, -e: 1. Wesens-, Gemütsart. 2. (ohne Plural) Gemütserregbarkeit, Lebhaftigkeit, Schwung

Tem|pe|ra|tur, die; -, -en: 1. Wärmegrad eines Stoffes. 2. (Med.) Körperwärme

tem|pe|rie|ren: 1. a) die Temperatur regeln; b) [ein wenig] erwärmen. 2. mäßigen, mildern. 3. (Musik) die Oktave in zwölf gleiche Halbtonschritte einteilen

tem|pern: Eisen in Glühkisten unter Hitze halten (entkohlen), um es leichter hämmer- u. schmiedbar zu machen

Tem|pest [...pɪst], die; -, -s: mit zwei Personen zu segelndes Kielboot für den Rennsegelsport

Tem|pi: *Plural* von ↑Tempo (2)

Tem|pi pas|sa|ti: das sind [leider/zum Glück] längst vergangene Zeiten!

Templ|ler, der; -s, - (Geschichte): Angehöriger eines mittelalterlichen geistlichen Ritterordens

Tem|po, das; -s, -s u. Tempi: 1. (ohne Plural) Geschwindigkeit, Schnelligkeit, Hast. 2. für den Vortrag geeignetes, dem entsprechenden Werk angemessenes musikalisches Zeitmaß

Tem|po|li|mit [...lɪmɪt], das; -s, -s, auch: -e: Geschwindigkeitsbeschränkung

tem|po|rär: zeitweilig [auftretend]

Tem|pus, das; -, Tempora (Sprachwiss.): Zeitform des Verbs (z. B. Präsens)

Ten|denz, die; -, -en: 1. Hang, Neigung. 2. erkennbare Absicht, Zug, Richtung; eine Entwicklung, die gerade im Gange ist, die sich abzeichnet

ten|den|zi|ell: der Tendenz nach, entwicklungsmäßig

ten|den|zi|ös: von einer weltanschaulichen, politischen Tendenz beeinflusst u. daher als nicht objektiv empfunden

ten|die|ren: neigen zu etwas; gerichtet sein auf etwas

Ten|d|re ['tã:drə], das; -s, -s (veraltet): Vorliebe, Neigung

Ten|nis, das; -: ein Ballspiel mit Schlägern

Ten|no, der; -[s], -s: japanischer Kaisertitel

[1]**Te|nor,** der; -s, Tenöre (österr. auch: -e): 1. hohe Männersingstimme. 2. Tenorsänger

[2]**Te|nor,** der; -s: 1. grundlegender Gehalt, Sinn, Wortlaut. 2. (Rechtswiss.) a) Haltung, Inhalt eines Gesetzes; b) der entscheidende Teil des Urteils

Ten|sid, das; -[e]s, -e: die Oberflächenspannung des Wassers herabsetzender Zusatz in Wasch- u. Reinigungsmitteln

Ten|si|on, die; -, -en (Physik): Spannung von Gasen u. Dämpfen; Druck

Ten|ta|kel, der od. das; -s, - (meist Plural): 1. Fanghaar fleischfressender Pflanzen. 2. beweglicher Fortsatz in der Kopfregion niederer Tiere zum Ergreifen der Beutetiere

Te|nu|is, die; -, Tenues [...e:s]: stimmloser Verschlusslaut (z. B. p)

Te|pi|da|ri|um, das; -s, ...ien: lauwarmer Raum der römischen Thermen

Te|qui|la [te'ki:la], der; -[s], -[s]: ein aus ↑Pulque gewonnener mexikanischer Branntwein

Te|ra|byte [...baɪt], das; -[s], -[s] (EDV): Einheit für sehr große Speicherkapazitäten; 2^{40} Byte (Zeichen: TB, TByte)

te|ra|to|gen (Med.): Fehlbildungen bewirkend

Term, der; -s, -e: 1. [Reihe von] Zeichen in einer formalisierten Theorie, mit der od. dem eines der in der Theorie betrachteten Objekte dargestellt wird. 2. (Physik) Zahlenwert der Energie eines Atoms, Ions od. Moleküls

Ter|min, der; -[e]s, -e: 1. a) festgesetzter Zeitpunkt, Tag; b) Liefer-, Zahlungstag; Frist. 2. vom Gericht festgesetzter Zeitpunkt für eine Rechtshandlung

ter|mi|nal: die Grenze, das Ende betreffend, zum Ende gehörend

Ter|mi|nal ['tœːɐ̯minl̩], der (auch: das); -s, -s: 1. a) Abfertigungshalle für Fluggäste; b) Anlage zum Be- und Entladen in einem Bahnhof od. einem Hafen. 2. (nur *das*) Ein- u. Ausgabeeinheit einer EDV-Anlage

Ter|min|ge|schäft, das; -[e]s, -e: Zeitgeschäft, bei dem zu einem späteren Zeitpunkt zum Kurs bei Vertragsabschluss zu liefern ist

Ter|mi|ni: *Plural* von ↑Terminus

ter|mi|nie|ren: a) befristen; b) zeitlich festsetzen

Ter|mi|no|lo|ge, der; -n, -n: Fachmann, der fachsprachliche Begriffe definiert u. Terminologien erstellt

Ter|mi|no|lo|gie, die; -, ...ien: Fachwortschatz (eines bestimmten Fachgebiets)

ter|mi|no|lo|gisch: die Terminologie betreffend, dazu gehörend

Ter|mi|nus, der; -, ...ni: 1. (Philos.) Begriff. 2. Fachausdruck, Fachwort

Ter|mi|nus tech|ni|cus, der; - -, Termini technici: Fachwort, Fachausdruck

Ter|mi|te, die; -, -n (meist Plural): Staaten bildendes Insekt bes. der Tropen u. Subtropen

ter|när: dreifach; aus drei Stoffen bestehend

Ter|pen, das; -s, -e: organische Verbindung (Hauptbestandteil ätherischer Öle)

Ter|pen|tin, das (österr. meist: der); -s, -e: a) Harz verschiedener Nadelbäume; b) (ugs.) Terpentinöl, das als Lösungsmittel für Harze u. Lacke dient

Ter|ra, die; - (Geogr.): Erde, Land

Ter|rain [tɛˈrɛ̃ː], das; -s, -s: 1. a) Gebiet, Gelände; b) Boden, Baugelände, Grundstück. 2. (Geogr.) Erdoberfläche (im Hinblick auf ihre Formung)

Ter|ra in|co|g|ni|ta, die; - -: 1. unerforschtes, fremdes Wissensgebiet. 2. unbekanntes Land

Ter|ra|kot|ta, Ter|ra|kot|te, die; -, ...tten: 1. gebrannte Tonerde. 2. [antikes] Gefäß od. kleine Plastik aus dieser Tonerde

Ter|ra|ri|um, das; -s, ...ien: 1. Behälter für die Haltung kleiner Landtiere. 2. Gebäude [in einem zoologischen Garten], in dem Lurche u. Reptilien gehalten werden

Ter|ras|se, die; -, -n: 1. waagerechte Stufe an einem Hang. 2. meist nicht überdachter größerer Platz vor od. auf einem Gebäude

ter|ras|sie|ren: ein Gelände terrassen-, treppenförmig anlegen

Ter|raz|zo, der; -[s], ...zzi: mosaikartiger Fußbodenbelag

ter|res|t|risch: 1. a) die Erde betreffend; Erd...; b) nicht über Satellit (gesendet, empfangen). 2. a) (Geol.) auf dem Festland gebildet, geschehen (z. B. der indische Subkontinent); b) (Biol.) auf dem Land lebend, auftretend

Ter|ri|er, der; -s, -: kleiner bis mittelgroßer britischer Jagdhund mit zahlreichen Rassen

Ter|ri|ne, die; -, -n: [Suppen]schüssel

ter|ri|to|ri|al: zu einem Gebiet gehörend, ein Gebiet betreffend

Ter|ri|to|ri|a|li|täts|prin|zip, das; -s (Rechtswiss.): [internationaler] Rechtsgrundsatz, der besagt, dass eine Person den Rechtsbestimmungen des Staates unterworfen ist, in dem sie sich aufhält

Ter|ri|to|ri|um, das; -s, ...ien: a) Grund u. Boden, Land, Bezirk, Gebiet; b) Hoheitsgebiet eines Staates

Ter|ror, der; -s: 1. [systematische] Verbreitung von Angst u. Schrecken durch Gewaltaktionen. 2. (ugs.) großes Aufheben um Geringfügigkeiten

ter|ro|ri|sie|ren: 1. Terror ausüben, Schrecken verbreiten. 2. jmdn. unterdrücken, bedrohen

Ter|ro|ris|mus, der; -: 1. Schreckensherrschaft. 2. das Verbreiten von Terror durch Anschläge u. Gewaltmaßnahmen zur Erreichung eines bestimmten [politischen] Ziels

Ter|ro|rist, der; -en, -en: jmd., der Terroranschläge plant u. ausführt

Ter|ro|ris|tin, die; -, -nen: weibliche Form zu ↑Terrorist

ter|ro|ris|tisch: Terror (1) verbreitend

Ter|tia, die; -, ...ien (veraltend): die vierte u. fünfte Klasse eines Gymnasiums

Ter|ti|a|ner, der; -s, - (veraltend): Schüler einer Tertia

Ter|ti|a|ne|rin, die; -, -nen: weibliche Form zu ↑Tertianer

ter|ti|är: 1. dritte Stelle in einer Reihe einnehmend; drittrangig. 2. (Geol.) das Tertiär betreffend

Ter|ti|är, das; -s (Geol.): erdgeschichtliche Formation des ↑Känozoikums

Ter|ti|um Com|pa|ra|ti|o|nis, das; - -, ...tia - (Philos.): Vergleichspunkt, das Gemeinsame zweier verschiedener, miteinander verglichener Gegenstände od. Sachverhalte

Terz, die; -, -en: (Musik) a) dritter Ton einer diatonischen Tonleiter vom Grundton an; b) Intervall von drei diatonischen Tonstufen

Ter|zett, das; -[e]s, -e (Musik): a) Komposition für drei Singstimmen [mit Instrumentalbegleitung]; b) dreistimmiger musikalischer Vortrag; c) Gruppe von drei gemeinsam singenden Solisten

Ter|zi|ne, die; -, -n (meist Plural): meist durch Kettenreim mit den anderen Strophen verbundene Strophe aus drei elfsilbigen Versen

Tes|la, das; -, -: Einheit der magnetischen Induktion

Test, der; -[e]s, -s (auch: -e): nach einer genau durchdachten Methode vorgenommener Versuch, Prüfung zur Feststellung der Eignung, der Leistung o. Ä. einer Person od. Sache

Tes|ta|ment, das; -[e]s, -e: 1. a) letztwillige Verfügung, in der jmd. die Verteilung seines Vermögens nach seinem Tode festlegt; b) [politisches] Vermächtnis. 2. Verfügung, Ordnung [Gottes], Bund Gottes mit den Menschen (danach das Alte u. das Neue Testament der Bibel; Abk.: A. T., N. T.)

tes|ta|men|ta|risch: durch letztwillige Verfügung festgelegt

Tes|tat, das; -[e]s, -e: Bescheinigung, Beglaubigung

Tes|ta|tor, der; -s, ...oren (Rechtswiss.): jmd., der ein Testament macht

Tes|ta|to|rin, die; -, -nen: weibliche Form zu ↑Testator

tes|ten: einem Test unterziehen

Tes|ter, der; -s, -: jmd., der jmdn. od. etwas testet

Tes|te|rin, die; -, -nen: weibliche Form zu ↑Tester

tes|tie|ren: 1. ein Testat geben, bescheinigen, bestätigen. 2. (Rechtswiss.) ein Testament machen

Tes|tie|rer, der; -s, -: jmd., der testiert

Tes|tie|re|rin, die; -, -nen: weibliche Form zu ↑Testierer

Tes|ti|kel, der; -s, - (Med.): Hoden

Tes|to|s|te|ron, das; -s (Med.): Hormon der männlichen Keimdrüsen

Test|se|rie [...i̯ə], die; -, -n: 1. Reihe von Tests. 2. Produktserie, an der die Qualität getestet wird

Te|ta|nus [auch: 'tɛ...], der; - (Med.): Wundstarrkrampf, eine Infektionskrankheit (Med.)

Te|te ['te:tə, 'tɛ:tə], die; -, -n (veraltet): Anfang, Spitze [einer marschierenden Truppe]

tête-à-tête [tɛta'tɛ:t] (veraltet): vertraulich, unter vier Augen

Te|t|ra|chlor|koh|len|stoff, der; -[e]s: nicht entflammbares Lösungsmittel

Te|t|ra|eder, das; -s, -: von vier gleichseitigen Dreiecken begrenzter Körper, dreiseitige Pyramide

Te|t|ra|lo|gie, die; -, ...i̯en: Folge von vier eine innere Einheit bildenden Dichtwerken (bes. Dramen), Kompositionen u. a.

Te|t|ra|me|ter, der; -s, -: aus vier Metren bestehender Vers

Te|t|ra|po|die, die; ...i̯en: (in der griechischen Metrik) Verbindung von vier Versfüßen zu einem Verstakt

Tex, das; -, -: Maß für die längenbezogene Masse textiler Fasern u. Garne (Zeichen: tex)

Text, der; -[e]s, -e: 1. Wortlaut eines Schriftstücks, Vortrags o. Ä. 2. inhaltlich zusammenhängende Aussagen, die schriftlich vorliegen

tex|ten: einen [Schlager-, Werbe]text verfassen

Tex|ter, der; -s, -: Verfasser von [Schlager-, Werbe]texten

Tex|te|rin, die; -, -nen: weibliche Form zu ↑Texter

tex|til: 1. die Textiltechnik, die Textilindustrie betreffend. 2. gewebt, gewirkt
Text|kri|tik, die; -: [vergleichende] philologische Untersuchung eines überlieferten Textes auf Echtheit und Inhalt
Text|lin|gu|is|tik, die; -: Teilgebiet der modernen Sprachwissenschaft, das sich mit dem Wesen, dem Aufbau und den inneren Zusammenhängen von Texten befasst
Tex|tur, die; -, -en: 1. Gewebe, Faserung. 2. (Geol.) räumliche Anordnung u. Verteilung der Gemengteile eines Gesteins. 3. (Computergrafik) Oberflächenstruktur eines grafisch dargestellten Objekts
tex|tu|rie|ren: synthetischen Geweben ein Höchstmaß an textilen Eigenschaften geben (z. B. Fördern von Feuchtigkeitsaufnahme)
Tha|la|mus, der; -, ...mi (Med.): Hauptteil des Zwischenhirns
Tha|las|so|the|ra|pie, die; -, ...ien (Med.): Teilbereich der Medizin, der sich mit der heilklimatischen Wirkung von Seeluft u. Bädern im Meerwasser befasst
Thal|li|um, das; -s: chem. Element; ein Metall (Zeichen: Tl)
Thal|lus, der; -, ...lli: primitiver Pflanzenkörper (ohne Wurzeln u. Blätter) bestimmter Sporenpflanzen
Thanks|gi|ving Day [θæŋksˈgɪvɪŋ deɪ], der; - -[s], - -s: Erntedanktag in den USA
The|a|ter, das; -s, -: 1. a) Gebäude, in dem regelmäßig Schauspiele aufgeführt werden, Schauspielhaus; b) künstlerisches Unternehmen, das die Aufführungen von Schauspielen, Opern o. Ä. arrangiert. 2. (ohne Plural; ugs.) Unruhe, Aufregung, Getue
The|a|ti|ner, der; -s, - (meist Plural): Angehöriger eines italienischen Ordens (Abk.: OTHeat)
The|a|t|ra|lik, die; -: übertriebenes schauspielerisches Wesen, Gespreiztheit
the|a|t|ra|lisch: 1. das Theater betreffend, bühnengerecht. 2. übertrieben, unnatürlich, gespreizt
The|in vgl. Tein
The|is|mus, der; -: Glaube an einen persönlichen, von außen auf die Welt einwirkenden Schöpfergott

The|ke, die; -, -n: 1. Schanktisch. 2. Ladentisch
The|ma, das; -s, ...men u. (veraltend) -ta: 1. Gegenstand einer wissenschaftlichen Untersuchung, künstlerischen Darstellung, eines Gesprächs o. Ä. 2. (Musik) [aus mehreren Motiven bestehende] Melodie, die den musikalischen Grundgedanken einer Komposition bildet
The|ma|tik, die; -, -en: 1. ausgeführtes, gewähltes, gestelltes Thema; Themastellung. 2. (Musik) Kunst der Themaaufstellung, -einführung und -verarbeitung
the|ma|tisch: das Thema betreffend
the|ma|ti|sie|ren: 1. zum Thema (1) von etwas machen, als Thema behandeln. 2. mit einem Themavokal versehen
Theo|di|zee, die; -, ...zeen (Philos.): Rechtfertigung Gottes hinsichtlich des von ihm in der Welt zugelassenen Übels
Theo|do|lit, der; -[e]s, -e: geodätisches Instrument zur Horizontal- u. Höhenwinkelmessung
Theo|go|nie, die; -, ...ien: mythische Lehre von der Entstehung, Abstammung der Götter
Theo|kra|tie, die; -, ...ien: Herrschaftsform, bei der die Staatsgewalt allein religiös legitimiert wird
theo|kra|tisch: die Theokratie betreffend
Theo|lo|ge, der; -n, -n: jmd., der sich wissenschaftlich mit der Theologie beschäftigt
Theo|lo|gie, die; -, ...ien: wissenschaftliche Lehre von einer als wahr vorausgesetzten [christlichen] Religion
Theo|lo|gin, die; -, -nen: weibliche Form zu ↑Theologe
theo|lo|gisch: die Theologie betreffend
The|or|be, die; -, -n: tief gestimmte Laute des 16. bis 18. Jh.s mit doppeltem Wirbelkasten
The|o|rem, das; -s, -e (Philos., Math.): Lehrsatz
The|o|re|ti|ker, der; -s, -: jmd., der sich theoretisch mit der Lösung von [wissenschaftlichen] Problemen auseinandersetzt
The|o|re|ti|ke|rin, die; -, -nen: weibliche Form zu ↑Theoretiker

T

the|o|re|tisch: 1. die Theorie von etwas betreffend. 2. [nur] gedanklich, die Wirklichkeit nicht [genügend] berücksichtigend

the|o|re|ti|sie|ren: gedanklich, theoretisch durchspielen

The|o|rie, die; -, ...ien: 1. a) System wissenschaftlich begründeter Aussagen zur Erklärung bestimmter Tatsachen od. Erscheinungen u. der ihnen zugrunde liegenden Gesetzmäßigkeiten; b) Lehre von den allgemeinen Begriffen, Gesetzen, Prinzipien eines bestimmten Bereichs. 2. a) (ohne Plural) rein abstrakte [nicht praxisorientierte od. -bezogene] Betrachtung[sweise]; b) (meist Plural) wirklichkeitsfremde Vorstellung, bloße Vermutung

Theo|so|phie, die; -, ...ien: religiös-weltanschauliche Richtung, die in meditativer Berührung mit Gott den Weltbau und den Sinn des Weltgeschehens erkennen will

theo|so|phisch: die Theosophie betreffend

The|ra|peut, der; -en, -en (Med., Psychol.): jmd., der eine Therapie vornimmt

The|ra|peu|ti|kum, das; -s, ...ka: Heilmittel

The|ra|peu|tin, die; -, -nen: weibliche Form zu ↑Therapeut

the|ra|peu|tisch: zur Therapie gehörend

The|ra|pie, die; -, ...ien (Med.; Psychol.): Heilbehandlung

the|ra|pie|ren: jmdn. einer Therapie unterziehen

the|ra|pie|re|sis|tent: (von Krankheiten) auf keine mögliche Therapie ansprechend

ther|mal (Physik): auf Wärme bezogen, die Wärme betreffend, Wärme...

Ther|mal|quel|le, die; -, -n: warme Quelle

Ther|me, die; -, -n: 1. Thermalquelle. 2. (nur Plural; Geschichte) antike römische Badeanlage

Ther|mi|dor, der; -[s], -s: der elfte Monat des französischen Revolutionskalenders (19. Juli bis 17. Aug.)

Ther|mik, die; -, -en (Meteorol.): aufwärtsgerichtete Warmluftbewegung

ther|misch (Meteorol.): die Wärme betreffend, Wärme...

Ther|mo|dy|na|mik, die; - (Physik): Teilgebiet der Physik, das sich mit der Untersuchung des Verhaltens physikalischer Systeme bei Temperaturänderung befasst

Ther|mo|graf, Ther|mo|graph, der; -en, -en (Meteorol.): Gerät zur selbsttätigen Temperaturaufzeichnung

Ther|mo|gra|fie, Ther|mo|gra|phie, die; -: Verfahren, das die Temperaturverteilung eines Objekts mittels der vom Objekt ausgehenden Wärmestrahlung sichtbar macht (z. B. zur Lokalisierung von Tumoren)

Ther|mo|me|ter: Temperaturmessgerät

ther|mo|nu|k|le|ar: die bei einer Kernreaktion auftretende Wärme betreffend

Ther|mo|pa|pier, das; -s, -e: Spezialpapier mit einer Schicht, die sich unter Wärmeeinwirkung verfärbt (z. B. für Faxgeräte)

ther|mo|phil (Biol.): Wärme liebend (z. B. von Bakterien)

Ther|mo|plast, der; -[e]s, -e (meist Plural): bei höheren Temperaturen ohne chemische Veränderung erweichbarer u. verformbarer Kunststoff

ther|mo|plas|tisch: in erwärmtem Zustand formbar, weich

Ther|mo|s|tat, der; -[e]s u. -en, -e[n] u. das; -[e]s, -e: [automatischer] Temperaturregler

the|sau|rie|ren: Geld od. Edelmetalle ansammeln

The|sau|rie|rung, die; -, -en: 1. das Thesaurieren. 2. (Bankw.) Wiederanlage

The|sau|rus, der; -, ...ren u. ...ri: 1. Titel wissenschaftlicher Sammelwerke, bes. großer Wörterbücher der alten Sprachen. 2. alphabetisch u. systematisch geordnete Sammlung von Wörtern eines bestimmten [Fach]bereichs. 3. (bes. EDV) [allgemeinsprachliches] Wörterbuch der sinn- und sachverwandten Wörter. 4. Schrein in einem Heiligtum zur Aufbewahrung von kostbaren Weihegaben (in der Antike)

The|se, die; -, -n: 1. aufgestellter [Lehr-, Leit]satz, der als Ausgangspunkt für die weitere Argumentation dient. 2. in der dialektischen Argumentation die Ausgangsbehauptung, der die Antithese gegenübergestellt wird

The|ta, das; -[s], -s: achter Buchstabe des gr. Alphabets

Think|tank, Think-Tank ['θɪŋktæŋk], der; -s, -s: Arbeitsgruppe zur praxisorientierten Zukunftsforschung

Tho|mis|mus, der; -: theologisch-philosophische Richtung im Anschluss an die Lehre des Philosophen Thomas von Aquin (1225 bis 1274)

Thon, der; -s, -s (schweiz.): Thunfisch

Tho|ra [auch: 'to:ra], die; -: die fünf Bücher Mose, das mosaische Gesetz

Tho|rax, der; -[es], -e (fachspr.: ...races [...tse:s]): 1. (Med.) Brustkorb. 2. (Zool.) zwischen Kopf u. Hinterleib liegendes mittleres Segment bei Gliederfüßern

Tho|ri|um, Thor, das; -s: chem. Element; ein Metall (Zeichen: Th)

Thrill [θrɪl], der; -s, -s: Nervenkitzel

Thril|ler ['θrɪlɐ], der; -s, -: Film, Roman, der Spannungseffekte u. Nervenkitzel erzeugt

Throm|bo|se, die; -, -n: Verschluss eines Blutgefäßes durch Blutgerinnsel

Throm|bo|zyt, der; -en, -en (Med.): Blutplättchen

Throm|bus, der; -, ...ben (Med.): zu einer Thrombose führendes Blutgerinnsel; Blutpfropf

Thu|ja: immergrüner Baum mit schuppenförmigen Blättern; Lebensbaum

Thun|fisch, Tun|fisch, der; -[e]s, -e: großer Fisch mit mondsichelförmiger Schwanzflosse

Thy|mi|an, der; -s, -e: a) eine Gewürz- u. Heilpflanze; b) (ohne Plural) Gewürz aus getrockneten Blättern des Thymians (a)

Thy|mus, der; -, Thymi, **Thy|mus|drü|se,** die; -, -n (Med.): hinter dem Brustbein gelegenes drüsenartiges Organ, das sich nach der Pubertät zurückbildet

Thy|ris|tor, der; -s, ...oren: steuerbares elektronisches Bauelement auf Siliciumbasis

Ti|a|ra, die; -, -s u. ...ren: (heute nicht mehr getragene) hohe, aus drei übereinandergesetzten Kronen bestehende Kopfbedeckung des Papstes als Zeichen seiner weltlichen Macht

Tic, der; -s, -s (Med.): in kurzen Abständen wiederkehrende, unwillkürliche Muskelzuckung

Tick, der; -s, -s: 1. (ugs.) wunderliche Eigenart, Schrulle, Fimmel. 2. (Med.) ↑Tic. 3. (ugs.) Kleinigkeit, Nuance (2)

Ti|cker, der; -s, -: 1. (Jargon) vollautomatischer Fernschreiber zum Empfang von [Börsen]nachrichten. 2. (Medizinjargon) Gerät zur Überwachung der Pulsfrequenz

Ti|cket, das; -s, -s: Flug-, Fahr-, Eintrittskarte

Tie|break, Tie-Break ['taɪbreɪk], der oder das; -s, -s: besonderes Reglement beim Tennis, durch das ein Spiel bei unentschiedenem Stand schneller zur Entscheidung gebracht wird

Ti|fo|so, der; -, ...si (meist Plural): it. Bez. für: [Fußball]fan

Til|bu|ry ['tɪlbəri], der; -[s], -s (früher): leichter zweirädriger u. zweisitziger offener Wagen mit aufklappbarem Verdeck

Til|de, die; -, -n: 1. diakritisches Zeichen in Gestalt einer kleinen liegenden Schlangenlinie, das im Spanischen über einem n die Palatalisierung, im Portugiesischen über einem Vokal die Nasalierung angibt (z. B. *span.* Señor, *port.* São Paulo). 2. Zeichen in Gestalt einer kleinen liegenden Schlangenlinie auf der Mitte der Zeile, das die Wiederholung eines Wortes od. eines Teils davon angibt (bes. in Wörterbüchern; Zeichen: ~)

Tim|b|re [auch: 'tɛ̃:bɐ, 'tɛ̃:brə], das; -s, -s: charakteristische Klangfarbe eines Instruments, einer Stimme

ti|men ['taɪmən]: 1. die Zeit [mit der Stoppuhr] messen. 2. für etwas den geeigneten, passenden Zeitpunkt bestimmen, benutzen

Time-out, das; -[s], -s: Spielunterbrechung, die einer Mannschaft nach bestimmten Regeln zusteht (z. B. beim Basketball)

Ti|mer ['taɪmɐ], der; -s, -: elektronischer Zeitmesser, der zeitlich gebundene Vorgänge exakt regelt; Zeitschaltuhr

Time|sha|ring ['taɪmʃɛ:rɪŋ], das; -[s]: gekauftes Wohnrecht an einer Ferienwohnung während einer bestimmten Zeit

Ti|ming ['taɪmɪŋ], das; -s, -s: das Timen, Aufeinanderabstimmen von Abläufen

Tim|pa|no, der; -s, ...ni (meist Plural): [Kessel]pauke

Tink|tur, die; -, -en: dünnflüssiger, meist alko-

T

holischer Auszug aus pflanzlichen od. tierischen Stoffen

Tịn|nef, der; -s (ugs.): 1. wertlose Ware; Schund, Plunder. 2. Unsinn

Tịn|ni|tus, der; -, - (Med.): von den Betroffenen subjektiv wahrgenommenes Ohrgeräusch

Ti̱|pi, das; -s, -s: kegelförmiges Zelt der Prärieindianer

Tịpp, der; -s, -s: 1. (ugs.) nützlicher Hinweis, guter Rat, der jmdm. bei etwas hilft. 2. (bei Toto, Lotto, in Wettbüros o. Ä.) schriftlich festgehaltene Vorhersage von Siegern bei sportlichen Wettkämpfen, von Zahlen bei Ziehungen, die bei Richtigkeit einen Gewinn bringt

Ti|ra̱|de, die; -, -n: wortreiche, geschwätzige [nichtssagende] Äußerung; Wortschwall

Ti|ra|mi|su̱, das; -[s], -s: aus Eigelb, Mascarpone u. in Likör u. Kaffee getränkten Biskuits hergestellte cremige Süßspeise

Ti|ta̱n, der; -en, -en, **Ti|ta̱|ne,** der; -n, -n (meist Plural): 1. Angehöriger eines Geschlechts riesenhafter, von Zeus gestürzter Götter der griechischen Sage. 2. jmd., der durch außergewöhnlich große Leistungen, durch Machtfülle o. Ä. beeindruckt

ti|ta̱|nisch: 1. die Titanen (1) betreffend, zu ihnen gehörend. 2. von, in der Art eines Titanen (2)

Ti̱|tel, der; -s, -: 1. a) kennzeichnender Name eines Buches, einer Schrift, eines Kunstwerks o. Ä.; b) unter einem bestimmten Titel (1 a) bes. als Buch, CD o. Ä. veröffentlichtes Werk. 2. a) Beruf, Stand, Rang, Würde kennzeichnende Bezeichnung, häufig als Zusatz zum Namen (Abk.: Tit.); b) im sportlichen Wettkampf errungene Bezeichnung eines bestimmten Ranges, einer bestimmten Würde. 3. (Rechtswiss.) a) Abschnitt eines Gesetzes- od. Vertragswerks; b) gesetzlicher, durch ein rechtskräftiges Urteil erworbener Grund, einen Anspruch durchzusetzen; Rechtstitel. 4. Verwendungszweck von einer zu einer Gruppe zusammengefassten Anzahl von Ausgaben, Beträgen (z. B. im Haushalt eines Staates)

Ti|te|le̱i, die; -, -en: Gesamtheit der dem Textbeginn eines Druckwerkes vorangehenden Seiten mit den Titelangaben, Impressum, Inhaltsangaben u. Ä.

ti̱|teln: etwas (z. B. einen Zeitungsartikel, einen Film) mit einem Titel versehen

Ti̱|ter, der; -s, -: 1. (Chemie) Gehalt an aufgelöster Substanz in einer Lösung. 2. Maß für die Feinheit eines Garns

Ti|t|ra|ti|o̱n, die; -, -en: Bestimmung des Titers, Ausführung einer chemischen Maßanalyse

Ti|tu|la̱r, der; -s, -e: jmd., der mit dem Titel eines Amtes bekleidet ist, ohne die damit verbundenen Funktionen auszuüben

Ti|tu|la|tu̱r, die; -, -en: Betitelung; Rangbezeichnung

ti|tu|li̱e̱|ren: mit einem meist negativen Begriff bezeichnen

ti̱|tu|lo ple̱|no: mit vollständigem Titel u. Namen (Abk.: t. p.)

ti̱|zi|an|rot: ein goldenes bis braunes Rot aufweisend (bes. von Haaren)

Toast [to:st], der; -[e]s, -e u. -s: 1. a) geröstete Weißbrotscheibe; b) zum Toasten geeignetes Weißbrot, Toastbrot. 2. Trinkspruch

toas|ten: 1. Weißbrot rösten. 2. einen Trinkspruch ausbringen

Toas|ter, der; -s, -: Gerät zum Rösten von Weißbrot

To|bọg|gan, der; -s, -s: länglich flacher [kanadischer Indianer]schlitten

Toc|ca̱|ta, Tok|ka̱|ta, die; -, ...ten (Musik): in freier Improvisation gestaltetes Musikstück für Tasteninstrumente, bes. als Präludium

To-do [tʊˈdu:], das; -s, -s (meist Plural): Aufgabe, die zu erledigen ist

To-do-Lis|te, die; -, -n: Liste zu erledigender Aufgaben

Toe|loop, Toe-Loop [ˈtu:lu:p, ˈtɔʊ̯...], der; -[s], -s: Drehsprung beim Eiskunstlauf

Tof|fee [ˈtɔfi, auch: ˈtɔfe], das; -s, -s: eine Weichkaramelle

To̱|fu, der; -[s]: aus Sojabohnen gewonnenes halbfestes eiweißreiches Produkt

To̱|ga, die; -, ...gen: altrömisches, von den vornehmen Bürgern getragenes Obergewand

To|hu|wa|bo̱|hu, das; -[s], -s: Wirrwarr, Durcheinander

T

Toile [toa:l], der; -s, -s: feinfädiges, zart gemustertes [Kunst]seidengewebe in Leinwandbindung

To|i|let|te [toa...], die; -, -n: 1. (ohne Plural; geh.) das Sichankleiden, Sichzurechtmachen. 2. a) meist kleinerer Raum mit einem Toilettenbecken [u. Waschgelegenheit]; b) Toilettenbecken in einer Toilette (2 a)

To|ken ['tɔʊkn̩], das; -s, -[s] (EDV): Folge zusammengehöriger Zeichen od. Folge von Bits

Tok|ka|ta vgl. Toccata

To|lar, der; -s, -s (aber: 30 -): frühere Währungseinheit in Slowenien

to|le|ra|bel: geeignet, toleriert, gebilligt zu werden; annehmbar, erträglich

to|le|rant: (in Fragen der religiösen, politischen Überzeugung, der Lebensführung anderer) bereit, eine andere Anschauung, Einstellung, andere Sitten u. a. gelten zu lassen

To|le|ranz, die; -, -en: 1. (ohne Plural) das Tolerantsein; Duldsamkeit. 2. (bes. Technik) zulässige Differenz zwischen der angestrebten Norm u. den tatsächlichen Maßen, Größen, Mengen o. Ä.

to|le|rie|ren: dulden, zulassen, gelten lassen [obwohl etwas nicht den eigenen Wertvorstellungen entspricht]

To|lu|ol, das; -s (Chemie): farbloser, benzolartig riechender Kohlenwasserstoff, Verdünnungs- u. Lösungsmittel

To|ma|hawk [...hɔ:k], der; -s, -s: Streitaxt der nordamerikanischen Indianer

Tom|bak, der; -s: bes. als Goldimitation bei Schmuck verwendete kupferreiche Kupfer-Zink-Legierung

T

Tom|bo|la, die; -, -s u. ...len: Verlosung von [gestifteten] Gegenständen

Tom|my [...mi], der; -[s], -s: Spitzname für die britischen Soldaten des 1. u. 2. Weltkriegs

To|mo|gra|fie, To|mo|gra|phie, die; -, ...ien (Med.): röntgenologisches Schichtaufnahmeverfahren (z. B. zur besseren Darstellung u. Lokalisierung von Krankheitsherden im Körper)

to|nal (Musik): auf die Tonika der Tonart bezogen, in der ein Musikstück steht

To|na|li|tät, die; -, -en (Musik): a) jegliche Beziehung zwischen Tönen, Klängen u. Akkorden; b) Bezogenheit von Tönen, Harmonien u. Akkorden auf die Tonika der Tonart, in der ein Musikstück steht

Ton|do, das (auch: der); -s, -s u. ...di: rundes Bild od. Relief

To|ner, der; -s, -: Farbpulver als Druckfarbe für Kopiergeräte, Drucker o. Ä.

To|ni: *Plural* von ↑Tonus

To|nic, das; -[s], -s: 1. mit Kohlensäure u. Chinin versetzte, leicht bitter schmeckende Limonade. 2. Gesichts-, Haarwasser

[1]To|ni|ka: *Plural* von ↑Tonikum

[2]To|ni|ka, die; -, ...ken (Musik): 1. Grundton eines Musikstücks. 2. Grundton einer Tonleiter. 3. Dreiklang auf der ersten Stufe (Zeichen: T)

To|ni|kum, das; -s, ...ka (Med.): Kräftigungsmittel, Stärkungsmittel

Ton|na|ge [...ʒə], die; -, -n: 1. der Rauminhalt (Bruttoraumzahl) eines Schiffes. 2. gesamte Flotte (einer Reederei, eines Staates)

Ton|sil|le, die; -, -n (Med.): Gaumen-, Rachenmandel

Ton|sur, die; -, -en (kath. Kirche früher): kreisrund geschorene Stelle auf dem Kopf von katholischen Geistlichen, bes. Mönchen

To|nus, der; -, Toni: 1. (Med.) Muskelspannung. 2. (Musik) Ganzton

Tool [tu:l], das; -s, -s (EDV): Hilfsprogramm (z. B. Taschenrechner, Virenscanner)

Tool|bar ['tu:lbar], die; -, -s: Funktionsleiste auf der Benutzeroberfläche mit Symbolen für wichtige Funktionen

Tool|box ['tu:l...], die; -, -en (EDV): Sammlung von ergänzenden Programmeinheiten

top: von höchster Güte; hochmodern

Top, das; -s, -s: zu Röcken u. Hosen getragenes, einem T-Shirt ähnliches Oberteil mit Trägern

To|pas ['to:pas], der; -es, -e: farbloses, gelbes, blaues, grünes, braunes od. rotes glasglänzendes Mineral; Edelstein

top|fit: in bester [körperlicher] Verfassung (bes. von Sportler[inne]n)

To|pik, die; -: 1. (Rhet.) Wissenschaft, Lehre von den Topoi. 2. (Philos.) Lehre von den Sätzen u. Schlüssen, mit denen argumentiert werden kann

To|pi|nam|bur, die; -, -en: a) Pflanze, deren unterirdische Ausläufer den Kartoffeln ähnliche Knollen bilden; b) Knolle der Topinambur (a)

to|pisch: 1. (Med.) örtlich, äußerlich (von der Anwendung u. Wirkung bestimmter Arzneimittel). 2. einen Topos behandelnd, Topoi ausdrückend

top|less: mit unbedecktem Busen

Top|ma|nage|ment, das; -s, -s (Wirtsch.): oberste Ebene der Unternehmensleitung

To|po|gra|fie, To|po|gra|phie, die; -, ...ien: Beschreibung u. Darstellung geografischer Örtlichkeiten; Lagebeschreibung

to|po|gra|fisch, to|po|gra|phisch: die Topografie betreffend

To|poi ['tɔpɔɪ̯]: *Plural* von ↑Topos

To|po|lo|gie, die; -: 1. (Math.) Lehre von der Lage u. Anordnung geometrischer Gebilde im Raum. 2. (Sprachwiss.) [Lehre von der] Wortstellung im Satz

to|po|lo|gisch: die Topologie betreffend

To|pos, der; -, Topoi ['tɔpɔɪ̯]: feste Wendung, stehende Rede od. Formel, feststehendes Bild

top|se|c|ret [...'si:krɪt]: streng geheim

Top|spin, der; -s, -s (Golf, Tennis, Tischtennis): a) starke Drehung des Balles um seine horizontale Achse in Flugrichtung; b) Schlag, bei dem der Ball so angeschnitten od. überrissen wird, dass er einen Topspin (a) vollführt

Top|star, der; -s, -s: Star der Spitzenklasse

Toque [tɔk], die; -, -s: Kochmütze

To|re|ro, der; -s, -s: Stierkämpfer

Törn, der; -s, -s: Fahrt mit einem Segelboot; Segeltörn

Tor|na|do, der; -s, -s: starker, kleinräumiger Wirbelsturm

Tor|nis|ter, der; -s, -: a) auf dem Rücken getragener großer Ranzen der Soldaten; b) (veraltet, aber noch landsch.) Schulranzen

tor|pe|die|ren: 1. (ein Schiff) mit Torpedos beschießen, versenken. 2. in gezielter Weise bekämpfen u. dadurch verhindern

Tor|pe|do, der; -s, -s: mit eigenem Antrieb u. selbsttätiger Zielsteuerung ausgestattetes Unterwassergeschoss

Tor|si|on, die; -, -en: 1. (Physik, Technik) schraubenförmige Verdrehung lang gestreckter elastischer Körper durch entgegengesetzt gerichtete Drehmomente; Verdrillung. 2. (Math.) Verdrehung einer Raumkurve

Tor|so, der; -s, -s u. ...si: 1. Statue mit fehlenden Gliedmaßen [u. fehlendem Kopf]. 2. Bruchstück, unvollendetes Werk

Tort, der; -[e]s: Kränkung, Verdruss

Tor|te|lett, das; -[e]s, -s, **Tor|te|let|te,** die; -, -n: Törtchen aus Mürbeteigboden

Tor|til|la [...'tɪlja], die; -, -s: 1. (in Lateinamerika) aus Maismehl hergestelltes Fladenbrot. 2. (in Spanien) Omelett

Tor|tur, die; -, -en: 1. Folter. 2. Quälerei, Strapaze

To|ry [...ri], der; -s, -s u. ...ries: 1. (Geschichte) Angehöriger einer britischen Partei, aus der im 19. Jh. die Konservative Partei hervorging. 2. Vertreter der konservativen Politik in Großbritannien

to|tal: 1. a) so beschaffen, dass es in einem bestimmten Bereich, Gebiet, Zustand o. Ä. ohne Ausnahme alles umfasst; in vollem Umfang; vollständig; b) völlig, ganz und gar, durch u. durch. 2. ↑totalitär. 3. (schweiz.) insgesamt

To|tal, das; -s, -e (bes. schweiz.): Gesamtheit; Gesamtsumme

To|ta|le, die; -, -n (Film, Fotogr.): a) Kameraeinstellung, die das Ganze einer Szene erfasst; b) Gesamtaufnahme, -ansicht

To|ta|li|sa|tor, der; -s, ...oren: 1. Einrichtung zum Wetten beim Renn- u. Turniersport. 2. (Meteorol.) Sammelgefäß für Niederschläge

to|ta|li|tär: 1. die Gesamtheit umfassend. 2. (abwertend) mit diktatorischen Methoden jegliche Demokratie unterdrückend, das gesamte politische, gesellschaftliche, kulturelle Leben sich total unterwerfend, es mit Gewalt reglementierend

To|ta|li|ta|ris|mus, der; -, ...men (Politik abwertend): totalitäres System, totalitäre Machtausübung

To|ta|li|tät, die; -, -en: 1. a) (Philos.) universeller Zusammenhang aller Dinge u. Erscheinungen in Natur u. Gesellschaft; b) Ganzheit; Vollständigkeit. 2. (Astron.) totale Sonnen- od. Mondfinsternis. 3. totale Machtausübung; totaler Machtanspruch

To|tem, das; -s, -s: bei Naturvölkern ein Wesen od. Ding (Tier, Pflanze, Naturerscheinung), das als Ahne od. Verwandter eines Menschen, eines Clans od. einer sozialen Gruppe gilt, als zauberischer Helfer verehrt wird u. nicht getötet od. verletzt werden darf

To|tem|pfahl, der; -[e]s, ...pfähle: (bei den Indianern Nordwestamerikas) geschnitzter Wappenpfahl mit Bildern des Totemtiers od. aus der Ahnenlegende der Sippe

Touch [tatʃ], der; -s, -s: etwas, was jmdm., einer Sache als leicht angedeutete Eigenschaft ein besonderes Fluidum gibt; Anflug, Hauch

tou|chie|ren: (nur leicht) berühren

Touch|screen, der; -s, -s: Computerbildschirm mit Sensorfeldern, durch deren Berühren der Programmablauf gesteuert werden kann

tough [tʌf] (ugs.): robust, zäh, durchsetzungsfähig

Tou|pet [tu'pe:], das; -s, -s: 1. (früher) Haartracht, bei der das Haar über der Stirn toupiert war. 2. Haarteil, das als Ersatz für teilweise fehlendes eigenes Haar getragen wird

tou|pie|ren: das Haar strähnenweise in Richtung des Haaransatzes in schnellen u. kurzen Bewegungen kämmen, um es fülliger erscheinen zu lassen

T

Tour [tu:ɐ̯], die; -, -en: 1. Ausflug, Fahrt, Exkursion. 2. bestimmte Strecke. 3. (abwertend) Art u. Weise, mit Tricks u. Täuschungsmanövern etwas zu erreichen

Tour de France [- - 'frã:s], die; - - -, -s - - [tur - -]: alljährlich in Frankreich von Berufsradfahrern ausgetragenes Straßenrennen

Tour d'Ho|ri|zon [- dɔri'zõ:], die (auch: der); - -, -s - [- dɔri'zõ:]: informativer Überblick

tou|ren ['tu:...]: 1. (Jargon) auf Tournee gehen, sein. 2. (ugs.) auf Tour (1) gehen, sein

Tou|ris|mus [tu...], der; -: der Reiseverkehr; Fremdenverkehr

Tou|rist, der; -en, -en: [Urlaubs]reisender, jmd., der reist, um fremde Orte u. Länder kennenzulernen

Tou|ris|ten|klas|se, die; -, -n: preiswerte Reiseklasse mit geringerem Komfort

Tou|ris|tik, die; -: organisierter Reise-, Fremdenverkehr

Tou|ris|tin, die; -, -nen: weibliche Form zu ↑Tourist

tou|ris|tisch: die Touristik, den Tourismus betreffend; für den Tourismus charakteristisch

Tour|nant [tʊr'nã:], der; -[s], -s: Ersatzkraft im Hotelgewerbe

Tour|nee [tʊr...], die; -, -s u. ...neen: Gastspielreise von Künstlern, Künstlerinnen o. Ä.

To|w|er ['tauɐ], der; -s, -: Kontrollturm auf Flughäfen

Town|ship ['taunʃɪp], die; -, -s: von Farbigen bewohnte städtische Siedlung in Südafrika

to|xi|gen, to|xo|gen (Med.): 1. Giftstoffe erzeugend (z. B. von Bakterien). 2. durch Vergiftung verursacht

To|xi|ko|lo|gie, die; - (Med.): Wissenschaft, Lehre von den Giften und ihren Einwirkungen auf den Organismus

to|xi|ko|lo|gisch: die Toxikologie betreffend

To|xi|kum, das; -s, ...ka (Med.): Gift, Giftstoff

To|xin, das; -s, -e: von Bakterien, Pflanzen od. Tieren ausgeschiedener organischer Giftstoff

to|xisch (Med.): giftig, auf einer Vergiftung beruhend

To|xi|zi|tät, die; - (Med.): Giftigkeit einer Substanz

Tra|ban|ten|stadt, die; -, ...städte: Satellitenstadt; Wohnstadt

Tra|chea [auch: 'traxea], die; -, ...een (Med.): Luftröhre

Tra|chee, die; -, -n: 1. (Zool.) Atmungsorgan der meisten Gliedertiere. 2. (Bot.) durch Zellfusion entstandenes Gefäß der Pflanzen

Tra|che|en: *Plural* von ↑Trachea, ↑Trachee

Tra|cing ['treɪsɪŋ], das; -[s], -s: 1. (EDV) Aufzeichnung u. Analyse von Fehlern in einem ↑Programm (4). 2. (Wirtsch.) zeitlich versetzte

Verfolgung, Rückverfolgung eines Ablaufs (z. B. des Transportwegs eines Pakets, Gepäckstücks)

Track [trɛk], der; -s, -s: 1. (Jargon) Musikstück, Nummer (bes. auf einer CD). 2. (EDV) Bereich auf einem Datenträger

Track|ball ['trɛkbɔ:l], der; -s, -s (EDV): auf der Tastatur befestigte Rollkugel

tra|cken ['trɛk...] (bes. EDV): den aktuellen Aufenthaltsort von jmdm., etw. verfolgen

Trade|mark ['trɛi̯t...], die; -, -s: engl. Bez. für: Warenzeichen, Markenname

Tra|der ['trɛi̯dɐ], der; -s, - (Börsenw.): Anleger mit überwiegend spekulativem Interesse

Tra|de|rin, die; -, -nen: weibliche Form zu ↑Trader

tra|di̲e|ren: überliefern, weitergeben; etwas Überliefertes weiterführen

Tra|ding ['trɛi̯dɪŋ], das; -s: 1. (Wirtsch.) Handel. 2. (Börsenw.) das Ausnutzen kurzfristiger Kursschwankungen durch häufige Käufe u. Verkäufe von Wertpapieren

Tra|di|ti|o̲n, die; -, -en: a) Überlieferung, Herkommen; b) Brauch, Gewohnheit, Gepflogenheit; c) das Tradieren, Weitergabe (an spätere Generationen)

Tra|di|ti|o|na|lị|mus, der; -: geistige Haltung, die an der Tradition festhält

Tra|di|ti|o|na|lịst, der; -en, -en: Anhänger des Traditionalismus

tra|di|ti|o|na|lịs|tisch: dem Traditionalismus verbunden, verhaftet

tra|di|ti|o|nẹll: überliefert, herkömmlich; einer Tradition entsprechend

Tra|fịk, die; -, -en (bes. österr.): Tabak- u. Zeitschriftenladen, -handel

Tra|gạnt, der; -[e]s, -e: 1. eine Pflanze. 2. aus verschiedenen Arten des Tragants (1) gewonnene, gallertartige Substanz, bes. zur Herstellung von Bindemitteln

Tra̲|gik, die; -: außergewöhnlich schweres, schicksalhaftes, unverdientes Leid

Tra̲|gi|ko|mik, die; -: halb tragische, halb komische Wirkung

tra̲|gi|ko|misch: halb tragisch, halb komisch

Tra̲|gi|ko|mö|die, die; -, -n: Drama, in dem Tragik u. Komik eng miteinander verknüpft sind

tra̲|gisch: die Tragik betreffend; schicksalhaft, erschütternd, ergreifend

Tra|gö̲|de, der; -n, -n: eine tragische Rolle spielender Schauspieler; Heldendarsteller

Tra|gö̲|die [...i̯ə], die; -, -n: 1. a) (ohne Plural) Dramengattung, in der das Tragische gestaltet wird; b) einzelnes Drama, Bühnenstück dieser Gattung; Trauerspiel. 2. tragisches Ereignis, Unglück

Tra|gö̲|din, die; -, -nen: weibliche Form zu ↑Tragöde

Trai|ler ['trɛi̯lɐ], der; -s, -: 1. kurzer, aus einigen Szenen eines Films zusammengestellter Vorfilm, der als Werbemittel für diesen Film vorgeführt wird. 2. Fahrzeuganhänger

Train [trɛ̃:, auch, österr. nur: trɛ:n], der; -s, -s: Tross; für den Nachschub sorgende Truppe

Trai|nee [trɛi̯'ni:, trɛ...], der; -s, -s (Wirtsch.): jmd., bes. Hochschulabsolvent, der innerhalb eines Unternehmens eine praktische Ausbildung absolviert

Trai|ner ['trɛ:..., 'tre:..., 'trɛi̯...], der; -s, -: jmd., der Sportler trainiert (a)

Trai|ne|rin, die; -, -nen: weibliche Form zu ↑Trainer

trai|ni̲e|ren [trɛ..., tre...]: a) durch systematisches Training auf einen Wettkampf vorbereiten; b) Training betreiben; c) (ugs.) einüben; planmäßig, gezielt üben

Trai|ning ['trɛ:..., 'tre:...], das; -s, -s: planmäßige Durchführung eines Programms von vielfältigen Übungen zur Ausbildung von Können, Stärkung der Kondition u. Steigerung der Leistungsfähigkeit

Trai|teur [trɛ'tø:ɐ̯], der; -s, -e (schweiz.): Koch eines Cateringunternehmens

Trạkt, der; -[e]s, -e: Gebäudeteil

Trak|tạn|den|lis|te, die; -, -n (schweiz.): Tagesordnung

Trak|tạn|dum, das; -s, ...den (schweiz.): Verhandlungsgegenstand

Trak|ta̲t, das (auch: der); -[e]s, -e: Abhandlung

trak|ti̲e|ren: plagen, quälen, misshandeln

Trak|ti|o̲n, die; -, -en: 1. (bes. Physik, Technik) das Ziehen, Zug, Zugkraft. 2. Art des Antriebs von Zügen [durch Triebfahrzeuge]

T

Trak|tor, der; -s, ...oren (Landwirtsch.): [landwirtschaftliche] Zugmaschine, Schlepper

Trak|to|rist, der; -en, -en: Traktorfahrer

Trak|to|ris|tin, die; -, -nen: weibliche Form zu ↑Traktorist

Tram, die; -, -s (schweiz.: das; -s, -s) (landsch.): Straßenbahn

Tra|mon|ta|na, Tra|mon|ta|ne, die; -, ...nen: ein kalter Nordwind in Oberitalien

Tramp [trɛmp], der; -s, -s: engl. Bez. für: Landstreicher, umherziehender Gelegenheitsarbeiter

tram|pen ['trɛmpn̩]: [durch Winken o. Ä.] Autos anhalten, um unentgeltlich mitfahren zu können

Tram|per ['trɛmpɐ], der; -s, -: jmd., der trampt

Tram|pe|rin, die; -, -nen: weibliche Form zu ↑Tramper

Tram|po|lin [auch: ...'li:n], das; -s, -e: in Sport u. Artistik verwendetes Federsprunggerät

Tram|way [...vai̯], die; -, -s (österr.): Straßenbahn; vgl. Tram

Tran|ce ['trã:s(ə)], die; -, -n: a) schlafähnlicher Zustand [in Hypnose]; b) Dämmerzustand, Übergangsstadium zum Schlaf

Tranche ['trã:ʃ(ə)], die; -, -n: 1. fingerdicke Fleisch- od. Fischschnitte. 2. (Wirtsch.) Teilbetrag einer Wertpapieremission

tran|chie|ren [trã'ʃi:...]: Fleisch, Geflügel kunstgerecht in Stücke schneiden, zerlegen

Tran|qui|li|zer ['træŋkwɪlai̯zɐ], der; -s, - (meist Plural): Beruhigungsmittel

tran|quil|lo, tran|quil|la|men|te (Musik): ruhig (Vortragsanweisung)

Trans|ak|ti|on, die; -, -en: größere [finanzielle] Unternehmung

T

trans|al|pin, trans|al|pi|nisch: jenseits der Alpen (von Rom aus)

trans|at|lan|tisch: überseeisch

Trans|fer, der; -s, -s: 1. Zahlung ins Ausland in fremder Währung. 2. (Psychol., Päd.) Übertragung der im Zusammenhang mit einer bestimmten Aufgabe erlernten Vorgänge auf eine andere Aufgabe. 3. Überführung, Weitertransport im Reiseverkehr (z. B. vom Flughafen zum Hotel). 4. (Sport) Wechsel eines Berufsspielers in einen anderen Verein. 5. Übermittlung, Übertragung

Trans|fe|renz, die; -, -en (Sprachwiss.): Übernahme fremdsprachiger Wörter, Wortverbindungen, Bedeutungen o. Ä. in die Muttersprache

trans|fe|rie|ren: 1. Geld überweisen. 2. (Sport) den Wechsel eines Berufsspielers in einen anderen Verein vornehmen. 3. (österr., Amtsspr.) jmdn. dienstlich versetzen

Trans|fi|gu|ra|ti|on, die; -, -en: die Verklärung Christi u. ihre Darstellung in der Kunst

Trans|for|ma|ti|on, die; -, -en: Umwandlung, Umformung, Umgestaltung, Übertragung

Trans|for|ma|tor, der; -s, ...oren: Gerät zur Umformung elektrischer Spannungen

trans|for|mie|ren: a) umwandeln, umformen, umgestalten; b) elektrische Spannung umformen

Trans|fu|si|on, die; -, -en: intravenöse Einbringung von Blut, Blutersatzlösungen od. anderen Blutprodukten in den Organismus

Trans|gres|si|on, die; -, -en: 1. (Geogr.) Vordringen des Meeres über größere Gebiete des Festlands. 2. (Biol.) das Auftreten von ↑Genotypen, die in ihrer Leistungsfähigkeit die Eltern- u. Tochterformen übertreffen

Tran|sis|tor, der; -s, ...oren (Physik): Halbleiterbauelement, das die Eigenschaften einer ↑Triode besitzt

tran|sis|to|rie|ren, tran|sis|to|ri|sie|ren (Technik): mit Transistoren versehen

Tran|sit [auch: ...'zɪt, 'tran...], der; -s, -e: Durchfuhr, Durchreise durch ein Land

tran|si|tiv: ein Akkusativobjekt nach sich ziehend u. ein persönliches Passiv bildend

tran|si|to|risch (Wirtsch.): vorübergehend, später

Tran|sit|vi|sum, das; -s, ...sa u. ...sen: Durchreisevisum

trans|kon|ti|nen|tal: einen Erdteil durchquerend, sich über einen ganzen Erdteil erstreckend

tran|skri|bie|ren: in eine andere Schrift übertragen

Trans|la|ti|on, die; -, -en: 1. Übertragung, Übersetzung. 2. ↑Trope. 3. (Physik) geradlinige, fortschreitende Bewegung. 4. (kath. Kirche) feierliche Überführung der Reliquien eines Heiligen an einen anderen Ort

Trans|lo|ka|ti|on, die; -, -en (Biol.): Verlagerung eines Chromosomenbruchstückes in ein anderes Chromosom

Trans|mis|si|on, die; -, -en: 1. Vorrichtung zur Kraftübertragung u. -verteilung auf mehrere Arbeitsmaschinen (z. B. durch einen Treibriemen). 2. Durchlassung von Strahlung (Licht) durch einen Stoff (z. B. Glas) ohne Änderung der Frequenz

Trans|mit|ter, der; -s, -: 1. (Technik) Sender, der Audiosignale auf UKW-Frequenzen überträgt. 2. (Med.) Überträgersubstanz, Überträgerstoff

trans|na|ti|o|nal (bes. Wirtsch., Politik): mehrere Nationen umfassend, übergreifend

trans|pa|rent: 1. durchscheinend; durchsichtig. 2. deutlich, verstehbar, erkennbar

Trans|pa|rent, das; -[e]s, -e: 1. Spruchband. 2. Bild, das von hinten beleuchtet wird; Leuchtbild

Trans|pa|renz, die; -, -en: 1. a) das Durchscheinen; Durchsichtigkeit; b) Lichtdurchlässigkeit (z. B. des Papiers). 2. Deutlichkeit, Verstehbarkeit

Tran|s|pi|ra|ti|on, die; -: 1. (Med.) Schwitzen. 2. (Bot.) Abgabe von Wasserdampf durch die Spaltöffnungen der Pflanzen

tran|s|pi|rie|ren: ausdünsten, schwitzen

Trans|plan|tat, das; -[e]s, -e (Med.): transplantiertes od. zu transplantierendes Gewebestück od. Organ

Trans|plan|ta|ti|on, die; -, -en: 1. (Med.) das Transplantieren. 2. (Bot.) Pfropfung

trans|plan|tie|ren: lebendes Gewebe od. Organe operativ dem einen Organismus entnehmen u. in einen anderen einsetzen

Trans|pon|der, der; -s, -: Gerät, das Funksignale empfängt u. automatisch beantwortet

trans|po|nie|ren: ein Tonstück in eine andere Tonart übertragen

Trans|port, der; -[e]s, -e: Versendung; Beförderung von Menschen, Tieren od. Gegenständen

trans|por|ta|bel: beweglich, tragbar, beförderbar

Trans|por|ter, der; -s, -: Transportauto, -flugzeug, -schiff

Trans|por|teur [...ˈtøːɐ̯], der; -s, -e: 1. jmd., der etwas transportiert. 2. Zubringer an der Nähmaschine

Trans|por|teu|rin [...ˈtøːrɪn], die; -, -nen: weibliche Form zu ↑Transporteur (1)

trans|por|tie|ren: a) versenden, befördern, wegbringen; b) mechanisch bewegen, weiterschieben (z. B. einen Film)

Trans|po|si|ti|on, die; -, -en: das Transponieren

Trans|ra|pid®, der; -[s]: Magnetschwebebahn

Trans|se|xu|a|li|tät, die; -: Gefühl der Zugehörigkeit zum anderen Geschlecht, häufig verbunden mit dem Bestreben nach Geschlechtsanpassung

trans|se|xu|ell: sich dem anderen Geschlecht zugehörig fühlend

Trans|sub|s|tan|ti|a|ti|on, die; -, -en (kath. Kirche): Verwandlung von Brot u. Wein in Leib u. Blut Christi

Trans|uran, das; -s, -e (meist Plural): radioaktives chemisches Element mit höherer Ordnungszahl als Uran

trans|ver|sal: quer verlaufend, senkrecht zur Ausbreitungsrichtung stehend, schräg

Trans|ves|tis|mus, Trans|ves|ti|tis|mus, der; - (Med., Psychol.): das Bedürfnis, z. B. mittels Kleidung, Schminke u. Gestik die Rolle des anderen Geschlechts anzunehmen

Trans|ves|tit, der; -en, -en: Mann, der sich [zum Lustgewinn] wie eine Frau kleidet, frisiert, schminkt

tran|s|zen|dent (Philos.): die Grenzen der Erfahrung u. der sinnlich erkennbaren Welt überschreitend; übersinnlich, übernatürlich

tran|s|zen|den|tal (Philos.): 1. ↑transzendent (in der Scholastik). 2. die ↑a priori mögliche Erkenntnisart von Gegenständen betreffend (bei Kant)

Tran|s|zen|denz, die; -: a) das jenseits der Erfahrung, des Gegenständlichen Liegende; Jenseits; b) (Philos.) das Überschreiten der Grenzen der Erfahrung, des Bewusstseins, des Diesseits

tran|s|zen|die|ren (Philos.): über einen Bereich hinaus in einen anderen [hin]übergehen

Trap, der; -s, -s: Geruchsverschluss eines Waschbeckens, Ausgusses o. Ä.

Tra|pez, das; -es, -e: 1. (Math.) Viereck mit zwei parallelen, aber ungleich langen Seiten. 2. an Seilen hängendes Schaukelreck

Trap|per, der; -s, -: Pelztierjäger in Nordamerika

Trap|pist, der; -en, -en: Angehöriger des Ordens der reformierten Zisterzienser (mit Schweigegelübde) (Abk.: OCR; OCSO)

Trash [træʃ], der; -[s]: Schund, Ramsch o. Ä.

Tras|sant, der; -en, -en (Wirtsch.): Aussteller eines gezogenen Wechsels

Tras|san|tin, die; -, -nen: weibliche Form zu ↑Trassant

Tras|sat, der; -en, -en (Wirtsch.): zur Bezahlung eines Wechsels Verpflichteter

Tras|sa|tin, die; -, -nen: weibliche Form zu ↑Trassat

Tras|see, das; -s, -s (schweiz.): 1. Trasse (im Gelände abgesteckte Linie für neue Verkehrswege). 2. Bahnkörper, Bahn-, Straßendamm

tras|sie|ren: eine Trasse zeichnen, berechnen, im Gelände abstecken

Trat|to|ria, die; -, ...ien: einfaches Speiselokal [in Italien]

Trau|ma, das; -s, ...men u. -ta: 1. (Med., Psychol.) seelischer Schock, starke seelische Erschütterung. 2. (Med.) Wunde, Verletzung durch äußere Gewalteinwirkung

trau|ma|tisch: 1. (Psychol., Med.) das Trauma (1) betreffend, auf ihm beruhend, dadurch entstanden. 2. (Med.) durch Gewalteinwirkung verletzt

Tra|vel|ler ['trɛvəlɐ], der; -s, -[s]: 1. (Plural: -s) Reisender, Tourist. 2. (Seemannsspr.) auf einer Schiene gleitende Vorrichtung, durch die bes. die Schot des Großsegels gezogen wird

T

Tra|vel|ler|scheck, der; -s, -s: Reisescheck

tra|vers (Mode): quer gestreift

Tra|ver|se, die; -, -n: 1. (Archit., Technik) Querbalken, -träger. 2. (Technik) Querverbinder zweier fester od. parallel beweglicher Maschinenteile. 3. quer zur Strömung gebautes, dammartiges Bauwerk

tra|ver|sie|ren: 1. a) quer durchgehen; b) durchkreuzen, hindern. 2. (Dressurreiten) eine Reitbahn in der Diagonale durchreiten. 3. (Fechten) durch Seitwärtstreten dem Hieb od. Stoß des Gegners ausweichen

Tra|ver|tin, der; -s, -e: mineralischer Kalkabsatz bei Quellen u. Bächen

Tra|ves|tie, die; -, ...ien: komisch-satirische literarische Gattung, die bekannte Stoffe der Dichtung in eine ihnen nicht angemessene Form überträgt; vgl. Parodie (1)

Traw|ler ['trɔːlɐ], der; -s, -: mit dem Grundschleppnetz arbeitender Fischdampfer

Trax, der; -[es], -e (schweiz.): Bagger, Schaufellader

Treat|ment ['triːtmənt], das; -s, -s (Film, Fernsehen): erste schriftliche Fixierung des Handlungsablaufs, der Schauplätze u. der Charaktere der Personen eines Films

Tre|cen|to, das; -[s]: italienischer Kunststil des 14. Jh.s

Trek|king, Tre|cking, das; -s, -s: mehrtägige Wanderung einer geführten, kleineren Gruppe durch oft unwegsames Gebiet im Hochgebirge

Tre|ma, das; -s, -s u. -ta: ↑diakritisches Zeichen in Form von zwei Punkten über einem von zwei getrennt auszusprechenden Vokalen (z. B. frz. naïf)

tre|mo|lie|ren, tre|mu|lie|ren (Musik): 1. mit einem Tremolo (1) ausführen, vortragen, spielen. 2. mit einem Tremolo (2) singen

Tre|mo|lo, das; -s, -s u. ...li (Musik): 1. mehrfaches schnelles Wiederholen eines Tons. 2. [fehlerhafte] bebende Tonführung beim Gesang

Tre|mor, der; -s, ...ores (Med.): unwillkürliches Muskelzittern; rhythmische Zuckungen einzelner Körperteile

Trench|coat ['trɛntʃkoʊt], der; -[s], -s: zweireihiger [Regen]mantel mit Schulterklappen u. Gürtel

Trend, der; -s, -s: erkennbare Richtung einer Entwicklung; starke Tendenz

Trend|scout [...skaʊt], der; -s, -s: jmd., der Trends nachspürt

Trend|set|ter, der; -s, -: jmd., der etwas Bestimmtes in Mode bringt, der einen Trend auslöst

Trend|set|te|rin, die; -, -nen: weibliche Form zu ↑Trendsetter

trẹn|dy (Jargon): modisch; dem vorherrschenden Trend entsprechend

Tre|sor, der; -s, -e: Panzerschrank, Stahlkammer [einer Bank] zur Aufbewahrung von Wertgegenständen

Tre|vi|ra®, das; -[s]: aus synthetischer Faser hergestelltes Gewebe

Tri|a|ge […ʒə], die; -, -n: das Einteilen der Verletzten (bei einem Katastrophenfall) nach der Schwere ihrer Verletzungen

Tri|an|gel, der (österr.: das); -s, -: Musikinstrument aus einem zum Dreieck gebogenen Stahlstab, der mit einem Metallstäbchen angeschlagen wird

Tri|an|gu|la|ti|on, die; -, -en: (Geodäsie) Festsetzung eines Netzes von Dreiecken zur Landvermessung

Tri|an|gu|lie|rung, die; -, -en: ↑Triangulation

Tri|as, die; -, -: 1. (ohne Plural; Geol.) älteste Formation des Mesozoikums. 2. Dreizahl, Dreiheit

Tri|ath|lon (Sport): 1. Mehrkampf aus Schwimmen, Radfahren u. Laufen. 2. Mehrkampf aus Skilanglauf, Scheibenschießen u. Riesenslalom

Tri|ba|lis|mus, der; -: Stammesbewusstsein, -zugehörigkeitsgefühl (bes. in Afrika)

Tri|bun, der; -s u. -en, -e[n]: altrömischer Volksführer

Tri|bu|nal, das; -s, -e: Forum, das in einer öffentlichen Untersuchung gegen behauptete Rechtsverstöße von Staaten o. Ä. protestiert; [Straf]gericht

Tri|bü|ne, die; -, -n: 1. Rednerbühne. 2. erhöhtes Gerüst mit Sitzplätzen für Zuschauer

Tri|bus, die; -, - […bu:s]: 1. Wahlbezirk im antiken Rom. 2. (Biol.) Kategorie, die nah verwandte Gattungen einer Familie od. Unterfamilie zusammenfasst; Gattungsgruppe

Tri|but, der; -[e]s, -e: 1. im Rom der Antike die direkte Steuer. 2. Opfer, Beitrag

Trick, der; -s, -s: listig ausgedachtes, geschicktes Vorgehen; Kunstgriff, Kniff, Finesse

trick|sen: (ugs.) sich eines Tricks bedienen

tri|cky […ki] (ugs.): 1. trickreich, listig. 2. kniffig, schwierig (von Sachen)

Tri|dent, der; -[e]s, -e: Dreizack

tri|den|ti|nisch: zu der Stadt Trient gehörend

Tri|en|na|le, die; -, -n: Veranstaltung im Turnus von drei Jahren

Tri|e|re, die; -, -n: Dreiruderer (antikes Kriegsschiff mit drei übereinanderliegenden Ruderbänken)

Tri|fo|li|um, das; -s, …ien (Bot.): Klee (Schmetterlingsblütler)

Tri|fo|ri|um, das; -s, …ien (Archit.): (in romanischen u. bes. in gotischen Kirchen) schmaler Laufgang unter den Fenstern des Chors

Tri|ge|mi|nus, der; -, …ni (Med.): 5. Hirnnerv, der sich in 3 Hauptäste gabelt

Trig|ger, der; -s, -: 1. (Elektrot.) [elektronisches] Schaltelement zum Auslösen eines anderen Schaltvorgangs. 2. (Physiol.) auslösender Reiz [für einen Anfall]

Tri|go|no|me|t|rie, die; - (Math.): Dreiecksmessung

tri|go|no|me|t|risch: die Trigonometrie betreffend

tri|klin, tri|kli|nisch (Kristallogr.): auf drei verschieden große Achsen bezogen, die sich schiefwinklig schneiden

Tri|ko|lo|re, die; -, -n: dreifarbige Fahne, bes. die französische Nationalfahne

[1]**Tri|kot** […'ko:, auch: 'trɪko], der, selten auch: das; -s, -s: maschinengestricktes Gewebe

[2]**Tri|kot,** das; -s, -s: meist eng anliegendes, gewirktes, hemdartiges Kleidungsstück, das bes. beim Sport getragen wird

Tri|ko|ta|ge […ʒə], die; -, -n: Wirkware

tri|la|te|ral: dreiseitig, von drei Seiten ausgehend, drei Seiten betreffend

Tril|li|ar|de, die; -, -n: 1 000 Trillionen ($= 10^{21}$)

Tril|li|on, die; -, -en: eine Million Billionen ($= 10^{18}$)

Tri|lo|bit [auch: …'bɪt], der; -en, -en: Dreilappkrebs; ausgestorbener Urkrebs

Tri|lo|gie, die; -, …ien: Folge von drei eine innere Einheit bildenden Werken

Tri|ma|ran, der; -s, -e: offenes Segelboot mit drei Rümpfen

tri|me|di|al: drei Medien (meist Radio, Fernsehen u. Internet) betreffend, umfassend od. einsetzend

Tri|mes|ter, das; -s, -: Zeitraum von drei Monaten; Drittеljahr eines Unterrichtsjahres

Tri|me|ter, der; -s, -: aus drei Metren bestehender antiker Vers; ↑Senar

tri|na|ti|o|nal: drei Nationen gemeinsam betreffend

Tri|ni|ta|ri|er, der; -s, -: Bekenner der Dreieinigkeit, Anhänger der Lehre von der Trinität

Tri|ni|tät, die; -: Dreieinigkeit, Dreifaltigkeit Gottes (Gott Vater, Sohn u. Heiliger Geist)

Tri|ni|ta|tis, das; -: Sonntag nach Pfingsten (Fest der Dreifaltigkeit)

Tri|ni|t|ro|to|lu|ol, das; -s: stoßunempfindlicher Sprengstoff

Trio, das; -s, -s: 1. Musikstück für drei Instrumente. 2. Vereinigung von drei Instrumental-, seltener Vokalsolisten

Tri|o|de, die; -, -n: Verstärkerröhre mit drei Elektroden (Anode, Kathode u. Gitter)

Tri|o|le, die; -, -n (Musik): Notengruppe von drei Tönen, die den Taktwert von zwei od. vier Noten hat

Trip, der; -s, -s: 1. Ausflug, Reise, Fahrt. 2. Rauschzustand

Tri|pel, das; -s, - (Math.): die Zusammenfassung dreier Dinge

Tri|pel|al|li|anz, die; -, -en: staatlicher Dreibund

Tri|pli|kat, das; -[e]s, -e: dritte Ausfertigung [eines Schreibens]

Tri|po|die, die; -, ...ien: Verbindung dreier Versfüße zu einem Verstakt

Tri|p|ty|chon, das; -s, ...chen u. ...cha: dreiteiliges [Altar]bild

Tri|p|tyk, Tri|p|tik, das; -s, -s: dreiteiliger Zollpassierschein

Tri|pus [...pu:s], der; -, ...poden: Dreifuß; altgriechisches dreifüßiges Gestell für Gefäße

trist: traurig, öde, trostlos, freudlos

Tris|tesse [...'tɛs], die; -, -n [...sn̩]: Traurigkeit, Trübsinn, Melancholie, Schwermut

Tri|ti|um, das; -s: radioaktives Wasserstoffisotop, überschwerer Wasserstoff (Zeichen: T)

Tri|ton, das; -s, ...onen: Atomkern des ↑Tritiums

Tri|umph, der; -[e]s, -e: 1. a) großer Erfolg, Sieg; b) Genugtuung, Frohlocken, Siegesfreude. 2. im Rom der Antike der feierliche Einzug eines siegreichen Feldherrn

tri|um|phal: herrlich, ruhmvoll, glanzvoll

Tri|um|pha|tor, der; -s, ...oren: frohlockender, jubelnder Sieger

tri|um|phie|ren: a) jubeln, frohlocken; b) über jmdn., etwas siegen

Tri|um|vir [...vɪr], der; -s u. -n, -n: Mitglied eines Triumvirats

Tri|um|vi|rat, das; -[e]s, -e: (in der römischen Antike) Bund dreier Männer

tri|va|lent (Chemie): dreiwertig

tri|vi|al: a) im Ideengehalt, gedanklich recht unbedeutend, nicht originell; b) alltäglich, gewöhnlich, nichts Auffälliges aufweisend

Tri|vi|al|li|te|ra|tur, die; -: Unterhaltungsliteratur, die auf den Geschmack eines anspruchslosen Leserkreises zugeschnitten ist

Tri|zeps, der; -[es], -e (Med.): dreiköpfiger Muskel des Oberarms, der den Unterarm im Ellbogengelenk streckt

Tro|chä|us, der; -, ...äen: [antiker] Versfuß (– ᴗ)

Troi|ka [auch: 'tro:ika], die; -, -s u. ...ken: 1. russisches Dreigespann. 2. aus drei Personen bestehende [politische] Führungsgruppe

Trol|ley [...li], der; -s, -s: Rollenkoffer

Trol|ley|bus ['trɔli...], der; -ses, -se (schweiz.): Oberleitungsomnibus

Trom|be, die; -, -n: Wirbelwind in Form von Wasser- u. Windhosen

Trom|pe|te, die; -, -n: aus gebogener Messingröhre mit Schallbecher u. Kesselmundstück bestehendes Blasinstrument

trom|pe|ten: 1. Trompete blasen. 2. (ugs.) sehr laut u. aufdringlich sprechen

Trom|pe|ter, der; -s, -: jmd., der [berufsmäßig] Trompete spielt; Trompetenbläser

Trom|pe|te|rin, die; -, -nen: weibliche Form zu ↑Trompeter

Tro|pe, die; -, -n (Sprachwiss.): bildlicher Ausdruck (z. B. *Bacchus* statt *Wein*)

Tro|pen, die (nur Plural): heiße Zone zu beiden Seiten des Äquators zwischen den Wendekreisen

Tro|phäe, die; -, -n: 1. erbeutete Fahne, Waffe o. Ä. als Zeichen des Sieges über den Feind.

2. aus einem bestimmten Gegenstand (z. B. Pokal) bestehender Preis für den Sieger in einem [sportlichen] Wettbewerb

tro|phisch (Med.): die Ernährung [der Gewebe] betreffend, gewebsernährend

tro|pisch: die ↑Tropen betreffend, für sie charakteristisch

Tro|po|sphä|re, die; - (Meteorol.): die unterste, wetterwirksame Schicht der Erdatmosphäre

Tro|pus, der; -, Tropen: 1. ↑Trope. 2. (Musik) textliche [u. musikalische] Ausschmückung, Erweiterung liturgischer Gesänge

Tross, der; -es, -e: 1. (veraltet) die Truppe mit Verpflegung u. Munition versorgender Wagenpark. 2. (oft abwertend) a) Anhang, Gefolge, Mitläufer; b) Schar, Haufen

Tros|se, die; -, -n: starkes Tau, Drahtseil

Trot|ti|nett, das; -s, -e (schweiz.): Kinderroller

Trot|toir [...'to̞a:ɐ̯], das; -s, -e u. -s (landsch.): Bürgersteig

Tro|tyl, das; -s: ↑Trinitrotoluol

Trotz|kis|mus, der; -: von Trotzki u. seinen Anhängern vertretene Variante des Kommunismus

Trou|ba|dour ['tru:badu:ɐ̯, auch: ...'du:ɐ̯], der; -s, -e u. -s: provenzalischer Dichter u. Sänger höfischer Liebeslyrik des 12. bis 14. Jh.s

Trou|ble ['trʌbl̩], der; -s (ugs.): Ärger, Unannehmlichkeit[en], Aufregung

Trou|b|le|shoo|ter ['trʌbl̩ʃu:tɐ], der; -s, -: jmd., der sich bemüht, Konflikte auszuräumen, Probleme aus der Welt zu schaffen

Truck [trak], der; -s, -s: [großer] Lastkraftwagen

Tru|cker ['trakɐ], der; -s, -: Lastwagenfahrer

Trust [trast, auch: trʌst, selten: trʊst], der; -[e]s, -e u. -s: Zusammenschluss mehrerer Unternehmen mit dem Ziel der Marktbeherrschung

Trus|tee [tras'ti:], der; -s, -s: Treuhänder

Try|pa|no|so|ma, das; -s, ...men: Vertreter einer Gattung der Geißeltierchen

Tryp|sin, das; -s (Med.): Eiweiß spaltendes ↑Enzym der Bauchspeicheldrüse

Tsa|t|si|ki vgl. Zaziki

Tscha|dor [auch: ...'do:ɐ̯], **Tscha|dyr,** der; -s, -s: (von persischen Frauen getragener) langer, den Kopf u. teilweise das Gesicht u. den Körper bedeckender Schleier

Tscha|ko, der; -s, -s (früher): im Heer u. (nach 1918) von der Polizei getragene zylinder-, helmartige Kopfbedeckung

tschau!, ciao! [tʃau̯]: tschüs!, hallo! (freundschaftlicher Gruß zum Abschied, zur Begrüßung)

Tsche|ka, die; -: (1917–1922) Name der politischen Polizei in Sowjetrussland

Tsche|kist, der; -en, -en: a) Angehöriger der Tscheka; b) (in den [ehemaligen] sozialistischen Ländern) Angehöriger des Staatssicherheitsdienstes

Tsche|kis|tin, die; -, -nen: weibliche Form zu ↑Tschekist

Tschi|kosch vgl. Csikos

tschüs, tschüss (ugs.): auf Wiedersehen!

Tschusch, der; -en, -en (österr. ugs. abwertend): Fremder (bes. Angehöriger eines südosteuropäischen od. orientalischen Volkes)

tschüss vgl. tschüs

Tse|t|se|flie|ge, die; -, -n: Stechfliege, die den Erreger der Schlafkrankheit überträgt

T-Shirt ['ti:ʃœ:ɐ̯t], das; -s, -s: [kurzärmeliges] Oberteil aus Trikotstoff

Tsu|ga, die; -, -s u. ...gen: Hemlocktanne

Tsu|na|mi, der; -, -s: durch Seebeben ausgelöste Meereswelle

Tu|ba, die; -, Tuben: 1. Blechblasinstrument mit nach oben gerichtetem Schalltrichter u. vier Ventilen. 2. (Med.) röhrenförmige Verbindung zwischen der Paukenhöhle des Ohrs u. dem Rachen. 3. (Med.) Eileiter

Tu|ber|kel, der; -s, - (Med.): 1. kleiner Höcker, Vorsprung (bes. an Knochen). 2. knötchenförmige Geschwulst, [Tuberkulose]knötchen

tu|ber|ku|lös, tu|ber|ku|los (Med.): a) die Tuberkulose betreffend, mit ihr zusammenhängend; b) an Tuberkulose leidend; schwindsüchtig

Tu|ber|ku|lo|se, die; -, -n (Med.): durch Tuberkelbakterien hervorgerufene chronische Infektionskrankheit (z. B. von Lunge, Haut, Knochen; Abk.: Tbc)

tu|bu|lär, tu|bu|lös (Med.): schlauch-, röhrenförmig

Tu|bus, der; -, ...ben u. -se: 1. bei optischen Geräten linsenfassendes Rohr. 2. bei Glasgeräten Rohransatz

Tu|kan [auch: ...ˈkaːn], der; -s, -e: Pfefferfresser

Tum|ba, die; -, ...ben: 1. Scheinbahre beim katholischen Totengottesdienst. 2. sarkophagartiger Überbau eines Grabes mit Grabplatte

Tu|mor [ugs. auch: ...ˈmoːɐ̯], der; -s, ...oren (auch: ...ore) (Med.): Geschwulst, Gewächs, Gewebswucherung

Tu|mult, der; -[e]s, -e: a) Lärm; Unruhe; b) Auflauf lärmender u. aufgeregter Menschen

Tu|mul|tu|ant, der; -en, -en: Unruhestifter; Ruhestörer, Aufrührer

tu|mul|tu|a|risch: lärmend, unruhig, erregt, wild, ungestüm, aufrührerisch

Tu|mu|lus, der; -, ...li: Hügelgrab

Tun|d|ra, die; -, ...ren: baumlose Kältesteppe jenseits der arktischen Waldgrenze

Tu|nell, das; -s, -e (südd., österr.): Tunnel

tu|nen [ˈtjuːnən]: die Leistung eines Kraftfahrzeugmotors nachträglich erhöhen

Tu|ner [ˈtjuːnɐ], der; -s, -: a) Vorrichtung an einem Fernseh- oder Rundfunkgerät zur Einstellung des Frequenzkanals; Kanalwähler; b) diese Vorrichtung enthaltendes Bauteil

Tun|fisch vgl. Thunfisch

Tu|ni|ka, die; -, ...ken: 1. im Rom der Antike (urspr. ärmelloses) Untergewand für Männer u. Frauen. 2. Überrock; ärmelloses Übergewand

T

Tu|ning [ˈtjuːnɪŋ], das; -s, -s: nachträgliche Erhöhung der Leistung eines Motors

Tun|nel, der; -s, - (auch: -s): a) röhrenförmiges unterirdisches Bauwerk, bes. als Verkehrsweg durch einen Berg, unter einem Gewässer hindurch o. Ä.; b) unterirdischer Gang; c) (beim Rugby bei einem Gedränge) freier Raum zwischen den Spielern; vgl. Tunell

Tur|ban, der; -s, -e: Kopfbedeckung aus [einer kleinen Kappe u.] einem um den Kopf gewundenen langen, schmalen Tuch (bes. der Muslime u. Hindus)

Tur|bi|ne, die; -, -n: Kraftmaschine, die die Energie strömenden Gases, Dampfes od. Wassers mithilfe eines Schaufelrades in eine Rotationsbewegung umsetzt

Tur|bo, der; -s, -s (ugs.): Kurzform von ↑Turbomotor (1), ↑Turbolader

Tur|bo|la|der, der; -s, -: Vorrichtung mit einer Abgasturbine zum Aufladen eines Motors

Tur|bo|mo|tor, der; -s, -en: 1. Motor mit einem Turbolader. 2. mit einer Gasturbine arbeitendes Triebwerk

tur|bu|lent: 1. stürmisch, ungestüm, lärmend. 2. (Physik, Astron., Meteorol.) durch das Auftreten von Wirbeln gekennzeichnet, ungeordnet

Tur|bu|lenz, die; -, -en: 1. (Physik) Wirbelbildung bei Strömungen in Gasen u. Flüssigkeiten. 2. (Physik, Astron., Meteorol.) ungeordnete Wirbelströmung der Luft. 3. Unruhe; wildes Durcheinander

Turf [auch: tœːɐ̯f], der; -s: a) Pferderennbahn; b) Pferderennen, Pferdesport

Tur|key [ˈtœːɐ̯ki], der; -s, -s (Jargon): durch Entzugserscheinungen gekennzeichneter körperlicher Zustand von Drogenabhängigen

tür|kis: blaugrün, türkisfarben

[1]**Tür|kis,** der; -es, -e: blauer, auch grüner Edelstein (ein Mineral)

[2]**Tür|kis,** das; -: blaugrüne Farbe, blaugrüner Farbton

Turk|me|ne, der; -n, -n: turkmenischer Orientteppich

Tur|ko|lo|gie, die; -: Wissenschaft von sämtlichen Turksprachen u. -kulturen

Turn [tœːɐ̯n], der; -s, -s: 1. Kehre, hochgezogene Kurve im Kunstfliegen. 2. (Jargon) Rauschzustand (bes. durch Haschisch, Marihuana bewirkt)

Tur|nier, das; -s, -e: 1. ritterliches Kampfspiel im Mittelalter. 2. sportliche Veranstaltung, bei der in einzelnen Wettkämpfen aus einer Anzahl von Teilnehmern od. Mannschaften der Sieger ermittelt wird

Tur|nus, der; - (österr.: -ses), -se: festgelegte, bestimmte Wiederkehr, Reihenfolge, regelmäßiger Wechsel; Umlauf

Tu|tand, der; -en, -en: Studienanfänger, der von einem Tutor betreut wird

Tu|tan|din, die; -, -nen: weibliche Form zu ↑Tutand

Tu|tor, der; -s, ...oren: a) Leiter eines Tutoriums; b) Lehrer u. Ratgeber von Studenten

Tu|to|rin, die; -, -nen: weibliche Form zu ↑Tutor (1)

Tu|to|ri|um, das; -s, ...rien: ein seminarbegleitender Übungskurs an einer Universität

tut|ti (Musik): alle [Instrumenten- u. Gesangs]stimmen zusammen

Tut|ti, das; -[s], -[s] (Musik): alle Stimmen, volles Orchester

Tu|tu [ty'ty:], das; -[s], -s: kurzes Tanzröckchen, Ballettröckchen

Tweed [tvi:t, engl.: twi:d], der; -s, -s u. -e: kräftiges, oft meliertes Woll- od. Mischgewebe

Tweet [tvi:t], der oder das; -s, -s (EDV): beim ↑Twittern gesendete Nachricht

Twen, der; -s, -s: jmd. in den Zwanzigern; vgl. Teen

Twin|set, das (auch: der); -[s], -s: Pullover u. Jacke von gleicher Farbe u. aus gleichem Material

[1]**Twist,** der; -[e]s, -e: mehrfädiges Baumwoll[stopf]garn

[2]**Twist,** der; -s, -s: 1. aus den USA stammender Modetanz im 4/4-Takt. 2. (Turnen) Schraube; Sprung mit ganzer Drehung um die Längsachse des gestreckten Körpers

twis|ten: [2]Twist (1) tanzen

twit|tern: über den Internetdienst Twitter® Kurznachrichten senden u. empfangen

Two|stepp ['tu:stɛp], der; -s, -s: schneller englischer Tanz im 3/4-Takt

Ty|coon [taɪ̯'ku:n], der; -s, -s: 1. sehr einflussreicher, mächtiger Geschäftsmann; Großkapitalist. 2. mächtiger Führer (z. B. einer Partei)

Tym|pa|non, das; -s, ...na (Archit.): Giebelfeld, Bogenfeld über Portal, Tür od. Fenster

Tym|pa|num, das; -s, ...na: 1. ↑Tympanon. 2. (Med.) Paukenhöhle im Mittelohr. 3. (Musik) Handpauke

Typ, der; -s, -en: 1. (ohne Plural; Philos.) Urbild, Grundform, Beispiel. 2. a) bestimmte psychische Ausprägung einer Person, die mit einer Gruppe anderer Personen eine Reihe von Merkmalen gemeinsam hat; b) (Literaturwiss., bildende Kunst) stark stilisierte, keine individuellen Züge aufweisende Figur. 3. Schlag, Menschentyp, Gattung. 4. (Technik) Bauart, Muster, Modell. 5. (ugs.) männliche Person

Ty|pe, die; -, -n: 1. (Druckw.) gegossener Druckbuchstabe, Letter. 2. (ugs.) absonderlicher, schrulliger Mensch; komische Figur. 3. (Fachspr.) Mehltype

Ty|phon, das; -s, -e: mit Druckluft betriebene Schiffssirene

Ty|phus, der; - (Med.): durch ein Bakterium ausgelöste fieberhafte Infektionskrankheit, oft mit niedriger Herzfrequenz u. schweren Bewusstseinsstörungen einhergehend

Ty|pik, die; -, -en (Psychol.): die Wissenschaft vom Typ (2); vgl. Typologie (1)

ty|pisch: 1. einen Typus betreffend, darstellend, kennzeichnend. 2. charakteristisch, bezeichnend, unverkennbar

ty|pi|sie|ren: 1. typisch (1), als Typ, nicht als individuelle Person darstellen, auffassen. 2. nach Typen (vgl. Typ (2, 3)) einteilen

Ty|po|lo|gie, die; -, ...ien: 1. Wissenschaft, Lehre von der Gruppenzuordnung aufgrund von Merkmalen, die den ↑Typ (2) kennzeichnen; Einteilung nach Typen. 2. (Rel.) Lehre von der Vorbildlichkeit alttestamentlicher Personen u. Ereignisse für das Neue Testament u. die christliche Kirche

ty|po|lo|gisch: die Typologie betreffend

Ty|po|skript, das; -[e]s, -e (Buchw., Druckw.): maschinegeschriebenes Manuskript (bes. als Satzvorlage)

Ty|rann, der; -en, -en: 1. unumschränkter Gewaltherrscher. 2. Gewaltmensch, strenger, herrschsüchtiger Mensch, Peiniger. 3. nord- u. südamerikanischer, meist sehr gewandt u. schnell fliegender Schreivogel

Ty|ran|nei, die; -: a) Gewalt-, Willkür-, Schreckensherrschaft; b) tyrannisches, willkürliches Verhalten; Unterdrückung

Ty|ran|nin, die; -, -nen: weibliche Form zu ↑Tyrann (1, 2)

Ty|ran|nis, die; -: 1. Gewaltherrschaft (bes. im alten Griechenland). 2. ↑Tyrannei (a)

ty|ran|nisch: gewaltsam, willkürlich, herrschsüchtig, herrisch, grausam, diktatorisch

ty|ran|ni|sie|ren: gewaltsam, willkürlich behandeln, unterdrücken, rücksichtslos beherrschen; quälen

Ty|ran|no|sau|rus Rex, der; - -: sehr großer Dinosaurier der Gattung Tyrannosaurus

Ty|ro|sin, das; -s (Chemie): in den meisten Eiweißstoffen enthaltene ↑Aminosäure

U u

ubi|qui|tär (bes. Biol.): überall verbreitet

Ud, die; -, -s: Laute persischer Herkunft, die als Vorstufe der europäischen Laute gilt

Ukas, der; -ses, -se: Anordnung, Befehl

Uku|le|le, die od. das; -, -n: aus Hawaii stammende kleine ↑Gitarre mit vier Saiten

Ulan, der; -en, -en (früher): Lanzenreiter

Ule|ma, der; -s, -s: islamischer Rechts- u. Religionsgelehrter

Ul|kus, das; -, Ulzera (Med.): Geschwür

Ul|ti|ma, die; -, ...mä u. ...men (Sprachwiss.): letzte Silbe eines Wortes

Ul|ti|ma Ra|tio, die; - -: letztes, äußerstes Mittel, letztmöglicher Weg

ul|ti|ma|tiv: 1. in Form eines Ultimatums; nachdrücklich. 2. nicht mehr zu verbessern

Ul|ti|ma|tum, das; -s, ...ten: Aufforderung, etw. binnen einer Frist befriedigend zu lösen (unter Androhung harter Maßnahmen, falls der Aufforderung nicht entsprochen wird)

ul|ti|mo: am Letzten [des Monats] (Abk.: ult.)

Ul|ti|mo, der; -s, -s: letzter Tag [des Monats]

Ul|t|ra, der; -s, -s: politischer, religiöser ↑Extremist

U

ul|t|ra|kon|ser|va|tiv: extrem konservativ

ul|t|ra|ma|rin: kornblumenblau

Ul|t|ra|ma|rin, das; -s: leuchtend blaue Mineralfarbe

ul|t|ra|mon|tan: streng päpstlich gesinnt

Ul|t|ra|schall, der; -[e]s: Schall mit Frequenzen von mehr als 20 Kilohertz (vom menschlichen Ohr nicht mehr wahrnehmbar)

ul|t|ra|vi|o|lett: im Spektrum an Violett anschließend (Abk.: UV)

Ul|t|ra|vi|o|lett, das; -[s]: unsichtbare, im Spektrum an Violett anschließende Strahlung mit kurzer Wellenlänge (unter 0,0004 mm)

Um|b|ra, die; -: Erdbraun; braune Malerfarbe aus eisen- od. manganhaltigem Ton

Umi|ak, der od. das; -s, -s: mit Fellen bespanntes Boot der Eskimofrauen; vgl. Kajak

UMTS [u:ʔɛmte:ˈʔɛs]: ein Mobilfunkstandard

Un|cle Sam [ˈaŋkl̩ ˈsɛm]: (scherzh.) symbolische Bezeichnung für die US-Regierung

Un|der|co|ver|agent [ˈandɐkavɐ...], der; -en, -en: verdeckter Ermittler

Un|der|cut [ˈandɐkat], der; -s, -s: Frisur, bei der der untere Kopfbereich rasiert ist u. die Haare im oberen Bereich lang sind

Un|der|dog [ˈandɐdɔg], der; -s, -s: [sozial] Benachteiligter, Schwächerer

un|der|dressed [ˈandɐdrɛst]: zu lässig, zu wenig feierlich gekleidet

Un|der|ground [ˈandɐgraʊ̯nd], der; -[s]: Gruppe, Organisation außerhalb der etablierten Gesellschaft

Un|der|state|ment [ˈʌndəˈsteɪ̯tmənt], das; -s, -s: das [bewusste] Untertreiben, Unterspielen

uni [yˈni:]: einfarbig, nicht gemustert

Uni [yˈni:, ˈʏni], das; -s, -s: einheitliche Farbe

unie|ren: vereinigen (bes. in Bezug auf Religionsgemeinschaften)

Uni|fi|zie|rung, die; -, -en: Konsolidierung, Vereinheitlichung, Vereinigung (z. B. von Staatsschulden, Anleihen)

uni|form: gleich-, einförmig; gleichmäßig, einheitlich

Uni|form [auch: ˈʊni...], die; -, -en: einheitliche Dienstkleidung, bes. des Militärs

uni|for|mie|ren: 1. einheitlich einkleiden, in Uniformen stecken. 2. gleichförmig machen

Uni|for|mi|tät, die; -, -en: Einförmigkeit, Gleichförmigkeit (z. B. im Denken)

Uni|kat, das; -[e]s, -e: a) einzige Ausfertigung eines Schriftstücks; b) Unikum (1); c) einziges Kunstwerk seiner Art

Uni|kum, das; -s, ...ka (auch: -s): 1. (Plural: ...ka) nur in einem Exemplar vorhandenes Erzeugnis der grafischen Künste. 2. (Plural: -s; ugs.) origineller Mensch, der oft auf andere belustigend wirkt

uni|la|te|ral: einseitig, nur auf einer Seite
Uni|la|te|ra|lis|mus, der; -: einseitiges Handeln eines Staates ohne Rücksichtnahme auf andere Staaten
Unio mys|ti|ca, die; - -: die geheimnisvolle Vereinigung der Seele mit Gott als Ziel der Gotteserkenntnis in der ↑Mystik
Uni|on, die; -, -en: Bund, Vereinigung, Verbindung (bes. von Staaten)
Uni|o|nist, der; -en, -en: 1. Anhänger einer Union. 2. (Geschichte) Gegner der ↑Konföderierten im nordamerikanischen Bürgerkrieg
Uni|o|nis|tin, die; -, -nen: weibliche Form zu ↑Unionist
uni|o|nis|tisch: nach Einheit strebend, eine Union betreffend, ihr angehörend
Uni|on Jack ['ju:ni̯ən 'dʒɛk], der; - -s, - -s: Nationalflagge Großbritanniens
uni|po|lar: einpolig, den elektrischen Strom nur in einer Richtung leitend
Uni|sex, der; -[es]: Verwischung der Unterschiede zwischen den Geschlechtern (bes. im Erscheinungsbild)
uni|so|no: 1. (Musik) auf demselben Ton od. in der Oktave. 2. in voller Übereinstimmung
Uni|so|no, das; -s, -s u. ...ni: das Zusammenklingen von mehreren Tönen auf derselben Tonhöhe od. im Oktavabstand; Einklang
Unit ['ju:nɪt], die; -, -s: 1. [Lern]einheit in Unterrichtsprogrammen. 2. Gruppe, Team
Uni|ta|ri|er, der; -s, - (Geschichte): Vertreter einer nachreformatorischen kirchlichen Richtung, die die Einheit Gottes betont
uni|ta|risch: 1. Einigung bezweckend od. erstrebend. 2. die Lehre der Unitarier betreffend
Uni|ta|ris|mus, der; -: 1. das Bestreben, innerhalb eines Bundesstaates die Befugnisse der Bundesbehörden gegenüber den Ländern zu erweitern. 2. theologische Lehre der Unitarier
uni|ver|sal: allgemein, gesamt; [die ganze Welt] umfassend, weltweit
Uni|ver|sal|ge|nie, das; -s, -s: 1. auf vielen Gebieten zu großen Leistungen befähigter Mensch. 2. (scherzh.) Alleskönner
Uni|ver|sa|lis|mus, der; -: 1. (bes. Philos.) Denkart, die den Vorrang des Allgemeinen, des Ganzen gegenüber dem Besonderen u. Einzelnen betont. 2. Lehre, nach der der Heilswille Gottes die ganze Menschheit umfasst
Uni|ver|sa|li|tät, die; -: 1. Allgemeinheit, Gesamtheit. 2. Allseitigkeit, alles umfassende Bildung
Uni|ver|si|a|de, die; -, -n: internationale Studentenwettkämpfe mit Weltmeisterschaften
uni|ver|si|tär: die Universität betreffend
Uni|ver|si|tät, die; -, -en: Anstalt für wissenschaftliche Ausbildung u. Forschung; Hochschule
Uni|ver|sum, das; -s: das zu einer Einheit zusammengefasste Ganze; Weltall
UNIX® ['ju:nɪks], das; -: universell einsetzbares Betriebssystem für vernetzte Computer
un|plugged ['anplakt, ʌn'plʌgd] (Jargon): ohne elektronische Verstärkung [gesungen]
un po|co [auch: - 'po:ko] (Musik): ein wenig
un|pro|duk|tiv: nicht produktiv, nicht lohnend
Up|date ['apdɛi̯t], das; -s, -s (EDV): aktualisierte [u. verbesserte] Version einer Software, einer Datei o. Ä.
up|da|ten (EDV): ein ↑Update vornehmen
Up|grade ['apgrɛi̯t], das; -s, -s (EDV): erweiterte, verbesserte neue Version einer Software
up|gra|den: ein ↑Upgrade vornehmen
Up|load ['aplɔʊ̯d, 'aplɔʊ̯t], der od. das; -s, -s (EDV): das Uploaden
up|loa|den: Daten von einem Computer auf einen anderen übertragen, hochladen
Up|per|class ['apɐkla:s, 'ʌpə'klɑ:s], die; -: die oberen Zehntausend; Oberschicht
Up|per|cut ['apɐkat, 'ʌpəkʌt], der; -s, -s (Boxen): Aufwärtshaken
up to date ['ʌp tə 'dɛɪ̯t, 'ap tʊ 'dɛɪ̯t]: zeitgemäß, auf dem neuesten Stand
Uran, das; -s: chem. Element; ein Metall (Zeichen: U)
Urat, das; -[e]s, -e (Chemie, Med.): Salz der Harnsäure
ur|ban: 1. gebildet u. weltgewandt, weltmännisch. 2. für die Stadt charakteristisch
Ur|ba|ni|sa|ti|on, die; -, -en: 1. durch städtebauliche Erschließung entstandene moderne Stadtsiedlung. 2. städtebauliche Erschlie-

U

ßung. 3. kulturelle, zivilisatorische Verfeinerung

ur|ba|ni|sie|ren: 1. städtebaulich erschließen. 2. kulturell, zivilisatorisch verfeinern

Ur|ba|ni|sie|rung, die; -, -en: das Urbanisieren

Ur|ba|nis|tik, die; -: Wissenschaft vom Städtebau, von der Stadtplanung

Ur|ba|ni|tät, die; -: 1. Bildung, weltmännische Art. 2. städtische Atmosphäre

ur|bi et or|bi: Formel für päpstliche Erlasse u. Segensspendungen, die für die ganze katholische Kirche bestimmt sind

Ur|du, das; -: neuindische Sprache, die in Pakistan als Amtssprache gilt

ur|gent: unaufschiebbar, dringend, eilig

Urin, der; -s, -e (Med.): von den Nieren abgesonderte Flüssigkeit, die sich in der Blase sammelt u. durch die Harnröhre ausgeschieden wird

Uri|nal, das; -s, -e: 1. Uringlas, Urinflasche. 2. an der Wand befestigtes Becken zum Urinieren (in Herrentoiletten)

uri|nie|ren: harnen

Ur|laubs|re|sort [...rɪˈzɔːɐ̯t], das; -s, -s: attraktiv gelegene Ferienanlage

Uro|lo|ge, der; -n, -n: Facharzt für Krankheiten der Harnorgane

Uro|lo|gie, die; - (Med.): Teilgebiet der Medizin, das sich mit den Krankheiten der harnbildenden u. -ableitenden Organe sowie den Geschlechtsorganen des Mannes beschäftigt

Uro|lo|gin, die; -, -nen: weibliche Form zu ↑Urologe

uro|lo|gisch: die Urologie betreffend

Ur|su|li|ne, die; -, -n, **Ur|su|li|ne|rin,** die; -, -nen: Angehörige eines katholischen Nonnenordens für Jugenderziehung (seit 1535)

Usam|ba|ra|veil|chen, das; -s, -: Zierpflanze mit veilchenähnlichen Blüten

Usance [yˈzãːs], die; -, -n: Brauch, Gepflogenheit im Geschäftsverkehr

Usanz, die; -, -en (schweiz.): ↑Usance

User [ˈjuːzɐ], der; -s, -: (EDV) a) jmd., der mit einem Computer arbeitet, Computerprogramme anwendet; b) jmd., der im Internet chattet, surft, recherchiert u. a.

Use|rin, die; -, -nen: weibliche Form zu ↑User

Uso, der; -s: Gebrauch, Handelsbrauch

Usur|pa|ti|on, die; -, -en: widerrechtliche Inbesitznahme; gesetzwidrige Machtergreifung

Usur|pa|tor, der; -s, ...oren: jmd., der widerrechtlich die [Staats]gewalt an sich reißt

usur|pa|to|risch: die Usurpation od. den Usurpator betreffend

usur|pie|ren: widerrechtlich die [Staats]gewalt an sich reißen

Usus, der; -: Brauch, Gewohnheit, Sitte

Uta, das; -, -: ↑Tanka

Uten|sil, das; -s, -ien (meist Plural): Gerät, Gebrauchsgegenstand; Hilfsmittel; Zubehör

Ute|rus, der; -, ...ri (Med.): Gebärmutter

Uti|li|ta|ris|mus, der; -: philosophische Lehre, die im Nützlichen die Grundlage des sittlichen Verhaltens sieht

uti|li|ta|ris|tisch: den Utilitarismus betreffend

Uto|pia, das; -s: Traumland, erdachtes Land, wo ein gesellschaftlicher Idealzustand herrscht

Uto|pie, die; -, ...ien: Wunschbild; Idee, Vorstellung ohne reale Grundlage

uto|pisch: nur in der Vorstellung, Fantasie möglich, unvereinbar mit der Wirklichkeit

Uto|pis|mus, der; -, ...men: 1. Neigung zu Utopien. 2. utopische Vorstellung

Uto|pist, der; -en, -en: jmd., der utopische Pläne u. Ziele hat

Uto|pis|tin, die; -, -nen: weibliche Form zu ↑Utopist

V v

va|cat: (veraltet) nicht vorhanden, leer

Va|de|me|cum, Va|de|me|kum, das; -s, -s: Taschenbuch, Leitfaden, Ratgeber

va|dos (Geol.): durch Versickerung von Niederschlägen u. aus Oberflächengewässern gebildet (vom Grundwasser)

Va|ga|bund, der; -en, -en: Landstreicher

va|ga|bun|die|ren: sich herumtreiben

va|ge, vag: unbestimmt, ungewiss, unsicher; dunkel, verschwommen

Va|gi|na [auch: 'va:...], die; -, ...nen: 1. (Med.) weibliche Scheide. 2. (Bot.) Blattscheide
va|gi|nal (Med.): zur Vagina gehörend
Va|gus, der; - (Med.): Hauptnerv des parasympathischen Systems
va|kant: frei, unbesetzt, offen
Va|kanz, die; -, -en: freie Stelle
Va|kat, das; -[s], -s (Druckw.): leere Seite in einem Buch
Va|ku|o|le, die; -, -n (Biol.): mit Flüssigkeit od. Nahrung gefülltes Bläschen im Zellplasma
Va|ku|um, das; -s, ...kua od. ...kuen: 1. a) nahezu luftleerer Raum; b) Zustand des geringen Drucks in einem Vakuum (1 a). 2. unausgefüllter Raum, Leere
Vak|zin, das; -s, -e: ↑Vakzine
Vak|zi|na|ti|on, die; -, -en: Schutzimpfung
Vak|zi|ne, die; -, -n (Med.): Impfstoff aus lebenden od. toten Krankheitserregern
Va|lenz, die; -, -en: 1. chemische Wertigkeit. 2. (Biol.) Entfaltungsstärke der auf die Ausbildung der Geschlechtsorgane wirkenden Geschlechtsfaktoren in den Chromosomen u. im Zellplasma. 3. (Sprachwiss.) Fähigkeit eines Wortes, bes. eines Verbs, ein anderes semantisch-syntaktisch an sich zu binden. 4. (Ökol.) Ausmaß der Wirkung eines Umweltfaktors auf den pflanzlichen od. tierischen Organismus
Va|le|ri|a|na, die; -, ...nen: Baldrian
Va|let [va'le:], der; -s, -s: Bube im französischen Kartenspiel
Va|leur [va'lø:ɐ̯], der; -s, -s: 1. (veraltet) Wertpapier. 2. (meist Plural) Ton-, Farbwert, Abstufung von Licht u. Schatten (in der Malerei)
va|lid: 1. kräftig, gesund. 2. rechtskräftig
Va|li|da|ti|on, die; -, -en: Gültigkeitserklärung
va|li|die|ren: etwas für rechtsgültig erklären, geltend machen, bekräftigen
Va|li|di|tät, die; -: 1. Rechtsgültigkeit. 2. Kriterium für die Güte eines Tests od. einer Messung
Va|li|um®, das; -s: ein Beruhigungsmittel
Va|lu|ta, die; -, ...ten: 1. a) ausländische Währung; b) Geld, Zahlungsmittel ausländischer Währung. 2. Wert, Gegenwert
Vamp [vɛmp], der; -s, -s: verführerische, erotisch anziehende, oft kühl berechnende Frau
Vam|pir [auch: 'vam...], der; -s, -e: 1. blutsaugendes Gespenst des südosteuropäischen Volksglaubens. 2. Wucherer, Blutsauger
Vam|pi|rin, die; -, -nen: weibliche Form zu ↑Vampir
Van [væn], der; -s, -s: Kraftfahrzeug mit großem Innenraum für mehr als fünf Personen u. teilweise herausnehmbaren Sitzen
Va|na|di|um: chem. Element; ein Metall (Zeichen: V)
Van|da|le, der; -n, -n: zerstörungswütiger Mensch
Van|da|lin, die; -, -nen: weibliche Form zu ↑Vandale
Van|da|lis|mus, der; -: Zerstörungswut
Va|nil|le, die; -: mexikanische Pflanze, aus deren Schoten ein aromatisch duftendes Gewürz für Süßspeisen gewonnen wird
Va|nil|lin, das; -s: in den Früchten bestimmter Arten der Vanille vorkommende Substanz, die bes. als Aromastoff verwendet wird
Va|que|ro [va'ke:ro, span.: ba'kero], der; -[s], -s: Cowboy (im Südwesten der USA u. in Mexiko)
Va|ria, die (nur Plural) (bes. Buchw.): Vermischtes, Verschiedenes, Allerlei
va|ri|a|bel: veränderbar, [ab]wandelbar
Va|ri|a|bi|li|tät, die; -, -en: das Variabelsein
Va|ri|a|b|le, die; -n, -n (ohne Artikel fachspr. auch: -): 1. (Math., Physik) veränderliche Größe. 2. (Logik) [Symbol für] ein beliebiges Element aus einer vorgegebenen Menge
va|ri|ant (Math.): bei bestimmter Umformung veränderlich
Va|ri|an|te, die; -, -n: leicht veränderte Art, Form von etwas; Abwandlung, Abart, Spielart
Va|ri|anz, die; -, -en: 1. (Statistik) Maß für die Größe der Abweichung von einem Mittelwert. 2. (Math.) Veränderlichkeit bei bestimmten Umformungen
Va|ri|a|ti|on, die; -, -en: 1. a) das Variieren; Veränderung, Abwandlung; b) das Variierte, Veränderte, Abgewandelte. 2. (Musik) melodische, harmonische od. rhythmische Abwandlung eines Themas. 3. (Biol.) Abweichung von der Norm im Erscheinungsbild bei Individuen einer Art

Va|ri|e|tät, die; -, -en: a) Ab-, Spielart (Abk.: var.); b) sprachliche Variante

va|ri|ie|ren: verschieden sein; verändern, abwandeln (bes. ein Thema in der Musik)

Va|rio|me|ter, das; -s, -: 1. (Elektrot., Physik) Messgerät für Selbstinduktionen bei Wechselströmen. 2. Gerät zur Beobachtung der erdmagnetischen Schwankungen. 3. Gerät zur Bestimmung der Steig- od. Sinkgeschwindigkeit von Flugzeugen. 4. (Physik) Spulenanordnung mit stetig veränderbarer Selbstinduktion zur Frequenzabstimmung in Hochfrequenzgeräten. 5. (Meteorol.) Gerät zur Bestimmung kleinster Luftdruckschwankungen innerhalb kurzer Zeitabschnitte

Va|ris|tor, der; -s, ...oren (Physik): Widerstand, dessen Leitwert mit steigender Spannung wächst

Va|rix, die; -, Varizen (Med.): Krampfader

Va|sall, der; -en, -en: mittelalterlicher Lehnsmann; Gefolgsmann

Va|sal|len|staat, der; -[e]s, -en: ↑Satellitenstaat

Va|se, die; -, -n: oft kunstvoll gearbeitetes offenes Gefäß (aus Glas, Porzellan o. Ä.), in das bes. Schnittblumen gestellt werden

Va|s|ek|to|mie, die; -, ...ien (Med.): Durchtrennung des Samenleiters

Va|se|lin, das; -s: ↑Vaseline

Va|se|li|ne, die; -: aus Rückständen der Erdöldestillation gewonnene Salbengrundlage für pharmazeutische, kosmetische u. a. Zwecke

Va|so|re|sek|ti|on, die; -, -en (Med.): 1. operative Entfernung eines Stückes des Samenleiters des Mannes (z. B. zur Sterilisation). 2. operative Entfernung eines Teils eines Blutgefäßes

Va|ti|kan, der; -s: 1. Papstpalast in Rom. 2. oberste Behörde der katholischen Kirche

va|ti|ka|nisch: zum Vatikan gehörend

Vau|de|ville [vod'vil, vodə'vi:l], das; -s, -s: 1. burleskes od. satirisches französisches Singspiel (17./18. Jh.). 2. Schlussensemble in der französischen Oper u. im deutschen Singspiel

Ve|da, We|da, der; -s, ...den u. -s: die heiligen Schriften der altindischen Religion

ve|gan: den Veganismus betreffend, zu ihm gehörend, ihm folgend

Ve|ga|ner, der; -s, -: Anhänger des Veganismus

Ve|ga|ne|rin, die; -, -nen: weibliche Form zu ↑Veganer

Ve|ga|nis|mus, der; -: völliger Verzicht auf tierische Produkte bei der Ernährung u. a.

ve|ge|ta|bi|lisch: pflanzlich

Ve|ge|ta|ri|a|ner, der; -s, -: ↑Vegetarier

Ve|ge|ta|ri|er, der; -s, -: jmd., der ausschließlich od. vorwiegend pflanzliche Nahrung zu sich nimmt

Ve|ge|ta|ri|e|rin, die; -, -nen: weibliche Form zu ↑Vegetarier

ve|ge|ta|risch: a) dem Vegetarismus entsprechend, auf ihm beruhend; b) pflanzlich (in Bezug auf die Ernährungsweise)

Ve|ge|ta|ris|mus, der; -: Ernährung ausschließlich od. vorwiegend von Pflanzenkost

Ve|ge|ta|ti|on, die; -, -en: (Bot.) Gesamtheit des Pflanzenbestandes [eines bestimmten Gebietes]

Ve|ge|ta|ti|ons|pe|ri|o|de, die; -, -n: Zeitraum des allgemeinen Wachstums der Pflanzen innerhalb eines Jahres

ve|ge|ta|tiv: 1. pflanzlich, pflanzenhaft. 2. (Biol.) ungeschlechtlich. 3. (Physiol.) dem nicht willentlich beeinflussbaren, autonomen Nervensystem folgend (z. B. bei der Steuerung von inneren Organen)

ve|ge|tie|ren: 1. kümmerlich, kärglich [dahin]leben. 2. (Biol.) nur in der vegetativen (2) Phase leben (von Pflanzen)

ve|he|ment: heftig, energisch

Ve|he|menz, die; -: Heftigkeit, Ungestüm; Elan

Ve|hi|kel, das; -s, -: 1. Hilfsmittel; etwas, was als Mittel dazu dient, etwas anderes deutlich, wirksam werden zu lassen, zu ermöglichen. 2. (ugs.) [altes, schlechtes] Fahrzeug

Vek|tor, der; -s, ...oren (Math., Physik): Größe, die durch Pfeil dargestellt wird u. durch Richtung u. Betrag festgelegt werden kann

vek|to|ri|ell (Math.): den Vektor, die Vektorrechnung betreffend

Ve|lar, der; -s, -e (Sprachwiss.): Gaumensegellaut, [Hinter]gaumenlaut (z. B. *k*)

V

Ve|lin [auch: veˈlɛ̃ː], das; -s: 1. (früher) feines, weiches Pergament. 2. glattes Papier ohne Wasserzeichen

Ve|lo [auch: ˈvɛ...], das; -s, -s (schweiz.): Fahrrad

Ve|lo|drom, das; -s, -e: Radrennbahn

Ve|lours|le|der, das; -s, -: Leder, dessen Oberfläche durch Schleifen ein samtartiges Aussehen hat

Ve|lo|zi|ped, das; -[e]s, -e (veraltet): Fahrrad

Velt|li|ner, der; -s, -: 1. Traubensorte, Rebsorte. 2. Weinsorte

Ve|lum, das; -s, Vela: 1. altrömischer Vorhang od. Teppich. 2. (kath. Kirche) a) Seiden- od. Leinentuch (zur Bedeckung der Abendmahlsgeräte); b) Schultertuch des Priestergewandes. 3. (Sprachwiss.) Gaumensegel, weicher Gaumen, wo die Velare gebildet werden

Vel|vet, der od. das; -s, -s: Baumwollsamt

Ven|det|ta, die; -, ...tten: it. Bez. für: Blutrache

Ve|ne, die; -, -n (Med.): Blutgefäß, das das Blut zum Herzen hinführt

ve|nös (Med.): die Venen betreffend, zu ihnen gehörend

Ven|til, das; -s, -e: 1. Absperr-, Steuervorrichtung für das Einlassen, Auslassen od. Durchlassen von Gasen od. Flüssigkeiten an Leitungen o. Ä. 2. mechanische Vorrichtung bei den Blechblasinstrumenten zur Erzeugung der vollständigen Tonskala

Ven|ti|la|ti|on, die; -, -en: 1. Lufterneuerung in geschlossenen Räumen; Lüftung, Luftwechsel. 2. (Med.) Belüftung der Lungen

Ven|ti|la|tor, der; -s, ...oren: mechanisch arbeitendes Gerät mit einem Flügelrad zum Absaugen u. Bewegen von Luft od. Gasen

ven|ti|lie|ren: lüften, die Luft erneuern

ven|t|ral (Med.): 1. bauchwärts gelegen. 2. im Bauch, an der Bauchwand lokalisiert

Ven|t|ri|kel, der; -s, -: 1. (Med.) Kammer, Hohlraum, bes. von Organen (z. B. Herz u. Hirn). 2. bauchartige Verdickung, Ausstülpung eines Organs od. Körperteils (z. B. der Magen)

Ven|t|ri|lo|quist, der; -en, -en: Bauchredner

Ve|ran|da, die; -, ...den: gedeckter [u. an drei Seiten verglaster] Vorbau an einem Wohnhaus

Verb, das; -s, -en: Zeitwort, Tätigkeitswort

ver|bal: 1. das Verb betreffend, als Verb [gebraucht]. 2. wörtlich, mit Worten, mündlich

Ver|ba|le, das; -s, ...lien: von einem Verb abgeleitetes Wort (z. B. Sprecher von sprechen)

Ver|bal|in|ju|rie [...ri̯ə], die; -, -n (Rechtswiss.): Beleidigung durch Worte

ver|ba|li|sie|ren: 1. in Worte fassen, mit Worten zum Ausdruck bringen. 2. (Sprachwiss.) ein Wort durch Anfügen einer Endung zu einem Verb umbilden (z. B. Dank zu dank*en*)

Ver|bal|kon|kor|danz, die; -, -en: Konkordanz (a), die ein alphabetisches Verzeichnis von gleichen od. ähnlichen Wörtern od. Textstellen enthält; vgl. Realkonkordanz

Ver|bal|stil, der; -[e]s: Schreib- od. Sprechstil, der das Verb bevorzugt

Ver|bal|sub|s|tan|tiv, das; -s, -e: zu einem Verb gebildetes Substantiv (z. B. Gabe zu geben)

ver|bar|ri|ka|die|ren: 1. mit Gegenständen versperren, unpassierbar machen. 2. sich durch Barrikaden gegen Eindringlinge, Angreifer o. Ä. schützen

Ver|bum, das; -s, ...ba: ↑Verb

Ver|dikt, das; -[e]s, -e: Verdammungsurteil

Ve|ri|fi|ka|ti|on, die; -, -en: 1. das Verifizieren. 2. Beglaubigung, Unterzeichnung eines diplomatischen Protokolls durch alle Verhandlungspartner

ve|ri|fi|zier|bar: nachprüfbar

ve|ri|fi|zie|ren: 1. durch Überprüfen die Richtigkeit von etwas bestätigen. 2. beglaubigen

Ve|ris|mo, der; -: Stilrichtung der italienischen Literatur, Musik u. bildenden Kunst mit dem Ziel einer schonungslosen Darstellung der Wirklichkeit

Ve|ris|mus, der; -: 1. ↑Verismo. 2. schonungslose u. sozialkritische künstlerische Darstellung der Wirklichkeit

ve|ri|ta|bel: in der wahren Bedeutung des betreffenden Wortes; echt

ver|klau|su|lie|ren: 1. mit (zahlreichen) Klauseln, Vorbehalten o. Ä. versehen. 2. verwickelt u. daher nur schwer verständlich formulieren

ver|ma|le|dei|en (ugs.): verfluchen, verwünschen

ver|meil [vɛrˈmɛ:j]: gelblich rot, hellrot
Ver|meil, das; -s: vergoldetes Silber
Ver|nis|sa|ge […ˈsa:ʒə], die; -, -n: Eröffnung einer Ausstellung, bei der die Werke eines lebenden Künstlers [mit geladenen Gästen] vorgestellt werden
Vers, der; -es, -e: 1. durch Metrum, Rhythmus, Zäsuren gegliederte, eine bestimmte Anzahl von Silben, oft einen Reim aufweisende Zeile einer Dichtung in gebundener Rede wie Gedicht, Drama, Epos. 2. a) Strophe eines Gedichtes, Liedes; b) kleinster Abschnitt des Bibeltextes
Ver|sal, der; -s, -ien (meist Plural): Großbuchstabe
Ver|sal|schrift, die; -: Schriftart, die nur aus Versalien, Ziffern u. Satzzeichen besteht
ver|sa|til: 1. beweglich, gewandt (z. B. im Ausdruck). 2. ruhelos; wankelmütig
Vers|fuß, der; -es, …füße: rhythmische Einheit eines Verses, die sich aus der Abfolge von langen u. kurzen od. betonten u. unbetonten Silben ergibt
ver|siert: auf einem bestimmten Gebiet gut Bescheid wissend u. daher gewandt, geschickt
Ver|si|on, die; -, -en: 1. eine von mehreren Auslegungen od. Darstellungen eines Sachverhalts. 2. Ausführung, die vom ursprünglichen Typ, Modell o. Ä. [leicht] abweicht. 3. a) eine von mehreren möglichen Darstellungen, Fassungen, Gestaltungsformen; b) Übersetzung
Ver|so, das; -s, -s: Rückseite eines Blattes in einem Buch od. einer Handschrift
ver|sus: gegen; im Gegensatz zu (Abk.: vs.)
Ver|te|b|rat, der; -en, -en (meist Plural): Wirbeltier
ver|ti|kal: senkrecht, lotrecht
Ver|ti|ka|le, die; -, -n: Senkrechte
Ver|ti|ko [ˈvɛ…], das (selten: der); -s, -s: kleiner Schrank mit zwei Türen, der nach oben mit einer Schublade u. einem Aufsatz abschließt
ver|ti|ku|tie|ren: die Grasnarbe eines Rasens aufreißen, um den Boden zu lockern u. zu belüften; aerifizieren
Ver|tum|na|li|en, die (nur Plural): altrömisches Fest

Ver|ve [ˈvɛrvə], die; -: Schwung, Begeisterung
Ves|per, die; -, -n, (südd. auch:) das; -s, - (bes. südd.): kleinere Zwischenmahlzeit
Ves|per|bild, das; -s, -er: Darstellung Marias mit dem Leichnam Christi; vgl. Pieta
ves|pern (bes. südd.): die Vesper einnehmen
Ves|ta|lin, die; -, -nen: altrömische Priesterin der Vesta, der Göttin des Herdfeuers
Ves|ti|bül, das; -s, -e: Vorhalle, Eingangshalle
Ves|ti|bu|lum, das; -s, …la: 1. Vorhalle des altrömischen Hauses. 2. (Med.) den Eingang zu einem Organ bildende Erweiterung
Ves|ton [vɛsˈtõ:], der, auch das; -s, -s (schweiz.): [sportliches] Herrenjackett
Ve|te|ran, der; -en, -en: 1. jmd., der (bes. beim Militär) altgedient ist, sich in langer Dienstzeit o. Ä. bewährt hat. 2. ↑Oldtimer (2)
ve|te|ri|när: tierärztlich
Ve|te|ri|när, der; -s, -e: Tierarzt
Ve|te|ri|nä|rin, die; -, -nen: weibliche Form zu ↑Veterinär
Ve|te|ri|när|me|di|zin, die; -: Tierheilkunde
Ve|to, das; -s, -s: (bes. in der Politik) offizieller Einspruch, durch den das Zustandekommen od. die Durchführung eines Beschlusses o. Ä. verhindert od. verzögert wird
Ve|tus La|ti|na, die; - -: der Vulgata vorausgehende lateinische Bibelübersetzung
Ve|xier|bild, das; -[e]s, -er: Suchbild mit einer od. mehreren versteckt eingezeichneten Figuren
via: a) [auf dem Wege] über … (z. B. via München nach Wien fliegen); b) durch, über [eine bestimmte Instanz o. Ä. erfolgend] (z. B.: er wurde via Verwaltungsgericht zur sofortigen Zahlung aufgefordert)
Via|dukt, der, auch: das; -[e]s, -e: über ein Tal, eine Schlucht führende Brücke
Vi|b|ra|fon, Vi|b|ra|phon, das; -s, -e: dem Xylofon ähnliches Schlaginstrument, mit dem vibrierende Töne hervorgebracht werden können
Vi|b|ra|ti|on, die; -, -en: Schwingung, Beben, Erschütterung
vi|b|ra|to: schwingend, leicht zitternd, bebend (in Bezug auf die Tongestaltung im Gesang, bei Streich- u. Blasinstrumenten)

V

Vi|b|ra|to, das; -s, -s u. …ti: leichtes Zittern, Beben des Tons beim Singen od. Spielen

Vi|b|ra|tor, der; -s, …oren: 1. Gerät zur Erzeugung mechanischer Schwingungen. 2. Gerät zur sexuellen Stimulation

vi|b|rie|ren: in leise schwingender [akustisch wahrnehmbarer] Bewegung sein

vi|ce ver|sa: umgekehrt (Abk.: v. v.)

Vi|comte [vi'kõ:t], der; -[s], -s: französischer Adelstitel im Rang zwischen Graf u. Baron

Vi|deo, das; -s, -s: 1. Kurzform von ↑Videoclip, ↑Videoband, ↑Videofilm. 2. (ohne Plural) Kurzform von ↑Videotechnik

Vi|deo|band, das; -[e]s, …bänder: Magnetband zur Aufzeichnung u. Wiedergabe von Fernsehsendungen, Filmen o. Ä.

Vi|deo|cas|ting […ka::stɪŋ], das; -[s], -s (Jargon): Rollenbesetzung aufgrund der Auswertung von Videoaufzeichnungen von Gesprächen, gespielten Szenen o. Ä. der Bewerber[innen]

Vi|deo|clip, der; -s, -s: kurzer Videofilm, bes. zu einem Titel der Popmusik

Vi|deo|file […faɪ̯l], das, auch: der; -s, -s (EDV): Datei eines Computers, die digitalisierte Filme speichert

Vi|deo|film, der; -[e]s, -e: a) mit einer Videokamera aufgenommener Film; b) Kinofilm auf Videokassette od. DVD

Vi|deo|jo|ckey, der; -s, -s: jmd., der Videoclips präsentiert

Vi|deo|ka|me|ra, die; -, -s: elektronische Kamera zur Aufnahme von Videofilmen

Vi|deo|kas|set|te, die; -, -n: auswechselbare Kassette (3), die ein Videoband enthält

Vi|deo|kon|fe|renz, die; -, -en: Konferenz, bei der Teilnehmer an verschiedenen Orten durch Videotechnik optisch u. akustisch miteinander verbunden sind

Vi|deo-on-De|mand […di'ma:nd], das; -: Form des Fernsehens, bei der Zuschauer einen gewünschten Film gegen Gebühr ansehen können

Vi|deo|re|kor|der, Vi|deo|re|cor|der, der; -s, -: Gerät zum Aufzeichnen u. Abspielen von Videokassetten

Vi|deo|tech|nik, die; -: Gesamtheit aller Geräte, Vorrichtungen, Maßnahmen, Verfahren o. Ä. im Bereich der magnetischen Bild- u. Tonaufzeichnung u. -wiedergabe

Vi|deo|text, der; -[e]s, -e: Textinformationen, die auf Abruf über den Fernsehbildschirm vermittelt werden

Vi|deo|thek, die; -, -en: 1. Sammlung von Filmen u. Fernsehsendungen auf Video od. DVD. 2. Geschäft zum Verleihen von Videofilmen (b)

vi|di (veraltet): ich habe gesehen (Abk.: v.)

vif [vi:f] (landsch., sonst veraltend): aufgeweckt, wendig

vi|gil (Med.): wachend, schlaflos

Vi|gil, die; -, -ien: 1. nächtliches Gebet der mönchischen Gebetsordnung. 2. [liturgische Feier am] Vortag eines kirchlichen Festes

Vi|g|net|te [vɪn'jɛtə], die; -, -n: 1. Ornament in Form einer Weinranke auf mittelalterlichen Handschriften. 2. Zier-, Titelbildchen, Randverzierung [in Druckschriften]. 3. Gebührenmarke für die Autobahnbenutzung (z. B. in Österreich od. der Schweiz)

Vi|gor, der; -s (veraltet): Lebenskraft, Rüstigkeit, Stärke

Vi|kar, der; -s, -e: 1. (kath. Kirche) ständiger od. zeitweiliger Vertreter einer geistlichen Amtsperson. 2. (ev. Kirche) Kandidat, der einem Pfarrer zur Ausbildung zugewiesen ist. 3. (schweiz.) Stellvertreter eines Lehrers

Vi|ka|ri|at, das; -[e]s, -e: Amt eines Vikars

Vi|ka|rin, die; -, -nen: weibliche Form zu ↑Vikar (2, 3)

Vik|tu|a|li|en, die (nur Plural) (veraltet): Lebensmittel [für den täglichen Bedarf]

Vi|kun|ja, die; -, …jen: höckerloses südamerikanisches Kamel

Vil|la, die; -, Villen: a) größeres, vornehmes, in einem Garten od. Park liegendes Einfamilienhaus; b) herrschaftliches Landhaus

Vil|la|nel|la, Vil|la|nel|le, die; -, …llen: italienisches Bauern-, Hirtenlied

Vi|n|ai|g|ret|te [vinɛ'grɛt(ə)], die; -, -n: aus Essig, Öl, Senf u. Gewürzen bereitete Soße

Vin|di|ka|ti|on, die; -, -en (Rechtswiss.): Anspruch des Eigentümers gegen den Besitzer einer Sache auf deren Herausgabe

vi|ni|fi|zie|ren: zu Wein verarbeiten

vin|ku|lie|ren (Bankw.): das Recht der Übertragung eines Wertpapiers an die Genehmigung des Emittenten binden
Vi|no|thek, die; -, -en: a) Sammlung kostbarer Weine; b) Weinkeller mit Weinausschank
Vi|nyl, das; -s: von Äthylen abgeleiteter ungesättigter Kohlenwasserstoffrest
[1]**Vi|o|la, Vi|o|le,** die; -, ...olen (Bot.): Veilchen
[2]**Vi|o|la,** die; -, ...len: Bratsche
Vi|o|la da Brac|cio [- - 'bratʃo], die; - - -, ...le - -: in Armhaltung gespieltes Streichinstrument, bes. Bratsche
Vi|o|la da Gam|ba, die; - - -, ...le - -: ↑Gambe
Vi|o|la d'Amo|re, die; - -, ...le -: der Bratsche ähnliches Streichinstrument in Altlage
Vi|o|la|ti|on, die; -, -en (veraltet): Verletzung, Schändung
Vi|o|le vgl. [1]Viola
vi|o|lent (veraltet): heftig; gewaltsam
vi|o|lett: in der Färbung zwischen Blau u. Rot liegend; veilchenfarben
Vi|o|lett, das; -[s], -[s]: violette Farbe
Vi|o|let|ta, die; -, ...tten: kleine [2]Viola od. Violine
Vi|o|li|ne, die; -, -n: Geige
Vi|o|li|nist, der; -en, -en: Geiger
Vi|o|li|nis|tin, die; -, -nen: weibliche Form zu ↑Violinist
Vi|o|lon|cel|lo [vi̯olɔn'tʃɛlo], das; -s, ...lli u. -s: viersaitiges Instrument, das beim Spielen, auf einen Stachel gestützt, zwischen den Knien gehalten wird; Kurzw.: Cello
Vi|o|lo|phon, das; -s, -e
VIP [vɪp], der; -[s], -s u. die; -, -s: wichtige, bedeutende od. bekannte Persönlichkeit
Vi|per, die; -, -n: zu den Ottern gehörende Giftschlange
VIP-Lounge ['vɪp'lau̯ndʒ], die; -, -s: Lounge (1) für wichtige Persönlichkeiten
vi|ral (Med.): durch einen Virus verursacht
Vi|ren|scan|ner, der; -s, - (EDV): Programm, das schädliche Programme auf einem Computer sucht u. entfernt
vi|ril (Med.): [im Erscheinungsbild] männlich
Vi|ri|li|tät, die; - (Med.): männliche [Zeugungs]kraft, Manneskraft, Männlichkeit
Vi|ro|lo|ge, der; -n, -n: Wissenschaftler auf dem Gebiet der Virologie
Vi|ro|lo|gie, die; -: Wissenschaft u. Lehre von den Viren
Vi|ro|lo|gin, die; -, -nen: weibliche Form zu ↑Virologe
vi|ro|lo|gisch: die Virologie betreffend
vir|tu|a|li|sie|ren: 1. etwas Reales, Wirkliches ↑virtuell (b) machen. 2. (EDV) Hardware, Betriebssystem, Datenspeicher o. Ä. [durch eine Software] nur vorgeben, simulieren
Vir|tu|a|li|tät, die; -, -en: innewohnende Kraft od. Möglichkeit
Vir|tu|al Re|a|li|ty ['vœ:ɐ̯tʃu̯əl ri'ɛlɪti], die; - -: [von Computern erzeugte] ↑virtuelle Realität
vir|tu|ell: a) als Möglichkeit vorhanden; b) nicht in Wirklichkeit vorhanden, aber echt erscheinend
vir|tu|os: meisterhaft, technisch vollendet
Vir|tu|o|se, der; -n, -n: [technisch] vollendeter Künstler, bes. Musiker
Vir|tu|o|sin, die; -, -nen: weibliche Form zu ↑Virtuose
Vir|tu|o|si|tät, die; -: meisterhaft vollendete Beherrschung einer [künstlerischen] Technik
Vir|tus, die; -: Tüchtigkeit; Tapferkeit; Tugend
vi|ru|lent: (Med.) aktiv, ansteckend (von Krankheitserregern)
Vi|ru|lenz, die; - (Med.): aktive Wirkung von Krankheitserregern; Ansteckungsfähigkeit
Vi|rus, das, auch: der; -, Viren: 1. kleinstes [krankheitserregendes] Partikel, das sich nur in lebendem Gewebe entwickelt. 2. Computerprogramm, das falsche od. zerstörerische Befehle in anderen Programmen auslöst
Vi|sa|ge [vi'za:ʒə], die; -, -n: a) (ugs. abwertend) Gesicht; b) (salopp) Miene, Gesichtsausdruck
Vi|sa|gist, der; -en, -en: Spezialist für Gesichtskosmetik
Vi|sa|gis|tin, die; -, ...nen: weibliche Form zu ↑Visagist
Vi|sa|vis [...'vi:], das; - [...'vi:(s)], - [...'vi:s]: Gegenüber
Vis|count ['vai̯kau̯nt], der; -s, -s: dem Vicomte entsprechender englischer Adelstitel
Vi|sier, das; -s, -e: 1. a) beweglicher, das Gesicht bedeckender, mit Sehschlitzen versehener Teil eines Helms; b) visierähnlicher

Teil eines Schutzhelms. 2. Vorrichtung zum Zielen an Feuerwaffen u. a.

Vi|si|on, die; -, -en: a) übernatürliche Erscheinung als religiöse Erfahrung; b) optische Halluzination; c) Zukunftsvorstellung

vi|si|o|när: a) zu einer Vision gehörend, dafür charakteristisch; b) sich in einer Vision, in Visionen ausdrückend; seherisch

Vi|si|o|när, der; -s, -e: visionär begabter Mensch, bes. Künstler

Vi|si|o|nä|rin, die; -, -nen: weibliche Form zu ↑Visionär

vi|si|o|nie|ren (schweiz.): sich (einen Film o. Ä.) prüfend ansehen

Vi|si|ta|ti|on, die; -, -en: 1. Durchsuchung (z. B. des Gepäcks od. der Kleidung [auf Schmuggelware]). 2. Besuch[sdienst] des vorgesetzten Geistlichen in den ihm unterstellten Gemeinden

Vi|si|te, die; -, -n: Krankenbesuch des Arztes

Vi|si|ten|kar|te, die; -, -n: kleine Karte mit aufgedrucktem Namen u. aufgedruckter Adresse

vi|si|tie|ren: 1. jmdn., jmds. Kleidung, Gepäck, Wohnung durchsuchen. 2. zur Überprüfung besichtigen, besuchen

vis|kos, vis|kös: zähflüssig, leimartig

Vis|ko|se, die; -: Chemiefaser aus Zellulose

Vis|ko|si|me|ter, das; -s, -: Messgerät zur Bestimmung des Grades der Zähflüssigkeit

Vis|ko|si|tät, die; - (Chemie, Technik): Zähflüssigkeit; Zähigkeit von Flüssigkeiten u. Gasen

Vis|ta, die; - (Wirtsch.): Sicht, Vorzeigen eines Wechsels

vi|su|a|li|sie|ren: optisch darstellen

Vi|su|a|li|sie|rung, die; -, -en: das Visualisieren

vi|su|ell: den Gesichtssinn betreffend

Vi|sum, das; -s, Visa u. Visen: Urkunde über die Genehmigung des Grenzübertritts

vis|ze|ral (Med.): die Eingeweide betreffend

Vi|ta, die; -, Viten u. Vitae [...ɛ]: a) Lebensbeschreibung, Biografie; b) Leben[slauf]

vi|tal: 1. von entscheidender Wichtigkeit; lebenswichtig. 2. voller Lebenskraft, im Besitz seiner vollen Leistungskraft

vi|ta|li|sie|ren: beleben, anregen

Vi|ta|lis|mus, der; -: naturphilosophische Richtung, nach der das organische Leben einer überindividuellen Lebenskraft zuzuschreiben ist

vi|ta|lis|tisch: den Vitalismus betreffend

Vi|ta|li|tät, die; -: Lebenskraft, Lebensfülle; Lebendigkeit

Vi|t|a|min, das; -s, -e: lebenswichtiger, die biologischen Vorgänge im Organismus regulierender Wirkstoff, der mit der Nahrung zugeführt wird (z. B. Vitamin A)

vi|t|a|mi|nie|ren, vi|t|a|mi|ni|sie|ren: Lebensmittel mit Vitaminen anreichern

vite [vi:t] (Musik): schnell, rasch (Vortragsanweisung)

Vi|ti|um, das; -s, Vitia: Fehlbildung od. Fehlfunktion

Vi|t|ri|ne, die; -, -n: a) Schaukasten; b) Glasschrank

vi|va|ce [...tʃə] (Musik): lebhaft

Vi|va|ce, das; -, - (Musik): lebhaftes, schnelles Tempo

Vi|va|ri|um, das; -s, ...ien: Behälter, in dem kleinere Tiere gehalten werden

Vi|vat, das; -s, -s: Hochruf

Vi|vi|sek|ti|on, die; -, -en (Fachspr.): Eingriff am lebenden Tier (zu Forschungszwecken)

Vi|ze ['fi:tsə, auch: 'vi:tsə], der; -[s], -s (ugs.): Stellvertreter

Vi|ze|kanz|ler, der; -s, -: Stellvertreter des Kanzlers

Vi|ze|kanz|le|rin, die; -, -nen: weibliche Form zu ↑Vizekanzler

Vi|ze|prä|si|dent, der; -en, -en: stellvertretender Präsident

Vi|ze|prä|si|den|tin, die; -, -nen: weibliche Form zu ↑Vizepräsident

Voice|mail ['vɔɪ̯smeɪ̯l], die; -, -s: elektronisches Kommunikationssystem für gesprochene Nachrichten

Voice-over ['vɔɪ̯sʔɔʊ̯vɐ], das; -s, -s: Technik, den Ton einer Aufnahme mit einer Sprechstimme zu überlagern, bes. mit einer Übersetzung

Voice-over-IP ['vɔɪ̯s ɔʊ̯vɐ aɪ̯'pi:], das; - (meist ohne Artikel): ↑Internettelefonie

Voile [vo̯a:l], der; -, -s: feinfädiges, leinwandbindiges poröses Gewebe

Vo|ka|bel, die; -, -n, österr. auch das; -s, -:

a) einzelnes Wort in einer fremden Sprache; b) Bezeichnung, Ausdruck

Vo|ka|bu|lar, das; -s, -e: a) Wörterverzeichnis; b) Wortschatz, dessen sich jmd. bedient

vo|kal (Musik): von einer od. mehreren Singstimmen ausgeführt

Vo|kal, der; -s, -e (Sprachwiss.): Selbstlaut (z. B. a, e, i, o, u)

Vo|ka|li|sa|ti|on, die; -, -en: 1. Feststellung der Aussprache des (vokallosen) hebräischen Textes des Alten Testaments durch Striche od. Punkte. 2. Bildung u. Aussprache der Vokale beim Singen

Vo|ka|li|se, die; -, -n (Musik): Singübung nur mit Vokalen

vo|ka|li|sie|ren (Musik): beim Singen die Vokale bilden u. aussprechen

Vo|ka|list, der; -en, -en (veraltet): Sänger im Gegensatz zum Instrumentalisten

Vo|ka|lis|tin, die; -, -nen: weibliche Form zu ↑Vokalist

Vo|kal|mu|sik, die; -: Gesangsmusik im Gegensatz zur Instrumentalmusik

Vo|lant [vo'lã:], der (schweiz. meist, österr. auch: das); -s, -s: Lenkrad

Vo|la|pük, das; -s: im 19. Jh. geschaffene Welthilfssprache; vgl. Esperanto

Vo|li|e|re, die; -, -n: großer Vogelkäfig

vol|ley ['vɔli] (Tennis, Fußball): aus der Luft [geschlagen], ohne dass der Ball aufspringt

Vol|ley, der; -s, -s (Tennis): Flugball

Vol|ley|ball, der; -s, ...bälle: 1. (auch: *das* ohne Plural) ein Mannschaftsballspiel. 2. Ball für das Volleyballspiel. 3. Flugball beim Tennis od. Fußball

Vo|lon|tär, der; -s, -e: jmd., der zur Vorbereitung auf seine künftige berufliche Tätigkeit [gegen geringe Bezahlung] bei einer Redaktion o. Ä. arbeitet

Vo|lon|ta|ri|at, das; -s, -e: 1. Ausbildungszeit einer Volontärin, eines Volontärs. 2. Stelle einer Volontärin, eines Volontärs

Vo|lon|tä|rin, die; -, -nen: weibliche Form zu ↑Volontär

vo|lon|tie|ren: als Volontär[in] arbeiten

Volt, das; - u. -[e]s, -: Einheit der elektrischen Spannung (Zeichen: V)

Vol|ta, die; -, ...ten: schneller, ausgelassener Tanz im Dreier- od. $^6/_8$-Takt (16. u. 17. Jh.)

Vol|te, die; -, -n: 1. Kunstgriff beim Mischen im Kartenspiel. 2. (Reiten) das Reiten eines Kreises von kleinem Durchmesser

vol|ti|gie|ren [...'ʒi:...]: 1. eine Volte (1) ausführen. 2. am galoppierenden Pferd turnen

Vol|ti|gie|rer, der; -s, -: jmd., der am galoppierenden Pferd turnt

Vol|ti|gie|re|rin, die; -, -nen: weibliche Form zu ↑Voltigierer

Volt|me|ter, das; -s, -: Gerät zur Messung von elektrischen Spannungen

Vo|lu|men, das; -s, -: Rauminhalt eines festen, flüssigen od. gasförmigen Körpers (Zeichen: V)

vo|lu|mi|nös: von beträchtlichem Umfang, massig

Vo|lum|pro|zent, Vo|lu|men|pro|zent, das; -[e]s, -e: Hundertsatz vom Rauminhalt (Abk.: Vol.-%)

Vo|lun|ta|ris|mus, der; -: philosophische Lehre, die den Willen als Grundprinzip des Seins ansieht

Vo|lun|ta|rist, der; -en, -en: Vertreter des Voluntarismus

Vo|lun|ta|ris|tin, die; -, -nen: weibliche Form zu ↑Voluntarist

vo|lun|ta|ris|tisch: den Voluntarismus betreffend

Voo|doo, Vou|dou [vu'du:, 'vu:du], der; -: magisch-religiöser Geheimkult (auf Haiti)

vo|tie|ren: sich für od. gegen jmdn., etwas entscheiden; für od. gegen jmdn. stimmen

Vo|tiv, das; -s, -e, **Vo|tiv|ga|be,** die; -, -n (kath. Kirche): Opfergabe, Weihgeschenk an Heilige

Vo|tiv|ka|pel|le, die; -, -n: einem Heiligen aufgrund eines Gelübdes gestiftete Kapelle

Vo|tum, das; -s, ...ten u. ...ta: 1. [feierliches] Gelübde. 2. a) Urteil, Stimme; b) [Volks]entscheidung; c) Gutachten

Vou|cher ['vaʊtʃɐ], das od. der; -s, -[s] (Touristik): Gutschein für im Voraus bezahlte Leistungen

Vou|dou [vu'du:, 'vu:du] vgl. Voodoo

Vox, die; -, Voces ['vo:tse:s]: lat. Bez. für: Stimme, Laut

Vo|ya|geur [vo̯aja'ʒøːɐ̯], der; -s, -s u. -e (veraltet): Reisender
Vo|yeur [vo̯a'jøːɐ̯], der; -s, -e u. -s (Med., Psychol.): jmd., der durch [heimliches] Zuschauen bei sexuellen Handlungen anderer Lust empfindet
Vo|yeu|rin […'jøːrɪn], die; -, -nen: weibliche Form zu ↑Voyeur
Vo|yeu|rịs|mus, der; -: sexuelles Empfinden u. Verhalten der Voyeure
vo|yeu|rịs|tisch: den Voyeurismus betreffend
vul|gä̲r: (abwertend) auf abstoßende Weise derb u. gewöhnlich, ordinär
Vul|ga|ri|tä̲t, die; -, -en: 1. (ohne Plural) vulgäres Wesen. 2. vulgäre Äußerung
Vul|ga̲|ta, die; -: lat. Übersetzung der Bibel
vụl|go: gemeinhin, gewöhnlich genannt
Vul|ka̲n, der; -s, -e (Geol.): Berg, aus dessen Innerem Lava u. Gase ausgestoßen werden
Vul|ka|ni|sa|ti|o̲n, die; -, -en: Umwandlung von Kautschuk in Gummi mithilfe von Schwefel o. Ä.
vul|ka̲|nisch: durch Vulkanismus entstanden
Vul|ka|ni|seur […'zøːɐ̯], der; -s, -e: Facharbeiter in der Gummiherstellung
Vul|ka|ni|seu|rin […'zøːrɪn], die; -, -nen: weibliche Form zu ↑Vulkaniseur
Vul|ka|nịs|mus, der; - (Geol.): Gesamtheit der vulkan. Erscheinungen u. Vorgänge
Vụl|va, die; -, …ven (Med.): äußeres Geschlechtsorgan der Frau

W w

Wa̲|di, das; -s, -s: tief eingeschnittenes, meist wasserloses Flussbett eines Wüstenflusses
Wa|fer ['vɛɪ̯…, 'wɛɪ̯…], der; -s, -[s] (EDV): Mikroplättchen
Wag|gon, Wa|gon [va'gɔŋ, va'gõː, südd., österr. auch: va'goːn], der; -s, -s (südd., österr. auch: -e […goːnə]): [Eisenbahn]wagen, Güterwagen
Wah|ha|bịs|mus, der; -: konservative, puritanische Richtung des sunnitischen Islam
Wah|ha|bi̲t, der; -en, -en: Angehöriger einer konservativen Richtung des Islams
Wah|ha|bi̲|tin, die; -, -nen: weibliche Form zu ↑Wahhabit
wah|ha|bi̲|tisch: den Wahhabismus betreffend
Wake|board ['wɛɪ̯kbɔːd], das; -s, -s: Brett zum Wasserskifahren u. Springen auf dem Wasser
Wal|kie-Tal|kie ['wɔːki'tɔːki], das; -[s], -s: tragbares Funksprechgerät
Wal|king ['wɔːkɪŋ], das; -[s]: intensives Gehen (als sportliche Betätigung)
Walk|man® ['wɔːkmən], der; -s, -s u. …men […mən]: tragbarer ↑Kassettenrekorder mit Kopfhörern
Wal|kü̲|re [auch: 'val…], die; -, -n: göttliche Kampfjungfrau der nordischen Sage, die die Gefallenen nach Walhall, der Halle Odins, geleitet
Wal|la|by ['wɔləbi], das; -s, -s: 1. (meist Plural) kleines Känguru (z. B. Felsen-, Hasenkänguru). 2. Fell verschiedener Känguruarten
Wa|pi̲|ti, der; -[s], -s: nordamerikanische Hirschart mit großem Geweih
Wa|ra̲n, der; -s, -e: sehr lange tropische Echse
War|lord ['wɔːlɔːd], der; -s, -s: militärischer Machthaber in bürgerkriegsähnlichen Konflikten
Warm-up ['wɔːɐ̯mʔap, wɔːɐ̯m'ʔap], das; -s, -s: 1. das Aufwärmen (bes. beim Sport). 2. Einstimmung des Publikums auf ein Thema
War|rạnt [auch: 'vɔrənt, 'wɔrənt], der; -s, -s: 1. Lager[pfand]schein. 2. Optionsschein
Wa̲|ter|loo, das; -, -s: vernichtende Niederlage, Untergang
Wạtt, das; -s, -: Einheit der [elektrischen] Leistung (Zeichen: W)
wat|ti̲e̲|ren: mit Watte füttern
Wea|ra|ble ['wɛːrəbl̩], das; -s, -s (meist Plural) (EDV): in die Kleidung integriertes od. (unmittelbar) am Körper getragenes Computersystem, das auf den Nutzer od. dessen Umwelt bezogene Daten registriert u. verarbeitet
Wẹb, das; -[s]: Kurzform von ↑World Wide Web

Web-App, Web|app [...ʔɛp], die; -, -s oder das; -s, -s: ↑App, die ihre Inhalte über den Browser aus dem Internet holt u. nicht auf dem Endgerät installiert werden muss

Web|brow|ser [...braʊ̯zɐ], der; -s, -: Programm, das den Zugang zum World Wide Web bzw. dem Internet ermöglicht

Web|cam [...kɛm], die; -, -s: Videokamera, die ihre Aufnahmen direkt über das Internet liefert

Web|cast [...ka:st], der; -s, -s (EDV): Übertragung, einzelne Sendung, die für das Internet produziert wird u. dort live gesehen werden kann od. als Aufzeichnung abrufbar ist

Web|de|sign [...dizaɪ̯n], das; -s, -s: [werbe]wirksame u. funktionale Gestaltung von Websites

Web|hos|ting [...hɔʊ̯stɪŋ], das; -s, -s (EDV): das Bereitstellen von Speicherplatz auf einem ↑Webserver

We|bi|nar®, das; -s, -e: im Internet stattfindendes Seminar

Web|log [...lɔg], das, auch: der; -s, -s (EDV): tagebuchartig geführte, öffentlich zugängliche Website, die ständig ergänzt wird

Web|mas|ter, der; -s, -: jmd., der für die Erstellung, Organisation u. Wartung von ↑Websites zuständig ist

Web|ser|ver [...sœ:ɐ̯vɐ], der; -s, -: Server, der Websites speichert, verwaltet u. sie den Nutzern zur Verfügung stellt

Web|site [...saɪ̯t], die; -, -s: Gesamtheit der hinter einer [2]Adresse (2) stehenden Seiten im World Wide Web

We|ck|a|min, das; -s, -e: stimulierendes Kreislaufmittel

We|da vgl. Veda

Wedge [vɛdʒ], der; -[s], -s [...ɪs]: 1. (Golf) Golfschläger mit besonders breiter Schlagfläche. 2. (meist Plural; Gastron.) frittiertes keilförmiges Stück einer Kartoffel. 3. (meist Plural; Mode) Schuh mit keilförmigem, durchgehendem Absatz

Wedg|wood ['wɛdʒwʊd], das; -[s]: feines, verziertes Steingut

Week|end ['wi:kʔɛnd], das; -s, -s: Wochenende

Well|ness, die; -: durch leichte körperliche Betätigung od. Anwendungen erzieltes Wohlbefinden

Werst, die; -, -en (aber: 5 -): altes russisches Längenmaß (= 1,067 km; Zeichen: W)

We|sir, der; -s, -e (Geschichte): 1. höchster Würdenträger des türkischen Sultans. 2. Minister in islamischen Staaten

West|end, das; -s, -s: vornehmer Stadtteil einer Großstadt

Wes|tern, der; -[s], -: Film, der im Wilden Westen (Amerikas) spielt

Wey|mouths|kie|fer ['vaɪ̯mu:ts...], **Wei|mutskie|fer**, die; -, -n: eine nordamerik. Kiefernart

[1]**Whats|App®**, [1]**Whats|app** ['vɔts(ʔ)ɛp], das; -[s] (meist ohne Artikel): ein Sofortnachrichtendienst für Smartphones

[2]**Whats|App®**, [2]**Whats|app**, die; -, -s: eine mit [1]WhatsApp verschickte Nachricht

whats|ap|pen (ugs.): über den Sofortnachrichtendienst [1]WhatsApp mit dem Smartphone Nachrichten senden u. empfangen

Whig [vɪk, wɪg], der; -s, -s (Geschichte): britischer liberaler Politiker

Whirl|pool® ['wœ:ɐ̯lpu:l], der; -s, -s: Bassin mit warmem, durch Düsen in brodelnde Bewegung gebrachtem Wasser

Whis|ky ['vɪski, 'wɪski], der; -s, -s: aus Gerste od. Malz hergestellter [schottischer] Branntwein

Whist [vɪst, wɪst], das; -[e]s: aus England stammendes Kartenspiel mit 52 Karten

Who's who ['hu:z 'hu:]: Titel biografischer Lexika

Wi-Fi®, Wi|Fi ['waɪ̯faɪ̯], das; -[s], -s: (technischer Standard für) WLAN (bes. öffentliches)

Wig|wam, der; -s, -s: kuppelförmiges Zelt, zeltartige Hütte nordamerikanischer Indianer

Wild|card ['waɪ̯ltka:ɐ̯t], die; -, -s, **Wild Card**, die; - -, - -s: 1. freie Platzierung bei einem Tennisturnier. 2. (EDV) Zeichen (z. B. *, %), das für verschiedene andere Zeichen stehen kann

Wind|jam|mer, der; -s, -: großes Segelschiff

Wind|sur|fing [...sœ:ɐ̯fɪŋ], das; -s: Segeln auf einem mit einem Segel ausgerüsteten langen, flachen Brett aus Kunststoff

Wing|suit ['wɪŋsjuːt], der; -s, -s: Anzug (für Fallschirmspringer) mit Stoffbahnen zwischen Armen und Beinen, die wie Flügel wirken

Win-win-Si|tu|a|ti|on [auch: wɪn'wɪn...], die; -, -en (bes. Wirtsch.): Situation, Konstellation, die für alle Beteiligten Vorteile bietet

WLAN ['veːlaːn], das; -[s], -s (EDV): drahtloses LAN

Wod|ka, der; -s, -s: hochprozentiger [russischer] Trinkbranntwein

Wo|du vgl. Voodoo

Woi|wod, Woi|wo|de [vɔɪ̯...], der; ...den, ...den: 1. (Geschichte) Heerführer (in Polen, in der Walachei). 2. oberster Beamter einer polnischen Provinz; Landeshauptmann

Woi|wod|schaft, die; -, -en: Amt[sbezirk] eines Woiwoden

Wok, der; -, -s: (bes. in der chinesischen Küche verwendeter) schalenförmiger Kochtopf

Wo|ma|ni|zer ['wʊmənaɪ̯zɐ], der; -s, -: Frauenheld

Wom|bat, der; -s, -s: australisches Beuteltier

Won|der|bra® ['wʌndəbrɑː], der; -s, -s: bestimmter ↑Push-up-BH

Woo|fer ['wʊfɐ], der; -[s], -: [Tiefton]lautsprecher an elektroakustischen Anlagen

Worces|ter|so|ße, Worces|ter|sau|ce ['vʊstɐ..., auch: 'wʊstə...], die; -, -n: pikante Soße zum Würzen

Wor|k|a|ho|lic [vœːɐ̯kə'hɔlɪk, wœːɐ̯...], der; -s, -s: jmd., der sich nur schwer von seiner Arbeit lösen kann, übermäßigen Genuss bei der Arbeit verspürt u. sein Leben auf die Arbeit ausrichtet

Work|flow ['wœːɐ̯kfloʊ̯], der; -s, -s: Ablauf arbeitsteiliger Vorgänge

Work|shop, der; -s, -s: Kurs, Seminar o. Ä., in dem in freier Diskussion bestimmte Themen behandelt werden

Work|sta|tion [...steɪ̯ʃn̩], die; -, -s: an einem Arbeitsplatz installierter, meist an ein lokales Netz angeschlossener Computer

World Wide Web ['wœːɐ̯ld 'waɪ̯d 'wɛb], das; - - -[s] (EDV): weltweites Informationssystem im Internet (Abk.: WWW)

Wrest|ling ['rɛslɪŋ], das; -s: überwiegend auf Show ausgerichtetes Catchen

X x

Xan|tho|phyll, das; -s (Bot.): gelber Farbstoff der Pflanzenzellen

X-Chro|mo|som ['ɪkskro...], das; -s, -en (Biol., Med.): das w. Geschlecht bestimmendes Chromosom

Xe|nie [...ni̯ə, auch: 'ksɛ...], die; -, -n, **Xe|ni|on,** das; -s, ...ien [...i̯ən] (Literaturwiss.): kurzes Sinngedicht (ein ↑Distichon)

Xe|non, das; -s: chem. Element; ein Edelgas (Zeichen: Xe)

xe|no|phil: fremdenfreundlich

Xe|no|phi|lie, die; -: xenophile Haltung

xe|no|phob: fremdenfeindlich

Xe|no|pho|bie, die; -, ...ien: Fremdenfeindlichkeit

Xe|ro|gra|fie, Xe|ro|gra|phie, die; -, ...ien (Druckw.): ein Vervielfältigungsverfahren

xe|ro|gra|fie|ren, xe|ro|gra|phie|ren: durch Xerografie vervielfältigen

xe|ro|gra|fisch, xe|ro|gra|phisch: die Xerografie betreffend

Xe|t|ra®, das; -[s] (Börsenw.): elektronisches Handelssystem für Wertpapiere

Xi, das; -[s], -s: vierzehnter Buchstabe des gr. Alphabets (Ξ, ξ)

XL: besonders groß (Kleidergröße)

XS: besonders klein (Kleidergröße)

XXL: extrem groß (Kleidergröße)

XXS: extrem klein (Kleidergröße)

Xy|lo|fon, Xy|lo|phon, das; -s, -e: Schlaginstrument, bei dem auf einem Holzrahmen befestigte Holzstäbe mit zwei Holzklöppeln geschlagen werden

Xy|lo|graf, Xy|lo|graph, der; -en, -en: Holzschneider

Xy|lo|gra|fin, Xy|lo|gra|phin, die; -, -nen: weibliche Form zu ↑Xylograf

xy|lo|gra|fisch, xy|lo|gra|phisch: in Holz geschnitten

Xy|lol, das; -s (Chemie): Lösungsmittel u. Ausgangsstoff für Farb-, Duft-, Kunststoffe

Y y

Yacht [j...] vgl. Jacht

Yak [jak], **Jak,** der; -s, -s, nicht fachspr. auch das; -s, -s: wild lebendes asiatisches Hochgebirgsrind

Ya|ku|za [j...], die; -, -: japanische Verbrecherorganisation

Ya|ma|shi|ta [jama'ʃi:ta], der; -[s], -s (Sport): ein Sprung am Langpferd

Yams|wur|zel ['jams...] vgl. Jamswurzel

Yang [jaŋ], das; -: das m. Prinzip in der chinesischen Philosophie; vgl. Yin

Yan|kee ['jɛŋki], der; -s, -s: Spitzname für den US-Amerikaner

Yard [ja:ɐ̯t], das; -s, -s (aber: 5 Yard[s]): angelsächsisches Längenmaß (= 91,44 cm; Abk.: y., yd., Plur. yds.)

Y-Chro|mo|som ['ʏpsilɔnkro...], das; -s, -en (Biol., Med.): das m. Geschlecht bestimmendes Chromosom

Yen [jɛn], der; -[s], -[s] (aber: 5 -): Währungseinheit in Japan (= 100 Sen)

Ye|ti ['je...], der; -[s], -s: legendärer Schneemensch im Himalaja

Ygg|dra|sil ['yk...], der; -s (nord. Mythol.): Weltesche

Yin [jɪn], das; -: das w. Prinzip in der chinesischen Philosophie; vgl. Yang

Yip|pie ['jɪ...], der; -s, -s: aktionistischer, radikalisierter Hippie

Ylang-Ylang-Öl ['i:laŋ'ʔi:laŋ...], das; -s: ätherisches Öl des asiatischen Ylang-Ylang-Baumes

Yng|ling, die; -, -s (Sport): schlankes, offenes Kielboot für Regatta- u. Freizeitsegeln

Yo|ga ['jo:ga], das, auch: der; -[s]: a) indisches philosophisches System der völligen Körperbeherrschung u. Befreiung des Geistes; b) aus dem Yoga (a) entwickeltes Verfahren der körperlichen Übung u. geistigen Konzentration

Yo|gi, Yo|gin ['jo:...], der; -[s], -s: indischer Büßer ↑brahmanischen Glaubens, der ↑Yoga (b) ausübt

York|shire|ter|ri|er ['jɔ:kʃə...], der; -s, -: englischer Zwergterrier

Youngs|ter ['jaŋstɐ], der; -s, -[s]: a) junger Sportler; b) Jugendlicher

Young|ti|mer ['jaŋtai̯mɐ], der; -s, -: älteres, gut gepflegtes Fahrzeug (bes. Auto), das noch nicht als Oldtimer gilt

Yp|si|lon, das; -[s], -s: zwanzigster Buchstabe des griechischen Alphabets (Υ, υ)

Ytong®, der; -s, -s (Bauw.): Leichtkalkbeton

Yt|ter|er|den, die (nur Plural): seltene Erden, die hauptsächlich in den Erdmineralien von Ytterby vorkommen

Yt|t|ri|um, das; -s: chem. Element; eisengraues Seltenerdmetall (Zeichen: Y)

Yu|an ['ju:...], der; -[s], -[s] (aber: 5 -): Währungseinheit der Volksrepublik China

Yuc|ca ['jʊ...], die; -, -s (Bot.): Palmlilie

Yup|pie ['jʊpi, auch: 'jʌpi], der; -s, -s: junger, karrierebewusster Stadtmensch

Z z

Za|ba|io|ne [...ba'jo:nə], **Za|ba|g|li|o|ne** [...bal'jo:nə] die; -, -s: Weinschaumcreme, -soße

Zam|pa|no, der; -[s], -s: auffälliger, sich lautstark in Szene setzender Mann; Angeber; Aufschneider

Za|nel|la, der; -s, -s: fester Baumwollstoff

Zä|no|ge|ne|se, Zä|no|ge|ne|sis, die; -, ...nesen (Biol.): das Auftreten von Besonderheiten während der stammesgeschichtlichen Entwicklung der Tiere

zap|pen [auch: 'zɛpn̩] (ugs.): beim Fernsehen mit der Fernbedienung in rascher Folge von einem Programm ins andere schalten

Zap|ping [auch: 'zɛpɪŋ], das; -s (ugs.): das Zappen

Zar, der; -en, -en (Geschichte): Herrschertitel bei Russen, Serben, Bulgaren

Za|re|witsch (Geschichte): russischer Kronprinz

Za|rin, die; -, -nen: 1. weibliche Form zu ↑Zar. 2. Ehefrau eines Zaren

Za|ris|mus, der; -: Zarentum, unumschränkte Herrschaft der Zaren

za|ris|tisch: den Zaren od. den Zarismus betreffend

Zä|si|um vgl. Cäsium

Zä|sur, die; -, -en: 1. Einschnitt (besonders in einer geschichtlichen Entwicklung); markanter Punkt. 2. (Metrik) Einschnitt im Vers

Za|zi|ki, Tsa|t|si|ki, der u. das; -s, -s: Joghurt mit Knoblauch u. geriebener Salatgurke

Zea, die; - (Bot.): Mais

Ze|b|ra, das; -s, -s: südafrikanisches Wildpferd mit weißen und schwarzen Streifen

Ze|bu, der od. das; -s, -s: asiatisches Buckelrind

Ze|in, das; -s: Eiweiß des Maiskorns

Ze|le|b|rant, der; -en, -en (kath. Kirche): Priester, der die Messe liest

Ze|le|b|ra|ti|on, die; -, -en: Feier [des Messopfers]

ze|le|b|rie|ren: 1. eine Messe lesen. 2. etwas feierlich gestalten

Ze|le|b|ri|tät, die; -, -en: 1. Berühmtheit, berühmte Person. 2. Feierlichkeit, Festlichkeit

Zel|lo|phan, fachspr.: **Cel|lo|phan®,** das; -s: durchsichtige, leicht dehnbare Folie

zel|lo|pha|nie|ren, cel|lo|pha|nie|ren: eine Ware in Zellophan verpacken

zel|lu|lar, zel|lu|lär (Biol.): zellenähnlich, zellenartig; aus Zellen gebildet

Zel|lu|li|tis vgl. Cellulitis

Zel|lu|loid, fachspr.: **Cel|lu|loid** [auch: ...lo'i:t], das; -[e]s [auch: ...lo'i:dəs]: Kunststoff aus Zellulosenitrat; Zellhorn

Zel|lu|lo|se, fachspr.: **Cel|lu|lo|se,** die; -, -n: Hauptbestandteil der pflanzlichen Zellwände, Grundstoff zur Herstellung von Papier u. ↑Azetatseide

Ze|lot, der; -en, -en: fanatischer [Glaubens]eiferer

Ze|lo|tin, die; -, -nen: weibliche Form zu ↑Zelot

Ze|ment, der; -[e]s, -e: aus gebranntem u. sehr fein vermahlenem Kalk, Ton o. Ä. hergestellter, bes. als Bindemittel zur Herstellung von Beton u. Mörtel verwendeter Baustoff, der bei Zugabe von Wasser erhärtet

ze|men|tie|ren: 1. mit Zement ausfüllen, verkitten; verfestigen. 2. (einen Zustand, einen Standpunkt u. Ä.) starr festlegen

Zen [z..., auch: ts...], das; -[s] (Rel.): japanische Richtung des Buddhismus, die durch Meditation größte Selbstbeherrschung zu erreichen sucht

Zend|awes|ta, das; - (veraltet): ↑Awesta

Ze|nit, der; -[e]s: 1. (Astron.) senkrecht über dem Beobachtungspunkt gelegener höchster Punkt des Himmelsgewölbes; Scheitelpunkt. 2. Gipfelpunkt, Höhepunkt

zen|sie|ren: 1. eine Arbeit od. Leistung mit einer Note bewerten. 2. ein Buch, einen Film o. Ä. auf verbotene od. unsittliche Inhalte hin kontrollieren

Zen|sor, der; -s, ...oren: a) behördlicher Beurteiler, Überprüfer von Druckschriften; b) Kontrolleur von Postsendungen

Zen|sur, die; -, -en: 1. behördliche Kontrolle, Überprüfung von Briefen, Druckwerken, Filmen o. Ä. 2. Note, Bewertung einer Leistung

zen|su|rie|ren (österr., schweiz.): ↑zensieren

Zen|sus, der; -, - [...zu:s]: Volkszählung

Zen|taur, Ken|taur, der; -en, -en: [wildes] Fabelwesen der griechischen Sage mit menschlichem Oberkörper u. Pferdeleib

Zen|ti|me|ter [auch: ...'me:...], der, früher fachspr. auch das; -s, -: der hundertste Teil eines Meters (Zeichen: cm)

zen|t|ral: a) im Zentrum [liegend], vom Zentrum ausgehend; b) von einer [übergeordneten] Stelle aus [erfolgend]; c) sehr wichtig, entscheidend

Zen|t|ral|ab|i|tur, das; -s, -e: zentral (b) durchgeführtes Abitur mit gleichen Aufgaben[stellungen] und einheitlicher Bewertung

Zen|t|ra|le, die; -, -n: 1. zentrale Stelle, von der aus etwas organisiert od. geleitet wird; Hauptort, -stelle. 2. Fernsprechvermittlung mit mehreren Anschlüssen

Zen|t|ra|li|sa|ti|on, die; -, -en: organisatorische Zusammenfassung gleichartiger Aufgaben, Arbeitsplätze u. a. nach bestimmten Merkmalen zu einem einheitlichen Komplex

zen|t|ra|li|sie|ren: mehrere Dinge organisatorisch so zusammenfassen, dass sie von einer zentralen Stelle aus gemeinsam verwaltet und geleitet werden können

Zen|t|ra|li|sie|rung, die; -, -en: Zentralisation

Zen|t|ra|lis|mus, der; -: das Bestreben, Politik und Verwaltung eines Staates zusammenzuziehen

zen|t|ra|lis|tisch: nach Zusammenziehung strebend; vom Mittelpunkt aus bestimmt

Zen|t|ra|li|tät, die; -: Mittelpunktslage von Orten

Zen|t|ral|ko|mi|tee, das; -s, -s: Führungsgremium, bes. einer kommunistischen od. sozialistischen Partei (Abk.: ZK)

Zen|t|ral|ner|ven|sys|tem, das; -s, -e: von Gehirn u. Rückenmark gebildeter Teil des Nervensystems bei Mensch u. Wirbeltieren

Zen|t|ral|or|gan, das; -s, -e: offizielles Presseorgan einer politischen Partei od. einer anderen Organisation [in sozialistischen Ländern]

zen|t|rie|ren: etwas auf die Mitte einstellen

zen|t|ri|fu|gal: 1. (Physik) auf die Zentrifugalkraft bezogen; durch Zentrifugalkraft wirkend. 2. (Med.) vom Zentrum zur Peripherie verlaufend (z. B. von den motorischen Nerven)

Zen|t|ri|fu|gal|kraft, die; - (Physik): nach außen gerichtete Kraft; Fliehkraft

Zen|t|ri|fu|ge, die; -, -n: Schleudergerät zur Trennung von Substanzen mithilfe der Zentrifugalkraft

zen|t|ri|fu|gie|ren: etwas mithilfe einer Zentrifuge trennen, ausschleudern, zerlegen

zen|t|ri|pe|tal: 1. (Physik) zum Mittelpunkt hinstrebend; auf die Zentripetalkraft bezogen. 2. (Med.) [sich] von der Peripherie zum Zentrum ziehend, zum Mittelpunkt hin gerichtet (z. B. von den sensiblen Nerven)

Zen|t|ri|pe|tal|kraft, die; - (Physik): nach dem Mittelpunkt hin wirkende Kraft

zen|t|risch: mittig, in der Mitte, im Mittelpunkt befindlich

Zen|t|rum, das; -s, ...ren: 1. Mittelpunkt; innerster Bezirk. 2. Innenstadt. 3. ↑ [1]Center

Zen|tu|rie, Cen|tu|rie [...i̯ə], die; -, -n: Heeresabteilung von 100 Mann im Rom der Antike

Zen|tu|rio, Cen|tu|rio, der; -s, ...onen: Befehlshaber einer Zenturie

Zeo|lith [auch: ...'lɪt], der; -s u. -en, -e[n]: feldspatähnliches Mineral, das u. a. für die Enthärtung von Wasser verwendet wird

Ze|phir [auch: ...'fi:...], **Ze|phyr** [auch: ...'fy:...] der; -s, -e: 1. feiner einfarbiger od. gestreifter Baumwollstoff in Leinwandbindung. 2. (ohne Plural; dichter. veraltet) milder [Süd]westwind

ze|phi|risch, ze|phy|risch (dichter. veraltet): säuselnd, lieblich, sanft (bes. von der Luft)

Zep|ter, österr.: **Szep|ter,** das, auch: der; -s, -: 1. mit besonderen Verzierungen ausgeschmückter Stab als Zeichen der Würde u. Macht eines Herrschers. 2. höchste Gewalt, Herrschaft

Zer|be|rus, Cer|be|rus, der; -, -se (scherzh.): grimmiger Wächter

Ze|re|a|lie [...i̯ə], die; -, -n: 1. (meist Plural) Getreide, Feldfrucht. 2. (nur Plural) [Gericht aus] Getreideflocken; vgl. Cerealien

Ze|re|bel|lum, fachspr.: **Ce|re|bel|lum,** das; -s, ...bella (Med.): Kleinhirn

ze|re|b|ral (Med.): das Großhirn betreffend, von ihm ausgehend

Ze|re|b|ral, der; -s, -e (Sprachwiss.): mit der Zungenspitze am Gaumendach gebildeter Laut (z. B. altindisch d, t)

Ze|re|b|rum, fachspr.: **Ce|re|b|rum,** das; -s, ...bra (Med.): [Groß]hirn, Gehirn

Ze|re|mo|nie, die; -, ...ien [auch: ...'mo:ni̯ən]: 1. [traditionsgemäß begangene] feierliche Handlung; Förmlichkeit. 2. (nur Plural; Rel.) die zum ↑ Ritus gehörenden äußeren Zeichen u. Handlungen

ze|re|mo|ni|ell: a) feierlich, förmlich, gemessen; b) steif, umständlich

Ze|re|mo|ni|ell, das; -s, -e: Gesamtheit der Regeln u. Verhaltensweisen, die zu bestimmten [feierlichen] Handlungen gehören

Ze|re|mo|ni|en|meis|ter, der; -s, -: für das Hofzeremoniell verantwortlicher Beamter an einem Fürstenhof

ze|re|mo|ni|ös: steif, förmlich, gemessen

Ze|re|sin, fachspr.: **Ce|re|sin,** das; -s (Chemie): gebleichtes Erdwachs aus hochmolekularen Kohlenwasserstoffen

Ze|rin, das; -s (Chemie): eine Fettsäure (Bestandteil des Bienenwachses)

Ze|ro ['ze:ro], das; -s, -s: 1. Null, Nichts. 2. das Gewinnfeld des Bankhalters im Roulette

Ze|ro|gra|fie, Ze|ro|gra|phie, die; -, ...ien: Wachsgravierung

Ze|ro|plas|tik, Ke|ro|plas|tik, die; -, -en: 1. (ohne Plural) Wachsbildnerei. 2. Wachsbild

Ze|ro|tin|säu|re, die; -: ↑Zerin

Zer|ti|fi|kat, das; -[e]s, -e: 1. [amtliche] Bescheinigung, Beglaubigung. 2. Anteilschein bei Investmentgesellschaften

Zer|ti|fi|ka|ti|on, die; -, -en: ↑Zertifizierung

zer|ti|fi|zie|ren: [amtlich] bescheinigen, beglaubigen; mit einem Zertifikat versehen

Zer|ti|fi|zie|rung, die; -, -en: das Beglaubigen, Bescheinigen

Zer|ve|lat|wurst [z..., ts...], **Ser|ve|lat|wurst,** die; -, ...würste: Dauerwurst aus Schweinefleisch, Rindfleisch u. Speck (Schlackwurst); vgl. Servela

Zes|si|on, die; -, -en (Rechtswiss.): Übertragung eines Anspruchs von dem bisherigen Gläubiger auf einen Dritten

Zes|si|o|nar, der; -s, -e (Rechtswiss.): jmd., an den eine Forderung abgetreten wird

Zes|si|o|na|rin, die; -, -nen: weibliche Form zu ↑Zessionar

Ze|ta, das; -[s], -s: sechster Buchstabe des gr. Alphabets (Z, ζ)

Zi|bet, der; -s: als Duftstoff verwendete Drüsenabsonderung der Zibetkatze

Zi|bet|kat|ze, die; -, -n: asiatische Schleichkatze

Zi|bo|ri|um, das; -s, ...ien [...i̯ən]: 1. (Archit.) von Säulen getragener Überbau über einem Altar, Grabmal u. Ä. 2. mit einem Deckel zu verschließendes, kelchförmiges Behältnis, in dem die geweihte Hostie auf dem Altar aufbewahrt wird

Zi|cho|rie [tsɪˈço:ri̯ə], die; -, -n: 1. Wegwarte (ein Korbblütler). 2. Kaffeezusatz, Kaffee-Ersatz. 3. Stammform verschiedener Salat- u. Gemüsepflanzen

Zi|ga|ret|te, die; -, -n: zum Rauchen dienende dünne Papierhülse, die mit fein geschnittenem Tabak gefüllt ist

Zi|ga|ril|lo [auch: ...ˈrɪljo], der, auch das; -s, -s, ugs. auch die; -, -s: kleine, dünne Zigarre

Zi|gar|re, die; -, -n: 1. zum Rauchen dienende dickere Rolle aus grob geschnittenen Tabakblättern, die mit einem Deckblatt umhüllt ist. 2. (ugs.) Vorwurf, Vorhaltung, Verweis

Zi|ka|de, die; -, -n: kleines, grillenähnliches Insekt (Zirpe)

Zi|lie [...i̯ə], die; -, -n (Med.): feines Haar (z. B. Augenwimper)

Zim|bal, das; -s, -s u. -e: mit Hämmerchen geschlagenes Hackbrett

Zim|bel, die; -, -n: 1. antikes Schlaginstrument; kleines Becken. 2. mittelalterliches Glockenspiel. 3. Orgelregister von heller Klangfarbe

Zin|gu|lum, das; -s, -s u. ...la: 1. Gürtel[schnur] der ↑Albe u. katholischer Ordenstrachten. 2. Gürtelbinde der ↑Soutane

Zin|ko|gra|fie, Zin|ko|gra|phie, die; -, ...i̯en: Zinkätzung; Zinkdruck

Zink|oxid, Zink|oxyd, das; -s: eine Zink-Sauerstoff-Verbindung; Zinkweiß (Malerfarbe)

Zin|nie [...i̯ə], die; -, -n: Korbblütler mit leuchtenden Blüten (eine Gartenzierpflanze)

Zins|swap [...svɔp], der; -s, -s (Bankw.): ↑Swap, bei dem zwei Vertragspartner vereinbaren, zu bestimmten Zeitpunkten Zinszahlungen auf festgelegte Nennbeträge auszutauschen

Zi|o|nis|mus, der; -: a) (Ende des 19. Jh.s entstandene) jüdische Bewegung mit dem Ziel, einen nationalen Staat für Juden in Palästina zu schaffen; b) politische Strömung im heutigen Israel u. innerhalb des Judentums in aller Welt, die eine Stärkung des Staates Israel befürwortet u. zu erreichen sucht

Zi|o|nist, der; -en, -en: Anhänger des Zionismus

Zi|o|nis|tin, die; -, -nen: weibliche Form zu ↑Zionist

zi|o|nis|tisch: der Bewegung des Zionismus angehörend, sie betreffend

Zip|da|tei [auch: ˈzɪp...], die; -, -en (EDV): Datei, in der mehrere Einzeldateien komprimiert zusammengefasst sind

zip|pen [auch: ˈzɪp...] (EDV): zu einer ↑Zipdatei komprimieren (von Dateien)

Zip|per, der; -s, -: Reißverschluss

zir|ka vgl. circa

Zir|kel, der; -s, -: 1. (Math.) geometrisches Gerät zum Kreiszeichnen und Streckenabmessen. 2. eng miteinander verbundene Gruppe von Personen. 3. Kreis, Ring. 4. verschlungene Buchstaben als Zeichen der Zugehörigkeit zu einer studentischen Verbindung

zir|keln: 1. genau einteilen, abmessen. 2. einen Kreis ziehen

Zir|kon, der; -s, -e: ein Mineral

Zir|ko|ni|um, chem. fachspr.: **Zir|co|ni|um,** das; -s: chem. Element; ein Metall (Zeichen: Zr)

zir|ku|lar, zir|ku|lär: 1. kreisförmig. 2. (Med.) periodisch wiederkehrend

Zir|ku|lar, das; -s, -e: Rundschreiben

Zir|ku|la|ti|on, die; -, -en: Kreislauf, Umlauf (z. B. des Blutes, der Luft)

zir|ku|lie|ren: in Umlauf sein, kreisen

Zir|kum|flex, der; -[es], -e: Dehnungszeichen (˜ od. ˆ); vgl. Accent circonflexe

Zir|kus, Cir|cus, der; -[ses], -se: 1. Kampfspielbahn im Rom der Antike. 2. a) [nicht ortsfestes] Unternehmen, das in einem großen Zelt od. in einem Gebäude mit einer ↑Manege ein vielseitiges artistisches Programm vorführt; b) Zelt, Gebäude, in dem Zirkusvorstellungen stattfinden. 3. (ohne Plural; ugs.) unnötiger Trubel, Aufwand; Wirbel

Zir|ren: *Plural* von ↑Zirrus

Zir|rho|se, die; -, -n (Med.): Gewebsveränderung eines Organs (z. B. Leber, Lunge) mit fortschreitender Organverhärtung und -schrumpfung

Zir|rus, der; -, - u. Zirren (Meteorol.): aus feinsten Eisteilchen bestehende Federwolke in höheren Luftschichten

zir|zen|sisch: den Zirkus betreffend

Zi|se|leur [...'lø:ɐ̯], der; -s, -e: jmd., der Ziselierarbeiten ausführt (Metallstecher)

Zi|se|leu|rin [...'lø:rɪn], die; -, -nen: weibliche Form zu ↑Ziseleur

zi|se|lie|ren: Figuren, Ornamente, Schrift mit Meißel, Feile o. Ä. in Metall einarbeiten

Zis|la|weng: mit [einem] Zislaweng (ugs.): mit Schwung; mit einem besonderen Kniff

Zis|sa|li|en: missglückte Münzplatten od. Münzen, die wieder eingeschmolzen werden

Zis|ter|ne, die; -, -n: unterirdischer Behälter zum Auffangen von Regenwasser

Zis|ter|zi|en|ser, der; -s, -: Angehöriger eines benediktinischen Reformordens (Abk.: O. Cist.)

Zis|ter|zi|en|se|rin, die; -, -nen: Angehörige des weiblichen Zweiges der Zisterzienser

Zi|ta|del|le, die; -, -n: 1. Festung innerhalb od. am Rande einer Stadt. 2. letzter Widerstandskern in einer Festung

Zi|tat, das; -[e]s, -e: 1. wörtlich angeführte Belegstelle. 2. bekannter Ausspruch, geflügeltes Wort

Zi|ta|ti|on, die; -, -en: 1. (veraltet) [Vor]ladung vor Gericht. 2. ↑Zitat (1)

Zi|ther, die; -, -n: ein Zupfinstrument

zi|tie|ren: 1. eine Stelle aus einem Text [wörtlich] anführen. 2. jmdn. vorladen, jmdn. zu sich kommen lassen

Zi|t|rat, chem. fachspr.: **Ci|t|rat,** das; -[e]s, -e: Salz der Zitronensäure

Zi|t|rin, der; -s, -e: ein Mineral

Zi|t|ro|nat, das; -[e]s, -e: kandierte Fruchtschale einer Zitronenart

Zi|t|ro|ne, die; -, -n: a) Strauch od. Baum wärmerer Gebiete mit gelben, sauren, vitaminreichen Früchten; b) Frucht des Zitronenbaumes

Zi|t|rus|frucht, die; -, ...früchte: Frucht einer Zitruspflanze mit meist dicker Schale u. sehr saftigem, aromatischem Fruchtfleisch (z. B. Apfelsine, Grapefruit, Zitrone)

Zi|vi, der; -s, -s (Jargon): 1. jmd., der Zivildienst leistet. 2. Polizeibeamter in Zivil

zi|vil: 1. bürgerlich. 2. anständig, annehmbar

Zi|vil, das; -s: bürgerliche Kleidung

Zi|vil|cou|ra|ge [...kura:ʒə], die; -: Mut, unerschrocken seine eigene Meinung zu vertreten

Zi|vil|dienst, der; -[e]s: Dienst, den ein Kriegsdienstverweigerer anstelle des Wehrdienstes leistet

Zi|vil|ehe, die; -, -n: standesamtlich geschlossene Ehe

Zi|vi|li|sa|ti|on, die; -, -en: 1. Gesamtheit der durch Wissenschaft u. Technik geschaffenen verbesserten Lebensbedingungen. 2. (ohne Plural) Bildung, Gesittung

zi|vi|li|sa|to|risch: auf die Zivilisation gerichtet, sie betreffend

zi|vi|li|sie|ren: der Zivilisation zuführen; verfeinern, veredeln

zi|vi|li|siert: 1. Zivilisation (1) aufweisend. 2. Kultur u. Bildung habend od. zeigend

Zi|vi|list, der; -en, -en: Bürger (im Gegensatz zum Soldaten)

Zi|vi|lis|tin, die; -, -nen: weibliche Form zu ↑Zivilist

Zi|vil|kam|mer, die; -, -n: für privatrechtliche Streitigkeiten zuständiges Richterkollegium

Zi|vil|pro|zess, der; -es, -e: privatrechtliches Gerichtsverfahren

Zi|vil|stand, der; -[e]s (schweiz.): Familien-, Personenstand

Zi|vil|stands|amt, das; -[e]s, ...ämter (schweiz.): Standesamt

Zlo|ty ['zlɔti, 'slɔti], der; -[s], -s (aber: 5 -): Währungseinheit in Polen (= 100 Groszy)

Zoff, der; -s (ugs.): Streit, Zank

zof|fen (ugs.): sich streiten, zanken

Zö|li|bat, das, auch: der; -[e]s: pflichtgemäße Ehelosigkeit, bes. bei katholischen Geistlichen

zö|li|ba|tär: im Zölibat lebend

Zö|li|ba|tär, der; -s, -e: jmd., der im Zölibat lebt

Zö|lom, das; -s, -e (Med.): sekundäre embryonale Leibeshöhle, aus der beim Menschen u. a. die Brusthöhle u. die Bauchhöhle entstehen

Zom|bie, der; -[s], -s: (in Horrorfilmen o. Ä.) umherwandernder Toter, der ein willenloses Werkzeug eines Lebenden ist

Zö|me|te|ri|um, das; -s, ...ien: 1. frühchristliche Grabstätte, Friedhof. 2. Katakombe

Zö|no|bit, der; -en, -en: in ständiger Klostergemeinschaft lebender Mönch

zö|no|bi|tisch: in Gemeinschaft lebend (von Mönchen)

Zoo, der; -s, -s: kurz für: zoologischer Garten

Zoo|lo|ge [tsoo...], der; -n, -n: jmd., der sich wissenschaftlich mit den Erscheinungen tierischen Lebens befasst

Zoo|lo|gie, die; -: Tierkunde

Zoo|lo|gin, die; -, -nen: weibliche Form zu ↑Zoologe

zoo|lo|gisch: die Tierkunde betreffend

Zoom [zu:m], das u. der; -s, -s (Film, Fotogr.): 1. Objektiv mit stufenlos verstellbarer Brennweite. 2. Vorgang, durch den der Aufnahmegegenstand näher an den Betrachter herangeholt od. weiter von ihm entfernt wird

zoo|men ['zu:...] (Fotogr., Film): den Aufnahmegegenstand mithilfe eines Zooms (1) näher heranholen od. weiter wegrücken

Zoom|ob|jek|tiv, das; -s, -e: ↑Zoom (1)

Zo|on po|li|ti|kon, das; - - (Philos.): der Mensch als soziales, politisches Wesen

Zoo|tech|ni|ker, der; -s, - (regional): Tierpfleger [im Zoo]

Zoo|tech|ni|ke|rin, die; -, -nen: weibliche Form zu ↑Zootechniker

Zo|res, der; - (landsch.): a) Wirrwarr; b) Ärger

Zo|ril|la, der; -s, -s (auch: die; -, -s): schwarzweißer afrikanischer Marder (Bandiltis)

Zuc|chet|to [...'kɛto], der; -s, ...tti (schweiz.): ↑Zucchini

Zuc|chi|ni [...'ki:ni], **Zuc|chi|no,** der; -s, ...ni (meist Plural): gurkenähnliche Frucht einer bestimmten Kürbisart

Zy|a|nid, chem. fachspr.: **Cy|a|nid,** das; -s, -e (Chemie): Salz der Blausäure

Zy|an|ka|li, Zy|an|ka|li|um, das; -s: das stark giftige Kaliumsalz der Blausäure

Zy|go|te, die; -, -n (Biol.): nach Verschmelzung der beiden ↑Gameten entstandene ↑diploide Zelle, aus der ein Lebewesen entsteht

Zy|k|la|me, die; -, -n (österr., schweiz.), **Zy|k|la|men,** das; -s, -: Alpenveilchen

zy|k|lisch, chem. fachspr.: **cy|c|lisch** [auch: 'tsyk...]: 1. kreisläufig, -förmig, ringförmig. 2. sich auf einen Zyklus beziehend. 3. regelmäßig wiederkehrend

Zy|k|lop, der; -en, -en: einäugiger Riese der griechischen Sage

zy|k|lo|pisch: riesenhaft

zy|k|lo|thym (Med., Psychol.): von extravertierter, geselliger, dabei aber Stimmungsschwankungen unterworfener Wesensart

Zy|k|lo|t|ron, das; -s, ...trone (auch: -s) (Kernphysik): Gerät zur Beschleunigung geladener Elementarteilchen

Zy|k|lus [auch: 'tsʏk...], der; -, Zyklen: 1. periodisch ablaufendes Geschehen, Kreislauf. 2. Zusammenfassung, Folge. 3. (Med.) periodische Regelblutung der Frau

Zy|lin|der [tsi..., tsy...], der; -s, -: 1. (Math.) geometrischer Körper, bei dem zwei parallele, ebene, kongruente, meist kreisrunde Grundflächen durch einen Mantel miteinander verbunden sind. 2. (Technik) Hohlkörper einer Maschine, in dem sich ein Kolben bewegt. 3. Lampenglas. 4. hoher Herrenhut [aus schwarzem Seidensamt]

zy|lin|d|risch: walzenförmig

Zy|n|e|ge|tik, die; - (Jagdw.): Kunst, Hunde abzurichten

Zy|ni|ker, der; -s, -: zynischer Mensch

Zy|ni|ke|rin, die; -, -nen: weibliche Form zu ↑Zyniker

zy|nisch: verletzend-spöttisch, bissig

Zy|nis|mus, der; -, ...men: a) (ohne Plural) zynische Einstellung, zynisches Wesen; b) zynische Äußerung, Bemerkung

Zy|p|res|se, die; -, -n: immergrüner Baum des Mittelmeergebietes

Zys|te, die; -, -n (Med.): im od. am Körper gebildeter sackartiger, mit Flüssigkeit gefüllter Hohlraum; Geschwulst

zys|tisch (Med.): Zysten bildend

Zy|to|plas|ma, das; -s, ...men (Biol.): ↑Protoplasma

Zy|to|s|ta|ti|kum, das; -s, ...ka (Biol., Med.): das Zellwachstum hemmende Substanz

zy|to|s|ta|tisch (Biol., Med.): Kernteilung u. Zellvermehrung hemmend

Zy|to|s|tom, das; -s, -e, **Zy|to|s|to|ma,** das; -s, -ta (Zool.): Zellmund der Einzeller

Zy|to|to|xin, das; -s, -e (Biol., Med.): Zellgift

zy|to|to|xisch (Biol., Med.): zellschädigend, zellvergiftend

Schreibung und Trennung der Fremdwörter

Schreibung

Viele Fremdwörter werden in der Schreibweise der Herkunftssprache geschrieben:

Milieu
Jalousie
Refrain

Viele häufig gebrauchte Fremdwörter, vor allem solche, die keine dem Deutschen fremden Laute enthalten, haben sich aber der deutschen Schreibweise angeglichen.

Übergangsstufe:
Friseur neben Frisör; Photograph neben Fotograf

Endstufe:
Sekretär für: Secrétaire; Fassade für: Façade; Telefon für: Telephon

Wo die amtlichen Rechtschreibregeln mehrere Schreibungen zulassen, stehen beide Formen durch Komma getrennt nebeneinander:

Geografie, Geographie
Vademecum, Vademekum

Bei gleichberechtigten Schreibungen steht die von der Dudenredaktion empfohlene Schreibung an erster Stelle und ist farbig unterlegt:

Biografie, Biographie
Code, Kode

Bei diesem Vorgang der Eindeutschung ist folgende Wandlung in der Schreibung besonders zu beachten:

c wird k oder z

Ob das c des Fremdworts im Zuge der Eindeutschung k oder z wird, hängt von seiner ursprünglichen Aussprache ab. Es wird zu k vor a, o, u und vor Konsonanten. Es wird zu z vor e, i, y, ä oder ö.

Fremde Schreibung:
Café, Copie, Procura, Crematorium, Spectrum, Penicillin, Cäsur

Eingedeutschte Schreibung:
Kaffee, Kopie, Prokura, Krematorium, Spektrum, Penizillin, Zäsur

In einzelnen Fachsprachen, so besonders in der Chemie, bleibt c weitgehend erhalten, wenn die Fremdwörter im Rahmen eines festen Systems bestimmte terminologische Aufgaben haben:

Kalzium, chem. fachspr.: Calcium; zyklisch, chem. fachspr.: cyclisch